JN410691

[개정판]

이론 · 판례 · 사례

민법총칙

The Civil Code[2nd edition]

한삼인 저

화산미디어

개정판 머리말

이 책이 세상에 나온 지 2년 가까이 되었다. 그 동안 독자 여러분께서 베풀어 주신 분에 넘치는 관심과 사랑, 그리고 질책에 깊은 감사를 드린다.

개정판의 주요내용은 다음과 같다.

첫째, 초판 이후 2014년 12월까지의 대법원 판례와 관련 헌법재판소 결정을 섭렵이 가능한 범위에서 정리함으로써 최신 판례의 동향파악에 유의하였다.

둘째, 최근 소송실무에서 관심이 많은 대표권 남용이론 등 판례이론의 완벽한 정리·소개에 보다 더 노력하였다.

셋째, 사례부문을 포함하여 몇 가지의 오류를 수정하였으며, 문맥을 다듬고 적지 않은 오·탈자를 바로잡았다.

아무쪼록 이 책이, 민법의 기본을 튼실하게 다지고, 나아가 재산관계를 둘러싼 합리적인 분쟁해결능력을 키우는 데 일조할 수 있었으면 하는 바람이다.

개정판 작업을 하는 데 있어서, 최신 판례를 정리하는 등 노고를 아끼지 않은 사랑하는 제자 김상헌 군(대학원 박사과정 민법전공, 광주지방법원 소속 국선변호사)에게 깊은 감사를 드린다. 그리고 얼어붙은 출판시장의 한파에도 불구하고, 개정판 작업을 제의해 준 화산미디어의 현근택 사장을 비롯한 편집관계자 여러분께도 감사의 말씀을 드린다.

2015년 1월 27일

한삼인(韓三寅)
Han, Sam-In

머 리 말

민법총칙은 가장 중요한 법학의 영역이다. 민법의 기본원리를 제공할 뿐 아니라, 그 정치(精緻)한 법리는 상법·민사소송법·행정법 등의 이해를 돕는 데 큰 역할을 하기 때문이다.

이 책은 민법총칙의 이론과 판례, 그리고 사례를 체계적·유기적으로 묶어냄으로써 학부생은 물론 사법시험 등 각종 국가시험준비생과 법학전문대학원생들의 학습상의 편의를 도모하고자 하는 의도에서, 재산관계를 둘러싼 분쟁해결능력을 키우는 데 중점을 두고, 다음과 같은 점에 유의하여 집필하였다.

첫째, 총칙편의 이론을 학설중심으로 간결하게 검토·정리하고 사견을 피력함으로써 그 법리를 체계화시켰다. 또한 관련 판례이론을 정리·소개하는 데 충실을 기하였다. 소송의 실제에 있어서의 정확한 법해석은, 튼실한 기본적인 법리의 올바른 이해의 바탕 위에서만 가능하기 때문이다.

둘째, 다른 책에서 볼 수 없는, 민법해석학의 하나로서 요건사실론을 요약·전개하였다. 청구원인(원고의 청구)→항변(피고의 반론)→재항변(원고의 재반론)으로 이어지는 소송의 실제에서의 공격·방어방법의 법리형성을 통해서만 구체적인 분쟁해결능력을 키워나갈 수 있기 때문이다. 이러한 시각은, 변호사시험을 비롯한 각종 국가시험의 출제경향이기도 하다.

셋째, 제한능력자제도가 2013년 7월부터 시행되는 점에 맞추어, 민법총칙의 모든 영역에서 관련 내용을 새로운 제도에 맞게 전개하였다.

넷째, 민법총칙의 이론과 관련된 2013년 2월 15일까지의 대법원판례를 법학의 논술체계(의의, 요건, 효과, 적용범위 등)에 따라 소개·정리함으로써 판례의 동향파악은 물론 판례서의 역할을 할 수 있도록 하였다. 특히 관련 주제의 판시사항과 판결요지를 구별하여 다룸으로써 분쟁해결능력 내지 소송전문가로서의 능력을 쌓아나갈 수 있도록 하였다.

다섯째, 민법총칙의 중요이론과 관련한 엄선한 사례 30개(법원 1개, 권리행사 자유의 한계 2개, 의사능력 1개, 제한능력자 2개, 실종선고 1개, 법인의 불법행위능력 1개, 이사의 대표권제한 1개, 건물 1개, 강행규정 1개, 사회질서 1개, 법률행위의 해석 1개, 비진의표시 1개, 통정허위표시 1개, 착오 1개, 사기·강박 1개, 대리권의 범위 1개, 자기행위의 금지 1개, 표현대리 2개, 협의의 무권대리 1개, 무효와 취소 2개, 조건과 기한 2개, 소멸시효 4개)를 다루었다. 30개의 사례는, 사실관계・사안의 쟁점・사례의 해결 순으로 전개함으로써 사례문제의 전범(典範)을 기하려고 노력하였다. 장황한 학설의 나열이 아니라, 사안의 쟁점과 그 해결에 꼭 필요한 언어들만으로 답안을 작성하는 평소의 학습방법(훈련)이 변호사시험 등 각종 국가시험의 실전에서 필요하다고 보기 때문이다.

실제(재판현실)를 무시한 이론(법리)은 공론에 그칠 가능성이 높고, 이론을 무시한 실제는 법리 그 자체를 오해할 가능성이 없지 않다는 점에서 이론과 판례의 병행학습은 가장 바람직한 법학의 학습방법이라고 생각한다. 나아가, 이론과 판례의 음미에 근거한 사례풀이를 통하여 분쟁해결능력을 보다 구체화시켜 나갈 수 있다 할 것이다.

이 책은 이러한 시각에서 기본이론과 관련 판례를 완벽하게 정리하고 그 바탕 위에서 엄선한 사례 30개를 소개함으로써 기존의 법서와 차별화를 기하고자 하였다. 다만, 책의 부피를 덜기 위하여 이론분야의 경우, 각주에서 학설 등을 소개・검토하였기 때문에 본문과 각주를 함께 읽어나가는 것이 내용을 이해하는 데 도움이 될 것이다.

언제나 그렇듯이 단순히 책을 쓰는 것이 아니라, 어떤 내용을 담아내느냐가 중요하다. 독자들이 찾아서 읽는 책, 읽어서 이해하기 쉬운 책을 만들어야 한다는 평소의 소신으로 이 책을 썼으나, 막상 탈고하고 보니 아쉬움이 적지 않다. 잘못된 내용 등의 오류는 독자 여러분의 질책을 받아, 보완해 나갈 것을 다짐해 본다.

아무쪼록 이 책이 재산법의 기본법리를 튼실하게 다지고, 관련 판례의 동향파악과 사례연습을 통하여 재산관계를 둘러싼 합리적인 분쟁해결능력을 배양하는 데 도움이 되었으면 하는 바람이다.

이 책을 펴냄에 있어서 많은 분들의 도움이 있었다. 바쁜 격무에도 불구하고, 몇 개의 사례문제의 자료 제공은 물론 원고를 읽어 문맥을 바로 잡아주고 교정작업을 성실하게 처리해 준 사랑하는 제자 김상헌 군(로스쿨 1기・대학원 박사과정 민법전공, 광주고등법원 제주부 재판연구원)과 교정작업과 색인사항을 성심으로 처리해 준 로스쿨 4기 이지원 원생에게 깊은 감사를 드린다. 이들의 앞날에 대성을 빈다. 또한 수려한 그림으로 쉬어갈 수 있는 공간을 장식해 준 한국화가 강부언 화백에게 고마움을 표한다. 그리고 화산미디어의 현근택 사장을 비롯한 편집관계자 여러분께도 감사의 말씀을 드린다.

끝으로 나의 든든한 버팀목인 사랑하는 가족과 진정으로 격려해 주시는 분들께 감사하다는 얘기를 하고 싶다.

2013년 5월 3일

한삼인(韓三寅)
Han, Sam-In

차 례

제1편 서 론

주요 참고문헌

강태성, 신판 민법총칙, 대명출판사, 2006.
고상룡, 민법총칙, 법문사, 1990.
곽윤직 · 김재형, 제8판 민법총칙, 박영사, 2012.
곽윤직, 신정 민법총칙, 박영사, 1998.
곽윤직, 제6판 채권각론, 박영사, 2003.
김기선, 한국민법총칙, 법문사, 1985.
김상용, 민법총칙, 화산미디어, 2009.
김용한, 민법총칙론, 박영사, 1987.
김용한, 재전정판 물권법, 박영사, 1996.
김주수, 민법총칙, 삼영사, 1986.
김준호, 제19판 민법강의, 법문사, 2013.
김준호, 신정2판 민법총칙, 법문사, 2006.
김증한 · 김학동, 제9판 민법총칙, 박영사, 1995.
백태승, 제2판 민법총칙, 법문사, 2006.
명순구, 민법총칙, 법문사, 2005.
송덕수, 제2판 민법총칙, 박영사, 2013.
이영준, 신민법강의, 박영사, 2004.
이은영, 제3판 민법총칙, 박영사, 2004.
장경학, 제2판 민법총칙, 법문사, 1989.
지원림, 제12판 민법강의, 홍문사, 2014.
한삼인, 제3판 판례민법, 법률행정연구원, 2003.
황적인, 현대민법론 I, 박영사, 1985.
편집대표 곽윤직, 민법주해[I]: 총칙(1), [II]: 총칙(2), [III]: 총칙(3), 박영사, 1992.
편집대표 김증한 · 주재황, 주석 민법총칙〈상〉, 한국사법행정학회, 1985.
편집대표 박준서, 제3판 주석 민법[총칙〈1〉], [총칙〈2〉], 한국사법행정학회, 2002.
법고을 LX, 법원도서관, 2012.
谷口知平 編集, 註釋民法(1), 有斐閣, 1980.
林良平 編集, 註釋民法(2), 有斐閣, 1982.

川島武宜 編集, 註釋民法(3), 有斐閣, 1983.

於保不二雄 編集, 註釋民法(4), 有斐閣, 1980.

川島武宜 編集, 註釋民法(5), 有斐閣, 1981.

四宮和夫・能見善久, 第5版「民法總則」, 弘文堂, 1999.

Brox, Allgemeiner Teil des Bürgerlichen Gesetzbuchs(AT), 26. neu bearbeitete Aufl., 2002.

Brox Hans, Wolf-Dietrich Walker, Allgemeiner Teil des BGB, 31. Aufl., 2007.

Werner Flume, Allgemeiner Teil des Bürgerlichen Rechts, Zweiter Band: Das Rechtsgeschäft, 3. Aufl., 1979.

Helmut Köhler, Die Problematik automatisierter Rechtsvorgänge, insbesondere von Willenserklärungen, AcP. 182, 1982.

Karl Larenz, Allgemeiner Teil des deutschen Bürgerlichen Rechts, 7. Aufl., 1989.

Dieter Medicus, Allgemeiner Teil des BGB, 4. Aufl., 1990.

Jan Schapp, Grundfragen der Rechtsgeschätslehre, 1986.

Münchener Kommentar zum Bürgerlichen Gesetzbuch, Band 1: Einleitung und Allgemeiner Teil, 2. Aufl., 1984.

Palandt, Bürgerliches Gesetzbuch, 62. Aufl., 2003.

Rüthers Bernd, Astrid Stadler, Allgemeiner Teil des BGB, 15. Aufl., 2007.

제 1 편

서 론

제 1 장 민법의 의의 · 연구방법론

제 1 절 법의 의의

사람인(人)이라는 글자에서 알 수 있듯이 사람은 혼자서는 살 수 없다. 사람이 산다는 것은 그 목적과 이유는 다를 수 있지만, 다른 사람과의 만남을 통하여 삶을 살아간다. 삶의 여정은 다른 사람과의 만남의 연속이라 할 수 있다.[1)]

법의 개념 정립은 법철학상의 근본문제로서 매우 어렵지만, 법이란 만남의 당사자 사이의 이익을 공정하게 보호하고 다른 한편 사회의 평화로운 질서를 유지할 목적으로 사회구성원들의 합의에 의해 만들어진 행위의 준칙이라 할 수 있다.[2)]

〈 법의 이념〉

법의 고자(古字) → 灋 = 水 (수) + 廌 (치) + 去 (거) (去惡達善)

↓ ↓ ↓

(형평 · 공정) (정의) (강제성)

법은 왜 필요한가? 간단히 말하면, 사람이 살아가기 위해서는 의 · 식 · 주를 내용으로 하는 재화가 필요하고, 그 재화의 소유 · 이용 등에 관한 합리적인 기준을 정해두지 않는다면, 사회생활의 질서 유지는 기대할 수가 없게 된다.[3)] 그렇다면, 법은 당사자 사이의 공정한 이익의 보호와 평화로운 사회질서유지의 소산이라 할 수 있다.

법의 이념(목적)은 무엇인가? 법(法)의 고자(古字)인 법(灋)의 어의분석에서 알 수 있듯이, 공정(형평) · 정의 · 강제성(준칙성)을 지향한다 할 것이다.

---

1) 이와 같이 사람은 사람들이 모여 사는 사회를 떠나서 생활할 수 없다는 점에서 '사람은 사회적 존재'임이 분명하다. Aristoteles가 설파한, 사람은 '사회적 동물'(zoon politicon)이라는 말을 생각해 볼 필요가 있다.

2) 이러한 점에서 '사회 있는 곳에 법이 있다.'(Ubi societas ibi ius)라는 명제는 설득력이 있다.

3) 만약 재화의 취득 · 소유 · 이용에 관한 객관적 · 합리적인 기준을 정해두지 않는다면, 그 재화를 둘러싼 사람들의 사회생활은 '만인의 만인에 대한 투쟁'(bellum omnium contra omnes) 상태에 놓여질 수밖에 없어, 이를 방지할 필요가 있다(Thomas Hobbes, Leviathan, 1651).

제2절 민법의 의의

민법의 의의는 실질적 의미의 민법과 형식적 의미의 민법으로 나누어 설명된다.

Ⅰ. 실질적 의미의 민법

사람으로서 태어나 삶을 다할 때까지 그가 펼쳐나가는 생활관계에 두루 적용되는 원칙적인 법을 말한다. 이러한 실질적 의미의 민법을 가리켜, 학자들은 사법의 일반법(또는 일반사법)이라 한다.[4)5)] 사법의 일반법으로서의 실질적 의미의 민법을 분설하면 다음과 같다.

1. 사법으로서의 민법

민법은 공법과 사법 중에서 사법이다. 실정법체계를 공법과 사법으로 나누는 실익은 무엇인가? 첫째, 사법원리와 공법원리가 다르기 때문이다.[6)] 둘째, 우리의 법체계가 법률상의 쟁송을 민사소송과 헌법소송·행정소송으로 나누어 그 재판권을 달리하고 있으므로, 그 전제로서 민사사건과 헌법사건·행정사건의 구별의 표준을 정할 필요가 있다.

그 구별의 표준은 무엇인가? 학설은 다툼이 있고,[7)] 본래 공법과 사법의 구별은 다분히

---

4) 민법(실질적 의미의 민법)이란 말은 로마법상의 시민법(ius civile; AD 212년에 이르러 caraculla 대제가 모든 로마인에게 로마시민권을 부여함으로써 그 때부터 시민법은 신분이 없는 사회의 시민에게 적용되는 법의 의미를 갖게 되었다)에서 유래한다. 프랑스민법전(1804년의 Code Civil)은 근대법전 중 최초로 민법이란 용어를 사용했고, 우리나라의 경우에는 1895년의 홍범14조(洪範十四條)에서 민법이란 용어가 처음 쓰여졌다고 한다(주해(Ⅰ), 34면).

5) 형법은 형사피의자가 아닌 한 선량한 시민과는 관련이 없고, 상법은 상인 사이의 상거래관계가 아닌 한 보통사람들과는 관련이 없다. 하지만, 민법은 사람으로서 태어나 사망할 때까지 그가 펼쳐나가는 삶의 과정에 두루 적용되는 법이다. 그런 점에서 민법은 법 중의 법이라 할 수 있다.

6) 사법원리란, 사법관계의 내용은 당사자 사이의 자유로운 의사의 합의에 의해 정해진다는 것이다. 가령 A가 소유 물건을 팔 것인지 여부, 누구에게 팔 것인지(A의 선택에 의해 B에게 팔 수 있다), 얼마에 팔 것인지? 등은 당사자(A·B)의 자유로운 의사의 합의에 의존된다. 이와는 달리 공법원리란, 공법관계의 내용은 당사자 사이의 의사의 합의에 의해 정해지는 것이 아니라 관련 법규의 규정에 따른다. 가령 시민은 지방세를 내야 하는데, 얼마를 낼 것인지, 언제까지 내야 하는지? 등은 징수권자(시장)와 납세의무자(시민) 사이의 합의에 의하지 않고, 관련 지방세법 제1조·제3조 소정의 규정에 의해 정해진다.

7) 이익설 또는 목적설(법의 보호이익을 표준으로 하여 공익의 보호를 목적으로 한다면 공법, 사익의 보호를 목적으로 하는 법을 사법으로 파악한다. 공익과 사익의 구별이 어렵고, 공익과 사익 중 어느 한쪽만을 목적으로 하는 법은 존재하지 않는다는 점에서 비판을 받는다)·성질설 또는 법률관계설(법이 규율하는 법률관계를 표준으로 하여 불평등관계를 규율하는 법을 공법, 평등관계를 규율하는 법을 사법으로 본다. 이 견해에 따르면, 국가와 국가 사이의 관계를 규율하는 국제법을 사법으로 보게 되고, 부모와 자의 관계인 친자관계가 불평등관계라고 해서 공법으로 파악하게 되는 우를 범한다)·주체설(법이 규율하는 생활관계의 주체를 표준으로 하여 국가나 공공단체 상호간의 관계 또는 이들과 개인간의 관계를 규율하는 법이 공법이고, 개인 상호간의 관계를 규율하는 법을 사법으로 파악한다. 비교적 공법과 사법을 바르게 구별하는 견해라고 할 수 있으나, 구별의 표준

역사적 의미를 가지고 있으며, 노동법 · 경제법 · 사회보장법 등을 내용으로 하는 사회법의 출현은 양자의 구별을 더욱 어렵게 하고 있다.

공법과 사법을 어떻게 구별해야 할 것인가? 생각건대 사적자치가 적용되는 자기결정을 내용으로 하는 법을 사법이라 하고, 사적자치가 배제되는 기속결정을 내용으로 하는 법을 공법으로 파악하는 견해(사적 자치설)가 타당하다.[8]

2. 사법의 내용

민법의 규율대상인 사법의 내용은 크게 두 가지로 나눌 수 있다. 첫째, 보통사람(평균인)의 삶의 모습 중에서 각종의 재화를 소유 · 이용하는 관계로서 이를 재산관계(경제관계)라 한다. 재산관계의 경우, 사람은 자신의 이익을 추구하기 위한 수단으로서 상대방을 선택하여 만나게 된다.[9] 둘째, 남녀 사이의 혼인을 토대로 펼쳐지는 일정한 혈연집단 사이의 관계로서 이를 가족관계(친족 · 상속관계)라 한다.[10] 한편 재산관계를 규율하는 사법을 강학상 재산법이라 하고, 가족관계를 규율하는 사법을 친족 · 상속법(가족법)이라 한다. 재산법은 합리성에 바탕을 둠으로써 사유재산의 보호, 재산거래의 신속 · 안전을 그 이상으로 하는 반면, 친족 · 상속법은 보수성 · 민족성 · 습속성을 강하게 띤다 할 것이다.

3. 일반사법으로서의 민법

민법은 일반법(보통법)과 특별법 중에서 일반법이다.[11] 사람 · 사항 · 장소에 아무런 제한 없이 두루 적용되는 법을 일반법이라 하고, 특별한 사람(신분) · 사항 · 장소(공간)에 제한적으로 적용되는 법을 특별법이라 한다. 민법은 대한민국의 국민이기만 하면 민사관계에 관한 한 대한민국의 전 영토 내에 적용되기 때문에 일반법이다. 민법에 대하여 상인간의 상사관계를 규율하는 상법은 특별법이다.[12][13] 한편 국가에 따라서는 상법을 민법전 속

이 2원적이라는 비판을 받는다. 즉, 국가 또는 공공단체가 개인과 매매계약 등을 체결할 경우, 공법으로 봐야 하는 부당한 점이 있어서 이를 피하기 위하여 국가 또는 공공단체가 사인과 같은 자격에서 개인과 법적 관계를 맺는 경우의 법을 사법으로 보아야 한다는 것이다) 등 여러 견해가 있다.

8) 같은 견해 이영준, 4-5면; Medicus, RdNr. 4.

9) 재산관계의 경우, 사람은 선택된 · 계산된 · 이해타산적인 관계로서 상대방을 만나는데, 이러한 재산관계는 독일의 사회학자 퇴니스(Tönnies)가 말한 이익사회(Gesellschaft)에 해당한다.

10) 가족관계의 경우, 사람은 애정에 바탕을 둔 비이해타산적 · 결합을 위한 결합관계로서 상대방을 만나게 되는데, 이러한 관계는 Tönnies가 말하는 공동사회(Gemeinschaft)의 영역으로 볼 수 있다.

11) 같은 사안에 적용될 특별법과 일반법이 있는 경우, 특별법이 일반법에 앞서 적용되는 것을 특별법 우선의 원칙이라 한다. 이러한 특별법 우선의 원칙이 적용되기 때문에 특별법과 일반법으로 구별할 실익이 있다.

12) 이처럼 상법은 민법에 비하여 특별사법이지만, 특별법과 일반법의 구별을 엄격히 보면 이는 상대적 관계임을 주의할 필요가 있다. 왜냐하면, 상법은 민법에 대하여는 특별법의 지위에 있지만, 특별법인 주식회사의 외부감사에 관한 법률과 대비할 때는 보통법의 지위에 놓이기 때문이다.

13) 민법과 상법은 자본주의 경제조직 아래의 개인의 사적인 경제생활의 규율을 목적으로 하고 있으므로, 상법 · 상거래에서 형성된 법규 · 법원리가 민법에 채용되는 경우(제391조 · 제467조 제1항 등)를 가리켜서 독일의 사법학자인 Jakob Risser는 민법의 상화(Kommerzialisierung des bürgerlichen Rechts)로 표현했다.

에 규정하는 국가도 있다. 민상 2법통일론에 입각한 1911년의 스위스채무법과 1942년의 이탈리아민법, 그리고 1999년의 중국의 합동법 등을 들 수 있다.

4. 실체법으로서의 민법

실정법체계 중에서 직접적으로 권리·의무에 관하여 규정하는 법을 실체법이라 하고, 실체법상의 권리를 실현하거나 또는 의무의 이행을 위한 절차에 관한 법을 절차법이라 한다. 민법은 실체법과 절차법 중에서 실체법이다.

5. 행위규범·재판규범으로서의 민법

민법은 일반시민들의 사회생활에 있어서 지켜야 할 행위의 준칙에 관한 법이라는 점에서 행위규범이라 할 수 있다. 또한 민법은 소송으로 제기된 구체적인 민사사건(재산관계·가족관계)의 분쟁 해결의 기준이 된다는 점에서 재판규범이다.

6. 조직법으로서의 민법

어떤 사회의 조직에 관한 규범체계를 조직법(규)이라 한다. 민법의 규정 내용 중에는 조직법규로서의 성질을 갖는 것도 있다(제3조·제4조·제18조 등).

Ⅱ. 형식적 의미의 민법

형식적 의미의 민법이란, 민법이라는 이름의 성문의 법전을 말한다. 즉, 제1편 총칙, 제2편 물권, 제3편 채권, 제4편 친족, 제5편 상속 등 전 5편으로 구성된 본문 1118조 부칙 28조(제정 당시)로 되어 있는 속칭 민법전(民法典) 그 자체를 말한다.

Ⅲ. 실질적 의미의 민법과 형식적 의미의 민법과의 관계

전자는 상법 기타의 특별사법을 제외한 일반사법이라는 점에서 후자보다 그 범위가 넓다. 즉, 민법전 이외에 민법부속법(규)·민사특별법(규) 등을 포함한다.[14] 학문의 대상으로서의 민법은 실질적 의미의 민법이다.

---

14) 민법부속법으로서 부동산등기법, 가족관계의 등록 등에 관한 법률, 유실물법, 공탁법 등을 들 수 있고, 민사특별법으로는 이자제한법, 약관의 규제에 관한 법률, 주택임대차보호법 등을 들 수 있다.

Ⅳ. 민법의 목적

민법(재산법)은 어떤 목적을 갖는가? 국민의 일상생활관계에서 각자의 자유로운 경쟁을 보장하고 그들의 평등한 대립을 규율함으로써 자본주의경제의 원활한 발전을 꾀하고, 나아가 전체 시민사회의 공정한 이익을 확보하는데 그 사명과 목적이 있다.

제3절 민법 연구방법론

Ⅰ. 민법해석학

민법해석학적 연구방법의 개요를 본다. 첫째, 의의론이다. 민법해석학은 민법법규(제도)의 의미·내용을 명확히 밝히는 작업이므로, 그 제도의 의미와 취지(연혁 포함)를 분명히 파악해야 한다. 둘째, 요건론이다. 그 제도가 규범적 효력을 갖기 위한 구성요소를 살펴야 한다. 셋째, 효과론이다. 법률관계 당사자 사이에서 어떠한 권리·의무로 나타나는지를 파악해야 한다. 넷째, 적용론이다. 그 제도가 적용되는 범위를 살펴야 한다. 다섯째, 입법론이다. 사회사정의 변화에 따른 제도의 규범적 가치(개정·폐지, 또는 새로운 입법의 제정)를 검토해 보아야 한다.

Ⅱ. 민법판례연구

평소에 법전(法典)속에서 잠자던 민법법규들은 사람들 사이의 구체적인 분쟁이 발생한 경우에야 비로소 살아서 움직이게 된다. 원고의 주장이 옳은지, 피고의 항변이 타당하지를 구체적으로 따져보는 영역이 바로 판례연구이다. 판례는 삶의 과정에서 생긴 분쟁을 법적으로 평가한 옳고 바른 삶의 잣대라 할 것이므로, 판례를 많이 알아야 추상적인 법이론을 구체화시킬 수 있다. 따라서 민법판례의 음미를 통하여 민법에 관한 법률문제를 해결할 수 있는 구체적인 능력을 키워나갈 수 있다.

Ⅲ. 민법사례연구

사례연구(Case Method)의 바람직한 방법은 무엇인가? IRAC 과정의 법적 논증(Legal Reasoning)을 통해 사안(事案)을 논리적으로 분석하고 합리적으로 판단하는 공부방법의 진작이다. 첫째, 해당 사안에 적용되는 법원(法源)을 찾아야 한다(Issues). 둘째, 해당 법원을 면밀히 분석하여 적용하여야 할 법리(관련 판례 포함)와 그 근거가 되는 입법취지를 파악해야 한다(Rules). 셋째, 면밀히 분석·검토한 해당 법리를 증거를 통해 확정된 사실관계에 적용해야 한다(Application). 넷째, 위와 같은 논리조작을 통해 궁극적으로 해당 사안에 대한 양당사자의 권리·의무관계를 확정하여야 한다(Conclusion).

Ⅳ. 요건사실론

1. 요건사실론의 의의

일정한 법률효과 발생의 전제가 되는 법률요건을 확정해 놓고, 법률요건의 존재 사실에 관한 주장·증명책임의 소재와 당사자가 제출하여야 할 공격방어방법의 배열(청구원인·항변·재항변)을 분명하게 하기 위한 것이다. 이는 권리발생(변경·소멸)의 근거가 되고, 민법법규의 내용을 명확하게 하는 것이라는 점에서 민법해석학의 영역에 속한다.

2. 요건사실의 의의와 주장·증명책임

(1) 요건사실

소송실무상의 요건사실(주요사실)이란 어떤 법규의 법률요건에 해당하는 구체적인 사실을 말한다.

소송의 실제에서 법관은 당사자가 증거를 근거로 주장한 사실을 토대로 판단하여야 하므로(민사소송법상의 변론주의의 결과이다), 양당사자 중 누가 무엇을 어떤 순서로 주장·증명해야 하는가 하는 것은 요건사실론의 중심이 된다.

(2) 주장책임

법관은 당사자가 변론에서 주장하지 않은 요건사실을 판결의 기초로 삼지 못한다. 따라서 어떤 요건사실이 변론과정에 나타나 있지 않을 경우, 그 요건사실에 근거한 법률효과의 발생이 인정되지 않는다는 불이익을 당사자의 주장책임이라 한다.[15][16]

---

15) 결국 주장책임을 부담하는 소송당사자가 법률효과 발생의 근거가 되는 요건사실을 변론과정에서 제시하

(3) 증명책임

당사자가 패소를 면하기 위하여 변론에서 제시한 요건사실의 존재를 증거를 통해 대야할 책임을 증명책임[17](증명책임 · 거증책임)이라 한다.[18]

3. 민법법규(실체법규)의 해석과 증명책임의 분배

원칙적으로 증명책임의 분배는 당해 법률효과를 규정한 민법법규의 해석에 의해 결정된다. 이 경우, 민법법규는 그 법률효과가 다른 법률효과에 대해 어떻게 작용하는가의 관점에 따라 증명책임의 소재가 정해진다.

(1) 권리 근거 규정

권리발생의 전제가 되는 규정을 말한다. 당사자가 민법법규상의 권리발생을 주장하기 위해서는 당해 법규상의 법률요건 존재사실에 관한 증명책임을 질 수 있어야 한다.[19]

(2) 권리 부인 규정

권리의 발생(가령 원고의 청구권의 발생)을 부인하는 규정이다. 소송의 실제에서는 권리발생을 부인하는 피고가 당해 법규상의 법률요건 존재사실에 관한 증명책임을 부담한다.[20] 첫째, 권리의 발생을 방해하는 장애규정이 있다.[21] 둘째, 권리 근거규정에 의해 발생한 권리를 소멸시키는 권리 소멸(멸각)규정이 있다.[22] 셋째, 권리 근거규정에 의해 발생한 권리의 행사를 막는 권리 저지규정이 있다.[23]

지 못할 경우, 법률효과의 발생이 인정되지 않음으로써 결국 패소하게 된다.

16) 주장책임은 그 법률효과의 발생에 따른 이익을 얻게 될 당사자가 부담하여야 한다는 점에서 증명책임과 중복된다. 따라서 주장책임의 소재는 원칙적으로 증명책임의 소재와 같다. 예외적으로 민법 제135조의 무권대리인의 책임 · 민법 제397조 제2항의 금전채무불이행으로 인한 손해배상의 경우에는 조문상 주장책임과 증명책임이 일치하지 않는 경우가 있고, 소극적 확인의 소에서는 부존재로 주장된 권리관계의 주장책임은 원고가, 그 권리관계의 증명책임은 피고가 진다는 견해도 있다(이시윤, 제6증보판 「신민사소송법」, 박영사, 2012, 520면).

17) 2002. 1. 26. 민사소송법이 개정되면서, 입증이라는 용어를 증명으로 바꿨다.

18) 그 요건사실이 진위불명인 경우(존재사실의 증거 · 부존재사실의 증거를 대지 못할 경우), 그 요건사실의 존재에 의해 주어지는 법률효과가 발생하지 않음으로써 패소의 불이익을 받게 된다.

19) 가령 A가 B에게 매매대금을 청구하기 위해서는 A · B 사이의 매매계약에 기한 대금청구권의 발생사실을 증명할 수 있어야 한다(이 경우, 제563조는 권리 근거규정에 해당한다).

20) 피고가 그 증명을 하지 못할 경우, 패소하게 된다.

21) 가령 A가 B에게 매매를 원인으로 한 대금지급청구권을 행사한 경우, 그 권리발생을 막기 위해서는 B가 착오에 기한 취소권 행사가능성 등을 증명할 수 있어야 한다(이 경우, 제109조 제1항 본문은 권리 장애규정에 해당한다. 이외에 제104조 등도 장애규정이 될 수 있다).

22) 가령 A가 B에게 매매를 원인으로 한 대금지급청구권을 행사한 경우, 그 권리발생을 막기 위해서는 B가 당해 매매계약이 해제되었음을 증명할 수 있어야 한다(이 경우, 제543조 이하 등은 권리 소멸규정에 해당한다. 이외에 변제 · 소멸시효의 완성 등이 이에 해당한다).

23) 가령 A가 B에게 매매를 원인으로 한 대금지급청구권을 행사한 경우, B는 A에게 목적물의 인도를 받을 때까지는 대금지급을 하지 않겠다고 항변할 수 있다(이 경우, 제536조는 권리 저지규정에 해당한다).

4. 공격방어방법의 배열

주장 · 증명책임의 분배에 따라 소송당사자가 행하는 공격방어방법은, 청구원인 · 항변 · 재항변의 순서로 하게 된다.[24]

24) 첫째, 청구원인(원고의 청구를 근거 짓는 소송물이 권리 근거규정의 요건에 해당하는 것을 뜻한다)은 원고가 주장 · 증명책임을 부담한다(가령 A가 B에게 매매대금을 청구하기 위해서는 A · B 사이의 매매계약체결 사실을 A가 증명할 수 있어야 한다). 둘째, 항변(청구원인의 존재를 전제로 하는 법률효과의 발생을 부인하는 권리의 장애 · 소멸 · 저지 등의 권리 부인규정의 요건에 해당하는 것을 말한다)은 피고가 주장 · 증명책임을 진다(가령 A가 B에게 매매대금을 청구한 경우, 매매계약의 중요부분에 착오가 있음을 B가 증명할 수 있어야 한다). 셋째, 재항변(항변에 기한 법률효과를 부인하기 위한 즉, 청구원인에 따른 법률효과의 발생을 부활시킬 수 있는 요건에 해당하는 것을 뜻한다)은 원고가 주장 · 증명책임을 진다(가령 A가 B에게 대금지급을 청구한 경우, B가 중요부분의 착오임을 항변해 온 경우에 A가 그 착오에 B의 중과실이 있음을 증명할 수 있어야 한다).

제2장 민법전의 연혁과 구성

Ⅰ. 민법의 제정과 개정

우리 민법은 서구의 근대민법의 영향을 받아 1958년 2월 22일 제정되었고,[1][2] 1960년 1월 1일부터 시행된 이후 지금까지 모두 21번 개정되었다.[3]

Ⅱ. 민법전의 구성

민법전의 구성(편별)방식에는 로마식 편별법(Institutionensystem)과 독일식 편별법(Pandektensystem)이 있다.

1. 로마식 편별법

Gaius의 법학제요(Institutiones)에서 유래한다. 민법전을 인사편, 재산편(물건), 소송편으로 구성하는 방식이다. 프랑스민법전, 이태리민법전, 스페인·포르투갈 등 라틴제국의 민법전들이 이 방식을 따른다.

2. 독일식 편별법

1863년의 Sachsen민법전에서 유래한다. 민법을 총칙, 물권, 채권, 친족, 상속의 5편으로 나누는 형식을 취한다. 독일민법전, 일본민법전, 스위스민법전, 우리 민법전 등이 독일

---

1) 근대민법의 대표적인 것으로서 프랑스민법전(1804년의 나폴레옹민법전, 1870년의 Code Civil), 1900년부터 시행된 독일민법전(BGB; das bürgerliche Gesetzbuch), 1912년부터 시행된 스위스민법전(ZGB; Schweizerische Zivilgesetzbuch), 1898년 11월 16일부터 시행된 일본민법전 등을 들 수 있다. 우리민법전은 그 체계와 내용에 있어서 독일민법전과 유사한 점이 많다.

2) 일본민법(재산법)은 1912년의 조선민사령에 의해서, 해방 이후에는 미군정령 제2호에 의해, 정부수립 이후에는 제헌헌법 제100조에 의하여 48년 동안 우리나라에 적용되었다(이러한 의미에서 일본민법을 의용민법 또는 구민법이라 한다).

3) 민법의 개정사를 보면, 1962. 12. 29(법 제1237호), 1962. 12. 31(법 제1250호), 1964. 12. 31(법 1668호), 1970. 6. 18(법 2200호), 1977. 12. 31(법 제3051호), 1984. 4. 10(법 제3723호), 1990. 1. 13(법 4199호), 1997. 12. 13(법 제5431호), 1997. 12. 13(법 제5454호), 2001. 12. 29(법 제6544호), 2002. 1. 14(법 제6591호), 2005. 3. 31(법 제7427호), 2005. 3. 31(법 제7428호), 2005. 12. 29(법 제7765호), 2007. 5. 17(법 제8435호), 2007. 12. 21(법 제8720호), 2009. 5. 8(법 제9650호), 2011. 3. 7(법 제10429호), 2011. 5. 19(법 제10645호), 2012. 2. 12(법 제11300호), 2013. 4. 5(법 제11728호) 등이다.

식 편별법을 따르고 있다.[4)]

〈총칙편과 재산법, 친족 · 상속법과의 관계〉

1) 통칙 규정(제1조 · 제2조): 민법 중 재산법과 친족·상속법 전편에 적용된다.
2) 자연인의 행위능력에 관한 규정(제3조-제30조): 원칙적으로 재산행위능력에만 적용. 단, 주소, 부재, 실종선고, 동시사망의 추정규정 등은 가족법상의 행위능력(신분행위)에도 적용된다.
3) 법인 규정(제31조-제97조): 재산법에 당연히 적용된다. 친족편에는 적용되지 않고, 법인은 수유자로서 상속편에는 적용된다.
4) 물건 규정(제98조-제102조): 재산법과 친족 · 상속법에 다 적용된다.
5) 법률행위에 관한 규정(제103조-제154조): 원칙적으로 재산행위의 통칙, 친족 · 상속법상의 법률행위에는 적용되지 않는다.
6) 기간에 관한 규정(제155조-제161조): 재산법과 친족 · 상속법에 두루 적용된다.
7) 소멸시효에 관한 규정(제162조-제184조): 재산법에만 적용되고, 친족 · 상속법에는 특칙을 두는 수가 많다.

3. 민법총칙의 성격

민법 제1편의 총칙(제1조-제184조)을 주요대상으로 하는 민법총칙의 의미를 엄격히 파악하면, 민법 중 재산법에만 두루 적용되는 일반이론 내지 규정이라 할 것이다.

---

4) 독일식 편별법은 체계가 정연하다는 특색을 갖는다. 같은 법리를 물권 · 채권에 중복 규정하는 번거로움을 피할 수 있는 체계상의 장점이 있으나, 규정내용의 추상성으로 인하여 민법학을 난해하게 만드는 단점도 있다. 즉, 일반적인 것(Allgemeines)에서 구체적 · 개별적인 것(Besonderes)으로 향하기 위해 재산법의 총칙 규정을 둔다. 친족 · 상속법에도 별도의 총칙 규정이 있다.

제3장 민법의 기본원리

민법을 합리적으로, 그리고 타당하게 해석하기 위해서는 그 전제로서 민법의 기본원리(지도이념 · 지도원리 · 지향점)를 파악할 필요가 있다.[1)]

Ⅰ. 근대민법의 기본원리

1. 직접적 계기

근대민법의 3대 기본원리는 1789년 8월 29일 프랑스 의회에서 채택된 '인간과 시민의 권리선언'(The Declaration of the Rights of Man and the Citizen: 그 약칭이 인권선언이다)에서 유래한다.

즉, 모든 사람을 태어나자마자 평등하고 독립한 법인격의 주체로 파악함으로써 각자에게 주어진 계약체결의 가능성과 재산소유의 가능성만을 의제함으로써 각자의 자유로운 활동을 보장하는 것을 지도이념으로 하여 체계화 된 것이다. 그 구체적 표현이 바로 사유재산권 존중의 원칙, 사적자치의 원칙, 과실책임의 원칙이다.

2. 사유재산권 존중의 원칙

근대사회에 있어서 사람은 출생과 더불어 평등하고 독립한 법인격의 주체가 되므로, 중세 봉건사회에서의 신분적 예속관계에서 벗어난 반면, 사회생활은 자기책임 하에 스스로 펼쳐나가지 않으면 안 되었다. 따라서 어느 누구도 개인의 사유재산에 대한 지배 · 간섭은 허용되지 않는다는 것이다. 사유재산권의 중심은 소유권이라는 점에서 소유권절대의 원칙이라고도 한다.[2)3)] 이 원칙이 인정될 때 사람들의 경제생활에 있어서 이윤추구와 자유로운 경쟁이 촉진될 수 있었다.

---

1) 우리민법의 기본원리를 파악하기 위해서는 우선, 개인주의 · 자유주의에 바탕을 둔 근대민법의 3대 기본원리를 검토한 후에 3대 기본원리가 어떤 이유로 어떻게 수정되었는지를 살펴볼 필요가 있다. 그리고 나서, 현대민법의 기본원리를 검토한 다음에 우리민법의 기본원리를 재산법과 가족법으로 나누어 살펴보는 것이 합리적이다.

2) 이 원칙은 소유권의 신성불가침성을 선언한 인권선언 제17조(소유권은 불가침이고 신성한 권리이므로, 법률에 의하여 공공의 필요성이 명백히 요구되고 또 미리 정당한 보상을 지급하는 조건 하에서 하는 것이 아니면 이것을 박탈할 수 없다)에서 유래한다.

3) 이 원칙은 우리헌법 제23조 제1항과 민법 제211조에서 나타난다.

3. 사적자치의 원칙(법률행위자유의 원칙)

근대사회에 있어서 사람들은 자신의 자유로운 의사결정에 의해 사회생활을 펼쳐나간다는 것을 사적자치의 원칙이라 한다. 즉, 법률관계의 형성은 자신의 자유로운 의사결정에 바탕을 둔다는 것이다. 한편 개인의 자유의사와 타인의 자유의사의 결합(의사의 합의)이 계약이라는 점에서 계약자유의 원칙이라고도 한다.[4)5)] 이 원칙은 경제생활에 있어서는 자유방임주의(laisser faire) 내지 자유경쟁주의로 표현된다.[6)] 근대사회에 있어서 사람들의 사회생활(특히 경제생활)은 계약에 매개되어 행해진다는 점에서 근대사회를 계약사회라 한다.[7)] 한편 계약에 의하여 행해지는 개인의 경제생활은 창의성에 바탕을 두게 됨으로써 그 결과 자본주의 경제발전에 기여할 수 있었다.

판 례

◎ 사적 단체의 구성원에 대한 성별에 따른 차별처우가 불법행위를 구성하기 위한 요건

"사적 단체는 사적 자치의 원칙 내지 결사의 자유에 따라 그 단체의 형성과 조직, 운영을 자유롭게 할 수 있으므로, 사적 단체가 그 성격이나 목적에 비추어 그 구성원을 성별에 따라 달리 취급하는 것이 일반적으로 금지된다고 할 수는 없다. 그러나 사적 단체의 구성원에 대한 성별에 따른 차별처우가 사회공동체의 건전한 상식과 법감정에 비추어 볼 때 도저히 용인될 수 있는 한계를 벗어난 경우에는 사회질서에 위반되는 행위로서 위법한 것으로 평가할 수 있고, 위와 같은 한계를 벗어났는지 여부는 사적 단체의 성격이나 목적, 차별처우의 필요성, 차별처우에 의한 법익 침해의 양상 및 정도 등을 종합적으로 고려하여 판단하여야 한다. 특히 사적 단체의 성격이나 목적과 관련해서는, 대외적으로 그 단체가 사회공동체 내에서 순수하게 사적인 영역에서만 활동하는지 아니면 일정 부분 공공적 영역에서 활동하며 공익적 기능도 수행하는지와 대내적으로 그 단체의 구성원들에게 제공되는 구체적인 역무의 내용과 성격 등을, 차별처우의 필요성과 관련해서는 그러한 차별처우가 단체의 정체성을 유지하기 위하여 불가피한 것으로서 필요한 한도 내의 조치였는지 여부를, 차별처우에 의한 법익 침해의 양상 및 정도와 관련해서는 해당 구성원의 단체가입 목적, 이를 위한 단체

---

4) 계약자유의 원칙이란, 계약에 의한 법률관계의 형성은 법에 제한이 없는 한 각자의 자유에 맡겨지며, 법도 그러한 자유의 결과를 승인해야 한다는 원칙을 말한다. 체결(체약)의 자유(상대방 선택의 자유를 포함한다), 내용결정의 자유, 방식의 자유가 있다. 계약의 자유는 재산법, 특히 채권법의 기본이념이 된다.

5) 이 원칙은 우리헌법 제10조의 행복추구권과 민법상의 재산처분의 자유와 유언의 자유에서 나타나고, 민법 제103조는 계약자유의 원칙을 전제로 하고 있고 민법 제105조는 계약자유의 원칙을 간접적으로 표현한 것이다.

6) 사회생활 특히 경제활동의 영역에 있어서 사람들은 합리적인 판단력을 갖고 있다는 전제 아래 국가는 치안유지에만 신경을 쓰고(소위 야경국가론), 사람들의 경제활동에 간섭하지 않고 내버려 두어도 개인의사와 타인의사의 자유로운 충돌에 의하여 조화를 꾀할 수 있다는 생각(소위 국부론)이 바탕에 깔려있었다.

7) 중세 신분사회에서 근대 계약사회로의 변화된 모습을 일컬어 '신분에서 계약으로'(from status to contract)라고 표현하기도 한다(Henry Maine, Ancient Law, 1861). 메인은, '근대사회에서의 법률관계는 출생이나 신분에 의해 좌우되는 것이 아니라, 자유의사에 따른 합의에 의해 결정된다는 것이다. 엘리자베스 2세가 영국 여왕이 된 것은 왕가에서 출생했다는 우연한 사실 때문이지만, 내가 중고차의 대금을 지급하는 것은 내 스스로 그 차를 사겠다고 약속했기 때문이다.'라고 설파했다.

내 활동에서의 제약 정도와 기간, 그 가입목적 달성을 위한 대체적 단체의 가입 가능성 유무, 가입 시 단체 내 차별처우의 존재에 대한 인식 여부, 차별처우에 대한 문제제기 기간과 이에 대한 그 단체의 대응방식 등을 우리 사회의 건전한 상식과 법감정에 비추어 합리적으로 고려하여야 한다."[8]

4. 과실책임의 원칙

사적자치의 원칙에 따라 사회생활을 해나가는 과정에서 타인에게 손해가 발생한 경우, 그 가해행위가 위법하고 나아가 행위자의 과실(고의 포함)이 인정될 경우에만 손해배상책임을 진다는 것을 말한다. 행위자 자신의 위법행위로 인한 손해에 대해서만 책임을 지고, 타인의 행위에 대하여는 그 책임을 지지 않는다는 점에서 자기책임의 원칙이라고도 한다.[9][10] 이 원칙은 카지노이용을 둘러싼 법률관계의 경우에도 당연히 적용된다(판례).

〈민사책임의 귀속근거(고의 · 과실)〉

1) **고의**: 자신의 행위로부터 일정한 결과가 발생한다는 점을 인식 · 예견하면서 이를 그대로 수행했을 때 행위자에게 고의가 있다고 평가하게 된다.
2) **과실**: 행위자가 자신의 행위로부터 일정한 결과가 발생한다는 점을 행위 당시에 알고 있었어야 함에도 불구하고, 부주의로 말미암아 이를 알지 못하고 행위를 했을 때 행위자에게 과실이 있다고 하게 된다. 민사책임의 귀속근거로서 고의와 과실은 똑 같게 평가된다.[11](고의는 과실에 당연히 포함되어짐으로써 과실책임이라고도 한다).
3) **과실의 종류**: 과실은 이를 발생시키는 주의의무와 그 본질인 부주의 등을 표준으로, 다음과 같이 나뉜다.

첫째, 선량한 관리자의 주의의무(일반적으로 평균인에게 요구되는 정도의 주의 · 거래상 필요한 주의 · 개인차가 인정되지 않고 행위자의 직업 등에 따라 보편적으로 요구되는 정도의 주의, 민법상 주의의무의 원칙으로서 약칭하여, 선관주의의무라 한다. 제374조 참조)를 부담하는 자가 이를 게을리 하는 경우를 추상적 과실이라 한다(민법상 과실하면, 추상적 과실을 말한다). 한편 행위자의 구체적인 주의능력에 따른 주의만 다하면 되는, 개인차가 인정되는 경우의 주의를 주관적 주의의무(제695조 소정의 자기재산과 동일한 주의 · 제922조 소정의 자기재산에 관한 행위와 동일한 주의 · 제1022조 소정의 고유재산에 관한 것과 동

8) 대판 2011. 1. 27. 2009다19864.

9) 이 원칙은 우리민법상의 채무불이행과 불법행위로 인한 손해배상책임 발생의 근거가 된다(제390조 본문 · 제750조 참조).

10) 법률관계의 형성(발생 · 변경 · 소멸)이 개인의 의사결정에 의존하는 것이라면, 책임발생의 원인이 되는 어떤 사실도 행위자의 자유로운 의사활동에 의한 것이어야 한다. 이러한 관점에서 사적자치의 원칙과 자기책임의 원칙은 상호 표리관계에 놓여있다 할 것이다. 사적자치의 바탕인 자기결정(selbstbestimmung)과 과실책임의 원칙의 일면인 자기책임(selbstverantwertung)을 합하여 자기지배(selbstherrschaft)라 한다. 그렇다면, 사적자치의 원칙과 과실책임의 원칙은 개인의 자유로운 활동의 한계를 긋는 기능을 한다 할 것이다.

일한 주의)라 하고, 이러한 주의의무를 부담하는 자가 이를 게을리 하는 경우를 구체적 과실이라 한다.

둘째, 조금이라도 주의가 부족한 경우를 경과실이라 하고, 보통사람에게 요구되는 주의를 현저하게 게을리 한 경우를 중과실(가령 제109조 제1항 단서 · 제735조 등의 경우, 중대한 과실로 표현한다)이라 한다.[12] 민법상 과실하면, 추상적 경과실(단순히 추상적 과실이라 한다)을 말한다.

판 례

특정물인도채무자의 선관의무

"임대차 종료 후 임차인의 임차목적물 명도의무와 임대인의 연체차임 기타 명도 시까지 발생한 손해배상금 등을 공제하고 남은 임대보증금반환 채무와는 동시이행의 관계에 있는 것이어서 임차인은 이를 지급받을 때까지 동시이행의 항변권에 기하여 목적물을 유치하면서 명도를 거절할 권리가 있는 것이나, 임차인은 임차목적물을 명도할 때까지는 선량한 관리자의 주의로 이를 보존할 의무가 있어, 이러한 주의의무를 위반하여 임대목적물이 멸실 · 훼손된 경우에는 그에 대한 손해를 배상할 채무가 발생하며, 임대목적물이 멸실 · 훼손된 경우, 임차인이 그 책임을 면하려면 그 임차건물의 보존에 관하여 선량한 관리자의 주의의무를 다하였음을 증명하여야 할 것이다.[13]"

카지노사업자와 카지노이용자 사이의 카지노 이용을 둘러싼 법률관계에 대하여 '자기책임의 원칙'이 적용되는지 여부(적극)

"개인은 자신의 자유로운 선택과 결정에 따라 행위하고 그에 따른 결과를 다른 사람에게 귀속시키거나 전가하지 아니한 채 스스로 이를 감수하여야 한다는 '자기책임의 원칙'이 개인의 법률관계에 대하여 적용되고, 계약을 둘러싼 법률관계에서도 당사자는 자신의 자유로운 선택과 결정에 따라 계약을 체결한 결과 발생하게 되는 이익이나 손실을 스스로 감수하여야 할 뿐 일방 당사자가 상대방 당사자에게 손실이 발생하지 아니하도록 하는 등 상대방 당사자의 이익을 보호하거나 배려할 일반적인 의무는 부담하지 아니함이 원칙이다. 카지노업, 즉 '전문 영업장을 갖추고 주사위·트럼프·슬롯머신 등 특정한 기구 등을 이용하여 우연의 결과에 따라 특정인에게 재산상의 이익을 주고 다른 참가자에게 손실을 주는 행위 등을 하는 업'(관광진흥법 제3조 제1항 제5호)의 특수성을 고려하더라도, 폐광지역개발 지원에 관한 특별법(이하 '폐광지역지원법'이라 한다)에 따라 내국인의 출입이 가능한 카지노업을 허가받은 자(이하 '카지노사업자'라 한다)와 카지노이용자 사이의 카지노 이용을 둘러싼 법률관계에 대하여도 당연히 위와 같은 '자기책임의 원칙'이 적용된다.[14]"

---

11) 형사책임의 경우, 고의범만 처벌되고 과실범은 법률에 특별한 규정이 있는 경우에만 처벌되는 점과 비교할 수 있다(형법 제14조 참조). 그러나 사전에 약정한 책임면제의 효력의 경우 · 제496조, 약관의 규제에 관한 법률 제7조 제1호 등의 경우, 고의 · 과실의 구별은 실익이 있다.

12) 중대한 과실이란, '표의자의 직업, 행위의 종류, 목적 등에 비추어 보통 요구되는 정도의 주의를 현저하게 결여한 것을 말한다.'(대판 1992. 11. 24. 92다25830, 25847)

13) 대판 1991. 10. 25. 91다22605, 22612(반소); 대판 1985. 4. 9. 84다카2416; 대판 1982. 8. 24. 82다카254.

14) 대판 2014. 8. 21. 전원합의체(다수의견). 2010다92438.

◎ 민법 第496조의 입법취지와 중과실로 인한 불법행위 손해배상채권에 대한 상계금지의 가부

"민법 第496조가 고의의 불법행위로 인한 손해배상채권에 대한 상계를 금지하는 입법취지는 고의의 불법행위에 인한 손해배상채권에 대하여 상계를 허용한다면 고의로 불법행위를 한 자가 상계권행사로 현실적으로 손해배상을 지급할 필요가 없게 됨으로써 보복적 불법행위를 유발하게 될 우려가 있고, 고의의 불법행위로 인한 피해자가 가해자의 상계권행사로 인하여 현실의 변제를 받을 수 없는 결과가 됨은 사회적 정의관념에 맞지 아니하므로 고의에 의한 불법행위의 발생을 방지함과 아울러 고의의 불법행위로 인한 피해자에게 현실의 변제를 받게 하려는 데 있는바, 이 같은 입법취지나 적용결과에 비추어 볼 때 고의의 불법행위에 인한 손해배상채권에 대한 상계금지를 중과실의 불법행위로 인한 손해배상채권에까지 유추 또는 확장 적용하여야 할 필요성이 있다고 할 수 없다.[15]"

5. 근대민법의 3대 기본원리의 순기능 · 역기능

근대민법의 3대 기본원리는, 개인(기업)으로 하여금 사유재산에 대하여 법이 허용한 지배를 인정함으로써 창의력을 발휘한 자유로운 경쟁을 통하여 사유재산의 관리 · 운영이 촉진됨으로써 근대자본주의 경제발전에 큰 기여를 하게 되었다.

그런데, 근대민법의 3대 기본원리의 바탕이 된 자유와 평등은 형식적 · 추상적 평등에 지나지 않는 것으로서 이 원칙을 그대로 관철시킨 결과, 경제적 강자가 경제적 약자로부터 착취나 폭리를 취한다 하더라도 법률상 정당시 되어버리는 결과[16]를 야기하게 되었다.[17] 따라서 국가는 근대초의 자유방임주의정책을 버리고, 개인과 개인의 경제생활에 간섭함으로써 경제적 약자의 인간다운 생존의 실현을 보장하는 쪽으로 궤도 수정을 하기에 이르렀다.[18][19]

판 례

◎ 시민법원리의 수정

"전략(前略)… 사유재산제도와 경제활동에 관한 사적자치의 원칙에 입각한 시장경제질서를 기본으로 하는 우리나라에서는 원칙적으로 사업자들에게 계약체결 여부의 결정, 거래상대방 선택, 거래내용의 결정 등을 포괄하는 계약의 자유가 인정되지만, 시장의 지배와 경제력의 남용이 우려되는

15) 대판 1994. 8. 12. 93다52808; 대판 1984. 2. 14. 83다카659; 대판 1974. 8. 30. 74다958.

16) 이러한 경우를 사회적 강제의 법(Recht des sozialen Zwanges)이라 한다.

17) 금전소비대차 당사자의 합의에 의해 약정이자 40%가 정해진 경우, 이는 당사자의 계약에 바탕을 둔 것으로서 정당한 것이 되지만, 다른 한편으로는 경제적 강자인 대주가 경제적 약자인 차주로부터 폭리를 취하는 결과를 초래하게 된다.

18) 이러한 현상을 가리켜서, '부익부 빈익빈, 풍요속의 빈곤현상'이라는 자본주의 모순을 제거하기 위한 '근대시민법의 사회법에로의 전향'이라 한다(시민법의 사회법화).

19) 그리하여, 근대민법의 3대 기본원리는 다음과 같이 수정되어졌다 할 것이다. 즉, 소유권절대의 원칙이 소유권상대의 원칙으로, 계약자유의 원칙이 계약공정(사회적 조정 · 사회적 형평)의 원칙으로, 과실책임의 원칙이 무과실책임의 원칙으로 그 원리가 바뀌겼다.

경우에는 그러한 계약의 자유가 제한될 수 있다 할 것이고, 이러한 제한 내지 규제는 계약자유의 원칙이라는 시민법 원리를 수정한 것이기는 하나 시민법 원리 그 자체를 부정하는 것은 아니며, 시민법 원리의 결함을 교정함으로써 그것이 가지고 있던 본래의 기능을 회복시키기 위한 것으로 이해할 수 있다.후략(後略).[20]"

Ⅱ. 현대민법의 기본원리

소유권상대의 원칙, 계약공정의 원칙, 무과실책임의 원칙, 거래의 안전보호, 신뢰보호의 원칙 등을 현대민법(재산법)의 기본원리라 할 수 있다.

1. 소유권상대의 원칙

복지국가(경제정의)의 실현을 목적으로 하는 현대국가질서 아래에서 소유권은 공공의 권리로 관념됨으로써, 공공의 이익(복리)을 위하여 소유권의 행사가 제한될 수 있다는 것이다.[21] 오늘날 소유권(재산권)의 행사를 제한하는 제도가 점차 증가하고 있고,[22] 법해석의 경우에도 공공복리 내지 권리남용금지의 법리가 크게 작용하고 있다.

2. 계약공정의 원칙

계약의 자유는 국가권력이 적극적으로 관여한 강행법규적 성질을 갖는 특별법에 의하여 제한된다는 것이다. 왜냐하면, 경제적 약자도 경제적 강자와 대등한 위치에서 그 이익이 합리적으로 보장되어야 하기 때문이다. 오늘날 이 원칙에 입각한 법률이 늘어나고 있고,[23] 법해석에 있어서도 공공복리・신의성실의 원칙・사회질서 등의 법리가 계약내용의 공정성 확보를 위하여 작용하고 있다.

3. 무과실책임의 원칙

대규모의 근대적 기업(경영시설)의 경우, 가령 공장에서의 안전사고・기관의 폭발과 같이 기업주가 상당한 주의를 기울인다 하여도 피할 수 없는 위험성을 안고 있다. 그런데, 기업주는 평소에 그 시설 등을 통하여 많은 이익을 얻고 있는데, 손해발생에 대한 기업주의 책임사유(고의・과실)가 있는 경우에만 그 책임을 지도록 하는 과실책임의 원칙은 손해

---

20) 대판 2007. 11. 22. 전원합의체. 2002두8626.

21) 이 원칙은 경제헌법이라 불리는 1919년의 Weimar 헌법 제153조 제3항(소유권은 의무를 부담하며, 그 행사는 공공의 이익에 좇아야 한다)에서 유래한다. 우리헌법 제23조 제2항(재산권의 행사는 공공복리에 적합하도록 하여야 한다)은 이 원칙을 표방한다.

22) 가령 국토의 계획 및 이용에 관한 법률 제118조 제1항 소정의 토지거래허가제를 들 수 있다.

23) 가령 주택임대차보호법, 이자제한법, 대부업 등의 등록 및 금융이용자 보호에 관한 법률, 약관의 규제에 관한 법률, 근로기준법 등을 들 수 있다.

분담의 공평을 잃은 것으로서 옳지 못하다. 따라서 기업경영의 결과로서 타인(대내적으로는 근로자, 대외적으로는 일반시민)에게 끼친 손해에 대하여는 고의·과실이 없어도 기업주가 손해배상책임을 져야 한다는 것을 말한다(결과책임의 원칙).[24]

4. 거래안전의 보호

개인주의에 바탕을 둔 근대민법의 초기시대에는 개인의 재산보호가 중요시 됐지만, 자본주의 경제발달에 따라 재산거래의 안전·신속·확실성 등의 보장이 요구되면서 거래안전의 보호가 중요하게 되었다 할 것이다.

5. 신뢰보호의 원칙

권리의 외관을 신뢰한 자를 보호함으로써 거래의 신속·안전을 도모해야 한다는 원칙을 말한다.[25]

Ⅲ. 민법의 기본원리

1. 재산법의 기본원리

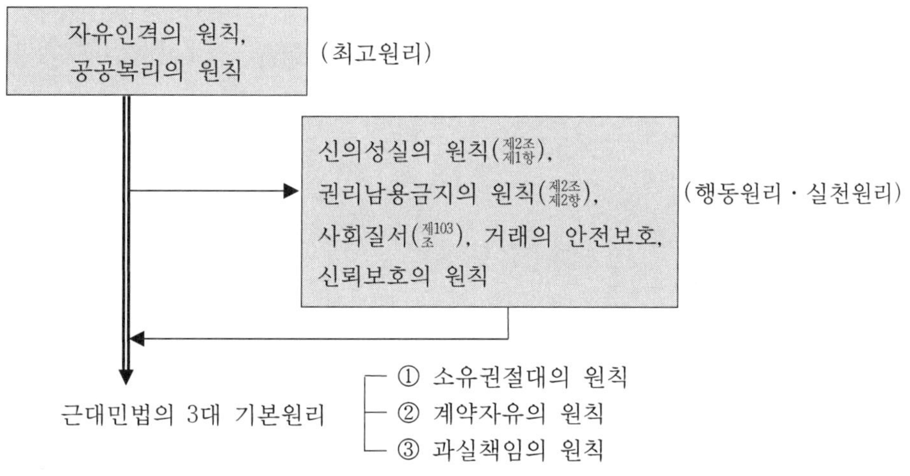

※ 근대민법의 3대 기본원리는 행동원리의 제약 하에서 승인된다.

---

24) 다만, 민법은 사법의 일반법이라는 점에서, 또한 이 원칙을 관철할 경우에는 기업활동이 위축될 수 있다는 점에서 민법의 규율대상인 사법관계에서는 여전히 과실책임을 원칙으로 하고, 특별한 생활관계를 규율하는 특별법의 영역에서는 무과실책임을 채택하고 있다(가령 환경정책기본법 제31조, 자동차손해배상보장법 제3조, 국가배상법 제5조, 광업법 제91조 등).

25) 이 원칙은, 신의성실의 원칙에 의한 신뢰보호와 외관주의에 의한 신뢰보호(가령 제125조·제126조·제129조) 등 두 가지로 나타난다.

2. 친족 · 상속법의 기본원리

헌법 제36조 제1항(혼인과 가족생활은 개인의 존엄과 양성의 평등을 기초로 성립되고 유지되어야 하며, 국가는 이를 보장한다)을 기본으로 한다.

그리하여, 부부관계에 있어서 부부평등의 원칙(제826조 제1항·제833조·제837조 등)을 친자관계의 경우, 자(子)의 복리(제913조 등)를 기본원리로 내세우고 있다.

제4장 민법의 해석

Ⅰ. 민법해석의 의의와 그 이상

사회생활에서 발생한 구체적인 민사사건(분쟁)을 관련 민법법규를 통하여 법률적인 가치를 평가하는 것을 민법의 적용이라 한다.[1] 이러한 민법 적용의 전제로서 확정된 사실관계에 적용될 관련 민법법규의 의미·내용을 명확히 밝히는 작업을 민법의 해석이라 한다.[2]

민법을 해석함에 있어서는 자의적 해석[3]을 배제하여 해석의 객관성을 살릴 수 있어야 한다(법의 입법취지·정신을 올바로 파악하여 이에 부합하는 목적론적 해석을 하여야 한다). 그래야만 분쟁당사자가 판결에 승복하게 되고, 법이 추구하는 형평성을 기할 수 있기 때문이다.

민법의 목적론적 해석과 관련한 민법해석의 두 가지 이상을 본다. 첫째, 구체적 타당성 있는 해석이다(민법법규를 민사사건에 적용하여 타당한 결과를 가져오도록 해석하는 것). 둘째, 법적 안정성에 기한 해석(민법법규에 대하여 사람, 사건, 시간의 흐름에 관계없이 일반적인 확실성을 갖도록 해석하는 것)이 있다. 그런데, 양자는 가치대립적 관계에 놓여 있어서 어느 한쪽을 강조하면 다른 한쪽이 희생되는 경향이 강하나, 양자의 조화를 도모하는 해석이 중요하다. 만약 조화를 꾀하지 못할 경우에는 법적 안정성의 견지에서 해석하여야 한다.[4]

---

1) 민법의 적용은 3단계의 절차를 밟아 행해진다. 첫째, 사실관계의 확정이다. 재산관계 또는 가족관계에 관한 당사자 사이의 구체적인 다툼을 증거를 통해 밝히는(확정하는) 단계이다(A가 B를 상대로 대여금반환청구소송을 제기한 경우, 돈을 빌려줬다는 사실을 증명하기 위하여 원고인 A가 B 이름으로 된 차용증서를 제시하거나, 또는 입회인·증인 등을 내세울 수 있어야 한다). 둘째, 확정된 사실관계에 적용할 관련 민법법규를 해석하는 단계이다(민법의 해석이라 한다). 셋째, 추상적인 민법법규를 대전제로 하고 확정된 구체적인 민사사건을 소전제로 하여 양자 사이에 논리조작을 통한 법률적 가치평가를 하는 단계이다(판결).

2) 관습민법 등 불문민법의 해석도 중요하지만, 가장 중요한 것은 민법전 등 이른바, 성문민법의 해석이다.

3) 해석자가 주관적인 잣대로서 임의대로 해석하는 것을 말한다.

4) 가령 A가 B에게 1천만원을 빌려주었는데, 반환시기에 이르러 화폐가치가 10분의 1로 떨어진 경우, 반환 당시의 차용원금을 그대로 1천만원으로 한다면 B에게는 이익이 되지만 A는 손해를 보게 된다. 그러므로, 화폐가치가 떨어진 것만큼 '원본의 증액평가'를 인정하는 것이 양당사자의 이익의 공평을 꾀할 수 있을 것이다. 하지만, 독일(BGH)의 경우와는 달리 우리대법원은 법적 안정성의 견지에서 이를 부인한다. 생각건대 재산거래관계가 X→Y→Z 등 계속적인 것이라면 법적 안정성(거래의 안전)을 중시할 필요가 있지만, X↔Y처럼 양당사자 사이일 경우에는 구체적 타당성을 기할 수 있어야 한다. 이러한 점에서 사정변경에 기한 계약내용의 수정을 인정하지 않는 대법원(판례)의 태도는 옳지 않다고 생각한다.

판 례

◎ 법률 해석의 방법과 한계

"법은 원칙적으로 불특정 다수인에 대하여 동일한 구속력을 갖는 사회의 보편타당한 규범이므로 이를 해석함에 있어서는 법의 표준적 의미를 밝혀 객관적 타당성이 있도록 하여야 하고, 가급적 모든 사람이 수긍할 수 있는 일관성을 유지함으로써 법적 안정성이 손상되지 않도록 하여야 한다. 그리고 실정법이란 보편적이고 전형적인 사안을 염두에 두고 규정되기 마련이므로 사회현실에서 일어나는 다양한 사안에서 그 법을 적용함에 있어서는 구체적 사안에 맞는 가장 타당한 해결이 될 수 있도록, 즉 구체적 타당성을 가지도록 해석할 것도 요구된다. 요컨대, 법해석의 목표는 어디까지나 법적 안정성을 저해하지 않는 범위 내에서 구체적 타당성을 찾는 데 두어야 한다. 그리고 그 과정에서 가능한 한 법률에 사용된 문언의 통상적인 의미에 충실하게 해석하는 것을 원칙으로 하고, 나아가 법률의 입법 취지와 목적, 그 제·개정 연혁, 법질서 전체와의 조화, 다른 법령과의 관계 등을 고려하는 체계적·논리적 해석방법을 추가적으로 동원함으로써, 앞서 본 법해석의 요청에 부응하는 타당한 해석이 되도록 하여야 한다. 한편 법률의 문언 자체가 비교적 명확한 개념으로 구성되어 있다면 원칙적으로 더 이상 다른 해석방법은 활용할 필요가 없거나 제한될 수밖에 없고, 어떠한 법률의 규정에서 사용된 용어에 관하여 그 법률 및 규정의 입법 취지와 목적을 중시하여 문언의 통상적 의미와 다르게 해석하려 하더라도 당해 법률 내의 다른 규정들 및 다른 법률과의 체계적 관련성 내지 전체 법체계와의 조화를 무시할 수 없으므로, 거기에는 일정한 한계가 있을 수밖에 없다.[5)]"

◎ 부당이득금반환사건

"갑 법인이 국유재산인 제1부동산에 관하여는 국가로부터, 공유재산인 제2부동산에 관하여는 을 지방자치단체로부터 점용허가를 받은 후 골프장 사업승인을 받고 점유를 개시하여 골프장 조성공사를 한 다음 골프장을 운영하고 있었는데, 제1, 2부동산이 일반재산으로 되면서 해당 관리청이 갑 법인과 새로 대부계약을 체결하고 매년 갱신하며 갑 법인이 최초 점유를 개시할 당시의 이용상태가 아니라 골프장으로 이용하고 있는 대부계약 갱신 당시의 이용상태를 기준으로 대부료를 산정하여 지급받아 온 사안에서, 국유 일반재산인 제1부동산에 대한 현행 국유재산법 시행령 시행일인 2009. 7. 31. 이후 대부료에 관하여도 점유 개시 당시의 이용상태를 기준으로 산정한 대부료를 초과하는 부분에 부당이득을 인정한 원심판결에 법리오해의 위법이 있다고 한 사례.[6)]"가 있다.

Ⅱ. 민법해석의 종류

민법의 해석방법 내지 표준은 관점에 따라 다를 수 있으나, 편의상 해석의 주체와 기법 등을 표준으로 하여 간결하게 살펴보기로 한다.

---

5) 대판 2009. 4. 23. 2006다81035.

6) 대판 2013. 1. 17. 전원합의체. 2011다83431.

1. 공권적 해석과 학리해석

공권적 해석이란 국가기관이 내리는 법의 해석을 말한다. 공권적 해석은 국가권력에 의한 뒷받침을 받아 구속력을 가진다는 점에서 유권해석이라고도 한다.[7] 입법기관인 국회가 행하는 입법해석,[8] 행정기관이 행하는 행정해석,[9] 사법기관이 내리는 사법해석[10] 등이 있다.

해석의 주체가 개인인 경우, 특히 법학자가 학설 전개의 방식으로 내리는 법의 해석을 학리해석(학설적 해석)이라 한다. 학리해석은 국가권력에 의한 뒷받침이 없다는 점에서 구속력이 없어 무권해석(無權解釋)이라고도 한다. 하지만, 재판의 기준·입법의 자료로 활용된다는 점에서 법의 해석하면, 학리해석을 말한다.

2. 문리해석과 논리해석

해석기법을 표준으로, 문리해석과 논리해석으로 나눈다. 전자는 법규의 문장이나 용어에 터 잡아, 그 문자가 갖는 통상의 의미에 충실한 해석을 말한다. 입법자의 의사에 충실을 기할 수 있고 법적 안정성에 기여하는 등 장점이 있으나, 추상적인 일반조항의 내용을 구체적으로 밝히기 어려운 단점이 있다. 후자는 법규를 다른 조문과 비교하거나 법문을 통일적·체계적으로 파악하여 3단논법과 같은 논리적 방법을 통하여 해석하는 방법을 말한다. 대개의 경우, 문리해석을 통하여 그 의미를 명확히 할 수 없을 경우, 논리해석의 방법을 취하게 된다. 논리해석에는 유추해석,[11] 반대해석,[12] 확대(확장)해석,[13] 축소해석,[14] 물론해석,[15] 보정해석(변경해석)[16] 등 여러 가지가 있다.

---

7) 엄격히 새기면, 공권적 해석 중의 하나인 입법해석만을 유권해석으로 부르기도 한다.

8) 법규 제정의 방식으로 해석하는 방법이다. 보통 성문법규로써 또 다른 성문법규를 해석하는 경우를 말한다. 가령 민법 제98조의 '본법에서 물건이라 함은 유체물 및 기타 관리할 수 있는 자연력을 말한다.'라는 경우를 들 수 있다. 제98조처럼 법규(법조문)에 법률용어가 해석되어진 것을 정의규정이라 한다.

9) 행정기관이 법을 집행하는 행정행위의 형태로 구체화된다.

10) 사법해석은 통상 재판(판결)의 형태로 나타난다.

11) 서로 비슷한 성질의 X와 Y 두 가지 사실이 있는 경우, 법규에 X 사실에 관한 규정만 있고 Y 사실에 관한 규정이 없다면, Y 사실에 대하여도 X 사실과 같은 결과를 가져오도록 해석하는 방법을 말한다(가령 종중과 같은 법인 아닌 사단에 대하여는, 법인격을 전제로 한 규정 이외의 민법상의 사단법인에 관한 규정을 적용하는 방법을 말한다). 다만, 죄형법정주의가 적용되는 형사법규, 조세법률주의가 적용되는 조세법 등의 경우, 유추해석은 원칙적으로 금지된다.

12) 비슷한 성질의 두 가지 사실이 있는 경우, 어느 하나의 사실(M)에 대하여 법규에 정함이 없고 다른 사실(N)에 대하여만 규정이 있는 경우, M에 대하여는 N과 반대의 결과를 인정하는 해석방법을 말한다(가령 제356조의 반대해석상 동산에 대하여는 저당권을 설정할 수 없게 된다).

13) 법문의 의미를 넓게 파악하여 해석하는 방법이다(가령 제752조의 생명침해로 인한 위자료청구권의 주체 중의 하나인 배우자의 범위에 법률혼 배우자뿐만 아니라 사실혼 배우자까지 포함시키는 판례의 태도를 들 수 있다).

14) 법문이 갖는 통상의 의미보다 오히려 좁게 해석하는 방법을 뜻한다(가령 제250조 소정의 금전의 의미를 진열 목적의 특정년도의 500원짜리 동전, 1988년 올림픽 주화 일정량 등으로만 제한하는 경우를 들 수 있다).

〈민법해석상 전문용어의 해설〉

1) 준용: 법규를 제정하면서, 간결을 꾀하기 위하여 앞에서 규정한 유사한 법규를 유추적용할 수 있도록 규정하는 일종의 입법기술을 말한다(제12조 제2항 참조).
2) 선의: 일정한 사실을 모르는 경우를 뜻한다. 법률의 영역에서 선의의 당사자(특히 선의의 제3자)는 보호를 받게 된다.
3) 악의: 선의와는 반대로 일정한 사실을 알고 있는 경우이다(타인을 해할 의사의 의미로도 쓰인다. 제840조 제2호 참조). 악의의 당사자는 법의 보호를 받지 못한다. 중요한 것은, 당사자 일방(또는 제3자)의 악의의 존재를 그 효력을 부정하려는 자가 증명해야 하는 경우가 많다는 점이다.
4) 추정: 불명확한 사실을 일단 존재하는 것으로 새겨 일정한 법률효과를 발생시켜 놓고, 그 후에 반대의 증거(반증; 反證)의 제출을 통하여 이미 발생한 법률효과가 깨어지게 되는 것을 말한다(제844조 제1항 참조).
5) 간주: 반증의 제출이 허용되지 않고 법률에 정한 일정한 효력만 주어지는 경우를 말한다(법률에 의한 의제로서 통상 법조문에 '-- 본다.'의 표현으로 나타난다. 제28조 참조).
6) 제3자: 당사자 이외의 모든 사람을 뜻하지만, 구체적인 경우에는 그 범위가 제한되기도 한다.
7) 대항하지 못한다(또는 대항할 수 없다): 당사자가 일정한 무효 또는 취소의 사유를 내세워, 선의의 제3자의 의사에 반하여, 당해 법률행위 효력의 실효를 선의의 제3자에게 주장하지 못한다는 의미이다(제108조 제2항 참조). 대항하지 못한다는 말은, 선의의 제3자를 보호함으로써 거래의 안전에 이바지하는 것이라 할 수 있다.

판 례

◎ 사업자가 약관에 의한 계약을 체결하면서 상대방과 특정 조항에 관하여 개별적인 교섭을 거친 경우, 그 특정 조항은 약관의 규제에 관한 법률의 규율 대상이 아닌 개별약정이 되는지 여부 및 이때 개별적인 교섭이 있었다고 하기 위한 요건과 그에 관한 증명책임의 소재(=사업자 측)

"계약의 일방 당사자가 다수의 상대방과 계약을 체결하기 위해서 일정한 형식에 의하여 미리 계약서를 마련하여 두었다가 어느 한 상대방에게 이를 제시하여 계약을 체결하는 경우에도 그 상대방과 사이에 특정 조항에 관하여 개별적인 교섭(또는 흥정)을 거침으로써 상대방이 자신의 이익을 조정할 기회를 가졌다면, 그 특정 조항은 약관의 규제에 관한 법률의 규율대상이 아닌 개별약정이 된다고 보아야 한다. 이때 개별적인 교섭이 있었다고 하기 위해서는 비록 그 교섭의 결과가 반드시

---

15) 법규에 규정된 법문의 의미에 비추어 일정한 사항도 그에 해당하는 것으로 파악하는 해석방법을 말한다(가령 제396조 소정의 과실상계에서의 과실의 범위에 채권자・피해자의 고의가 당연히 포함한다는 경우를 들 수 있다).

16) 법문의 표현이 잘못되었을 경우, 이를 바르게 잡아 변경하여 해석하는 것을 말한다(가령 제7조 소정의 취소의 의미를 철회의 의미로 바꿔서 해석하는 경우를 뜻한다).

특정 조항의 내용을 변경하는 형태로 나타나야 하는 것은 아니라 하더라도, 적어도 계약의 상대방이 그 특정 조항을 미리 마련한 계약서의 내용에 구속되지 아니하고 당사자와 사이에 거의 대등한 지위에서 당해 특정 조항에 대하여 충분한 검토와 고려를 한 뒤 영향력을 행사함으로써 그 내용을 변경할 가능성이 있어야 하고, 약관 조항이 당사자 사이의 합의에 의하여 개별약정으로 되었다는 사실은 이를 주장하는 사업자 측에서 증명하여야 한다.[17)]"

◎ 동시사망의 추정을 번복하기 위한 증명책임의 내용 및 정도

"민법 제30조에 의하면, 2인 이상이 동일한 위난으로 사망한 경우에는 동시에 사망한 것으로 추정하도록 규정 규정하고 있는바, 이 추정은 법률상의 추정으로서 이를 번복하기 위하여는, 동일한 위난으로 사망하였다는 전제사실에 대하여 법원의 확신을 흔들리게 하는 반증을 제출하거나, 또는 각자 다른 시각에 사망하였다는 점에 대하여 법원에 확신을 줄 수 있는 본증을 제출하여야 하는데, 이 경우 사망의 선후에 의하여 관계인들의 법적 지위에 중대한 영향을 미치는 점을 감안할 때 충분하고도 명백한 증명이 없는 한, 위 추정은 깨어지지 않는다.[18)]"

◎ 계약의 해제로 대항할 수 없는 민법 제548조 제1항 소정의 '제3자'의 범위

"갑이 을과의 교환계약에 의하여 취득한 토지를 병이 갑으로부터 전득(轉得)하고 자신의 앞으로 바로 소유권이전등기를 마쳤다면, 병은 을이 해제되었다고 주장하는 위 '교환계약으로부터 생긴 법률적 효과를 기초로 하여 새로운 이해관계를 가졌을 뿐 아니라 등기를 마침으로써 완전한 권리를 취득한 자'이므로, 민법 제548조 제1항 단서 소정의 제3자에 해당한다.[19)]"

◎ 채권양도금지특약으로 악의 또는 중과실의 제3자에게 대항할 수 있는지 여부 및 제3자의 악의 또는 중과실에 대한 증명책임의 소재

"당사자의 의사표시에 의한 채권양도 금지는 제3자가 악의의 경우는 물론 제3자가 채권양도 금지를 알지 못한 데에 중대한 과실이 있는 경우, 그 채권양도 금지로써 대항할 수 있다 할 것이나, 제3자의 악의 내지 중과실은 채권양도 금지의 특약으로 양수인에게 대항하려는 자가 이를 주장·증명하여야 한다.[20)]"

17) 대판 2010. 9. 9. 2009다105383; 대판 2008. 7. 10. 선고 2008다16950; 대판 2003. 3. 14. 2001다83319.
18) 대판 1998. 8. 21. 98다8974.
19) 대판 1997. 12. 26. 96다44860; 대판 1996. 4. 12. 95다49882; 대판 1964. 9. 22. 64다596.
20) 대판 1999. 12. 28. 99다8834; 대판 1999. 2. 12. 98다49937; 대판 1996. 6. 28. 96다18281.

제5장 민법의 효력

시간, 사람, 장소를 기준으로 하는 민법의 타당범위는 어디까지 미치는가?

Ⅰ. 민법의 효력 개관

1. 시간적 효력

모든 법은 시행 시부터 폐지될 때까지 시간적 효력을 갖는다.[1] 민법은 1960년 1월 1일부터 시행되고 있다. 한편 법적 안정성의 유지·기득권의 보호 차원에서 소급효가 금지되는 것이지만(헌법 제13조 제2항 참조),[2] 민법은 당사자의 기득권을 침해하지 않는 범위에서 소급효를 인정하고 있다(민법부칙 제2조 참조).

2. 사람에 관한 효력

국가의 최고권력인 주권이 어떤 국가의 국적을 가진 모든 국민을 지배하는 힘인 대인고권(국민주권)의 결과인 속인주의의 영향으로, 민법은 거주지에 관계없이 대한민국 국민 모두에게 적용된다. 또한 주권이 어떤 국가의 영토 내의 모든 사람·물건을 지배하는 힘인 영토고권(영토주권)의 결과인 속지주의의 영향으로, 민법은 대한민국의 영토 내에 있는 모든 사람에게 적용된다.[3] 한편 근대국가의 법률에서는 속인·속지주의를 병행하는 것이 보통이다. 그러나 이를 관철시켜 나갈 경우, 국가들 사이에 민법이 통일되어 있지 않아서 법의 충돌(conflict of laws)현상이 생길 수가 있다.[4] 이러한 경우, 문제해결의 합리적인 준거법으로서 국제사법이 존재한다.[5]

---

1) 모든 법은 법률에 특별한 시행시기가 규정되어 있지 않는 한 공포한 날부터 20일이 경과하면 효력이 발생하는 것이나(헌법 제53조 제7항 참조), 민법은 그 부칙 제28조에 의해 1960년 1월 1일부터 시행되고 있다.

2) 법률불소급(소급효금지)의 원칙이란 모든 법은 법 시행 이후의 생활관계에만 적용되고, 그 시행 이전의 생활관계에는 적용되지 않는다는 원리를 말한다.

3) 다만, 치외법권(extraterritoriality)에 의한 예외가 인정된다.

4) 가령 한국의 속인주의와 한국 국적을 가진 자가 현재 살고 있는 거주국가의 속지주의가 충돌하는 경우를 들 수 있다.

5) 가령 우리나라에 거주하는 미국인(A)과 한국인(B)이 한국 내에서 혼인할 경우, 어느 나라 민법의 적용을 받게 되는가? 국제사법 제36조 제2항 단서의 규정상 우리민법 제812조 소정의 혼인신고를 마쳐야 한다.

3. 장소적 효력

민법은 대한민국의 전 영토 내에 그 효력이 미친다.[6)7)]

6) 다만, 휴전선 이북지방의 경우, 민법의 규범적 타당성은 있으나 현실적 실효성·집행성은 없다.

7) 최근에 '남북주민 사이의 가족관계와 상속 등에 관한 특례법'이 제정되어 시행되고 있다(2012. 2. 10. 제정. 2012. 5. 11. 시행). 이 법은 재판관할, 중혼·실종선고취소에 따른 혼인의 효력 등 남북주민에 대한 상속·혼인·친생자관계 등의 문제해결을 도모하기 위한 것이다.

제 2 편

본 론

제1장 민법의 법원

민법 제1조(법원)는 민법의 법원의 종류와 법원 상호간의 효력의 순위를 규정하고 있다.

Ⅰ. 법원의 의의 · 종류

1. 법원의 의의

민사관계(재산관계 · 가족관계)[1] 분쟁해결의 기준이 되는 재판규범으로서의 실질적 의미의 민법의 존재형식을 민법의 법원(法源)이라 한다. 이에는 성문민법 법원과 불문민법 법원의 두 가지가 있다.

2. 성문법과 불문법의 비교 · 구별

문자로서 표시되고 권한이 있는 국가기관에 의해 제정된 법규의 총체가 성문법(법원)이고, 성문법 이외의 법규가 불문법(법원)이다. 성문민법 법원에는 헌법 · 법률 · 명령 · 대법원규칙 · 조약 · 자치법규가 있다. 불문민법 법원에는 관습법 · 판례법 · 조리 · 학설 등이 있다(단, 판례법과 학설의 경우, 다툼이 있다).[2]

Ⅱ. 성문민법 법원 개관

H. Kelsen의 법단계설에 따른 성문민법 법원을 개관해 본다.

---

1) 민사는 실질적 의미의 민법의 규율 대상이 되는 사항을 말하는 것으로서 형사에 대응하는 말로 사용되지만, 주의할 점이 있다. 즉, 형사법에 대응하여 민사법이라 할 경우에는 민법 · 상법 기타의 특별사법 · 민사소송법과 민사집행법 기타의 절차법까지를 포함하는 관념이므로, 민사법은 사법(私法)의 의미와는 다르다는 점이다.

2) 법원의 입법주의와 관련해서는, 성문법주의국가와 불문법주의국가로 대별된다. 어떠한 입법주의를 취할 것인가는 그 국가의 역사와 전통, 법률정책에 의해 달라질 수 있으나, 대체로 대륙법계통의 국가는 전자를 영미법계통의 국가는 후자를 취한다(우리나라는 성문법주의국가임).

성문법주의는 법의 내용이 명확함으로써 법적 안정성이 확보되는 반면, 사회사정의 변화에 법이 바로 대응하지 못하는 이른바, '법의 경화현상'이 있다. 한편 불문법주의는 사회의 변화에 따라 판결을 통해 적응력을 높이는 등 사회사정의 변화에 바로 대처할 수 있는 장점이 있는 반면, 법적 안정성이 저해되는 단점이 있다.

1. 헌 법

국가의 최고 근본규범으로서 실정법에 대한 근거는 기본적으로 헌법에서 찾고, 그 내용은 헌법에 위배되지 않아야 한다.

판 례

◎ 사인에 의한 평등권 침해가 불법행위를 구성하는 형태

"헌법상의 기본권은 제1차적으로 개인의 자유로운 영역을 공권력의 침해로부터 보호하기 위한 방어적 권리이지만 다른 한편으로 헌법의 기본적인 결단인 객관적인 가치질서를 구체화한 것으로서, 사법을 포함한 모든 법 영역에 그 영향을 미치는 것이므로 사인간의 사적인 법률관계도 헌법상의 기본권 규정에 적합하게 규율되어야 한다. 다만 기본권 규정은 그 성질상 사법관계에 직접 적용될 수 있는 예외적인 것을 제외하고는 사법상의 일반원칙을 규정한 민법 제2조, 제103조, 제750조, 제751조 등의 내용을 형성하고 그 해석 기준이 되어 간접적으로 사법관계에 효력을 미치게 된다. 헌법 제11조는 '모든 국민은 법 앞에 평등하다. 누구든지 성별·종교 또는 사회적 신분에 의하여 정치적·경제적·사회적·문화적 생활의 모든 영역에 있어서 차별을 받지 아니한다.'라고 규정하여 평등의 원칙을 선언함과 동시에 모든 국민에게 평등권을 보장하고 있다. 따라서 사적 단체를 포함하여 사회공동체 내에서 개인이 성별에 따른 불합리한 차별을 받지 아니하고 자신의 희망과 소양에 따라 다양한 사회적·경제적 활동을 영위하는 것은 그 인격권 실현의 본질적 부분에 해당하므로 평등권이라는 기본권의 침해도 민법 제750조의 일반규정을 통하여 사법상 보호되는 인격적 법익침해의 형태로 구체화되어 논하여질 수 있고, 그 위법성 인정을 위하여 반드시 사인간의 평등권 보호에 관한 별개의 입법이 있어야만 하는 것은 아니다."[3]

2. 법 률

입법기관인 국회에서 제정된 형식적 법률만을 말한다(헌법 제53조 참조). 민법전, 민사특별법, 민법부속법규를 포함한다. 헌법재판소법 제47조·제75조의 규정상 헌법재판소의 결정도 법률과 대등한 효력이 있으므로, 헌재결정 내용 중 민사에 관한 것은 법률과 같은 제1차적인 법원이 된다.

판 례

◎ 외국적 요소가 있는 법률관계에 적용할 외국법규의 의미와 내용의 확정 방법

"외국적 요소가 있는 법률관계에 관하여 적용될 외국법규의 내용을 확정하고 그 의미를 해석할 경우에는 그 외국법이 그 본국에서 현실로 해석·적용되고 있는 의미·내용대로 해석·적용하는 것이 원칙이며, 소송 과정에서 그 외국의 판례나 해석기준에 관한 자료가 제출되지 아니하여 그 내용

3) 대판 2011. 1. 27. 2009다19864; 대판 2010. 4. 22. 전원합의체. 2008다38288.

의 확인이 불가능한 경우에만 일반적인 법해석 기준에 따라 법의 의미·내용을 확정할 수 있다.[4]"

◎ 명예회복에 적당한 처분에 사죄광고를 포함시키는 것이 헌법에 위반되는지 여부

"명예회복에 적당한 처분에 사죄광고를 포함시키는 것은 헌법 제19조 양심의 자유를 국가가 강제하는 것이 됨으로 위헌이다.[5]"

◎ 원칙적으로 3년 이상 혼인 중인 부부만이 친양자 입양을 할 수 있도록 규정하여 독신자는 친양자 입양을 할 수 없도록 한 구 민법(2005. 3. 31. 법률 제7427호로 개정되고, 2012. 2. 10. 법률 제11300호로 개정되기 전의 것) 제908조의2 제1항 제1호(이하 '심판대상조항'이라 한다)가 독신자의 평등권을 침해하는지 여부(소극)

"심판대상조항은 친양자가 안정된 양육환경을 제공할 수 있는 가정에 입양되도록 하여 양자의 복리를 증진시키기 위해, 친양자의 양친을 기혼자로 한정하였다. 독신자 가정은 기혼자 가정과 달리 기본적으로 양부 또는 양모 혼자서 양육을 담당해야 하며, 독신자를 친양자의 양친으로 하면 처음부터 편친가정을 이루게 하고 사실상 혼인 외의 자를 만드는 결과가 발생하므로, 독신자 가정은 기혼자 가정에 비하여 양자의 양육에 있어 불리할 가능성이 높다. 나아가 독신자가 친양자를 입양하게 되면 그 친양자는 아버지 또는 어머니가 없는 자녀로 가족관계등록부에 공시되어, 친양자의 친생자로서의 공시가 사실상 의미를 잃게 될 수 있다. 한편, 입양특례법에서는 독신자도 일정한 요건을 갖추면 양친이 될 수 있도록 규정하고 있으나, 입양의 대상, 요건, 절차 등에서 민법상의 친양자 입양과 다른 점이 있으므로, 입양특례법과 달리 민법에서 독신자의 친양자 입양을 허용하지 않는 것에는 합리적인 이유가 있다. 따라서 심판대상조항은 독신자의 평등권을 침해한다고 볼 수 없다.[6]"

3. 명 령

행정기관에 의해 제정된 법규의 형식으로서 행정입법을 말한다. 명령발동의 주체를 표준으로 대통령령·총리령·부령(행정 각부의 장관이 발하는 명령)이 있고, 내용에 따른 분류로서 위임명령(보충명령)[7]·집행명령(실시명령)[8]·긴급명령[9]이 있다.

4. 대법원규칙

헌법 제108조의 규정에 따라 대법원이 제정한 규칙 중 민사에 관한 것은 민법의 법원이 된다(공탁규칙, 부등산등기규칙 등).

---

4) 대판 2010. 1. 28. 2008다54587; 대판 2007. 7. 12. 2005다39617; 대판 2007. 6. 29. 2006다5130.

5) 헌재결 1991. 4. 1. 89헌가160.

6) 헌재결 2013. 9. 26. 2011헌가42.

7) 상위규범인 법률이 일정한 범위를 정하여 권한을 위임한 사항의 내용을 구체적으로 밝히는 명령을 말한다(가령 이자제한법 제2조 제1항의 최고이자율에 관한 규정).

8) 법률을 집행하기 위하여 필요한 세칙을 정하는 명령을 말한다(가령 법학전문대학원 설치 운영에 관한 법률 시행령).

9) 헌법 제76조 제2항에 기한 대통령이 비상조치권에 의해 발하는 긴급명령은 상위규범인 법률과 대등한 효력이 있다.

5. 조 약

헌법에 의해 체결·공포된 조약과 일반적으로 승인된 국제법규는 국내법과 동일한 효력이 있다(헌법 제6조 제1항 참조). 따라서 민사 관련 조약은 민법의 법원이 된다.

6. 자치법규(자치법, 자치규정)

지방자치단체가 법령이 위임한 범위 내에서 그 사무처리에 관하여 제정하는 법규를 말한다(헌법 제117조, 지방자치법 제22조 이하 참조). 이에는 조례(지방자치법 제22조)와 규칙(지방자치법 제23조)의 두 가지가 있다. 자치법규 중 민사에 관한 것은 성문의 민사법규에 대한 보충적인 법원이 된다(헌법 제117조 제1항 참조).

Ⅲ. 불문민법 법원 개관

1. 관 습 법

●● 사례 1

1965년 혼인신고를 한 소외 1과 소외 2는 2남 1녀의 자녀를 두고 서울에서 거주하고 있었으나 1982년 소외 1이 ○○대학교 교수로 임용되면서 주말부부로 살게 되었고 그러던 중 소외 2가 1992. 1. 13. 병으로 사망하였다. 그러자 소외 2의 동생으로 당시 42세의 미혼이던 A(원고)는 서울 집에 남아 있는 소외 1의 미혼인 두 아들(원고의 조카들. 딸은 이미 출가하였다)을 돌보게 되었고 1993년 4월경부터는 위 집에 들어와 조카들과 함께 살기 시작하였다. 이후 1995년 소외 1의 장남이 결혼하면서 위 집에서 살림을 차리게 되자 소외 1은 주소지를 위 집에서 지방으로 옮겼고, 원고도 위 집에서 나와 소외 1의 지방 소재 주소지로 이사를 하여 그때부터 소외 1과 원고는 동거를 시작하였다. 소외 1과 원고는 부부동반 모임이나 여행 등에 참가하는 등 부부로서 생활하였고, 소외 1은 원고에게 배우자용 가족신용카드를 발급해 주는 한편 원고의 국민연금 및 건강보험료를 납부하는 등 공동생활을 영위하였다. 이와 같은 소외 1과 원고의 사실적 생활관계는 소외 1의 자녀들을 포함한 친인척과 주변 지인들로부터 부부로서 인정되었다. 소외 1은 2003. 8. 31. ○○대학교에서 퇴직하였고, 그에 따라 퇴직연금을 받아오던 중 2009. 1. 6. 사망하였다(소외 1의 사망 당시까지 소외 1과 원고는 혼인신고를 마치지 아니하였다). 그러자 A는 공무원연금공단을 상대로 유족연금신청을 하였다. A의 신청은 정당한가?

●● 사안의 쟁점:

첫째, 민법상 혼인이 무효로 되는 근친자 사이의 사실혼관계일 경우, 공무원연금법상 유족연금의 지급대상이 되는지 여부 둘째, 2005. 3. 31. 법률 제7427호로 개정된 민법 시행 후 1990. 1. 13. 법률 제4199호로 개정된 민법이 시행되던 당시의 형부와 처제 사이의 사실혼관계에 이를 무효사유 있는 사실혼관계라고 할 수 있는지 여부 등이다.

(1) 관습법의 의의

사회의 거듭된 관행으로 생성된 사회생활규범이 사회의 법적 확신과 인식에 의하여 법적 규범으로 승인, 강행되기에 이른 것을 말한다.[10)]

(2) 관습법의 성립요건

관행의 존재, 관행이 사회의 법적 확신·인식에 의한 지지를 받을 것, 그 관행이 헌법을 최상위 규범으로 하는 전체 법질서에 반하지 않는 것으로서 정당성과 합리성이 인정될 수 있어야 한다(판례).

판 례

◎ 관습법의 의의와 효력 및 '사회의 거듭된 관행으로 생성한 사회생활규범'이 법적 규범으로 승인되기에 이르렀다고 하기 위한 요건

"관습법이란 사회의 거듭된 관행으로 생성한 사회생활규범이 사회의 법적 확신과 인식에 의하여 법적 규범으로 승인·강행되기에 이른 것을 말하고, 그러한 관습법은 법원(法源)으로서 법령에 저촉되지 아니하는 한 법칙으로서의 효력이 있는 것이고, 또 사회의 거듭된 관행으로 생성한 어떤 사회생활규범이 법적 규범으로 승인되기에 이르렀다고 하기 위하여는 헌법을 최상위 규범으로 하는 전체 법질서에 반하지 아니하는 것으로서 정당성과 합리성이 있다고 인정될 수 있는 것이어야 하고, 그렇지 아니한 사회생활규범은 비록 그것이 사회의 거듭된 관행으로 생성된 것이라고 할지라도 이를 법적 규범으로 삼아 관습법으로서의 효력을 인정할 수 없다.[11)]"

◎ 관습법으로 승인되었던 '사회의 거듭된 관행으로 생성한 사회생활규범'이 그 법적 규범으로서의 효력을 상실하게 되는 경우

"사회의 거듭된 관행으로 생성된 사회생활규범이 관습법으로 승인되었다고 하더라도 사회 구성원들이 그러한 관행의 법적 구속력에 대하여 확신을 갖지 않게 되었다거나, 사회를 지배하는 기본적 이념이나 사회질서의 변화로 인하여 그러한 관습법을 적용하여야 할 시점에 있어서의 전체 법질서에 부합하지 않게 되었다면 그러한 관습법은 법적 규범으로서의 효력이 부정될 수밖에 없다.[12)]"

◎ 호주가 사망한 경우 딸에게 분재청구권을 인정하지 아니한 구 관습법(이하 '이 사건 관습법'이라 한다)이 헌법재판소법 제68조 제2항에 의한 헌법소원심판의 대상이 되는지 여부(적극)

"법률과 동일한 효력을 갖는 조약 등을 위헌법률심판의 대상으로 삼는 것은 헌법을 최고규범으로 하는 법질서의 통일성과 법적 안정성을 확보할 수 있을 뿐만 아니라, 합헌적인 법률에 의한 재판을 가능하게 하여 궁극적으로는 국민의 기본권 보장에 기여할 수 있다. 그런데 이 사건 관습법은 민법 시행 이전에 상속을 규율하는 법률이 없는 상황에서 재산상속에 관하여 적용된 규범으로서 비록 형식적 의미의 법률은 아니지만 실질적으로는 법률과 같은 효력을 갖는 것이므로 위헌법률심판의 대상이 된다.[13)]"

---

10) 대판 1983. 6. 14. 80다3231.
11) 대판 2005. 7. 21. 전원합의체. 2002다1178; 대판 1983. 6. 14. 80다3231.
12) 대판 2005. 7. 21. 전원합의체. 2002다1178.

◎ 관습법이 헌법재판소의 위헌법률심판의 대상인지 여부(소극)

"헌법 제111조 제1항 제1호 및 헌법재판소법 제41조 제1항에서 규정하는 위헌심사의 대상이 되는 법률은 국회의 의결을 거친 이른바 형식적 의미의 법률을 의미하고 (헌재결 1995. 12. 28. 95헌바3 결정 등 참조), 또한 민사에 관한 관습법은 법원에 의하여 발견되고 성문의 법률에 반하지 아니하는 경우에 한하여 보충적인 법원(법원)이 되는 것에 불과하여(민법 제1조) 관습법이 헌법에 위반되는 경우 법원이 그 관습법의 효력을 부인할 수 있으므로 (대판 2003. 7. 24. 전원합의체. 2001다48781 등 참조), 결국 관습법은 헌법재판소의 위헌법률심판의 대상이 아니라 할 것이다. 따라서 민법 시행 이전의 상속에 관한 구 관습법 중 '호주가 사망한 경우 여자에게는 상속권 및 분재청구권이 없다'는 부분에 대한 위헌법률심판의 제청을 구하는 신청인의 이 사건 신청은 부적법하다.[14]"

(3) 관습법의 타당근거

이에는 승인설,[15] 의사설,[16] 법적 확신설 등 여러 견해가 있지만, 공동체의 법적 확신에서 그 근거를 찾는 법적 확신설이 타당하다고 생각한다.[17]

* Eike von Repgow의 'Sachsenspigel' = 'Spiegel der Sachsen'[18]

(4) 관습법의 효력

보충적 효력설과 변경적(대등적) 효력설 등 견해의 대립이 있으나,[19] 판례는 보충적 효력설을 취한다. 생각건대 성문법주의 아래에서 성문법의 경화로 인해 변화하는 사회에 대응하기 위한 관습민법의 자연적 발생은 지극히 당연한 것이므로, 관습법의 성립이나 적용을 민법 제1조라는 금지규정으로 저지한다는 것은 불가능하다. 다른 한편 민법 제185조는 서구의 전통적인 물권법정주의를 탈피하여, 관습물권법의 성문법과의 대등한 효력을 부여하고 있는 점 등에 비춰볼 때, 후자가 타당하다.[20][21]

---

13) 헌재결 2013. 2. 28. 2009헌바129.

14) 대결 2009. 5. 28.자 2007카기134.

15) 관습법은 입법자가 명시적·묵시적으로 승인하였기 때문에 성립한다는 견해로서 허용설이라고도 한다 (K. Binding의 주장).

16) 관습법도 다른 모든 법과 마찬가지로 어떠한 공동체의 의사에 의해 성립한다는 것으로 Nipperdey가 주장했다.

17) Savigny 등의 역사법학자는, 관습법은 '민족정신(Volksgeist)의 소산'이며 '민족의 법적 확신'이므로 입법자가 임의로 만든 성문법 보다 관습법의 우월적 지위가 인정되어야 한다고 주장했다.

18) 13세기 독일 작센지방의 관습을 집대성한, 목동출신의 레프고우가 쓴 사선문서(私選文書)로서, 사람들이 아침에 일어나면 자발적으로 거울을 보듯이, 관습은 어느 지방의 구성원들의 법적 확인·인식에 터 잡아 그들이 스스로 지켜나가는 반복되어진 행위의 양태로서 일종의 선조들의 삶의 질서라 할 수 있다.

19) 보충적 효력설(성문법이 규율하지 못하는 이른바, 법의 흠결사항에 대하여 관습법의 규범력을 인정해야 한다는 견해)은, 민법 제1조에서 근거를 찾는다(아울러, 변경적 효력설을 취할 경우, 제1조는 실효된다는 것이고, 변경적 효력설이 그 근거로 내세우는 관습법이 성문법을 개·폐하고 있는 점은 판례법의 이론으로 설명할 수 있으며, 입법론으로는 몰라도 제1조의 해석론으로서 변경적 효력설을 취하는 것은 무리라고 주장한다). 변경적 효력설(이미 존재하는 성문법을 관습법이 개·폐할 수 있다는 견해)은, 사회현실에서 성문법이 관습법에 의해 개·폐되어지는 이른바, 관습법의 현실적 기능에서 그 근거를 찾는다(이 견해를 취할 경우, 관습법이 성문법을 개·폐하는 점을 설명하기가 쉽지만, 제1조에 반하는 해석론이라는 비판을 면하기 어렵다고 한다).

20) 변경적 효력설을 취할 경우, 그 결과로서는 신법우선의 원칙에 의하여, 신성문법이 구관습법을 개·폐할

판 례

◎ 관습법이 제정법에 대한 열후적 · 보충적 성격

"가정의례준칙 제13조의 규정과 배치되는 관습법의 효력을 인정하는 것은 관습법의 제정법에 대한 열후적, 보충적 성격에 비추어 민법 제1조의 취지에 어긋나는 것이다.[22)]"

◎ 종중 구성원의 자격을 성년 남자만으로 제한하는 종래의 관습법의 효력

"종원의 자격을 성년 남자로만 제한하고 여성에게는 종원의 자격을 부여하지 않는 종래 관습에 대하여 우리 사회 구성원들이 가지고 있던 법적 확신은 상당 부분 흔들리거나 약화되어 있고, 무엇보다도 헌법을 최상위 규범으로 하는 우리의 전체 법질서는 개인의 존엄과 양성의 평등을 기초로 한 가족생활을 보장하고, 가족 내의 실질적인 권리와 의무에 있어서 남녀의 차별을 두지 아니하며, 정치 · 경제 · 사회 · 문화 등 모든 영역에서 여성에 대한 차별을 철폐하고 남녀평등을 실현하는 방향으로 변화되어 왔으며, 앞으로도 이러한 남녀평등의 원칙은 더욱 강화될 것인바, 종중은 공동선조의 분묘수호와 봉제사 및 종원 상호간의 친목을 목적으로 형성되는 종족단체로서 공동선조의 사망과 동시에 그 후손에 의하여 자연발생적으로 성립하는 것임에도, 공동선조의 후손 중 성년 남자만을 종중의 구성원으로 하고 여성은 종중의 구성원이 될 수 없다는 종래의 관습은, 공동선조의 분묘수호와 봉제사 등 종중의 활동에 참여할 기회를 출생에서 비롯되는 성별만에 의하여 생래적으로 부여하거나 원천적으로 박탈하는 것으로서, 위와 같이 변화된 우리의 전체 법질서에 부합하지 아니하여 정당성과 합리성이 있다고 할 수 없으므로, 종중 구성원의 자격을 성년 남자만으로 제한하는 종래의 관습법은 이제 더 이상 법적 효력을 가질 수 없게 되었다.[23)]"

◎ 종중 구성원의 자격에 관한 대법원의 변경된 견해가 이 사건 판결 선고 이전의 종중 구성원의 자격과 이와 관련된 법률관계에 대하여 소급 적용되는지 여부

"종중 구성원의 자격에 관한 대법원의 견해의 변경은 관습상의 제도로서 대법원판례에 의하여 법률관계가 규율되어 왔던 종중제도의 근간을 바꾸는 것인바, 중략(中略)··· 위와 같이 변경된 견해를 소급하여 적용한다면, 최근에 이르기까지 수십 년 동안 유지되어 왔던 종래 대법원판례를 신뢰하여 형성된 수많은 법률관계의 효력을 일시에 좌우하게 되고, 이는 법적 안정성과 신의성실의 원칙에 기초한 당사자의 신뢰보호를 내용으로 하는 법치주의의 원리에도 반하게 되는 것이므로, 위와 같이 변경된 대법원의 견해는 이 판결 선고 이후의 종중 구성원의 자격과 이와 관련하여 새로이 성립되는 법률관계에 대하여만 적용된다고 함이 상당하다.[24)]"

◎ 종원 지위의 확인을 구하는 이 사건 청구에 한하여 종중 구성원의 자격에 관한 대법원의 변경된 견해가 소급 적용되는 근거

"전략(前略)··· 원고들이 자신들의 권리를 구제받기 위하여 종래 관습법의 효력을 다투면서 자신

수 있듯이 신관습법이 구성문법을 개 · 폐할 수 있다.

21) 민법상 관습법으로 인정 · 보호되는 것으로는, 명인방법 · 관습(법)상의 법정지상권 · 명의신탁 · 양도담보 · 분묘기지권 · 종중 · 사실혼 등이 있다.

22) 대판 1983. 6. 14. 80다3231.

23) 대판 2005. 7. 21. 전원합의체(다수의견). 2002다1178.

24) 대판 2005. 7. 21. 전원합의체. 2002다1178.

들이 피고 종회의 회원(종원) 자격이 있음을 주장하고 있는 이 사건에 대하여도 위와 같이 변경된 견해가 적용되지 않는다면, 이는 구체적인 사건에 있어서 당사자의 권리구제를 목적으로 하는 사법작용의 본질에 어긋날 뿐만 아니라 현저히 정의에 반하게 되므로, 원고들이 피고 종회의 회원(종원) 지위의 확인을 구하는 이 사건 청구에 한하여는 위와 같이 변경된 견해가 소급하여 적용되어야 할 것이다.[25]"

◯ 제정민법이 시행되기 전에 존재하던 '상속회복청구권은 상속이 개시된 날부터 20년이 경과하면 소멸한다.'는 관습에 관습법으로의 효력을 인정할 수 있는지 여부

"전략(前略)… 제정 민법이 시행되기 전에 존재하던 관습 중 '상속회복청구권은 상속이 개시된 날부터 20년이 경과하면 소멸한다.'는 내용의 관습은 이를 적용하게 되면 20년의 경과 후에 상속권 침해가 있을 때에는 침해행위와 동시에 진정상속인은 권리를 잃고 구제를 받을 수 없는 결과가 되므로 소유권은 원래 소멸시효의 적용을 받지 않는다는 권리의 속성에 반할 뿐 아니라 진정상속인으로 하여금 참칭상속인에 의한 재산권침해를 사실상 방어할 수 없게 만드는 결과로 되어 불합리하고, 헌법을 최상위 규범으로 하는 법질서 전체의 이념에도 부합하지 아니하여 정당성이 없으므로, 위 관습에 법적 규범인 관습법으로서의 효력을 인정할 수 없다.[26]"

(5) 기 타

관습법의 성립시기를 언제로 봐야 할 것인가? 법원이 재판을 통하여 관습법의 존재를 인정하게 되면, 그 관습이 행해졌던 시점으로 소급하여 관습법의 성립을 인정하게 된다.[27]

●● 사례 1의 해결:

첫째, 민법 제7차 개정(1990년 민법)의 결과, 처족 인척의 범위를 '4촌 이내'로 확대하면서도 근친혼의 제한(제809조) 및 혼인무효규정(제815조)을 손질하지 않음으로써 형부와 처제 사이의 혼인이 금지되고, 이는 무효인 혼인에 해당하게 되었다. 그러나 비록 민법에 의하여 혼인이 무효로 되는 근친자 사이의 사실혼관계라고 하더라도, 그 사실혼관계가 형성된 경위, 당사자의 가족과 친인척을 포함한 주변 사회의 수용 여부, 공동생활의 기간, 부부생활의 안정성과 신뢰성 등을 종합하여 그 반윤리성·반공익성이 혼인법질서 유지 등의 관점에서 현저하게 낮다고 인정되는 경우에는 근친자 사이의 혼인을 금지하는 공익적 요청보다는 유족의 생활안정과 복리향상이라는 유족연금제도의 목적을 우선할 특별한 사정이 있고, 이와 같은 특별한 사정이 인정되는 경우에는 그 사실혼관계가 혼인무효인 근친자 사이의 관계라는 사정만으로 유족연금의 지급을 거부할 수 없다.

둘째, 또한 민법 제12차 개정(2005년 민법)의 결과, 근친혼의 제한(제809조)과 혼인무효(제815조) 및 혼인취소(제816조)규정은 형부와 처제 사이의 혼인은 금지되지만 그 위반의 효과는 그 혼

25) 대판 2005. 7. 21. 전원합의체, 2002다1178.

26) 대판 2003. 7. 24. 전원합의체(다수의견), 2001다48781; 대판 1981. 1. 27. 80다1392(변경).

27) 관습법의 존재는 법원이 확인할 의무가 있으므로, 이론상으로 보면 소송당사자가 이를 증명할 책임은 없지만, 향토법관이 아닌 한 법관이 관습법의 존재를 모를 수 있어서, 결국은 승소하기 위하여 소송당사자가 이를 주장·증명해야 한다.

인을 취소할 수 있는 데에 그치는 것으로 변경되었다. 한편 2005년 민법 부칙 제4조의 경과규정(이 법 시행 전의 혼인에 종전의 규정에 의하여 혼인의 무효 또는 취소의 원인이 되는 사유가 있는 경우에도 이 법의 규정에 의하여 혼인의 무효 또는 취소의 원인이 되지 아니하는 경우에는 이 법 시행 후에는 혼인의 무효를 주장하거나 취소를 청구하지 못한다)에 따라 2005년 민법 시행 이후에는 1990년 민법이 시행되던 당시의 형부와 처제 사이의 사실혼관계는 무효사유 있는 사실혼관계에 해당하지 않는다.

그렇다면, 소외 1과 A 사이의 사실혼관계는 구 공무원연금법 제3조 제1항 제2호 (가)목의 '사실상 혼인관계'에 해당하고, A는 같은 법규정에 의한 유족연금 수급권자인 배우자라고 할 것이므로, A의 연금신청은 정당하다.

(대판 2010. 11. 25. 2010두14091의 사실관계와 판결요지 등 참조)

2. 판례의 법원성 여부

(1) 판결 · 판례

권리보호청구시 추상적인 법규를 대전제로 하고, 구체적인 사건을 소전제로 하여 법적 가치 평가를 내리는 것을 판결(재판)이라 한다. 한편 개개의 판결을 통해 밝혀진 이론 · 규범 · 법칙을 판례라고 한다.

(2) 판례법(판례의 법원성)

재판의 선례인 판례가 그 후의 판결을 구속함으로써 법원이 되는 것을 판례법 또는 판례의 법원성이라 한다.

(3) 판례의 법원성 여부

판례법(불문법)주의를 취하는 영미법계통의 국가의 경우, 선례구속의 원칙상 판례는 당연히 법원이 된다. 즉, 상급법원의 재판에 있어서의 판단은 당연히 하급법원을 구속한다. 한편 성문법주의를 취하는 대륙법계통의 국가의 경우, 이를 인정하는 명문의 규정이 없는 한 판례의 법원성 인정 여부는 학설에 의존하게 된다.[28]

생각건대 이론상으로는 부정설이 타당하지만, 우리의 재판현실을 고려할 때 판례민법의 법형성적 기능(Funktion der Rechtsfortbildung)을 무시할 수 없다고 생각한다.[29]

---

28) 우리나라의 경우, 학설은 다툼이 있다. 긍정설(판례를 법원으로 인정하는 견해)은, 법원조직법 제8조 · 제7조 제1항 제3호 등을 그 근거로 든다. 부정설(판례는 법원이 아니라는 견해)은, 헌법 제103조, 특히 판례의 법원성을 인정하는 것은 3권분립주의에 어긋난다는 점 등을 그 근거로 내세운다.

29) 그리하여 판례는 사실상 구속력을 가져 '살아 있는 법'(lebendiges Recht)을 창출하는 기능이 있고, 민법상의 일반조항의 구체화 · 유형화는 판례를 통하여 실현되며, 판례에 의한 성문법의 수정이 이루어진다(가령 사실혼의 보호 등).

〈 상소제도(심급제도) 〉

1) 의의: 소송법상 미확정의 재판에 대하여 상급법원으로 하여금 이미 내려진 재판의 내용을 취소·변경시켜 줄 것을 요청하는 소송당사자 일방의 불복신청을 말한다.
2) 항소: 1심법원(원칙적으로 지방법원) 판결에 불복하는 자가 2심법원(고등법원)에 상소하는 것을 말한다(보통의 경우, 2심법원은 고등법원이 된다. 단, 1심이 지방법원단독판사 담당일 경우에 2심은 지방법원 합의부가 된다).
3) 상고: 2심법원 판결에 불복하는 자가 상급법원인 대법원에 상소하는 것을 말한다(대법원의 경우, 하급심에서 밝힌 사실관계를 토대로 법률해석의 정당성 여부만 따진다는 점에서 법률심이라고도 한다).
4) 항고: 재판 이외의 결정·명령에 대한 독립의 소를 말한다.

(4) 판례연구의 중요성

실제(재판현실)를 무시한 이론(법리)은 공론에 그칠 가능성이 높고, 이론을 무시한 실제는 법리 그 자체를 오해할 가능성이 있다는 점에서 양자는 밀접한 관계가 있다. 양자가 만나는 장소가 이른바, 판례연구라 할 수 있다. 판례연구를 통하여 살아있는 법리탐구가 가능하다고 생각한다.

〈판결의 부호 및 사건명〉

〈부호〉	〈사건명〉
1) 가합	민사 제1심 합의사건
2) 가단	민사 제1심 단독사건
3) 가소	민사 소액사건[30]
4) 나	민사 항소사건
5) 다	민사 상고사건
6) 라	민사 항고사건

30) 소액사건이란, 제소 당시의 소송물가액이 2천만원을 초과하지 아니하는 금전 기타 대체물이나 유가증권의 지급을 구하는 제1심 민사사건을 말한다. 상고가 제한되어 2심제로 운영되나, 이것이 헌법 위반은 아니다. 즉, "소액사건에 관하여 일반사건에 비하여 상고 및 재항고를 제한하고 있는 소액사건심판법 제3조는 헌법 제27조의 재판을 받을 권리를 침해하는 것이 아니고, 상고제도라고 한다면, 산만하게 이용되기 보다 더 크고 국민의 법률생활의 중요한 영역의 문제를 해결하는 데 집중적으로 투입·활용되어야 할 공익상의 요청과 신속·간편·저렴하게 처리되어야 할 소액사건절차 특유의 요청 등을 고려할 때, 현행 소액사건 상고제한 제도가 결코 위헌적인 차별대우라 할 수 없으며, 소액사건심판법 제3조는 대법원에 상고할 수 있는 기회를 제한하는 것이지 근본적으로 박탈하고 있는 것이 아니므로, 결국 위 법률조항은 헌법에 위반되지 아니한다."(헌재결 1992. 6. 26. 90헌바25)

3. 조리의 법원성 여부

(1) 의 의

건전한 사람의 이성에 바탕을 둔 사물의 본질적 법칙·규범을 조리(條理)라 한다. 사회통념, 사회생활의 경험법칙, 사회질서, 법의 일반원칙, 경위(涇渭) 등 여러 표현이 있다(한마디로, 자연법적 존재라 할 수 있다).

(2) 조리의 법원성 여부

일반적으로 자연법론자들은 조리의 법원성을 인정하나, 법실증주의자들은 이를 인정할 경우에 법관의 자의가 개입할 우려가 있다는 이유로 조리의 법원성을 부정한다. 학설은 다툼이 있으나,[31] 적극설이 타당하다고 생각한다. 왜냐하면, 헌법 제12조 제1항 소정의 죄형법정주의가 지배하는 형사사건의 경우, 형사피의자에게 적용할 법규가 없다면 법관은 그 피의자에게 무죄선고를 할 수밖에 없다. 그러나 민사사건의 경우, 성문법규, 관습법, 관련 판례 등의 부재를 이유로 법관은 재판을 거부하지 못한다. 이와 같은 경우에 법관은 입법자의 입장(조리가 그 바탕이 된다)에서 분쟁을 합리적이고 타당하게 해결하지 않으면 안되기 때문이다.

(3) 조리의 기능

법원(法源)으로서 재판의 기준이 되고, 법률행위해석의 제4의 기준이 된다.

판 례

◎ 공동선조와 성과 본을 같이 하는 후손은 성별의 구별 없이 성년이 되면 당연히 종중의 구성원이 되는지 여부 및 그 근거

"전략(前略)… 종중의 이러한 목적과 본질에 비추어 볼 때 공동선조와 성과 본을 같이 하는 후손은 성별의 구별 없이 성년이 되면 당연히 그 구성원이 된다고 보는 것이 조리에 합당하다.[32]"

◎ 조리의 보충효

"정관에 보수에 관한 규정이 없고 주주총회의 의결도 없는 경우에 구상법상의 상무취재역(常務取締役)에 대한 상관습이나 민법상의 규정 또는 민사관습도 없는 바이니, 조리에 의하여 상당한 액을 지급하기로 한 것이라고 단정하고 그 상당액을 증거에 의하여 일정액으로 인정한 조처에 위법이 있지 아니하다.[33]"

---

31) 헌법 제103조, 민법 제1조 등을 근거로 조리를 법원으로 인정하는 적극적인 태도(적극설)와 조리가 법이라서 재판의 기준이 되는 것이 아니라 성문법의 흠결은 피할 수 없고 따라서 법관은 법의 부존재를 내세워 재판을 거부할 수 없기 때문에 조리가 재판의 기준이 된다는 소극적 태도(소극설)로 나뉜다.

32) 대판 2007. 9. 6. 2007다34982; 대판 2005. 7. 21. 전원합의체. 2002다1178.

33) 대판 1965. 8. 31. 65다1156.

○ 소송과정에서 적용될 외국법규에 흠결이 있거나 그 존재에 관한 자료가 제출되지 아니하여 그 내용의 확인이 불가능한 경우, 보충적으로 적용할 법원

"섭외적 사건에 관하여 적용될 외국법규의 내용을 확정하고 그 의미를 해석함에 있어서는 그 외국법이 그 본국에서 현실로 해석·적용되고 있는 의미·내용대로 해석·적용되어야 하는 것인데, 소송과정에서 적용될 외국법규에 흠결이 있거나 그 존재에 관한 자료가 제출되지 아니하여 그 내용의 확인이 불가능한 경우 법원으로서는 법원(法源)에 관한 민사상의 대원칙에 따라 외국 관습법에 의할 것이고, 외국 관습법도 그 내용의 확인이 불가능하면 조리에 의하여 재판할 수밖에 없다.[34]"

○ 기타의 경우

"국·공립대학 교원임용 지원자는 임용권자에게 임용 여부에 대한 응답을 신청할 법규상 또는 조리상 권리가 없다고 한 사례.[35]"가 있다.

4. 학설의 법원성 여부

학설은 로마시대의 가장 중요한 법원이었다. 오늘날 법학자의 판례비평, 저술에 나타난 각종의 학설 등은 법의 제정·개정·판례변경 등에 영향을 주는 수가 있지만, 학설 그 자체가 규범적 타당성은 없다는 점에서 법원은 아니다.

34) 대판 2003. 1. 10. 2000다70064; 대판 2000. 6. 9. 98다35037; 대판 1991. 2. 22. 90다카19470.

35) 대판 2003. 10. 23. 2002두12489.

제2장 권　　리

제1절 법률관계와 호의관계

Ⅰ. 법률관계

사회적 존재인 사람의 사회적 삶은 도덕·종교·관습 등에 의해 규율되기도 하지만, 법에 의해 규율되는 것이 보통이다. 이처럼 법에 의해 규율되는 사람의 사회생활관계를 법률관계(Rechtsverhältnis)라 한다.[1][2]

법률관계의 내용은 크게 세 가지로 나눌 수 있으나,[3] 따지고 보면 사람과 사람 사이의 관계라 할 것이다.[4] 그렇다면, 당사자를 중심으로 할 경우, 법률관계는 권리와 의무의 관계가 된다.[5]

문명사적 관점에서 보면, 공동체의 유지가 최고 덕목이었던 중세봉건사회에서는 의무가 강조되었으며, 시민법원리가 지배한 근대사회에서는 권리가 강조되었고, 공공복리의 실현을 위한 사회법원리가 지배하는 현대사회에 있어서는 권리보다는 다시 의무가 강조되는 경향을 띠고 있다 할 것이다.

---

1) 법률관계는 사람의 사회생활관계를 규율하는 법규를 표준으로 하여 공법관계와 사법관계로 나뉘는데, 민법은 사법의 일반법이므로 민법상의 법률관계는 사법관계이다.

2) 법률관계를 낳게 하는 원천이 되는 것으로서 법에 의해 규율되는 조직·설비 등을 법률제도(Rechtsinstitut)라 한다. 그 내용이 추상성·일반성을 띠는 것으로서 증여·매매·소유권·혼인 등을 들 수 있다. 이와는 달리, 법률제도에 의해 규율되는 구체적·개별적인 사람의 생활관계가 법률관계이다. X·Y 사이의 매매관계, 갑남과 을녀 사이의 혼인관계 등을 들 수 있다.

3) 첫째, 사람과 사람 사이의 관계이다(채권·친족관계를 들 수 있다). 둘째, 사람과 물건·재화와의 관계이다(물권·지식재산관계가 있다). 셋째, 사람과 장소와의 관계이다(주소·사무소·영업소 등). 그런데, 둘째의 경우도 따지고 보면 모든 사람으로 하여금 타인 소유의 물건·재화를 침해해서는 안 된다는 의무를 부담시키는 관계라는 점에서, 법률관계는 사람과 사람 사이의 관계로 귀결된다.

4) 법률관계는 법에 의해 보호를 받는 사람과 법에 의해 구속을 받는 사람과의 관계라 할 수 있다. 한편 전자의 법적 지위를 편의상 권리라 할 수 있고, 후자의 법적 지위를 의무라 할 수 있다.

5) 대부분의 법률관계의 경우, 당사자는 대응하는 권리를 취득하고 의무를 부담하는 복합 법률관계의 형태를 띠게 된다. 가령 X 소유의 물건을 Y에게 파는 매매관계의 경우, X가 Y에게 대금지급을 청구할 수 있는 권리를 갖고 반대로 Y가 X에게 대금지급의무를 부담하는 법률관계와 Y가 X에게 매매목적물의 소유권 및 점유의 이전을 청구할 수 있는 권리를 가지는 반면 X는 Y에게 재산권이전의무를 부담하는 법률관계가 겹쳐있다. 한편 당사자 일방은 권리만 취득하고 타방 당사자는 의무만 부담하는 '단일한 형태의 법률관계'도 있다. 가령 갑 소유의 물건을 을에게 증여하는 경우, 갑은 목적물이전의무를 부담하고 을은 이에 대응하는 목적물이전청구권이라는 권리만 갖는다.

Ⅱ. 호의관계

법적인 구속력을 지닌 법률관계에 대하여, 당사자 사이에 법적 의무를 발생시키지 않는 법외적인 생활관계를 호의관계(Gefälligkeitsverhältnis)라 한다.[6] 호의관계에 있어서 중요한 것이 호의동승의 문제인데,[7] 예외적인 경우에만 호의동승을 이유로 배상액을 감경할 수 있다(판례).

판 례

◯ 호의동승의 사실만으로 손해배상액을 감경할 수 있는지 여부(소극)

"차량의 운행자가 아무런 대가를 받지 아니하고 동승자의 편의와 이익을 위하여 동승을 허락하고 동승자도 그 자신의 편의와 이익을 위하여 그 제공을 받은 경우 그 운행 목적, 동승자와 운행자의 인적관계, 그가 차에 동승한 경위, 특히 동승을 요구한 목적과 적극성 등 여러 사정에 비추어 가해자에게 일반 교통사고와 동일한 책임을 지우는 것이 신의법칙이나 형평의 원칙으로 보아 매우 불합리하다고 인정될 때에는 그 배상액을 경감할 수 있으나, 사고 차량에 단순히 호의로 동승하였다는 사실만 가지고 바로 이를 배상액 경감사유로 삼을 수 있는 것은 아니다.[8]"

---

6) 호의관계에 있어서는 호의적 급부를 약속받은 자가, 이를 약속한 상대방에게 호의적 급부에 대한 이행청구권이나 채무불이행에 기한 손해배상청구권을 행사하지 못한다. 호의관계는 법률적 구속관계가 아니기 때문이다. 호의관계인지 여부는, 당사자 간의 인적 관계 · 약속의 배경 · 유상성의 유무 등을 고려하여 당사자의 의사해석의 바탕 위에서 판단해야 할 문제이다.

7) 차량의 운행자가 아무런 대가 없이 무상으로 사람을 태우고 운행하는 경우를 호의동승이라 한다. 호의동승으로 평가되기 위해서는 그 요건을 갖추어야 한다. 첫째, 동승을 전제로 해서 운전자가 아닌 자격에서 차량에 타고 가는 것뿐만 아니라 사고발생 당시에 운전행위를 하지 않고 있어야 한다. 둘째, 아무 대가 없이 동승하고 있어야 한다. 따라서 동승자가 휘발유 값 등을 분담할 경우에는 호의동승이 안 된다. 셋째, 이타적인 동기, 즉 타인에게 호의를 베풀려는 의도에서 행해진 동승이어야 한다. 넷째, 운전자의 동승허락을 얻은 동승이어야 한다. 일반적으로 교통사고가 발생한 경우, 운행자는 그 차량에 탄 승객의 신체에 발생한 손해가 그 승객의 고의나 자살행위로 발생한 것이 아닌 한, 그 승객이 입은 손해를 배상해야 할 책임을 지게 된다. 운행자는 자동차손해배상보장법 제3조 소정의 무과실책임을 진다(양창수, 「민법연구」제1권, 박영사, 1991, 477-478면).

호의동승의 경우에 배상액이 줄어드는가? 대표적인 입법례 하나만을 보기로 한다. 독일은, 자동차사고로 인한 책임은 1차적으로 도로교통법 제7조의 규정에 의해 자동차의 보유자(Halter)에게 무과실책임을 지우고 있다. 그러나 이 법 제8조의 a 제1항 제1문(제7조의 규정에 의한 자동차보유자의 책임은 유상의 영업적인 인원운송인 때에만 발생한다.)에 의해 호의동승의 경우, 자동차보유자는 이 법 제7조에 의한 무과실책임을 지지 않고, 독일민법 제823조 이하의 일반책임만 지도록 하고 있다. 우리나라의 경우, 이와 유사한 법규는 없으나 학설로서는 호의동승의 경우는 원칙적으로 배상액 감경사유로 삼고, 예외적인 경우에만 고려하지 않아야 한다는 주장이 있다(양창수, 위의 책, 475-477면).

8) 대판 1999. 2. 9. 98다53141; 대판 1997. 11. 14. 97다35344; 대판 1994. 11. 25. 선고 94다32917.

제2절 권리의 본질론(권리학설)

근대시민법적 관점에서 보면, 권리는 법률관계의 중심을 이룬다. 권리의 개념을 어떻게 파악해야 할 것인가? 학자들의 견해는 다툼이 있으나,[9] 어떤 사회적 생활이익을 누릴 수 있도록 법이 인정한 힘을 권리로 새기는 견해(권리법력설)가 타당하다.[10]

〈권리와 유사개념과의 구별〉

1) **권한**: 타인을 위하여 그에게 일정한 법률효과를 귀속시킬 수 있는 행위를 할 수 있는 자의 법률상의 자격을 말한다(대리인의 대리권, 법인의 이사의 대표권 등).
2) **권능**: 권리의 내용을 구성하는 개개의 법률상의 힘을 뜻한다(소유권의 구성내용인 사용·수익·처분 권능, 채권양도의 권능 등).
3) **반사적 이익·반사권**: 법규 실시의 결과 개인은 그 반사로서 일정한 이익을 누릴 수 있을 뿐 개인이 그것을 권리로서 요구하지 못하는 것을 말한다(가령 시내에 공원이 개설되면 시민들은 휴식공간으로 이용하는 등 이익을 누릴수 있으나, 공원개설을 권리로서 청구하지 못한다).
4) **권원**: 어떤 법률상·사실상의 행위를 정당화시킬 수 있는 원인을 말한다(가령 타인의 토지에 물건을 부속시킬 수 있음은 지상권·임차권 등의 권원이 있기 때문이다).

〈의무의 의의와 그 종류〉

1) **의무**: 개인의 의사와 관계없이 특정의 행위를 해야 하거나, 또는 해서는 아니 될 법률상의 구속을 말한다.
2) **작위의무**: 적극적으로 특정의 행위를 하여야 할 법률상의 구속이다(금전의 지급, 일의 완성, 사무의 처리 등).
3) **부작위의무**: 부작위의무에는 소극적으로 특정의 행위를 해서는 아니 될 법률상의 구속인 단순부작위의무(2중출연금지의무, 경업금지의무, 영업상의 비밀을 누설하지 않을 의무 등)와 권리자가 특정의 행위를 하는 경우, 의무자가 항의를 하지 못하고 그냥 참아야 하는 인용의무

9) 의사설(권리를 법에 의해 주어진 의사의 힘·의사의 지배로 보는 견해이다. Savigny 등 역사법학자들의 주장으로서 권리의 주체는 의사의 주체여야 한다는 전제를 하고 있어, 제3조의 규정상 의사무능력자가 권리를 갖는 이유를 설명하지 못하는 단점이 있다)과 이익설(권리를 법에 의해 보호되는 어떤 사회생활상의 이익으로 파악한다. Jhering이 주장한 견해로서 권리는 이익이 있어야 한다는 전제를 하고 있어, 제913조 소정의 친권처럼 이익이 없는 권리가 있다는 점을 설명할 수 없는 단점이 있다)이 그것이다.

10) 권리법력설은, Enneccerus가 주장한 것으로서 의사설과 이익설의 장점을 모은 절충설이다. 이 견해는, 의사무능력자·권리의 존재를 모르는 자도 권리의 주체가 될 수 있다고 함으로써 의사설의 단점을 보완할 수 있고, 권리는 생활이익 그 자체가 아니라, 어떠한 생활이익을 누릴 수 있도록 법이 인정한 힘이라고 함으로써 이익설의 결함도 구제할 수 있다(권리의 본질론에 관한 통설임).

(제217조 제2항 · 제624조 등)가 있다.

4) **간접의무**: 보통의 의무불이행시에는 권리자에게 강제이행(제389조) · 손해배상의 청구(제390조)가 허용되지만, 그 의무불이행시에는 어떤 불이익만 생길 뿐 권리자에게 소의 제기 · 손해배상이나 민사집행의 청구가 허용되지 않는 경우의 의무를 보통의 의무에 대하여 간접의무라고 한다(제528조 제2항 소정의 승낙연착의 통지의무 등).

제3절 권리(사권)의 종류

권리는 크게 공권(공법상의 권리)과 사권(사법상의 권리)으로 나뉜다. 사법의 일반법인 민법의 영역에서의 권리는 사권을 뜻한다.

권리는 여러 기준에 따라 분류할 수 있으나, 여기서는 권리의 내용 · 작용 · 기타의 경우 등을 표준으로 하여 그 대강을 살펴보기로 한다.

Ⅰ. 내용에 따른 분류

권리의 내용인 사회적 생활이익을 표준으로 권리를 분류하면, 재산권 · 인격권 · 가족권 · 사원권 등으로 나눌 수 있다.

1. 재 산 권

경제적 가치 있는 생활이익을 누릴 수 있는 권리, 즉 거래의 대상이 될 수 있는 권리를 말한다. 물권,[11] 채권,[12] 지식재산권,[13] 상속권 등이 이에 속한다.

2. 인 격 권

권리의 주체와 분리할 수 없는 인격적 이익(생명 · 신체 · 자유 · 명예 · 정조 · 신용 · 초상 · 성명 · privacy 등)을 누릴 수 있는 권리를 말한다.[14] 인격권 침해의 경우, 손해배상청구 이

11) 외계(外界)의 특정한 물건에 대한 직접적인 지배를 통하여 물적인 생활이익을 누릴 수 있는 배타적인 권리를 말한다. 제185조의 물권법정주의에 따른 민법상의 물권에는 점유권과 완전물권인 소유권, 용익물권인 지상권 · 지역권 · 전세권, 그리고 담보물권인 유치권 · 질권 · 저당권 등 모두 8가지가 있다.

12) 채권자가 채무자에게 특정의 행위(급부)를 청구할 수 있는 권리를 말한다. 법률행위, 즉 계약에 의해 발생하는 약정채권과 사무관리 · 부당이득 · 불법행위와 같이 법률의 규정에 의해 발생하는 법정채권의 두 가지가 있다.

13) 개인의 정신적 · 지능적 창작물을 독점적으로 이용할 수 있는 내용의 권리를 말한다. 특허권 · 실용신안권 · 디자인권 · 상표권 등의 이른바, 공업소유권과 저작권을 포함한다. 지적소유권 · 무체재산권 등 여러 용어가 있으나, 2011년 지식재산기본법 제정으로 지식재산권으로 칭하는 게 적절하다 할 것이다.

외에 금지청구도 허용된다(판례).

판 례

○ 인격권으로서의 명예권에 기초하여 가해자에 대해 현재의 침해행위의 배제 또는 장래의 침해행위의 금지를 청구할 수 있는지 여부(적극)

"명예는 생명, 신체와 함께 매우 중대한 보호법익이고 인격권으로서의 명예권은 물권의 경우와 마찬가지로 배타성을 가지는 권리라고 할 것이므로 사람의 품성, 덕행, 명성, 신용 등의 인격적 가치에 관하여 사회로부터 받는 객관적인 평가인 명예를 위법하게 침해당한 자는 손해배상 또는 명예회복을 위한 처분을 구할 수 있는 이외에 인격권으로서 명예권에 기초하여 가해자에 대하여 현재 이루어지고 있는 침해행위를 배제하거나 장래에 생길 침해를 예방하기 위하여 침해행위의 금지를 구할 수도 있다.[15)]"

3. 가 족 권

가족상의 지위에 기해 인정되는 권리를 말한다. 친족관계에 따르는 일정한 이익을 누릴 수 있는 친족권(후견권·부양청구권 등 의무적 색채가 강하다)과 상속개시시에 상속인이 갖는 권리인 상속권(재산상속권)을 포함시키는 것이 보통이다.[16)]

4. 사 원 권

사단법인의 구성원인 사원이 사원으로서의 지위에 기하여 법인에 대하여 갖는 포괄적인 권리와 의무를 말한다.[17)]

Ⅱ. 작용에 따른 분류

권리의 작용인 법률상의 힘, 즉 효력의 차이를 기준으로 하여 권리는 지배권·청구권·형성권·항변권 등으로 나눌 수 있다.

---

14) 인격권과 관련한 몇 가지 사항을 본다. 첫째, 자연인은 출생과 더불어 당연히 인격권을 갖는다. 둘째, 개인의 인격과 밀접한 관계가 있는 인격권은 원칙적으로 거래의 대상이 될 수 없으며, 또한 상속·양도가 부정된다. 셋째, 인격권에 대한 위법한 침해는 제750조 소정의 불법행위를 구성한다. 넷째, 민법은 인격권을 적극적으로 규정하고 있지 않고, 소극적 보호규정만 두고 있을 뿐이다(제751조 참조).

15) 대결 2005. 1. 17.자 2003마1477; 대판 1997. 10. 24. 96다17851; 대판 1996. 4. 12. 93다40614, 40621.

16) 우리나라의 경우, 종래의 통설은 일본의 영향을 받아 가족법의 구성내용으로서 친족법과 상속법의 두 가지가 있고, 따라서 가족권에는 친족권과 상속권의 두 가지가 있다고 설명하는 것이 보통이다. 다만, 학자 중에는 상속권을 가족권의 구성내용으로 보지 않고, 재산권의 영역에 속하는 것으로 파악하기도 한다(송덕수, 87면). 생각건대 상속의 대상은 적극재산·소극재산이라는 점에서, 상속권을 재산권의 일종으로 파악하는 소수설이 타당하다.

17) 그 상세는 법인편에서 보기로 한다.

1. 지 배 권

권리의 객체를 직접 지배할 수 있는 권리를 말한다(물권, 지식재산권, 인격권, 친권 등). 권리내용의 실현을 위하여 타인(국가기관)의 도움을 필요로 하지 않는다는 점에서 청구권과 구별된다.[18]

2. 청 구 권

어떠한 권리를 기초로 하여 존재하는 것으로서 특정인이 다른 특정인에게 특정한 행위의 실현을 요구할 수 있는 권리를 말한다(물권적 청구권·자의 인도청구권과 같은 가족법상의 청구권 등). 상대방이 권리자의 청구에 응하지 않을 경우, 권리자는 권리내용의 실현을 위하여 국가기관(법원)의 도움을 받게 된다.[19][20]

3. 형 성 권

권리자의 일방적인 의사표시에 의하여 법률관계의 발생·변경·소멸을 가능케 하는 권리를 말한다.[21] 권리자가 일방적으로 법률관계를 새롭게 변동시킬 수 있는 가능성을 갖는다는 점에서 가능권이라고도 한다.

형성권은 그 행사방법을 표준으로 하여, 당사자의 일방적인 의사표시만으로써 행사할 수 있는 재판외의 형성권(동의·취소·추인·재산상속의 포기권 등)과 형성의 소에 기한 형성판결에 의해서만 법률관계의 변화를 꾀할 수 있는 재판상의 형성권(제406조·제840조·제846조 등 참조)이 있다.[22]

4. 항변권(청구거부권·반대권)

타인의 청구권의 행사에 대하여 그 작용을 저지(거부)할 수 있는 권리를 말한다. 항변

18) 지배권의 효력으로서 두 가지가 있다. 객체에 대한 직접적 지배력으로서의 대내적 효력과 제3자가 권리자의 객체에 대한 지배를 침해해서는 안 된다는 권리불가침의 효력(배타적 효력)으로서의 대외적 효력이 있다. 한편 지배권에 대한 제3자의 위법한 침해는 제750조 소정의 불법행위를 구성한다.

19) 청구권(Anspruch)은 독일의 사법학자인 Windscheid가 로마법상의 actio(소권)를 실체법상의 개념으로 바꿔놓은 것이다. Anspruch와 Forderung(채권)은 동일물(동의어)인가에 대하여 독일의 경우와는 달리, 우리나라의 대부분의 학설은 양자를 다른 개념으로 파악한다. 생각건대 채권이 있으면 청구권도 존재하게 되는 것이지만 채권의 이행기가 도래해야만 청구권을 행사할 수 있다는 점, 청구권에는 급부청구권(채권) 이외에 물권적 청구권·가족법상의 청구권도 있으며, 채권에는 급부의 이행청구권 이외에 급부보유력 등 다른 권능도 있다는 점 등에 비춰 볼 때, 양자는 동의어가 아니다. 청구권은 채권의 본질적인 권능 중의 하나이다.

20) 청구권은 그 기초가 되는 권리와 밀접하게 결합되어 있기 때문에 기초가 되는 권리와 분리해서, 청구권만 따로 양도·처분 하지는 못한다. 한편 청구권이란 용어가 붙어있지만, 학설·판례가 형성권의 일종으로 파악하는 것들이 있음을 주의할 필요가 있다(제286조·제316조·제572조 등 참조).

21) 형성권의 권리로서의 인정은 법률행위자유의 원칙에 대한 예외가 된다.

22) 후자의 경우, 반드시 재판절차를 밟게 하는 이유는, 형성의 소에 기한 법률관계의 변화가 제3자에게 미치는 영향이 크기 때문에 이를 분명히 할 필요가 있기 때문이다.

권의 성질에 대하여는 다툼이 있으나, 그것은 타인의 권리를 부인하거나 변경·소멸시키는 것이 아니라, 타인의 청구권의 존재를 시인하면서 그 작용을 일방적으로 변경시킬 수 있는 특수한 형성권으로 파악하는 것이 보통이다.[23)]

항변권에는 타인의 청구권의 행사를 일시적으로만 무력화시킬 수 있는 연기적 항변권(제536조·제437조 등 참조)과 청구권의 행사를 영구적·절대적으로 무력화시킬 수 있는 영구적 항변권(제1028조 참조)이 있다.

Ⅲ. 기타의 분류

1. 절대권·상대권

권리는 권리행사에 대한 의무자의 범위를 표준으로 하여 절대권(대세권)과 상대권(대인권)으로 나눌 수 있다. 전자는 특정의 상대방이 없고 널리 모든 일반인에 대하여 주장할 수 있는 권리이다(물권·지식재산권·인격권 등의 지배권). 후자는 특정인을 의무자로 하여 그 자에 대해서만 주장할 수 있는 권리를 말한다(채권 등의 청구권).[24)]

2. 일신전속권·비전속권

권리와 그 주체와의 밀접한 정도를 표준으로 하여 일신전속권과 비전속권으로 나눌 수 있다. 전자는 권리의 성질상 타인에 대한 양도성·상속성이 없는 것을 말하고(원칙적으로 가족권·인격권 등의 비재산권),[25)] 후자는 반대로 양도성·상속성이 허용되는 권리를 말한다(원칙적으로 재산권).

3. 주된 권리와 종된 권리

권리는 그 종속성을 표준으로 하여 주된 권리와 종된 권리로 나뉜다. 전자는 종된 권리의 전제가 되는 권리를 말하고(원본채권, 피담보채권 등), 후자는 주된 권리에 대하여 종

---

23) 항변권을 형성권과 구별해 보면, 후자는 적극적으로 새로운 권리관계를 형성하는 작용을 하는 반면, 전자는 타인의 자기에 대한 공격을 수동적으로 방어하는 소극적 작용을 하는 데 그친다는 점이다. 항변권은 또한, 민사소송법상 상대방의 주장을 배척하기 위하여 소송당사자가 다른 사항을 주장하는 소송상의 항변과도 구별된다. 타인의 권리 자체를 부인하거나, 타인의 행위에 대한 반대·불복의 의사표시인 이의(異議: 제451조 등)와도 구별된다.

24) 이러한 권리분류의 태도에 따를 경우, 절대권은 만인에 의한 침해가 가능한 반면, 상대권은 특정의 의무자의 불이행에 의해서만 침해될 뿐 의무자 이외의 제3자에 의한 침해는 이론상 있을 수 없게 된다. 그러나 학설과 판례는 채무자 이외의 제3자에 의한 채권침해가 가능할 뿐만 아니라, 그것이 위법한 침해이면 불법행위를 구성하는 것으로 파악한다. 그렇다면, 위의 분류 방법에는 문제가 있다고 할 수 있으나, 의무자의 범위가 일반인인가 특정인인가에 따른 구별은 여전히 의의가 있다고 생각한다.

25) 일신전속권에는 이러한 귀속상의 일신전속권 이외에 행사상의 일신전속권이 있다. 위자료청구권, 상속의 승인·포기권 등과 같이 권리자 자신이 행사하지 않으면 효력이 발생하지 않는 것을 말한다.

속관계에 서는 권리를 말한다(이자채권, 저당권 등).

4. 기성의 권리와 기대권(희망권)

권리가 현실적으로 완성·성립되어 있는 경우를 기성의 권리라 하고, 권리발생의 여러 요건 중 대부분의 요건은 갖춰지고 아직 일부가 덜 갖춰짐으로써 장차 이를 갖췄을 때, 완전한 권리취득이 예상되는 기대상태에 대하여 법률이 주는 보호(력)를 기대권이라 한다(상속개시 전의 추정상속인의 권리, 조건부 권리 등).[26]

제4절 권리의 경합과 권리의 충돌

Ⅰ. 권리의 경합

하나의 생활사실이 여러 개의 법규가 정하는 요건을 충족시킴으로써 그 결과 하나의 생활사실 위에 여러 개의 권리가 발생하는 경우를 권리의 경합이라 한다. 가령 X 소유의 건물을 Y에게 빌려주는 임대차계약관계(제618조 이하)의 경우, 계약기간의 만료 등으로 임대차가 종료되었음에도 불구하고 Y가 X에게 임대건물을 반환하지 않게 되면(이것이 하나의 생활사실이 된다), X는 Y에 대하여 임대차에 기한 임대물반환청구권을 행사할 수 있다(제654조에 의한 제615조의 준용). 다른 한편으로는, 임대차계약기간 동안 Y의 임차권에 의해 제한되었던 X의 임대건물에 대한 소유권은 아무런 제한이 없게 된다. 따라서 Y가 임대건물을 반환하지 아니하는 생활사실로부터, X는 Y에 대하여 소유권에 기한 소유물반환청구권을 행사할 수 있게 된다(제213조 참조).[27][28]

---

26) 기대권 중 의미 있는 것으로 물권적 기대권이 있다. 즉, 부동산 매수인이 매도인으로부터 매매목적 부동산의 소유권이전에 필요한 일건서류(등기권리증, 위임장, 인감증명서)를 넘겨받았으나 아직 등기를 하지 않고 있는, 미등기 부동산매수인의 법적지위를 물권적 기대권(이론)에 의해 보호해야 한다는 견해가 있지만, 판례는 물권적 기대권(이론) 자체를 인정하지 않는다.

27) 각 청구권은 동일한 이익(목적물의 반환)을 목적으로 하고 있어서 어느 하나의 권리를 행사하여 그 목적이 달성되면, 다른 권리는 존재의 의의를 잃고 소멸하게 된다. 하지만, 이론상으로 볼 때 각 권리는 독립하여 존재하고, 단독으로 행사할 수 있으며, 또한 각 권리는 단독으로 시효 기타의 사유로 소멸한다.

28) 권리경합의 모습에는 청구권의 경합(하나의 생활사실에 근거한 하나의 급부에 대하여 수개의 청구권이 병존하는 경우)과 형성권의 경합(하나의 생활사실에 기한 계약해제권과 법률행위취소권이 병존하는 경우)이 있으나, 청구권의 경합이 중요하다(자세한 논의는 한삼인, 「계약법」, 화산미디어, 2011, 65-68면 참조). 한편 가령 물건·권리에 하자가 있다는 사실이 제109조·제580조의 요건을 충족시킬 경우, 제109조와 제580조의 관계에서도 법조경합의 문제가 생길 수 있는가? 이러한 경우, 취소와 담보책임의 경합(형성권과 청구권의 경합)을 인정할 수 있다.

판 례

◎ 채권자가 동일한 목적을 달성하기 위하여 복수의 채권을 갖고 있는 경우 어느 하나의 청구권을 행사하는 것이 다른 채권에 대한 소멸시효 중단의 효력이 있는지 여부(소극)

"채권자가 동일한 목적을 달성하기 위하여 복수의 채권을 갖고 있는 경우, 채권자로서는 그 선택에 따라 권리를 행사할 수 있되, 그 중 어느 하나의 청구를 한 것만으로는 다른 채권 그 자체를 행사한 것으로 볼 수는 없으므로, 특별한 사정이 없는 한 다른 채권에 대한 소멸시효 중단의 효력은 없다.[29)]"

Ⅱ. 법규의 경합(법조경합; 法條競合)

하나의 같은 생활사실이 여러 개의 법규의 요건을 충족시키지만, 그 중 어느 하나의 법규(A)가 다른 법규(B)의 적용을 배제하는 취지일 경우, A법규만 적용되고 A법규에 의한 권리만 생기는 경우를 법규의 경합이라 한다. 가령 공무원이 직무상 불법행위로 인한 손해에 대한 국가·공공단체의 책임의 경우, 제756조에 의한 사용자배상책임과 국가배상법 제2조에 의한 국가배상책임이 경합하는데, 국가배상법 제8조에 의해 국가배상책임이 우선 적용되는 경우를 들 수 있다(보통법과 특별법과의 관계).[30)]

Ⅲ. 권리의 충돌과 그 순위

1. 의 의

동일한 객체 위에 여러 개의 권리가 병존하는 경우, 그 객체가 그 위에 있는 모든 권리를 만족시키지 못하는 현상을 권리의 충돌이라 한다.

2. 종류와 그 순위

물권의 충돌과 채권의 충돌이 있다. 물권의 충돌의 경우, 물권은 배타성을 본질로 하기 때문에 동일 객체 위에 병존하는 여러 개의 물권 사이의 순위를 정할 필요가 있다. 동일물

---

29) 대판 2002. 6. 14. 2002다11441; 대판 2002. 5. 10. 2000다39735; 대판 1993. 3. 23. 92다50942.

30) 제693조 이하의 임치계약관계에 있어서 수치인의 책임의 경우, 특정물의 유상수치인은 제374조 소정의 선관주의의무를 부담하지만, 무상수치인은 제695조에 의한 주관적 주의의무만 부담한다. 따라서 무상임치의 경우, 수치물이 수치인의 선관주의의무 위반으로 멸실·훼손된 경우에도 무상수치인이 주관적 주의의무를 다 하였음을 주장·증명할 경우, 그는 임치계약상의 채무불이행책임도 지지 않고, 과실로써 타인(임치인)의 소유권을 침해한 것으로 되지 않아 제750조 소정의 불법행위로 인한 손해배상책임도 지지 않는다(원칙법과 예외법과의 관계).

위에 제한물권과 소유권이 병존하는 경우, 언제나 제한물권이 우선한다. 제한물권 상호간 충돌의 경우, 두 가지로 나뉜다. 첫째, 동종의 제한물권 상호간의 충돌이면 '시간이 빠르면 권리가 앞선다.'는 로마법언에 따라 먼저 성립한 권리가 나중에 성립한 권리보다 우선한다. 둘째, 다른 종류의 제한물권 상호간의 충돌일 경우, 순위 결정에 관한 일반원칙이 없고 법률의 규정에 따르게 된다.

채권의 충돌의 경우, 선행주의의 원칙 · 평등주의의 예외 · 예외에 대한 또 다른 예외의 법리가 적용된다. 첫째, 동일 채무자에 대한 여러 개의 채권 사이에는 순위가 없으므로, 각 채권자는 임의로 채권을 실행할 수 있다. 먼저 채권을 행사하여 채무의 변제를 받은 자가 이익을 얻는 결과가 된다.[31] 둘째, 선행주의에 대한 예외로서 채권자 평등주의가 적용된다. 즉, 동일 채무자에 대한 여러 개의 채권은, 발생원인 · 발생시기의 선후 · 채권액의 다소에 관계없이 평등하게 취급됨으로써 어느 채권자가 우선변제를 받지는 못한다. 채무자의 총 재산으로부터 각 채권자의 채권액에 대한 안분비례(按分比例)로서 평등한 배당변제를 받을 수 있을 뿐이다.[32] 셋째, 예외에 대한 또 다른 예외로서 피담보채권자 등은 별제권(채무자 회생 및 파산에 관한 법률 제411조 이하)을 행사함으로써 다른 채권자보다 우선변제를 받을 수 있다.[33]

제5절 권리행사의 한계와 제한

I. 권리관념의 변화 개관

개인주의적 법원리에 바탕을 둔 근대사법의 초기시대에는, '자기의 권리를 행사하는 자는 그 누구를 해하는 것이 아니다.'라는 로마법언처럼 권리행사에 아무런 제한이 없는, 권리행사의 무제약성(Schrankenlosigkeit)이 인정되었다.

그러나 독점자본주의 모순현상이 드러나기 시작한 19세기 중반 이후 20세기에 이르러, 권리의 관념은 서서히 바뀌지기 시작했다. 즉, 권리는 개인의 이익뿐만 아니라 공공의 이익을 추구하기 위한 수단으로 그 관념이 바뀌짐으로써 권리의 행사에는 의무가 뒤따르는 것으로 파악되어졌다. 그리하여 권리의 공공성 · 사회성이 강조되고, 권리행사에는 일정한 제약이 가해지게 되었다. 민법 제2조는 그 구체적 표현이다.[34]

31) 채권의 선행주의는 채무자의 변제능력이 충분한 경우를 전제로 한다.

32) 채권자 평등주의는 채무자가 변제능력이 부족하여 파산선고 등을 당한 경우에 적용된다.

33) 기타의 경우로서 주택임대차보호법 제8조 제1항, 상가건물임대차보호법 제14조 소정의 최우선변제권 있는 소액보증금제도가 있다.

Ⅱ. 신의성실의 원칙[35]

●● 사례 2

이 사건 건물(대지를 포함한다)의 소유자인 B(원고)는 A외 1인(피고들)을 상대로 D법원 관할 지원에 이 사건 각 토지 위에 있는 건물의 명도와 명도완료일까지의 차임 상당 부당이득금의 지급을 구하는 소송을 제기하여 2005. 10. 27. 화해권고결정이 확정된바 있다. 위 화해권고결정 제2항에는 '피고들은 연대하여 원고에게 2006. 1. 1.부터 2020. 12. 31.까지 토지사용료로 매월 말일에 15만 원씩을 지급한다. 피고들이 위 돈의 지급을 2회 이상 연체할 때에는, 피고들은 원심 판시 건물을 즉시 철거하고, 그 대지를 원고에게 인도한다'는 내용이 포함되어 있었다. 피고들은 2006. 2. 28.에 2006년 1월분 및 2월분 토지사용료 합계 30만 원을 송금하고, 2006. 5. 2.에 2006년 3월분 및 4월분 토지사용료 합계 30만 원을 송금하였다. 그런데 원고는 2006. 5. 8. 피고들에게 토지사용료 2회 이상 연체를 이유로 건물 철거 및 대지 인도를 요구하고 그 무렵 위 화해권고결정에 대하여 위 법원에 집행문 부여를 신청하였으나, 위 법원은 2006. 5. 29. 심문기일을 진행한 다음 집행문을 부여하지 않았다. 한편 피고들은 2006년 5월분부터 토지사용료를 매월 말일 이전에 원고에게 지급하였고, 원고는 2006. 5.경부터 이 사건 제1심 변론종결일 무렵까지 약 4년 동안 피고들로부터 위 화해권고결정에 따른 토지사용료를 아무런 이의유보 없이 수령하였으나, 을 등이 4년여 전에 사용료 지급을 2회 이상 연체하였음을 이유로 B가 화해권고결정에 대하여 집행문 부여를 구하는 이 사건 소송을 제기하였다. B의 주장은 정당한가?

●● 사안의 쟁점:

첫째, 실효의 원칙을 적용하기 위한 요건은 무엇인가? 둘째, B가 A외 1인을 상대로 제기한 건물명도소송에서 'A 등이 토지사용료 지급을 2회 이상 연체하면 건물을 즉시 철거하고 대지를 갑에게 인도한다'는 내용이 포함된 화해권고결정이 확정되었는데, A 등이 4년여 전에 사용료 지급을 2회 이상 연체하였음을 이유로 B가 화해권고결정에 대하여 집행문 부여를 구하는 것이 신의칙에 부합되는지 여부 등이다.

1. 의 의

신의성실의 원칙이란, 법률의 영역에 있어서 사람들의 일반적인 행동원칙을 말한다.[36] 본래 신의성실(Treu und Glauben)이란 정의・형평, 사회의 일반적인 도덕규범을 지칭한다.

---

34) 민법 제2조는 직접적으로는 권리행사 자유의 한계를, 간접적으로는 권리의 공공성・사회성을 인정하는 제도이다(곽윤직・김재형, 74면).

35) 제2조 제1항(권리의 행사와 의무의 이행은 신의에 좇아 성실히 하여야 한다)을 신의성실의 원칙(줄여서 신의칙이라 한다)이라 한다.

36) 다시 보면, 모든 사람은 사회공동생활의 일원으로서 상대방의 신뢰를 저버리지 않도록 성의를 가지고 권리를 행사하거나 또는 의무를 이행하여야 함을 말한다.

한편 법질서는 이러한 도덕규범에 바탕을 둔 것이므로, 사람들의 법률상의 행동에 있어 도덕규범의 구체적 표현인 신의칙을 따라야 함은 당연한 것이다.

판 례

◎ 신의성실 원칙의 의미와 그 위배를 이유로 권리행사를 부정하기 위한 요건

"신의성실의 원칙은 법률관계의 당사자가 상대방의 이익을 배려하여 형평에 어긋나거나, 신의를 저버리는 내용 또는 방법으로 권리를 행사하거나 의무를 이행하여서는 아니 된다는 추상적 규범으로서, 신의성실의 원칙에 위배된다는 이유로 그 권리의 행사를 부정하기 위해서는 상대방에게 신의를 공여하였다거나 객관적으로 보아 상대방이 신의를 가짐이 정당한 상태에 있어야 하고, 이러한 상대방의 신의에 반하여 권리를 행사하는 것이 정의관념에 비추어 용인될 수 없는 정도의 상태에 이르러야 한다.[37]"

2. 연혁 · 입법례

신의칙은 로마법상의 일반악의의 항변 및 선의소권(善意訴權)에서 유래한다.[38][39]

3. 신의칙의 존재이유

사권의 공공성을 생각한다면, 권리행사 · 의무이행도 공동사회의 유지와 그 발전을 위한 수단으로 행해져야 함은 지극히 당연하다. 여기에 권리의 행사 · 의무의 이행에 있어서 신의칙이 요구되는 이유가 있다. 그렇다면, 신의칙의 내용은 무엇인가? 그것은 법의 적용에 있어서 법관의 판결에 의하여 구체적 · 개별적으로 밝혀지게 된다. 환언하면, 사법의 지도이념인 신의칙은 그 내용을 구체화하지 않은 추상적 · 일반적인 내용으로만 존재함으로써,[40] 시대의 흐름에 따라 변화하는 그 때마다의 정의관 · 윤리관 · 도덕관과 결부되어 영속성과 탄력성을 가지고 그 내용이 부단하게 진화해 나감으로써 이른바, 살아 있는 법(lebendiges Recht)을 만드는 역할을 한다.

---

37) 대판 2011. 2. 10. 2009다68941; 대판 2003. 8. 22. 2003다19961; 대판 2003. 4. 22. 2003다2390, 2406.

38) 로마법에서는 권리자의 주장이 지나치게 윤리에 반할 경우, 상대방은 악의의 항변을 함으로써 권리자의 주장을 물리칠 수 있었다. 한편 로마법에서의 소권체계는 엄정소권(당사자의 의사표시만을 토대로 하는 소권체계)과 선의소권(의사표시 이외에 계약 당시의 상황, 사기 · 강박의 유무 등을 종합적으로 고려하여 선의 및 형평에 따라 판결할 것이 요청되는 소권체계)이 있었다.

39) 프랑스민법 제1134조 제3항(계약은 신의에 따라 이행하여야 한다)은 근대사법 중 최초로 신의칙을 규정했다. 독일민법 제157조 · 제242조는 계약의 해석 · 채무이행에 관하여 신의칙을 규정한다(독일의 학설 · 판례는 이 원칙을 채권법을 지배하는 최고원리로 삼고 있다). 스위스민법 제2조 제1항(모든 사람은 권리의 행사, 의무의 이행에 있어서 신의칙에 따라야 한다)은 민법 전체의 최고원리로서 신의칙을 규정하고 있다. 한편 1947년의 개정 일본민법 제1조 제2항은 스위스민법을 모방하여 이를 규정하였고, 우리민법도 스위스민법을 모범으로 하여 제2조 제1항에서 신의칙을 규정한 것이다.

40) 이러한 점에서 신의칙을 규정한 제2조 제1항을 제왕조항 · 일반조항 · 백지규정(법관의 판결을 통해 그 내용이 구체화된다는 뜻이다)이라 한다.

4. 신의칙의 기능

신의칙의 기능 내지 역할은 무엇인가? 보충기능, 형평기능, 법형성적 · 법창조적 기능, 수정기능 등이 있다.[41]

판 례

가. 보충기능

◎ 계약교섭의 부당한 중도파기가 불법행위를 구성하는지 여부

"어느 일방이 교섭단계에서 계약이 확실하게 체결되리라는 정당한 기대 내지 신뢰를 부여하여 상대방이 그 신뢰에 따라 행동하였음에도 상당한 이유 없이 계약의 체결을 거부하여 손해를 입혔다면, 이는 신의성실의 원칙에 비추어 볼 때 계약자유원칙의 한계를 넘는 위법한 행위로서 불법행위를 구성한다.[42]"

◎ 사용자가 근로계약에 수반되는 신의칙상의 부수적 의무로서 피용자의 안전에 대한 보호의무를 지는지 여부(적극)

"사용자는 근로계약에 수반되는 신의칙상의 부수적 의무로서 피용자가 노무를 제공하는 과정에서 생명, 신체, 건강을 해치는 일이 없도록 인적 · 물적 환경을 정비하는 등 필요한 조치를 강구하여야 할 보호의무를 부담하고, 이러한 보호의무를 위반함으로써 피용자가 손해를 입은 경우 이를 배상할 책임이 있다.[43]"

◎ 병원이 입원환자들의 휴대품 도난방지를 위하여 취하여야 할 의무의 성질(=입원계약에 따른 신의칙상 보호의무) 및 내용

"환자가 병원에 입원하여 치료를 받는 경우에 있어서, 병원은 진료뿐만 아니라 환자에 대한 숙식의 제공을 비롯하여 간호, 보호 등 입원에 따른 포괄적 채무를 지는 것인 만큼, 병원은 병실에의 출입자를 통제 · 감독하든가 그것이 불가능하다면 최소한 입원환자에게 휴대품을 안전하게 보관할 수 있는 시정장치가 있는 사물함을 제공하는 등으로 입원환자의 휴대품 등의 도난을 방지함에 필요한 적절한 조치를 강구하여 줄 신의칙상의 보호의무가 있다고 할 것이고, 이를 소홀히 하여 입원환자와는 아무런 관련이 없는 자가 입원환자의 병실에 무단출입하여 입원환자의 휴대품 등을 절취하였다면 병원은 그로 인한 손해배상책임을 면하지 못한다.[44]"

---

41) 첫째, 신의칙은 법률행위 해석의 제4의 기준이 됨으로써 당사자의 권리 · 의무의 내용을 구체적으로 밝혀주는 보충적 기능이 있다(약관의 규제에 관한 법률 제5조 제1항 참조). 둘째, 법률관계 당사자의 권리 · 의무에 관한 법률을 획일적으로 적용함으로써 생기는 엄격성을 덜어주는 형평기능이 있다. 셋째, 신의칙에 기한 판례가 축적 · 유형화되면 그 자체가 하나의 객관성을 띤 법의 역할을 하는 법형성적 · 법창조적 기능이 있다. 넷째, 사정변경을 이유로 하여, 신의칙에 근거한 법률관계 · 성문법규의 수정을 꾀하는 수정기능 등이 있다. 그러나 이러한 신의칙의 기능에만 매몰할 경우, 일반조항으로의 도피(Flucht in die Generalklausel)가 되고, 그 남용의 결과는 법적 사고의 유약화(柔弱化), 법적 불안정성, 법관의 자의적인 법의 운용 등으로 나타날 수 있기 때문에 신의칙을 운용함에 있어서 이와 같은 폐해가 나타나지 않도록 주의할 필요가 있다(김상용, 115-116면).

42) 대판 2004. 5. 28. 2002다32301; 대판 2003. 4. 11. 2001다53059; 대판 2001. 6. 15. 99다40418.

43) 대판 2001. 7. 27. 99다56734; 대판 2000. 5. 16. 99다47129; 대판 1999. 2. 23. 97다12082.

44) 대판 2003. 4. 11. 선고 2002다63275.

◎ 아파트 분양자는 아파트단지 인근에 공동묘지가 조성되어 있는 사실을 수분양자에게 고지할 신의칙상의 의무를 부담하는지 여부(적극)

"우리 사회의 통념상으로는 공동묘지가 주거환경과 친한 시설이 아니어서 분양계약의 체결 여부 및 가격에 상당한 영향을 미치는 요인일 뿐만 아니라 대규모 공동묘지를 가까이에서 조망할 수 있는 곳에 아파트단지가 들어선다는 것은 통상 예상하기 어렵다는 점 등을 감안할 때 아파트 분양자는 아파트단지 인근에 공동묘지가 조성되어 있는 사실을 수분양자에게 고지할 신의칙상의 의무를 부담한다고 한 사례.[45]"가 있다.

◎ 부동산 거래에 있어 신의칙상 거래 상대방에 대한 고지의무를 부담하는 경우

"부동산 거래에 있어 거래 상대방이 일정한 사정에 관한 고지를 받았더라면 그 거래를 하지 않았을 것임이 경험칙상 명백한 경우에는 신의성실의 원칙상 사전에 상대방에게 그와 같은 사정을 고지할 의무가 있으며, 그와 같은 고지의무의 대상이 되는 것은 직접적인 법령의 규정뿐 아니라 널리 계약상, 관습상 또는 조리상의 일반원칙에 의하여도 인정될 수 있다.[46]"

◎ 재산적 거래관계에서 신의칙상 거래 상대방에게 고지의무를 부담하는 경우

"재산적 거래관계에 있어서 계약의 일방 당사자가 상대방에게 계약의 효력에 영향을 미치거나 상대방의 권리 확보에 위험을 가져올 수 있는 구체적 사정을 고지하였다면 상대방이 계약을 체결하지 아니하거나 적어도 그와 같은 내용 또는 조건으로 계약을 체결하지 아니하였을 것임이 경험칙상 명백한 경우 계약 당사자는 신의성실의 원칙상 상대방에게 미리 그와 같은 사정을 고지할 의무가 있다. 그러나 이때에도 상대방이 고지의무의 대상이 되는 사실을 이미 알고 있거나 스스로 이를 확인할 의무가 있는 경우 또는 거래 관행상 상대방이 당연히 알고 있을 것으로 예상되는 경우 등에는 상대방에게 위와 같은 사정을 알리지 아니하였다고 하여 고지의무를 위반하였다고 볼 수 없다.[47]"

◎ 도로에서 유입되는 소음 때문에 인근 주택의 거주자가 사회통념상 수인한도를 넘는 생활이익의 침해를 당한 경우, 그 주택의 분양회사에게 소음으로 인한 불법행위책임을 물을 수 있는지 여부 및 분양회사가 위 소음과 관련하여 수분양자에게 책임을 부담하는 경우

"도로에서 유입되는 소음 때문에 인근 주택의 거주자에게 사회통념상 수인한도를 넘는 생활이익의 침해가 발생하였다고 하더라도, 그 주택을 건축하여 분양한 분양회사는 도로의 설치・관리자가 아니고 그 주택의 건축으로 인하여 소음이 발생하였다고 볼 수도 없으므로, 주택의 거주자들이 분양회사를 상대로 소음 때문에 발생한 생활이익의 침해를 원인으로 하는 불법행위책임을 물을 수는 없다. 다만 분양회사는 주택의 공급 당시에 주택법상의 주택건설기준 등 그 주택이 거래상 통상 소음 방지를 위하여 갖추어야 할 시설이나 품질을 갖추지 못한 경우에 집합건물의 소유 및 관리에 관한 법률 제9조 또는 민법 제580조의 담보책임을 부담하거나, 수분양자와의 분양계약에서 소음 방지 시설이나 조치에 관하여 특약이 있는 경우에 그에 따른 책임을 부담하거나, 또는 분양회사가 수분양자에게 분양하는 주택의 소음 상황 등에 관한 정보를 은폐하거나 부정확한 정보를 제공하는 등 신의칙상의 부수의무를 게을리 한 경우에 그 책임을 부담할 뿐이다.[48]"

---

45) 대판 2007. 6. 1. 2005다5812, 5829, 5836 ; 대판 2006. 10. 12. 2004다48515.
46) 대판 2006. 10. 12. 2004다48515.
47) 대판 2014. 7. 24. 2013다97076 ; 대판 2013. 11. 28. 2011다59247.

◎ 민법 제760조 제3항에서 정한 방조에 부작위에 의한 방조가 포함되는지 여부(적극) 및 부작위에 의한 방조의 전제가 되는 작위의무에 신의성실 원칙이나 사회상규 또는 조리상 작위의무가 포함되는지 여부(적극)와 이 경우 작위의무 부과 요건

"민법 제760조 제3항은 교사자나 방조자는 공동행위자로 본다고 규정하여 교사자나 방조자에게 공동불법행위자 책임을 부담시키고 있는데, 방조란 불법행위를 용이하게 하는 직접·간접의 모든 행위를 가리키는 것으로서 작위에 의한 경우뿐만 아니라 작위의무 있는 자가 그것을 방지하여야 할 여러 조치를 취하지 아니하는 부작위로 인하여 불법행위자의 실행행위를 용이하게 하는 경우도 포함한다. 여기서 작위의무는 법적인 의무이어야 하므로 단순한 도덕상 또는 종교상 의무는 포함되지 않으나 작위의무가 법적인 의무인 한 그 근거가 성문법이건 불문법이건 상관이 없고 또 공법이건 사법이건 불문하므로, 법령, 법률행위, 선행행위로 인한 경우는 물론이고 기타 신의성실의 원칙이나 사회상규 혹은 조리상 작위의무가 기대되는 경우에도 법적인 작위의무는 있다. 다만 신의성실의 원칙이나 사회상규 혹은 조리상 작위의무는 혈연적인 결합관계나 계약관계 등으로 인한 특별한 신뢰관계가 존재하여 상대방의 법익을 보호하고 그에 대한 침해를 방지할 책임이 있다고 인정되거나 혹은 상대방에게 피해를 입힐 수 있는 위험요인을 지배·관리하고 있거나 타인의 행위를 관리·감독할 지위에 있어 개별적·구체적 사정하에서 위험요인이나 타인의 행위로 인한 피해가 생기지 않도록 조치할 책임이 있다고 인정되는 경우 등과 같이 상대방의 법익을 보호하거나 그의 법익에 대한 침해를 방지하여야 할 특별한 지위에 있음이 인정되는 자에 대하여만 인정할 수 있고, 그러한 지위에 있지 아니한 제3자에 대하여 함부로 작위의무를 확대하여 부과할 것은 아니다."[49]

◎ 지역주택조합 방식에 의한 아파트개발사업의 시행대행자인 갑 주식회사가 을 등과 조합원가입계약을 체결할 당시 고지의무를 위반하여 위 방식으로 사업 추진이 불가능할 수 있다는 사정을 제대로 알리지 않았고, 그 후 조합설립인가도 받지 못한 채 사업 추진이 불가능하게 되자, 을 등이 조합원가입계약서에 시공사로 날인한 병 주식회사를 상대로 손해배상을 구한 사안에서, 병 회사가 갑 회사의 부작위에 의한 기망행위를 방조하였다고 본 원심판결에 법리오해 등 위법이 있다고 한 사례

"지역주택조합 방식에 의한 아파트개발사업의 시행대행자인 갑 주식회사가 을 등과 조합원가입계약을 체결할 당시 고지의무를 위반하여 위 방식으로 사업 추진이 불가능할 수 있다는 사정을 제대로 알리지 않았고, 그 후 조합설립인가도 받지 못한 채 사업 추진이 불가능하게 되자, 을 등이 조합원가입계약서에 시공사로 날인한 병 주식회사를 상대로 손해배상을 구한 사안에서, 제반 사정에 비추어 장차 시공자 지위를 확보하기 위하여 사업 추진에 관여한 데 지나지 않는 병 회사는 을 등의 법익을 보호하거나 그에 대한 침해를 방지하여야 할 특별한 지위에 있다고 할 수 없으므로 병 회사 스스로 고지의무 대상인 사유가 존재하는지를 조사하여 고지할 작위의무 또는 갑 회사의 고지의무 이행을 조사하고 관리·감독할 의무를 인정할 근거가 없고, 또한 병 회사가 사업 추진이 불가능할 수 있다는 사정 및 갑 회사가 사업 추진이 불가능할 수 있다는 점에 관하여 고지의무를 위반한 사정을 인식하고 있었다고 볼 수 없는데도, 이와 달리 병 회사가 갑 회사의 부작위에 의한 기망행위를 방조하였다고 본 원심판결에 부작위에 의한 불법행위의 성립, 작위의무의 발생요건 등에

48) 대판 2008. 8. 21. 2008다9358, 9365.
49) 대판 2012. 4. 26. 2010다8709; 대판 2007. 6. 14. 2005다32999; 대판 1996. 9. 6. 95도2551.

관한 법리오해 등 위법이 있다고 한 사례.[50]"가 있다.

○ 채무자 갑 주식회사 소유의 건물 등에 관하여 을 은행 명의의 1순위 근저당권이 설정되어 있었는데, 2순위 근저당권자인 병 주식회사가 갑 회사와 건물 일부에 관하여 임대차계약을 체결하고 건물 일부를 점유하고 있던 중 을 은행의 신청에 의하여 개시된 경매절차에서 유치권신고를 한 사안에서, 병 회사가 경매절차에서 유치권을 주장하는 것은 신의칙상 허용될 수 없다고 본 원심 판단을 수긍한 사례

"채무자 갑 주식회사 소유의 건물 등에 관하여 을 은행 명의의 1순위 근저당권이 설정되어 있었는데, 2순위 근저당권자인 병 주식회사가 갑 회사와 건물 일부에 관하여 임대차계약을 체결하고 건물 일부를 점유하고 있던 중 을 은행의 신청에 의하여 개시된 경매절차에서 유치권신고를 한 사안에서, 경매개시결정 기입등기가 마쳐지기 전에 임대차계약이 체결되어 병 회사가 건물 일부를 점유하고 있으며, 병 회사의 갑 회사에 대한 채권은 상인인 병 회사와 갑 회사 사이의 상행위로 인한 채권으로서 임대차계약 당시 이미 변제기에 도달하였고 상인인 병 회사가 건물 일부를 임차한 행위는 채무자인 갑 회사에 대한 상행위로 인한 것으로 인정되므로, 병 회사는 상사유치권자로서 갑 회사에 대한 채권 변제를 받을 때까지 유치목적물인 건물 일부를 점유할 권리가 있으나, 위 건물 등에 관한 저당권 설정 경과, 병 회사와 갑 회사의 임대차계약 체결 경위와 내용 및 체결 후의 정황, 경매에 이르기까지의 사정 등을 종합하여 보면, 병 회사는 선순위 근저당권자인 을 은행의 신청에 의하여 건물 등에 관한 경매절차가 곧 개시되리라는 사정을 충분히 인식하면서 임대차계약을 체결하고 그에 따라 유치목적물을 이전받았다고 보이므로, 병 회사가 선순위 근저당권자의 신청에 의하여 개시된 경매절차에서 유치권을 주장하는 것은 신의칙상 허용될 수 없다고 본 원심판단을 수긍한 사례.[51]"가 있다.

○ 운동경기에 참가하는 자가 부담하는 주의의무의 내용(=안전배려의무) 및 경기 자체에 부상 위험이 내재되어 있는 운동경기에 참가한 자가 안전배려의무를 다하였는지에 관한 판단 기준

"운동경기에 참가하는 자는 자신의 행동으로 인하여 다른 경기자 등이 다칠 수도 있으므로, 경기규칙을 준수하면서 다른 경기자 등의 생명이나 신체 안전을 확보하여야 할 신의칙상 주의의무인 안전배려의무를 부담한다. 그런데 권투나 태권도 등과 같이 상대선수에 대한 가격이 주로 이루어지는 형태의 운동경기나 다수 선수들이 한 영역에서 신체적 접촉을 통하여 승부를 이끌어내는 축구나 농구와 같은 형태의 운동경기는 신체접촉에 수반되는 경기 자체에 내재된 부상 위험이 있고, 그 경기에 참가하는 자는 예상할 수 있는 범위 내에서 위험을 어느 정도 감수하고 경기에 참가하는 것이므로, 이러한 유형의 운동경기에 참가한 자가 앞서 본 주의의무를 다하였는지는 해당 경기의 종류와 위험성, 당시 경기진행 상황, 관련 당사자들의 경기규칙 준수 여부, 위반한 경기규칙이 있는 경우 규칙의 성질과 위반 정도, 부상 부위와 정도 등 제반 사정을 종합적으로 고려하여 판단하되, 그 행위가 사회적 상당성의 범위를 벗어나지 않았다면 이에 대하여 손해배상책임을 물을 수 없다.[52]"

○ 카지노이용자의 이익을 위한 카지노사업자의 보호의무나 배려의무가 인정되는지 여부(원칙적 소

50) 대판 2012. 4. 26. 2010다8709.
51) 대판 2011. 12. 22. 2011다84298.
52) 대판 2011. 12. 8. 2011다66849, 66856.

극) 및 예외적으로 카지노사업자의 카지노이용자에 대한 보호의무나 배려의무 위반이 인정되는 경우

"카지노사업자가 카지노 운영과 관련하여 공익상 포괄적인 영업 규제를 받고 있더라도 특별한 사정이 없는 한 이를 근거로 함부로 카지노이용자의 이익을 위한 카지노사업자의 보호의무 내지 배려의무를 인정할 것은 아니다. 카지노사업자로서는 정해진 게임 규칙을 지키고 게임 진행에 필요한 서비스를 제공하면서 관련 법령에 따라 카지노를 운영하기만 하면 될 뿐, 관련 법령에 분명한 근거가 없는 한 카지노사업자에게 자신과 게임의 승패를 겨루어 재산상 이익을 얻으려 애쓰는 카지노이용자의 이익을 자신의 이익보다 우선하거나 카지노이용자가 카지노 게임으로 지나친 재산상 손실을 입지 아니하도록 보호할 의무가 있다고 보기는 어렵다. 다만 자기책임의 원칙도 절대적인 명제라고 할 수는 없는 것으로서, 개별 사안의 구체적 사정에 따라서는 신의성실이나 사회질서 등을 위하여 제한될 수도 있다. 그리하여 카지노이용자가 자신의 의지로는 카지노 이용을 제어하지 못할 정도로 도박 중독 상태에 있었고 카지노사업자도 이를 인식하고 있었거나 조금만 주의를 기울였더라면 인식할 수 있었던 상황에서, 카지노이용자나 그 가족이 카지노이용자의 재산상 손실을 방지하기 위하여 법령이나 카지노사업자에 의하여 마련된 절차에 따른 요청을 하였음에도 그에 따른 조처를 하지 아니하고 나아가 영업제한규정을 위반하여 카지노 영업을 하는 등 카지노이용자의 재산상실에 관한 주된 책임이 카지노사업자에게 있을 뿐만 아니라 카지노이용자의 손실이 카지노사업자의 영업이익으로 귀속되는 것이 사회 통념상 용인될 수 없을 정도에 이르렀다고 볼만한 특별한 사정이 있는 경우에는, 예외적으로 카지노사업자의 카지노이용자에 대한 보호의무 내지 배려의무 위반을 이유로 한 손해배상책임이 인정될 수 있다.[53)]"

◎ 갑이 친구인 을 등과 함께 야간에 대학교 내 야외 농구장에서 반코트만을 사용하여 친선 농구경기를 하던 중 리바운드를 하기 위해 점프를 하여 공을 잡고 내려오다가 그의 등 뒤에 서 있던 을의 입 부위를 오른쪽 어깨 부위로 충격하여 을이 앞니가 부러지는 등 부상을 입은 사안에서, 갑에게 손해배상책임을 지울 만한 주의의무 위반이 없다고 본 원심판단을 정당하다고 한 사례

"갑이 친구인 을 등과 함께 야간에 대학교 내 야외 농구장에서 반코트만을 사용하여 친선 농구경기를 하던 중 리바운드를 하기 위해 점프를 하여 공을 잡고 내려오다가 그의 등 뒤에 서 있던 을의 입 부위를 오른쪽 어깨 부위로 충격하여 을이 앞니가 부러지는 등 부상을 입은 사안에서, 일반적으로 농구경기가 참가자들 사이에서 신체적 접촉과 충격이 많은 경기이고, 특히 야간에 코트의 반만을 사용하여 한 농구경기에는 상당한 부상의 위험성이 내재되어 있었던 것으로 보이는 점 등 여러 사정에 비추어, 갑의 행위는 사회적 상당성의 범위 내에 있었던 것으로서 그에게 손해배상책임을 지울 만한 주의의무 위반이 없다고 본 원심판단을 정당하다고 한 사례.[54)]"가 있다.

◎ 갑 회사가 온라인연합복권 운영기관인 을 은행과, 온라인연합복권 시스템 구축 및 운영 용역을 제공하는 대가로 을 은행에게서 온라인연합복권 매회 매출액의 일정 비율에 해당하는 수수료를 지급받기로 하는 내용의 계약을 체결한 사안에서, 갑 회사가 예상액을 훨씬 초과하는 수수료를 지급받게 되었더라도, 착오를 이유로 한 계약의 일부 취소 또는 사정변경으로 인한 계약의 일부 해지를 인정할 수 없다고 본 원심판단을 수긍한 사례

53) 대판 2014. 8. 21. 전원합의체(다수의견). 2010다92438.
54) 대판 2011. 12. 8. 2011다66849, 66856.

"갑 회사가 온라인연합복권 운영기관인 을 은행과, 갑 회사가 온라인연합복권 시스템 구축 및 운영 용역을 제공하는 대가로 을 은행이 온라인연합복권 매회 매출액의 일정 비율에 해당하는 수수료를 지급하기로 하는 내용의 계약을 체결한 사안에서, 을 은행이 회계법인의 검토에 따른 예상매출액을 토대로 수수료율 등 계약 내용을 정하였고 실제 매출액이 예상매출액보다 현저하게 많이 발생하였더라도 이는 계약 당시를 기준으로 장래의 미필적 사실의 발생에 대한 기대나 예상이 빗나간 것에 불과하고, 을 은행이 예상매출액이 그대로 실현될 것이라고 확신하였다고 보기도 어려우므로, 을 은행이 계약을 체결하면서 장래의 매출액에 관하여 착오를 일으켰다고 할 수 없고, 한편 온라인연합복권 판매액이 예상매출액을 훨씬 초과하게 되어 판매액에 비례한 수수료를 지급받는 갑 회사가 결과적으로 예상액을 훨씬 초과하는 수수료를 지급받게 되었다는 점만으로 신의칙에 반하는 결과가 초래되었다고 볼 수 없으므로, 착오를 이유로 한 계약의 일부 취소 또는 사정변경으로 인한 계약의 일부 해지를 인정할 수 없다고 본 원심판단을 수긍한 사례.[55]"가 있다.

◎ 기획여행업자가 여행자에게 부담하는 안전배려의무의 내용

"기획여행업자는 통상 여행 일반은 물론 목적지의 자연적·사회적 조건에 관하여 전문적 지식을 가진 자로서 우월적 지위에서 행선지나 여행시설 이용 등에 관한 계약 내용을 일방적으로 결정하는 반면, 여행자는 안전성을 신뢰하고 기획여행업자가 제시하는 조건에 따라 여행계약을 체결하는 것이 일반적이다. 이러한 점을 감안할 때, 기획여행업자는 여행자의 생명·신체·재산 등의 안전을 확보하기 위하여 여행목적지·여행일정·여행행정·여행서비스기관의 선택 등에 관하여 미리 충분히 조사·검토하여 여행계약 내용의 실시 도중에 여행자가 부딪칠지 모르는 위험을 미리 제거할 수단을 강구하거나, 여행자에게 그 뜻을 고지함으로써 여행자 스스로 위험을 수용할지에 관하여 선택할 기회를 주는 등 합리적 조치를 취할 신의칙상 안전배려의무를 부담하며, 기획여행업자가 사용한 여행약관에서 여행업자의 여행자에 대한 책임의 내용 및 범위 등에 관하여 규정하고 있다면 이는 위와 같은 안전배려의무를 구체적으로 명시한 것으로 보아야 한다.[56]"

◎ 임차인의 월차임 연체에 대하여 월 5%(연 60%)의 연체료를 부담시킨 계약조항 및 임차인의 월차임 연체 등을 이유로 계약을 해지한 경우 임차인에게 임대차보증금의 10%를 위약금으로 지급하도록 한 계약조항이 약관의 규제에 관한 법률 제6조, 제8조에 의하여 무효라고 볼 수 있다고 한 사례

"임차인의 월차임 연체에 대하여 월 5%(연 60%)의 연체료를 부담시킨 계약조항 및 임차인의 월차임 연체 등을 이유로 계약을 해지한 경우 임차인에게 임대차보증금의 10%를 위약금으로 지급하도록 한 계약조항이, 임차인에게 부당하게 불리한 조항으로서 공정을 잃은 것으로 추정되어 신의성실의 원칙에 반하거나 부당하게 과중한 지연손해금 등의 손해배상의무를 부담시키는 약관조항으로서 약관의 규제에 관한 법률 제6조, 제8조에 의하여 무효라고 볼 수 있다고 한 사례.[57]"가 있다.

◎ 은행이 환 헤지(hedge)목적을 가진 기업과 통화옵션계약을 체결할 때 부담하는 고객 보호의무의 내용과 정도

"은행은 환 헤지(hedge)목적을 가진 기업과 통화옵션계약을 체결함에 있어서 해당 기업의 예상

55) 대판 2011. 6. 24. 2008다44368.

56) 대판 2011. 5. 26. 2011다1330; 대판 2007. 5. 10. 2007다3377; 대판 1998. 11. 24. 98다25061.

57) 대판 2009. 8. 20. 2009다20475, 20482.

외화유입액, 자산 및 매출 규모를 포함한 재산상태, 환 헤지의 필요여부, 거래 목적, 거래 경험, 당해 계약에 대한 지식 또는 이해 정도, 다른 환 헤지 계약 체결 여부 등의 경영상황을 미리 파악한 다음, 그에 비추어 해당 기업에 적합하지 아니한 통화옵션계약의 체결을 권유하여서는 아니 된다. 만약 은행이 이러한 의무를 위반하여 해당 기업의 경영상황에 비추어 과대한 위험을 초래하는 통화옵션계약을 적극적으로 권유하여 이를 체결하게 한 때에는, 이러한 권유행위는 이른바 적합성의 원칙을 위반하여 고객에 대한 보호의무를 저버리는 위법한 것으로서 불법행위를 구성한다. 특히 장외파생상품은 고도의 금융공학적 지식을 활용하여 개발된 것으로 예측과 다른 상황이 발생하였을 경우에는 손실이 과도하게 확대될 위험성이 내재되어 있고, 다른 한편 은행은 그 인가요건, 업무범위, 지배구조 및 감독 체계 등 여러 면에서 투자를 전문으로 하는 금융기관 등에 비하여 더 큰 공신력을 가지고 있어 은행의 권유는 기업의 의사결정에 강한 영향을 미칠 수 있으므로, 은행으로서는 위와 같이 위험성이 큰 장외파생상품의 거래를 권유할 때에는 다른 금융기관에 비하여 더 무거운 고객보호의무를 부담한다고 봄이 타당하다.[58]"

나. 형평기능

◎ 임차인의 주민등록상 주소가 등기부상 표시와 다르다는 이유로 임대차의 대항력을 부정하는 근저당권자의 주장이 신의칙에 위배되는 경우

"근저당권자가 임차인의 주민등록상 주소가 등기부상 표시와 다르다는 이유로 임대차의 대항력을 부정하는 주장이 신의칙에 비추어 용납될 수 없는 경우에는 예외적으로 그 주장을 배척할 수 있으나, 이는 주택임대차보호법에 의하여 인정되는 법률관계를 신의칙과 같은 일반원칙에 의하여 제한하는 것이어서 법적 안정성을 해할 수 있으므로 그 적용에 신중을 기하여야 한다. 그러므로 근저당권자가 근저당권 설정에 앞서 임차인의 주민등록상 주소가 등기부상 표시와 다르다는 사정을 알았거나 알 수 있었다는 사정만으로는 임대차의 대항력을 부정하는 근저당권자의 주장이 신의칙에 위배된다고 할 수 없고, 임차인의 주민등록이 잘못되었다는 사실을 알면서 그 임차인을 선순위의 권리로 인정하고 그만큼 감액한 상태의 담보가치를 취득하겠다는 전제에서 근저당권을 설정하였으면서도 부당한 이익을 얻으려는 의도로 사후에 임차인의 손해는 전혀 고려함이 없이 그 주민등록의 잘못에 따른 임대차의 대항력 결여를 주장하는 경우와 같이, 근저당권자의 권리행사가 상대방의 신의에 반하고 정의관념에 비추어 용인될 수 없는 정도의 상태에 이른다는 사정이 구체적으로 인정되어야 한다.[59]"

◎ 매매대금의 미지급을 이유로 제544조에 기한 매매의 해제를 할 수 있는지 여부(소극)

"총매매대금이 2,000만원인 부동산의 매매대금 중 미지급이 불과 105,000원 일뿐 아니라 그 미지급액에 대하여는 월5부의 지연이자를 지급하기로 약속한 경우에 위와 같은 미지급액이 있다는 이유만으로 위 매매계약을 해제한다는 것은 신의칙에 위배되는 것이다.[60]"

◎ 공탁금액이 채무총액에 비추어 아주 근소하게 부족한 경우, 변제공탁의 효력

"채권자에 대한 변제자의 공탁금액이 채무의 총액에 비하여 아주 근소하게 부족한 경우에는 당해 변제공탁은 신의칙상 유효한 것이라고 보아야 한다.[61]"

---

58) 대판 2013. 9. 26. 2011다53683, 5369.
59) 대판 2008. 2. 14. 2007다33224; 대판 1991. 12. 10. 91다3802.
60) 대판 1971. 3. 31. 71다352, 353, 354.

○ 금융기관이 일반 고객과 전문적인 지식과 분석능력이 요구되는 장외파생상품 거래를 할 때 부담하는 설명의무의 내용과 범위 및 정도

"금융기관이 일반 고객과 사이에 전문적인 지식과 분석능력이 요구되는 장외파생상품 거래를 할 때에는, 고객이 당해 장외파생상품에 대하여 이미 잘 알고 있는 경우가 아닌 이상, 그 거래의 구조와 위험성을 정확하게 평가할 수 있도록 거래에 내재된 위험요소 및 잠재적 손실에 영향을 미치는 중요인자 등 거래상 주요 정보를 적합한 방법으로 명확하게 설명하여야 할 신의칙상 의무가 있다. 이때 금융기관이 고객에게 설명하여야 하는 거래상 주요 정보에는 당해 장외파생상품 계약의 구조와 주요 내용, 고객이 그 거래를 통하여 얻을 수 있는 이익과 발생 가능한 손실의 구체적 내용, 특히 손실발생의 위험요소 등이 모두 포함된다. 그러나 당해 장외파생상품의 상세한 금융공학적 구조나 다른 금융상품에 투자할 경우와 비교하여 손익에 있어서 어떠한 차이가 있는지까지 설명하여야 한다고 볼 것은 아니고, 또한 금융기관과 고객이 제로 코스트(zerocost)구조의 장외파생상품 거래를 하는 경우에도 수수료의 액수 등은 그 거래의 위험성을 평가하는 데 중요한 고려요소가 된다고 보기 어렵다 할 것이므로, 수수료가 시장의 관행에 비하여 현저하게 높지 아니한 이상 그 상품구조 속에 포함된 수수료 및 그로 인하여 발생하는 마이너스 시장가치에 대하여까지 설명할 의무는 없다고 보는 것이 타당하다. 그리고 장외파생상품 거래도 일반적인 계약과 마찬가지로 중도에 임의로 해지할 수 없는 것이 원칙이고, 설령 중도에 해지할 수 있다고 하더라도 금융 기관과 고객이 중도청산금까지 포함하여 합의하여야 가능한 것이므로, 특별한 사정이 없는 한 금융기관이 고객과 장외파생상품 거래를 하면서 그 거래를 중도에 해지할 수 있는지와 그 경우 중도청산금의 개략적인 규모와 산정방법에 대하여도 설명할 의무가 있다고 할 수 없다. 한편 금융기관은 고객이 당해 파생상품거래의 구조와 위험성을 정확히 평가할 수 있도록 그 금융상품의 특성 및 위험의 수준, 고객의 거래목적, 투자경험 및 능력 등을 종합적으로 고려하여 고객이 앞서 살펴본 거래상 주요 정보를 충분히 이해할 수 있을 정도로 설명하여야 한다.[62)]"

○ 임상시험 단계의 의료행위에 대한 의사의 설명의무의 내용 및 임상시험 단계에 있는 의약품의 공급에 따른 의약품 공급자의 고지의무의 내용

"의사는 의료행위에 앞서 환자나 그 법정대리인에게 질병의 증상, 치료방법의 내용 및 필요성, 발생이 예상되는 위험 등 당시의 의료 수준에 비추어 상당하다고 인정되는 사항을 설명하여 환자가 그 필요성이나 위험성을 충분히 비교해 보고 그 의료행위를 받을 것인지 여부를 선택할 수 있도록 할 의무가 있고, 특히 그러한 의료행위가 임상시험의 단계에서 이루어지는 것이라면 해당 의료행위의 안전성 및 유효성(치료효과)에 관하여 그 시행 당시 임상에서 실천되는 일반적·표준적 의료행위와 비교하여 설명할 의무가 있다. 또한 의약품 공급자는 임상시험 단계에 있는 의약품을 공급함에 있어 해당 의약품의 안전성 및 유효성(치료효과) 등 그 구입 여부의 의사결정에 영향을 줄 수 있는 중요한 사정을 수요자에게 고지할 신의칙상의 의무가 있다.[63)]"

○ 갑이 을주식회사에 자신이 운영하던 공장의 생산설비, 특허권 등을 양도하고 을회사에서 3년 이상 근무하기로 계약을 체결하면서, 위 특허권에 대한 로열티를 지급받기로 약정하였는데, 갑이

61) 대판 2002. 5. 10. 2002다12871, 12888; 대판 1998. 10. 13. 98다17046; 대판 1988. 3. 22. 86다카909.
62) 대판 2013. 9. 26. 2011다53683,5369; 대판 2010. 11. 11. 2010다55699.
63) 대판 2010. 10. 14. 2007다3162; 대판 2007. 6. 1. 2005다5812, 5829, 5836; 대판 1995. 3. 28. 93다62645.

중도 퇴사하고 그동안 제작한 기계에 대한 로열티 지급을 최고한 후 이행지체를 이유로 위 계약을 해제한다는 의사표시를 한 사안에서, 계약의 해제를 인정한 원심판결에 해제권 행사 제한에 관한 법리오해 등 위법이 있다고 한 사례

"갑이 을주식회사에 자신이 운영하던 공장의 모든 생산설비, 자재, 특허권 등을 양도하고 을회사에서 3년 이상 근무하기로 하는 계약을 체결하면서, 위 특허권을 이용하여 제조하는 기계에 대한 로열티를 생산제조원가에 따른 비율로 계산하여 나중에 지급받기로 약정하였는데, 갑이 을회사에서 중도 퇴사한 후 그동안 제작한 기계에 대한 로열티 지급을 최고하고 그에 관한 소송을 제기하여 로열티 액수에 관하여 다투던 중 이행지체를 이유로 위 계약을 해제한다는 의사표시를 한 사안에서, 로열티는 생산제조원가를 알 수 있는 갑만이 정확히 계산할 수 있고 을회사가 이를 정확하게 계산하는 데 한계가 있는 점 등을 고려하여 갑이 로열티 지급을 최고할 때 을회사가 수긍할 수 있는 근거를 들어 로열티 금액의 이행을 구하였는지, 정확한 로열티 금액을 산정할 수 있도록 을회사에 협조를 하였는지 등을 심리하여 을회사에 로열티 지급의무를 이행하지 아니할 정당한 사유가 있어 최고기간 또는 상당한 기간 내에 이행 또는 이행의 제공이 없다는 이유로 갑이 해제권을 행사하는 것이 신의칙상 제한될 수 있는지 판단하여야 하는데도, 이와 다른 전제에서 계약의 해제를 인정한 원심판결에 해제권 행사 제한에 관한 법리오해 등 위법이 있다고 한 사례.[64)]"가 있다.

- 갑교회가 토지를 매수하면서 을에게 매수인 명의를 신탁하였고 매도인은 이를 알지 못하였는데, 갑교회가 실명등기를 하지 않고 부동산 실권리자명의 등기에 관한 법률에서 정한 유예기간을 경과한 후 을을 상대로 토지의 부당이득반환을 구하자 을이 소멸시효 항변을 한 사안에서, 을의 소멸시효 항변이 권리남용으로 허용될 수 없다고 본 원심판결에 법리오해의 위법이 있다고 한 사례

"갑교회가 토지를 매수하면서 을에게 매수인 명의를 신탁하였고 매도인은 이를 알지 못하였는데, 갑교회가 실명등기를 하지 않고 부동산 실권리자명의 등기에 관한 법률에서 정한 유예기간을 경과한 후 을을 상대로 토지의 부당이득반환을 구하자 을이 소멸시효 항변을 한 사안에서, 갑교회가 권리를 행사할 수 없는 장애사유가 소멸된 때로부터 민법상 시효정지기간이 지나 을에게 부당이득반환을 구하는 소를 제기하였으므로, 특별한 사정이 없는 한 갑교회가 상당한 기간 내에 권리행사를 하였다고 볼 수 없는데도, 을의 소멸시효 항변이 신의성실의 원칙에 반하는 권리남용으로 허용될 수 없다고 본 원심판결에는 법리오해의 위법이 있다고 한 사례.[65)]"가 있다.

- 경매를 통하여 토지를 취득한 자가 그 지상 건물의 철거와 토지의 인도를 구하는 것이 권리남용에 해당하지 않는다고 한 사례

"경매를 통하여 토지를 취득한 자가 그 지상 건물의 철거와 토지의 인도를 구하는 사안에서, 건물의 철거로 인한 권리행사자의 이익보다 건물 소유자의 손해가 현저히 크고 사회경제적으로도 큰 손실이 될 것으로 보이기는 하나, 건물소유자가 위 건물에 대한 권리를 인수할 당시 그 철거가능성을 알았다고 보이는 점, 토지에 대한 투자가치가 있어 건물 철거 등의 청구가 권리행사자에게 아무런 이익이 없다거나 오직 상대방에게 손해를 입히려는 것이라고 보기 어려운 점 등에 비추어, 권리남용에 해당하지 않는다고 한 사례.[66)]"가 있다.

64) 대판 2013. 6. 27. 2013다14880, 14897.
65) 대판 2013. 12. 26. 2011다90194, 90200.

다. 법형성적 · 법창조적 기능

◎ 사용자가 피용자의 업무집행으로 행하여진 불법행위로 인하여 입은 손해배상이나 구상권을 그 피용자에게 행사할 수 있는 범위

"사용자가 피용자의 업무집행으로 행해진 불법행위로 인하여 직접 손해를 입었거나 또는 사용자로서의 손해배상책임을 부담한 결과로 손해를 입게 된 경우에는 사용자는 그 사업의 성격과 규모, 사업시설의 상황, 피용자의 업무내용, 근로조건이나 근무태도, 가해행위의 상황, 가해행위의 예방이나 손실의 분산에 관한 사용자의 배려정도 등의 제반사정에 비추어 손해의 공평한 분담이라는 견지에서 신의칙상 상당하다고 인정되는 한도 내에서만 피용자에 대하여 위와 같은 손해의 배상이나 구상권을 행사할 수 있다.[67)]"

◎ 후취담보취득 조건부 시설자금 대출채무에 대한 연대보증계약의 채권자인 금융기관이 담보취득 완료 후 정당한 사유 없이 담보취득가격 등의 산정을 지체하고 보증채무의 존속 여부 및 그 범위에 관하여 보증인에게 통지를 하지 않아 보증인에게 구상권 행사의 장애 등 손해가 발생한 경우에 보증인의 책임을 합리적인 범위로 제한할 수 있는지 여부

"후취담보취득 조건부 시설자금 대출채무에 대한 연대보증계약의 채권자인 금융기관이 담보취득 완료 후 정당한 사유 없이 담보취득가격 및 미달금액의 산정을 지체하고 보증채무의 존속 여부 및 그 범위에 관하여 보증인에게 통지를 하지 아니함으로써 그로 말미암아 보증인의 구상권 행사에 장애가 발생하거나 보증책임이 확대되는 등 보증인이 손해를 입게 된 경우, 금융기관이 보증인에게 보증채무 전부의 이행을 청구하는 것은 신의칙에 반하여 용납될 수 없으므로 보증인의 책임을 합리적인 범위 내로 제한할 수 있다.[68)]"

◎ 리스회사인 갑 주식회사가 리스대상 물건 공급자인 을 주식회사와 '재매입사유가 발생한 경우, 을 회사는 갑 회사의 요청에 따라 리스대상 물건을 재매입하여야 한다'는 내용의 재매입약정을 한 사안에서, 갑 회사가 정당한 사유 없이 재매입청구를 지체하였다고 보이므로 신의칙상 을 회사의 재매입 대금 지급책임을 합리적인 범위 내로 제한할 수 있는지 여부(적극)

"리스회사인 갑 주식회사가 리스대상 물건 공급자인 을 주식회사와 '리스계약 해지사유가 발생하는 등 재매입사유가 발생한 경우, 을 회사는 갑 회사의 요청에 따라 리스대상 물건을 재매입하여야 한다.'는 내용의 재매입약정을 한 사안에서, 제반 사정상 재매입사유가 발생한 날부터 1년 4개월 남짓이 경과하여 비로소 행사된 갑 회사의 재매입청구는 정당한 사유 없이 행사가 지체되었다고 보아야 하므로, 갑 회사의 재매입청구 지체로 말미암아 을 회사가 어떠한 손해를 입었는지를 살펴본 후 갑 회사가 재매입약정에 의한 재매입 대금 지급책임 전부의 이행을 청구하는 것이 신의칙에 반하여 용납될 수 없어 을 회사의 재매입 대금 지급책임을 합리적인 범위 내로 제한할 수 있는지 심리 · 판단하였어야 함에도, 이와 달리 을 회사의 신의칙상 책임 제한 주장을 배척한 원심판결에 법리오해의 위법이 있다고 한 사례.[69)]"가 있다.

---

66) 대판 2010. 2. 25. 2009다58173.
67) 대판 1987. 9. 8. 86다카1045.
68) 대판 2008. 5. 8. 2006다57193.
69) 대판 2013. 2. 14. 2010다59622.

라. 수정기능

◎ 신탁보수약정이 있음에도 불구하고 그 약정된 보수액의 전부를 청구할 수 없는 경우

"신탁보수약정이 있는 경우에 신탁사무를 완료한 수탁자는 위탁자에게 약정된 보수액을 전부 청구할 수 있는 것이 원칙이지만, 신탁사무가 중도에 종료된 경우에는 신탁사무처리의 내용 및 경과, 신탁기간, 중단된 신탁사무로 인하여 발생하는 위탁자의 손실, 기타 변론에 나타난 제반 사정을 고려하여 약정된 보수액이 부당하게 과다하여 신의성실의 원칙이나 형평의 원칙에 반한다고 볼 만한 특별한 사정이 있는 경우에는 예외적으로 상당하다고 인정되는 범위 내의 보수액만을 청구할 수 있다.[70)]"

◎ 세무대리업무처리에 대한 보수에 관하여 세무사와 의뢰인 사이의 약정이 있는 경우, 그 대리업무를 종료한 세무사가 청구할 수 있는 보수액의 범위

"세무사의 세무대리업무처리에 대한 보수에 관하여 의뢰인과의 사이에 약정이 있는 경우, 그 대리업무를 종료한 세무사는 특별한 사정이 없는 한 약정된 보수액을 전부 청구할 수 있는 것이 원칙이지만, 대리업무수임의 경위, 보수금의 액수, 세무대리업무의 내용 및 그 업무처리과정, 난이도, 노력의 정도, 의뢰인이 세무대리의 결과 얻게 된 구체적 이익과 세무사보수규정, 기타 변론에 나타난 제반 사정을 고려하여 그 약정된 보수액이 부당하게 과다하여 신의성실의 원칙이나 형평의 원칙에 반하는 특별한 사정이 있는 경우에는 예외적으로 상당하다고 인정되는 범위 내의 보수액만을 청구할 수 있다고 할 것이다.[71)]"

◎ 소송위임사무에 대하여 변호사가 청구할 수 있는 보수액

"변호사의 소송위임사무처리에 대한 보수에 관하여 의뢰인과의 사이에 약정이 있는 경우에 위임사무를 완료한 변호사는 특별한 사정이 없는 한, 약정된 보수액을 전부 청구할 수 있는 것이 원칙이기는 하지만, 의뢰인과의 평소부터의 관계·사건 수임의 경위·착수금의 액수·사건처리의 경과와 난이도·노력의 정도·소송물가액·의뢰인이 승소로 인하여 얻게 된 구체적인 이익과 소속 변호사회의 보수규정 등 기타 변론에 나타난 제반 사정을 고려하여 약정된 보수액이 부당하게 과다하여 신의칙이나 형평의 원칙에 반한다고 볼 만한 특별한 사정이 있는 경우에는 예외적으로 상당하다고 인정되는 범위 내의 보수액만을 청구할 수 있다고 보아야 한다.[72)]"

◎ 변호사의 성공보수금의 약정은 신의칙에 반하는지 여부

"전략(前略)··· 소송이 특별히 복잡·중대하여 장기간 소요되었다거나 변호사가 유난히 많은 정성을 들였다고 볼 만한 사정이 없는 반면, 변호사 보수기준에 관한 규칙에 의한 성공보수액은 월 679만원이고, 변호사 보수의 소송비용산입에 관한 규칙에 의하여 소송비용에 산입되는 변호사의 보수는 금 346만원에 불과할 뿐 아니라, 의뢰인은 변호사가 친구의 아버지여서 사건을 위임하게 된 것으로서, 일부 피고에 대하여는 의제자백으로 승소하였으나 그는 소재불명이고 가압류하여 놓은 재산도 없어서 집행가능성이 희박한데다가, 부동산을 가압류하여 놓았던 피고들에 대하여는 모두 패소한 점 등 제반 사정을 참작하여 보면 금 3천만원의 약정보수금은 부당히 과다하고, 그 보수액

---

70) 대판 2006. 6. 9. 2004다24557; 대판 2002. 4. 12. 2000다50190; 대판 1993. 2. 9. 92다30382.
71) 대판 2006. 6. 15. 2004다59393.
72) 대판 2002. 4. 12. 2000다50190; 대판 1995. 4. 25. 94다57626; 대판 1972. 2. 29. 71다2722.

은 금 1천1백만원이 상당하다고 할 것이므로, 그 금액을 초과하는 보수금의 약정은 신의칙에 반하여 무효이다.[73)]"

○ 특정채무에 대한 보증책임을 신의칙에 의하여 제한할 수 있는지 여부(한정 적극)

"채권자와 채무자 사이에 계속적인 거래관계에서 발생하는 불확정한 채무를 보증하는 이른바 계속적 보증의 경우뿐만 아니라 특정채무를 보증하는 일반보증의 경우에 있어서도, 채권자의 권리행사가 신의칙에 비추어 용납할 수 없는 성질의 것인 때에는 보증인의 책임을 제한하는 것이 예외적으로 허용될 수 있을 것이나, 일단 유효하게 성립된 보증계약에 따른 책임을 신의칙과 같은 일반원칙에 의하여 제한하는 것은 자칫 잘못하면 사적 자치의 원칙이나 법적 안정성에 대한 중대한 위협이 될 수 있으므로 신중을 기하여 극히 예외적으로 인정하여야 한다.[74)]"

5. 신의칙 위반의 효과

신의칙은 권리행사·의무이행의 적법 여부를 가리는 기준이 된다. 따라서 신의칙에 반하는 의사표시는 무효가 되고, 신의칙에 반하는 권리의 행사는 권리남용이 되며, 신의칙에 반하는 의무이행은 의무(채무)불이행이 된다.

판 례

가. 신의칙 위반을 인정한 경우

○ 근로복지공단의 요양불승인처분에 대한 취소소송을 제기하여 승소확정판결을 받은 근로자가 요양으로 인하여 취업하지 못한 기간의 휴업급여를 청구한 경우, 그 휴업급여청구권이 시효완성으로 소멸하였다는 근로복지공단의 항변이 신의성실의 원칙에 반하여 허용될 수 없는지 여부(적극)

"채무자의 소멸시효에 기한 항변권의 행사도 우리 민법의 대원칙인 신의성실의 원칙과 권리남용금지의 원칙의 지배를 받으므로, 채무자가 시효완성 전에 채권자의 권리행사나 시효중단을 불가능 또는 현저히 곤란하게 하였거나 그러한 조치가 불필요하다고 믿게 하는 행동을 하였거나, 객관적으로 채권자가 권리를 행사할 수 없는 사실상의 장애사유가 있었거나, 일단 시효완성 후에 채무자가 시효를 원용하지 아니할 것 같은 태도를 보여 채권자로 하여금 그와 같이 신뢰하게 하였거나, 채권자를 보호할 필요성이 크고 같은 조건의 그 채권자들 중 일부가 이미 채무의 변제를 수령하는 등 채무이행의 거절을 인정함이 현저히 부당하거나 불공평하게 되는 등의 특별한 사정이 있는 경우에는, 채무자가 소멸시효의 완성을 주장하는 것이 신의성실의 원칙에 반하여 권리남용으로서 허용될 수 없다.[75)]"

○ 상가 내 점포별로 업종을 지정하여 분양한 점포에 관한 수분양자나 그 지위를 양수한 자가 분양계약에서 정한 업종제한약정을 위반할 경우 영업상의 이익을 침해당할 처지에 있는 자는 동종업종의 영업금지를 청구할 권리가 있는지 여부(적극) 및 분양계약에서 약정한 업종제한 의무를 수인하기로 동의한 후 이와 다른 의사표시나 행위를 하는 것이 신의칙에 위배되는지 여부(적극)

73) 대판 1992. 3. 31. 91다29804.
74) 대판 2004. 1. 27. 2003다45410.
75) 대판 2008. 9. 18. 전원합의체(다수의견). 2007두2173; 대판 1994. 12. 9. 93다27604.

"건축회사가 상가를 건축하여 각 점포별로 업종을 지정하여 분양한 경우 그 수분양자나 점포에 관한 수분양자의 지위를 양수한 자는 특별한 사정이 없는 한 그 상가의 점포 입주자들에 대한 관계에서 상호간에 명시적이거나 또는 묵시적으로 분양계약에서 약정한 업종제한 등의 의무를 수인하기로 동의하였다고 봄이 상당하므로, 상호간의 업종제한에 관한 약정을 준수할 의무가 있고, 따라서 점포 수분양자나 그 지위를 양수한 자 등이 분양계약에서 정한 업종제한약정을 위반할 경우, 이로 인하여 영업상의 이익을 침해당할 처지에 있는 자는 침해 배제를 위하여 동종 업종의 영업금지를 청구할 권리가 있으며, 일단 위와 같은 동의를 한 이후 나중에 이와 다른 명시적 의사표시나 행위를 하는 것은 신의칙에 위배되어 허용될 수 없다.[76)]"

◎ 건물 소유지분권을 매도한 자가 점유·사용 중인 매수인에 대하여 그 매매 부분의 명도를 청구할 수 있는지 여부(소극)

"건물의 소유지분권을 매도한 사람은 그 매매의 이행으로서 매수인에 대하여 그 매도 부분에 관한 점유이전의 의무를 지므로 특단의 사정이 없는 한 매도인이 점유·사용 중인 매수인에 대하여 그 매매 부분을 명도하라고 청구하는 것은 신의성실의 원칙에 위배된다.[77)]"

◎ 취득시효완성 후 그 사실을 모르고 권리를 주장하지 않기로 하였다가 후에 시효주장을 하는 것이 신의칙에 반하는지 여부(적극)

"취득시효완성 후에 그 사실을 모르고 당해 토지에 관하여 어떠한 권리도 주장하지 않기로 하였다 하더라도 이에 반하여 시효주장을 하는 것은 특별한 사정이 없는 한 신의칙상 허용되지 않는다.[78)]"

◎ 대리권한 없이 타인의 부동산을 매도한 자가 그 부동산을 상속한 후 소유자의 지위에서 자신의 대리행위가 무권대리로 무효임을 주장하여 등기말소 등을 구하는 것이 금반언원칙이나 신의칙상 허용될 수 없는지 여부

"갑이 대리권 없이 을 소유 부동산을 병에게 매도하여 부동산소유권이전등기등에관한특별조치법에 의하여 소유권이전등기를 마쳐주었다면 그 매매계약은 무효이고 이에 터잡은 이전등기 역시 무효가 되나, 갑은 을의 무권대리인으로서 민법 제135조 제1항의 규정에 의하여 매수인인 병에게 부동산에 대한 소유권이전등기를 이행할 의무가 있으므로 그러한 지위에 있는 갑이 을로부터 부동산을 상속받아 그 소유자가 되어 소유권이전등기이행의무를 이행하는 것이 가능하게 된 시점에서 자신이 소유자라고 하여 자신으로부터 부동산을 전전매수한 정에게 원래 자신의 매매행위가 무권대리행위여서 무효였다는 이유로 정 앞으로 경료된 소유권이전등기가 무효의 등기라고 주장하여 그 등기의 말소를 청구하거나 부동산의 점유로 인한 부당이득금의 반환을 구하는 것은 금반언의 원칙이나 신의성실의 원칙에 반하여 허용될 수 없다.[79)]"

나. 신의칙 위반을 인정하지 않은 경우

◎ 상속포기가 신의칙에 반하여 무효인지 여부

"상속포기를 하지 아니하였더라면 혼동으로 소멸하였을 개별적인 권리가 상속포기로 인하여 소멸

---

76) 대판 2002. 12. 27. 2002다45284; 대판 2002. 8. 23. 2001다46044; 대판 1997. 12. 26. 97다42540.
77) 대판 1999. 1. 15. 98다43953; 대판 1994. 4. 29. 93다46889; 대판 1991. 6. 11. 91다9299.
78) 대판 1998. 5. 22. 96다24101.
79) 대판 1994. 9. 27. 94다20617.

하지 않게 되었더라도 그 상속포기가 신의칙에 반하여 무효라고 할 수 없다고 한 사례.[80)]"가 있다.

◎ 채권자가 주채무자인 회사의 대표이사의 처에게만 연대보증을 요구한 경우, 신의성실의 원칙에 반한다고 볼 수 있는지 여부(소극)

"채권자가 주채무자인 회사의 다른 주주들이나 임원들에 대하여는 회사의 채무에 대하여 연대보증을 요구하지 아니하였고, 오로지 대표이사의 처이고 회사의 감사라는 지위에 있었다는 이유만으로 그 회사의 주주도 아닌 자에게만 연대보증을 요구하여 그가 연대보증을 하게 되었다 하더라도, 그 연대보증계약을 들어 신의성실의 원칙 내지 헌법상의 재산권 및 평등의 원칙 또는 경제와 형평의 원칙 등에 위반된다고 볼 수는 없다.[81)]"

◎ 의사무능력자가 사실상의 후견인의 보조를 받아 대출계약을 체결하고 자신 소유의 부동산에 관하여 근저당권을 설정한 경우, 의사무능력자의 특별대리인이 위 대출계약 및 근저당권설정계약의 무효를 주장하는 것이 신의칙상 허용될 수 없는지 여부(한정 소극)

"의사무능력자가 사실상의 후견인이었던 아버지의 보조를 받아 자신의 명의로 대출계약을 체결하고 자신 소유의 부동산에 관하여 근저당권을 설정한 후, 의사무능력자의 여동생이 특별대리인으로 선임되어 위 대출계약 및 근저당권설정계약의 효력을 부인하는 경우에, 이러한 무효 주장이 거래관계에 있는 당사자의 신뢰를 배신하고 정의의 관념에 반하는 예외적인 경우에 해당하지 않는 한, 의사무능력자에 의하여 행하여진 법률행위의 무효를 주장하는 것이 신의칙에 반하여 허용되지 않는다고 할 수 없다.[82)]"

◎ 다수의 다른 채권자들이 제3채무자를 상대로 추심금청구소송 등을 제기하고 있는 사실을 알고 있는 전부채권자가 제3채무자로부터 소를 제기하여 다른 채권자들과 같은 기회에 배당받을 것을 권유받았음에도 불구하고 아무런 조치를 취하지 않고 있다가, 다른 채권자들이 제기한 소송이 모두 법원의 조정에 갈음하는 결정으로 확정되어 제3채무자가 다른 채권자들에게 전부채권 전액에 상당하는 조정금액을 전부 지급한 후 비로소 자신의 채권의 지급을 구하는 것이 신의성실의 원칙에 반하는지 여부(소극)

"추심명령 또는 전부명령이나 확정일자 있는 증서에 의하여 채권양도를 받은 다수의 다른 채권자들이 제3채무자를 상대로 추심금청구 등의 소송을 제기하여 재판이 진행중인 사실을 알고 있는 전부채권자가 제3채무자로부터 소를 제기하여 다른 채권자들과 같은 기회에 배당받을 것을 권유받았음에도 불구하고 소송을 제기하는 등 아무런 조치를 취하지 않고 있다가, 다른 채권자들이 제기한 소송이 모두 법원의 조정에 갈음하는 결정으로 확정되어 제3채무자가 다른 채권자들에게 전부채권 전액에 상당하는 조정금액을 전부 지급한 후 비로소 자신의 채권의 지급을 구하는 것이라 하더라도, 전부채권자가 제3채무자의 위와 같은 제의에 명시적 또는 묵시적으로 승낙한 바가 없는 이상, 전부채권자가 제3채무자에 대하여 스스로의 전부채권을 포기한다거나 행사하지 않기로 한다는 신의를 준 것이라고 볼 수 없고, 설령 제3채무자가 전부채권자가 그 당시 바로 소를 제기하지 아니함으로써 자신의 채권을 행사하지 않는 것으로 믿었다고 하더라도 그러한 신뢰가 객관적으로 정당한 것으로 평가될 수도 없으며, 전부채권자가 다른 채권자들과 통모하여 위와 같은 결과를 초래하

---

80) 대판 2005. 1. 14. 2003다38573, 38580.
81) 대판 2002. 4. 12. 2000다43352.
82) 대판 2006. 9. 22. 2004다51627; 대판 1993. 12. 24. 93다42603.

게 하였다는 등의 특별한 사정이 없는 한 전부채권자의 전부금청구가 정의관념에 비추어 용인될 수 없는 권리의 행사라고 할 수도 없으므로, 전부채권자의 위 전부금청구가 신의성실의 원칙에 위배되지 않는 것으로 본 사례.[83)]"가 있다.

◎ 지방자치단체가 사인과 사법상의 계약을 체결할 때 따라야 할 요건과 절차를 규정한 법령의 법적 성격(강행규정) 및 강행규정에 위반된 계약의 성립을 부정하거나 무효를 주장하는 것이 신의칙에 반하는지 여부(소극)

"지방자치단체가 사경제의 주체로서 사인과 사법상의 계약을 체결함에 있어 따라야 할 요건과 절차를 규정한 관련 법령은 그 계약의 내용을 명확히 하고, 지방자치단체가 사인과 사법상 계약을 체결함에 있어 적법한 절차에 따를 것을 담보하기 위한 것으로서 강행규정이라 할 것이고, 강행규정에 위반된 계약의 성립을 부정하거나 무효를 주장하는 것이 신의칙에 위배되는 권리의 행사라는 이유로 이를 배척한다면 위와 같은 입법취지를 몰각시키는 것이 될 것이어서 특별한 사정이 없는 한 그러한 주장이 신의칙에 위반된다고 볼 수는 없다.[84)]"

◎ 피보험자의 서면동의 없이 체결된 타인의 사망을 보험사고로 하는 생명보험계약의 보험자가 수년간 보험료를 수령하거나 종전에 그 생명보험계약에 따라 입원급여금을 지급한 경우에도 위 생명보험계약의 무효를 주장하는 것이 신의성실의 원칙 등에 위반하는지 여부(소극)

"피보험자의 서면동의 없이 체결된 타인의 사망을 보험사고로 하는 생명보험계약의 보험자가 수년간 보험료를 수령하거나 종전에 그 생명보험계약에 따라 입원급여금을 지급한 경우에도 위 생명보험계약의 무효를 주장하는 것이 신의성실의 원칙 등에 위반하지 않는다고 본 사례.[85)]"가 있다.

◎ 강행법규를 위반한 자가 스스로 그 약정의 무효를 주장하는 것이 신의칙에 반하는지 여부(원칙적 소극)

"강행법규를 위반한 자가 스스로 강행법규에 위배된 약정의 무효를 주장하는 것이 신의칙에 위반되는 권리의 행사라는 이유로 그 주장을 배척한다면, 이는 오히려 강행법규에 의하여 배제하려는 결과를 실현시키는 셈이 되어 입법 취지를 완전히 몰각하게 되므로 달리 특별한 사정이 없는 한 위와 같은 주장은 신의칙에 반하는 것이라고 할 수 없고… 후략(後略)."[86)]

6. 적용범위

신의칙은 민법 전체에 대한 일반원칙이므로, 채권관계 이외에 물권관계 · 가족관계에도 다 적용된다. 다만, 가장 실용성이 큰 분야는 채권법의 영역이다(독일민법의 영향). 제2조 제1항은 신의칙의 적용에 관하여 권리행사 · 의무이행만 규정하고 있으나, 권리 · 의무는 사법관계의 내용이라는 점에서 신의칙은, 법률과 법률행위의 해석에 의해 법률관계 당사자의 권리와 의무의 내용을 확정하는 표준이 됨은 그 기능에서 살핀바와 같다. 또한 이미 살핀바와 같이 법적안정성을 해하지 않도록 그 적용에 신중을 기하여야 하고, 일반조

---

83) 대판 2001. 7. 13. 2000다5909.
84) 대판 2004. 1. 27. 2003다14812; 대판 2003. 8. 22. 2003다19961; 대판 2000. 6. 23. 2000다12761, 12778.
85) 대판 2006. 9. 22. 2004다56677.
86) 대판 2011. 3. 10. 2007다17482; 대판 2007. 11. 29. 2005다64552; 대판 2004. 6. 11. 2003다1601.

항으로의 도피가 되지 않도록 해야 함을 유의해야 한다.

판 례

◯ 소권의 행사에 신의칙이 고려되는지 여부

"신의칙은 계약관계의 영역에 한하지 않고, 모든 법률관계를 규제·지배하는 원리이기 때문에 신의칙에 어긋나는 소권의 행사도 허용될 수 없다.[87]"

◯ 당연무효인 석사학위 수여행위의 취소에 신의칙 내지 신뢰의 원칙이 적용되는지 여부

"전략(前略)… 이와 같은 당연무효의 행위를 학교법인이 취소하는 것은 석사학위수여의 행위가 처음부터 무효이었음을 당사자에게 통지하여 확인시켜 주는 것에 지나지 않으므로 여기에 신의칙 내지 신뢰의 원칙을 적용할 수 없다.[88]"

◯ 보증신용장의 개설의뢰인과 개설은행 사이의 법률관계에도 신의성실의 원칙이 적용되는지 여부

"보증신용장의 개설의뢰인과 개설은행 사이의 법률관계는 당사자 사이의 개설계약의 내용 및 그 계약의 내용으로 편입되는 신용장통일규칙에 의하여 규율될 것이지만, 그 외에 고도의 신뢰관계를 바탕으로 하는 개설은행과 개설의뢰인 사이의 법률관계의 특성상 사법상의 대원칙인 신의성실의 원칙이 더욱 폭 넓게 적용된다고 할 것이고, 후략(後略).[89]"

◯ 일반 행정법률관계에서 관청의 행위에 대하여 신의칙이 적용되는 경우

"전략(前略)… 일반 행정법률관계에서 관청의 행위에 대하여 신의칙이 적용되기 위해서는 합법성의 원칙을 희생하여서라도 처분의 상대방의 신뢰를 보호함이 정의의 관념에 부합하는 것으로 인정되는 특별한 사정이 있을 경우에 한하여 예외적으로 적용된다.[90]"

◯ 권리의 행사·의무의 이행이 신의칙에 반하는지 여부를 법원이 직권으로 판단할 수 있는지 여부

"신의칙에 반하는 것 또는 권리남용은 강행규정에 위배되는 것이므로, 당사자의 주장이 없더라도, 법원은 직권으로 판단할 수 있다.[91]"

7. 신의칙의 파생원칙

이에는 사정변경의 원칙, 실효의 원칙, 모순행위금지의 원칙, Clean Hands의 원칙 등이 있다.[92]

---

87) 대판 1983. 5. 24. 82다카1919.

88) 대판 2007. 7. 27. 2005다22671; 대판 1989. 4. 11. 87다카131.

89) 대판 2004. 9. 24. 2001다69771.

90) 대판 2004. 7. 22. 2002두11233; 대판 2004. 2. 13. 2002두12144; 대판 2002. 10. 25. 2001두1253.

91) 대판 1995. 12. 22. 94다42129.

92) 주요 내용만을 보기로 한다. 첫째, 사정변경의 원칙이란 계약체결(법률행위 성립)의 기초가 된 사정이 이후 현저하게 변경되었다면, 그 변경된 사정에 맞도록 계약내용의 변경청구(계약의 개정)나 계약의 해제·해지를 할 수 있도록 인정하는 것을 말한다. 영미법상의 계약목적 부도달의 원칙(The doctrine of frustration of the contract), 프랑스민법상의 불예견론, 독일민법상의 행위기초론(Die Lehre von der Geschäftsgrundlage)과 맥락을 같이 한다. 민법은 여러 개별규정을 통해 이 원칙을 반영하고 있으나(제218조·제286조·제628조 등 참조), 이 원칙을 직접적으로 규정한 일반적 규정은 없다. 학설은 대체로 이 원칙에 기한 계약내용의 개정이나 법정해제권의 발생사유로서 사정변경의 원칙을 인정해야 한다고 하는 반면, 판례는 이 원칙을 받아 들이는데 소

판 례

가. 사정변경의 원칙

○ 계약체결 상당기간 경과 후 목적물 가격의 등귀가 사정변경에 해당하는지 여부

"매매계약체결 후 9년이 지났고 시가가 올랐다는 사실만으로, 계약을 해제할만한 사정변경이 있다고 할 수 없다.[93)]"

○ 사정변경에 해당하지 아니하는 경우

"지방자치단체로부터 매수한 토지가 공공공지에 편입되어 매수인이 의도한 음식점 등의 건축이 불가능하게 되었더라도 이는 매매계약을 해제할 만한 사정변경에 해당하지 않고, 매수인이 의도한 주관적인 매수목적을 달성할 수 없게 되어 손해를 입었다 하더라도 매매계약을 그대로 유지하는 것이 신의칙에 반한다고 볼 수도 없다고 한 사례.[94)]"가 있다.

○ 판례는 일반원칙으로써 이 원칙을 인정하는가?

"채권을 발생시키는 법률행위 성립 후 그 성립 당시 환경이(기초가) 된 사정에 당사자 쌍방이 예견하지 못하고, 또 예견할 수 없었던 변경이 발생한 결과 본래의 급부가 신의·형평의 원칙상 당사자에게 현저히 부당하게 된 경우에 있어서, 당사자가 신의·형평이 요구하는 바에 따라 그 급부의 내용을 적당히 변경할 것을 상대방에게 제의할 수 있고, 상대방이 이를 거절할 때는 그 계약을 해제할 수 있다는 규범인, 소위 사정변경의 원칙은 현행 민법의 해석상 용납되지 아니한다.[95)]"

○ 사정변경으로 인한 계약해지가 인정되는 경우

"사정변경으로 인한 계약해지는, 계약 성립 당시 당사자가 예견할 수 없었던 현저한 사정변경이 발생하였고 그러한 사정변경이 해제권을 취득하는 당사자에게 책임 없는 사유로 생긴 것으로서, 계약 내용대로 구속력을 인정한다면 신의칙에 현저히 반하는 결과가 생기는 경우에 계약준수 원칙의 예외로서 인정된다."[96)]

○ 이사의 지위에서 부득이 회사의 계속적 거래관계로 인한 불확정한 채무에 대하여 보증인이 된 자가 이사의 지위를 떠난 경우 사정변경을 이유로 보증계약을 해지할 수 있는지 여부 및 계속적 보증계약의 이행으로 피보증인이 보증인에게 부담하게 될 불확정한 구상금채무를 보증한 자도 사정변경을 이유로 보증계약을 해지할 수 있는지 여부와 구상금채무가 확정된 후에도 그 해지권을 행사할 수 있는지 여부

극적이다(대판 2007. 3. 29. 2004다31302의 경우, 사정변경을 이유로 한 계약해제의 가능성을 보여준다). 둘째, 실효의 원칙이란 불성실한 권리의 불행사에 대하여 권리소멸의 효력을 인정하는 법리를 말한다. 종전에는 권리남용의 일종으로 파악하였으나, 1990년대에 이르러 우리판례가 이 원칙을 승인하고 있다(대판 1992. 1. 21. 91다30118 등). 모순행위금지원칙이란 선행행위에 모순되는 이의제기 등은 허용되지 않는다는 법리를 말한다(가령 유료주차장을 이용한 자가 주차료지급의무에 대하여 이의신청을 하는 것은 받아들일 수 없다는 것이다). 셋째, Clean Hands의 원칙이란, '형평법(衡平法)의 법정에 들어오려는 자는 깨끗한 손을 가지고 제소하지 않으면 안 된다.'(He who comes into equity must come with Clean Hands)는 영미법상의 법원칙으로서 우리민법의 경우, 제746조 소정의 불법원인급여에서 구체화된다.

93) 대판 1991. 2. 26. 90다19664.

94) 대판 2007. 3. 29. 2004다31302.

95) 대판 1955. 4. 14. 4286민상231.

96) 대판 2011. 6. 24. 2008다44368; 대판 2007. 3. 29 2004다31302.

"회사의 이사의 지위에서 부득이 회사와 제3자 사이의 계속적 거래로 인한 회사의 채무에 대하여 보증인이 된 자가 그 후 퇴사하여 이사의 지위를 떠난 때에는 보증계약 성립 당시의 사정에 현저한 변경이 생긴 경우에 해당하므로 이를 이유로 보증계약을 해지할 수 있는 것이고, 한편 계속적 보증계약의 보증인이 장차 그 보증계약에 기한 보증채무를 이행할 경우 피보증인이 계속적 보증계약의 보증인에게 부담하게 될 불확정한 구상금채무를 보증한 자에게도 사정변경이라는 해지권의 인정 근거에 비추어 마찬가지로 해지권을 인정하여야 할 것이나, 이와 같은 경우에도 보증계약이 해지되기 전에 계속적 거래가 종료되거나 그 밖의 사유로 주채무 내지 구상금채무가 확정된 경우라면 보증인으로서는 더 이상 사정변경을 이유로 보증계약을 해지할 수 없다.[97]"

◎ **계속적 계약의 경우, 사정변경을 이유로 계약을 해지하기 위해서는 해지의 의사표시가 반드시 필요한지 여부**

"회사 이사의 지위에서 부득이 계속적 보증을 한 자가 퇴사한 경우, 사정변경을 이유로 보증계약을 해지할 수 있으나, 연대보증인의 채권자에 대한 해지의 의사표시 없이 보증계약이 당연히 해지되는 것은 아니다.[98]"

◎ **이사가 재직 중 회사의 확정채무를 보증한 후 사임한 경우, 사정변경을 이유로 보증계약을 해지할 수 있는지 여부**

"회사의 이사가 채무액과 변제기가 특정되어 있는 회사 채무에 대하여 보증계약을 체결한 경우에는 계속적 보증이나 포괄근보증의 경우와는 달리 이사직 사임이라는 사정변경을 이유로 보증인인 이사가 일방적으로 보증계약을 해지할 수 없다.[99]"

◎ **국가를 당사자로 하는 계약에 관한 법률 제19조, 같은 법 시행령 제66조 등에서 정한 '기타 계약 내용의 변경'에 의한 계약금액조정의 요건 / 위 규정이 신의칙 또는 사정변경 원칙에 의한 계약금액 조정을 일반화한 규정인지 여부(소극) 및 '계약 체결 후 부가가치세법령이 변경된 경우'에 유추적용되는지 여부(소극)**

"'국가를 당사자로 하는 계약에 관한 법률'(이하 '국가계약법'이라 한다) 제19조, 같은 법 시행령 제66조 제1항, 같은 법 시행규칙 제74조의3 제1항 본문 등의 내용을 종합하면, '기타 계약 내용의 변경'에 의한 계약금액조정은 '공사기간·운반거리와 같은 계약의 구체적인 내용이 변경되고, 계약 내용의 변경이 계약의 이행 전에 당사자 간에 합의될 것'을 요건으로 한다고 해석된다. 그렇다면 '기타 계약 내용의 변경'에 의한 계약금액조정에 관한 국가계약법 제19조, 같은 법 시행령 제66조는 이를 신의칙 또는 사정변경의 원칙에 의한 계약금액조정을 일반화한 규정이라고 할 수 없다. 따라서 위 규정을 내용 및 성질이 전혀 다른 '계약 체결 후 부가가치세법령이 변경된 경우'에까지 유추적용할 수는 없다.[100]"

---

97) 대판 2002. 5. 31. 2002다1673; 대판 2000. 3. 10. 99다61750; 대판 1992. 5. 26. 92다2332.
98) 대판 1996. 10. 29. 95다17533; 대판 1995. 4. 25. 94다37073; 대판 1992. 5. 26. 92다2332.
99) 대판 2006. 7. 4. 2004다30675; 대판 1999. 12. 28. 99다25938; 대판 1991. 7. 9. 90다15501.
100) 대판 2014. 11. 13. 2009다91811.

나. 금반언의 원칙

◎ 특허출원인 내지 특허권자가 특허의 출원 · 등록과정 등에서 특허발명과 대비대상이 되는 제품을 특허발명의 특허청구범위에서 의식적으로 제외하였다고 볼 수 있는 경우, 특허권자가 그 대비대상이 되는 제품을 제조 · 판매하고 있는 자를 상대로 특허권의 침해를 주장하는 것이 금반언의 원칙에 위배되는지 여부

"특허출원인 내지 특허권자가 특허의 출원 · 등록과정 등에서 특허발명과 대비대상이 되는 제품(이하 대상제품이라 한다)을 특허발명의 특허청구범위로부터 의식적으로 제외하였다고 볼 수 있는 경우에는, 대상제품은 특허발명의 보호범위에 속하지 않게 되는 것이고, 특허권자가 대상제품을 제조 · 판매하고 있는 자를 상대로 대상제품이 특허발명의 보호범위에 속하여 그 권리가 침해되고 있다고 주장하는 것은 금반언의 원칙에 위배되어 허용되지 아니한다.[101)]"

◎ 상가 내 점포별로 업종을 지정하여 분양한 점포에 관한 수분양자나 그 지위를 양수한 자가 분양계약에서 정한 업종제한약정을 위반할 경우, 영업상의 이익을 침해당할 처지에 있는 자는 동종 업종의 영업금지를 청구할 권리가 있는지 여부 및 분양계약에서 약정한 업종제한 의무를 수인하기로 동의한 후 이와 다른 의사표시나 행위를 하는 것이 신의칙에 위배되는지 여부

"건축회사가 상가를 건축하여 각 점포별로 업종을 지정하여 분양한 경우 그 수분양자나 점포에 관한 수분양자의 지위를 양수한 자는 특별한 사정이 없는 한 그 상가의 점포 입주자들에 대한 관계에서 상호간에 명시적이거나 또는 묵시적으로 분양계약에서 약정한 업종제한 등의 의무를 수인하기로 동의하였다고 봄이 상당하므로, 상호간의 업종제한에 관한 약정을 준수할 의무가 있고, 따라서 점포 수분양자나 그 지위를 양수한 자 등이 분양계약에서 정한 업종제한약정을 위반할 경우, 이로 인하여 영업상의 이익을 침해당할 처지에 있는 자는 침해 배제를 위하여 동종 업종의 영업금지를 청구할 권리가 있으며, 일단 위와 같은 동의를 한 이후 나중에 이와 다른 명시적 의사표시나 행위를 하는 것은 신의칙에 위배되어 허용될 수 없다.[102)]"

다. 실효의 원칙

◎ 실권 또는 실효의 법리의 의미

"실권 또는 실효의 법리는 신의성실의 원칙에 바탕을 둔 파생적인 원리로서 이는 본래 권리행사의 기회가 있음에도 불구하고 권리자가 장기간에 걸쳐 그 권리를 행사하지 아니하였기 때문에 의무자인 상대방이 이미 그의 권리를 행사하지 아니할 것으로 믿을 만한 정당한 사유가 있게 됨으로써 새삼스럽게 그 권리를 행사하는 것이 신의성실의 원칙에 위반되는 결과가 될 때 그 권리행사를 허용하지 않는 것을 의미한다.[103)]"

◎ 실효의 원칙을 적용하기 위한 요건 및 그 충족 여부의 판단 기준

"전략(前略)··· 또한 실효의 원칙이 적용되기 위하여 필요한 요건으로서의 실효기간(권리를 행사하지 아니한 기간)의 길이와 의무자인 상대방이 권리가 행사되지 아니하리라고 신뢰할 만한 정당한 사유가 있었는지의 여부는 일률적으로 판단할 수 있는 것이 아니라 구체적인 경우마다 권리를 행사하지 아니한 기간의 장단과 함께 권리자측과 상대방측 쌍방의 사정 및 객관적으로 존재한 사

---

101) 대판 2006. 6. 30. 2004다51771.

102) 대판 2002. 12. 27. 2002다45284; 대판 2002. 8. 23. 2001다46044; 대판 1997. 12. 26. 97다42540.

103) 대판 2005. 7. 15. 2003다46963; 대판 2004. 3. 26. 2001다72081; 대판 1991. 7. 26. 90다15488.

정 등을 모두 고려하여 사회통념에 따라 합리적으로 판단하여야 할 것이다.[104)]"

◎ 실효의 원칙을 적용한 구체적인 경우

"면직(免職) 후 10년 가까이 법적 구제절차를 취한 일이 없고, '80년 해직공무원의 보상 등에 관한 특별조치법'에 의한 보상금을 수령하고 8개월이 지난 후 면직무효확인의 소와 임금 또는 임금상당 손해배상의 소를 제기하는 것은, 신의칙에 반한 것으로 실효의 원칙에 따라 권리행사가 허용되지 아니한다.[105)]"

◎ 인지청구권의 행사에 실효의 법리가 적용되는지 여부

"인지청구권은 본인의 일신전속적인 신분관계상의 권리로서 포기할 수도 없으며 포기하였더라도 그 효력이 발생할 수 없는 것이고, 이와 같이 인지청구권의 포기가 허용되지 않는 이상, 거기에 실효의 법리가 적용될 여지도 없다.[106)]"

◎ 항소권과 같은 소송법상의 권리에 대하여도 실효의 원칙이 적용되는지 여부

"실효의 원칙이라 함은, 중략(中略)… 항소권과 같은 소송법상의 권리에 대하여도 이러한 원칙은 적용될 수 있다.[107)]"

●● 사례 2 해결:

첫째, 권리의 행사는 신의에 좇아 성실하게 하여야 하고, 권리는 남용하여서는 안 된다는 것은 법질서 전체를 통하여 지켜야 할 기본적인 원칙이다. 때문에 권리자가 자신의 권리를 행사할 수 있는 기회가 충분히 있었음에도 불구하고 상당한 기간이 지나도록 그 권리를 행사하지 아니하여 의무자인 상대방으로 하여금 이제는 권리자가 권리를 더 이상 행사하지 아니할 것이라고 신뢰하게 할 만한 상황이 되었는데, 권리자가 새삼스레 그 권리를 행사하는 것은 위와 같은 신의성실의 원칙상 허용되지 아니한다.

둘째, B가 위 집행문 부여 신청의 거부처분을 다툴 기회가 충분히 있었음에도 불구하고 4년여가 경과하도록 그 권리를 행사하지 아니한 채 A외 1인으로부터 아무런 이의유보 없이 사용료를 계속 지급받아 왔고, 그 결과 채무자인 A외 1인으로서는 이제는 B가 2006년 1월분, 3월분, 4월분 사용료의 연체를 이유로는 이 사건 건물의 철거 및 대지의 인도를 청구하지 아니할 것으로 신뢰할 만하게 되었다고 할 것이므로, 그런 마당에 B가 새삼스럽게 위 4년 전의 사용료 연체를 다시 문제삼아 집행문의 부여를 청구하는 것은 신의성실의 원칙상 허용되지 않는다고 봄이 상당하다.

(대판 2005. 10. 28. 2005다45827의 사실관계와 판결요지 등 참조)

---

104) 대판 2005. 10. 28. 2005다45827; 대판 2002. 1. 8. 2001다60019; 대판 1992. 5. 26. 92다3670.
105) 대판 1992. 11. 13. 92다13080.
106) 대판 2001. 11. 27. 2001므1353; 대판 1982. 3. 9. 81므10.
107) 대판 1996. 7. 30. 94다51840.

Ⅲ. 권리남용금지의 원칙[108]

●● 사례 3

A(원고)는 2004. 9.경 서울 Y구 소재 이 사건 제1대지와 그 지상건물(구 건물)을 매수하여 3층 규모의 이 사건 상가를 신축한 다음 이 사건 상가 3층에 거주해 왔다. B(피고)는 1978. 8.경 같은 동 소재의 이 사건 제2대지와 그 지상건물을 매수하여 1993. 12.경 그 대지에 다가구주택을 신축하였고, 그 잔여 토지(이 사건 통로)는 공로에 이르는 통로로 사용되어 왔다. 한편 이 사건 상가 신축 전 구건물의 계단 출입구는 이 사건 통로의 반대편에 위치해 있었으나 A가 이 사건 상가를 신축하는 과정에서 기존의 계단 출입구 쪽에 주차장을 조성하면서 반대편인 이 사건 통로 쪽으로 이 사건 상가 2, 3층으로 연결되는 계단의 출입구를 설치하였다. 또한 인근 주민들은 B가 이 사건 제2대지의 소유권을 취득한 이래 약 30년간 이 사건 통로를 S시장과 ○○○ 도로의 연결통로로 사용하였고, 특히 같은 동 지상 다가구주택의 출입문도 이 사건 통로 쪽에 위치해 있다. 그런데 B는 이 사건 상가 신축 과정에서 A와 갈등을 빚게 되자 2005년경 이 사건 상가의 출입구 현관문 앞에 블록담장을 설치하였다. 그러자 A는 B를 상대로 주위토지통행권에 기한 블록담장의 철거를 구하는 소송을 제기하였다. A의 주장은 정당한가? 한편 상가 출입구를 봉쇄하는 형태로 축조되어 있는 위 블록담장에 그 외의 다른 용도가 없는 점, 위 상가와 블록담장 사이의 간격은 50cm 정도에 불과하여 통행에 매우 불편한 상태인 점, 인근 주민들은 모두 위 통로를 이용하고 있는 점 등이 사실관계에서 밝혀졌다.

●● 사안의 쟁점:

첫째, 권리행사가 권리남용에 해당하기 위한 요건 및 그 판단 방법은 무엇인가? 둘째, 공로에 이르는 통로로 사용되는 자기 소유의 토지 위에 인근 상가의 출입구를 봉쇄하는 형태로 블록담장을 설치한 행위가 위 상가의 사용·수익을 방해하고 상가 소유자에게 고통이나 손해를 줄 목적으로 행한 것이어서 권리남용에 해당한다고 볼 수 있는지 여부 등이다.

1. 의의·근거

외형상으로는 권리의 행사인 것처럼 보이지만, 구체적인 경우에 이를 실질적으로 검토해 보면 권리의 공공성·사회성에 반하여 권리의 행사로 시인할 수 없는 행위를 권리남용이라 하고, 권리남용으로 평가되는 권리행사는 법의 보호를 받지 못한다는 것을 권리남용금지의 원칙이라 한다.[109]

권리남용금지의 원칙의 근거는 권리의 공공성·사회성에 있다. 제2조 제2항의 입법정

108) 제2조 제2항(권리는 남용하지 못한다)을 권리남용금지의 원칙이라 한다.

109) 제2조 제1항과 마찬가지로, 권리남용금지의 원칙을 규정한 제2조 제2항은 제왕조항·일반조항·백지규정이다.

신은 무엇인가? 권리의 행사로써 권리자 개인이 얻는 이익과 그로써 상대방・사회전체에 미치는 해악을 비교・형량함으로써 그 권리의 행사가 보호받을 가치가 있는지 여부를 객관적으로 판단해야 한다는 것이다.

판 례

○ 권리행사 남용의 개념

"권리가 인정된 본래의 목적을 벗어나서 사회의 윤리관념에 배치되는 부당한 결과를 초래하는 것을 말하는 것인 바… 후략(後略).110)"

○ 민법 제2조 제2항이 토지소유자의 재산권을 침해하는지 여부(소극)

"민법 제2조 제2항은 권리의 사회성・공공성의 원리를 규정한 것으로, 헌법 제23조 제2항이 재산권의 사회적 기속성을 선언한 것을 구체화한 것으로 볼 수 있어 입법목적의 정당성이 인정되며, 위 조항은 구체적인 사건을 개별 법조항에 의해 적정하게 해결할 수 없는 경우에 한하여 적용되고, 법원이 권리남용의 주관적 요건과 객관적 요건을 구체적으로 제시하여 그 적용 범위를 합리적으로 제한하고 있다는 점에 비추어 보면, 민법 제2조 제2항은 헌법상 재산권을 침해하였다고 볼 수 없다.111)"

2. 연혁・입법례

권리남용금지의 원칙은 구민법 시대의 학설・판례를 명문화시킨 것이다.112)

3. 권리남용의 성립요건

제2조 제2항은 권리남용금지의 법리만 규정하고 있을 뿐, 그 요건・효과 등을 밝히지 못하고 있다. 왜 그럴까? 그것은 권리의 내용에 따라 다르므로, 1개의 조문 속에 모든 권리에 공통하는 요건・효과 등을 열거하는 것은 입법기술상 불가능하기 때문이다. 그렇지만, 제2조 제2항의 입법정신에 비추어 볼 때, 다음의 요건은 갖춰야 할 것으로 생각한다.113) 첫째, 권리의 행사로 볼 수 있는 어떤 행위가 존재해야 한다. 판례는 권리의 개념을 엄격히 파악하지 않는다. 둘째, 권리가 인정되는 사회적 이유에 반하여 행사되어야 한다.114) 입법

---

110) 대판 1961. 10. 19. 4293민상203.

111) 헌재결 2013. 5. 30. 2012헌바335.

112) 로마법은 타인을 해할 목적만으로 권리를 행사하는 것을 시카네(Schikane)라 하여 이를 금지하는 규정(이른바, Schikanevervot)만 두었다. 프랑스민법에는 이에 관한 명문규정이 없고, 다만 질투건축(Neidbau)・질투로 우물파기(Quellenabgraben) 등의 1850년대의 판례를 통하여 권리남용금지의 법리가 형성되었다. 독일민법은 로마법상의 시카네금지원칙을 승계하여 제226조(권리의 행사가 타인에게 해를 가할 목적으로 하는 경우에는 이를 금지한다)를 규정하고 있다. 스위스민법 제2조 제2항(권리의 명백한 남용은 법의 보호를 받지 못한다)은 권리남용은 객관적 요건만 갖추면 성립한다는 태도를 취한다. 민법 제2조 제2항은 스위스민법 제2조 제2항을 모방한 것이다.

113) 곽윤직・김재형, 81면.

114) 이에 속하는 경우로서 신의칙 위반, 사회질서 위반, 정당한 이익이 없는 권리(권리의 사회적 경제적 목

례에 따라서는 객관적 요건 · 주관적 요건으로 나누기도 한다.[115][116] 한편 국가의 소멸시효 완성 주장이 신의칙에 반하여 권리남용에 해당하는지에 관한 판단 기준은 무엇인가? 채무자가 시효완성 전에 채권자의 권리행사나 시효중단을 불가능 또는 현저히 곤란하게 한 경우 등과 같은 특별한 사정이 인정되어야 하고, 또한 위와 같은 일반적 원칙을 적용하여 법이 두고 있는 구체적인 제도의 운용을 배제하는 것은 법해석에 있어 또 하나의 대원칙인 법적 안정성을 해할 위험이 있으므로 그 적용에는 신중을 기하여야 한다(판례).

판 례

가. 권리남용의 요건 · 판단기준

○ 권리행사가 권리남용에 해당하기 위한 요건 및 그 판단 방법

"권리의 행사가 주관적으로 오직 상대방에게 고통을 주고 손해를 입히려는 데 있을 뿐 이를 행사하는 사람에게는 아무런 이익이 없고, 객관적으로 사회질서에 위반된다고 볼 수 있으면, 그 권리의 행사는 권리남용으로서 허용되지 아니하고, 그 권리의 행사가 상대방에게 고통이나 손해를 주기 위한 것이라는 주관적 요건은 권리자의 정당한 이익을 결여한 권리행사로 보여지는 객관적인 사정에 의하여 추인할 수 있으며, 어느 권리행사가 권리남용이 되는가의 여부는 개별적이고 구체적인 사안에 따라 판단되어야 한다."[117]

○ 등록상표권자의 상표권의 행사가 권리남용에 해당하기 위한 요건

"상표권자가 당해 상표를 출원 · 등록하게 된 목적과 경위, 상표권을 행사하기에 이른 구체적 · 개별적 사정 등에 비추어, 상대방에 대한 상표권의 행사가 상표사용자의 업무상의 신용유지와 수요자의 이익보호를 목적으로 하는 상표제도의 목적이나 기능을 일탈하여 공정한 경쟁질서와 상거래 질서를 어지럽히고 수요자 사이에 혼동을 초래하거나 상대방에 대한 관계에서 신의성실의 원칙에 위배되는 등 법적으로 보호받을 만한 가치가 없다고 인정되는 경우에는, 그 상표권의 행사는 비록 권리행사의 외형을 갖추었다 하더라도 등록상표에 관한 권리를 남용하는 것으로서 허용될 수 없고, 상표권의 행사를 제한하는 위와 같은 근거에 비추어 볼 때 상표권 행사의 목적이 오직 상대방에게 고통을 주고 손해를 입히려는 데 있을 뿐 이를 행사하는 사람에게는 아무런 이익이 없어야 한다는 주관적 요건을 반드시 필요로 하는 것은 아니다.[118]"

적에 대한 위반)의 행사, 인륜에 반하는 권리의 행사 등을 들 수 있다.

115) 스위스민법은 권리의 행사가 객관적으로 가해의 결과로 나타나면 권리남용의 성립을 인정한다(우리 민법의 태도도 이에 가깝다). 독일민법은 권리를 행사하는 자의 가해의사 · 가해목적 등의 주관적 표지가 있으면 권리남용의 성립을 인정한다. 판례는 객관적 요건만으로 권리남용의 성립을 인정한 예도 있으나, 대체로 주관적 요건을 권리남용의 요건으로 보는 경우가 적지 않다(대판 1994. 11. 22. 94다5458; 대판 1987. 10. 26. 87다카1279 등).

116) 주관적 요건을 권리남용의 성립요건으로 이해하는 대법원의 해석 태도는 타당한가? 개인주의적 법사상이 지배한 근대민법의 초기시대에는 소유권의 절대성에서 오는 폐해를 막을 필요가 있어서 주관적 요건이 필요했지만, 공공복리를 추구하는 현대법사상의 흐름에 비춰볼 때, 객관적 요건만으로 권리남용의 성립을 인정하는 것이 합리적이라는 점에서 주관적 요건을 요구하는 판례의 태도는 옳지 않다고 생각한다.

117) 대판 2010. 12. 9. 2010다59783; 대판 2010. 2. 25. 2009다79378; 대판 2003. 11. 27. 2003다40422.

118) 대판 2007. 1. 25. 2005다67223.

◎ 국가의 소멸시효 완성 주장이 신의칙에 반하여 권리남용에 해당하는지에 관한 판단 기준

"채무자의 소멸시효에 기한 항변권의 행사도 우리 민법의 대원칙인 신의성실의 원칙과 권리남용금지의 원칙의 지배를 받는 것이어서, 채무자가 시효완성 전에 채권자의 권리행사나 시효중단을 불가능 또는 현저히 곤란하게 하였거나, 그러한 조치가 불필요하다고 믿게 하는 행동을 하였거나, 객관적으로 채권자가 권리를 행사할 수 없는 장애사유가 있었거나, 또는 일단 시효완성 후에 채무자가 시효를 원용하지 아니할 것 같은 태도를 보여 권리자로 하여금 그와 같이 신뢰하게 하였거나, 채권자보호의 필요성이 크고 같은 조건의 다른 채권자가 채무의 변제를 수령하는 등의 사정이 있어 채무이행의 거절을 인정함이 현저히 부당하거나 불공평하게 되는 등의 특별한 사정이 있는 경우에는 채무자가 소멸시효의 완성을 주장하는 것이 신의성실의 원칙에 반하여 권리남용으로서 허용될 수 없다. 그러나 국가에게 국민을 보호할 의무가 있다는 사유만으로 국가가 소멸시효의 완성을 주장하는 것 자체가 신의성실의 원칙에 반하여 권리남용에 해당한다고 할 수는 없으므로, 국가의 소멸시효 완성 주장이 신의칙에 반하고 권리남용에 해당한다고 하려면 앞서 본 바와 같은 특별한 사정이 인정되어야 하고, 또한 위와 같은 일반적 원칙을 적용하여 법이 두고 있는 구체적인 제도의 운용을 배제하는 것은 법해석에 있어 또 하나의 대원칙인 법적 안정성을 해할 위험이 있으므로 그 적용에는 신중을 기하여야 한다.[119]"

◎ 채무자가 소멸시효 완성 후 시효를 원용하지 아니할 것 같은 태도를 보여 권리자로 하여금 이를 신뢰하게 하였고 채무자가 그로부터 권리행사를 기대할 수 있는 상당한 기간 내에 권리자가 자신의 권리를 행사한 경우, 채무자가 소멸시효 완성을 주장하는 것이 허용되는지 여부(소극)

"소멸시효를 이유로 한 항변권의 행사도 민법의 대원칙인 신의성실의 원칙과 권리남용금지의 원칙의 지배를 받는 것이어서 채무자가 소멸시효 완성 후 시효를 원용하지 아니할 것 같은 태도를 보여 권리자로 하여금 이를 신뢰하게 하였고, 채무자가 그로부터 권리행사를 기대할 수 있는 상당한 기간 내에 자신의 권리를 행사하였다면, 채무자가 소멸시효 완성을 주장하는 것은 신의성실 원칙에 반하는 권리남용으로 허용될 수 없다.[120]"

◎ 채무자가 소멸시효 이익을 원용하지 않을 것 같은 신뢰를 부여한 때로부터 '상당한 기간' 내에 채권자의 권리행사가 있었는지 판단하는 기준 및 불법행위로 인한 손해배상청구의 경우 '상당한 기간'의 범위

"채무자가 소멸시효의 이익을 원용하지 않을 것 같은 신뢰를 부여한 경우에도 채권자는 그러한 사정이 있은 때로부터 상당한 기간 내에 권리를 행사하여야만 채무자의 소멸시효의 항변을 저지할 수 있는데, 여기에서 '상당한 기간' 내에 권리행사가 있었는지는 채권자와 채무자 사이의 관계, 신뢰를 부여하게 된 채무자의 행위 등의 내용과 동기 및 경위, 채무자가 그 행위 등에 의하여 달성하려고 한 목적과 진정한 의도, 채권자의 권리행사가 지연될 수밖에 없었던 특별한 사정이 있었는지 여부 등을 종합적으로 고려하여 판단할 것이다. 다만 신의성실의 원칙을 들어 시효 완성의 효력을 부정하는 것은 법적 안정성의 달성, 입증곤란의 구제, 권리행사의 태만에 대한 제재를 이념으로 삼고 있는 소멸시효 제도에 대한 대단히 예외적인 제한에 그쳐야 할 것이므로, 위 권리행사의 '상당한 기간'은 특별한 사정이 없는 한 민법상 시효정지의 경우에 준하여 단기간으로 제한되어야 한다. 그

119) 대판 2014. 5. 29. 2011다95847; 대판 2011. 10. 27. 2011다54709; 대판 2005. 5. 13. 2004다71881.
120) 대판 2013. 5. 16. 전원합의체. 2012다202819; 대판 2011. 9. 8. 2009다66969.

러므로 개별 사건에서 매우 특수한 사정이 있어 그 기간을 연장하여 인정하는 것이 부득이한 경우에도 불법행위로 인한 손해배상청구의 경우 그 기간은 아무리 길어도 민법 제766조 제1항이 규정한 단기소멸시효기간인 3년을 넘을 수는 없다고 보아야 한다.[121)]"

◎ 확정판결에 기한 강제집행이 권리남용에 해당하기 위한 요건 및 이 경우 판결금 채권을 피보전채권으로 하는 채권자취소권 행사 등 판결금 채권에 기초한 다른 권리의 행사가 허용되는지 여부(소극)

"판결이 확정되면 기판력에 의하여 대상이 된 청구권의 존재가 확정되고 그 내용에 따라 집행력이 발생한다. 다만 확정판결에 의한 권리라 하더라도 신의에 좇아 성실히 행사되어야 하고 판결에 기한 집행이 권리남용이 되는 경우에는 허용되지 않으므로 집행채무자는 청구이의의 소에 의하여 집행의 배제를 구할 수 있다. 이처럼 확정판결의 내용이 실체적 권리관계에 배치되어 판결에 의한 집행이 권리남용에 해당된다고 하기 위해서는 판결에 의하여 집행할 수 있는 것으로 확정된 권리의 성질과 내용, 판결의 성립 경위 및 판결 성립 후 집행에 이르기까지의 사정, 집행이 당사자에게 미치는 영향 등 제반 사정을 종합하여 볼 때, 확정판결에 기한 집행이 현저히 부당하고 상대방으로 하여금 집행을 수인하도록 하는 것이 정의에 반함이 명백하여 사회생활상 용인할 수 없다고 인정되는 경우이어야 한다. 그리고 위와 같이 확정판결에 기한 집행이 권리남용에 해당하여 청구이의의 소에 의하여 집행의 배제를 구할 수 있는 정도의 경우라면 그러한 판결금 채권에 기초한 다른 권리의 행사, 예를 들어 판결금 채권을 피보전채권으로 하여 채권자취소권을 행사하는 것 등도 허용될 수 없다고 보아야 한다.[122)]"

◎ 친권자가 자(子)를 대리하여 행한 자(子) 소유 재산의 처분행위가 친권자에 의한 대리권 남용에 해당하기 위한 요건

"친권자가 자(子)를 대리하는 법률행위는 친권자와 자(子) 사이의 이해상반행위에 해당하지 않는 한, 그것을 할 것인가 아닌가는 자(子)를 위하여 친권을 행사하는 친권자가 자(子)를 둘러싼 여러 사정을 고려하여 행할 수 있는 재량에 맡겨진 것으로 보아야 하므로, 이와 같이 친권자가 자(子)를 대리하여 행한 자(子) 소유의 재산에 대한 처분행위에 대해서는 그것이 사실상 자(子)의 이익을 무시하고 친권자 본인 혹은 제3자의 이익을 도모하는 것만을 목적으로 하여 이루어졌다고 하는 등 친권자에게 자(子)를 대리할 권한을 수여한 법의 취지에 현저히 반한다고 인정되는 사정이 존재하지 않는 한 친권자에 의한 대리권의 남용에 해당한다고 쉽게 단정할 수 없다."[123)]

◎ 권리행사가 사회생활상 인용할 수 없거나 사회적 한계를 초과하는 경우

"취득 당시 그 토지 위에 초등학교가 서있고 현재 학교 교사로 사용하고 있다는 사실을 알면서 토지를 취득한 후에 그 학교 교사의 철거를 청구하는 것은, 공공복리를 위한 사회적 기능을 무시한 권리의 행사로서 권리남용에 해당한다.[124)]"

◎ 권리의 행사가 사회질서와 신의에 반하는 결과를 가져오는 경우

"형식적으로는 권리행사라 하여도 그 권리행사로써 사회적 관념과 권리의 감정으로서 도저히 허

---

121) 대판 2013. 5. 16. 전원합의체. 2012다202819.
122) 대판 2014. 2. 21. 2013다75717; 대판 2001. 11. 13. 99다32899.
123) 대판 2009. 1. 30. 2008다73731; 대판 2009. 1. 15. 2008다58367.
124) 대판 1978. 2. 14. 77다2324.

용할 수 없는 정도의 막대한 손해를 상대방에게 입히게 한다거나 그 권리행사로 사회질서와 신의에 어긋나는 결과를 사회에 초래케 한다거나 또는 권리자에게 아무 이익이 없음에도 불구하고 오로지 상대방에게 손해와 고통을 줄 목적만으로써 권리를 행사하는 것은 권리남용에 해당한다.[125]"

◎ 권리의 행사가 권리자의 정당한 이익이 없는 경우

"토지소유자가 자신의 토지 위에 설치된 수로(水路)를 폐쇄하는 방법으로 소유권을 행사하는 것은 자신에게는 큰 이익이 없는 반면에, 상대방인 농지개량조합에게는 새로운 수로개설을 위한 막대한 시간과 비용이 필요하여 그 피해가 클 뿐만 아니라, 재산권의 행사는 공공복리에 적합하게 행사해야 한다는 기본원칙에도 어긋나는 것으로 권리남용이 된다.[126]"

◎ 권리행사가 단지 부당한 이득을 얻기 위한 방편에 지나지 않는 경우

"건물이 서 있는 토지를 매수하여 그 시가의 7배가 넘는 건물의 철거를 청구하는 한편 그 인접토지의 가격보다 2배 이상 되는 가격에 그 토지를 매수하도록 요구하는 행위는 권리남용에 해당한다.[127]"

◎ 상당한 기간이 경과한 후에 권리를 행사하는 경우

"중혼(重婚) 성립 후 10여 년 동안 혼인취소청구권을 행사하지 않았다 하여 그 권리가 소멸된 것은 아니나, 더 이상 취소권을 행사하지 아니할 것으로 믿을 만한 정당한 사유가 있는 경우에 원고가 새삼스럽게 그 혼인취소청구권을 행사하는 것은 권리남용이 된다.[128]"

◎ 인륜에 반하는 행위

"외국에 이민을 가 있어 주택에 입주하지 않으면 안 될 급박한 사정이 없는 딸이, 고령과 지병으로 고통을 겪고 있는 상태에서 달리 마땅한 거처도 없는 아버지와 그를 부양하면서 동거하고 있는 남동생을 상대로, 자기 소유 주택의 명도 및 퇴거를 청구하는 행위는 인륜에 반하는 행위로서 권리남용에 해당한다.[129]"

◎ 실체적 권리관계에 배치되는 확정판결 집행의 경우

"확정판결의 내용이 실체적 권리관계에 배치되는 경우, 그 판결에 의하여 집행할 수 있는 것으로 확정된 권리의 성질과 그 내용·판결의 성립 경위 및 판결 성립 후 집행에 이르기까지의 사정·그 집행이 당사자에게 미치는 영향 등 제반사정을 종합하여 볼 때, 그 확정판결에 기한 집행이 현저히 부당하고 상대방으로 하여금 그 집행을 수반하도록 하는 것이 정의에 반함이 명백하여 사회생활상 용인할 수 없다고 인정되는 경우에는 그 집행은 권리남용으로서 허용되지 않는다.[130]"

◎ 법률상 받아들여질 수 없음이 명백함에도 같은 내용의 재심청구를 거듭하는 경우

"재판청구권의 행사도 상대방의 보호 및 사법기능의 확보를 위하여 신의칙에 의하여 규제된다고 볼 것이므로, 법원에서 수회에 걸쳐 같은 이유 등으로 재심청구가 패소 당하여 확정되었음에도 불구하고, 이미 배척되어 법률상 받아들여질 수 없음이 명백한 이유를 들어, 같은 내용의 재심청구를

---

125) 대판 1998. 6. 16. 97다42823; 대판 1983. 10. 11. 83다카335; 대판 1980. 5. 27. 80다484.
126) 대판 1991. 10. 25. 91다27273.
127) 대판 1964. 11. 10. 64다720.
128) 대판 1993. 8. 24. 92므907.
129) 대판 1998. 6. 12. 96다52670.
130) 대판 2001. 11. 13. 99다32899; 대판 1997. 9. 12. 96다4862; 대판 1984. 7. 24. 84다카572.

거듭하는 것은 상대방을 괴롭히는 결과가 되고, 나아가 사법인력을 불필요하게 소모시키는 결과로도 되기에, 그러한 제소는 특별한 사정이 없는 한, 신의칙에 위배하여 소권(訴權)을 남용(濫用)하는 것으로서 허용될 수 없다.[131)]"

◎ 인접 토지에 건물 등이 건축되어 발생하는 시야 차단으로 인한 폐쇄감이나 압박감 등 생활이익의 침해를 이유로 하는 소송에서, 침해가 사회통념상 수인한도를 넘어 위법한지 판단하는 기준

"인접 토지에 건물 등이 건축되어 발생하는 시야 차단으로 인한 폐쇄감이나 압박감 등의 생활이익의 침해를 이유로 하는 소송에서 침해가 사회통념상 일반적으로 수인할 정도를 넘어서서 위법하다고 할 것인지 여부는, 피해 건물의 거실이나 창문의 안쪽으로 일정 거리 떨어져서 거실 등의 창문을 통하여 외부를 보았을 때 창문의 전체 면적 중 가해 건물 외에 하늘이 보이는 면적비율을 나타내는 이른바 천공률이나 그 중 가해 건물이 외부 조망을 차단하는 면적비율을 나타내는 이른바 조망침해율뿐만 아니라, 피해건물과 가해건물 사이의 이격거리와 가해 건물의 높이 및 이격거리와 높이 사이의 비율 등으로 나타나는 침해의 정도와 성질, 창과 거실 등의 위치와 크기 및 방향 등 건물 개구부 현황을 포함한 피해 건물의 전반적인 구조, 건축법령상의 이격거리 제한 규정 등 공법상 규제의 위반 여부, 나아가 피해 건물이 입지하고 있는 지역에 있어서 건조물의 전체적 상황 등의 사정을 포함한 넓은 의미의 지역성, 가해건물 건축의 경위 및 공공성, 가해자의 방지조치와 손해회피의 가능성, 가해자 측이 해의를 가졌는지 유무 및 토지 이용의 선후관계 등 모든 사정을 종합적으로 고려하여 판단하여야 한다.[132)]"

◎ 이미 다른 기존 건물에 의하여 일조방해를 받고 있거나 피해건물의 구조 자체가 충분한 일조를 확보하기 어려운 경우, 가해건물의 신축으로 인한 일조방해가 사회통념상 수인한도를 넘었는지 여부의 판단 기준

"가해건물의 신축으로 인하여 일조피해를 받게 되는 건물이 이미 다른 기존 건물에 의하여 일조방해를 받고 있는 경우나 피해건물의 구조 자체가 충분한 일조를 확보하기 어렵게 되어 있는 경우에는, 가해건물 신축 결과 피해건물이 동짓날 08시부터 16시 사이에 합계 4시간 이상 그리고 동짓날 09시부터 15시 사이에 연속하여 2시간 이상의 일조를 확보하지 못하게 되더라도 언제나 수인한도를 초과하는 일조피해가 있다고 단정할 수는 없고, 가해건물이 신축되기 전부터 있었던 일조방해의 정도, 신축건물에 의하여 발생하는 일조방해의 정도, 가해건물 신축 후 위 두 개의 원인이 결합하여 피해건물에 끼치는 전체 일조방해의 정도, 종전의 원인에 의한 일조방해와 신축건물에 의한 일조방해가 겹치는 정도, 신축건물에 의하여 발생하는 일조방해시간이 전체 일조방해시간 중 차지하는 비율, 종전의 원인만으로 발생하는 일조방해시간과 신축건물만에 의하여 발생하는 일조방해시간 중 어느 것이 더 긴 것인지 등을 종합적으로 고려하여 신축건물에 의한 일조방해가 수인한도를 넘었는지 여부를 판단하여야 한다."[133)]

◎ 일조방해행위가 사회통념상 수인한도를 넘었는지 판단하는 기준 및 건물 신축이 건축 당시의 공법적 규제에 형식적으로 적합하더라도 현실적인 일조방해의 정도가 현저하게 커서 사회통념상 수인한도를 넘는 경우, 위법행위로 평가되는지 여부(적극)

---

131) 대판 1999. 5. 28. 98재다275; 대판 1997. 12. 23. 96재다226.
132) 대판 2014. 2. 27. 2009다40462.
133) 대판 2010. 6. 24. 2008다23729; 대판 2007. 6. 28. 2004다54282; 대판 2004. 10. 28. 2002다63565.

"일조방해행위가 사회통념상 수인한도를 넘었는지 여부는 피해의 정도, 피해이익의 성질 및 그에 대한 사회적 평가, 가해 건물의 용도, 지역성, 토지이용의 선후관계, 가해 방지 및 피해 회피의 가능성, 공법적 규제의 위반 여부, 교섭 경과 등 모든 사정을 종합적으로 고려하여 판단하여야 하고, 건축 후에 신설된 일조권에 관한 새로운 공법적 규제 역시 이러한 위법성의 평가에 있어서 의미 있는 자료가 될 수 있다. 그리고 건축법 등 관계 법령에 일조방해에 관한 직접적인 단속법규가 있다면 그 법규에 적합한지 여부가 사법상 위법성을 판단함에 있어서 중요한 판단자료가 될 것이지만, 이러한 공법적 규제에 의하여 확보하고자 하는 일조는 원래 사법상 보호되는 일조권을 공법적인 면에서도 가능한 한 보장하려는 것으로서 특별한 사정이 없는 한 일조권 보호를 위한 최소한도의 기준으로 봄이 상당하고, 구체적인 경우에 있어서는 어떠한 건물신축이 건축 당시의 공법적 규제에 형식적으로 적합하다고 하더라도 현실적인 일조방해의 정도가 현저하게 커서 사회통념상 수인한도를 넘은 경우에는 위법행위로 평가될 수 있다.[134]"

나. 법인의 권리주체성을 악용한 경우

◎ 법인격부인론의 적용에 있어 법인격 형해화 또는 법인격 남용을 인정하기 위한 요건

"회사가 외형상으로는 법인의 형식을 갖추고 있으나 법인의 형태를 빌리고 있는 것에 지나지 아니하고 실질적으로는 완전히 그 법인격의 배후에 있는 사람의 개인기업에 불과하거나, 그것이 배후자에 대한 법률적용을 회피하기 위한 수단으로 함부로 이용되는 경우에는, 비록 외견상으로는 회사의 행위라 할지라도 회사와 그 배후자가 별개의 인격체임을 내세워 회사에게만 그로 인한 법적 효과가 귀속됨을 주장하면서 배후자의 책임을 부정하는 것은 신의성실의 원칙에 위배되는 법인격의 남용으로서 심히 정의와 형평에 반하여 허용될 수 없고, 따라서 회사는 물론 그 배후자인 타인에 대하여도 회사의 행위에 관한 책임을 물을 수 있다고 보아야 한다. 여기서 회사가 그 법인격의 배후에 있는 사람의 개인기업에 불과하다고 보려면, 원칙적으로 문제가 되고 있는 법률행위나 사실행위를 한 시점을 기준으로 하여, 회사와 배후자 사이에 재산과 업무가 구분이 어려울 정도로 혼용되었는지 여부, 주주총회나 이사회를 개최하지 않는 등 법률이나 정관에 규정된 의사결정절차를 밟지 않았는지 여부, 회사 자본의 부실 정도, 영업의 규모 및 직원의 수 등에 비추어 볼 때, 회사가 이름뿐이고 실질적으로는 개인 영업에 지나지 않는 상태로 될 정도로 형해화되어야 한다. 또한, 위와 같이 법인격이 형해화될 정도에 이르지 않더라도 회사의 배후에 있는 자가 회사의 법인격을 남용한 경우, 회사는 물론 그 배후자에 대하여도 회사의 행위에 관한 책임을 물을 수 있으나, 이 경우 채무면탈 등의 남용행위를 한 시점을 기준으로 하여, 회사의 배후에 있는 사람이 회사를 자기 마음대로 이용할 수 있는 지배적 지위에 있고, 그와 같은 지위를 이용하여 법인 제도를 남용하는 행위를 할 것이 요구되며, 위와 같이 배후자가 법인 제도를 남용하였는지 여부는 앞서 본 법인격 형해화의 정도 및 거래상대방의 인식이나 신뢰 등 제반 사정을 종합적으로 고려하여 개별적으로 판단하여야 한다.[135]"

---

134) 대판 2014. 2. 27. 2009다40462; 대판 2004. 9. 13. 2003다64602.

135) 대판 2008. 9. 11. 2007다90982; 대판 2001. 1. 19. 97다21604.

◎ 기존회사가 채무를 면탈할 목적으로 기업의 형태·내용이 실질적으로 동일한 신설회사를 설립한 경우, 기존회사의 채권자가 두 회사 모두에 채무 이행을 청구할 수 있는지 여부(적극) 및 어느 회사가 채무를 면탈할 목적으로 이미 설립되어 있는 다른 회사를 이용한 경우에도 위 법리가 적용되는지 여부(적극)

"기존회사가 채무를 면탈할 목적으로 기업의 형태·내용이 실질적으로 동일한 신설회사를 설립하였다면, 신설회사 설립은 기존회사의 채무면탈이라는 위법한 목적달성을 위하여 회사제도를 남용한 것이므로, 기존회사의 채권자에게 위 두 회사가 별개의 법인격을 갖고 있음을 주장하는 것은 신의성실 원칙상 허용될 수 없다 할 것이어서 기존회사의 채권자는 위 두 회사 어느 쪽에 대하여서도 채무 이행을 청구할 수 있고, 이와 같은 법리는 어느 회사가 채무를 면탈할 목적으로 기업의 형태·내용이 실질적으로 동일한 이미 설립되어 있는 다른 회사를 이용한 경우에도 적용된다.[136]"

◎ 기존회사의 채무를 면탈할 의도로 다른 회사 법인격을 이용하였는지의 판단 기준

"기존회사의 채무를 면탈할 의도로 다른 회사 법인격을 이용하였는지는 기존회사의 폐업 당시 경영상태나 자산상황, 기존회사에서 다른 회사로 유용된 자산의 유무와 정도, 기존회사에서 다른 회사로 이전된 자산이 있는 경우 정당한 대가가 지급되었는지 등 제반 사정을 종합적으로 고려하여 판단하여야 한다."[137]

4. 권리남용의 효과

그 효과와 관련하여, 스위스민법과 같은 명문의 규정이 없는 민법의 경우, 학설과 판례는 대체로 권리의 행사가 권리남용으로 판단되면 법의 보호를 받을 수 없는 것으로 파악한다.[138]

판 례

가. 권리남용의 효과

◎ 토지 인근 건물 소유자가 건물 소유권에 기한 방해제거청구권을 행사하여 토지 소유자를 상대로 그 토지 위에 설치한 공작물의 철거를 구할 수 있는 경우

"토지 소유자가 자신 소유의 토지 위에 공작물을 설치한 행위가 인근 건물의 소유자에 대한 관계에서 권리남용에 해당하고, 그로 인하여 인근 건물 소유자의 건물 사용수익이 실질적으로 침해되는 결과를 초래하였다면, 인근 건물 소유자는 건물 소유권에 기한 방해제거청구권을 행사하여 토지 소유자를 상대로 공작물의 철거를 구할 수 있다.[139]"

---

136) 대판 2011. 5. 13. 2010다94472; 대판 2010. 1. 14. 2009다77327; 대판 2008. 8. 21. 2006다24438.

137) 대판 2011. 5. 13. 2010다94472; 대판 2010. 1. 14. 2009다77327; 대판 2008. 8. 21. 2006다24438.

138) 그 효과의 유형화를 본다. 첫째, 청구권의 행사가 권리남용으로 평가되면 국가의 조력이 거부된다. 둘째, 형성권의 경우이면 예정된 법률효과가 발생하지 않는다. 셋째, 권리남용의 결과 타인에게 손해를 끼치면 제750조 소정의 불법행위를 구성한다. 넷째, 권리남용의 정도가 심하면 권리 자체가 박탈된다(제924조의 친권상실).

139) 대판 2014. 10. 30. 2014다42967; 대판 2010. 12. 9. 2010다59783.

○ 토지소유자가 그 소유권에 기하여 침범된 건축물의 철거와 토지의 인도를 구하는 것이 권리남용에 해당하여, 국가의 조력을 받지 못한 경우

"갑이 도로로 사용되어 오다가 세금의 체납으로 공매하게 된 토지가 도로 이외의 용도로는 사용하기 어려운 점을 잘 알고 있었고, 그래서 공매가격이 싼데도 원매자(願買者)가 나타나지 아니하자 감정시가보다도 더 싸게 위 토지를 매수한 다음, 곧바로 원소유자 등을 상대로 통행금지와 부당이득금청구 및 매수청구 등의 소송을 제기하였으나, 주위토지통행권이 인정되는 바람에 통행금지청구부분은 패소되고, 그 무렵 위 토지를 침범한 건축물의 철거와 그 부분 토지의 인도를 구하는 소를 제기하였으며, 위 토지의 면적이 264㎡임에 비하여 철거를 구하는 건축물의 침범부분은 약 11.6㎡에 불과하다면, 위 토지의 현황과 이용실태 · 위 토지를 취득하게 된 경위 · 소송을 통하여 이루려는 목적 및 침범된 부분의 면적과 침범 건축물의 형태 등에 비추어 토지소유자가 침범부분의 토지에 대한 부당이득을 구함은 별론으로 하고, 그 소유권에 기하여 침범된 건축물의 철거와 그 부분 토지의 인도를 구하는 것은 권리남용에 해당한다.[140)]"

○ 친권자의 그 자(子) 소유 부동산을 타자(他子)에게 증여한 행위가 친권남용에 해당하는 경우, 그 행위의 효력

"법정대리인인 친권자가 그 자인 원고(미성년자) 소유의 이 사건 부동산을 그 장남인 피고에게 증여할 당시 원고는 이미 19년 5월 남짓하여 수개월이 지나면 성년이 될 나이에 있었고, 원고가 위 처분행위를 강력히 반대하였으며, 위 처분행위도 원고를 위한 것이 아니라 그 장남인 피고만을 위한 것으로서, 위 처분행위로 원고는 아무런 대가도 지급 받지 못한 점 등이 인정되므로, 원고의 법정대리인인 친권자가 이 사건 부동산을 피고에게 증여한 행위는, 당시 피고가 이미 성년에 달하여 소위 이해상반행위에는 해당하지 않으나, 친권의 남용에 의한 것이라 할 것이므로, 위 행위의 효과는 원고에게 미치지 아니한다.[141)]"

나. 권리남용으로 인정한 경우

○ 갑 주식회사가 콘도를 운영하면서 콘도 출입구 쪽 도로 및 주차장으로 이용하던 토지에 관하여 갑회사의 사내이사였던 을이 소유권이전등기를 마친 후 아들인 병에게 소유권이전등기를 마쳐 주었는데, 정 주식회사가 부동산임의경매절차에서 위 콘도 지분을 매수한 이후 병이 콘도와 토지의 경계 위에 화단을 설치하고 그 위에 철제 구조물을 설치한 사안에서, 병의 구조물 설치행위는 정당한 권리행사의 한계를 벗어난 것으로서 권리남용에 해당한다고 볼 여지가 충분하다고 한 사례

"갑 주식회사가 콘도를 운영하면서 콘도 출입구 쪽 도로 및 주차장으로 이용하던 토지에 관하여 갑회사의 사내이사였던 을이 소유권이전등기를 마친 후 아들인 병에게 소유권이전등기를 마쳐 주었는데, 정주식회사가 부동산임의경매절차에서 위 콘도지분을 매수한 이후 병이 콘도와 토지의 경계 위에 블록으로 화단을 설치하고 그 위에 쇠파이프 등으로 철제 구조물을 설치한 사안에서, 제반 사정에 비추어 병이 구조물을 설치한 행위는 외형상으로는 정당한 권리의 행사로 보이나 실질적으로는 토지가 자기소유임을 기화로 정회사 소유인 콘도의 사용 · 수익을 방해하고 나아가 정회

140) 대판 1992. 7. 28. 92다16911, 16928(반소).
141) 대판 1981. 10. 13. 81다649.

사에 고통이나 손해를 줄 목적으로 행한 것이라고 볼 수밖에 없으므로, 병의 구조물 설치행위는 정당한 권리행사의 한계를 벗어난 것으로서 권리남용에 해당한다고 볼 여지가 충분하다고 한 사례.[142)]"가 있다.

◎ 등록상표 또는 등록서비스표에 대한 등록무효심결이 확정되기 전이라도 상표등록 등이 무효심판에 의하여 무효로 될 것임이 명백한 경우, 상표권 등에 기초한 침해금지 또는 손해배상 등의 청구가 권리남용에 해당하는지 여부(원칙적 적극) 및 이때 상표권 또는 서비스표권 침해소송을 담당하는 법원이 상표등록 등의 무효 여부에 대하여 심리·판단할 수 있는지 여부(적극)

"상표법은 등록상표가 일정한 사유에 해당하는 경우 별도로 마련한 상표등록의 무효심판절차를 거쳐 등록을 무효로 할 수 있도록 규정하고 있으므로, 상표는 일단 등록된 이상 비록 등록무효사유가 있다고 하더라도 이와 같은 심판에 의하여 무효로 한다는 심결이 확정되지 않는 한 대세적(代世的)으로 무효로 되는 것은 아니다. 그런데 상표등록에 관한 상표법의 제반 규정을 만족하지 못하여 등록을 받을 수 없는 상표에 대해 잘못하여 상표등록이 이루어져 있거나 상표등록이 된 후에 상표법이 규정하고 있는 등록무효사유가 발생하였으나 상표등록만은 형식적으로 유지되고 있을 뿐임에도 그에 관한 상표권을 별다른 제한 없이 독점·배타적으로 행사할 수 있도록 하는 것은 상표의 사용과 관련된 공공의 이익을 부당하게 훼손할 뿐만 아니라 상표를 보호함으로써 상표사용자의 업무상 신용유지를 도모하여 산업발전에 이바지함과 아울러 수요자의 이익을 보호하고자 하는 상표법의 목적에도 배치되는 것이다. 또한 상표권도 사적 재산권의 하나인 이상 그 실질적 가치에 부응하여 정의와 공평의 이념에 맞게 행사되어야 할 것인데, 상표등록이 무효로 될 것임이 명백하여 법적으로 보호받을 만한 가치가 없음에도 형식적으로 상표등록이 되어 있음을 기화로 그 상표를 사용하는 자를 상대로 침해금지 또는 손해배상 등을 청구할 수 있도록 용인하는 것은 상표권자에게 부당한 이익을 주고 그 상표를 사용하는 자에게는 불합리한 고통이나 손해를 줄 뿐이므로 실질적 정의와 당사자들 사이의 형평에도 어긋난다. 이러한 점들에 비추어 보면, 등록상표에 대한 등록무효심결이 확정되기 전이라고 하더라도 상표등록이 무효심판에 의하여 무효로 될 것임이 명백한 경우에는 상표권에 기초한 침해금지 또는 손해배상 등의 청구는 특별한 사정이 없는 한 권리남용에 해당하여 허용되지 아니한다고 보아야 하고, 상표권침해소송을 담당하는 법원으로서도 상표권자의 그러한 청구가 권리남용에 해당한다는 항변이 있는 경우 그 당부를 살피기 위한 전제로서 상표등록의 무효 여부에 대하여 심리·판단할 수 있다고 할 것이며, 이러한 법리는 서비스표권의 경우에도 마찬가지로 적용된다.[143)]"

◎ 등록상표 또는 등록서비스표의 상표권자인 갑 주식회사가 을 주식회사를 상대로 상표권 등 침해금지 및 손해배상 등을 구한 사안에서, 위 상표 또는 서비스표는 상표법 제6조 제1항 제3호의 기술적 표장 또는 상표법 제7조 제1항 제11호 전단의 품질오인표장에 해당하여 등록이 무효로 될 것임이 명백하므로, 위 상표권 등에 기초한 갑 회사의 침해금지, 침해제품의 폐기 및 손해배상 청구는 권리남용에 해당하여 허용되지 않는다고 한 사례

"등록상표 또는 등록서비스표의 상표권자인 갑 주식회사가 을 주식회사를 상대로 상표권 등 침해금지 및 손해배상 등을 구한 사안에서, 위 상표 또는 서비스표가 일반 수요자나 거래자들에게 '고

142) 대판 2014. 10. 30. 2014다42967.

143) 대판 2012. 10. 18. 전원합의체. 2010다103000; 대판 1995. 7. 28. 95도702; 대판 1995. 5. 9. 94도3052.

급 목재, 좋은 목재' 등의 의미로 직감되므로, 그 지정상품 또는 지정서비스업 중 '목재'로 되어 있는 상품 또는 이러한 상품의 판매대행업, 판매알선업에 사용될 경우에는 지정상품 또는 지정서비스업의 품질·효능·용도 등을 보통으로 사용하는 방법으로 표시한 표장만으로 된 상표법 제6조 제1항 제3호의 기술적 표장에 해당하고, '목재'로 되어 있지 아니한 상품 또는 이러한 상품의 판매대행업, 판매알선업에 사용될 경우에는 지정상품이 '목재'로 되어 있거나 지정서비스업이 그러한 상품의 판매대행업, 판매알선업인 것으로 수요자를 오인하게 할 염려가 있는 상표법 제7조 제1항 제11호 전단의 품질오인표장에 해당하여 그 등록이 무효로 될 것임이 명백하므로, 위 상표권 등에 기초한 갑 회사의 침해금지, 침해제품의 폐기 및 손해배상 청구는 권리남용에 해당하여 허용되지 않는다고 한 사례.[144]"가 있다.

- **일제강점기에 국민징용령에 의하여 강제징용 되어 일본국 회사인 미쓰비시중공업 주식회사(이하 '구 미쓰비시'라고 한다)에서 강제노동에 종사한 대한민국 국민 갑 등이 구 미쓰비시가 해산된 후 새로이 설립된 미쓰비시중공업 주식회사(이하 '미쓰비시'라고 한다)를 상대로 국제법 위반 및 불법행위를 이유로 한 손해배상과 미지급 임금의 지급을 구한 사안에서, 미쓰비시의 소멸시효 완성 주장이 신의성실의 원칙에 반하는 권리남용으로서 허용될 수 없는데도, 이와 달리 본 원심 판결에 법리오해의 위법이 있다고 한 사례**

"일제강점기에 국민징용령에 의하여 강제징용되어 일본국 회사인 미쓰비시중공업 주식회사(이하 '구 미쓰비시'라고 한다)에서 강제노동에 종사한 대한민국 국민 갑 등이 구 미쓰비시가 해산된 후 새로이 설립된 미쓰비시중공업 주식회사(이하 '미쓰비시'라고 한다)를 상대로 국제법 위반 및 불법행위를 이유로 한 손해배상과 미지급 임금의 지급을 구한 사안에서, 적어도 갑 등이 대한민국 법원에 위 소송을 제기할 시점까지는 갑 등이 대한민국에서 객관적으로 권리를 사실상 행사할 수 없는 장애사유가 있었다고 보아야 하므로, 구 미쓰비시와 실질적으로 동일한 법적 지위에 있는 미쓰비시가 소멸시효의 완성을 주장하여 갑 등에 대한 불법행위로 인한 손해배상채무 또는 임금지급채무의 이행을 거절하는 것은 현저히 부당하여 신의성실의 원칙에 반하는 권리남용으로서 허용될 수 없는데도, 이와 달리 본 원심판결에 법리오해의 위법이 있다고 한 사례.[145]"가 있다.

- **특허발명에 대한 무효심결 확정 전이라 하더라도 진보성이 부정되어 특허가 무효로 될 것이 명백한 경우, 특허권에 기초한 침해금지 또는 손해배상 등 청구가 권리남용에 해당하는지 여부(원칙적 적극) 및 이 경우 특허권침해소송 담당 법원은 권리남용 항변의 당부를 판단하기 위한 전제로서 특허발명의 진보성 여부를 심리·판단할 수 있는지 여부(적극)**

"특허법은 특허가 일정한 사유에 해당하는 경우에 별도로 마련한 특허의 무효심판절차를 거쳐 무효로 할 수 있도록 규정하고 있으므로, 특허는 일단 등록된 이상 비록 진보성이 없어 무효사유가 존재한다고 하더라도 이와 같은 심판에 의하여 무효로 한다는 심결이 확정되지 않는 한 대세적(對世的)으로 무효로 되는 것은 아니다. 그런데 특허법은 제1조에서 발명을 보호·장려하고 이용을 도모함으로써 기술의 발전을 촉진하여 산업발전에 이바지함을 목적으로 한다고 규정하여 발명자뿐만 아니라 이용자의 이익도 아울러 보호하여 궁극적으로 산업발전에 기여함을 입법목적으로 하고 있는 한편 제29조 제2항에서 그 발명이 속하는 기술분야에서 통상의 지식을 가진 자(이하 '통상의 기

144) 대판 2012. 10. 18. 전원합의체. 2010다103000.
145) 대판 2012. 5. 24. 2009다22549.

술자'라 한다)가 특허출원 전에 공지된 선행기술에 의하여 용이하게 발명할 수 있는 것에 대하여는 특허를 받을 수 없다고 규정함으로써 사회의 기술발전에 기여하지 못하는 진보성 없는 발명은 누구나 자유롭게 이용할 수 있는 이른바 공공영역에 두고 있다. 따라서 진보성이 없어 본래 공중에게 개방되어야 하는 기술에 대하여 잘못하여 특허등록이 이루어져 있음에도 별다른 제한 없이 그 기술을 당해 특허권자에게 독점시킨다면 공공의 이익을 부당하게 훼손할 뿐만 아니라 위에서 본 바와 같은 특허법의 입법목적에도 정면으로 배치된다. 또한 특허권도 사적 재산권의 하나인 이상 특허발명의 실질적 가치에 부응하여 정의와 공평의 이념에 맞게 행사되어야 할 것인데, 진보성이 없어 보호할 가치가 없는 발명에 대하여 형식적으로 특허등록이 되어 있음을 기화로 발명을 실시하는 자를 상대로 침해금지 또는 손해배상 등을 청구할 수 있도록 용인하는 것은 특허권자에게 부당한 이익을 주고 발명을 실시하는 자에게는 불합리한 고통이나 손해를 줄 뿐이므로 실질적 정의와 당사자들 사이의 형평에도 어긋난다. 이러한 점들에 비추어 보면, 특허발명에 대한 무효심결이 확정되기 전이라고 하더라도 특허발명의 진보성이 부정되어 특허가 특허무효심판에 의하여 무효로 될 것임이 명백한 경우에는 특허권에 기초한 침해금지 또는 손해배상 등의 청구는 특별한 사정이 없는 한 권리남용에 해당하여 허용되지 아니한다고 보아야 하고, 특허권침해소송을 담당하는 법원으로서도 특허권자의 그러한 청구가 권리남용에 해당한다는 항변이 있는 경우 당부를 살피기 위한 전제로서 특허발명의 진보성 여부에 대하여 심리・판단할 수 있다.[146)]"

◎ 채무자 소유의 목적물에 이미 저당권 기타 담보물권이 설정되어 있는데 채권자가 자기 채권의 우선적 만족을 위하여 채무자와 의도적으로 유치권의 성립요건을 충족하는 내용의 거래를 하고 목적물을 점유함으로써 유치권이 성립한 경우, 유치권을 저당권자 등에게 주장하는 것이 허용되는지 여부(소극) 및 이 경우 저당권자 등이 경매절차 기타 채권실행절차에서 유치권을 배제하기 위하여 그 부존재확인 등을 소로써 청구할 수 있는지 여부(적극)

"채무자가 채무초과의 상태에 이미 빠졌거나 그러한 상태가 임박함으로써 채권자가 원래라면 자기 채권의 충분한 만족을 얻을 가능성이 현저히 낮아진 상태에서 이미 채무자 소유의 목적물에 저당권 기타 담보물권이 설정되어 있어서 유치권의 성립에 의하여 저당권자 등이 그 채권 만족상의 불이익을 입을 것을 잘 알면서 자기 채권의 우선적 만족을 위하여 위와 같이 취약한 재정적 지위에 있는 채무자와의 사이에 의도적으로 유치권의 성립요건을 충족하는 내용의 거래를 일으키고 그에 기하여 목적물을 점유하게 됨으로써 유치권이 성립하였다면, 유치권자가 그 유치권을 저당권자 등에 대하여 주장하는 것은 다른 특별한 사정이 없는 한 신의칙에 반하는 권리행사 또는 권리남용으로서 허용되지 아니한다. 그리고 저당권자 등은 경매절차 기타 채권실행절차에서 위와 같은 유치권을 배제하기 위하여 그 부존재의 확인 등을 소로써 청구할 수 있다고 할 것이다."[147)]

◎ 공매절차에서 점유자의 유치권 신고 사실을 알고 부동산을 매수한 자가 그 점유를 침탈하여 유치권을 소멸시키고 나아가 고의적인 점유이전으로 유치권자의 확정판결에 기한 점유회복조차 곤란하게 하였음에도, 유치권자가 현재까지 점유회복을 하지 못한 사실을 내세워 유치권자를 상대로 적극적으로 유치권부존재확인을 구하는 것은, 권리남용에 해당는지 여부(적극)

"공매절차에서 점유자의 유치권 신고 사실을 알고 부동산을 매수한 자가 그 점유를 침탈하여 유

---

146) 대판 2012. 1. 19. 전원합의체. 2010다95390; 대판 2001. 3. 23. 98다7209; 대결 1992. 6. 2.자 91마540.
147) 대판 2011. 12. 22. 2011다84298; 대판 2009. 1. 15. 2008다70763.

치권을 소멸시키고 나아가 고의적인 점유이전으로 유치권자의 확정판결에 기한 점유회복조차 곤란하게 하였음에도 유치권자가 현재까지 점유회복을 하지 못한 사실을 내세워 유치권자를 상대로 적극적으로 유치권부존재확인을 구하는 것은, 자신의 불법행위로 초래된 상황을 자기의 이익으로 원용하면서 피해자에 대하여는 불법행위로 인한 권리침해의 결과를 수용할 것을 요구하고, 나아가 법원으로부터는 위와 같은 불법적 권리침해의 결과를 승인받으려는 것으로서, 이는 명백히 정의 관념에 반하여 사회생활상 도저히 용인될 수 없는 것으로 권리남용에 해당하여 허용되지 않는다고 한 사례.[148]"가 있다.

◎ 송금의뢰인이 착오송금임을 이유로 수취은행에 그 송금액의 반환을 요청하고 수취인도 착오송금임을 인정하여 수취은행에 그 반환을 승낙하고 있는 경우, 수취은행이 수취인에 대한 대출채권 등을 자동채권으로 하여 착오송금된 금원 상당의 예금채권과 상계하는 것이 신의칙 위반 내지 권리남용에 해당하는지 여부(원칙적 적극)

"송금의뢰인이 착오송금임을 이유로 거래은행을 통하여 혹은 수취은행에 직접 송금액의 반환을 요청하고 수취인도 송금의뢰인의 착오송금에 의하여 수취인의 계좌에 금원이 입금된 사실을 인정하고 수취은행에 그 반환을 승낙하고 있는 경우, 수취은행이 수취인에 대한 대출채권 등을 자동채권으로 하여 수취인의 계좌에 착오로 입금된 금원 상당의 예금채권과 상계하는 것은, 수취은행이 선의인 상태에서 수취인의 예금채권을 담보로 대출을 하여 그 자동채권을 취득한 것이라거나 그 예금채권이 이미 제3자에 의하여 압류되었다는 등의 특별한 사정이 없는 한, 공공성을 지닌 자금이체시스템의 운영자가 그 이용자인 송금의뢰인의 실수를 기화로 그의 희생하에 당초 기대하지 않았던 채권회수의 이익을 취하는 행위로서 상계제도의 목적이나 기능을 일탈하고 법적으로 보호받을 만한 가치가 없으므로, 송금의뢰인에 대한 관계에서 신의칙에 반하거나 상계에 관한 권리를 남용하는 것이다.[149]"

◎ 주로 자기 채무의 이행을 회피하기 위한 수단으로서 행한 동시이행의 항변권 행사가 권리남용에 해당하는지 여부

"일반적으로 동시이행의 관계가 인정되는 경우에는 그러한 항변권을 행사하는 자의 상대방이 그 동시이행의 의무를 이행하기 위하여 과다한 비용이 소요되거나 또는 그 의무의 이행이 실제적으로 어려운 반면, 그 의무의 이행으로 인하여 항변권자가 얻는 이득은 별달리 크지 아니하여 동시이행의 항변권의 행사가 주로 자기 채무의 이행만을 회피하기 위한 수단이라고 보여지는 경우, 그 항변권의 행사는 권리남용으로서 배척되어야 한다.[150]"

◎ 재심의 소를 소권남용이라고 본 사례

"최종심인 대법원에 동일하거나 유사한 이유로 수 차례에 걸쳐 재심을 청구하여, 그 청구가 전부 기각되거나 각하된 후에 다시 종전의 사유와 유사한 이유를 들어 재심의 소를 제기하는 것은 신의칙에 위반하여 소권을 남용하는 것으로서 허용될 수 없다고 한 사례.[151]"가 있다.

---

148) 대판 2010. 4. 15. 2009다96953.
149) 대판 2010. 5. 27. 2007다66088.
150) 대판 1992. 4. 28. 91다29972.
151) 대판 2002. 9. 24. 2002재다487.

◎ 근로자의 수 차례에 걸친 무단결근 등을 이유로 내린 해고처분이 징계권 남용에 해당하는지 여부

"무단결근 및 지각을 사유로 징계처분을 받은 적이 있는 근로자가 그 후 다시 여러 번에 걸쳐 무단결근 및 지각을 하고 작업장에서 안전모를 착용하지 않았더라도, 여러 정상에 비추어 그에 대한 해고처분을 내렸다면, 이것은 징계권 남용이 된다.[152)]"

◎ 수탁자 개인이 수익자에 대하여 갖는 고유의 채권을 자동채권으로 하여 수익자가 신탁종료 시 수탁자에 대하여 갖는 원본반환채권 내지 수익채권 등과 상계하는 것이 허용되는지 여부

"수탁자 개인이 수익자에 대하여 갖는 고유의 채권을 자동채권으로 하여 수익자가 신탁종료 시 수탁자에 대하여 갖는 원본반환채권 내지 수익채권 등과 상계하는 것은, 우선 신탁법 제20조가 금지하는 상계의 유형에 해당하지 아니할 뿐만 아니라 위와 같은 상계로 인하여 신탁재산의 감소가 초래되거나 초래될 위험이 전혀 없는 점, 수익자는 상계로 소멸하는 원본반환채권 등과 대등액의 범위 내에서 자신의 채무를 면하는 경제적 이익을 향수하게 되는 점, 신탁법 제42조 자체가 수탁자에게 자기의 고유재산으로 일단 신탁재산에 속하는 채무를 변제한 다음 그 비용을 신탁의 이익이 귀속하는 신탁재산 또는 수익자로부터 보상받을 수 있는 권리를 인정하고 있는 점, 수탁자가 수익자와의 거래로 생긴 채권 등을 자동채권으로 하여 수익자의 수탁자에 대한 원본반환채권 등과 상계할 것을 기대하는 것이 거래통념상 법적으로 보호받을 가치가 없는 비합리적인 기대라고 볼 수 없는 점 등에 비추어 볼 때, 수탁자의 위와 같은 상계는 수익자의 반대채권과의 상계를 통한 채권회수를 둘러싸고 신탁재산에 속하는 채권과 수탁자 고유의 채권이 경합하는 관계에 있어 이익상반행위에 해당한다거나 일반 민법상의 권리남용에 해당한다는 등의 특별한 사정이 없는 한 적법·유효한 것으로서 허용된다.[153)]"

◎ 준소비대차가 기존채권에 대한 자신의 가압류에 반하여 무효임을 전제로 기존채권에 대한 추심을 마친 가압류채권자가 이제 다시 준소비대차가 유효함을 전제로 신채권에 대한 추심을 주장하는 것이 신의칙에 반하는지 여부

"준소비대차에 관한 법리에 비추어 신채권의 성립은 기존채권의 소멸을 전제로 하는 것으로서, 두 채권이 법적 평가에서 완전히 동일한 채권이라고 할 수는 없다고 하더라도 적어도 같은 당사자와의 관계에서 두 채권이 동시에 양립할 수는 없는바 가압류채권자가 이미 위 준소비대차가 기존채권에 대한 자신의 가압류의 효력에 반하는 것으로 '가압류채권자에 대한 관계에서는 무효'임을 전제로 하여 신채권이 공제되지 않은 기존채권 전액에 대한 추심을 마친 경우, 가압류채권자가 이번에는 위 준소비대차가 채무자와 제3채무자 사이에서는 유효하므로 '가압류채권자에 대한 관계에서도 유효'함을 전제로 하여 신채권에 대한 추심을 주장하는 것은 금반언 내지 신의칙에 반하여 원칙적으로 허용될 수 없다.[154)]"

◎ 농로 위로 지나가는 송전선의 철거를 구하는 청구가 권리남용에 해당한다고 한 사례

"송전선로철거소송에 이르게 된 과정, 계쟁 토지가 51㎡에 불과한 점, 위 송전선을 철거하여 이설하기 위하여는 막대한 비용과 손실이 예상되는 반면 송전선이 철거되지 않더라도 토지를 이용함

---

152) 대판 1995. 5. 26. 94다46596.
153) 대판 2007. 9. 20. 2005다48956.
154) 대판 2007. 1. 11. 2005다47175.

에 별다른 지장이 없는 점 등에 비추어 농로 위로 지나가는 송전선의 철거를 구하는 청구가 권리남용에 해당한다고 한 사례.[155]"가 있다.

○ 특허권침해소송을 심리하는 법원이 특허의 무효심결이 확정되기 이전이라도 특허의 무효 사유 존부에 대한 판단을 할 수 있는지 여부 및 무효사유가 명백한 특허권에 기초한 금지와 손해배상 등의 청구가 권리남용에 해당하는지 여부

"특허의 무효심결이 확정되기 이전이라고 하더라도 특허권침해소송을 심리하는 법원은 특허에 무효사유가 있는 것이 명백한지 여부에 대하여 판단할 수 있고, 심리한 결과 당해 특허에 무효사유가 있는 것이 분명한 때에는 그 특허권에 기초한 금지와 손해배상 등의 청구는 특별한 사정이 없는 한 권리남용에 해당하여 허용되지 아니 한다.[156]"

다. 권리남용으로 인정하지 않은 경우

○ 갑이 을로부터 을의 병에 대한 공사대금채권을 양도받아 병을 상대로 양수금 청구소송을 제기하여 일부 승소판결이 확정되었는데, 병이 건물 소유권을 취득하여 정 등에게 근저당권을 설정하여 주자 갑이 판결금 채권을 피보전채권으로 하여 정 등을 상대로 채권자취소소송을 제기한 사안에서, 갑과 을의 채권양도가 소송신탁에 해당하여 무효로 보인다는 사정만으로 갑의 채권자취소권 행사가 허용될 수 없다고 본 원심판결에 법리오해의 위법이 있다고 한 사례

"갑이 을로부터 을의 병에 대한 공사대금채권을 양도받아 병을 상대로 양수금 청구소송을 제기하여 일부 승소판결이 확정되었는데, 병이 건물의 소유권을 취득하여 정 등에게 근저당권을 설정하여 주자 갑이 판결금 채권을 피보전채권으로 하여 정 등을 상대로 채권자취소소송을 제기한 사안에서, 갑과 을의 채권양도가 소송신탁에 해당하여 무효라고 볼 여지가 있다는 사정만으로 갑의 판결금 채권에 기초한 강제집행이나 권리행사가 당연히 권리남용에 해당한다고 보기 어렵고, 병으로 하여금 판결금 채권에 기한 강제집행이나 권리행사를 수인하도록 하는 것이 명백히 정의에 반하여 사회생활상 용인할 수 없는 정도라고 볼 수 없음에도, 판결금 채권에 터 잡은 갑의 권리행사가 신의칙상 허용되지 않고 갑의 채권자취소권 행사도 허용될 수 없다고 본 원심판결에 법리오해의 위법이 있다고 한 사례.[157]"가 있다.

○ 명칭을 "드럼세탁기의 구동부 구조"로 하는 특허발명의 특허권자인 갑 주식회사가 을 주식회사를 상대로 특허침해금지 등을 청구한 사안에서, 진보성이 부정되어 특허가 무효로 될 것이 명백하다고 할 수 없는데도 위 청구가 권리남용에 해당한다고 본 원심판결에 법리오해의 위법이 있다고 한 사례

"명칭을 "드럼세탁기의 구동부 구조"로 하는 특허발명의 특허권자인 갑 주식회사가 을 주식회사를 상대로 특허권에 기초하여 특허침해금지, 특허침해제품의 폐기 및 손해배상을 청구한 사안에서, 위 발명의 특허청구범위 제31항 중 일부 구성이 선행기술에 이미 개시되어 있거나 그로부터 용이하게 도출할 수 있는 것이라 하더라도, '서포터 · 베어링하우징 밀착구성'은 선행기술에 전혀 개시 또는 암시되어 있지 않아 통상의 기술자가 선행기술로부터 용이하게 도출할 수 없는 것이고, 특허청구범위 제31항은 각각의 구성이 유기적으로 결합한 전체로 볼 때 선행기술에 의하여 진보성이

155) 대판 2003. 11. 27. 2003다40422.
156) 대판 2004. 10. 28. 2000다69194.
157) 대판 2014. 2. 21. 2013다75717.

부정되어 특허가 무효로 될 것이 명백하다고 할 수 없는데도, 이와 달리 위 청구가 권리남용에 해당한다고 본 원심판결에 법리오해의 위법이 있다고 한 사례.[158)]"가 있다.

◎ 갑 등이 집합건물의 공용부분인 전기·기계실에 시설물을 별도로 설치하여 그 장소를 배타적으로 점유·사용한 데 대하여, 집합건물의 구분소유자 을 등이 공유물에 대한 보존행위로 배타적 사용의 배제 및 각 시설물의 철거를 구한 경우, 권리남용에 해당하는지 여부(소극)

"갑 등이 집합건물의 공용부분인 전기·기계실에 시설물을 별도로 설치하여 그 장소를 배타적으로 점유·사용한 데 대하여, 집합건물의 구분소유자 을 등이 공유물에 대한 보존행위로 배타적 사용의 배제 및 각 시설물의 철거를 구한 사안에서, 구분소유자 을 등의 철거청구가 오직 상대방에게 고통을 주고 손해를 입히려는 데에 그 목적이 있을 뿐 이를 행사하는 구분소유자들에게는 아무런 이익이 없는 경우에 해당한다고 단정하기 어려워, 권리남용에 해당한다고 볼 수 없다고 한 사례.[159)]"가 있다.

◎ 갑 주식회사가 신탁계약 등을 통하여 오피스텔 부지에 관한 채권적 대지사용권을 갖고 있었으나 우선수익자에 대한 대출금채무를 이행하지 않아 오피스텔 신축 후 수탁자가 신탁재산인 위 부지를 을 주식회사에 처분하였고, 그 후 병 등이 오피스텔 전유부분에 관한 소유권을 경매로 취득하자, 을 회사가 병 등에게 전유부분의 철거를 구한 사안에서, 위 철거 청구를 인용한 원심판단을 정당하다고 한 사례

"갑 주식회사가 신탁계약이나 이에 따른 토지사용승낙을 통하여 오피스텔 부지에 관한 채권적 대지사용권을 갖고 있었으나 우선수익자에 대한 대출금채무를 이행하지 않아 오피스텔 신축 후 수탁자가 신탁재산인 위 부지를 을 주식회사에 처분하였고, 그 후 병 등이 오피스텔 전유부분에 관한 소유권을 경매로 취득하자, 을 회사가 병 등에게 전유부분의 철거를 구한 사안에서, 수탁자가 신탁계약의 수익자를 위하여 신탁계약상 수탁자의 임무를 수행한 것은 신의칙에 어긋나거나 반사회적 행위로서 불법행위를 구성한다고 볼 수 없고, 집합건물 부지의 소유자가 대지사용권을 가지 않은 구분소유자에게 철거를 구하는 것이 당연히 권리남용에 해당한다고 볼 수도 없으므로, 위 철거 청구를 인용한 원심판단을 정당하다고 한 사례.[160)]"가 있다.

◎ 파산자 갑 주식회사의 종전 파산관재인이 화의채무자인 을 주식회사와 채무를 일부 감경해 주는 내용의 변경된 채무변제약정을 체결하면서, 그 약정에 '을 주식회사의 신용상태에 중대한 변동이 발생하는 경우 파산자 갑 주식회사는 을 주식회사의 동의 없이 약정을 파기할 수 있으며, 약정파기시 채권채무도 본 계약 체결 전 상태로 원상회복된다'고 규정하였는데, 그 후 을 주식회사가 회생절차 개시신청을 하였음을 이유로 갑 주식회사의 파산관재인이 위 규정에 따른 약정해제권을 행사한 것이 신의성실의 원칙에 반하는 권리의 행사라고 볼 수 없다고 한 사례

"파산자 갑 주식회사의 종전 파산관재인이 화의채무자인 을 주식회사와 채무를 일부 감경해 주는 내용의 변경된 채무변제약정을 체결하면서, 그 약정에 '을 주식회사의 신용상태에 중대한 변동(회사정리의 신청, 청산결의, 파산의 신청 등 기타 이에 준하는 경우)이 발생하는 경우 파산자 갑 주식회사는 을 주식회사의 동의 없이 약정을 파기할 수 있으며, 약정파기 시 채권채무도 본계약 체

158) 대판 2012. 1. 19. 전원합의체. 2010다95390.
159) 대판 2010. 2. 25. 2008다73809.
160) 대판 2011. 9. 8. 2010다15158.

결 전 상태로 원상회복된다'고 규정하였는데, 그 후 을 주식회사가 회생절차 개시신청을 하였음을 이유로 갑 주식회사의 파산관재인이 위 규정에 따라 위 약정을 해제하고 을 주식회사의 연대보증인들에게 종전 연대보증채무의 이행을 구하는 사안에서, 회생절차 개시결정으로 을 주식회사의 신용상태에 중대한 변동이 발생하였다고 보지 않을 수 없고, 갑 주식회사의 파산관재인이 약정해제권을 행사하지 않을 것이라는 신의를 공여하였다거나 객관적으로 보아 상대방이 그와 같은 신의를 갖는 것이 정당하다고 볼 만한 사정도 없으므로, 갑 주식회사의 파산관재인이 약정해제권을 행사한 것이 정의관념에 비추어 용인될 수 없어 신의성실의 원칙에 반하는 권리의 행사라고 볼 수는 없다고 한 사례.[161)]"가 있다.

◎ 경매를 통하여 토지를 취득한 자가 그 지상 건물의 철거와 토지의 인도를 구하는 것이 권리남용에 해당하지 않는다고 한 사례

"경매를 통하여 토지를 취득한 자가 그 지상 건물의 철거와 토지의 인도를 구하는 사안에서, 건물의 철거로 인한 권리행사자의 이익보다 건물 소유자의 손해가 현저히 크고 사회경제적으로도 큰 손실이 될 것으로 보이기는 하나, 건물소유자가 위 건물에 대한 권리를 인수할 당시 그 철거가능성을 알았다고 보이는 점, 토지에 대한 투자가치가 있어 건물 철거 등의 청구가 권리행사자에게 아무런 이익이 없다거나 오직 상대방에게 손해를 입히려는 것이라고 보기 어려운 점 등에 비추어, 권리남용에 해당하지 않는다고 한 사례.[162)]"가 있다.

◎ 파산관재인의 부인권행사가 신의칙 위반 또는 권리남용에 해당하는지 여부(소극)

"구 파산법(2005. 3. 31. 법률 제7428호 채무자 회생 및 파산에 관한 법률 부칙 제2조로 폐지)상의 부인권은 파산채권자의 보호를 위하여 파산자의 행위를 부인함으로써 파산재단의 충실을 도모함에 그 제도의 취지가 있는 것으로서 파산자와 그 상대방 간의 이해를 조절하기 위한 것이 아니므로, 원칙적으로 무상성, 유해성, 부당성 등 부인권행사의 요건이 충족되는 한 파산관재인의 부인권행사가 부인권 제도의 본질에 반한다거나 신의칙 위반 또는 권리남용에 해당한다고 볼 수 없다.[163)]"

◎ 망인 명의의 토지가 명의신탁된 것이었을 가능성이 있다는 점 등을 고려하여, 친권자(망인의 처)가 미성년자인 딸과 공동으로 상속받은 토지를 망인의 형에게 증여한 행위가 친권의 남용에 해당하지 않는다고 한 사례

"망인 명의의 토지가 명의신탁된 것이었을 가능성이 있다는 점 등을 고려하여, 친권자(망인의 처)가 미성년자인 딸과 공동으로 상속받은 토지를 망인의 형에게 증여한 행위가 친권의 남용에 해당하지 않는다고 한 사례.[164)]"가 있다.

◎ 명예퇴직 대상자로 확정되었으나 퇴직의 효력이 생기지 않은 근로자에게 불리하게 단체협약을 개정하기로 하는 노사간의 합의가 권리남용에 해당하는지 여부

"새로운 단체협약과 이에 따른 보수규정이 아직 정식으로 퇴직의 효력이 생기지 않은 일부 근로자들에게 불리하게 개정되었다고 하더라도, 이에 동의할 수 있는 권한이 있는 노동조합과 적법한 절차를 거쳐 합의한 이상, 명예퇴직 대상자들에게 불리하게 개정되었다는 사정만으로 노・사간의

---

161) 대판 2011. 2. 10. 2009다68941.
162) 대판 2010. 2. 25. 2009다58173.
163) 대판 2009. 5. 28. 2005다56865.
164) 대판 2009. 1. 30. 2008다73731; 대판 2009. 1. 15. 2008다58367.

협의가 권리남용에 해당한다고 볼 수는 없다.[165)]"

◎ 사용자의 근로자에 대한 전보나 전직처분에 관한 재량권 및 전보처분이 권리남용에 해당하는지 여부

"근로자에 대한 전보나 전직은 원칙적으로 인사권자인 사용자의 권한에 속하므로, 업무상 필요한 범위 내에서는 사용자는 상당한 재량을 가지며, 그것이 근로기준법에 위반되거나 권리남용에 해당되는 등의 특별한 사정이 없는 한 유효하고, 전보처분이 권리남용에 해당하는지 여부는, 전보처분 등의 업무상의 필요성과 전보 등에 따른 근로자의 생활상의 불이익을 비교·교량하여 결정되어야 하고, 업무상의 필요에 의한 전보 등에 따른 생활상의 불이익이 근로자가 통상 감수하여야 할 정도를 현저하게 벗어난 것이 아니라면, 이는 정당한 인사권의 범위 내에 속하는 것으로서 권리남용에 해당하지 않는다.[166)]"

◎ 명예퇴직 신청의 수리가 권한을 남용한 것인지 여부

"사용자가 근로자의 명예퇴직신청에 대한 수리를 거부한 것이 명예퇴직 심사·결정권한을 남용한 것은 아니다.[167)]"

◎ 소유권이전등기가 경료된 부동산에 관하여 중복하여 소유권보존등기를 마친 자의 점유취득시효가 완성된 경우, 후행 보존등기의 말소를 구하는 것이 신의칙에 반하거나 권리남용에 해당하는지 여부

"동일 부동산에 관하여 이미 소유권이전등기가 경료되어 있음에도 그 후 중복하여 소유권보존등기를 경료한 자가 그 부동산을 20년간 소유의 의사로 평온·공연하게 점유하여 점유취득시효가 완성되었더라도, 선등기인 소유권이전등기의 토대가 된 소유권보존등기가 원인무효라고 볼 아무런 주장·증명이 없는 이상, 뒤에 경료된 소유권보존등기는 실체적 권리관계에 부합하는지의 여부에 관계없이 무효이므로, 뒤에 된 소유권보존등기의 말소를 구하는 것이 신의칙 위반이나 권리남용에 해당한다고 할 수 없다.[168)]"

◎ 상속인이 피상속인의 사망신고와 상속등기를 게을리 하고 채권자가 피상속인을 피신청인으로 하여 한 가압류에 대하여 이의하지 않는 등 소극적으로 행동한 경우, 상속인의 소멸시효 완성 주장을 권리남용이라고 할 수 있는지 여부

"상속채무를 부담하게 된 상속인의 행위가 단순히 피상속인의 사망신고 및 상속등기를 게을리 함으로써 채권자로 하여금 사망한 피상속인을 피신청인으로 하여 상속부동산에 대하여 당연 무효의 가압류를 하도록 방치하고 그 가압류에 대하여 이의를 제기하지 않거나 피상속인의 사망 사실을 채권자에게 알리지 않은 정도에 그치고, 그 밖에 달리 채권자의 권리 행사를 저지·방해할 만한 행위를 하지 않았다면 상속인의 소멸시효 완성 주장은 권리남용에 해당하지 않는다.[169)]"

---

165) 대판 1997. 9. 12. 96다56306.
166) 대판 1995. 10. 13. 94다52928; 대판 1994. 4. 26. 93다10279; 대판 1991. 10. 25. 90다20428.
167) 대판 1999. 12. 21. 99다42933.
168) 대판 2008. 2. 14. 2007다63690.
169) 대판 2006. 8. 24. 2004다26287, 26294.

◯ 과세관청이 관세 과오납금 환급청구권의 소멸시효 완성을 주장하는 것이 권리남용에 해당하는지 여부

"과세관청이 관세 과오납금 환급청구권의 소멸시효 완성을 주장하는 것이 권리남용에 해당하지 않는다고 한 사례.[170]"가 있다.

◯ 신축중인 건물 부지를 경락받은 자가 완공된 건물의 철거를 구하는 것이 권리남용에 해당하는지 여부

"신축중인 건물 부지를 경락받은 자가 완공된 건물의 철거를 구하는 것이 권리남용에 해당하지 않는다고 한 사례.[171]"가 있다.

◯ 기타의 경우

"납세의무자에게 징수유예 된 체납세금이 있음에도, 국가 산하 세무서장이 납세의무자에게 '징수유예 또는 체납처분유예의 내역'란을 공란으로 한 납세증명서를 발급하였고, 납세의무자는 그 납세증명서를 금융기관에 제출하여 금융기관이 납세의무자 소유의 부동산들에 근저당권을 설정하고 납세의무자에게 대출을 하였는데, 이후 금융기관의 신청에 의하여 개시된 위 부동산들에 대한 임의경매절차에서 국가가 위 징수유예 된 체납세금에 대한 교부청구를 한 사안에서, 위 금융기관은 문제가 된 조세의 납세의무자가 아니므로 조세법률관계에 있어서의 신뢰보호의 원칙이 적용될 수 없고, 국가의 교부청구가 신의칙 위반이나 권리남용에 해당한다고 볼 수 없다고 한 사례.[172]"가 있다.

5. 적용범위

처음에는 소유권법(특히 상린관계에 관한 제217조 소정의 Immission)의 법리로서 발달한 것이나, 제2조 제2항은 제왕조항으로서 사권 일반에 두루 적용된다.[173] 그 적용과 관련하여, 신의칙의 경우와 마찬가지로 신중을 기하여야 한다(판례).

판 례

◯ 채무자의 소멸시효 완성의 주장이 신의칙 위반을 이유로 허용되지 아니할 수 있는지 여부(적극) 및 그 한계

"채무자가 소멸시효의 완성으로 인한 채무의 소멸을 주장하는 것에 대하여도 신의성실의 원칙이 적용되므로, 그러한 주장을 하는 것이 신의칙 위반을 이유로 허용되지 아니할 수 있다. 그러나 실정법에 정하여진 개별 법제도의 구체적 내용에 좇아 판단되는 바를 신의칙과 같은 법원칙을 들어 말하자면 당해 법제도의 외부로부터 배제 또는 제한하는 것은 법의 해석·적용에서 구현되어야 할 기본적으로 중요한 법가치의 하나인 법적 안정성을 후퇴시킬 우려가 없지 않다. 특히 법률관계에는 불명확한 부분이 필연적으로 내재하는바 그 법률관계의 주장에 일정한 시간적 한계를 설정함으로

---

170) 대판 2004. 4. 27. 2003두10763.

171) 대판 2003. 2. 14. 2002다62319, 62326; 대판 1991. 10. 25. 91다27273.

172) 대판 2006. 5. 26. 2003다18401.

173) 즉, 물권·지식재산권·채권·가족권·형성권 등에 두루 적용된다. 다만, 실용성이 가장 큰 영역은 물권법(특히 소유권법) 분야이다.

써 그에 관한 당사자 사이의 다툼을 종식시키려는 것을 취지로 하는 소멸시효제도에 있어서는, 애초 그 제도가 누구에게나 무차별적 · 객관적으로 적용되는 시간의 경과가 1차적인 의미를 가지는 것으로 설계되었음을 고려하면, 위와 같은 법적 안정성의 요구는 더욱 선명하게 제기된다. 따라서 소멸시효에 관하여 신의칙을 원용함에는 신중을 기할 필요가 있다. 특히 채권자에게 객관적으로 자신의 권리를 행사할 수 없는 장애사유가 있었다는 사정을 들어 그 채권에 관한 소멸시효 완성의 주장이 신의성실의 원칙에 반하여 허용되지 아니한다고 평가하는 것은 소멸시효의 기산점에 관하여 변함없이 적용되어 왔던 법률상 장애/사실상 장애의 기초적인 구분기준을 내용이 본래적으로 불명확하고 개별 사안의 고유한 요소에 열려 있는 것을 특징으로 하는 일반적인 법원칙으로서의 신의칙을 통하여 아예 무너뜨릴 위험이 있으므로 더욱 주의를 요한다."[174)]

●● 사례 3의 해결:

첫째, 권리의 행사가 주관적으로 오직 상대방에게 고통을 주고 손해를 입히려는 데 있을 뿐 이를 행사하는 사람에게는 아무런 이익이 없고, 객관적으로 사회질서에 위반된다고 볼 수 있으면, 그 권리의 행사는 권리남용으로서 허용되지 아니하고, 그 권리의 행사가 상대방에게 고통이나 손해를 주기 위한 것이라는 주관적 요건은 권리자의 정당한 이익을 결여한 권리행사로 보여지는 객관적인 사정에 의하여 추인할 수 있으며, 어느 권리행사가 권리남용이 되는가의 여부는 개별적이고 구체적인 사안에 따라 판단되어야 한다.

둘째, B 소유의 대지 지상에 다가구주택이 건축되어 있고 그 잔여 토지가 공로에 이르는 통로로 사용되고 있었는데, A가 그 인근 대지에 구 건물을 철거하고 상가를 신축하면서 위 통로 쪽으로 출입구를 설치하였으나, 위 상가 신축 과정에서 A와 갈등을 빚게 된 피고가 위 상가의 출입구 현관문 앞에 블록담장을 설치한 위 사안의 경우, 상가 출입구를 봉쇄하는 형태로 축조되어 있는 위 블록담장에 그 외의 다른 용도가 없는 점, 위 상가와 블록담장 사이의 간격은 50cm 정도에 불과하여 통행에 매우 불편한 상태인 점, 인근 주민들은 모두 위 통로를 이용하고 있는 점, 블록담장 설치로 인하여 갑이 얻는 이익이 거의 없고 위 잔여 토지 부분이 통로 이외의 다른 용도로 사용될 가능성도 없는 점 등에 비추어 보면, B가 위 블록담장을 설치한 행위는 외형상은 권리의 행사로 보이나 실질적으로는 그 부지가 자신의 소유임을 기화로 A 소유의 위 상가의 사용 · 수익을 방해하고 나아가 원고에게 고통이나 손해를 줄 목적으로 행한 것이라고 볼 수밖에 없으므로, B의 위 블록담장 설치행위는 권리행사의 한계를 벗어난 것으로서 권리남용에 해당한다.

(대판 2010. 12. 9. 2010다59783의 사실관계와 판결요지 등 참조)

174) 대판 2010. 9. 9. 2008다15865; 대판 2010. 5. 27. 2009다44327.

제6절 의무의 이행

Ⅰ. 의 의

의무자가 의무의 내용인 작위·부작위를 사회현실에서 실현시키는 과정 내지 작용을 의무의 이행이라 한다. 가령 돈을 빌려온 자가 빌려준 자에게 원금과 이자(원리금)를 지급하는 것을 들 수 있다.

Ⅱ. 의무이행의 정도·방법

제2조 제1항의 규정상 의무자의 의무도 신의칙에 따라 이행되어야 한다. 만약 그 이행이 신의칙에 어긋날 경우에는 의무(채무)불이행이 되어 손해배상의 책임 등을 져야 한다. 신의칙에 좇은 의무의 이행이냐의 여부는 구체적·개별적으로 판단할 일이다.

제7절 권리의 보호

Ⅰ. 의 의

권리자는 정당한 권리의 행사를 통하여 그 내용인 사회적 생활이익을 누리게 된다. 그렇다면, 권리 내지 권리의 행사가 타인에 의해 침해를 받았다면 이를 구제해 줄 필요가 있다. 이처럼 침해된 권리를 구제해 주는 것을 권리의 보호라 한다.

Ⅱ. 권리의 보호방법

근대법치국가 아래에서 침해된 권리의 구제는 국가의 도움을 받아 행하는 것이 원칙이다. 즉, 침해된 권리의 구제방법은 국가의 공권력(국가기관)의 도움을 받는 국가구제(공력구제)가 원칙이다. 개인의 사적인 힘에 의존하는 사력구제는 엄격한 요건 아래에서 예외적으로만 인정될 뿐이다.

1. 국가구제

국가의 공권력의 도움을 받아 침해된 권리를 구제받는 국가구제(공력구제)의 방법에는 크게 재판과 조정이라는 두 가지 제도가 있다.

(1) 재판제도

권리의 침해를 받은 자가 법원에 소를 제기한 경우, 법관이 추상적인 민법법규를 대전제로 하고 구체적인 민사사건을 소전제로 하여 논리조작을 통한 법적 가치판단을 내리는 것을 재판(판결)이라 한다.[175][176]

(2) 조정제도

판사 및 특별한 지식·경험이 있는 자들로 구성되는 조정위원회가 분쟁당사자 사이의 상호양보를 유도하여 분쟁을 원만하게 해결하는 방법이다.[177] 민사조정법의 제정·시행으로 소송물가액에 불구하고, 모든 민사사건(가사사건은 제외)에 대하여 조정신청을 할 수 있다(민사조정법 제2조 참조). 따라서, 권리의 침해를 받은 자는 재판제도와 조정제도를 선택적으로 행사할 수 있다.[178] 그런데 당사자 사이에 합의된 내용을 조서에 기재함으로써 조정이 성립되며, 조정조서는 재판상 화해와 동일한 효력이 있다(민사조정법 제28조·제29조 참조).

〈중재제도〉

1) 의의: 분쟁당사자가 그들 사이의 분쟁의 판단을 제3자인 중재인에게 의뢰하고, 중재인의 중재판단에 복종하겠다는 중재계약을 체결한 후 이른바, 중재판정에 의하여 분쟁을 해결하는, 조정과 유사한 제도를 말한다.
2) 기능 등: 사적 재판인 중재판정은 확정판결과 동일한 효력이 있다(중재법 제12조). 분쟁 당사자 일방이 중재판정의 결과를 이행하지 않을 경우, 법원에 의한 강제집행이 가능하다는 점에

175) 재판 관련 법률로서 민법전 이외에 법원조직법, 민사소송법, 민사집행법, 가사소송법, 채무자 회생 및 파산에 관한 법률 등이 있다.

176) 판결이 내려졌음에도 불구하고 권리를 침해한 자(의무자)가 판결 결과에 따르지 않을 경우, 권리자는 승소한 판결에 기하여(이를 민사집행법상의 집행권원이라 한다) 법원에 민사집행(강제집행)을 청구함으로써 궁극적으로 침해된 권리의 구제를 받을 수 있다. 한편 금전채권이나 금전으로 환산할 수 있는 채권의 집행을 보전할 목적으로 미리 채무자의 재산을 동결시켜 채무자로부터 그 재산에 대한 처분권을 잠정적으로 빼앗는 집행보전제도가 가압류(민사집행법 제276조 이하 참조)이고, 금전채권 이외의 권리 또는 법률관계에 관한 확정판결의 강제집행을 보전하기 위한 집행보전제도를 가처분이라 한다(민사집행법 제300조 이하 참조).

177) 조정제도는 재판과는 달리 시간과 비용을 줄일 수 있고, 당사자 사이의 감정의 대립을 완화시킬 수 있으며, 재판에 있어서와 같은 법률의 엄격한 적용을 피함으로써 분쟁을 구체적 타당성 있게 해결할 수 있는 등의 장점이 있는 반면에 조정의 실패는 결국 재판으로 갈 수밖에 없는 한계도 있다.

178) 조정제도와 관련한 기타 법률로는 가사소송법, 환경분쟁조정법, 노동조합 및 노동관계조정법, 의료사고 피해구제 및 의료분쟁 조정 등에 관한 법률 등이 있다.

서 중재제도도 넓은 의미의 국가구제의 하나이다. 중재는 주로 국제상거래관계에서 그 기능을 발휘한다.

2. 사력구제

사력구제란, 권리의 보호를 위하여 국가의 도움을 기다릴 수 없는 급박한 사정이 있는 경우, 권리의 침해를 받은 자가 사력으로써 권리내용을 실현하는 방법을 말한다. 예외적인 경우에 인정되는 사력구제의 경우, 민법은 일정한 요건 아래 제761조에서 정당방위와 긴급피난만 규정하고 있고, 자력구제는 제209조에서 점유침탈의 경우에만 인정하고 있다.

(1) 정당방위

타인의 불법행위로부터 자기 또는 제3자의 이익을 방위하기 위하여 부득이 가해행위를 하는 것을 말한다(제761조 제1항).[179] 타인에 대한 가해행위가 정당방위로 평가되면, 그 가해행위의 위법성이 조각되어 불법행위로 되지 아니한다.

판 례

○ 정당방위의 요건

"정당방위에 있어서는 반드시 방위행위에 보충의 원칙은 적용되지 않으나 방위에 필요한 한도내의 행위로서 사회윤리에 위배되지 않는 상당성 있는 행위임을 요한다.[180]"

○ 가해자가 피해자의 멱살을 잡아 밀고 당기었지만 피해자의 부당한 공격을 벗어나려고 한 행위로서 사회통념상 허용될 정도의 상당성이 있어 위법성이 없다고 한 사례

"가해자가 피해자의 멱살을 잡아 밀고 당기었지만 이는 피해자가 계속 시비를 걸며 가해자의 멱살을 잡아 떠밀거나 손톱으로 할퀴는 등 부당한 공격을 가한 데서 벗어나려고 한 행위임을 알 수 있어서 그에 이르게 된 경위, 목적, 수단 등 제반 사정에 비추어 보면 사회통념상 허용될 정도의 상당성이 있는 것으로서 위법성이 있다고는 보여지지 아니한다고 한 사례.[181]"가 있다.

○ 정당방위에 해당된다고 인정할 수 없는 사례

"경찰관이 술에 만취하여 노상에서 행패를 부리는 두 사람을 제지하면서 임의동행을 요구하자 그 중의 한 사람이 도망하여 이를 추격 끝에 붙잡고 다시 임의동행을 요구하였으나 이를 거부하므로 소지 중인 카빈총의 개머리판으로 그의 가슴을 강타하자 그가 카빈총을 뺏으려 하여 서로 시비하던 순간 안전장치가 되어 있지 않았던 카빈총이 발사되어 그가 사망하게 되었다면 위 경찰관의

179) 정당방위의 성립요건으로는 세 가지가 있다. 첫째, 타인의 불법행위가 있을 것. 둘째, 자기 또는 제3자의 이익을 방위하기 위한 행위일 것. 셋째, 부득이한 행위일 것(지키고자 하는 자기 또는 제3자의 이익과 그 방위행위에 의하여 상대방에게 주는 손해 사이에는 법익균형이 있어야 한다. 그 균형이 없을 경우, 오상방위 · 과잉방위의 문제가 생길 수 있다).

180) 대판 1991. 9. 10. 91다19913.

181) 대판 1991. 11. 26. 91다17375.

위와 같은 무기사용은 구 경찰관직무집행법(53.12.14. 법률 제298호) 제7조 소정의 경우에 해당한다 할 수 없다고 한 사례.[182]"가 있다.

(2) 긴급피난

급박한 위난을 피하기 위하여 부득이 타인에게 가해행위를 하는 것을 말한다(제761조 제2항).[183] 정당방위의 경우와 마찬가지로, 긴급피난은 가해행위에 대한 위법성이 조각됨으로써 불법행위가 되지 않는다.

판 례

◎ 운전병의 가해행위가 민법 제761조 제2항의 긴급 피난행위에 해당한다고는 볼 수 없다고 한 사례

"본조 제2항에서 규정하고 있는 긴급피난의 요건 중 긴박한 위난에는 가해자의 고의나 과실에 의하여 조성된 것은 포함되지 아니하므로 운전병이 제한속도 25킬로미터 지점에서 시속 45킬로미터의 과속으로 달리던 중 보행인 3인과의 충돌을 피하기 위하여 방향을 바꾸다가 점포를 들이받아 화재가 발생하였다면 위 운전병의 행위가 긴급피난에 해당한다고 할 수 없다.[184]"

(3) 자력구제

각종의 청구권을 보전하기 위하여 국가로부터의 도움을 기다릴 여유가 없는 경우, 권리자가 스스로의 힘으로써 권리를 구제하는 행위를 말한다(자조라고도 한다). 정당방위·긴급피난이 현재의 침해로부터 권리를 지키기 위한 행위인데 비하여, 자력구제는 과거의 권리 침해에 대한 구제라는 점에서, 자력구제는 청구권의 보전에 한하여 인정된다.

외국의 입법례와는 달리, 민법은 자력구제에 관한 일반적 규정을 두지 않고 제209조에서 점유침탈에 대해서만 이를 규정한다.[185][186]

판 례

◎ 점유자의 자력방위권을 규정한 민법 제209조 제1항 소정의 '직시'의 의미 및 점유를 침탈당한 후 상당한 시간이 흘러도 점유자가 침탈사실을 몰랐다면 자력탈환권을 행사할 수 있는지 여부

"민법 제209조 제1항에 규정된 점유자의 자력방위권은 점유의 침탈 또는 방해의 위험이 있는 때

---

182) 대판 1969. 9. 23. 69다888.

183) 긴급피난의 성립요건을 본다. 첫째, 현재의 급박한 위난을 피하기 위한 행위일 것. 둘째, 자기 또는 제3자의 이익을 보호하기 위한 피난일 것. 셋째, 부득이한 것일 것.

184) 대판 1968. 10. 22. 68다1643.

185) 제209조 제2항 소정의 점유탈환권이란 동산의 점유침탈시 현장에서 추적하여 이를 탈환하는 것을 말한다. 가령 A가 B의 자전거를 절취하여 B의 대문을 나서는 순간 B가 추적하여 그 자전거를 되찾아오는 경우를 들 수 있다.

186) 형법 제23조가 청구권 일반에 관한 자구행위를 위법성조각사유로 인정하는 점에 비춰볼 때, 민법의 경우에도 일반적으로 자력구제를 인정하는 것이 좋다. 즉, 정당한 자력구제를 위법성조각사유로 파악함으로써 불법행위의 성립을 부정하는 것이 옳다. 다만, 그 전제로서는 자력구제에 사용되는 수단이 제103조의 사회질서에 어긋나지 않아야 하며, 그 정도가 상당한 것으로서 권리남용으로 평가되지 않아야 한다(곽윤직·김재형, 90면).

에 인정되는 것인 한편 제2항에 규정된 점유자의 자력탈환권은 점유가 침탈되었을 때 시간적으로 좁게 제한된 범위 내에서 자력으로 점유를 회복할 수 있다는 것으로서, 위 규정에서 말하는 '직시'란 '객관적으로 가능한 한 신속히' 또는 '사회관념상 가해자를 배제하여 점유를 회복하는 데 필요하다고 인정되는 범위 안에서 되도록 속히'라는 뜻으로 해석할 것이므로 점유자가 침탈사실을 알고 모르고와는 관계없이 침탈을 당한 후 상당한 시간이 흘렀다면 자력탈환권을 행사할 수 없다.[187]"

◎ 갑이 병을 상대로 한 점포명도판결에 기하여 을이 점유하고 있는 점포에 대한 명도집행을 단행하자 즉시 을이 자력으로 점유를 회복한 경우, 자력구제에 해당하는지 여부

"갑이 병을 상대로 점포에 관한 점유이전금지가처분결정을 받아 그 집행을 한 다음 병을 상대로 하여 받은 본안판결에 기하여 을이 위 점포에 소유주들과 사이에 임대차계약을 체결하고서 인도를 받아 적법하게 점유하고 있던 위 점포에 대하여 명도집행을 단행하였다면 위 가처분이나 본안판결의 효력이 미칠 수 없는 을에 대하여 그가 점유하고 있던 위 점포에 대하여 명도집행을 단행한 것은 위법하고 이러한 위법한 강제집행에 의하여 부동산의 명도를 받는 것은 공권력을 빌려서 상대방의 점유를 침탈하는 것이 되므로 을이 위 강제집행이 일응 종료한 후 불과 2시간 이내에 자력으로 그 점유를 탈환한 것은 민법상의 점유자의 자력구제권의 행사에 해당한다.[188]"

187) 대판 1993. 3. 26. 91다14116; 대판 1987. 6. 9. 86다카1683.

188) 대판 1987. 6. 9. 86다카1683.

제3장 권리의 주체

제1절 총 설

Ⅰ. 권리주체

권리의 귀속자, 즉 사회적 생활이익을 누릴 수 있는 자를 권리의 주체(Rechtssubjekt)라 한다.[1] 민법상 권리·의무의 귀속주체를 법인격(Rechtspersönlichkeit) 또는 법적 인격이라 한다. 민법상의 권리의 주체에는 자연인과 법인이 있다.[2]

Ⅱ. 권리능력

권리의 주체가 될 수 있는 법률상의 자격 내지 지위를 권리능력(Rechtsfähigkeit) 또는 인격(Persönlichkeit)이라 한다. 한편 권리능력의 의미 속에는 의무의 주체가 될 수 있는 자격 내지 지위를 뜻하는 의무능력(Pflichtsfähigkeit)의 뜻이 당연히 포함되어 있다(제3조 참조). 권리능력이 있어야 권리를 취득할 수 있지만, 권리능력 그 자체가 권리는 아닌 것이다.[3]

권리능력에 관한 규정은 강행규정이므로, 스위스민법 제27조와 같은 명문의 규정이 없는 민법의 해석으로서도, 권리능력을 제한·포기하는 당사자 사이의 특약은 무효가 된다.

---

1) 노예제도를 상정하지 않는 근대의 법제에서는 권리는 그에 대응하는 의무를 수반하는 것이 보통이므로, 권리의 주체는 의무의 주체이기도 하다(제3조 참조).

2) 권리능력자인 자연인과 법인을 인격자 또는 법인격자라고 하며, 민법상의 '인(人)'이라는 말 속에는 양자를 포괄·사용하는 경우가 많다(제114조의 본인, 제125조·제750조·제751조의 타인, 제363조의 경매인, 제428조·제430조의 보증인, 제568조 이하의 매도인·매수인, 제623조 이하의 임대인·임차인, 제664조 이하의 도급인·수급인 등). 한편 자연인만을 '인'으로 표현하는 경우도 있다(민법 제1편 제2장 제1절 참조). 그러므로, 민법상 '인'이라 할 경우, 자연인과 법인의 양자를 포함하는 관념인지, 자연인만을 뜻하는 것인지 여부는 구체적·개별적으로 검토하여야 한다.

3) 권리능력이란 법률관계(사법관계; 재산관계·가족관계)에 있어서 권리의 주체가 자유로운 의사결정에 의하여 권리를 취득하거나 의무를 부담할 수 있는 가능성의 자격을 말하는 것일 뿐, 현실적으로 어떠한 권리를 취득하고 의무를 부담하느냐 하는 것과는 별개이다.

Ⅲ. 권리능력 · 의사능력 · 행위능력과의 관계

민법은 권리 · 의무의 주체가 될 수 있는 일반적 · 추상적인 자격과 법률관계를 통하여 권리를 취득하여 행사하고, 의무를 부담하여 이행할 수 있는 구체적인 자격을 분리 · 구별하고 있다. 전자가 권리능력의 문제이고, 후자가 권리주체의 의사능력 또는 행위능력의 문제이다. 제3조의 규정상 사람은 출생과 동시에 권리능력을 갖지만, 권리능력자가 의사능력 · 행위능력을 반드시 갖는 것은 아니다. 하지만, 행위능력이 있으면 당연히 권리능력과 의사능력을 구비한 것으로 평가된다.

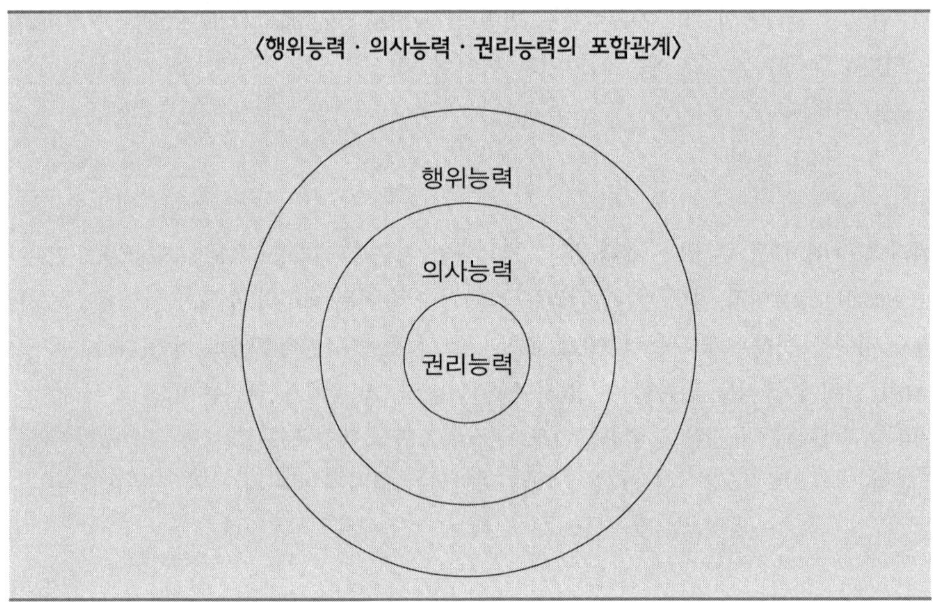

Ⅳ. 당사자능력

민사소송법상 소송당사자가 될 수 있는 자격 내지 지위를 당사자능력(Parteifähigkeit)이라 한다. 이는 민사소송법상의 개념이라는 점에서 민법상의 권리능력의 개념과 반드시 일치하는 것이 아니다. 민법상의 권리능력자는 당연히 당사자능력이 있다(민사소송법 제51조 참조). 법인 아닌 사단 또는 재단의 경우, 각각 그 대표자나 관리인이 있으면, 그 이름으로 당사자가 될 수 있는 것이 원칙이나(동법 제52조 참조), 고유필수적 공동소송의 경우에는 그렇지 않다(판례).

판 례

○ 법인 아닌 사단의 구성원 개인이 총유재산의 보존을 위한 소를 제기할 수 있는지 여부(소극)

"민법 제276조 제1항은 '총유물의 관리 및 처분은 사원총회의 결의에 의한다.', 같은 조 제2항은 '각 사원은 정관 기타의 규약에 좇아 총유물을 사용·수익할 수 있다.'라고 규정하고 있을 뿐 공유나 합유의 경우처럼 보존행위는 그 구성원 각자가 할 수 있다는 민법 제265조 단서 또는 제272조 단서와 같은 규정을 두고 있지 아니한바, 이는 법인 아닌 사단의 소유형태인 총유가 공유나 합유에 비하여 단체성이 강하고 구성원 개인들의 총유재산에 대한 지분권이 인정되지 아니하는 데에서 나온 당연한 귀결이라고 할 것이므로 총유재산에 관한 소송은 법인 아닌 사단이 그 명의로 사원총회의 결의를 거쳐 하거나 또는 그 구성원 전원이 당사자가 되어 필수적 공동소송의 형태로 할 수 있을 뿐 그 사단의 구성원은 설령 그가 사단의 대표자라거나 사원총회의 결의를 거쳤다 하더라도 그 소송의 당사자가 될 수 없고, 이러한 법리는 총유재산의 보존행위로서 소를 제기하는 경우에도 마찬가지라 할 것이다.[4)]"

제2절 자 연 인

제3조의 의미·내용은 세 가지이다. 첫째는 권리능력평등의 원칙을 규정한 것이고,[5)] 그 둘째는 권리능력은 동시에 의무능력임을 말해주는 규정이며, 셋째는 권리능력의 존속기간을 규정해 주고 있다.

제1관 자연인의 권리능력

I. 권리능력의 시기

자연인의 권리능력은 언제부터 시작되는가? 제3조의 해석상 출생에서 비롯된다. 즉, 권리능력의 시기(始期)는 출생이다. 출생의 시기에 관하여는 다툼이 있으나,[6)] 민법상의 통설인 전부노출설(태아가 모체에서 완전히 밖으로 나왔을 때 비로소 출생으로 보는 견해로서 스위스민법 제31조 제1항의 출생의 완료(Vollendung der Geburt)와 같은 표현이다)이 타당하다.[7)]

---

4) 대판 2005. 9. 15. 전원합의체. 2004다44971; 대판 1958. 2. 6. 4289민상617.

5) 헌법 제11조 제1항 소정의 법 앞의 평등원칙이 민법 제3조에서 나타난다. 즉, 모든 사람은 출생과 동시에 평등하고 독립한 권리능력을 갖는다.

6) 진통설 또는 분만개시설(산모가 해산에 앞서 주기적인 통증이 시작되는 시점을 출생으로 보는 견해로서 형법상 출생의 시기에 관한 통설이다)·일부노출설(태아가 모체에서 밖으로 일부 나왔을 때에 출생으로 보는 견해로서 구형법상의 통설이었다)·전부노출설·독립호흡설(태아가 모체에서 완전히 밖으로 나와 자신의 폐로 독립하여 호흡하는 때를 출생으로 보는 견해로서 의학상의 통설이다) 등이 있다.

사람으로서 살아서 출생한 이상 성별이나, 기형·조산·쌍생아 등을 묻지 않고 권리능력을 갖는다.[8] 인공수정자인 경우에도 아무런 차별 대우를 받지 않는다.[9]

출생의 사실은, 출생 후 1개월 이내에 일정한 자가 출생증명서를 첨부하여 출생지에서 출생신고를 하여야 하며(가족관계의 등록 등에 관한 법률 제44조-제46조 참조), 이를 게을리 하면 5만원 이하의 과태료를 내게 된다(동법 제122조 참조).

사람은 출생에 의해 사실상 권리능력을 취득하고, 그 신고는 출생의 사실을 증명하는 증거에 지나지 않는다.[10]

판 례

◘ 민법상 사람의 출생 시기

"태아의 법적 보호를 위하여 불법행위에 기한 손해배상청구(제762조), 재산상속(제1000조 제3항) 등과 같이 개별적으로 특별규정을 두어 이미 출생한 것으로 보는 경우를 제외하고는, 우리 민법의 해석상 사람의 출생 시기는 태아가 모체로부터 전부 노출된 때를 기준으로 삼는 것이 타당하다.[11]"

◘ 친생자 추정의 효력을 깨트리기 위한 방법

"친생자 추정규정은 다른 반증을 허용하지 아니하는 강한 추정이므로, 아내가 혼인 중에 아이를 낳은 이상, 그 부부의 한쪽이 장기간에 걸쳐 해외에 나가 있거나 사실상의 이혼으로 부부가 별거하고 있는 등 동서의 결여(同棲의 缺如)로 아내가 남편의 아이를 낳을 수 없는 것이 외관상 명백한 사정이 있는 경우에만 그러한 추정이 미치지 않을 뿐, 이러한 예외적인 사유가 없는 한, 아무도 그 아이가 부(夫)의 친생자가 아님을 주장할 수 없고, 따라서 위와 같은 추정을 받고 있는 상태에서는 위 추정과 달리 다른 남자의 친생자라고 주장하여 인지를 청구할 수 없으며, 이러한 추정을 번복하기 위하여는 남편측에서 민법 제846조·제847조가 규정하는 친생부인의 소를 제기하여 그 확정판결을 받아야 한다.[12]"

◘ 친생추정을 번복하기 위하여 민법 제865조 소정의 친생자관계부존재확인의 소를 제기할 수 있는지 여부

"전략(前略)… 이러한 친생부인의 소가 아닌 민법 제865조 소정의 친생자관계부존재확인의 소에 의하여 그 친생자관계의 부존재확인을 구하는 것은 부적법하다.[13]"

---

7) 전부노출설을 취할 경우에도, 출생으로 보기 위해서는 태아가 모체에서 전부노출 된 후 극히 단시간이라도 생존하였을 것을 요하며 생존능력은 필요하지 않다는 견해가 있다(편집대표 김증한·주재황, 「주석 민법총칙〈상〉」, 한국사법행정학회, 1985, 160면).

8) 일순간만 생존하였다 하여도 권리능력은 취득했던 것으로 취급된다. 쌍생아 이상의 출생인 경우, 먼저 출생한 자가 우선적으로 권리능력을 취득한다.

9) 인공수정의 역사는 1785년 영국의 John Hunter가 요도 하열증으로 생식이 불가능한 남자의 부인에게 AIH방법으로 임신이 가능하게 했던 데서 유래한다.

10) 또한 가족관계의 등록 등에 관한 법률에 의한 출생의 신고는 진실한 것으로 추정되고, 등록부의 기록은 절차적 관계에 지나지 않을 뿐 실체적 관계를 좌우하지는 못한다. 그러므로, 그 등록부의 기록이 진실에 반하면 의사·조산사 등의 증명을 얻어 등록부의 정정신청을 할 수 있다(동법 제18조 제2항 참조).

11) 대판 1976. 9. 14. 76다1365.

12) 대판 1992. 7. 24. 91므566; 대판 1988. 4. 25. 87므73; 대판 1983. 7. 12. 전원합의체, 82므59.

◎ 입양의 의사로 친생자출생신고를 하고 거기에 입양의 실질적 요건이 모두 구비되어 있는 경우, 입양의 효력발생 여부(적극) 및 이 경우 친생자관계부존재확인청구의 가능 여부(한정 소극)

"당사자가 양친자관계를 창설할 의사로 친생자출생신고를 하고 거기에 입양의 실질적 요건이 모두 구비되어 있다면 그 형식에 다소 잘못이 있더라도 입양의 효력이 발생하고, 양친자관계는 파양에 의하여 해소될 수 있는 점을 제외하고는 법률적으로 친생자관계와 똑같은 내용을 갖게 되므로 이 경우의 허위의 친생자출생신고는 법률상의 친자관계인 양친자관계를 공시하는 입양신고의 기능을 발휘하게 되는 것이며, 이와 같은 경우 파양에 의하여 그 양친자관계를 해소할 필요가 있는 등 특별한 사정이 없는 한 그 호적기재 자체를 말소하여 법률상 친자관계의 존재를 부인하게 하는 친생자관계부존재확인청구는 허용될 수 없는 것이다.[14]"

〈인공수정의 문제〉

1) **의의**: 부부 사이의 자연적인 성적 교섭에 의하지 않고 남자의 정자와 여자의 난자를 인위적으로 결합시켜 임신이 가능하도록 하는 것을 인공수정이라 하고, 이러한 방법에 의하여 낳은 아이를 인공수정자 또는 인공수정아(兒)라 한다.

2) **유형**: 남편의 정자에 의한 이른바, 배우자 사이의 인공수정자와 남편의 정자·아내의 난자가 아닌 제3자의 것을 빌려오는 방법에 의한 비배우자 사이의 인공수정자의 두 가지로 크게 나뉜다. 배우자 사이의 인공수정(Artificial Insemination by the Husband: AIH)자는 체내·체외수정을 묻지 않고, 서로의 동의 유무에 관계없이 부부의 혼인중의 출생자로 취급되는 등 법적으로 큰 문제가 없다.

비배우자 사이의 인공수정자는 네 가지 형태가 있는데, 여러 가지 법적 문제를 발생시킨다. 첫째, 남편 이외의 제3자의 정자에 의한 인공수정(Artificial Insemination by the Donor: AID)자이다. 남편에게 불임원인이 있는 경우에 주로 행해진다. 이 경우, 그 아이와 어머니 사이에는 혈연관계가 있으나, 어머니의 남편과 그 아이 사이에는 자연적인 혈족관계는 없다. 독신여성이 이 방법에 의해 아이를 낳게 되면, 그 아이는 그녀의 혼인 외의 출생자가 된다. 둘째, 아내 아닌 제3의 여자의 난자를 빌려 체외수정을 한 후 수정난을 아내의 자궁에 착상시키는 이른바, 제3자의 난자에 의한 인공수정자이다. 이 경우, 그 아이의 어머니는 난자제공자인가 아니면 자궁분만자인가 하는 문제가 생길 수 있다. 셋째, 제3자의 정자·난자를 체외수정한 수정난을 아내의 자궁에 착상시켜 출생한, 정자와 난자를 모두 제3자로부터 빌린 인공수정자이다. 넷째, 남편과 아내의 체외수정난을 제3자인 대리모의 자궁에 착상시켜 분만하는 이른바, 대리모에 의한 인공수정(Artificial Insemination by the Surrogate: AIS)자이다. 이 경우에는 그 부부와 자궁제공자인 대리모 사이에 우선 대리모계약이 체결되어 있어야 한다. 대리모계약이 유효한가? 나아가, 대리모가 당초의 약정을 어겨 모성본능이 발동하여 자기가 낳은 아이를 되돌려주지 않을 경우, 이를 어떻게 처리해야 할 것인가? 등 여러 가지 법적인 문제가 있다.

13) 대판 2000. 8. 22. 2000므292; 대판 1997. 2. 25. 96므1663; 대판 1984. 9. 25. 84므84.
14) 대판 2001. 5. 24. 전원합의체. 2000므1493; 대판 1977. 7. 26. 전원합의체. 77다492.

Ⅱ. 태아의 권리능력

태아란, 임신시부터 모체에서 완전히 분리될 때까지 사이에 모체에 살아있는 생명체를 말한다. 사람의 권리능력은 출생에 의해 취득된다는 제3조의 원칙을 관철시킬 경우, 태아는 생명체이면서도 권리능력을 갖지 못하게 되어 태아에게 불리한 불합리한 결과가 생길 수 있다.[15] 한편 출생의 완료로써 자연인의 권리능력을 인정하는 것은 출생의 사실에 대한 증명이 쉽다는 데에 그 근거가 있을 뿐, 모체에서 분리될 때까지 태아를 보호할 필요가 없다는 의미는 아닌 것이다. 그리하여, 일정한 경우에는 태아의 출생사실을 의제하여 태아의 권리능력을 인정함으로써 그의 이익을 보호해 줄 필요가 있다.

1. 태아보호의 입법주의

일반적 보호주의와 개별적 보호주의가 있다. 전자는, 모든 법률관계에 있어서 태아를 이미 출생한 것으로 보는 태도이다. 로마법의 원칙이었고 스위스민법이 이를 취하고 있다. 후자는, 상속 등의 중요한 법률관계에 한하여 태아의 권리능력을 개별적으로 인정하는 태도이다. 독일민법, 프랑스민법, 일본민법, 우리민법이 이를 따르고 있다.[16]

2. 민법상 태아의 권리능력이 인정되는 경우

명문의 규정이 있는 경우로서 불법행위에 의한 손해배상의 청구(제762조)[17] · 재산상속(제1000조 제3항) · 대습상속(제1001조) 등이 있고, 준용규정에 의해 인정되는 경우로서 유증(제1064조) · 사인증여(제562조) · 유류분(제1118조) 등이 있다. 개별적 보호주의를 취하는 민법의 경우, 태아의 권리능력을 더 넓게 허용해야 할 것인지에 대하여는 다툼이 있다.[18] 생각건대 개별적 보호주

---

15) 가령 아버지가 사망한 후 몇 분 후에 출생한 子(女)에게 상속권이 주어지지 않게 되고, 태아로 있는 동안에 아버지가 타인의 불법행위로 생명침해를 당한 경우, 그 태아는 출생 후에 손해배상을 청구하지 못하게 된다.

16) 일반적 보호주의는 태아의 이익을 충분히 보호할 수 있는 장점이 있는 반면에 구체적으로 어떤 범위에서 출생한 것으로 보아야 할 것인지 분명하지 않은 단점이 있다. 개별적 보호주의는 이와는 달리 적용범위가 분명한 반면, 태아의 이익보호의 범위가 넓지 못하다는 단점이 있다.

17) 제762조에 의한 태아의 권리능력은, 태아가 제752조 · 제750조의 주체가 될 수 있다는 의미이다. 한편 임신전 모에 대한 약물투여로, 임신 후 태아가 입은 손해에 대하여 태아는 손해배상을 청구할 수 있는가? 가령 부녀자가 병원의 과실로 매독균에 감염된 피를 수혈 받고, 임신 후 태아에게 그 매독균이 감염되었다면, 그는 병원을 상대로 제762조에 의한 손해배상을 청구할 수 있는가? 독일의 학설(Karl Larenz, Allgemeiner Teil des deutschen Bürgerlichen Rechts, 7. Aufl., 1989, S. 94)과 판례(BGHZ 8, 243)는 이를 긍정한다. 이러한 경우, 태아에게 제762조에 기한 손해배상청구권을 인정하는 것이 옳다고 생각한다. 같은 견해 김상용, 138면.

18) 구체적으로는 증여계약의 체결과 관련하여 태아의 수증능력이 인정되는가? 태아의 인지청구권을 인정할 수 있는가? 등에 대하여 논란이 있다. 부정설(민법은 예외적인 경우에 한하여 태아의 권리능력을 인정하고 있으므로, 민법이 규정한 제한적인 경우 이외에는 태아의 권리능력을 인정할 수 없다는 견해이다. 김상용, 140면; 송덕수, 561면; 이영준, 736면) · 긍정설(태아의 이익을 충분히 보호하지 못하는 민법상의 결함을 구제하기 위해서

의를 취하고 있는 민법 아래에서 태아의 이익이 제한적으로만 보호되는 것은 바람직스러운 것이 아니며, 다른 한편 태아의 이익보호에 관한 민법의 규정은 일종의 예시적 규정으로 보아야 한다. 그렇다면, 태아보호의 필요성이 있다고 판단되는 상당한 경우에는 태아보호에 관한 민법의 규정을 유추적용하여, 이를 인정하는 것이 바람직하다고 생각한다.

판 례

가. 손해배상청구권에 있어 태아의 지위

- **부가 교통사고로 상해를 입을 당시 태아이다가 출생한 자에게 부의 부상에 대한 위자료청구권이 있는지 여부**

"태아도 손해배상청구권에 관하여는 이미 출생한 것으로 보는바, 부가 교통사고로 상해를 입을 당시 태아가 출생하지 아니하였다고 하더라도 그 뒤에 출생한 이상 부의 부상으로 인하여 입게 될 정신적 고통에 대한 위자료를 청구할 수 있다.[19)]"

- **모체와 같이 사망한 태아에게 손해배상청구권을 인정할 수 있는지 여부**

"태아가 특정한 권리에 있어서 이미 태어난 것으로 본다는 것은 살아서 출생한 때에 출생시기가 문제의 사건의 시기까지 소급하여 그 때에 태아가 출생한 것과 같이 법률상 보아 준다고 해석하여야 상당하므로 그가 모체와 같이 사망하여 출생의 기회를 못 가진 이상 배상청구권을 논할 여지가 없다.[20)]"

- **산모에게 대한 불법행위인 동시에 태아자신에 대한 불법행위라고 볼 수 있는 경우**

"교통사고의 충격으로 태아가 조산되고 또 그로 인하여 제대로 성장하지 못하고 사망하였다면 위 불법행위는 한편으로 산모에 대한 불법행위인 동시에 한편으로는 태아 자신에 대한 불법행위라고 볼 수 있으므로 따라서 죽은 아이는 생명침해로 인한 재산상 손해배상청구권이 있다.[21)]"

3. 태아의 법률상의 지위

제3조의 예외로서 태아가 일정한 경우에 이미 출생한 것으로 본다는 민법의 규정은 어떤 의미를 갖는가? 이른바, 태아의 법률상의 지위를 어떻게 파악해야 할 것인가에 대하여는 다툼이 있다.[22)] 생각건대 민법상의 태아에 관한 제한적인 규정은 태아의 이익을 보호하

도, 태아의 보호에 관한 원칙적인 규정을 유추적용할 필요가 있다고 한다. 곽윤직・김재형, 98면)이 그것이다.

19) 대판 1993. 4. 27. 93다4663; 대판 1962. 3. 15. 4294민상903.

20) 대판 1976. 9. 14. 76다1365.

21) 대판 1968. 3. 5. 67다2869.

22) 해제조건설 또는 제한적 인격설(문제의 사건이 발생한 시점에서 태아의 권리능력이 제한적으로 인정되고, 다만 사산인 경우에는 그 사건이 발생한 시점으로 소급하여 권리능력이 소멸한다는 견해이다. 즉, 태아는 사산을 해제조건으로 하여 개별적 사항의 범위 내에서 문제의 사건이 발생한 때로부터 제한적인 권리능력을 갖는다는 것이다. 곽윤직・김재형, 99면 등)・정지조건설 또는 인격소급설(태아인 동안에는 권리능력이 인정되지 않지만, 살아서 출생한 경우에는 문제의 사건이 발생한 시점으로 소급하여 태아의 권리능력이 인정된다는 견해이다. 즉, 태아가 살아서 출생하는 것을 정지조건으로 하여 권리능력 취득시기가 문제의 사건이 발생한 시점으로 소급한다는 것이다. 김상용, 142면 등)이 그것이며, 판례는 정지조건설을 취한다. 두 학설의 구체적인 차이는, 법정대리인(재산관리인)을 둠으로써 태아가 장차 취득하게 될 권리를 태아인 동안에도 보존・관리할 수 있

기 위한 규정이지 거래의 안전을 위한 규정이 아님은 분명하고, 경험칙상 출산율이 사산율보다 훨씬 높기 때문에 해제조건설을 취함으로써 거래의 안전을 해칠 가능성은 정지조건설을 취함으로써 태아에게 손해를 줄 가능성보다 적다할 것이다. 이러한 관점에서, 해제조건설이 타당하다고 생각한다.[23)]

판 례

◎ 태아의 수증능력 유무 및 법정대리인에 의한 수증행위의 가부

"의용민법이나 구관습 하에서 태아에게는 일반적으로 권리능력이 인정되지 아니하고 손해배상청구권 또는 상속 등 특별한 경우에 한하여 제한된 권리능력을 인정하였을 따름이므로, 증여에 관하여는 태아의 수증능력이 인정되지 아니하였고, 또 태아인 동안에는 법정대리인이 있을 수 없으므로 법정대리인에 의한 수증행위도 할 수 없다.[24)]"

Ⅲ. 외국인의 권리능력 개관

외국과의 교섭이 없었던 옛날에는 외국인의 권리능력은 인정되지 않았다. 그러다가, 경제적 거래가 국제적으로 확대되고 민간교섭이 보편화·국제화되기에 이르자 문명국가는 대부분 내·외국인 평등주의를 취하게 되었다.

우리민법상 외국인의 권리능력은 헌법 제6조 제2항의 이념을 받들어 원칙적으로 내·외국인 평등주의를 취하고 있다. 다만, 정치적·경제적인 이유로 외국인의 권리능력이 다소 제한되는 경우가 있다.[25)]

는지 여부에 있다. 전자를 취할 경우, 법정대리인(母)을 통하여 태아가 장차 취득할 재산의 관리·권리의 보전이 가능함으로써 태아의 이익보호가 가능하지만, 사산일 경우에는 법정대리인의 그 행위 자체가 소급적으로 실효하게 되어 거래의 안전을 해칠 수 있게 된다. 후자를 취할 경우, 태아는 모체 내에 있는 동안은 권리능력이 없기 때문에 법정대리인을 둘 수가 없어 장차 살아서 출생함으로써 소급적으로 취득하게 될 재산의 관리·권리의 보전방법을 꾀할 수 없어, 태아의 이익보호가 미진한 반면에 사산일 경우에도 거래의 안전을 해치지는 않는다. 결국 두 학설은 서로 다른 장·단점을 갖는다.

두 학설의 핵심은 태아 자신의 보호에 중점을 둘 것이냐? 아니면 거래의 안전보호를 중시할 것이냐에 있다.

23) 독일민법은 태아의 장래의 권리보호를 위하여 필요한 경우, 관리인을 선임할 수 있도록 하고 있다(제1912조·제1913조·제1960조).

입법론으로서는 가정법원의 감독 아래 태아를 위한 상속재산관리인제도를 두는 것이 바람직하다고 한다(곽윤직·김재형, 100면; 김상용, 142면).

24) 대판 1982. 2. 9. 81다534.

25) 외국인의 권리능력이 제한되는 몇 가지 경우를 본다. 첫째, 권리능력이 부정되는 경우로서, 외국인은 한국선박(선박법 제2조)과 한국항공기(항공법 제6조)의 소유권을 갖지 못하고, 한국에서 공증인(공증인법 제12조)·도선사(도선법 제6조)가 되지 못한다. 둘째, 상호주의에 의한 제한을 들 수 있다. 즉, 외국인토지법(1998년 법률 제5544호)에 따르면, 가령 A국가가 그 나라 안에서 한국인의 토지의 취득·양도를 제한할 경우, 우리나라도 A국가의 국민에 대하여 같은 입장을 취할 수 있고(동법 제3조), 외국인이 대한민국의 토지를 취득하는 계약을 체결한 경우, 그 계약체결일부터 60일 내에, 상속·경매 등 계약 외의 원인으로 토지를 취득한 경우에는 취득일부터 6월 내에 시장·군수에게 신고하도록 하고 있으며(동법 제4조·제5조), 외국인이 변호사가 될 수 있는 자격의 인정도 상호주의에 의해 제한된다(변호사법 제4조). 특허권(특허법 제25조)·디자인권(디자인보

Ⅳ. 권리능력의 종기

1. 사 망

사람의 권리능력은 언제 소멸하는가? 사망에 의해 비롯된다. 어떤 사람의 사망 유무·그 시기의 확정은 출생의 경우보다 법률상 큰 의미를 갖는다.[26] 사망의 시기는 언제인가? 종래의 통설은 심장사설(心臟死說)을 취한다.[27] 다만, 장기 등 이식에 관한 법률(1999. 2. 8. 법률 제5858호)의 시행으로 장기이식을 위한 경우, 뇌사(腦死)가 인정되고 있다.[28]

사람이 사망하면 그 신고의무자인 동거하는 친족이 사망사실을 안 날부터 1월 이내에 진단서 또는 검안서를 첨부하여 사망지 등에서 사망신고를 하여야 하며, 이를 게을리 할 경우, 5만원 이하의 과태료를 내야 한다(가족관계의 등록 등에 관한 법률 제84조-제86조·제122조 참조).[29]

판 례

◎ 채권자대위소송에서, 95세의 고령인 피대위자의 생존추정 여부 및 이에 대한 증명책임

"채권자대위소송에 있어 피대위자가 1938년에 함경북도로 전적한 후 호적, 주민등록등 생존을 증명할 증거가 없다 하더라도, 그가 허무인이 아닌 실종인물임이 명백하고, 또한 오늘날에 있어서 사람이 95세까지 생존한다는 것이 매우 희귀한 예에 속한다고 할 수 없는 것이어서, 특별한 사정이 없는 한 현재 생존하고 있는 것으로 추정된다 할 것이고, 오히려 그가 사망하였다는 점은 상대방이 이를 적극적으로 증명하여야 한다.[30]"

◎ 호적부 사망기재의 추정력 및 호적상 사망자로 기재된 자에 대한 실종선고 가부(소극)

"호적부의 기재사항은 이를 번복할 만한 명백한 반증이 없는 한 진실에 부합하는 것으로 추정되고, 특히 호적부의 사망기재는 쉽게 번복할 수 있게 해서는 안되며, 그 기재내용을 뒤집기 위해서는 사망신고 당시에 첨부된 서류들이 위조 또는 허위조작된 문서임이 증명되거나 신고인이 공정증서

호법 제4조의24)·실용신안권(실용신안법 제3조)·상표권(상표법 제5조의24)·품종보호권(종자산업법 제18조)·국가배상(국가배상법 제7조) 등도 상호주의에 의한 제한을 받는다.

26) 사망에 의해 생명보험금청구권·연금청구권의 효력이 생기고, 사인증여(제562조)·유언(제1073조 제1항)의 효력이 발생하며, 상속이 개시되고(제997조), 잔존배우자의 재혼이 가능하기 때문이다.

27) 호흡과 맥박이 멈추고 생활기능이 절대적·영구적으로 멈춘 상태를 사망으로 보는 견해이다.

28) 뇌사자란 뇌사판정기준과 뇌사판정절차에 따라 뇌의 기능이 되살아 날 수 없는 상태로 정지되었다고 판정된 자를 말한다(동법 제4조 제5호). 뇌사자의 사망시각은 뇌사판정위원회가 뇌사판정을 한 시각이다(동법 제21조 제2항). 한편 동법에서 말하는 장기란 신장·간장·췌장·심장·폐·골수·안구, 사람의 기관 또는 조직 중 다른 사람의 장기 등의 기능회복을 위하여 적출하여 이식될 수 있는 것으로서 대통령령이 정하는 것을 말한다(동법 제4조 제1호).

29) 사자(死者)의 권리능력은 명예훼손과 관련하여 문제가 될 수 있으나, 태아에서와 같은 예외규정이 없으므로, 사망과 더불어 명예에 대한 권리능력도 소멸한 것으로 봐야 한다. 다만, 사자의 명예훼손이 유족 개인의 명예를 침해할 경우, 그 인격권의 침해를 들어 가해자에게 불법행위에 기한 손해배상을 청구할 수 있을 것으로 보인다.

30) 대판 1995. 7. 28. 94다42679.

원본불실기재죄로 처단되었거나 또는 사망으로 기재된 본인이 현재 생존해 있다는 사실이 증명되고 있을 때, 또는 이에 준하는 사유가 있을 때 등에 한해서 호적상의 사망기재의 추정력을 뒤집을 수 있을 뿐이고, 그러한 정도에 미치지 못한 경우에는 그 추정력을 깰 수 없다 할 것이므로, 호적상 이미 사망한 것으로 기재되어 있는 자는 그 호적상 사망기재의 추정력을 뒤집을 수 있는 자료가 없는 한 그 생사가 불분명한 자라고 볼 수 없어 실종선고를 할 수 없다.[31)]"

2. 사망에 대한 증명의 곤란을 덜어주기 위한 제도

이에는 동시사망의 추정(제30조), 인정사망(가족관계의 등록 등에 관한 법률 제87조·제89조), 실종선고(제27조-제29조) 등이 있다.

(1) 동시사망의 추정

2인 이상이 동일한 위난으로 사망한 경우, 사망 사실의 선후 확정은 상속문제와 관련하여 중요한 의미를 갖는다. 유가족들의 상속권의 주장·증명은 지극히 곤란하거나 거의 불가능한 경우가 많다. 이러한 점을 고려하여 유가족들 사이의 이해관계의 공평을 고려한 제도가 동시사망의 추정제도이다. 즉, 2인 이상이 동일한 위난으로 사망한 경우, 동시에 사망한 것으로 추정한다는 것이다.[32)] 수인이 상이한 위난으로 사망한 경우, 사망시기를 확정할 수 없다면, 제30조를 유추적용하는 것이 바람직하다고 생각한다.[33)]

판 례

○ 제30조 소정의 추정의 의미

"민법 제30조의 추정은 법률상 추정으로서 이를 번복하기 위하여는 동일한 위난으로 사망하였다는 전제사실에 대하여 법원의 확신을 흔들리게 하는 반증을 제출하거나 또는 각자 다른 시각에 사망하였다는 점에 대하여 법원에 확신을 줄 수 있는 본증을 제출하여야 하는데, 이 경우, 사망의 선후에 의하여 관계인들의 법적 지위에 중대한 영향을 미치는 점을 감안할 때 충분하고도 명백한 증명이 없는 한 위 추정은 깨어지지 아니한다.[34)]"

---

31) 대결 1997. 11. 27.자 97스4.

32) 가령 X(父)가 A(미혼의 子)와 배를 타고 여행 중에 배가 난파되어 모두 사망하였고, 유족으로는 Y(妻)와 Z(母)가 있다. X와 A 중 누가 먼저 사망했는지에 따라 Y와 Z의 상속관계가 달라진다. 첫째, X가 먼저 사망한 경우, X의 유산은 일단 Y와 A에게 상속되고(제1000조 제1항 제1호 및 제2항·제1003조 제1항), A가 상속한 것은 다시 Y에게 상속된다(제1000조 제1항 제2호). 결국 X의 선 사망 사실이 증명된 경우, 그의 유산은 모두 Y에게 상속된다. 반대로, A가 먼저 사망한 사실이 증명되면, X의 유산은 Y·Z가 공동상속을 하게 된다(제1000조 제1항 제2호·제1003조 제1항). 사고를 당한 X와 A 중 누가 먼저 사망했는지에 따라 유가족의 상속권 인정이 달라진다. 그런데 제30조에 의할 경우, X와 A는 동시에 사망한 것으로 추정되므로, X의 유산은 일단 Y·Z가 공동상속을 하게 된다.

제30조는 대습상속·유증의 경우에도 적용된다. 앞의 예에서 기혼자인 A에게 M(子)과 N(妻)이 있고, A가 X보다 먼저 사망한 사실이 증명될 경우, X의 사망에 따른 X의 유산은 M·N·Y가 공동상속을 하게 된다. 한편 X(유증자)와 A(수증자)가 동시에 사망한 경우, 유증의 효력은 발생하지 않으므로(제1089조 제1항), X의 유산은 Y·Z가 공동상속을 하게 된다.

33) 스위스민법 제32조 제2항, 독일실종법 제11조, 일본민법 제32조의2 등은 일반적으로 사망의 선후 불명의 경우에도 동시사망의 추정을 인정한다.

○ 보험계약자가 제3자를 피보험자로 하고 자신을 보험수익자로 하여 체결한 생명보험계약에 있어, 보험수익자(보험계약자)와 피보험자가 동시에 사망한 경우, 보험수익자의 상속인이 갖는 보험금 지급청구권이 상속재산인지 여부

"보험계약자가 자기 이외의 제3자를 피보험자로 하고 자기 자신을 보험수익자로 하여 맺은 생명보험계약에 있어서 보험존속 중에 보험수익자가 사망한 경우에는 상법 제733조 제3항 후단 소정의 보험계약자가 다시 보험수익자를 지정하지 아니하고 사망한 경우에 준하여 보험수익자의 상속인이 보험수익자가 되고, 이는 보험수익자와 피보험자가 동시에 사망한 것으로 추정되는 경우에도 달리 볼 것은 아니며, 이러한 경우 보험수익자의 상속인이 피보험자의 사망이라는 보험사고가 발생한 때에 보험수익자의 지위에서 보험자에 대하여 가지는 보험금지급청구권은 상속재산이 아니라 상속인의 고유재산이다.[35)]"

○ 동시사망으로 추정되는 경우, 대습상속의 가능 여부(적극)

"원래 대습상속제도는 대습자의 상속에 대한 기대를 보호함으로써 공평을 꾀하고 생존배우자의 생계를 보장하여 주려는 것이고, 또한 동시사망 추정규정도 자연과학적으로 엄밀한 의미의 동시사망은 상상하기 어려운 것이나 사망의 선후를 증명할 수 없는 경우, 동시에 사망한 것으로 다루는 것이 결과에 있어 가장 공평하고 합리적이라는 데에 그 입법취지가 있는 것인바, 상속인이 될 직계비속이나 형제자매(피대습자)의 직계비속 또는 배우자(대습자)는 피대습자가 상속개시 전에 사망한 경우에는 대습상속을 하고, 피대습자가 상속개시 후에 사망한 경우에는 피대습자를 거쳐 피상속인의 재산을 본위상속을 하므로 두 경우 모두 상속을 하는데, 만일 피대습자가 피상속인의 사망, 즉 상속개시와 동시에 사망한 것으로 추정되는 경우에만 그 직계비속 또는 배우자가 본위상속과 대습상속의 어느 쪽도 하지 못하게 된다면, 동시사망 추정 이외의 경우에 비하여 현저히 불공평하고 불합리한 것이라 할 것이고, 이는 앞서 본 대습상속규정 및 동시사망 추정규정의 입법취지에도 반하는 것이므로, 민법 제1001조의 '상속인이 될 직계비속이 상속개시 전에 사망한 경우'에는 '상속인이 될 직계비속이 상속개시와 동시에 사망한 것으로 추정되는 경우'도 포함하는 것으로 합목적적으로 해석함이 상당하다.[36)]"

(2) 인정사망

사망에 대한 확실한 증거는 없지만, 사망의 개연성이 큰 어떤 사고(수난·화재나 그 밖의 재난 등)가 발생한 경우, 이를 조사한 관공서의 사망보고에 의하여 가족등록부에 사망으로 기재하는 제도가 인정사망이다(가족관계의 등록 등에 관한 법률 제87조). 인정사망은 실종, 특히 특별실종과 유사하다고 볼 수 있다. 그러나 인정사망의 경우, 사망기재(보고)시에 사망한 것으로 추정되므로, 반증에 의해 이를 깨뜨릴 수 있다는 점에서 실종선고와 차이가 있다.

---

34) 대판 1998. 8. 21. 98다8974.
35) 대판 2007. 11. 30. 2005두5529; 대판 2004. 7. 9. 2003다29463; 대판 2001. 12. 24. 2001다65755.
36) 대판 2001. 3. 9. 99다13157.

제2관 행위능력

제1항 총 설

제3조의 규정상 모든 사람은 출생의 완료에 의해 평등하고 독립한 권리능력을 갖는다. 그러나 모든 권리능력자가 자신의 행위에 의하여 권리를 취득하고, 의무를 부담하기 위해서는 달리 의사능력·행위능력이 있어야 한다. 왜냐하면, 민법은 권리·의무의 주체가 될 수 있는 추상적인 자격과 법률관계를 통하여 권리를 취득하여 이를 행사하고, 의무를 부담하여 이를 이행할 수 있는 구체적인 자격을 구별하고 있기 때문이다.

I. 의사능력

●● 사례 4

X(원고)는 2003. 11. 20. Y(피고) 조합으로부터 5,000만 원을 차용하는 내용의 이 사건 대출거래약정을 체결하면서 이를 담보하기 위해 X 소유의 부동산에 대해 채권최고액을 6,500만 원으로 하는 Y 명의의 근저당권설정등기를 마쳤다. 한편 이 사건 대출 당시 X의 지인인 소외 1이 X와 함께 Y 조합을 방문하여 이 사건 대출거래약정서와 근저당권설정계약서에 X를 대신하여 서명·날인한 뒤 위 대출금 5,000만 원을 수령하여 자신의 아들인 소외 2의 사업자금으로 모두 사용한 뒤 소외 2를 차용인으로, 소외 1을 연대보증인으로 한 차용증을 X에게 교부한 바 있다. 그 후 X는 의사무능력을 이유로 한 대출금약정의 무효임을 들어 채무부존재 확인의 소를 제기하였다. 위 사안의 경우, Y가 취할 수 방법은 무엇인가? 그런데 소외 2의 X에 대한 대출채무는 이 사건 소 제기 당시 그 원리금을 제대로 변제하기 어려운 형편인 것으로, 또한 X에 대한 신체감정 결과, X의 지능은 64로서 정신지체의 범주에 속하는 지적 능력의 소유자이고, 사회적 연령은 7세, 의사소통 영역은 5. 14 내지 6. 19세, 작업 영역은 7. 54 내지 10. 4세 정도에 해당하며, 언어능력에 있어 일상적인 질문에 대해 말로는 전혀 답을 하지 못하고 동작으로만 '예, 아니오.'의 대답이 가능하여 내용전달이 전혀 안 되는 수준인 점 등이 사실관계에서 밝혀졌다.

●● 사안의 쟁점:

첫째, 제한능력자의 책임을 제한하는 민법 제141조 단서 규정이 의사능력의 흠결을 이유로 법률행위가 무효가 되는 경우에도 유추적용 되는지 여부 및 이익의 현존여부의 증명책임의 소재는 누구인지? 둘째, 의사무능력자(X)가 자신이 소유하는 부동산에 근저당권을 설정해 주고 금융기관(Y)으로부터 금원을 대출받아 이를 제3자에게 대여한 위 사안의 경우, 대출로 받은 이익이 위 제3자에 대한 대여금채권 또는 부당이득반환채권의 형태로 현존하므로, 금융기관은 대출거래약정 등의 무효에 따른 원상회복으로서 위 대출금 자체의 반환을 구할 수는 없더라도 현존이익인 위 채권의 양도를 구할 수 있는지 여부 등이다.

사적자치를 하기 위한 전제로서 자기행위의 의미와 결과를 인식·판단함으로써 정상적인 의사결정을 할 수 있는 정신능력을 의사능력(Willensfähigkeit)이라 한다. 그 표준은 무엇인가? 통상인이 갖는 정상적인 판단능력(Urteilsfähigkeit)이라 할 것이다. 그리하여 이러한 표준에 이르지 못하는 자를 의사무능력자라 한다.[37)]

입법례에 따라서는, 사람의 행위에 법률효과가 귀속되려면 행위자에게 의사능력이 필요하다는 규정을 두기도 한다(독일민법 제105조, 프랑스민법 제489조, 스위스민법 제18조). 명문의 규정이 없는 우리민법의 경우에는 어떤가? 의사무능력자의 법률행위는 무효가 된다(통설).[38)]

의사능력의 기준은 무엇인가? 민법상 연령에 관한 획일적인 규정은 없다. 구체적인 경우에 행위자의 의사능력의 유무를 개별적으로 검토·판단할 일이다(판례). 의사무능력의 증명책임을 누가 부담하는가? 증명책임의 일반원칙상 의사무능력을 이유로 당해 법률행위의 무효를 주장하는 자가 이를 증명하여야 한다.[39)]

판 례

○ 의사능력의 의미와 그 유무의 판단방법

"의사능력이란 자신의 행위의 의미나 결과를 정상적인 인식력과 예기력을 바탕으로 합리적으로 판단할 수 있는 정신적 능력 내지는 지능을 말하는 것으로서, 의사능력의 유무는 구체적인 법률행위와 관련하여 개별적으로 판단하여야 할 것이다.[40)]"

○ 의사무능력자가 근저당권 실행을 위한 경매의 배당절차에서 자신이 체결한 근저당권설정계약의 무효를 주장하며 배당이의를 할 수 있는지 여부

"구민사소송법(2002. 1. 26. 법률 제6626호로 개정되기 전의 것) 제659조 제1항, 제726조 제1항 제3호, 제2항, 구민사소송규칙(2002. 6. 28. 대판규칙 제1761호로 개정되기 전의 것) 제205조, 제146조의3 제1항, 제3항의 각 규정에 비추어 보면, 의사무능력자가 채권자와 금전소비대차계약을 체결하고 그 차용금채무를 담보하기 위하여 자신 소유의 부동산에 근저당권을 설정하여 준 후 위 근저당

---

37) 유아, 만취자, 정신병자(白痴者) 등을 들 수 있다.

38) 그 근거는 사적자치의 당연한 결과에서 찾는다. 의사무능력자의 행위에는 일정한 법률효과의 발생을 의욕하는 의사가 없어 결국 무효가 된다는 것이다.

39) 가령 의사무능력자인 X가 정상인 Y로부터 중고차를 매입함에 있어서 시중가격보다 비싸게 고가로 매입한 경우, X와 Y 사이의 법률관계는 어떻게 되는가? X가 Y로부터 그 차를 사기로 하는 계약체결 시에 심신상실의 상태에 있었음을 증명할 수 있다면, 그 매매(법률행위)는 의사무능력을 이유로 무효가 되어 X는 보호를 받을 수 있지만, 그러한 증명을 하지 못한다면, 그 법률행위는 의사무능력을 이유로 무효로 되지 않는다.

40) 대판 2012. 3. 15. 2011다75775; 대판 2002. 10. 11. 2001다10113.

권에 기한 임의경매절차가 진행되어 배당이 실시된 경우에, 의사무능력자의 법정대리인 등은 위 배당절차에서 위 근저당권 및 피담보채권의 부존재를 주장하여 채권자의 배당액에 대하여 이의하고 나아가 채권자를 상대로 배당이의 소송을 제기하는 것이 가능하다. 한편 의사무능력자나 소유자가 근저당권설정계약의 무효를 주장하면서도 그 근저당권에 기한 임의경매절차의 배당절차를 통하여 그에게 배당된 돈을 수령하는 등의 행위가 객관적으로 보아 경락인으로 하여금 위 임의경매절차가 유효하다는 신뢰를 갖게 하는 정도에 이르러서, 그 후 그 경매절차의 무효를 주장하는 것이 금반언의 원칙 또는 신의칙 위반에 해당한다고 볼 만한 사정이 있는 경우에는 의사무능력자나 소유자가 경락인을 상대로 다시 근저당권의 무효를 주장하면서 소유권이전등기의 말소를 구하는 소를 제기할 수는 없지만, 아직 배당금을 수령하지 아니한 의사무능력자나 소유자가 배당절차에서 근저당권설정계약의 무효를 주장하여 배당이의를 하는 것이 부당하다고 할 수는 없다.[41)]"

●● 사례 4의 해결:

첫째, 제한능력자의 책임을 제한하는 민법 제141조 단서는 부당이득에 관한 제748조의 특칙으로서 제한능력자의 보호를 위해 그 선의·악의를 묻지 아니하고 반환범위를 현존이익에 한정시키려는 데 그 취지가 있으므로, 의사능력의 흠결을 이유로 법률행위가 무효가 되는 경우에도 유추적용되어야 할 것이나, 법률상 원인 없이 타인의 재산 또는 노무로 인하여 이익을 얻고 그로 인하여 타인에게 손해를 가한 경우에 그 취득한 것이 금전상의 이득인 때에는 그 금전은 이를 취득한 자가 소비하였는가의 여부를 불문하고 현존하는 것으로 추정되므로, 위 이익이 현존하지 아니함은 이를 주장하는 자 즉, 의사무능력자 측에 증명책임이 있다.

둘째, 위 사실관계에 나타난 X의 신체감정결과에 비춰볼 때, X·Y사이의 대출금약정은 의사무능력을 이유로 무효라 할 것이다. 한편 X가 소외 2에 대한 그 회수가능성 등을 고려하지 않은 채 경솔하게 분수에 맞지 않는 대여행위를 한 것은 금전을 낭비한 것과 다를 바 없어 위 대출금 자체는 이미 모두 소비하였다고 볼 것이지만, X의 소외 1 또는 소외 2에 대한 대여금채권 또는 부당이득반환채권 등을 가지고 있는 이상, X가 이 사건 대출로써 받은 이익은 그와 같은 채권의 형태로 현존한다 할 것이다. 따라서 그 이익이 현존하지 않음을 X가 증명할 수 없는 한 Y 조합은 이 사건 대출거래약정 등의 무효에 따른 원상회복으로서 위 대출금 자체의 반환을 구할 수는 없다 하더라도 현존이익인 위 채권의 양도를 구할 수는 있다 할 것이다.

(대판 2009. 1. 15. 2008다58367의 사실관계와 판결요지 등 참조)

Ⅱ. 책임능력

법률행위 영역에서의 의사능력의 관념을 불법행위 영역에서는 책임능력(Verschuldensfähigkeit) 또는 불법행위능력(Deliktsfähigkeit)이라 한다. 즉, 가해행위에 대한 책임을 변식

41) 대판 2006. 9. 22. 2004다51627.

(辨識)할 수 있는 정신능력을 말한다. 다시 말하면, 자신의 행위가 위법한 것으로서 법률상 비난받는다는 점을 인식할 수 있는 정신능력이라 할 것이다. 단순히 자신의 행위로부터 일정한 결과가 발생한다는 점을 인식할 수 있는 능력이 아님을 주의하여야 한다. 과실책임주의를 취하고 있는 불법행위(제750조)의 경우, 가해자가 손해배상책임을 지기 위하여는 책임능력이 있어야 한다. 만약 가해자가 그러한 책임을 인식할 수 없는 책임무능력자일 경우(제753조·제754조 참조), 그는 손해배상책임을 지지 않고, 책임무능력자의 감독자가 특별한 사유가 없는 한 그 책임을 지게 된다(제755조 참조). 그런데 민법상 책임능력의 유무에 관한 형식적·획일적인 기준은 없다. 구체적인 경우에 가해자의 책임능력의 유무를 개별적으로 검토·판단할 일이다.

판 례

◎ 책임능력 있는 미성년자에 대한 감독의무자의 손해배상책임의 요건 및 증명책임

"미성년자가 책임능력이 있어 그 스스로 불법행위책임을 지는 경우에도 그 손해가 당해 미성년자의 감독의무자의 의무위반과 상당인과관계가 있으면 감독의무자는 일반불법행위자로서 손해배상책임이 있고 이 경우에 그러한 감독의무위반사실 및 손해발생과의 상당인과관계의 존재는 이를 주장하는 자가 증명하여야 한다.[42]"

Ⅲ. 행위능력

사법상 단독으로 완전 유효한 법률행위를 할 수 있는 자격 내지 지위를 행위능력(Handlungsfähigkeit) 또는 단순히 능력이라고 한다. 의사능력보다는 다소 높은 거래상의 계산능력으로 파악하기도 한다.[43] 이러한 행위능력이 없는 자를 제한능력자라 한다. 제한능력자의 법률행위는 원칙적으로 취소할 수 있다. 그 근거는 무엇인가? 의사무능력자가 법률행위 당시에 의사능력이 없었음을 증명할 수 있다면, 그 법률행위는 의사무능력을 이유로 무효가 되어 그는 보호를 받게 된다. 반대로 그 증명을 하지 못하면, 그 법률행위는 적어도 의사무능력을 이유로 무효로 처리되지는 않게 됨으로써 의사무능력자는 결국 보호를 받지 못한다. 이와 같이, 법률행위 당시에 의사무능력의 존재에 관한 증명 여부에 따라 법률관계 당사자에게 서로 다른 이해관계를 가져오게 된다. 민법은 이러한 재산거래관계가 사회현실에서 빈번하게 발생하고 있다는 사실을 상정하여, 정상적인 판단능력이 없을 가능성이 있는 자들을 객관적 기준(연령과 정신적 제약의 정도를 표준으로 한 가정법원의 선고)에 따라 정형화시켜 놓고(미성년자, 피성년후견인, 피한정후견인), 행위 당시에 의사능력

---

42) 대판 1994. 2. 8. 93다13605; 대판 1993. 8. 27. 93다22357; 대판 1984. 7. 10. 84다카474.
43) 황적인, 51면.

의 유무를 문제 삼지 않고, 그들이 행한 일정범위의 법률행위를 취소할 수 있도록 함으로써 그들을 보호하고, 나아가 거래의 상대방 · 제3자로 하여금 미리 예지 · 예방의 기회를 주려고 한다. 결국 객관적 · 획일적 기준에 의해 의사능력을 객관화시킨 것이 행위능력제도(제한능력자제도)이다(행위능력제도는 객관적 · 획일적 기준에 근거하고 있어, 법률행위에 한정된 것임을 주의하여야 한다).[44][45]

Ⅳ. 소송능력

민사소송법상 단독으로 소송을 수행하는데 필요한 구체적인 능력을 소송능력(Prozessfähigkeit)이라 한다. 민법상의 행위능력자는 당연히 소송능력이 있다(민사소송법 제51조). 제한능력자의 소송능력은 별도의 규정이 있다(민사소송법 제55조 참조).[46]

〈무효와 취소의 경합, 2중효(二重效; Doppelwirkung)의 문제〉

1) 문제점: 의사능력과 행위능력은 법률행위의 일반적인 유효요건이다. 그렇다면, 가령 A가 의사무능력자임과 동시에 제한능력자일 경우, A는 의사무능력을 이유로 법률행위의 무효도 주장할 수 있고, 다른 한편 제한능력을 이유로 법률행위의 취소를 주장할 수 있는지가 의문이다.
2) 2중효: A는 그 사유를 증명함으로써 무효 · 취소 어느 쪽이든 주장할 수 있다. 다만, 당해 법률행위가 심신상실 중의 것임을 증명함으로써 취소의 주장을 기다릴 필요 없이, 의사무능력을 이유로 당해 법률행위를 무효화 시킬 수 있다.

---

44) 근대사법은 정상적인 판단능력이 있는 자에게는 사적자치에 입각한 자유경쟁의 원리에 따라 사회생활을 영위 하도록 하는 반면에 정상적인 판단능력이 없을 가능성이 있는 자에게는 자유경쟁에 따르는 부당한 손실을 입지 않도록 하기 위하여 사적자치를 제한하는 것이라 할 수 있다.

45) 민법상의 능력(또는 제한능력)이라는 말은, 행위능력의 유무를 뜻하는 것이다.

46) 소송능력은 소송행위의 유효요건의 하나이므로 소송무능력자의 소송행위는 무효가 된다. 다만, 소급적 추인이 가능하다(민사소송법 제60조 참조).

제2항 제한능력자

I. 총 설

제한능력자(성년후견[47])제도는 종래의 무능력자제도에 대한 비판을 극복하고,[48] 당사자의 잔존능력을 최대한 활용할 수 있도록 법률적으로 지원하겠다는 데에 그 취지가 있다.[49] 물론 청소년 정신연령의 조숙화와 고령화사회에 대비하기 위한 측면도 있다.[50][51]

개정민법상의 제한능력자에는 미성년자, 피성년후견인(개정 전의 금치산자), 피한정후견인(개정 전의 한정치산자), 피특정후견인의 네 가지가 있다. 행위능력 제한의 경우, 미성년자의 능력은 달라진 것이 없다. 피성년후견인의 법률행위는 원칙적으로 취소할 수 있으나, 가정법원이 정한 일정한 범위의 법률행위와 그 대가가 과도하지 아니한 일상생활에 필요한 행위 등은 피성년후견인이 단독으로 유효하게 할 수 있다. 피한정후견인의 행위능력은, 한정후견인의 동의를 받도록 가정법원이 정한 행위의 범위가 아닌 한, 단독으로 유효한 법률행위를 할 수 있다. 피특정후견인은 제한능력자제도의 범주에 포함되어 있으나, 그의 능력에는 아무런 제한이 없음을 유의하여야 한다.

제한능력자제도의 특징은 무엇인가? 전통적인 의사능력(정신능력)을 바탕으로 하고 있으면서도(특히 미성년자의 경우에 그렇다), 정신적 제약으로 인한 사무처리 능력의 지속적

---

47) 그 동안 논의가 활발하던 성년후견제도는, 일본민법의 영향을 받아 제한능력자제도라는 개념으로 개정민법(2011. 3. 7. 법 제10429. 2013. 7. 1. 시행)이 도입한 것이다. 개정민법의 요체는 제한능력자제도와 함께 후견제도(성년후견·한정후견·특정후견을 내용으로 하는 법정후견과 임의후견제도의 도입)의 대대적 손질(제928조-제959조의20 참조)이다.

48) 형식적·획일적인 기준에 의한 당사자의 능력의 과도한 제한, 금치산·한정치산이라는 부정적인 용어의 사용, 제도의 활용이 미미한 점 등을 들 수 있다.

종래의 행위능력제도의 문제점과 민법상 후견제도의 문제점에 대하여는 성년후견제도연구회, 「성년후견제도연구」, 사법연구지원재단, 2007, 19-20면을 참조할 것.

49) 성년후견제도의 바탕에는 자기결정권의 존중(이는 개정민법 제959조의14 소정의 임의후견제도에 의해 실현된다)과 잔존능력의 활용(개정민법은 법정후견이 개시되더라도, 성년후견·한정후견·특정후견의 세 가지 유형 중에서 당사자의 의사를 고려하여 당사자의 잔존능력을 활용할 수 있도록 배려하고 있다. 제9조 제2항·제12조 제2항·제13조 제2항·제14조의1 제2항 참조)이라는 이념과 당사자 본인의 보호의 이념 사이의 조화를 꾀하기 위한 'Nomalization'(정상화의 원칙)의 사상이 깔려 있다고 한다(態倉勝·山田昇, 「任意後見制度」の現狀と課題について考」える, 佐野短期大學硏究紀要(22), 2011, 65面.

50) 성년연령의 인하는 성년연령을 낮추는 세계적 추세와 공직선거법 제15조 제1항에 따라 19세 이상의 국민에게 선거권을 부여하는 등 19세 이상의 사람을 성년으로 보는 사회·경제·제도적 현실을 반영한 것이라 할 수 있다.

51) 개정민법상의 제한능력자제도의 주요 내용을 보면, 성년연령의 인하(제4조), 법정후견제도의 도입(제9조·제12조·제14조의2), 후견계약제도의 도입(제959조의14-제959조의20), 신상보호규정의 도입(제947조·제947조의2), 복수·법인 후견인제도의 도입(제930조-제938조, 제959조의4-제959조의11), 친족회를 폐지하고 후견감독인제도의 도입(제940조의2-제940조의7, 제959조의5-제959조의10), 성년후견 등기제도의 도입(제959조의15, 제959조의19-제959조의20) 등을 들 수 있다.

결여(성년후견)·부족(한정후견), 일시적 또는 특정한 사무에 관한 후원의 필요(특정후견)라는 기능적 능력에 따라 법정후견이 필요한 제한능력자를 구별하고 있다는 점에서, 변형된 의사능력의 개념을 사용하고 있다고 볼 수 있다.[52] 한편 가정법원으로 하여금 당사자의 기능적 능력에 따라 후견인의 동의가 필요한 행위 등을 개별적으로 결정할 수 있도록 규정한 개정민법의 태도는 당사자의 잔존능력의 활용이라는 점에서 바람직하다. 또한 재산관리에 치중했던 개정 전의 한정치산·금치산제도와는 달리, 후견을 필요로 하는 당사자의 복리·치료행위·주거의 자유 등에 관한 신상보호제도(제947조·제947조의2 신설)를 도입한 것은, 복지의 구체적 실현이라는 점에서 긍정적으로 평가할 수 있다.

Ⅱ. 제한능력자제도의 성격

1. 사회적 작용

이 제도는 제한능력자로 하여금 행위 당시에 의사무능력의 존재에 대한 증명책임을 면제하고, 후견인의 동의를 필요로 하는 법률행위를 제한능력자가 단독으로 한 것이라는 사실만으로 취소할 수 있도록 함으로써 적극적으로 제한능력자 본인의 보호를 목적으로 하고, 소극적으로는 거래의 상대방·제3자로 하여금 객관적 기준(연령·가정법원의 심판·성년후견의 등기)에 의한 경계를 유도함으로써 그들의 손해의 방지를 도모하려 한다. 그런데 거래현실에서 당사자 일방이 제한능력자인지 여부를 구별하는 것이 쉬운 일은 아니며, 비록 그것이 가능하다 해도 거래의 신속성은 그만큼 떨어지게 된다. 한편 가정법원에 의한 성년후견개시 심판(한정후견개시 심판)을 받지 않은 한 비록 당사자의 기능적 능력이 그러한 심판을 받을 만한 상태에 놓여있었다 하더라도 제한능력자제도에 관한 규정을 유추적용해서는 안 된다.[53] 판례도 같은 견해를 취한다.

판 례

- **법정대리인의 동의 없이 신용구매계약을 체결한 미성년자가 그 동의 없음을 이유로 위 계약을 취소하는 것이 신의칙에 위배되는지 여부(소극)**

"행위무능력자 제도는 사적자치의 원칙이라는 민법의 기본이념, 특히, 자기책임 원칙의 구현을 가능케 하는 도구로서 인정되는 것이고, 거래의 안전을 희생시키더라도 행위무능력자를 보호하고자 함에 근본적인 입법 취지가 있는바, 행위무능력자 제도의 이러한 성격과 입법 취지 등에 비추어 볼 때, 신용카드 가맹점이 미성년자와 신용구매계약을 체결할 당시 향후 그 미성년자가 법정대리인의 동의가 없었음을 들어 스스로 위 계약을 취소하지는 않으리라고 신뢰하였다 하더라도 그 신뢰가 객관적

52) 같은 견해 송덕수, 200면.
53) 같은 견해 송덕수, 201면. 유추적용 해야 한다는 견해도 있다(지원림, 74면).

으로 정당한 것이라고 할 수 있을지 의문일 뿐만 아니라, 그 미성년자가 가맹점의 이러한 신뢰에 반하여 취소권을 행사하는 것이 정의관념에 비추어 용인될 수 없는 정도의 상태라고 보기도 어려우며, 미성년자의 법률행위에 법정대리인의 동의를 요하도록 하는 것은 강행규정인데, 위 규정에 반하여 이루어진 신용구매계약을 미성년자 스스로 취소하는 것을 신의칙 위반을 이유로 배척한다면, 이는 오히려 위 규정에 의해 배제하려는 결과를 실현시키는 셈이 되어 미성년자 제도의 입법 취지를 몰각시킬 우려가 있으므로, 법정대리인의 동의 없이 신용구매계약을 체결한 미성년자가 사후에 법정대리인의 동의 없음을 사유로 들어 이를 취소하는 것이 신의칙에 위배된 것이라고 할 수 없다[54]."

◎ 표의자가 법률행위 당시 심신상실이나 심신미약상태에 있었으나 금치산 또는 한정치산선고를 받은 사실은 없었는데 그 후 금치산 또는 한정치산선고가 있어 그의 법정대리인이 된 자가 금치산 또는 한정치산자의 행위능력 규정을 들어 선고 이전의 법률행위를 취소할 수 있는지 여부(소극)

"표의자가 법률행위 당시 심신상실이나 심신미약상태에 있어 금치산 또는 한정치산선고를 받을 만한 상태에 있었다고 하여도 그 당시 법원으로부터 금치산 또는 한정치산선고를 받은 사실이 없는 이상 그 후 금치산 또는 한정치산선고가 있어 그의 법정대리인이 된 자는 금치산 또는 한정치산자의 행위능력 규정을 들어 그 선고 이전의 법률행위를 취소할 수 없다.[55]"

◎ 교통사고로 심신상실의 상태에 빠진 갑이 을 보험회사를 상대로 교통사고 발생일로부터 2년이 경과한 시점에 보험계약에 기한 보험금의 청구를 내용으로 하는 소를 제기한 경우, 소멸시효의 정지에 관한 제179조의 유추적용 여부(소극)

"교통사고로 심신상실의 상태에 빠진 갑이 을 보험회사를 상대로 교통사고 발생일로부터 2년이 경과한 시점에 보험계약에 기한 보험금의 청구를 내용으로 하는 소를 제기한 사안에서, 보험금청구권에 대하여는 2년이라는 매우 짧은 소멸시효기간이 정해져 있으므로 보험자 스스로 보험금청구권자의 사정에 성실하게 배려할 필요가 있다는 점, 권리를 행사할 수 없게 하는 여러 장애사유 중 권리자의 심신상실 상태에 대하여는 특별한 법적 고려를 베풀 필요가 있다는 점, 갑이 보험사고로 인하여 의식불명의 상태에 있다는 사실을 그 사고 직후부터 명확하게 알고 있던 을 보험회사는 갑의 사실상 대리인에게 보험금 중 일부를 지급하여 법원으로부터 금치산선고를 받지 아니하고도 보험금을 수령할 수 있다고 믿게 하는 데 일정한 기여를 한 점 등을 종합하여 보면, 을 보험회사가 주장하는 소멸시효 완성의 항변을 받아들이는 것은 신의성실의 원칙에 반하여 허용되지 아니한다고 판단하여 갑의 보험금청구를 인용한 원심판단을 수긍한 사례.[56]"가 있다.

2. 거래안전의 희생

제한능력을 이유로 하는 취소의 효과(소급적 무효)는 절대적 효력이 있으며 선의의 제3자에 대하여도 그것을 주장할 수 있다.[57] 가령 A 소유의 자전거를 빌려온 X가 그 사실을 모르는 Y에게 그 자전거를 판 경우, Y(양수인)가 X(양도인)에게 자전거 처분권한이 있는 것으로 믿었고 그렇게 믿은 데 과실이 없었다면, 제249조 소정의 선의취득 법리에 의해 Y는 소유권

54) 대판 2007. 11. 16. 2005다71659, 71666, 71673.

55) 대판 1992. 10. 13. 92다6433.

56) 대판 2010. 5. 27. 2009다44327.

57) 제한능력을 이유로 한 취소의 경우, 제109조 제2항・제110조 제3항과 같은 규정이 없다.

을 취득함으로써 보호된다. 그러나 만약 M이 미성년자인 N을 과실 없이 능력자로 믿어서 N으로부터 동산을 양수한 경우, N이 제한능력자임을 이유로 그 법률행위를 취소하게 되면 제249조가 적용되지 않아 M은 그 동산의 소유권을 잃게 된다. 결국 제한능력자제도는 제한능력자 본인의 보호에 치중함으로써 거래의 안전을 해치는 제도라는 비난을 면할 수 없다.[58][59]

3. 불법행위책임과의 관계

제한능력을 이유로 한 취소의 효과로서 제한능력자와 상대방 사이에 발생한 권리·의무가 아직 이행되지 않았다면, 이는 취소의 소급적 실효에 의해 소멸되므로 이행할 필요가 없다. 만약 이행한 경우에는 제741조의 부당이득으로서 반환해야 하나, 제141조 단서의 규정에 의해 제한능력자는 선의·악의에 관계없이, 현존이익의 한도 내에서만 반환하면 된다. 따라서 상대방은 뜻하지 않은 손해를 입을 수도 있으나, 그 경우에도 손해배상청구를 하지는 못한다. 즉, 상대방은 비록 제한능력자에게 책임능력이 있어도 불법행위책임을 묻지 못한다. 왜냐하면, 제한능력자제도는 책임능력제도에 대한 예외적인 규정으로 보아야 하기 때문이다.

4. 적용범위

제한능력자제도는 모든 법률행위에 적용되는 것이 아니라, 재산행위(재산거래행위)에 한하여 적용된다.[60]

본인의 의사가 절대적으로 존중되는 가족법상의 법률행위의 경우, 비록 제한능력자라 하더라도 구체적인 경우에 의사능력만 있으면 원칙적으로 유효한 가족법상의 행위를 단독으로 할 수 있으며, 그 한도에서는 특별한 규정이 없는 한 법정대리인의 동의권·대리권도 행사할 수 없다고 해야 한다. 그렇다면, 총칙편의 행위능력에 관한 규정은, 예외적인 경우(가령 제1024조 제2항)를 제외하고는, 가족법상의 법률행위에는 적용되지 않는다.[61]

---

58) 그렇기 때문에 제한능력자제도를 운용함에 있어서는 제도의 근본취지에 반하지 않는 한, 거래안전과의 조화를 꾀할 필요가 있다.

59) 이처럼 제한능력자제도는 거래관계에 직접적인 영향을 주는 것이어서 제한능력에 관한 규정은 강행규정으로 보아야 한다. 그렇다면, 당사자의 행위능력을 제한하는 특약은 어떠한 명목으로도 효력이 없다.

60) 의사표시를 요소로 하는 법률행위에만 적용될 뿐 어떤 행위에 의해 발생한 결과에만 의미를 두는 사실행위에는 적용되지 않는다(제254조의 매장물발견, 제259조의 가공, 제252조의 무주물 선점, 제253조의 유실물 습득 등). 나아가 사실적 계약관계(faktische Vertragsverhältnisse)의 영역에도 적용되지 않는다.

생각건대 제한능력자제도가 갖는 목적의 하나는 판단능력이 불완전한 자(특히 미성년자)가 경솔한 거래를 통하여 그의 재산을 잃게 되는 것을 방지하려는 데에 있다. 따라서 정신능력이 불완전한 제한능력자(미성년자)가 생활자료를 구하기 위하여 고용과 같은 법률행위를 하는 경우에는 거의 실익이 없다. 이러한 무산자(無産者)인 제한능력자에 대하여는 국가의 특별한 보호를 받게 함으로써, 그 한도 내에서 제한능력자제도의 적용은 제한된다(근로기준법 제67조·제68조 참조).

61) 친족편·상속편의 경우, 법률행위의 능력에 관한 특별규정을 두고 있다(제801조·제807조·제809조·제1061조-제1063조 등).

제3항 미성년자

Ⅰ. 서 설

제4조의 규정상 사람은 만 19세로 성년이 된다.[62] 성년에 이르지 않은 자가 미성년자이다. 사람의 연령은 출생일을 산입하여 역에 의해 계산한다(제158조 참조). 성년인지 여부는 가족관계등록부의 기재를 토대로 하나, 이는 추정적 자료에 지나지 않는다.

〈각종 법역(法域)에 따른 미성년자의 능력(권한 · 자격)〉

연 령	능력(권한 · 자격)	관련법
14세 이상	◦ 형사상 책임능력자	형법 제9조
15세 미만	◦ 근로계약체결 금지	근로기준법 제62조
16세 이상	◦ 원동기장치자전거 운전면허 가능	도로교통법 제82조
	◦ 법정증인 선서 가능	민사소송법 제239조, 형사소송법 제159조
17세 이상	◦ 주민등록증 발급	주민등록법 제24조
	◦ 단독유언 가능	민법 제1061조
18세 이상	◦ 자동차운전면허 취득 가능	도로교통법 제82조
	◦ 부모 동의 얻어 약혼 · 혼인 가능	민법 제801조 · 제807조
	◦ 경범죄 처벌법상 처벌 대상	경범죄처벌법 제5조 제2항
	◦ 제1국민역 편입과 군입대 대상	병역법 제8조 · 제20조
	◦ 청소년관람불가의 영화관람 가능	영화 및 비디오물 진흥에 관한 법률 제29조 제4항
19세 미만	◦ 청소년 보호 대상	청소년보호법 제2조
19세 이상	◦ 징병검사 대상	병역법 제11조
	◦ 선거권 행사	공직선거법 제15조
	◦ 성인시기	민법 제4조

62) 일반적인 경우, 미성년자는 성년에 비해 정신적 · 윤리적으로 성숙하지 않다고 보아서 제한능력자의 범주에 포섭하는 것이라 할 수 있다(스위스민법 제19조 제2항 참조).

만 19세를 획일적인 기준으로 하여 성년·미성년을 구별하는 것은 바람직하지 않지만, 제한능력자제도의 성격상 어쩔 수 없다 할 것이다. 다만, 그러한 부당한 점을 고려하여 특별한 사정이 있는 경우에는 미성년의 규정을 완화할 필요가 있다. 그 구체적인 제도가 제826조의2 소정의 성년의제제도(혼인성년제)이다. 즉, 만 18세 이상의 미성년자가 혼인하면 성년자로 본다(제826조의2·제807조).[63]

Ⅱ. 미성년자의 행위능력

1. 원 칙

●● 사례 5

B(원고)는 법정대리인의 동의 없이 A 카드회사(피고)로부터 신용카드를 발급받은 후 A와 가맹점계약을 체결한 소외 가맹점에서 몇 가지 물품을 신용카드로 구입하였다. 그 후 B는 A를 상대로 제한능력을 이유로 한 신용카드구매계약의 취소에 기한 대금채무부존재확인 등 부당이득반환청구소송을 제기하였다. B의 주장은 정당한가? 그런데 이 사건 신용카드구매계약체결 당시, B는 경제활동을 통해 월 60만 원 이상의 소득을 얻고 있었고, 이 사건 각 신용구매계약은 대부분 식료품·의류·화장품·문구 등 비교적 소규모의 일상적인 거래행위였을 뿐만 아니라, 그 대부분이 할부구매로서 월 사용액이 B의 소득범위를 벗어나지 않는 것으로 사실관계에서 밝혀졌다.

●● 사안의 쟁점:

첫째, 미성년자의 법률행위에 대한 법정대리인의 동의가 묵시적으로도 가능한지 여부 둘째, 미성년자의 법률행위에 있어서 법정대리인의 묵시적 동의나 처분허락의 인정 여부에 대한 판단기준 및 이때 신용카드로 구매한 경우와 현금구매의 경우를 달리 보아야 하는지 여부 셋째, 미성년자의 월 소득 범위내의 구매행위에 대하여는 법정대리인의 묵시적 처분허락이 있었다고 볼 수 있는지(이 사건 신용구매계약은 처분허락을 받은 재산범위 내의 처분행위에 해당한다고 볼 수 있는지) 여부 등이다.

미성년자가 법률행위를 하기 위해서는 법정대리인의 동의를 얻어야 한다(제5조 제1항 본문. 강행규정임).[64]

---

63) 성년의제의 결과, 혼인한 미성년자는 친권·후견권의 행사에서 벗어나게 되고, 오히려 자신의 자에 대한 친권이나 타인에 대한 후견권을 행사할 수 있다. 다만, 입양능력은 없다고 보아야 한다(제866조 참조). 이 제도는 법률혼의 경우에만 적용되고, 사실혼관계의 경우에는 적용되지 않는다. 또한 민법의 규율대상인 생활관계에서만 성년자로 취급될 뿐 기타의 영역에는 그 효과가 미치지 않는다. 가령 청소년보호법, 근로기준법 제64조-제66조 소정의 연소근로자 보호규정의 적용에 있어서는 여전히 미성년자로 취급된다. 한편 제826조의2의 규정상 당사자 쌍방이 성년에 달하기 전에 혼인관계가 해소되어도 성년의제의 효과가 소멸하지는 않는 것으로 해석해야 한다. 거래의 안전보호를 위해서다.

64) 이 경우, 미성년자에게는 당연히 의사능력이 있을 것을 전제로 한다.

이 때의 동의는 묵시적이어도 무방하다(판례). 동의를 얻었다는 점에 대한 증명책임은, 당해 법률행위의 유효를 주장하는 자가 부담한다(판례). 동의 없이 미성년자가 단독으로 법률행위를 하였다면, 미성년자 자신은 물론 그 법정대리인이 제한능력을 이유로 취소할 수 있다(제5조 제2항·제140조). 미성년자가 법정대리인의 동의 없이 행한 법률행위인지 여부는 실질적으로 판단해야 한다. 따라서 문서상 미성년자 명의로 행해진 법률행위라 하더라도, 실질적으로 적법한 대리인이 하였다면 특별한 사정이 없는 한 제한능력을 이유로 취소하지는 못한다(판례). 한편 미성년자의 신분행위능력은 개개의 규정에 따른다.

판 례

◯ 미성년자의 법률행위에 대한 법정대리인의 동의가 묵시적으로도 가능한지 여부(적극)

"미성년자가 법률행위를 함에 있어서 요구되는 법정대리인의 동의는 언제나 명시적이어야 하는 것은 아니고 묵시적으로도 가능한 것이며, 미성년자의 행위가 위와 같이 법정대리인의 묵시적 동의가 인정되거나 처분허락이 있는 재산의 처분 등에 해당하는 경우라면, 미성년자로서는 더 이상 행위무능력을 이유로 그 법률행위를 취소할 수 없다.[65)]"

◯ 증명책임의 소재

"미성년자가 문제가 된 토지매매행위를 부인하고 있는 경우, 미성년자가 그 법정대리인의 동의를 얻었다는 점에 대한 증명책임은 미성년자에게 없고, 이를 주장하는 상대방에게 있다.[66)]"

◯ 미성년자 소유의 토지가 미성년자 명의의 소요문서에 의하여 타에 이전등기 된 경우, 그 등기는 적법히 경료된 것으로 추정되는지 여부(적극)

"미성년자 소유 토지가 미성년자 명의의 계약서 등 등기에 필요한 서류에 의해 타인에 이전등기된 경우, 그 등기는 적법하게 마친 것으로 추정된다(이는 등기의 추정력에 의해 적법한 대리행위가 있었던 것으로 추정되기 때문이다).[67)]"

◯ 미성년자의 행위능력의 판단

"미성년자인 자(子)의 법률행위에 대한 민법의 제한규정은 사실상의 행위능력 등의 유무에 불구하고 형식적으로 적용되는 것이다.[68)]"

2. 예 외

법정대리인의 동의 없이 미성년자가 단독으로 유효한 법률행위를 할 수 있는 경우가 있다. 이 경우에도 의사능력만큼은 가지고 있어야 한다. 법정대리인의 동의가 필요 없는 행위를 보기로 한다.

---

65) 대판 2007. 11. 16. 2005다71659, 71666, 71673.

66) 대판 1970. 2. 24. 69다1568.

67) 대판 1969. 2. 4. 68다2147.

68) 대판 1978. 4. 11. 78다71.

(1) 단순히 권리만을 취득하거나 또는 의무만을 면하는 행위(제5조 제1항 단서)

미성년자가 단독으로 하더라도, 그에게 불이익이 돌아가지 않는 행위는 법정대리인의 동의가 필요 없다.[69][70]

(2) 처분이 허락된 재산의 처분행위(제6조)

법정대리인이 범위를 정하여 처분을 허락한 재산은 미성년자가 임의로 처분할 수 있다. 범위와 관련하여 다툼이 있으나,[71] 처분을 허락한 재산의 사용목적은 거래사회에 일반적으로 공시되는 것이 아니라 법정대리인과 미성년자 사이에서만 인식할 수 있는 주관적인 사정이라는 점에서 거래의 안전을 고려한 다수설이 타당하다.[72] 한편 법정대리인이 그 처분을 허락하였으나 아직 미성년자가 허락받은 재산을 처분하지 않았다면, 법정대리인은 그 허락을 철회할 수 있다(제7조 참조).[73] 미성년자에게 철회할 경우에는 제8조 제2항 단서의 규정을 유추적용함으로써 그 철회의 의사표시는 거래의 상대방이나 선의의 제3자에게 대항하지 못한다고 해석해야 한다. 대항할 수 있는 것으로 한다면, 거래의 안전을 해칠 수 있기 때문이다.

판 례

○ 미성년자의 처분행위가 법정대리인의 허락을 받은 재산범위 내의 처분행위에 해당한다고 본 사례

"만 19세가 넘은 미성년자가 월 소득범위 내에서 신용구매계약을 체결한 사안에서, 스스로 얻고 있던 소득에 대하여는 법정대리인의 묵시적 처분허락이 있었다고 보아 위 신용구매계약은 처분허락을 받은 재산범위 내의 처분행위에 해당한다고 본 사례.[74]"가 있다.

---

69) 부담부 증여가 아닌 보통의 증여를 받는 경우, 채무면제를 위한 계약의 체결, 친권자에 대한 부양료 청구(대판 1972. 7. 11. 72므5) 등을 들 수 있다.

70) 미성년자가 준법률행위를 하는 경우, 법정대리인의 동의가 필요한가? 학설은 다툼이 있다. 미성년자의 법률행위에 관한 제5조 제1항 단서의 규정은, 준법률행위인 의사의 통지, 관념의 통지에도 유추적용된다고 하는 긍정설(김상용, 160면; 송덕수, 204면)과 이를 부정하는 부정설(김준호, 93면; 지원림, 79면)로 나뉜다. 제한능력자제도는 의사표시를 요소로 하는 법률행위 이외에는 유추적용할 수 없다는 점에서 부정설이 타당하다. 그렇다면, 변제의 경우는 어떤가? 변제는 원인행위(매매·금전소비대차계약)에 기한 이행의 결과라는 점에서 미성년자가 법정대리인의 동의를 얻어 그 원인행위를 한 이상 단독으로 변제를 수령할 수 있다고 해야 한다.

71) 사용목적의 범위로 새겨야 한다는 견해(김상용, 161면; 지원림, 79면)가 있으나, 재산의 범위로 파악해야 한다는 견해가 다수설이다(곽윤직, 113면; 김준호, 93면; 송덕수, 120면).

72) 한편 법정대리인은 일정한 범위를 정하여 처분(사용·수익을 포함하는 의미이다)을 허락하여야 하고, 제한능력자제도의 목적에 어긋날 정도로, 포괄적인 처분을 허락해서는 안 된다.

73) 제7조에는 취소의 표현을 하고 있으나, 이는 입법자의 오류이므로 학자들은 보정해석을 하여 철회의 의미로 새기고 있다.

74) 대판 2007. 11. 16. 2005다71659, 71666, 71673.

(3) 영업이 허락된 미성년자의 영업에 관한 행위(제8조)

미성년자가 법정대리인으로부터 특정의 영업을 허락받은 경우, 그 영업에 관한 한 성년자와 동일한 행위능력이 있다(제8조 제1항).[75] 이 때의 영업은 상업에 한하지 않고, 영리를 목적으로 하는 독립적·계속적인 사업을 포함한다.[76] 법정대리인의 허락[77]은 영업의 종류를 정한 것이어야 하며, 일반적·포괄적 허락이나 특정한 영업의 일부에 한하여 허락하는 것은 허용되지 않는다. 영업에 관하여의 의미는, 허락받은 특정의 영업을 하는데 필요한 일체의 행위를 말한다(가령 자금의 차용·점포의 임차·종업원의 고용 등).

법정대리인은 그가 준 영업의 허락을 취소 또는 제한할 수 있다(제8조 제2항 본문).[78] 영업허락의 취소·제한은, 미성년자의 부모가 친권자(법정대리인)일 경우에는 아무런 문제가 없다. 그러나 친권자가 행한 영업의 허락을 후견인이 취소·제한하려면, 사전에 후견감독인의 동의를 얻어야 한다(제945조 단서).

영업허락의 취소나 제한은 선의의 제3자에게 대항하지 못한다(제8조 제2항 단서).[79]

(4) 대리행위(제117조)

미성년자는 타인의 대리인으로서 유효한 대리행위를 단독으로 할 수 있다. 미성년자(임의대리인)의 대리행위를 통한 이익과 손실은 대리권을 수여한 본인에게 귀속될 뿐 미성년자가 불이익을 입을 우려가 없음을 고려한 것이다.

(5) 유언행위(제1061조)

만 17세에 달한 자는 단독으로 유효한 유언행위를 할 수 있다. 제5조는 유언능력의 경우에는 적용되지 않는다(제1062조).

---

75) 성년자와 동일한 행위능력이 있다(민사소송법 제55조의 규정상 소송능력도 갖는다)는 말은, 허락받은 특정영업의 경우, 법정대리인의 동의가 필요 없고, 법정대리인의 대리권도 소멸한다는 의미이다.

76) 농업·공업·기타의 실업, 자유업 등을 들 수 있다.

77) 이 경우의 허락은 불요식의 의사표시로서 명시적·묵시적이든 무방하다. 다만, 상업의 허락일 경우에는 상업등기를 해야 하고, 등기를 하지 않으면 제3자에게 대항하지 못한다(상업등기에 관한 상법 제6조·제37조 제1항). 상업 이외의 영업의 허락은 그 공시방법이 없기 때문에 거래의 안전을 해칠 우려가 있다. 법정대리인의 허락이 있었다는 점에 대한 증명책임은 누가 지는가? 그 허락이 있었음을 이유로 당해 법률행위의 유효를 주장하는 자(거래의 상대방)가 부담한다. 한편 후견인은 사전에 후견감독인의 동의를 얻지 않으면(임의기관인 후견감독인이 없으면 동의를 요하지 않는다) 미성년자의 특정영업의 동의(허락)를 하지 못한다(제950조 제1항 제1호).

78) 통설은 이 경우의 취소도 보정해석을 함으로써 철회의 의미로 바꿔서 해석한다. 영업의 제한이란 허락했던 여러 개의 영업 중의 일부를 금한다는 것으로서 그 법적 성질은 영업의 일부 철회로 볼 수 있다.

79) 법정대리인이 미성년자에 대한 상업의 허락을 취소·제한한 경우, 각각 말소등기·변경등기를 해야만 그 효력이 발생한다. 따라서 그 말소등기·변경등기를 하기 전에는, 비록 법정대리인이 미성년자의 상업허락을 취소·제한하였다 하더라도, 미성년자와 거래한 선의의 상대방 또는 제3자는 보호된다. 따라서 상업의 허락을 취소·제한한 경우, 선의의 제3자가 뜻하지 않은 손해를 입을 우려는 없다. 그러나 상업 이외의 영업허락의 취소·제한은 그 공시방법이 없으므로, 선의의 제3자가 뜻하지 않은 손해를 입고, 나아가 거래의 안전을 해칠 우려가 있다. 이를 방지하기 위한 조치가 제8조 제2항 단서이다.

(6) 기타의 경우

법정대리인의 허락을 받아 회사의 무한책임사원이 된 미성년자는, 그 사원자격에 기하여 행하는 법률행위(가령 출자이행 · 지분권의 양도 등)를 단독으로 할 수 있다(상법 제7조). 미성년자는 근로계약의 체결(근로기준법 제67조 제1항)과 임금의 청구(근로기준법 제68조)를 단독으로 할 수 있다.

판 례

○ 임금청구 소송에서의 미성년자의 소송능력

"미성년자는 원칙적으로 법정대리인에 의하여서만 소송행위를 할 수 있으나 미성년자 자신의 노무제공에 따른 임금의 청구는 근로기준법 제54조의 규정에 의하여 미성년자가 독자적으로 할 수 있다.[80]"

Ⅲ. 미성년자의 법정대리인

미성년자의 보호기관인 법정대리인은 1차적으로 친권자(제909조·제911조)이고, 2차적으로 후견인(제928조·제931조-제932조)이다.

1. 친 권 자

미성년 자녀의 건전한 성장을 위하여, 보호 · 교양 · 감독 등을 내용으로 하는, 그의 부모에게 인정되는 권리 · 의무를 친권이라 한다(제913조). 혼인 중의 출생자인 경우, 친권은 부모공동행사주의가 원칙이다(제909조 제2항 본문).[81][82]

2. 후 견 인

미성년자에게 친권자가 없거나, 친권자가 법률행위의 대리권과 재산관리권을 행사할 수 없는 경우에는 미성년후견인이 법정대리인이 된다(제928조). 후견인이 되는 순위는 유언에 의한 지정후견인(제931조), 선임후견인(제932조)의 차례가 된다.[83]

---

80) 대판 1981. 8. 25. 80다3149.

81) 친권의 공동행사주의는 결국 공동대리가 되는 것이므로, 부모 중 일방이 단독으로 동의(허락)를 했다면 이는 취소대상이 되고, 일방이 행한 대리는 무권대리행위로서 효력이 생기지 않는다.

82) 부모 중 일방이 친권을 행사할 수 없을 경우, 타방이 친권을 행사한다(제909조 제3항). 친권의 행사와 관련하여 가정법원이 개입하는 경우도 있다(제909조 제2항 단서 · 제909조 제4항 전문 · 제909조 제4항 후문). 혼인 외의 출생자인 경우, 생부의 인지가 없으면 생모가 친권자가 된다.

83) 제928조-제932조 소정의 미성년후견의 주요 내용을 간단히 살핀다. 첫째, 미성년후견인의 수는 1인으로 하고(제930조 제1항), 성년후견인과는 달리 자연인에 한한다(같은 조 제3항의 반대해석). 둘째, 지정후견인이 없는 경우, 가정법원은 직권 또는 미성년자 · 친족 · 이해관계인 · 검사 · 지방자치단체의 장의 청구에 의하여 미성년후견인을 선임한다. 미성년후견인이 없게 된 경우에도 같다(제932조 제2항).

3. 법정대리인의 권한

법정대리인은 미성년자에 대한 일반적인 보호·교양·감독의 권한을 갖는 이외에 미성년자의 제한된 사적자치를 보충할 지위에 있는바, 그 권한으로는 동의권·대리권·취소권이 있다.

첫째, 법정대리인은 의사능력이 있는 미성년자에게 동의함으로써 미성년자로 하여금 법률행위를 하도록 할 수 있다. 이처럼 미성년자에게 동의를 할 수 있는 법정대리인의 법적 지위를 동의권이라 한다. 제6조·제8조 소정의 허락의 성질은 동의라 할 것이다.[84]

둘째, 법정대리인은 미성년자에 갈음하여 미성년자의 재산상의 법률행위를 할 수 있다(제920조 본문·제949조 제1항).[85] 법정대리인의 동의권·대리권은 양립이 가능하다. 따라서 미성년자의 일정한 행위에 동의한 경우에도 법정대리인의 대리권이 소멸하는 것은 아니다. 다만, 미성년자에게 의사능력이 없으면, 대리권만 행사할 수 있을 뿐이다.

법정대리인의 대리권의 행사가 제한되는 경우가 있다.[86]

셋째, 법정대리인은 미성년자가 그의 동의를 얻지 않고 행한 법률행위를 취소할 수 있다(제5조 제2항·제140조).

판 례

◎ 미성년자의 법정대리인인 친권자의 대리행위가 미성년자 본인의 이익에 반하여 친권자 또는 제3자의 이익을 위한 배임적인 것임을 행위상대방이 알았거나 알 수 있었을 경우, 민법 제107조 제1항 단서의 규정을 유추적용하여 행위의 효과가 자(子)에게 미치지 않는지 여부(적극)

"전략(前略)… 미성년자의 법정대리인인 친권자의 법률행위에서도 마찬가지라 할 것이므로, 법정대리인인 친권자의 대리행위가 객관적으로 볼 때 미성년자 본인에게는 경제적인 손실만을 초래하

---

84) 동의는 불요식의 의사표시가 원칙이며, 후견인이 미성년자의 일정한 행위에 동의하려면 사전에 후견감독인의 동의를 받아야 한다(제950조 제1항 참조). 동의는 미성년자 본인에게 할 수도 있고, 거래의 상대방에게 할 수도 있다. 그런데 후견감독인의 동의가 필요한 법률행위를 그 동의를 받지 않고 후견인이 동의한 경우, 미성년자 또는 후견감독인이 이를 취소할 수 있다(제950조 제3항).

85) 법정대리인이 제한능력자를 위하여 영업을 하는 경우에는 등기를 하여야 한다(상법 제8조 제1항 참조).

86) 미성년자 본인의 행위를 목적으로 하는 채무를 발생시키는 법률행위의 경우, 미성년자 본인의 동의를 얻어야 대리할 수 있다(제920조 단서·제949조 제2항). 그러나 미성년자 본인의 동의를 얻어도 근로계약은 대리하여 체결하지 못하고(근로기준법 제67조 제1항), 임금의 청구도 대리하지 못한다(근로기준법 제68조).

미성년자와 친권자가 당사자가 되어 법률행위를 하는 경우 뿐 아니라 친권자에게는 이득이 되고 미성년자에게 손실이 되는, 이해상반행위의 경우에는 대리권의 행사가 제한되어, 법원이 선임한 특별대리인을 통하여 하지 않으면 안 된다(제921조). 이해상반행위의 경우, 제107조 제1항 단서의 유추적용에 의해 무효로 되는 경우가 있다(판례). 한편 미성년자에게 친권자가 없어 후견인이 선임된 경우에도 제921조가 준용되지만, 선임된 후견감독인이 피후견인(미성년자)을 대리하여 특별대리인의 역할을 수행하게 될 것이므로, 별도로 특별대리인을 선임하지 않아도 된다(제940조의6 제3항·제949조의3 참조).

기타 제3자가 무상으로 미성년자에게 재산을 주면서 그 재산에 대한 법정대리인의 관리를 배제하는 의사표시를 한 경우, 법정대리인은 대리권을 행사하지 못한다(제918조·제956조 참조).

는 반면, 친권자나 제3자에게는 경제적인 이익을 가져오는 행위이고 그 행위의 상대방이 이러한 사실을 알았거나 알 수 있었을 때에는 민법 제107조 제1항 단서의 규정을 유추적용하여 행위의 효과가 자(子)에게는 미치지 않는다고 해석함이 타당하다.[87]"

○ 미성년자가 그의 생모와 함께 부제소(不提訴)합의를 한 경우, 성년이 된 후 일정기간 내에 그 합의를 취소할 수 있는지 여부

"갑과 그의 생모인 을이 병과의 사이에 계쟁(係爭)부동산지분에 관하여 민·형사상의 이의를 제기하지 않기로 하는 취지의 약정을 하였더라도, 약정 당시 갑은 미성년자로서 행위무능력자이고 을은 이미 재혼하여 친권을 상실한 자였다면, 설사 을이 갑에 대한 후견인의 지위에서 피후견인인 갑의 위 부동산지분에 관한 권리의 득실변경을 목적으로 하는 행위를 동의하였거나 대리한 취지로, 위 부제소합의를 하게된 것이더라도, 이에 관하여 (을이) 친족회의 동의를 얻지 못한 이상, 갑이 성년에 달한 후 3년 이내에 위 부제소합의를 취소한 것은 적법하다.[88]"

○ 법정대리인인 친권자가 子의 유일한 재산을 그 사실을 아는 제3자에게 증여한 행위가 친권의 남용으로서 무효인지 여부

"친권자(母)가 미성년자인 子의 법정대리인으로서 子의 유일한 재산을 아무런 대가도 받지 않고 증여하였고 상대방이 그 사실을 알고 있었던 경우, 그 증여행위는 친권의 남용에 의한 것이므로, 그 효과는 자(子)에게 미치지 않는다.[89]"

○ 위의 경우, 친권의 상실 여부 및 그 후 친권자가 법정대리인으로서 증여에 기하여 이루어진 소유권이전등기의 말소를 구하는 것이 금반언의 원칙에 반하는지 여부

"위의 경우, 친권자의 법정대리권의 남용으로 인한 법률행위의 효과가 미성년인 자(子)에게 미치지 아니한다고 하여 그 친권자의 친권이 상실되어야 하는 것은 아니며, 친권자가 子의 법정대리인으로서 소송대리인을 선임하여 그 증여에 기하여 이루어진 소유권이전등기의 말소를 구하는 소를 제기하였다고 하여, 이를 금반언의 원칙에 어긋난 것으로 볼 수도 없다.[90]"

●● 사례 5의 해결:

첫째, 미성년자가 법률행위를 함에 있어서 요구되는 법정대리인의 동의는 요식행위가 아니어서 묵시적으로도 가능한 것이므로, 미성년자의 법률행위가 법정대리인의 묵시적 동의가 인정되거나 처분허락이 있는 재산의 처분 등에 해당하는 경우일 경우, 그는 더 이상 제한능력을 이유로 그 법률행위를 취소할 수 없다.

둘째, 미성년자의 법률행위에 대한 법정대리인의 묵시적 동의·처분허락이 있다고 볼 수 있는지 여부의 판단은, 미성년자의 연령·지능·직업·경력, 법정대리인과의 동거 여부, 독자적인 소득의 유무와 그 금액, 경제활동의 여부, 계약의 성질·체결경위·내용, 기타 제반 사정을 종합적

87) 대판 2011. 12. 22. 2011다64669; 대판 2001. 1. 19. 2000다20694.
88) 대판 1989. 10. 10. 89다카1602, 1619.
89) 대판 1997. 1. 24. 96다43928; 대판 1981. 10. 13. 81다649.
90) 대판 1997. 1. 24. 96다43928.

으로 고려하여야 할 것이고, 위와 같은 법리는 묵시적 동의 또는 처분허락을 받은 재산의 범위 내라면 특별한 사정이 없는 한 신용카드를 이용하여 재화와 용역을 신용구매한 후 사후에 결제하려는 경우와 현금구매의 경우가 다르지 않다.

셋째, 이상의 검토 결과, B는 월 소득 범위 내에서는 법정대리인의 묵시적 처분허락이 있었다고 볼 수 있다. 그렇다면, B의 이 사건 신용카드구매계약은 제6조 소정의 처분을 허락받은 재산 범위 내의 처분행위로서 그 취소대상이 아니다. 따라서 B의 주장은 이유가 없다.

(대판 2007. 11. 16. 2005다71659, 71666, 71673의 사실관계와 판결요지 등 참조)

제4항 피성년후견인

Ⅰ. 의 의

질병 · 장애 · 노령(老齡) 그 밖의 사유로 인한 정신적 제약으로 사무를 처리할 능력이 지속적으로 결여된 사람으로서 일정한 자의 청구에 의하여 가정법원으로부터 성년후견개시의 심판을 받은 자를 피성년후견인이라 한다(제9조 제1항).

Ⅱ. 성년후견개시 심판의 요건 · 절차

1. 요 건

(1) 실질적 요건

첫째, 사건 본인에게 질병 · 장애 · 노령 그 밖의 사유로 인한 정신적 제약이 있어야 한다. 신체적 장애가 그 사유에 포함될 수 있는지 여부에 대하여 학설은 대체로 이를 부정한다.[91] 그러나 신체적 장애로 인하여 사무처리 능력이 지속적으로 결여된 자에 대한 보호가 필요하다는 점에서 성년후견의 원인을 정신적 장애에 한정할 필요는 없다고 생각한다.[92]

91) 김준호, 100면; 송덕수, 211면.

92) 임의후견제도를 활용할 수 없는 사람들에 대한 복지차원에서도 이를 긍정하는 것이 바람직하다고 생각한다. 입법례에 따라서는, '신체적 장애에 의해 사무의 전부 또는 일부를 처리할 수 없거나 또는 원활한 의사표시에 어려움이 있는 경우에는 성년후견을 개시할 수 있도록 한다.'(독일민법 제1896조 제1항, 프랑스민법 제425조 참조) 같은 견해 백승흠, "성년후견제도의 도입과 과제," 「법학논총」27, 한양대학교 법학연구소, 2010, 31면.

둘째, 사건 본인이 위의 정신적 제약으로 인하여 사무를 처리할 능력이 지속적으로 결여된 자이어야 한다. 사무처리 능력의 지속적 결여 여부는 의사의 감정을 토대로 하게 되지만(가사소송법 제33조 참조), 그 구체적 판단은 법원의 몫이다. 따라서 명문의 규정이 없으나, 가정법원은 초과심판·감경심판이 가능하다 할 것이다.[93)]

(2) 형식적 요건

첫째, 본인·배우자·4촌 이내의 친족·미성년후견인·미성년후견감독인·한정후견인·한정후견감독인·특정후견인·특정후견감독인·검사 또는 지방자치단체의 장의 청구가 있어야 한다(제9조 제1항).[94)] 의사능력이 있는 한 본인도 그 청구권자가 될 수 있고, 검사·지방자치단체의 장을 청구권자의 범주에 포함시킨 것은 공익의 대표자로서 사건본인의 이익보호를 고려한 결과이다.

둘째, 가정법원은 성년후견개시의 심판을 할 때 본인의 의사를 고려하여야 한다(제9조 제2항). 이는 자기결정권의 존중을 반영한 것으로서, 개정 전 민법상의 금치산·한정치산제도에서 사건본인의 보호 여부를 법원의 직권으로 결정했던 문제점을 개선한 것이다.

2. 절 차

성년후견개시의 심판절차는 가사소송법과 가사소송규칙의 규정에 따른다(가사소송법 제34조 등 참조). 위에서 살핀 실질적·형식적 요건이 갖춰지면 가정법원은 반드시 성년후견개시의 심판을 하여야 하고(제9조 제1항 참조),[95)] 지체없이 가족관계등록사무 및 후견등기사무처리 담당자로 하여금 가족관계등록부에 기록할 것과 후견등기부에 등기할 것을 촉탁하여야 한다(가사소송법 제9조, 가족관계등록법 제80조 참조, 후견등기에 관한 법률 제20조 참조).[96)]

93) 법원은 한정후견개시의 심판청구가 있어도 사건 본인의 보호 차원에서 성년후견개시의 심판을 할 수 있고, 그 반대의 경우도 가능한 것으로 해석해야 한다. 다만, 본인의 의사가 고려되어야 한다(제9조 제2항). 같은 견해 송덕수, 211면.

94) 제959조의20 제1항 제1문의 규정에 의해 임의후견인 또는 임의후견감독인도 성년후견개시 심판의 청구권자가 될 수 있다(한정후견·특정후견의 경우에도 마찬가지이다).

95) 가정법원이 피한정후견인 또는 피특정후견인에 대하여 성년후견개시의 심판을 할 때에는 종전의 한정후견 또는 특정후견의 종료심판을 하여야 한다(제14조의3 제1항).

96) 개정민법에 따른 성년후견에 관한 공시제도로서 후견등기제도가 도입되었는데, 후견등기사항은 성년후견 자체에 관한 사항·피성년후견인·성년후견인·성년후견감독인에 관한 사항·취소할 수 있는 행위의 범위 등에 관한 사항 등이다(후견등기에 관한 법률 제25조 참조).

Ⅲ. 피성년후견인의 행위능력

1. 재산행위능력

●● 사례 6

평소 질병으로 인한 정신적 제약으로 사무처리능력이 지속적으로 결여되어 있음을 이유로, 배우자인 B의 청구에 의하여 가정법원으로부터 성년후견개시의 심판을 받은 A는, 어느 날 임의대로 소유 자전거를 정상인 C에게 10만원에 팔았다. 그 대금 중 6만원은 이웃사람에게 보관을 맡겼으며, 2만원은 낭비해 버렸고, 2만원은 현금으로 갖고 있었다. 다음 물음에 답하시오.

(1) A가 제한능력을 이유로 C와의 매매계약을 취소한 경우, A·C 사이의 법률관계는?

(2) B가 C에 대하여 그 매매계약을 추인한 경우, A·C 사이의 매매계약의 효력은?

(3) A가 C와의 매매계약체결 시에, 자신은 완전한 능력자라고 하는 등 적극적인 속임수를 써서 자전거를 판 경우, A·C 사이의 법률관계는?

(4) A가 평소 정신적 제약으로 인한 사무처리능력이 지속적으로 결여되어 있는 자라 하더라도, 성년후견개시의 심판을 받지 않은 상태에서 C에게 그 자전거를 판 경우에는 어떻게 되는가?

(5) B의 A에 대한 성년후견개시 심판청구의 경우, 가정법원은 반드시 A에게 성년후견개시의 심판을 하여야 하는가?

●● 사안의 쟁점:

첫째, A가 피성년후견인임을 이유로 그 매매계약을 취소한 경우, A의 취소에 따른 반환범위는 어떻게 되는가? 둘째, B가 A에 대한 성년후견개시 심판 시에 가정법원에 의해 선임된 A의 성년후견인인 경우, A의 그 행위에 대한 B의 추인의 효력은 어떻게 되는지? 셋째, A가 속임수를 써서 C와의 매매를 한 경우, C의 보호방법은 무엇인가? 넷째, (4)·(5)의 경우의 합리적인 해석론 등을 묻고 있다.

(1) 원 칙

피성년후견인의 법률행위는 법정대리인(성년후견인)의 동의 유무에 관계없이 언제나 취소할 수 있다(제10조 제1항).[97]

(2) 예 외

다음과 같은 두 가지 경우, 피성년후견인은 단독으로 유효한 법률행위를 할 수 있다.

97) 피성년후견인은 정신적 제약 등으로 인하여 사무처리능력이 지속적으로 결여된 자이기 때문에 언제나 취소할 수 있도록 함으로써 본인을 보호하려는 취지이다. 취소권자는 피성년후견인 본인 또는 성년후견인이다(제140조).

첫째, 가정법원이 취소할 수 없는 피성년후견인의 법률행위의 범위를 정한 경우이다(제10조 제2항).[98][99] 가정법원은 일정한 자의 청구에 의하여 그 범위를 변경할 수도 있다(제10조 제3항).

둘째, 일용품의 구입 등 일상생활에 필요하고 그 대가가 과도하지 아니한 법률행위는 성년후견인이 취소할 수 없다(제10조 제4항).[100]

셋째, 그 밖에 피성년후견인의 신상에 관해서는 그의 상태가 허용되는 범위에서 피성년후견인이 단독으로 결정할 수 있다(제947조의2 제1항).[101]

●● 사례 6의 해결:

첫째, A의 C와의 거래는, 가정법원이 취소할 수 없는 피성년후견인의 법률행위의 범위(제10조 제2항·제4항 참조) 등에 속하지 않는 행위라 할 것이어서, A 등이 제한능력을 이유로 이를 취소할 수 있다(제10조 제1항). 취소한 경우, A는 C에게 현존이익인 8만원만 반환하면 되나 C는 A에게 자전거 그 자체를 반환해야 한다(제141조 단서).

둘째, B가 A의 성년후견인인 경우, B가 A의 그 매매를 추인하였다면, 이는 제한능력을 이유로 한 취소권을 포기한 것이어서, A·C 사이의 그 매매는 완전 유효한 행위가 된다(제143조 제1항).

셋째, A가 제17조 제1항 소정의 제한능력자의 속임수에 해당할 경우(판례의 견해에 비춰볼 때 무리가 없다), A는 제한능력을 이유로 C와의 그 매매를 취소하지 못한다(제17조 제1항).

넷째, A에게 비록 성년후견개시의 심판요건(실질적 요건)을 갖추고 있다 하더라도, 일정한 자의 청구 등에 기초한 가정법원의 성년후견개시의 심판이 없는 한 A는 완전한 능력자일 뿐이다(개정 전의 통설도 같다).

다섯째, A의 이익보호와 관련하여 가정법원은 성년후견개시의 심판청구가 있어도 한정후견개시의 심판을 할 수 있고, 그 반대의 것도 가능하다 할 것이다(개정 전의 통설도 같다). 다만, 가정법원이 감경선고·초과선고를 함에 있어서는 반드시 본인의 의사를 고려하여야 한다(제9조 제2항).

2. 피성년후견인의 친족법상의 행위능력

만 17세 이상의 자로서 의사능력이 회복된 경우, 유언은 단독으로 할 수 있고(제1063조 제1항),

---

98) 이는 피한정후견인의 잔존능력을 활용할 수 있도록 하기 위한 취지이다.

한편 피성년후견인이 행한 취소할 수 없는 법률행위의 범위는 가족관계등록부에 신고하여야 하며(가족관계의 등록 등에 관한 법률 제27조 제1항), 또한 후견등기에 관한 법률에 따라 공시되고(후견등기법 제25조 참조), 등기사항증명서의 발급권자가 제한된다(같은 법 제15조 참조).

99) 물론 피성년후견인이 단독으로 한 행위라 하더라도, 성년후견인이 이를 추인하면, 제한능력을 이유로 이를 취소하지 못한다(제143조).

100) 이는 자기결정권의 존중과 잔존능력의 활용 및 거래안전의 보호를 고려한 취지이다. 한편 입법의 불비인데, 제10조 제4항의 경우에 피성년후견인도 취소권을 행사할 수 없다고 해야 한다.

101) 이는 피성년후견인의 복리·치료행위·주거의 자유 등에 관한 신상보호제도를 도입한 것으로서 피성년후견인의 신상에 관한 결정권은 자신에게 있다는 원칙을 반영한 것이다. 또한 개정민법은 성년후견인의 임무수행에 있어 피성년후견인의 의사존중의무를 명시하고 있다(제947조·제947조의2 제2항-제5항 참조).

이는 취소할 수 없다(제1062조). 피성년후견인은 약혼·혼인·협의이혼·인지·입양·협의파양 등의 순수 신분행위는 성년후견인의 동의를 얻어 단독으로 유효하게 할 수 있다(제802조·제808조 제2항·제835조·제873조 제1항·제902조).

Ⅳ. 피성년후견인의 법정대리인

1. 성년후견인

피성년후견인의 법정대리인(능력보충기관)에는 성년후견인이 있다(제929조·제938조 제1항). 성년후견인은 성년후견개시의 심판을 할 때 가정법원이 직권으로 선임한다(제936조 제1항). 성년후견인의 수는 복수이어도 되고, 법인도 될 수 있다(제930조 제2항·제3항). 가정법원은 성년후견인의 법정대리권의 범위와 피성년후견인의 신상에 관하여 결정할 수 있는 권한의 범위를 제한할 수 있다(제938조 제2항·제3항).

성년후견인은 피성년후견인의 재산행위에 대한 동의권을 원칙적으로 갖지 못한다(제10조 제1항 참조).[102]

성년후견인은 피성년후견인의 재산을 관리하고 그 재산에 관한 법률행위에 대한 대리권을 갖는다(제949조).[103] 일정한 행위에 대한 대리권 행사의 경우, 후견감독인이 있는 경우에는 사전에 그의 동의를 받아야 한다(제950조 제1항 참조). 이해상반행위의 경우, 대리권의 행사가 제한됨은 미성년후견인의 경우와 같다(제940조의6 제3항).

기타 취소권도 행사할 수 있음은 앞에서 살핀바와 같다(제10조 제1항·제140조).

2. 성년후견감독인

가정법원은 필요하다고 인정하면 직권으로 또는 피성년후견인의 친족·성년후견인·검사·지방자치단체의 장의 청구에 의하여 성년후견감독인을 선임할 수 있다(제940조의4 제1항).[104] 성년후견감독인은 폐지된 친족회에 부여되었던 권한을 행사하게 된다(제941조 제2항·제942조 제1항·제950조·제951조 제2항·제953조·제957조 제2항 참조).

---

102) 다만, 피성년후견인의 신상결정 등의 경우에 예외적으로 그 동의권을 행사할 수 있다(제947조의2 제3항).

103) 명문의 규정이 없으나, 제10조 제2항에 따른 가정법원에 의해 행해진 범위 내의 행위의 경우, 성년후견인의 대리권은 소멸한다고 새겨야 한다(취소권의 경우에도 마찬가지이다).

104) 개정 전의 친족회제도가 우리나라의 고유한 관습상의 단체가 아니라는 점, 실제로 후견감독기능을 수행하지 못했다는 반성에 따라 친족회를 폐지하고, 임의기관인 후견감독인을 선임할 수 있도록 한 것이다.

V. 성년후견의 종료

성년후견개시의 원인이 소멸한 경우, 가정법원은 본인·배우자·4촌 이내의 친족·성년후견인·성년후견감독인·검사 또는 지방자치단체의 장의 청구에 의하여 성년후견종료의 심판을 하여야 한다(제11조). 성년후견종료심판의 효력은 소급효가 없고, 심판확정시부터 장래에 향하여 완전한 능력자로 취급된다.

제5항 피한정후견인

I. 의 의

질병·장애·노령· 그 밖의 사유로 인한 정신적 제약으로 사무를 처리할 능력이 부족한 사람으로서 일정한 자의 청구에 의하여 가정법원으로부터 한정후견개시의 심판을 받은 자를 피한정후견인이라 한다(제12조 제1항).

II. 한정후견개시 심판의 요건·절차

1. 요 건

(1) 실질적 요건

첫째, 사건 본인에게 질병·장애·노령· 그 밖의 사유로 인한 정신적 제약이 있어야 한다.

둘째, 사건 본인이 위의 정신적 제약으로 인하여 사무를 처리할 능력이 부족한 자이어야 한다.[105] 사무처리 능력의 부족 여부는 의사의 감정을 토대로 하게 되지만(가사소송법 제33조 참조), 그 판단은 가정법원의 몫이다.

(2) 형식적 요건

첫째, 본인·배우자·4촌 이내의 친족·미성년후견인·미성년후견감독인·성년후견인·성년후견감독인·특정후견인·특정후견감독인·검사 또는 지방자치단체의 장의 청구가 있어야 한다(제12조 제1항).[106]

---

105) 개정 전 한정치산 선고의 요건인 낭비자가 이에 포함될 수 있는가? 낭비의 습벽으로 인한 사무처리능력이 부족한 경우를 예상하기 어렵다는 점에서 낭비자는 그 요건이 아니라고 해야 한다.

둘째, 가정법원은 한정후견개시의 심판을 할 때 본인의 의사를 고려하여야 한다(제12조 제2항).

2. 절 차

한정후견개시의 심판절차는 가사소송법과 가사소송규칙의 규정에 따른다(가사소송법 제34조 등 참조). 위에서 살핀 실질적·형식적 요건이 갖춰지면 가정법원은 반드시 한정후견개시의 심판을 하여야 하고(제12조 제1항 참조), 가족관계등록부에 기록할 것과 후견등기부에 등기할 것을 사무처리 담당자에게 촉탁해야 함은 성년후견의 경우와 같다.

Ⅲ. 피한정후견인의 행위능력

1. 재산행위능력

(1) 원 칙

피한정후견인의 재산행위능력은 원칙적으로 제한되지 않는다(제13조 제1항 참조).[107]

(2) 예 외

첫째, 한정후견인의 동의를 받아야 하는 피한정후견인의 행위의 범위를 가정법원이 정한 경우, 그 범위 내에서 피한정후견인의 행위능력은 제한된다(제13조 제1항). 한정후견인의 동의유보(동의권의 유보)의 범위는 어떻게 정해야 하는가? 피한정후견인의 사무처리능력 등을 참작하여 그의 이익에 가장 부합된다고 판단되는 범위에서 가정법원이 직권으로 결정하게 된다. 가정법원은 일정한 자의 청구에 의하여 그 동의유보의 범위를 변경할 수도 있다(제13조 제2항). 또한 피한정후견인의 이익보호를 위하여 그 동의유보가 필요한 행위에 대하여 한정후견인이 동의권을 행사하지 않을 경우, 가정법원은 피한정후견인의 청구에 의하여 한정후견인의 동의에 갈음하는 허가를 할 수 있다(제13조 제3항). 한정후견인의 동의를 받아야 하는 행

---

106) 그 청구권자에 미성년후견인·미성년후견감독인을 포함시킨 취지는 무엇인가? 피한정후견인의 행위능력은, 한정후견인의 동의를 받도록 가정법원이 정한 범위 내의 행위가 아닌 한 아무런 제한이 없다는 점에서, 일반적으로 미성년자에 대한 한정후견개시의 심판을 허용한다면, 미성년자의 보호(신상보호도 그렇다)가 소홀해지는 결과를 초래하게 된다는 점에서, 성년을 앞둔 미성년자의 경우에 한하여 미성년후견인(미성년후견감독인)이 한정후견개시의 심판청구를 할 수 있다고 해석하여야 한다.

같은 견해 송덕수, 215면.

107) 피성년후견인의 법률행위는 원칙적으로 취소대상이 되고(제10조 제1항), 예외적인 경우에 취소할 수 없는 행위의 범위를 가정법원이 정할 수 있는데(같은 조 제2항) 비하여, 피한정후견인의 경우에는 가정법원이 한정후견인의 동의를 받아야 하는 피한정후견인의 행위의 범위를 정할 수 있다(제13조 제1항)는 규정형식을 비교해 볼때, 나아가 본인의 잔존능력의 존중이라는 개정민법의 이념에 비춰볼 때, 피한정후견인의 행위능력은 일반적으로 제한되는 것이 아니라고 해석하여야 한다.

한편 제10조와 제13조의 규정형식상의 지향(志向)에 비춰볼 때, 피한정후견인의 행위능력은 원칙적으로 제한되고, 예외적인 경우에 한하여 능력자로 보아야 한다는 견해도 있다(지원림, 85-86면).

위의 경우, 피한정후견인이 단독으로 하였을 경우에 이는 취소의 대상이 된다(제13조 제4항 본문).[108]

둘째, 일용품의 구입 등 일상생활에 필요하고 그 대가가 과도하지 않은 법률행위는 한정후견인의 동의 없이 한 경우에도 취소대상이 아니다(제13조 제4항 단서).

2. 가족법상의 행위능력

파한정후견인은 가족법상의 법률행위(특히 순수 신분행위)의 경우, 완전한 능력자인지 여부가 의문시 된다. 개정민법은 약혼·혼인·협의이혼·입양·협의파양 등의 경우, 미성년자와 피성년후견인에 대한 특별규정만 두고 있을 뿐(제801조-제802조·제807조-제808조·835조·제870조·제873조·제898조·제902조), 피한정후견인에 대하여는 아무런 규정이 없다. 이는 입법적 불비이기는 하나, 피한정후견인은 순수 신분행위에 관한 한 단독으로 유효하게 법률행위를 할 수 있다고 하여야 한다.[109]

Ⅳ. 피한정후견인의 법정대리인

1. 한정후견인

피한정후견인의 법정대리인으로, 가정법원은 한정후견개시의 심판을 할 때 직권으로 한정후견인을 선임하여야 한다(제959조의2·제959조의3 제1항).[110]

그런데 한정후견인이 당연히 피한정후견인의 법정대리인이 되는 것은 아니다.[111] 한정후견인이 가정법원으로부터 그 범위를 정한 대리권 수여의 심판을 받은 경우에 한하여 그 범위 내에서 법정대리권을 행사하게 된다(제959조의4·제2항·제938조의 제3항 참조).[112]

한정후견인은, 가정법원이 정한 동의권 유보의 경우가 아닌 한, 피한정후견인의 법률행위에 대한 동의권·취소권을 행사하지 못한다.

---

108) 이 때의 취소권자는 피한정후견인은 물론 법정대리인(한정후견인)이 된다(제140조).

109) 왜냐하면, 민법제정자는 적극적인 입장에서 능력이 있는 자를 열거하는 규정 태도를 취하지 않고, 소극적으로 능력이 없는 자를 규정하는 태도를 취하고 있다. 그렇다면, 미성년자·피성년후견인의 경우와는 달리, 적어도 순수 신분행위에 관한 한 피한정후견인을 완전한 능력자로 보았기 때문에 아무런 규정을 두지 않은 것으로 새길수 있기 때문이다.

110) 한정후견인은 복수(複數)이어도 되고, 법인도 될 수 있음은 성년후견인의 경우와 같다(제959조의3 제2항·제930조 제2항-제3항 참조).

111) (미성년·성년)후견인은 피후견인(미성년자·피성년후견인)의 법정대리인이 된다고 규정하고 있지만(제938조 제1항), 한정후견인의 경우에는 가정법원은 한정후견인에게 대리권을 수여하는 심판을 할 수 있다고 규정하고 있기 때문이다(제959조의4 제1항).

112) 한정후견사무의 내용 중에서, 제938조 제1항을 전제로 하는 제949조를 준용할 수 있다는 제959조의6의 준용 규정의 적합성에 의문을 제기하면서, 대리권의 행사와 불가분적으로 결합된 영역과 사항에 관하여 한정후견인은 재산관리권을 갖는 것으로 새겨야 한다는 견해가 있다(지원림, 87면).

2. 한정후견감독인

가정법원은 필요하다고 인정하면 직권으로 또는 일정한 자의 청구에 의하여 한정후견감독인을 선임할 수 있고, 그에 대해서는 성년후견감독인에 관한 기술 내용이 준용된다(제959조의5).

V. 한정후견의 종료

한정후견개시의 원인이 소멸한 경우, 가정법원은 본인·배우자·4촌 이내의 친족·한정후견인·한정후견감독인·검사 또는 지방자치단체의 장의 청구에 의하여 한정후견종료의 심판을 하여야 한다(제14조).[113] 한정후견종료심판의 효력은 소급효가 없고, 심판확정시부터 장래에 향하여 완전한 능력자로 취급된다.

제6항 피특정후견인

I. 의 의

질병·장애·노령· 그 밖의 사유로 인한 정신적 제약으로 일시적 후원 또는 특정한 사무에 관한 후원이 필요한 사람으로서 일정한 자의 청구에 의하여 가정법원으로부터 특정후견의 심판을 받은 자를 피특정후견인이라 한다(제14조의2 제1항).

Ⅱ. 특정후견 심판의 요건·절차

1. 요 건

(1) 실질적 요건

첫째, 사건 본인에게 질병·장애·노령 그 밖의 사유로 인한 정신적 제약이 있어야 한다.[114]

---

113) 가정법원이 피한정후견인에 대하여 성년후견개시의 심판을 할 때에도 종전의 한정후견의 종료심판을 하여야 한다(제14조의3 제1항).

114) 특정후견제도는 영국의 정신능력법(Mental Capacity Act, 2005)을 도입한 것으로, 피성년후견인·피한정후견인의 경우와는 달리, 행위능력의 제약(사무처리 능력의 결여 내지 부족)과 관계없이 보호를 받을 수 있다는 점에 그 특징이 있다. 그 보호는 피성년후견인·피한정후견인의 경우처럼 지속적·포괄적 보호가 아니라, 일시적·특정적인 보호이다. 그렇기 때문에 그 청구권자에 성년후견인·한정후견인이 포함되어 있지 않다(제

둘째, 사건 본인이 위의 정신적 제약으로 인하여 일시적 후원 또는 특정한 사무에 관한 후원이 필요한 자이어야 한다. 그 후원의 필요성 여부는 의사의 감정을 토대로 하게 되나(가사소송법 제33조 참조), 그 판단은 가정법원의 몫이다.

(2) 형식적 요건

첫째, 본인·배우자·4촌 이내의 친족·미성년후견인·미성년후견감독인·검사 또는 지방자치단체의 장의 청구가 있어야 한다(제12조 제1항).

둘째, 가정법원은 특정후견의 심판을 할 때 본인의 의사에 반하여 할 수 없다(제14조의2 제2항).

2. 특정후견심판의 내용

가정법원이 특정후견의 심판을 하는 경우, 그 기간 또는 사무의 범위를 정하여야 한다(제14조의2 제3항).[115]

가정법원은 피특정후견인의 후원을 위하여 필요한 처분을 명할 수 있는데(제959조의8), 그 처분은 피특정후견인의 재산관리·신상보호 등을 들 수 있으나(제947조),[116] 특정후견의 구체적인 내용은 가정법원의 심판으로 정해진다.

3. 절 차

특정후견심판절차는 가사소송법과 가사소송규칙의 규정에 따른다(가사소송법 제34조 등 참조). 위에서 살핀 실질적·형식적 요건이 갖춰지면 가정법원은 반드시 특정후견의 심판을 하여야 하고, 후견등기부에 등기할 것을 사무처리 담당자에게 촉탁해야 함은 성년후견의 경우와 같다.

Ⅲ. 피특정후견인의 행위능력

일반적으로 피특정후견인의 행위능력에는 아무런 제한이 없다고 새기는 데 학설은 일치한다.[117] 가정법원에 의하여 특정후견인이 선임되고 법정대리권이 부여된 경우에는 어떤가? 이 경우에도 그 법률행위에 관하여 피특정후견인의 행위능력은 제한되지 않는다는 견해가 일반적이다.[118] 생각건대 특정후견은 지속적이 아닌 일시적 후원·특정사무에 관

14조의2 제1항).

115) 특정후견의 개시와 종료는 특정후견으로 처리되어야 할 사무의 성질에 의하여 정해짐을 반영한 것이다.

116) 기타 특정후견의 사무에 관하여는 제681조·제920조 단서·제947조·제949조의2·제953조부터 제955조까지 및 제955조의2를 준용한다(제959조의12).

117) 송덕수, 219면; 지원림, 87-88면.

118) 김형석, "민법개정안 해설," 「성년후견제 도입을 위한 민법개정안 공청회 자료집」, 법무부, 2009, 122면;

한 후견이 그 본질이라는 점에서 피특정후견인의 능력에는 아무런 제한이 없다.[119]

Ⅳ. 특정후견인

특정후견인은 가정법원에 의하여 정해진 특정후견사무의 기간과 범위 내에서만 피특정후견인의 법정대리인이 된다(제959조의 11 제1항). 특정후견인은 피특정후견인을 보좌하고 후원하는 임무를 수행하며, 그의 복리를 배려하고 의사를 존중할 의무를 진다(제959조의 12・제947조). 또한 피특정후견인의 행위를 목적으로 하는 채무를 부담하는 법률행위를 대리하는 경우, 본인의 동의를 얻어야 한다(제959조의12・제920조 단서).

특정후견인이 선임된 경우에도 가정법원은 필요하다고 인정하는 경우, 직권으로 또는 일정한 자의 청구에 의하여 특정후견감독인을 선임할 수 있고(제959조의10 제1항), 그의 선임과 권한은 성년후견감독인에 준한다(제959조의10 제2항・제959조의12).

Ⅴ. 특정후견의 종료

특정후견의 기간의 도과 또는 사무처리의 종결로 특정후견은 당연히 종료된다. 가정법원이 피특정후견인에 대하여 성년후견개시 또는 한정후견개시의 심판을 할 때에도 종전의 특정후견의 종료심판을 하여야 한다(제14조의3 제1항・제2항). 특정후견종료심판의 효력은 소급효가 없다.

송덕수, 219면; 지원림, 88면.

119) 약 1100면에 달하는 법무부 해설자료(법무부, 「2013년 개정민법자료집 상, 하」, 2012)에 따르면, 특정후견인제도와 유사한 타국의 입법례(하권, 92-93면)와 우리법의 입법취지상 특정후견인제도는 행위능력의 제한을 받지 않는 제도를 신설함으로써 제도의 접근성 및 선택가능성을 높이는 것이 추구하는 입법효과라는 점(상권, 121면)을 들고 있다. 그 밖의 몇 가지 근거를 본다. 첫째, 일시후견은 본인(피특정후견인)의 행위를 보조・보충하는 성격을 가지는 것이므로 본인의 적극적인 반대의사에 반해서 보호조치를 할 수 없으므로 특정후견인이 선임되었다고 하더라도 본인의 의사가 우선하여야 한다는 점(민유숙 위원의 의견도 같다). 둘째, 특정후견인의 선임이 법원의 후견적인 조치 또는 특정명령에 기하여 이루어질 것이 예상된다는 점. 셋째, 특정후견제도의 조문을 살펴보아도 특정후견인의 역할은 '후견'에 그쳐야 하는 것이 본질적인 점. 넷째, 제938조 제1항의 규정상 성년후견인이 당연히 피성년후견인의 법정대리인이 되는 것과는 달리, 특정후견인은 피특정후견인의 법정대리인으로 취급되지 않는다(한정후견인도 당연히 피한정후견인의 법정대리인으로 취급되지는 않는다)는 점 등을 들 수 있다.

제7항 제한능력자와 거래한 상대방의 보호

Ⅰ. 상대방보호의 필요성

제한능력자의 법률행위는 취소할 수 있고, 그 취소권은 제한능력자측만 갖는다(제140조). 따라서 제한능력자의 법률행위의 법적 운명은, 제한능력자측의 의사에 의해 좌우되므로, 거래의 상대방은 불안한 지위에 놓이게 된다. 나아가, 그 취소의 효과는 선의의 제3자에게도 미치게 되어, 거래의 안전을 해치게 된다(제141조 본문 참조). 민법은 이러한 취소할 수 있는 법률행위의 불확정상태를 조속히 매듭짓기 위한 일반적 제도를 두고 있으나,[120] 그 실효를 기대하기 어렵다. 그런데 제한능력자와 거래한 상대방이 제한능력자제도의 목적에 의해 그냥 희생된다면, 이는 공평에 어긋난 처사로서 바람직하지 않은 것이다. 그리하여 민법은 상대방 보호를 위하여 상대방의 확답촉구권(개정 전의 최고권, 제15조), 상대방의 철회권(제16조 제1항)·거절권(제16조 제2항), 제한능력자 측의 취소권의 배제(제17조) 등의 제도를 두고 있다.

Ⅱ. 상대방의 확답촉구권

1. 의 의

제한능력자와 거래한 상대방이 제한능력자측에 대하여 문제의 취소할 수 있는 법률행위를 취소할 것인지 또는 추인할 것인지 확답을 촉구하는 최후통첩을 할 수 있는 법적 지위를 상대방의 확답촉구권이라 한다.[121] 확답촉구권은 권리자의 일방적인 의사에 의하여 취소 또는 추인이라는 법률관계의 변동을 가져온다는 점에서 형성권의 일종이다.

---

120) 제145조 소정의 법정추인의 경우, 일정한 법정추인사유가 있게 되면 취소권자로부터의 취소권 포기의사에 관계없이 취소권을 포기한 것으로 다루어지나, 이는 예외적인 경우에 지나지 않아 실효성이 없다. 제146조 소정의 취소권의 단기소멸제도는, 취소의 원인이 종료한 날부터 3년 안에, 또는 법률행위를 한 날부터 10년 안에 취소하지 않으면 취소권이 소멸하게 되지만, 이는 비교적 장기간으로서 그 실효성이 없다.

121) 종래의 용어인 '최고'의 의미가 다의적이고 그 의미 파악이 어렵다는 이유로 '확답촉구'의 용어로 개정하였으나, 민법의 여러 곳에서 그냥 '최고'의 표현을 사용하는 경우도 있어(제952조의 표제 등), 민법상 최고의 의미와 유형 등을 일별해 본다. 일방이 타방에 대하여 어떤 행위를 요구하는 것을 민법상의 최고(Machnung)라 한다. 최고에 의한 법률효과의 발생은 최고자의 의사와는 관계없이 법률 자체에 의하여 정해진다는 점에서, 그 법적 성질은 준법률행위 중 표현행위의 일종인 의사의 통지이다.

민법상의 최고에는 권리자의 의무자(채무자)에 대한 의무이행의 최고(그 효과는 소멸시효의 중단, 채무자의 지체책임의 발생, 권리자의 계약해제권의 발생)와 의무자의 권리자에 대한 권리행사의 최고(그 효과는 권리의 전부 또는 일부의 소멸, 의무의 감경)의 두 가지가 있다. 제15조 소정의 확답촉구권(최고)은 후자의 유형에 속한다.

2. 확답촉구의 요건

상대방이 확답촉구권을 행사하려면, 취소할 수 있는 법률행위를 명백히 지적하고, 1개월 이상의 유예기간을 정하여, 추인 여부의 확답을 요구하여야 한다(제15조 제1항).

3. 확답촉구의 상대방

확답촉구의 상대방은 확답촉구를 수령할 능력이 있어야 하고(제112조 참조), 또한 취소 · 추인할 수 있는 자이어야 한다(제140조 · 제143조).[122]

4. 확답촉구의 효과

유예기간[123] 내에 취소 · 추인의 확답이 있으면, 그에 따른 효력이 생긴다. 유예기간 내에 아무런 확답이 없으면, 다음과 같이 취소 · 추인의 효력이 생긴다. 첫째, 능력자로 된 후 본인에게 확답촉구를 하였으나 유예기간 내에 아무런 확답이 없는 경우, 그 법률행위는 추인한 것으로 본다(제15조 제1항). 둘째, 제한능력상태가 계속되는 경우,[124] 법정대리인에게 확답촉구를 하였고, 법정대리인이 단독으로 추인할 수 있는 경우에 아무런 확답이 없다면, 그 행위를 추인한 것으로 본다(제15조 제2항). 셋째, 제한능력상태가 계속되는 경우에 법정대리인이 단독으로 추인하지는 못하고 특별한 절차를 밟아서 추인해야 하는 경우,[125] 그 절차를 밟은 확답이 없으면, 그 행위를 취소한 것으로 본다(제15조 제3항).

---

122) 행위 당시 제한능력자였던 자가 확답촉구 시점에서 능력자로 되었다면, 그 본인에게 확답촉구를 할 수 있으나(제15조 제1항), 제한능력상태가 계속되고 있다면 그 법정대리인에게 확답촉구를 하여야 한다(제15조 제2항).

123) 유예기간의 계산과 관련하여, 확답촉구는 도달주의(제111조 제1항)에 의해 그 효력이 생기지만(그러나 확답촉구의 발송 사실을 증명할 수 있는 한 상대방에의 도달 여부에 관계없이, 확답에 따른 효력이 생긴다고 하여야 한다. 거래관계의 신속성을 도모하고 양당사자의 이익을 모두 충족시킬 수 있다고 보기 때문이다), 확답촉구에 따른 확답의 효력은 발신주의가 적용된다(제15조 제1항 · 제2항 · 제3항). 가령 제한능력자(B)와 거래한 상대방(A)이 능력을 회복한 B에게 확답을 촉구하면서, '문제의 취소할 수 있는 법률행위를 지적하여 제한능력을 이유로 한 취소 · 추인 여부의 확답을 1개월 이내에 해줄 것을 요구하는 최고장'이 5월 5일 오후 2시에 B에게 도착하였다면, B의 확답은 6월 5일 오후 12시전까지는 발신되어야 유예기간 내에 A에게 확답한 것이 된다.

124) 이 경우에 제한능력자 본인에게 확답촉구를 하였고, 본인으로부터 아무런 확답이 없어도, 확답의 효력은 생기지 않는다(제112조).

125) 제950조 제1항 소정의 법률행위(영업 · 금전차용 · 의무부담 · 부동산 또는 중요한 재산에 관한 권리의 변동 · 소송행위 · 상속의 승인)에 관하여 후견인이 후견감독인의 동의를 받아서 추인을 해야 하는 경우를 말한다.

Ⅲ. 상대방의 철회권·거절권

1. 입법취지

제15조 소정의 상대방의 확답촉구권은, 반드시 1개월 이상의 유예기간을 두어야 하고, 취소·추인의 효력은 제한능력자측의 의사에 달려 있어서 상대방의 보호방법으로는 한계가 있다. 따라서 상대방을 취소할 수 있는 법률행위의 불확정상태에서 적극적으로 벗어나도록 할 필요가 있다.

2. 철 회 권

제한능력자와 계약을 체결한 상대방이 제한능력자측에서 추인하기 전에 제한능력자 본인이나 법정대리인에게 계약의 의사표시를 철회할 수 있는 법적 지위를 상대방의 철회권이라 한다(제16조 제1항 본문). 계약체결 당시에 계약당사자 일방이 제한능력자임을 상대방이 알았다면, 상대방은 철회권을 행사하지 못한다(제16조 제1항 단서).[126]

3. 거 절 권

제한능력자의 상대방 있는 단독행위의 경우,[127] 제한능력자측에서 추인하기 전에 상대방이 제한능력자 본인 또는 법정대리인에게 거절의 의사표시를 함으로써, 제한능력자의 단독행위의 효력을 무효화시킬 수 있는 법적 지위를 상대방의 거절권이라 한다(제16조 제2항). 상대방이 의사표시를 수령할 당시에 표의자가 제한능력자임을 알고 있었을 경우, 거절권을 행사할 수 있는가. 생각건대 A(제한능력자)와 B(상대방) 사이의 의사의 합의에 의해 성립하는 계약의 경우, 계약체결 당시에 B가 A의 제한능력을 알고 있었다면 B는 계약성립에 대한 책임을 져야 하므로, 철회권을 행사하지 못한다. 그러나 표의자(A)의 일방적인 의사표시만으로써 성립하는 단독행위의 경우, B는 그 의사표시를 수령하는 데 지나지 않다는 점에서 B의 선의·악의에 관계없이, B는 거절권을 행사할 수 있다고 하여야 한다.

Ⅳ. 제한능력자측의 취소권의 배제

1. 입법취지

속임수(제한능력자가 상대방으로 하여금 자기 자신을 능력자로 오신케 하거나 법정대리인의

126) 상대방의 악의에 대한 증명책임은 철회권의 행사를 부정하기 위한 제한능력자측이 부담한다.
127) 채무면제(제506조), 상계(제493조) 등을 들 수 있다.

동의가 있는 것으로 오신케 한 경우)를 쓴 제한능력자는 보호할 필요가 없으므로, 제한능력자측의 취소권을 박탈하여 상대방이 당초에 예상한 대로 법률효과가 발생하도록 함으로써 상대방을 보호하고, 나아가 거래의 안전에 이바지하기 위한 제도이다.[128)]

2. 취소권 배제의 요건

첫째, 제한능력자가 능력자로 믿게 하려고 하였거나(제17조 제1항), 법정대리인의 동의가 있는 것으로 믿게 하려고 했어야 한다(제17조 제2항).[129)] 둘째, 제한능력자가 속임수를 썼어야 한다(제17조 제1항·제2항). 어떠한 기망수단을 속임수로 보아야 할 것인지에 대하여는 다툼이 있다.[130)] 생각건대 제17조는 제한능력자와 거래한 상대방을 보호하기 위한 제도이지, 제한능력자의 보호를 위한 제도가 아니다. 또한 거래의 안전은 현대민법의 이상이라는 점을 고려할 때, 상대방의 보호·거래안전의 보호를 중시하는 견해가 타당하다고 생각한다. 셋째, 제한능력자의 속임수에 따른 상대방의 오신과 그에 기한 법률행위가 있어야 한다.

3. 효　과

제한능력자측의 제한능력을 이유로 한 취소권은 박탈 내지 배제된다. 즉, 제한능력자의 법률행위는 행위시부터 확정적으로 효력이 생긴다.[131)]

판 례

○ 제한능력자의 속임수의 개념

"전략(前略)… 무능력자(제한능력자)가 사술(속임수)로써 능력자로 믿게 한 때에 있어서의 사술을 쓴 것이라 함은, 적극적으로 사기수단을 쓴 것을 말하는 것이므로, 단순히 자기가 능력자라 사언(詐言)함은 사술을 쓴 것이라 할 수 없다.[132)]"

○ 증명책임의 소재

"미성년자와 계약을 체결한 상대방이 미성년자의 취소권을 배제하기 위하여 민법 제17조 소정의

128) 이 제도는 로마법상 미성년자가 성년자로 속여서 상대방과 법률행위를 한 경우, 미성년자의 원상회복의 특권을 부인하는 제도에서 유래한 것이라 한다(김용한, 123면).

129) 제17조 제1항의 제한능력자에는 피성년후견인도 포함된다. 가령 피성년후견인이 상대방에게 자신을 미성년자라고 하면서 법정대리인의 동의서·허락서를 제시하여 법률행위를 한 경우, 피성년후견인은 제17조 제1항에 의해 제한능력을 이유로 한 취소권을 행사하지 못한다. 제2항의 제한능력자에는 미성년자·피한정후견인만 해당되고, 피성년후견인은 포함되지 않는다.

130) 판례는 적극적인 기망수단만을 속임수로 보아야 한다는 태도(대판 1971. 12. 14. 71다2045)를 취하고 있으나, 학설은 대체로 적극성은 필요하지 않다(제한능력자가 적극적으로 부정한 기망수단을 쓰는 경우는 물론 단순히 능력자라고 칭하는 것도, 어떤 경우에는 단순한 침묵도 속임수가 된다)고 한다. 전자는 속임수의 개념을 좁게 파악함으로써 제한능력자의 보호를 중시하는 반면, 후자는 속임수의 개념을 넓게 파악하는 입장이다.

131) 제한능력자의 속임수가 존재하는 경우, 상대방이 제110조에 기한 취소권의 행사나 제750조에 기한 손해배상청구권을 행사하는 것은 별개의 문제이다.

132) 대판 1971. 12. 14. 71다2045.

미성년자가 사술(詐術)을 썼다고 주장하는 때에는, 그 주장자인 상대방측에 그에 대한 증명책임이 있다.[133]"

제3관 주 소

I. 주 소

1. 주소의 의의

사람이 사회생활을 영위하기 위한 중심적 장소 즉, 생활의 근거가 되는 곳을 주소라고 한다(제18조 제1항).

2. 주소결정의 표준과 민법의 태도

주소결정의 표준에 관하여는, 세 가지의 입법주의가 있다.[134]

민법은 실질주의(제18조 제1항)·복수주의(제18조 제2항)를 채택하고 있으며, 해석상 객관주의를 지향하고 있는 것으로 보인다. 왜냐하면, 의사주의를 채택하고 있는 서구의 법제가 채용하고 있는 법정주소제를 인정하지 않고 있기 때문이다.

3. 주소의 법률상의 효과

이에는 민법상의 일정한 기준,[135] 민법 이외의 사법관계에 있어서의 일정한 기준,[136] 공법관계에 있어서의 일정한 기준[137] 등으로 나눌 수 있다.

---

133) 대판 1971. 12. 14. 71다2045.

134) 첫째, 가령 가신의 제단이 놓여 있는 곳과 같은 형식적 표준에 의해 주소를 정해야 한다는 형식주의와 사실상 사회생활을 영위하고 있는 실질관계를 표준으로 하여 주소를 정해야 한다(사회현실에 부합하는 태도)는 실질주의가 있다. 둘째, 주소의 설정·변경을 위해서는 일정한 곳에서 사회생활을 하고 있다는 정주의 사실뿐만 아니라, 그곳을 주소로 하려는 정주의 의사가 있어야 한다는 의사주의(독일민법·프랑스민법의 태도로서 주관주의라고도 한다)와 정주의 사실만 있으면 주소의 설정·변경이 가능하다는 객관주의가 있다. 셋째, 주소는 한 곳만 둘 수 있다는 단일주의(스위스민법의 태도)와 두 곳 이상 둘 수 있다는 복수주의(독일민법의 태도)가 있다.

135) 민법상의 법률관계에 관한 장소적 기준이 된다. 첫째, 부재 및 실종선고의 표준(제22조·제27조) 둘째, 법인사무소의 소재지(제36조) 셋째, 채무의 변제장소(제467조 제2항 본문) 넷째, 상속개시지(제998조)가 된다.

136) 첫째, 어음행위의 장소(어음법 제2조 제2호·제4조·제21조, 수표법 제8조 등) 둘째, 재판관할 결정의 표준(민사소송법 제3조, 가사소송법 제13조·제22조 등, 채무자 회생 및 파산에 관한 법률 제3조 등) 셋째, 민사소송상의 부가기간(민사소송법 제172조 제2항) 등이 있다.

137) 첫째, 귀화의 요건(국적법 제5조 제1호·제7조 제1항) 둘째, 주민등록대상자의 요건(주민등록법 제6조 제1항) 셋째, 과세의 기준(국세기본법 제8조, 국세징수법 제12조·제13조, 소득세법 제9조) 등을 들 수 있다.

판 례

◎ 유언자가 자필증서에 의한 유언을 하면서 주소를 자서하지 않은 경우, 유언의 효력(무효) 및 자서가 필요한 주소를 표시하는 방법

"민법 제1065조 내지 제1070조가 유언의 방식을 엄격하게 규정한 것은 유언자의 진의를 명확히 하고 그로 인한 법적 분쟁과 혼란을 예방하기 위한 것이므로, 법정된 요건과 방식에 어긋난 유언은 그것이 유언자의 진정한 의사에 합치하더라도 무효이다. 따라서 자필증서에 의한 유언은 민법 제1066조 제1항의 규정에 따라 유언자가 전문과 연월일, 주소, 성명을 모두 자서하고 날인하여야만 효력이 있고, 유언자가 주소를 자서하지 않았다면 이는 법정된 요건과 방식에 어긋난 유언으로서 효력을 부정하지 않을 수 없으며, 유언자의 특정에 지장이 없다고 하여 달리 볼 수 없다. 여기서 자서가 필요한 주소는 반드시 주민등록법에 의하여 등록된 곳일 필요는 없으나, 적어도 민법 제18조에서 정한 생활의 근거되는 곳으로서 다른 장소와 구별되는 정도의 표시를 갖추어야 한다.[138)]"

◎ 주소와 거소의 판단방법

"주소는 생활의 근거가 되는 곳으로 국내에서 생계를 같이 하는 가족 및 국내에 소재하는 자산의 유무 등 생활관계의 객관적 사실에 따라 판정할 것이며, 거소는 주소지 이외의 장소에 상당기간에 걸쳐 거주하여도 주소와 같이 밀접한 생활관계가 발생하지 아니하는 장소라고 새길 것이다.[139)]"

◎ 상고심 판결의 당사자 표시 중 등기의무자 및 등기권리자의 주소가 실제 주소와 다르게 표시된 경우의 효력

"강제집행을 위하여는 채무명의인 원심판결에 대한 판결경정신청을 원심법원에 하는 것은 몰라도, 채무명의도 아닌 상고심 판결상의 주소 표시는 경정할 필요가 없을 뿐만 아니라, 판결에 표시된 등기의무자의 주소가 등기부상의 주소와 다르거나 등기권리자의 주소가 판결 전후에 변경되었음에도, 이를 정정 신청하지 아니하여 판결상의 주소와 실제 주소가 다르게 되었다 하더라도, 주민등록표 등에 의하여 동일인임을 소명하면 그 등기가 가능하므로, 그 주소가 다르다 하여 경정을 하지 않으면 안 될 이유는 없다.[140)]"

◎ 국세기본법 제8조 제1항 소정의 '주소'의 의미

"국세기본법 제8조 제1항에 의하면 세법이 규정하는 서류는 그 명의인의 주소・거소・영업소 또는 사무소에 송달하도록 규정되어 있는바, 여기서 주소라 함은 원칙적으로 생활의 근거가 되는 곳을 가리키지만 민법 제21조 소정의 가주소 또는 그 명의인의 의사에 따라 전입신고된 주민등록지도 특별한 사정이 없는 한 이에 포함된다.[141)]"

---

138) 대판 2014. 9. 26. 2012다71688.

139) 대판 1984. 3. 27. 83누548.

140) 대판 1996. 5. 30. 96카기54.

141) 대판 1998. 4. 10. 98두1161; 대판 1985. 10. 8. 85누450; 대판 1984. 10. 10. 84누195; 대판 1979. 2. 27. 78누284.

Ⅱ. 거소 · 가주소 · 현재지

1. 거 소

사람이 상당한 기간 계속적으로 거주하는 곳으로서 장소(토지)와의 밀접한 정도가 주소만큼 미치지 못하는 곳을 거소라 한다. 주소를 알 수 없을 때(제19조), 국내에 주소가 없을 때(제20조)에 각각 거소를 법률상의 주소로 보게 된다.

2. 가 주 소

어떤 법률관계의 편의를 도모하기 위하여 당사자의 합의에 의해 임시 주소로 정한 장소를 가주소라 한다(제21조). 가주소는 당해 법률관계가 종료되면 주소로서의 기능을 잃게 된다.

3. 현 재 지

장소적 관계가 거소보다 더 엷은 곳을 현재지라 한다.[142] 현재지는 사람의 출생 · 사망 등 각종 신고사건의 신고장소가 된다(가족관계의 등록 등에 관한 법률 제20조 제1항).

제4관 부재와 실종

Ⅰ. 민법의 태도

사람이 종래의 주소 · 거소를 떠나 쉽게 돌아올 가망이 없는 경우,[143] 그가 남겨놓은 재산을 관리하고, 잔존배우자나 상속인의 이익을 보호하기 위한 제도적 조치를 강구할 필요가 있다.[144] 그리하여, 민법은 두 가지 제도를 두고 있다.[145]

---

142) 가령 여행자가 일시 체류하는 장소를 들 수 있다. 한편 제19조 · 제20조의 거소에는 현재지가 포함되는 것으로 해석되나, 민사소송법 제3조의 거소에는 현재지가 포함되지 않는다고 한다(김상용, 183면).

143) 민법은 이러한 경우를 두 가지로 나누고 있다. 종래의 주소를 떠나 쉽게 돌아올 가망이 없는 자를 통틀어 부재자라 하고(자연인에 한한다. 대판 1965. 2. 9. 64민상9 참조), 부재자 중에서 생사불명의 상태가 장기간 계속되어 생환가능성이 없는 경우에 일정한 절차를 밟아 가정법원에 의해 실종선고를 받은 자를 실종자라 한다.

144) 그 이유를 본다. 첫째, 민법상 주소 · 거소는 채무의 변제장소 또는 재판관할의 표준이 되기 때문에 부재자가 있는 경우, 그와 일정한 법률관계를 맺고 있는 자의 법률관계가 처리되지 못함으로써 이해관계인의 권리행사가 곤란을 받게 된다. 둘째, 부재자의 재산을 관리하지 않고 내버려 두는 것은, 본인뿐만 아니라 그의 채권자 등 사회 · 경제적으로 큰 손실이 된다. 셋째, 제3조의 원칙을 그대로 관철시킬 경우, 부재자의 생사불명의 상태가 오래 지속되어도 그에 대한 사망의 증명을 못하면 부재자를 중심으로 하는 법률관계가 확정되지 않음으로써 배우자의 재혼이나 상속인의 상속도 이루어지지 않게 된다.

145) 이외에, 부재선고에 관한 특별조치법에 따른 부재선고제도가 있으나, 거의 활용되지 않고 있다.

첫째, 부재자의 생존사실을 가정하여 그의 재산을 관리하면서 생환을 기대하는, 부재자의 재산관리제도(제22조-제26조)가 있다. 둘째, 부재자의 생사불명의 상태가 일정기간 계속되어 살아서 돌아올 가능성이 적어지게 되면, 일정한 절차를 밟아 그 자의 종래 주소지를 중심으로 한 지역에서 사망한 것으로 취급함으로써, 그를 둘러싼 사법상의 법률관계를 확정·종결짓는 실종선고제도(제27조-제29조)를 두고 있다.[146)]

Ⅱ. 부재자의 재산관리

1. 부재자의 의의

부재자의 재산관리제도의 취지에 비춰볼 때, 부재자란 어떤 사람이 종래의 주소를 떠나 당분간 돌아올 가망이 없어서, 그가 종래의 주소지에 남겨 놓은 재산을 관리해 줄 필요가 있는 자를 말한다(통설·판례).[147)] 부재자는 반드시 생사불명일 필요는 없으나, 생사불명인 자도 실종선고·인정사망이 있기 전까지는 부재자가 아니다.

2. 잔류재산의 관리가 가능한 경우[148)]

3. 부재자가 재산관리인을 둔 경우

(1) 원 칙

부재자의 수임인으로서의 재산관리인(임의대리인)[149)]이 있기 때문에 가정법원은 부재자의 재산관리에 직접 관여할 필요가 없다.

(2) 예 외

두 가지 경우에 한하여 가정법원은 부재자의 재산관리에 간섭할 수 있다. 첫째, 부재자의 생사가 불명하게 된 경우, 가정법원은 재산관리인·이해관계인 또는 검사의 청구에 의

---

146) 부재자에 대한 법적 조치의 경우, 대륙법계에서는 대체로 프랑스민법주의(부재자의 생환가능성이 적어짐에 따라 점점 잔존자의 권리를 증대시킬 뿐 끝까지 사망의 선고를 하지 않는다. 프랑스민법 제112조-제132조)와 독일민법주의(1차적으로 부재자의 재산관리를 위하여 부재자보호인을 민법에 두고 있고, 2차적으로 독일실종법에 의한 사망선고를 함으로써 사망으로 추정한다. 독일민법 제1911조 등)가 있는데, 우리 민법의 태도(1단계로 부재자의 재산관리제도, 2단계로 실종선고제도)는 독일민법주의를 따르고 있다.

147) 일본에 유학하여 소재가 분명할 뿐만 아니라 타인을 통하여 자신의 재산을 관리하고 있는 자에 대하여, 부재자가 아니라 한다(대판 1960. 4. 21. 4292민상252).

148) 부재자가 제한능력자인 경우, 법정대리인을 통한 잔류재산의 관리가 가능하게 되므로, 국가의 관여가 필요하지 않게 된다. 부재자 스스로 재산관리인을 선임한 경우에도 원칙적으로 국가의 간섭은 배제되고, 다만 부재자의 생사가 분명하지 않은 경우에 한하여, 예외적으로 국가의 간섭이 행해지게 된다.

149) 관리인의 권한·재산관리의 방법 등은 부재자와 관리인 사이의 위임계약(제680조 이하)의 내용에 따른다. 그 약정이 없는 경우, 관리인은 제118조 소정의 관리행위를 할 수 있는 권한을 가지며, 부재자의 사망시에는 일정 시기까지 관리인으로서의 권한은 존속하는 것으로 보아야 한다(제691조 참조).

하여 재산관리인을 개임할 수 있다(제23조). 개임하지 않고, 감독만 할 수도 있다.[150] 둘째, 재산관리인의 권한이 본인의 부재중에 소멸한 경우, 본인이 재산관리인을 두지 않은 경우와 같은 조치를 취한다(제22조 제1항 제2문).

4. 부재자가 재산관리인을 두지 않은 경우

(1) 가정법원의 처분명령

이해관계인 또는 검사의 청구에 의하여, 가정법원은 부재자의 재산관리에 필요한 처분을 명하여야 한다(제22조 제1항 제1문).[151]

(2) 선임된 관리인

(가) 지 위

재산관리인은 일종의 법정대리인의 지위에 놓인다. 가정법원은 언제든지 재산관리인을 개임할 수 있고,[152] 재산관리인 또한 언제든지 사임할 수 있다.

(나) 권 한

재산관리인은 부재자의 재산에 대하여 제118조 소정의 관리행위를 자유롭게 할 수 있는 권한이 있으나, 그 이상의 처분행위는 가정법원의 허가 없이는 하지 못한다(제25조 제1문).[153] 일단 허가처분을 받은 경우, 재산관리인이 임의로 처분을 할 수 있고,[154] 나중에 허가가 취소되더라도 그 처분은 유효하다(판례).

(다) 권 리

재산관리인은 보수청구권을 갖는다(제26조 제2항).[155][156] 한편 관리인의 재산관리비용의 청구는 통상법원에 대하여 해야 한다는 판례[157]의 태도는 소송경제적 측면에서 볼 때, 바람직하지 않다고 생각한다.[158]

---

150) 감독만 하는 경우, 가정법원은 관리인에 대하여 재산목록작성, 재산보존에 필요한 처분을 명할 수 있고(제24조 제3항), 권한을 넘은 행위를 한 관리인에게 허가를 주고(제25조 제2문), 상당한 담보를 제공하게 하거나 부재자의 재산으로 상당한 보수를 지급할 수도 있다(제26조 제3항).

151) 이해관계인이라 함은 부재자의 재산관리에 법률상의 이해관계를 갖는 자를 말한다(추정상속인·배우자·부양청구권자·채권자·보증인·부재자와 함께 연대채무자가 된 자 등이다). 재산관리에 필요한 처분에는 재산관리인의 선임(가사소송규칙 제41조), 잔류재산의 매각(가사소송규칙 제49조) 등이 있으나, 보통은 관리인의 선임으로서 민법과 가사소송규칙의 규율을 받는다(민법 제23조-제26조, 가사소송규칙 제41조-제46조).

152) 다만, 개임하여야 할 특별한 사정없이 부재자의 재산관리인을 개임한 것은 재량권의 범위를 벗어난 위법한 처분이라고 한다(대판 1986. 8. 26. 86프1).

153) 따라서 허가 없이 한 처분행위는 무권대리행위로서 무효가 된다(대판 1970. 1. 27. 69다1820 등).

154) 그런데 법원의 허가를 받은 처분행위이어도 그 처분권은 부재자를 위한 범위에 한정된다는 판례가 있다(대결 1976. 12. 21. 75마551).

155) 관리인의 보수청구권은 제686조 제1항 소정의 무상위임의 원칙을 완화한 것이라 할 수 있다.

156) 가정법원은 부재자의 재산에서 관리인에게 상당한 보수를 지급할 수 있다. 또한 관리인은 재산관리를 위하여 지출한 필요비와 그 이자, 과실 없이 입은 손해배상을 청구할 수 있다(제688조 제3항·제24조 제4항).

157) 대결 1971. 2. 26.자 71스3.

(라) 의 무

재산관리인은 부재자 본인과 어떤 계약관계에 놓여 있지 않지만, 직무의 성질상 부재자와의 위임계약에 기하여 재산을 관리하는 것과 동일한 의무를 부담하는 것으로 새겨야 한다(통설).[159] 구체적으로는 관리할 재산의 목록작성(제24조 제1항) · 재산의 보존을 위하여 가정법원이 명하는 처분의 수행(제24조 제2항) · 담보제공(제26조 제1항) 등의 의무를 부담한다.

판 례

○ 본조 소정의 관리인의 개임에 해당하는 사례

"부재자가 6.25사변 전부터 가사 일체와 재산의 관리 및 처분의 권한을 그 모인 '갑'에 위임하였다 가정하더라도 '갑' 이 부재자의 실종 후 법원에 신청하여 동 부재자의 재산관리인으로 선임된 경우에는 부재자의 생사가 분명하지 아니하여 민법 제23조의 규정에 의한 개임이라고 보지 못할 바 아니므로 이때부터 부재자의 위임에 의한 '갑' 의 재산관리 처분권한은 종료되었다고 봄이 상당하고, 따라서 그 후 '갑'의 부재자 재산처분에 있어서는 민법 제25조에 따른 권한 초과 행위 허가를 받아야 하며 그 허가를 받지 아니하고 한 부재자의 재산매각은 무효이다.[160]"

○ 부재자 재산관리인이 권한초과행위에 대하여 허가신청절차를 이행하기로 약정하였음에도 이를 태만히 할 경우, 상대방은 허가신청절차의 이행을 소구할 수 있는지 여부

"부재자 재산관리인에 의한 부재자 소유의 부동산 매매행위에 대한 법원의 허가결정은 그 허가를 받은 재산에 대한 장래의 처분행위뿐만 아니라 기왕의 매매를 추인하는 방법으로도 할 수 있고, 부재자 재산관리인의 권한초과행위에 대한 법원의 사후허가는 사인의 법률행위에 대하여 법원이 후견적 · 감독적 입장에서 하는 비쟁송적인 것으로서 그 허가 여부는 전적으로 법원의 권한에 속하는 것이기는 하나, 그 신청절차는 소의 제기 또는 그에 준하는 신청과는 달리 그 의사표시의 진술만 있으면 채무자의 적극적인 협력이나 계속적인 행위가 없더라도 그 목적을 달성할 수 있는 것이므로, 비록 그 허가신청이 소송행위로서 공법상의 청구권에 해당하더라도 부재자 재산관리인이 권한초과행위에 대하여 허가신청절차를 이행하기로 약정하고도 그 이행을 태만히 할 경우에는 상대방은 위 약정에 기하여 그 절차의 이행을 소구할 수 있고, 이러한 의사 진술을 명하는 판결이 확정되면 민사소송법 제695조 제1항에 의하여 허가신청의 진술이 있는 것으로 간주된다.[161]"

○ 생사불명의 부재자가 사망으로 간주되는 시점 이후 실종선고가 있기 이전에 재산관리인의 처분행위에 기하여 경료된 등기의 적법추정력 유무

"사망한 것으로 간주된 자가 그 이전에 생사불명의 부재자로서 그 재산관리에 관하여 법원으로부터 재산관리인이 선임되어 있었다면 재산관리인은 그 부재자의 사망을 확인했다고 하더라도, 선임결정이 취소되지 아니하는 한 계속하여 권한을 행사할 수 있다 할 것이므로 재산관리인에 대한

---

158) 관리인의 보수청구는 가정법원에, 관리비용은 통상법원에 청구한다는 것은 소송경제상 문제가 있으므로, 관리비용도 가정법원에 청구할 수 있도록 해석하는 것이 타당하다.

159) 따라서 관리인은 선관주의의무로써 직무를 수행하여야 하고(제681조), 부재자가 사망한 경우에는 일정 기간까지 그의 직무를 수행하여야 한다(제691조).

160) 대판 1977. 3. 22. 76다1437.

161) 대판 2000. 12. 26. 99다19278; 대판 1982. 12. 14. 80다1872, 80다1873.

선임결정이 취소되기 전에 재산관리인의 처분행위에 기하여 경료된 등기는 법원의 처분허가 등 모든 절차를 거쳐 적법하게 경료된 것으로 추정된다.[162)]"

◎ 법원의 재산관리상 권한초과행위 허가결정이 재산관리인의 기왕의 권한초과행위를 추인하는 효력을 갖는지 여부

"법원의 재산관리인의 초과행위허가의 결정은 그 허가받은 재산에 대한 장래의 처분행위를 위한 경우뿐만 아니라 기왕의 처분행위를 추인하는 행위로도 할 수 있다고 봄이 상당하므로, 부재자의 재산관리인이 법원의 초과행위허가결정을 받아 그 허가결정등본을 매수인에게 교부한때에는 그 이전에 한 부재자소유의 주식매매계약을 추인한 것으로 볼 수 있다.[163)]"

◎ 부재자 재산관리인이 법원의 매각처분허가를 받은 경우에 부재와 아무관계도 없는 제3자의 채무담보만을 위하여 부재자 재산에 근저당권을 설정한 것의 적부

"부재자 재산관리인이 법원의 매각처분허가를 얻었다 하더라도 부재자와 아무런 관계가 없는 남의 채무의 담보만을 위하여 부재자 재산에 근저당권을 설정하는 행위는 통상의 경우 객관적으로 부재자를 위한 처분행위로서 당연하다고는 경험칙상 볼 수 없다.[164)]"

◎ 처분권까지 위임받은 재산관리인

"부재자로부터 재산처분권까지 위임받은 재산관리인은 그 재산을 처분함에 있어 법원의 허가를 요하지 않는다.[165)]"

◎ 부재자 재산관리인의 부재자 소유 부동산에 대한 매매계약에 관하여 법원의 허가를 받지 아니하였다는 이유로 소유권이전등기청구소송의 패소판결이 확정된 후 그 권한초과행위에 대하여 법원의 허가를 받게 되면 다시 그 매매계약에 기한 소유권이전등기청구의 소를 제기할 수 있는지 여부

"부재자 재산관리인의 부재자 소유 부동산에 대한 매매계약에 관하여 부재자 재산관리인이 권한을 초과하여서 체결한 것으로 법원의 허가를 받지 아니하여 무효라는 이유로 소유권이전등기절차의 이행 청구가 기각되어 확정되었다고 하더라도, 패소판결의 확정 후에 위 권한초과행위에 대하여 법원의 허가를 받게 되면 다시 위 매매계약에 기한 소유권이전등기청구의 소를 제기할 수 있다.[166)]"

◎ 법원에 대하여 허가신청절차를 이행하기로 한 약정에 기하여 그 이행을 소구당한 부재자 재산관리인이 소송계속 중 해임되어 관리권을 상실하는 경우, 소송절차는 중단되고 새로 선임된 재산관리인이 소송을 수계하는지 여부

"재산관리인이 부재자를 대리하여 부재자 소유의 부동산을 매매하고 매수인에게 이에 대한 허가신청절차를 이행하기로 약정하고서도 그 이행을 하지 아니하여 매수인으로부터 허가신청절차의 이행을 소구당한 경우, 재산관리인의 지위는 형식상으로는 소송상 당사자이지만 그 허가신청절차의 이행으로 개시된 절차에서 만일 법원이 허가결정을 하면 재산관리인이 부재자를 대리하여서 한 매매계약이 유효하게 됨으로써 실질적으로 부재자에게 그 효과가 귀속되는 것이므로 법원에 대하여 허가신청절차를 이행하기로 한 약정에 터 잡아 그 이행을 소구당한 부재자 재산관리인이 소송계속

---

162) 대판 1991. 11. 26. 91다11810; 대판 1971. 3. 23. 71다189; 대판 1967. 2. 21. 66다2353.
163) 대판 1982. 9. 14. 80다3063; 대판 1956. 6. 14. 1956민상43.
164) 대결 1976. 12. 21.자 75마551.
165) 대판 1973. 7. 24. 72다2136.
166) 대판 2002. 1. 11. 2001다41971; 대판 1967. 2. 21. 65다1603.

중 해임되어 관리권을 상실하는 경우 소송절차는 중단되고 새로 선임된 재산관리인이 소송을 수계한다고 봄이 상당하다.[167)]"

○ 기타의 경우

"가사심판법 제2조 제1항 및 가사심판규칙 제32조의 규정에 의하면 본조 제2항에서 말하는 법원은 가정법원을 지칭한다 할 것이므로, 가정법원이 선임한 부재자재산관리인에 대한 보수는 그 가정법원이 부재자의 재산으로 상당한 보수를 지급할 수 있다고 보아야 한다.[168)]"

(3) 관리의 종료

부재자의 재산으로서 관리할 필요가 없게 된 일정한 경우, 부재자의 재산관리는 종료된다.[169)] 이처럼 재산관리가 필요 없게 되면, 절차를 밟아 관리는 종료하게 되지만, 관리인 선임 중 관리인에 의해 행하여진 행위는 처분명령의 취소에 영향을 받지 않는다(판례).

판 례

○ 부재자 사망시 재산관리인의 권한 소멸 여부

"부재자 재산관리인 선임결정이 있었던 이상 부재자가 사망한 것이 사실이라 하더라도 그 결정이 취소되지 않는 한 관리인의 권한이 당연히 소멸되는 것은 아니다.[170)]"

○ 법원에 의하여 부재자의 재산관리인이 선임된 경우, 그 선임결정이 취소되지 않는 한 그 관리인으로서의 권한이 소멸되는지 여부

"법원이 선임한 부재자의 재산관리인은 그 부재자의 사망이 확인된 후라 할지라도 위 선임결정이 취소되지 않는 한 그 관리인으로서의 권한이 소멸되는 것은 아니다.[171)]"

○ 부재자의 사망이 확인된 경우와 그 재산관리인의 권한 및 취소결정의 효력

"법원에 의하여 일단 부재자의 재산관리인 선임결정이 있었던 이상, 가령 부재자가 그 이전에 사망하였음이 위 결정 후에 확실하여졌다 하더라도 법에 정하여진 절차에 의하여 결정이 취소되지 않는 한 선임된 부재자재산관리인의 권한이 당연히는 소멸되지 아니한다 함이 당원의 판례로 하는 견해이며 위 결정 이후에 이르러 취소된 경우에도 그 취소의 효력은 장래에 향하여서만 생기는 것이며 그간의 그 부재자재산관리인의 적법한 권한행사의 효과는 이미 사망한 그 부재자의 재산상속인에게 미친다 할 것이다.[172)]"

○ 수인의 부재자 재산관리인이 있는 경우의 송달방법

"부재자의 재산관리인으로 수인이 선임된 경우에 변론기일의 통지는 그 중 한 사람에 대한 송달로써 충분하다.[173)]"

---

167) 대판 2002. 1. 11. 2001다41971; 대판 1990. 11. 13. 88다카26987.

168) 대결 1971. 2. 26.자 71스3.

169) 부재자 스스로 재산관리인을 둔 경우(제22조 제2항)·본인 스스로 재산관리를 하게 된 경우·본인의 사망사실이 분명하거나 또는 부재자가 실종선고를 받은 경우에는 더 이상 부재자로서 취급해야 할 필요가 없기 때문에 가정법원은 본인 또는 이해관계인의 청구에 의하여 처분명령을 취소하여야 한다(제22조 제2항).

170) 대판 1967. 2. 21. 66다2352.

171) 대판 1971. 3. 23. 71다189.

172) 대판 1970. 1. 27. 69다719.

◎ 부재자 실종선고기간 만료 후 재산관리인 선임 취소 결정 전 재산관리인 행위의 효력

"부재자재산관리인이 권한초과행위의 허가를 받고 그 선임결정이 취소되기 전에 위 권한에 의하여 이뤄진 행위는 부재자에 대한 실종선고기간이 만료된 후에 이루어졌다고 하더라도 유효한 것이고 그 재산관리인의 적법한 권한행사의 효과는 이미 사망한 부재자의 재산상속인에게 미친다.[174)]"

Ⅲ. 실종선고

1. 의 의

부재자의 생사불명의 상태가 일정기간 계속된 경우, 일정한 자의 청구에 의한 가정법원의 선고에 의하여 종래 그 자의 주소를 중심으로 한 지역에서 사망한 것으로 취급함으로써 그 자를 둘러싼 사법상의 법률관계를 확정·종결짓기 위한 제도를 실종선고라 한다.[175)]

2. 실종선고의 요건

●● 사례 7

기상조건이 아주 험한 북태평양의 해상에서 어로작업 중 어망이 엉키자, X(이 사건의 피고인 원양회사 대표) 소유 원양어선의 선장인 소외인이 갑판원 강모 외 13인에게 지시하여 갑판위에서 어망푸는 작업을 하도록 하였는데, 그 작업 중에 강모 외 13인이 갑판 위로 덮친 파도에 휩쓸려 바다에 추락하여 행방불명이 되었다. 그러자 그 유족인 Y외 1인(이 사건의 원고들)은 X를 상대로, 소외 선장이 그 작업의 중지·안전조치의 강구를 하지 않은 과실로 인해 강모 등이 사망하였음을 이유로 제750조에 기한 손해배상을 청구하였다. Y 등의 청구는 정당한가?

●● 사안의 쟁점:

생명침해를 이유로 한 손해배상청구의 경우, 원고의 망인의 사망사실의 확정이 전제되어야 하는데 시신이 확인되지 않았더라도(인정사망·실종선고가 없는 경우), 그 사망사실을 인정할 수 있는지 여부이다.

그 요건은 네 가지이다(제27조).[176)]

---

173) 대판 1980. 11. 11. 80다2065.

174) 대판 1975. 6. 10. 73다2023.

175) 독일실종법에서는 사망선고(Todeserklärung)라 한다.

176) 실종선고도 가정법원의 심판사건이다(가사소송법 제2조 제1항 제2호 가목 3)·제44조 제1호 참조).

(1) 부재자의 생사 불분명

생존의 증명은 물론 사망의 증명도 할 수 없는 상태를 말한다. 생사불명은 모든 사람에게 불분명해야 하는 것은 아니고, 선고청구권자와 법원의 입장에서 불분명하면 된다.

(2) 실종기간의 경과

생사불명 상태가 일정기간 계속되어야 하는 데, 그 기간을 실종기간이라 한다. 실종기간은 실종의 종류에 따라 다르다. 부재자가 특별한 사유 없이 생사불명인 경우를 보통실종이라 하고, 보통실종기간은 5년이다(제27조 제1항).[177] 사망의 개연성이 강한 어떤 사고 등으로 생사불명인 경우가 특별실종이고, 그 기간은 1년이다(제27조 제2항).[178][179]

판 례

◎ 민법 제27조 제2항에서 정하는 '사망의 원인이 될 위난'의 의미

"민법 제27조의 문언이나 규정의 체계 및 취지 등에 비추어, 그 제2항에서 정하는 '사망의 원인이 될 위난'이라고 함은 화재·홍수·지진·화산 폭발 등과 같이 일반적·객관적으로 사람의 생명에 명백한 위험을 야기하여 사망의 결과를 발생시킬 가능성이 현저히 높은 외부적 사태 또는 상황을 가리킨다.[180]"

(3) 청구권자의 청구

이해관계인이나 검사로부터의 실종선고의 청구가 있어야 한다(제27조 제1항). 이해관계인이란 부재자의 실종선고에 의하여 권리를 취득하거나 또는 의무를 면하게 되는 자를 말한다.[181] 사실상의 이해관계인을 말하는 것이 아님을 주의하여야 한다.[182] 한편 필요한 경우에는 검사도 공익의 대표자로서 실종선고 청구권자가 될 수 있다.

---

177) 그 실종기간의 기산은, 명문에 규정이 없으나, 최후 소식시를 기산점으로 해야 한다고 해석한다(통설).

178) 민법은 특별실종의 종류로서 네 가지를 규정하고 있다. 전쟁실종(전지에 임한 자가 생사불명인 경우)·선박실종(침몰한 선박 중에 있던 자가 생사불명인 경우)·항공기실종(추락한 항공기에 탑승하고 있던 자가 생사불명인 경우)·위난실종(기타 사망의 원인이 될 위난을 당한 자가 생사불명인 경우)이 있고, 그 기산점은 각각 전쟁이 종지한 때·선박 침몰시·항공기 추락시·위난 종료시가 된다(제27조 제2항).

한편 전쟁이 종지한 때라 함은 항복선언·휴전선언시를 말하는 것이고, 강화조약체결시나 개개의 전투의 종지를 말하는 것이 아니다.

179) 위난실종의 경우, 사망의 원인이 될 위난이란 일반적·객관적으로 사망의 결과를 발생시킬 가능성이 현저히 높은 외부적 사태 또는 상황을 말한다(판례).

180) 대결 2011. 1. 31. 자 2010스165.

181) 부재자의 배우자·추정상속인·채권자·수증자·법정대리인·부재자의 재산관리인·생명보험금수취인·연금채무자(국가)·종신정기금채무자 등을 들 수 있다.

182) 부재자의 내연의 처로부터 재산을 매수한 자(대판 1961. 11. 23. 4294민재항1)·선순위상속인이 있는 경우의 후순위상속인 등은 실종선고를 청구할 수 있는 이해관계인이 아니다.

판 례

◎ 실종선고를 청구할 수 있는 이해관계인

"위의 이해관계인은 그 실종선고로 인하여 일정한 권리를 얻고 의무를 면하는 등의 신분상 또는 재산상의 이해관계인에 한한다고 보아야 할 것이다.[183)]"

◎ 제2순위의 추정상속인은 그 선고를 청구할 수 있는 이해관계인에 포함되는지 여부

"부재자의 자매로서 제2순위 상속인에 불과한 자는 부재자에 대한 실종선고의 여부에 따라 상속지분에 차이가 생긴다고 하더라도, 이는 부재자의 사망 간주시기에 따른 간접적인 영향에 불과하고, 부재자의 실종선고 자체를 원인으로 한 직접적인 결과는 아니므로, 부재자에 대한 실종선고를 청구할 수는 없다.[184)]"

◎ 호적상 사망 기재된 자에 대한 실종선고 가부

"호적부의 기재사항은 이를 번복할만한 명백한 반증이 없는 한 진실에 부합하는 것으로 추정되고, 특히 호적부의 사망기재는 쉽게 번복할 수 있게 해서는 안 되므로, 호적상 이미 사망한 것으로 기재되어 있는 자는 그 호적상 사망기재의 추정력을 뒤집을 수 있는 자료가 없는 한 그 생사가 불분명한 자라고 볼 수 없어 실종선고를 할 수 없다.[185)]"

◎ 실종선고 청구인을 절차에 참여시키지 않은 법원의 조치가 정당한지 여부

"실종선고에 대한 항고사건에서 청구인을 절차에 참여시키지 않은 항고법원의 조치가 위법한 것은 아니다.[186)]

(4) 공시최고

위의 요건을 구비한 경우, 가정법원은 6개월 이상의 기간을 정하여 그 기간 내에 부재자 본인이나 또는 부재자의 생사를 아는 자는 법원에 신고하도록 공고하여야 한다(가사소송규칙 제54조·제55조·제26조). 이것이 공시최고이다. 공시최고기간 경과 시까지 아무런 신고가 없게 되면, 절차상의 요건을 갖춘 것이 된다.[187)][188)]

●● 사례 7의 해결:

불법행위를 원인으로 한 손해배상청구사건의 요건사실의 인정은 사실심 수소법원의 판단에 의하는 것이고 일반불법행위에 기한 손해배상청구사건의 요건사실은 가해행위, 권리침해(피침해

---

183) 대결 1992. 4. 14.자 92스4, 5, 6; 대결 1986. 10. 10.자 86스20.

184) 대결 1986. 10. 10.자 86스20.

185) 대결1997. 11. 27.자 97스4.

186) 대결 1997. 11. 27.자 97스4.

187) 위에서 본 '(1)'과 '(2)'를 실종선고의 실질적 요건, '(3)'을 형식적 요건이라 한다.

188) 실종선고사건은 부재자의 주소지를 관할하는 가정법원의 심판사건으로서, 요건 구비시에 가정법원은 필연적으로 실종선고를 하여야 한다.

권리), 고의나 과실, 손해, 인과관계 등으로 구분될 수 있으며 이 가운데 피침해권리가 사람의 생명과 같은 인격적 권리인 때에도 그 사실인정은 사실심 수소법원이 자유로운 심증으로 사망의 확신이 설 때에는 이를 할 수 있다(인정사망이나 실종선고에 의하지 아니하고 법원이 사망사실을 인정할 수 있다). 위 사안의 경우, 비록 시신이 확인되지 않았다 하더라도 그 사람은 그 무렵(바다에 추락하여 행방불명이 된 시점)에 사망한 것으로 확정함이 우리의 경험칙과 논리칙에 비추어 당연하다.[189][190]

(대판 1989. 1. 31. 87다카2954의 사실관계와 판결요지 등 참조)

3. 실종선고의 효과

실종선고를 받은 자는 실종기간의 만료시에 사망한 것으로 본다(제28조).

(1) 실종자의 사망자 의제(본다)

외국의 입법례와는 달리,[191] 민법은 실종자를 사망자로 의제한다.[192] 그 선고의 효과는 이해관계인뿐만 아니라, 모든 사람에 대하여 미치는 절대적 효력이 있다.

판 례

◎ 실종선고의 효력을 반증을 들어 다툴 수 있는지 여부

"민법 제28조는 '실종선고를 받은 자는 실종기간이 만료한 때에 사망한 것으로 본다'고 규정하고 있으므로, 실종선고가 취소되지 않는 한, 반대의 증거를 들어 실종선고의 효과를 다툴 수는 없다.[193]"

◎ 실종선고가 확정되기 전이라도 소송상의 지위승계가 가능한지 여부

"소송이 적법하게 계속된 후 당해 소송당사자에 대하여 실종선고가 확정된 경우에는, 실종자가 사망하였다고 보는 시기는 실종기간이 만료한 때라 하더라도, 소송상의 지위의 승계절차는 실종선

---

189) 위 판례는, 위 사안의 경우에 원심이 인용한 당원판례의 취지(타인의 불법행위로 생명을 잃었다 하여 손해배상을 구하는 사건에 있어서는 그 사망사실이 '확정적'으로 밝혀져야 하며 행방불명되어 생환하지 못하였다는 사실만으로서는 생명을 해하였다고 할 수는 없다. 대판 1985. 4. 23. 84다카2123)는 사람의 사망과 같은 인격적 권리의 상실에 관한 사실인정은 신중하게 할 것이고 단순히 행방불명되어 생환하지 못하였다는 사실만으로 가볍게 인정해서는 안된다는 데에 그 의미가 있는 것이지 위에서 본 이 사건의 사실관계와 같은 사망 개연성이 극히 높고 생환가능성이 거의 없는 것으로 여겨지는 경우까지도 '사망사실이 확정적으로 밝혀진 바 없고 행방불명되어 생환하지 못하였다는 사실만으로서는 생명을 해하였다고 할 수는 없다.'라는 명제하에 일률적으로 사망인정을 하지 못한다는 의미는 아니라고 해석하였다.

190) 위 사안의 손해배상청구의 경우와는 달리, 망인의 사망사실의 대세적 효력이 인정되기 위해서는 별도의 인정사망 · 실종선고절차를 밟아야 함을 주의하여야 한다.

191) 독일실종법(제9조), 스위스민법 제38조 등은 실종자를 사망한 것으로 추정하는, 추정주의를 취한다.

192) 추정주의를 취하는 입법례와는 달리, 실종자의 생존(환) 사실 등의 반증만으로는, 실종선고로 인한 사망의 효력을 깨뜨리지는 못한다. 실종선고가 사실에 반할 경우에는 제29조 소정의 실종선고 취소절차를 밟아야 한다.

193) 대판 1995. 2. 17. 94다52751; 대판 1970. 3. 10. 69다2103.

고가 확정되어야만 비로소 이를 취할 수 있는 것이므로, 실종선고가 있기까지는 소송상 당사자능력이 없다고 할 수 없고, 소송절차가 법률상 그 진행을 할 수 없게 된 때, 즉 실종선고가 확정된 때에 소송절차가 중단된다.[194]"

◎ 실종에 의한 사망간주 시점이 소제기 전으로 소급하는 경우, 확정판결의 효력

"실종선고의 효력이 발생하기 전에는 실종기간이 만료된 실종자라 하여도 소송상 당사자능력을 상실하는 것은 아니므로, 실종선고 확정 전에는 실종기간이 만료된 실종자를 상대로 하여 제기된 소도 적법하고 실종자를 당사자로 하여 선고된 판결도 유효하며 그 판결이 확정되면 기판력도 발생하고, 이처럼 판결이 유효하게 확정되어 기판력이 발생한 경우, 그 판결이 해제조건부로 선고되었다는 등의 특별한 사정이 없는 한 그 효력이 유지되어 당사자로서는 그 판결이 재심이나 추완항소 등에 의하여 취소되지 않는 한 그 기판력에 반하는 주장을 할 수 없는 것이 원칙이며, 비록 실종자를 당사자로 한 판결이 확정된 후 실종선고가 확정되어 그 사망간주의 시점이 소제기 전으로 소급하는 경우에도 위 판결 자체가 소급하여 당사자능력이 없는 사망한 사람을 상대로 한 판결로서 무효가 된다고는 볼 수 없다.[195]"

◎ 민법 부칙(1958. 2. 22.) 제25조 제2항에서 정한 '재산상속이 개시되는 경우'에 상속인이던 사람이 실종선고를 받아 대습상속 사유가 발생한 경우도 포함되는지 여부(적극)

"민법 부칙(1958. 2. 22.) 제25조 제2항은 "실종선고로 인하여 호주 또는 재산상속이 개시되는 경우에 그 실종기간이 구법 시행기간 중에 만료하는 때에도 그 실종이 본법 시행일 후에 선고된 때에는 그 상속순위, 상속분 기타 상속에 관하여는 본법의 규정을 적용한다."고 규정하고 있는데, 여기서 '재산상속이 개시되는 경우'란 피상속인의 실종선고로 인하여 재산상속이 개시되는 경우뿐만 아니라 일응 상속인이던 자가 행방불명으로 인하여 실종선고를 받은 결과 재산상속의 개시 내지는 대습상속 사유가 발생한 경우도 포함된다.[196]"

(2) 사망의 효력발생시기

네 가지 입법주의가 있으나,[197] 민법은 실종기간만료시주의를 취한다(제28조).[198][199] 만약 실종선고가 두 번 된 경우, 제1의 선고에 의하여 상속 등의 법률관계를 판단하여야 한다(판례).

---

194) 대판 1983. 2. 22. 82다18.

195) 대판 1992. 7. 14. 92다2455.

196) 대판 2011. 5. 13. 2009다94384, 94391, 94407.

197) 최후소식(위난발생)시주의(사망시기가 선고시보다 소급함으로써 생기는 법률관계의 복잡우려·최후소식 당시의 생존사실에 반한다는 등의 비판이 있다)·실종기간중간시주의(최후소식시주의와 별 차이가 없다)·선고시주의(선고의 청구 또는 심판절차의 늦고 빠름에 사망의 효력발생이 의존되어 바람직하지 않다)·실종기간만료시주의(최후소식시주의와 선고시주의를 절충한 것으로서 비교적 결함이 적다) 등이 있다.

198) 실종기간이 만료되었을 때에 상속이 개시되고, 배우자의 재혼이 가능하게 된다.

199) 실종기간만료시주의 아래에서도, 사망시기가 선고시보다 소급함으로써 여전히 불합리한 결과가 생길 수 있다(가령 부재자의 채권자가 잔류재산에 대한 민사집행을 하였고, 그 후 실종선고가 내려짐으로써 그 민사집행이 실종기간 만료 후에 한 것이라면, 그 집행은 상속인의 재산에 대하여 한 것이 됨으로써 민사집행은 무효가 된다)는 점에서 선의의 제3자 보호를 위한 조치가 필요하다.

판 례

○ 동일인에 대하여 2차례의 실종선고가 있는 경우, 상속관계의 판단 기준 시점

"실종자에 대하여 1950. 7. 30. 이후 5년간 생사불명을 원인으로 이미 1988. 11. 26. 실종선고가 되어 확정되었는데도, 그 이후 타인의 청구에 의하여 1992. 12. 28. 새로이 확정된 실종신고를 기초로 상속관계를 판단한 것은 잘못이다.[200)]"

(3) 사망으로 보는 범위

실종선고는 실종자의 권리능력을 완전히 박탈시키는 제도는 아니다. 실종자의 종래 주소·거소를 중심으로 하는 사법관계(재산관계·가족관계)만을 종료시킬 따름이다.[201)]

(4) 실종선고와 생존추정

외국의 입법례와는 달리,[202)] 명문의 규정이 없는 민법의 해석으로서 실종자는 실종기간만료시까지 생존한 것으로 추정한다(통설). 부재자가 실종선고를 받지 않고 있는 경우, 만약 실종선고를 받았다면 사망의 효력발생시기까지는 생존한 것으로 추정되는지 여부에 대하여는 학설상 다툼이 있다.[203)] 생각건대 생사불명인 자의 연령·생사불명의 원인 등을 종합적으로 고려하는 등 사실문제로써 해결하는 것이 타당하다고 생각한다.

판 례

○ 실종기간 만료 전에는 생존한 것으로 추정되는지 여부

"실종선고의 효력이 발생되기 전에는 실종기간이 만료된 실종자라 하여도 소송상 당사자능력을 상실하는 것은 아니므로, 실종선고 확정 전에는 실종기간이 만료된 실종자를 상대로 하여 제기된 소도 적법하고 실종자를 당사자로 하여 선고된 판결도 유효하며, 그 판결이 확정되면 기판력도 발생한다.[204)]"

○ 실종기간 만료 전까지 생존

"실종선고의 효력이 생기기 전까지는 생존하였던 것으로 보아야 한다.[205)]"

---

200) 대판 1995. 12. 22. 95다12736.

201) 종래의 주소가 아닌 다른 곳에서의 법률관계의 경우, 실종선고의 효과는 미치지 않으며, 종래의 주소로 생환하였을 때의 법률관계는 실종선고의 취소가 없어도, 당연히 유효하다.

202) 독일실종법은 사망선고가 있는 경우, 사망추정시까지 실종자를 생존한 것으로 추정한다(제10조).

203) 생존추정설(김용한, 145면)·부정설(이영준, 779면; 장경학, 255면)·추정은 생기지 않고, 사실관계로 해결하여야 한다는 견해(김상용, 194면; 김준호, 124면; 송덕수, 393면) 등이 그것이다. 판례도 사실관계설을 취한다(대판 1989. 1. 31. 87다카2954 참조).

204) 대판 1992. 7. 14. 92다2455.

205) 대판 1977. 3. 22. 77다81, 82.

4. 실종선고의 취소

실종선고로 인한 사망의제주의를 취하는 민법의 경우, 실종선고가 사실에 반한다는 이유로 그 선고의 효과를 번복하기 위해서는, 실종선고 취소의 심판절차를 밟아야 한다(제29조 제1항 본문).

(1) 실종선고 취소의 요건

(가) 실질적 요건

다음의 세 가지 요건 중 어느 한 가지 사실의 증명이 있어야 한다. 첫째, 실종자의 생존사실(제29조 제1항 본문). 둘째, 실종기간만료시와 다른 시기에 사망한 사실(제29조 제1항 본문). 셋째, 실종기간 기산점 이후 어느 시기까지 생존한 사실 등이다.[206]

(나) 형식적 요건

본인, 이해관계인 또는 검사로부터의 실종선고 취소의 청구가 있어야 한다(제29조 제1항 본문). 실종선고의 경우와는 달리, 공시최고는 필요하지 않다.

(2) 실종선고 취소의 절차

실종선고의 경우와 마찬가지로, 가사소송법 및 가사소송규칙에 따른다.

(3) 실종선고 취소의 효과

원칙과 예외가 있다.

(가) 원 칙

처음부터 실종선고가 없었던 것과 같은 효력이 생긴다. 즉, 실종선고로 인한 법률관계는 소급적으로 무효가 된다.[207]

(나) 예 외

위에서 살핀 원칙을 관철할 경우, 실종선고를 신뢰하여 행동한 배우자 · 상속인 · 기타의 이해관계인은 뜻하지 않은 손해를 입을 수가 있다. 따라서 민법은 원상회복의 원칙에 대하여 선의자 보호를 위한 다음과 같은 두 개의 예외를 규정하고 있다.

① 실종선고 취소의 효과는, 실종선고 후 취소 전에 선의로 한 행위에는 그 영향을 미치지 않는다(제29조 제1항 단서).[208] 그 요건을 보면, 취소의 효과가 미치지 않는 그 법률행위는 실종

---

206) 셋째의 경우, 명문의 규정은 없지만 실종기간 기산점이 다르면, 사망의 효력발생시기가 달라지기 때문에 실종선고를 취소할 실익이 있다.

207) 세 가지로 나눌 수 있다. 첫째, 실종자의 생존사실을 이유로 취소된 경우, 재산관계는 환원되고, 가족관계는 부활됨으로써 원상회복이 이루어진다. 둘째, 실종기간만료시와 다른 시기에 사망하였음을 이유로 취소된 경우, 새로운 사망시기를 표준으로 하여 사망으로 인한 법률관계가 확정된다. 셋째, 실종기간 기산점 이후 어느 시기까지 생존하였음을 이유로 취소된 경우, 실종선고 이전의 상태로 회복되고, 만약 이해관계인이 원할 경우에는 새로운 실종선고를 청구할 수 있다.

선고 후 취소 전에 행해진 것이어야 하고, 그 법률행위는 선의로 행해졌어야 한다. 선의와 관련하여, 단독행위(채무면제 · 상계 등)일 경우에는 행위자만 선의이면 되므로 문제가 없으나, 계약(재산행위)의 경우에는 학설상 다툼이 있다.[209][210] 생각건대 개개의 당사자에 따라서 그 효력을 개별적 · 상대적으로 결정하는 것이 거래의 안전을 도모하는 등 합리적이라 할 것이다.

② 실종선고로 직접 재산을 취득한 자는 선의이면 현존이익을 반환할 의무가 있고, 악의이면 받은 이익에 이자를 붙여서 반환하며 손해가 있으면 이를 배상하여야 한다(제29조 제2항).[211] 제29조 제2항은 제29조 제1항과 선택적 관계에 있다고 보아야 한다.

---

208) 상속인의 상속재산의 처분행위, 배우자의 재혼 등은 실종선고가 취소되어도 그대로 유효하게 된다.

209) 재산행위에 관한 학설은 세 가지로 나뉜다. 제1설은, 관계당사자 전원이 선의인 경우에만 제29조 제1항 단서에 의해 보호를 받는다는 것이다(곽윤직 · 김재형, 145면; 김상용, 199면; 송덕수, 587면; 지원림, 101면 등). 제2설은, 관계당사자를 개별적으로 판단하여 선의자는 제29조 제1항 단서에 의해 보호를 받고, 악의자는 실종선고를 취소 받은 자에게 책임을 지도록 해야 한다는 견해이다(김용한, 143면). 제3설은, 제29조 제1항 단서 소정의 선의로 한 행위는 실종선고를 직접 원인으로 하여 재산을 취득한 상속인과 그 상대방의 행위에 국한하되, 선의의 존부는 각 당사자별로 개별적으로 결정해야 한다는 것이다(고상용, 83면; 김준호, 128면).

이상의 학설을 비교 · 검토해 본다. 가령 A(실종선고가 취소된, 생존실종자), B(A의 상속인), C(B의 상속재산을 넘겨받은 양수인), D(C로부터 그 재산을 취득한 전득자) 사이의 법률관계를 살펴본다. 제1설에 따르면, B · C · D 모두가 선의일 경우, A는 D에게 반환을 청구하지 못하나(제29조 제1항 단서), 그 중 일방이 악의이면 반환을 청구할 수 있게 된다. 그러므로, 악의자(C)로부터 매수한 선의의 전득자(D)에게 A는 반환청구를 할 수 있다. 그 결과, 선의자는 보호되어야 한다는 정의관념에 반하고, 거래의 안전을 해치게 된다. 제2설은 이 점에 착안하여, 재산행위의 효력은 일률적으로 결정하지 말고, 상대적 · 개별적으로 결정함으로써 선의자에 대한 관계는 유효로 하고 악의자에 대한 관계만 무효로 처리해야 한다는 것이다. 제2설을 취할 경우, A는 B · C · D가 모두 선의이면 D에게 반환청구를 하지 못한다. D가 악의이고 B · C가 선의이면, A는 D에게 반환청구를 하거나 또는 B에게 현존이익의 반환을 청구할 수 있는데, 만약 D에게 반환을 청구한다면 C(선의의 양수인)는 D에게 제569조 · 제570조 소정의 담보책임을 져야 한다(제1설은 이러한 경우를 지칭하여, 제2설이 제1설보다 반드시 선의자를 보호할 수 있는 견해는 아니라고 비판한다. 일응 경청할 만하다). 그런데 D가 선의이고, C가 악의일 경우, 제1설에 의하면 목적물이 동산이면 제249조에 의해 D가 보호를 받을 수 있지만, 부동산이면 보호를 받지 못한다. 그러나 제2설에 의하면, 목적물에 관계없이 D는 제29조 제1항 단서에 의한 보호를 받게 된다. 제3설에 따르면, 선의로 한 행위는 B · C에 국한되므로, B · C가 선의이면 제29조 제1항 단서에 의해 C는 확정적으로 소유권을 취득하게 되어, 비록 D가 악의일 경우에도 D는 유효하게 권리를 취득하게 된다(악의의 전득자 D를 보호해야 할 것인지 등은 의문이다).

210) 가족법상의 행위가 문제되는 것은, 주로 잔존배우자의 재혼의 경우이다. 쌍방이 선의이면 제29조 제1항 단서에 의해 보호를 받고, 쌍방 · 일방이 악의이면 제29조 제1항 단서는 적용되지 않게 된다(통설). 가령 X(실종선고가 취소된, 생존실종자), Y(X의 배우자로서 재혼당사자 일방), Z(Y와 재혼한 자)의 경우, 제29조 제1항 단서와 관련하여 살펴본다. Y · Z 모두 선의이면, X · Y간의 전혼은 부활되지 않고 Y · Z간의 후혼은 그대로 유효하게 된다(제29조 제1항 단서). Y · Z 쌍방 또는 어느 일방이 악의이면, 제29조 제1항 단서가 적용되지 않는다. 그러나 혼인의 성질상 후혼이 무효로 되지는 않고 중혼이 되고, 전혼은 부활된다. 부활된 전혼에는 이혼사유가 생기고(제840조 제1호), 후혼은 중혼으로서 취소할 수 있게 된다(제810조 · 제816조 · 제818조 전단).

211) 관련 사항 몇 가지를 본다. 첫째, 실종선고로 직접 재산을 취득한 자라 함은, 상속인 · 수유자 · 사인증여의 수증자 · 생명보험수익자 등을 말하고, 이들로부터 재산을 취득한 전득자는 포함되지 않는다. 둘째, 이득반환의 법적 성질은 부당이득반환의무인 것이므로, 그 반환의 범위는 부당이득의 반환범위와 같다(제748조 참조). 셋째, 재산취득자에게 취득시효(제245조 · 제248조), 매장물발견(제254조), 부합 · 혼화 · 가공(제256-제261조) 등 다른 권리취득원인이 있으면, 실종선고의 취소에 의하여 그 영향을 받지 않는다. 넷째, 제29조 제2항에 기한 이득반환청구권은 보통의 채권으로서 실종선고 취소시부터 10년의 소멸시효기간에 걸린다(제162조 제1항). 그러나 부동산등 유체재산이 전득자에게 그대로 있는 경우, 생존실종자는 제213조에 기한 물권적 청구권을 갖는다 할 것이므로, 생존실종자의 이득반환청구권은 시간적 제약이 없다고 해석하여야 한다.

판 례

○ 실종선고의 취소사유가 있다는 사정만으로 실종선고로 인하여 개시된 상속의 효력을 부인할 수 있는지 여부

"실종선고로 인하여 실종기간 만료시를 기준으로 상속이 개시된 이상, 비록 나중에 실종선고가 취소되어야 할 사유가 생겼다고 하더라도 실제로 실종선고가 취소되지 않는 한, 실종기간이 만료하여 사망한 때로 간주되는 시점과 달리, 임의로 사망시점을 정하여 이미 개시된 상속을 부정하고 이와 다른 상속관계를 인정할 수는 없다.[212]"

제3절 법 인

제1관 총 설

Ⅰ. 법인의 의의·존재이유

1. 법인의 의의

법인이란 자연인이 아니면서 법률상 권리와 의무의 주체가 될 수 있는 자를 말한다.[213] 법인은 사회생활(경제생활)에 있어서 독자적인 의사를 가지고 대표기관의 행위에 의해 활동해 나간다.[214]

2. 법인의 존재이유

법률이 자연인이 아닌 일정한 단체에 권리능력을 인정하는 이유는 무엇인가? 오늘날의 사회생활에 있어서 자연인 이외의 사람의 집단·독립재산이 하나의 독립한 활동단위로서 사회적 작용을 담당하고 있기 때문이다. 더욱이 사회에 있어서 대규모적이고 영속적인 사업의 수행은, 자연인의 유한한 생명·자력에 의하는 것보다는 사람의 집단·독립재산에 의해서만 수행이 가능한 경우가 많다. 이러한 점은 자본주의경제체제의 영리기업의 경우에 더욱 현저하다. 따라서 일정한 목적과 조직을 갖춘 사람의 집단이나 독립재산 자

212) 대판 1994. 9. 27. 94다카21542.

213) 민법상의 법인에는 일정한 목적과 조직 아래 결합한 사람의 단체인 사단법인과 일정한 목적에 제공된 독립재산의 실체인 재단법인이 있다.

214) 법인은 회사(영리법인)와 같은 자본가단체이든, 한국토지주택공사와 같은 중간법인(단체)이든, 지방자치단체와 같은 공법인이든, 나름대로 단체로서의 사회적 기능을 수행하고 있다.

체에 권리능력을 인정하여 이들의 사회적・경제적 활동을 법적으로 보장하고, 거래질서를 바로 잡는 것은 사회일반의 요구라 할 것이다. 이것이 법인제도의 존재이유이다.[215)]

Ⅱ. 법인격 부인론

단독행위(유언)의 자유, 합동행위(단체설립)의 자유, 계약의 자유를 내용으로 하는 사적자치의 원칙을 그대로 관철함으로써 세금포탈・강제집행의 면탈・재산은닉의 목적으로 법인제도를 악용하는 것은 바람직하지 않다. 이러한 경우에는 법인의 독립성은 인정하면서도 부당한 목적에 사용된 특정의 사안에 대하여는, 그 한도 내에서 법인격을 부정해야 한다는 것을 법인격 부인론(Nichtbeachtung der juristischen Person)이라 한다.[216)] 우리판례는 2001년의 삼진사건에서 법인격부인의 법리를 전격 채용한바 있으나, 최근에는 법인격남용을 인정하는 데 소극적인 태도를 보이는 것 같다.

판 례

○ 법인격부인론의 요건과 효과

"회사가 외형상으로는 법인의 형식을 갖추고 있으나 이는 법인의 형태를 빌리고 있는 것에 지나지 아니하고 그 실질에 있어서는 완전히 그 법인격의 배후에 있는 타인의 개인기업에 불과하거나 그것이 배후자에 대한 법률적용을 회피하기 위한 수단으로 함부로 쓰여지는 경우에는, 비록 외견상으로는 회사의 행위라 할지라도 회사와 그 배후자가 별개의 인격체임을 내세워 회사에게만 그로 인한 법적 효과가 귀속됨을 주장하면서 배후자의 책임을 부정하는 것은 신의성실의 원칙에 위반되는 법인격의 남용으로서 심히 정의와 형평에 반하여 허용될 수 없고, 따라서 회사는 물론 그 배후자인 타인에 대하여도 회사의 행위에 관한 책임을 물을 수 있다고 보아야 한다.[217)]"

○ 법인격부인론의 적용에 있어 법인격 형해화 또는 '법인격 남용'을 인정하기 위한 요건

"회사가 외형상으로는 법인의 형식을 갖추고 있으나 법인의 형태를 빌리고 있는 것에 지나지 아니하고 실질적으로는 완전히 그 법인격의 배후에 있는 사람의 개인기업에 불과하거나, 그것이 배후자에 대한 법률적용을 회피하기 위한 수단으로 함부로 이용되는 경우에는, 비록 외견상으로는 회사의 행위라 할지라도 회사와 그 배후자가 별개의 인격체임을 내세워 회사에게만 그로 인한 법적 효

215) 법인제도를 인정하는 실익은 무엇인가? 법인제도는 단체의 재산적 법률관계를 단순하게 처리하기 위한 일종의 법적 기술이라 할 수 있다. 만약 자연인 이외의 단체에 법인격을 부인할 경우, 단체가 취득한 권리・부담한 의무는 전 구성원에게 귀속하게 된다. 즉, 단체가 취득한 재산은 전 구성원의 공유재산이 되고, 부담한 채무는 전 구성원의 공동채무가 됨으로써 단체를 둘러싼 재산적 법률관계의 처리가 복잡하게 된다. 그러나 일정한 요건을 구비한 단체 자체에 법인격을 부여한다면, 단체는 자신의 명의로 외부와 계약을 체결하고, 거기에서 생기는 권리・의무는 구성원이 아닌 단체 자체에 귀속하게 됨으로써 단체를 둘러싼 법률관계의 처리가 간명해진다.

216) 이 이론을 확립한 일본의 판례(최고재판소 판결 1969. 2. 27. 일본최고재판소 민사판결집, 23권 2호, 55면)에 따르면, 법인격이 부인되는 경우는 두 가지이다. 법인의 형식을 이용하는 자와 법인이 사실상 같아서 법인이 형해화(形骸化) 되는 경우, 법률의 적용을 회피하기 위하여 법인격을 남용하는 경우가 그것이다.

217) 대판 2001. 1. 19. 97다21604.

과가 귀속됨을 주장하면서 배후자의 책임을 부정하는 것은 신의성실의 원칙에 위배되는 법인격의 남용으로서 심히 정의와 형평에 반하여 허용될 수 없고, 따라서 회사는 물론 그 배후자인 타인에 대하여도 회사의 행위에 관한 책임을 물을 수 있다고 보아야 한다. 여기서 회사가 그 법인격의 배후에 있는 사람의 개인기업에 불과하다고 보려면, 원칙적으로 문제가 되고 있는 법률행위나 사실행위를 한 시점을 기준으로 하여, 회사와 배후자 사이에 재산과 업무가 구분이 어려울 정도로 혼용되었는지 여부, 주주총회나 이사회를 개최하지 않는 등 법률이나 정관에 규정된 의사결정절차를 밟지 않았는지 여부, 회사 자본의 부실 정도, 영업의 규모 및 직원의 수 등에 비추어 볼 때, 회사가 이름뿐이고 실질적으로는 개인 영업에 지나지 않는 상태로 될 정도로 형해화 되어야 한다. 또한, 위와 같이 법인격이 형해화 될 정도에 이르지 않더라도 회사의 배후에 있는 자가 회사의 법인격을 남용한 경우, 회사는 물론 그 배후자에 대하여도 회사의 행위에 관한 책임을 물을 수 있으나, 이 경우 채무면탈 등의 남용행위를 한 시점을 기준으로 하여, 회사의 배후에 있는 사람이 회사를 자기 마음대로 이용할 수 있는 지배적 지위에 있고, 그와 같은 지위를 이용하여 법인 제도를 남용하는 행위를 할 것이 요구되며, 위와 같이 배후자가 법인 제도를 남용하였는지 여부는 앞서 본 법인격 형해화의 정도 및 거래상대방의 인식이나 신뢰 등 제반 사정을 종합적으로 고려하여 개별적으로 판단하여야 한다.[218)]"

◎ 기존회사의 채무를 면탈할 의도로 신설회사를 설립한 것인지 여부의 판단 기준 및 이에 해당하는 경우, 기존회사의 채권자가 두 회사 모두에 대하여 채무의 이행을 청구할 수 있는지 여부

"기존회사가 채무를 면탈하기 위하여 기업의 형태·내용이 실질적으로 동일한 신설회사를 설립하였다면, 신설회사의 설립은 기존회사의 채무면탈이라는 위법한 목적 달성을 위하여 회사제도를 남용한 것에 해당한다. 이러한 경우에 기존회사의 채권자에 대하여 위 두 회사가 별개의 법인격을 갖고 있음을 주장하는 것은 신의성실의 원칙상 허용될 수 없으므로, 기존회사의 채권자는 위 두 회사 어느 쪽에 대하여도 채무의 이행을 청구할 수 있다. 여기에서 기존회사의 채무를 면탈할 의도로 신설회사를 설립한 것인지 여부는 기존회사의 폐업 당시 경영상태나 자산상황, 신설회사의 설립시점, 기존회사에서 신설회사로 유용된 자산의 유무와 그 정도, 기존회사에서 신설회사로 이전된 자산이 있는 경우 그 정당한 대가가 지급되었는지 여부 등 제반 사정을 종합적으로 고려하여 판단하여야 한다.[219)]"

◎ 모회사가 자회사의 독자적인 법인격을 주장하는 것이 법인격의 남용에 해당하기 위한 요건

"친자회사는 상호간에 상당 정도의 인적·자본적 결합관계가 존재하는 것이 당연하므로, 자회사의 임·직원이 모회사의 임·직원 신분을 겸유하고 있었다거나 모회사가 자회사의 전 주식을 소유하여 자회사에 대해 강한 지배력을 가진다거나 자회사의 사업 규모가 확장되었으나 자본금의 규모가 그에 상응하여 증가하지 아니한 사정 등만으로는 모회사가 자회사의 독자적인 법인격을 주장하는 것이 자회사의 채권자에 대한 관계에서 법인격의 남용에 해당한다고 보기에 부족하고, 적어도 자회사가 독자적인 의사 또는 존재를 상실하고 모회사가 자신의 사업의 일부로서 자회사를 운영한다고 할 수 있을 정도로 완전한 지배력을 행사하고 있을 것이 요구되며, 구체적으로는 모회사와 자회사 간의 재산과 업무 및 대외적인 기업거래활동 등이 명확히 구분되어 있지 않고 양자가 서로 혼

218) 대판 2010. 1. 28. 2009다73400; 대판 2008. 9. 11. 2007다90982; 대판 2001. 1. 19. 97다21604.
219) 대판 2008. 8. 21. 2006다24438; 대판 2004. 11. 12. 2002다66892.

용되어 있다는 등의 객관적 징표가 있어야 하며, 자회사의 법인격이 모회사에 대한 법률 적용을 회피하기 위한 수단으로 사용되거나 채무면탈이라는 위법한 목적 달성을 위하여 회사제도를 남용하는 등의 주관적 의도 또는 목적이 인정되어야 한다.[220]"

◎ 편의치적을 위하여 설립된 선박회사와 실제상 소유자인 선박회사와의 법인격의 동일성 여부

"선박회사인 갑, 을, 병이 외형상 별개의 회사로 되어 있지만 갑회사 및 을회사는 선박의 실제상 소유자인 병회사가 자신에 소속된 국가와는 별도의 국가에 해운기업상의 편의를 위하여 형식적으로 설립한 회사들로서 그 명의로 선박의 적을 두고 있고(이른바 편의치적), 실제로는 사무실과 경영진 등이 동일하다면 이러한 지위에 있는 갑회사가 법률의 적용을 회피하기 위하여 병회사가 갑회사와는 별개의 법인격을 가지는 회사라는 주장을 내세우는 것은 신의성실의 원칙에 위반하거나 법인격을 남용하는 것으로 허용될 수 없다.[221]"

◎ 회사의 법인격을 부인하는 이론으로서 법인형해론의 요건

"이른바 법인형해론의 입장에서 회사의 법인격이 부인되기에 이르렀다고 보려면, 회사의 대표이사가 회사의 운영이나 기본재산의 처분에 있어서 주식회사 운영에 관한 법적 절차 등을 무시하고 위법 부당한 절차에 의하여 외형상 회사형태를 유지하는데 불과한 경우를 말한다.[222]"

Ⅲ. 법인에 관한 입법정책의 변천 개관

법인에 대한 입법정책의 변천은 법인의 본질을 이해하는데 도움이 된다. 사단법인과 재단법인으로 나누어, 그 대체적인 흐름만을 본다.

사단법인의 경우, 근대초기의 소극적 입장(특허주의)에서 19세기 중엽에 일어난 상공업의 규모 확대에 따른 회사설립의 필요성에 힘입어, 사단의 설립은 방임적 태도(자유설립주의)로 옮겨졌다 할 것이다.

재단법인의 경우에도 대체로 재단 부인의 소극적 태도에서, 사유재산처분의 자유가 인정됨에 따라, 재단설립의 자유(인가주의, 자유설립주의)가 인정되기에 이르렀다.

단체설립에 대한 현대법의 태도는, 법인의 두 가지 특질[223]에 착안함으로써 방임·조장하고, 때로는 강제함으로써 법의 이상을 실현시키려는 적극적 태도를 취하고 있다.

---

220) 대판 2006. 8. 25. 2004다26119; 대판 2004. 11. 12. 2002다66892; 대판 2001. 1. 19. 97다21604.

221) 대판 1988. 11. 22. 87다카1671.

222) 대판 1977. 9. 13. 74다954.

223) 개인의 힘으로 이룰 수 없는 것을 법인이 달성할 수 있다는 법인제도의 장점과 대내적으로 구성원의 자유가 제한된다는 법인제도의 불가피한 한계 등을 들 수 있다.

Ⅳ. 법인의 본질

1. 법인본질론의 의의와 변천 개관

법인은 어떠한 사회적 실체 내지는 구조를 갖고 있는가? 법인에 있어서 가장 기초적인 이론(법인학설)으로서 이를 어떻게 이해하느냐에 따라, 법인의 권리능력·행위능력·불법행위능력의 이론구성이 달라진다. 법인본질론은 19세기 말 이래 100여 년 이상 로마법학자들(Romanisten)과 게르만법학자들(Germanisten) 사이의 논쟁의 산물이라 할 수 있다.[224][225]

2. 법인학설

(1) 법인의제설

자연인만이 권리의 주체가 될 수 있다는 전제 아래 법인은, 법률이 자연인으로 의제한 인격자라는 것이다.[226][227] 법인에 대하여 부정적인 태도를 취했던 19세기 중엽까지의 지배적인 학설이었다.

(2) 법인부인설

자연인 이외의 법인격의 존재가 부인되므로, 단체의 사회적 존재도 부정된다는 전제 아래 법인의 실체는 법인의 이익을 종국적으로 누리는 개인 또는 일정한 목적에 제공된 재산이라는 것이다.[228]

---

224) Münchener Kommentar, Vor§21, Rdnr 1.

225) 전자(법학연구에 있어 로마법의 연구를 중요시한 19세기 독일의 법학파)의 입장에서 법인의제설 ·법인부인설이, 후자(게르만법·독일고유법의 연구를 중시한 19세기 독일의 법학파)의 입장에서 법인실재설이 주장되었다.

226) 법인의제설은 Savigny, Puchta 등 역사법학자들이 주장한 견해이다.

227) 법인의제설은 단체(법인)와 기관(이사)의 관계를 개인 대 개인관계(대리관계)로 파악함으로써 법인 자체의 활동은 없고, 법인은 대리인인 이사의 활동을 통해 권리를 취득하거나 의무를 부담하게 된다. 법인의제설에 따르면, 법인의 권리능력은 인정되지만, 법인의 행위능력·불법행위능력 등은 부정된다. 법인설립에 관한 특허주의·허가주의의 이론적 근거가 되었다. 한편 권리·의무의 주체를 자연인에 한정하는 것은 현대법사상에 부합하지 않는다든가, 법인의 실체를 제대로 설명할 수 없다는 등의 비판이 있다.

228) 법인부인설은 Savigny의 후계자들이 법인의제설을 발전시킨 것으로, 재단을 설명하기 위한 견해이다. 이 설을 취할 경우, 법인의 권리능력·행위능력·불법행위능력 등이 부인된다. 오늘날의 사회현실에서 법인이 담당하는 사회적 작용을 제대로 설명할 수 없는 견해라 할 것이다.

법인부인설은 다음의 몇 개로 나눠진다. 목적재산설(Brinz가 주장한 것으로, 법인의 본체는 일정한 목적에 바쳐진 무주의 재산으로 보는 견해로서 무주재산설이라고도 한다)·향익자주체설(Jhering이 주장한 것으로, 법인의 사실상의 본체는 법인으로부터 이익을 얻고 있는 다수의 개인이고, 법인은 형식적인 권리의 귀속자일 뿐이라고 한다)·관리자주체설(Hölder가 주장한 것으로, 법인의 본체는 법인재산의 현실적인 관리자라고 한다) 등이다.

(3) 법인실재설

법인의 본체는 법의 공허물·가설물이 아니라, 이 사회에 실질적으로 존재하고 있는 사회적 실체라는 것이다.[229]

V. 법인의 종류

법인의 종류는, 설립의 준거법률을 표준으로 하여 여러 가지로 나눌 수 있으나, 이하에서는 민법을 중심으로 한 법인의 종류만을 보기로 한다.[230]

1. 공법인과 사법인

공법인과 사법인의 구별표준에 대하여는 여러 가지 견해가 있으나,[231] 권력표준설을 중심으로 양자를 구별·분류하기로 한다.[232]

(1) 공법인

법인의 설립·관리에 공권력이 작용하는 법인을 공법인이라 한다. 국가와 자치단체(공공단체)의 두 가지가 있다.[233]

---

229) 이 설을 취할 경우, 법인의 권리능력·행위능력·불법행위능력 등이 인정된다. 법인실재설은 법인이라는 사회적 실체가 구체적으로 무엇인가에 따라 세 가지로 나뉜다. 유기체설(Gierke가 주장한 것으로, 자연인이 개인의사를 갖는 자연적 유기체인 반면, 법인은 단체의사를 갖는 사회적 유기체라고 한다)·조직체설(Michoud·Saleilles 등이 주장한 것으로, 법인은 권리와 의무의 주체가 되는데 적합한 법률상의 조직체로서 실재한다는 것이다)·사회적 작용설(일본의 我妻 榮 교수가 주장한 것으로, 법인은 자연인과 마찬가지로 사회적 작용을 담당하여 법적 주체가 될만한 사회적 가치를 갖고 있다는 것이다. 단체의 조직보다 조직에 의해 사회적 작용을 담당하는 단체의 사회적 가치에 주목한 견해로서, 사회적 가치설이라고도 한다) 등이다. 우리나라의 경우, 법인실재설만이 주장되고 있고, 지배적 학설은 사회적 가치설이다.

생각건대 오늘날 단체가 담당하는 사회적 작용의 중요성에 비춰볼 때, 단체가 그러한 임무를 충실히 수행할 수 있도록 법적 뒷받침을 해줄 필요가 있다는 점에서, 사회적 가치설이 법인본질론으로서는 비교적 타당하다.

230) 민법이 인정하는 법인은 내국법인인 사법인이고, 이는 조직을 표준으로 하여 사단법인·재단법인으로, 다시 그 존립목적에 따라 영리법인·비영리법인으로 나뉜다. 민법상의 법인은 비영리법인이다(제32조 참조).

231) 법규표준설(법인설립의 준거법을 표준으로 하여 공법에 의해 설립된 법인을 공법인, 사법에 의해 설립된 법인을 사법인으로 본다)·목적표준설(법인설립의 목적을 표준으로 하여 공익목적의 법인을 공법인, 사익의 추구를 목적으로 하는 법인을 사법인으로 본다)·권력표준설(법인의 설립·관리에 공권력의 작용이 미치느냐 여부를 표준으로, 법인을 공법인·사법인으로 분류한다) 등이 있다.

232) 공법인·사법인의 중간영역에 속하는 이른바, 중간법인(한국은행, 농업협동조합, 한국토지주택공사, 노동조합, 사회복지법인 등)이 있다. 이러한 중간법인의 출현으로 법인을 공법인·사법인으로 구별하는 것이 적절하지 않다는 견해도 있다(고상룡, 171면).

233) 통치적 작용을 담당하는 국가는 공법인으로서 헌법상의 법인이라 한다. 국가 외에 공무를 수행할 목적으로 국가에 의해 존립이 허용되고, 자치적 권력이 인정된 공법인을 자치단체(공공단체)라 한다. 이는 행정법상의 법인이다. 자치단체에는 지방자치단체(일정한 지역과 주민을 구성요소로 하는 자치단체의 일종이다), 공공조합(일정한 지역 이외에 일정한 자격을 갖춘 조합원으로 조직되는 단체로서, 토지개량조합·산림조합 등을 들 수 있다), 영조물법인(영조물 중 독립된 법인격을 부여받은 단체를 말한다) 등이 있다.

(2) 사법인

단체에의 가입·회비의 징수와 같은 내부적 법률관계에 국가·공공단체의 강제력이 미치지 않는 법인을 말한다.[234]

(3) 구별의 실익

공법인과 사법인의 구별에 따른 실익을 그림으로 보면 다음과 같다.

〈공법인·사법인의 구별〉

구 분 / 사 항	공법인	사법인
쟁 송	행정소송법	민사소송법
회비징수	국세징수법	민사집행법
불법행위	국가배상법 제2조	민법 제35조·제750조·제756조
문서위조	공문서위조	사문서위조
권 리	공권	사권

2. 사단법인과 재단법인

사법인은 그 조직을 표준으로 하여 사단법인과 재단법인으로 나뉜다. 일정한 목적 아래 결합한 사람의 단체, 즉 사단을 실체로 하는 자율적 법인을 사단법인이라 하고,[235] 일정한 목적에 바쳐진 재산, 즉 재단을 실체로 하는 타율적 법인을 재단법인이라 한다.[236]

〈사단법인과 재단법인의 비교·구별〉

구 분 / 사 항	사단법인	재단법인
구성요소	사원	독립(목적)재산
사원에 관한 규정	필요(제40조 제6호)	불필요
설립자의 수	2인 이상(상법 제288조. 발기인 수 제한 없음)	1인이어도 무방

234) 사법인에 관한 법으로는 민법·상법이 중심이나, 특별법인 은행법·보험법·신탁업법 등이 있다.

235) 사단법인의 활동은 사원총회의 결의에 바탕을 둔다는 점에서, 사단법인을 자율적 법인이라 한다.

236) 재단의 관리·운영은 정관(주로 설립자의 의사가 반영된 것임)에 의한다는 점에서 재단법인을 타율적 법인이라 한다.

설립목적	영리·비영리	비영리
설립행위의 모습	생전행위	생전행위(제47조 제1항)·사후행위(처분)(제47조 제2항)
설립행위의 성질	합동행위설(제73조 제1항 참조)	상대방 없는 단독행위설
활동성격	자율성	타율성
의사결정	제75조 제1항(제73조 제2항)	

구 분 / 사 항	사단법인	재단법인
정관변경	제42조 제1항·제2항 ※ 정관변경은 등기해야 제3자에 대한 대항력 취득(제54조 제1항)	제45조 제1항·제2항·제3항(정관변경의 허가는 '인가[237]') 제46조
해산사유	공통사유(제77조 제1항 참조) 사단법인의 특유한 해산사유(제77조 제2항) → 제78조(총사원 4분의 3 이상의 동의 → 해산결의)	

3. 영리법인과 비영리법인

단체의 활동으로 얻어지는 이익을 구성원(사원) 개개인에게 분배하는 것을 목적으로 하는 사단법인을 영리법인이라 하고,[238] 법인의 존립목적이 영리성의 추구에 있지 않은 법인을 비영리법인이라 한다.[239] 한편 민법상의 법인법(제31조-제97조)은 비영리법인을 그 대상으로 한다.

237) '민법 제45조와 제46조에서 말하는 재단법인의 정관변경 "허가"는 법률상의 표현이 허가로 되어 있기는 하나, 그 성질에 있어 법률행위의 효력을 보충해 주는 것이지 일반적 금지를 해제하는 것이 아니므로, 그 법적 성격은 인가라고 보아야 한다.'(대판 1996. 5. 16. 전원합의체. 95누4810)

238) 영리법인은 상사회사(상법 제46조 소정의 22개의 상행위의 영업을 목적으로 하는 사단법인을 말한다. 상법상의 회사에 관한 규정이 적용된다. 상법 제169조 참조)·민사회사(농림업·어업·광업 등 상행위 외의 영업을 목적으로 하는 사단법인을 말한다)로 나뉜다. 그런데 제39조의 규정에 따르면, 민사회사에 대하여는 상법상의 회사에 관한 규정이 준용된다. 따라서 민사회사는 상법 제5조 제2항의 상인, 즉 의제상인으로 보게 된다. 한편 상법 제169조는 민사·상사회사를 모두 회사로 보고 있으므로, 양자를 구별할 이유는 없다(상법 제169조의 규정상 민법 제39조는 존재이유가 없다).

239) 제32조 소정의 학술·종교·자선·기예·사교 기타 영리 아닌 사업의 수행을 목적으로 하는 법인을 말한다. 비영리사업의 목적과 함께 영리사업의 목적을 띨 경우, 영리법인이 된다. 다만, 비영리사업의 목적을 달성하기 위하여 어느 정도의 영리행위를 하는 것은 무방하다(입장료를 받고 전시회를 개최하는 것 등).

Ⅵ. 법인 아닌 사단과 재단

1. 인적 결합체의 두 유형

일정한 목적을 달성하기 위하여 결합한 사람의 단체에는 사단과 조합의 두 가지가 있다. 따지고 보면, 어떠한 단체의 유형을 미리 사단[240]과 조합[241]으로 구분해 놓고, 각각 사단법인과 조합의 규정을 일관되게 적용할 수는 없다고 생각한다. 현실에 있어서 부분적으로는 사단적이지만, 어떤 점에서는 조합적인 단체가 존재함을 인정하여야 한다. 그렇다면, 단체의 실체적 내용에 따라 그 단체가 사단법인과 조합 중 어느 것의 법률효과를 인정하는 것이 적합한지를 검토함으로써, 구체적인 문제마다 그 성격에 맞는 규정을 적용하는 것이 바람직하다고 생각한다.[242]

2. 법인 아닌 사단

(1) 의 의

그 실체가 사단이면서도, 법인격을 가지지 않는 사단을 법인 아닌 사단(비법인사단, 법인격 없는 사단, 권리능력 없는 사단)[243]이라 한다.[244]

판 례

○ 비법인사단의 당사자능력을 인정하는 민사소송법 제52조의 규정 취지 및 여기서 말하는 '사단'의 의미

---

240) 사단의 경우, 구성원의 개성은 사단이라는 단체 속에 몰입됨으로써 구성원은 개성과 독자성을 잃게 되고, 사단은 구성원의 개성을 초월한 하나의 독립한 존재로서의 단일성이 매우 강하게 나타난다. 일단 단체가 성립하면, 구성원의 변경이 있어도 단체의 동일성은 변하지 않는다.

241) 조합의 경우, 그 구성원인 조합원은 여전히 독립된 존재로 남아있고 공동의 목적을 달성하는데 필요한 한도에서 제약을 받을 뿐이어서, 단체로서의 단일성보다는 구성원의 개성이 표면상 강하게 나타난다. 조합과 조합원은 불가분의 관계에 있으므로, 조합원이 변경되면 조합의 변경을 가져온다.

242) 같은 견해 정종휴, "제3장 법인", 「제3판 주석민법(총칙)」, 한국사법행정학회, 2002, 549-550면.

243) 사단이면서 법인격이 인정되지 않는 단체를 '권리능력 없는 사단'으로 부르는 것이 보통이다(곽윤직 · 김재형, 155면: 지원림, 108면 등). 그러나 이러한 단체도 당사자능력(민사소송법 제52조)과 부동산등기능력(부동산등기법 제26조)이 인정되는 등 특정한 법률관계 이외에는 거래의 현실상 권리능력이 인정되고 있다는 점에서, '법인 아닌 사단' 또는 '비법인사단'으로 표현하는 것이 적절하다. 독일의 경우, 비법인사단도 부분적으로 권리의 주체가 될 수 있고, 다만 법인 등기가 되어 있지 않을 뿐이라는 점에서, '등기되지 않은 사단'(nicht eingetragene Verein)이라는 표현이 행해지기도 한다.

한편 법인 아닌 사단이 생기는 원인은 첫째, 민법이 법인설립의 경우에 허가주의를 취하고 있기 때문에 허가를 얻기 전 단계 또는 허가를 얻지 못한 사단은 법인 아닌 사단이 될 수밖에 없으며 둘째, 설립자가 행정청의 법적 규제를 꺼릴 경우에는 법인설립이 강제되지 않은 이상, 법인 아닌 사단으로 남게 된다(곽윤직 · 김재형, 156면).

244) 법인 아닌 사단이 되기 위해서는, 단체의 조직을 갖추고, 대표의 선임방법 · 총회의 운영 · 재산의 관리 등이 정관에 규정되어 있어야 한다(판례).

"민사소송법 제52조가 비법인사단의 당사자능력을 인정하는 것은 법인이 아니라도 사단으로서의 실체를 갖추고 그 대표자 또는 관리인을 통하여 사회적 활동이나 거래를 하는 경우에는 그로 인하여 발생하는 분쟁은 그 단체가 자기 이름으로 당사자가 되어 소송을 통하여 해결하도록 하기 위한 것이므로, 여기서 말하는 사단이라 함은 일정한 목적을 위하여 조직된 다수인의 결합체로서 대외적으로 사단을 대표할 기관에 관한 정함이 있는 단체를 말한다.[245]"

(2) 법률관계

(가) 재산귀속관계

사원이 집합체로서 물건을 소유한 경우, 이는 총유가 된다(제275조). 법인 아닌 사단의 자산은 사원 전체의 총유가 되며, 사원 각자의 소유에 속하지 않는다. 채무 역시 사원 전체에게 총유적으로 귀속된다.[246]

(나) 부동산의 등기능력 및 소송당사자능력

부동산등기법은 제26조 제1항에서 법인 아닌 사단의 부동산등기능력을 인정한다. 또한 민사소송법 제52조는 법인 아닌 사단의 경우, 대표자가 있으면 그 이름으로 당사자가 될 수 있다고 함으로써 사단 자체의 이름으로 소송을 제기하거나, 제소당할 수 있다.

(다) 기타의 경우

위의 경우를 제외하고, 법률은 법인 아닌 사단의 법률관계(외부관계)에 대하여 아무런 규정을 두지 않고 있다. 어떻게 해야 할 것인가? 학설은 대체로 사단법인에 관한 규정 중 법인격을 전제로 하는 규정을 제외하고는, 모두 이를 유추적용하는 것이 옳다고 한다.[247] 한편 비법인사단의 중요한 요소에 관한 사항이 분쟁의 실체를 이루는 경우, 단체법적인 일반법리에 따라 절차상의 하자 유무를 가려야 한다(판례).

판 례

가. 법인 아닌 사단의 구체적인 예

"자연부락[248] · 아파트부녀회[249] · 성균관[250] · 동(洞)[251] · 이(里)[252] · 재건축조합[253] · 법인 아닌 어촌계[254] · 상가분양계약에 있어서 연합주택조합[255] · 주택건설촉진법에 의한 주택조합[256] · 등록

---

245) 대판 2009. 1. 30. 2006다60908; 대판 1999. 4. 23. 99다4504; 대판 1997. 12. 9. 97다18547.

246) 따라서 법인 아닌 사단의 채권자는 사단재산에 대하여만 그 책임을 물을 수 있을 뿐 사원 개인의 재산에 대하여는 책임을 묻지 못하므로, 제275조의 총유규정은 법인 아닌 사단의 채권자에게 불리하다고 할 수 있다.

247) 중요한 것으로서 정관 · 행위능력 및 불법행위능력 · 기관에 관한 규정을 들 수 있다.

248) 대판 2007. 7. 26. 2006다64573.

249) 대판 2006. 12. 21. 2006다52723.

250) 대판 2004. 11. 12. 2002다46423.

251) 대판 2004. 1. 29. 2001다1775.

252) 대판 1953. 4. 21. 4285민상162.

253) 대판 2003. 7. 22. 2002다64780.

254) 대판 2003. 6. 27. 2002다68034.

된 일반적인 사찰[257] · 불교신도회[258] · 회사의 채권자들로 구성된 청산위원회[259] · 종중[260] · 교회[261] · 법인 아닌 어촌계[262] · 사단법인의 산하단체[263]나 하부조직[264] · 정착자활단체[265] · 공동주택 입주자대표회의[266] · 아파트부녀회[267] · 지방향교[268] 등은 법인 아닌 사단에 해당한다."

○ 법인 아닌 사단과 조합의 구별 기준

"어떤 인적 결합체가 조합인지 비법인 사단인지 여부를 구별함에 있어서는 그 단체성의 강약을 기준으로 판단하여야 하는 것으로서 구체적으로는 고유의 목적을 가지고 사단적 성격을 가지는 규약을 만들어 이에 근거하여 의사결정기관 및 집행기관인 대표자를 두는 등의 조직을 갖추고 있고, 기관의 의결이나 업무집행방법이 다수결의 원칙에 의하여 행하여지며, 구성원의 가입, 탈퇴 등으로 인한 변경에 관계없이 단체 그 자체가 존속되고, 대표의 방법, 총회나 이사회 등의 운영, 자본의 구성, 재산의 관리 기타 단체로서의 주요 사항이 확정되어 있는 경우에는 비법인 사단으로 보아야 할 것이다.[269]"

나. 민법상 조합의 명칭을 가진 단체가 법인 아닌 사단으로서의 실체를 가지는 경우

"민법상의 조합의 명칭을 가지는 단체라 하더라도, 고유의 목적을 가지고 사단적 성격을 가지는 규약을 만들어, 이에 근거하여 의사결정기관 및 집행기관인 대표자를 두는 등의 조직을 갖추고 있고, 구성원의 가입 · 탈퇴 등으로 인한 변경에 관계없이 단체 그 자체가 존속되며, 그 조직에 의하여 대표의 선임방법 · 총회나 이사회 등의 운영 · 재산의 관리 기타 단체로서의 주요 사항이 확정되어 있는 경우에는 비법인 사단으로서의 실체를 가진다.[270]"

○ 사단법인 또는 법인 아닌 사단의 동일성 판단 기준

"사단법인은 일정한 목적을 위해 결합한 사람의 단체에 법인격이 인정된 것을 말하고, 사단법인에 있어 사원 자격의 득실변경에 관한 사항은 정관의 기재사항이므로(민법 제40조 제6호), 어느 사단법인과 다른 사단법인이 동일한 것인지 여부는 그 구성원인 사원이 동일한지 여부에 따라 결정됨이 원칙이다. 다만, 사원 자격의 득실변경에 관한 정관의 기재사항이 적법한 절차를 거쳐서 변경된 경우에는 구성원이 다르더라도 그 변경 전후의 사단법인은 동일성을 유지하면서 존속하는 것이고, 이러한 법리는 법인 아닌 사단에 있어서도 마찬가지이다.[271]"

---

255) 대판 2003. 5. 13. 2000다50688.
256) 대판 1999. 11. 9. 99다34420.
257) 대판 1999. 9. 3. 98다13600.
258) 대판 1996. 7. 12. 96다6103.
259) 대판 1996. 6. 28. 96다16582.
260) 대판 1974. 4. 9. 73다2199.
261) 대판 1980. 12. 9. 80다2045, 2046.
262) 대판 2003. 6. 27. 2002다68034.
263) 대판 2008. 10. 23. 2007다7973.
264) 대판 2009. 1. 30. 2006다60908.
265) 대판 1969. 4. 22. 68다254.
266) 대판 2007. 6. 15. 2007다6307.
267) 대판 2006. 12. 21. 2006다52723.
268) 대판 2010. 5. 27. 2006다72109.
269) 대판 1999. 6. 25. 97누20854.
270) 대판 1999. 7. 27. 98도4200; 대판 1994. 4. 26. 93다51591; 대판 1992. 7. 10. 92다2431.

다. 성립요건

○ 법인 아닌 사단의 성립요건

"종중 또는 문중과 같이 특별한 조직행위 없이도 자연적으로 성립하는 예외적인 사단이 아닌 한 법인 아닌 사단이 성립하려면, 단체로서의 실체를 갖추는 조직행위가 있어야 하는바, 만일 어떤 단체가 외형상 목적, 명칭, 사무소 및 대표자를 정하고 있다고 할지라도 사단의 실체를 인정할만한 조직, 그 재정적 기초, 총회의 운영, 재산의 관리 기타 단체로서의 활동에 관한 증명이 없는 이상 이를 법인 아닌 사단으로 볼 수 없다.[272)]"

○ 법인 아닌 사단의 성립요건과 그 시기

"반드시 총회를 열어 성문화된 규약을 만들고 정식의 조직체계를 갖추어야만 하는 것이 아니라, 실질적으로 공동의 목적을 달성하기 위하여 공동의 재산을 형성하고, 일을 주도하는 사람을 중심으로 계속적으로 사회적인 활동을 하여 온 경우에는, 이미 그 무렵부터 단체로서의 실체가 존재하는 것으로 보아야 한다.[273)]"

○ 자연부락이 비법인사단으로서 존재하는 사실을 인정하기 위한 요건

"법인 아닌 사단이나 재단도 대표자 또는 관리인이 있으면 민사소송의 당사자가 될 수 있으므로, 자연부락이 그 부락주민을 구성원으로 하여 고유목적을 가지고 의사결정기관과 집행기관인 대표자를 두어 독자적인 활동을 하는 사회조직체라면 비법인사단으로서의 권리능력이 있다고 할 것이나, 이와 같이 자연부락이 비법인 사단으로서 존재하는 사실을 인정하려면 우선 그 자연부락의 구성원의 범위와 자연부락의 고유업무, 자연부락의 의사결정기관인 부락총회와 대표자의 존부 및 그 조직과 운영에 관한 규약이나 관습이 있었는지의 여부 등을 확정하여야 할 것이다.[274)]"

○ 사찰이 독립한 실체로서 권리 · 의무의 주체가 되기 위한 요건

"사찰이란 불교교의를 선포하고 불교의식을 행하기 위한 시설을 갖춘 승려, 신도의 조직인 단체로서 독립한 사찰로서의 실체를 가지고 있다고 하기 위하여는 물적 요소인 불당 등의 사찰재산이 있고, 인적 요소인 주지를 비롯한 승려와 상당수의 신도가 존재하며, 단체로서의 규약을 가지고 사찰이 그 자체 생명력을 가지고 사회적 활동을 할 것이 필요하다.[275)]"

○ 사단법인의 하부조직을 별개의 독립된 비법인사단으로 인정하기 위한 요건

"사단법인의 하부조직의 하나라 하더라도 스스로 단체로서의 실체를 갖추고 독자적인 활동을 하고 있다면 사단법인과는 별개의 독립된 비법인사단으로 볼 수 있다.[276)]"

라. 내부관계

○ 동 · 리의 행정구역 내에 조직된 동 · 리회의 법적 성격 및 동 · 리회를 특정주민만을 회원으로 하는 단체로 보기 위한 요건

"동 · 리의 행정구역 내에 조직된 동 · 리회는 다른 특별한 사정이 없는 한 그 주민 전부가 구성

---

271) 대판 2008. 9. 25. 2006다37021.
272) 대판 1997. 9. 12. 97다20908.
273) 대판 1996. 3. 12. 94다56401; 대판 1994. 9. 30. 93다27703; 대판 1991. 8. 27. 91다16525.
274) 대판 2007. 7. 26. 2006다64573; 대판 1999. 1. 29. 98다33512.
275) 대판 2001. 1. 30. 99다42179; 대판 1997. 12. 9. 94다41249; 대판 1988. 3. 22. 85다카1489.
276) 대판 2009. 1. 30. 2006다60908; 대판 1997. 10. 10. 96다40578; 대판 2003. 4. 11. 2002다59337.

원이 되어서 다른 지역으로부터 입주하는 사람은 입주와 동시에 당연히 그 회원이 되고 다른 지역으로 이주하는 사람은 이주와 동시에 당연히 회원의 자격을 상실하는 불특정 다수인으로 조직된 영속적 단체라고 할 것이고, 이와 달리 그 동・리회를 특정 주민만을 회원으로 하는 단체로 보기 위하여는 그 재산 취득 당시 어느 정도 유기적인 조직을 갖추어 법인 아닌 사단으로서 존재하고 있었다는 점과 동・리회 명의 재산을 소유하게 된 과정이나 내용 등이 증명되어야 할 것이다.[277)]"

○ 어떠한 임야가 임야조사령에 따라 동・리 명의로 사정된 경우, 임야의 사정명의인인 동・리의 의미(=행정구역 안에 거주하는 주민들로 구성된 법인 아닌 사단으로서 행정구역과 같은 명칭을 사용하는 주민공동체) 및 행정구역의 변동으로 동・리의 주민공동체가 자연 소멸되는지 여부(소극)

"어떠한 임야가 일정 아래의 임야조사령에 의하여 동이나 이(리)의 명의로 사정되었다면, 그 동・리는 다른 특별한 사정이 없는 한 단순한 행정구역을 가리키는 것이 아니라 그 행정구역 안에 거주하는 주민들로 구성된 법인 아닌 사단으로서 행정구역과 같은 명칭을 사용하는 주민공동체를 가리킨다고 보아야 한다. 이러한 주민공동체는 그 주민 전부가 구성원이 되어서 다른 지역으로부터 입주하는 사람은 입주와 동시에 당연히 그 구성원이 되고 다른 지역으로 이주하는 사람은 이주와 동시에 당연히 회원의 자격을 상실하는 불특정 다수인으로 조직된 영속적 단체로서, 행정구역의 변동으로 그 주민공동체가 자연 소멸되지 아니한다.[278)]"

○ 총회의 소집통지가 회칙에서 정한 유예기간보다 지연된 경우, 총회 의결의 효력

"비법인사단의 회칙에 총회 개최 시는 소집통지서에 회의 목적사항을 기재하여 총회일 7일 전까지 소집통지서를 발부하도록 규정한 취지는, 그 구성원의 토의권과 회의권을 보장하기 위한 것이므로, 회원에 대한 소집통지가 단순히 법정기간을 1일이나 2일 지연하였을 뿐이고 회원들이 사전에 총회의 목적사항을 숙지하고 있는 등 특별한 사정이 있었다면, 회원의 토의권 및 결의권의 적정한 행사는 방해되지 아니한 것이므로, 이러한 경우에는 그 총회 결의는 유효하다.[279)]"

○ 법인 아닌 사단의 의사결정 방법

"자연부락에 있어서는 그 부락에 입주함과 동시에 그 구성원이 되고 다른 곳에 이주함으로써 그 구성원의 자격을 상실한다고 보아야 하므로, 그 사단의 의사결정에 있어서는 그에 관한 규약이나 관습이 없는 한, 일반적으로 사단에서의 결의방법에 따라서 결의 당시 그 자연부락을 대표하는 가구의 대표자 과반수의 출석과 출석자 과반수의 찬성에 의한다.[280)]"

○ 법인 또는 비법인 사단인 어느 단체가 상급단체에 가입되어 있는 경우, 가입단체의 조직과 운영에 관하여 상급단체가 제정한 규칙에 따라 규율되는지 여부(원칙적 소극)

"법인이거나 비법인 사단인 어느 단체가 상급단체에 가입되어 있는 경우, 상급단체의 지위에서 가입단체에 대하여 업무상 지휘・감독할 수 있는 권한은 인정될 수 있지만 그 권한은 가입단체의 독립성을 침해하지 아니하는 범위 내로 제한되어야 하고, 같은 이치로 가입단체가 상급단체의 규칙이나 정관을 자신의 정관으로 받아들인다고 규정하고 있지 아니한 이상 가입단체의 조직과 운영에

277) 대판 2013. 10. 24. 2011다110685; 대판 2012. 10. 25. 2010다75723.
278) 대판 2012. 10. 25. 2010다75723; 대판 2008. 11. 13. 2008다24081.
279) 대판 1995. 11. 7. 94다24794.
280) 대판 1991. 7. 26. 90다카25765; 대판 1987. 3. 10. 85다카2508.

관하여 상급단체가 제정한 규칙에 따라 규율된다고 볼 수 없다.[281]"

◎ 비법인사단이 사원총회 결의 없이 제기한 소송의 적법 여부

"비법인사단이 총유재산에 관한 소송을 제기할 때에는 정관에 다른 정함이 있다는 등의 특별한 사정이 없는 한 사원총회 결의를 거쳐야 하는 것이므로, 비법인사단이 이러한 사원총회 결의 없이 그 명의로 제기한 소송은 소송요건이 흠결된 것으로서 부적법하다.[282]"

◎ 비법인사단의 대표자가 사단의 제반 업무처리를 타인에게 포괄적으로 위임할 수 있는지 여부(소극) 및 위 대표자가 타인에게 한 포괄적 위임과 그에 따른 포괄적 수임인의 대행행위가 비법인사단에 효력이 미치는지 여부(소극)

"비법인사단에 대하여는 사단법인에 관한 민법 규정 가운데 법인격을 전제로 하는 것을 제외하고는 이를 유추적용하여야 하는데, 민법 제62조에 비추어 보면 비법인사단의 대표자는 정관 또는 총회의 결의로 금지하지 아니한 사항에 한하여 타인으로 하여금 특정한 행위를 대리하게 할 수 있을 뿐 비법인사단의 제반 업무처리를 포괄적으로 위임할 수는 없으므로 비법인사단 대표자가 행한 타인에 대한 업무의 포괄적 위임과 그에 따른 포괄적 수임인의 대행행위는 민법 제62조를 위반한 것이어서 비법인사단에 대하여 그 효력이 미치지 않는다.[283]"

◎ 임기만료되거나 사임한 비법인 사단의 이사가 신임 이사 선임시까지 직무를 계속 수행할 수 있는지 여부

"민법상 법인과 그 기관인 이사의 관계는 위임자와 수임자의 법률관계와 같은 것으로서 이사의 임기가 만료하면 일단 그 위임관계는 종료되는 것이 원칙이나, 그 후임 이사 선임시까지 이사가 존재하지 않는다면 기관에 의하여 행위를 할 수밖에 없는 법인으로서는 당장 정상적인 활동을 중단하지 않을 수 없는 상태에 처하게 되고, 이는 민법 제691조에 규정된 급박한 사정이 있는 때와 같이 볼 수 있으므로 임기만료되거나 사임한 이사라고 할지라도 그 임무를 수행함이 부적당하다고 인정할 만한 특별한 사정이 없는 한 그 급박한 사정을 해소하기 위하여 필요한 범위 내에서 신임 이사가 선임될 때까지 이사의 직무를 계속 수행할 수 있고, 이러한 법리는 법인 아닌 사단에서도 마찬가지이다.[284]"

◎ 사찰이 소속 종단의 종헌에 따르지 아니하고 그 신도와 승려가 결합하여 소속 종단을 탈종한 경우, 사찰 자체의 종단소속이 변경되는지 여부 및 사찰 자체의 분열이 인정되는지 여부

"위의 경우, 그 신도와 승려 개인이 소속 종단에서 탈퇴하게 되는 것에 그칠 뿐, 그로써 이미 독립된 권리・의무의 귀속 주체로 성립한 사찰 자체의 종단 소속이 변경되는 것은 아니고, 사찰이 일단 성립한 이상 사찰 그 자체의 분열도 인정되지 않는다.[285]"

◎ 교회의 소속 교단에서의 탈퇴 내지 소속 교단의 변경을 위한 결의요건 및 그 결의가 적법・유효하게 이루어졌는지에 대한 증명책임의 소재

"특정 교단에 가입한 지교회가 교단이 정한 헌법을 지교회 자신의 자치규범으로 받아들였다고

---

281) 대판 2010. 5. 27. 2006다72109.
282) 대판 2011. 7. 28. 2010다97044; 대판 2007. 7. 26. 2006다64573; 대판 1994. 10. 25. 94다28437.
283) 대판 2011. 4. 28. 2008다15438; 대판 1996. 9. 6. 94다18522.
284) 대판 2007. 6. 15. 2007다6307; 대판 2003. 7. 8. 2002다74817; 대판 1982. 3. 9. 81다614.
285) 대판 2000. 5. 12. 99다69983; 대판 1997. 12. 9. 94다41249; 대판 1994. 12. 13. 93다43545.

인정되는 경우에는 소속 교단의 변경은 실질적으로 지교회 자신의 규약에 해당하는 자치규범을 변경하는 결과를 초래하고, 만약 지교회 자신의 규약을 갖춘 경우에는 교단변경으로 인하여 지교회의 명칭이나 목적 등 지교회의 규약에 포함된 사항의 변경까지 수반하기 때문에, 소속 교단에서의 탈퇴 내지 소속 교단의 변경은 사단법인 정관변경에 준하여 의결권을 가진 교인 2/3 이상의 찬성에 의한 결의를 필요로 하며, 만일 소속 교단에서의 탈퇴 등에 관한 결의를 하였으나 이에 찬성한 교인이 의결권을 가진 교인의 2/3에 이르지 못한다면 종전 교회의 동일성은 여전히 종전 교단에 소속되어 있는 상태로서 유지된다. 그러므로 의결권을 가진 교인의 2/3 이상의 찬성에 의하여 소속 교단에서의 탈퇴 또는 소속 교단의 변경결의가 적법·유효하게 이루어졌다는 점은 이를 주장하는 자가 증명하여야 한다.[286)]"

○ 교회의 교인총회에서 소속 교단에서의 탈퇴결의가 이루어졌으나 그 소집절차나 결의방법 등에 중대한 흠이 있어 의결권 있는 교인 2/3 이상의 찬성이라는 의결정족수 충족 여부를 알 수 없다는 이유로 위 탈퇴결의가 무효라고 한 사례

"교회의 교인총회에서 소속 교단에서의 탈퇴결의가 이루어졌으나 그 소집절차나 결의방법 등에 중대한 흠이 있어 의결권 있는 교인 2/3 이상의 찬성이라는 의결정족수 충족 여부를 알 수 없어 무효라고 한 사례.[287)]"가 있다.

○ 재건축조합의 조합장에 대한 직무집행정지 및 직무대행자선임가처분결정 후 그 직무대행자에 의하여 소집된 임시총회에서 직무집행이 정지된 종전 조합장이 당시 조합장으로 선임된 경우, 종전 조합장에게 조합의 적법한 대표권이 있는지 여부

"위의 경우, 위 가처분결정이 취소되지 아니한 이상 직무대행자만이 적법하게 조합을 대표할 수 있고, 단지 조합장으로 선임된 종전 조합장은 그 선임결의의 적법 여부에 관계없이 대표권을 가지지 못한다.[288)]"

○ 재건축조합 총회 결의의 법적 성격 및 그 효력 유무의 확인을 구하기 위하여 필요한 외관적 징표

"재건축조합의 총회의 결의는 의사결정기관인 총회의 의사를 결정하는 법률행위로서, 소정의 절차에 따라 결의의 성립이 선언됨으로써 관계자에 대하여 구속력을 가지는 결의가 외형적으로 존재하게 되고, 그와 같이 결의의 존재를 인정할 수 있는 어떤 외관적인 징표가 있어야만 그 결의의 효력 유무의 확인을 구할 수 있다.[289)]"

○ 공동주택입주자대표회의가 적법하게 구성된 이후의 후임 동별대표자 선출절차가 위법하여 효력이 없는 경우, 입주자대표회의 구성원의 지위를 가지는 사람

"공동주택의 입주자대표회의는 동별세대수에 비례하여 선출되는 동별대표자를 구성원으로 하는 법인 아닌 사단이고, 그 동별대표자는 각 동별 입주자가 선출하는 것이므로, 동별대표자가 적법하게 선출되어 입주자대표회의가 적법하게 구성된 이후에 있어서는, 후임 동별대표자를 선출하는 것은 비법인사단으로서의 입주자대표회의가 동일성을 잃지 아니한 채 그대로 존속하면서 단순히 그 구성원을 변경하는 것에 지나지 아니하므로, 새로운 동별대표자의 선출절차가 위법하여 효력이 없

286) 대결 2007. 6. 29.자 2007마224; 대판 2006. 4. 20. 전원합의체. 2004다37775.
287) 대결 2007. 6. 29.자 2007마224.
288) 대판 2000. 2. 22. 99다62890; 대판 1997. 9. 9. 97다12167; 대판 1992. 5. 12. 92다5638.
289) 대판 2008. 2. 14. 2007다62437.

다면 그 동별대표자는 입주자대표회의 구성원으로서의 지위를 취득할 수 없고 종전의 동별대표자가 여전히 입주자대표회의 구성원으로서의 지위를 가지고, 동별대표자 또는 입주자대표회의의 회장 등이 변경될 때마다 종전과는 별개, 독립의 새로운 비법인 사단이 구성, 성립되는 것으로 볼 것은 아니며, 입주자대표회의가 비법인사단인 이상 그 존속기간의 정함이 있는 것으로 볼 수도 없다.[290)]"

◎ 공동주택 입주자대표회의 회장의 임기만료에 따른 후임 회장의 선출이 부적법하여 효력이 없게 된 사안에서, 차기 회장이 적법하게 선출될 때까지 전임 회장이 일정한 범위 내에서 대표자 직무를 계속 수행할 수 있고, 입주자대표회의의 당사자능력이 소멸하는 것은 아니라고 한 사례

"공동주택 입주자대표회의 회장의 임기만료에 따른 후임 회장의 선출이 부적법하여 효력이 없게 된 사안에서, 차기 회장이 적법하게 선출될 때까지 전임 회장이 일정한 범위 내에서 대표자 직무를 계속 수행할 수 있고, 입주자대표회의의 당사자능력이 소멸하는 것은 아니라고 한 사례[291)]"가 있다.

◎ 재건축 실행단계에서 다시 비용 분담에 관한 합의를 하지 않아도 될 정도로 그 분담액 또는 산출기준을 정하지 아니한 재건축 결의의 효력

"집합건물의 소유 및 관리에 관한 법률 제47조에서 규정하는 재건축 비용의 분담에 관한 사항은 구분소유자들로 하여금 상당한 비용을 부담하면서 재건축에 참가할 것인지, 아니면 시가에 의하여 구분소유권 등을 매도하고 재건축에 참가하지 않을 것인지를 선택하는 기준이 되는 것이고, 재건축 결의의 내용 중 가장 중요하고 본질적인 부분임을 감안할 때, 재건축의 실행단계에서 다시 비용 분담에 관한 합의를 하지 않아도 될 정도로 그 분담액 또는 산출기준을 정하지 아니한 재건축 결의는 특별한 사정이 없는 한 무효이다.[292)]"

◎ 재건축조합 총회의 결의사항의 제한

"재건축조합은 비법인 사단으로서 법인격을 전제로 하는 조항을 제외하고는 민법의 법인에 관한 규정의 준용을 받는다 할 것인바, 민법 제71조, 제72조에 비추어 볼 때 정관에 다른 규정이 없는 한 총회에서는 소집 1주간 전에 통지된 그 회의의 목적사항에 관하여만 결의할 수 있다.[293)]"

◎ 대표자가 존재하지 않던 자연부락이 대표자의 선출을 위한 주민총회를 소집함에 있어서 자연부락의 범위와 경계가 일치하는 행정구역의 동장들이 그들의 공동 명의로 한 소집통지의 효력과 그 대표자 선출의 적법 여부

"종전에 규약이나 대표자 선임에 관한 관습이 존재하지 않고 대표자조차 선임되어 있지 않던 동(洞)이 대표자의 선출을 위한 주민총회를 소집함에 있어서 자연부락의 범위가 행정구역상의 경계와 일치하는 관계로 편의상 동이 속한 행정구역의 동장들이 그들의 공동 명의로 소집통지를 하였다면 그 소집통지의 효력을 쉽사리 부정할 수 없을 것이고, 따라서 그 소집통지에 의하여 동을 구성하는 가구의 대표자 과반수로부터 적법하게 위임을 받은 자들이 출석한 주민총회에서 출석자의 과반수 찬성에 의하여 선출된 자는 동의 적법한 대표자라고 하는 것이 옳다.[294)]"

---

290) 대판 2007. 6. 15. 2007다6307; 대판 1991. 4. 23. 91다4478.
291) 대판 2007. 6. 15. 2007다6307.
292) 대판 2006. 7. 13. 2004다7408; 대판 2006. 2. 23. 2005다19552, 19569; 대판 1998. 6. 26. 98다15996.
293) 대판 2006. 7. 13. 2004다7408; 대판 1996. 10. 25. 95다56866.
294) 대판 2004. 1. 29. 2001다1775.

◎ 기타의 경우

“재건축조합이 이주를 거부하는 사업구역 내의 아파트 소유자 등과 사이에 해당 아파트를 감정가에 의하여 매수하기로 한 합의는, 조합장직무대행자가 할 수 있는 조합의 통상업무 범위 내에 속한다.[295]”

마. 법률상 취급

◎ 법인 아닌 사단 대표자 업무의 포괄적 위임의 효력

“비법인사단에 대하여는 사단법인에 관한 민법 규정 가운데 법인격을 전제로 하는 것을 제외하고는, 민법상의 사단법인에 관한 규정을 유추적용하여야 할 것인바, 민법 제62조의 규정에 비추어 보면, 비법인사단의 대표자는 정관 또는 총회의 결의로 금지하지 아니한 사항에 한하여, 타인으로 하여금 특정한 행위를 대리하게 할 수 있을 뿐, 비법인사단의 제반 업무처리를 포괄적으로 위임할 수는 없다 할 것이므로, 비법인 사단 대표자가 행한 타인에 대한 업무의 포괄적 위임과 그에 따른 포괄적 수임인의 대행행위는 민법 제62조의 규정에 위반된 것이어서, 비법인 사단에 대하여는 그 효력이 미치지 아니한다.[296]”

◎ 청산 중의 비법인사단의 성격 및 권리능력

“비법인사단에 해산사유가 발생하였다고 하더라도 곧바로 당사자능력이 소멸하는 것이 아니라 청산사무가 완료될 때까지 청산의 목적범위 내에서 권리·의무의 주체가 되고, 이 경우 청산 중의 비법인사단은 해산 전의 비법인사단과 동일한 사단이고 다만 그 목적이 청산 범위 내로 축소된 데 지나지 않는다.[297]”

◎ 비법인사단의 대표자의 행위가 대표자 개인의 사리를 도모하기 위한 것이었거나 법령의 규정에 위배된 경우, 민법 제35조 제1항의 직무에 관한 행위에 해당하는지 여부

“주택조합과 같은 비법인사단의 대표자가 직무에 관하여 타인에게 손해를 가한 경우 그 사단은 민법 제35조 제1항의 유추적용에 의하여 그 손해를 배상할 책임이 있으며, 비법인사단의 대표자의 행위가 대표자 개인의 사리를 도모하기 위한 것이었거나 혹은 법령의 규정에 위배된 것이었다 하더라도, 외관상 객관적으로 직무에 관한 행위라고 인정할 수 있는 것이라면 민법 제35조 제1항의 직무에 관한 행위에 해당한다.[298]”

◎ 지방 향교에 관한 분쟁이 실질적으로 사단으로서의 특질에 관한 것일 때 적용되는 법리 및 비법인 사단의 중요한 요소에 관한 사항이 분쟁의 실체를 이루는 경우 단체법적인 일반 법리에 따라 절차상의 하자 유무를 가려야 하는지 여부(적극)

“성균관과 지방 향교는 유교사상에 관한 신앙단체로서의 성격 외에 독립된 비법인 사단으로서의 성격을 가지고 있으므로, 지방 향교에 관한 분쟁이라도 그 실질이 사단으로서의 특질에 관한 것일 때에는 단체에 관한 민법의 일반 법리가 적용되어야 한다. 지방 향교나 성균관이 모두 유교를 전파하고 유교문화를 연구하는 일종의 종교단체 및 학문 연구 단체의 성격을 띠고 있고 성균관이 실질적인 상급단체로서 지방 향교들과 함께 전국적인 조직을 이루어 유교 활동을 하고 있으며, 지방 향

295) 대판 2000. 2. 22. 99다62890.
296) 대판 1996. 9. 6. 94다18522; 대판 1992. 10. 9. 92다23087.
297) 대판 2007. 11. 16. 2006다41297; 대판 2003. 11. 14. 2001다32687; 대판 1990. 12. 7. 90다카25895.
298) 대판 2003. 7. 25. 2002다27088; 대판 1997. 7. 11. 97다1266; 대판 1994. 3. 25. 93다32828, 32835.

교들 내지는 유림 사이의 제한된 범위 내에서 발생한 분쟁은 성균관과 해당 지역의 유림이 노력하여 자율적으로 해결하는 것이 바람직하다는 점을 참작한다고 하더라도, 지방 향교의 관할 구역 및 구성원의 자격과 같이 비법인 사단의 중요한 요소에 관한 사항이 분쟁의 실체를 이루고 있는 경우에는 종교단체로서의 특수성 내지 자율성만을 고려할 것이 아니라, 단체법적인 일반 법리에 따라 절차상의 하자 유무를 가려야 한다.[299)]"

○ 대표자의 행위가 직무에 해당하지 아니함을 피해자가 알았거나 또는 중대한 과실로 알지 못한 경우에도 비법인사단은 손해배상책임이 있는지 여부 및 중대한 과실의 의미

"비법인사단의 경우, 대표자의 행위가 직무에 관한 행위에 해당하지 아니함을 피해자 자신이 알았거나 또는 중대한 과실로 인하여 알지 못한 경우에는 비법인사단에게 손해배상책임을 물을 수 없다고 할 것이고, 여기서 중대한 과실이라 함은 거래의 상대방이 조금만 주의를 기울였더라면 대표자의 행위가 그 직무권한 내에서 적법하게 행하여진 것이 아니라는 사정을 알 수 있었음에도 만연히 이를 직무권한 내의 행위라고 믿음으로써 일반인에게 요구되는 주의의무에 현저히 위반하는 것으로 거의 고의에 가까운 정도의 주의를 결여하고, 공평의 관점에서 상대방을 구태여 보호할 필요가 없다고 봄이 상당하다고 인정되는 상태를 말한다.[300)]"

○ 비법인사단의 총회 결의 취소를 구하는 소의 적법 여부

"비법인사단의 총회에 절차상의 하자가 있으면 원칙적으로 총회 결의는 무효가 된다 할 것이고, 따로 총회 결의 취소의 소를 인정할 근거는 없다.[301)]"

○ 당사자능력의 인정 근거·요건 및 그 판단의 기준 시점

"민사소송법 제48조(현행 민사소송법 제52조)가 비법인사단의 당사자능력을 인정하는 것은, 법인이 아니라도 사단으로서의 실체를 갖추고 그 대표자 또는 관리인을 통하여 사회적 활동이나 거래를 하는 경우에는, 그로 인하여 발생하는 분쟁은 그 단체가 자기 이름으로 당사자가 되어 소송을 통하여 해결하도록 하기 위한 것이므로, 여기서 말하는 사단이라 함은 일정한 목적을 위하여 조직된 다수인의 결합체로서 대외적으로 사단을 대표할 기관에 관한 정함이 있는 단체를 말하고, 어떤 단체가 비법인사단으로서 당사자능력을 가지는가 하는 것은 소송요건에 관한 것으로서 사실심의 변론종결일을 기준으로 판단하여야 한다.[302)]"

○ 구성원이 없게 된 비법인 사단의 당사자능력 인정 여부

"전략(前略)··· 사단법인에 있어서는 사원이 없게 된다고 하더라도, 이는 해산사유가 될 뿐, 곧바로 그 사단이 소멸하여 소송상의 당사자능력을 상실하였다고 할 수는 없고, 그 청산사무가 완료되어야 비로소 당사자능력이 소멸하게 된다.[303)]"

○ '성균관'은 비법인사단으로서 당사자능력이 인정된다고 한 사례

"재단법인 성균관과 '성균관'의 설립 연혁과 경위, 대표기관 등의 조직, 존립목적과 활동 등 여러 사정에 비추어 볼 때, '성균관'은 재단법인 성균관의 설립 이전부터 이미 독자적인 존립목적과 대표

299) 대판 2010. 5. 27. 2006다72109; 대판 2006. 4. 20. 전원합의체. 2004다37775.
300) 대판 2003. 7. 25. 2002다27088.
301) 대판 1993. 10. 12. 92다50799.
302) 대판 1997. 12. 9. 97다18547; 대판 1997. 9. 12. 97다20908; 대판 1991. 11. 26. 91다30675.
303) 대판 1992. 10. 9. 92다23087.

기관을 갖고 활동을 하는 등 법인 아닌 사단으로서의 실체를 가지고 존립하여 왔으므로 그 후 설립된 재단법인 성균관의 정관 일부 조항을 가지고 '성균관'의 단체성을 부정하여 위 법인의 기관에 불과하다고 볼 수는 없다고 한 사례[304]"가 있다.

○ 종단에 사찰등록을 마친 사찰 주지의 지위에 관한 소의 적법성

"일반적으로 사설 사찰이 아닌 종단에 등록을 마친 사찰은 독자적인 권리능력과 당사자능력을 가진 법인격 없는 사단이나 재단이라 할 것이고 그러한 사찰의 주지는 종교상의 지위와 아울러 비법인사단 또는 단체인 당해 사찰의 대표자로서의 지위를 겸유하면서 사찰 재산의 관리처분권 등을 갖게 되는 것이어서, 그 주지 지위의 확인이나 주지해임무효확인 등을 구하는 것이 구체적인 권리 또는 법률관계와는 무관한 단순한 종교상의 자격에 관한 시비에 불과하다고 볼 수는 없다.[305]"

○ 일부 교인들이 소속 교단을 탈퇴하고 다른 교단에 가입하기로 하는 내용의 교단변경 결의를 한 경우, 교단변경에 찬성한 교인들이 종전 교회에서 탈퇴한 것인지 여부의 판단 기준

"일부 교인들이 소속 교단을 탈퇴하고 다른 교단에 가입하기로 하는 내용의 교단변경을 결의하는 것은 종전 교회를 집단적으로 탈퇴하는 것과 구별되는 개념으로, 교단변경에 찬성한 교인들이 종전 교회에서 탈퇴하였다고 평가할 수 있을지 여부는 법률행위 일반의 해석 법리에 따라, 교회를 탈퇴한다는 취지의 의사표시를 하였는지 여부, 종전 교회가 따르던 교리와 예배방법을 버리고 다른 교리와 예배방법을 추종하게 되었는지 여부, 종전 교회와 다른 명칭을 사용하거나 종전 교회의 교리 등을 따르기를 원하는 나머지 교인들을 의도적으로 배제한 채 독립한 조직을 구성하거나 종전 교리를 따르지 않는 새로운 목사를 추대하여 그를 중심으로 예배를 보는 등 종전 교회와 별도의 신앙공동체를 형성하였다고 볼 수 있는지 여부, 스스로 종전 교회와 다른 조직임을 전제로 하는 주장이나 행위 등을 하여 왔는지 여부, 교단변경에 이르게 된 경위, 즉 단순히 종전 교회의 소속 교단만을 변경하는데 그치겠다는 의사에서 결의에 나아간 것인지 아니면 만약 교단변경의 결의가 유효하게 이루어지지 아니하여 종전 교회의 소속 교단이 그대로 유지된다면 종전 교회에서 탈퇴하겠다는 의사를 갖고서 결의에 나아간 것인지 여부, 교단변경 결의가 유효하게 이루어지지 아니하는 경우 교회재산의 사용수익권을 잃는 것을 감수하고서라도 새로운 교회를 설립할 것인지 아니면 사용수익권을 보유하면서 종전 교회에 남을 것인지 사이에서 교인들이 어떠한 선택을 하였다고 볼 것인지 여부 등 여러 사정을 종합적으로 고려하여 판단하여야 한다.[306]"

○ 교회가 법인 아닌 사단으로 성립하기 전에 설립의 주체인 개인이 취득한 권리의무가 바로 성립 후의 교회에 귀속되는지 여부 및 이에 관하여 설립중의 회사의 법리가 유추적용되는지 여부

"교회가 그 실체를 갖추어 법인 아닌 사단으로 성립한 경우에 교회의 대표자가 교회를 위하여 취득한 권리의무는 교회에 귀속되나, 교회가 아직 실체를 갖추지 못하여 법인 아닌 사단으로 성립하기 전에 설립의 주체인 개인이 취득한 권리의무는 그것이 앞으로 성립할 교회를 위한 것이라 하더라도 바로 법인 아닌 사단인 교회에 귀속될 수는 없고, 또한 설립중의 회사의 개념과 법적 성격에 비추어, 법인 아닌 사단인 교회가 성립하기 전의 단계에서 설립중의 회사의 법리를 유추적용할 수는 없다.[307]"

---

304) 대판 2004. 11. 12. 2002다46423; 대판 2004. 11. 12. 2002다65899.
305) 대판 2005. 6. 24. 2005다10388; 대판 1996. 1. 26. 94다45562.
306) 대판 2010. 5. 27. 2009다67658.

◎ 교회 재산의 관리처분과 관련한 대표자 지위의 부존재 확인을 구하는 소송에서 소의 이익 유무

"교회의 헌법 등에 다른 정함이 있는 등의 특별한 사정이 없는 한, 교회의 대표자(담임목사)는 예배 및 종교활동을 주재하는 종교상의 지위와 아울러 비법인사단의 대표자 지위를 겸유하면서 교회 재산의 관리처분과 관련한 대표권을 가지므로, 재산의 관리처분과 관련한 교회 대표자 지위에 관한 분쟁은 구체적인 권리 또는 법률관계를 둘러싼 분쟁에 해당하여 그 대표자 지위의 부존재 확인을 구하는 것은 소의 이익이 있다.[308]"

◎ 교회가 건물을 다른 교회에 매도하고 더 이상 종교활동을 하지 않아 해산하였다고 하더라도 교인들이 교회 재산의 귀속관계에 대하여 다투고 있는 이상 교회는 청산 목적의 범위 내에서 권리·의무의 주체가 되어 당사자능력이 있고, 위 교인들이 교회의 대표자 지위의 부존재 확인을 구하는 소송에는 청산인 지위의 부존재 확인을 구하는 취지가 포함되어 있다고 본 사례

"교회가 건물을 다른 교회에 매도하고 더 이상 종교활동을 하지 않아 해산하였다고 하더라도 교인들이 교회 재산의 귀속관계에 대하여 다투고 있는 이상 교회는 청산목적의 범위 내에서 권리·의무의 주체가 되어 당사자능력이 있고, 위 교인들이 교회의 대표자 지위의 부존재 확인을 구하는 소송에는 청산인 지위의 부존재 확인을 구하는 취지가 포함되어 있다고 본 사례[309]"가 있다.

◎ 주택조합이 조합원 지위를 계속 유지하고 있는 조합원에 대하여 조합아파트 분양계약을 해제하거나 취소한 경우, 조합원의 아파트에 관한 권리가 소멸하는지 여부

"주택조합은 그 실체에 있어 비법인 사단에 해당하고 조합원은 그 지위에서 조합아파트에 관한 권리를 취득하는 것이므로, 주택조합이 위의 행위를 하였다 하여, 그 조합아파트에 관한 조합원의 권리가 소멸하는 것이 아니다.[310]"

◎ 법인 아닌 사단의 실체를 갖춘 아파트 부녀회의 수익금이 아파트 부녀회 회장의 개인 명의의 예금계좌에 입금되어 있는 경우, 위 수익금의 관리·사용권을 승계한 아파트입주자 대표회의가 수익금의 지급을 청구할 상대방

"법인 아닌 사단의 실체를 갖춘 아파트 부녀회의 수익금이 아파트 부녀회 회장의 개인 명의의 예금계좌에 입금되어 있는 경우, 위 수익금의 관리·사용권을 승계한 아파트입주자 대표회의가 수익금의 지급을 청구할 상대방은 회장 개인이 아니라 아파트 부녀회이다.[311]"

◎ 재건축조합이 공사업자와 공사도급계약을 체결하면서 건설용역에 대한 부가가치세를 재건축조합이 부담하기로 약정하고, 이를 조합원들 전부에게 분담시켜 구 조세감면규제법상 부가가치세 납부의무가 면제되는 조합원들도 그 부담분을 납부하게 된 경우, 공사업자가 부당이득 하였다고 볼 수 있는지 여부

"재건축조합이 공사업자와 공사도급계약을 체결하면서 건설용역에 대한 부가가치세를 재건축조합이 부담하기로 약정하고, 이를 조합원들 전부에게 분담시켜 구조세감면규제법(1998. 12. 28. 법률 제5584호 조세특례제한법으로 전문 개정되기 전의 것)상 부가가치세 납부의무가 면제되는 조합원

---

307) 대판 2008. 2. 28. 2007다37394, 37400.
308) 대판 2007. 11. 16. 2006다41297; 대판 2005. 6. 24. 2005다10388.
309) 대판 2007. 11. 16. 2006다41297.
310) 대판 1999. 11. 9. 99다34420; 대판 1997. 1. 24. 96다39721, 39738.
311) 대판 2006. 12. 21. 2006다52723.

들도 그 부담분을 납부하게 된 경우에, 공사업자로서는 각 세대별로는 초과징수한 부가가치세가 있다고 하더라도 수령하여 징수하여야 할 부가가치세 총액으로 볼 때 초과수령분이 없다면 부당이득하였다고 볼 수 없다고 한 사례[312]"가 있다.

바. 재산관계

○ 어촌계원의 지위를 상실한 자가 어촌계 결의의 효력을 다툴 수 있는지 여부

"비법인사단인 어촌계의 구성원은 총유재산에 대하여 특정된 지분을 가지고 있는 것이 아니라, 사단의 구성원이라는 지위에서 그 재산의 관리 및 처분에 관여하고 있는 것에 불과하고, 그 신분을 상실하면 총유재산에 대하여 아무런 권리를 주장할 수 없는 것이므로, 비록 그가 어촌계의 계원으로 있을 당시 어촌계가 취득한 보상금이라 하더라도, 그 분배 결의 당시 계원의 신분을 상실하였다면, 그 결의의 효력을 다툴 법률상의 이해관계가 없다고 보아야 할 것이다.[313]"

○ 교회의 재산 귀속에 대한 판단 방법 및 교회 재산의 귀속 형태

"교회가 법인 아닌 사단으로서 존재하는 이상 그 법률관계를 둘러싼 분쟁을 소송적인 방법으로 해결함에 있어서는 법인 아닌 사단에 관한 민법의 일반 이론에 따라 교회의 실체를 파악하고 교회의 재산 귀속에 대하여 판단하여야 하고, 그 교인들은 교회 재산을 총유의 형태로 소유하면서 사용·수익하게 된다.[314]"

○ 비법인사단이 타인 간의 금전채무를 보증하는 행위를 총유물의 관리·처분행위로 볼 수 있는지 여부 및 비법인사단인 재건축조합의 조합장이 채무보증계약을 체결하면서 조합규약에서 정한 조합 임원회의 결의 등 절차를 거치지 않은 경우, 그 보증계약의 효력

"민법 제275조·제276조 제1항에서 말하는 총유물의 관리 및 처분이라 함은 총유물 그 자체에 관한 이용·개량행위나 법률적·사실적 처분행위를 의미하는 것이므로, 비법인 사단이 타인 간의 금전채무를 보증하는 행위는 총유물 그 자체의 관리·처분이 따르지 아니하는 단순한 채무부담행위에 불과하여 이를 총유물의 관리·처분행위라고 볼 수는 없다. 따라서 비법인사단인 재건축조합의 조합장이 채무보증계약을 체결하면서 조합규약에서 정한 조합 임원회의 결의를 거치지 아니하였다거나 조합원총회 결의를 거치지 않았다고 하더라도 그것만으로 바로 그 보증계약이 무효라고 할 수는 없다. 다만, 이와 같은 경우에 조합 임원회의의 결의 등을 거치도록 한 조합규약은 조합장의 대표권을 제한하는 규정에 해당하는 것이므로, 거래 상대방이 그와 같은 대표권 제한 및 그 위반 사실을 알았거나 과실로 인하여 이를 알지 못한 때에는 그 거래행위가 무효로 된다고 봄이 상당하며, 이 경우 그 거래 상대방이 대표권 제한 및 그 위반 사실을 알았거나 알지 못한 데에 과실이 있다는 사정은 그 거래의 무효를 주장하는 측이 이를 주장·증명하여야 한다.[315]"

○ 당사자능력을 가진 독립사찰 소유의 토지와 건물을 위 사찰이 아닌 주지가 점유할 수 있는지 여부(소극)

"당사자능력을 가진 독립사찰 소유의 토지 및 건물을 점유하는 것은 사찰 자신이고, 그 주지의

312) 대판 2006. 7. 13. 2004다7408.

313) 대판 2000. 5. 12. 99다71931.

314) 대결 2007. 6. 29.자 2007마224; 대결 2006. 6. 9.자 2003마1321; 대판 2006. 4. 20. 전원합의체. 2004다37775.

315) 대판 2007. 4. 19. 전원합의체(다수의견). 2004다60072, 60089; 대판 2001. 12. 14. 2001다56256(변경).

지위에 있는 자가 그 토지와 건물을 점유하는 것은 아니다.[316)]"

종중 관련

가. 의 의

○ 고유한 의미의 종중의 의미

"고유한 의미의 종중이란 공동선조의 분묘 수호와 제사 및 종원 상호간의 친목을 도모할 목적으로 하는 자연발생적인 관습상의 종족집단체로서 특별한 조직행위를 필요로 하는 것이 아니고, 공동선조의 후손 중 성년 이상의 남자는 당연히 그 구성원(종원)이 되는 것이며 그 중 일부를 임의로 그 구성원에서 배제할 수 없으므로, 특정지역 내에 거주하는 일부 종중원만을 그 구성원으로 하는 단체는 종중 유사의 단체에 불과하고, 고유의 의미의 종중은 될 수 없다.[317)]"

○ 고유한 의미의 종중 여부의 판단기준

"첫째, 종중의 목적 둘째, 그 성립과 조직의 경위 셋째, 구성원의 범위와 자격 기준 넷째, 종중규약의 내용 등을 종합적으로 판단해서 파악해야 한다.[318)]"

○ 족보의 기재 내용은 진실한 것으로 추정되는지 여부

"족보는 종중 또는 문중이 종원의 범위를 명백히 하기 위하여 일족의 시조를 기초로 하여 그 자손 전체의 혈통·배우자·관력 등을 기재하여 제작·반포하는 것으로, 족보가 조작된 것이라고 인정할 만한 특별한 사정이 없는 한, 혈통에 관한 족보의 기재내용은 이를 믿는 것이 경험칙에 맞는다.[319)]"

○ 소송당사자인 종중 유사의 단체를 고유의 의미의 종중으로 변경하는 것이 가능한지 여부

"이미 구성원의 자격을 특정 지역 거주자로 제한하는 종중 유사의 단체인 것으로 확정된 당사자의 성격을 고유의 의미의 종중으로 변경하는 것은, 당사자를 임의로 변경하는 것에 해당하여 허용될 수 없다.[320)]"

○ 종중규약의 자율성

"전략(前略)··· 이와 같은 종중의 성격과 법적 성질에 비추어 보면, 종중에 대하여는 가급적 그 독자성과 자율성을 존중해 주는 것이 바람직하고, 따라서 원칙적으로 종중규약은 종원이 가지는 고유하고 기본적인 권리의 본질적인 내용을 침해하는 등 종중의 본질이나 설립 목적에 크게 위배되지 않는 한 그 유효성을 인정하여야 한다.[321)]"

○ 인위적인 조직행위를 거쳐 성립된 종중 유사단체의 회칙 등에서 공동선조의 후손 중 남성만으로 구성원을 한정하고 있는 경우, 그러한 사정만으로 회칙 등이 무효로 되는지 여부(소극)

"종중 유사단체는 비록 그 목적이나 기능이 고유한 의미의 종중과 별다른 차이가 없다 하더라도 공동선조의 후손 중 일부에 의하여 인위적인 조직행위를 거쳐 성립된 경우에는 사적 임의단체라는

---

316) 대판 2011. 2. 10. 2006다65774; 대판 1996. 1. 26. 94다45562.
317) 대판 2002. 4. 12. 2000다16800; 대판 1992. 9. 22. 92다15048.
318) 대판 1995. 9. 15. 94다49007.
319) 대결 1997. 3. 3.자 96스67; 대판 1987. 4. 14. 84다카750.
320) 대판 1999. 7. 27. 99다9523; 대판 1999. 4. 13. 98다50722; 대판 1994. 5. 10. 93다10866.
321) 대판 2008. 10. 9. 2005다30566; 대판 2006. 10. 26. 2004다47024.

점에서 자연발생적인 종족집단인 고유한 의미의 종중과 그 성질을 달리하므로, 그러한 경우에는 사적 자치의 원칙 내지 결사의 자유에 따라 그 구성원의 자격이나 가입조건을 자유롭게 정할 수 있음이 원칙이다. 따라서 그러한 종중 유사단체의 회칙이나 규약에서 공동선조의 후손 중 남성만으로 그 구성원을 한정하고 있다 하더라도 특별한 사정이 없는 한 이는 사적 자치의 원칙 내지 결사의 자유의 보장범위에 포함되고, 위 사정만으로 그 회칙이나 규약이 양성평등 원칙을 정한 헌법 제11조 및 민법 제103조를 위반하여 무효라고 볼 수는 없다.[322]"

나. 성립요건

◘ 공동선조와 성과 본을 같이 하는 후손은 성별의 구별 없이 성년이 되면 당연히 종중의 구성원이 되는지 여부 및 그 근거

"전략(前略)… 종중의 이러한 목적과 본질에 비추어 볼 때 공동선조와 성과 본을 같이 하는 후손은 성별의 구별 없이 성년이 되면 당연히 그 구성원이 된다고 보는 것이 조리에 합당하다.[323]"

◘ 공동시조의 관직명을 쓰지 않고 일부의 후손만이 거주하는 지역의 명칭을 사용한 소종중도 종중이라 할 수 있는지 여부

"종중이 공동선조의 후손들 일부만이 거주하고 있는 지역의 명칭을 사용하였다 하더라도, 그곳에 거주하는 후손들로만 구성된 것이 아니라 그 공동선조의 분묘를 수호하고 그 시제를 봉행하기 위하여 그 후손들 전부를 중심으로 형성되어 왔고, 그 후 별도의 총회를 소집함에 있어서도 그 공동시조의 후손 전부를 소집하여 규약과 대표자를 정하였다면, 종중의 명칭에 공동시조의 관직명을 붙이지 않고 일부의 후손만이 거주하는 지역의 명칭을 사용하였다 하여, 종중이 그 지역에 거주하는 후손들만의 소종중으로서 그 공동시조를 중시조로 하는 종중이 아니라고 할 수는 없다.[324]"

◘ 같은 혈족이지만 공동선조를 달리하던 별개의 소종중이 통합한 경우, 통합종중의 법적 성격 및 이때 통합 전 소종중의 객관적 실체가 소멸하는지 여부

"고유한 의미의 종중은 공동선조의 후손들에 의하여 그 선조의 분묘수호와 제사 및 후손 상호간의 친목을 목적으로 형성되는 자연발생적인 종족단체로서 그 선조의 사망과 동시에 그 자손에 의하여 성립하므로, 같은 혈족이지만 공동선조를 달리 하던 별개의 소종중이 통합하여 새로 구성된 종족집단으로서의 통합종중은 고유한 의미의 종중이 아니긴 하지만 그 단체로서의 실체를 인정할 수 있을 경우에는 종중 유사의 권리능력 없는 사단으로서 단체성만을 인정할 수 있고, 그 경우에도 자연발생적 집단으로서 선조의 사망과 동시에 자손에 의하여 자연발생적으로 성립하는 고유한 의미의 종중인 통합 전 소종중의 객관적 실체가 없어지는 것은 아니다.[325]"

◘ 당사자인 종중의 공동선조를 변경하여 주장하는 것이 허용되는지 여부 및 이와 같은 경우, 법원의 조치

"종중의 특정은 그 종중에서 봉제사의 대상으로 삼고 있는 공동선조가 누구인지에 따라 이루어지고 이를 기준으로 하여 종중 구성원의 범위도 확정될 수 있는 것이어서 공동선조를 달리하는 종중은 그 구성원도 달리하는 별개의 실체를 가지는 종중이므로, 원고가 주장하는 종중의 공동선조를

---

322) 대판 2011. 2. 24. 2009다17783.
323) 대판 2007. 9. 6. 2007다34982; 대판 2005. 7. 21. 전원합의체. 2002다1178.
324) 대판 1996. 2. 23. 95다1316.
325) 대판 2008. 10. 9. 2008다41567; 대판 1993. 5. 27. 92다34193; 대판 1991. 1. 29. 90다카22537.

변경하는 것은 당사자 변경의 결과를 가져오는 것으로서 허용될 수 없으며, 이와 같은 경우 법원으로서는 원고가 당초에 주장한 바와 같은 종중이 실재하는지, 그 대표자에게 원고 종중의 대표 자격이 있는지 여부를 심리하여 만일 그와 같은 종중이 실재하지 아니하거나 대표자의 대표 자격이 인정되지 아니하면 소는 부적법한 것으로 각하하여야 하고, 반대로 그와 같은 종중의 실재와 대표자의 대표 자격이 인정되는 경우에는 본안에 들어가 판단하여야 할 것이며, 이와는 달리 변경된 주장에 따른 종중 등이 실재한다고 하여 이를 원고로 인정하여서는 아니 될 것인바, 이와 같은 법리는 그 각 종중이 서로 명칭과 대표자가 동일한 경우에도 마찬가지로 적용되어야 할 것이다.[326)]"

다. 내부관계

◎ 종중총회의 소집방법 등

"종중의 규약이나 관행에 의해 매년 일정한 장소에서 정기적으로 종중원들이 모여서 종중의 대소사를 처리하기로 되어 있는 경우에는 종중총회의 소집절차가 필요 없으나, 그 외에 소집에 관한 특별한 규약이나 종중 관행이 없는 한, 종중원 중 통지 가능한 모든 성년 이상의 남자에게 소집통지를 함으로써 각자가 회의와 토의에 참가할 수 있는 기회를 주어야 하고, 일부 종중원에게 소집통지를 하지 않고 개최된 종중총회의 결의는 원칙적으로 효력이 없고, 다만 소집절차에 하자가 있어 그 효력을 인정할 수 없는 종중총회의 결의라도, 나중에 적법하게 소집된 종중총회에서 이를 추인하면 처음부터 유효하게 된다.[327)]"

◎ 대표자가 직접 종회를 소집하지 않은 경우, 그 종회소집의 효력

"종중의 대표자격이 있는 연고항존자가 직접 종회소집을 하지 않았다 해도, 그가 다른 종중원의 종회소집에 동의하여 그 종중원으로 하여금 소집하게 하였다면, 그러한 종회소집은 권한 없는 자의 소집으로 볼 수는 없다.[328)]"

◎ 종중 대표자의 선임 방법 및 종중회의 소집권자가 정당한 이유 없이 소집을 거부하는 경우 종중회의를 소집할 수 있는 자

"종중의 대표자는 종중의 규약이나 관례가 있으면 그에 따라 선임하고 그것이 없다면 종장 또는 문장이 그 종원 중 성년 이상의 사람을 소집하여 선출하며, 평소에 종중에 종장이나 문장이 선임되어 있지 아니하고 선임에 관한 규약이나 관례가 없으면 현존하는 연고항존자가 종장이나 문장이 되어 국내에 거주하고 소재가 분명한 종원에게 통지하여 종중총회를 소집하고 그 회의에서 종중대표자를 선임하는 것이 일반 관습이고, 종원들이 종중재산의 관리 또는 처분 등에 관하여 대표자를 선정할 필요가 있어 적법한 소집권자에게 종중총회의 소집을 요구하였으나 소집권자가 정당한 이유 없이 이를 소집하지 아니할 때에는 차석 연고항존자 또는 발기인이 총회를 소집할 수 있다.[329)]"

◎ 종중이 그 총유재산에 대한 보존행위로서 소송을 하는 경우, 종중 총회의 결의를 거쳐야 하는지 여부(적극)

"총유물의 보존에 있어서는 공유물의 보존에 관한 민법 제265조의 규정이 적용될 수 없고, 특별

326) 대판 2002. 8. 23. 2001다58870; 대판 2002. 5. 10. 2002다4863; 대판 1996. 11. 26. 96다32850.
327) 대판 1995. 6. 16. 94다53563; 대판 1992. 12. 27. 92다34124; 대판 1991. 8. 13. 91다1189.
328) 대판 1995. 5. 23. 95다5288.
329) 대판 2010. 12. 9. 2009다26596; 대판 2009. 5. 28. 2009다7182; 대판 1997. 11. 14. 96다25715.

한 사정이 없는 한 민법 제276조 제1항의 규정에 따라 사원총회의 결의를 거쳐야 하므로, 법인 아닌 사단인 종중이 그 총유재산에 대한 보존행위로서 소송을 하는 경우에도 특별한 사정이 없는 한 종중 총회의 결의를 거쳐야 한다.[330]"

◎ 종중재산의 분배에 관한 종중총회의 결의가 무효인 경우 및 그 결의 내용이 현저하게 불공정한 것인지 여부의 판단 기준

"비법인사단인 종중의 토지 매각대금은 종원의 총유에 속하고, 그 매각대금의 분배는 총유물의 처분에 해당하므로, 정관 기타 규약에 달리 정함이 없는 한 종중총회의 결의에 의하여 그 매각대금을 분배할 수 있고, 그 분배 비율, 방법, 내용 역시 결의에 의하여 자율적으로 결정할 수 있다. 그러나 종중은 공동선조의 분묘수호와 제사 및 종원 상호간의 친목 등을 목적으로 하여 구성되는 자연발생적인 종족집단으로 그 공동선조와 성과 본을 같이하는 후손은 그 의사와 관계없이 성년이 되면 당연히 그 구성원(종원)이 되는 종중의 성격에 비추어, 종중재산의 분배에 관한 종중총회의 결의 내용이 현저하게 불공정하거나 선량한 풍속 기타 사회질서에 반하는 경우 또는 종원의 고유하고 기본적인 권리의 본질적인 내용을 침해하는 경우 그 결의는 무효이다. 여기서 종중재산의 분배에 관한 종중총회의 결의 내용이 현저하게 불공정한 것인지 여부는 종중재산의 조성 경위, 종중재산의 유지·관리에 대한 기여도, 종중행사 참여도를 포함한 종중에 대한 기여도, 종중재산의 분배 경위, 전체 종원의 수와 구성, 분배 비율과 그 차등의 정도, 과거의 재산분배 선례 등 제반 사정을 고려하여 판단하여야 한다.[331]"

◎ 종중총회의 적법한 소집권자가 종중원들의 정당한 소집 요구에 불응한 경우, 반드시 민법 제70조를 준용하여 감사가 총회를 소집하거나 종원이 법원의 허가를 얻어 총회를 소집하여야 하는지 여부(소극)

"종중원들이 종중 재산의 관리 또는 처분 등을 위하여 종중의 규약에 따른 적법한 소집권자 또는 일반 관례에 따른 종중총회의 소집권자인 종중의 연고항존자에게 필요한 종중의 임시총회 소집을 요구하였음에도 그 소집권자가 정당한 이유 없이 이에 응하지 아니하는 경우에는 차석 또는 발기인(위 총회의 소집을 요구한 발의자들)이 소집권자를 대신하여 그 총회를 소집할 수 있는 것이고, 반드시 민법 제70조를 준용하여 감사가 총회를 소집하거나 종원이 법원의 허가를 얻어 총회를 소집하여야 하는 것은 아니다.[332]"

◎ 종중총회의 결의방법에 있어 위임장 제출방식에 의한 결의권 행사가 허용되는지 여부

"위의 경우, 종중규약에 다른 규정이 없는 이상 종원은 서면이나 대리인으로 결의권을 행사할 수 있으므로, 일부 종원이 직접 총회에 출석하지 아니하고 다른 출석 종원에 대한 위임장 제출방식에 의하여 종중대표자 선임 등에 관한 결의권을 행사하는 것도 허용된다.[333]"

◎ 종중총회 소집통지의 대상과 방법 및 일부 종중원에 대한 소집통지를 결여한 종중총회 결의의 효력

"종중총회는 특별한 사정이 없는 한 족보에 의하여 소집통지 대상이 되는 종중원의 범위를 확정

330) 대판 2010. 2. 11. 2009다83650; 대판 2007. 12. 27. 2007다17062.

331) 대판 2010. 9. 9. 2007다42310, 42327; 대판 1994. 4. 26. 93다32446.

332) 대판 2011. 2. 10. 2010다83205; 대판 2006. 1. 26. 2005다45636; 대판 1997. 9. 26. 97다25279.

333) 대판 2000. 2. 25. 99다20155; 대판 1993. 1. 26. 91다44902; 대판 1991. 11. 8. 91다25383.

한 후 국내에 거주하고 소재가 분명하여 통지가 가능한 모든 종중원에게 개별적으로 소집통지를 함으로써 각자가 회의와 토의 및 의결에 참가할 수 있는 기회를 주어야 하고, 일부 종중원에게 소집통지를 결여한 채 개최된 종중총회의 결의는 효력이 없으나, 그 소집통지의 방법은 반드시 직접 서면으로 하여야만 하는 것은 아니고 구두 또는 전화로 하여도 되고 다른 종중원이나 세대주를 통하여 하여도 무방하다.[334)]"

◎ 일부 종중원에게 소집통지를 결여한 채 개최된 종중총회 결의의 효력(원칙적 무효) 및 종중의 규약이나 관례에 의하여 종중원이 매년 일정한 일시·장소에서 정기적으로 회합하여 종중의 대소사를 처리하기로 미리 정해져 있는 경우, 소집통지나 의결사항을 통지하지 않았다는 이유로 종중총회 결의를 무효라고 할 수 있는지 여부(소극)

"종중총회는 특별한 사정이 없는 한 족보에 의하여 소집통지 대상이 되는 종중원의 범위를 확정한 후 국내에 거주하고 소재가 분명하여 통지가 가능한 모든 종중원에게 개별적으로 소집통지를 함으로써 각자가 회의와 토의 및 의결에 참가할 수 있는 기회를 주어야 하고, 일부 종중원에게 소집통지를 결여한 채 개최된 종중총회의 결의는 효력이 없다. 다만 종중의 규약이나 관례에 의하여 종중원이 매년 1회씩 일정한 일시에 일정한 장소에서 정기적으로 회합하여 종중의 대소사를 처리하기로 미리 정해져 있는 경우에는 따로 소집통지나 의결사항을 통지하지 아니하였다고 하여 그 종중총회의 결의를 무효라고 할 수 없다.[335)]"

◎ 종중이 종원의 고유하고 기본적인 권리의 본질적인 내용을 침해하는 처분을 할 수 있는지 여부

"종중의 성격과 법적 성질에 비추어 종중이 그 구성원인 종원이 가지는 고유하고 기본적인 권리의 본질적인 내용을 침해하는 처분을 하는 것은 허용되지 않는다.[336)]"

◎ 직선제에 의한 종중의 대표자 선임시 의결정족수의 기준이 되는 출석종원의 의미

"위의 경우, 당초 총회에 참석한 모든 종원을 의미하는 것이 아니라, 문제가 된 결의 당시 회의장에 남아있던 종원만을 의미한다고 할 것이므로, 회의 도중 스스로 회의장에서 퇴장한 종원들은 이에 포함되지 않는다.[337)]"

라. 재산관계

◎ 종중재산의 관리 및 처분방법

"종종 소유의 재산은 종중원의 총유에 속하는 것이므로, 그 관리 및 처분에 관하여 먼저 종중규약에 정하는 바가 있으면 이에 따라야 하고, 그 점에 관한 종중규약이 없으면, 종중총회의 결의에 의하여야 하므로, 비록 종중 대표자에 의한 종중재산의 처분이라고 하더라도, 그러한 절차를 거치지 아니한 채 한 행위는 무효이다.[338)]"

◎ 종중이 총회결의에 의하지 않고 타인에게 기한을 정하지 않은 채 건축물을 목적으로 하는 토지의 사용권을 부여한 경우, 이를 처분행위로 단정하여 전체가 무효라고 볼 수 있는지 여부(소극)

"총유물의 처분이라 함은 '총유물을 양도하거나 그 위에 물권을 설정하는 등의 행위'를 말하므로,

334) 대판 2007. 9. 6. 2007다34982; 대판 2001. 6. 29. 99다32257; 대판 1987. 6. 23. 86다카2654.
335) 대판 2014. 2. 13. 2012다98843; 대판 2010. 8. 19. 2010다20235; 대판 1987. 10. 13. 87다카1194.
336) 대판 2007. 9. 6. 2007다34982; 대판 2006. 10. 26. 2004다47024.
337) 대판 2001. 7. 27. 2000다56037; 대판 2000. 1. 28. 98다26187; 대판 1995. 7. 28. 93다61338.
338) 대판 2000. 10. 27. 2000다22881; 대판 1996. 8. 20. 96다18656; 대판 1992. 10. 13. 92다27034.

그에 이르지 않은 단순히 '총유물의 사용권을 타인에게 부여하거나 임대하는 행위'는 원칙적으로 총유물의 처분이 아닌 관리행위에 해당한다고 보아야 한다. 한편 민법 제619조에 의하면 처분의 능력 또는 권한 없는 사람도 석조, 석회조, 연와조 및 그와 유사한 건축물을 목적으로 한 토지의 임대차의 경우에는 10년, 그 밖의 토지의 임대차의 경우에는 5년의 범위 안에서 다른 사람에게 토지를 임대할 수 있으므로, 종중이 종중총회의 결의에 의하지 않고 타인에게 기한을 정하지 않은 채 건축물을 목적으로 하는 토지의 사용권을 부여하였다고 하더라도 이를 곧 처분행위로 단정하여 전체가 무효라고 볼 것이 아니라 관리권한에 기하여 사용권의 부여가 가능한 범위 내에서는 관리행위로서 유효할 여지가 있다고 봄이 타당하다.[339)]"

○ 임야에 종중의 분묘가 설치되어 있다는 사실만으로 종중 소유로 단정할 수 있는지 여부

"어느 임야에 종중에 속한 분묘가 설치되어 있고 전답이 그에 인접해 있다고 하여, 그러한 사정만으로는 그 임야 및 전답이 종중 소유라고 단정할 수 없다.[340)]"

○ 분묘기지권의 귀속 주체

"분묘의 수호 관리나 봉제사에 대하여 현실적으로 또는 관습상 호주상속인인 종손이 그 권리를 가지고 있다면 그 권리는 종손에게 전속하는 것이고 종손이 아닌 다른 후손이나 종중에서 관여할 수는 없다고 할 것이나, 공동선조의 후손들로 구성된 종중이 선조 분묘를 수호 관리하여 왔다면 분묘의 수호 관리권 내지 분묘기지권은 종중에 귀속한다.[341)]"

○ 명의신탁자인 종중이 명의신탁된 부동산에 관하여 제3자이의의 소의 원인이 되는 권리를 가지고 있는지 여부

"부동산 실권리자명의 등기에 관한 법률 제8조 제1호에 의하면 종중이 보유한 부동산에 관한 물권을 종중 이외의 자의 명의로 등기하는 명의신탁의 경우 조세포탈, 강제집행의 면탈 또는 법령상 제한의 회피를 목적으로 하지 아니하는 경우에는 같은 법 제4조 내지 제7조 및 제12조 제1항·제2항의 규정의 적용이 배제되어 종중이 같은 법 시행 전에 명의신탁한 부동산에 관하여 같은 법 제11조의 유예기간 이내에 실명등기 또는 매각처분을 하지 아니한 경우에도 그 명의신탁약정은 여전히 그 효력을 유지하는 것이지만, 부동산을 명의신탁한 경우에는 소유권이 대외적으로 수탁자에게 귀속하므로 명의신탁자는 신탁을 이유로 제3자에 대하여 그 소유권을 주장할 수 없고 특별한 사정이 없는 한 신탁자가 수탁자에 대해 가지는 명의신탁해지를 원인으로 한 소유권이전등기청구권은 집행채권자에게 대항할 수 있는 권리가 될 수 없으므로 결국 명의신탁자인 종중은 명의신탁된 부동산에 관하여 제3자이의의 소의 원인이 되는 권리를 가지고 있지 않다고 할 것이다.[342)]"

○ 종중이 그 소유의 토지를 타인 명의로 신탁하여 사정받은 것이라고 인정할 수 있는 경우 및 그 판단 방법

"어떤 토지가 종중의 소유인데 사정 당시 종원 또는 타인 명의로 신탁하여 사정받은 것이라고 인정하기 위하여는, 사정 당시 어느 정도의 유기적 조직을 가진 종중이 존재하였을 것과 사정 이전에 그 토지가 종중의 소유로 된 과정이나 내용이 증명되거나, 또는 여러 정황에 미루어 사정 이전

---

339) 대판 2012. 10. 25. 2010다56586; 대판 1998. 10. 2. 98다28978; 대판 1962. 4. 4. 62다1.
340) 대판 1997. 2. 25. 96다9560; 대판 1985. 11. 26. 85다카847; 대판 1984. 3. 13. 83도1726.
341) 대판 2007. 6. 28. 2005다44114; 대판 1992. 3. 13. 91다30491.
342) 대판 2007. 5. 10. 2007다7409; 대판 1980. 1. 29. 79다1223; 대판 1974. 6. 25. 74다423.

부터 종중 소유로 인정할 수밖에 없는 많은 간접자료가 있을 때에 한하여 이를 인정할 수 있을 뿐이고, 그와 같은 자료들이 충분히 증명되지 아니하고 오히려 반대되는 사실의 자료가 많을 때에는 이를 인정하여서는 아니 된다고 할 것이며, 그 간접자료가 될 만한 정황으로서는, 사정명의인과 종중과의 관계, 사정명의인이 여러 사람인 경우에는 그들 상호간의 관계, 한 사람인 경우에는 그 한 사람 명의로 사정받게 된 연유, 종중 소유의 다른 토지가 있는 경우에는 그에 대한 사정 또는 등기관계, 사정된 토지의 규모 및 시조를 중심으로 한 종중 분묘의 설치 상태, 분묘수호와 봉제사의 실태, 토지의 관리 상태, 토지에 대한 수익이나 보상금의 수령 및 지출 관계, 제세공과금의 납부 관계, 등기필증의 소지 관계, 그 밖의 모든 사정을 종합적으로 검토하여야 한다.[343]"

3. 법인 아닌 재단

(1) 의 의

재단으로서의 사회적 실체는 갖추고 있으나, 법인격을 취득하지 못한 목적재산을 말한다.[344]

(2) 법률관계

(가) 부동산의 등기능력 및 소송당사자능력

등기능력 및 소송당사자능력이 있다(부동산등기법 제26조 제1항, 민사소송법 제52조)

(나) 재산귀속관계

부동산물권 이외의 권리의 형식적인 귀속관계에 대하여는 다툼이 있다.[345]

(다) 기 타

민법상의 재단법인에 관한 규정 중 법인격을 전제로 한 것을 제외하고는, 이를 법인 아닌 재단의 경우에 유추적용하여야 한다(통설).

판 례

◯ 일시적으로 사찰재산의 일부에 관하여 사찰을 명의인으로 한 등기가 마쳐졌을 뿐 사찰의 창건주

---

343) 대판 2002. 7. 26. 2001다76731; 대판 2001. 2. 13. 2000다14361; 대판 1994. 10. 25. 94다29782.

344) 일정한 목적을 위하여 결합한 재산의 집단을 재단이라 하고, 이에는 두 가지 형태가 있다. 첫째, 어떤 자의 소유재산을 그 자의 채권자·제3자의 권리를 보호하기 위하여 그 자의 다른 재산과 법률상 구별하여 취급하는 경우가 있다(파산재단, 한정승인을 한 상속재산, 상속인 없는 상속재산 등). 둘째, 일정한 공익적·사회적 목적을 위해 출연한 재산을 그 목적달성을 위해 통일적으로 관리하는 경우가 있다(신탁, 재단법인 등). 법인 아닌 재단은 후자의 범주에 속한다. 설립 중의 재단, 주무관청으로부터 설립허가를 받지 못하였거나 또는 허가를 받았으나 등기하지 않은 재단 등을 들 수 있다(곽윤직·김재형, 161면).

345) 신탁의 법리로 설명되어야 한다는 견해(곽윤직·김재형, 162면; 이영준, 807면)와 법인 아닌 재단은 재단으로서의 실체가 있으므로, 관리자가 있고 또한 정관에 그 재단의 명칭이 정해져 있어 권리주체성을 갖는다(대판 1964. 6. 2. 63다856)는 전제 아래 신탁의 법리로 설명할 것이 아니라, 관리자가 취득하는 권리와 부담하는 의무는 법인 아닌 재단 자신의 권리·의무로서, 법인 아닌 재단에 귀속한다는 견해(김상용, 276면; 송덕수, 617면)가 있다. 생각건대 재단 자체의 귀속을 인정할 경우, 재단과 재단법인의 구별이 어렵고 또한 이를 인정할 만한 명문규정이 없다는 점에서 제1설인 신탁법리설이 타당하다.

가 사찰재산을 사찰 자체에 귀속시키는 등의 절차를 거치지 아니한 경우, 위 사찰이 법인 아닌 재단으로서 단체성을 취득하는지 여부

"불교신도나 승려 등 개인이 토지를 매수하여 그 지상에 사찰건물을 건립한 다음 주지를 두고 그 곳에서 불교의식을 행하는 경우 위 사찰의 창건주가 특정 종단에 가입하여 그 소속 사찰로 등록을 하고 사찰의 부지와 건물에 관하여 그 사찰 명의로 등기를 마침으로써 사찰재산을 창건주 개인이 아닌 사찰 자체에 귀속시키는 등의 절차를 거쳤다면 이로써 그 사찰은 법인 아닌 재단 또는 사단으로서 독립된 권리주체가 되었다고 할 것이나, 이에 이르지 못한 경우에는 창건주의 개인사찰로서 불교목적시설에 불과하다고 할 것이고, 일시적으로 사찰재산의 일부에 관하여 사찰을 명의인으로 한 등기가 마쳐졌다는 사정만으로 위 사찰이 법인 아닌 재단으로서 단체성을 취득하는 것은 아니다.346)"

○ 개인사찰에 있어서 신도들의 시주를 주된 재원으로 건립된 사찰건물이 창건주의 소유로 귀속되는지 여부

"개인사찰에 있어서 창건주에 의하여 건립되었던 사찰건물이 그와 무관하게 멸실된 후 동일 용도의 사찰건물을 새로 건립하거나 산신각 등 추가적인 사찰건물이 필요하게 되어 이를 건립한 경우 창건주가 직접 그 건물들을 건립하지 아니하고 창건주에 의하여 임명된 주지가 주도하여 신도들의 시주를 주된 재원으로 하여 이를 건립하였다고 할지라도 특정 신도가 대부분의 자금을 출연하고 건물의 소유권을 보유하되 사찰의 건물로만 제공한다는 등의 특별한 사정이 존재하지 않는 이상 신도들의 시주와 건물 건립은 모두 그 사찰을 위하여 이루어진 것으로서 위 추가로 건립된 사찰건물들은 역시 창건주의 소유로 귀속된다.347)"

제2관 법인의 설립

Ⅰ. 입법주의

법인설립에 관한 국가의 태도는 시대의 흐름에 따라 금압·방임·조장·강제 등의 형태로 나라마다 다르게 변해 왔다. 이러한 태도는 오늘날에도 마찬가지이다. 우리나라는 자유설립주의를 제외한 다양한 형태의 입법주의를 법인의 종류에 따라 병행·채택하고 있다.

1. 자유설립주의

법인의 설립에 아무런 제한을 두지 않고, 법인의 실체를 갖추면 당연히 법인격을 인정하는 입법주의이다.348)

346) 대판 2005. 6. 24. 2003다54971; 대판 1999. 6. 11. 98다60903; 대판 1991. 2. 22. 90누5641.

347) 대판 2005. 6. 24. 2003다54971; 대판 1990. 2. 27. 88다카23391, 23407; 대판 1989. 4. 11. 87다카2512.

348) 스위스민법 제60조의 태도이다. 민법은 제30조에서 '법인은 법률의 규정에 의함이 아니면 성립하지 못한다.'고 함으로써 자유설립주의를 배척하고 있다.

2. 준칙주의

법률에 규정된 법인설립의 요건을 갖춘 경우, 당연히 법인격을 인정하는 입법주의를 말한다.[349)]

3. 인가주의

법률이 정한 요건을 갖추고, 주무관청의 인가를 받음으로써 법인격을 취득하게 되는 입법주의이다. 허가주의와는 달리, 법정요건을 갖춘 단체의 경우, 인가권자는 반드시 설립인가를 해 주어야 한다.[350)]

4. 허가주의

행정관청의 설립허가를 얻어야 법인격을 취득하는 입법주의를 말한다. 허가는 자유재량행위이므로, 요건을 갖춘 단체가 설립허가를 얻지 못한 경우에도 행정소송의 대상은 아닌 것이다. 민법은 비영리법인 설립의 경우, 허가주의를 취하고 있다(제32조).[351)]

판 례

◎ 주무관청의 허가대상인 비영리법인으로 본 경우

"사단법인 농지개량조합연합회는 정부・지방자치단체 등이 시행하는 농지개량사업 중 환지업무의 대행을 사업목적으로 하여 설립되어, 그 설립 이래 정부로부터 환지업무에 대한 정부업무의 대행자로 지정 받고, 정부의 직접보조금과 간접보조금을 재원으로 어떤 이익을 남기지 않고 실비로 공익사업인 환지업무를 수행하고 국가・지방자치단체 등으로부터 수수료를 授受하였다면, 위 환지용역은 농지개량사업이라는 공익을 목적으로 하는 단체인 위 법인이 그 고유의 목적사업인 농지개량사업을 위하여 실비로 공급한 용역에 해당되어, 부가가치세법 제12조 제1항 제16호・동법시행령 제37조 소정의 부가가치세 면제대상이 된다.[352)]"

◎ 구도시재개발법상 주택개량재개발조합이 법인세법상 비영리법인에 해당하는지 여부

"구도시재개발법(1995. 12. 29. 법률 제5116호로 전문 개정되기 전의 것)상 주택개량재개발조합은 법인세법 제1조 제1항 소정의 특별법에 의하여 설립된 법인으로서 민법 제32조에 규정된 설립목적

---

349) 다만, 법인의 조직 내용을 거래사회에 공시하기 위하여 등기・등록을 필요로 하거나, 주무관청의 감독상의 편의를 위해 설립신고를 요하게 된다. 등기(록)・신고에 앞서 주무관청의 사전 심사가 필요 없다. 민법상의 영리법인(제39조), 상법상의 회사(상법 제172조), 노동조합의 설립(노동조합 및 노동관계조정법 제6조) 등은 준칙주의를 채용하고 있다.

350) 법무법인(변호사법 제41조・제65조), 농업협동조합(농업협동조합법 제15조・제121조) 등은 인가주의를 취하고 있다.

351) 그 밖에 사립학교법인(사립학교법 제10조), 의료법인(의료법 제48조) 등의 경우, 허가주의를 취하고 있다. 허가주의는 단체설립자유의 원칙에 반하며, 법인 아닌 사단 또는 재단을 낳게 하는 원인이 될 수 있다는 점에서, 입법론으로는 준칙주의 또는 인가주의로 전환하는 것이 바람직하다는 견해가 있다(고상룡, 175면).

352) 대판 1985. 4. 9. 83누399; 대판 1984. 6. 26. 84누100.

및 그와 유사한 설립목적을 가진 비영리법인에 해당한다.[353]"

◎ 건설공제조합의 비영리성 여부

"건설공제조합이 특별법에 의하여 설립된 법인이기는 하지만, 민법 제32조의 규정에 의한 비영리법인과 유사한 설립목적을 가진 법인이라 볼 수 없다.[354]"

5. 특허주의

법인의 설립에 특별법의 제정을 필요로 하는 입법주의를 말한다. 설립대상이 되는 단체가 국가의 재정 · 금융 · 산업 등에 관한 국가정책에 중대한 영향을 미치기 때문에 특별법에 의해 법인을 설립하게 된다.[355]

6. 강제주의

국가가 법인의 설립을 강제하는 입법주의를 말한다. 강제주의의 경우, 법인이 성립되면, 유자격자는 회원가입이 강제된다.[356]

Ⅱ. 비영리사단법인의 설립

1. 설립요건

비영리사단법인은 다음의 네 가지 요건을 갖추었을 때 설립된다.

(1) 목적의 비영리성

법인의 설립목적이 구성원의 이익을 도모하는 것이 아니어야 한다.

(2) 설립행위(정관작성)

2인 이상의 설립자가 법인의 근본규칙을 정하여 서면에 기재하고 기명 · 날인해야 한다(제40조). 이 서면이 정관이므로,[357] 사단법인의 설립행위는 결국 정관을 작성하는 행위가 된다.[358]

353) 대판 2005. 5. 27. 2004두7214.

354) 대판 1983. 12. 13. 80누496.

355) 한국은행(한국은행법), 한국산업은행(한국산업은행법), 한국방송공사(방송법 제43조), 한국전력공사(한국전력공사법), 한국도로공사(한국도로공사법) 등은 특허주의를 취하고 있다.

356) 의사회 · 치과의사회 · 한의사회 · 조산사회 · 간호사회(의료법 제28조), 지방변호사회(변호사법 68조), 대한약사회(약사법 제11조) 등은 강제주의를 취하고 있다.

357) 정관(Satzung)의 법적 성질에 대하여는 규범설(Gierke가 주장한 것으로, 국가의 법규범과 대등한, 사인에 의한 법규범으로 파악한다) · 계약설(Enneccerus가 주장한 것으로, 단순한 계약으로 새긴다) · 수정규범설(Larenz가 주장한 것으로, 국가의 법규범과 대등한 위치에 있지는 않지만, 국가에 의하여 그 규범창설이 사인에게 허용되어 창설된, 제한된 범위에서 효력을 갖는 객관적인 규범으로 이해한다) 등 여러 견해가 있으나, 우리판례는 자치법규설(규범설)을 취한다(대판 2000. 11. 24. 99다12437).

(3) 주무관청의 허가

주무관청의 허가를 받아야 한다(제32조).[359] 주무관청은 법인의 목적사업을 주관하는 중앙행정관청을 말한다.[360] 한편 일정한 사유가 있는 경우, 주무관청은 그 허가를 취소할 수 있다.[361]

(4) 설립등기

이상의 절차를 밟은 다음, 주사무소의 소재지에서 설립등기를 하여야 한다(제33조).[362]

판 례

○ 정관의 법적 성질 및 해석방법

"사단법인의 정관은 이를 작성한 사원뿐만 아니라 그 후에 가입한 사원이나 사단법인의 기관 등도 구속하는 점에 비추어 보면 그 법적 성질은, 계약이 아니라 자치법규로 보는 것이 타당하므로, 이는 어디까지나 객관적인 기준에 따라 그 규범적인 의미 내용을 확정하는 법규해석의 방법으로 해석되어야 하는 것이지, 작성자의 주관이나 해석 당시의 사원의 다수결에 의한 방법으로 자의적으로 해석될 수는 없다. 어느 시점의 사단법인의 사원들이 정관의 규범적인 의미 내용과 다른 해석을 사원총회의 결의라는 방법으로 표명하였다 하더라도, 그 결의에 의한 해석은 그 사단법인의 구성원인 사원들이나 법원을 구속하는 효력이 없다.[363]"

○ 정관의 유효성의 범위

"법인의 정관이나 그에 따른 세부사업을 위한 규정 등 단체 내부의 규정은, 특별한 사정이 없는 한, 그것이 선량한 풍속 기타 사회질서에 위반되는 등 사회관념상 현저히 정의에 어긋나는 것으로 인정되는 경우 등을 제외하고는, 이를 유효한 것으로 시인하여야 한다.[364]"

○ 멸실회복등기 기간경과로 인하여 새롭게 한 설립등기가 공시하는 법인은?

"대법원이 고시한 멸실회복등기 실시기간의 경과로 이미 존재한 법인등기의 회복등기를 못하게

---

358) 정관작성의 경우, 설립자의 기명·날인이 있어야 하므로, 이는 요식행위가 된다. 한편 정관작성에는 제40조 소정의 필요적 기재사항(목적, 명칭, 사무소의 소재지, 자산에 관한 규정, 이사의 임면에 관한 규정, 사원자격의 득실에 관한 규정, 존립시기나 해산사유를 정하는 때에는 그 시기 또는 사유 등을 말하며, 이들 중 어느 하나라도 빠지면 정관의 효력은 발생하지 않는다)과 임의적 기재사항(필요적 기재사항 외에 사단의 근본규칙을 규정한 것을 말하며, 임의적 기재사항에는 특별한 제한은 없다. 일단 정관에 기재되면 필요적 기재사항과 같은 효력이 생긴다)이 있다.

359) 주무관청의 허가를 받도록 하는 이유는, 비영리의 미명 아래 부정한 목적으로 사단법인을 설립·이용하는 것을 방지하려는 데 있다고 한다(황적인, 107면).

360) 법인의 목적사업이 두 개 이상의 행정관청에 속하는 경우, 두 개의 주무관청으로부터의 허가를 받아야 한다는 견해(김상용, 221면; 송덕수, 623면)와 어느 하나의 주무관청의 허가만 얻으면 된다는 견해(고상룡, 183면; 김용한, 160면)가 있으나, 주무관청의 허가를 받도록 하는 제32조의 취지에 비춰볼 때, 제1설이 타당하다.

361) 즉, '법인이 목적 이외의 사업을 하거나 설립허가의 조건에 위반하거나 기타 공익을 해하는 행위를 한 때에는 주무관청은 그 허가를 취소할 수 있다.'(제38조)

362) 설립등기는 구민법(대항요건)에서와는 달리, 법인의 성립요건이다.

363) 대판 2000. 11. 24. 99다12437.

364) 대판 1992. 11. 24. 91다29026.

되어 새로운 설립등기를 하였다 하여도 새로운 법인이 설립된다고 할 수 없고, 종전에 법인만이 새로운 등기에 의하여 공시되는 것이다.[365)]"

○ 비영리법인이 민법 제38조에서 정한 '목적 이외의 사업'을 한 때의 의미 및 사업이 목적사업 수행에 필요한지 판단하는 기준

"여기서 비영리법인이 '목적 이외의 사업'을 한 때란 법인의 정관에 명시된 목적사업과 그 목적사업을 수행하는 데 직접 또는 간접으로 필요한 사업 이외의 사업을 한 때를 말하고, 이때 목적사업 수행에 필요한지는 행위자의 주관적·구체적 의사가 아닌 사업 자체의 객관적 성질에 따라 판단하여야 한다.[366)]"

○ 비영리법인이 민법 제38조에서 정한 '공익을 해하는 행위를 한 때'의 의미 및 그에 해당하기 위한 요건

"민법 제38조에서 말하는 비영리법인이 '공익을 해하는 행위를 한 때'란 법인의 기관이 그 직무의 집행으로서 공익을 침해하는 행위를 하거나 그 사원총회가 그러한 결의를 한 경우를 의미한다. 그리고 민법 제38조의 규정은 법인이 설립될 당시에는 그가 목적하는 사업이 공익을 해하는 것이 아니었으나 그 후의 사정변동에 의하여 그것이 공익을 해하는 것으로 되었을 경우에 대처하기 위한 것이라고 해석되는 점, 법인 설립허가취소는 법인을 해산하여 결국 법인격을 소멸하게 하는 제재처분인 점(민법 제77조 제1항) 등에 비추어 보면, 민법 제38조에 정한 '공익을 해하는 행위'를 한 때에 해당된다고 하기 위하여는, 당해 법인의 목적사업 또는 존재 자체가 공익을 해한다고 인정되거나 당해 법인의 행위가 직접적이고도 구체적으로 공익을 침해하는 것이어야 하고, 목적사업의 내용, 행위의 태양 및 위법성의 정도, 공익 침해의 정도와 경위 등을 종합하여 볼 때 당해 법인의 소멸을 명하는 것이 그 불법적인 공익침해상태를 제거하고 정당한 법질서를 회복하기 위한 제재수단으로서 긴요하게 요청되는 경우이어야 한다.[367)]"

2. 설립행위의 성질

사단법인의 설립이라는 법률효과의 발생을 목적으로 하는 수인(설립자들)의 의사표시의 합치에 의해 성립하는 법률행위(정관작성이라는 사단법인의 설립행위)의 법적 성질에 대하여는 다툼이 있으나,[368)] 나중에 보는 바와 같이 의사표시의 수(數)·방향을 표준으로 한 법률행위의 종류로서 합동행위를 인정하는 이상, 합동행위설을 취하여도 무방하다 할 것이다.

---

365) 대판 1971. 1. 26. 70다2596.

366) 대결 2014. 1. 23.자 2011무178.

367) 대결 2014. 1. 23.자 2011무178.

368) 독일의 Kuntze·Gierke가 주장한 것으로, 2인 이상의 설립자가 단체의 결성이라는 공동의 목적에 협력함으로써 사단법인이 설립되고, 그 결과 개개의 사원은 평등한 사원권을 갖는다는 합동행위설(고상룡, 180면; 김용한, 158면; 송덕수, 621면; 지원림, 122면)·Larenz 등이 주장한 것으로, 단체적 효과의 발생을 목적으로 하는 수인의 의사표시의 합치에 의해 성립하는 것으로 파악하는 특수계약설(곽윤직·김재형, 187면, 이영준, 810면)·어느 견해를 취하던 효과에 있어서 별 차이가 없다는 견해(김상용, 220면)등이 그것이다. 전자의 견해에 따르면, 사단법인설립행위에 이르는 의사표시에 관하여 제108조·제124조는 적용되지 않게 된다. 따라서 그 의사표시의 일부에 의사의 흠결 등으로 인한 무효·취소사유가 있어도, 나머지 설립자의 설립행위만으로 사단의 설립을 인정하게 된다. 후자의 견해에 따르면, 법률행위에 관한 총칙의 규정은 원칙적으로 사단법인 설립행위에도 적용되는 것으로 새기게 된다.

3. 설립 중의 사단법인

사단법인의 설립과정을 보면, '설립자단체(발기인 조합) → 정관작성 → 설립허가 → 설립등기 → 법인격 취득'이라는 절차를 밟는다. 이 중에서 정관작성 이후 설립등기가 행해지기까지를 설립 중의 법인이라 한다. 설립 중의 사단은 당연히 법인 아닌 사단의 모습이라 할 것이다.[369)]

판 례

○ 설립 중의 회사로서의 실체가 갖추어지기 이전에 발기인이 취득한 권리의무의 귀속관계

"설립 중의 회사라 함은 주식회사의 설립과정에 있어서 발기인이 회사의 설립을 위하여 필요한 행위로 인하여 취득하게 된 권리의무가 회사의 설립과 동시에 그 설립된 회사에 귀속되는 관계를 설명하기 위한 강학상의 개념으로서 정관이 작성되고 발기인이 적어도 1주 이상의 주식을 인수하였을 때 비로소 성립하는 것이고, 이러한 설립 중의 회사로서의 실체가 갖추어지기 이전에 발기인이 취득한 권리, 의무는 구체적 사정에 따라 발기인 개인 또는 발기인조합에 귀속되는 것으로서 이들에게 귀속된 권리의무를 설립 후의 회사에 귀속시키기 위하여는 양수나 채무인수 등의 특별한 이전행위가 있어야 할 것인바, 원고 앞으로 소유권이전등기가 마쳐진 이 사건 토지에 관하여 원고가 발기인이던 회사의 장부에 원고가 토지매입자금을 입금하여 회사자금으로 이 사건 토지를 매입한 것으로 기재되었다거나 설립등기 후에 위 토지의 정지작업을 하였다는 사실만으로는 위 회사가 원고로부터 위 토지의 매수인으로서의 지위를 인수하였다고 보기는 어렵다고 할 것이다.[370)]"

Ⅲ. 비영리재단법인의 설립

1. 설립요건

비영리사단법인의 경우와 마찬가지로 네 가지 요건을 갖추어야 한다.

(1) 목적의 비영리성

비영리사단법인의 경우와 동일하다.

(2) 설립행위

1인 이상의 설립자가 일정한 재산을 출연하고, 정관을 작성하여야 한다(제43조).[371)][372)]

---

369) 설립 중의 법인은 그 후 법인격을 취득한 사단법인과 동일성이 인정된다고 한다(곽윤직 · 김재형, 168면; 김상용, 222면). 따라서 설립 중의 법인의 행위는 설립 후의 법인의 행위로 된다고 할 것이나(이영준, 812면), 판례의 견해는 이와 다르다(설립 중의 법인의 행위가 설립 후의 법인의 행위로 인정될 수 있는 범위는, 설립자체를 위한 행위에 한하는 것으로 본다. 대판 1965. 4. 13. 60다1940).

370) 대판 1990. 12. 26. 90누2536; 대판 1990. 11. 13. 90누2734; 대판 1970. 8. 31. 70다1357.

371) 비영리사단법인의 설립행위는 정관작성행위인데 비하여, 비영리재단법인의 설립행위는 정관의 작성과

(가) 설립행위의 법적 성질

설립자가 서면으로 정관을 작성하고 기명·날인해야 하고, 재산[373]을 출연해야 한다는 점에서 그 설립행위는 요식행위이며 상대방 없는 단독행위이다(통설). 설립자가 2인 이상일 경우, 단독행위의 경합으로 본다.

(나) 출연재산의 귀속시기

생전처분으로 재단법인을 설립하는 때에는 출연재산은 법인이 성립한 때로부터 법인의 재산이 되고(제48조 제1항), 유언으로 설립하는 때에는 유언의 효력이 발생한 때에 법인에 귀속한 것으로 본다(제48조 제2항). 결국 생전처분으로 재단법인을 설립하는 경우에는 법인의 설립등기를 마친 시점에서, 유언으로 설립하는 때에는 설립자(유언자)가 사망한 때에 출연재산은 재단법인의 소유로 귀속하게 된다(제33조·제1073조 제1항 참조). 이러한 해석은, 민법상 물권변동의 원칙인 형식주의(제186조·제188조)와 채권양도의 효력발생에 관한 규정(제508조·제523조)과 관련해서 해석론상 다툼이 있다.[374]

(다) 정관의 작성

필요적 기재사항 5가지(제40조 제1호 내지 제5호)를 기재하여야 한다. 유언으로 재단법인을 설립하는 경우의 정관작성은 유언의 방식에 따라야 한다(제47조 제2항).

(라) 정관의 보충

설립자가 필요적 기재사항 중 가장 중요한 목적과 자산만을 정하고, 명칭·사무소의

재산의 출연을 포함하는 행위이다.

372) 비영리사단법인의 설립행위와는 달리, 비영리재단법인의 설립행위는 생전행위는 물론 유언과 같은 사후행위(사후처분)로도 가능하다. 생전처분으로 설립하는 경우에는 증여에 관한 규정이 준용되고(제47조 제1항), 유언으로 설립할 경우에는 유증에 관한 규정이 준용된다(제47조 제2항).

373) 재산은 동산·부동산은 물론 확실한 것이면 채권이어도 무방하다.

374) 첫째, 출연재산이 물권인 경우에 학설은 두 가지로 나뉜다. 제1설은, 제48조를 물권변동에 관한 제186조·제188조의 특별규정으로 이해함으로써(특히 출연재산이 부동산일 경우, 제48조는 제187조 소정의 기타의 법률로 이해함으로써) 제48조가 정한 시기에 출연재산은 재단법인의 소유로 귀속된다고 한다(고상룡 187면; 곽윤직·김재형, 170면; 김상용, 226면; 김용한, 170면; 송덕수, 628면). 제2설은, 재단법인 설립행위로 인한 물권의 이전은 법률행위로 인한 물권변동이므로, 민법의 원칙인 제186조에 따라 법인명의의 이전 등기가 마친 시점에서 출연재산은 재단법인의 소유가 된다는 것이다(지원림, 127면; 이영준, 815면). 판례는 처음에는 제1설과 같이 등기 없이도 법인의 설립과 함께 당연히 출연재산은 재단법인에 귀속한다고 하였다가(대판 1973. 3. 28. 72다2344, 2345), 그 후 태도를 바꿔서 대내적 관계(출연자와 법인 사이)에서는 등기 없이도 법인설립과 동시에 법인의 소유로 귀속되지만(제1설과 같은 태도), 대외적 관계(법인과 제3자 사이)에서는 제186조의 원칙에 따라 법인명의의 등기를 마쳐야 한다는 견해를 취한다(대판 1979. 12. 11. 전원합의체. 78다481, 482; 대판 1993. 9. 14. 93다8054). 생각건대 물권변동에 관한 형식주의원칙과 거래의 안전을 고려할 때, 제2설이 보다 합리적이라고 생각한다.

둘째, 출연재산이 채권인 경우에도 학설은 나뉜다(다만, 지명채권인 경우에는 제48조가 규정한 시기에 당연히 법인에 귀속된다고 새기는데 견해가 일치한다). 제1설은, 제48조를 지시채권 양도의 효력발생에 관한 제508조·무기명채권양도의 효력발생에 관한 제523조의 특별규정으로 이해하여, 제48조가 정한 시기에 법인의 소유로 귀속된다고 새긴다(위의 첫 번째 경우의 제1설을 취하는 분들이다). 제2설은, 제508조(지시채권증서의 배서·교부)·제523조(무기명채권증서의 교부)의 시기에 법인의 소유로 귀속된다고 본다(김증한·김학동, 180면).

생각건대 출연재산이 채권인 경우, 제48조를 제508조·제523조의 특별규정으로 새길 수 있는 타당근거가 없다는 점에서 제2설이 타당하다고 생각한다.

소재지 · 이사의 임면의 방법 등을 정하지 않고 사망한 경우, 법원은 이해관계인 또는 검사의 청구에 의하여 그러한 사항을 보충하여 재단법인을 성립시킬 수 있다(제44조).

(3) 주무관청의 허가

비영리사단법인의 경우와 마찬가지로, 주무관청의 자유재량행위인 허가를 얻어야 한다(제32조).

(4) 설립등기

비영리사단법인의 경우와 같이 주사무소의 소재지에서 설립등기를 마쳐야 한다(제33조).

판 례

가. 재단법인의 정관

◎ 신탁적 출연행위의 효력

"재단법인 설립을 위한 재산의 기증(기부행위)에 있어 재산 기증자가 소유 명의만을 재단법인에 귀속시키고 소유권을 기증자에게 유보하는 따위의 부관을 붙여서 한 기증은, 재단법인 설립의 취지에 어긋날 뿐 아니라, 이와 같은 신탁계약이 당연히 설립된 재단법인에게 그 효력이 미친다고 할 수도 없다.[375)]"

◎ 재단법인 명의로 소유권이전등기가 경료된 부동산이 재단법인의 기본재산이라고 하기 위하여 주무부장관의 허가가 있었다는 점을 증명하여야 하는지 여부

"재단법인의 기본재산에 관한 사항은 정관의 기재사항으로서 기본재산의 변경은 정관의 변경을 초래하기 때문에 주무부장관의 허가를 받아야 하고 따라서 기존의 기본재산을 처분하는 행위는 물론 새로이 기본재산으로 편입하는 행위도 주무부장관의 허가가 있어야만 유효하다 할 것이므로 재단법인 명의로 소유권이전등기가 경료된 부동산이 재단법인의 기본재산에 편입되었다고 인정하기 위해서는 그 편입에 관한 주무부장관의 허가가 있었음이 먼저 증명되어야 한다.[376)]"

◎ 재단법인의 기본재산 처분행위와 주무관청의 허가

"재단법인의 정관에는 본법 제43조, 제40조 제4호에 의하여 자산에 관한 규정을 기재하여야 하고 따라서 재단법인의 기본재산의 처분은 결국 재단법인 정관변경을 초래하게 됨으로 정관의 변경이 이루어지지 아니한다면 재단의 기본재산에 관한 처분행위는 그 효력을 발생할 수 없다.[377)]"

◎ 비영리법인의 경우, 주무관청의 허가를 얻도록 한 취지

"민법 제32조 · 제37조 · 제40조 제5호 · 제42조 제2항 · 제43조 · 제45조 제3항의 규정들을 종합하여 보면, 비영리법인인 재단법인의 이사 임면에 관한 규정을 주무관청이 검토하여 법인설립 또는 정관변경을 허가할 것인지 여부를 결정토록 하여 재단법인에 대한 주무관청의 감독의 실효를 올리도록 한 法意를 찾아볼 수 있고, 따라서 법인의 이사와 감사의 임면에 있어 주무관청의 인가 또는

375) 대판 1971. 8. 31. 71다1176; 대판 1969. 11. 25 69다1369.
376) 대판 1982. 9. 28. 82다카499; 대판 1978. 8. 22. 78다1038, 1039; 대판 1969. 7. 22. 67다568.
377) 대판 1966. 11. 29. 66다1668.

승인을 요한다는 취지의 정관의 규정이 있을 때에는, 주무관청은 민법의 이사 임면에 관한 정관 규정의 當·不當을 검토하므로, 재단법인을 일반적으로 감독하는 권한을 정관의 규정에 의하여 구체적인 이사와 감사의 임면에 대하여 확장하였다고 보는 것이 타당하다.[378)]"

○ 재단법인의 임원취임에 대한 주무관청의 승인(인가)의 성질

"재단법인의 임원취임이 사법인인 재단법인의 정관에 근거한다 할지라도, 이에 대한 행정청의 승인(인가)행위는 법인에 대한 주무관청의 감독권에 연유하는 이상 그 인가행위 또는 인가거부행위는 공법상의 행정처분으로서, 그 임원취임을 인가·거부할 것인지 여부는, 주무관청의 권한에 속하는 사항이라고 할 것이고, 재단법인의 임원취임신청에 대하여 주무관청이 이에 기속되어, 이를 당연히 승인(인가)하여야 하는 것은 아니다.[379)]"

나. 설립등기

○ 수임인이 위임 범위를 벗어나 설립한 재단법인의 설립 무효 여부

"공익사업을 목적으로 하는 재단법인을 설립하기 위하여 소유 임야를 출연하고 제3자 등과 합의하여 정관을 작성하고 주무관청의 인가를 받아 법인을 설립하였다면, 위 제3자가 설립자의 위임을 받아 설립업무를 수행하는 과정에서 설립목적의 범위를 넓히고 또 임원구성을 함부로 하는 등 배임적인 행위를 하였다 하더라도, 이미 재산의 출연과 정당한 절차를 밟아 설립되어 활동 중인 재단법인의 설립행위 자체를 무효로 할 사유가 될 수는 없다.[380)]"

다. 출연재산의 법인에의 귀속 등

○ 출연재산의 재단법인에의 귀속과 등기

"민법 제48조는 재단법인 성립에 있어서 재산출연자와 법인과의 관계에 있어서의 출연재산의 귀속에 관한 규정이고, 이 규정은 그 기능에 있어서 출연재산의 귀속에 관하여 출연자와 법인과의 관계를 상대적으로 결정함에 있어서의 기준이 되는 것에 불과하여, 출연재산은 출연자와 법인과의 관계에 있어서 그 출연행위에 터 잡아 법인이 성립되면 그로써 출연재산은 민법의 위 조항에 의하여 법인 성립시에 법인에게 귀속되어 법인의 재산이 되는 것이고, 출연재산이 부동산인 경우에 있어서도 위 양당사자간의 관계에 있어서는 위요건(법인의 성립) 외에 등기를 필요로 하는 것이 아니나, 제3자에 대한 관계에 있어서는 출연행위가 법률행위이므로 출연재산의 법인에의 귀속에는 부동산의 권리에 관해서는 법인성립 외에 등기를 필요로 한다.[381)]"

○ 재단법인 설립과정에서 그 출연자들이 장래 설립될 재단법인의 기본재산으로 귀속될 부동산에 관하여 소유명의만을 신탁하는 약정을 한 경우, 이러한 명의신탁계약이 새로 설립된 재단법인에 대하여 효력을 미치는지 여부(소극)

"재단법인의 기본재산은 재단법인의 실체를 이루는 것이므로, 재단법인 설립을 위한 기본재산의 출연행위에 관하여 그 재산출연자가 소유명의만을 재단법인에 귀속시키고 실질적 소유권은 출연자에게 유보하는 등의 부관을 붙여서 출연하는 것은 재단법인 설립의 취지에 어긋나는 것이어서 관

378) 대판 1995. 7. 25. 95누2883.

379) 대판 2000. 1. 28. 98두16996; 대판 1995. 7. 25. 95누2883; 대판 1962. 1. 25. 4292행상90.

380) 대판 1993. 4. 13. 91다29064.

381) 대판 1993. 9. 14. 93다8054; 대판 1981. 12. 22. 80다2762, 2763; 대판 1979. 12. 11. 전원합의체. 78다481, 482.

할 관청은 이러한 부관이 붙은 출연재산을 기본재산으로 하는 재단법인의 설립을 허가할 수 없고, 또한 재단법인 설립과정에서 그 출연자들이 장래 설립될 재단법인의 기본재산으로 귀속될 부동산에 관하여 소유명의만을 신탁하는 약정을 하였다고 하더라도, 관할 관청의 설립허가 및 법인설립등기를 통하여 새로이 설립된 재단법인에게 아무 조건 없이 기본재산 증여를 원인으로 한 소유권이전등기를 마친 이후에까지 이러한 명의신탁계약이 설립된 재단법인에 효력이 미친다고 보면 재단법인의 기본재산이 상실되어 재단법인의 존립 자체에 영향을 줄 것이므로, 위와 같은 명의신탁계약은 새로 설립된 재단법인에 대해서는 효력을 미칠 수 없다.[382)]"

◎ 재단법인의 출연자가 착오를 이유로 출연의 의사표시를 취소하는 경우, 재단법인의 성립 여부나 출연한 재산이 기본재산인지 여부와 관계없이 취소권을 행사할 수 있는지 여부

"재단법인에 대한 출연자와 법인과의 관계에 있어서 그 출연행위에 터 잡아 법인이 성립되면, 그로써 출연재산은 민법 제48조에 의하여 법인 성립 시에 법인에게 귀속되어 법인의 재산이 되는 것이고, 출연재산이 부동산인 경우에 있어서도 위 양당사자간의 관계에 있어서는 법인의 성립 외에 등기를 필요로 하는 것은 아니라 할지라도, 재단법인의 출연자가 착오를 원인으로 취소를 한 경우에는 출연자는 재단법인의 성립 여부나 출연된 재산이 기본재산인지 여부와 관계없이 그 의사표시를 취소할 수 있다.[383)]"

◎ 채권평가액이 0인 경우, 출연의 효과 및 유언으로 재단법인을 설립한 경우, 상속인의 출연재산 처분의 효력

"① 출연자가 자기의 채권을 재단법인의 목적재산으로 일단 출연한 이상 그 채권은 재단법인에 귀속되는 것이고 그 채권에 대한 당사자의 평가액 여하에 따라 출연의 효과가 좌우되는 것은 아니라고 할 것이며, 다만 그 채권이 변제 기타 사유로 이미 소멸하여 존재하지 아니하거나 회수가 불가능한 것이어서 실질적인 재산가치가 전혀 없는 경우에만 재산의 출연이 있다고 볼 수 없을 것이다. ② 유언으로 재단법인을 설립하는 때에는 출연재산은 출연자가 사망한 때로부터 법인에 귀속한다고 되어 있는데, 이것은 출연자의 재산상속인 등이 출연자의 사망 후에 출연자의 의사에 반하여 출연재산을 처분함으로써 법인재산이 일실되는 것을 방지하고자 출연자가 사망한 때로 소급하여 법인에 귀속하도록 한 것이므로, 출연재산은 재산상속인의 상속재산에 포함되지 않는 것으로서 재산상속인의 출연재산 처분행위는 무권한자의 행위가 될 수밖에 없다.[384)]"

◎ 유언에 의한 재단법인설립의 경우, 출연재산의 귀속과 등기

"유언으로 재단법인을 설립하는 경우에도 제3자에 대한 관계에서는 출연재산이 부동산인 경우는 그 법인에의 귀속에는 법인의 설립 외에 등기를 필요로 하는 것이므로, 재단법인이 그와 같은 등기를 마치지 아니하였다면 유언자의 상속인의 한 사람으로부터 부동산의 지분을 취득하여 이전등기를 마친 선의의 제3자에 대하여 대항할 수 없다.[385)]"

◎ 재산상속인의 출연재산 처분행위

"유언으로 재단법인을 설립하는 경우, 출연재산은 유언의 효력이 발생한 때 즉, 출연자가 사망한

---

382) 대판 2011. 2. 10. 2006다65774; 대판 1971. 8. 31. 71다1176; 대판 1969. 11. 25. 69다1369.
383) 대판 1999. 7. 9. 98다9045; 대판 1993. 9. 14. 93다8054; 대판 1979. 12. 11. 전원합의체. 78다481, 482.
384) 대판 1984. 9. 11. 83누578.
385) 대판 1993. 9. 14. 93다8054.

때로부터 법인에 귀속되므로 출연재산은 상속인의 상속재산에 포함되지 않는 것으로서 재산상속인의 출연재산 처분행위는 무권한자의 행위가 될 수밖에 없다.[386]"

○ 재단법인의 발기인이 한 법률행위의 효과

"재단법인의 발기인은 법인설립인가를 받기 위한 준비행위로 재산의 증여를 받을 수 있고 그 등기의 명의신탁을 할 수 있으며 이러한 법률행위의 효과는 그 법인이 법인격을 취득함과 동시에 당연히 이를 계승한다.[387]"

○ 설립준비 중의 재단법인에 대한 재산의 출연

"재단법인의 설립준비 중 제3자가 그 설립자에 대하여 장차 설립될 동 법인에 설립을 조건으로 하고 동 법인에 무상으로 재산출연 할 것을 약정 하였다던가 동 법인을 수익자로 하는 제3자를 위한 재산출연에 관한 계약을 하였을 경우에는 그 각 재산이 동 법인의 기부행위에 기재되지 아니하였다 할지라도 동 법인은 전자에 있어서는 그 설립과 동시에 당연히 후자에 있어서는 설립 후의 수익의 의사표시에 의하여 동 재산상의 권리를 취득하게 된다.[388]"

제3관 법인의 능력

Ⅰ. 개 설

권리주체로서의 법인의 능력은 세 가지로 나뉜다.

첫째, 권리능력은 법인이 어떤 범위의 권리·의무를 누릴 수 있도록 인정할 것인가에 관한 것이다. 둘째, 행위능력은 법인이 권리·의무를 누리기 위한 전제로서 어떠한 행위를 할 수 있으며, 누가 어떠한 형식으로 할 수 있는가 하는 것이다. 셋째, 불법행위능력은 누구의 어떠한 행위에 대하여, 법인이 손해배상책임을 부담하는가에 관한 문제이다.

강행법규의 성질을 띠는 민법상의 법인의 능력에 관한 규정은 민법상의 비영리법인, 영리법인, 기타 특별법상의 법인의 경우에도 유추적용된다. 다만, 상법상 회사의 불법행위능력에 대하여는 민법 제35조에 대한 특별규정을 두고 있다(상법 제210조·제269조·제389조 제3항·제567조).

Ⅱ. 법인의 권리능력

자연적인 생활체가 아닌 법인은 자연인과는 달리, 법률의 규정에 좇아 정관으로 정한 목적의 범위 내에서 권리와 의무의 주체가 된다(제34조).[389]

---

386) 대판 1984. 9. 11. 83누578.

387) 대판 1973. 2. 28. 72다2344, 2345.

388) 대판 1960. 7. 21. 4292민상773.

389) 법인의 권리능력은 법률의 규정·법인의 목적·성질(법인은 자연인과 달리, 육체를 갖고 있지 않기 때

1. 성질에 의한 제한

법인은 자연인의 천연적 성질을 전제로 하는 권리를 갖지 못하나,[390] 자연인의 천연적 성질을 전제로 하지 않는 권리는 향유할 수 있다.[391] 민법상 재산상속인의 범위는 자연인에 한정되므로(제1000조-제1004조), 법인은 재산상속권이 인정되지 않지만, 포괄적 유증을 받음으로써 상속을 받는 것과 같은 효력이 생긴다(제1078조).

2. 법률에 의한 제한

법인의 권리능력이 법률에 의하여 제한됨은 당연하다(제34조).[392] 민법은 일반적인 제한규정을 두지 않고 있고, 개별적인 제한규정만 두고 있을 뿐이다.[393]

3. 목적에 의한 제한

법인의 권리능력을 법인의 목적에 한정시킬 것인가 여부는 입법정책의 문제이다.[394][395]

(1) 목적의 범위 내의 의미

목적의 범위 내의 의미에 대하여는 다툼이 있다.[396] 생각건대 제1설을 취할 경우, 법인의 목적의 범위는 좁게 파악됨으로써 제3자·거래의 안전을 해치게 된다. 제2설을 따를 경우, 법인의 권리능력의 범위는 목적에 위반하지 않는 모든 행위를 포함하게 되어, 거래의 안전보호를 꾀할 수 있다는 점에서, 제2설이 타당하다.

문에 자연적 성질의 권리는 향유할 수 없다)에 의해 제한된다.

390) 생명권·친권·정조권·육체적 자유권·배우자의 권리 등은 가지지 못한다.

391) 재산권·명예권·성명권·신용권·정신적 자유권 등은 향유할 수 있다.

392) 법인의 권리능력은 법률의 규정에 의해서만 제한될 뿐 명령에 의해서는 제한하지 못한다(통설).

393) 제81조, 채무자 회생 및 파산에 관한 법률 제328조, 상법 제173조 등을 들 수 있다.

394) 법인은 목적의 범위 내에서 뿐 아니라 모든 분야에서 권리·의무를 가질 수 있는 능력이 있다고 보는 무제한주의(독일민법 제26조, 스위스민법 제53조)와 법인의 권리능력을 고정된 목적에 한정하는 것으로 영미법상의 ultra vires이론〈beyond the powers: 즉, 법인의 정관에 의하여 부여한 능력 밖의 행위를 무효로 하는 일종의 권한유월(權限踰越)을 의미한다〉에 의하여 법인의 권리능력이 목적범위 내로 제한되는 것과 같은 태도인 제한주의(일본민법 제43조)가 있다. 오늘날의 사회현실에서 법인이 담당하는 사회적 작용의 중요성에 비춰볼 때, 법인에게 최대한의 권리능력을 인정해줄 필요성이 있다.

395) 제34조는 영미법상의 ultra vires를 본받은 일본민법 제43조를 모방한 것이라 한다(고상룡, 198-199면). 한편 제34조는 법인의 목적에 의하여 법인의 권리능력·행위능력을 동시에 제한하는 규정으로 보아야 한다는 견해가 절대 다수인데 비하여, 제34조는 법인의 목적에 의하여 법인의 행위능력만을 제한하는 규정으로 보아야 한다는 견해(고상룡, 197면)도 있다.

396) 적극적으로 법인의 목적을 달성하는 데 필요한 범위로 파악하는 견해(김주수, 227면. 대판 1991. 11. 22. 91다8821; 대판 1987. 12. 8. 86다카1230)와 소극적으로 법인의 목적에 위반하지 않는 범위의 의미로 새기는 견해(곽윤직·김재형, 174면; 김상용, 230면; 김용한, 178면; 송덕수, 634면)로 나뉜다.

판 례

가. 목적 범위 내의 의의

◯ 법인의 권리능력을 제한하는 '법률과 정관상의 목적 범위 내의 행위'의 의미

"법인의 권리능력 혹은 행위능력은 법인의 설립근거가 된 법률과 정관상의 목적에 의하여 제한되나, 그 목적 범위 내의 행위라 함은 법률이나 정관에 명시된 목적 자체에 국한되는 것이 아니라 그 목적을 수행하는 데 있어 직접, 간접으로 필요한 행위는 모두 포함한다.[397]"

◯ 회사의 권리능력 제한사유인 '회사의 정관상의 목적'의 판단기준

"위의 경우, 그 목적수행에 필요한지 여부는 행위의 객관적 성질에 따라 판단할 것이고, 행위자의 주관적·구체적 의사에 따라 판단할 것은 아니다.[398]"

◯ 회사 정관의 목적 사업 자체는 아니지만 그 목적 수행에 직·간접적으로 필요한 사업을 양수하기로 하는 주주총회 결의가 정관에 위반되는지 여부

"회사 정관의 목적 사업 자체는 아니지만 그 목적 수행에 직·간접적으로 필요한 사업을 양수하기로 하는 주주총회 결의가 정관에 위반되지 않는다고 한 사례.[399]"가 있다.

나. 목적 범위 내의 행위로 본 경우

◯ 타인의 채무에 대한 지급보증

"타인의 채무에 관하여 지급보증을 하는 것은 특단의 사정이 없는 한 은행법 제3조에서 말하는 대출행위에 포함되는 것으로서 은행의 권리능력 범위 내의 행위라고 봄이 상당하다.[400]"

◯ 내빈 접대를 위한 외상 구입

"어업협동조합이 내빈 등의 접대를 위하여 차를 외상으로 구입하는 행위가 그 때 그 때의 목적사업 수행에 직접적으로 관련된 것이었다면, 이를 위 조합의 별도의 어떠한 독립된 행위라고 보기보다는 그 목적사업 수행에 필요한 부대경비의 일부였던 것이라고 봄이 마땅하므로, 외상대금이 위 조합의 사업목적 범위를 벗어난 것이라고 볼 수 없다.[401]"

◯ 채권양도에 대한 승낙행위

"특별법에 의하여 사업목적과 권리능력이 한정되어 있는 특수공법인인 조합이라 하더라도, 위 조합의 채권양도에 대한 승낙행위는 기존채무에 대한 채권자 교체에 관한 승인행위에 불과하여 조합의 사업목적의 범위나 권리능력의 범위를 일탈한 무효의 행위라고 볼 수 없다.[402]"

◯ 어음배서행위

"단기금융업을 영위하는 회사로서 회사의 목적인 어음의 발행, 할인, 매매, 인수, 보증, 어음매매의 중개를 함에 있어서 어음의 배서는 행위의 객관적 성질상 위 목적 수행에 직접, 간접으로 필요한 행위라고 하여야 할 것이다.[403]"

---

397) 대판 2009. 12. 10. 2009다63239; 대판 2007. 1. 26. 2004도1632; 대판 1991. 11. 22. 91다8821.
398) 대판 2009. 12. 10. 2009다63239; 대판 1999. 10. 8. 98다2488; 대판 1988. 1. 19. 86다카1384.
399) 대결 2001. 9. 21.자 2000그98; 대판 1999. 10. 8. 98다2488; 대판 1991. 11. 22. 91다8821.
400) 대판 1965. 5. 31. 65다42.
401) 대판 1974. 6. 25. 74다7.
402) 대판 1976. 3. 23. 74다2088.

다. 목적범위 이외의 행위로 본 경우

◉ 조합원 아닌 자에 대한 보증

"건설공제조합의 전북출장소장이 조합원도 아닌 자의 금전차용행위에 보증을 한 것은 조합의 목적범위를 일탈한 것으로서 무효이며, 또 출장소장으로서의 본래의 직무와 밀접한 행위라고도 볼 수 없다.[404)]"

◉ 타인 손해배상의무의 연대보증

"주식회사 대표이사가 회사를 대표하여 타인의 극장위탁경영으로 인한 손해배상의무를 연대보증한 것은 회사의 사업목적범위에 속하지 아니하는 행위로서 회사를 위하여 효력이 있는 적법한 보증으로 되지 아니하고, 주식회사의 주주 및 이사들이 위 보증의 결의를 하였다 하더라도, 적법한 보증의 효력이 없다.[405)]"

Ⅲ. 법인의 행위능력[406)]

법인은 자연인과 마찬가지로 하나의 독립한 사회적인 활동체로서 단체의사 내지 조직적 의사에 의하여 외부와 행위(법인 자신의 행위)를 하게 된다.[407)] 현실적으로는 일정한 자연인의 행위, 즉 대표기관이 법인의 권리능력 범위 내의 행위를 하게 되면,[408)] 그것은 법인의 행위로 인정된다. 그러므로, 대표기관은 법인을 '대표'하는 지위에 놓이는 것이고(제59조), 그 대표기관이 법인을 대표하는 관계는 실질적으로는 대리관계라 할 것이므로, 법인의 대표에 관하여는 대리에 관한 규정이 준용된다(제59조 제2항).[409)]

---

403) 대판 1987. 9. 8. 86다카1349.

404) 대판 1972. 7. 11. 72다801.

405) 대판 1975. 12. 23. 75다1479.

406) 민법은 법인의 행위능력을 별도로 규정하고 있지 않다. 앞에서 살핀 바와 같이, 제34조는 법인의 권리능력과 행위능력을 동시에 규정한 것이다(법인의 행위능력은 법인의 권리능력의 범위와 같다). 따라서 법인은 제34조 소정의 권리능력 범위 내에서 모든 행위를 할 수 있다. 한편 법인의 대표기관이 법인의 행위능력 범위를 일탈하여 행위를 한 경우, 이는 법인의 행위로 인정할 수 없는 것이어서, 그 대표기관 개인의 행위로만 취급될 뿐이다. 이와는 달리 대표기관이 행위능력을 넘는 행위를 한 경우, 그 기관이 법인의 이름으로 한 이상 그 기관 개인의 행위로는 되지 않고, 일종의 무권대리행위가 됨으로써 상대방은 대표기관에 대하여 제135조에 기한 책임을 묻거나, 제35조 제2항에 기하여 대표기관에 대하여 불법행위책임을 물을 수 있다는 견해가 있다(김증한·김학동, 191면).

407) 이러한 이론구성은 법인실재설에 따른 것이다. 앞에서 살핀 바와 같이, 법인의제설을 취할 경우에는 법인의 행위능력은 인정할 수 없게 된다. 따라서 법인 자체의 행위는 없고, 법인은 대리인인 대표기관의 행위를 통하여 외부와 행위를 할 수 있을 뿐이다.

408) 비영리법인의 경우에는 이사(제57조), 임시이사(제63조), 특별대리인(제64조)이, 법인이 해산한 경우에는 청산인(제82조)이 법인의 대표기관이 된다.

409) 대표기관이 법인을 대표하는 형식은 대리행위의 경우와 같이 상대방과의 행위시에 법인을 위한 것임을 표시하여야 한다(제114조 참조. 가령 X법인의 이사 Y라고 표시하여야 한다). 한편 무권대리·표현대리에 관한 민법상의 규정이 당연히 준용된다.

Ⅳ. 법인의 불법행위능력

1. 제35조의 의의

●● 사례 8

A 종중(피고)의 대표자인 소외인과 사이에 A 종중 소유의 이 사건 임야의 인근 토지 및 수목을 매수하는 매매계약을 체결한 B는 A의 대표자인 소외인에게 매매대금과 별도로 5,000만 원을 지급하였다. 그런데 이 사건에서 A는 그 대표자인 소외인이 위 매매계약을 체결함에 있어 적법한 총회결의를 거치지 않은 잘못으로 인해 매매계약이 무효가 되었다. 첫째, B는 A를 상대로 제35조에 기한 불법행위로 인한 손해배상청구소송을 제기하였다. B의 주장은 정당한가? 둘째, 만약 제35조에 기한 A의 B에 대한 손해배상액이 1000만원으로 밝혀졌으나, B에게 20%의 과실이 인정되고 B가 700만원의 손해배상을 청구하였다면 어떻게 되는가? 한편 B가 소외인에게 지급한 금원은, 이 사건 매매계약의 체결 후 A의 종중원 상당수가 이에 반대하면서 적법한 총회결의를 거치지 않고 매매계약을 체결하였다는 이유로 소외인에 대한 해임결의를 하는 등 A 내부에 분쟁이 발생하자, 소외인으로 하여금 A 종중원들의 반대를 무릅쓰고 위 매매계약의 이행에 협조하도록 하기 위해 다른 종중원들 몰래 소외인에게 개인적으로 이를 지급한 것이므로, 이는 외관상 객관적으로 소외인의 직무집행과 관련하여 지급된 것으로 볼 수 있기는 하나, B로서는 위 금원의 지급 당시 소외인이 그 직무권한 내에서 적법하게 행동하는 것이 아니라는 사정을 알고 있었거나 조금만 주의를 기울였더라면 알 수 있었음이 사실관계에서 밝혀졌다

●● 사안의 쟁점:

첫째, 비법인사단의 대표자가 직무에 관하여 타인에게 손해를 가한 경우, 제35조 제1항의 유추적용 여부 둘째, 비법인사단의 대표자의 행위가 직무에 해당하지 아니함을 피해자가 알았거나 중대한 과실로 알지 못한 경우에도 제35조 제1항에 기한 손해배상책임을 비법인사단에게 물을 수 있는지 여부 등이다. 셋째, 한 개의 손해배상청구 중 일부가 청구되어 있는 경우, 과실상계의 방법은 어떻게 되는지 등을 묻고 있다.

법인의 대표기관이 그 직무에 관하여 타인에게 위법하게 손해를 가한 경우, 법인은 그 불법행위에 대한 손해배상책임이 있고(제35조 제1항 제1문), 대표기관 개인도 법인과 함께 연대배상책임을 부담하는 것(제35조 제1항 제2문)을 법인의 불법행위능력이라 한다. 제35조의 존재의의에 대하여는 다툼이 있다.[410] 생각건대 법인실재설을 취할 경우, 법인의 대표기관이 직무에 관한 행

410) 다수설은, 제35조를 법인실재설에 따라 법인의 불법행위능력을 인정한 규정으로 파악한다. 즉, 법인의 대표기관의 직무집행행위는 법인 자신의 행위로서 그에 따른 대표기관의 불법행위는 법인 자신의 불법행위로 이해한다(곽윤직 · 김재형, 179-180면; 김상용, 232면). 소수설(1)은, 제35조는 법인의제설(이에 따르면 법인의 불법행위능력을 인정하지 않는다. 제35조 제1항 제1문이 법인의 배상책임을 인정하는 것은 법률정책상의 배려

위로 발생한 손해는 법인 자신의 행위로 인한 손해로서 그 위법성이 인정되는 한 법인이 손해배상책임을 지는 것은 당연하고(제35조 제1항 제1문), 피해자가 법인은 물론 가해행위를 한 대표기관에 대하여 손해배상청구를 할 수 있도록 한 것(제35조 제1항 제2문)은 피해자의 두터운 보호를 위한 정책적 배려로 보아야 한다. 또한 법인의 불법행위가 성립하지 않을 경우, 가해자인 대표기관이 개인책임을 져야 함(제35조 제2항)은 당연한 것이다.

2. 법인의 불법행위의 성립요건

(1) 대표기관의 행위일 것

법인은 이사 기타 대표자의 행위(불법행위)에 대해서만 책임을 지기 때문이다(제35조 제1항 제1문).[411] 제62조 소정의 이사의 대리인(지배인, 개별행위의 임의대리인)의 행위의 경우, 제35조 제1항을 유추적용함으로써 법인의 불법행위책임을 인정하여야 한다는 견해가 있으나,[412] 이들은 법인의 대표기관이 아니므로, 법인은 불법행위책임을 지는 것이 아니라 제756조 소정의 사용자배상책임을 질뿐이다.[413] 한편 당해 법인을 실질적으로 운영하면서 법인을 사실상 대표하여 법인의 사무를 집행하는 자는 법인의 대표자에 포함되지만, 대표권이 없는 이사는 법인의 기관이지만 대표기관이 아니므로, 그들의 행위로 법인의 불법행위가 성립하지 않는다(판례).

판 례

◎ 민법 제35조 제1항에서 정한 '법인의 대표자'에 당해 법인을 실질적으로 운영하면서 법인을 사실상 대표하여 법인의 사무를 집행하는 사람도 포함되는지 여부(적극) 및 그러한 사람에 해당하는지 여부의 판단 기준

"민법 제35조 제1항은 "법인은 이사 기타 대표자가 그 직무에 관하여 타인에게 가한 손해를 배상할 책임이 있다"라고 정한다. 여기서 '법인의 대표자'에는 그 명칭이나 직위 여하, 또는 대표자로 등기되었는지 여부를 불문하고 당해 법인을 실질적으로 운영하면서 법인을 사실상 대표하여 법인의 사무를 집행하는 사람을 포함한다고 해석함이 상당하다. 구체적인 사안에서 이러한 사람에 해당하는지는 법인과의 관계에서 그 지위와 역할, 법인의 사무 집행 절차와 방법, 대내적·대외적 명칭을 비롯하여 법인 내부자와 거래 상대방에게 법인의 대표행위로 인식되는지 여부, 공부상 대표자와의

로 볼 뿐이다)을 취한 규정으로 파악한다. 법인실재설을 취할 경우, 제35조 제2항을 설명하기가 어렵다는 점을 내세운다(이영준, 820면 등). 소수설(2)은, 제35조는 법인의 불법행위능력을 규정한 것이 아니라 법인과 밀접한 관계가 있는 대표기관의 행위로 손해를 입은 제3자가 있는 경우, 법인과 행위자 개인이 책임을 지도록 하는 것이 사회적 견지에서 타당하다는 데 근거한 정책적 고려 또는 보상책임의 원리에 바탕을 둔 규정에 지나지 않는다고 한다(고상룡, 206면).

411) 그 행위의 주체인 법인의 대표기관에는 이사 이외에 임시이사(제63조)·특별대리인(제64조)·직무대행자(제52조의2·제60조의2)·청산인(제82조·제83조)이 있다.

412) 김용한, 178면; 이영준, 820면.

413) 고상룡, 254면; 곽윤직·김재형, 180면; 김상용, 232면.

관계 및 공부상 대표자가 법인의 사무를 집행하는지 여부 등 제반 사정을 종합적으로 고려하여 판단하여야 한다. 그리고 이러한 법리는 주택조합과 같은 비법인사단에도 마찬가지로 적용된다.[414]"

○ 대표권이 없는 이사의 행위에 대하여도 법인의 불법행위책임이 성립하는지 여부

"민법 제35조에서 말하는 '이사 기타 대표자'는 법인의 대표기관을 의미하는 것이고 대표권이 없는 이사는 법인의 기관이기는 하지만 대표기관은 아니기 때문에 그들의 행위로 인하여 법인의 불법행위가 성립하지 않는다.[415]"

(2) 직무에 관하여 타인에게 손해를 주었을 것

대표기관이 직무에 관하여 한 행위에 대해서만 법인은 불법행위책임을 부담한다.

(가) 직무에 관하여의 의미

직무란 법인의 목적범위 내를 뜻한다. 따라서 직무에 관한 행위라 함은, 직무행위 자체를 포함할 뿐 아니라, 행위의 외형상 직무행위로 인정할 수 있는 행위 및 직무행위와 사회관념상 견련성을 갖는 행위를 말한다.[416][417]

(나) 직무행위의 판단기준

첫째, 행위의 외형상 대표기관의 직무행위로 인정될 수 있다면, 그 행위의 적법성 여부는 문제가 되지 않는다.[418] 다만, 대표기관의 행위가 직무집행에 관한 것이 아닌 점에 대한 상대방(피해자)의 선의·중대한 과실이 없어야 함을 주의하여야 한다(판례). 둘째, 직무행위와 적당한 견련관계에 서며, 외형상 법인의 사회적 작용을 실현하기 위한 행위로 인정될 수 있는 행위이면 족하다.[419] 셋째, 대표기관이 직무수행의 기회를 이용하여 그의 직무와는 상관없는 행위를 한 경우, 법인의 불법행위책임은 성립하지 않는다.[420]

(다) 대표권남용의 경우

대표기관이 자기 자신이나 제3자의 이익을 꾀할 목적으로 권한을 남용해서 부정한 대표행위를 한 경우, 그 처리가 문제가 된다.[421]

---

414) 대판 2011. 4. 28. 2008다15438.

415) 대판 2005. 12. 23. 2003다30159.

416) 대판 1974. 5. 28. 73다2014.

417) 요컨대 법인의 행위능력 범위 내의 대표기관의 가해행위에 대해서만 법인의 불법행위가 성립하게 된다.

418) 가령 '대표이사가 회사재산에 대한 압류를 불능하게 함으로써 채권자에게 손해를 가한 경우, 대표기관의 직무에 관하여 야기된 것으로서 법인의 불법행위성립을 인정한다.'(대판 1959. 8. 27. 4291민상395)

419) 가령 '회사의 대표이사가 그 회사의 운영자금을 마련하기 위해 자기가 전무이사로 있는 다른 회사명의의 수표를 위조하여 담보로 제공하고 금전을 차용한 경우, 이 행위는 직무행위와 견련관계에 있으므로, 직무에 관하여에 해당한다.'(대판 1974. 5. 28. 73다2014)

420) 대표자가 법인을 위하여 계약상담을 하는 기회에 상대방의 물건을 훔친 경우·대표자의 활동을 통하여 얻은 정보를 이용하여 타인을 협박하여 물품을 빼앗은 경우, 법인의 불법행위는 성립하지 않는다.

421) 두 가지 경우가 있다. 첫째, 대표권 있는 자의 대표권남용의 경우에 대하여는 견해가 나뉜다. 대표권남용의 행위도 법인의 행위로서 유효하고, 다만 상대방의 악의를 전제로 제107조 제1항 단서에 따라 무효가 된다는 견해(비진의표시설)·대표권남용의 법률행위도 법인의 법률행위인 것이며, 악의의 상대방이 법인을 상대로 대표권남용행위의 효과를 주장하는 것은 신의칙 위반 내지는 권리남용으로서 허용되지 않는다는 견해(권리남용설)·대표권남용행위를 대표권의 내부적 제한 위반의 경우와 같게 이해함으로써 그 남용행위도 법인의 행위

(3) 불법행위에 관한 일반적 요건을 갖출 것

第35조 제1항은 불법행위 일반규정인 제750조의 특별규정이다. 그러므로 제750조 소정의 일반불법행위의 성립요건을 구비하여야 한다.[422)]

판 례

가. 대표기관의 가해행위가 직무집행 범위 내의 행위일 것

◯ 법인의 불법행위책임에 관한 민법 제35조 제1항 소정의 '직무에 관하여'의 의미

"법인이 그 대표자의 불법행위로 인하여 손해배상의무를 지는 것은 그 대표자의 직무에 관한 행위로 인하여 손해가 발생한 것임을 요한다 할 것이나, 그 직무에 관한 것이라는 의미는 행위의 외형상 법인의 대표자의 직무행위라고 인정할 수 있는 것이라면 설사 그것이 대표자 개인의 사리를 도모하기 위한 것이었거나 혹은 법령의 규정에 위배된 것이었다 하더라도 위의 직무에 관한 행위에 해당한다고 보아야 한다.[423)]"

◯ 갑 회사가 특허권자인 을 회사와 특허전용사용승인계약을 체결하였는데, 을 회사 대표이사 병이 직접 위 전용사용승인계약을 체결하고 갑 회사에 특허전용실시권을 설정하였음에도 이후 제3자에게 위 특허에 관한 통상실시권을 설정하여 특허기술이 적용된 공사를 수주할 수 있도록 한 사안의 경우, 병은 갑 회사에 대하여 손해배상책임을 부담하는지 여부(적극)

"갑 회사가 특허권자인 을 회사와 특허전용사용승인계약을 체결하였는데, 을 회사 대표이사 병이 직접 위 전용사용승인계약을 체결하고 갑 회사에 특허전용실시권을 설정하였음에도 이후 제3자에게 위 특허에 관한 통상실시권을 설정하여 특허기술이 적용된 공사를 수주할 수 있도록 한 사안에서, 병은 갑 회사의 전용실시권을 침해하는 불법행위를 한 자로서 갑 회사에 대하여 손해배상책임이 있고, 병의 행위가 을 회사의 직무에 관하여 이루어진 것이라고 하여 위 책임을 면할 수 없다고 한 사례.[424)]"가 있다.

가 되어 유효하지만, 상대방이 악의일 경우, 법인은 악의의 상대방에 대하여 그 남용행위의 무효를 주장할 수 있다는 견해(내부적 제한설)·그 남용행위는 원칙적으로 법인의 행위가 아니어서 무효가 되지만, 상대방이 선의일 경우, 법인은 상대방에게 대표권남용행위의 무효를 주장하지 못한다는 견해(상대적 무효설) 등이다(김상용, 235면 참조). 판례는 대체로 비진의표시설을 따른다(대판 1997. 8. 29. 97다18059 등).

생각건대 대표권남용행위를 원칙적으로 유효한 대표행위로 보아 법인 자신의 행위로 인정함으로써 상대방의 신뢰를 보호하고(제107조 제1항 본문), 다만 상대방의 악의일 경우에 그 행위를 무효로 인정하는(제107조 제1항 단서) 판례의 태도가 타당하다고 생각한다. 둘째, 대표권의 제한을 받는 대표권남용의 대표행위의 경우, 표현대리의 법리를 준용해야 한다는 견해가 있으나(곽윤직·김재형, 191면), 판례는 그 행위가 외관상 법인의 직무집행위의 범위 내이면, 법인의 불법행위(제35조 제1항)의 성립을 인정한다(대판 2002. 2. 5. 2001다66369 등).

생각건대 대표기관의 대표권이 제한되는 대표권남용의 행위도 외관상 기관의 직무집행 범위 내의 것이면, 제35조 제1항의 규정상 법인의 불법행위책임이 성립된다는 점에서 판례의 태도는 옳다고 생각한다.

422) 즉, 대표기관의 고의·과실에 기한 행위일 것, 대표기관에게 책임능력이 있을 것(다만, 제117조의 규정을 유추적용함으로써 대표기관의 책임능력은 그 요건이 아니라는 견해가 있다. 이영준, 823면), 가해행위가 위법할 것, 가해행위로 인하여 피해자에게 손해가 발생하였을 것(판례는 대표기관의 가해행위로 피해자가 입은 손해에는 간접적 손해는 포함되지 않는다는 견해를 취한다. 대판 1999. 7. 27. 99다19384) 등이다.

423) 대판 2004. 2. 27. 2003다15280; 대판 2003. 7. 25. 2002다27088; 대판 1969. 8. 26. 68다2320.

424) 대판 2011. 5. 13. 2010다58728.

○ 사용자책임과의 관계

"법인의 대표자였던 자에 의한 차용행위가 불법행위가 된다면, 이는 민법 제35조에 의하여 법인 자체의 불법행위가 되는 것으로서, 비록 배상책임이 있다는 점에서는 같다 할지라도, 민법 제756조 소정의 사용자의 배상책임과는 그 성질이 다르다.[425)]"

○ 회사의 대표이사로 있는 자가, 전무이사로 있는 피고회사 명의의 수표를 위조하여 담보 제공 후 금전을 차용한 경우에 피고회사가 책임을 지기 위한 요건

"갑 회사의 대표이사가 그 회사의 운영자금을 조달하기 위하여 자기가 또 전무이사로 있는 피고 회사 명의의 수표를 위조하여 원고에게 담보로 제공하고 그로부터 돈을 차용한 경우에 피고 회사가 원고에게 책임을 지기 위하여는, 채무담보행위가 피고 회사의 통상적 업무행위에 속하거나 또는 통상적 업무행위와 밀접한 관련을 가지고 있고, 외관상으로도 그 업무행위와 유사하여 그 업무행위의 범위에 속하는 것으로 보여지는 경우에 한한다.[426)]"

○ 절차를 밟지 아니한 조합장 명의의 금전차용행위의 경우, 불법행위 성립 여부

"조합장 명의로 금전을 차용하고 어음을 발행함에 있어서 소정 절차를 밟지 아니함으로 인하여 조합이 채무를 부담 지 아니한 경우에도, 위 조합장의 금전차입행위는 외관상 조합의 직무에 관한 것으로 인정되어, 조합은 조합장이 가한 손해에 대하여 불법행위책임을 진다.[427)]"

○ 강제집행 방해 행위

"회사의 대표이사가 그 회사 소유의 자동차에 대한 집달리(집행관)의 강제집행을 방해하여 압류불능 하게하고 이로 말미암아 채권자에게 손해를 입게 하였다면, 그 행위는 회사의 재산관리에 관한 직무집행범위 내에 속하는 행위라고 인정할 수 있으므로, 회사가 그 손해를 배상할 책임이 있다.[428)]"

○ 행위의 목적 불문

"학교법인의 설립자로서 이사 겸 학교장인 자가 자기 개인의 사업자금으로 사용할 목적으로 학교법인의 명의로 금원을 차용 하면서 그 차용을 위하여 학교법인의 이사회결의까지 있었다면, 그 차용금의 사용목적이 무엇이던간에 위 학교장의 차용행위는 학교법인의 사무집행행위라 하지 않을 수 없다.[429)]"

○ 주식회사의 실용신안권 침해행위를 결정하고 실행한 대표이사에게 공동불법행위책임을 인정할 수 있는지 여부

"주식회사의 실용신안권 침해행위를 결정하고 실행한 대표이사에게 공동불법행위책임을 인정한 사례.[430)]"가 있다.

나. 대표기관의 가해행위로 인한 손해의 발생

○ 대표기관의 가해행위로 타인이 입은 손해에는 간접적 손해가 포함되는지 여부

"도시재개발법에 의하여 설립된 재개발조합의 조합원이 조합의 이사 기타 조합장 등 대표기관의 직무상의 불법행위로 인하여 직접 손해를 입은 경우에는 도시개발법 제21조, 민법 제35조에 의하여

---

425) 대판 1978. 3. 14. 78다132.
426) 대판 1974. 5. 28. 73다2014.
427) 대판 1974. 6. 25. 74다71.
428) 대판 1959. 8. 27. 4291민상395.
429) 대판 1987. 4. 28. 86다카2534.
430) 대판 2003. 3. 11. 2000다48272.

재개발조합에 대하여 그 손해배상을 청구할 수 있으나, 재개발조합의 대표기관의 직무상 불법행위로 조합에게 과다한 채무를 부담하게 함으로써 재개발조합이 손해를 입고 결과적으로 조합원의 경제적 이익이 침해되는 손해와 같은 간접적인 손해는 민법 제35조에서 말하는 손해의 개념에 포함되지 아니하므로, 이에 대하여는 위 법 조항에 의하여 손해배상을 청구할 수 없다.[431]"

3. 효 과

이상의 요건이 갖춰지면, 법인은 피해자에게 손해배상책임을 부담하게 된다(제35조 제1항 제1문).

(1) 기관 개인의 책임

(가) 책임경합의 문제

법인실재설에 충실할 경우, 대표기관의 행위는 법인 자체의 행위가 되기 때문에 대표기관 개인의 책임은 이론상 있을 수 없고, 법인만이 책임을 지게 될 뿐이다. 그리하여, 법인과 대표기관의 경합을 인정하는 제35조 제1항 제2문은 피해자의 두터운 보호를 고려한 정책적 배려로 이해한다.[432] 어떻든 제35조 제1항 제2문의 규정상 피해자는 법인이나 대표기관에 대하여 선택적으로 손해배상을 청구할 수 있는데, 법인의 손해배상의무와 대표기관 개인의 손해배상의무는 부진정연대채무가 된다.[433]

(나) 구상권의 행사

법인이 피해자에게 손해배상을 한 경우, 법인은 가해행위를 한 대표기관에 대하여 구상권을 행사할 수 있다(제65조).[434]

판 례

가. 법인의 배상책임

○ 신용금고의 대표이사 갑이 공동대표이사 병의 자금조달 목적으로 위 금고가 을로부터 차용한 것처럼 가장하여 금원을 차용한 경우, 위 금고의 을에 대한 손해배상책임 유무

"상호신용금고의 대표이사인 갑이 을로부터 일정한 금원을 예탁금으로 입금 처리하여 줄 것을 의뢰 받고, 당시 공동대표이사인 병의 자금을 조달할 목적으로 위 금원을 차용하면서도, 외관상으로만 위 금원을 위 금고의 차입금으로 입금 처리하는 양 가장하여 을을 속이고, 실제로는 차입금원장 등 장부에도 기재하지 아니한 채 위 금고용 차입금증서가 아닌 병 개인명의로 발행된 약속어음을 을에게 교부하여 주었다면, 이는 실질적으로는 갑의 개인적인 융통행위로서 위 금고의 차용행위로서는 무효라 하겠으나, 그의 행위는 위 금고대표이사로서의 직무와 밀접한 관련이 있을 뿐만 아니라, 외형상으로는 위 금고대표이사의 직무범위 내의 행위로 보아야 할 것이고, 을의 처지에서도

---

431) 대판 1999. 7. 27. 99다19384; 대판 1993. 1. 26. 91다36093.

432) 곽윤직 · 김재형, 182면; 김용한, 180면; 김증한 · 김학동, 194면.

433) 고상룡, 243면; 김용한, 180면; 김증한 · 김학동, 194면; 이영준, 824면.

434) 대표기관은 법인과의 내부관계에 있어서 직무수행상 선량한 관리자의 주의의무를 부담하고 있는데(제61조), 선관주의를 게을리 하였기 때문에 타인에게 손해를 끼친 것으로 볼 수 있다는 것이다.

위 금고와의 거래는 알고 있었을 것이므로, 위 금고는 그 대표이사 갑의 직무에 관한 불법행위로 인하여 을이 입은 손해를 배상할 책임이 있다.[435)]"

○ 종중 대표자의 종중소유 부동산 매각행위가 법인의 불법행위에 해당한다고 본 사례

"종중의 대표자가 종중 소유의 부동산을 개인 소유라 하여 매도하고, 계약금과 중도금을 지급받은 후 잔대금 지급이전에 매수인이 종중 소유임을 알고 항의하자, 종중의 결의가 없는데도 종중대표자로서 그 이전을 약속하고, 종중총회결의서 등을 위조하여 등기이전을 해주고 잔금을 받은 경우, 종중의 불법행위를 인정하고 매수인이 지급한 잔대금 상당액을 종중이 배상할 의무가 있다고 한 사례.[436)]"가 있다.

○ 불법쟁의행위를 주도한 노동조합 간부 개인이 부담하는 불법쟁의행위로 인한 손해배상책임의 범위

"불법쟁의행위에 대한 귀책사유가 있는 노동조합이나 불법쟁의행위를 기획・지시・지도하는 등 이를 주도한 노동조합 간부 개인이 그 배상책임을 지는 배상액의 범위는 불법쟁의행위와 상당인과관계에 있는 모든 손해이고, 그러한 노동조합 간부 개인의 손해배상책임과 노동조합 자체의 손해배상책임은 부진정 연대채무관계에 있는 것이므로 노동조합의 간부도 불법쟁의행위로 인하여 발생한 손해 전부를 배상할 책임이 있다. 다만, 사용자가 노동조합과의 성실교섭의무를 다하지 않거나 노동조합과의 기존합의를 파기하는 등 불법쟁의행위에 원인을 제공하였다고 볼 사정이 있는 경우 등에는 사용자의 과실을 손해배상액을 산정함에 있어 참작할 수 있다.[437)]"

○ 피해자인 법인의 대표자가 그 직무에 관하여 정리회사 관리인과 공모하여 고의의 불법행위를 저지른 결과 정리회사가 피해자에게 손해배상책임을 부담하는 경우, 정리회사의 배상액을 제한할 수 있는지 여부

"피해자인 법인의 대표자가 그 직무에 관하여 정리회사의 관리인과 공모하여 고의의 불법행위를 저지른 결과 피해자에게 손해가 발생하고 정리회사가 이를 배상하여야 할 책임을 부담하는 경우, 정리회사의 관리인이 고의에 의한 공동불법행위자로서 피해자에 대하여 부담하는 손해배상액 전액에 대하여 정리회사로 하여금 손해배상책임을 부담하게 한다면 정리회사로서는 피해자의 대표자가 한 직무상 행위로 인하여 손해를 입게 되고 피해자로서는 민법 제35조에 의하여 정리회사에 대하여 손해배상책임을 부담하게 되어 피해자와 정리회사 사이에서 손해배상청구소송이 순환・반복될 수밖에 없게 되는 점을 고려해 볼 때, 위와 같은 경우에 정리회사가 피해자에게 하여야 할 손해배상의 범위를 정함에 있어서는 피해자의 대표자와 정리회사의 관리인이 불법행위에 가담한 정도, 불법행위로 인한 이득의 귀속 여부 등을 고려하여 손해분담의 공평이라는 손해배상제도의 이념에 비추어 그 배상액을 제한할 수 있다.[438)]"

나. 적용범위의 문제

○ 노동조합의 경우에도 유추적용되는지 여부

"노동조합의 간부들이 불법쟁의행위를 기획・지시・지도하는 등으로 주도한 경우에, 이와 같은

435) 대판 1990. 3. 23. 89다카555; 대판 1988. 11. 8. 87다카958; 대판 1968. 1. 31. 67다2785.
436) 대판 1994. 4. 12. 92다49300.
437) 대판 2006. 9. 22. 2005다30610.
438) 대판 2005. 11. 10. 2003다66066.

간부들의 행위는 조합의 집행기관으로서의 행위라 할 것이므로, 이러한 경우, 민법 제35조 제1항의 유추적용에 의하여 노동조합은 그 불법쟁의행위로 인하여 사용자가 입은 손해를 배상할 책임이 있고, 한편 조합간부들의 행위는 일면에 있어서는 노동조합단체로서의 행위라고 할 수 있는 외에 개인의 행위라는 측면도 아울러 지니고 있고, 일반적으로 쟁의행위가 개개 노동자의 노무정지(勞務停止)를 조직하고 집단화하여 이루어지는 집단적 투쟁행위라는 그 본질적 특질을 고려하여 볼 때, 노동조합의 책임 외에 불법쟁의행위를 기획·지시·지도하는 등으로 주도한 조합의 간부들 개인에 대하여도, 책임을 지우는 것이 상당하다.[439]"

○ 법인의 대표기관의 고의적 불법행위로 인한 손해배상청구의 경우, 과실상계의 적용 여부

"법인에 대한 손해배상책임원인이 대표기관의 고의적인 불법행위라고 하더라도, 피해자에게 그 불법행위 내지 손해발생에 과실이 있다면, 법원은 과실상계의 법리에 좇아 손해배상의 책임 및 그 금액을 정함에 있어 이를 참작하여야 한다.[440]"

(2) 법인의 불법행위가 성립하지 않는 경우

대표기관의 가해행위가 직무집행의 범위를 벗어난 것이어서 법인의 불법행위가 성립하지 않는 경우, 법인은 그 책임을 지지 않고 대표기관 개인이 제750조에 기한 책임을 지게 된다.[441]

판 례

○ 법인 내부의 사원총회 등에서 의결에 참여한 사원 등이 불법행위책임을 부담하는지 여부의 판단 기준

"법인의 대표자가 그 직무에 관하여 타인에게 손해를 가함으로써 법인에 손해배상책임이 인정되는 경우에, 대표자의 행위가 제3자에 대한 불법행위를 구성한다면 그 대표자도 제3자에 대하여 손해배상책임을 면하지 못하며(민법 제35조 제1항), 또한 사원도 위 대표자와 공동으로 불법행위를 저질렀거나 이에 가담하였다고 볼 만한 사정이 있으면 제3자에 대하여 위 대표자와 연대하여 손해배상책임을 진다. 그러나 사원총회, 대의원 총회, 이사회의 의결은 원칙적으로 법인의 내부행위에 불과하므로 특별한 사정이 없는 한 그 사항의 의결에 찬성하였다는 이유만으로 제3자의 채권을 침해한다거나 대표자의 행위에 가공 또는 방조한 자로서 제3자에 대하여 불법행위책임을 부담한다고 할 수는 없다. 이 때 의결에 참여한 사원 등이 대표자와 공동으로 불법행위를 저질렀거나 이에 가담하였다고 볼 수 있는지 여부는, 그 의결에 참여한 법인의 기관이 당해 사항에 관하여 의사결정권한이 있는지 여부 및 대표자의 집행을 견제할 위치에 있는지 여부, 그 사원이 의결과정에서 대표자의 불법적인 집행행위를 적극적으로 요구하거나 유도하였는지 여부 및 그 의결이 대표자의 업무집행에 구체적으로 미친 영향력의 정도, 침해되는 권리의 내용, 의결 내용, 의결행위의 태양을 비롯

---

439) 대판 1994. 3. 25. 93다32828, 32835.

440) 대판 1987. 12. 8. 86다카1170; 대판 1987. 11. 24. 86다카1834.

441) 민법은 피해자의 두터운 보호를 위하여, 그 사항의 의결에 찬성하거나 그 의결을 집행한 사원, 이사 및 기타 대표기관이 제760조 소정의 공동불법행위 성립 여부에 관계없이, 연대하여 배상책임을 지도록 하고 있다(제35조 제2항).

한 위법성의 정도를 종합적으로 평가하여 법인 내부행위를 벗어나 제3자에 대한 관계에서 사회상규에 반하는 위법한 행위라고 인정될 수 있는 정도에 이르러야 한다.442)"

●● 사례 8의 해결:

첫째, 비법인사단의 대표자가 직무에 관하여 타인에게 손해를 가한 경우 그 사단은 민법 제35조 제1항의 유추적용에 의하여 그 손해를 배상할 책임이 있고, 비법인사단의 대표자의 행위가 대표자 개인의 사리를 도모하기 위한 것이었거나 혹은 법령의 규정에 위배된 것이었다 하더라도 외관상 객관적으로 직무에 관한 행위라고 인정할 수 있다면 제35조 제1항의 직무에 관한 행위에 해당한다고 볼 수 있다.

둘째, 그러나 그 대표자의 행위가 직무에 관한 행위에 해당하지 아니함을 피해자 자신이 알았거나 또는 중대한 과실로 인하여 알지 못한 경우에는 비법인사단에게 손해배상책임을 물을 수 없다.

그렇다면, 사안의 경우에 소외인의 행위가 직무에 관한 행위에 해당하지 않다는 점에 대한 B의 악의 내지 중대한 과실을 인정할 수 있어 A 종중의 손해배상책임은 성립하지 않는다. 따라서 B는 A에게 제35조 제1항에 기한 책임을 묻지 못하므로, B의 주장은 이유가 없다.

셋째, 한 개의 손해배상청구 중 일부가 청구되어 있는 경우, 과실상계의 방법은 어떻게 되는가? 학설은 다툼이 있으나, 판례는 외측설을 취한다(대판 1987. 11. 24. 86다카1834). 즉, 손해의 전액에서 과실비율에 의한 감액을 하고, 그 잔액이 청구액을 넘으면 청구액을 반대로 그 잔액이 청구액에 미달하면 잔액만을 인용한다. 그렇다면, 사안의 경우에 그 잔액(800만원)이 청구액(700만원)을 넘으므로, A는 B에게 700만원만 지급하면 된다.

(대판 2008. 1. 18. 2005다34711의 사실관계와 판결요지 등 참조)

제4관 법인의 기관

I. 서 설

1. 기관의 의의

법인은 사회적 활동체이지만, 자연인과 같은 육체를 가진 존재가 아니다. 따라서 법인이 독립한 인격자로서 자연인과 같은 활동을 하기 위해서는 일정한 조직을 필요로 한다. 법인이라는 단체의 의사를 결정하고, 그 의사에 터 잡아 외부와 행위를 하고, 기타 내부사무를 처리하기 위한 법인의 구성부분을 법인의 기관이라 한다.443)

---

442) 대판 2009. 1. 30. 2006다37465.

443) 법인의제설·법인부인설에 따르면, 법인의 기관은 법인의 외부에서 법인과 대립하는 별개의 인격으로 파악함으로써 기관은 법인의 대리인일 뿐이다. 법인실재설은 기관을 법인의 대리인으로 보지 않고, 자연인의

2. 기관의 종류

법인의 기관으로는 이사 · 사원총회 · 감사 등이 있다.[444] 민법상의 법인의 기관에 관한 규정은 비영리법인을 대상으로 한 것으로, 상법의 규정에 비하여 매우 간단하다.[445]

Ⅱ. 이 사

1. 의 의

이사는 대외적으로는 법인을 대표하는 대표기관이고, 대내적으로는 법인의 업무를 집행하는 업무집행기관으로서 상설 필수기관이다(제57조).[446]

2. 임 면[447]

(1) 선 임

이사 선임행위의 법적 성질은 위임계약에 유사한 계약이다. 이러한 선임행위는 묵시적으로도 가능하다고 한다.[448]

이사의 선임행위에 흠이 있거나 또는 정관에서 정한 방법에 따르지 않고 이사가 선임된 경우, 이해관계인은 이사 선임행위의 무효 · 취소의 소를 제기할 수 있다.[449]

(2) 해임 · 퇴임

이사의 해임 · 퇴임은 정관의 규정에 따른다. 정관에 그 규정이 없거나 또는 불충분한 경우, 대리와 위임에 관한 규정(제127조 · 제128조 · 제689조 · 제690조)을 준용하여야 한다.

두뇌 · 손발과 같은 존재로 새김으로써 기관을 법인의 구성부분으로 파악하게 된다.

444) 이사는 법인의 업무집행기관 · 대표기관으로서 사단법인과 재단법인에 반드시 있어야 하는 필요기관이다. 사원총회는 사단법인(재단법인에는 없다)의 의사결정기관으로서 필요기관이다. 감사는 법인의 감독기관으로서 임의기관이다. 감사는 민법상의 법인인 비영리법인에서는 임의기관이지만, 공익법인 및 상법상의 주식회사의 경우에는 필요기관이다(공익법인의 설립 · 운영에 관한 법률 제5조 제1항, 상법 제312조 · 제409조).

445) 그 이유는 비영리법인의 경우, 법인 · 기관 · 구성원 사이의 이해대립이 심하지 않고, 감독청의 감독을 받고 있기 때문이다.

446) 이사의 수에는 제한이 없고(제58조 제2항), 정관에서 임의로 정할 수 있다(제40조 · 제43조). 자연인만이 이사가 될 수 있고, 자격정지 · 자격상실의 형을 받은 자는 이사가 될 수 없다(형법 제43조 제1항 제4호).

447) 이사의 임면은 정관의 필요적 기재사항이므로(제40조 제5호 · 제43조), 정관에 의해 정해진다.

448) 대판 1970. 9. 17. 70다1256.

449) 본안소송의 판결이 있기 전이더라도, 민사집행법 제300조 제2항의 요건을 갖춘 경우, 이사의 직무집행정지 등의 가처분을 신청할 수 있다(제52조의2 참조). 그 가처분으로 직무집행이 정지된 이사가 행한 직무행위는 당연무효이다. 이사의 직무집행 정지 등에 대한 가처분을 하거나 그 가처분을 변경 · 취소하는 경우, 주사무소와 분사무소가 있는 곳의 등기소에서 이를 등기하여야 한다(제52조의2 참조).

(3) 등 기

이사의 성명·주소는 등기사항이므로(제49조 제2항 제8호), 이를 등기하지 않으면 이사의 선임·퇴임·해임으로써 제3자에게 대항하지 못한다(제54조 제1항). 이처럼 이사의 변경등기는 제3자에 대한 대항요건이지 효력발생요건은 아니다.[450][451]

판 례

○ 이사 변경등기의 실체적 효력

"민법 제54조 제1항에 의하면, 설립등기 이외의 법인등기는 대항요건으로 규정되어 있으므로, 이사 변경의 법인등기가 경료되었다고 하여, 등기된 대로의 실체적 효력을 갖는 것은 아니다.[452]"

○ 종전의 직무를 수행중인 민법상 법인의 구이사의 임무위반을 이유로 한 취임인가취소 가부

"민법상의 법인에 있어서 이사의 전원 또는 일부의 임기가 만료되었음에도 불구하고 후임 이사의 선임이 없는 경우, 임기만료 된 구이사로 하여금 법인의 업무를 수행케 함이 부적당하다고 인정할 만한 특별한 사정이 없는 한 구이사는 신임이사가 선임될 때까지 종전의 직무를 수행할 수 있고, 종전의 직무를 수행하는 한 구이사의 선임에 대하여 취임인가를 한 감독관청으로서는 여전히 그러한 자의 임무위반이 있을 경우, 그 취임인가를 취소할 수 있다.[453]"

○ 법인이 정관에 이사의 사임절차나 사임의 의사표시의 효력발생시기 등에 관하여 특별한 규정을 둔 경우, 사임의사를 표시한 이사가 정관에 따른 사임의 효력이 발생하기 전에 그 사임의사를 철회할 수 있는지 여부

"법인과 이사의 법률관계는 신뢰를 기초로 한 위임 유사의 관계이므로, 이사는 민법 제689조 제1항이 규정한 바에 따라 언제든지 사임할 수 있고, 법인의 이사를 사임하는 행위는 상대방 있는 단독행위이므로 그 의사표시가 상대방에게 도달함과 동시에 그 효력을 발생하고, 그 의사표시가 효력을 발생한 후에는 마음대로 이를 철회할 수 없음이 원칙이다. 그러나 법인이 정관에서 이사의 사임절차나 사임의 의사표시의 효력발생시기 등에 관하여 특별한 규정을 둔 경우에는 그에 따라야 하는바, 위와 같은 경우에는 이사의 사임의 의사표시가 법인의 대표자에게 도달하였다고 하더라도 그와 같은 사정만으로 곧바로 사임의 효력이 발생하는 것은 아니고 정관에서 정한 바에 따라 사임의 효력이 발생하는 것이므로, 이사가 사임의 의사표시를 하였더라도 정관에 따라 사임의 효력이 발생하기 전에는 그 사임의사를 자유롭게 철회할 수 있다.[454]"

○ 법인이 정당한 이유 없이도 이사를 해임할 수 있는지 여부(적극) 및 그 경우 상대방에게 손해배상책임을 지는지 여부(한정 적극)

"법인과 이사의 법률관계는 신뢰를 기초로 한 위임 유사의 관계이고, 위임계약은 원래 해지의 자

---

450) 대판 1967. 2. 21. 66다1347.

451) 따라서 '이사의 퇴임·해임에 관한 변경등기가 종료되기 전에 행하여진 이사의 직무행위에 대하여는 법인이 책임을 져야 한다'(대판 1970. 2. 24. 64다534 등).

452) 대판 2000. 1. 28. 98다26187; 대판 1988. 4. 25. 87누399.

453) 대판 1993. 8. 27. 93누593; 대판 1988. 3. 22. 85누884; 대판 1983. 9. 27. 83다카938; 대판 1982. 3. 9. 81다614.

454) 대판 2008. 9. 25. 2007다17109; 대판 2006. 6. 15. 2004다10909; 대결 1996. 4. 15.자 95마1504.

유가 인정되어 쌍방 누구나 정당한 이유 없이도 언제든지 해지할 수 있으며, 다만 불리한 시기에 부득이한 사유 없이 해지한 경우에 한하여 상대방에게 그로 인한 손해배상책임을 질 뿐이다.[455)]"

3. 직무권한

●● 사례 9

A(원고)는 S건설을 공동당사자로 하여 B재건축조합(피고)의 대표자인 소외인과 사이에 1997. 1. 15. 재건축아파트 신축공사의 설계용역 업무에 관하여 도급계약(이 사건 계약)을 체결하였다. 계약내용대로 그 설계용역을 이행한 A는 B를 상대로 용역비의 지급을 구하는 소송을 제기하였다. A의 설계용역비청구는 정당한가? 그런데 B조합의 정관상에는 사업시행자 및 시공회사의 선정 및 약정에 관한 사항 등을 총회결의사항으로 규정하고, B조합의 설립인가조건에는 피고조합이 공동사업시행자, 시공자 또는 설계자를 선정·변경하거나 약정을 체결·변경하는 경우에는 조합규약에 따라 총회결의에 따라야 하도록 규정되어 있었으나, 위 소외인은 이 사건 계약을 체결함에 있어서 조합원총회의 결의를 거치지 않았음이 사실관계에서 밝혀졌다.

●● 사안의 쟁점:

그 등기방법이 없어 제60조를 준용할 수 없는 비법인사단의 대표자의 대표권 제한의 경우, 그 제한의 범위를 넘은 대표자의 대표권 행사의 효력은 어떻게 되는지 등이 밝혀져야 한다.

이사는 법인과의 관계에 있어서 위임계약상의 수임인의 지위에 놓여있다. 따라서 법인 대표·업무집행자로서 그 직무를 수행함에 있어서는 선관주의를 부담한다(제681조). 그러므로 이를 게을리 할 경우, 이사는 법인에 대하여 채무불이행을 이유로 한 손해배상책임을 진다. 이사가 수인인 경우, 연대하여 손해배상을 하여야 한다(제65조).

(1) 법인의 대표(대외적 권한)

(가) 대표권

이사는 법인의 사무에 관하여 각자 법인을 대표한다(제59조 제1항 본문).[456)] 즉, 이사는 원칙적으로 법인의 행위능력에 속하는 모든 사항에 관하여 대표권을 갖는다.[457)]

(나) 대표권의 제한

이사의 대표권은 다음과 같은 4 가지 경우에 제한된다. 첫째, 정관에 의한 제한이다(제59조 제1항 단서 전문).[458)] 그 제한은 제1항 정관에 기재되어야 하고, 정관에 기재하지 않은 대표권의

455) 대결 2014. 1. 17.자 2013마180; 대판 2008. 9. 25. 2007다17109.

456) 이사의 법인대표권을 법인대리권으로 이해하는 견해가 있다(고상룡, 223면; 이영준, 827면). 생각건대 법인의 대표에 관하여는 대리에 관한 규정이 준용되지만(제59조 제2항), 법인실재설을 취할 경우에 대표와 대리는 구별된다는 점에서 법인대표권은 대리권의 일종이 아니다.

457) 이사의 법인대표는 단독대표를 원칙으로 하므로, 이사가 수인 있는 경우에도 각 이사는 단독으로 법인을 대표하는 것이 원칙이다(제59조 제1항 본문).

제한은 무효이다(제41조). 정관에 기재된 대표권의 제한은 이를 등기하지 않으면 제3자에게 대항하지 못한다(제60조).[459] 둘째, 총회의 결의에 의한 제한이다. 이사가 사단법인을 대표함에는 총회의 결의에 의해야 하므로(제59조 제1항 단서 후문), 이사의 대표권은 사원총회의 결의로써 제한할 수도 있다.[460] 한편 법인 아닌 사단의 대표자의 대표권 제한은 그 사단의 내부적 의사결정에 불과하므로, 그 대표자의 대표권 제한 사실에 대한 거래 상대방의 악의·과실을 그 사단측에서 증명할 수 없는 한 그 거래행위는 유효하다(판례). 셋째, 이해상반의 경우에 대표권의 행사가 제한된다. 법인과 이사의 이익이 상반되는 사항의 경우에 이사는 대표권이 없다(제64조 제1문). 이 경우에는 이해관계인 또는 검사의 청구에 의하여 법원이 선임한 특별대리인이 법인을 대표한다(제64조 제2문, 비송사건절차법 제33조).[461] 넷째, 이사의 포괄적인 복임권의 행사는 제한된다. 즉, 원칙적으로 이사 스스로 대표권을 행사해야 한다. 다만, 정관 또는 총회의 결의로 금지하지 않은 사항에 한하여 타인으로 하여금 특정의 행위를 대리하게 할 수 있다(제62조).[462] 이사는 이러한 대리인의 선임·감독에 대하여 책임을 진다(제121조 제1항 참조).

(다) 대표권의 남용

법인의 대표기관이 대표권을 남용하여 행위를 한 경우(대표권의 남용이란 대표이사가 객관적으로는 대표권의 범위 내에 속하지만 주관적으로는 자기 또는 제3자의 이익 즉, 회사 외의 이익을 위하여 대표행위를 하는 것을 말한다), 그 행위의 효력이 법인에게 미치는가? 판례는 대체로 비진의표시의 법리(제107조 제1항 단서)를 통해 해결하려 하나, 권리남용설의 입장을 취한 경우도 있다. 생각건대 원칙적으로 유효한 대표행위로 보아 상대방의 신뢰를 보호하고, 다만 상대방의 악의(과실 포함)일 경우에 그 행위는 무효가 된다고 하여야 한다.[463]

---

458) 이 경우의 대표권 제한은, 이사의 일정한 행위에 대하여 총회의 동의를 얻도록 하거나, 이사 전원이 공동으로 대표권을 행사하도록 하는 경우 등을 들 수 있다.

459) 제3자의 범위에 대하여는 다툼이 있다. 제3자에는 선의·악의자가 다 포함되므로, 이사의 대표권 제한은 이를 등기하지 않으면 악의의 제3자에게 대항하지 못한다는 제1설(고상룡, 225면; 곽윤직·김재형, 187면; 김용한, 184면; 김증한·김학동, 204면; 송덕수, 650면)·악의의 제3자를 보호할 이유가 없으므로, 이사의 대표권 제한은 등기되어 있지 않더라도 악의의 제3자에게는 대항할 수 있다는 제2설(김상용, 240면; 이영준, 828-829면) 등이 있다. 판례는 제2설을 취했던 종전의 태도(대판 1962. 1. 11. 4294민상473)와는 달리 제1설을 취한다(대판 1992. 2. 14. 91다24564). 생각건대 제60조가 선의·악의를 구별하고 있지 않지만, 악의자까지 보호하는 것은 정의의 관념에 반한다는 점에서, 그 등기가 없는 대표권의 제한은 선의의 제3자에 대하여만 대항할 수 없다고 해석하여야 한다.

460) 총회의 결의에 의한 대표권의 제한이 가능하다는 견해가 다수설(곽윤직·김재형, 187면; 김상용, 241면, 김용한, 184면; 이영준, 829면)이나, 제59조는 대표권행사에 관한 일반적 의무를 말한 것으로, 그 규정에 의해 사원총회의 의결이 직접 대표권을 제한할 수 없다고 보는 견해가 있다(김증한·김학동, 205면). 생각건대 제59조의 문언에 비춰볼 때, 다수설이 옳다고 생각한다.

461) 이사가 수인인 경우, 그 중 일부 이사와 법인 사이에 이익이 상반되는 경우에는 다른 이사가 법인을 대표하고, 다른 이사도 없다면 특별대리인이 법인을 대표하는 것으로 해석한다(곽윤직·김재형, 187-188면, 김상용, 241면; 김용한, 185면). 한편 제64조에 위반하여 이사가 회사를 대표한 경우, 제130조 이하의 무권대리규정이 준용된다.

462) 이사가 선임한 대리인은 법인의 기관은 아니지만, 법인의 대리인으로 취급되므로, 그 자가 법인의 이름으로 행한 대리행위의 효과는 법인에게 귀속된다.

463) 판례이론을 중심으로 대표권 남용의 법리를 정리해 본다. 대표권 남용이론은 이른바, '명성 수기통장사

판 례

○ 주식회사 대표이사의 대표권 남용행위의 효력

"주식회사의 대표이사가 그 대표권의 범위 내에서 한 행위는 설사 대표이사가 회사의 영리목적과 관계없이 자기 또는 제3자의 이익을 도모할 목적으로 그 권한을 남용한 것이라 할지라도 일단 회사의 행위로서 유효하고, 다만 그 행위의 상대방이 대표이사의 진의를 알았거나 알 수 있었을 때에는 회사에 대하여 무효가 되는 것이다.[464)]"

○ 회사의 대표이사가 자기 또는 제3자의 이익을 목적으로 한 권한남용 행위의 효력

"주식회사의 대표이사가 그 대표권의 범위내에서 한 행위는 설사 대표이사가 회사의 영리목적과 관계없이 자기 또는 제3자의 이익을 도모할 목적으로 그 권한을 남용한 것이라 할지라도 일응 회사의 행위로서 유효하고 다만 그 행위의 상대방이 그와 같은 정을 알았던 경우에는 그로 인하여 취득한 권리를 회사에 대하여 주장하는 것이 신의칙에 반하므로 회사는 상대방의 악의를 증명하여 그 행위의 효과를 부인할 수 있을 뿐이다.[465)]"

(2) 법인의 업무집행(대내적 권한)

(가) 업무집행의 범위 및 방법

이사는 법인의 모든 대내적 업무를 집행할 권한이 있다(제58조 제1항).[466)] 이사가 수인 있는 경

건'(대판 1987. 7. 7. 86다카1004)이래 소송실무에서 널리 활용되고 있다. ① 그 요건을 본다. 첫째, 대표이사의 행위가 회사의 영리목적과 관계가 없어야 한다(문제의 대표행위가 직접 회사의 이익을 꾀할 목적이 아님을 말한다. 가령 시가 200억 원 상당의 회사소유 토지를 대표이사의 지인에게 100억 원에 매각한 후 그 매각대금을 다른 곳에 투자하여 영리를 도모한 경우, 위 토지의 매각은 대표권 남용으로 처리된다. 대판 1993. 6. 25. 93다13391). 둘째, 그 행위에 자기 또는 제3자의 이익을 도모할 목적이 있는 것만으로 족하다(회사에 부분적·부수적·간접적인 이익이 있고 대표이사에게도 그러한 의사가 일부 있다 하더라도, 전체적으로 보아 주로 회사의 이익을 위한 것이 아니라 대표이사 자신 또는 제3자의 이익을 도모하기 위한 행위이면 대표권 남용이 된다. 대판 2006. 11. 10. 2004도5167 참조). 셋째, 일본판례에 따르면 일정한 지표(メルクマル; 메르크마르(Merkmal))가 있으면 특별한 사정이 없는 한 대표권 남용이라 할 수 있다(가령 대표이사가 자신의 채무를 담보하기 위하여 회사 명의의 약속어음을 발행하는 행위, 변제능력이 상당히 불확실한 제3자에게 대가도 없고 상당하고 합리적인 손실보전조치도 없이 회사의 부동산을 담보로 제공하는 행위 등). 이러한 지표가 증명되면 그 지표가 있음에도 대표권 남용에 해당하지 않는다는 특별한 사정에 대한 증명을 거래 상대방이 할 수 없는 한 대표권 남용으로 처리된다. 넷째, 대표이사의 행위가 대표권 남용으로 무효가 되기 위해서는 상대방이 대표권 남용을 알았거나(악의) 또는 알 수 있었음(과실)을 회사가 증명할 수 있어야 한다(제107조 제1항 단서의 유추적용). 이 경우, 판례는 상대방의 악의(대판 1987. 10. 13. 86다카1522), 상대방의 중과실(대판 2012. 12. 27. 2012도10822)을 요구하는 등 그 태도가 일정하지 않은데, 비진의표시설을 취할 경우에 중과실을 요구하는 것은 옳지 않다. ② 대표권 남용이론은 제103조·제104조의 경우보다 피해자(회사)의 구제에 적절하다. 즉, 대표이사가 회사소유 부동산을 제3자에게 시가보다 상당히 헐값으로 매각한 경우, 배임행위에 의한 사회질서위반으로 무효가 되기 위해서는 제3자가 대표이사의 배임행위에 적극 가담했다는 점을 회사가 증명해야 하는데(또한 제104조에 의해 무효로 되기 위해서는 제3자가 대표이사의 궁박·경솔·무경험을 악용했다는 점을 회사가 증명해야 한다), 그 증명이 용이하지 않아 피해자의 구제가 어렵다 할 것이다(그러나 대표권 남용의 이론을 통해 그 구제가 가능하다). ③ 대표권 남용이론은 거래의 안전과의 조화를 꾀할 수 있는 법리이다. 즉, 대표권 남용을 알았거나 또는 알 수 있었던 상대방이 거래의 목적물을 제3자에게 양도해 버린 경우, 제107조 제2항의 유추적용에 의해 대표권 남용의 무효는 선의의 제3자에게 대항하지 못하기 때문이다(제3자는 선의로 추정되므로, 제3자의 악의를 회사가 증명하지 못하는 한 제3자의 과실 유무는 문제가 되지 않는다).

464) 대판 2014. 5. 29. 2014다202004; 대판 2008. 5. 15. 2007다23807; 대판 1988. 8. 9. 86다카1858.

465) 대판 1987. 10. 13. 86다카1522.

우, 정관에 다른 규정이 없으면, 법인의 업무집행은 이사의 과반수로써 결정한다(제58조 제2항). 또한 정관에 특별규정 없으면, 서면결의방식도 유효하다(판례).

(나) 집행사무의 주요 내용

첫째, 재산목록(법인의 적극·소극의 총재산의 명세서)의 작성이다.[467][468] 이사는 또한 작성한 재산목록을 열람할 수 있도록 비치하여야 한다(제55조 제1항). 이사가 재산목록의 작성·비치의무를 게을리하거나 또는 부정기재를 한 경우, 과태료의 처분을 받는다(제97조 제2호). 둘째, 사원명부의 작성이다.[469] 셋째, 사원총회의 소집이다.[470] 넷째, 총회의사록의 작성이다.[471] 다섯째, 파산신청이다.[472] 여섯째, 청산인이 되는 것이다.[473] 일곱째, 등기사무이다.[474]

판 례

가. 이사의 주의의무

○ 법인과 이사의 신뢰관계 상실사유

"법인의 이사가 그 법인과의 신뢰관계가 상실되는 사유는 반드시 그 법인 소유의 재산을 부정관리 내지 처분 하였을 때에 한하여 생긴다고 좁게 해석할 이유가 없고, 법인의 목적사업 수행에 현저한 지장을 주는 사유도 역시 법인과 이사와의 신임관계에 지장을 주는 사유라고 볼 것이다.[475]"

○ 감독관청의 틀린 법률해석을 따른 임원의 선관주의의무 위반 여부

"선량한 관리자의 주의라 함은 보통의 주의력을 가진 행위자가 구체적인 상황에서 통상 가져야 할 주의의 정도를 말하는 것이므로, 관할관청의 지휘 감독을 받는 법인의 임원들은 감독관청의 해석을 신뢰하여 그 명령에 따를 수밖에 없고, 설사 감독관청의 법률해석이 틀린 것이라 하더라도 그

---

466) 이사의 대내적인 업무집행의 경우, 대외적인 대표권의 경우와 마찬가지로, 정관의 규정·총회의 결의 및 법률의 규정(제60조의2 제1항 본문)에 따라야 한다.

467) 법인성립 시에 이사는 기본재산목록을 작성하고, 그 후에는 매년 연초의 3개월 이내에 전년도 말 현재의 매년도 재산목록을 작성하여 사무소에 비치하여야 한다(제55조 제1항 제1문). 사업년도를 정한 법인의 경우, 법인성립 시에 기본재산목록을 작성하고, 매년 사업년도 초의 3개월 이내에 전년도 사업년도 말 현재의 매년도 재산목록을 작성하여야 한다(제55조 제1항 제2문).

468) 이사로 하여금 재산목록을 작성하게 하는 취지는, 법인의 재산상태를 명료하게 하여 일반 제3자에게 알리는 동시에 이사 개인재산과의 혼동을 방지하려는 데 있다.

469) 사단법인의 이사는 사원명부를 작성하여 사무소에 비치하고, 그 변경 시마다 이를 정정하여야 한다(제55조 제2항). 이사가 이를 게을리하거나 부정기재를 한 경우, 과태료의 처분을 받는다(제97조 제2호).

470) 사단법인의 이사는 매년 1회 이상 통상총회를 소집하여야 하고(제69조), 필요시에는 임시총회를 소집할 수 있다(제70조 제1항). 또한 총사원 5분의 1 이상 또는 정관으로 정한 일정수 이상의 사원이 청구할 경우, 임시총회를 소집하여야 한다(제70조 제2항).

471) 사원총회의 의사(議事)에 관하여는 의사록을 작성하여야 하며(제76조 제1항), 의사록에는 의사의 경과·요령 및 결과를 기재하고, 의장 및 출석한 이사가 기명·날인하여야 하고(제76조 제2항), 이사는 의사록을 주된 사무소에 비치하여야 한다(제76조 제3항). 이사가 의사록의 작성·비치의무를 게을리할 경우, 과태료의 처분을 받는다(제97조 제5호).

472) 법인이 채무를 완제(完濟)하지 못하게 된 경우, 이사는 지체 없이 파산을 신청하여야 하며(제79조), 이를 게을리할 경우, 과태료의 처분을 받는다(제97조 제5호).

473) 법인이 해산한 경우, 원칙적으로 이사가 청산인이 된다(제82조 본문).

474) 이사는 각종의 법인등기의무를 부담하며, 이를 게을리 하면 과태료의 처분을 받는다(제97조 제5호).

475) 대판 1969. 7. 12. 69마305.

명령을 거부하거나 적법한 행위로 바꾸어 시행한다는 것은 보통의 주의력을 가진 법인의 임원에게는 기대하기 어려운 일이므로, 임원들이 법률해석을 잘못한 감독관청의 명령을 따른 데에 선량한 관리자의 주의의무를 위반한 잘못이 없다.[476)]"

◯ 단체의 대표자가 근로자의 해고를 결정할 때 선관주의의무 등을 위반하였는지 여부의 판단 기준

"단체의 대표자가 근로자를 해고한 경우에 사후에 법원에 의하여 그 해고가 정당하지 못하여 무효라고 판단되었다고 하여 그러한 사유만으로 곧바로 그 해고 당시에 단체의 대표자가 그 임무를 게을리한 것으로 보아서 대표자 개인이 단체에 대하여 손해배상책임을 부담한다고 볼 수는 없다. 또한, 근로자를 해고할 당시의 객관적 사정이나 근로자에 대한 해고사유의 내용 또는 경중, 근로자에 대하여 해고를 하게 된 경위 등에 비추어 해고할만한 정당한 사유가 있다고 판단할 상당한 근거가 있고, 이와 아울러 소정의 적법한 절차 등을 거쳐서 해고를 한 경우라면 단체에 대한 선량한 관리자로서의 주의의무 또는 충실의무를 위반하였다고 볼 수 없다. 한편 이와 같이 단체의 대표자가 근로자를 해고하기로 하는 결정을 함에 있어서 선량한 관리자로서의 주의의무 또는 충실의무를 위반하여 자신의 임무를 게을리하였는지 여부는 통상의 합리적인 대표자를 기준으로 하여 해고의 사유 및 절차 등에 관한 여러 사정을 종합하여 볼 때 단체의 대표자로서 근로자를 해고하기로 하는 결정을 함에 있어서 간과하여서는 안 될 잘못이 있는지 여부에 따라 판단하여야 한다.[477)]"

나. 이사의 사무집행

◯ 재단법인 이사 표결권의 법적 성질

"재단법인의 의결기관인 이사의 표결권은 이를 위임 또는 포기할 수 없는 인격권이다.[478)]"

◯ 민법상 법인의 이사의 임기가 만료한 경우, 적법한 후임 이사가 선임될 때까지 구 이사가 종전 직무를 계속 수행할 수 있는지 여부

"민법상 법인의 이사 전원 또는 그 일부의 임기가 만료하였다고 하더라도 후임 이사가 선임되지 않았거나 또는 후임 이사가 선임되었다고 하더라도 그 선임결의가 무효이고 임기가 만료하지 아니한 다른 이사만으로는 정상적인 법인의 활동을 할 수 없는 경우에는, 임기가 만료한 구 이사로 하여금 법인의 업무를 수행케 함이 부적당하다고 인정할 만한 특별한 사정이 없는 한, 구 이사는 후임 이사가 선임될 때까지 종전의 직무를 수행할 수 있다.[479)]"

◯ 임기가 만료되지 아니한 다른 이사들로 법인이 정상적인 활동을 할 수 있는 경우, 임기만료된 이사의 업무수행권이 인정되는지 여부(소극) 및 이 경우 법인이 정상적인 활동을 할 수 있는지 판단하는 기준 시기(=이사의 임기만료 시)

"임기만료된 이사의 업무수행권은 이사에 결원이 있음으로써 법인이 정상적인 활동을 할 수 없는 사태를 방지하자는 데 취지가 있으므로, 이사 중 일부의 임기가 만료되었더라도 아직 임기가 만료되지 아니한 다른 이사들로 정상적인 활동을 할 수 있는 경우에는 임기만료된 이사로 하여금 이사로서 직무를 행사하게 할 필요가 없고, 이러한 경우에는 임기만료로서 당연히 퇴임하며, 법인의

---

476) 대판 1986. 3. 26. 84다카1923.

477) 대판 2009. 2. 12. 2008다74895.

478) 대판 1957. 3. 22. 4290행상9.

479) 대판 2007. 7. 26. 2005도4072; 대판 2007. 7. 19. 전원합의체. 2006두19297; 대판 2006. 4. 27. 2005도8875.

정상적인 활동이 가능한지는 이사의 임기만료 시를 기준으로 판단하여야 하지 그 이후의 사정까지 고려할 수는 없다.[480)]"

◆ 도시 및 주거환경정비법에 따라 설립된 조합의 대표자인 조합장의 권한 범위

"도시 및 주거환경정비법(이하 '도시정비법'이라고 한다)에 따라 설립된 조합은 법인에 해당하고(도시정비법 제18조 제1항), 위 조합에 관하여는 도시정비법에 규정된 것을 제외하고는 민법 중 사단법인에 관한 규정이 준용되므로(도시정비법 제27조), 도시정비법 제22조에 따라 조합을 대표하고 그 사무를 총괄하는 조합장은 도시정비법이나 민법에서 달리 정하지 않는 한 조합의 사무에 관하여 재판상 또는 재판 외의 모든 행위를 할 수 있다.[481)]"

다. 이사의 대표권

◆ 대표권 제한의 요건

"민법상의 사단법인에 있어서는 비록 재산이 중요하고 유일한 것이라 하여도, 그 처분에 있어 반드시 사원총회의 결의를 필요로 하는 것이 아니고, 재산의 처분에 총회의 결의가 있어야 유효하다는 것을 대외적으로 주장하려면, 법인대표자의 대표권을 제한하여 총회의 결의를 필요로 하는 취지의 대표권 제한을 등기하여야 한다.[482)]"

◆ 대표이사 아닌 자에 의한 소 취하의 효력

"소의 취하가 재단의 적법한 대표이사가 아닌 자에 의한 것이라면, 소 취하의 효력이 없으므로 기일지정신청을 받아들여야 한다.[483)]"

◆ 법률상 제한되어 있는 대표이사의 행위에 대한 표현대리 규정 준용 여부

"학교법인을 대표하는 이사장이라 하더라도 이사회의 심의·결정을 거쳐야 하는 이와 같은 재산의 처분 등에 관하여는 법률상 그 권한이 제한되어 이사회의 심의·결정 없이는 이를 대리하여 결정할 권한이 없으므로, 이사장이 한 학교법인의 기본재산 처분행위에 관하여는 민법 제126조의 표현대리에 관한 규정이 준용되지 아니한다.[484)]"

◆ 구사립학교법상의 절차에 따라 선임된 임시이사들이 그 선임사유가 종료한 때에 정식이사를 선임하는 내용의 이사회결의를 한 경우, 임시이사들이 선임되기 전에 적법하게 선임되었다가 퇴임한 최후의 정식이사들에게 위 이사회결의의 하자를 다툴 소의 이익이 있는지 여부

"(가) 일단 기존 정식이사의 퇴임이 확정되고 구사립학교법(2005. 12. 29. 법률 제7802호로 개정되기 전의 것)상의 절차에 따라 임시이사가 적법하게 선임되었다면 그 선임사유가 무엇이든 통상적인 업무에 관한 이사로서의 권한은 임시이사에게 속하게 되므로, 민법 제691조를 유추하여 그 퇴임이사에게 종전의 직무를 계속 수행한다는 차원에서 일반적인 사무를 처리할 권한으로서의 긴급처리권을 인정할 여지가 없고, 나중에 임시이사가 그 임무를 종료한다고 하더라도 그 시점에 이르러 과거에 퇴임하였던 이사에 대하여 그와 같은 긴급처리권이 새로이 부여된다고 할 수도 없으며, 일반적인 사무처리 권한 중 후임이사 선임 권한만을 분리하여 그에 관한 일종의 부분적인 긴급처

480) 대결 2014. 1. 17.자 2013마180; 대결 1996. 4. 15.자 95마1504.
481) 대판 2012. 3. 15. 2011다95779.
482) 대판 1975. 4. 22. 74다410.
483) 대판 1969. 7. 29. 67다1608.
484) 대판 1983. 12. 27. 83다548.

리권이 인정되거나 새로 부여된다고 할 수도 없다. 따라서 학교법인의 경우, 구 사립학교법상의 임시이사가 선임되기 전에 적법하게 선임되었다가 퇴임한 최후의 정식이사(이하 '종전이사'라고 한다)에게 민법 제691조를 유추한 긴급처리권이 있다거나, 나아가 이를 전제로 하여 구 사립학교법상의 임시이사들이 정식이사를 선임하는 내용의 이사회결의의 효력 유무를 다툴 소의 이익이 인정된다고 할 수는 없다.

(나) 그러나 종전이사에게 민법 제691조를 유추한 긴급처리권이 인정되지 않는다 할지라도, 위와 같은 이사회결의의 효력 유무를 다툴 소의 이익이 인정되는지 여부는 다른 각도에서 별도로 살펴보아야 할 문제이다. 학교법인에게 인정되는 헌법상의 사학의 자유는 순차로 선임되는 관계에 있다는 점에서 연결선상에 있다고 볼 수 있는 이사들에 의하여 실질적으로 구현되는 것이고, 그 중 종전이사는 보통 학교법인의 자주성과 정체성을 확보하는 임무와 가장 근접한 위치에 있는 자라 할 수 있으므로, 이처럼 학교법인의 자주성과 정체성을 대변할 지위에 있다고 할 수 있는 종전이사로서는, 구사립학교법 제20조의2 제1항에 의한 이사취임승인의 취소 등에 뒤이어 같은 법 제25조에 의하여 교육인적자원부장관이 선임한 임시이사들로만 구성된 임원진이 존재하다가 임시이사 선임사유가 해소된 경우, 자신이 정식이사로서의 지위를 회복하는지 여부 또는 스스로 새로운 정식이사를 선임할 권한이 있는지 여부와 관계없이 학교법인의 설립목적을 구현함에 적절한 정식이사를 선임하는 문제와 관련하여 직접적인 이해관계를 가지는 사람이라 할 것이다.

(다) 결국, 종전이사들은 구 사립학교법상의 임시이사들이 정식이사를 선임하는 내용의 이사회결의에 대하여 법률상의 이해관계를 가진다고 할 수 있으므로 그 무효 확인을 구할 소의 이익이 있다.[485]"

○ 신용협동조합의 이사장이 이사회의 결의 없이 조합원에 대한 대출계약을 체결한 후 신용협동조합이 파산한 경우, 그 무권대표행위의 추인권을 행사할 수 있는 자

"신용협동조합의 대출에 관한 대표자의 대표권이 이사회의 결의를 거치도록 제한되는 경우, 그 요건을 갖추지 못한 채 무권대표행위에 의하여 조합원에 대한 대출이 이루어졌다고 하더라도 나중에 그 요건이 갖추어진 뒤 신용협동조합이 대출계약을 추인하면 그 계약은 유효하게 되는 것인데, 신용협동조합이 파산한 경우, 파산재단의 존속・귀속・내용에 관하여 변경을 야기하는 일체의 행위를 할 수 있는 관리・처분권은 파산관재인에게 전속하고, 반면 파산한 신용협동조합의 기관은 파산재단의 관리・처분권 자체를 상실하게 되므로, 위와 같은 무권 대표행위의 추인권도 역시 특별한 사정이 없는 한 파산관재인만이 행사할 수 있다고 보아야 한다.[486]"

○ 민법상 법인의 유일한 대표자인 회장이 사임한 경우, 사임한 회장은 후임회장이 선출될 때까지 대표자의 직무를 계속 수행할 수 있는지 여부 및 그 직무수행권의 범위

"민법상 법인과 그 기관인 이사와의 관계는 위임자와 수임자의 법률관계와 같아서 이사가 사임하면 일단 위임관계는 종료됨이 원칙이나 후임 이사의 선임 시까지 이사가 존재하지 않는다면 기관에 의하여 행위를 할 수밖에 없는 법인으로서는 당장 정상적인 활동을 중단하여야 할 상황에 놓이게 되고 이는 민법 제691조에 규정된 위임종료의 경우에 급박한 사정이 있는 때와 같으므로, 사임한 이사라도 임무를 수행함이 부적당하다고 인정할 만한 특별한 사정이 없는 한 후임 이사가 선

485) 대판 2007. 5. 17. 전원합의체(다수의견). 2006다19054; 대판 2000. 1. 28. 98다26187.
486) 대판 2004. 1. 15. 2003다56625.

임될 때까지 이사의 직무를 계속 수행할 수 있고, 한편 법인의 자치규범인 정관에서 법인을 대표하는 이사인 회장과 대표권이 없는 일반 이사를 명백히 분리함으로써 법인의 대표권이 회장에게만 전속되도록 정하고 회장을 법인의 회원으로 이루어진 총회에서 투표로 직접 선출하도록 정한 경우 일반 이사들에게는 처음부터 법인의 대표권이 전혀 주어져 있지 않기 때문에 회장이 궐위된 경우에도 일반 이사가 법인을 대표할 권한을 가진다고 할 수 없고, 사임한 회장은 후임 회장이 선출될 때까지 대표자의 직무를 계속 수행할 수 있으나, 사임한 대표자의 직무 수행권은 법인이 정상적인 활동을 중단하게 되는 처지를 피하기 위하여 보충적으로 인정되는 것이다.[487)]"

라. 이사의 대표권 제한의 대항요건

◎ 도시 및 주거환경정비법 시행 전 조합설립인가를 받았다가 같은 법 시행 후 부칙 제10조 제1항에 따라 설립등기를 마친 재건축조합의 조합규약에서 조합장이 조합원의 부담이 될 계약을 체결하기 위하여는 총회의 결의를 거치도록 규정하고 있는 경우, 이로써 제3자에 대항하기 위한 요건

"도시 및 주거환경정비법(이하 '도시정비법'이라 한다)부칙(2002. 12. 30.)제10조 제1항 본문은 '조합의 설립에 관한 경과조치'라는 표제로 "종전 법률에 의하여 조합 설립의 인가를 받은 조합은 본칙 제18조 제2항의 규정에 의하여 주된 사무소의 소재지에 등기함으로써 이 법에 의한 법인으로 설립된 것으로 본다."라고 규정하고 있는데, 위 규정의 내용과 취지에 비추어 보면 행정청이 종전 법률인 구 주택건설촉진법(2003. 5. 29. 법률 제6916호 주택법으로 전부 개정되기 전의 것)에 의하여 재건축조합에 대하여 조합설립인가처분을 하였더라도 도시정비법이 시행되고 해당 재건축조합이 도시정비법 부칙(2002. 12. 30.)제10조 제1항에 따라 설립등기를 마친 후에는 그 재건축조합을 공법인으로 보게 된다. 나아가 이러한 재건축조합에는 도시정비법 제27조에 의하여 민법 제60조가 준용되므로, 재건축조합의 조합장이 조합원의 부담이 될 계약을 체결하기 위하여는 총회의 결의를 거치도록 조합규약에 규정되어 있다 하더라도 이는 법인대표권을 제한한 것으로서 그러한 제한은 등기하지 아니하면 제3자에게 그의 선의·악의에 관계없이 대항할 수 없다.[488)]"

◎ 등기 없는 경우, 대항할 수 있는 제3자의 범위

"법인의 정관에 법인 대표권의 제한에 관한 규정이 있으나 그와 같은 취지가 등기되어 있지 않으면 법인은 제3자가 그와 같은 정관의 규정에 대하여 선의냐 악의냐에 관계없이 제3자에 대하여 이러한 절차의 흠결을 들어 계약의 효력을 부인할 수 없다.[489)]"

◎ 가처분결정에 의하여 선임된 학교법인 이사직무대행자의 법적 지위 및 권한 범위

"민사집행법 제300조 제2항의 임시의 지위를 정하는 가처분은 권리관계에 다툼이 있는 경우에 권리자가 당하는 위험을 제거하거나 방지하기 위한 잠정적이고 임시적인 조치로서 그 분쟁의 종국적인 판단을 받을 때까지 잠정적으로 법적 평화를 유지하기 위한 비상수단에 불과한 것으로, 가처분결정에 의하여 학교법인의 이사의 직무를 대행하는 자를 선임한 경우에 그 직무대행자는 단지 피대행자의 직무를 대행할 수 있는 임시의 지위에 놓여 있음에 불과하므로, 가처분결정에 다른 정함이 있는 경우 외에는 학교법인을 종전과 같이 그대로 유지하면서 관리하는 한도 내의 학교법인

487) 대판 2003. 3. 14. 2001다7599; 대판 1997. 6. 24. 96다45122; 대판 1982. 3. 9. 81다614.
488) 대판 2014. 9. 4. 2011다51540; 대판 2014. 2. 27. 2011두11570.
489) 대판 1992. 2. 14. 91다24564.

의 통상업무에 속하는 사무만을 행할 수 있다.[490]"

○ 가처분결정에 의하여 선임된 학교법인 이사직무대행자가 그 가처분의 본안소송의 제1심판결에 대한 항소권을 포기하는 행위가 위 법인의 통상업무에 속하는 행위인지 여부

"가처분결정에 의하여 선임된 학교법인 이사직무대행자가 그 가처분의 본안소송인 이사회결의 무효 확인의 제1심판결에 대하여 항소권을 포기하는 행위는 학교법인의 통상업무에 속하지 않는다고 보아야 할 것이므로, 그 가처분결정에 다른 정함이 있거나 관할법원의 허가를 얻지 아니하고서는 이를 할 수 없다.[491]"

○ '이사회는 재적이사 과반수의 출석으로 개최하고 출석이사 과반수의 찬성으로 의결한다.'는 신용협동조합의 정관 규정만으로 서면결의 방식에 의한 이사회결의가 무효라고 할 수 있는지 여부

"'이사회는 재적이사 과반수의 출석으로 개최하고 출석이사 과반수의 찬성으로 의결한다.'는 신용협동조합의 정관 규정은 의사정족수 및 의결정족수에 관한 일반 규정이어서 이른바 서면결의 방식에 의한 이사회결의를 금하는 규정이라고 단정하기 어렵고, 만일 위 규정을 서면결의를 금하는 규정으로 본다고 하더라도, 민법 제60조에 의하여 대표권의 제한은 등기를 하지 아니한 이상 제3자에 대항할 수 없으므로 위 정관 규정만으로 서면결의 방식에 의한 이사회결의가 무효라고 할 수 없다고 한 사례.[492]"가 있다.

●● 사례 9의 해결:

B재건축조합의 대표자인 소외인이 대외적 거래행위를 함에 있어서는 사전에 사원총회의 결의를 거치도록 B조합의 정관에서 대표자의 대표권을 제한하고 있기는 하다. 그러나 비법인사단의 경우에는 대표자의 대표권 제한에 관하여 등기할 방법이 없어 제60조의 규정을 준용할 수 없다 할 것이다. 그런데 소외인이 B조합의 정관에서 사원총회의 결의를 거쳐야 하도록 규정한 대외적 거래행위(이 사건 계약)에 관하여 이를 거치지 아니한 경우라도, 이와 같은 사원총회 결의사항은 B재건축조합의 내부적 의사결정에 불과하다 할 것이다. 그렇다면, 소외인의 위와 같은 대표권 제한 사실에 대한 A의 선의·무과실은 추정된다. 따라서 소외인의 대표권 제한 사실에 대한 A의 악의·과실을 B재건축조합측에서 증명할 수 없는 한 이 사건 계약은 유효하므로, A의 주장은 정당하다.

(대판 2003. 7. 22. 2002다64780의 사실관계와 판결요지 등 참조)

4. 임시이사

법인의 필요기관인 이사가 없거나 결원이 생김으로써 법인에 손해가 생길 염려가 있는 경우,[493] 이해관계인이나 검사의 청구에 의하여 법원은 임시이사를 선임하여야 한다

490) 대판 2006. 1. 26. 2003다36225; 대판 2000. 2. 11. 99두2949; 대판 1995. 4. 14. 94다12371.
491) 대판 2006. 1. 26. 2003다36225; 대판 1982. 4. 27. 81다358.
492) 대판 2005. 6. 9. 2005다2554.
493) 통상의 이사 선임절차에 따라 이사가 선임되기를 기다릴 때 법인·제3자에게 손해가 생길 우려가 있는 것을 뜻한다(대결 2009. 11. 19.자 전원합의체. 2008마699).

(제63조).[494] 임시이사는 정식이사가 선임될 때까지의 일시적인 기관이라는 점을 제외하고는, 이사와 동일한 권한을 갖는다.[495] 정식이사가 선임되면 임시이사는 당연히 퇴임한다. 한편 임시이사 선임에 관한 제63조의 규정은 법인 아닌 사단·재단에도 유추적용된다(판례).

판 례

○ 민법 제63조에 의하여 법원이 선임한 임시이사의 권한 범위

"민법상의 법인에 대하여 민법 제63조에 의하여 법원이 선임한 임시이사는 원칙적으로 정식이사와 동일한 권한을 가진다. 다만 학교법인의 경우와 같이, 다른 재단법인에 비하여 자주성이 보장되어야 할 특수성이 있고 사립학교법 등 관련 법률에서도 이를 특별히 보장하고 있어 임시이사의 권한이 통상적인 업무에 관한 사항에 한정된다고 보아야 하는 경우가 있을 뿐이다.[496]"

○ 민법 제63조에 따라 임시이사의 선임을 신청할 수 있는 '이해관계인'의 범위

"임시이사의 선임을 신청할 수 있는 '이해관계인'이라 함은 임시이사가 선임되는 것에 관하여 법률상의 이해관계가 있는 자로서 그 법인의 다른 이사, 사원 및 채권자 등을 포함한다.[497]"

○ 민법 제63조에서 임시이사 선임의 요건으로 정하고 있는 '이사가 없거나 결원이 있는 경우'와 '이로 인하여 손해가 생길 염려가 있는 때'의 의미

"민법 제63조에서 임시이사 선임의 요건으로 정하고 있는 '이사가 없거나 결원이 있는 경우'라 함은 이사가 전혀 없거나 정관에서 정한 인원수에 부족이 있는 경우를 말하고, '이로 인하여 손해가 생길 염려가 있는 때'라 함은 통상의 이사선임절차에 따라 이사가 선임되기를 기다릴 때에 법인이나 제3자에게 손해가 생길 우려가 있는 것을 의미한다.[498]"

○ 당해 종단의 신도 아닌 사람을 종단 대표자의 결원으로 인한 임시이사로 선임할 수 있는지 여부

"종교단체에서 임시이사의 선임요건에 관한 심사 결과 당해 종교단체에 장래 발생이 염려되는 손해를 방지하기 위한 조치로서 임시이사의 선임이 불가피한 경우에도, 결원이 된 당해 이사가 지니는 지위, 권한 및 직무내용과 임시이사가 실제로 수행하여야 하는 업무나 역할 등 당해 종교단체에 관한 구체적 사정에 따라서는 종교단체의 종교적인 활동 및 그 자율성에 장해를 주지 않도록 선임자격이나 그 구체적 권한 내지 직무내용을 제한함이 상당하다. 특히, 교의의 통일 등을 위하여 단위 종교단체의 상위 단체로 조직한 포괄적인 종교단체인 종단의 대표자는 법률적으로 종단을 대표하는 권한을 가지고, 종단의 규약이 정한 임명권 등을 통하여 종단의 업무 조직을 구성하는 포괄적인 권한을 가지는 한편 종교적 권능을 통하여 대내외적으로 당해 종단의 정체성을 표창하고 신도들의 신앙적 일체감을 지지(지지)·통합하는 구심점인 역할을 수행하는 지위에 있다. 이와 같이 종교적인 영역에서 차지하는 종단 대표자의 지위나 역할의 중요성을 감안하면 그 종단의 신도가 아

---

494) 이사의 결원이 생긴 경우란, 정관에서 정한 이사의 정원수에 부족이 있는 경우를 말하며(대판 1975. 3. 31. 74마562), 이해관계인은 법률상의 이해관계인을 말하는 것으로 법인의 다른 이사·사원·채권자 등을 포함한다(대판 1976. 12. 10. 76마394).

495) 따라서 임시이사가 적법한 절차에 따라 행한 정관의 변경은 유효하다(대판 1963. 12. 12. 63다449).

496) 대판 2013. 6. 13. 2012다40332; 대판 2007. 5. 17. 전원합의체. 2006다19054.

497) 대결 2009. 11. 19.자 전원합의체. 2008마699; 대결 1976. 12. 10.자 76마394.

498) 대결 2009. 11. 19.자 전원합의체. 2008마699; 대결 1975. 3. 31.자 74마562.

니어서 신앙적 동일성이 인정되지 않는 외부의 제3자로 하여금 신앙공동체인 종단의 대표자 업무를 담당하도록 하는 것은 특별한 사정이 없는 한 종교단체의 자율성과 본질에 어긋나므로 원칙적으로 허용되지 않는다. 다만, 종단 내부의 총체적 분규와 전체적 대립 양상으로 인하여 당해 종단의 신도 중에서는 중립적인 지위에서 종단의 대표자 업무를 적정하게 수행할 수 있는 적임자를 도저히 찾을 수 없는 예외적 사정이 존재하는 경우에는 신도 아닌 사람도 임시이사로 선임할 수 있으나, 이 경우에도 그 직무범위나 권한을 비종교적(비종교적) 영역 내에서 선임의 필요성에 상응한 최소한의 범위로 제한함으로써, 종단의 정체성을 보존하고 그 자율적 운영에 대한 제약도 최소화될 수 있도록 하여야 한다.[499)]"

○ 임시이사 선임결정에 대한 불복방법

"임시이사 선임결정에 대하여 불복이 있다면, 비송사건절차법의 규정에 의하여 불복을 하여야 하므로, 임시이사 선임결정 자체가 부당하다는 이유로 일반 민사소송의 방법으로 임시이사 선임결정의 취소를 구하는 것은 부당하다.[500)]"

○ 법원의 임시이사 선임의 가부 취소

"법원은 임시이사 선임결정을 한 후에 그 선임결정이 부당하다고 인정될 때에는 이를 취소 또는 변경할 수 있다.[501)]"

○ 학교법인 임시이사 선임의 준거법

"사립학교법에 의하여 설립된 학교법인은 사립학교의 설치 경영만을 목적으로 하여 설립된 특수법인으로서 다른 법률에 의한 법인과는 구별되므로, 학교법인의 임시이사 선임에 관하여는 민법의 규정에 우선하여 사립학교법이 적용되어야 한다.[502)]"

○ 구사립학교법상의 임시이사에게 정식이사를 선임할 권한이 있는지 여부

"학교법인의 기본권과 구사립학교법(2005. 12. 29. 법률 제7802호로 개정되기 전의 것)의 입법목적, 그리고 같은 법 제25조가 민법 제63조에 대한 특칙으로서 임시이사의 선임사유, 임무, 재임기간 그리고 정식이사로의 선임제한 등에 관한 별도의 규정을 두고 있는 점 등에 비추어 보면, 구 사립학교법 제25조 제1항에 의하여 교육인적자원부장관이 선임한 임시이사는 이사의 결원으로 인하여 학교법인의 목적을 달성할 수 없거나 손해가 생길 염려가 있는 경우에 임시적으로 그 운영을 담당하는 위기관리자로서, 민법상의 임시이사와는 달리 일반적인 학교법인의 운영에 관한 행위에 한하여 정식이사와 동일한 권한을 가지는 것으로 제한적으로 해석하여야 하고, 따라서 정식이사를 선임할 권한은 없다고 봄이 상당하다.[503)]"

○ 구사회복지사업법상 갑 사회복지법인의 임시이사들에게 정식이사 선임에 관한 의결권한이 있는지 문제 된 사안에서, 제반 사정을 종합하여 사회복지법인의 임시이사는 정식이사와 동일한 권한을 갖는다는 이유로, 정식이사 선임에 관한 의결권한이 있다고 본 원심판단을 정당하다고 한 사례

499) 대결 2009. 11. 19.자 전원합의체. 2008마699.
500) 대판 1963. 12. 12. 63다449.
501) 대판 1968. 6. 28. 68마597.
502) 대판 1986. 1. 24. 86마879.
503) 대판 2007. 5. 17. 전원합의체(다수의견). 2006다19054; 대판 1970. 10. 30. 70누116(변경).

"구사회복지사업법(이하 '사회복지법'이라 한다)상 갑 사회복지법인의 임시이사들에게 정식이사 선임에 관한 의결권한이 있는지 문제 된 사안에서, 사립학교법은 학교교육의 자주성과 학교운영의 자율성을 강조하고 있는 반면 사회복지법은 사회복지법인의 공공성을 강조하고 있는 점, 사립학교법 제25조는 민법 제63조에 대한 특칙으로서 임시이사의 선임 사유, 임무, 재임기간 및 정식이사로의 선임 제한 등에 관하여 구체적인 별도의 규정을 두는 반면, 사회복지법은 임시이사의 선임사유 및 절차에 관하여만 규정할 뿐 직무범위, 재임기간, 선임 제한 등에 관하여는 아무런 규정을 두지 아니하고 사회복지법에 규정된 것을 제외하고는 민법의 규정을 준용하는 점 등을 종합하 여, 사회복지법인의 임시이사는 정식이사와 동일한 권한을 갖는다는 이유로, 갑법인의 임시이사들에게 정식이사 선임에 관한 의결권한이 있다고 본 원심판단을 정당하다고 한 사례.[504]"가 있다.

○ 사립학교법 제25조 제3항을 교육인적자원부장관이 임시이사를 선임하여 파견할 수 있는 기간을 최장 4년으로 제한하는 취지로 볼 수 있는지 여부

"사립학교법 제25조 제3항을 교육인적자원부장관이 임시이사를 선임하여 파견할 수 있는 기간을 최장 4년으로 제한하는 취지로 볼 수 없다고 한 사례.[505]"가 있다.

○ 임시이사 선임에 관한 민법 제63조의 규정을 법인 아닌 사단 또는 재단에도 유추적용할 수 있는지 여부(적극)

"민법 제63조는 법인의 조직과 활동에 관한 것으로서 법인격을 전제로 하는 조항이 아니고, 법인 아닌 사단이나 재단의 경우에도 이사가 없거나 결원이 생길 수 있으며, 통상의 절차에 따른 새로운 이사의 선임이 극히 곤란하고 종전 이사의 긴급처리권도 인정되지 아니하는 경우에는 사단이나 재단 또는 타인에게 손해가 생길 염려가 있을 수 있으므로, 민법 제63조는 법인 아닌 사단이나 재단에도 유추적용할 수 있다.[506]"

5. 이 사 회

이사 전원으로 구성된 이사의 의결기관을 이사회라 한다.[507][508] 이사가 수인인 경우, 정관에 다른 규정이 없으면 법인의 사무집행은 이사의 과반수로써 결정한다(제58조 제2항). 그런데 법인의 이사회에서 결의사항에 이해관계가 있는 이사는 의결권을 갖지 못하나, 그 이사의 수는 의사정족수에 포함된다(판례).

판 례

○ 정관에 의하지 않은 이사회 소집의 효력

"이사회의 소집에 관하여 정관에 다른 규정이 있는 때에는 그에 의하여야 하고, 그에 의하지 아

504) 대판 2013. 6. 13. 2012다40332.

505) 대결 2005. 4. 16.자 2005마53.

506) 대결 2009. 11. 19.자 전원합의체. 2008마699; 대결 1961. 11. 16.자 4294민재항431.

507) 민법은 이사와는 달리, 이사회를 법인의 기관(필요기관)으로 하고 있지는 않지만, 정관에서 집행기관으로 할 수는 있다고 한다(곽윤직·김재형, 190면).

508) 이사회의 소집·결의 및 의사록의 작성은 정관에 특별한 규정이 없으면, 사원총회에 관한 규정(제71조 내지 제76조)을 준용하는 것이 합리적이다(곽윤직·김재형, 190면; 김상용, 243면; 김용한, 187면).

니한 이사회의 소집은 무효이다.[509]"

○ 부적법한 소집절차에 의한 이사회 결의의 효력

"민법상 비영리법인의 이사회 결의가 법령 또는 정관이 정하는 바에 따른 정당한 소집권자가 아닌 자에 의하여 소집되고 적법한 소집절차도 없이 개최되어 이루어진 것이라면, 그 결과가 설사 적법한 소집통지를 받지 못한 이사가 출석하여 반대의 표결을 하였던들 이사회 결의의 성립에 영향이 없었다고 하더라도, 그 이사회 결의는 당연 무효라 할 것이다.[510]"

○ 민법상 법인의 이사회에서 결의사항에 이해관계가 있는 이사가 의결권을 갖는지 여부(소극) 및 그 이사의 수가 의사정족수에 포함되는지 여부(적극)

"민법 제74조는 사단법인과 어느 사원과의 관계사항을 의결하는 경우 그 사원은 의결권이 없다고 규정하고 있으므로, 민법 제74조의 유추해석상 민법상 법인의 이사회에서 법인과 어느 이사와의 관계사항을 의결하는 경우에는 그 이사는 의결권이 없다. 이 때 의결권이 없다는 의미는 상법 제368조 제4항, 제371조 제2항의 유추해석상 이해관계 있는 이사는 이사회에서 의결권을 행사할 수는 없으나 의사정족수 산정의 기초가 되는 이사의 수에는 포함되고, 다만 결의 성립에 필요한 출석이사에는 산입되지 아니한다고 풀이함이 상당하다.[511]"

○ 무효인 이사회 결의를 전제로 이루어진 이사회 결의의 효력

"이사회의 이사선임결의가 정족수에 달하지 못한 이사들에 의하여 이루어진 것으로서 무효인 경우, 위 결의가 유효임을 전제로 하여 이루어진 그 후의 이사회 결의 역시 무효인 것이다.[512]"

○ 민법상 법인의 이사회의 결의에 부존재 혹은 무효 등 하자가 있는 경우, 그 무효의 주장시기 및 방법

"민법상 법인의 이사회의 결의에 부존재 혹은 무효 등 하자가 있는 경우 법률에 별도의 규정이 없으므로 이해관계인은 언제든지 또 어떤 방법에 의하든지 그 무효를 주장할 수 있다.[513]"

○ 새마을금고 이사장이 이사회 의결 없이 금고 명의로 돈을 대출받은 뒤 이를 임의로 소비한 경우, 새마을금고가 그 대출금 상당액을 부당이득 한 것인지 여부 및 부당이득이 될 경우, 새마을금고는 악의의 수익자인지 여부

"새마을금고가 이사회의 의결을 얻지 아니하고 소요자금을 차입한 것은 새마을금고법의 관련 규정에 위배되어 무효이지만, 새마을금고의 이사장과 상무가 새마을금고의 소요자금 명목으로 금융기관으로부터 돈을 대출받으면서 새마을금고의 예금계좌로 송금 받아 이를 보관하였으므로, 비록 그 뒤 이사장과 상무가 그 돈을 인출하여 임의로 소비하였다고 할지라도, 새마을금고로서는 법률상 원인 없이 이익을 얻고 이로 인하여 금융기관에게 손해를 가한 결과가 되어 금융기관에 대하여 그 대출금 상당액의 부당이득을 반환할 의무가 있고, 이 때 새마을금고의 이사장과 상무가 이사회의 의결을 얻지 아니하고 금융기관으로부터 자금을 차입하는 것이 무효라는 사정을 알고 있었으므로, 그 대출금 상당의 이익을 얻은 새마을금고는 악의의 수익자이다.[514]"

---

509) 대판 1960. 4. 25. 4291행상58.
510) 대판 1987. 3. 24. 85누973.
511) 대판 2009. 4. 9. 2008다1521; 대판 1992. 4. 14. 90다카22698; 대판 1991. 5. 28. 90다20084.
512) 대판 1961. 12. 3. 4294재항500.
513) 대판 2003. 4. 25. 2000다60197; 대판 2000. 2. 11. 99다30039; 대판 2000. 1. 28. 98다26187.

6. 특별대리인

앞에서 살핀 바와 같이, 제64조 소정의 특별대리인도 법인의 기관이다.[515]

7. 직무대행자

이사의 선임행위에 흠이 있는 경우, 이해관계인의 신청에 의해 법원이 가처분명령으로 선임하는 임시적 기관이 직무대행자이다(제52조의 2 참조). 직무대행자의 대표권 행사는 제한이 된다.[516]

판 례

◎ 사단법인의 이사장 직무대행자가 개인의 입장에서 그 사단법인을 상대로 소송을 하는 것이 민법 제64조가 규정하는 이익상반 사항에 해당하는지 여부

"이사장 등 직무집행정지가처분에 의하여 선임된 사단법인의 이사장 직무대행자는 위 법인에 대하여 이사와 유사한 권리의무와 책임을 부담하므로, 위 법인과의 사이에 이익이 상반하는 사항에 관하여는 민법 제64조가 준용되고, 위 법인의 이사장 직무대행자가 개인의 입장에서 원고가 되어 법인을 상대로 소송을 하는 경우에는 민법 제64조가 규정하는 이익상반 사항에 해당함이 분명하다.[517]"

◎ 재단법인의 이사장이 임기만료 후 후임 이사장 취임 전에 법원의 직무집행정지 가처분결정의 확정으로 그 직무를 계속 수행할 수 없게 된 경우에도, 정관에서 이사장 직무대행 사유로 정한 '이사장의 유고'에 해당하는지 여부(적극)

"재단법인의 정관에서 '이사장의 유고시에는 이사 중 최연장자가 그 직무를 대행한다.'고 규정하고 있는 경우에 이사장의 유고란 이사장의 임기가 만료하기 전에 이사장이 사망, 질병 등 기타 부득이한 사정으로 그 직무를 집행할 수 없는 경우를 말한다. 하지만 이사장의 임기가 만료한 후 후임 이사장이 취임하기 전에 임기만료한 이사장에 대하여 법원의 직무집행정지 가처분결정이 확정됨으로써 임기만료한 이사장이 그 직무를 계속 수행할 수 없는 사정이 발생한 경우에도, 이사장의 유고에 준하는 상황이 발생하였다고 보아야 한다.[518]"

---

514) 대판 2002. 2. 5. 2001다66369; 대판 1996. 12. 23. 96다42956.

515) 특별대리인은 법인의 기관이라는 점에서 이사가 선임한 대리인(제62조)과 다르고, 법인의 기관이지만 일시적인 기관이라는 점에서 임시이사와 같다.

516) 직무대행자는 원칙적으로 법인의 통상사무에 속하는 행위만 할 수 있다(제60조의2 제1항 본문). 다만, 가처분명령에서 이와 달리 정한 경우(제60조의2 제1항 본문), 별도로 법원의 허가를 얻은 경우에는 통상사무를 넘는 행위도 할 수 있다(제60조의2 제2항 단서). 그러나 가처분명령 · 법원의 허가 없이 직무대행자가 통상사무를 넘는 행위를 한 경우, 법인은 선의의 제3자에 대하여 책임을 져야 한다(제60조의2 제2항). 한편 임사이사 및 직무대행자 선임절차의 차이점은 무엇인가? '임시이사와 특별대리인은 비송사건절차법에 의하여, 직무대행자는 민사소송법(현행 민사집행법)상의 가처분규정을 준용하여 선임하는 것으로서 각 그 선임절차와 성질이 서로 다른 것이다.'(대결 1961. 1. 6. 4293민재항431)

517) 대판 2003. 5. 27. 2002다69211.

518) 대판 2008. 12. 11. 2006다57131.

Ⅲ. 감 사

1. 의 의

사단법인·재단법인의 경우, 정관 또는 총회의 결의로써 이사에 대한 감독기관으로서 1인 또는 수인의 감사를 둘 수 있다(제66조). 감사는 비영리법인의 임의기관이다.[519]

2. 직무권한

감사는 법인의 내부에서 이사의 업무집행을 감독하는 것이며, 외부관계에 대한 법인의 대표권은 없다. 감사가 수인 있는 경우, 감독기관의 성질상 각자 단독으로 직무를 수행하고 제691조가 유추적용된다(판례). 명문의 규정은 없으나, 감사는 그 선임행위의 성질상 선관주의로써 직무를 수행하는 것으로 새겨야 하며, 이를 어길 경우에는 법인에 대하여 채무불이행으로 인한 손해배상책임을 부담한다(제390조).[520] 민법이 규정하는 감사의 직무는 4가지이다(제67조).[521]

판 례

◯ 민법상 법인의 이사나 감사의 임기가 만료된 경우, 후임 이사나 감사가 선임될 때까지 구 이사나 감사가 종전 직무를 계속 수행할 수 있는지 여부(한정 적극)

"민법상 법인의 이사나 감사 전원 또는 그 일부의 임기가 만료되었음에도 불구하고 그 후임 이사나 감사의 선임이 없거나 또는 그 후임 이사나 감사의 선임이 있었다고 하더라도 그 선임결의가 무효이고, 임기가 만료되지 아니한 다른 이사나 감사만으로는 정상적인 법인의 활동을 할 수 없는 경우, 임기가 만료된 구 이사나 감사로 하여금 법인의 업무를 수행케 함이 부적당하다고 인정할 만한 특별한 사정이 없는 한, 구 이사나 감사는 후임 이사나 감사가 선임될 때까지 종전의 직무를 수행할 수 있다.[522]"

---

519) 감사의 자격·선임방법·선임행위의 성질·해임·퇴임 등은 이사에 관한 설명과 동일하다. 다만, 감사의 성명·주소는 등기사항이 아니다. 감사는 이사와는 달리, 외부에 대하여 법인을 대표하는 기관이 아니므로, 제3자의 이해관계에 영향을 미칠 염려가 없기 때문이다.

520) 감사가 수인인 경우에도 이사의 경우(제65조)와는 달리, 연대하여 손해배상책임을 지지는 않는다는 견해(곽윤직·김재형, 191면; 송덕수, 661면)와 제65조의 유추적용상 연대책임을 져야한다는 견해가 있다(지원림, 147면). 생각건대 법인의 대표기관이 아니라는 점에서 그 책임사유가 있는 경우, 제390조의 책임으로 충분하다 할 것이다.

521) 첫째, 법인의 재산상황을 감사하는 일(제1호). 둘째, 이사의 업무집행의 상황을 감사하는 일(제2호). 셋째, 재산상황 또는 업무집행에 관하여 부정·불비한 것이 있음을 발견한 때에는, 이를 총회 또는 주무관청에 보고하는 일(제3호). 넷째, 전호의 보고를 하기 위하여 필요한 때에는 사원총회를 소집하는 일(제4호) 등이다. 기타 이사의 감독기관인 감사의 직무수행상 필요성이 인정되는 경우, 그 밖의 행위도 할 수 있다(곽윤직·김재형, 191면; 김상용, 245면).

522) 대판 2006. 4. 27. 2005도8875; 대판 2005. 3. 25. 2004다65336; 대판 1998. 12. 23. 97다26142.

Ⅳ. 사원총회

1. 의 의

사단법인은 사원을 바탕으로 하므로, 사단법인의 대내·외적 활동은 사원의 의사에 따른다.[523] 사단법인의 사원으로 구성되는 최고 의사결정기관이 사원총회이다. 사원총회는 사단법인의 필요기관이다.

2. 총회의 종류

사원총회에는 통상총회와 임시총회가 있다. 통상총회는 1년에 1회 이상 일정한 시기에 소집되는 사원총회를 말한다(제69조).[524] 임시총회는 필요에 따라 임시로 소집되는 사원총회를 말한다.[525] 그 소집시기만 통상총회와 다를 뿐 결의할 수 있는 사항은 통상총회와 같다.

판 례

가. 임시총회

○ 종중대표자 아닌 자에 의한 종중총회의 적법 여부

"정당한 종중총회 산회 이후의 중종대표자 아닌 자에 의한 같은 일시의 종중총회의의 개최 진행은 종중의 정기총회 또는 임시총회로서 적법한 것이라고 볼 수 없다.[526]"

○ 선정당사자 선정이 무효인 경우, 선정된 자에 의한 임시총회 소집허가신청의 적법 여부

"토지구획정리조합의 조합원 2분의 1 이상이 선정한 선정당사자가 민법 제70조 제2항·제3항과 위 토지구획정리조합의 정관 제20조 제3항에 따라 조합원임시총회 소집허가신청을 한 경우, 선정당사자에 관한 민사소송법 제49조의 규정은 비송사건절차법이 적용되는 비송사건에는 준용되거나 유추적용되지 않으므로, 위 조합원들이 선정당사자를 선정한 행위는 효력이 없고, 따라서 위 신청은 선정된 자가 단독으로 한 것에 불과하여 임시총회 소집허가신청의 정수에 미달하므로, 부적법하다.[527]"

---

523) 따라서 정관에 의해 이사 기타의 임원에게 위임한 사항을 제외한, 사단법인의 모든 사무처리(정관의 변경, 법인의 해산 등)는 사원총회의 결의에 의한다(제68조).

524) 소집시기는 정관에 규정이 없으면 총회의 결의로, 총회의 결의도 없으면 이사가 결정할 수 있다.

525) 임시총회의 소집사유로는, 이사가 필요하다고 인정하는 때(제70조 제1항), 감사가 필요하다고 인정하는 때(제67조 제4호), 총사원 5분의 1 이상으로부터 회의의 목적사항을 제시하여 청구하는 때(제70조 제2항 제1문) 등이다. 5분의 1이라는 정족수는 정관에 의해 그 증감이 가능하나(제70조 제2항 제2문), 완전히 박탈하지는 못한다.

이처럼 소수사원의 임시총회 소집권을 '소수사원권'이라 한다. 즉, 소수사원으로부터 임시총회의 소집청구가 있는 후 2주간 내에 이사가 총회소집절차를 밟지 않을 경우, 그 소집을 청구한 사원은 법원의 허가를 얻어 스스로 임시총회를 소집할 수 있다(제70조 제3항).

526) 대판 1979. 4. 24. 77다1173.

3. 소집절차

사원총회의 소집은 소집시기 1주일 전에 그 회의의 목적사항을 기재한 통지를 발하고,[528] 기타 정관에 정한 방법에 의하여야 한다(제71조).[529][530] 소집절차에 흠이 있는 경우, 그 효과는 어떻게 되는가? 민법상 규정이 없으나, 소집절차는 적법하여야 하므로, 소집절차가 정관·법률에 위반할 경우, 그 사원총회의 결의는 원칙적으로 무효이다(판례).

판 례

○ 법인이나 법인 아닌 사단에서 총회소집권자가 이미 소집한 총회의 개최를 연기하거나 소집을 철회·취소할 수 있는 경우

"법인이나 법인 아닌 사단의 총회에 있어서, 소집된 총회가 개최되기 전에 당초 그 총회의 소집이 필요하거나 가능하였던 기초 사정에 변경이 생겼을 경우에는, 특별한 사정이 없는 한 그 소집권자는 소집된 총회의 개최를 연기하거나 소집을 철회·취소할 수 있다.[531]"

○ 서면에 의하지 않은 소집 통지의 효력

"사단법인의 신임회장을 조속히 선임하여 실추된 명예를 회복하고 업무의 공백을 메워야 할 형편에 있어 정관 소정의 기한 내에 전화로 안건을 명시하여 총회 소집통보를 하였으며 또한 총회구성원들 모두가 총회결의에 관하여 아무런 이의를 제기하지 아니하였다면, 총회 소집통지를 서면에 의하지 아니하고 전화로 하였다는 경미한 하자만으로는 총회의 결의를 무효라고 할 수 없다.[532]"

○ 법인이나 법인 아닌 사단의 총회소집권자가 총회의 소집을 철회·취소함에 있어 반드시 소집과 동일한 방법으로 구성원들에게 통지하여야 하는지 여부

"법인이나 법인 아닌 사단의 총회에 있어서 총회의 소집권자가 총회의 소집을 철회·취소하는 경우에는 반드시 총회의 소집과 동일한 방식으로 그 철회·취소를 총회 구성원들에게 통지하여야 할 필요는 없고, 총회 구성원들에게 소집의 철회·취소결정이 있었음이 알려질 수 있는 적절한 조치가 취하여지는 것으로써 충분히 그 소집 철회·취소의 효력이 발생한다.[533]"

○ 소집통지서에 소집시간의 기재가 누락된 하자가 있는 경우, 그 종중 총회 결의의 효력 유무

"소집통지서에 소집시간의 기재가 누락된 하자가 있는 사안에서 그 종중 총회 결의의 효력을 긍정한 사례.[534]"가 있다.

---

527) 대결 1990. 12. 7.자 90마674, 90마카11.

528) 가령 총회소집일이 6월 17일인 경우에 그 말일인 10일 오전 0시에 기간(7일)이 만료하게 되므로, 늦어도 6월 9일 오후 12시 전까지는 사원총회 소집통지가 사원들에게 발신되어야 한다.

529) 위 1주간의 기간은 단축할 수는 없으나, 정관에서 적당한 기간으로 연장하는 것은 가능하다(고상룡, 235면; 곽윤직·김재형, 192면; 김상용, 246면).

530) 통지의 방법은 무엇인가? 개별적 통지, 신문광고, 기관잡지에의 게재 등이다. 정관에 정함이 없으면, 이사가 전사원에게 알릴 수 있는 적당한 방법을 선택하면 된다. 관례에 따른 소집절차도 유효하다(대판 1970. 2. 24. 69다1774).

531) 대판 2007. 4. 12. 2006다77593.

532) 대판 1987. 5. 12. 86다카2705.

533) 대판 2007. 4. 12. 2006다77593.

○ 종중총회 소집통지의 대상과 방법 및 일부 종중원에 대한 소집통지를 결여한 종중총회 결의의 효력(무효)

"종중총회는 특별한 사정이 없는 한 족보에 의하여 소집통지 대상이 되는 종중원의 범위를 확정한 후 국내에 거주하고 소재가 분명하여 통지가 가능한 모든 종중원에게 개별적으로 소집통지를 함으로써 각자가 회의와 토의 및 의결에 참가할 수 있는 기회를 주어야 하고, 일부 종중원에게 소집통지를 결여한 채 개최된 종중총회의 결의는 효력이 없으나, 그 소집통지의 방법은 반드시 직접 서면으로 하여야만 하는 것은 아니고 구두 또는 전화로 하여도 되고 다른 종중원이나 세대주를 통하여 하여도 무방하다.[535]"

4. 총회의 권한

사원총회는 사단법인의 최고 의사결정기관이므로, 정관으로 이사 기타 임원에게 위임한 사항을 제외하고는, 법인의 모든 사항에 대한 결의권을 갖는다(제68조).[536] 정관변경(제42조)·임의해산(제77조 제2항) 등은 사원총회의 전권사항이므로, 정관에 의해서도 총회의 이러한 권한을 박탈하지 못한다.

사원총회의 권한과 관련하여, 총회의 결의로써 사원의 권리를 제한·박탈할 수 있는지 여부가 문제된다. 명문의 규정이 없는 민법의 경우, 소수사원권·사원의 결의권 등의 고유권[537]은 사원 본인의 동의가 없는 한 총회의 다수결에 의해서도 침해할 수 없다고 하여야 한다(통설, 판례).

판 례

○ 종중이 종원의 고유하고 기본적인 권리의 본질적인 내용을 침해하는 처분을 할 수 있는지 여부(소극)

"종중의 성격과 법적 성질에 비추어 종중이 그 구성원인 종원이 가지는 고유하고 기본적인 권리의 본질적인 내용을 침해하는 처분을 하는 것은 허용되지 않는다.[538]"

○ 종중이 종중의 의사결정에 참여할 수 있는 종원의 모든 권리를 장기간 동안 정지시킨 처분의 효력(무효)

"종중이 '종원 중 불미부정한 행위로 종중에 대하여 피해를 끼치거나 명예를 오손하게 한 종원은 이를 변상시키고 이사회의 결의를 거쳐 벌칙을 가하고 총회에 보고한다'는 내용의 종중 규약에 근거하여 종원에 대하여 10년 내지 20년간 종원의 자격(각종 회의에의 참석권·발언권·의결권·피선거권·선거권)을 정지시킨다는 내용의 처분을 한 것은 종원이 가지는 고유하고 기본적인 권리의

---

534) 대판 2002. 5. 14. 2000다42908; 대판 1995. 6. 9. 94다42389.

535) 대판 2007. 9. 6. 2007다34982; 대판 2001. 6. 29. 99다32257; 대판 1987. 6. 23. 86다카2654.

536) 다만, 강행법규 위반사항·사회질서 위반사항·법인의 본질에 반하는 사항 등에 대한 결의권은 없다.

537) 고유권이란, 사원이 사원자격에 기하여 사단법인에 대하여 갖는 권리 중에서 그 사원의 동의 없이는 정관 또는 총회의 결의에 의해서도 제한·박탈할 수 없는 권리이다(곽윤직·김재형, 193면; 김상용, 247면).

538) 대판 2006. 10. 26. 2004다47024.

본질적인 내용을 침해하므로 그 효력을 인정할 수 없다.[539]"

◯ 재건축조합의 조합해산안에 대한 임시총회 결의절차에서 의장이 결의 성립의 선언을 보류한 채 폐회선언을 한 경우, 그 결의가 존재함을 전제로 한 임시총회의 해산결의 존재확인의 소는 확인의 이익이 있는지 여부

"재건축조합의 조합해산안에 대한 임시총회 결의절차에서 의장이 일부 서면결의서의 하자 유무의 확인을 이유로 결의 성립의 선언을 보류한 채 폐회선언을 한 경우, 결의의 존재를 인정할 외관적 징표가 없으므로 그 결의가 존재함을 전제로 한 임시총회의 해산결의 존재확인의 소는 확인의 이익이 없어 부적법하다고 한 사례.[540]"가 있다.

◯ 재개발조합 총회의 임원선임결의 후에 다시 개최된 총회에서 위 종전 결의를 그대로 재인준 하는 결의를 한 경우, 당초의 임원선임결의에 대하여 무효 확인을 구할 이익이 있는지 여부

"당초 재개발조합 총회에서 임원을 선임한 결의에 대하여 그 후에 다시 개최된 총회에서 위 종전 결의를 그대로 재인준 하는 결의를 한 경우에는 설사 당초의 임원선임결의가 무효라고 할지라도 새로운 총회결의가 하자로 인하여 부존재 또는 무효임이 인정되거나 그 결의가 취소되는 등의 특별한 사정이 없는 한 종전 총회결의의 무효에 대한 확인을 구하는 것은 과거의 법률관계 내지 권리관계의 확인을 구하는 것에 불과하여 권리보호의 요건을 결여한 것이다.[541]"

5. 총회의 결의

(1) 총회의 성립

총회의 결의가 성립하려면, 우선 적법절차에 따라 소집되는 등 총회가 적법하게 성립하여야 한다. 총회를 성립시키는 의사정족수에 관한 규정이 없는 우리민법의 경우, 정관에 특별한 규정이 없으면 사원 2인 이상의 출석으로 총회는 성립하는 것으로 본다.[542]

(2) 의결사항

총회에서 결의할 수 있는 사항은 정관에 다른 규정이 없는 한, 총회 소집시에 미리 통지한 사항에 한한다(제72조).[543]

(3) 결의권

총회에 부의된 의사(안건)결정과 관련하여, 사원이 의사표시를 할 수 있는 법적 지위가 결의권이다. 각 사원은 원칙적으로 평등한 결의권을 갖는다(제73조 제1항).[544] 결의권 평등의 원칙

---

539) 대판 2006. 10. 26. 2004다47024; 대판 1983. 2. 8. 80다1194.

540) 대판 2008. 2. 14. 2007다62437.

541) 대판 2003. 9. 26. 2001다64479; 대판 1998. 12. 22. 98다35754; 대판 1992. 2. 28. 91다8715.

542) 이러한 견해가 다수설이다(고상룡, 236면; 곽윤직·김재형, 193면; 김상용, 248면; 김용한, 186면; 송덕수, 665면; 이영준, 836면). 반면에 제75조 제1항을 근거로 사원과반수의 출석으로 총회가 성립한다고 보는 소수설이 있다(김증한·김학동, 211-212면; 지원림, 149면). 생각건대 제75조 제1항은 의사정족수를 규정한 것이 아니라 의결정족수를 규정한 것으로 보아야 한다는 점에서 다수설이 타당하다.

543) 그 밖에 총회의 권한 범위 내의 사항이어야 하고, 강행법규 위반사항·사회질서 위반사항이 아니어야 한다.

은 정관으로 변경할 수 있으나(제73조 제3항), 이는 사원의 고유권이므로, 정관에 의해서도 이를 박탈하지 못한다.

(4) 결의의 성립

의결정족수는 정관 또는 민법에 다른 규정이 없으면, 사원과반수의 출석과 출석사원의 결의권의 과반수이다(제75조 제1항).[545] 의결정족수의 기준이 되는 출석사원이란, 당초 총회에 참석한 모든 사원을 말하는 것이 아니라, 의결 당시 회의장에 남아 있던 사원만을 의미한다(판례). 서면(위임장) 또는 대리인에 의하여 결의권을 행사하는 사원은 출석한 것으로 본다(제75조 제2항·제73조 제2항).

(5) 의사록의 작성

이사의 직무권한에서 살핀바와 같이, 총회의 의사록을 작성하여 주된 사무소에 비치하여야 한다(제76조).

판 례

○ 도시 및 주거환경정비법 제24조에 따라 조합원 총회에서 관리처분계획의 수립을 의결하는 경우 의결정족수를 정하는 기준이 되는 출석조합원의 의미

"도시 및 주거환경정비법 제24조에 따라 조합원 총회에서 관리처분계획의 수립을 의결하는 경우의 의결정족수를 정하는 기준이 되는 출석조합원은 당초 총회에 참석한 모든 조합원을 의미하는 것이 아니라 문제가 된 결의 당시 회의장에 남아 있던 조합원만을 의미하고, 회의 도중 스스로 회의장에서 퇴장한 조합원은 이에 포함되지 않는다.[546]"

○ 종원 과반수에 미치지 않으나 관례에 따른 결의의 효력

"종중총회의 참석자가 전체 종원의 과반수에 미치지 못했다 하더라도, 그 총회가 종중의 관례에 따라 결의한 것이 분명한 이상 그 총회의 소집결의는 유효하다.[547]"

○ 해임결의 요구 없이 이루어진 해임결의의 효력

"정관상 요구되는 평의원 재적 3분의 2 이상의 임원 해임결의요구가 없었음에도 이사 및 평의원 연석회의에서 이루어진 그 해임결의는 무효이고, 그 해임결의를 가지고 위 해임결의 요구의 의사가 있었던 것과 같이 간주하거나 또는 그 요구흠결의 하자가 치유된 것으로 볼 수 없다.[548]"

○ 구주택건설촉진법에 의하여 설립되는 재건축조합의 창립총회의 결의방법 및 그 개의정족수 산정을 위한 조합원의 수에 포함되어야 할 구분소유자의 범위

544) 결의권은 정관에 다른 규정이 없는 한, 서면이나 대리인을 통하여 행사할 수 있다(제73조 제2항·제3항). 한편 법인과 어느 사원 사이의 관계사항을 의결하는 경우, 그 사원은 결의권이 없다(제74조).

545) 민법은, 정관에 다른 규정이 없으면, 정관변경은 총사원의 3분의 2 이상의 동의를, 임의해산은 총사원의 4분의 3 이상의 동의를 요구한다(제42조 제1항·제78조).

546) 대판 2010. 4. 29. 2008두5568; 대판 2001. 7. 27. 2000다56037.

547) 대판 1978. 7. 25. 78다1045.

548) 대판 1982. 3. 9. 81다614.

"구주택건설촉진법(2002. 12. 30. 법률 제6852호로 개정되기 전의 것)에 의하여 설립된 재건축조합은 민법상 비법인사단으로서 민법의 법인에 관한 규정 중 법인격을 전제로 하는 조항을 제외한 나머지 조항이 원칙적으로 준용되므로, 위 조합의 창립총회에서는 민법 제75조 제1항에 따라 사원 과반수의 출석과 출석사원 결의권의 과반수로써 유효한 결의를 할 수 있다고 할 것이고, 이 때 개의정족수 산정을 위한 조합원 수를 산정함에 있어서 재건축조합의 조합원이 될 자격이 있는 재건축사업 대상구역 내의 모든 구분소유자를 당연히 조합원으로 볼 것은 아니고 재건축에 동의하여 그 조합에 가입의사를 밝힌 구분소유자들만을 재건축조합의 조합원으로 계산하여야 한다.[549]"

○ 민법상 사단법인 총회 등의 결의에 관한 의사정족수나 의결정족수 충족 여부가 다투어져 결의의 성립 여부나 절차상 흠의 유무가 문제되는 경우, 의사록 등의 증명력 및 그 증명력을 부인할 만한 특별한 사정에 관한 주장·증명책임의 소재(=결의의 효력을 다투는 측)

"민법상 사단법인 총회 등의 결의와 관련하여 당사자 사이에 의사정족수나 의결정족수 충족 여부가 다투어져 결의의 성립 여부나 절차상 흠의 유무가 문제되는 경우로서 사단법인 측에서 의사의 경과, 요령 및 결과 등을 기재한 의사록을 제출하거나 이러한 의사의 경과 등을 담은 녹음·녹화자료 또는 녹취서 등을 제출한 때에는, 그러한 의사록 등이 사실과 다른 내용으로 작성되었다거나 부당하게 편집, 왜곡되어 증명력을 인정할 수 없다고 볼 만한 특별한 사정이 없는 한 의사정족수 등 절차적 요건의 충족 여부는 의사록 등의 기재에 의하여 판단하여야 한다. 그리고 위와 같은 의사록 등의 증명력을 부인할 만한 특별한 사정에 관하여는 결의의 효력을 다투는 측에서 구체적으로 주장·증명하여야 한다.[550]"

○ 민법상 사단법인 총회의 표결 및 집계방법

"민법상 사단법인 총회의 표결 및 집계방법에 관하여는 법령에 특별한 규정이 없으므로, 정관에 다른 정함이 없으면 개별 의안마다 표결에 참석한 사원의 성명을 특정할 필요는 없고, 표결에 참석한 사원의 수를 확인한 다음 찬성·반대·기권의 의사표시를 거수, 기립, 투표 기타 적절한 방법으로 하여 집계하면 된다.[551]"

○ 법인의 총회 또는 이사회 의사록의 증명력

"법인의 총회 또는 이사회 등의 의사에는 의사록을 작성하여야 하고 의사록에는 의사의 경과, 요령 및 결과 등을 기재하고 이와 같은 의사의 경과요령 및 결과 등은 의사록을 작성하지 못하였다든가 또는 이를 분실하였다는 등의 특단의 사정이 없는 한 이 의사록에 의하여서만 증명된다.[552]"

6. 사 원 권

사단법인의 구성원인 사원이 사원 자격에 기하여 사단법인에 대하여 갖는 포괄적인 권리와 의무의 총체를 사원권으로 이해하는 것이 보통이다.[553]

---

549) 대판 2006. 2. 23. 2005다19552, 19569; 대판 1996. 10. 25. 95다56866.

550) 대판 2011. 10. 27. 2010다88682.

551) 대판 2011. 10. 27. 2010다88682.

552) 대판 2010. 4. 29. 2008두5568; 대판 1984. 5. 15. 83다카1565.

553) 이러한 개념 이외에도 사원권의 개념정립은 학자에 따라 다를 수 있다. 가령 사원이 사단법인에 대하여 갖는 권리와 부담하는 의무의 단순한 집합물로 이해하는 견해·사원이 사단법인에 대하여 가지고 부담하는 권

사원권에는 법인의 목적 사업의 달성을 위해 그 활동에 참여하는 내용의 공익권(가령 결의권 · 업무집행권 · 각종의 감독권 등)과 사원 개인의 이익의 확보를 위해 법인이 사원에게 부여하는 자익권(가령 이익배당청구권 · 잔여재산분배청구권 등)의 두 가지가 있다.[554)][555)]

판 례

○ 규약이나 관행에 의한 사원권의 양도 · 상속 가부

"사단법인의 사원의 지위는 양도 또는 상속할 수 없다고 규정한 민법 제56조의 규정은 강행규정이라고 할 수 없으므로, 비법인사단에서도 사원의 지위는 규약이나 관행에 의하여 양도 또는 상속될 수 있다.[556)]"

○ 재개발조합으로부터 대지 또는 건축시설을 분양받은 조합원이 그 대지 또는 건축시설을 제3자에게 양도 등 처분하는 경우, 조합원의 지위도 당연히 양수인 등에게 승계되는 것인지 여부 및 그 승계취득의 요건

"도시재개발법상 재개발조합에서 대지 또는 건축시설을 분양받은 조합원이 그 대지 또는 건축시설을 제3자에게 양도 등 처분하는 경우에는 도시재개발법 및 정관에서 특별한 정함이 없는 이상 조합원의 지위 역시 당연히 제3자에게 자동승계 되는 것은 아니라 할 것이고, 따로 종전 조합원과 제3자 사이에 조합원의 지위승계에 관한 개별특약을 하고 제3자가 조합에 대하여 조합원으로서의 지위를 승계한 사실을 신고하는 등 조합원으로서의 지위의 승계취득에 관한 의사를 표시하고 조합이 이를 승낙한 경우라야 조합으로서는 그 제3자를 조합원으로 취급할 수 있게 될 것이다.[557)]"

제5관 법인의 주소

법인의 경우에도 자연인과 마찬가지로 법인을 둘러싼 법률관계의 중심적 장소를 정할 필요가 있다. 민법은 법인의 주된 사무소의 소재지를 법인의 주소로 하고 있다(제36조).[558)][559)]

법인의 설립등기는 주사무소의 소재지에서 하여야 하고(제49조 제1항), 사무소를 이전한 경우

리와 의무를 포괄하는 하나의 단일한 권리로 새기는 견해 등이 있을 수 있다(김상용, 249면). 사원권은 주식회사에 있어서 그 의미가 크다 할 것이므로, 그 상세는 상법학의 연구로 미룬다.

554) 제32조 소정의 비영리법인의 사원권은 자익권보다 공익권의 성질이 강하므로, 타인에게 양도나 상속이 불가하다 할 것이나(제56조 참조), 정관이나 관습에 의해 달리 정할 수 있다(대판 1992. 4. 14. 91다26850). 한편 제39조 소정의 영리법인의 사원권은 자익권의 성질이 강하다 할 것이므로, 양도나 상속이 가능하다(상법 제335조 참조).

555) 학자에 따라서는 그 밖에도, 특별권(정관에 의하여 특정한 사원에게 부여된 특별한 권리로서 공로이익배당청구권을 들 수 있다고 한다)을 들기도 하나(이영준, 838면), 이는 자익권의 범주에 포함된다.

556) 대판 1997. 9. 26. 95다6205.

557) 대판 2003. 9. 26. 2001다64479.

558) 주된 사무소란, 법인의 최고수뇌부가 존재하는 장소를 말하고, 사무소가 2개 이상 있는 경우에는 중심이 되는 사무소가 주된 사무소이다. 정관에 기재되어 있는 주된 사무소와 사실상의 주된 사무소가 일치하지 않을 경우, 후자로 주된 사무소가 이전되었다고 보아야 한다(김증한 · 김학동, 186면; 이영준, 839면).

559) 법인의 주소의 효과는 자연인의 주소의 효과와 동일하다.

에는 이를 등기하지 않으면 제3자에게 대항하지 못한다(제54조 제1항).

제6관 정관의 변경

Ⅰ. 서 설

법인이 동일성을 유지하면서 그 조직을 변경하는 것을 정관의 변경이라 한다. 인적 결합체를 그 실체로 하는 사단법인의 경우, 절차를 밟아 정관을 변경하더라도 법인의 동일성은 유지된다 할 것이다.[560] 법인의 조직이나 활동을 자율적으로 결정할 수 있는 기관을 가지지 못한 타율적 법인인 재단법인의 경우, 원칙적으로 정관을 변경하지 못한다. 다만, 재단법인의 사회적 작용을 고려하여, 민법은 일정한 제약 아래 재단법인의 정관변경을 허용하고 있다.[561]

Ⅱ. 사단법인의 정관변경

1. 요 건

사원총회의 결의와 주무관청의 허가를 받아야 사단법인의 정관변경이 가능하다. 차례로 살펴본다.

(1) 사원총회의 결의

정관에 의결정족수에 관한 특별규정이 없는 한, 총사원 3분의 2 이상의 동의가 있어야 한다(제42조 제1항 본문).[562]

(2) 주무관청의 허가

정관의 변경은 주무관청의 허가를 얻어야 한다(제42조 제2항).

(3) 효력발생시기

사원총회의 결의와 주무관청의 허가를 얻으면, 정관변경의 효력은 발생한다. 다만, 정관변경이 등기사항인 경우(제49조 제2항), 그 변경사항을 등기해야만 그 정관의 변경으로써 제3자

560) 자율적 법인인 사단법인의 경우, 원칙적으로 정관을 변경할 수 있다.
561) 민법의 경우에 사단법인은 원칙적으로, 재단법인은 예외적으로 정관변경을 인정하고 있다.
562) 정관변경은 사원총회의 전권사항이므로, 사원총회의 결의에 의하지 않고 정관변경을 할 수 있다는 정관규정은 무효이다.

에게 대항할 수 있다(제54조 제1항).

2. 유의할 점

사단법인의 정관변경의 경우, 두 가지 점이 의문이다. 첫째, 정관에서 정관변경을 금지하고 있는 경우, 정관을 변경할 수 있는지 여부이다. 인적 결합체인 사단의 본질에 비춰볼 때, 전 사원의 동의가 있으면 정관변경이 가능하다(통설). 둘째, 정관에서 정한 법인의 목적을 변경할 수 있는지 여부이다. 타율적 법인인 재단법인도 일정한 경우에는 목적변경이 허용되는 점(제46조)에 비춰볼 때, 자율적 법인인 사단법인의 경우, 제42조 소정의 절차를 밟은 정관변경이 가능하다는 데 이설이 없다.[563] 다만, 비영리법인을 영리법인으로 변경하는 등 법인의 목적을 변경하는 것은 동일성의 상실(사단법인의 본질에 반하는 결과 초래)을 가져오는 정관변경으로서 이는 허용되지 않는다(판례).

판 례

○ 사단법인 또는 법인 아닌 사단의 동일성 판단 기준

"사단법인은 일정한 목적을 위해 결합한 사람의 단체에 법인격이 인정된 것을 말하고, 사단법인에 있어 사원 자격의 득실변경에 관한 사항은 정관의 기재사항이므로(민법 제40조 제6호), 어느 사단법인과 다른 사단법인이 동일한 것인지 여부는 그 구성원인 사원이 동일한지 여부에 따라 결정됨이 원칙이다. 다만, 사원 자격의 득실변경에 관한 정관의 기재사항이 적법한 절차를 거쳐서 변경된 경우에는 구성원이 다르더라도 그 변경 전후의 사단법인은 동일성을 유지하면서 존속하는 것이고, 이러한 법리는 법인 아닌 사단에 있어서도 마찬가지이다.[564]"

○ 종원의 일부에 대하여 종원자격을 박탈하는 내용의 종중규약 개정의 효력

"종원 일부만이 참석한 종중회합에서 종중원의 일부를 종원으로 취급하지도 않고 또 일부 종원에 대하여는 영원히 종원으로서의 자격을 박탈하는 것으로 규약을 개정한 것은 종중의 원래의 설립목적과 종중으로서의 본질에 반하는 것으로서 그 규약개정의 한계를 넘어 무효이다.[565]"

Ⅲ. 재단법인의 정관변경

재단법인의 정관변경은 다음과 같은 예외적인 경우에 한하여 허용된다.

1. 정관의 규정에 의한 정관변경

설립자가 정관에서 정관변경방법을 정하고 있는 경우, 그 방법에 따른 변경이 가능하

---

563) 즉, 사단법인의 정관변경은 총사원 3분의 2 이상의 동의를 얻으면 가능하다.

564) 대판 2008. 9. 25. 2006다37021.

565) 대판 1978. 9. 26. 78다1435.

다(제45조 제1항).566)

판 례

◎ 민법 제45조 · 제46조에서 규정한 재단법인 정관변경 허가의 법적 성질

"위 경우의 정관변경 허가는 법률상의 표현이 허가로 되어 있기는 하나, 그 성질에 있어 법률행위의 효력을 보충해 주는 것이지 일반적 금지를 해제하는 것이 아니므로, 그 법적 성격은 인가라고 보아야 한다.567)"

2. 명칭 · 사무소 등의 변경

정관에서 정관변경방법을 정하고 있지 않은 경우에도, 재단법인의 목적달성 또는 재산보전을 위하여 적당한 때에는, 명칭 · 사무소의 소재지와 같은 재단법인의 본질에 관계가 적은 사항은 이를 변경할 수 있다(제45조 제2항).568)

3. 목적의 변경

재단법인의 목적을 달성할 수 없을 경우, 설립자나 이사는 주무관청의 허가를 얻어서 설립취지를 참작하여, 그 목적 기타 정관의 규정을 변경할 수 있다(제46조).569) 그 요건으로는, 목적달성 불능 · 주무관청의 허가 · 설립취지의 참작 · 설립자나 이사에 의한 변경이 있어야 한다.570)

---

566) 이 경우에도, 주무관청의 허가를 얻어야 변경의 효력이 생기고(제45조 제3항 · 제42조 제2항), 변경된 사항이 등기사항이면 등기하여야 제3자에게 대항할 수 있다(제49조 제2항 · 제54조 제1항).

567) 대판 1996. 5. 16. 전원합의체, 95누4810.

참고로, 우리민법은 법인설립에 주무관청의 허가를 필요로 하는 허가주의를 취한다(제32조). 따라서 법인의 정관변경에도 주무관청의 허가를 받지 않으면, 그 효력이 없는 것으로 규정하고 있다(제42조 제2항 · 제42조 제3항). 종래의 통설과 판례는, 이 경우의 허가를 '일반적 금지를 해제'하는 허가로 보고, 허가여부는 주무관청의 자유재량으로서 다툴 수 없는 것으로 해석해 왔다. 그러나 위 전원합의체 판결은 재단법인의 정관변경 허가는 그 규정의 표현이 허가로 되어 있지만, 그 법적 성격은 인가로 새겨야 한다고 함으로써 종래의 판례를 변경시킨 것이다. 이에 관한 상세한 내용은 백태승, "민법 판례 20선 -총칙편", 「인권과정의」, 대한변호사협회, 2000. 10, 28-29면을 참조할 것.

568) 이 경우에도 주무관청의 허가를 받아야 정관변경의 효력이 생기며(제45조 제3항 · 제42조 제2항), 정관변경이 등기사항이면 이를 등기하여야 제3자에게 대항할 수 있다(제49조 제2항 · 제54조 제1항).

569) 재단법인은 그 목적달성 불능의 경우, 해산사유가 된다(제77조 제1항 참조). 그러나 해산시키는 것보다는 목적을 변경해서라도 존속시켜 그 활동을 도와주는 것이 설립자의 의사에 부합할 수 있고, 사회 · 경제적으로도 이익이 된다는 점을 고려한 취지이다.

570) 설립취지를 참작한다는 의미는, 설립자의 의사를 존중한다는 정도의 의미일 뿐 반드시 본래의 설립목적과 비슷한 목적으로 변경하여야 한다는 뜻은 아니다(곽윤직 · 김재형, 199면; 김상용, 253면; 김용한, 197면). 한편 재단법인의 목적은 등기사항이므로(제49조 제2항 제1호), 목적의 변경은 등기하여야 제3자에게 대항할 수 있다(제54조 제1항).

그런데 위에서 본 판례(대판 1996. 5. 16. 전원합의체, 95누4810)의 경우, 제45조 제3항의 경우에는 변경된 판례가 타당하나, 제46조의 정관변경은 법인설립의 경우라 할 것이어서 인가로 보는 것은 옳지 않다는 견해가 있다(곽윤직 · 김재형, 199면). 결국 제46조의 정관변경의 경우, 인가(판례)와 허가(일부 학설)로 견해가 나눠져 있는데, 이는 입법개선을 통해 해결할 문제라 할 것이다.

판 례

◘ **재단법인 정관변경규정 유무와 민법 제46조의 적용 여부**

"민법 제46조는 재단법인의 정관에 그 변경방법에 관한 규정의 유무에 관계없이 적용된다.[571]"

4. 기본재산의 처분

일정한 목적에 제공된 기본재산의 실체를 바탕으로 하는 재단법인의 경우, 그 기본재산 처분의 가능 여부가 의문이다. 이에 관한 명문의 규정이 없는 민법의 경우, 사회적 여건에 부합할 수 있도록 하기 위하여 재단법인의 목적의 변경을 허용하는 법(제46조)의 취지에 비춰볼 때, 기본재산의 처분도 가능하다.[572]

판 례

◘ **재단법인의 채권자가 재단법인을 상대로 기본재산에 대한 처분허가신청절차의 이행을 청구할 수 있는지 여부**

"재단법인은 일정한 목적을 위하여 바쳐진 재산이라는 실체에 대하여 법인격을 부여한 것이므로 그 출연된 재산 즉 재단법인의 기본재산은 바로 법인의 실체인 동시에 법인의 목적을 수행하기 위한 가장 기본적인 수단으로서 이를 처분한다는 것은 재단법인의 실체가 없어지는 것을 의미하므로 재단법인의 기본재산은 이를 함부로 처분할 수 없는 것이고, 재단법인이 정관의 변경을 초래하는 기본재산의 처분을 위하여 주무관청의 허가를 신청할 것인지 여부는 특별한 사정이 없는 한 재단법인의 의사에 맡겨져 있다고 할 것이므로, 채무자인 재단법인에 다른 재산이 없어 기본재산을 처분하지 않고는 채무의 변제가 불가능하다고 하더라도, 재단법인으로부터 기본재산을 양수한 자도 아니고 금전채권자들에 불과한 자에게는 강제이행청구권의 실질적인 실현을 위하여 필요하다는 사유만으로 기본재산의 처분을 희망하지도 않는 재단법인을 상대로 주무관청에 대하여 기본재산에 대한 처분허가신청절차를 이행할 것을 청구할 권한이 없다.[573]"

◘ **주무관청의 허가 없는 재단법인 기본재산처분행위가 채권계약으로서 유효한지 여부**

"재단법인의 기본재산의 처분은 정관변경을 요하는 것이므로 주무관청의 허가가 없으면 그 처분행위는 물권계약으로 무효일 뿐 아니라 채권계약으로서도 무효이다.[574]"

◘ **공원묘지의 유지관리를 목적사업으로 하는 재단법인이 그 묘역 일부에 대한 분양권을 공사비채무에 갈음하여 양도하는 내용의 대물변제계약을 체결함에 있어서 주무관청의 허가를 요하는지 여부**

---

571) 대판 1978. 3. 28. 75다1299.

572) 이 경우, 재단법인의 기본재산은 정관의 필요적 기재사항으로서(제43조·제40조 제4호), 기본재산의 처분은 정관의 변경을 초래하므로, 주무관청의 허가를 받아야 한다(대판 1976. 11. 9. 76다486 등). 이 때 주무관청의 허가는 반드시 사전에 받을 필요는 없고 사후에 받아도 무방하나 다만, 그 허가가 있기 전까지는 계약·경매의 효력은 생기지 않고 허가를 받으면 유효하다(대판 1998. 7. 24. 96다27988).

573) 대판 1998. 8. 21. 98다19202, 19219.

574) 대판 1974. 6. 11. 73다1975.

"공원묘지의 유지관리를 목적사업으로 하는 재단법인이 그 묘역 일부에 대한분양권을 공사비채무의 변제에 갈음하여 양도하는 내용의 대물변제계약은 재단법인의 기본재산의 처분으로서 정관을 변경하는 행위에 해당하여 주무관청의 허가가 없는 한 무효이다.[575)]"

◘ 재단법인의 기본재산에 편입한 명의신탁부동산의 반환을 위한 이전등기를 함에 있어 주무장관의 허가를 요하는지 여부

"재단법인의 기본재산에 관한 사항은 정관의 기재사항으로서 기본재산의 변경은 정관의 변경을 초래하기 때문에 주무장관의 허가를 받아야 하고, 따라서 기존의 기본재산을 처분하는 행위는 물론 새로이 기본재산으로 편입하는 행위도 주무장관의 허가가 있어야 유효하고, 또 일단 주무장관의 허가를 얻어 기본재산에 편입하여 정관 기재사항의 일부가 된 경우에는 비록 그것이 명의신탁관계에 있었던 것이라 하더라도 이것을 처분(반환)하는 것은 정관의 변경을 초래하는 점에 있어서는 다를 바 없으므로 주무장관의 허가 없이 이를 이전등기할 수는 없다.[576)]"

◘ 사회복지법인이 보건복지부장관의 허가를 받아 기본재산인 토지와 건물에 대하여 공동근저당권을 설정하였다가 건물을 철거하고 새 건물을 신축한 후에 민법 제365조의 일괄경매청구권에 기하여 위 신축건물에 대한 경매가 진행된 경우, 위 신축건물의 매각에 관하여 별도로 보건복지부장관의 허가가 없다면 경매법원은 최고가매수신고인에 대한 매각을 불허하여야 하는지 여부(적극)

"사회복지사업법 제23조 제3항 제1호의 규정에 의하면 사회복지법인이 기본재산을 매도하기 위하여는 보건복지부장관의 허가를 받아야 하고, 이는 경매절차에 의한 매각의 경우에도 마찬가지인바, 사회복지법인의 기본재산에 대하여 실시된 부동산경매절차에서 최고가매수신고인이 그 부동산 취득에 관하여 보건복지부장관의 허가를 얻지 못하였다면 민사집행법 제121조 제2호에 정한 '최고가매수신고인이 부동산을 매수할 자격이 없는 때'에 해당하므로 경매법원은 그에 대한 매각을 불허하여야 한다. 그리고 이는 사회복지법인이 보건복지부장관의 허가를 받아 토지 및 건물에 대하여 공동근저당권을 설정하였다가 건물을 철거하고 새 건물을 신축하여, 민법 제365조의 '저당지상 건물에 대한 일괄경매청구권'에 기하여 위 신축건물에 대한 경매가 진행된 경우라도 마찬가지이므로, 위 신축건물의 매각에 관하여 별도로 보건복지부장관의 허가가 없다면 최고가매수신고인에 대한 매각은 허가될 수 없다.[577)]"

◘ 학교법인이 해산되어 기본재산을 처분하는 경우에도 관할관청의 허가를 받아야 하는지 여부(적극)

"학교법인이 사립학교법 제47조 제1항에 의한 해산명령을 받아 해산되고 고등교육법 제62조 제1항에 의한 학교폐쇄 처분을 받아 사실상 학교법인으로서 실체를 상실하고 기능을 수행할 수 없게 된 경우에도 사립학교법 제28조 제1항이 여전히 적용되어 그 기본재산을 처분하고자 할 때에는 관할청의 허가를 받아야 한다고 해석함이 상당하다.[578)]"

◘ 학교법인이 감독청의 허가 없이 기본재산에 관한 매매계약을 체결한 경우, 매수인이 감독청의 허가를 조건으로 소유권이전등기를 청구할 수 있는지 여부(한정 적극)

---

575) 대판 1994. 4. 12. 93다52747; 대판 1994. 3. 22. 93다60625; 대판 1978. 7. 25. 78다783.
576) 대판 1991. 5. 28. 90다8558; 대판 1982. 9. 28. 82다카499; 대판 1978. 7. 25. 78다783.
577) 대결 2007. 6. 18.자 2005마1193; 대결 2003. 9. 26.자 2002마4353; 대판 1977. 9. 13. 77다1476.
578) 대판 2010. 4. 8. 2009다93329.

"학교법인이 감독청의 허가 없이 기본재산인 부동산에 관한 매매계약을 체결하는 한편 그 부동산에서 운영하던 학교를 당국의 인가를 받아 신축교사로 이전하고 준공검사까지 마친 경우, 위 매 매계약이 감독청의 허가 없이 체결되어 아직은 효력이 없다고 하더라도 위 매매계약에 기한 소유권이전등기절차이행청구권의 기초가 되는 법률관계는 이미 존재한다고 볼 수 있고 장차 감독청의 허가에 따라 그 청구권이 발생할 개연성 또한 충분하므로, 매수인으로서는 미리 그 청구를 할 필요가 있는 한, 감독청의 허가를 조건으로 그 부동산에 관한 소유권이전등기절차의 이행을 청구할 수 있다.[579]"

◎ 재단법인의 기본재산에 대하여 집합건물의 소유 및 관리에 관한 법률상의 매도청구가 있는 경우, 그 기본재산에 대한 매매계약의 성립뿐만 아니라 기본재산의 변경을 내용으로 하는 재단법인의 정관변경까지도 강제되는지 여부

"집합건물의 소유 및 관리에 관한 법률 제48조 제4항에 정한 매도청구권은 재건축사업의 원활한 진행을 위하여 같은 법이 재건축 불참자의 의사에 반하여 그 재산권을 박탈할 수 있도록 특별히 규정한 것으로서, 그 실질이 헌법 제23조 제3항의 공용수용과 같다고 볼 수 있는데, 재단법인의 기본재산에 대하여 집합건물의 소유 및 관리에 관한 법률에 의하여 매도청구를 하는 경우에도 위 기본재산을 취득하기 위해서는 재단법인의 정관변경이 별도로 필요하다고 보면, 재단법인이 스스로 그 기본재산을 처분하는 내용으로 정관변경을 하지 않는 이상 매도청구를 한 사람이 재단법인의 기본재산을 취득할 수 없게 되어 매도청구 대상자의 의사에 반하여 그 재산권을 박탈하도록 한 매도청구권의 본질에 반하게 된다. 따라서 재단법인의 기본재산에 대하여 집합건물의 소유 및 관리에 관한 법률상의 매도청구가 있는 경우에는 그 기본재산에 대한 매매계약의 성립뿐만 아니라 기본재산의 변경을 내용으로 하는 재단법인의 정관의 변경까지 강제된다.[580]"

제 7 관 법인의 소멸

Ⅰ. 법인 소멸의 의의

자연인의 사망과 같이 법인의 권리능력이 상실되는 것을 법인의 소멸이라 한다. 법인의 경우는 자연인과는 달리, 그 법인격 상실로 인한 상속문제가 생기지 않으므로, 법인의 소멸은 재산관계를 정리하기 위하여 일정한 절차를 밟아 단계적으로 행해진다. 즉, 해산을 하고, 청산단계로 들어간 후 청산종결에 의해 법인은 소멸하게 된다.[581]

579) 대판 1998. 7. 24. 96다27988.

580) 대판 2008. 7. 10. 2008다12453; 헌재결 2006. 7. 27. 2003헌바18.

581) 해산이란 법인이 종래의 적극적 활동을 중지하고, 청산단계로 들어가는 것을 말한다. 청산은 해산한 법인의 재산관계를 정리하는 절차이다. 한편 해산 후 청산종결시까지 존재하는 법인을 청산법인이라 하고, 청산법인은 청산의 목적범위 내에서 제한된 권리능력을 갖는다(제81조). 청산법인은 본래의 법인과 동일성이 유지되므로, 본래의 법인과 별개의 법인이 아니다.

Ⅱ. 법인의 해산

1. 사단법인 · 재단법인에 공통한 해산사유(제77조 제1항)

(1) 존립기간의 만료 기타 정관에서 정한 해산사유의 발생

위 사유가 발생하면 법인은 해산하게 된다.[582]

(2) 법인의 목적달성 또는 달성불능

위의 경우, 법인은 존재이유가 없게 되어, 법인은 당연히 소멸한다.[583]

(3) 파 산

법인이 채무를 완제하지 못하는 채무초과상태에 빠지게 되면 이사는 지체 없이 파산을 신청하여야 한다(제79조).[584][585] 법인의 파산원인은 부채의 총액이 자산의 총액을 초과하는 채무초과로써 족하다(채무자 회생 및 파산에 관한 법률 제306조).[586]

(4) 설립허가의 취소

법인이 목적 이외의 사업을 하거나, 설립허가의 조건에 위반하거나, 기타 공익을 해하는 행위를 한 경우, 주무관청은 그 설립허가를 취소할 수 있다(제38조).[587] 취소 본래의 효력과는 달리, 설립허가의 취소는 소급효가 없다.

판 례

○ 법인설립의 취소사유

"비영리법인이 설립된 이후 그 법인에 대한 설립허가의 취소는, 민법 제38조의 규정에 해당하는 경우에만 할 수 있는데,[588] 이 경우의 공익을 해치는 행위를 한 때라 함은 법인의 기관이 공익을 침해하는 행위를 하거나 그 사원총회가 그러한 결의를 한 경우를 말한다.[589]"

---

582) 존립기간이나 기타 해산사유를 정한 경우, 이는 사단법인의 정관의 필요적 기재사항이며(제40조 제7호), 재단법인에 있어서는 임의적 기재사항이다.

583) 법인의 목적달성 또는 달성불능의 판단은 사회통념에 따른다.

584) 이사 이외에 채권자 · 채무자도 파산신청을 할 수 있고(채무자 회생 및 파산에 관한 법률 제294조 제1항), 특히 법인파산의 경우, 무한책임사원 · 청산인 등도 신청권자가 될 수 있다(동법 제295조 제1항).

585) 한편 이사가 파산신청을 게을리 한 경우, 과태료의 제재를 받는다(제97조 제6호).

586) 법원에 의한 파산선고가 있게 되면, 법인은 해산을 하게 되나(동법 제311조), 해산한 법인은 파산의 목적범위 내에서 존속하는 것으로 본다(동법 제328조). 한편 파산에 의해 해산한 법인의 청산절차는 채무자 회생 및 파산에 관한 법률에 따르고, 기타 원인에 의한 해산의 경우에는 민법의 규율을 받는다.

587) 판례는 비영리법인 설립 후의 허가 취소는 제38조에 해당하는 경우로 국한한다(대판 1968. 5. 28. 67누55). 그리고 공익을 해하는 행위를 한 때라 함은, 법인의 기관이 공익을 침해하는 행위를 하거나 그 사원총회가 그러한 결의를 한 경우를 의미한다(대판 1982. 10. 26. 81누363).

588) 대판 1977. 8. 23. 76누145.

○ 비영리법인의 설립허가 취소사유를 오해한 위법이 있는 실례

"비영리법인 설립 후에 있어서의 허가취소는 본조에 해당되는 경우에 국한되는 것으로서 그 목적달성이 불능하게 되었다는 것으로는 본법 제77조 소정 당연해산사유에 해당될지 몰라도 그 사유만으로 설립허가를 취소할 사유에 해당된다 할 수 없다.[590]"

2. 사단법인에만 특유한 해산사유(제77조 제2항)

(1) 사원이 없게 된 때

사원이 1명도 없게 된 경우로서 사단법인의 성질상 당연한 해산사유이다.[591]

(2) 사원총회의 결의

사단법인은 사원총회의 결의에 의해 해산(임의해산)할 수 있다.[592] 의결정족수에 관한 정관에 다른 규정이 없는 한, 총사원 4분의 3 이상의 동의가 있어야 한다(제78조). 해산결의를 기한부・조건부로 할 수 있는지 여부에 대하여는 다툼이 있으나,[593] 법률관계의 불확정상태를 초래하여 거래안전을 해칠 수 있다는 점에서 부정하는 것이 타당하다.

Ⅲ. 법인의 청산

1. 청산의 의의

해산한 법인이 잔무를 처리하고, 그 재산관계를 정리하여 법인을 완전히 소멸시키는 절차를 말한다. 법인의 청산절차에는, 파산・기타의 원인에 의한 해산 등 두 가지가 있다.[594]

판 례

○ 청산 중의 비법인사단의 성격 및 권리능력

"비법인사단에 해산사유가 발생하였다고 하더라도 곧바로 당사자능력이 소멸하는 것이 아니라 청산사무가 완료될 때까지 청산의 목적범위 내에서 권리・의무의 주체가 되고, 이 경우 청산 중의 비법인사단은 해산 전의 비법인사단과 동일한 사단이고 다만 그 목적이 청산 범위 내로 축소된 데

589) 대판 1982. 10. 26. 81누363.

590) 대판 1968. 5. 28. 67누55.

591) 사단법인설립의 경우, 2인 이상의 사원이 있어야 함은, 사단법인의 성립요건의 하나일 뿐 그 존속요건이 아니므로, 사원이 1인이라도 있으면 법인은 해산되지 않는다.

592) 임의해산 결정은 사원총회의 전권사항이므로, 총회의 이러한 권한을 빼앗거나, 총회 외의 다른 기관이 그 해산결의를 할 수 있도록 하는 정관규정은 무효가 된다.

593) 대부분의 학설은 이를 부정하나(김상용, 256면; 송덕수, 677면), 긍정하는 견해도 있다(곽윤직 편집대표, 주해(1), 박영사, 741면).

594) 청산절차는 제3자의 이해관계에 중대한 영향을 미치므로, 이에 관한 규정은 모두 강행규정이다(대판 2000. 12. 8. 98두5279; 대판 1995. 2. 10. 94다13473). 따라서 민법 등이 규정하고 있는 청산절차와 다른 내용의 정관규정은 무효이다.

지나지 않는다.[595)]"

2. 청산법인의 능력

해산 이후 청산종결시까지 존속하는 법인이 청산법인이다. 청산법인은 청산의 목적범위 내에서만 권리를 갖고 의무를 부담하므로(제81조), 결국 청산법인의 권리능력·행위능력은 청산의 목적범위 내로 제한된다.[596)][597)]

판 례

○ 부당하게 박탈된 임차권 회복이 청산목적 범위 내인지 여부

"해산된 법인이 부당하게 박탈된 귀속재산의 임차권을 회복하여 관리당국과 다시 임대차계약을 체결하는 것은 그 청산의 목적범위를 일탈하는 것이 아니다.[598)]"

○ 청산 중인 법인이 경락인이 될 수 있는지 여부

"청산 중에 있는 법인은 부동산경매에 있어서 경락인이 될 수 없다.[599)]"

○ 청산절차가 종료되지 않은 구법인과 신법인의 관계

"사단법인의 구성원들이 그 법인을 해산하고 신법인을 결성한 경우, 구법인과 신법인의 구성원이 동일하고 그 두 법인의 임원과 대표자가 일시 부분적으로 중복된 때가 있었으며 두 법인의 설립목적이 같고 구법인이 해산하면서 그 재산을 신법인에 승계시키기로 결의하고 신법인이 구법인의 재산을 사실상 인수하여 관리한바 있더라도, 구법인이 그 청산절차를 완료하지 않은 이상 의연히 법인으로 존속하므로, 구법인과 신법인과는 별개의 법인으로 보아야 한다.[600)]"

○ 비법인사단인 교회의 교인이 존재하지 않게 된 경우, 청산법인에 관한 민법 규정이 유추적용되는지 여부

"비법인사단에 대하여는 사단법인에 관한 민법규정 중 법인격을 전제로 하는 것을 제외한 규정들을 유추적용하여야 할 것이므로 비법인사단인 교회의 교인이 존재하지 않게 된 경우 그 교회는 해산하여 청산절차에 들어가서 청산의 목적범위 내에서 권리·의무의 주체가 되며, 이 경우 해산 당시 그 비법인사단의 총회에서 향후 업무를 수행할 자를 선정하였다면 민법 제82조 제1항을 유추하여 그 선임된 자가 청산인으로서 청산 중의 비법인 사단을 대표하여 청산업무를 수행하게 된다.[601)]"

---

595) 대판 2007. 11. 16. 2006다41297; 대판 2003. 11. 14. 2001다32687; 대판 1990. 12. 7. 90다카25895.

596) 청산의 목적범위 내의 의미는, 청산목적과 직접 관련 있는 것에 한정할 것이 아니라, 청산의 목적달성을 위한 행위이면 모두 청산의 목적범위 내의 행위로 넓게 해석한다(고상룡, 253면; 곽윤직·김재형, 202면; 김용한, 200면; 이영준, 844면). 가령 부당하게 박탈된 임차권 회복은 청산의 목적범위 내의 행위이지만(대판 1957. 1. 11. 4289행상70), 청산법인이 해산 전의 본래의 적극적인 사업을 하는 것은 청산의 목적범위를 벗어난 것이 되고, 이처럼 청산의 목적범위 외의 행위는 무효가 된다(대판 1980. 4. 8. 79다2036).

597) 청산법인은 해산 전의 법인과 비교할 때 그 목적이 변경되고 능력의 범위가 제한되지만, 해산 전의 법인과 동일성을 유지한다.

598) 대판 1957. 1. 11. 4289행상70.

599) 대판 1959. 5. 6. 4292민재항8.

600) 대판 1989. 8. 8. 88다카26123.

601) 대판 2003. 11. 14. 2001다32687; 대판 1992. 10. 9. 92다23087.

3. 청산법인의 기관[602)]

(1) 청산인

(가) 청산인의 지위

법인이 해산하면 종래의 이사는 당연히 그 직무권한을 잃고, 대신에 청산인이 청산법인의 업무집행기관이 된다. 즉, 청산인은 청산법인의 능력 범위 내에서 내부사무를 집행하고, 대외적으로 청산법인을 대표함으로써(제87조 제2항) 해산하기 전의 법인의 이사와 같은 지위에 놓인다.[603)]

(나) 청산인의 선임

정관이나 총회의 결의로 달리 정한 자가 없는 한, 원칙적으로 해산 당시의 이사가 청산인이 된다(제82조).[604)] 법인의 해산시에 위에 해당하는 자가 없을 경우, 법원이 직권으로 또는 이해관계인이나 검사의 청구에 의하여 청산인을 선임할 수 있다(제83조).[605)]

(다) 청산인의 해임

중요한 사유가 있는 때에는 법원은 직권으로 또는 이해관계인이나 검사의 청구에 의하여 청산인을 해임할 수 있다(제84조).[606)]

(2) 기타의 기관

해산에 의하여 이사의 지위가 청산인으로 대체되었을 뿐 나머지 기관에는 변동이 없다. 즉, 해산 전 법인의 감사는 계속하여 청산인의 직무를 감독하고, 총회는 최고의사결정기관으로서의 지위를 잃지 않는다.

4. 청산사무(청산인의 직무권한)

민법은 제87조 제1항에서 청산인의 직무권한을 열거하고 있으나, 이는 일종의 예시적 규정으로 보아야 한다. 따라서 청산의 목적에 비추어 필요한 사항은 모두 청산인의 직무권한의 범위에 포함된다 할 것이다.

---

602) 청산법인의 기관에는 청산인과 기타의 기관(법인이 해산하기 전의 감사와 사원총회)이 있다.

603) 따라서 이사의 사무집행의 방법(제58조 제2항)·대표권(제59조)·대표권 제한의 대항요건(제60조)·주의의무(제61조)·대리인선임(제62조)·임시총회의 소집(제70조) 등 이사의 직무권한에 관한 규정은 모두 청산인에게 준용된다(제96조).

604) 법인이 파산한 경우, 법인은 이사 중에서 파산관재인의 직무를 행할 자를 지명하고 법원에 신고하여야 한다(채무자 회생 및 파산에 관한 법률 제355조 제2항).

605) 비록 청산인이 있더라도 후에 결원으로 인하여 손해가 생길 염려가 있는 경우, 법원은 직권으로 또는 이해관계인이나 검사의 청구에 의하여 청산인을 선임한다(제83조).

606) 법원의 감독권 강화를 통하여 청산법인과 제3자 사이의 이해관계의 공평을 꾀하기 위한 조치라 할 것이다. 한편 청산인 해임이유가 되는 '중요한 사유'란, 가령 청산인이 법인재산을 횡령하였거나, 일부 채권자만의 이익을 꾀했거나, 중병으로 직무수행이 불가한 경우 등을 말한다(김상용, 258면).

(1) 해산의 등기와 신고

청산인은 취임 후 3주간 내에 해산의 사유 및 연월일, 청산인의 성명과 주소 그리고 청산인의 대표권을 제한한 때에는 그 제한을, 주된 사무소와 분사무소의 소재지에서 등기하고(제85조 제1항), 같은 사항의 동일한 내용을 주무관청에 신고하여야 한다(제86조 제1항). 청산 중에 해산등기사항에 변경이 생기면, 청산인은 3주간 이내에 변경등기를 하여야 하고(제85조 제2항), 청산 중에 새로 취임한 청산인은 그 성명 및 주소를 주무관청에 신고하여야 한다(제86조 제2항).[607][608]

(2) 현존사무의 종결(제87조 제1항 제1호)

해산 전부터 계속 중인 사무를 종결시키는 것이다.

(3) 채권의 추심(제87조 제1항 제2호)[609]

(4) 채무의 변제(제87조 제1항 제2호)

채권자들의 공평한 대우와 채권결제의 신속을 고려하여, 청산인에게 특별한 의무를 지우고 있다.

(가) 채권신고의 최고

청산인은 취임한 날부터 2개월 내에 3회 이상의 공고로,[610] 일반채권자에 대하여 일정한 기간 내에 그의 채권을 신고할 것을 최고하여야 한다(제88조 제1항 제1문).[611] 그 신고기간은 2개월 이상이어야 한다(제88조 제1항 제2문).

(나) 변 제

청산인은 위의 채권신고기간 내에는 채권자에게 변제하지 못하므로(제90조 본문),[612] 채권자는 변제기 도래 후에도 채권신고기간 경과시까지는 변제를 받을 수 없다.[613] 청산법인은 변제기가 도래하지 않은 채권도 변제할 수 있다(제91조 제1항).[614]

---

607) 청산인이 위의 등기를 해태하거나, 주무관청에 사실 아닌 신고를 하거나, 사실을 은폐한 때에는 과태료의 제재를 받는다(제97조 제1호·제4호).

608) 파산을 원인으로 법인이 해산한 경우, 법원이 직권으로 등기소에 파산등기를 촉탁하고(채무자 회생 및 파산에 관한 법률 제23조 제1항 제1호), 주무관청에 파산의 선고가 있음을 통지하여야 한다(동법 제314조 제1항).

609) 청산인은 변제기가 도래한 채권은 이를 즉시 추심하고, 즉시 추심할 수 없는 채권(가령 변제기 미도래 채권·조건부채권 등)은 청산의 필요에 따라 양도하거나 기타 환가처분을 할 수 있다(민사집행법 제241조 참조).

610) 이 공고에는 채권자가 기간 내에 신고하지 않으면, 청산에서 제외된다는 것을 표시하여야 하고(제88조 제2항), 그 공고는 법원의 등기사항의 공고와 같은 방법으로 하여야 한다(제88조 제3항). 한편 청산인이 그 공고를 해태하거나, 부정공고를 하면 과태료의 제재를 받는다(제97조 제7호).

611) 청산인이 알고 있는 채권자에 대하여는 개별적으로 채권신고를 최고하여야 한다(제89조 제1문).

612) 이 기간 내에 변제를 하게 되면 채권신고기간을 설정한 취지에 반하고, 청산절차진행 중 청산법인의 지급불능상태가 발생하면, 채권자들의 공평을 해칠 수 있음을 고려한 취지라 한다(김용한, 202면).

613) 다만, 변제기가 도래한 채권자들은 청산법인으로부터 지연손해배상을 받을 수 있다(제90조 단서).

614) 이는 청산법인이 기한의 이익을 포기해서 변제하는 것이라 할 것이다. 한편 조건부채권·존속기간이 불확정한 채권·기타 가액이 불확정한 채권의 경우, 법원에 의해 선임된 감정인의 평가에 의하여 변제하여야 한다(제91조 제2항).

위의 채권신고기간 내에 신고하지 않은 채권자는 원칙적으로 청산에서 제외된다.[615] 채무자인 청산법인이 변제한 경우, 채권자가 이를 수령하지 않으면 공탁하여야 한다(제487조 이하).

(5) 잔여재산의 인도(제87조 제1항 제3호)

채무의 변제를 완료하는 등 청산절차를 밟은 후에 잔여재산이 있으면, 이를 귀속권자에게 인도한다.[616]

(6) 파산신청

청산절차 중에 청산법인의 채무초과임이 밝혀지면, 청산인은 지체없이 파산선고를 신청하고 이를 공고하여야 한다(제93조 제1항).[617] 청산법인의 파산으로 파산관재인이 정해지면, 청산인은 파산관재인에게 사무를 인계하여야 하며, 사무를 인계함으로써 청산인의 임무는 종료한다(제93조 제2항).[618]

(7) 청산종결의 등기와 신고

청산이 종결하면 청산인은 3주간 내에 이를 등기하고, 주무관청에 신고하여야 한다(제94조).

판 례

가. 채권신고의 최고

○ 채무자가 알고 있는 채권자

"손해배상채권자가 채무자인 법인 해산결의 이전에 손해배상청구의 소를 제기한 이상 민법 제89조에서 말하는 채무자가 알고 있는 채권자에 해당한다.[619]"

나. 청산종결의 등기와 신고

○ 청산종결 등기 후에도 법인이 소멸되지 않았다고 보는 경우

"법인이 해산하고 그 청산종결로 인한 등기를 마쳤다 할지라도 타인 소유의 부동산이 그 법인명

---

615) 다만, 청산법인의 채무를 완제한 후 귀속권리자에게 인도하지 않은 재산이 있으면, 미신고채권자라 하더라도 그 재산에 대하여 변제를 청구할 수 있다(제92조). 한편 청산인이 알고 있는 채권자에 대하여는, 채권신고가 없어도 반드시 변제하여야 한다(제89조 제2문). 이에 관한 판례를 보면, '손해배상채권자가 채무자인 법인 해산결의 이전에 손해배상청구의 소송을 제기한 이상, 민법 제89조에서 말하는 채무자가 알고 있는 채권자에 해당한다.'(대판 1964. 6. 16. 64다5)

616) 잔여재산의 귀속권자는, 우선 정관에서 지정한 자가 된다(제80조 제1항). 정관으로 귀속권자를 지정하지 않거나 또는 지정방법을 규정하지 않은 때에는, 청산인이 주무관청의 허가를 얻어서 그 법인의 목적과 유사한 목적을 위하여 처분할 수 있다(제80조 제2항 본문).

한편 사단법인의 경우에는 주무관청의 허가 외에 총회의 결의가 있어야 처분할 수 있다(제80조 제2항 단서). 위의 어느 방법으로도 처분할 수 없는 경우, 그 잔여재산은 국고에 귀속된다(제80조 제3항).

617) 그 공고에는 법원의 등기사항의 공고방법을 준용한다(제93조 제3항). 청산인이 파산신청을 게을리 하거나(제97조 제6호), 공고의 해태・부정공고를 한 경우, 과태료의 제재를 받는다(제97조 제7호).

618) 그러나 파산재단에 관한 사무 이외에는 여전히 청산인이 그 사무를 집행해야 하므로(고상룡, 253면; 곽윤직・김재형, 205면; 김용한, 203면; 이영준, 846면), 파산관재인과 청산인은 각각 그의 전속의 직무권한을 갖는다 할 것이고, 그것은 병존하는 것으로 해석한다(고상룡, 257면).

619) 대판 1964. 6. 16. 64다5.

의로 원인흠결의 소유권이전등기가 경료되어 있고 그 등기의 말소를 구하는 소가 계속 중인 이상 그 말소의무의 존부에 관한 한 법인은 아직 소멸되지 않았다.[620]"

○ 사업양도법인의 청산사무 종결 전에 발생한 인정상여소득에 대한 납세의무자 및 사업양도법인이 부담하여야 할 세금을 사업양수법인이 납부한 경우 사업양도법인의 부당이득반환의무의 존부

"법인에 대한 청산종결등기가 경료되었다고 하더라도 청산사무가 종결되지 않는 한 그 범위 내에서는 청산법인으로서 존속한다고 볼 것이어서, 청산사무 종결 전에 발생한 인정상여소득에 대한 사업양도인의 납세의무는 여전히 존속되고 있다고 할 것이고, 사업양수인의 세금납부에 의하여 사업양도인이 원래 부담하여야 할 조세채무의 발생이 확정적으로 소멸된 이상 사업양도인은 동 금액 상당에 대한 부당이득반환의무를 진다.[621]"

○ 법인의 권리능력 소멸시기

"회사가 부채과다로 사실상 파산지경에 있어 업무도 수행하지 아니하고 대표이사나 그 외의 이사도 없는 상태에 있다고 하여도 적법한 해산절차를 거쳐 청산을 종결하기까지는 법인의 권리능력이 소멸한 것으로 볼 수 없다.[622]"

○ 파산절차 종료 후 적극재산이 잔존하는 경우, 법인의 존속

"법인에 대한 파산절차가 잔여 재산 없이 종료되면 청산종결의 경우와 마찬가지로 그 인격이 소멸한다고 할 것이나, 아직도 적극재산이 잔존하고 있다면 법인은 그 재산에 관한 청산목적의 범위 내에서는 존속한다.[623]"

제 8 관 법인의 등기

Ⅰ. 법인등기의 필요성 · 효력

법인은 자연인과 같이 사회적 활동을 하는 독립한 실체이지만, 법인의 조직 · 내용 · 재산상태 등은 일반 제3자가 쉽게 알지 못한다. 따라서 법인과 거래하는 제3자를 보호하기 위해서는 법인의 조직 · 내용을 공부에 기재하고 공시할 필요가 있다. 법인의 등기제도는 이러한 목적에 이바지하기 위한 제도이다.[624][625]

법인등기의 효력에 대하여는 두 가지의 입법주의가 있다.[626] 민법은 법인의 설립등기

620) 대판 1969. 11. 25. 69다1432.

621) 대판 2003. 2. 11. 99다66427, 73371; 대판 1997. 4. 22. 97다3408; 대판 1980. 4. 8. 79다2036.

622) 대판 1985. 6. 25. 84다카1954.

623) 대판 1989. 11. 24. 89다카2483.

624) 그 밖에도 법인의 근본규칙인 정관의 문서화(제40조 · 제43조), 재산목록, 사원명부의 비치의무화(제55조) 등이 있으나, 법인의 등기제도가 가장 중요하다.

625) 법인등기의 절차는, 비송사건절차법의 규정에 따르고(동법 제127조-제135조), 법원은 등기한 사항을 지체 없이 공고하여야 한다(제54조 제2항).

626) 등기를 성립요건으로 하는 태도와 등기를 제3자에 대한 대항요건으로 하는 태도가 그것이다.

는 성립요건으로 하고(제33조), 기타의 등기는 대항요건으로 하고 있다(제54조 제1항). 등기를 대항요건으로 하는 경우, 등기의 강제방법으로 두 가지가 있다.[627]

Ⅱ. 법인등기의 종류

1. 설립등기

주무관청으로부터 법인설립의 허가가 있으면, 3주간 이내에 주된 사무소의 소재지에서 설립등기를 하여야 한다(제49조 제1항).[628]

2. 분사무소설치 · 사무소이전의 등기

법인이 분사무소를 설치한 경우, 3주간 이내에 주사무소 소재지에서는 분사무소 설치등기를, 그 신설된 분사무소 소재지에서는 제49조 제2항 소정의 법인설립등기사항을 등기하여야 하며, 다른 기존의 분사무소 소재지에서는 3주간 이내에 분사무소를 설치한 것을 등기하여야 한다(제50조 제1항).[629]

법인이 그 사무소를 이전하는 경우, 구소재지에서는 3주간 내에 이전등기를 하고, 신소재지에서는 같은 기간 내에 법인설립등기사항을 등기하여야 한다(제51조 제1항).[630]

3. 변경등기

법인설립등기사항의 변경이 있는 때에는, 3주간 이내에 변경등기를 하여야 한다(제52조).[631]

4. 해산등기

청산인은 법인이 파산으로 해산한 경우를 제외하고는, 그 취임 3주간 이내에 해산의 사유 및 연월일 · 청산인의 성명 및 주소 · 청산인의 대표권을 제한한 때에는, 그 제한을 주사무소 및 분사무소 소재지에서 등기하여야 한다(제85조 제1항).[632]

---

627) 첫째, 등기하지 않으면 제3자에게 대항할 수 없는 것으로 하고(가령 제54조 제1항 · 제60조), 둘째로 등기신청의무자인 이사 · 청산인 등이 이를 게을리하면, 과태료의 제재를 받는다(제97조 제1호).

628) 3주간의 기간은 주무관청의 허가서가 도착한 날부터 이를 기산한다(제53조 · 제155조 이하 참조). 등기사항은 제49조 제2항에 열거되어 있는 9가지 사항이다.

629) 그러나 주사무소 또는 기존의 분사무소의 소재지를 관할하는 등기소의 관할구역 내에서 분사무소를 신설하는 경우에는 3주간 내에 분사무소설치만을 등기하면 된다(제50조 제2항). 3주간의 기간은 등기사항이 법원의 허가를 요하는 경우, 그 허가서가 도착한 날부터 기산한다(제53조). 마찬가지로, 분사무소설치의 등기는 제3자에 대한 대항요건이다(제54조 제1항).

630) 동일한 등기소 관할구역 내에서 사무소를 이전한 경우, 그 이전한 것을 등기하면 된다(제51조 제2항). 등기기간의 기산 · 등기의 효력은 분사무소설치에 관한 설명과 동일하다(제53조 · 제54조 제1항).

631) 등기기간의 기산 · 등기의 효력 등은 모두 분사무소설치등기의 설명과 같다(제53조 · 제54조 제1항).

632) 그 후 등기사항에 변경이 생긴 경우에도 3주간 이내에 변경등기를 하여야 하고(제85조 제2항 · 제52조

법인이 파산으로 해산한 경우의 등기에 대하여는, 채무자 회생 및 파산에 관한 법률이 이를 규정하고 있다.[633]

판 례

해산등기의 효력

"법인이 해산한 경우에 청산인은 파산의 경우를 제외하고는 해산등기를 하여야 하므로, 해산등기를 하기 전에는 해산사실로써 제3자에게 대항할 수 없다.[634]"

제9관 법인의 감독

I. 감독의 내용

비영리법인은 영리법인과는 달리, 설립에서 소멸에 이르기까지 국가의 감독을 받는다.[635]

1. 업무감독

설립허가를 준 주무관청이, 법인의 설립목적에 따라 업무가 적정하게 행하여지도록 감독하는 것이다.[636]

2. 해산과 청산의 감독

법원이 청산절차가 엄격하고 공정하게 행해지도록 감독하는 것이다.[637][638]

법인이 파산한 경우, 파산절차는 법원이 지휘·감독한다.[639]

참조), 등기기간의 기산·등기의 효력 등은 모두 분사무소설치등기의 설명과 같다(제53조·제54조 제1항).

633) 법원이 직권으로 주된 사무소 및 분사무소 소재지의 등기소에 파산등기를 촉탁한다(동법 제23조 제1항 제1호).

634) 대판 1984. 9. 25. 84다카493.

635) 법인이 존속 중에는 설립허가를 내준 주무관청의 감독(업무감독)을, 법인이 해산한 후 청산종결시까지는 법원의 감독(청산사무감독)을 받는다.

636) 주무관청의 업무감독의 주요 내용을 본다. 첫째, 법인의 사무에 대한 검사·감독(제37조). 둘째, 법인의 재산상황 및 업무 집행에 관하여 부정·불비한 것이 있음을 발견한 경우, 법인의 감사에 대하여 주무관청에 대한 보고의무를 부과하는 일(제67조 제3호). 셋째, 법인이 목적 외의 사업을 하거나 설립허가의 조건에 위반하거나, 기타 공익을 해하는 일을 하는 경우, 주무관청에 의한 설립허가의 취소(제38조) 등이다.

637) 법원의 청산사무감독의 주요 내용을 본다. 첫째, 법인의 해산 및 청산에 대한 검사·감독(제95조). 둘째, 일정한 사유가 있음을 전제로 이해관계인이나 검사의 청구에 의한 청산인의 선임(제83조)·해임(제84조) 등이다.

638) 업무감독과는 달리, 청산사무감독을 법원에 맡긴 이유는, 청산절차가 해산한 법인의 재산을 정리하는 것으로서 제3자의 이해관계에 영향을 미치기 때문에 보다 이를 공정하게 해야 할 필요성이 있기 때문이다.

639) 가령 파산관재인의 선임은 관리위원회의 의견을 들어 법원이 선임하고(채무자 회생 및 파산에 관한 법률 제355조 제1항), 파산관재인은 법원의 감독을 받는다(동법 제358조).

Ⅱ. 법인에 대한 벌칙

앞에서 본 바와 같이, 민법은 감독기관으로 하여금 법인의 감독을 완전하게 하기 위하여, 설립허가의 취소·청산인의 해임 등의 권한을 감독기관에게 부여하고 있다. 이와는 달리, 민법은 이사·감사 또는 청산인 등이 그의 직무를 충실히 다하지 않는 경우, 과태료[640]의 제재를 부과할 수 있도록 하고 있다(제97조). 과태료의 처분을 할 수 있는 7가지 사항은, 관련 부분에서 이미 살폈으므로, 생략하기로 한다.

제10관　외국법인

Ⅰ. 외국법인의 의의

법인으로서 내국법인(한국법인)이 아닌 것이 외국법인이다. 자연인에 대한 내·외국인 구별은 국적법에 따르게 되나, 법인의 경우에는 내·외국법인 구별의 표준이 되는 법률이 없다.

이에 관한 학설은 다툼이 있으나,[641] 한국법을 준거법으로 하여 설립되고, 한국에 주된 사무소를 두고 있는 법인을 내국법인으로 새기는 절충설이 타당하다고 생각한다.

Ⅱ. 외국법인의 능력

외국법인을 어떻게 취급할 것인지에 관하여 민법은 아무런 규정을 두고 있지 않다.[642]

헌법 제6조 제2항의 이념에 따른 내·외국인 권리능력 평등주의원칙에 비춰볼 때, 해석상 내·외국법인 평등주의를 취하고 있는 것으로 보인다.[643]

---

640) 상사법인의 경우, 과태료뿐만 아니라 징역·벌금까지 부과하고 있으나(상법 제622조 이하), 민법은 질서벌(秩序罰)의 일종인 과태료만을 부과할 수 있도록 하고 있다(제97조 참조).

641) 구체적으로는, 법인설립의 준거법을 표준으로, 한국법에 의해 설립된 법인이냐 아니냐에 따라 내국법인과 외국법인으로 구별하는 준거법설(곽윤직·김재형, 209-210면; 송덕수, 689면)·준거법과 주소지를 두루 고려하여 결정해야 한다는 절충설(김상용, 215면; 김용한 206면) 등이 있다. 생각건대 절충설이 타당하다고 생각한다. 왜냐하면, 한국법에 의해 설립된 법인이면서 또한 주된 사무소의 소재지가 국내에 있을 때 비로소 내국법인으로 파악하는 것이 보다 합리적이라 할 수 있기 때문이다.

642) 상법은 외국법인의 국내에서의 영업활동에 관한 일정한 규정을 두고 있다(상법 제614조-제621조 참조).

643) 다만, 외국인의 권리능력에 있어서와 마찬가지로, 법률 또는 조약에 의하여 제한이 가해짐은 어쩔 수 없다 할 것이다(앞에서 검토한, 외국인의 권리능력 개관 부분 참조).

제4장 권리의 객체

제1절 총　　설

Ⅰ. 권리의 객체의 의의

권리는 일정한 사회적 생활이익을 그 내용·목적으로 한다. 권리의 내용·목적이 성립하기 위하여 필요한 일정한 대상을 권리의 객체라 한다. 요컨대, 일정한 사회적 생활이익을 누릴 수 있는 대상을 말한다. 권리의 객체는 권리의 내용·목적 또는 종류에 따라 다르다.[1)]

Ⅱ. 민법의 규정

민법은 다양한 권리의 객체 중에서, 물건에 관해서만 통칙적 규정을 총칙편에 두고 있다.[2)3)]

권리의 객체는 권리의 주체, 권리발생의 수단인 법률행위와 함께 민법의 3대 기본(구성)요소를 이룬다. 민법전은 물건을 기본적으로 사람이 지배력을 행사하는 객체·대상으로 보는 입장에 있다.[4)] 그러나 자연과학의 발달에 따라 권리의 주체와 객체의 한계도 애매할 것으로 보인다.[5)]

---

1) 물권은 특정한 물건, 채권은 특정인의 행위(급부), 형성권은 법률관계, 지식재산권은 저작·발명·특허 등의 정신적 창작물, 친족권은 친족법상의 일정한 지위, 상속권은 상속재산, 인격권은 권리주체 자신 등이 각각 그 객체가 된다.

2) 그 이유는, 권리의 객체 전반을 아우르는 일반적 규정을 하기 어렵다는 점과 물건은 물권의 객체일 뿐만 아니라 채권·형성권 기타의 권리와 많은 관련성이 있음을 고려한 것이다.

3) 물건은 물권이론에서 중요성을 갖는다는 점에서, 물건은 물권편에 규정하는 것이 입법정책적 견지에서 바람직하다고 한다(이영준, 851면).

4) 김증한·김학동, 216면.

5) 가령 태아와 그 전단계의 생체와의 한계를 들 수 있다. 생명윤리 및 안전에 관한 법률(타법개정 2013. 3. 23. 법률 제11690호) 제31조는 체세포복제에 의한 배아생산을 예외적으로 허용한다.

제2절 물 건

Ⅰ. 물건의 의의

민법상의 물건이라 함은 유체물 및 전기 기타 관리할 수 있는 자연력을 말한다(제98조). 물건의 요건을 다음에서 살펴본다.

(1) 유체물이거나 또는 관리가능한 자연력일 것

(가) 유체물·무체물

공간의 일부를 차지하고 사람의 감각에 의해 느낄 수 있는 형체가 있는 물질을 유체물이라 하고, 형체는 없고 단지 사고상의 존재에 지나지 않는 것을 무체물이라 한다.[6] 민법은 유체물 뿐만 아니라 무체물 중에서 관리 가능한 자연력을 물건에 포함시키고 있다. 한편 관리(배타적 지배)가능성은 유체물에도 요구되는 요건이다.[7]

(나) 물건의 개념에 관한 입법주의

물건의 개념을 유체물에 한정하느냐, 무체물도 포함시키느냐에 대하여는 입법례가 나뉜다.[8] 과학의 발달에 따라 관리가능한 자연력이 거래의 대상이 되고 있는 현실에 비춰볼 때, 스위스민법을 본받은 민법의 태도는 타당하다.

(2) 관리가 가능할 것

법률상의 물건은 관리할 수 있는(지배가능한) 것이어야 한다. 관리·지배할 수 있는 물건이라야 사용·수익·처분할 수 있기 때문이다.[9][10] 배타적 지배·관리가능성의 개념은 상대적인 것으로서 자연과학의 발달에 따라 변화하는 속성을 갖고 있다.

---

6) 고체·액체·기체 등은 유체물이고, 전기·열·광·음향·향기·에너지 등의 자연력과 권리는 무체물이다(이외에 정보·지식 등도 물건의 개념에 포함시켜야 한다는 입법론이 주장되기도 한다).

7) 그렇다면, 민법상의 물건은 법률상 배타적으로 지배할 수 있는 유체물과 무체물 중의 자연력이라 할 것이다.

8) 유체물만을 물건으로 보는 태도(독일민법 제90조, 구민법 제85조), 모든 무체물을 물건으로 보는 태도(로마법, 프랑스민법 제516조 이하), 무체물 중에서 관리가능한 자연력을 물건에 포함시키는 태도(스위스민법 제713조) 등이 있다.

9) 민법은 자연력의 경우에만 관리가능성을 규정하고 있으나, 해석상 유체물의 경우에도 갖춰야 할 요건이다.

10) 유체물이면서 관리불가능한 해·달·별·공기·해양(단, 인위적으로 일정한 범위를 정하여 구획함으로써 지배가능한 것이 되며, 어업권 등의 객체가 될 수 있다) 등은 물건이 아닌 반면, 저장탱크 속에 모아져 있는 LPG 가스 등은 무체물이지만 물건이 된다.

(3) 외계의 일부일 것(비인격성)

근대법은 인간의 존엄성을 바탕으로 하고 있어서 사람에 대한 배타적 지배를 허용하지 않는다. 자신의 신체도 인격권의 객체만 될 뿐 소유권은 성립하지 않는다.[11)12)]

시체·유골의 물건성 여부에 대하여는 다툼이 있다.[13)] 생각건대 권리의 주체인 자연인이, 사망에 의하여 물건으로 그 성질이 변하는 것으로 보는 것은 형식논리에 지나지 않고, 소유권의 대상으로 보는 것도 무리라고 생각한다. 소수설이 타당하다 할 것이다.

한편 시체에 대한 처분행위는 사회질서에 반하는 것으로서 무효이다.[14)]

판 례

○ 망인의 유체·유골의 승계권자

"사람의 유체·유골은 매장·관리·제사·공양의 대상이 될 수 있는 유체물로서, 분묘에 안치되어 있는 선조의 유체·유골은 민법 제1008조의3 소정의 제사용 재산인 분묘와 함께 그 제사주재자에게 승계되고, 피상속인 자신의 유체·유골 역시 위 제사용 재산에 준하여 그 제사주재자에게 승계된다.[15)]"

○ 피상속인이 생전행위 또는 유언으로 자신의 유체·유골을 처분하거나 매장장소를 지정한 경우, 그 효력

"피상속인이 생전행위 또는 유언으로 자신의 유체·유골을 처분하거나 매장장소를 지정한 경우에, 선량한 풍속 기타 사회질서에 반하지 않는 이상 그 의사는 존중되어야 하고 이는 제사주재자로서도 마찬가지라 할 것이지만, 피상속인의 의사를 존중해야 하는 의무는 도의적인 것에 그치고, 제사주재자가 무조건 이에 구속되어야 하는 법률적 의무까지 부담한다고 볼 수는 없다.[16)]"

---

11) 사람의 몸은 물건이 아니므로, 인체에 부착된 의치·의안·의수 등도 신체에 고착되어 있는 한 물건이 아니다(곽윤직·김재형, 213면).

12) 인체로부터 분리된 신체의 일부(모발·혈액·치아 등)는 물건으로 취급되며, 분리당한 사람의 소유로 귀속한다. 생체의 일부를 분리시키는 채권계약·절단된 신체의 일부분의 처분행위는, 사회질서에 반하지 않는 한 유효하다(곽윤직·김재형, 213면; 이영준, 853면). 장기이식수술도 허용된다(다만, 뇌사자의 장기이식은 일정한 요건 아래 가능하다. 장기 등 이식에 관한 법률 제18조·제37조 참조).

13) 시체를 물건으로 보는 긍정설이 다수설이다(곽윤직·김재형, 213면; 김용한, 216면; 김증한·김학동, 233면; 송덕수, 691면 등). 긍정설은 다시, 시체에 대한 소유권은 보통의 소유권 내용과는 달리, 사용·수익·처분할 수 없고, 매장·제사 등을 할 수 있는 권능과 의무를 수반하는 특수한 것이라는 특수소유권설(곽윤직·김재형, 214면; 김용한, 216면)과 시체에 대한 권리는 소유권이 아니라, 매장·제사하는 권리로서 양도·포기할 수도 없는 관습상의 관리권이라는 관습상의 관리권설(장경학, 360면)로 나뉜다. 어느 견해에 의하든, 시체에 대한 권리는 제1008조의3과의 관계상, 제사주재자(망인의 상주)에게 귀속한다. 한편 소수설은 시체의 물건성도 부인하고, 특수소유권도 인정하지 않는다(김상용, 280면; 이영준, 839면). 한편 시체·유골 관련 주요 법률로는 장사 등에 관한 법률, 시체해부 및 보존에 관한 법률, 형법(제159조-제163조 참조), 경범죄처벌법(특히 제1조 제6호·제7호 참조) 등이 있다.

14) 다만, 사람이 생존 중에 자기의 죽은 몸(시신)을 처분하는 행위(대학병원에의 시신 기증 등)는 사회질서에 반하지 않는 한 유효하다 할 것이나, 그러한 행위는 유족에 대한 법률적 구속력은 없다.

15) 대판 2008. 11. 20. 전원합의체, 2007다27670.

16) 대판 2008. 11. 20. 전원합의체, 2007다27670.

◯ 제사주재자의 결정방법

"제사주재자는 우선적으로 망인의 공동상속인 사이의 협의에 의해 정해져야 하되, 협의가 이루어지지 않는 경우에는 제사주재자의 지위를 유지할 수 없는 특별한 사정이 있지 않은 한 망인의 장남(장남이 이미 사망한 경우에는 장남의 아들, 즉 장손자)이 제사주재자가 되고, 공동상속인 중 아들이 없는 경우에는 망인의 장녀가 제사주재자가 된다.[17)]"

◯ 제사주재자의 지위를 유지할 수 없는 특별한 사정의 의미

"어떤 경우에 제사주재자의 지위를 유지할 수 없는 특별한 사정이 있다고 볼 것인지에 관하여는, 제사제도가 관습에 바탕을 둔 것이므로 관습을 고려하되, 여기에서의 관습은 과거의 관습이 아니라 사회의 변화에 따라 새롭게 형성되어 계속되고 있는 현재의 관습을 말하므로 우리 사회를 지배하는 기본적 이념이나 사회질서의 변화와 그에 따라 새롭게 형성되는 관습을 고려해야 할 것인바, 중대한 질병, 심한 낭비와 방탕한 생활, 장기간의 외국 거주, 생계가 곤란할 정도의 심각한 경제적 궁핍, 평소 부모를 학대하거나 심한 모욕 또는 위해를 가하는 행위, 선조의 분묘에 대한 수호·관리를 하지 않거나 제사를 거부하는 행위, 합리적인 이유 없이 부모의 유지(遺志)내지 유훈(遺訓)에 현저히 반하는 행위 등으로 인하여 정상적으로 제사를 주재할 능력이 없다고 인정되는 경우가 이에 해당하는 것으로 봄이 상당하다.[18)]"

(4) 독립성이 인정될 것

물건이 배타적 지배의 대상이 되기 위해서는 공간적으로 독립한 존재이어야 한다. 이것을 물건의 독립성이라 한다.[19)] 물건의 독립성은 채권관계에서는 문제가 되지 않지만, 물권관계에서는 중요한 문제가 된다.[20)] 그리하여, 물권의 경우, 하나의 물건 위에는 하나의 물권의 성립만 인정하는 일물일권주의가 작용한다.[21)] 한편 판례는 1필지의 토지의 일부에 대한 물건의 독립성을 인정한다.

판 례

◯ 1필지 토지의 특정된 일부에 대하여 소유권보존등기의 말소를 구할 수 있는지 여부(적극)

"1필지의 토지의 특정된 일부에 대하여 소유권보존등기의 말소를 명하는 판결을 받은 등기권리자는 그 판결에 기하여 그 특정된 일부에 대한 분필등기절차를 마친 후 소유권보존등기를 말소할 수 있으므로, 1필지의 토지의 특정된 일부에 대하여도 소유권보존등기의 말소를 구할 수 있다.[22)]"

---

17) 대판 2008. 11. 20. 전원합의체. 2007다27670.

18) 대판 2008. 11. 20. 전원합의체. 2007다27670.

19) 물건의 독립성 여부는 물리적 형태에 의해서만 결정할 것이 아니라, 사회통념에 의해 구체적으로 결정하여야 한다.

20) 왜냐하면, 채권은 물건의 일부를 그 객체로 할 수 있으나, 배타성을 본질로 하는 물권은 원칙적으로 물건의 일부·구성부분·집단 등을 그 대상으로 할 수 없기 때문이다.

21) 그 근거는, 물건의 일부나 집단 위에 하나의 물권의 성립을 인정해야 할 거래상의 실익이 없다는 점, 그리고 그 실익(필요성)이 인정될 경우에도 그 공시가 곤란하다는 데 있다. 일물일권주의에 대하여는 많은 예외가 인정된다(그 상세는 물권법학에서 보기로 한다).

22) 대판 2011. 11. 10. 2010다75648; 대판 2002. 9. 24. 2001다20103; 대판 1977. 3. 22. 76다616.

◎ 갑으로부터 '매립토지 중 해변최근지 70평'을 양도받기로 하였으나 매립지의 분배에 관한 갑과 동업자 사이의 분쟁으로 갑에게 돌아갈 토지의 면적과 위치가 정하여 지지 못하였다면, 매립지 중 해변최근지 해당 토지의 갑 소유 지분에서 70평에 해당하는 지분이전등기를 구할 수 있는지 여부

"갑으로부터 '매립토지 중 해변최근지 70평'을 양도받기로 하였으나 매립지의 분배에 관한 갑과 동업자 사이의 분쟁으로 갑에게 돌아갈 토지의 면적과 위치가 정하여 지지 못하였다면, 매립지 중 해변최근지 해당 토지의 갑 소유 지분에서 70평에 해당하는 지분이전등기를 구할 수 있다고 한 사례.[23)]"가 있다.

Ⅱ. 하나의 물건 여부와 물건의 결합

1. 물건의 일부

물건의 일부는 원칙적으로 물권의 객체가 될 수 없다. 다만, 물건의 일부에 대한 물권의 성립을 인정해야 할 거래상의 필요성이 있고, 그 공시가 가능하거나 또는 공시와 관련이 없을 경우에는, 물권의 객체가 될 수 있다.[24)]

하나의 물건의 일부를 이루면서 독립한 존재를 갖지 않는 것을 물건의 구성부분이라 한다.[25)][26)] 물건의 구성부분·본질적 구성부분은 원칙적으로 독립한 물권의 객체가 되지 못한다.

판 례

◎ 논에 필요불가결한 둑이 논의 구성부분인지 여부

"논의 유지 보호상 절대적으로 필요불가결한 둑과 같은 것은 그 논의 구성부분이라 할 수 있는 것이므로, 매매하는 논의 평수에 포함시켜서 거래하는 것이 일반적 상례라 할 것이다.[27)]"

2. 단 일 물

각 구성부분이 개성을 잃고 그들이 결합하여 외형상 단일한 일체를 이루고 있는 물건을 단일물이라 한다.[28)] 단일물은 하나의 물건이다.

---

23) 대판 1992. 10. 23. 91다40238.

24) 부동산의 일부가 용익물권의 객체가 될 수 있으며(부등산등기법 제69조·제70조·제72조 참조), 명인방법을 갖춘 수목의 집단·미분리의 천연과실·농작물 등은 독립한 물건으로 취급된다. 동산·채권 등의 담보에 관한 법률(제3조 제2항 참조)에 의한 예외가 인정된다.

25) 토지에 부착된 나무, 책상의 서랍, 돌담, 다리(교량), 철도레일 등을 들 수 있다.

26) 한편 어느 부분을 훼멸하거나 또는 그 본질을 변하게 하지 않고서는 분리할 수 없는 것을 물건의 본질적 구성부분이라 한다.

27) 대판 1964. 6. 23. 64다120.

28) 책 1권, 노트 1권, 사발 1개 등을 들 수 있다.

3. 합 성 물

각 구성부분이 개성을 잃지 않고 그들이 결합하여 외형상 단일한 일체를 이루고 있는 물건을 합성물이라 한다.[29] 이는 하나의 물건으로 다뤄지나, 소유주체가 다른 물건이 결합하여 합성물이 되면, 소유권의 변동이 생긴다.[30]

4. 집 합 물

단일물 또는 합성물인 여러 개의 물건이 집합하여 경제적으로 단일한 가치를 가지며, 거래상 일체로서 다루어지는 물건을 집합물이라 한다.[31] 집합물을 하나의 물건으로 인정할 수 있는가? 일물일권주의 원칙상 집합물은 하나의 독립한 물건으로 인정되지 않는다. 다만, 거래의 필요성이 있고, 공시방법이 가능한 경우에는 그러하지 아니하다.[32] 한편 일정한 요건 하에 집합물에 대한 양도담보의 설정이 허용되기도 하고(판례), 여러 개의 동산에 대한 특정이 가능할 경우에 이를 목적으로 하는 담보등기도 가능할 수 있는 제도(동산·채권 등의 담보에 관한 법률. 2010. 6. 10. 제정, 2012. 6. 11. 시행)가 시행되고 있다.

판 례

○ 집합물이 하나의 재산권으로서 담보권이 설정되기 위한 요건

"제강회사가 제품생산에 필요하여 반입하는 원자재를 일정기간 계속하여 채권담보의 목적으로 삼으려는 소위, 집합물 양도담보권 설정계약에 있어서는 목적동산의 종류와 수량의 범위가 지정되고 그 소재장소가 특정되어 있으면, 그 전부를 하나의 재산권으로 보아 담보권의 설정이 가능하다.[33]"

Ⅲ. 재 산

1. 민법상의 재산

민법상 재산의 개념은 다의적이다. 첫째, 경제적 가치 있는 물건 또는 권리의 의미를 뜻하기도 한다.[34] 둘째, 어떤 주체를 중심으로 또는 일정한 목적 아래 결합한 경제적 가치

29) 건물, 선박, 자동차 등을 들 수 있다.

30) 부합(제256조-제257조)·혼화(제258조)·가공(제259조) 등의 법리가 작용하기 때문이다.

31) 공장, 도서관, 목장, 슈퍼에 있는 상품 전체 등을 들 수 있다.

32) 특별법에 의하여 등기·등록의 공시방법을 갖춘 재단은 예외적으로 하나의 물건으로 다루어진다(공장저당법 제14조, 광업재단저당법 제5조, 입목에 관한 법률 제2조·제3조 등).

33) 대판 1988. 10. 25. 85누941.

34) 미성년자에게 처분을 허락한 재산(제6조), 증여의 목적인 재산(제554조), 매매의 목적인 재산권(제563조), 제3자가 자(子)에게 준 재산(제918조), 자가 취득한 재산(제916조) 등을 들 수 있다.

있는 물건 또는 권리 · 의무의 총체를 의미하기도 한다.[35] 셋째, 일정한 목적을 위하여 결합된 물건 또는 권리 · 의무의 총체를 뜻하기도 한다.[36]

2. 기업재산

기업의 개념은 다의적이나,[37] 법률상의 기업이란 인적요소(기업가), 물적요소(생산설비 · 기계 등), 사실상의 이익(Goodwill: 고객관계) 등이 영리추구의 목적 아래 통일된 조직체를 갖춘 것을 말하며, 이러한 기업에 속하는 재산을 기업재산이라 한다.[38]

Ⅳ. 물건의 분류[39](강학상의 분류)

1. 융통물 · 불융통물

사법상 거래의 객체가 될 수 있는지 여부에 따른 분류이다. 사법상 거래의 객체가 될 수 있는 물건을 융통물, 그렇지 못한 물건을 불융통물이라 한다.[40]

2. 가분물 · 불가분물

물건의 객관적 성질에 따른 분류이다.[41] 물건의 성질 또는 가치를 현저하게 손상시키지 않고 여러 개로 분할할 수 있는 물건을 가분물, 그렇지 못한 물건을 불가분물이라 한다.[42]

---

35) 이 경우, 재산 자체가 전체로서 권리의 객체가 되지 못하고, 그 재산을 구성하는 개개의 대상만이 권리의 객체가 될 뿐이다. 가령 부재자의 재산(제22조 이하), 상속재산(제1005조), 한정승인을 한 상속인의 취득재산(제1028조) 등을 들 수 있다.

36) 이 경우는 둘째의 재산의 경우보다 일체성과 독립성이 강하지만, 재산이 독립한 물건으로 취급되지는 않는다. 가령 재단법인의 출연재산(제48조), 조합재산(제704조), 파산재단, 신탁재산 등을 들 수 있다. 단, 재단저당에 있어서의 재단(공장저당법 제14조 제1항)도 이 범주에 포함되나, 하나의 독립한 부동산으로 다루어진다.

37) 경제학자 Schmoller에 의하면, 기업이란 영리를 목적으로 하는 생산요소의 전체, 즉 생산수단과 노동력의 결합체라고 한다.

38) 이른바, 기업의 독립성 경향에 따라 기업재산을 일체로 보아서, 법률상으로도 기업재산 위에 채권 · 물권의 성립을 인정하여야 할 것으로 보이나, 일체로서의 포괄적인 양도방법은 마련되어 있지 않다.

39) 우리민법은 물건을 동산 · 부동산, 주물 · 종물, 원물 · 과실 등으로 나누고 있다(제99조-제102조).

40) 불융통물에는 세 가지가 있다. 첫째, 국가 · 공공단체의 소유로서 국가 · 공공단체에 의하여 공적목적에 사용되는 공용물이 있다(가령 관공서의 건물, 국공립학교의 건물 등). 둘째, 공중을 위한 일반적 사용에 제공되는 공공용물이 있다(가령 도로 · 하천 · 항만 · 공원 등). 공공용물은 공용물과는 달리, 반드시 국가 · 공공단체의 소유이어야 하는 것은 아니다. 소유주체가 사인일 수도 있다(가령 도로법 제3조에 의한 사도가 있을 수 있다). 공용물 · 공공용물(이들은 국유재산법 제6조, 공유재산 및 물품관리법 제5조상의 행정재산이 된다)도 공용폐지 이후에는 융통물이 될 수 있다. 셋째, 법령에 의해 거래가 금지되는 금제물이 있다. 금제물에는 소유 · 소지가 금지되는 것(가령 아편, 음란한 문서 · 도서 기타의 물건, 위조 · 변조한 통화와 그 유사물 등)과 거래가 금지되는 것(국보 · 지정문화재 등)이 있다.

41) 일반적으로 이 구별방법을 따르나, 당사자의 의사표시를 토대로 할 수도 있다(제409조 참조).

42) 가령 금전 · 토지 · 곡물 등이 전자의 범주에 속하고, 소 · 말 · 건물 등이 후자의 범주에 속한다. 구별의 실익은 공유물의 분할(제269조 참조), 다수당사자 사이의 채권관계(제408조 이하)에서 나타난다.

3. 대체물 · 부대체물

일반적인 거래관계에 있어서 물건의 개성을 중요시하느냐 여부에 따른, 일반적 · 객관적 구별에 의한 분류이다. 물건의 개성을 중요시하지 않음으로써 동종 · 동질 · 동량의 물건으로 바꾸어도 당사자에게 영향을 주지 않는 물건을 대체물이라 하고, 대체성이 없는 물건을 부대체물이라 한다.[43]

4. 특정물 · 불특정물

구체적인 거래관계에 있어서 당사자가 물건의 개성을 중요시하느냐 여부에 따른, 당사자의 주관적인 의사에 의한 분류이다. 당사자가 거래의 목적물을 동종의 다른 물건으로 바꾸지 못하게 한 물건이 특정물이고, 동종의 다른 물건으로 바꾸어도 무방한 물건을 불특정물이라 한다.[44]

5. 소비물 · 비소비물

물건의 성질상 그 용도에 따라 한 번 사용하면 다시는 같은 용도에 사용할 수 없는 물건을 소비물이라 하고, 계속 반복하여 사용 · 수익할 수 있는 물건을 비소비물이라 한다.[45]

제3절 동산과 부동산

Ⅰ. 서　설

물건을 동산과 부동산으로 구별하는 것은 게르만법에서 유래한다.[46]

---

43) 전자의 예로 금전 · 곡물 · 주류 등을 들 수 있고, 후자의 예로는 소 · 말 · 골동품 · 건물 등을 들 수 있다. 구별의 실익은 소비대차(제598조 이하), 소비임치(제702조) 등에서 나타난다. 또한 제394조 소정의 손해배상방법의 경우, 채무의 목적물이 부대체물이라면 금전배상만 허용되고, 채무의 목적물이 대체물일 경우에는 원상회복이 가능하다.

44) 이 구별은, 당사자의 주관적인 의사에 기한 것이어서, 특정물과 불특정물은 각각 부대체물 · 대체물을 그 객체로 하는 것이 보통이나, 반드시 그렇지 않음을 주의하여야 한다. 가령 금전 · 유가증권 등의 대체물도 번호를 특정하여 거래할 경우에는 특정물이 되고, 소 · 말 등의 부대체물도 대량으로 거래할 경우에는 불특정물로 다루어질 수 있다고 한다(곽윤직 · 김재형, 219면). 구별의 실익은 채무의 목적물의 보관의무(제374조), 채무의 변제장소(제467조), 매도인의 담보책임(제570조 이하) 등에서 나타난다.

45) 전자의 예로는 주류 · 곡물 · 금전(금전은 관념상으로는 반복 사용이 가능하나, 한 번 사용하면 소유주체가 변경되어 전소유자가 다시는 사용할 수 없기 때문에 소비물로 취급된다) 등이 있고, 후자의 예로는 건물 · 토지 · 서적 등이 있다. 구별의 실익과 관련하여, 소비물만이 소비대차의 객체가 될 수 있고, 비소비물은 사용대차 · 임대차의 객체가 된다.

46) 게르만법에서는, '횃불에 타는 것은 동산이다.'(Was die Fackel verzehrt, ist Fahrnis) 또는 '타서 없어 질

그 구별의 이유는 무엇인가? 첫째, 경제적 가치의 크고 작음의 차이에서 유래한다. 일반적으로 부동산은 동산에 비해 경제적 가치가 크기 때문에 특별한 보호를 필요로 한다. 특히 토지는 유한한 것으로서 생산과 인간의 생활을 위한 기반이 된다는 점에서 동산보다 특별한 법적인 취급이 요구된다.[47] 둘째, 동산은 소재(장소)의 이동이 가능하지만, 부동산은 소재의 이동이 불가능함으로써 그 권리관계를 공적 장부에 공시하는 것이 적합한 반면, 동산은 공적 장부에 의한 공시방법이 적합하지 않다는 것이다. 따라서 부동산은 등기에 의해 공시하나, 동산은 인도(점유의 이전)에 의해 공시한다는 것이다.[48]

물건을 동산과 부동산으로 구별하는 법률상 취급의 주요한 차이점을 그림으로 보면, 다음과 같다.

〈부동산·동산의 법률상 취급의 차이〉

구 분 사 항	부동산	동 산
공시방법	등기(제186조)	인도(제188조-제190조)
거래관계	공신의 원칙 부정	공신의 원칙 인정
용익물권	지상권(제279조)·지역권(제291조)·전세권(제303조) 설정가능	설정불가
담보물권	저당권(제356조) 설정 가능	유치권(제320조)·질권(제345조)·동산담보권(동산·채권 등의 담보에 관한 법률 제2조 제2항) 설정 가능
무주물선점·부합의 법률효과가 다름	무주물선점(제252조 제2항), 부합(제256조)	무주물 선점(제252조 제1항·제3항), 부합(제257조)
취득시효의 요건 다름	제245조	제246조
재판관할	특별규정(민사소송법 제20조) 있음	특별규정 없음
강제집행의 절차·방법이 다름	민사집행법 제78조 이하	민사집행법 제188조 이하

수 있는 것은 동산이다.'(Was verbrennen und sterben mag, ist fahrende Gut)라는 법언에서와 같이, 물건의 자연적 성질을 기준으로 하여 물건을 동산과 부동산으로 구별함으로써 동산법·부동산법이라는 별개의 법체계가 있었다 한다. 한편 로마법은 물건(res)을 동산·부동산으로 구별하지 않고, 수중물과 비수중물로 구별하였다 한다(김상용, 286면).

47) 미성년자·피성년후견인의 부동산에 관한 행위의 경우, 후견인이 그 권한을 행사함에 있어서 후견감독인이 있을 경우에 그의 동의를 얻도록 한 점(제950조 제1항 제4호), (유체)동산의 강제집행은 집행관(민사집행법 제189조)이, 부동산의 강제집행은 부동산 소재지의 관할법원이 관장하도록 한 것(민사집행법 제79조) 등은 부동산의 경제적 가치에 주목한 것이다.

48) 자본주의 발달과 함께 유가증권과 같이 동산이면서도 경제적 가치가 큰 것들이 등장함으로써 경제적 가치의 차이에 따른 구별의 이유는 크게 상실하였고, 공시방법이 다르다는 점에서 양자의 구별의 이유를 찾는 것이 더 설득력이 있다 할 것이다. 다만, 경제적 가치가 큰 동산의 경우, 등기(선박)·등록(자동차·항공기·건설기계 등)의 공시방법을 요구하는 것은 두 가지의 구별이유를 절충한 태도라고 생각한다.

판 례

가. 의제부동산 관련

○ 자동차·중기에 관하여 명의신탁관계가 인정될 수 있는지 여부

"자동차나 중기(또는 건설기계)의 소유권의 득실변경은 등록을 함으로써 그 효력이 생기고 그와 같은 등록이 없는 한 대외적 관계에서는 물론 당사자의 대내적 관계에 있어서도 그 소유권을 취득할 수 없는 것이 원칙이지만, 당사자 사이에 그 소유권을 그 등록 명의자 아닌 자가 보유하기로 약정하였다는 등의 특별한 사정이 있는 경우에는 그 내부관계에 있어서는 그 등록 명의자 아닌 자가 소유권을 보유하게 된다.[49)]"

Ⅱ. 부 동 산

1. 의의와 입법례

토지와 그의 정착물을 부동산이라 한다(제99조 제1항). 부동산 개념의 구성요소에 관하여는 입법례가 나뉜다.[50)]

2. 토 지

토지는 일정범위의 지면·지표와 정당한 이익이 있는 범위 내에서의 지면의 위(공중)와 아래(지하)를 포함한다(제212조).[51)] 그러므로 토지의 구성부분(암석·토사·지하수·온천·동굴 등)은 토지의 일부일 뿐이고, 토지의 소유권은 당연히 그 구성물에도 미친다. 다만, 민법상의 특별규정 또는 특별법에 의하여 토지소유권의 행사가 제한될 수 있다.[52)]

---

49) 대판 2007. 1. 11. 2006도4498; 대판 2003. 5. 30. 2000도5767; 대판 1968. 11. 5. 68다1658.

50) 독일민법은 물건을 동산과 부동산으로 나누고, 건물·수목 등의 정착물은 토지의 본질적 구성부분으로 규정한다(제94조). 스위스민법도 독일민법의 태도와 대체로 같다(제655조·제667조). 이처럼 서양에서는, '지상물은 토지에 따른다.'는 로마법언이 말해주듯, 토지만을 독립한 부동산으로 하고, 토지의 정착물·지상물은 독립한 부동산으로 다루지 않는 것이 보통이다. 이와는 달리, 동양에서는 토지와 토지의 정착물을 독립한 부동산으로 하고 있다(민법 제99조 제1항, 일본민법 제86조 제1항, 중화민국민법 제66조 제1항).

51) 고가도로·지하상가·지하철도 등과 같은 토지의 위(지상)·아래(지하)의 이용의 필요성에서 구분지상권의 설정이 가능하게 되었다(제289조의2 참조).

52) 이와 관련하여, 몇 가지를 본다. 첫째, 지하에 매장되어 있는 미채굴의 광물의 소유권은 토지소유자에게 있지 않다(광업법 제2조). 미채굴의 광물의 법적 성질에 대하여는, 국유에 속하는 독립한 부동산으로 보는 견해(곽윤직·김재형, 222면; 김상용, 288면)와 국가의 배타적인 채굴·취득허가권의 객체로 보는 견해(고상룡, 294면; 김용한, 223면; 김증한·김학동, 240면; 이영준, 858면)로 나뉜다. 생각건대 미채굴의 광물은 토지의 일부라는 점에서 독립한 부동산은 아니며, 광업법 제2조의 규정상 국가의 배타적인 채굴·취득허가권의 객체로 보는 것이 옳다고 생각한다. 둘째, 지하수는 토지의 구성부분이기는 하나, 지하에서 서로 연결되어 있기 때문에 지하수법(1993년 12월 10일 제정 법률 제14599호)의 규율을 받는다. 지하수(지하의 지층이나 암석 사이의 빈틈을 채우고 있거나 흐르는 물을 말한다. 동법 제2조 제1호)의 경우, 개발·이용의 허가(동법 제7조 제1항), 지하수개발 이용의 신고(동법 제8조 제1항) 등에 비춰볼 때, 원칙적으로 토지소유권의 객체가 될 수 없다고 본다. 한편 지하수의 조사, 개발·이용·보전관리에 관하여는 다른 법률에 특별한 규정이 있는 경우에는 그 법률이 정한 바에 의한다고 하고 있다(동법 제4조 본문). 따라서 지하수의 개발·이용 등에 대하여는, 지하수이용관계

토지와 관련하여, 바다와 하천의 경우는 주의하여야 할 점이 있다.[53)]

토지는 무한히 연속되어 있으나, 인위적으로 그 지표에 선을 그어서 경계로 삼고, 구획된 부분에 번호(토지번호 즉, 지번)를 붙이고, 이를 지적공부(토지대장·임야대장)에 등록하며(측량·수로조사 및 지적에 관한 법률 제64조·제66조·제71조), 토지의 그 개수는 필로서 계산한다(1필의 토지의 독립성이 인정된다). 따라서 1필의 토지를 수필로 나누거나, 또는 수필의 토지를 1필로 합병하려면, 각각 분필절차·합필절차를 밟아야 한다((수로조사 및 지적에 관한 법률 제79조·제80조) 분필절차를 밟지 않은 1필의 토지의 일부분은 양도·담보물권의 설정 또는 시효취득의 대상이 될 수 없는 것이 원칙이다.[54)]

판 례

가. 토지소유권 관련

◯ 토지소유권의 확정기준

"특별한 사정이 없는 한 지적공부에 1필의 토지로 등재된 특정 토지에 대한 소유권의 범위는 지적 공부상의 경계선에 의하여 확정되어야 한다.[55)]"

◯ 예외적으로 토지경계가 실제 경계에 의하는 경우

"지적도를 작성함에 있어서 그 기점을 잘못 선택하는 등 기술적인 착오로 말미암아 지적도상의 경계선이 진실한 경계선과 다르게 작성되었다든가 또는 1필지의 토지 위에 수 동의 건물을 짓고 건물의 경계에 담장을 설치하여 각 건물의 부지로 사실상 구획지어 어림잡아 매도한 후 그 분필등기를 하였기 때문에 그 경계와 지적이 실제의 것과 일치하지 않게 되었고, 그 부지들이 전전매도 되면서도 당사자들이 사실상의 경계대로의 토지를 매매할 의사를 가지고 거래를 한 경우 등과 같은 특별한 사정이 있는 경우에 한하여 그 토지의 경계는 실제의 경계에 의하여야 한다.[56)]"

◯ 토지가 사실상 분할된 경우, 부분 양도의 효력과 방법

"토지가 사실상 분할되어 독립된 권리의 목적이 될 수 있는 상태에 있는 경우에는 당사자간에 있어서 그 양도의 효력이 있다 할 것이므로, 매수인은 매도인에게 그 토지를 분필하여 이전등기를 하라고 청구할 수 있다.[57)]"

에 관한 민법 제235조·제236조의 적용을 받는다. 셋째, 온천도 토지의 구성부분이기는 하나, 온천법(1981년 3월 2일 제정 법률 제3377호)의 적용을 받는다. 온천(지하로부터 용출되는 섭씨 25도 이상의 온수로서 그 성분이 인체에 해롭지 아니한 것을 말한다. 동법 제2조)의 굴착허가(제12조), 온천발견자의 신고(제21조) 등에 비춰볼 때, 원칙적으로 토지소유권의 객체가 되지 않는다 할 것이다. 참고로 판례는, 온천권 내지 광천권을 인정하지 않는다(대판 1970. 5. 26. 69다1239).

53) 첫째, 바다(토지와 바다의 경계는 만조수위선이다. 공유수면관리법 제2조 제2항 참조)는, 관련 법률에 따른 어업권(수산업법 제15조 이하)·공유수면사용권(공유수면관리법 제4조 이하)·공유수면매립권(공유수면매립법 제4조 이하) 등의 이용권의 객체만 될 뿐 개인이 소유할 수는 없다. 둘째, 종전의 하천은 국유였으나(구하천법 제3조), 법 개정으로 국유제가 폐지되었다. 국가하천으로 지정된 사유 토지의 소유자가 하천관리청에 그 토지의 매수를 청구할 수 있는 매수청구제도가 신설되었다(동법 제79조-제81조). 개인은 관리청의 허가를 얻어 하천구역을 점용할 수 있다(제33조).

54) 물권변동에 관하여 형식주의를 취하고 있는 민법의 경우, 등기를 해야만 물권변동이 생기고(제186조·제187조·제245조 제2항), 분필절차를 밟지 않은 1필의 토지의 일부분에 대한 등기를 허용하지 않기 때문이다.

55) 대판 1969. 5. 27. 69다140.

56) 대판 1986. 10. 14. 84다카490.

◎ 제방유실로 토지가 해면이 된 경우, 소유권 대상인지 여부

"해변에 있는 토지가 태풍으로 인하여 제방이 유실된 후 계속하여 간조 시는 사장이고 만조 시는 해면 하에 있게 되어 그 소유자들의 재력으로는 감히 복구할 수 없을 정도이고 경제적 가치로 보아 제방축조를 할 수 없는 것이라면, 이는 해면으로 되어 토지의 소유권이 소멸된다.[58)]"

◎ 토지상 식재된 수목이 거래 내지 처분대상이 되기 위한 요건

"토지상에 식재되어 있는 하나 하나의 수목은 독립의 거래 내지 처분의 대상으로 되기 위하여 특별한 방법을 강구하거나 특단의 의사표시가 없는 이상, 그가 생립되어 있는 토지와 일체가 되어 거래 내지 처분되는 것이므로, 본건 수목이 생립되어 있는 토지가 원고에게 환수된 것인 이상 본건 수목도 원고에게 환수된 것이다.[59)]"

나. 온천법 관련

◎ 온천법 제2조 제1호 소정의 '지하로부터 용출되는 섭씨 25도 이상의 온수'에 통상의 양수방법에 의하여 지상으로 양수하였을 때의 온수의 실측온도가 섭씨 25도 이상인 경우가 포함되는지 여부

"온천법 제2조 제1호 소정의 온천요건으로서 '지하로부터 용출되는 섭씨 25도 이상의 온수'라 함은 양수기 등의 작동에 따른 인위적 발열요인을 뺀 용출 당시의 순수온도가 섭씨 25도 이상인 경우에 국한되는 것이 아니라 온수의 온도를 높이기 위하여 의도적으로 시설물을 설치한 경우가 아닌 이상 통상의 양수방법에 의하여 지상으로 양수하였을 때의 온수의 실측온도가 섭씨 25도 이상인 경우를 포함한다.[60)]"

◎ 온천 발견자가 그 사실을 관할 행정청에 신고하여 수리되었다고 하더라도 온천의 이용허가도 받지 아니한 상태에서 온천의 개발이용권을 취득하였다고 할 수 있는지 여부

"토지에서 온천을 발견한 자가 이를 관할 행정청에 신고하여 수리된 이후 그 토지 일대가 온천지구로 지정되고 온천개발계획이 승인되었다고 하더라도, 신고자에게는 온천법상 관할 행정청으로부터 토지의 굴착허가 및 온천의 이용허가를 우선적으로 받거나 발견 및 굴착에 소요되는 비용 또는 이용시설비를 우선하여 보조 또는 융자받을 수 있는 이익이 부여될 뿐으로서 온천의 이용허가를 받지도 아니한 신고자가 온천의 개발이용권을 취득하였다고 할 수는 없다고 한 사례.[61)]"가 있다.

◎ 온천 발견의 신고자에게 부여되는 이익 중에서 관할 행정청으로부터 온천의 이용허가를 우선적으로 받을 수 있는 이익을 온천의 우선이용권이라고 주장하며 새로운 토지소유자를 상대로 그 권리의 확인을 구할 수 있는지 여부

"온천 발견의 신고자에게 부여되는 이익 중에서 관할 행정청으로부터 온천의 이용허가를 우선적으로 받을 수 있는 이익을 온천의 우선이용권이라고 주장하며 새로운 토지소유자를 상대로 그 권리의 확인을 구할 수 없다고 한 사례.[62)]"가 있다.

◎ 온천을 발견한 자가 아니면서 온천이 발견된 토지의 소유권을 승계취득한 자가 온천법상의 온천

---

57) 대판 1960. 7. 21. 4290민상683.
58) 대판 1971. 3. 9. 70다2756.
59) 대판 1967. 3. 7. 66다353, 354.
60) 대판 1992. 11. 24. 92누3052.
61) 대판 2004. 4. 27. 2003다21001.
62) 대판 2004. 4. 27. 2003다21001.

발견자로 될 수 있는지 여부

"온천을 발견하고자 하는 자는 허가를 받아 타인 소유의 토지상에서 온천의 탐사를 위한 행위를 할 수 있고, 탐사 등으로 온천을 발견한 자가 이를 신고하여 수리가 된 경우, 온천 발견자로서 굴착허가 등을 우선적으로 받을 수 있는 이익이 부여되는 것이지, 온천을 발견한 자가 아니면서 그 지반의 소유자라는 이유만으로 온천 발견자로 신고할 수 있다거나, 온천이 발견된 토지의 소유권을 승계취득 하였다고 하여 새로 온천법상의 온천 발견자로 될 수 있는 것은 아니므로, 온천 발견자가 온천을 발견하여 온천법에 따라 온천 발견자로 신고하여 수리된 후 온천이 발견된 토지 소유권의 승계취득자가 그 지반인 당해 토지의 소유권을 승계취득 하였다고 하더라도 위 온천 발견자가 여전히 온천법상의 온천 발견자임에는 변함이 없다.[63]"

◘ 온천발견자 신고상의 명의변경절차의 이행을 구하는 소의 허용 여부 및 온천공 발견신고자의 명의를 변경하기로 하는 계약이 탈법행위로서 무효인지 여부

"온천법 제19조 제2항에서는 '시장・군수는 행정자치부령이 정하는 바에 의하여 온천자원조사를 실시하고 온천관리대장을 작성・비치하여야 한다.'고 규정하고 있고, 온천법 시행규칙 제15조 제3항에서는 '법 제19조 제2항의 규정에 의한 온천관리대장은 별지 제11호 서식과 같다.'고 정하고 있으며, 별지 제11호 서식은 소재지, 온천발견상황, 온천지구 및 온천공보호구역 지정상황, 개발계획 수립 및 개발추진상황, 온천현황, 이용현황, 온천자원보전관리, 온천자원보전관리조치상황을 기재하도록 되어 있고, 온천발견 상황란에서 발견신고일자, 신고수리일자, 발견자 인적 사항을 기재하도록 되어 있을 뿐, 온천법이나 관계 법령을 살펴보아도 온천발견자 신고상의 명의변경이나 그 지위승계의 허용가능성이나 명의변경절차에 관하여는 전혀 규정을 찾아볼 수 없으므로, 온천관리대장에 온천발견자의 성명을 등재하는 행위는 행정사무집행상의 편의를 위한 것에 불과하여 온천발견자 신고상의 양도인 명의를 양수인 명의로 직접 변경할 것의 이행을 구하는 것은 허용될 수 없는 것이라 할 것이나, 온천공 발견신고자의 명의를 변경하기로 하는 당사자 사이의 계약은 사적자치의 원칙에 따라 이를 금지하는 강행규정이 없는 이상 보호되어야 하고, 비록 해당 법규에서 위 명의를 변경하는 근거 규정을 두지 않았다는 사유만으로는 당사자 사이의 계약이 탈법행위로서 무효가 된다고는 할 수 없다.[64]"

다. 지하수법 관련

◘ 지하수 개발・이용권의 법적 성질 및 지하수 개발・이용허가 후 토지소유권이 이전되면 그 지하수 개발・이용권도 당연히 이전되는지 여부

"구지하수법(1999. 3. 31. 법률 제5955호로 개정되기 전의 것) 제3조, 제5조, 제6조, 제7조 제1항, 제10조 제1항, 제12조, 제13조, 제16조, 제17조, 구제주도개발특별법(2000. 1. 28. 법률 제6249호로 전문 개정되기 전의 것) 제25조 등의 관련 규정을 종합하면, 자연히 용출하는 지하수나 동력장치를 사용하지 아니한 가정용 우물 또는 공동우물 및 기타 경미한 개발・이용 등 공공의 이해에 직접 영향을 미치지 아니하는 범위에 속하는 지하수의 이용은 토지소유권에 기한 것으로서 토지소유권에 부수하여 인정되는 권리로 보아야 할 것이지만, 그 범위를 넘어선 지하수 개발・이용은 토지소유권에 부수되는 것이 아니라 지하수의 공적 수자원으로서의 성질과 기능 등을 고려하여 행정청의 허

63) 대판 1998. 2. 13. 97누15142.

64) 대판 2004. 8. 20. 2002다20353; 대판 2002. 2. 26. 2001다53622.

가・감시・감독・이용제한・공동이용 명령・허가취소 등 공적관리방법에 의한 규제를 받게 하고 있다고 할 것이고, 따라서 이러한 규제의 범위에 속하는 지하수 개발・이용권은 토지소유권의 범위에 속하지 않는 것이므로 지하수의 개발・이용허가를 받은 후 그 토지소유권이 이전된다고 하여 허가에 의한 지하수 개발・이용권이 새로운 토지소유자에게 당연히 이전되는 것은 아니다.[65)]"

◎ 지하수 개발・이용권의 양도・양수가 허용되는지 여부 및 지하수 개발・이용 피허가자의 명의변경 신고시 지하수이용허가서 원본의 제출이 반드시 필요한지 여부

"동일하거나 인접한 대수층을 가진 지하수의 개발・이용은 서로 영향을 미치게 되어 후에 개발・이용의 허가를 신청한 자에게 기존 이용권자의 이익을 침해하여 배타적 개발・이용을 허용할 수는 없고, 또한 그 지하수 부존량이 풍부하여 기존 이용권자의 이익을 침해할 염려가 없다고 하더라도 그 총취수량이 적정 개발취수량을 넘는 경우에는 그 범위 내에서 제한을 받을 수밖에 없으며, 설령 그러한 제한이 없는 경우라고 하더라도 같은 대수층을 가진 지하수를 이용하고자 하는 경우 여러 개의 지하수공을 굴착하여 개발・이용하게 하는 것보다는 하나의 지하수공으로 충분하다면 기존의 지하수공을 통하여 지하수를 개발・이용하게 함이 지하수의 적정량 개발 원칙, 지하수의 자원 보존과 관리, 오염방지, 지반 침하 방지, 생태계보전 등을 위하여도 바람직하다고 할 것이고, 지하수 개발・이용권이 그 성질상 당연히 양도・양수가 절대적으로 금지되는 성질의 것은 아니므로, 법령이나 조례에서 그 지하수의 관리방법으로 지하수 개발・이용 피허가자의 명의변경을 규정하고 있는 경우에는 그 규정은 유효하다고 할 것이고, 구제주도개발특별법시행령(2000. 8. 17. 대통령령 제16955호로 전문 개정되기 전의 것) 제15조 제4항은 지하수 굴착・이용허가를 받은 자에게 굴착공사의 착수・준공, 지하수이용의 포기・중지 기타 제주도조례가 정하는 사유가 발생한 경우에 7일 이내에 제주도지사에게 신고의무를, 제5항은 신고서 등의 서식을 제주도조례로 위임하고 있고, 구제주도개발특별법시행조례(2000. 8. 17. 대통령령 제16955호로 전문 개정되기 전의 것) 제58조는 같은 법 시행령 제15조 제4항에 의하여 신고하여야 할 사항의 하나로 굴착공 소유자 변경을 들고 있으며, 제59조는 같은 법 시행령 제15조 제5항에 의한 신고서 등의 서식을 규정하고 그 [별표 17]로 서식을 규정하는 외에 첨부서류로 토지의 굴착공 소유자 변경신고시에 지하수이용허가서 원본, 소유주 변경을 증명할 수 있는 서류를 규정하고 있으며, 같은 법 시행조례 부칙 제3조 제1항에서 제주도의 사무 중 지하수개발・이용에 관한 신고수리에 관한 사항을 시장・군수에게 위임하고 있는바, 같은 법 시행조례가 규정한 지하수공의 소유자명의변경제도의 의미는 지하수공이 토지소유권과 별개의 물권으로 성립하여 토지소유권과 독립하여 사법상의 거래 객체가 됨을 전제로 그 소유권변경을 공시하려는 것이 아니라, 단지 관리청으로부터 적법하게 지하수 이용허가를 받은 자나 그 자로부터 그 이용권을 양수받은 자를 공부상 표시하여 적절한 지하수의 관리를 효율적으로 하기 위한 것이라고 할 것이어서 실질적으로는 지하수 개발・이용 피허가자의 명의를 변경하는 것이라고 할 것이고, 다만 지하수 개발・이용 허가권자는 제주도지사, 그 명의변경 신고수리권자는 시장・군수에게 위임되어 그 권한자나 규제의 방법이 달리 규정되어 있을 뿐이고, 그 명의변경 신청시 첨부서류로 그 소유자변경을 증명하는 서류 외에 지하수이용허가서 원본을 제출하게 한 취지는, 당사자 사이에 그 이용권에 관한 양도・양수가 이루어진 경우에 통상 그 원본도 양수인에게 주어질 것이고, 행정청으로서는 그 원본을 제출받아 양도인의 지하수이용권에 대한 진정한 양도나 이전

65) 대결 2001. 10. 23.자 99두7470.

의 동의 의사를 확인한 다음 이를 회수하고 양수인에게 새로운 이용허가서 원본을 발급하거나 그 원본에 양도·양수사실을 기재하여 교부하여 준다는 것에 불과하고, 모든 경우에 절대적으로 필요한 서류라고 할 수는 없을 것이며, 다만 그 원본의 제출이 필요 없는 경우를 구체적·객관적 기준으로 정할 수는 없으나, 지하수이용권은 지하수이용시설을 상용에 이바지하기 위하여 허가된 것이므로 지하수이용을 위한 주요 시설 전부와 그 부지의 소유권을 취득한 자는 특별한 사정이 없는 한 종전과 같은 방법으로 지하수를 이용할 수 있다 할 것이고, 이와 같은 경우에 법 소정의 효율적인 지하수관리를 위하여는 예외적으로 지하수이용허가서 원본의 제출이 없다고 하더라도 그 명의변경 신고를 수리하여야 한다.[66]"

3. 토지의 정착물

(1) 개념·종류

토지에 직·간접으로 부착되어 쉽게 이동할 수 없는 물건으로서 거래의 관념상 계속적으로 토지에 부착하여 사용되는 것으로 인정되는 물건을 토지의 정착물이라 한다. 여기에는 독립정착물[67]·종속정착물[68]·반독립정착물[69] 등 세 가지가 있다.

판 례

○ 자연석을 조각한 석불이 독립한 소유권 대상인지 여부

"임야에 있는 자연석을 조각하여 제작한 석불이라도 그 임야의 일부분을 구성하는 것이라고는 할 수 없고, 임야와 독립된 소유권의 대상이 된다.[70]"

(2) 건 물

●● 사례 10

피고(A)는 원고(B)로부터 이 사건 전시장 19구획을 임차하여 A의 자동차전시장으로 사용하여 왔다. 그런데 그 임대기간 만료 전에 A는 B로부터 이 사건 전시장 19구획을 대금 5억원에 매수하기로 하여 계약금 5천만원을 지급하였으나, A가 그 매매에 기한 중도금 지급 등을 게을리 하자, B는 최고절차를 밟은 후에 A와의 매매계약을 해제하였다. 그리하여 매매계약의 해제에 따른 원상회복으로서 이 사건 전시장 19구획의 인도 및 임료 상당의 사용이익을 반환하라는 취지의 소송을 제기하였다. B의 주장은 정당한가? 그런데 이 사건 전시장은 아무개 자동차매매단지에 부설된 지상 3층 규모의 철골구조물로 된 주차시설인데, 철제 에이치빔(H-beam)으로 기둥을 세우고 바닥에 철판을 깔고 차량이 주차할 수 있는 공간을 페인트로 선을 그어 구획하여 놓았으며,

---

66) 대결 2001. 10. 23.자 99두7470; 대결 2001. 4. 30.자 2000마4798.

67) 언제나 토지와는 별개의 독립한 부동산으로 취급되는 경우이다(가령 건물·입목법에 의한 수목).

68) 언제나 토지의 일부분에 지나지 않는 것으로, 담장·돌담·울타리 등을 들 수 있다.

69) 원칙적으로 토지의 일부분에 지나지 않으나, 예외적인 경우에 독립한 물건으로 인정되는 것으로, 명인방법을 갖춘 농작물·명인방법을 갖춘 미분리의 과실·명인방법을 갖춘 수목 등을 들 수 있다.

70) 대판 1970. 9. 22. 70다1494.

각 층 전면의 절반 가량의 높이에 철판을 잇대어 가려 놓았을 뿐 벽이라고 볼만한 것은 없다는 점, 이 사건 전시장 19구획 부분이 이 사건 전시장의 다른 부분과 구분되는 B의 소유라고 단정할 수 없다는 점 등이 사실관계에서 확인되었다.

●● 사안의 쟁점:

첫째, 건물 일부분이 구분소유권의 객체가 될 수 있는지 여부 둘째, 임대인(B)이 임차인(A)에게 이 사건 전시장을 매도하기로 하였는데 A가 중도금 지급을 하지 않아 매매계약이 해제된 사안의 경우, A가 B의 부동산을 점용한 것이 그 매매계약의 이행으로서 A가 B로부터 인도받았다고 볼 수 있는지 여부 등이다.

(가) 민법의 태도

토지와는 별개의 독립한 부동산으로 취급하여 토지등기부와 건물등기부라는 공적장부를 두고 있다(부동산등기법 제14조 제1항 · 제15조). 건물은 건축물대장에 등록되나(건축법 제38조 참조), 건물에 대한 물권변동은 등기하여야 그 효력이 생긴다(제186조 · 제187조).

(나) 건물 여부의 판단

신축 중인 건물을 독립한 부동산으로 보는 시점, 헐고 있는 건물은 언제부터 건물이 아닌 것으로 되느냐 하는 것은, 건물의 양도 · 압류 등의 법적 처리에 있어서 중요한 의미가 있다. 그 판단은 사회통념 · 거래관념에 따른다(통설 · 판례).

(다) 건물의 개수결정

건물의 개수를 정하는 것도 물리적 구조에 따라 정할 것이 아니라, 사회통념 · 거래관념에 따라야 한다(통설 · 판례). 최소한의 기둥과 지붕, 주벽이 이루어지면 건물로 보며, 신축건물의 소유권은 건물이 되는 시점에서 당시의 건축주가 등기 없이 소유권을 원시취득하게 된다(판례). 한편 등기부상 1개의 건물로서 1개의 등기기록이 되어 있어도(부동산등기법 제15조 제1항 참조), 사실상 분할하여 2개의 건물로 사용하고 있다면, 2개의 건물에 대한 소유권의 객체가 인정된다(건물의 구분소유).[71][72]

71) 1개의 건물의 일부분의 경우, 구분 · 분할등기를 하지 않은 상태에서 그 일부의 양도 · 기타의 처분을 할 수 없음은, 토지의 경우와 같다(통설 · 판례). 다만, 전세권 설정의 경우는 그러하지 아니하다(부동산등기법 제72조 제1항 제6호).

72) 민법 제215조 소정의 건물의 구분소유는 '평층연결식 구분소유'(소유권이 가로로만 분할되어진 형태)이고, 집합건물의 소유 및 관리에 관한 법률 제1조 소정의 구분소유는 '계층적 구분소유'(소유권이 가로와 세로로 분할되어진 형태)라 한다(김용한, 전정판 「물권법」, 박영사, 1986, 243-244면).

〈공동주택의 종류〉

1) 주택: 세대의 세대원이 장기간 독립된 주거생활을 영위할 수 있는 구조로 된 건축물의 전부 또는 일부 및 그 부속토지를 말하며, 여기에는 단독주택·공동주택이 있다(주택법 제2조 제1호 참조).
2) 공동주택: 대지 및 건물의 벽·복도·계단 기타 설비의 전부 또는 일부를 공동으로 사용하는 각 세대가 하나의 건축물 안에서 각각 독립된 주거생활을 영위할 수 있는 구조로 된 주택을 말하며 이에는 다음과 같은 종류가 있다(주택법 제2조 제2호, 동법시행령 제2조 제1항, 건축법시행령 별표 1 제2호 가목 내지 다목).
3) 아파트: 5층 이상의 주택
4) 연립주택: 1개 동의 바닥면적(지하주차장 면적 제외)이 660제곱미터를 초과하는 4층 이하의 주택
5) 다세대주택: 1개 동의 바닥면적(지하주차장 면적 제외)이 660제곱미터 이하인 4층 이하의 주택

판 례

가. 건물 관련

○ 사회통념상 독립한 건물이라고 볼 수 있는 미완성 건물을 인도받아 완공한 경우, 그 소유권의 원시취득자(=원래의 건축주) 및 독립한 부동산으로서의 건물의 요건

"건축주의 사정으로 건축공사가 중단되었던 미완성의 건물을 인도받아 나머지 공사를 마치고 완공한 경우, 그 건물이 공사가 중단된 시점에서 이미 사회통념상 독립한 건물이라고 볼 수 있는 형태와 구조를 갖추고 있었다면 원래의 건축주가 그 건물의 소유권을 원시취득하고, 최소한의 기둥과 지붕 그리고 주벽이 이루어지면 독립한 부동산으로서의 건물의 요건을 갖춘 것이라고 보아야 한다.[73)]"

○ 사회통념상 독립한 건물이라고 볼 수 있는 미등기 건물의 건축주 명의변경과 소유권의 원시취득자

"미완성의 건물이라도 사회통념상 독립한 건물이라고 볼 수 있는 형태와 구조를 갖추고 있는 건물의 경우, 그 당시의 건축주가 건물을 타에 매도한 후 건축주명의변경절차를 마쳤다 하더라도, 원래의 건축주가 건물을 원시취득한다.[74)]"

○ 독립된 부동산이라고 볼 수 있는 경우

"공장 울타리 안에 공장건물과 인접하여 설치된 둥근 콘크리트 및 철판 벽면과 삿갓모양의 지붕을 갖춘 저유조는 유류창고로서의 기능을 가진 독립된 건물로 보아야 한다.[75)]"

○ 독립된 부동산이라고 볼 수 없는 경우

"4개의 나무기둥을 세우고 유지로 만든 지붕을 얹고 벽이라고 볼만한 시설이 되어있지 아니한 물건은 이를 건물이라고 할 수 없다.[76)]"

---

73) 대판 2002. 4. 26. 2000다16350; 대판 2001. 1. 16. 2000다51872; 대판 1986. 11. 11. 86누173.
74) 대판 2002. 3. 12. 2000다24184, 24191; 대판 1984. 6. 26. 83다카1659.
75) 대판 1990. 7. 27. 90다카6160.
76) 대판 1966. 5. 31. 66다551.

◯ 건축 중인 건물의 소유권 취득시기

"미완성의 아파트를 인도받아 건축함에 그 소유권을 원시취득한 것이라고 하기 위하여는 아직 사회통념상 건물이라고 볼 수 있는 형태와 구조를 갖추지 못한 정도의 아파트를 넘겨받아 이를 건물로 완성하였음을 필요로 한다.[77)]"

◯ 경매대상건물인 1동의 주택 및 창고와 부속건물 4동이 한 개의 건물로 등기되어 있고 미등기인 창고 2동이 있는데 부속건물 중 3동만을 따로 떼어 경락허가한 조치의 적부

"1동의 건물은 그 전체를 경락허가의 대상으로 삼아야 할 것이고 그 일부분을 분리하여 따로 경락허가의 대상으로 삼을 수는 없는 것인바, 이 사건에서 경매의 대상이 된 건물인 1동의 주택 및 창고와 부속건물 4동이 한 개의 건물로 등기되어 있고 미등기인 창고 2동이 있는데 경매법원이 위 등기된 건물 중 원채인 주택 및 창고와 부속건물 중 1동을 제외한 부속건물 3동을 따로 떼어 경락허가한 것은 일물일권주의에 위반되어 위법하고, 미등기인 창고 2동은 그것이 위 등기된 건물에 부속된 것이라면 같은 이유로 위법하고 따로이 독립된 건물이라면 경매신청이 없는데 경락을 허가한 허물이 있다.[78)]"

◯ 신축 중인 건물의 지상층 부분이 골조공사만 진행되었을 뿐이라고 하더라도 지하층 부분만으로도 독립된 건물로서의 요건을 갖추었다고 볼 수 있는지 여부

"신축 건물이 경락대금 납부 당시 이미 지하 1층부터 지하 3층까지 기둥, 주벽 및 천장 슬라브 공사가 완료된 상태이었을 뿐만 아니라 지하 1층의 일부 점포가 일반에 분양되기까지 하였다면, 비록 토지가 경락될 당시 신축 건물의 지상층 부분이 골조공사만 이루어진 채 벽이나 지붕 등이 설치된 바가 없다 하더라도, 지하층 부분만으로도 구분소유권의 대상이 될 수 있는 구조라는 점에서 신축 건물은 경락 당시 미완성 상태이기는 하지만 독립된 건물로서의 요건을 갖추었다고 본 사례.[79)]"가 있다.

◯ 건물의 개수를 정할 때 고려할 사항

"건물의 개수를 정함에 있어서는 물리적 구조와 같은 객관적 사정을 참작할 것은 물론 건축하여 소유하는 자의 의사도 고찰할 필요가 있다.[80)]"

◯ 구분소유의 객체가 되기 위한 요건

"법률상 1개의 부동산으로 등기된 기존 건물이 증축되어 증축부분이 구분소유의 객체가 될 수 있는 구조상 및 이용상의 독립성을 갖추었다고 하더라도, 이로써 곧바로 그 증축부분이 법률상 기존건물과 별개인 구분건물로 되는 것은 아니고, 구분건물이 되기 위하여는 증축부분의 소유자의 구분소유의사가 객관적으로 표시된 구분행위가 있어야 할 것인바, 기존 건물에 관하여 증축 후의 현존 건물의 현황에 맞추어 증축으로 인한 건물 표시변경등기가 경료된 경우에는 특별한 사정이 없는 한 그 소유자는 증축부분을 구분건물로 하지 않고 증축 후의 현존 건물 전체를 1개의 건물로 하려는 의사인 것이다.[81)]"

---

77) 대판 1984. 9. 25. 83다카1858.

78) 대결 1990. 10. 11.자 90마679; 대결 1986. 2. 17.자 86마30.

79) 대판 2003. 5. 30. 2002다21592, 21608.

80) 대판 1964. 11. 28. 64다678.

81) 대판 1999. 7. 27. 98다32540.

나. 공동주택 관련

◎ 주택조합이 신축하여 일반인에게 분양하는 아파트의 소유관계와 그 관리·처분 방법

"주택조합이 주체가 되어 신축 완공한 건물로서 조합원 외의 일반인에게 분양되는 부분은 조합원 전원의 총유에 속하며, 총유물의 관리 및 처분에 관하여 주택조합의 정관이나 규약에 정한 바가 있으면 이에 따르고 그에 관한 정관이나 규약이 없으면 조합원 총회의 결의에 의하여야 하며, 그와 같은 절차를 거치지 않은 행위는 무효라고 할 것이다.[82)]"

◎ 연합주택조합과 분양계약을 체결한 수분양자는 주택의 보존등기명의자가 될 단위주택조합에 대하여 분양계약의 효력을 주장할 수 있는지 여부

"연합주택조합과 분양계약을 체결한 수분양자는 단위주택조합에 대하여도 특별한 사정이 없는 한 분양계약의 효력을 주장할 수 있다.[83)]"

◎ 보증기간을 10년으로 한 공동주택의 내력구조부에 대한 의무하자보수보증계약에 있어 보증대상의 범위

"구주택건설촉진법시행령(1999. 4. 30. 대통령령 제16283호로 개정되기 전의 것) 제43조의5 제1항 제1호 (가)목에서는, 공제조합이 행할 수 있는 하자보수보증을 의무하자보수보증과 장기하자보수보증으로 구분하고, 의무하자보수보증을 '구공동주택관리령(1998. 12. 31. 대통령령 제16069호로 개정되기 전의 것) 제16조'의 규정에 의한 하자보수의무기간 중 발생한 하자의 보수에 대한 보증이라고 규정하고 있을 뿐, 구주택건설촉진법(1998. 12. 31. 대통령령 제16069호로 개정되기 전의 것) 제38조 제16항 및 그에 따른 위 공동주택관리령 제16조의2의 규정에 의한 하자의 보수에 대한 보증으로 되어 있지 아니하고, 위 공동주택관리령 제16조와 그에 따른 시행규칙에서는 보증기간을 10년 내지 5년이라고만 규정하고 있을 뿐, 그 범위를 주택이 무너졌거나 무너질 우려가 있는 경우로 한정하고 있지 아니하므로, 보증기간을 10년으로 하여 이루어진 공제조합의 의무하자보수보증의 보증대상은 결국 내력구조부에 발생한 모든 하자라고 봄이 상당하다 하겠고, 비록 하자보수의무에 관한 위 주택건설촉진법 제38조 제14항 내지 제16항, 위 공동주택관리령 제16조의2에서 주택건설사업주체는 공동주택의 하자를 보수할 책임이 있고, 이를 담보하기 위하여 하자보수보증금을 예치하여야 할 의무가 있으며, 특히 공동주택의 내력구조부에 발생한 결함으로 인하여 당해 공동주택이 무너지거나, 혹은 안전진단 실시 결과 당해 공동주택이 무너질 우려가 있다고 판정된 경우와 같은 중대한 하자가 발생한 때에는 10년의 범위 내(기둥·내력벽은 10년, 보·바닥·지붕은 5년)에서 이를 보수하고 그로 인한 손해를 배상할 책임이 있다고 규정하고 있으나, 그와 같은 규정을 둔 취지는 내력구조부의 결함과 같은 중대한 하자에 대하여는 그 위험성과 주요성에 비추어 특히 가중책임을 지게 하려는 것이지, 내력구조부에 대해서는 공동주택이 무너지거나 무너질 우려가 있는 경우와 같은 중대한 하자에 대해서만 보증책임을 부담하는 것으로 제한하려는 취지는 아니라고 해석된다.[84)]"

82) 대판 2007. 12. 13. 2005다52214; 대판 2003. 7. 11. 2001다73626; 대판 2002. 9. 10. 2000다96.
83) 대판 2002. 9. 10. 2000다96.
84) 대판 2002. 2. 8. 99다69662; 대판 2001. 4. 27. 2000다66072.

●● 사례 10의 해결:

첫째, 민법 제185조의 규정상 물권은 법률 또는 관습법에 의하는 외에는 임의로 창설하지 못한다. 그러므로 하나의 물권의 객체는 하나의 물건이어야 함이 원칙이고, 다만 민법 제215조 및 집합건물의 소유와 관리에 관한 법률의 규정에 의하여 건물은 그 일부분이 구분소유의 객체가 될 수 있다. 한편 최소한의 기둥과 지붕 그리고 벽이 이루어지면 독립한 부동산으로서의 건물의 요건을 갖춘 것이 된다(대판 2007. 4. 26. 2005다19156 등 참조). 이러한 법리에 비추어 보면, 이 사건 전시장은 독립한 부동산인 건물로서의 요건을 갖추지 못하여 구분소유의 객체가 될 수 없고, 따라서 그 일부분에 페인트로 선을 그어 구획하여 놓은 이 사건 전시장 19구획 부분이, 이 사건 전시장의 다른 부분과 구분되는 B의 소유라고 단정할 수 없음은 명백하다.

둘째, 그렇다면, A가 이 사건 전시장 19구획을 점용한 것은 위 매매계약에 앞서 체결된 임대차계약에 기한 것일 뿐 위 매매계약의 이행으로서 이 사건 전시장 19구획을 인도받았다고는 볼 수 없고, 따라서 A가 위 임대차계약에 기하여 이 시간 전시장 19구획의 인도 및 임료상당의 부당이득반환의무를 지는 것은 별론으로 하고, 위 매매계약의 해제에 따른 원상회복으로서 이 사건 전시장의 인도 및 임료상당의 사용이익을 반환할 의무를 진다고는 볼 수 없다. 따라서 B의 주장은 이유가 없다.

(대판 2011. 6. 30. 2009다30724의 사실관계와 판결요지 등 참조)

(3) 수목의 집단

수목은 그것이 자라고 있는 토지에 그대로 있는 한, 토지의 일부분일 뿐이고, 토지에서 분리된다면 동산이 된다. 다만, 입목에 관한 법률에 따른 입목등기를 하거나, 명인방법을 갖춘 경우에는 토지와는 별개의 독립한 부동산으로 취급된다.

(가) 입목법에 의한 수목

수목을 하나의 자원(산림자원)으로 파악할 경우, 수목이 자라고 있는 토지와 분리하여 독립한 물건으로서 거래할 사회·경제적 필요성이 있게 된다.[85] 1필의 토지 또는 1필의 토지의 일부에서 자라고 있는 수목의 집단으로서 입목에 관한 법률에 의한 소유권보존등기를 마친 것을 입목이라 하고(동법 제2조 제1항 제1호),[86] 입목은 그 생육상태에서 토지와는 별개의 독립한 부동산으로 취급된다(동법 제3조 제1항).[87]

(나) 명인방법에 따라 공시된 수목의 집단

입목등기는 강제되지 않는다. 비록 입목등기를 하지 않았다 하더라도, 수목의 집단에 대하여 소유자가 관습상의 물권공시방법인 명인방법[88]을 갖출 경우, 그 생육상태에서 토

85) 이에 따라 만들어진 법이 '입목에 관한 법률'(1973년 2월 6일 제정 법률 제2484호)이다.

86) 입목등기를 할 수 있는 수목의 종류에는 아무런 제한이 없다.

87) 따라서 입목은 토지와는 별개의 독립한 부동산으로서 소유권·저당권의 객체가 될 수 있다. 소유권이전의 형식에 의한 양도담보의 설정도 가능하다. 한편 토지의 소유권 또는 지상권의 처분은 입목에 영향을 주지 않는다(입목법 제3조 제3항).

지와는 별개의 독립한 부동산으로 취급된다.[89)]

판 례

가. 입 목

○ 특정되지 않은 입목이 독립한 부동산인지 여부

"특정이 되지 않은 입목에 대하여 명인방법을 취하였다 하더라도, 그 효력이 발생하지 않는다.[90)]"

나. 수 목

○ 경매 대상 토지 위에 수목이 생립하고 있는 경우, 당해 토지의 평가 및 최저경매가격의 결정 방법

"경매의 대상이 된 토지 위에 생립하고 있는 채무자 소유의 미등기 수목은 토지의 구성부분으로서 토지의 일부로 간주되어 특별한 사정이 없는 한 토지와 함께 경매되는 것이므로, 그 수목의 가액을 포함하여 경매 대상 토지를 평가하여 이를 최저경매가격으로 공고하여야 하고, 다만 입목에 관한 법률에 따라 등기된 입목이나 명인방법을 갖춘 수목의 경우에는 독립하여 거래의 객체가 되므로 토지 평가에 포함되지 아니한다.[91)]"

(4) 미분리의 과실

각종의 미분리의 과실(과수 열매 · 상엽 · 엽연초 · 입도 등)은 수목의 일부이지만, 명인방법을 갖출 경우, 독립한 물건으로서 거래의 객체가 된다. 그 법적 취급과 관련해서는 다툼이 있으나,[92)] 민사집행법 제189조 제2항 제2호의 규정상 유체동산으로 취급하는 것이 타당하다.

(5) 농작물

토지에서 재배 · 경작하는 각종의 농작물은 원칙적으로 토지의 일부분(독일민법상의 토지의 본질적 구성부분)이다. 다만, 정당한 권원에 의하여 타인의 토지에서 재배 · 경작한 농작물은, 토지에 부합하지 않으므로(제256조 단서), 독립한 물건으로서 그 소유권은 경작자에게 귀속된다. 반면, 정당한 권원 없이 타인의 토지에서 재배 · 경작한 농작물은 토지에 부합함으로써(제256조 본문), 그 독립성이 인정되지 않고 소유권은 토지소유자에게 있다 할 것이다. 그러나 판례는 이 경우에도, 농작물은 토지에 부합하지 않고 독립한 물건으로서 그 소유권은 경

---

88) 지상물을 토지에서 분리하지 않은 채로 토지소유권과는 별개의 독립한 소유권의 객체로 삼을 수 있는 관습법상의 물권공시방법을 말한다. 즉, 미분리과실 · 수목의 집단의 소유권이 누구에게 귀속하는지를 거래사회 일반인으로 하여금 명백하게 인식할 수 있도록 공시하는 방법이다. 가령 수목의 집단의 경우, 주위 수목의 껍질을 벗겨 페인트로 소유자의 성명을 쓰는 방법을 들 수 있다.

89) 독립한 부동산으로서 소유권의 객체가 될 수 있을 뿐이다. 다만, 소유권이전의 형식에 의한 양도담보의 설정은 가능하다고 본다. 같은 견해 김상용, 291면; 김증한 · 김학동, 243면.

90) 대판 1972. 12. 12. 72다1351.

91) 대결 1998. 10. 28.자 98마1817; 대결 1976. 11. 24.자 76마275.

92) 분리하지 않은 상태의 과실은 부동산으로 보아야 한다는 견해(김상용, 292면; 김용한, 228면; 김증한 · 김학동, 243면; 송덕수, 703면; 이영준, 862면)와 동산에 지나지 않는다는 견해(곽윤직 · 김재형, 226면)로 나뉜다.

작자에게 귀속된다는 견해를 취한다.[93][94]

판 례

◎ 길이 4, 5cm에 불과한 모자리도 농작물인지 여부

"남의 땅에 권한없이 경작 재배한 농작물의 소유권은 그 경작자에게 있고 길이 4,5 센치미터에 불과한 모자리도 농작물에 해당한다.[95]"

◎ 타인 임야에 권한 없이 식부한 임목의 소유권자

"타인의 임야에 권한 없이 식부한 임목의 소유권은 임야소유자에게 귀속한다.[96]"

◎ 매수인에게 귀속되는 경우

"생입목을 매수하여 그 매매대금 전부를 지급하고 그 인도를 받은 경우에 위 생목으로부터 생산된 초두목이나 지조(枝條) 등도 특별한 사정이 없는 이상, 위 생입목 매수자의 소유에 속한다.[97]"

◎ 수확되지 아니한 쪽파(농작물)의 소유권 취득방법

"물권변동에 있어서 형식주의를 채택하고 있는 현행 민법하에서는 소유권을 이전한다는 의사 외에 부동산에 있어서는 등기를, 동산에 있어서는 인도를 필요로 함과 마찬가지로, 이 사건 쪽파와 같은 수확되지 아니한 농작물에 있어서는 명인방법을 실시함으로써 그 소유권을 취득한다.[98]"

Ⅲ. 동 산

1. 의 의

부동산 이외의 물건을 동산이라 한다(제99조 제2항). 토지의 정착물이 아닌 부착물건(가령 가식의 수목), 전기 기타 관리할 수 있는 자연력도 동산이다.[99] 한편 무기명채권은 동산(물건이 아니라 권리임)은 아니지만, 선의취득과 관련하여 동산에 준하여 취급된다.

2. 특수한 동산(금전)

금전은 동산의 일종이지만, 보통의 물건(동산)이 갖는 개성은 없고, 재화에 대한 교환

---

93) 판례는 '농작물 재배의 경우에는 파종부터 수확까지 불과 수 개 월밖에 안 걸리고, 경작자의 부단한 관리가 필요하며, 그 점유가 경작자에게 귀속하고 있는 것이 비교적 명백하다'는 점을 근거로 든다(대판 1979. 8. 28. 79다784 등). 판례이론에 따를 경우, 미분리의 과실의 경우와 같은 명인방법도 갖출 필요가 없다.

94) 판례의 태도는, 농작물의 경작사실과 존재 자체를 관습상의 공시방법인 명인방법으로 인정한 것이 아닐까 하는 생각이 들지만(같은 견해 명순구, 「민법총칙」, 법문사, 2005, 290면), 제256조 소정의 부합의 법리상 옳지 않다고 생각한다.

95) 대판 1969. 2. 18. 68도906.

96) 대판 1970. 11. 30. 68다1995.

97) 대판 1971. 4. 20. 71다389.

98) 대판 1996. 2. 23. 95도2754.

99) 선박·자동차·항공기·건설기계 등은 동산이면서도, 법률상 부동산으로 취급되어지고 있음(이른바, 의제부동산)은 앞에서 본 바와 같다.

가치 그 자체이다. 특수한 동산인 금전은 그 법적 취급에 있어서 몇 가지 특징이 있다.[100)]

판 례

가. 도품 · 유실물에 대한 특례

◎ 수탁자가 횡령한 물건이나 점유보조자 내지 소지기관이 횡령한 물건이 민법 제250조, 제251조 소정의 도품, 유실물에 해당하는지 여부

"민법 제250조, 제251조 소정의 도품, 유실물이란 원권리자로부터 점유를 수탁한 사람이 적극적으로 제3자에게 부정 처분한 경우와 같은 위탁물 횡령의 경우는 포함되지 아니하고, 또한 점유보조자 내지 소지기관의 횡령처럼 형사법상 절도죄가 되는 경우도 형사법과 민사법의 경우를 동일 시해야 하는 것은 아닐 뿐만 아니라, 진정한 권리자와 선의의 거래 상대방간의 이익형량의 필요성에 있어서 위탁물 횡령의 경우와 다를 바 없으므로, 이 역시 민법 제250조의 도품 · 유실물에 해당되지 않는다.[101)]"

◎ 민법 제251조가 무과실을 그 요건으로 하고 있는지 여부

"민법 제251조는 민법 제249조와 제250조를 전제로 하고 있는 규정이므로 무과실도 당연한 요건이라고 해석하여야 한다.[102)]"

제 4 절 주물과 종물

Ⅰ. 주물 · 종물의 의의

물건의 소유자가 그 물건의 상용에 이바지하기 위하여, 자기 소유의 다른 물건을 이에 부속시킨 경우, 도움을 받는 물건을 주물이라 하고, 주물에 부속된 다른 물건을 종물이라 한다(제100조 제1항).[103)][104)]

---

100) 첫째, 금전은 물권적 청구권의 대상이 될 수 없고, 오직 채권적 청구권의 대상이 될 뿐이다(가령 A 소유의 금전이 B의 점유상태로 되어버린 경우, A는 B에게 채권적 반환청구권만 행사할 수 있을 뿐이다. 금전은, 점유와 소유가 일치하는 것이 보통이기 때문이다). 둘째, 금전채무불이행의 경우, 경제적 변혁이 없는 한 이행지체의 문제만 있고, 이행불능의 문제는 생기지 않는다. 셋째, 보통의 채무불이행의 경우와는 달리, 금전채권자가 금전채무자에게 그 이행지체를 이유로 한 손해배상을 청구할 경우, 손해의 증명을 필요로 하지 않는다(제397조 제2항 전문). 넷째, 보통의 채무불이행의 경우와는 달리(제390조 단서 참조), 금전채무의 이행지체의 경우에 채무자는 과실 없음을 항변하지 못한다(제397조 제2항 후문). 다섯째, 선의취득의 특례의 대상이 아니다(선의취득에 있어서 도품 · 유실물의 경우에는 특칙이 있으나, 금전의 경우에는 그 특칙이 적용되지 않는다. 금전의 점유가 소유의 권원이 되기 때문이다. 제250조 참조). 여섯째, 금전의 경우에는 간접점유(제194조)도 인정되지 않는다.

101) 대판 1991. 3. 22. 91다70.

102) 대판 1991. 3. 22. 91다70.

103) 시계와 시계줄, 횟집 점포건물과 그 점포에 부속된 수족관건물, 안채와 사랑채 등을 들 수 있다.

104) 이 제도의 취지는 무엇인가? 주물에 대한 법률적 처분의 효과를 종물에도 미치도록 하여, 양자의 법적

Ⅱ. 종물의 요건

1. 주물의 상용에 공(供)하여야 한다.

종물은, 사회관념상 계속적으로 주물의 경제적 효용을 다하게 하는 작용을 할 수 있어야 한다. 주물과 종물 사이에서, 종물이 주물의 경제적 효용을 돕는, 주종관계가 인정되려면, 양자는 장소적으로도 밀접한 위치에 있어야 한다.[105)]

판 례

◎ 저당부동산의 종물인지 여부의 판단 기준

"저당권의 효력이 미치는 저당부동산의 종물은 민법 제100조가 규정하는 종물과 같은 의미인바, 어느 건물이 주된 건물의 종물이기 위하여는 주물의 상용에 이바지하는 관계에 있어야 하고, 이는 주물 자체의 경제적 효용을 다하게 하는 것을 말하는 것이므로, 주물의 소유자나 이용자의 사용에 공여되고 있더라도 주물 자체의 효용과 관계없는 물건은 종물이 아니다.[106)]"

가. 주물·종물관계를 인정한 예

◎ 지하에 설치된 유류저장탱크 등이 일종의 종물로서 건물에 대한 경매 목적물이 될 수 있는지 여부

"토지 지하에 설치된 유류저장탱크와 건물에 설치된 주유기가 부합되거나 건물의 상용에 공하기 위하여 부속시킨 종물로서 토지 및 건물에 대한 경매의 목적물이 된다고 한 사례.[107)]"가 있다.

◎ 피해자 소유의 축사 건물 및 그 부지를 임의경매절차에서 매수한 사람이 위 부지 밖에 설치된 피해자 소유 소독시설을 통로로 삼아 위 축사건물에 출입한 사안의 경우, 위 소독시설이 축사의 종물이 되는지 여부 등

"피해자 소유의 축사 건물 및 그 부지를 임의경매절차에서 매수한 사람이 위 부지 밖에 설치된 피해자 소유 소독시설을 통로로 삼아 위 축사건물에 출입한 사안에서, 위 소독시설은 축사출입차량의 소독을 위하여 설치한 것이기는 하나 별개의 토지 위에 존재하는 독립한 건조물로서 축사 자체의 효용에 제공된 종물이 아니므로, 위 출입행위는 건조물침입죄를 구성한다고 한 사례.[108)]"가 있다.

2. 독립한 물건이어야 한다.

종물은 주물의 경제적 효용을 돕기 위하여 주물에 부속된 것이므로, 주물의 구성부분이 아니라, 독립한 물건이어야 한다.[109)] 한편 연탄창고와 공동변소를 주물(건물)의 종물로

운명을 같게 함으로써 법적 명확성과 거래의 안전을 기하기 위한 것이다.

105) 독일민법(제97조)은 이 점을 분명히 하고 있다. 명문의 규정이 없는 민법의 경우, 해석상 제100조 제1항의 '부속하게 한 때'는, 양자 사이의 장소적 밀접성을 의미한다고 한다(곽윤직·김재형, 229면).

106) 대판 2007. 12. 13. 2007도7247; 대결 2000. 11. 2.자 2000마3530; 대판 1997. 10. 10. 97다3750.

107) 대결 2000. 10. 28.자 2000마5527; 대판 1995. 6. 29. 94다6345.

108) 대판 2007. 12. 13. 2007도7247.

보기도 하고, 정화조는 건물의 구성부분에 지나지 않는다(판례).

판 례

◎ 낡은 가재도구 등의 보관장소로 사용되고 있는 방과 연탄창고 및 공동변소가 본채에서 떨어져 축조되어 있기는 하나 본채의 종물인지 여부

"낡은 가재도구 등의 보관장소로 사용되고 있는 방과 연탄창고 및 공동변소가 본채에서 떨어져 축조되어 있기는 하나 본채의 종물이라고 본 사례.[110]"가 있다.

◎ 정화조를 건물의 구성부분이라 할 수 있는지 여부

"정화조를 건물의 구성부분으로 본 사례.[111]"가 있다.

3. 주물·종물은 모두 동일 소유자의 소유이어야 한다.

타인 소유의 물건 사이에서 주물·종물의 관계를 인정할 경우, 종물은 주물과 법률적 운명을 같이 하는 결과, 주물의 처분으로 타인의 권리가 침해될 우려가 있기 때문에 주물·종물은 원칙적으로 그 소유주체가 같을 필요가 있다.[112] 판례의 견해도 이와 같다.

판 례

◎ 주물의 소유자가 아닌 사람 소유인 물건이 종물이 될 수 있는지 여부

"종물은 물건의 소유자가 그 물건의 상용에 공하기 위하여 자기 소유인 다른 물건을 이에 부속하게 한 것을 말하므로, 주물과 다른 사람의 소유에 속하는 물건은 종물이 될 수 없다.[113]"

◎ 갑이 토지소유자 을에게서 토지를 임차한 후 주유소 영업을 위하여 지하에 유류저장조를 설치한 경우, 유류저장조는 민법 제256조 단서에 의하여 갑의 소유에 속하는지 여부(적극)

"갑이 토지소유자 을에게서 토지를 임차한 후 주유소 영업을 위하여 지하에 유류저장조를 설치한 사안에서, 유류저장조의 매설 위치와 물리적 구조, 용도 등을 감안할 때 이를 토지로부터 분리하는 데에 과다한 비용을 요하거나 분리하게 되면 경제적 가치가 현저히 감소되므로 토지에 부합된 것으로 볼 수 있으나, 사실상 분리복구가 불가능하여 거래상 독립한 권리의 객체성을 상실하고 토지와 일체를 이루는 구성 부분이 되었다고는 보기 어렵고, 또한 갑이 임차권에 기초하여 유류저장조를 매설한 것이므로, 위 유류저장조는 민법 제256조 단서에 의하여 설치자인 갑의 소유에 속한다고 한 사례.[114]"가 있다.

---

109) 독일민법(제97조)·스위스민법(제644조 제2항)은 종물을 동산에 한정시킨다. 민법상으로는 독립한 물건이면 족하고, 동산(시계와 시계줄은 양자 모두 동산인 경우이다)·부동산(주택과 딴채의 광은 주물·종물이 모두 부동산인 경우이다)을 가리지 않는다.

110) 대판 1991. 5. 14. 91다2779.

111) 대판 1993. 12. 10. 93다42399.

112) 다만, 타인의 권리를 해할 우려가 없는 범위 내에서는, 제100조 제1항의 취지를 살려서 타인 소유의 물건 사이에도 주물·종물의 관계를 인정하는 것이 바람직하다(통설).

113) 대판 2008. 5. 8. 2007다36933, 36940.

114) 대판 2012. 1. 26. 선고 2009다76546.

○ 저당부동산의 상용에 공하여진 물건이 부동산의 소유자 아닌 자의 소유에 속하는 경우, 저당부동산의 낙찰자가 그 소유권을 취득하는지 여부 및 이때 낙찰자의 선의취득을 인정하기 위한 요건
"저당권의 실행으로 부동산이 경매된 경우에 그 부동산에 부합된 물건은 그것이 부합될 당시에 누구의 소유이었는지를 가릴 것 없이 그 부동산을 낙찰받은 사람이 소유권을 취득하지만, 그 부동산의 상용에 공하여진 물건일지라도 그 물건이 부동산의 소유자가 아닌 다른 사람의 소유인 때에는 이를 종물이라고 할 수 없으므로 부동산에 대한 저당권의 효력에 미칠 수 없어 부동산의 낙찰자가 당연히 그 소유권을 취득하는 것은 아니며, 나아가 부동산의 낙찰자가 그 물건을 선의취득 하였다고 할 수 있으려면 그 물건이 경매의 목적물로 되었고 낙찰자가 선의이며 과실 없이 그 물건을 점유하는 등으로 선의취득의 요건을 구비하여야 한다.[115]"

Ⅲ. 종물의 효과

종물은 주물의 처분에 따른다(제100조 제2항).[116][117] 제100조 제2항은 강행규정이 아니므로, 당사자의 합의에 따라 종물만의 처분도 가능하다(통설·판례).

판 례

○ 주물을 처분할 때에 특약으로 종물을 제외하거나 종물만을 별도로 처분할 수 있는지 여부(적극)
"종물은 주물의 처분에 수반된다는 민법 제100조 제2항은 임의규정이므로, 당사자는 주물을 처분할 때에 특약으로 종물을 제외할 수 있고 종물만을 별도로 처분할 수도 있다.[118]"

○ 공장저당권의 효력이 목적물의 부합물과 종물에 미치는지 여부
"민법 제358조, 공장저당법 제4조 및 제5조의 각 규정에 의하면, 공장저당권의 효력은 그 설정행위에 다른 약정이 있는 등의 특별한 사정이 없는 한 공장저당 목적물에 부합된 물건과 종물에 당연히 미친다.[119]"

Ⅳ. 종물이론의 유추적용

물건 상호간의 관계에 관한 주물·종물이론은, 물건과 권리와의 관계·권리 상호간에도 유추적용된다.[120]

---

115) 대판 2008. 5. 8. 2007다36933, 36940; 대판 1995. 6. 29. 94다22071.

116) 이 때의 처분은, 양도·담보설정 등의 물권적 처분뿐만 아니라, 매매·임대차·사용대차 등의 채권적 처분도 포함하는 의미이다. 결국 처분이라 함은, 종물은 주물과 법률적 운명을 같이 한다는 뜻이다.

117) 주물 위에 저당권이 설정된 경우, 그 저당권의 효력은 저당권설정 당시의 종물뿐만 아니라 저당권설정 후의 종물에도 미친다(제358조 본문).

118) 대판 2012. 1. 26. 2009다76546; 대판 2009. 9. 24. 2009도6203.

119) 대판 2007. 12. 13. 2007도7247.

120) 원본채권이 양도되면, 이자채권도 채권의 양수인에게 이전되고, 건물을 양도하면 대지임차권(타인 소유의 토지 위에 건물만의 소유권을 가진 자의 대지임차권)은 건물의 양수인에게 이전한다. 한편 판례는, '변제기

판 례

◎ 구분건물의 전유부분에 대한 소유권보존등기만 경료되고 대지지분에 대한 등기가 경료되기 전에 전유부분만에 대해 내려진 가압류결정의 효력이 그 대지권에 미치는지 여부(한정 적극)

"민법 제100조 제2항의 종물과 주물의 관계에 관한 법리는 물건 상호간의 관계뿐 아니라 권리 상호간에도 적용되고, 위 규정에서의 처분은 처분행위에 의한 권리변동뿐 아니라 주물의 권리관계가 압류와 같은 공법상의 처분 등에 의하여 생긴 경우에도 적용되어야 하는 점, 저당권의 효력이 종물에 대하여도 미친다는 민법 제358조 본문 규정은 같은 법 제100조 제2항과 이론적 기초를 같이 하는 점, 집합건물의 소유 및 관리에 관한 법률 제20조 제1항, 제2항에 의하면 구분건물의 대지사용권은 전유부분과 종속적 일체불가분성이 인정되는 점 등에 비추어 볼 때, 구분건물의 전유부분에 대한 소유권보존등기만 경료되고 대지지분에 대한 등기가 경료되기 전에 전유부분만에 대해 내려진 가압류결정의 효력은, 대지사용권의 분리처분이 가능하도록 규약으로 정하였다는 등의 특별한 사정이 없는 한, 종물 내지 종된 권리인 그 대지권에까지 미친다.[121)]"

◎ 건물에 대한 저당권이 실행되어 경락인이 건물의 소유권을 취득한 경우 건물의 소유를 목적으로 한 토지의 임차권도 건물의 소유권과 함께 경락인에게 이전되는지 여부(적극)

"건물의 소유를 목적으로 하여 토지를 임차한 사람이 그 토지 위에 소유하는 건물에 저당권을 설정한 때에는 민법 제358조 본문에 따라서 저당권의 효력이 건물뿐만 아니라 건물의 소유를 목적으로 한 토지의 임차권에도 미친다고 보아야 할 것이므로, 건물에 대한 저당권이 실행되어 경락인이 건물의 소유권을 취득한 때에는 특별한 다른 사정이 없는 한 건물의 소유를 목적으로 한 토지의 임차권도 건물의 소유권과 함께 경락인에게 이전된다.[122)]"

제5절 원물과 과실

Ⅰ. 원물·과실의 의의

물건으로부터 생기는 경제적 수익을 과실이라 하고, 과실을 발생시키는 물건을 원물이라 한다.[123)] 민법상의 과실에는 천연과실과 법정과실의 두 가지가 있다. 민법은 물건의 과

가 도래한 이자채권, 즉 지분적 이자채권은 당연히 채권양수인에게 이전하는 것이 아니라고 한다.'(대판 1989. 3. 28. 88다카12803) 그러나 '건물에 대한 저당권의 효력은 그 건물의 소유를 목적으로 하는 지상권에도 미친다고 하며, 건물소유권에 대한 지상권의 관계에 관하여 종물에 관한 법리를 유추적용하여야 한다.'고 한다(대판 1992. 7. 14. 92다527).

121) 대판 2006. 10. 26. 2006다29020.

122) 대판 1993. 4. 13. 92다24950.

123) 수익은 수익권자의 수입으로 돌아가게 된다. 그러나 수익발생시까지 원물소유자(수익권자)가 달라진 경우, 그 수익의 분배를 둘러싼 다툼이 생길 우려가 있으므로, 민법은 과실의 의미와 과실귀속의 범위를 분명히 함으로써 그 다툼을 방지하려고 한다(제101조·제102조).

실만 인정할 뿐 권리의 과실(특허권의 사용료·주식의 배당금 등)이라는 관념은 인정하지 않는다.

Ⅱ. 천연과실

1. 의 의

원물로부터 직접 산출되는 경제적 수익을 천연과실이라 한다(제101조 제1항).[124]

판 례

○ 국립공원 입장료의 성질 및 입장료 수입을 공원관리청에 전부 귀속되도록 규정한 자연공원법 제33조 제1항이 국립공원 내 토지소유자의 재산권이나 평등권을 침해하는지 여부

"자연공원법(1995. 12. 30. 법률 제5122호로 개정된 것) 제26조 및 제33조의 규정내용과 입법목적을 종합하여 보면, 국립공원의 입장료는 토지의 사용대가라는 민법상 과실이 아니라 수익자 부담의 원칙에 따라 국립공원의 유지·관리비용의 일부를 국립공원 입장객에게 부담시키고자 하는 것이어서 토지의 소유권이나 그에 기한 과실수취권과는 아무런 관련이 없고, 국립공원의 유지·관리비는 원칙적으로 국가가 부담하여야 할 것이지만 형평에 따른 수익자부담의 원칙을 적용하여 국립공원 이용자에게 입장료를 징수하여 국립공원의 유지·관리비의 일부에 충당하는 것도 가능하다고 할 것이며, 징수된 공원입장료 전부가 자연공원법 제33조 제2항에 의하여 국립공원의 관리와 국립공원 안에 있는 문화재의 관리·보수를 위한 비용에만 사용되고 있는 점 등에 비추어 국립공원 내 토지 소유자에게 입장료 수입을 분배하지 않고 공원관리청에 전부 귀속되도록 규정한 자연공원법 제33조 제1항이 헌법상의 평등권이나 재산권 보장을 침해하는 규정이라고 볼 수 없다.[125]"

2. 귀 속

천연과실이 원물로부터 분리하여 독립한 물건이 되는 경우, 그 귀속권자가 누구이냐에 관하여는 게르만법상의 생산주의와 로마법상의 분리주의·원물주의로 입법례가 갈린다.[126] 민법은 후자를 따른다. 즉, 민법은 천연과실은 수취권자에게 귀속한다는 원칙만 밝히고 있을 뿐(제102조 제1항), 구체적인 수취권자는 개별적으로 규정하고 있다.[127] 한편 양도담보제공자(판례)와 소유권유보부매매에서의 매수인에게 수취권을 인정하는 견해도 있다.[128] 천연과실

124) 원물의 경제적 용도에 따라 얻어지는 산출물인 천연과실에는, 자연적인 산출물(가령 과수의 열매·농작물·우유·가축의 새끼 등) 뿐만 아니라, 인공적인 산출물(가령 광물·토사·석재 등)을 포함한다.

125) 대판 2001. 12. 28. 2000다27749; 헌재결 2001. 6. 28. 2000헌바44.

126) 전자는 '천연과실은 씨를 뿌린 자가 거둔다.'는 태도를 취하고, 후자는 '천연과실은 원물에서 분리시에 원물의 소유자에게 귀속한다.'는 태도를 취한다.

127) 수취권자는 원물의 소유자임이 보통이나(제211조), 선의의 점유자(제201조)·지상권자(제279조)·전세권자(제303조)·유치권자(제323조)·질권자(제323조)·저당권자(제359조)·매도인(제587조)·사용차주(제609조)·임차인(제618조)·친권자(제923조)·수증자(제1079조) 등도 수취권자가 된다.

의 귀속에 관한 제102조 제1항은 임의규정이다.[129]

판 례

◯ 정당한 권원 없이 타인의 토지에서 재배 · 경작한 농작물의 소유권 귀속의 주체

"타인의 농지를 비록 권원 없이 경작을 하였다 하여도, 그 경작으로 인한 입도는 그 경작자의 소유에 귀속되고, 피차 자기에게 경작권이 있다 하여 동일한 농지를 서로 경작함으로써 결국 동일한 농지를 공동경작을 한 경우에는, 그 입도에 대한 소유권은 위의 공동경작자의 공유에 속한다고 보아야 한다.[130]"

◯ 양도담보 목적물로 제공된 돼지가 출산한 새끼 돼지의 수취권자

"양도담보 목적물로서 그 원물인 돼지가 출산한 새끼 돼지는 천연과실에 해당하고 그 천연과실의 수취권은 원물인 돼지의 사용수익권을 가지는 양도담보설정자에게 귀속되는 것이므로, 특별한 약정이 없는 한 천연과실인 위 새끼 돼지에 대하여는 양도담보의 효력이 미치는 것이라고 할 수 없다.[131]"

◯ (천연)과실의 취득권이 있는 선의의 점유자의 의미

"민법 제201조 제1항에 의하여 과실 취득권이 있는 선의의 점유자란, 과실취득권을 포함하는 권원(소유권 · 지상권 · 임차권 등)이 있다고 잘못 믿은 점유자를 말하고, 그와 같이 오신함에는 오신할 만한 근거가 있어야 한다.[132]"

Ⅲ. 법정과실

1. 의 의

물건의 사용대가로서 받는 금전 기타의 물건이 법정과실이다(제101조 제2항).[133] 금전대차에 있어서의 이자가 법정과실이냐에 대하여는 다툼이 있으나,[134] 사용대가의 의미에 비추어볼 때, 다수설이 타당하다.

---

128) 양창수, 「민법연구」(8), 107면 이하(특히 129면) 참조.

129) 가령 정원에 큰 감나무가 있는 A 소유의 집을 B가 임차한 경우, 임차기간 동안 그 감나무에서 생산되는 감의 수확권은 누구에게 있는가? 임대차계약체결시에 특별한 약정이 없었다면, B가 그 감의 수확권을 갖는다(제102조 제1항 · 제618조).

130) 대판 1967. 7. 11. 67다893.

131) 대판 1996. 9. 10. 96다25463.

132) 대판 1992. 12. 24. 92다22114.

133) 이 때의 사용대가는, 물건을 타인에게 사용하게 한 후 원물 그 자체 또는 동종 · 동질 · 동량의 것으로 반환해야 할 법률관계가 있는 경우에 인정되는 개념이다. 지상권관계에서의 지료, 임대차관계에서의 차임(집세) 등을 들 수 있다.

134) 금전도 물건이므로, 그 이용대가인 이자를 법정과실로 이해하는 것이 다수설(고상룡, 308면; 곽윤직 · 김재형, 233면; 김용한, 233면; 김증한 · 김학동, 249면)인 반면, 이자는 물건의 수익이 아니라 원본채권의 수익이므로, 법정과실은 아니며 다만, 그 귀속에 대하여는 제102조 제2항을 유추적용할 것이라는 소수설(김상용, 298면)이 있다.

2. 귀 속

법정과실은 수취할 권리의 존속기간 일수의 비율로 취득한다(제102조 제2항).[135] 이 규정은 당사자 사이의 내부관계를 정한 것에 지나지 않는다 할 것이어서, 제102조 제2항은 임의규정이라고 하여야 한다.[136]

판 례

◯ 피인지자에 대한 인지 이전에 상속재산을 분할한 공동상속인이 그 분할받은 상속재산으로부터 발생한 과실을 취득하는 것이 피인지자에 대한 관계에서 부당이득이 되는지 여부

"상속개시 후에 인지되거나 재판이 확정되어 공동상속인이 된 자도 그 상속재산이 아직 분할되거나 처분되지 아니한 경우에는 당연히 다른 공동상속인들과 함께 분할에 참여할 수 있을 것이나, 인지 이전에 다른 공동상속인이 이미 상속재산을 분할 내지 처분한 경우에는 인지의 소급효를 제한하는 민법 제860조 단서가 적용되어 사후의 피인지자는 다른 공동상속인들의 분할 기타 처분의 효력을 부인하지 못하게 되는바, 민법 제1014조는 그와 같은 경우에 피인지자가 다른 공동상속인들에 대하여 그의 상속분에 상당한 가액의 지급을 청구할 수 있도록 하여 상속재산의 새로운 분할에 갈음하는 권리를 인정함으로써 피인지자의 이익과 기존의 권리관계를 합리적으로 조정하는 데 그 목적이 있는 것이다. 따라서 인지 이전에 공동상속인들에 의해 이미 분할되거나 처분된 상속재산은 민법 제860조 단서가 규정한 인지의 소급효 제한에 따라 이를 분할받은 공동상속인이나 공동상속인들의 처분행위에 의해 이를 양수한 자에게 그 소유권이 확정적으로 귀속되는 것이며, 상속재산의 소유권을 취득한 자는 민법 제102조에 따라 그 과실을 수취할 권능도 보유한다고 할 것이므로, 피인지자에 대한 인지 이전에 상속재산을 분할한 공동상속인이 그 분할받은 상속재산으로부터 발생한 과실을 취득하는 것은 피인지자에 대한 관계에서 부당이득이 된다고 할 수 없다.[137]"

◯ 제3자 대지 불법점유시 지상권설정자의 임료 상당의 손해 부정

"건물소유를 목적으로 지상권이 설정되어 그것이 존속하는 한 지상권설정자는 그 대지소유자라 하여도 그 소유권행사에 제한을 받아 그 대지를 사용·수익할 수 없으므로 특별한 사정이 없는 한 지상권설정자는 임료 상당의 손해배상을 청구할 수 없다.[138]"

◯ 제3자 담보목적 부동산 불법점유시 양도담보권자의 차임 상당의 손해 부정

"양도담보권자는 담보권의 실행으로 제3자에 대하여도 담보물의 명도를 구할 수 있고 또한 명도를 거부하는 경우에는 담보권 실행이 방해된 것을 이유로 하는 손해배상청구를 할 수 있으나, 그러한 경우에도 양도담보권자에게는 목적 부동산에 대한 사용·수익권이 없으므로 차임 상당의 손해

---

135) 가령 임대가옥이 매매된 경우, 차임이 월세이면, 매매일을 기준으로 수익권자인 임대인(매도인)과 매수인이 그 차임을 나눠 갖게 된다.

136) 원물사용의 대가가 아니라 원물 그 자체의 이용에 의한 이익(가령 주택의 거주이익)은 법정과실이 아니다. 그러나 사용이익의 귀속·반환의무 등의 문제가 생긴 경우, 과실의 수취권(제102조 제2항)·반환의무(제201조)에 관한 규정을 유추적용하여 해결하는 것이 바람직하다. 같은 견해 김상용, 298면; 김증한·김학동, 249면.

137) 대판 2007. 7. 26. 2006다83796; 대판 1993. 8. 24. 93다12; 대판 1993. 3. 12. 92다48512.

138) 대판 1974. 11. 12. 74다1150.

배상을 구할 수는 없다.[139)]"

◎ 영업용 건물의 임대차에 수반하여 지급되는 권리금의 법적 성질 및 권리금계약이 임대차계약 등과는 별개의 계약인지 여부(적극)

"영업용 건물의 임대차에 수반되어 행하여지는 권리금의 지급은 임대차계약의 내용을 이루는 것은 아니고 권리금 자체는 거기의 영업시설·비품 등 유형물이나 거래처, 신용, 영업상의 노하우(know-how)혹은 점포 위치에 따른 영업상 이점 등 무형의 재산적 가치의 양도 또는 일정 기간 동안의 이용대가라고 볼 것인바, 권리금계약은 임대차계약이나 임차권양도계약 등에 수반되어 체결되지만 임대차계약 등과는 별개의 계약이다.[140)]"

◎ 제3자 명의신탁 부동산 불법점유시 명의신탁자의 임료상당의 손실 부정

"부동산의 명의신탁자는 제3자에 대하여 직접 그 소유권 및 이에 따른 점유·사용권을 주장할 수 없고, 제3자가 법률상 원인 없이 점유함으로 인한 임료 상당의 부당이득반환청구권을 수탁자를 대위하여서도 주장할 수 없다.[141)]"

139) 대판 1979. 10. 30. 79다1545.
140) 대판 2013. 5. 9. 2012다115120; 대판 2011. 1. 27. 2010다85164.
141) 대판 1991. 10. 22. 91다17207.

제5장 권리의 변동

제1절 총 설

Ⅰ. 법률관계의 변동

법에 의해 규율되는 사람의 생활관계를 법률관계라 하고, 이는 당사자를 중심으로 할 때 권리와 의무의 관계가 된다는 점 등은 앞에서 살핀 바와 같다.

사람의 사회적 생활관계는 끊임없이 변동한다. 생활관계의 발생·변경·소멸의 모습으로 끊임없이 변동하는 생활관계는, 법의 관점에서 보면, 법률관계의 발생·변경·소멸이라는 법률관계의 변동으로 나타난다. 그런데 법률관계의 변동은, 어떤 원인이 있기 때문에 그 결과로서 법률관계가 변동하게 되는 것이다. 이처럼 법률관계 변동의 원인이 되는 것을 법률요건이라 하고, 그 결과로서 발생하는 법률관계의 변동을 법률효과라 한다.

한편 법률관계는 권리와 의무의 관계이므로, 법률관계의 변동은 권리와 의무의 변동이 된다. 권리 중심의 근대법의 관점에서 보면, 법률관계의 변동은 권리의 변동, 즉 권리의 발생·변경·소멸이라는 모습으로 나타난다.

Ⅱ. 권리변동의 모습

권리의 변동은 권리의 주체를 중심으로 보면, 권리의 득실변경이 된다. 권리의 득실(취득과 상실 내지 소멸)은, 권리의 절대적인 발생(취득)·소멸과 권리의 상대적인 발생·소멸을 포함하는 의미이다.

1. 권리의 발생[1)]

(1) 원시취득(절대적 발생)

타인의 권리를 토대로 하지 않고 권리를 원시적으로 취득하는 것으로서, 사회에 없던 새로운 권리 하나가 발생하는 것이라 할 수 있다.[2)]

---

1) 권리의 발생은 권리의 주체를 중심으로 보면, 권리의 취득이 된다.

(2) 승계취득(상대적 발생)

타인의 권리를 토대로 하여 취득하는 것으로서, 타인의 권리를 매매 · 상속 등에 의해 특정인이 이전받는 것이다.

(가) 이전적 승계(취득)

전주의 권리가 동일성을 유지한 채 신주(新主)에게 이전됨으로써 전주는 권리를 잃고, 권리의 주체가 변경되는 것을 말한다.

(나) 설정적 · 창설적 승계(취득)

토지소유자로부터 지상권 · 저당권을 설정받는 경우처럼 전주의 권리 내용의 일부를 신주가 별개의 권리로서 취득하는 것이다.[3)]

(다) 특정승계

개개의 취득원인에 의하여 개별적으로 권리의 취득이 이루어지는 것을 말한다.[4)]

(라) 포괄승계

단일한 권리 취득원인에 의하여 전주의 권리 · 의무를 일괄하여 승계하는 것이다.[5)] 한편 포괄승계의 경우에 해당하는 상속의 경우, 이는 입법형성의 한계를 일탈하거나 기본권 제한의 한계를 벗어난 것으로서 헌법에 위반되지 않는다(헌재결).

판 례

- **상속이 개시되면 상속인이 바로 피상속인의 재산에 관한 포괄적 권리의무를 승계하는 것으로 규정한 민법 제1005조가 헌법상 보장된 재산권을 침해하는지 여부(소극) 및 위 조항이 상속인의 평등권을 침해하는지 여부(소극)**

"민법은 상속이 개시되면 상속인이 바로 피상속인의 재산에 관한 포괄적인 권리와 의무를 승계하는 것으로 규정하는바(민법 제1005조), 이는 상속으로 인한 법률관계를 신속하게 확정함으로써 법적 안정성을 도모하기 위함이고, 다른 한편 상속의 포기 · 한정승인제도 등을 통하여 상속인으로 하여금 그의 의사에 따라 상속의 효과를 귀속시키거나 거절할 수 있는 자유를 주고 있으므로 위 조항이 헌법상 보장된 재산권을 침해하여 헌법에 위반된다고 볼 수 없고, 나아가 위 조항은 누구든지 상속을 하게 되면 동일하게 적용되는 것이므로 어떤 상속인은 적극재산을 상속하는 한편 어떤 상속인은 소극재산을 상속한다는 점을 들어 위 조항이 상속인의 평등권을 침해한다고 볼 수도 없다.[6)]"

---

2) 집을 지은 자는 그 집의 소유권을 원시적으로 취득한다. 인격권 · 가족권의 취득, 선점(제252조) · 습득(제253조) · 선의취득(제249조 이하) · 시효취득(제245조 이하) 등을 들 수 있다.

3) 이 경우, 전주가 갖는 기본적 권리는 신주가 설정 받은 타물권(제한물권)의 범위 내에서 제한을 받게 된다.

4) 특정물의 매매 · 양도 · 증여 등을 들 수 있다.

5) 재산상속(제1005조) · 포괄유증(제1078조) · 회사의 합병(상법 제522조) 등을 들 수 있다.

6) 대판 2005. 7. 22. 2003다43681; 헌재결. 2004. 10. 28. 전원재판부. 2003헌가13.

2. 권리의 변경

권리가 동일성을 유지한 채 주체·내용·작용에 관하여 변경을 받는 것을 말한다.

(1) 주체의 변경

권리의 이전적 승계에서는 권리의 주체가 변경되는 것이다(공유물의 분할).

(2) 내용의 변경

(가) 수량적 변경

소유권의 객체에 제한물권이 설정되는 경우, 이미 설정된 제한물권이 소멸하여 소유권이 아무런 제한이 없는 상태로 회복하는 경우 등을 말한다.

(나) 성질적 변경

특정물채권이 채무불이행을 이유로 손해배상채권으로 변하는 것을 들 수 있다.

(3) 작용의 변경

부동산임차권이 등기를 함으로써 제3자에 대한 대항력을 갖거나(제621조 제2항), 저당권의 순위가 변경하는 것과 같은 권리의 작용에 관한 변경을 말한다.

3. 권리의 소멸(상실)

권리가 그 주체로부터 이탈되는 것을 말한다.

(1) 절대적 소멸

권리 그 자체가 사회에서 종국적으로 소멸하는 것을 말한다.[7]

(2) 상대적 소멸

권리의 주체가 변경되는 것을 말한다. 권리의 이전을 전주의 입장에서 본 것이다.[8]

Ⅲ. 권리변동의 원인(법률요건·법률사실)

1. 법률요건

일정한 법률효과를 발생하게 하는 원인이 되는 사실의 전체를 법률요건 또는 구성요건이라 한다.[9] 모든 법규는 법률관계를 규정함에 있어서, 『If A is, Then is B.』이라는 가

7) 변제에 의한 채권의 소멸·목적물의 멸실에 의한 소유권의 소멸·권리의 포기에 의한 권리의 소멸을 들 수 있다.

8) 매매로 인한 매도인의 매매목적물에 대한 권리의 상실을 들 수 있다.

언적 판단의 형식을 취한다.[10] 결국 법률요건이 있으면,[11] 그 결과로서 법률관계의 변동이 라는 법률효과가 발생한다. 이러한 점에서, 법률요건과 법률효과 사이에는 원인과 결과의 논리적 관계에 놓인다 할 것이다.

2. 법률사실

(1) 의 의

법률요건을 구성하는 개개의 사실을 법률사실이라 한다. 법률요건은 하나의 법률사실만으로 구성되는 경우도 있고,[12] 여러 개의 법률사실이 결합하여 구성되는 경우도 있다.[13]

(2) 분 류

법률사실은 여러 표준에 따라 분류할 수 있으나, 민법상 의미 있는 것은, 사람의 정신작용에 기한 법률사실(용태)과 사람의 정신작용에 기하지 않은 법률사실(사건)의 두 가지로 크게 나눌 수 있다.

(가) 용 태

사람의 정신작용에 기한 법률사실을 용태(容態)라 한다. 용태에는, 작위·부작위 등의 행위를 뜻하는 외부적 용태와 외부로 드러나지 않는 행위자의 마음속의 의식 그 자체인 내부적 용태가 있다.

① **외부적 용태**　행위자의 의사가 외부로 표현되는 의식 있는 행위를 말한다.[14] 그 행위는 법률적 평가에 따라 적법행위와 위법행위로 나뉜다.

A. **적법행위**: 법률이 정당한 것으로 평가하여 허용하는 행위를 말한다.[15] 이하에서 간단히 살펴본다.

㈀ 의사표시: 일정한 법률효과의 발생을 목적으로 하는 의사의 표시행위로서 법

---

9) 이는 범죄구성요건의 관념을 민법학에 도입한 것이라 한다(곽윤직·김재형, 238면).

10) 이 경우, 조건명제(전건)에서 요구하는 요건의 전체가 법률요건이고, 그 요건이 충족됨으로써 귀결명제(후건)에서 주어지는 효력이 법률효과이다.

11) 가장 중요한 법률요건은 매매·소비대차·유언 등의 법률행위이다. 이 밖에 불법행위·부당이득·사무관리·준법률행위·사건 등도 있다.

12) 유언·법률행위의 취소·계약의 해제 등은 단일한 법률사실로써 법률요건이 형성되는 경우이다.

13) 계약의 경우는 청약의 의사표시와 승낙의 의사표시라는 복합 법률사실로써 법률요건이 형성되는 경우이다. 사단법인 설립행위의 경우도 마찬가지이다.

14) 이 때의 법률적 의미 있는 행위(산책·사교적인 담화 등은 법률적 의미 있는 행위가 아니다)에는 적극적 행위인 작위와 소극적 행위인 부작위가 있다.

15) 적법행위는 법질서에 부합하는 행위이기 때문에, 행위자의 의사를 토대로, 일정한 사법상의 법률효과를 발생시키게 된다. 적법행위는 다시 의사표시와 준법률행위(법률적 행위)로 나뉘고(의사표시와 준법률행위는 사람의 정신작용이 외부적인 행위로 나타난다는 점에서는 동일하다. 그러나 의사표시는 외부에 표시된 대로 효과가 발생하는 데 비해, 준법률행위는 표현된 대로 효력이 생기는 것이 아니라 법률에 규정된 효과만 발생한다는 점에서 차이가 있다), 후자는 의식내용의 표현인 표현행위와 비표현행위인 사실행위로 나뉜다. 표현행위에는 의사의 통지·관념의 통지·감정의 표시 등이 있다.

률행위의 본질적인 구성요소이다. 나중에 법률행위에서 상세히 보기로 한다.

(ㄴ) 의사의 통지: 의사를 외부에 나타내는 점에서는 의사표시와 같지만, 그 의사가 법률효과의 발생을 향한 효과의사가 아니라는 점에서 의사표시와 다르다.[16)]

(ㄷ) 관념의 통지: 외부에 표시된 의식내용이 무엇을 의욕하는 의사가 아니라, 어떤 객관적 사실에 대한 관념 그 자체로서, 사실의 통지라고도 한다.[17)]

(ㄹ) 감정의 표시: 외부에 표시된 의식의 내용이 일정한 감정인 경우를 말한다.[18)]

(ㅁ) 사실행위: 사람의 정신작용에 기하여 행위가 있게 되지만, 그 행위에 의한 의식내용이 무엇이든 관계없이, 일정한 행위가 행해졌다는 것 또는 그 행위로써 생긴 결과만이 법률상 의미 있는 것으로 인정되는 행위를 말한다.[19)]

B. **위법행위**: 법률이 정당하지 않은 것으로 평가하여 허용되지 않는 행위를 말한다.[20)]

② 내부적 용태 행위자의 내부적 의식 내지 관념을 내부적 용태라고 한다. 법은 원칙적으로 외부에 표시된 사람의 행위만을 규율하므로, 내부적 의식은 그 대상이 아니다. 다만, 예외적으로 일정한 경우에는 다른 법률사실과 관련하여, 내부적 용태도 법률적 의미를 갖는 법률사실이 될 수 있다. 관념적 용태와 의사적 용태의 두 가지가 있다.

A. **관념적 용태**: 일정한 사실에 대한 인식 또는 관념이 있느냐 없느냐에 관한 행위자의 내심적 의식을 말한다.[21)]

B. **의사적 용태**: 일정한 의사를 가지고 있느냐 없느냐에 관한 행위자의 내심적 의식을 말한다.[22)]

(나) 사 건

사람의 정신작용에 기하지 않은 법률사실을 말한다.[23)]

---

16) 각종의 최고(제15조·제88조·제131조·제381조·제552조 등), 각종의 거절(제16조·제132조·제487조 등) 등을 들 수 있다.

17) 사원총회 소집의 통지(제71조)·채무의 승인(제168조)·채권양도의 통지나 승낙(제450조)·공탁의 통지(제488조 제3항)·승낙연착의 통지(제528조 제2항) 등을 들 수 있다.

18) 수증자의 망은행위의 용서(제556조 제2항)·이혼사유의 하나인 부정행위의 용서(제841조) 등을 들 수 있다.

19) 사실행위에는 외부적 결과의 발생만 있으면, 법률이 일정한 효과를 부여하는 순수사실행위와 외부적 결과의 발생 이외에 일정한 의식내용의 수반을 요구하는 혼합사실행위가 있다. 전자의 예로는 주소의 설정(제18조)·매장물의 발견(제254조)·가공(제259조) 등이 있고, 후자의 예로는 무주물 선점(제252조)·사무관리(제734조)·부부의 동거(제826조) 등을 들 수 있다. 한편 사실행위에는 의사표시에 관한 규정이 유추적용될 수 없으며(김용한, 239면), 법률상으로는 사건과 동일하게 취급된다고 한다(곽윤직·김재형, 241면).

20) 위법행위는 법질서에 부합하는 행위가 아니기 때문에, 행위자에게 일정한 불이익한 효과를 귀속시키게 된다. 채무불이행(제390조 이하)과 불법행위(제750조 이하)가 있다.

21) 선의(제107조 제2항·제108조 제2항·제109조 제2항·제110조 제3항)·악의(제840조 제2호), 신뢰(제126조) 등을 말한다.

22) 소유의 의사(제197조)·제3자의 변제에 있어서 채무자의 허용 또는 불허용의 의사(제469조)·사무관리에 있어서 본인의 의사(제734조) 등을 들 수 있다.

지금까지 살펴본 법률사실의 분류를 요약해 보면 다음의 표와 같다.

〈법률사실의 분류〉

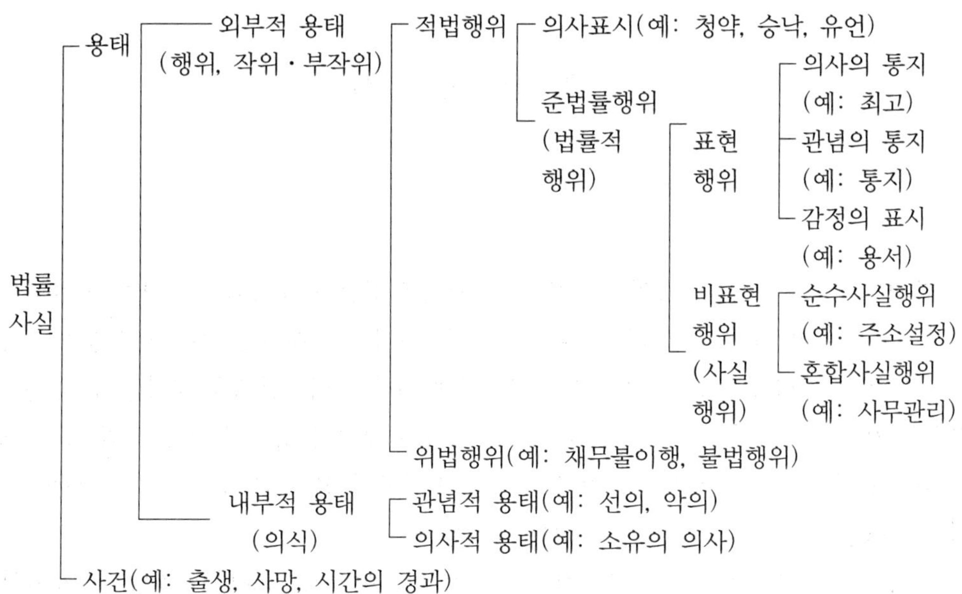

Ⅳ. 권리변동에 관한 민법의 규정

민법은 총칙편에서, 재산법상의 권리의 변동에 관한 통칙적 규정을 두고 있다. 그리하여, 법률행위(제103조-제154조), 기간(제155조-제161조), 소멸시효(제162조-제184조) 등의 법률요건만을 규정하고 있다.

이하에서는 총칙편이 규정하고 있는 법률행위(의사표시, 대리, 무효와 취소, 조건과 기한), 기간, 소멸시효 등에 대하여 차례로 살펴보기로 한다.

23) 출생 · 사망 · 실종 · 시간의 경과 · 물건의 자연적 발생과 소멸(이상은 사람의 정신작용과 전혀 관계없는 법률사실임) · 물건의 파괴 · 천연과실의 분리 · 부합 · 혼화(이상은 사람의 정신작용에 기한 것이지만, 정신작용을 문제 삼지 않고 오직 결과의 발생만을 토대로 하여 그 결과에 일정한 법률효과를 부여하는 법률사실임) 등이 있다.

제2절 법률행위

제1관 서 설

Ⅰ. 법률행위자유의 원칙

개인의 존엄과 개인 인격의 보장을 그 이념으로 하는 근대사회는, 개인의 자유를 최대한 보장하고, 개인에 대한 국가적 후견·간섭을 최대한 배제하는 자유의 관념을 그 출발점으로 한다. 그리하여, 모든 개인은 자기의사에 의하여 법률관계를 형성할 수 있는 자기결정의 원칙인 사적자치가 인정된다.[24] 사적자치는 개인의 행동의 자유가 법적으로 보장될 때 가능한 것이다.[25] 헌법상 일반적인 행동의 자유가 인정되므로(헌법 제10조 참조), 행동의 자유의 구성내용이 되는 사적자치도 당연히 인정된다.

그렇다면, 사적자치는 사회현실에서 구체적으로 어떻게 실현되는 것일까? 개인의 자유로운 의사표시에 의하여 성립하는 법률행위가 있고, 그것이 유효한 것으로 평가되는 한, 행위자(표의자)가 의욕한 대로의 법률효과가 발생한다. 이것은, 사적자치를 실현시키기 위한 법률상의 수단으로서 법률행위가 존재한다는 의미이므로, 사적자치의 원칙을 법률행위자유의 원칙이라 할 수 있다. 그런데 법률행위는 그 본질적 구성요소인 의사표시의 수와 방향을 표준으로 하여 단독행위·합동행위·계약으로 나눌 수 있으므로, 법률행위의 자유에는 이들이 포함된다고 할 수 있다. 그러나 법률행위의 자유가 가장 현저히 나타나는 것은 계약이라 할 것이므로, 법률행위자유의 원칙은 계약자유의 원칙이 된다.[26]

---

24) 사적자치의 원칙을 법률행위자유의 원칙 내지 계약자유의 원칙으로 이해하는 견해가 다수설이다(곽윤직·김재형, 244면; 송덕수, 138면; 지원림, 174면). 이와는 달리, 사적자치의 원칙은 자기의 일을 자기결정에 의하여 자기책임으로 자기지배를 한다는 당위를 말하는 것으로서, 여기에서 법률행위자유의 원칙, 소유권자유의 원칙 및 자기행위책임의 원칙이 도출되는 것이라고 하며, 사적자치의 원칙을 민법의 최고원칙으로 이해하는 견해도 있다(이영준, 11-12면).

25) 그러나 사적자치는 정당하고 적법한 의사의 표시에 의한 자기결정의 원칙이지, 위법한 의사의 표시에 의한 자기결정에까지 적용되는 원칙은 아닌 것이다(Jan Schapp, Grundfragen der Rechtsgeschäftslehre, 1986, S. 55).

26) 계약자유의 원칙의 헌법적 근거는, 헌법 제10조 소정의 행복추구권에서 찾을 수 있고, 민법 제105조는 계약자유의 원칙을 간접적으로 인정하고 있으며, 제103조는 계약자유의 원칙을 전제로 하고 있다.

판 례

가. 일반적 행동자유권

○ 계약자유의 원칙

"일반적 행동자유권에는 적극적으로 자유롭게 행동을 하는 것은 물론 소극적으로 행동을 하지 않을 자유, 즉 부작위의 자유도 포함되는 것으로, 법률행위의 영역에 있어서는 계약을 체결할 것인가의 여부, 체결한다면 어떠한 내용의, 어떠한 상대방과의 관계에서, 어떠한 방식으로 계약을 체결하느냐 하는 것도 당사자 자신이 자기의 의사로 결정하는 자유뿐만 아니라 원치 않으면 계약을 체결하지 않을 자유, 즉 원치 않는 계약의 체결은 법이나 국가에 의하여 강제 받지 않을 자유인 이른바 계약자유의 원칙도, 여기의 일반적 행동자유권으로부터 파생되는 것이라 할 것이다. 이는 곧 헌법 제119조 제1항의 개인의 경제상의 자유의 일종이기도 하다.[27)]"

Ⅱ. 법률행위자유의 원칙의 수정

법률행위자유의 원칙 내지 계약자유의 원칙은 소유권절대의 원칙, 과실책임의 원칙과 함께 근대사법의 기본원칙으로 되어 자본주의 경제발전의 원동력으로 작용하였음은 이미 살펴본 바와 같다. 한편 그 바탕에 깔려 있는 자유와 평등은 추상적·형식적 평등에 지나지 않았기 때문에, 경제적 강자는 계약의 자유라는 미명 아래 경제적 약자로부터 폭리·착취를 취하게 되어, 결국 계약의 자유는 부익부·빈익빈이라는 자본주의 모순현상을 초래하는 데 기여하게 되었다. 따라서 국가는 근대초의 자유방임주의정책을 버리고, 법률행위 당사자(계약당사자) 사이의 구체적·실질적 평등을 꾀하기 위하여 법률행위의 자유(계약의 자유)를 수정·제한하지 않으면 안 되었다. 그 모습은, 강행법규적 성질을 띤 각종의 사회정책적·경제정책적 특별법의 제정으로 구체화되고 있다.[28)]

Ⅲ. 법률행위와 의사표시

1. 법률행위의 의의

법률행위란 일정한 법률효과의 발생을 목적으로 하는 의사표시를 그 구성요소로 하는 사법상의 법률요건이다.[29)]

---

27) 헌재결 1991. 6. 3. 89헌마204.

28) 이자제한법(2007년 3월 29일 제정 법률 제8322호), 약관의 규제에 관한 법률(1986년 12월 31일 제정 법률 제3922호), 대부업 등의 등록 및 금융이용자보호에 관한 법률(2009년 4월 1일 제정 2009. 10. 2. 시행) 등을 들 수 있다.

29) 법률행위의 일반적 개념은 18세기 말 자연법론의 영향을 받은 독일의 판덱텐법학(독일에 계수된 로마법을 체계적으로 연구한 법학파로서 판덱텐법학을 보통법학이라고도 한다)이, 라틴어인 actus juridicus를 법률적 행위

법률행위의 성질을 보기로 한다. 첫째, 법률행위는 의사표시를 불가결의 구성요소로 하는 법률요건이다.[30] 둘째, 법률행위는 그것이 유효한 것으로 평가되는 한 행위자(의사표시를 하는 표의자)가 의욕한 대로의 법률효과를 발생시키게 된다.[31]

2. 의사표시의 의의

의사표시는, 표의자가 일정한 법률효과의 발생을 의욕하는 내적 의사(효과의사)를 외부에 표시하는 행위이다.[32] 의사표시는 법률행위의 성립에 반드시 필요한 법률사실이다. 의사표시 자체만으로 또는 다른 법률사실과 결합하여 하나의 법률행위가 형성되고, 그것이 유효한 것으로 평가되면, 표의자가 원한대로의 법률효과의 발생을 법이 허용한다. 이 점에서 의사표시는 준법률행위와 구별된다.

3. 법률행위와 의사표시의 관계

의사표시는 법률행위의 불가결의 구성요소이지만, 의사표시 그 자체만으로는 표의자가 원한대로의 법률효과를 발생시키지 못한다. 반드시 의사표시를 토대로 하는 법률행위가 성립될 때, 표의자가 의도한 대로의 법률효과가 발생하게 된다.[33] 이처럼 법률효과는 법률행위에 의해 발생하는 것이지만, 따지고 보면, 표의자가 그 법률행위의 구성요소인 의사표시에서 일정한 법률효과의 발생을 원하였기 때문에 그에 따른 법률효과가 생기는 것이다. 그렇다면, 법률행위가 유효하기 위해서는 의사표시에 아무런 흠이 없어야 한다.[34]

(rechtliches Geschäft)라는 용어로 쓰이기 시작한 데서 유래한다(김상용, 314면). 한편 법률행위(Rechtsgeschäft)의 개념은 사법에만 쓰이고, 공법에서의 행정행위(Verwaltungsakt)는 법률행위가 아니라 한다(Werner Flume, Allgemeiner Teil des Bürgerlichen Rechts, Zweiter Band: Das Rechtsgeschäft, 3. Aufl., 1979, S. 41).

30) 1개의 의사표시만으로 법률행위가 성립하는 경우도 있지만(유언·취소·해제 등), 의사표시 이외에 다른 법률사실과 결합하여 법률행위가 성립하는 경우도 있다(혼인의 경우는 혼인의사의 합의 이외에 혼인신고가 있어야 하며, 법인의 설립행위는 법인설립의 의사인 정관의 작성 이외에 주무관청의 허가와 설립등기 등이 있어야 한다). 어떻든 의사표시가 있어야 법률행위가 성립하게 된다는 점에서, 의사표시는 법률행위의 불가결의 구성요소이다. 한편 의사표시 없이 법률행위가 존재할 수 있다는 견해(사실적 계약관계론을 인정하는 견해)가 있으나, 의사표시 없이 법률행위가 성립할 수는 없다 할 것이다. 같은 견해 송덕수, 142면.

31) 법률행위에 의해 발생하는 법률효과는, 표의자가 그 의사표시를 통하여 의욕한 효과의사에 의존한다는 점에서, 법률행위는 사적자치를 실현시키는 법률상의 수단이 된다. 그런데 채권자가 채무의 변제를 의욕하여 채무자에게 이행을 청구한 경우, 그것만으로 변제의 효력이 생기지는 않고 소멸시효가 중단되는 것과 같은 다른 효과가 발생하는데, 이러한 경우는 법률행위가 아니라 적법행위 중 준법률행위(의사의 통지)에 지나지 않는다(제387조 제2항·168조 제1호 참조).

32) 이는, 의사표시의 본질에 관한 의사주의 아래에서의 정의이다(의사표시의 정의에 관한 일반적·전통적 태도이다). 표시주의를 취하면, 의사표시는 일정한 법률효과를 의욕하여 이를 외부에 표시한 것으로 보이는 행위가 된다.

33) 가령 A가 소유 물건을 B에게 1백만원에 팔겠다는 청약의 의사표시만으로는, 또는 B가 A 소유의 물건을 1백만원에 사겠다는 청약의 의사표시만으로는 A·B 사이에 어떤 권리·의무(법률효과)도 발생시키지 못한다. 이러한 경우, 각각 B의 승낙 또는 A의 승낙이 있어야 매매계약(법률행위)이 성립되고, 그에 따라 A의 대금지급청구권(B의 대금지급의무)·B의 목적물이전청구권(A의 목적물이전의무)이라는 법률효과가 발생하게 된다.

34) 만약 의사표시에 무효·취소사유가 있으면, 이는 당연히 법률행위의 효력에 영향을 미치게 된다.

Ⅳ. 의사표시의 구성요소

표의자가 의사표시를 하는 과정을 논리적으로 살펴보면, 일정한 법률효과의 발생을 원하는 내적 의사(효과의사)를 결정하고, 이것을 외부(상대방)에 표시하려는 의사(표시의사)를 가지고, 언어 · 문자 등의 일정한 행위(표시행위)로써 외부에 표시된다. 결국 의사표시는 효과의사의 결정, 표시의사의 매개, 표시행위라는 단계를 거쳐 행해진다.[35][36]

크게 본다면, 의사표시는 내적인 의사와 외부적인 표시행위로 구성되어 있고, 양자는 그 본질상 상호 결합되어 있다. 그런데 보통의 경우, 내적인 의사와 표시행위는 일치하는 것이 일반적이지만, 경우에 따라서는 일치하지 아니하는 경우도 있다.[37]

1. 효과의사

일정한 법률효과의 발생을 의욕하는 의사를 효과의사라 한다.[38][39]

효과의사는, 표의자가 마음속에서 의욕한 진정한 내심의 효과의사(내심적 효과의사, 마음속의 의사, 진의, 의사)와 표시행위로부터 추단되는 효과의사(표시상의 효과의사, 표시)로 구별된다. 그런데 효과의사의 본체가 무엇인지에 대하여는 다툼이 있다.[40] 생각건대 효과의사는 의사표시의 내부적 요소이기는 하나, 그 의욕이 외부로 표시되었을 때 비로소 법률적 의미를 갖는다는 점에서, 표시상의 효과의사를 그 본체로 새기는 견해가 옳다고 생각한다.[41] 판례의 견해도 이와 같다.

---

35) 곽윤직 · 김재형, 249면.

36) 독일의 경우에는, 의사표시는 내부적인 의사(내적 의사, 표시의사, 내적 의사를 외부에 표시한다는 인식인 표시의사)와 행위적 요소인 표시행위로 구성되어 있다는 이론구성이 전통적 태도이다. 우리나라에서는, 표시의사는 별도로 취급하지 않고 표시행위에 포함시키는 태도를 취하는 것이 보통이다.

37) 내적인 의사(의사)와 표시행위(표시)가 일치하지 않는 경우가 비진의표시 · 허위표시 · 착오에 기한 의사표시의 문제가 된다(이는 후술한다).

38) 가령 물건을 팔겠다는 청약의 의사표시의 경우, 매도인이 되겠다는 의사, 즉 대금지급청구권을 취득하는 반면에 목적물이전의무를 부담하겠다는 의사를 말한다.

39) 효과의사는 법률효과의 발생을 원하는 의사를 말하므로, 종교적 · 도의적 · 사교적 · 의례적인 효과의 발생을 의욕하는 의사(가령 생일파티에의 초대 · 단순한 사교적인 약속 · 친구간의 의례적인 약속 등)는 효과의사가 아니다. 또한 효과의사는 일정한 의욕을 내용으로 하므로, 준법률행위에서의 의사(의사의 통지 · 관념의 통지 · 감정의 표시 등)도 효과의사는 아니다.

40) 효과의사의 본체는 표시상의 효과의사라고 하는 견해(곽윤직 · 김재형, 249면; 김용한, 277면; 김주수, 261면))와 내심적 효과의사를 효과의사의 본체로 새기는 견해(김상용, 325면; 김증한 · 김학동, 265면; 이영준, 109면; 명순구, 344면; 송덕수, 158면)로 나뉜다.

41) 이른바, 의사와 표시가 다를 경우, 효과의사의 본체가 표시상의 효과의사라 하여, 그에 따른 효과의 발생을 관철시킨다면, 표의자의 이익이 저해될 수가 있다. 민법은, 일정한 경우에 그에 따른 효력발생을 부정하거나(제107조 제1항 단서 · 제108조 제1항) 또는 취소할 수 있도록 함으로써(제109조 제1항 본문 · 제110조 제1항 · 제2항) 이해관계를 조절하려 한다.

판 례

○ 진정한 의사를 알 수 없는 경우, 의사표시의 해석방법

"당사자의 진정한 의사를 알 수 없다고 한다면, 의사표시의 요소가 되는 것은 표시행위로부터 추단되는 효과의사, 즉 표시상의 효과의사이고 표의자가 가지고 있던 내심적 효과의사가 아니므로, 의사표시 해석에 있어서도 당사자의 내심의 의사보다는 외부로 표시된 행위에 의하여 추단된 의사를 가지고 해석함이 상당하다.[42)]"

2. 표시의사

효과의사를 외부에 발표하려는 의사, 즉 효과의사와 표시행위를 매개하는 의사를 표시의사라 한다. 표시의사가 의사표시의 구성요소인가에 대하여는 다툼이 있다.[43)] 생각건대 의사표시에 관한 민법의 태도(표시주의를 기본으로 하는 절충적 입장)에 비춰볼 때, 표시의사는 의사표시의 구성요소가 아니라고 하여야 한다.

3. 표시행위

효과의사를 외부에 표현하는 행위를 표시행위라 한다. 표시행위는 문자・언어 등에 의해 행해지는 것이 보통이나, 의식 있는 거동이어도 무방하다.[44)] 표시행위는 일정한 방식을 갖춘 요식행위(제812조・제1060조 등)인 경우도 있지만, 불요식행위가 보통이다. 표시행위는 의사표시로서의 가치가 인정되는 한, 명시적이든・묵시적이든 이를 가리지 않지만, 요식행위의 경우에 표시행위는 일정한 형식을 갖춰 명시적으로 행해지지 않으면 안 된다.[45)]

---

42) 대판 1996. 4. 9. 96다1320.

43) 표시의사는 의사표시의 구성요소가 아니라고 하는 견해(곽윤직・김재형, 251; 김증한・김학동, 267면)와 그 구성요소라고 하는 견해(김상용, 326면; 송덕수, 157면; 이영준, 105면)가 있다. 전자에 따르면, 표시의사 유무에 관계없이 일정한 효과의사의 표시라고 볼 수 있는 행위가 있으면 표시행위의 존재를 인정하게 되어 의사표시는 성립한다. 다만, 표시상의 착오의 문제가 생길 수 있다(가령 택시 기사에게 손을 든 경우, 일단은 승차의 의사표시로 되고, 다만 그 진정한 의사가 없었을 경우에는 표시상의 착오의 문제로서 처리된다). 후자에 따르면, 표시의사가 없으면 의사표시는 성립하지 않게 된다(가령 위의 예에서, 승차의 의사표시를 하기 위해 손을 든 것이 아니라면, 표시행위는 존재하지 않는 것으로 된다). 또한 표시의사는 표시상의 착오와 내용의 착오를 구별하는 기준으로 작용한다.

44) 다만, 수면 중의 행위・강압에 의한 거동 등은 표시행위로 인정되지 않는다.

45) 표시행위가 명시적으로 행해져야 하는 경우의 하나를 보면, '민법 제1065조 내지 제1070조가 유언의 방식을 엄격하게 규정한 것은 유언자의 진의를 명확히 하고 그로 인한 법적 분쟁과 혼란을 예방하기 위한 것이므로, 법정된 요건과 방식에 어긋난 유언은 그것이 유언자의 진정한 의사에 합치하더라도 무효라고 하지 않을 수 없는바, 민법 제1070조 제1항이 구수증서에 의한 유언은 질병 기타 급박한 사유로 인하여 민법 제1066조 내지 제1069조 소정의 자필증서, 녹음, 공정증서 및 비밀증서의 방식에 의하여 할 수 없는 경우에 허용되는 것으로 규정하고 있는 이상, 유언자가 질병 기타 급박한 사유에 있는지 여부를 판단함에 있어서는 유언자의 진의를 존중하기 위하여 유언자의 주관적 입장을 고려할 필요가 있을지 모르지만, 자필증서, 녹음, 공정증서 및 비밀증서의 방식에 의한 유언이 객관적으로 가능한 경우까지 구수증서에 의한 유언을 허용하여야 하는 것은 아니다.'(대판 1999. 9. 3. 98다17800)

V. 전자적 의사표시

1. 의 의

21세기를 지식 · 정보화사회라 한다. 정보화사회에서는 범람하는 정보의 수집 · 축적 · 처리를 위한 컴퓨터와 정보를 운반하는 통신 등 두 개의 축이 등장함으로써 그에 따른 새로운 법적 문제가 대두되고 있다. 그 대표적인 것이 전자적 의사표시를 둘러싼 문제이다.

사람의 언어 · 서면에 의하지 않고, 컴퓨터 등의 자동화된 시설에 의하여 행해지는 의사표시를 자동화된 의사표시라 하고, 이것은 전자매개를 통하여 이루어진다는 점에서 전자적 의사표시라고도 한다.[46]

2. 법률적 취급 문제

전자적 의사표시 · 전자상거래 등은 민법이 예상하지 못한 것으로서, 새로운 법적 과제를 남기고 있다. 전자문서 및 전자거래기본법, 전자서명법, 전자상거래 등에서의 소비자보호에 관한 법률, 전자어음의 발행 및 유통에 관한 법률, 정보통신망 이용촉진 및 정보보호에 관한 법률, 민사소송 등에서의 전자문서 이용 등에 관한 법률 등 개별법이 제정되어 운용되고 있으나,[47] 통일적인 법원리가 정립되어 있지 않다.[48] 전자적 의사표시의 경우, 효력 발생시기를 언제로 볼 것인가도 문제가 된다.[49]

---

46) 김상용, 332면.

47) 법원이 운영하는 전자소송시스템을 이용하여 소송수행에 필요한 모든 서비스를 법원 방문 없이 인터넷으로 진행하는 재판형식을 전자소송이라 한다. 이러한 전자소송에 관한 가장 중요한 법률은 민사소송 등에서의 전자문서 이용 등에 관한 법률(법률 제10183호 2010. 3. 24. 제정)인데, 동 법률의 위임에 따라 민사소송 등에서의 전자문서 이용 등에 관한 규칙(일부 개정 2013. 1. 8. 대법원규칙 제2444호)은 다음과 같이 전자소송절차의 적용시기를 정하고 있다.

적용일	절차를 정한 법률	사건의 범위
2011. 5. 2.	「민사소송법」, 「민사조정법」, 「특허법」(제9장에 한정한다)	본안 사건 및 조정신청사건
2012. 1. 2.	「민사소송법」, 「민사조정법」, 「특허법」(제9장에 한정한다)	모든 사건
2012. 5. 7.	「가사소송법」, 「행정소송법」, 「채무자 회생 및 파산에 관한 법률」	모든 사건
2013. 5. 6.	「민사집행법」, 「비송사건절차법」	모든 사건

48) 이러한 문제는, 민법개정시에 담아내야 할 새로운 내용(인터넷을 기반으로 하는 새로운 의사표시이론의 정립)이다.

49) 제111조 제1항 소정의 도달주의원칙이 적용될 수밖에 없다. 다만, 도달의 개념은 기술적 도달과 법적 도달이라는 두 가지 관점에서 살필 필요가 있다. 전자는 송신자(발신자)의 입력자료가 수령자의 자동화 설비(컴퓨터)에 도달하면 도달이 있는 것으로 보게 된다. 후자는 송신자의 자동화된 의사표시가 수령자의 지배영역에 들어오고, 수령자가 그 내용을 인지하였을 때 비로소 도달된 것으로 보게 된다(김상용, 334면; Helmut Köhler, Die Problematik automatisierter Rechtsvorgänge, insbesondere von Willenserklärungen, AcP. 182(1982), S. 141).

Ⅵ. 법률행위의 요건

법률행위가 하나의 법률요건으로서 완전한 법률효과를 발생시키려면 여러 가지의 요건을 갖춰야 한다. 이론상으로는, 먼저 법률행위의 성립이 문제되고, 그 다음에 그것이 유효한 것인지 여부가 문제된다.50)

1. 성립요건

법률행위의 존재를 인정하기 위하여 필요한 최소한의 외형적·형식적 요건을 성립요건이라 한다. 모든 법률행위에 공통적으로 요구되는 일반적 성립요건과 개개의 특수한 법률행위에서 특별히 요구되는 특별성립요건이 있다.51)

(1) 일반적 성립요건

(가) 당사자

법률행위의 당사자는 객관적으로 특정되어 있어야 한다.

(나) 목 적

법률행위의 목적(내용)이 특정되어 있어야 한다.

(다) 의사표시

법률행위의 성립에 필요한 의사표시(단독행위의 경우) 또는 의사표시의 합치(계약의 경우)가 있어야 한다.

(2) 특별성립요건

일반적 성립요건 이외에 개개의 법률에서 특별히 요구되는 요건이다.52)

2. 효력요건

이미 성립한 법률행위가 하나의 법률요건으로서 완전히 법률효과를 발생하는데 필요한 요건을 효력요건(유효요건)이라 한다. 모든 법률행위에 요구되는 일반적 유효요건과 특별히 요구되는 특별유효요건이 있다.53)

---

50) 즉, 법률행위의 성립·불성립을 먼저 따진 후 그 성립이 인정되면, 그 법률행위가 유효한지 또는 무효·취소인지를 살피게 된다.

51) 법률행위의 성립요건은 권리변동의 근거가 되는 적극적 요건이므로, 당해 법률행위의 성립을 주장하는 자가 그 증명책임을 진다.

52) 혼인에 있어서의 혼인신고(제812조), 질권설정계약에 있어서 질물의 인도(제330조) 등을 들 수 있다. 학자에 따라서는, 특별성립요건을 별도로 구별할 필요가 없다는 견해도 있다(김증한·김학동, 271면).

53) 법률행위의 효력요건은 권리변동을 부정하기 위한 소극적 요건이므로, 당해 법률행위의 무효·취소를 주장하는 자가 그 사유의 존재를 주장·증명하여야 한다.

(1) 일반적 유효요건

(가) 당사자

당사자에게 의사능력 · 행위능력이 있어야 한다.[54]

(나) 목 적

법률행위의 목적은 확정할 수 있어야 하고, 실현가능해야 하며, 적법하고, 사회적 타당성이 있어야 한다.[55]

(다) 의사표시

의사표시는 의사와 표시가 일치하여야 하고, 사기 · 강박에 기하지 않은 의사표시라야 한다.[56]

(2) 특별유효요건

개개의 법률행위에서 특별히 요구되는 효력요건을 말한다. 보통의 경우, 법률에 규정된다.[57]

판 례

○ 농지취득자격증명원

"농지법 제8조 제1항 소정의 농지취득자격증명은 농지를 취득하는 자가 그 소유권에 관한 등기를 신청할 때에 첨부하여야 할 서류로서(농지법 제8조 제4항), 농지를 취득하는 자에게 농지취득의 자격이 있다는 것을 증명하는 것일 뿐 농지취득의 원인이 되는 법률행위의 효력을 발생시키는 요건은 아니라고 할 것이므로, 농지에 관한 소유권이전등기청구소송에서 비록 원고가 사실심 변론종결 시까지 농지취득자격증명을 발급받지 못하였다고 하더라도, 피고는 자신의 소유권이전등기의무가 이행불능임을 내세워 원고의 청구를 거부할 수 없다.[58]"

---

54) 당사자가 의사무능력자일 경우, 그 법률행위는 의사무능력을 이유로 무효가 되고, 당사자가 제한능력자(미성년자 · 피성년후견인)일 경우, 그 법률행위는 제한능력을 이유로 취소할 수 있게 된다.

55) 이른바, 확정성 · 가능성 · 적법성 · 사회적 타당성 등 네 가지 요건을 다 갖추어야 한다. 어느 하나라도 빠지면(즉, 확정지울 수 없는 경우 · 실현불가능의 경우 · 강행법규에 반하는 경우 · 사회적 타당성이 없는 경우), 그 법률행위는 무효가 된다.

56) 의사와 표시가 일치하지 않을 경우, 그 법률행위는 무효(제107조 제1항 단서 · 제108조 제1항) 또는 취소(제109조 제1항 본문)할 수 있고, 사기 · 강박에 기한 의사표시일 경우에는 취소(제110조 제1항 · 제2항)할 수 있다.

57) 유언에 있어서 유언자의 사망(제1073조), 미성년자 · 피성년후견인의 법률행위의 경우, 법정대리인의 동의(제5조 제1항 본문 · 제10조 제1항), 법인설립의 경우, 주무관청의 허가 및 등기(제32조 · 제33조), 대리행위에 있어서 대리인의 대리권의 존재(제114조), 조건부 법률행위에 있어서, 조건의 성취(제147조 제1항 · 제2항), 시기부 법률행위에 있어서 기한의 도래(제152조 제1항), 농지매매에 있어서 농지취득자격의 증명(농지법 제8조) 등이다.

58) 대판 2006. 1. 27. 2005다59871; 대판 1998. 2. 27. 97다49251.

제2관 법률행위의 종류

Ⅰ. 단독행위 · 합동행위 · 계약

〈의사표시의 수 · 방향에 따른 법률행위의 분류〉

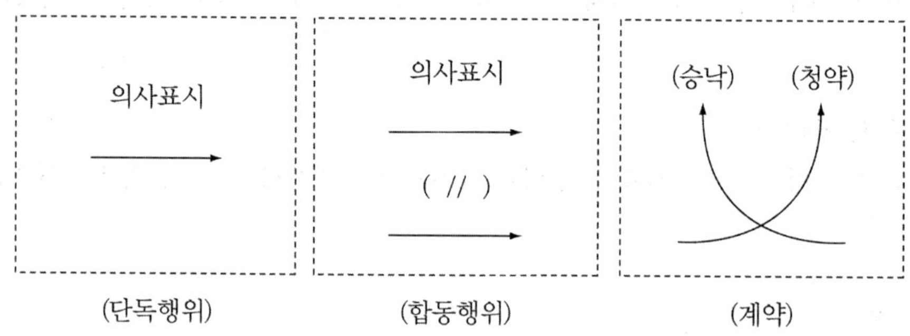

법률행위의 구성요소인 의사표시의 수 · 방향(모습)에 따른 분류이다. 단독행위 · 합동행위 · 계약이 있다.

1. 단독행위

(1) 의 의

표의자 1인의 일방적인 의사표시로써 성립하는 법률행위를 단독행위라 한다. 일방적 행위 · 일방행위라고도 한다.[59]

(2) 종 류

단독행위는 상대방이 있느냐 없느냐에 따라 두 가지로 나뉜다.

(가) 상대방 있는 단독행위

단독행위자의 의사표시가 상대방에게 도달하여야 그 효력이 발생하는 것을 상대방 있는 단독행위라 한다.[60]

(나) 상대방 없는 단독행위

단독행위자의 의사표시를 수령할 자가 특정되어 있지 않은 단독행위를 상대방 없는

---

59) 단독행위의 경우, 단독행위자(표의자)가 아닌 타인이 자신의 의사와 무관하게, 의무를 부담하는 등 불이익을 입을 우려가 있기 때문에, 단독행위는 원칙적으로 법률에 규정이 있는 경우에 한하여 유효하고, 그 효력을 발휘하게 된다.

60) 동의 · 취소 · 해제 및 해지 · 추인 · 상계 · 채무면제 등을 들 수 있다.

단독행위라 한다.[61] 상대방 없는 단독행위는 대체로 그 의사표시가 있으면 곧 효력이 생기나, 관청에 의한 의사표시의 수령이 있어야만 효력이 발생하는 것도 있다.[62][63]

2. 합동행위

(1) 의 의

평행적·구심적으로 방향을 같이 하는 두 개 이상의 의사표시의 합치로써 성립하는 법률행위를 합동행위 또는 협동행위라 한다.[64] 두 개 이상의 의사표시의 존재를 필요로 한다는 점에서 단독행위와 구별되고 계약과 같지만, 두 개 이상의 의사표시가 대립적·교환적으로 행해지지 않고 그 방향을 같이 한다는 점에서 계약과 구별된다. 또한 복수의 의사표시는 각 당사자에게 같은 의미가 있기 때문에 동일한 법률효과를 가져온다는 점에서, 계약과 구별된다.[65]

(2) 합동행위의 인정 여부

우리나라의 경우, 계약과는 별도로 합동행위를 인정해야 할 것인지에 대하여는 견해가 나뉜다.[66]

(가) 인정설

합동행위는 개념상 계약과 구별되고, 구별에 따른 실익도 있기 때문에 계약과는 별도로 합동행위를 인정해야 한다는 것이다.[67][68]

---

61) 이에는 특정의 상대방을 상정할 수 없기 때문에 당연히 그렇게 취급하는 '성질상 상대방 없는 단독행위'(재단법인 설립행위·권리의 포기)와 법률상 일정한 이유(일정한 기간 동안 의사표시의 내용을 공개하지 않기 위한 이유)가 있기 때문에 그렇게 취급하는 '정책상 상대방 없는 단독행위'(유언)가 있다.

62) 전자의 예로 재단법인 설립행위·권리의 포기·유언이 있고, 후자의 예로는 상속의 포기(제1041조)·채권자에 의한 공탁의 승인(제489조) 등이 있다.

63) 상대방 없는 단독행위는 상대방 있는 단독행위에 비하여 드물다. 또한 의사표시의 진실성·명확성 등을 확보하기 위하여 대부분 요식행위성을 띤다(가령 유언의 경우, 제1065조 소정의 일정한 방식이 요구된다).

64) 가령 사단법인 설립행위를 들 수 있다.

65) 가령 A 소유의 물건을 B에게 1백만원에 파는 매매계약이 체결된 경우, A와 B는 각각 매도인·매수인의 지위에서 서로가 대가적 의미 있는 채권(A의 대금청구권, B의 목적재산권이전청구권)을 취득하고, 채무(A의 재산권이전의무, B의 대금지급의무)를 부담하게 된다. 그러나 A와 B가 서로 협력하여 사단이 설립되면, A·B는 평등한 결의권을 취득한다(제73조 제1항).

66) 1892년 독일의 Kuntze는 합동행위를 계약과 구별하여야 한다는 주장을 하였으나, 현재 독일에서는 합동행위에 해당하는 행위인 사단법인 설립행위를 계약으로 봄으로써, 합동행위를 인정하지 않는다.

67) 인정의 실익은 다음과 같다. 첫째, 제124조(자기계약·쌍방대리의 금지)는 계약에만 적용되고, 합동행위에는 적용되지 않기 때문에 합동행위 당사자 1인이 다른 당사자를 대리하여 사단법인 설립행위를 할 수 있다. 둘째, 제108조는 합동행위에는 적용되지 않으므로, 수인이 통정하여 사단법인을 설립한 경우에도 그 법인설립행위는 유효하게 된다. 셋째, 합치되어야 할 여러 개의 의사표시 중의 어느 하나에 무효·취소사유가 있는 경우, 계약에 있어서는 나머지 의사표시만으로 기대했던 법률효과가 생기지 않지만, 합동행위에 있어서는 그러한 경우에도 나머지 의사표시만으로 기대한 법률효과가 발생한다고 새겨야 한다(고상룡, 331면; 곽윤직·김재형, 255면; 김상용, 352면; 김용한, 241면; 김주수, 225-226면).

68) 인정설의 합동행위의 체계와 관련해서는 견해가 나뉜다. 반드시 수인의 참여가 있어야만 성립하는 필요적 합동행위와 수인이 재단법인을 설립하는 경우와 같이 단순한 단독행위를 수인이 공동으로 하는 임의적 합동

(나) 부정설

계약과 별도로 합동행위의 개념을 인정할 필요가 없다고 한다.[69]

생각건대 위에서 본 바와 같이, 법의 적용과 관련하여 견해의 대립은 실익이 있다. 그렇다면, 개념상 계약과 구별되는 합동행위의 관념을 인정하는 것이 옳다고 생각한다.

3. 계 약

두 개 이상의 서로 대립된 의사표시의 합치에 의해 성립하는 법률행위를 계약이라 한다.[70] 계약은 양당사자의 청약과 승낙이라는 상호 대립된 의사표시의 합치에 의해 성립하는 법률행위라는 점에서 쌍방적 법률행위라고도 한다.

계약은 복수의 의사표시의 존재를 요구한다는 점에서 단독행위와 구별되고, 합동행위와 같지만, 그 복수의 의사표시의 방향이 평행적·구심적이 아니라, 대립적·교환적으로 행해진다는 점에서 합동행위와 구별되어짐은 앞에서 본바와 같다.

참고로, 로마법·프랑스법계·영미법계통의 국가에서는 준계약의 법리가 인정되나,[71] 민법은 이를 인정하지 않는다.

시스템계약이라는 새로운 형태의 계약도 있다.[72] 컴퓨터와 통신망을 통한 정보망을 이용하는 일련의 시스템을 컴퓨터시스템이라 하고, 이러한 컴퓨터시스템에 의하여 종래에 서로 분리되어 행해졌던 업무가 하나로 통합 처리할 수 있게 되었다.[73] 이처럼 컴퓨터와 통신망을 이용한 계약을 시스템계약이라 한다.[74] 시스템계약은 민법이 예상하지 못한 새

행위로 분류한다. 전자는 다시 당사자들의 의사표시가 모두 결합되어야 성립하는 결합적 합동행위(가령 사단법인 설립행위)와 다수결의 원리가 적용되는 집합적 합동행위(가령 결의·선거)로 분류한다(곽윤직〈1998년판〉, 285면).

69) 이러한 견해에 따르면, 합동행위에 해당되는 행위에 대하여는 계약의 법리가 모두 적용되지 않고 특수성이 인정된다(특히 제124조·제108조는 그 적용이 배제된다)고 한다(이영준, 154면; 장경학, 418면).

70) 계약에는 광의의 계약과 협의의 계약이 있다. 전자는 일정한 법률효과의 발생을 목적으로 하는 양당사자 사이의 의사표시의 합치에 의해 성립하는 모든 법률행위를 말한다(물권계약·채권계약·가족법상의 계약). 후자는 일정한 채권관계의 발생을 목적으로 하는 양당사자 사이의 청약과 승낙에 의해 성립하는 법률행위를 말한다. 계약하면 보통 채권계약을 말한다. 민법은 14가지의 전형계약을 규정하고 있다(제554조-제733조). 경제생활의 변화에 따라 새로운 형태의 계약(이른바, 여행계약·중개계약 등의 신종계약)이 출현하고 있음을 주의하여야 한다(상세한 것은 계약법의 영역에 미룬다).

71) 사무관리, 부당이득, 계약의 무효·취소 또는 목적부도달 등의 경우와 같이, 유효한 계약·불법행위에 기하지 않고 당사자 사이에 재산권의 이전이 행해진 경우, 그 이익의 반환을 위한 법리를 말한다. 요컨대 준계약은 법률적 근거 없이 일방이 타당으로부터 부당하게 이득을 취한 경우, 정의·형평의 견지에서 양당사자 사이의 이해관계를 조절하기 위한 법리라 할 것이다. 독일법계에서는, 이러한 문제를 사무관리·부당이득관계로 처리함으로써 준계약을 인정하지 않는다.

72) 김상용, 349-350면 참조.

73) 컴퓨터의 발달과 통신망의 확충으로, 컴퓨터와 통신망이 결합하여 종래에 분리·처리되었던 개별계약이 동시에 하나의 계약으로 체결되게 되었다(가령 여행계약을 체결하면서, 운송계약·숙박계약·관광계약 등이 동시에 하나의 행위로 체결하는 것이 가능하게 되었다).

74) Zentaro Kitagawa, "Der System-Vertrag; Ein neuer Vertragstypus in der Informationsgesellschaft", Festschrift für Murad Ferid zum 80. Geburtstag, am 11. April 1988. S. 220.

로운 형태의 계약으로서, 많은 연구과제를 안고 있다.

Ⅱ. 요식행위 · 불요식행위

법률행위의 구성요소인 의사표시가, 일정한 방식에 의해 행해져야 하는 것이, 그 법률행위의 요건으로 되어 있느냐 여부에 따른 구별이다.

의사표시가 서면 · 증서 · 관청에의 신고 · 검인 기타 일정한 방식에 따라 행해져야 하는 법률행위를 요식행위라 하고, 특별한 방식이 요구되지 않는 법률행위를 불요식행위라 한다.[75][76]

Ⅲ. 채권행위 · 물권행위 · 준물권행위

그 행위에 의해 발생하는 법률효과의 종류를 표준으로 하여, 법률행위는 채권행위 · 물권행위 · 준물권행위로 나뉜다.

1. 채권행위

채권의 발생을 목적으로 하는 의사표시에 의해 성립하는 법률행위를 채권행위라 한다.[77] 채권은 채권자가 채무자에게 특정의 행위인 급부를 청구할 수 있는 권리이므로, 채권행위의 경우, 채무자는 그 급부실현의 의무를 부담하게 된다. 이처럼 채권행위는 당사자 일방에게 의무를 부담시킨다는 점에서, 의무부담행위라 한다. 채권행위에 있어서는, 당사자 일방이 부담하는 의무가 이행되었을 때, 채권행위의 목적이 달성되는 특색이 있다. 결국 채권행위는 의무의 실현이라는 이행의 문제를 남긴다는 점에서, 물권행위 · 준물권행위와 차이점이 있다.[78]

---

75) 법률행위자유(계약자유)의 원칙의 구성내용인 방식의 자유에 따라 법률행위는 불요식행위가 원칙이다. 다만, 당사자에게 신중을 기하여 법률행위를 하도록 유도할 필요가 있는 경우(혼인 · 입양 등), 법률관계의 명확성을 기할 필요가 있는 경우(법인의 설립행위 · 유언 등), 외형을 신뢰하여 신속하고 안전하게 거래하게 할 필요가 있는 경우(어음 · 수표 등), 법률행위는 일정한 방식을 갖추어 행해져야 한다(요식행위). 기타 반드시 재판상 행사하여야 하는 법률행위(채권자취소권)도 요식행위의 범주에 속한다.

76) 요식행위라고 하기 위하여는, 의사표시가 일정한 방식을 갖추어 행해지지 않으면 법률행위의 성립이 인정되지 않는 것이어야 한다. 따라서 법률행위의 효력이 발생하기 위하여, 법률행위 이외에 일정한 행위(등기 · 인도)나 관청의 허가(토지거래허가)가 필요한 경우 등은 요식행위가 아니다.

77) 증여 · 매매 · 소비대차 · 임대차 등 전형계약은 모두 이에 해당하므로, 채권행위는 결국 채권계약이다.

78) 채권행위가 의무부담행위(Verpflichtungsgeschäft)인데 비하여, 물권행위 · 준물권행위는, 이행의 문제를 남기지 않는, 즉 권리를 이전 · 변경 또는 소멸케 하는 행위라는 점에서, 처분행위(Verfügungsgeschäft)라 한다.

2. 물권행위

물권의 변동을 목적으로 하는 의사표시에 의해 성립하는 법률행위를 물권행위라 한다.[79] 물권변동의 원인이 되는 채무의 발생을 목적으로 하는 법률행위인 채권행위와 구별된다. 즉, 물권행위의 경우, 물권변동의 결과를 초래하여 이행의 문제를 남기지 않는 특색이 있다.

물권행위는 물권변동의 효력과 관련하여, 형식주의 · 의사주의라는 두 개의 입법주의가 있으나,[80] 민법은 형식주의를 취한다(제186조 · 제188조 · 제189조 · 제190조).

3. 준물권행위

물권 이외의 권리(채권 · 지식재산권 등)를 종국적으로 변동시키고, 이행의 문제를 남기지 않는 법률행위를 준물권행위라 한다.[81]

Ⅳ. 재산행위 · 가족법상의 법률행위

1. 의 의

재산관계의 변동을 목적으로 하는 의사표시에 의해 성립하는 법률행위를 재산행위라 하고,[82] 가족법상의 법률관계의 변동을 목적으로 하는 법률행위를 가족법상의 법률행위(신분행위)라 한다.[83]

2. 재산행위의 분류

(1) 출연행위 · 비출연행위

행위자의 재산을 감소시키면서, 상대방의 재산을 증가시키는 효과를 발생시키는 재산행위를 출연행위라 한다.[84][85] 상대방의 재산의 증가를 꾀함이 없이, 행위자 자신의 재산을

---

79) 소유권의 이전행위, 지상권 · 저당권의 설정과 같은 제한물권의 설정행위 등을 들 수 있다.

80) 물권변동은 물권행위와 등기(그 객체가 부동산일 경우) 또는 인도(객체가 동산일 경우)가 있어야 대내 · 외적 관계에서 그 효력이 발생한다는 이론을 형식주의 · 성립요건주의 · 효력요건주의 · 독법주의라 한다. 이와는 달리, 물권변동의 효력은 당사자 사이에서는 물권행위만으로 발생하고, 등기 · 인도 등의 공시방법은 제3자에게 물권변동의 효력을 주장하기 위한 대항요건에 지나지 않는다는 이론을 의사주의 · 대항요건주의 · 불법주의라 한다(상세한 논의는 물권법의 영역에 맡긴다).

81) 채권양도 · 지식재산권의 양도 · 채무면제 등을 들 수 있다.

82) 채권행위 · 물권행위 · 준물권행위가 여기에 해당한다.

83) 혼인 · 이혼 · 입양 등의 친족법상의 법률행위, 유언 등의 상속법상의 법률행위를 들 수 있다.

84) 매매 · 임대차 · 소유권의 양도 · 채권양도 등 보통의 재산행위를 들 수 있다.

85) 출연(出捐)은 행위자의 재산의 감소 아래 타인의 재산을 증가시키는 의미가 있으므로, 출재(出財)라고도 한다(제425조 · 제426조 · 제444조 · 제445조 등). 따라서 출연행위를 출재행위라고도 한다.

감소시키거나 또는 직접 재산의 증감을 일으키지 않는 재산행위를 비출연행위라 한다.[86)]

(2) 유상행위 · 무상행위

행위자의 출연에 대하여 상대방으로부터 대응하는 출연을 받을 것을 목적(원인 · 조건 · 전제)으로 하는 출연행위를 유상행위라 하고,[87)] 행위자만 출연할 뿐 상대방으로부터 아무런 출연도 받지 않는 경우를 무상행위라 한다.[88)][89)] 유상행위의 경우, 양당사자의 출연은 대가관계 · 교환조건관계에 놓여 있다. 따라서 유상행위 · 무상행위의 구별은 계약의 경우에 의미가 있다.[90)]

(3) 유인행위 · 무인행위

출연행위의 경우, 출연의 원인이 출연행위의 조건 · 내용으로 되어 있느냐 여부에 따른 구별이다. 출연의 원인이 출연행위의 조건 · 내용이 됨으로써 출연의 원인이 법률상 존재하지 않을 경우,[91)] 그 출연행위의 효력도 발생하지 않는 경우를 유인행위라 한다. 출연의 원인이 법률상 존재하지 않더라도, 출연행위의 효력이 유효하게 되는 것을 무인행위라 한다.[92)][93)]

생각건대 어떠한 출연행위가 유인행위이냐 무인행위이냐 하는 것은, 당사자의 의사나 논리에 의해 해결할 수 있는 것이 아니라, 법률정책에 의해 결정될 문제이다.[94)]

기타 유인 · 무인의 문제와 관련하여, 물권행위의 유인성 · 무인성, 수권행위의 유인성 · 무인성의 논의가 있다.[95)]

---

86) 소유권의 포기 · 대리권의 수여 등을 들 수 있다.

87) 매매 · 임대차 등을 들 수 있다.

88) 증여 · 무이자소비대차 · 사용대차 등을 들 수 있다. 단독행위(재단법인 설립행위)는 대부분 무상행위이다. 다만, 부담부 유증(제1088조)은 단독행위이지만, 대가적 출연을 조건으로 하고 있어, 유상행위가 된다.

89) 비록 상대방의 출연이 있어도 그것이 대가적 의미가 아니라면, 무상행위가 된다(제561조의 부담부 증여의 경우, 수증자가 일정한 의무를 부담하나, 그것은 대가적 의미가 아니므로, 무상행위이다).

90) 민법은 유상행위의 전형인 매매에 관한 규정을 모든 유상계약에 준용하도록 하고 있다(제567조).

91) 출연행위가 물권행위이고, 출연의 원인이 채권행위인 경우, 채권행위가 무효 · 취소 · 해제 · 부존재 기타의 사유로 효력을 잃게 되면, 물권행위의 효력도 당연히 영향을 받아 효력을 상실하는 경우(이러한 경우를 물권행위의 유인성이라 한다)를 들 수 있다.

92) 어음행위는 전형적인 무인행위이다. 가령 채무변제를 위해 A(채무자)가 B(채권자)에게 어음을 배서 · 교부한 경우, 채무가 존재하지 않더라도 어음채권은 B에게 유효하게 이전된다. B는 A에게 제741조에 기한 부당이득반환의무만 질 뿐이다.

93) 유인행위의 경우, 그 출연의 원인과 출연행위의 효력은 논리적으로 당연한 결과가 되나, 무인행위의 경우에는 원인과 결과가 단절된 것이라 할 수 있다.

94) 행위자는 일정한 원인에 기하여 출연행위를 한다는 점에서, 출연행위는 유인행위가 보통이다. 그러나 모든 출연행위를 유인행위로 할 경우, 원인이 부존재하는 출연행위는 무효가 됨으로써 거래의 안전을 해칠 수 있다. 따라서 법률은 거래의 안전을 도모할 필요가 있는 경우, 법률정책적 이유로, 출연행위를 무인행위로 하게 된다.

95) 상세한 것은 관련 영역에서 살펴보기로 한다.

Ⅴ. 기타의 분류

1. 신탁행위

우리나라의 경우, 신탁행위는 세 가지 의미로 쓰이는데, 다음에서 이를 살펴보기로 한다.

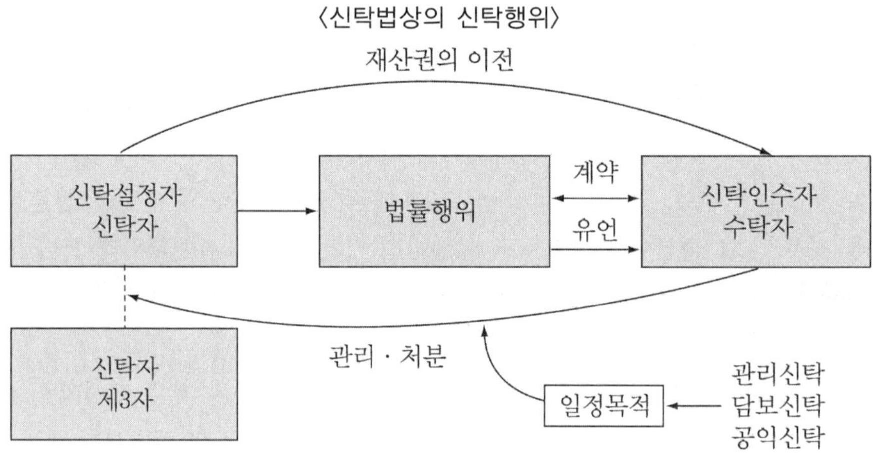

(1) 신탁법상의 신탁행위

일방(신탁설정자 또는 신탁자)이 법률행위에 의하여 상대방(신탁인수자 또는 수탁자)에게 재산권을 이전하면서, 그 재산권을 일정한 목적에[96] 따라 수익자(신탁자 또는 제3자)를 위하여 관리 · 처분케 하는 법률관계를 신탁이라 하고(신탁법 제1조 제2항), 이러한 신탁을 설정하는 법률행위를[97] 신탁행위라 한다.[98]

(2) 민법해석상의 신탁행위

당사자가 어떤 경제적 목적[99]을 달성하기 위하여 신탁자가 수탁자에게 그 목적달성에 필요한 정도를 넘는 권리를 이전하면서,[100] 수탁자로 하여금 그 경제적 목적의 범위 내에서만 권리를 행사할 의무를 부담시키는 법률행위를 민법해석상의 신탁행위라 한다.[101]

---

96) 신탁의 목적은 재산의 관리(관리신탁) · 채권의 담보(담보신탁)인 것이 보통이나, 공익목적을 위한 공익신탁도 허용된다(신탁법 제65조 이하). 다만, 탈법목적의 신탁이나 소송행위가 주 목적인 신탁은 금지된다(동법 제6조 · 제7조 참조).

97) 신탁자와 수탁자 사이의 계약 또는 신탁자의 유언을 말한다.

98) 신탁법상의 신탁은 영미법에서 발달한 것으로, 그 역사가 짧은 우리나라에서는 널리 활용되지 못하고 있다. 이러한 신탁에 관한 법률로는 신탁법 이외에 신탁업법, 담보부 사채신탁법, 증권투자신탁법 등이 있다.

99) 채권추심이나 채권의 담보 등을 들 수 있다.

100) 채권추심을 위한 채권양도 · 채권담보를 위한 재산권의 양도 등을 들 수 있다.

〈민법해석상의 신탁행위〉

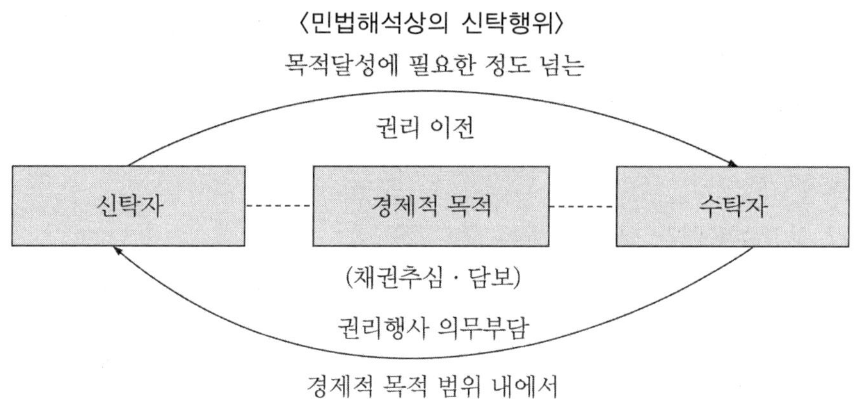

(3) 명의신탁

등기 또는 등록에 의해 공시할 수 있는 재산권에 대하여, 당사자 사이의 명의신탁계약에 의하여, 대내적으로는 여전히 신탁자가 목적물의 소유권을 보유하면서 이를 관리 · 수익하지만, 대외적(公簿上)으로는 수탁자의 소유명의로 하는 법률관계를 명의신탁이라 한다.[102] 명의신탁의 법률관계를 설정하는 행위도 신탁행위이다.[103]

명의신탁의 유효성 여부에 대하여는 다툼이 있었으나,[104] 특별법에 의하여 원칙적으로 무효로 되고,[105] 예외적인 경우에만 허용된다.[106]

판 례

- 갑과 을의 명의신탁약정에 따라 을이 병에게서 토지를 매수한 후 다시 정과 명의신탁약정을 하고 정에게 소유권이전등기를 경료하여 주었는데, 그 후 을이 의사무능력에 빠지게 되었고 정은 무에게 토지에 관하여 근저당권설정등기를 마쳐준 사안의 경우, 갑과 을의 명의신탁약정의 유효성 여부

"갑과 을 사이에 체결한 명의신탁약정에 따라 을이 병에게서 토지를 매수하면서 다시 정과 명의신탁약정을 하고 정에게로 소유권이전등기를 마쳤는데 그 후 을이 의사무능력에 빠지게 되었고 정은 무에게 토지에 관하여 근저당권설정등기를 마쳐준 사안에서, 갑이 부동산 실권리자명의 등기에 관한 법률 시행 전에 정을 상대로 제기한 손해배상청구의 소는 근저당권설정행위라는 불법행위에 따른 손해배상을 구하는 내용에 불과하여 같은 법 제11조 제4항에 정한 '부동산물권에 관한 쟁송'에 해당한다고 보기 어렵고, 갑이 정을 상대로 제기하였다가 패소판결이 선고되어 확정된 손해배상

101) 민법학상의 신탁행위는, 로마법상의 신탁(fiduca)을 기초로 하여 독일법학이 만들어 낸 관념에서 유래하는 것으로서, 우리나라의 경우, 동산의 양도담보 · 채권추심을 위한 채권양도 등의 법리는 이에 근거한다.

102) 대판 1965. 5. 18. 65다312; 대판 1972. 11. 28. 72다1789.

103) 김상용, 364면.

104) 판례(대판 1966. 7. 5. 66다708; 대판 1962. 1. 15. 4294민상7)이론을 토대로 유효라고 하는 견해(이영준, 167면)와 허위표시로서 무효가 된다는 견해(장경학, 481면)로 나뉘었다.

105) 부동산 실권자명의 등기에 관한 법률(1995년 3월 30일 제정 법률 제4944호) 제4조 제1항.

106) 종중재산의 명의신탁 · 부부간의 명의신탁은 허용된다(동법 제8조 참조).

청구의 소와 같은 법 유예기간이 경과한 후에 갑이 을 등을 상대로 제기한 소유권이전등기 등 청구의 소 및 갑의 위임을 받은 자가 을 명의로 정 등을 상대로 제기한 소가 전체로서 일체가 되어 같은 법 제11조 제4항에서 정한 '부동산물권에 관한 쟁송'에 해당한다고 볼 수도 없다고 하며, 같은 법 제11조 제1항에서 정한 유예기간이 경과함으로써 갑과 을의 명의신탁약정이 무효가 되었다고 한 사례."[107]가 있다.

◎ 3자간 등기명의신탁과 계약명의신탁의 구별 기준

"명의신탁약정이 이른바 3자간 등기명의신탁인지 아니면 계약명의신탁인지의 구별은 계약당사자가 누구인가를 확정하는 문제로 귀결된다. 그런데 타인을 통하여 부동산을 매수함에 있어 매수인 명의를 그 타인 명의로 하기로 하였다면 이때의 명의신탁관계는 그들 사이의 내부적인 관계에 불과하므로, 설령 계약의 상대방인 매도인이 그 명의신탁관계를 알고 있었다고 하더라도, 계약명의자인 명의수탁자가 아니라 명의신탁자에게 계약에 따른 법률효과를 직접 귀속시킬 의도로 계약을 체결하였다는 등의 특별한 사정이 인정되지 아니하는 한, 그 명의신탁관계는 계약명의신탁에 해당한다고 보아야 함이 원칙이다.[108]"

2. 생전행위 · 사후(사인)행위

행위자의 사망으로 그 효력이 발생하는 법률행위를 사후행위 또는 사인행위라 하고,[109] 기타 보통의 법률행위를 생전행위라 한다.

제3관 법률행위의 목적

Ⅰ. 의 의

당사자가 법률행위를 통하여 의욕한 법률효과를 법률행위의 목적 또는 법률행위의 내용이라 한다.[110]

그런데 법률행위의 본질적 구성요소는 의사표시이므로, 법률행위의 목적은 의사표시의 목적, 즉 효과의사의 내용에 의해 정해진다. 한편 법률행위는 사적자치를 실현시키기 위한 법률상의 수단이므로, 법률은 당사자가 그 법률행위를 통하여 의욕한 효과가 달성될 수 있도록 도와주어야 한다. 그러나 모든 법률행위에 대하여 그 효과가 발생되도록 도와주는 것은 아니고, 법률이 그 이상에 비추어 타당하다고 인정되는 법률행위에 대하여만 당사자가 의도한 효과가 달성되도록 도와주게 된다.[111]

---

107) 대판 2011. 5. 26. 2010다21214.

108) 대결 2013. 10. 7.자 2013스133.

109) 민법상의 사후행위로는, 유언(제1073조) · 사인증여(제562조)가 있다.

110) 매매의 경우, 매도인과 매수인이 의욕한 대금의 지급과 목적재산권의 이전이 매매계약의 목적이 된다.

Ⅱ. 목적의 확정

법률행위의 목적은 법률행위 당시에 이미 확정되어 있거나 또는 장차 확정할 수 있어야 한다. 따라서 법률행위의 해석을 통해 그 목적을 확정지울 수 없는 법률행위는 무효이다. 왜냐하면, 당사자가 그 법률행위를 통하여 의욕한 것을 밝히지 못하면, 법률이 법률효과의 발생을 도와줄 수 없기 때문이다. 법률행위의 목적은 어음행위와 같은 요식행위의 경우에는 성립 당시에 확정되어 있어야 하나, 그 이외의 불요식행위의 경우에는 그 목적의 실현시(즉, 이행기)까지 확정의 표준이 정해지기만 하면 충분하다.[112]

판 례

가. 법률행위 내용의 확정

○ 계약 및 청약의 내용 확정 정도

"계약이 성립하기 위하여는 당사자의 서로 대립하는 수개의 의사표시의 객관적 합치가 필요하고 객관적 합치가 있다고 하기 위하여는 당사자의 의사표시에 나타나 있는 사항에 관하여는 모두 일치하고 있어야 하는 한편 계약 내용의 '중요한 점' 및 계약의 객관적 요소는 아니더라도 특히 당사자가 그것에 중대한 의의를 두고 계약성립의 요건으로 할 의사를 표시한 때에는 이에 관하여 합치가 있어야 계약이 적법·유효하게 성립하는 것이다. 계약이 성립하기 위한 법률요건인 청약은 그에 응하는 승낙만 있으면 곧 계약이 성립하는 구체적·확정적 의사표시여야 하므로, 청약은 계약의 내용을 결정할 수 있을 정도의 사항을 포함시키는 것이 필요하다.[113]"

○ 매매목적물 및 대금의 특정

"매매목적물과 대금은 반드시 그 계약체결당시에 구체적으로 특정할 필요는 없고 이를 사후에라도 구체적으로 특정할 수 있는 방법과 기준이 정하여져 있으면 족하다.[114]"

---

111) 어떠한 경우에 법률행위가 타당하다고 할 수 있는가? 그것은 법률행위의 목적의 확정·가능·적법·사회적 타당성이 충족 되어야 한다. 이 중에서 어느 하나라도 갖추지 못하면, 그것은 타당한 법률행위가 아니다.

112) 그런데 법률행위의 목적의 확정은, 법률행위의 해석문제가 되어, 의사표시의 해석문제로 돌아간다(나중에 상세히 보기로 한다). 해석의 기준 순서는, 당사자가 의도한 목적, 사실인 관습(제106조), 임의규정(제105조), 신의칙 내지 조리이다. 이러한 표준에 의해서도, 그 목적을 밝힐 수 없다면, 그 법률행위는 확정지울 수 없는 내용(목적)의 법률행위로서 무효가 된다.

113) 대판 2003. 4. 11. 2001다53059.

114) 대판 1986. 2. 11. 84다카2454.

Ⅲ. 목적의 가능

1. 의 의

법률행위의 목적은 실현이 가능해야 한다. 법률행위해석을 통해 확정된 그 목적의 실현이 불가능한 경우, 그 법률행위는 무효이다.[115][116]

2. 가능·불가능의 표준

목적의 실현불가능이란, 사회생활의 경험법칙 또는 거래의 관념상 채무자가 이행을 실현시킬 만한 기대가능성이 없음을 뜻한다(판례). 목적의 실현의 가능·불가능의 판단은, 물리적 기준에 의하지만, 궁극적으로 사회관념에 따르게 된다.[117][118]

판 례

◎ 채무의 이행불능은 경험법칙 또는 거래상의 관념에 비추어 볼 때 이행의 실현을 기대할 수 없는 경우를 말하는 것인지 여부

"채무의 이행이 불능이라는 것은 단순히 절대적·물리적으로 불능인 경우가 아니고, 사회생활에 있어서의 경험법칙 또는 거래상의 관념에 비추어 볼 때 채권자가 채무자의 이행의 실현을 기대할 수 없는 경우를 말하는 것이다.[119]"

3. 불가능의 분류

(1) 원시적 불가능·후발적 불가능

(가) 원시적 불가능

법률행위 성립 당시에 이미 목적의 실현이 불가능한 경우를 원시적 불가능이라 한다. 원시적 불가능을 그 내용으로 하는 법률행위는 무효이다.[120] 법률행위의 목적이 불능이라

---

115) 그 목적의 실현이 불가능한 법률행위에 법률효과를 발생시키는 것은 불가능하기 때문이다(곽윤직·김재형, 264면).

116) 정지조건부 법률행위에 있어서 조건의 성취가 불가능한 경우(그 목적의 실현 그 자체는 가능하지만, 법률효과의 발생을 정지시키고 있는 조건이 성취할 수 없는 것인 경우), 그 법률행위는 목적의 실현 불가능으로서 무효가 된다.

117) 물리적으로 그 실현이 가능한 것이어도, 사회관념상 불가능한 것으로 판단되면, 역시 불가능으로 처리된다.

118) 그 불가능은 확정적으로 불가능한 것이어야 하고, 일시적인 불가능(temporary impossibility)은 여기에 포함되지 않는다(가령 근로계약의 경우, 근로자가 아파서 1주일 동안 노무제공을 하지 못했다면, 노무제공 채무의 이행불능의 문제는 아니다).

119) 대판 1995. 2. 28. 94다42020.

120) A 소유 건물을 B에게 파는 매매계약체결 전에 이미 그 목적 건물이 불타버렸다면, A가 B에 대하여 부담하는 재산권이전채무는 원시적 불가능을 이유로 무효가 된다. 다만, 제535조 소정의 계약체결상 과실책임의

할 경우, 원시적 불능에 한정된다(판례).

(나) 후발적 불가능

법률행위 성립 이후 그 이행이 있기 전에 목적의 실현이 불가능한 경우를 후발적 불가능이라 한다. 후발적 불가능을 내용으로 하는 법률행위는 일단 유효하고, 채무불이행(제390조) 또는 위험부담(제537조·제538조)의 문제만 생길 뿐이다.[121]

판 례

○ 농지를 취득할 수 없는 회사가 체결한 농지매매계약의 효력

"의약품제조 및 도매업, 의약품 원료 조분판매, 의약품 수입판매 등을 목적으로 하는 주식회사는 농지매매계약을 체결하였다고 하더라도 농지개혁법 또는 농지임대차관리법상 농지매매증명을 발급받을 수가 없어 결과적으로 농지의 소유권을 취득할 수 없으므로, 농지의 매도인이 매매계약에 따라 그 매수인에 대하여 부담하는 소유권이전등기의무는 원시적으로 이행불능이라고 하여야 할 것이고, 따라서 원시적 불능인 급부를 목적으로 하는 농지의 매매계약은 채권계약으로서도 무효라고 아니할 수 없다.[122]"

(2) 전부 불가능·일부 불가능

(가) 양자의 구별

법률행위 목적의 전부가 실현 불가능한 경우를 전부 불가능이라 하고, 그 일부만이 실현 불가능한 경우를 일부 불가능이라 한다.

(나) 법률상의 취급

전부 불가능의 경우, 법률행위가 무효임은 분명하다. 일부 불가능의 경우, 불가능한 부분이 무효가 됨은 분명하나, 나머지 부분은 어떻게 되는지가 의문이다. 이 문제는 법률정책에 의해 결정되는 것으로서, 민법은 일부무효의 법리를 취하고 있다.[123]

(3) 객관적 불가능·주관적 불가능

어느 누구에 의해서도 그 목적의 실현이 불가능한 경우를 객관적 불가능이라 하고, 당해 법률행위의 채무를 부담하는 자가 이를 실현할 수 없는 경우를 주관적 불가능이라 한다.[124]

문제가 생길 수 있을 뿐이다. 독일민법은 법률행위 목적의 불가능은 원시적 불가능만을 의미한다고 규정한다(제306조).

121) 채무불이행과 위험부담은 관련 영역(계약법)에서 살펴보기로 한다.

122) 대판 1994. 10. 25. 94다18232.

123) 민법은 일부 불가능인 경우에는 원칙적으로 법률행위의 전부를 무효로 하고, 다만 그 무효부분이 없더라도 법률행위를 하였으리라고 인정될 때에는, 그 가능한 부분은 그대로 유효한 것으로 인정한다(제137조). 그 밖에도, 권리의 존속기간에 관하여 당사자가 법정기간 이상의 긴 기간을 약정한 경우, 법정기간으로 단축되며(제312조·제591조·제651조 등), 해제조건부 법률행위에서 해제조건만이 성취불가능인 때에는 조건 없는 법률행위로서 법률행위 자체는 완전 유효한 것으로 하고 있다(제151조 제3항).

Ⅳ. 목적의 적법성

1. 개 설

법률행위의 목적은 적법한 것이어야 한다. 즉, 강행법규에 위반하는 내용의 법률행위는 무효이다.[125][126] 따라서 그 이행이 있기 전이라면 이행을 하지 않아도 되고, 이미 이행을 하였다면 부당이득을 이유로 급부한 것의 반환을 청구할 수 있다. 이 경우, 원칙적으로 제746조는 적용되지 않는다(판례).[127]

2. 강행법규의 구별[128]

●● 사례 11

원고(B)는 2002. 12. 3.경 소외인으로부터 이 사건 각 부동산을 직접 매수하려고 하였으나 거절당하자 자신의 중학교 동기이자 소외인의 친구인 피고(A)에게 도와달라고 요청하였다. 공인중개사 자격이 없는 A는 2002. 12. 4. 중개사무소 개설등록을 하지 아니한 채 B와 함께 이 사건 각 부동산을 답사한 후, 같은 날 B와 소외인이 이 사건 매매계약을 체결하는 자리에 입회하여 매매계약서에 입회인으로 서명·날인하였다. A는 B가 소외인에게 위 매매계약에서 정한 중도금과 잔금을 지급할 때 중간역할을 하였고 그 무렵 B로부터 매매계약을 소개·알선한 데에 따른 수수료 명목으로 금원을 지급받기로 약정하였으며, 그 약정에 기하여 B로부터 중도금지급일에 현금 5백만원과 잔금지급일에 액면금 5백만원의 약속어음을 받아 합계 1천만원을 지급받았다. 그 후 B

---

124) 특정물채무의 경우, 채무의 목적물이 존재하지 않고 있다면, 이는 객관적 불가능이 된다. 한편 통역채무를 부담하는 자가 외국어 구사능력이 없다면, 이는 주관적 불가능이 된다. 그 목적의 실현이 객관적 불가능이면 그 법률행위는 무효가 되고, 주관적 불가능일 경우에도 당해 채무자에게는 불가능이 되므로, 역시 법률행위는 무효가 된다.

125) 제105조는 간접적으로 이를 규정하고 있다.

126) 생각건대 시민사회 형성의 바탕은 사적자치이지만, 이는 무제한적인 것이 아니고, 법질서의 범위 내에서 인정된다. 강행법규는 사적자치의 한계를 긋는 기능을 담당하므로, 강행법규에 위반한 행위는 사적자치의 한계를 넘는 것으로서 무효가 된다.

127) 대판 2005. 5. 29. 2001다1782; 대판 2003. 11. 27. 2003다41722 등 참조.

128) 법률행위의 목적의 유효요건인 적법성과 사회적 타당성의 관계에 있어서, 양자를 별개의 유효요건으로 이해하는 것이 다수설이나(고상룡, 353면; 김용한, 252, 259면; 김증한·김학동, 309면; 지원림, 195면), 양자를 동일한 것으로 새기는 소수설도 있다(이영준, 192면). 전자는, 적법성은 구체적인 강행법규에 위반하지 않는 것을 의미하고, 사회적 타당성은 포괄적·일반적인 강행법규에 위반하지 않는 것을 뜻하는 것으로 파악한다. 후자는, 양자는 모두 강행법규에 위반하지 않는 것을 그 내용으로 하므로, 적법성은 사회적 타당성의 구체적 표현의 하나로 파악한다. 판례는 양자를 구별하는 태도를 취한다. 즉, '제746조가 규정하는 불법원인이라 함은 그 원인되는 행위가 선량한 풍속 기타 사회질서에 위반하는 경우를 말하는 것으로서 법률의 금지에 위반하는 경우라 할지라도 그것이 선량한 풍속 기타 사회질서에 위반하지 않는 경우에는 이에 해당하지 않는다.'고 한다.(대판 2003. 11. 27. 2003다41722; 대판 2001. 5. 29. 2001다1782) 요컨대 강행법규 위반의 경우에 당연히 제746조가 적용되는 것은 아니나 강행법규 위반행위가 사회적 타당성을 결할 경우에는 제746조가 적용된다는 의미이다. 생각건대 어느 견해에 의하든, 개별적인 강행법규가 포괄적·일반적인 강행법규에 우선 적용된다.

는 A를 상대로 공인중개사 자격증이 없는 A의 중개행위는 무효임을 들어 그 지급금의 반환(부당이득반환)을 구하는 소송을 제기하였다. B의 주장은 정당한가? 그런데 A가 B로부터 현금 5백만원을 받으면서 B에게 교부한 영수증에 '일금 오백만 원, 위 금액은 부동산(여관) 매매과정에서 중간역할을 한 수수료로 정히 영수함'이라고 기재되어 있는 점이 사실관계서 밝혀졌다.

●● 사안의 쟁점:

첫째, 공인중개사 자격이 없는 자가 거래행위를 중개하였으나 업으로 한 것이 아닌 경우, 그에 따른 중개수수료 지급약정이 무효인지 여부 둘째, 그 중개수수료 약정이 부당하게 과다한 때에 청구할 수 있는 보수액의 범위는 어떻게 되는지 등이다.

(1) 강행법규와 임의법규

강행법규는 임의법규의 대립개념이므로,[129] '선량한 풍속 기타 사회질서에 관계있는 규정'을 강행법규라 한다(제105조 참조).[130] 강행법규 · 임의법규는 내용면에서 보면, 선량한 풍속 기타 사회질서에 관계있는지 여부이고, 법적용의 면에서 보면, 당사자의 의사에 의해 그 적용을 배제할 수 있는지 여부가 된다.[131]

(2) 강행법규 · 임의법규의 구별

사적자치의 한계를 긋는 기능을 담당한다는 점에서 양자의 구별은 중요한 의미가 있다.[132] 민법은 양자의 구별표준에 관한 일반원칙을 두고 있지 않다. 결국 법규의 성질 · 입법목적 등을 고려하여 개인의 의사에 의해 그 적용이 배제될 수 있는지 여부에 따라 개별적으로 판단할 수밖에 없다.[133]

---

129) 선량한 풍속 기타 사회질서에 관계없는 규정이 임의법규이다(제105조). 임의법규는 그 해석기능을 표준으로 하여 의사표시 내용에 빠진 점을 보완하는 보충규정(제42조의 '다른 규정이 있는 때', 제394조의 '다른 의사표시가 없으면' 등)과 불명확한 의사표시를 일정한 의미로 해석하는 해석규정(제844조의 '추정한다' 등)으로 나뉜다. 그러나 양자를 명확히 구별해서 사용하는 것이 아니므로, 그 구별의 실익은 없다.

130) 강행법규는 법률행위의 양당사자를 그 대상으로 하는 것이 보통이다. 그러나 강행법규 중에는, 법규정보다 약자에게 불리한 약정은 무효로 하고, 강자에게 불리한 약정은 유효로 함으로써 사회적 · 경제적 약자를 보호하려 한다. 이러한 강행법규를 특히 편면적 강행법규라 한다(제289조 · 제652조, 주택임대차보호법 제10조 등).

131) 그렇다면, 강행법규는 당사자의 의사에 의해서도 그 적용을 배제할 수 없는 것인데 반하여, 임의법규는 그 배제가 가능한 것이다. 전자가 사적자치를 배제하는 기능을 하는 반면, 후자는 사적자치를 보충하는 기능을 한다.

132) 민법은 명문의 규정으로 강행법규임을 밝히기도 하지만(가령 제608조), 그렇지 않은 것이 보통이다.

133) 기본적인 사회질서에 관한 규정(물권 · 친족 · 상속편에 그 예가 많다) · 사적자치의 전제가 되는 규정(권리능력 · 행위능력 · 의사표시나 법률행위의 효력에 관한 규정) · 제3자의 신뢰보호 · 거래의 안전보호에 관한 규정 · 경제적 사회적 약자보호에 관한 규정 등은 대체로 강행법규로 본다.

(3) 임의법규의 강행법규화 경향

사적자치의 진정한 실현을 기하고, 사회적·경제적 약자를 보호해야 할 정책적 필요성에서 임의법규는 점자 강행법규화 하는 경향을 보이고 있다. 채권자·채무자 사이의 상대적 관계인 채권관계를 규율하는 법규는 원칙적으로 임의법규이나, 채권관계 내용의 공정성 확보 차원에서 점차 강행법규성을 띠는 경향을 보이고 있다.[134]

판 례

가. 강행법규

◎ 증권거래법상 투자수익보장약정 금지 규정

"증권거래법 제52조 제1호는 공정한 증권거래질서의 확보를 위하여 제정된 강행법규로서 이에 위배되는 주식거래에 관한 원심 인정과 같은 투자수익보장약정은 무효라고 할 것이다.[135]"

◎ 의료법상 의료인 및 비영리법인 이외의 자의 의료기관 개설 금지 규정

"의료법 제30조 제2항의 입법 취지는 의료기관 개설자격을 의료전문성을 가진 의료인이나 공적인 성격을 가진 자로 엄격히 제한함으로써 건전한 의료질서를 확립하고, 영리 목적으로 의료기관을 개설하는 경우에 발생할지도 모르는 국민 건강상의 위험을 미리 방지하고자 하는 데에 있다고 보이는 점, 의료인이나 의료법인 등이 아닌 자가 의료기관을 개설하여 운영하는 행위는 형사처벌의 대상이 되는 범죄행위에 해당할 뿐 아니라, 거기에 따를 수 있는 국민보건상의 위험성에 비추어 사회통념상으로 도저히 용인될 수 없는 정도로 반사회성을 띠고 있다고 볼 수밖에 없는 점, 위와 같은 위반행위에 대하여 단순히 형사 처벌하는 것만으로는 의료법의 실효를 거둘 수 없다고 보이는 점 등을 종합하여 보면, 위 규정은 이른바 강행법규에 속하는 것으로서 이에 위반하여 이루어진 약정은 무효라고 할 것이다.[136]"

◎ 의료인의 자격이 없는 일반인이 유자격 의료인을 고용하여 그 명의로 의료기관 개설신고를 하고, 의료기관의 운영 및 손익 등이 그 일반인에게 귀속되도록 하는 내용의 약정의 효력(=무효) 및 이때 새로운 약정의 형식을 통해 무효인 약정에 기한 급부의 내용을 정리하거나 일부 가감한다면 그 급부의 이행 청구가 허용되는지 여부(소극)

"의료인의 자격이 없는 일반인이 필요한 자금을 투자하여 시설을 갖추고 유자격 의료인을 고용하여 그 명의로 의료기관 개설신고를 하고, 의료기관의 운영 및 손익 등이 그 일반인에게 귀속되도록 하는 내용의 약정은 강행법규인 의료법 제33조 제2항에 위배되어 무효이며, 무효인 약정에 기하여 급부의 이행을 청구하는 것은 허용되지 않고, 이행을 구하는 급부의 내용을 새로운 약정의 형식을 통해 정리하거나 일부를 가감하였다 하더라도 무효인 약정이 유효함을 전제로 한 이상 그 급부

---

134) 민법의 영역에서 제104조·제339조·제608조 등은 폭리행위의 금지를 그 목적으로 하는 강행법규이고, 제289조·제652조 등은 물건의 이용자 보호를 위하여 임의법규에서 강행법규화 한 것으로 볼 수 있다. 기타 경제적 약자보호의 차원에서 강행법규의 성질을 갖는 많은 특별법이 있다(이자제한법, 약관의 규제에 관한 법률, 근로기준법, 주택임대차보호법, 가등기담보 등에 관한 법률 등).

135) 대판 1980. 12. 23. 79다2156.

136) 대판 2003. 9. 23. 2003두1493.

의 이행 청구가 허용되지 않음은 마찬가지이며, 다만 그 무효인 약정으로 인하여 상호 실질적으로 취득하게 된 이득을 부당이득으로 반환하게 되는 문제만 남게 된다.[137]"

◘ 국민주택기금의 운용제한에 관한 규정인 구 주택건설촉진법 제10조의4 제1항이 강행규정인지 여부

"구주택건설촉진법(1999. 2. 8. 법률 제5908호로 개정되기 전의 것) 제10조의4 제1항은 '국민주택기금은 국민주택의 건설, 국민주택건설을 위한 대지조성사업 등의 용도 외로는 이를 운용할 수 없다'고 규정하고 있는바, 이는 주택건설종합계획을 효율적으로 실시하기 위하여 필요한 자금을 확보하고 이를 원활히 공급하기 위하여 정부의 재원으로 조성하여 설치한 국민주택기금을 그 설치 목적에 들어맞는 용도로 엄격히 제한하여 운용하려는 데 그 입법 취지를 두고 있으므로, 국민주택기금 운용제한 규정은 강행규정으로서 이에 위반한 행위는 그 효력이 없다.[138]"

◘ 관리인의 선임·해임을 관리단집회의 결의에 의하도록 한 집합건물의 소유 및 관리에 관한 법률 제24조 제2항이 강행규정인지 여부(적극)

"집합건물의 소유 및 관리에 관한 법률(이하 '집합건물법'이라고 한다) 제28조 제1항은 집합건물의 관리 또는 사용에 관한 구분소유자 상호 간의 사항 중 이 법에서 규정하지 아니한 사항은 규약으로써 정할 수 있다고 규정하고 있으므로, 집합건물법이 특히 규약으로 달리 정할 수 있다고 명시하고 있는 사항이 아니더라도 집합건물의 관리 또는 사용에 관한 구분소유자 상호 간의 사항 중 위 법률에서 정하고 있지 않은 사항이면 규약으로 정할 수 있다고 보아야 한다. 그런데 집합건물법 제24조는 제1항에서 '구분소유자가 10인 이상일 때에는 관리인을 선임하여야 한다.'고 규정하고, 제2항에서 '관리인은 관리단집회의 결의로 선임되거나 해임된다.'고 규정하고 있는 반면, 관리인의 선임·해임 방법에 관하여 규약으로 달리 정할 수 있다는 규정을 두고 있지 않으므로, 위 규정은 관리인의 선임·해임을 관리단집회의 결의에 의해서만 하도록 한 강행규정이라고 보아야 하고, 따라서 규약 설정 당시의 구성원들이 위 규정과 다른 내용의 규약을 제정하더라도 효력을 인정할 수 없다.[139]"

◘ 지방자치단체가 사인과 사법상의 계약을 체결할 때 따라야 할 요건과 절차를 규정한 법령의 법적 성격

"지방자치단체가 사경제의 주체로서 사인과 사법상의 계약을 체결함에 있어 따라야 할 요건과 절차를 규정한 관련 법령은 그 계약의 내용을 명확히 하고, 지방자치단체가 사인과 사법상 계약을 체결함에 있어 적법한 절차에 따를 것을 담보하기 위한 것으로서 강행규정이라 할 것이고… 후략(後略).[140]"

◘ 중재판정에서 금전채무의 이행을 명함과 동시에 구 소송촉진 등에 관한 특례법 제3조 제1항에 규정된 법정이율에 의한 지연손해금의 지급을 명한 것이 강행법규에 위반하거나 선량한 풍속 기타 사회질서에 위배되는지 여부 및 그 중재판정 이후 위 조항에 관하여 헌법재판소의 위헌결정이 선고된 경우 중재판정의 효력

137) 대판 2011. 1. 13. 2010다67890; 대판 2006. 11. 9. 2006다35117; 대판 2003. 4. 22. 2003다2390, 2406.
138) 대판 2006. 12. 21. 2004다17054.
139) 대판 2012. 3. 29. 2009다45320.
140) 대판 2004. 1. 27. 2003다14812; 대판 2000. 6. 23. 2000다12761, 12778.

"중재판정에서는 경우에 따라 실정법을 떠나 공평의 원칙을 근거로 하여 판단하는 것도 허용될 수 있는 것이므로 중재판정에서 금전채무의 이행을 명하는 경우 그 중재판정 당시 시행되던 구 소송촉진 등에 관한 특례법(2003. 5. 10. 법률 제6868호로 개정되기 전의 것) 제3조 제1항에 규정된 법정이율에 의한 지연손해금의 지급을 명하였다고 하여 이를 가리켜 강행법규에 위반하거나 선량한 풍속 기타 사회질서에 위배된다고 볼 수도 없으며, 비록 그 중재판정이 있은 후 헌법재판소에서 위 조항에 관하여 위헌결정을 선고하였다고 하더라도 특별한 사정이 없는 한 이와 달리 볼 것도 아니다.[141)]"

◎ 구공공용지의 취득 및 손실보상에 관한 특례법 소정의 이주대책의 비용부담에 관한 같은 법 시행령의 규정에 위반되는 법률행위를 한 이주자들이 그 강행법규 위반을 이유로 무효를 주장함이 신의칙 또는 금반언의 원칙에 반하는지 여부

"구공공용지의 취득 및 손실보상에 관한 특례법(2002. 2. 4. 법률 제6656호로 폐지) 소정의 이주대책의 비용부담에 관한 같은 법 시행령의 규정에 위반되는 법률행위를 한 이주자들이 그 강행법규 위반을 이유로 무효를 주장함이 신의칙 또는 금반언의 원칙에 반한다고 할 수 없다고 본 사례.[142)]"가 있다.

◎ 강행법규에 위반된 화해조서의 효력

"제소전 화해조서는 확정판결과 동일한 효력이 있어 당사자 사이에 기판력이 생기는 것이므로, 거기에 확정판결의 당연무효 사유와 같은 사유가 없는 한, 설령 그 내용이 강행법규에 위반된다 할지라도 그것은 단지 제소전 화해에 하자가 있음에 지나지 아니하여 준재심절차에 의하여 구제받는 것은 별문제로 하고 그 화해조서를 무효라고 주장할 수는 없다.[143)]"

나. 임의법규

◎ 계약 해제권에 관한 민법 규정

"계약의 해제권에 대한 민법의 규정은 임의규정이다.[144)]"

◎ 임대차 기간 중의 해제·해지 의사표시에 어떠한 절차가 요구되거나 제한이 따르는 경우, 기간만료로 인한 임대차계약의 종료 시에도 당연히 그와 같은 제한이 적용되는지 여부(소극)

"민법 제211조는 '소유자는 법률의 범위 내에서 그 소유물을 사용, 수익, 처분할 권리가 있다.'고 규정하고 있다. 소유자의 위와 같은 소유권 행사에는 다양한 공법상 또는 사법상 제한이 따를 수 있고, 소유자 스스로의 의사에 기한 임차권 등 용익권의 설정에 의하여 소유권 행사가 제한될 수도 있다. 그러나 임대차기간 등 용익권 설정계약의 기간이 경과한 후에는 소유자가 용익권 설정으로 인한 제한으로부터 벗어나 자유롭게 소유권을 행사할 수 있는 권리가 보장되어야 하므로, 임대차기간 중의 해제·해지 의사표시에 어떠한 절차가 요구되거나 제한이 따른다고 하여 임대차기간 만료에 의한 임대차계약의 종료 시에도 당연히 그와 같은 제한이 적용된다고 확대해석하여서는 안 되고, 기간만료로 인한 임대차계약의 종료에 어떠한 제한이 따른다고 하기 위해서는 그러한 내용의 법률 규정이나 당사자 사이의 별도의 명시적 또는 묵시적 약정이 있어야 한다.[145)]"

---

141) 대판 2005. 5. 13. 2004다67264, 67271; 대판 2001. 4. 10. 99다13577, 13584.

142) 대판 2003. 7. 25. 2001다57778; 대판 2002. 3. 15. 2001다67126; 대판 2001. 5. 15. 99다53490.

143) 대판 2002. 12. 6. 2002다44014; 대판 2000. 3. 10. 99다67703; 대판 1975. 11. 11. 74다634.

144) 대판 1959. 6. 18. 4291민상388.

◎ 건축시 법정거리에 관한 민법 규정

"민법 제242조 규정은 서로 인접하여 있는 소유자의 합의에 의하여 법정거리를 두지 않게 하는 것을 금지한다고는 해석할 수 없고, 당사자간의 합의가 있었다면 그것이 명시 또는 묵시라 하더라도 인접지에 건물을 축조하는 자에 대하여 법정거리를 두지 않았다고 하여 그 건축을 폐지시키거나 변경시킬 수 없다.[146)]"

◎ 조합의 해산과 청산에 관한 민법 규정

"민법의 조합의 해산사유와 청산에 관한 규정은 그와 내용을 달리하는 당사자의 특약까지 배제하는 강행규정이 아니므로, 당사자가 그 규정과 다른 내용의 특약을 한 경우 그 특약은 유효하다.[147)]"

◎ 상시 4인 이하의 근로자를 사용하는 사업 또는 사업장의 사용자가 근로자와 기간의 정함이 없는 근로계약을 체결한 경우, 그 근로계약의 해지에 적용되는 법규 및 위 근로계약의 체결시 해고제한의 특약을 한 경우, 그 특약을 위반한 해고의 효력

"구근로기준법(2007. 4. 11. 법률 제8372호로 전문 개정되기 전의 것)상 상시 4인 이하의 근로자를 사용하는 사업 또는 사업장에 대하여는 사용자가 정당한 이유 없이 근로자를 해고하지 못한다는 같은 법 제30조 제1항이 적용되지 않고, 이 경우 그 근로계약이 기간의 정함이 없는 것이라면 민법 제660조 제1항을 적용할 수 있게 되어 사용자는 사유를 불문하고 언제든지 근로계약의 해지를 통고할 수 있다. 그러나 민법 제660조 제1항은 당사자의 의사에 의하여 그 적용을 배제할 수 있는 임의규정이므로, 상시 4인 이하의 근로자를 사용하는 사업 또는 사업장의 사용자가 근로자와 기간의 정함이 없는 근로계약을 체결하면서 해고의 사유를 열거하고 그 사유에 의해서만 근로자를 해고할 수 있도록 하는 해고제한의 특약을 하였다면, 근로자에 대한 해고는 민법 제660조 제1항이 아닌 위 해고제한의 특약에 따라야 하고 이러한 제한을 위반한 해고는 무효라고 보아야 한다.[148)]"

◎ 선시공·후분양 방식으로 분양되거나, 당초 선분양·후시공 방식으로 분양하기로 계획되었으나 준공 후에 분양되는 아파트 등의 경우, 완공된 아파트 등의 현황과 달리 분양광고 등에만 표현된 아파트 등의 외형·재질 등에 관하여 분양자와 수분양자 사이에 이를 분양계약의 내용으로 하는 묵시적 합의가 있었다고 볼 수 있는지 여부(원칙적 소극)

"선시공·후분양의 방식으로 분양되거나, 당초 선분양·후시공의 방식으로 분양하기로 계획되었으나 계획과 달리 준공 전에 분양이 이루어지지 아니하여 준공 후에 분양이 되는 아파트 등의 경우에는 수분양자는 실제로 완공된 아파트 등의 외형 · 재질 등에 관한 시공 상태를 직접 확인하고 분양계약 체결 여부를 결정할 수 있어 완공된 아파트 등 그 자체가 분양계약의 목적물로 된다고 봄이 상당하다. 따라서 비록 준공 전에 분양안내서 등을 통해 분양광고를 하거나 견본주택 등을 설치한 적이 있고, 그러한 광고내용과 달리 아파트 등이 시공되었다고 하더라도, 완공된 아파트 등의 현황과 달리 분양광고 등에만 표현되어 있는 아파트 등의 외형·재질 등에 관한 사항은 분양 계약 시에 아파트 등의 현황과는 별도로 다시 시공해 주기로 약정하였다는 등의 특별한 사정이 없는 한 이를

145) 대판 2014. 6. 26. 2014다14115.
146) 대판 1962. 11. 1. 62다567.
147) 대판 1985. 2. 26. 84다카1921.
148) 대판 2008. 3. 14. 2007다1418.

분양계약의 내용으로 하기로 하는 묵시적 합의가 있었다고 보기는 어렵다.[149)]"

◎ 선분양·후시공 방식으로 분양하기로 한 아파트 등의 단지 중 일부는 준공 전에, 일부는 준공 후에 분양된 경우, 분양회사와 수분양자 사이에 아파트 등의 외형·재질 등에 관한 구체적 거래조건을 분양계약의 내용으로 하는 묵시적 합의가 있었는지 여부를 판단하는 기준

"선분양·후시공의 방식으로 분양하기로 한 아파트 등의 단지 중 일부는 준공 전에, 일부는 준공 후에 분양된 경우에는 각 수분양자마다 분양계약 체결의 시기 및 아파트 등의 외형·재질 등에 관한 구체적 거래조건이 분양계약에 편입되었다고 볼 수 있는 사정이 있는지 여부 등을 개별적으로 살펴 분양회사와 각 수분양자 사이에 이를 분양계약의 내용으로 하기로 하는 묵시적 합의가 있었는지 여부를 판단하여야 한다.[150)]"

◎ 일부무효 법리의 적용 범위 및 강행법규와의 관계

"민법 제137조는 임의규정으로서 의사자치의 원칙이 지배하는 영역에서 적용된다고 할 것이므로, 법률행위의 일부가 강행법규인 효력규정에 위배되어 무효가 되는 경우, 그 부분의 무효가 나머지 부분의 유효·무효에 영향을 미치는가의 여부를 판단함에 있어서는 개별 법령이 일부무효의 효력에 관한 규정을 두고 있는 경우에는 그에 따라야 하고, 그러한 규정이 없다면 원칙적으로 민법 제137조가 적용될 것이나, 당해 효력규정 및 그 효력규정을 둔 법의 입법 취지를 고려하여 볼 때 나머지 부분을 무효로 한다면 당해 효력규정 및 그 법의 취지에 명백히 반하는 결과가 초래되는 경우에는 나머지 부분까지 무효가 된다고 할 수는 없다.[151)]"

◎ 일부 무효 법리를 정한 민법 제137조의 적용 범위 및 법률행위의 일부가 강행법규인 효력규정에 위반되어 무효가 되는 경우, 그 부분의 무효가 나머지 부분의 효력에 영향을 미치는지 판단하는 기준

"민법 제137조는 임의규정으로서 법률행위 자치의 원칙이 지배하는 영역에서 그 적용이 있다. 그리하여 법률행위의 일부가 강행법규인 효력규정에 위반되어 무효가 되는 경우 그 부분의 무효가 나머지 부분의 유효·무효에 영향을 미치는가의 여부를 판단함에 있어서는, 개별 법령이 일부 무효의 효력에 관한 규정을 두고 있는 경우에는 그에 따르고, 그러한 규정이 없다면 민법 제137조 본문에서 정한 바에 따라서 원칙적으로 법률행위의 전부가 무효가 된다. 그러나 같은 조 단서는 당사자가 위와 같은 무효를 알았더라면 그 무효의 부분이 없더라도 법률행위를 하였을 것이라고 인정되는 경우에는, 그 무효 부분을 제외한 나머지 부분이 여전히 효력을 가진다고 정한다. 이때 당사자의 의사는 법률행위의 일부가 무효임을 법률행위 당시에 알았다면 의욕하였을 가정적 효과의사를 가리키는 것으로서, 당해 효력규정을 둔 입법 취지 등을 고려할 때 법률행위 전부가 무효로 된다면 그 입법 취지에 반하는 결과가 되는 등의 경우에는 여기서 당사자의 가정적 의사는 다른 특별한 사정이 없는 한 무효의 부분이 없더라도 그 법률행위를 하였을 것으로 인정되어야 한다.[152)]"

---

149) 대판 2014. 11. 13. 2012다29601; 대판 2007. 6. 1. 2005다5812.
150) 대판 2014. 11. 13. 2012다29601.
151) 대판 2007. 6. 28. 2006다38161, 38178; 대판 2004. 6. 11. 2003다1601.
152) 대판 2013. 4. 26. 2011다9068; 대판 2008. 9. 11. 2008다32501.

●● 사례 11의 해결:

첫째, 부동산중개업법의 입법 목적에 비추어 볼 때(동법 제1조 참조), 공인중개사 자격이 없는 자가 중개사무소 개설등록을 하지 아니한 채 부동산중개업으로서 부동산매매계약을 중개하며 매매당사자와 체결한 중개수수료 지급 약정은 강행법규에 위배되어 무효라고 할 것이다(대판 2010. 12. 23. 2008다75119). 그런데 부동산중개업법은 그 제2조 제2호에서 '중개업'이라 함은 타인의 의뢰에 의하여 일정한 수수료를 받고 중개를 업으로 하는 것을 말한다고 규정하고 있고, 여기서 '중개를 업으로 한다'고 함은 영업으로서 중개를 하는 것을 말하며 중개를 영업으로 하였는지 여부는 중개행위의 목적이나 규모·횟수·기간·태양 등 여러 사정에 비추어 사회통념에 따라 판단하여야 할 것이므로, 반복·계속하여 중개행위를 한 것은 물론 비록 단 한 번의 행위라 하더라도 반복 계속할 의사로 중개행위를 하였다면 여기에 해당할 것이나, 그렇지 않고 우연한 기회에 타인 간의 거래행위를 중개하고 수수료를 받은 것이라면 중개를 업으로 한 것이라고 볼 수 없다(대판 2007. 9. 6. 2007도5246).

둘째, 그렇다면, 공인중개사 자격이 없는 자가 우연한 기회에 단 1회 타인 간의 거래행위를 중개한 경우 등과 같이 '중개를 업으로 한' 것이 아니라면 그에 따른 중개수수료 지급약정이 강행법규에 위배되어 무효라고 할 것은 아니고, 다만 그 중개수수료의 약정이 부당하게 과다하여 민법상 신의성실의 원칙이나 형평의 원칙에 반한다고 볼만한 사정이 있는 경우에는 그 상당하다고 인정되는 범위 내로 감액된 보수액만을 청구할 수 있다고 할 것이다.

(대판 2012. 6. 14. 2010다86525의 사실관계와 판결요지 등 참조)

3. 강행법규의 모습

(1) 효력규정과 단속규정

강행법규 중에서 그 규정에 위반하는 행위의 사법상의 효과가 부정되는 것을 효력규정이라 한다.[153][154] 한편 국가가 어떠한 행정목적을 달성하기 위하여 일정한 사항을 금지·제한하려는 데 그침으로써 그 법규 위반자에게 제재만 가할 뿐, 그 위반행위의 효력은 유효한 것으로 하는 것을 단속규정(금지규정)이라 한다.[155]

153) 강행법규 위반의 법률행위가 무효라는 것은, 효력규정 위반의 법률행위가 무효임을 말한다.

154) 국가가 엄격한 표준을 정하여 일정한 자격을 갖춘 자에게만 기업행위를 허용할 경우, 그것은 효력규정이 된다. 따라서 기업행위의 면허·허가를 받은 자가 그 명의를 타인에게 대여하는 계약(명의대여계약)은 효력규정 위반으로서 무효이다.

155) 행정법규, 특히 경찰법규는 단순한 단속규정이라 한다. 가령 무허가 음식점의 유흥업행위·음식물 판매행위는, 과태료의 제재만 받을 뿐 그 행위 자체는 유효하다(식품위생법 제22조·제77조 등은 단속규정이다).

효력규정과 단속규정의 구별에 관한 일반원칙은 없다. 개인의 의사에 의하여 그 적용의 배제가 가능한지 여부를 개별 규정마다 따질 수밖에 없다. 이 경우, 구체적인 고려요소로는 규정의 종류·성질·입법취지, 법률행위의 유효·무효가 사회경제적으로 미치는 영향, 법규의 입법취지가 법규의 규정 내용 그 자체의 실현을 금지하고 있는지(단순히 그러한 행위 자체를 금지하고 있는지) 여부, 법규 위반행위에 대한 사회의 윤리적 비난의 정도 등을 들 수 있다(곽윤직·김재형, 268면).

(2) 강행법규 위반의 모습

(가) 직접적 위반

정면으로 강행법규를 위반하는 경우를 강행법규의 직접적 위반이라 한다.[156)]

(나) 탈법행위(간접적 위반)

직접 강행법규(효력규정)에 위반하지는 않지만, 강행법규가 금지하고 있는 행위를 회피수단을 통하여 사실상 실현하는 것을 탈법행위라 한다.[157)]

법률이 탈법행위의 무효를 직접 규정하기도 한다(이자제한법 제2조·제4조). 어떤 행위의 일부만이 탈법행위인 경우, 그 행위의 효력은 어떻게 되는가? 일부무효의 법리에 따른다(제137조).[158)]

(다) 탈법행위의 한계

탈법행위가 초래되는 원인은, 경제의 현실과 법규 사이의 괴리 내지 공법적 규제의 강화에서 비롯된다. 따라서 경제사정에 부합하는 입법조치와 규제의 적정수준 유지가 필요하다. 후자와 관련된 문제가 이른바, 탈법행위의 한계에 관한 것이다. 생각건대 어떠한 강행법규(효력규정)가, 그 법규 위반행위에 의해 생기는 결과(효과)를 절대로 인정하지 않으려는 취지일 경우, 그 탈법행위는 무효이다. 그러나 강행법규·효력규정이, 그 법규가 금지하고 있는 결과(효과)보다는, 그러한 결과를 발생시키는 특정의 행위 그 자체를 금지하는 취지일 경우, 그 탈법행위는 유효하다고 하여야 한다.[159)]

판 례

가. 효력규정

◎ 토지구획정리조합이 조합원총회나 이에 갈음한 대의원회의 의결 없이 한 체비지 처분행위의 효력
"구토지구획정리사업법(2000. 1. 28. 법률 제6252호로 폐지) 제25조, 제26조 제8호, 제27조, 제66조

---

156) 이 경우, 그 행위가 무효임은 당연하다. 행위의 일부만이 강행법규에 직접 위반할 경우, 그 행위의 유효 여부는 일부무효의 법리(제137조)에 따른다.

157) 공무원·군인의 연금수급권은 대통령령으로 정하는 금융기관에 담보로 제공할 수 있으나, 그밖에는 담보제공이 금지되어 있다(공무원연금법 제32조, 군인연금법 제7조). 이는 강행법규이다. 연금수급권자(X)가 Y로부터 돈을 빌려오면서, X가 Y에게 연금증서를 교부하고 연금추심에 관한 대리권을 수여했다면, Y는 추심한 연금으로 X가 부담하는 채무의 변제를 꾀할 수 있다. 특히 X가 원리금의 완제 시까지, Y에 대한 연금추심을 위한 위임계약을 해제하지 않겠다는 특약을 X·Y 사이에 체결했다면, 이는 사실상 연금수급권을 담보로 제공한 것과 마찬가지라 할 것이어서, 이는 탈법행위가 된다. 기타의 경우로서, 부동산의 소유권이전등기를 신청할 경우, 계약서에 검인을 받도록 하고 있는데(부동산등기특별조치법 제3조 제1항), 검인을 받지 않기 위해 명의신탁해지의 방법을 취함으로써 소유권이전등기의 신청을 하는 경우, 이는 탈법행위에 해당한다.

158) 위 각주에서의 예의 경우, 연금추심의 위임계약에 있어서 그 불해제 또는 해제권 포기의 특약만 무효가 되고, 채무자(X)는 언제든지 그 위임계약을 해제함으로써 연금증서의 반환을 청구할 수 있다(곽윤직·김재형, 272면).

159) 종래 동산의 양도담보를 탈법행위로 보는 시각이 있었으나, 이는 채권담보라는 결과의 금지보다는 동산질권설정에 있어서 점유개정의 금지(제332조)·유질계약의 금지(제339조) 등의 강행법규를 회피하는 행위 그 자체를 금지시키는 데 있었고, 다른 한편 경제사회의 요청·담보력이 부족한 경제적 약자보호 등을 고려하여 유효로 보았다(가등기담보 등에 관한 법률이 제정·시행된 후, 이 법의 유추적용에 의해 동산 양도담보설정행위는 적법한 동산담보권 설정행위로 보게 되었다). 같은 견해 김상용, 381면.

제1항에 의하면, 토지구획정리조합이 체비지 등을 처분할 때에는 조합원으로 구성된 총회 또는 총회에 갈음하여 설치된 대의원회의 의결을 거치도록 규정하고 있는데, 이는 효력규정이므로 이를 위반하여 토지구획정리조합이 총회나 이에 갈음한 대의원회의 의결 없이 체비지를 처분한 행위는 효력이 없다.160)"

◎ 보조금의 예산 및 관리에 관한 법률 제35조의 입법 취지 및 위 규정이 효력규정인지 여부

"보조금의 예산 및 관리에 관한 법률 제35조는 국가예산으로 교부된 보조금으로 취득한 재산이 그 교부 목적과 다른 용도로 사용되거나 처분되는 것을 막음으로써 보조사업에 대한 국가의 적정한 관리와 보조금의 실효성을 지속적으로 확보하기 위한 데에 그 입법 취지가 있다고 할 것이므로, 위 규정은 단속규정이 아닌 효력규정이라고 보아야 한다.161)"

나. 단속법규

◎ 증권거래법상 일임매매 제한 규정

"일임매매의 제한에 관한 증권거래법 제107조는 고객을 보호하기 위한 규정으로서 증권거래에 관한 절차를 규정하여 거래질서를 확립하려는 데 그 목적이 있는 것이므로, 고객에 의하여 매매를 위임하는 의사표시가 된 것임이 분명한 이상 그 사법상 효력을 부인할 이유가 없고, 그 효력을 부인할 경우 거래 상대방과의 사이에서 법적 안정성을 심히 해하게 되는 부당한 결과가 초래되므로, 일임매매에 관한 증권거래법 제107조 위반의 약정도 사법상으로는 유효하다.162)"

◎ 비실명금융거래계약의 사법상 효력(유효)

"구 금융실명거래및비밀보장에관한긴급재정경제명령(1997. 12. 31. 법률 제5493호 금융실명거래및비밀보장에관한법률 부칙 제2조로 폐지)이 시행된 후에는 금융기관에 예금을 하고자 하는 자는 원칙적으로 직접 주민등록증과 인감을 지참하고 금융기관에 나가 자기 이름으로 예금을 하여야 하는 것이므로, 예금명의자를 예금주로 보아야 할 것이나, 특별한 사정으로 출연자와 금융기관 사이에 예금명의인이 아닌 출연자에게 예금반환채권을 귀속시키기로 하는 명시적 또는 묵시적 약정이 있는 경우에는 출연자를 예금주로 하는 금융거래계약이 성립하는 것이고, 위 긴급재정경제명령이나 금융실명거래및비밀보장에관한법률에서 비실명거래행위를 금지하고, 비실명거래자에게 실명전환의무를 부과하며, 이를 위반하는 경우 금융기관의 임원 또는 직원에 대하여 과태료 부과처분을 하고, 실명전환의무위반자에게 과징금 부과처분을 하도록 규정하고 있더라도 비실명금융거래계약의 사법상 효력에는 영향이 없다.163)"

◎ 구중소기업창업지원법 제16조의3의 규정에 기초한 중소기업창업지원업무운용규정 제46조 제2항이 투자조합의 '업무집행조합원은 투자조합재산을 담보로 제공할 수 없다.'고 규정한 취지 및 위 규정의 법적성격

"구중소기업창업지원법(2000. 1. 21. 법률 제6194호로 전문 개정되기 전의 것) 제16조의3의 규정에 기초한 위 중소기업창업지원업무운용규정 제46조 제2항이 투자조합의 '업무집행조합원은 투자조합재산을 담보로 제공할 수 없다.'고 규정한 취지는, 원래 투자조합의 업무집행조합원의 자금운용

160) 대판 2008. 5. 29. 2006다22494; 대판 2001. 3. 23. 2000다72671; 대판 1995. 2. 24. 94다31242.
161) 대판 2004. 10. 28. 2004다5556.
162) 대판 1996. 8. 23. 94다38199.
163) 대판 2001. 12. 28. 2001다17565; 대판 2000. 3. 10. 99다67031; 대판 1996. 4. 23. 95다55986.

은 일응 자율적인 판단에 맡겨져 있다고 할 것이지만, 투자조합이 중소기업의 창업을 지원함으로써 중소기업의 발전을 도모한다는 공공성, 사회성 때문에 창업자에 대한 효율적인 지원을 위하여 투자조합재산의 담보제공행위를 금지함으로써 투자조합원의 이익을 도모하고 건전한 투자를 활성화시켜 건실한 산업구조의 구축에 기여하려 함에 있는 것이고, 위 규정에 위반한 담보제공행위 자체가 그 사법상의 효력까지도 부인하지 않으면 안 될 정도로 현저히 반사회성, 반도덕성을 지닌 것이라고 할 수 없을 뿐만 아니라 그 행위의 사법상의 효력을 부인하여야만 비로소 구중소기업창업지원법의 입법목적을 달성할 수 있다고도 볼 수 없으므로, 위 규정은 투자조합의 업무집행조합원의 행위능력을 제한하는 효력규정이 아니라 단속규정에 지나지 아니하고, 따라서 위 규정들에 위반하여 법률행위가 이루어졌다 하더라도 그 행위의 사법상 효력에는 아무런 영향이 없다.[164)]"

다. 탈법행위

◎ 온천발견자 신고상의 명의변경절차의 이행을 구하는 소의 허용 여부 및 온천공 발견신고자의 명의를 변경하기로 하는 계약이 탈법행위로서 무효인지 여부

"온천법 제19조 제2항에서는 '시장·군수는 행정자치부령이 정하는 바에 의하여 온천자원조사를 실시하고 온천관리대장을 작성·비치하여야 한다.'고 규정하고 있고, 온천법 시행규칙 제15조 제3항에서는 '법 제19조 제2항의 규정에 의한 온천관리대장은 별지 제11호 서식과 같다.'고 정하고 있으며, 별지 제11호 서식은 소재지, 온천발견상황, 온천지구 및 온천공보호구역 지정상황, 개발계획수립 및 개발추진상황, 온천현황, 이용현황, 온천자원보전관리, 온천자원보전관리조치상황을 기재하도록 되어 있고, 온천발견 상황란에서 발견신고일자, 신고수리일자, 발견자 인적 사항을 기재하도록 되어 있을 뿐, 온천법이나 관계 법령을 살펴보아도 온천발견자 신고상의 명의변경이나 그 지위승계의 허용가능성이나 명의변경절차에 관하여는 전혀 규정을 찾아볼 수 없으므로, 온천관리대장에 온천발견자의 성명을 등재하는 행위는 행정사무집행상의 편의를 위한 것에 불과하여 온천발견자 신고상의 양도인 명의를 양수인 명의로 직접 변경할 것의 이행을 구하는 것은 허용될 수 없는 것이라 할 것이나, 온천공 발견신고자의 명의를 변경하기로 하는 당사자 사이의 계약은 사적자치의 원칙에 따라 이를 금지하는 강행규정이 없는 이상 보호되어야 하고, 비록 해당 법규에서 위 명의를 변경하는 근거 규정을 두지 않았다는 사유만으로는 당사자 사이의 계약이 탈법행위로서 무효가 된다고는 할 수 없다.[165)]"

V. 목적의 사회적 타당성

1. 제103조의 의의·취지

법률행위의 해석을 통해 밝혀진 법률행위의 내용이 실현 가능하고 개개의 강행법규에 위반하지 않더라도, 선량한 풍속 기타 사회질서에 위반되면, 즉 사회적 타당성이 없으면 무효가 된다(제103조).

---

164) 대판 2003. 2. 28. 2001다52148.
165) 대판 2004. 8. 20. 2002다20353; 대판 2002. 2. 26. 2001다53622.

제103조의 입법취지는 무엇인가? 근대법의 이상인 법률행위의 자유는 법의 이념에 모순되지 않는 범위 내에서만 인정된다는, 법률행위자유(사적자치)의 원칙의 내재적 한계를 규정한 것이라 할 것이다.[166] 또한 헌법상의 기본권조항에 관한 가치판단을 사법에서 실현하는 기능을 담당한다.[167]

2. 사회질서의 의의

(1) 개 념

선량한 풍속 기타 사회질서에 위반한 행위가 무효라는 것은 로마법 이래 각국의 법제가 이를 인정한다.

선량한 풍속은 사회의 일반적 도덕관념을 의미하고, 사회질서는 국가・사회의 일반적 이익 즉, 사회생활의 평화와 질서유지를 위해 모든 국민이 지켜야 할 일반규범(영미법상의 public policy)을 말한다. 그런데 제103조는 사회질서를 중심개념, 즉 선량한 풍속의 상위개념으로 이해함으로써 사회질서의 주된 내용 중의 하나가 선량한 풍속이라는 것이다.[168] 그러나 로마법 이래 두 개념은 구별하지 않았고, 어느 것에 위반되어도 그 행위는 무효가 된다는 점에서, 개념의 구별에 따른 실익은 없다.[169] 우리나라의 다수설은 두 개념을 합하여, 사회성 또는 사회적 타당성의 표현을 사용하고 있다.[170]

판 례

◯ 민법 제103조에서 정하는 '반사회질서의 법률행위'의 의미

"민법 제103조에서 정하는 '반사회질서의 법률행위'는 법률행위의 목적인 권리의무의 내용이 선량한 풍속 기타 사회질서에 위반되는 경우뿐만 아니라, 그 내용 자체는 반사회질서적인 것이 아니라고 하여도 법적으로 이를 강제하거나 법률행위에 사회질서의 근간에 반하는 조건 또는 금전적인 대가가 결부됨으로써 그 법률행위가 반사회질서적 성질을 띠게 되는 경우 및 표시되거나 상대방에게 알려진 법률행위의 동기가 반사회질서적인 경우를 포함한다."[171]

---

166) 성문법주의국가의 경우, 법질서가 허용하지 않는 행위를 강행법규의 형식으로 일일이 열거하는 것은 입법기술상 불가능하다(비록 그것이 가능할 경우에도, 시대의 변화에 따라 강행법규에 의해 금지되던 행위가 허용되기도 하고, 반대로 허용되던 행위가 금지되기도 한다). 따라서 강행법규에 의해 사적자치의 한계를 개별적으로 규정하는 이외에, 법질서의 전체적 이상에 비추어 볼 때 허용되지 않는, 사회적 타당성이 없는 법률행위는 무효가 된다고 함으로써 제103조의 일반규정을 통해 시대의 변화에 성문법규가 대처할 수 있도록 한 것이다.

167) 헌법에서 보장하고 있는 인간의 존엄과 가치, 평등권, 신앙 및 양심의 자유, 언론・출판의 자유, 혼인과 가족의 보호에 반하는 법률행위를 저지하는 기능을 발휘한다(김상용, 384면).

168) 곽윤직・김재형, 274면; 김용한, 260면. 한편 선량한 풍속과 사회질서는 서로 다른 가치관념이기 때문에 법률행위의 기능・목적・내용 등 그 전체를 대상으로 반사회성 유무를 판단하여야 한다는 점에서 구별하여야 한다는 견해도 있다(김상용, 383면).

169) 김증한・김학동, 310면; 송덕수, 240면.

170) 가령 고상룡, 334면. 한편 학자에 따라서는 구민법이 사용했던 공서양속(공의 질서 또는 선량한 풍속의 약어임)의 표현이 더 좋다는 견해가 있다(이영준, 197면).

◎ 반사회성 여부가 논의되는 당해 법률행위와 관련이 있는 다른 일정한 법률행위에 관하여 그 효력을 명문으로 배제하는 강행법규가 있는 경우, 당해 법률행위가 사회질서에 위배되는지 여부를 판단할 때 고려할 사항

"반사회성 여부가 논의되는 당해 법률행위와 관련이 있는 다른 일정한 법률행위에 관하여 그 효력을 명문으로 배제하는 강행법규가 있는 경우에는, 그 강행법규가 어떠한 취지에서 나온 것인지, 이들 두 법률행위가 일정한 구체적 생활관계의 맥락에서 일정한 내용으로 사회적·경제적인 연관을 가져서 강행법규에 의한 금지의 취지를 반사회질서의 법률행위라는 법구성을 통하여 다른 법률행위에도 미치게 하는 것이 적절하지 아니한지, 당해 법률행위에 대하여 그 규범내용이 명확하지 아니한 일반조항인 민법 제103조에 기하여 이를 무효로 함으로 인하여 거래에 부당한 부담을 지우거나 당사자들의 정당한 기대를 저버리게 되는 것은 아닌지 등을 당해 법률행위가 사회질서에 위배되는지 여부를 판단함에 있어서 고려할 수 있고 또 고려하여야 한다.[172]"

◎ 반사회질서적 성질은 띠지 않고, 단지 법률행위의 성립과정에서 강박이라는 불법적 방법이 사용된 경우, 그 법률행위가 민법 제103조에 의하여 무효로 되는지 여부

"단지 법률행위의 성립 과정에서 불법적 방법이 사용된 데 불과한 때에는, 그 불법이 의사표시의 형성에 영향을 미친 경우에는 의사표시의 하자를 이유로 그 효력을 논의할 수는 있을지언정, 반사회질서의 법률행위로서 무효라고 할 수는 없다.[173]"

◎ 반사회질서행위가 범죄행위에 국한되는지 여부

"반사회 질서의 법률행위는 반드시 형사법규에 저촉되는 범죄행위에 국한되지 아니한다.[174]"

(2) 사회질서 위반 여부의 판단

(가) 당사자의 인식의 필요성 여부

법률행위가 사회질서에 반한다고 평가하기 위해서는 법률행위의 내용이 사회질서에 반하는 것 이외에 법률행위가 사회질서에 반하는지에 대한 당사자의 인식이 필요한가? 학설은 다툼이 있다.[175] 생각건대 사회질서는 국민이 지켜야 할 일반규정의 내용이라는 점에서 당해 법률행위가 사회성에 반할 경우에는 당사자의 그 인식에 관계없이 무효라고 새겨야 한다. 다만, 법률행위의 동기만이 불법일 경우, 이는 동기의 불법의 문제로 다뤄야 한다.[176]

(나) 판단 시기

당해 법률행위가 사회성에 반하는지 여부는 원칙적으로 법률행위 성립당시를 기준으

171) 대판 2009. 9. 10. 2009다37251; 대판 2000. 2. 11. 99다56833.

172) 대판 2009. 9. 10. 2009다37251.

173) 대판 2002. 12. 27. 2000다47631; 대판 2002. 9. 10. 2002다21509; 대판 1984. 12. 11. 84다카1402.

174) 대판 1972. 10. 31. 72다1455, 1456.

175) 자신의 행위가 반사회적임을 인식하여야 한다는 견해(김증한·김학동, 311면)·법률행위의 반사회성에 대한 인식은 필요하지 않으나 법률행위가 반사회성을 만드는 사정에 대한 당사자의 인식은 필요하다는 견해(김상용, 393면)·그 인식은 요건이 아니라는 견해(송덕수, 240면; 지원림, 196면; 이은영, 364면)로 나뉜다.

176) 같은 견해 송덕수, 141면; 지원림, 196면.

로 한다. 판례의 견해도 같다. 다만, 유효하게 성립한 법률행위에서 발생한 채무가 이행되지 않고 있는 동안에 당해 법률행위가 사회질서 위반으로 판단될 경우에는 제103조가 적용되어 그 이행을 청구하지 못한다 할 것이다.[177]

(다) 적용범위

제103조는 법률행위에만 적용된다. 따라서 공경매 등의 경우에는 제103조가 적용되지 않는다(판례).

판 례

◎ 매매계약체결 후 그 목적물이 범죄행위로 취득된 것을 알게 된 경우에 그 계약의 이행을 구하는 것이 선량한 풍속 기타 사회질서에 반하는 것인지 여부(한정 소극)

"매매계약체결 당시에 정당한 대가를 지급하고 목적물을 매수하는 계약을 체결하였다면, 비록 그 후 목적물이 범죄행위로 취득된 것을 알게 되었다고 하더라도, 계약의 이행을 구하는 것 자체가 선량한 풍속 기타 사회질서에 위반하는 것으로 볼 만한 특별한 사정이 없는 한, 그러한 사유만으로 당초의 매매계약에 기하여 목적물에 대한 소유권이전등기를 구하는 것이 민법 제103조의 공서양속에 반하는 행위라고 단정할 수 없다.[178]"

◎ 공서양속의 원칙이 경매절차에 적용되는지 여부

"공서양속의 원칙은 사적 자치를 규율하는 경매절차에는 적용될 수 없다.[179]"

◎ 강제집행이 반사회질서 행위인 경우, 집행의 배제를 구할 수 있는지 여부

"가압류집행이 형식적으로는 채권확보를 위한 집행절차라고 하더라도 그 자체가 법이 보호할 수 없는 반사회적 행위에 의하여 이루어진 것임이 분명한 경우 그 집행의 효력을 그대로 인정할 수 없으므로, 가압류 집행 후 본집행으로 이행하기 전에 가압류 목적물의 소유권을 취득한 자는 그 가압류집행에 터 잡은 강제집행절차에서 그 집행의 배제를 구할 수 있다.[180]"

◎ 윤락행위를 할 사람을 고용하면서 성매매의 유인·권유·강요의 수단으로 이용되는 선불금 등 명목으로 제공한 금품이나 그 밖의 재산상 이익 등이 불법원인급여에 해당하는지 여부(적극) 및 성매매의 직접적 대가로서 제공한 경제적 이익 외에 성매매를 전제하고 지급하였거나 성매매와 관련성이 있는 경제적 이익도 불법원인급여에 해당하는지 여부(적극)

"성매매알선 등 행위의 처벌에 관한 법률 제10조는 성매매알선 등 행위를 한 사람 또는 성을 파는 행위를 할 사람을 고용한 사람이 그 행위와 관련하여 성을 파는 행위를 하였거나 할 사람에게 가지는 채권은 그 계약의 형식이나 명목에 관계없이 무효로 한다고 규정하고 있고, 부당이득의 반환청구가 금지되는 사유로 민법 제746조가 규정하는 불법원인급여는 그 원인이 되는 행위가 선량한 풍속 기타 사회질서에 반하는 경우를 말하는바, 윤락행위 및 그것을 유인·강요하는 행위는 선량한 풍속 기타 사회질서에 반하므로, 윤락행위를 할 사람을 고용하면서 성매매의 유인·권유·강

177) 같은 견해 송덕수, 243면; 지원림, 197면.
178) 대판 2001. 11. 9. 2001다44987.
179) 대결 1980. 2. 4.자 80마2.
180) 대판 1997. 8. 29. 96다14470.

요의 수단으로 이용되는 선불금 등 명목으로 제공한 금품이나 그 밖의 재산상 이익 등은 불법원인급여에 해당하여 그 반환을 청구할 수 없고, 나아가 성매매의 직접적 대가로서 제공한 경제적 이익뿐만 아니라 성매매를 전제하고 지급하였거나 성매매와 관련성이 있는 경제적 이익이면 모두 불법원인급여에 해당하여 반환을 청구할 수 없다고 보아야 한다.[181)]"

○ 이른바 '티켓다방'을 운영하는 甲이 乙등을 종업원으로 고용하면서 대여한 선불금이 불법원인급여에 해당하는지가 문제 된 사안에서, 제반 사정에 비추어 위 선불금은 乙등의 윤락행위를 전제로 한 것이거나 그와 관련성이 있는 경제적 이익으로서 그 대여행위는 반사회질서의 법률행위에 해당함에도, 이와 달리 본 원심판결에 법리오해의 위법이 있다고 한 사례

"이른바 '티켓다방'을 운영하는 甲이 乙등을 종업원으로 고용하면서 대여한 선불금이 불법원인급여에 해당하는지가 문제 된 사안에서, 제반 사정에 비추어 乙등으로서는 선불금 반환채무와 여러 명목의 경제적 부담이 더해지는 불리한 고용조건 탓에 윤락 행위를 선택하지 않을 수 없었고, 甲은 이를 알았을 뿐 아니라 유인, 조장하는 위치에 있었다고 보이므로, 위 선불금은 乙등의 윤락행위를 전제로 한 것이거나 그와 관련성이 있는 경제적 이익으로서 그 대여행위는 민법 제103조에서 정하는 반사회질서의 법률행위에 해당함에도, 이와 달리 본 원심판결에 법리오해의 위법이 있다고 한 사례.[182)]"가 있다.

3. 사회질서 위반 행위의 유형

●● 사례 12

피고(A)가 2002. 9. 30. 원고(B회사)와 사이에 'A가 B를 퇴직 후 2년 이내에는 B회사와 경쟁관계에 있는 회사에 취업하거나 직·간접 영향을 미쳐서는 안된다.'는 내용이 포함된 연봉·근로계약(이하 '이 사건 경업금지약정'이라 한다)을 체결하였다. A는 2004. 2. 28. B회사를 퇴직한 후 2004. 4. 30.경 아무개 중개무역회사를 설립·운영하면서 중국 업체에 도급을 주어 B회사가 미국의 X사에 납품한 바 있는 손톱깎이 세트, 손톱미용 세트 등과 일부 유사한 제품을 X사에 납품하였다. 그러자 B는 A를 상대로 경업금지의무위반을 이유로 한 손해배상을 청구하였다. B의 주장은 정당한가? 그런데 A는 B회사에 고용기간 중 습득한 기술상 또는 경영상의 정보 등을 사용하여 그 영업을 한 것이나, 이는 이미 공지되었거나 다른 경쟁업체가 상당한 비용이나 노력을 들이지 않고도 쉽게 얻을 수 있는 정보라는 점 등이 사실관계에서 밝혀졌다.

●● 사안의 쟁점:

첫째, 사용자와 근로자 사이의 경업금지약정의 유효성에 관한 판단 기준 및 여기에서 말하는 '보호할 가치 있는 사용자의 이익'의 의미는 무엇인지? 둘째, A·B 사이의 위 경업금지약정이 제103조 소정의 선량한 풍속 기타 사회질서에 반하는 법률행위인지 여부 등이다.

---

181) 대판 2013. 6. 14. 2011다65174; 대판 2004. 9. 3. 2004다27488, 27495.

182) 대판 2013. 6. 14. 2011다65174.

사회질서 위반의 법률행위의 내용을 법규에 구체화시키는 것은 입법기술상 곤란하다. 왜냐하면, 그 위반행위의 내용은 시대마다의 윤리 · 도덕관에 따라 부단히 변화하기 때문이다. 그렇다면 제103조는 그 내용을 구체화시키지 않은 추상적 · 탄력적인 일반조항이라는 데에 그 존재이유가 있다. 따라서 어떠한 법률행위가 제103조에 해당되어 무효로 되느냐 여부는, 법관이 법의 이상과 사회의 일반적 가치관념을 고려하여 구체적으로 판단할 문제이다.[183)]

(1) 정의의 관념에 반하는 행위

범죄 또는 부정행위를 권고하거나 이에 가담하는 행위 등을 들 수 있는데, 판례부분에서 상세히 보기로 한다.

(2) 인륜에 반하는 행위

부모와 자식 사이 · 부부 사이의 인륜에 반하는 행위는 사회적 타당성이 없는 행위로서 무효이다.[184)]

(3) 개인의 자유를 극도로 제한하는 행위

(가) 개인의 정신적 · 신체적 자유의 제한

인신매매 · 성매매 · 독신계약 · 이혼하지 않기로 하는 약정 등은 제103조에 의해 무효이다.

(나) 경제적 자유의 제한

경업피지(競業禁止)의 약정[185)] · 퇴사 후 일정한 영업을 하지 않기로 하는 사용자와 피용자간의 약정 · 전속적으로 물품을 공급받기로 하는 전속수령약정(專屬受領約定)[186)] 등은 무효가 된다.

(4) 생존의 기초가 되는 재산의 처분행위

어느 개인의 생존의 바탕이 되는 전 재산을 처분하는 내용의 계약은 제103조에 의해 무효이다.[187)]

---

183) 제103조 위반 행위의 모습은 판례에 의해 유형화된다.

184) 子가 부모에 대하여 불법행위를 이유로 손해배상을 청구하는 행위, 혼인관계 없이 성관계유지를 위한 증여 등을 들 수 있다.

185) 다만, 적당한 범위 안에서 기간 · 구역 · 영업의 종류를 한정해서 영업의 자유를 제한하는 것은 유효하다(곽윤직 · 김재형, 277면; 김상용, 388면).

186) 독일의 경우, 20년 이내의 전속수령계약은 유효하다고 한다(Karl Larenz, Allgemeiner Teil des deutschen Bürgerlichen Rechts, 7. Aufl., 1989, S. 442).

187) 장래의 재산의 전부 또는 일부를 양도하거나 이에 용익권을 설정할 의무를 부담하는 계약은 이를 무효로 한다(독일민법 제311조, 프랑스민법 제943조 참조).

(5) 지나치게 사행적인 행위

사람의 사행심을 지나치게 자극하는 사행계약은 제103조에 의해 무효이다.[188)189)]

판 례

가. 정의의 관념에 반하는 행위

◎ 2인 이상이 공모하여 범죄를 실행하는 과정에서, 범죄에 필요한 자금을 제공한 공범에게 대가를 지급하거나 손실을 보전하여 주기로 하는 공범 간 약정의 효력(=무효) 및 공범 아닌 제3자가 그 무효인 약정에 기한 채무를 부담하거나 이행하기로 하는 약정의 효력(=무효)

"2인 이상이 공모하여 범죄를 실행하는 과정에서, 범죄에 필요한 자금을 제공한 공범에게 자금제공에 대한 대가를 지급하거나 자금제공에 따른 손실을 보전하여 주기로 하는 공범 간 약정은 사회질서에 위배되어 무효이고, 공범 아닌 제3자가 그 무효인 약정에 기한 채무를 부담하거나 이행하기로 하는 약정도 역시 무효이다.[190)]"

◎ 변호사법 제109조 제1호를 위반하여 소송 사건을 대리하는 자가 대납한 소송비용을 소송 종료 후에 반환받기로 하는 약정의 효력(원칙적 무효)

"변호사법 제109조 제1호는 강행법규로서 같은 법조에서 규정하고 있는 이익취득을 목적으로 하는 법률행위는 그 자체가 반사회적 성질을 띠게 되어 사법적 효력도 부정된다. 그리고 변호사법 제109조 제1호를 위반하여 소송 사건을 대리하는 자가 소송비용을 대납한 행위는 성격상 대리를 통한 이익취득 행위에 불가결하게 수반되는 부수적 행위에 불과하므로, 위와 같이 대납하는 소송비용을 소송 종료 후에 반환받기로 하는 약정은 특별한 사정이 없는 한, 이익취득 약정과 일체로서 반사회질서의 법행 위에 해당하여 무효라고 보아야 하고 이 부분만을 따로 떼어 효력을 달리한다고 볼 것은 아니다.[191)]"

◎ 아파트 관리수탁업체인 갑 주식회사가 소송비용을 대납하여 을 입주자대표회의가 제기하는 하자보수보증금 청구소송을 진행하기로 한 사안에서, 갑회사의 행위는 변호사법 제109조 제1호에서 금지하는 '대리'에 해당하고, 갑회사가 대납하는 소송비용을 을 입주자대표회의가 소송 종료 후 반환하기로 하는 약정 등은 반사회질서의 법률행위로서 무효라고 본 원심판단을 정당하다고 한 사례

"아파트 관리수탁업체인 갑 주식회사가 무이자로 소송비용을 대납하는 방법으로 을 입주자대표회의가 아파트 하자보수보증업체를 상대로 제기하는 하자보수보증금 청구소송을 진행하기로 한 사안에서, 갑회사가 소송비용을 부담하고 사실상 변호사를 선임하여 하자보수보증금 청구소송을 제기하고 진행을 주도하였다고 보아 갑회사가 위 소송에 관여한 행위는 변호사법 제109조 제1호에서 금지하는 '대리'에 해당하고, 갑회사가 대납하는 소송비용을 을 입주자대표회의가 소송 종료 후 반

188) 독일의 경우, 이미 체결된 계약체결을 파기하도록 유혹하는 행위도 선량한 풍속 위반으로서 무효가 된다고 한다(Diter Medicus, Allgemeiner Teil des BGB, 4. Aufl., 1990, S. 261).

189) 대표적으로 도박계약을 들 수 있다. 그러나 법률행위의 내용에 사행성이 내포되어 있어도, 법률에 의해 그 반사회성이 조각되기도 한다. 가령 승마투표권(한국마사회법 제6조) 등을 들 수 있다.

190) 대판 2011. 7. 14. 2011도3180.

191) 대판 2014. 7. 24. 2013다28728; 대판 2010. 2. 25. 2009다98843.

환하기로 하는 약정 등은 반사회질서의 법률행위로서 무효라고 본 원심판단을 정당하다고 한 사례.[192]"가 있다.

◎ 증언의 대가 지급 약정

"소송사건에서 일방 당사자를 위하여 증인으로 출석하여 증언하였거나 증언할 것을 조건으로 어떤 대가를 받을 것을 약정한 경우, 증인은 법률에 의하여 증언거부권이 인정되지 않은 한 진실을 진술할 의무가 있는 것이므로, 그 대가의 내용이 통상적으로 용인될 수 있는 수준(예컨대 증인에게 일당과 여비가 지급되기는 하지만 증인이 법원에 출석함으로써 입게 되는 손해에는 미치지 못하는 경우 그러한 손해를 전보해 주는 정도)을 초과하는 경우에는 그와 같은 약정은 금전적 대가가 결부됨으로써 선량한 풍속 기타 사회질서에 반하는 법률행위가 되어 민법 103조에 따라 효력이 없다.[193]"

◎ 진정 취하를 조건으로 한 금원 지급 약정

"청원권 행사의 일환으로 이루어진 진정을 이용하여 원고가 피고를 궁지에 빠뜨린 다음 이를 취하하는 것을 조건으로 거액의 급부를 제공받기로 한 약정은 반사회질서적인 조건 또는 금전적 대가가 결부됨으로써 반사회질서적 성질을 띠게 되는 경우에 해당한다.[194]"

◎ 과도한 지체상금 약정

"도급인의 지위에 있는 행정기관이 당초에 입찰이나 계약체결 시에 약정한 공사기간을 그 후 행정상의 이유로 일방적으로, 수급인이 당초 전혀 예상하지 못했을 정도로 상당한 기간의 단축을 요구하여 수급인으로 하여금 이에 부득이 응하게 한 경우, 공사기간을 단축할 당시에 있어서의 기성공정률과 그 공사의 완공에 필요한 총기간 및 남은 공사기간 등을 참작하여 그 단축된 기간 내에 공사를 준공하는 것이 물리적으로 불가능하거나 총체적으로 부실공사를 강요하는 것이 될 수밖에 없다면, 당초의 지체상금에 관한 약정을 그대로 적용하여 그와 같이 준공이 불가능할 정도로 단축된 준공기한을 기준으로 일률적으로 계산한 지체 일수 전부에 대하여 당초의 약정에 의한 지체상금의 배상을 그대로 물게 하는 것은 선량한 풍속 기타 사회질서에 비추어 허용할 수 없으므로, 준공기한을 앞당기기로 하는 그 합의는 준공에 절대적으로 필요한 최소한의 기간에 해당하는 지체상금부분에 한하여 무효이다.[195]"

◎ 금전 소비대차계약상의 이자 약정이 선량한 풍속 기타 사회질서를 위반한 사항을 내용으로 하는 법률행위로서 무효로 되는 경우

"금전 소비대차계약과 함께 이자의 약정을 하는 경우, 그 이자 약정이 대주가 그의 우월한 지위를 이용하여 부당한 이득을 얻고 차주에게는 과도한 반대급부 또는 기타의 부당한 부담을 지우는 것이어서 선량한 풍속 기타 사회질서를 위반한 사항을 내용으로 하는 법률행위로서 무효라고 보기 위해서는, 양쪽 당사자의 경제력의 차이로 그 이율이 당시의 경제적·사회적 여건에 비추어 사회통념상 허용되는 한도를 초과하여 현저하게 고율로 정하여졌다는 사정이 인정되어야 한다.[196]"

◎ 도박으로 잃은 돈을 회복하기 위해 경찰관과 함께 협박·폭행하여 제공받은 부동산 등기

192) 대판 2014. 7. 24. 2013다28728.
193) 대판 1999. 4. 13. 98다52483.
194) 대판 2000. 2. 11. 99다56833.
195) 대판 1997. 6. 24. 97다2221.
196) 대판 2009. 6. 11. 2009다12399; 대판 2007. 2. 15. 전원합의체. 2004다50426.

"피고 명의의 가등기와 그에 따른 본등기가 그 원인에 있어 피고가 도박으로 잃은 돈을 회복하려고 소외인 등을 유인한 다음 수사경찰관과 짜고 소외인 등을 도박 현행범으로 감금하고 협박과 폭행으로 그들로 하여금 어쩔 수 없이 피고가 잃은 돈의 변상명목으로 잃은 돈의 9배에 달하는 부동산을 제공받은 것이라면 이는 선량한 풍속과 정의의 관념에 반하여 이루어진 당연무효의 등기라 할 것이다.[197)]"

◎ 도박자금 제공 목적의 금전대차계약

"도박자금에 제공할 목적으로 금전의 대차를 한 때에는 그 대차계약은 민법 제103조의 반사회질서의 법률행위여서 무효이다.[198)]"

◎ 상대방인 공무원에게 직무와 관련한 청탁을 하면서 그 보수로서 대가금을 지급하기로 한 경우, 그 약정의 효력

"당사자 일방이 상대방에게 공무원의 직무에 관한 사항에 관하여 특별한 청탁을 하게 하고 그에 대한 보수로 돈을 지급할 것을 내용으로 한 약정은 사회질서에 반하는 무효의 계약이라 할 것이다.[199)]"

◎ 부동산의 취득자가 명의수탁자의 범죄적인 처분행위에 적극 가담하여 처분이 이루어진 경우, 그 취득행위의 효력

"위의 경우, 부동산의 취득자가 명의수탁자의 범죄적인 처분행위에 적극 가담하여 처분이 이루어진 것이라면, 그 취득자의 취득행위는 정의관념에 반하는 반사회적 행위로서 무효라 할 것이다.[200)]"

◎ 무자격조합원에 대한 임의분양 약정이 통정(通情)에 의한 단속규정 위반의 행위로서 선량한 풍속 기타 사회질서에 위반되는지 여부

"전략(前略)··· 주택조합이 무자격조합원을 제명하면서 그 제명의 효력과는 관계없이 무자격조합원에게 아파트를 임의분양하기로 한 약정은, 무자격조합원과 주택조합이 통정하여 단속규정을 위반하기로 한 반사회질서의 법률행위로서 무효이다.[201)]"

◎ 도지사에게 청탁하여 택시운송사업면허를 받아줄 것을 부탁하면서 도지사에 대한 청탁교제비조로 금원을 교부하면서 교부 당시에 그 면허를 취득하지 못하게 될 경우, 금원을 반환하여 주기로 한 약정의 효력

"위의 경우, 이와 같은 약정은 결국 불법원인급여물의 반환을 구하는 범주에 속하는 약정이라 할 것이며 이는 사회질서에 반하는 법률행위로서 무효라 할 것이다.[202)]"

◎ 허위진술의 대가로서 행한 급부 약정의 효력

"수사기관에서 참고인으로 진술하면서, 자신이 잘 알지 못하는 내용에 대하여 허위의 진술을 하는 경우에 그 허위진술 행위가 범죄행위를 구성하지 않는다고 하여도, 이러한 행위 자체는 국가사회의 일반적인 도덕관념이나 국가사회의 공공질서 이익에 반하는 행위라고 볼 것이니, 그 급부의

---

197) 대판 1974. 7. 23. 74다157.
198) 대판 1973. 5. 22. 72다2249.
199) 대판 1995. 7. 14. 94다51994; 대판 1991. 3. 22. 91다520.
200) 대판 1992. 3. 31. 92다1148; 대판 1963. 3. 28. 62다862.
201) 대판 1993. 7. 27. 93다2926.
202) 대판 1991. 3. 22. 91다520.

상당성 여부를 판단할 필요 없이 허위진술의 대가로 작성된 각서에 기한 급부의 약정은 민법 제103조 소정의 반사회질서 행위로서 무효이다.[203)]"

◎ 주권발행 전 주식의 양도인이 회사에 대한 양도통지 전에 제3자에게 주식을 이중으로 양도한 후 확정일자 있는 양도통지를 하는 등 대항요건을 갖추어 주어 양수인이 그 제3자에게 대항할 수 없게 되었고, 이러한 배임행위에 제3자가 적극 가담한 경우, 제3자에 대한 양도행위의 효력

"주권발행 전 주식의 양도는 당사자의 의사표시만으로 효력이 발생하고, 주권발행 전 주식을 양수한 사람은 특별한 사정이 없는 한 양도인의 협력을 받을 필요 없이 단독으로 자신이 주식을 양수한 사실을 증명함으로써 회사에 대하여 그 명의개서를 청구할 수 있지만, 회사 이외의 제3자에 대하여 양도 사실을 대항하기 위하여는 지명채권의 양도에 준하여 확정일자 있는 증서에 의한 양도통지 또는 승낙을 갖추어야 한다는 점을 고려할 때, 양도인은 회사에 그와 같은 양도통지를 함으로써 양수인으로 하여금 제3자에 대한 대항요건을 갖출 수 있도록 해 줄 의무를 부담한다. 따라서 양도인이 그러한 채권양도의 통지를 하기 전에 제3자에게 이중으로 양도하고 회사에게 확정일자 있는 양도통지를 하는 등 대항요건을 갖추어 줌으로써 양수인이 그 제3자에게 대항할 수 없게 되었고, 이러한 양도인의 배임행위에 제3자가 적극 가담한 경우라면, 제3자에 대한 양도행위는 사회질서에 반하는 법률행위로서 무효이다.[204)]"

◎ 외국의 법원을 관할법원으로 하는 전속적인 국제관할 합의의 유효 요건 및 전속적인 관할 합의가 현저하게 불공정한 경우의 효력

"대한민국 법원의 관할을 배제하고 외국의 법원을 관할법원으로 하는 전속적인 국제관할의 합의가 유효하기 위하여는, 당해 사건이 대한민국 법원의 전속관할에 속하지 아니하고, 지정된 외국법원이 그 외국법상 당해 사건에 대하여 관할권을 가져야 하는 외에, 당해 사건이 그 외국법원에 대하여 합리적인 관련성을 가질 것이 요구된다고 할 것이고, 한편 전속적인 관할 합의가 현저하게 불합리하고 불공정한 경우에는 그 관할 합의는 공서양속에 반하는 법률행위에 해당하는 점에서도 무효이다.[205)]"

◎ 신주발행이 선량한 풍속 기타 사회질서에 반하여 현저히 불공정한 방법으로 이루어진 것으로서 무효인지 여부

"신주발행이 선량한 풍속 기타 사회질서에 반하여 현저히 불공정한 방법으로 이루어진 것으로서 무효라고 판단한 사례.[206)]"가 있다.

◎ 금융기관이 증권회사에 대한 구증권거래법상의 투자자보호기금의 보호대상이 아닌 채권을 그 투자자보호기금의 보호를 받을 목적으로 그 보호대상인 예탁금으로 전환한 행위의 효력

"금융기관이 증권회사에 대해 원래는 구증권거래법(1998. 1. 8. 법률 제5498호로 개정되기 전의 것) 제69조의3 제1항에 따른 투자자보호기금의 보호대상이 되지 않는 채권을 갖고 있다가 증권회사가 부도나기 직전 정당한 이유 없이 주로 위 투자자보호기금의 보호를 받기 위한 목적으로 그 보호대상이 되는 예탁금으로 바꾸어 놓는 행위는 진정한 예탁금 채권자를 보호하려는 위 법규정의

---

203) 대판 2001. 4. 24. 2000다71999.

204) 대판 2006. 9. 14. 2005다45537.

205) 대판 2004. 3. 25. 2001다53349; 대판 1997. 9. 9. 96다20093.

206) 대판 2003. 2. 26. 2000다42786.

입법 취지에 정면으로 배치되는 행위로서 선량한 풍속 기타 사회질서에 위배되어 무효이다.[207]"

◎ 갑이 을 주식회사 등 다수의 보험회사와 10건의 보험계약을 체결한 후 입원치료 등을 이유로을회사 등으로부터 보험금을 지급받았는데, 을회사가 보험계약이 선량한 풍속 기타 사회질서에 반하여 무효라는 이유로 부당이득반환을 구한 사안에서, 갑이 보험금 부정취득의 목적으로 보험계약을 체결한 것으로 볼 여지가 충분한데도, 이와 달리 본 원심판결에 법리오해 등의 위법이 있다고 한 사례

"갑이 을 주식회사 등 다수의 보험회사와 10건의 보험계약을 체결한 후 입원치료 등을 이유로 을회사 등으로부터 보험금을 지급받았는데, 을회사가 보험계약이 선량한 풍속 기타 사회질서에 반하여 무효라는 이유로 부당이득반환을 구한 사안에서, 갑이 보험계약 체결 직후 병원에 입원한 사실이 없음에도 입원한 것처럼 보험금을 허위로 청구하여 을회사 등으로부터 보험금을 지급받은 행위로 사기죄로 기소되어 유죄판결을 선고받는 등 갑의 재산상태, 다수의 보험계약의 체결 경위, 보험계약의 규모와 성질, 보험계약 체결 후의 정황 등 제반 사정에 비추어 갑이 보험계약을 체결한 것은 순수하게 생명·신체 등에 대한 우연한 위험에 대비하기 위한 것이라고 보기 어렵고, 오히려 보험사고를 빙자하여 보험금을 부정하게 취득할 목적으로 보험계약을 체결한 것으로 볼 여지가 충분한데도, 이와 달리 본 원심판결에 법리오해 등의 위법이 있다고 한 사례.[208]"가 있다.

나. 인륜에 반하는 행위

◎ 처의 사망 또는 이혼을 조건으로 한 첩과의 혼인약정

"부첩관계를 맺음에 처의 사망 또는 이혼이 있을 경우에 첩과 혼인신고를 하여 입적하게 한다는 부수적 약정도 공서양속에 위반한 무효한 행위이다.[209]"

◎ 첩계약의 효력이 동의 유무에 좌우되는지 여부

"첩계약은 전처의 동의유무를 불문하고 공서양속에 반한 무효의 법률행위로서 축첩한 자와 이를 교사방조한 자는 전처에 대하여 공동불법행위가 성립된다.[210]"

◎ 장래 부첩관계의 사전 승인이 선량한 풍속에 위배되는지 여부

"부가 첩을 두어 처와 협의 이혼을 하기로 하고 그 위자료조로 거액의 재산을 처에게 교부한 바가 있다고 하더라고, 부가 후에 이혼의사를 철회하고 처 역시 이를 승낙하여 이혼의사가 쌍방간에 철회된 이상, 부의 처에 대한 재산 급부행위가 첩의 그때까지의 처에 대한 위자료 지급의무의 면제가 암묵리에 합의되었다고 하더라도, 장래에 있어서의 부첩행위의 계속을 용인하기로 합의되었다고 보기에는 특단의 사정이 없는 한 어렵다 할 것이고, 가사 그와 같은 합의가 있었다고 하더라도 장래의 부첩관계의 사전 승인이라는 것은 선량한 풍속에 위배되는 행위이므로 당연무효의 행위라고 할 것이다.[211]"

◎ 부첩관계를 용서한 경우의 효력

"전략(前略)… 한편 본처가 장래의 부첩관계에 대하여 동의하는 것은 그 자체가 선량한 풍속에

207) 대판 2002. 4. 26. 2000다64366.
208) 대판 2014. 4. 30. 2013다69170.
209) 대판 1955. 7. 14. 4288민상156.
210) 대판 1960. 9. 29. 4293민상302.
211) 대판 1967. 10. 6. 67다1134.

반하는 것으로서 무효라고 할 것이나, 기왕의 부첩관계에 대하여 용서한 때에는, 그것이 손해배상 청구권의 포기라고 해석되는 한, 그대로의 법적 효력이 인정될 수 있다.[212)]"

◎ 영리를 목적으로 윤락행위를 하도록 권유 · 유인 · 알선 또는 강요하거나 이에 협력하는 자가 영업상 관계있는 윤락행위를 하는 자에 대하여 가지는 채권의 효력

"영리를 목적으로 윤락행위를 하도록 권유 · 유인 · 알선 또는 강요하거나 이에 협력하는 것은 선량한 풍속 기타 사회질서에 위반되므로 그러한 행위를 하는 자가 영업상 관계있는 윤락행위를 하는 자에 대하여 가지는 채권은 계약의 형식에 관계없이 무효라고 보아야 한다.[213)]"

다. 개인의 자유를 극도로 제한하는 행위

◎ 영리를 목적으로 윤락행위를 하도록 권유 · 유인 · 알선 또는 강요하거나 이에 협력하는 자가 영업상 관계있는 윤락행위를 하는 자에 대하여 가지는 채권의 효력(=무효)

"영리를 목적으로 윤락행위를 하도록 권유 · 유인 · 알선 또는 강요하거나 이에 협력하는 것은 선량한 풍속 기타 사회질서에 위반되므로 그러한 행위를 하는 자가 영업상 관계있는 윤락행위를 하는 자에 대하여 가지는 채권은 계약의 형식에 관계없이 무효라고 보아야 한다.[214)]"

◎ 절대 이혼하지 않겠다는 의사표시

"어떠한 일이 있어도 이혼하지 아니하겠다는 각서를 써 주었다 하더라도, 그와 같은 의사표시는 신분행위의 의사결정을 구속하는 것으로서 공서양속에 위배하여 무효이다.[215)]"

◎ 친권상실 및 대리권 · 관리권 상실 청구권 포기 약정

"민법 제924조나 제925조의 규정에 의한 친권상실이나 대리권관리권상실을 청구할 수 있는 자가 그런 청구권을 포기하는 것을 내용으로 하는 계약은 공서양속에 반하는 무효이다.[216)]"

◎ 혼인예약 후에 남자의 동거의무불이행시 여자에게 금원을 지급하기로 약정한 경우, 그 약정의 민법 제103조 저촉 여부

"남녀가 혼인예약을 한 뒤에 남자가 여자와의 동거를 거부할 때에는 그 여자에게 금 4만5천원을 지급하기로 한 약정은, 남자는 상대방에게 금원을 지급함으로써 법률상 보호를 받아야 할 쌍방간의 사실상 혼인관계를 파기할 수도 있는 반면, 계속 동거할 의무를 여자에게만 지우게 하는 것이므로, 분명히 사회질서와 선량한 풍속에 반하는 사항을 내용으로 한 계약이라 할 것이다.[217)]"

◎ 해외연수 근로자가 귀국후 일정기간 근무하지 않으면 그 소요경비를 배상한다는 사규나 약정의 효력

"해외파견 된 근로자가 귀국일로부터 일정기간 소속회사에 근무하여야 한다는 사규나 약정은 민법 제103조 또는 제104조에 위반된다고 할 수 없고, 일정기간 근무하지 않으면 해외 파견 소요경비를 배상한다는 사규나 약정은 근로계약기간이 아니라 경비반환채무의 면제기간을 정한 것이므로 근로기준법 제21조에 위배하는 것도 아니다.[218)]"

---

212) 대판 1998. 4. 10. 96므1434.
213) 대판 2004. 9. 3. 2004다27488, 27495.
214) 대판 2004. 9. 3. 2004다27488, 27495.
215) 대판 1969. 8. 19. 69므18.
216) 대판 1977. 6. 7. 76므34.
217) 대판 1963. 11. 7. 63다587.
218) 대판 1982. 6. 22. 82다카90; 대판 1980. 7. 8. 80다590; 대판 1974. 1. 29. 72다2565.

◎ 근로자가 일정 기간 동안 근무하기로 하되 이를 위반할 경우 일정 금원을 사용자에게 지급하기로 한 약정의 효력

"근로자가 일정 기간 동안 근무하기로 하면서 이를 위반할 경우 소정 금원을 사용자에게 지급하기로 약정하는 경우, 그 약정의 취지가 약정한 근무기간 이전에 퇴직하면 그로 인하여 사용자에게 어떤 손해가 어느 정도 발생하였는지 묻지 않고 바로 소정 금액을 사용자에게 지급하기로 하는 것이라면 이는 명백히 구 근로기준법(2007. 4. 11. 법률 제8372호로 전문 개정되기 전의 것) 제27조에 반하는 것이어서 효력을 인정할 수 없다. 또, 그 약정이 미리 정한 근무기간 이전에 퇴직하였다는 이유로 마땅히 근로자에게 지급되어야 할 임금을 반환하기로 하는 취지일 때에도, 결과적으로 위 조항의 입법 목적에 반하는 것이어서 역시 그 효력을 인정할 수 없다. 다만, 그 약정이 사용자가 근로자의 교육훈련 또는 연수를 위한 비용을 우선 지출하고 근로자는 실제 지출된 비용의 전부 또는 일부를 상환하는 의무를 부담하기로 하되 장차 일정 기간 동안 근무하는 경우에는 그 상환의무를 면제해 주기로 하는 취지인 경우에는, 그러한 약정의 필요성이 인정된다. 이때 주로 사용자의 업무상 필요와 이익을 위하여 원래 사용자가 부담하여야 할 성질의 비용을 지출한 것에 불과한 정도가 아니라 근로자의 자발적 희망과 이익까지 고려하여 근로자가 전적으로 또는 공동으로 부담하여야 할 비용을 사용자가 대신 지출한 것으로 평가되며, 약정 근무기간 및 상환해야 할 비용이 합리적이고 타당한 범위 내에서 정해져 있는 등 위와 같은 약정으로 인하여 근로자의 의사에 반하는 계속 근로를 부당하게 강제하는 것으로 평가되지 않는다면, 그러한 약정까지 구 근로기준법 제27조에 반하는 것은 아니다.[219)]"

라. 생존의 기초가 되는 재산의 처분행위

◎ 명의신탁된 사찰재산에 대한 명의수탁자의 처분이 무효가 되는 경우

"구 불교재산관리법(폐지) 및 전통사찰보존법이 일정한 사찰재산의 처분에 관하여 관할청의 허가를 받도록 한 것은 사찰로 하여금 그 본래의 존립목적과 아울러 사회문화 향상에 기여케 할 목적으로 이를 규제하는 것이라 할 것이고 따라서 당해 재산이 실질적인 사찰소유로서 이를 처분하는 것이 사찰목적의 수행을 불가능하게 하거나 사찰 자체의 존립을 위태롭게 할 우려가 있는 경우라면 비록 그 재산이 제3자에게 명의신탁되어 있다고 하더라도 명의수탁자인 제3자의 처분행위는 이를 무효라고 하여야 할 것이다.[220)]"

◎ 사찰의 주지였던 자가 그 사찰의 중요재산(임야)을 학교법인에 증여한 경우

"사찰의 주지였던 사람이 사찰에 출입하기 위하여서는 통과하여야만 하고 사찰에 있어서 꼭 필요한 불교재산관리법 소정의 경내지이며 자고로 소유하여 왔던 사찰의 가장 중요한 재산인 임야를 학교법인에 증여한 행위가, 그 사찰의 목적수행을 불가능케 하고 그 존립자체를 위태롭게 하는 정도의 것인 경우에는, 설사 그 증여에 대한 관할청인 문교부장관의 허가를 얻었다 하더라도, 그 증여는 당연 무효이다.[221)]"

---

219) 대판 2008. 10. 23. 2006다37274; 대판 2004. 4. 28. 2001다53875.

220) 대판 1991. 8. 27. 90다19848; 대판 1987. 1. 20. 85다카2536; 대판 1981. 12. 22. 81다731,732.

221) 대판 1976. 4. 13. 75다2234; 대판 1970. 3. 31. 69다2293.

마. 지나치게 사행적인 행위

◎ 도박채무의 변제로서 토지 양도계약

"도박으로 인한 채무의 변제방법으로서 토지를 양도하는 계약은 무효이다.[222)]"

◎ 도박채무의 변제를 위하여 부동산의 처분을 위임받은 채권자가 그 부동산을 제3자에게 매도한 경우, 그 처분행위가 무효로 되는 범위

"위의 경우, 도박채무 부담행위 및 그 변제약정이 민법 제103조의 선량한 풍속 기타 사회질서에 위반되어 무효라 하더라도, 그 무효는 변제약정의 이행행위에 해당하는 위 부동산을 제3자에게 처분한 대금으로 도박채무의 변제에 충당한 부분에 한정되고, 위 변제약정의 이행행위에 직접 해당하지 아니하는 부동산처분에 관한 대리권을 도박 채권자에게 수여한 행위 부분까지 무효라고 볼 수는 없으므로, 위와 같은 사정을 알지 못하는 거래 상대방인 제3자가 도박채무자로부터 그 대리인인 도박채권자를 통하여, 위 부동산을 매수한 행위까지 무효가 된다고 할 수는 없다.[223)]"

◎ 생명보험계약의 경우

"생명보험계약은 사람의 생명에 관한 우연한 사고에 대하여 금전을 지급하기로 약정하는 것이어서 금전을 취득할 목적으로 고의로 피보험자를 살해하는 등의 도덕적 위험의 우려가 있으므로, 그 계약 체결에 관하여 신의칙에 기한 선의(善意 契約性)가 강하게 요청되는바, 당초부터 오로지 보험사고를 가장하여 보험금을 취득할 목적으로 생명보험계약을 체결한 경우에는 사람의 생명을 수단으로 이득을 취하고자 하는 불법적인 행위를 유발할 위험성이 크고, 이러한 목적으로 체결된 생명보험계약에 의하여 보험금을 지급하게 하는 것은 보험계약을 악용하여 부정한 이득을 얻고자 하는 사행심을 조장함으로써 사회적 상당성을 일탈하게 되므로, 이와 같은 보험계약은 사회질서에 위반하는 법률행위로서 무효이다.[224)]"

◎ 보험계약자가 다수의 보험계약을 통하여 보험금을 부정취득 할 목적으로 체결한 보험계약의 효력

"보험계약자가 다수의 보험계약을 통하여 보험금을 부정취득 할 목적으로 보험계약을 체결한 경우, 이러한 목적으로 체결된 보험계약에 의하여 보험금을 지급하게 하는 것은 보험계약을 악용하여 부정한 이득을 얻고자 하는 사행심을 조장함으로써 사회적 상당성을 일탈하게 될 뿐만 아니라, 또한 합리적인 위험의 분산이라는 보험제도의 목적을 해치고 위험발생의 우발성을 파괴하며 다수의 선량한 보험가입자들의 희생을 초래하여 보험제도의 근간을 해치게 되므로, 이와 같은 보험계약은 민법 제103조 소정의 선량한 풍속 기타 사회질서에 반하여 무효이다.[225)]"

◎ 보험계약이 보험금의 부정취득을 목적으로 체결된 것으로서 선량한 풍속 기타 사회질서에 반하여 무효인지 여부

"보험계약자의 직업 및 재산상태, 다수의 보험계약의 체결 경위, 보험계약의 규모, 보험계약 체결 후의 정황 등 제반 사정상 보험계약체결이 순수하게 생명, 신체 등에 대한 우연한 위험에 대비하기 위한 것이라고 보기는 어렵고, 오히려 보험사고를 가장하거나 혹은 그 정도를 실제보다 과장하여 보험금을 부당하게 취득할 목적으로 체결하였음을 추인할 수 있으므로, 보험계약이 민법 제103조

222) 대판 1959. 10. 15. 4291민상262.
223) 대판 1995. 7. 14. 94다40147; 대판 1987. 4. 28. 86다카1802.
224) 대판 2000. 2. 11. 99다49064.
225) 대판 2005. 7. 28. 2005다23858; 대판 2000. 2. 11. 99다49064.

소정의 선량한 풍속 기타 사회질서에 반하여 무효라고 한 사례.[226]"가 있다.

바. 반사회성의 행위가 아니라고 한 경우

◎ 공무원의 임무위배행위에 적극 가담

"국유재산관리계획작성지침 소정의 매각 대상 부동산이 아님에도 매수인이 담당공무원과 공모하여 허위의 증빙서류를 제출하는 등 부정한 방법을 사용하여 그 지침을 위반하여 국유의 잡종재산인 부동산을 매수한 경우, 그 지침은 국유재산업무를 담당하는 공무원들이 매각업무 처리 시 일응의 기준으로 삼는 내부규정일 뿐이어서 그 지침에 위반하였다고 하여 개인간의 거래의 객체가 되는 잡종재산인 그 부동산을 매수한 행위가 무효로 되는 것은 아니고, 그러한 사정만으로는 그 매수행위가 반사회적 법률행위에 해당하여 무효가 되는 것도 아니고, 단지 국유재산법 제41조 제2호 및 해당 매매계약에서 정한 특약에 의하여 해제의 대상이 될 뿐이어서, 국가가 그 부동산에 대한 매매계약을 해제하기 전에 그 부동산을 매수하고 소유권이전등기를 경료한 제3취득자에게 국가는 그 매매계약의 해제로써 대항할 수 없다.[227]"

◎ 매매가격과 목적물의 현저한 차이

"매매가격과 매매목적물과 현저히 차이가 있다는 사실만으로 공서양속위반이라 할 수 없다.[228]"

◎ 불가항력으로 인한 손해를 일방에게 부담시키는 특약

"계약당사자의 자유의사에 의하여 불가항력으로 인한 손해를 계약당사자의 일방만이 부담한다는 내용의 특약을 하였다 하더라도 이를 당연무효라고 할 수 없다.[229]"

◎ 투기목적의 미등기전매계약이 반사회질서의 법률행위인지 여부

"양도소득세의 회피 및 투기의 목적으로 자신 앞으로 소유권이전등기를 하지 아니하고 미등기인 채로 매매계약을 체결하였다 하여, 그것만으로 그 매매계약이 사회질서에 반하는 법률행위로서 무효로 된다고 할 수 없다.[230]"

◎ 매도인이 부담할 공과금을 매수인이 부담하기로 하는 약정이 불법조건이거나 반사회질서의 법률행위인지 여부

"매매계약에서 매도인에게 부과될 공과금을 매수인이 책임진다는 취지의 특약을 하였다 하더라도, 이는 공과금이 부과되는 경우에 그 부담을 누가 질 것인가에 관한 약정으로서 그 자체가 불법조건이라고 할 수 없고, 이것만 가지고 사회질서에 반한다고 단정하기도 어렵다.[231]"

◎ 국민의 기본권 침해의 경우, 항상 반사회성이 인정되는지 여부

"국가기관이 헌법상 보장된 국민의 기본권을 침해하는 위헌적인 공권력을 행사한 결과 국민이 그 공권력의 행사에 외포되어 자유롭지 못한 의사표시를 하였다고 하더라도, 그 의사표시의 효력은 의사표시의 하자에 관한 민법의 일반원리에 의하여 판단되어야 할 것이고, 그 강박행위의 주체가 국가 공권력이고 그 공권력 행사의 내용이 기본권을 침해하는 것이라고 하여 그 강박에 의한 의사

---

226) 대판 2005. 7. 28. 2005다23858.
227) 대판 1999. 9. 7. 99다14877.
228) 대판 1956. 2. 16. 4288민상401.
229) 대판 1963. 5. 15. 63다111.
230) 대판 1993. 5. 25. 93다296.
231) 대판 1993. 5. 25. 93다296.

표시가 항상 반사회성을 띠게 되어 당연히 무효로 된다고는 볼 수 없다.[232)]"

◯ 부첩계약 해소시 첩에 대한 금전지급 약정

"본처의 동석 하에 금원의 지급약정이 비교적 자유롭게 서로 상의하여 자의에 의하여 이루어지고, 그 간에 첩이 부를 위하여 바친 노력과 비용 등 희생을 배상 내지 위자하고 또 첩이 어려운 생활에서 홀로 두 딸을 키우고 지내야 하는 장래의 생활대책을 마련해 준다고 하는 뜻에서 금원을 지급하기로 약정한 것인 경우, 부첩관계를 해소하는 마당에 위와 같은 의미의 금전지급약정은 공서양속에 반하지 않는다.[233)]"

◯ 과도한 위약벌 약정

"위약벌의 약정은 채무의 이행을 확보하기 위하여 정해지는 것으로서 손해배상의 예정과는 그 내용이 다르므로 손해배상의 예정에 관한 민법 제398조 제2항을 유추적용하여 그 액을 감액할 수는 없고, 다만 그 의무의 강제에 의하여 얻어지는 채권자의 이익에 비하여 약정된 벌이 과도하게 무거울 때에는 그 일부 또는 전부가 공서양속에 반하여 무효로 한다. 백화점 수수료위탁판매매장계약에서 임차인이 매출신고를 누락하는 경우, 판매수수료의 100배에 해당하고 매출신고누락분의 10배에 해당하는 벌칙금을 임대인에게 배상하기로 한 위약벌의 약정은 공서양속에 반하지 않는다.[234)]"

◯ 투기 목적으로 이루어진 세입자입주권 매매계약과 거주 조건

"① 주택개량사업구역 내의 주택에 거주하는 세입자가 주택개량재개발조합으로부터 장차 신축될 아파트의 방 1간을 부양받을 수 있는 피분양권(이른바, 세입자입주권)을 15매나 매수하였고 또 그것이 투기의 목적으로 행하여진 것이라 하여 그것만으로 그 피분양권매매계약이 사회질서에 반하는 법률행위로서 무효로 된다고 할 수 없다. ② 위 세입자입주권의 매매계약에 있어 매도자는 어떠한 경우에도 현 거주지에서 세입자카드가 발급될 때까지 살아야 한다는 조건을 붙였다고 하더라도 그 계약상의 조건이 계약당사자의 자유로운 의사에 기하여 약정된 것인 이상 그러한 조건이 거주이전의 자유를 제한하는 약정으로서 헌법에 위반되고 사회질서에 반하는 약정으로서 무효로 된다고 할 수 없다.[235)]"

◯ 양도소득세를 회피하기 위한 매매계약

"양도소득세를 회피하기 위한 방법으로 매매계약을 체결하였더라도 그 때문에 매매계약이 민법 제103조의 반사회적 법률행위로서 무효라고 할 수 없다.[236)]"

◯ 상속세 면탈을 위한 소유권이전등기

"상속세 면탈의 목적으로 피상속인이 사망한 후 피상속인 명의로부터 타인에게 소유권이전등기를 경료하였다 하여도 상속세가 면제되는 것은 아니므로 이를 지목하여 공익적이며 강행법규인 본법에 위반한 사항을 목적으로 하는 사회질서에 위반한 사항을 내용으로 하는 무효의 행위라고는 볼 수 없다.[237)]"

---

232) 대판 1996. 12. 23. 95다40038.
233) 대판 1980. 6. 24. 80다458.
234) 대판 1993. 3. 23. 92다46905.
235) 대판 1991. 5. 28. 90다19770.
236) 대판 1992. 12. 22. 91다35540, 35557.
237) 대판 1964. 7. 22. 64다554.

◎ 매매계약 체결 후 그 목적물이 범죄행위로 취득한 것을 알게 된 경우, 그 계약의 이행을 구하는 것이 사회질서에 반하는지 여부

"그 계약 체결 당시에 정당한 대가를 지급하고 목적물을 매수하는 계약을 체결하였다면, 비록 그 후 그 목적물이 범죄행위로 취득된 것을 알게 되었다고 하더라도, 계약의 이행을 구하는 것 자체가 사회질서에 위반하는 것으로 볼 수 있는 특별한 사정이 없는 한, 그러한 사유만으로 당초의 매매계약에 기하여 목적물에 대하여 소유권이전등기를 구하는 것이 민법 제103조에 반하는 행위라고 할 수 없다.[238)]"

◎ 법정지상권이 건물의 소유권과 분리되어 양도되었다고 하여도, 사회질서에 반하지 않는다.[239)]

◎ 부정행위를 용서받는 대가로 남편 명의의 부동산을 처에게 양도하되, 부부관계가 유지되는 동안에는 처가 임의로 그 부동산을 처분할 수 없도록 제한을 붙인 약정의 효력

"위의 경우, 그러한 제한을 붙인 약정은 선량한 풍속 기타 사회질서에 위반되는 것이라고 볼 수 없다.[240)]"

◎ 양도소득세의 일부를 회피할 목적으로 매매계약서에 실제로 거래한 가액보다 낮은 금액을 매매대금으로 기재한 것만으로 그 매매계약이 사회질서에 반하는 법률행위로서 무효로 되는지 여부

"소득세법령의 규정에 의하여 당해 자산의 양도 당시의 기준시가가 아닌 양도자와 양수자간에 실제로 거래한 가액을 양도가액으로 하는 경우, 양도소득세의 일부를 회피할 목적으로 매매계약서에 실제로 거래한 가액을 매매대금으로 기재하지 아니하고 그보다 낮은 금액을 매매대금으로 기재하였다 하여, 그것만으로 그 매매계약이 사회질서에 반하는 법률행위로서 무효로 된다고 할 수는 없다.[241)]"

◎ 강제집행을 면할 목적으로 부동산에 허위의 근저당권설정등기를 경료하는 행위가 민법 제103조에 해당하는 반사회질서의 법률행위인지 여부

"강제집행을 면할 목적으로 부동산에 허위의 근저당권설정등기를 경료하는 행위는 민법 제103조의 선량한 풍속 기타 사회질서에 위반한 사항을 내용으로 하는 법률행위로 볼 수 없다.[242)]"

●● 사례 12의 해결:

첫째, 사용자와 근로자 사이에 경업금지약정이 존재한다고 하더라도, 그와 같은 약정이 헌법상 보장된 근로자의 직업선택의 자유와 근로권 등을 과도하게 제한하거나 자유로운 경쟁을 지나치게 제한하는 경우에는 민법 제103조에 정한 선량한 풍속 기타 사회질서에 반하는 법률행위로서 무효라고 보아야 하며, 이와 같은 경업금지약정의 유효성에 관한 판단은 보호할 가치 있는 사용자의 이익, 근로자의 퇴직 전 지위, 경업 제한의 기간·지역 및 대상 직종, 근로자에 대한 대가의 제공 유무, 근로자의 퇴직 경위, 공공의 이익 및 기타 사정 등을 종합적으로 고려하여야 하고, 여

---

238) 대판 2001. 11. 9. 2001다44987.
239) 대판 2001. 12. 27. 2000다1976.
240) 대판 1992. 10. 27. 92므204, 211.
241) 대판 2007. 6. 14. 2007다3285.
242) 대판 2004. 5. 28. 2003다70041; 대판 1994. 4. 15. 93다61307.

기에서 말하는 '보호할 가치 있는 사용자의 이익'이라 함은 부정경쟁방지 및 영업비밀보호에 관한 법률 제2조 제2호에 정한 '영업비밀'뿐만 아니라 그 정도에 이르지 아니하였더라도 당해 사용자만이 가지고 있는 지식 또는 정보로서 근로자와 이를 제3자에게 누설하지 않기로 약정한 것이거나 고객관계나 영업상의 신용의 유지도 이에 해당한다.

둘째, A가 고용기간 중에 습득한 기술상 또는 경영상의 정보 등을 사용하여 영업을 하였다고 하더라도 그 정보는 이미 동종업계 전반에 어느 정도 알려져 있었던 것으로, 설령 일부 구체적인 내용이 알려지지 않은 정보가 있었다고 하더라도 이를 입수하는데 그다지 많은 비용과 노력을 요하지는 않았던 것으로 보이고, B회사가 다른 업체의 진입을 막고 거래를 독점할 권리가 있었던 것은 아니며 그러한 거래처와의 신뢰관계는 무역 업무를 수행하는 과정에서 자연스럽게 습득되는 측면이 강하므로 경업금지약정에 의해 보호할 가치가 있는 이익에 해당한다고 보기 어렵거나 그 보호가치가 상대적으로 적은 경우에 해당한다고 할 것이다.

그렇다면, 경업금지약정이 A의 이러한 영업행위까지 금지하는 것으로 해석된다면 근로자인 A의 직업선택의 자유와 근로권 등을 과도하게 제한하거나 자유로운 경쟁을 지나치게 제한하는 경우에 해당되어 민법 제103조에 정한 선량한 풍속 기타 사회질서에 반하는 법률행위로서 무효라고 할 것이므로, 경업금지약정이 유효함을 전제로 하는 손해배상청구는 이유 없다.

(대판 2010. 3. 11. 2009다82244의 사실관계와 판결요지 등 참조)

4. 사회질서 위반의 모습

(1) 법률행위의 중심 내용이 사회질서에 반하는 경우

사회질서에 위반하는 사항이 법률행위의 중심적 내용을 구성하는 경우이다.[243]

(2) 법률행위의 내용 그 자체는 반사회성이 없으나, 그 법률적 강제가 사회질서에 반하는 경우

가령 A라는 행위 자체는 반사회성에 해당하지 않으나, A라는 행위의 이행을 법률적으로 강제함으로써 사회질서에 반하게 되는 경우이다.[244]

(3) 어떠한 사항 그 자체는 반사회성이 없지만, 금전적 이익과 결부됨으로써 사회질서에 반하는 경우[245]

(4) 사회질서에 반하는 사항을 법률행위의 조건으로 하는 경우[246]

243) 살인과 같은 범죄행위 · 성매매 · 첩관계의 유지 등을 들 수 있다.

244) 금주 · 금연계약, 적정량의 수혈계약, 위약금지급 약정 그 자체는 사회질서에 반하지 않지만, 그것을 강제하는 경우에는 사회질서에 반한다(대판 1984. 12. 11. 84다카1402).

245) 공무원의 직무에 관한 청탁에 대한 대가 지급약정(대판 1971. 10. 11. 71다1645) · 증언의 대가 지급약정(대판 1999. 4. 13. 98다52483) · 고율의 이자약정(대판 2007. 2. 15. 전원합의체. 2004다50426) 등을 들 수 있다.

246) 제151조 제1항의 경우를 들 수 있다. 가령 범죄를 범할 것을 조건으로 증여계약을 체결하는 경우 · 범죄

(5) 법률행위의 동기가 사회질서에 반하는 경우

가령 밀수나 도박을 위하여 자금을 빌리는 경우와 같은, 반사회적인 동기에 기하여 법률행위를 한 경우에 그 행위(금전소비대차)가 사회질서에 반하는 것으로서 무효가 되는가? 이 문제는 사회질서 위반에 대한 인식이 필요한가와 관련하여, 학설이 나뉜다.[247] 생각건대 학설과 판례를 검토해 볼 때, 제2설(주관설)이 합리적이라 할 것이다. 왜냐하면, 동기는 법률행위의 내용은 아니지만, 그 동기가 반사회적일 때 그 법률행위의 유효성을 인정할 수는 없기 때문이다. 따라서 동기가 표시된 경우는 당연히 법률행위의 내용이 되어 사회적 타당성을 결한 법률행위로서 무효가 되고, 표시되지 않았다 하더라도 동기의 불법성에 대한 상대방의 악의·과실이 존재할 경우에 그 법률행위는 무효라고 하여야 한다.

판 례

○ 동기의 불법을 이유로 법률행위가 무효가 되기 위한 요건

"민법 제103조에 의하여 무효로 되는 반사회질서행위는, 중략(中略)··· 표시되거나 상대방에게 알려진 법률행위의 동기가 반사회질서적인 경우를 포함한다.[248]"

5. 사회질서 위반 행위의 효과

(1) 제103조와 제746조

어떠한 법률행위가 반사회성을 띠어 무효로 되면, 그 법률행위에 의해 의도된 법률효과는 발생하지 않는다. 따라서 그 법률행위에 기한 급부가 이행되기 전이라면 이행할 필요가 없다. 만약 이행되었다면, 그 급부를 받은 수익자에게는 부당이득이 되지만, 일반부당이득(제741조)의 특칙인 제746조 본문의 불법원인급여(급부)에 해당되어 그 반환청구를 하지 못하게 된다.[249] 판례는 위법성(불법성) 비교론의 견지에서 그 반환청구를 긍정한다. 그

행위를 중지시킬 것을 조건으로 금전의 지급을 약정하는 경우 등을 들 수 있다. 다만, 불륜관계의 단절을 조건으로 하여 금전을 지급하기로 하는 약정은 유효하다(판례).

247) 제1설(표시설)은, 동기의 착오와 마찬가지로, 동기(법률행위를 하게 된 연유·이유)가 상대방에게 표시됨으로써 법률행위의 내용이 되고, 그 동기가 사회질서에 반할 경우에는 반사회적 법률행위로서 무효가 된다고 한다(곽윤직·김재형, 280면; 지원림, 199면). 제2설(주관설)은, 동기가 표시된 경우는 물론 표시되지 않았다 하더라도, 동기의 반사회성을 상대방이 알았거나 알 수 있었을 경우에는 그 법률행위는 무효가 된다고 한다(김상용, 392면; 김용한, 265-267면; 장경학, 449-451면). 제3설은, 행위자가 동기를 표시한 경우는 물론, 동기를 표시하지 않았다 하더라도, 주위사정을 고려할 때 신의칙상 요구되는 주의의무를 다 하였다면, 이를 알 수 있었다고 판단되는 경우에는 그 행위는 무효가 된다는 것이다(김증한·김학동, 312면). 제4설은, 동기의 위법성의 정도·상대방의 관여 내지 인식의 정도 혹은 양당사자의 이익이나 거래안전 등을 종합적·상관적으로 고려하여 판단하여야 한다고 한다(고상룡, 383면). 제5설(인식설)은, 불법동기가 상대방에게 표시되거나 알려져 상대방이 그 불법동기의 실현에 가담할 때 반사회성을 인정해야 한다는 견해이다(백태승, 370면; 송덕수, 242면). 판례는 제2설을 취한다.

248) 대판 2000. 2. 11. 99다56833; 대판 1994. 3. 11. 93다40522; 대판 1984. 12. 11. 84다카1402.

249) 다수설(곽윤직·김재형, 281면; 김상용, 397면)·판례(대판 1983. 11. 22. 83다430)는, 제103조와 제746

런데 불법원인급여 후 급부를 이행받은 자가 별도의 약정으로 급부 그 자체 또는 그에 갈음한 대가물을 반환키로 하는 특약을 한 경우, 이는 원칙적으로 유효하다(판례). 한편 법률행위 내용의 일부가 사회질서에 반하는 것일 경우, 일부무효의 법리(제137조)에 따른다.

판 례

◎ 불법원인급여의 요건으로서의 '불법원인'의 의미 및 윤락행위를 할 자를 고용·모집하거나 그 직업을 소개·알선한 자가 윤락행위를 할 자를 고용·모집함에 있어 성매매의 유인·강요의 수단으로 제공한 선불금 등이 불법원인급여에 해당하는지 여부(적극)

"부당이득의 반환청구가 금지되는 사유로 민법 제746조가 규정하는 불법원인이라 함은 그 원인되는 행위가 선량한 풍속 기타 사회질서에 위반하는 경우를 말하는 것인바, 윤락행위 및 그것을 유인·강요하는 행위는 선량한 풍속 기타 사회질서에 위반되므로, 윤락행위를 할 자를 고용·모집하거나 그 직업을 소개·알선한 자가 윤락행위를 할 자를 고용·모집함에 있어 성매매의 유인·강요의 수단으로 이용되는 선불금 등 명목으로 제공한 금품이나 그 밖의 재산상 이익 등은 불법원인급여에 해당하여 그 반환을 청구할 수 없다.[250]"

◎ 반사회질서 행위에 따른 급부를 불법원인급여로 보는 취지

"민법 제746조가 불법의 원인으로 인하여 재산을 급여한 때에는 그 이익의 반환을 청구하지 못한다고 규정한 취지는 민법 제103조의 규정과 함께 사법의 기본이념으로서 사회적 타당성이 없는 행위를 한 사람은 그 형식여하를 불문하고 스스로 한 불법행위의 무효를 주장하여 그 복구를 소구할 수 없다는 법의 이상을 표현한 것이라 할 것이고, 부당이득반환청구만을 제한하는 규정이 아니므로 불법의 원인으로 급여를 한 사람이 그 원인 행위가 무효라고 주장하고 그 결과가 급여물의 소유권이 자기에게 있다는 주장으로 소유권에 기한 반환청구를 하는 것도 허용할 수 없고, 그 반사적 효과로서 급여한 물건의 소유권은 급여를 받은 상대방에게 귀속하게 되는 것이라고 해석함이 타당하다고 할 것이다.[251]"

조는 표리관계가 되어 사회질서 위반의 법률행위에 대하여 법률이 법적 구제를 거부하는 것으로 이해한다. 즉, 제103조는 반사회성의 법률행위의 실현을 사전에 저지하는 제도인데 비해, 제746조는 급부의 실현 후에, 법이 허용하지 않는 급부에 대하여 법적 구제를 거부하는 제도라고 함으로써 제103조의 반사회성과 제746조의 불법을 동일한 것으로 파악한다. 이에 대하여 소수설(고상룡, 389면; 장경학, 452면)은, 제103조의 반사회성과 제746조의 불법이 동일한 것인지에 대하여 의문을 제기하면서, 제103조에 해당하는 반사회적 법률행위가 제746조의 불법에 해당하지 않는 경우가 있다고 한다. 근거는, 제103조에 의하여 계약을 무효로 하면서 제746조에 의해 그 급부의 반환청구를 거부하는 것은 결과적으로 그 법률행위를 유효로 하는 것과 다름없으며, 일방의 급부만 있는 경우에 타방의 급부이행의 청구가 제103조에 의해 거부된다는 것은, 당사자 사이의 이익의 불균형상태를 고정시키게 된다는 것이다. 한편 제746조의 취지를 합리적으로 규율하기 위해서는 선량한 풍속위반만이 제746조의 불법에 해당하고, 사회질서위반의 경우는 포함하지 않는다는 견해도 있다(송덕수, 255-256면).

생각건대 제103조와 제746조는 서로 결합하여, 사회적 타당성이 없는 법률행위를 한 자는 국가의 조력을 받을 수 없다는 점을 밝힌 법률정책적 규정이라는 점에서, 다수설의 이론구성이 옳다고 생각한다.

250) 대판 2004. 9. 3. 2004다27488, 27495; 대판 2003. 11. 27. 2003다41722.

251) 대판 1979. 11. 13. 전원합의체. 79다483.

◎ 선량한 풍속 기타 사회질서에 위반하여 무효인 부분의 이자 약정을 원인으로 차주가 대주에게 임의로 지급한 이자의 반환을 청구할 수 있는지 여부

"선량한 풍속 기타 사회질서에 위반하여 무효인 부분의 이자 약정을 원인으로 차주가 대주에게 임의로 이자를 지급하는 것은 통상 불법의 원인으로 인한 재산 급여라고 볼 수 있을 것이나, 불법원인급여에 있어서도 그 불법원인이 수익자에게만 있는 경우이거나 수익자의 불법성이 급여자의 그것보다 현저히 커서 급여자의 반환청구를 허용하지 않는 것이 오히려 공평과 신의칙에 반하게 되는 경우에는 급여자의 반환청구가 허용되므로, 대주가 사회통념상 허용되는 한도를 초과하는 이율의 이자를 약정하여 지급받은 것은 그의 우월한 지위를 이용하여 부당한 이득을 얻고 차주에게는 과도한 반대급부 또는 기타의 부당한 부담을 지우는 것으로서 그 불법의 원인이 수익자인 대주에게만 있거나 또는 적어도 대주의 불법성이 차주의 불법성에 비하여 현저히 크다고 할 것이어서 차주는 그 이자의 반환을 청구할 수 있다.[252)]"

◎ 불법원인급여 후 급부를 이행받은 자가 별도의 약정으로 급부 그 자체 또는 그에 갈음한 대가물을 반환하기로 하는 특약의 효력(원칙적 유효) 및 그 반환약정 자체의 무효 여부의 판단 기준과 증명책임의 소재(=수익자)

"불법원인급여 후 급부를 이행받은 자가 급부의 원인행위와 별도의 약정으로 급부 그 자체 또는 그에 갈음한 대가물의 반환을 특약하는 것은 불법원인급여를 한 자가 그 부당이득의 반환을 청구하는 경우와는 달리 그 반환약정 자체가 사회질서에 반하여 무효가 되지 않는 한 유효하다. 여기서 반환약정 자체의 무효 여부는 반환약정 그 자체의 목적뿐만 아니라 당초의 불법원인급여가 이루어진 경위, 쌍방당사자의 불법성의 정도, 반환약정의 체결과정 등 민법 제103조 위반 여부를 판단하기 위한 제반 요소를 종합적으로 고려하여 결정하여야 하고, 한편 반환약정이 사회질서에 반하여 무효라는 점은 수익자가 이를 증명하여야 한다.[253)]"

(2) 반사회성의 부동산 이중매매의 문제

부동산 이중매매의 경우, 제2매수인이 매도인의 배임행위에 적극 가담하여 이루어졌다면, 이는 정의의 관념에 반하는 반사회성의 법률행위로서 무효로 된다.[254)]

---

252) 대판 2007. 2. 15. 전원합의체(다수의견). 2004다50426; 대판 1993. 12. 10. 93다12947.

253) 대판 2010. 5. 27. 2009다12580.

254) 가령 A 소유 부동산을 B에게 판 A가 동일 부동산을 다시 C에게 파는 매매계약을 체결하여 C명의로 그 부동산의 소유권이전등기가 마쳐진 경우를 부동산의 2중매매라고 한다. 초기의 판례(대판 1967. 12. 5. 66다2451)는 2중매매를 반사회성의 행위로 보지 않았으나, 그 후 판례(대판 1969. 11. 25. 66다1565)가 이를 인정하기 시작하였다. 어떠한 경우에 부동산 2중매매가 제103조에 의해 무효로 되는가? 첫째, B가 그 부동산을 명도받아 점유하고 있을 것. 둘째, C가 그러한 사정을 알면서도 아직 등기명의가 A에게 남아있음을 기화로, A에게 적극적으로 권유·유도·요청하여 그 부동산을 매수하였다면, C는 A의 배임행위(A가 B에게 판 부동산을 다시 C에게 팔고 이에 기하여 C명의로 그 부동산의 소유권이전등기를 마쳤다면, 그것은 A가 B에 대하여 매매에 기한 소유권이전등기의무를 저버린 배임행위를 한 것이 된다)에 적극 가담한 것이 되어 C명의의 소유권이전 등기는 무효가 된다(따라서 C로부터 그 부동산을 매수한 전득자도 소유권을 잃게 된다. 대판 1979. 7. 24. 79다942). 무효로 한 취지는 무엇인가? 비록 B명의로 이전등기가 되어 있지 않지만, 오랫동안 매수부동산을 A로부터 명도받아 점유하고 있는 B를 보호하려는 것이다. 초기의 판례(대판 1977. 6. 28. 77다728)는, A는 물권적 청구권(그 등기원인이 제103조에 해당하여 무효로 되어, A는 소유권을 상실하지 않는다)을 행사하여 이전등기의 말소를 구할 수 있다고 하였으나, 그 후 판례(대판 1979. 11. 13. 전원합의체. 79다483)는 태도를 바꿔서 제746조는 부당이득반환청구 뿐 아니라, 소유권에 기한 반환청구도 허용하지 않는 취지라고 하면서, A의 C에 대한

한편 판례는, 그 적극 가담과 관련하여, 매도인의 제2매수인에 대한 소유권이전의무발생의 원인이 되는 매매가 매도인의 제1매수인에 대한 소유권이전의무위반행위를 유발시키는 계기가 된 것만으로는 부족하고, 특별한 사정이 없는 한 상대방(제2매수인)에게도 그가 의도한 권리취득 자체의 좌절을 정당화할만한 책임귀속사유가 있어야 한다고 하면서, 그 책임귀속사유의 판단요소로서 계약내용의 상당성 등의 몇 가지를 제시한다.[255] 나아가 판례는, 동산이중양도의 경우에 반사회성이 문제되지 않는다는 견해를 취하는 것으로 보인다.[256]

판 례

가. 부동산 이중매매의 법리의 원칙

○ 부동산 이중매매에서 제2양수인의 행위가 공서양속에 반한다고 하기 위한 요건 및 판단 기준

"어떠한 부동산에 관하여 소유자가 양도의 원인이 되는 매매 기타의 계약을 하여 일단 소유권 양도의 의무를 짐에도 다시 제3자에게 매도하는 등으로 같은 부동산에 관하여 소유권 양도의 의무를 이중으로 부담하고 나아가 그 의무의 이행으로, 그러나 제1의 양도채권자에 대한 양도의무에 반하여, 소유권의 이전에 관한 등기를 그 제3자 앞으로 경료함으로써 이를 처분한 경우에, 소유자의 그러한 제2의 소유권양도의무를 발생시키는 원인이 되는 매매 등의 계약이 소유자의 위와 같은 의무위반행위를 유발시키는 계기가 된다는 것만을 이유로 이를 공서양속에 반하여 무효라고 할 것이 아님은 물론이다. 그것이 공서양속에 반한다고 하려면, 다른 특별한 사정이 없는 한 상대 방에게도 그러한 무효의 제재, 보다 실질적으로 말하면 나아가 그가 의도한 권리취득 자체의 좌절을 정당화할 만한 책임귀속사유가 있어야 한다. 제2의 양도채권자에게 그와 같은 사유가 있는지를 판단함에 있어서는, 그가 당해 계약의 성립과 내용에 어떠한 방식으로 관여하였는지(당원의 많은 재판례가 이 문제와 관련하여 제시한 '소유자의 배임행위에 적극 가담하였는지' 여부라는 기준은 대체로 이를 의미한다)를 일차적으로 고려할 것이고, 나아가 계약에 이른 경위, 약정된 대가 등 계약 내용의 상당성 또는 특수성, 그와 소유자의 인적 관계 또는 종전의 거래상태, 부동산의 종류 및 용도, 제1양도채권자의 점유 여부 및 그 기간의 장단과 같은 이용현황, 관련 법규정의 취지·내용 등과 같이 법률행위가 공서양속에 반하는지 여부의 판단에서 일반적으로 참작되는 제반 사정을 여기서도 종합적으로 살펴보아야 할 것이다.[257]"

그 반환을 청구할 수 없다는 견해를 취한다. 다만, B는 A를 대위하여 C명의로 마쳐진 그 부동산소유권이전등기의 말소를 청구할 수 있다고 한다(대판 1980. 5. 27. 80다565). 판례의 결론은 타당하나, 그 이론구성에는 다소 문제가 있다(A의 C에 대한 말소등기청구권의 존재 자체가 부정되는 것은 아니고, 그 행사만이 제한된다는 것이 위 판례의 취지라 할 것이므로, B가 A를 대위하여 그 말소청구를 할 수 있다. B의 그 권리행사는 채권자대위권의 법리에 비춰볼 때 무리가 없다). 판례에 따르면, 2중매매가 무효로 되는 범위로서 제1의 행위에는 매매·증여·양도담보 등이 포함되며, 제2의 행위에는 매매·증여·강제경매에 의한 경락·매도담보 등이 포함된다.

255) 대판 2009. 9. 10. 2009다23283; 대판 2009. 3. 26. 2006다47677.

256) 대판 2011. 1. 20. 전원합의체(다수의견). 2008도10479.

257) 대판 2013. 10. 11. 2013다52622; 대판 2009. 9. 10. 2009다34481.

◎ 직무발명 사전승계 약정 등의 적용을 받는 종업원 등이 직무발명 완성사실을 사용자 등에게 알리지 아니한 채 특허를 받을 수 있는 권리를 제3자의 적극 가담 아래 이중으로 양도하여 제3자가 특허권 등록까지 마친 경우, 직무발명 완성사실을 알게 된 사용자 등이 종업원 등에게 권리 승계의 의사를 문서로 알리면 특허권이전등록 청구권을 가지게 되는지 여부(적극) 및 위 청구권을 피보전채권으로 하여 종업원 등의 제3자에 대한 특허권이전등록청구권을 대위행사할 수 있는지 여부(적극)

"양도인이 특허를 받을 수 있는 권리를 양수인에게 양도하고, 그에 따라 양수인이 특허권의 설정등록을 받았으나 양도계약이 무효나 취소 등의 사유로 효력을 상실하게 된 경우에, 특허를 받을 수 있는 권리와 설정등록이 이루어진 특허권이 동일한 발명에 관한 것이라면, 양도계약에 의하여 양도인은 재산적 이익인 특허를 받을 수 있는 권리를 잃게 되고 양수인은 법률상 원인 없이 특허권을 얻게 되는 이익을 얻었다고 할 수 있으므로, 양도인은 양수인에 대하여 특허권에 관하여 이전등록을 청구할 수 있다. 한편 발명진흥법 제12조 전문, 제13조 제1항, 제3항 전문, 발명진흥법 시행령 제7조가 종업원, 법인의 임원 또는 공무원(이하 '종업원 등'이라 한다)으로 하여금 사용자·법인 또는 국가나 지방자치단체(이하 '사용자 등'이라 한다)에 직무발명 완성사실을 문서로 통지하도록 하고, 사용자 등이 위 통지를 받은 날부터 4개월 이내에 발명에 대한 권리의 승계 여부를 종업원 등에게 알리지 아니한 경우 승계를 포기한 것으로 간주되는 효과가 부여되는 점 등에 비추어 보면, 사용자 등이 종업원 등의 위 통지가 없음에도 다른 경위로 직무발명 완성사실을 알게 되어 직무발명 사전승계 약정 등에 따라 발명에 대한 권리를 승계한다는 취지를 종업원 등에게 문서로 알린 경우에는 종업원 등의 직무발명 완성사실 통지 없이도 같은 법 제13조 제2항에 따른 권리 승계의 효과가 발생한다. 그렇다면 직무발명 사전승계 약정 등의 적용을 받는 종업원 등이 직무발명을 완성하고도 그 사실을 사용자 등에게 알리지 아니한 채 발명에 대한 특허를 받을 수 있는 권리를 제3자의 적극 가담 아래 이중으로 양도하여 제3자가 특허권 등록까지 마친 경우에, 위 직무발명 완성사실을 알게 된 사용자 등으로서는 종업원 등에게 직무발명 사전승계 약정 등에 따라 권리 승계의 의사를 문서로 알림으로써 위 종업원 등에 대하여 특허권이전등록청구권을 가지게 된다. 그리고 위 이중양도는 민법 제103조에서 정한 반사회질서의 법률행위로서 무효이므로, 사용자 등은 위 특허권이전등록청구권을 피보전채권으로 하여 종업원 등의 제3자에 대한 특허권이전등록청구권을 대위행사할 수 있다.[258]"

◎ 배임행위의 실행행위자와 거래하는 상대방이 배임행위임을 알았거나 알 수 있었다는 사유만으로 그 계약이 반사회적 법률행위에 해당하여 무효인지 여부 및 그 판단 기준

"배임행위의 실행행위자와 거래하는 상대방으로서는 기본적으로 그 실행행위자와는 별개의 이해관계를 가지고 반대편에서 독자적으로 거래에 임하는 것이므로, 거래 상대방이 배임행위를 유인·교사하거나 배임행위의 전 과정에 관여하는 등 배임행위에 적극 가담하는 경우에는 그 실행행위자와 체결한 계약이 반사회적 법률행위에 해당하여 무효로 될 수 있다. 그렇지만 관여의 정도가 거기에까지 이르지 아니하고 법질서 전체적인 관점에서 볼 때 거래 상대방이 반대편에서 독자적으로 거래에 따르는 위험을 피하고 합리적인 이익을 보호하기 위하여 필요한 조치를 요구하는 등 그 계약의 동기, 목적 및 의도, 그 계약의 내용 및 요구된 조치의 필요성 내지 관련성, 거래 상대방과 배

258) 대판 2014. 11. 13. 2011다77313, 77320; 대판 2004. 1. 16. 2003다47218.

임행위의 실행행위자와 관계 등을 종합할 때 사회적 상당성을 갖추고 있다고 평가할 수 있는 경우에는, 비록 거래 상대방이 그 계약의 체결에 임하는 실행행위자의 행위가 배임행위에 해당할 수 있음을 알거나 알 수 있었다 하더라도 그러한 사정만으로 그 계약을 반사회적 법률행위에 해당한다고 보아 무효라고 할 수는 없다.[259)]"

◎ 매도인이 매수인으로부터 중도금을 수령한 이후에 매매목적물인 '동산'을 제3자에게 양도하는 행위가 배임죄에 해당하는지 여부(소극)

"(가) 매매와 같이 당사자 일방이 재산권을 상대방에게 이전할 것을 약정하고 상대방이 그 대금을 지급할 것을 약정함으로써 그 효력이 생기는 계약의 경우(민법 제563조), 쌍방이 그 계약의 내용에 좇은 이행을 하여야 할 채무는 특별한 사정이 없는 한 '자기의 사무'에 해당하는 것이 원칙이다.

(나) 매매의 목적물이 동산일 경우, 매도인은 매수인에게 계약에 정한 바에 따라 그 목적물인 동산을 인도함으로써 계약의 이행을 완료하게 되고 그때 매수인은 매매목적물에 대한 권리를 취득하게 되는 것이므로, 매도인에게 자기의 사무인 동산인도채무 외에 별도로 매수인의 재산의 보호 내지 관리 행위에 협력할 의무가 있다고 할 수 없다. 동산매매계약에서의 매도인은 매수인에 대하여 그의 사무를 처리하는 지위에 있지 아니하므로, 매도인이 목적물을 매수인에게 인도하지 아니하고 이를 타에 처분하였다 하더라도 형법상 배임죄가 성립하는 것은 아니다.[260)]"

◎ 2중매매에 적극가담

"부동산의 2중매매가 반사회적 법률행위로서 무효가 되기 위하여는 매도인의 배임행위와 매수인이 매도인의 배임행위에 적극 가담한 행위로 이루어진 매매로서, 그 적극가담하는 행위는 매수인이 다른 사람에게 매매목적물이 매도된 것을 안다는 것만으로는 부족하고, 적어도 그 매도사실을 알고도 매도를 요청하여 매매계약에 이르는 정도가 되어야 한다.[261)]"

◎ 대리인이 부동산을 이중으로 매수한 경우, 그 매매계약이 반사회적 법률행위인지 여부의 판단 기준

"대리인이 본인을 대리하여 매매계약을 체결함에 있어서 매매대상 토지에 관한 저간의 사정을 잘 알고 그 배임행위에 가담하였다면, 대리행위의 하자 유무는 대리인을 표준으로 판단하여야 하므로, 설사 본인이 미리 그러한 사정을 몰랐거나 반사회성을 야기한 것이 아니라고 할지라도, 그로 인하여 매매계약이 가지는 사회질서에 반한다는 장애사유가 부정되는 것은 아니다.[262)]"

◎ 부동산 이중매매의 경우, 제1매수인인 채권자는 채권자취소권을 행사할 수 있는지 여부

"부동산의 제1매수인인 채권자는 자신의 소유권이전등기청구권 보전을 위하여 채무자와 제3자 사이에 이루어진 제2의 소유권이전등기의 말소를 구하는 채권자취소권을 행사할 수 없다.[263)]"

◎ 부동산의 이중매매가 반사회적 법률행위에 해당하여 무효인 경우, 그에 터 잡은 선의의 전득자 명의의 소권이전등기의 효력

"위의 경우, 이중매매계약은 절대적으로 무효이므로, 당해 부동산을 제2매수인으로부터 다시 취

---

259) 대판 2009. 3. 26. 2006다47677.

260) 대판 2011. 1. 20. 전원합의체(다수의견). 2008도10479; 대판 1975. 12. 23. 74도2215.

261) 대판 1994. 3. 11. 93다55289.

262) 대판 1998. 2. 27. 97다45532; 대판 1996. 2. 13. 95다41406.

263) 대판 1996. 9. 20. 95다1965; 대판 1995. 2. 10. 94다2534.

득한 제3자는 설사 제2매수인이 당해 부동산의 소유권을 유효하게 취득한 것으로 믿었더라도, 이중 매매계약이 유효하다고 주장할 수 없다.[264)]"

◎ 부동산의 제2매수인이 매도인의 배임행위에 적극 가담함으로써 반사회적 법률행위로 무효인 제2매매계약을 원인으로 하는 제2매수인 앞으로의 소유권이전등기가 확정판결에 따라 마쳐진 경우, 제1매수인이 그 등기의 무효를 주장할 수 있는지 여부

"위의 경우, 그 무효인 제2매매계약을 원인으로 하는 제2매수인 앞으로의 소유권이전등기가 확정판결에 따라 마쳐졌다 하더라도, 그 확정판결의 기판력에 저촉되지 않는 범위 내에서는 제1매수인이 위 소유권이전등기의 무효를 주장할 수 있다.[265)]"

나. 부동산 이중매매 법리의 유추적용(준용)의 경우

◎ 명의신탁 해지 후 이전등기 전에 수탁자가 스스로 주지로 있는 사찰에 재산을 증여한 행위

"부동산의 명의수탁자가 그 명의신탁이 해지된 후 그 해지로 인한 소유권이전등기소송의 진행도중에 그 스스로가 주지로 있는 사찰에게 증여를 원인으로 소유권이전등기를 마친 것이고, 더욱이 위 사찰은 수탁자가 스스로 창종한 사찰로서 그의 단독지배 하에 있으면서 종교단체의 명의만을 빌린 것이라면 사회질서에 반하는 행위라고 할 것이다.[266)]"

◎ 취득시효 완성 사실을 아는 부동산의 소유자가 그 부동산을 처분하는 행위가 불법행위를 구성하는지 여부 및 그 부동산의 취득자가 그와 같은 처분행위에 적극 가담한 경우, 그 취득자 명의의 소유권이전등기의 효력

"부동산 소유자가 취득시효가 완성된 사실을 알고 그 부동산을 제3자에게 처분하여 소유권이전등기를 넘겨줌으로써 취득시효 완성을 원인으로 한 소유권이전등기의무가 이행불능에 빠지게 되어 시효취득을 주장하는 자가 손해를 입었다면 불법행위를 구성한다고 할 것이고, 부동산을 취득한 제3자가 부동산 소유자의 이와 같은 불법행위에 적극 가담하였다면 이는 사회질서에 반하는 행위로서 무효라고 할 것이다.[267)]"

◎ 이미 매도된 부동산에 관하여 체결된 근저당권설정계약이 반사회적 법률행위로 무효가 되기 위한 요건 및 심리사항

"위의 계약이 무효가 되기 위해서는 매도인의 배임행위와 근저당권자가 매도인의 배임행위에 적극 가담한 행위로 이루어진 것으로써, 그 적극 가담하는 행위는 근저당권자가 다른 사람에게 그 목적물이 매도된 것을 알고도 근저당권설정을 요청하거나 유도하여 계약에 이르는 정도가 되어야 할 것이고, 특히 아파트를 분양한 자가 부도 위기에 직면하여 도피하기 직전 일부 채권자들에게 아파트 부지를 일거에 담보로 제공한 사안에 관하여, 근저당권자가 매도인의 배임행위에 적극 가담하였는지 여부를 판단함에 있어서는, 근저당권자가 목적 부동산이 이미 피분양자들에게 분양된 사실을 알면서도 그와 같은 근저당권을 설정하게 된 목적·매도인과 근저당권자 사이에 근저당권 설정전에도 금전대차관계가 있었는지의 여부와 담보제공 여부 및 만일 담보 없이 금전거래를 하여왔다면, 그 경위와 이유·매도인과 근저당권자 사이의 관계·이러한 배임행위의 사회적 파장과 피분양자들

264) 대판 1996. 10. 25. 96다29151; 대판 1985. 11. 26. 85다카1580.
265) 대판 2002. 4. 26. 2001다8097, 8103.
266) 대판 1989. 10. 24. 88다카22299.
267) 대판 2002. 3. 15. 2001다77352, 77369; 대판 1993. 2. 9. 92다47892.

에 대한 예상되는 피해규모에 관하여 매도인 및 근저당권자가 취한 태도 등을 더 나아가 심리하여야 한다.[268)]"

◎ 부동산 매도 후 저당권 설정에의 적극 가담

"이미 매도된 부동산에 관하여 체결한 저당권설정계약이 반사회적 법률행위로 무효가 되기 위하여는 매도인의 배임행위와 저당권자가 매도인의 배임행위에 적극 가담한 행위로 이루어진 것으로서, 그 적극 가담하는 행위는 저당권자가 다른 사람에게 목적물이 매도된 것을 안다는 것만으로는 부족하고, 적어도 매도사실을 알고도 저당권설정을 요청하거나 유도하여 계약에 이르는 정도가 되어야 한다.[269)]"

◎ 매매계약체결 대신 가장채권에 기한 강제경매절차에 적극가담

"이중매매의 매수인이 매도인과 직접 매매계약을 체결하는 대신 매도인이 채무를 부담하고 있는 것처럼 거짓으로 꾸며 가장채권에 기한 채무명의를 만들고 그에 다른 강제경매절차에서 매수인이 경락취득하는 방법을 취한 경우, 이는 2중매매의 매수인이 매도인의 배임행위에 적극 가담하여 이루어진 반사회적 법률행위로서 민법 제103조에 의하여 무효라 할 것이고, 이는 무효의 채무명의에 기한 집행의 효과도 유효하다는 논리와 모순되는 것은 아니다.[270)]"

◎ 피상속인이 매도한 토지를 그 정을 모르는 상속인으로 하여금 이중으로 매도하게 한 행위가 반사회적 법률행위인지 여부

"제3자가 피상속인으로부터 토지를 전전·매수하였다는 사실을 알면서도 그 정을 모르는 상속인을 기망하여, 결과적으로 그로 하여금 토지를 이중매도 하게 하였다면, 그 매수인의 적극적인 기망행위에 의하여 이루어진 상속인과 사이의 토지에 관한 양도계약은 반사회적 법률행위로서 무효이다.[271)]"

◎ 부동산의 실질적 매수인이 따로 있음을 알면서 그 명의상의 매수인에 대한 채권확보를 위하여 그로부터 부동산을 양수한 경우, 그 효력

"위의 경우, 그 부동산의 명의상의 매수인에 대한 개인적인 채권확보를 위하여 同人으로부터 위 부동산을 양수 받았다면, 그 양수경위 등에 비추어 그의 배임행위에 그 정을 알면서 적극 가담한 것으로서 반사회질서의 법률행위에 해당한다.[272)]"

◎ 제2매수인이 가장채권에 기한 채무명의를 만들고 그에 따라 소유권을 취득한 경우의 효력

"전략(前略)… 이중매매의 매수인이 매도인과 직접 매매계약을 체결하는 대신에 매도인이 채무를 부담하고 있는 것처럼 거짓으로 꾸며, 가장채권에 기한 채무명의를 만들고 그에 따른 강제경매절차에서 매수인이 경락·취득하는 방법을 취하는 경우와 같이, 강제경매가 반사회적 법률행위의 수단으로 이용된 경우에는, 그러한 강제경매의 결과는 용인할 수 없는 것이라서 경락인의 소유권취득의 효력은 부정된다.[273)]"

---

268) 대판 2002. 9. 6. 2000다41820; 대판 1999. 11. 26. 98다38804, 38811, 38828.
269) 대판 1997. 7. 25. 97다362.
270) 대판 1985. 11. 26. 85다카1580.
271) 대판 1994. 11. 18. 94다37349; 대판 1975. 11. 25. 75다1311.
272) 대판 1991. 11. 22. 91다28740.
273) 대판 1991. 2. 8. 90다16177; 대판 1985. 11. 26. 85다카1580.

◎ 극히 저렴한 가격으로 양도목적물을 처분한 행위에 적극 가담

"건물에 대한 양도담보권을 가진 자가 그 건물을 적정한 시가에 처분하여 채권의 만족을 얻지 아니하고 그 매수인과 짜고 극히 저렴한 가격으로 매수시켜 부당이득을 취하려 한 것은 일종의 배임행위이고, 매수인이 양도담보권자의 이러한 배임행위에 적극 가담하여 위 건물을 취득한 경우에는 반사회적 법률행위로서 무효이다.[274)]"

◎ 수임인의 배임행위에 적극 가담

"아파트 분양위임계약에 의하여 분양자로부터 부여받은 대리권의 범위가 한정되어 있음에도, 수임인이 제3자와 통모하여 그에게 아파트를 외상으로 분양하면서 그 분양대금이 완납된 것처럼 분양계약서, 영수증 등을 교부해 준 경우, 이러한 수임인의 행위는 분양자의 위임 취지에 반하는 배임행위에 해당하고, 제3자는 그에 적극 가담한 공범임이 명백하여, 그 두 사람 사이의 아파트 외상분양은 사회질서에 반하는 법률행위로서 무효다.[275)]"

◎ 당초의 매도인이 사망한 후 공동상속인 중 1인으로서 다른 공동상속인들의 대리인임을 자칭하는 자와 제2매수인 사이에 부동산 전부에 관하여 제2매매계약이 체결되었는데 그 제2매매계약이 제2매수인이 그 공동상속인의 배임행위에 적극 가담함으로써 반사회적 법률행위로 무효인 경우, 그 무효의 범위는 제2매매계약에 직접 관여한 공동상속인의 상속분에 한정되는지 여부

"당초의 매도인이 사망하고 상속이 이루어진 후에 공동상속인 중 1인으로서 다른 공동상속인들의 대리인임을 자칭하는 자와 제2매수인 사이에 부동산 전부에 관하여 제2매매계약이 체결되었는데 그 제2매매계약이 제2매수인이 그 공동상속인의 배임행위에 적극 가담한 결과 반사회적 법률행위에 해당하여 무효인 경우라면, 위 제2매매계약에 직접 관여한 공동상속인의 상속분에 관하여 뿐만 아니라 부동산 전부에 관하여 그 매매계약 및 그에 기한 소유권이전등기가 무효인 것으로 보아야 한다.[276)]"

6. 불공정한 법률행위

(1) 의 의

행위자(상대방)의 자유로운 의사결정이 곤란한 점을 악용하여, 자신의 급부에 비하여 현저하게 균형을 잃은 반대급부를 상대방으로 하여금 하게 함으로써 부당하게 재산적 이익을 취하는 행위를 불공정한 법률행위 또는 폭리행위라 한다.[277)]

제104조의 불공정한 법률행위를 제103조의 예시로 보아야 할 것인지에 대하여는 다툼이 있다.[278)] 생각건대 어느 견해에 따르던, 제104조의 요건(특히 주관적 요건)을 갖추지 못

274) 대판 1979. 7. 24. 79다942.

275) 대판 1999. 9. 3. 97다56099.

276) 대판 2002. 4. 26. 2001다8097, 8103.

277) 민법은 '당사자의 궁박, 경솔 또는 무경험으로 인하여 현저하게 공정을 잃은 법률행위는 무효로 한다.'고 함으로써 불공정한 법률행위의 효력을 무효로 규정한다(제104조). 폭리행위의 무효는 금전소비대차에 한하는 것이 아니라(제607조·제608조, 이자제한법 제2조 참조), 재산상의 모든 유상행위(제339조 참조)에서 인정된다.

278) 다수설은, 불공정한 법률행위는 성질상 반사회성의 것으로서, 제104조는 제103조의 일례로서 제103조와

할 경우, 제103조에 의하여 법률행위를 무효로 할 수 있다는 점에서 견해의 대립에 따른 실익은 없다.

판 례

○ 불공정한 법률행위의 개념과 적용 범위

"민법 제104조가 규정하는 현저히 공정을 잃은 법률행위라 함은, 자기의 급부에 비하여 현저하게 균형을 잃은 반대급부를 하게 하여 부당한 재산적 이익을 얻는 행위를 의미하는 것이므로, 증여계약(기부행위 포함)과 같이 아무런 대가관계 없이 당사자 일방이 상대방에게 일방적인 급부를 하는 법률행위는 그 공정성 여부를 논의할 수 있는 성질의 법률행위가 아니다.[279]"

○ 민법 제104조 소정의 불공정한 법률행위의 규정 취지

"전략(前略)… 약자적 지위에 있는 자의 궁박·경솔 또는 무경험을 이용한 폭리행위를 규제하려는 데에 그 목적이 있다.[280]"

(2) 요 건

불공정한 법률행위는 급부와 반대급부 사이에 현저한 불균형이 있어야 하고(객관적 요건), 일방이 상대방의 궁박·경솔·무경험 중 어느 한 가지 사정을 이용하였을 때(주관적 요건) 성립한다.

(가) 객관적 요건

급부와 반대급부 사이에 현저한 불균형이 존재하여야 한다(판례).[281] 그 판단에 있어서는 피해당사자의 궁박·경솔·무경험의 정도가 고려되어야 하고, 당사자의 주관적 가치가 아닌 거래상의 객관적 가치를 고려하여야 한다(판례). 현저한 불공정성 여부를 가리는 시기에 관하여 학설은 다툼이 있으나, 문제의 법률행위 당시를 기준으로 판단할 일이다.[282]

(나) 주관적 요건

상대방에게 궁박[283]·경솔[284]·무경험[285] 중 어느 한 가지 사정이 존재하고 있어야 한

궤를 같이 한다고 한다(곽윤직·김재형, 282면; 김용한, 263면; 송덕수, 257면; 지원림, 210면; 장경학, 454면). 소수설은, 불공정한 법률행위는 반사회성의 행위의 예가 아니며, 제104조는 제103조와 취지를 달리한다고 한다(고상룡, 391-392면; 김증한·김학동, 319면). 판례는 다수설과 견해를 같이 한다(대판 1965. 11. 23. 65사28).

279) 대판 2000. 2. 11. 99다56833; 대판 1997. 3. 11. 96다49650; 대판 1993. 3. 23. 92다52238.

280) 대판 1994. 11. 8. 94다31969; 대판 1993. 10. 12. 93다19924; 대판 1988. 9. 13. 86다카563.

281) 현저한 불균형 여부의 경우, 민법은 침묵을 지키고 있으나, 제103조가 추상적 표준이 될 수 있다. 결국 이 문제는 법관이 객관적 가치의 관점에서 구체적·개별적으로 판단할 수밖에 없다.

282) 다수설은 법률행위시설을 취한다(곽윤직·김재형, 283면; 김상용, 403면; 김증한·김학동, 320면). 소수설은 법률행위시가 기준시점이나, 이행시에 불균형이 없어진 경우에는 무효를 주장할 수 없다고 한다(이은영, 416면). 판례는 법률행위시설을 취한다(대판 1984. 4. 10. 81다239; 대판 1965. 6. 15. 65다610), 한편 독일민법은 명문으로 행위시설을 취하고 있다(제138조 제2항).

283) 벗어날 길이 없는 어려운 상태를 궁박이라 하며, 그 사유는 경제적·정신적 어느 것이든 무방하다. 궁박의 사정은 당사자의 재산상태, 당사자가 처한 상황의 절박성의 정도 등 제반사정을 고려하여 판단할 일이다.

284) 충분히 잘 생각해 보고 의사결정을 하지 않은 행위자의 심리상태를 경솔이라 한다.

285) 행위자에게 있어서 사회생활의 경험이 부족한 경우를 무경험이라 한다.

다.[286] 대리행위의 경우, 궁박 여부는 본인을 표준으로 하고, 경솔·무경험은 대리인을 표준으로 판단한다.[287] 피해자에게 위와 같은 사정 중 어느 하나가 있음을 알고,[288] 이것을 이용하려는 악의가 폭리자에게 있어야 한다.[289]

(다) 증명책임

객관적 요건과 주관적 요건은 그 법률행위의 무효를 주장하는 자가 증명하여야 한다는 것이 판례의 태도이나,[290] 피해자는 주관적 요건만 증명하여 그 폭리성을 주장하면 되고, 객관적 요건의 구비 여부는 법관이 판단할 문제라고 생각한다.

판 례

가. 객관적 요건

○ 불공정 법률행위에 해당하는지 판단하는 기준

"불공정 법률행위에 해당하는지는 법률행위가 이루어진 시점을 기준으로 약속된 급부와 반대급부 사이의 객관적 가치를 비교 평가하여 판단하여야 할 문제이고, 당초의 약정대로 계약이 이행되지 아니할 경우에 발생할 수 있는 문제는 달리 특별한 사정이 없는 한 채무의 불이행에 따른 효과로서 다루어지는 것이 원칙이다.[291]"

○ 불공정한 법률행위에 해당하는지 판단하는 기준 시기(=법률행위 시) 및 계약이 체결 당시 기준으로 불공정하지 않은 경우 사후 외부적 환경의 급격한 변화에 따라 계약 당사자 일방에게 큰 손실이 발생하고 상대방에게 그에 상응하는 이익이 발생할 수 있는 구조라고 하여 당연히 불공정한 계약에 해당하는지 여부(소극)

"어떠한 법률행위가 불공정한 법률행위에 해당하는지는 법률행위 시를 기준으로 판단하여야 한다. 따라서 계약 체결 당시를 기준으로 전체적인 계약 내용에 따른 권리의무관계를 종합적으로 고려한 결과 불공정한 것이 아니라면, 사후에 외부적 환경의 급격한 변화에 따라 계약당사자 일방에게 큰 손실이 발생하고 상대방에게는 그에 상응하는 큰 이익이 발생할 수 있는 구조라고 하여 그 계약이 당연히 불공정한 계약에 해당한다고 말할 수 없다.[292]"

○ 민법 제104조에서 정하는 '불공정한 법률행위'의 성립요건 및 그 판단 기준

"민법 제104조의 불공정한 법률행위는 피해 당사자가 궁박, 경솔 또는 무경험의 상태에 있고 상대방 당사자가 그와 같은 피해 당사자측의 사정을 알면서 이를 이용하려는 폭리행위의 악의를 가

286) 급부와 반대급부 사이에 현저한 불균형이 있는 경우, 궁박·경솔·무경험이 추정되지는 않는다(대판 1977. 12. 13. 76다2179; 대판 1976. 4. 13. 75다705).

287) 대판 1972. 4. 25. 71다2255.

288) 세 가지 사정 중 어느 한 가지 사정만 있으면 된다(대판 1993. 10. 12. 93다19924).

289) 폭리자의 악의가 없으면, 불공정한 법률행위는 성립하지 않는다(간통죄에 대해 고소하지 않기로 하면서 금전을 지급 받기로 하는 합의의 경우, 상대방의 궁박은 인정되나, 상간자의 배우자가 상대방의 궁박을 이용하려는 악의가 없다고 보아, 폭리행위의 성립을 부정하였다. 대판 1997. 3. 25. 96다47951).

290) 대판 1975. 10. 7. 75다867.

291) 대판 2013. 9. 26. 2010다42075.

292) 대판 2013. 9. 26. 2011다53683, 5369; 대판 2000. 12. 8. 2000다30905.

지고 객관적으로 급부와 반대급부 사이에 현저한 불균형이 존재하는 법률행위를 한 경우에 성립한다. 여기서 '궁박'이란 '급박한 곤궁'을 의미하고, 당사자가 궁박 상태에 있었는지 여부는 당사자의 신분과 상호관계, 피해 당사자가 처한 상황의 절박성의 정도, 계약의 체결을 둘러싼 협상과정 및 거래를 통한 피해 당사자의 이익, 피해 당사자가 그 거래를 통해 추구하고자 한 목적을 달성하기 위한 다른 적절한 대안의 존재 여부 등 여러 상황을 종합하여 구체적으로 판단하여야 한다. 또한 급부와 반대급부 사이의 '현저한 불균형'은 단순히 시가와의 차액 또는 시가와의 배율로 판단할 수 있는 것은 아니고 구체적·개별적 사안에 있어서 일반인의 사회통념에 따라 결정하여야 한다. 그 판단에 있어서는 피해 당사자의 궁박·경솔·무경험의 정도가 아울러 고려되어야 하고, 당사자의 주관적 가치가 아닌 거래상의 객관적 가치에 의하여야 한다.[293)]"

◎ 급부와 반대급부 사이의 현저한 불공정성의 존재를 인정한 구체적인 경우

"농촌에 거주하는 79세 된 노인으로부터 한국감정원의 감정가격의 30%에도 미치지 못하는 가격으로 토지를 매수하고, 계약금으로 매매대금의 3분의 1 이상을 지급하였으며, 매매계약 다음날 중도금을 지급하여 계약금과 중도금을 합한 액수가 매매대금의 80%에 이르는 등 매매계약의 내용이 이례적인 점 등에 비추어 불공정한 법률행위로 볼 여지가 있음에도, 이를 인정하지 아니한 원심판결에 심리미진이나 이유 불비의 위법이 있다 하여 이를 파기한다.[294)]"

나. 주관적 요건

◎ 불공정한 법률행위의 성립요건 및 주관적 요건 중의 하나인 궁박의 의미와 그 판단기준

"민법 제104조에 규정된 불공정한 법률행위는, 객관적으로 급부와 반대급부 사이에 현저한 불균형이 존재하고, 주관적으로 위와 같이 균형을 잃은 거래가 피해 당사자의 궁박·경솔 또는 무경험을 이용하여 이루어진 경우에 성립하는 것으로서, 중략(中略)… 불공정한 법률행위가 성립하기 위한 요건인 궁박·경솔, 무경험은 모두 구비되어야 하는 것이 아니고 그 중 일부만 갖추어져도 충분하며, 여기에서 '궁박'이라 함은 급박한 곤궁을 의미하는 것으로서 경제적 원인에 기인할 수도 있고, 정신적 또는 심리적 원인에 기인할 수도 있으며, 당사자가 궁박의 상태에 있었는지 여부는 그의 신분과 재산상태 및 그가 처한 상황의 절박성의 정도 등 제반 상황을 종합하여 구체적으로 판단하여야 한다.[295)]"

◎ '무경험'의 의미

"전략(前略)… '무경험'이라 함은 일반적인 생활체험의 부족을 의미하는 것으로서, 어느 특정영역에 있어서의 경험부족이 아니라, 일반거래에 대한 경험부족을 뜻하고… 후략(後略).[296)]"

◎ 주관적 요건의 하나인 궁박에 기한 합의의 경우

"사실과 다른 고소에 의하여 구속된 상태에서, 시부모와 남편 및 본인까지도 병중에 있었고, 경영하던 회사는 부도 위기에 처하는 등 정신적·경제적으로 궁박한 상태에 있었으며, 합의의 내용도 고소인의 주장을 그대로 인정하고 이루어진 것이라면, 그 합의는 불공정한 법률행위에 해당한다.[297)]"

---

293) 대판 2010. 7. 15. 2009다50308; 대판 2009. 1. 15. 2008도8577; 대판 2002. 10. 22. 2002다38927.
294) 대판 1992. 2. 25. 91다40351.
295) 대판 2002. 10. 22. 2002다38927; 대판 1999. 5. 28. 98다58825; 대판 1996. 6. 14. 94다46374.
296) 대판 2002. 10. 22. 2002다38927; 대판 1999. 5. 28. 98다58825; 대판 1996. 11. 12. 96다34061.

◎ 주관적 요건의 하나인 궁박·경솔이 가공하여 행해진 합의의 경우

"교통사고로 스포츠용품 대리점과 실내골프연습장을 운영하던 피해자가 사망한 후 망인의 채권자들이 그 손해배상청구권에 대하여 법적 조치를 취할 움직임을 보이자, 전업주부로 가사를 전담하던 망인의 처가 망인의 사망 후 5일만에 친지와 보험회사 담당자의 권유에 따라 보험회사와 사이에 보험약관상 인정되는 최소금액의 손해배상금만을 받기로 하고 부제소 합의를 한 경우, 그 합의는 불공정한 법률행위에 해당한다.[298]"

◎ 대리행위의 경우에 주관적 요건의 판단기준

"매도인의 대리인이 매매한 경우에 있어서 그 매매가 민법상의 불공정한 법률행위인가를 판단함에는, 매도인의 경솔·무경험은 그 대리인을 기준으로 판단하여야 하고, 궁박상태에 있었는지 여부는 매도인 본인의 입장에서 판단하여야 한다.[299]"

◎ 불공정한 법률행위의 성립 요건

"민법 제104조에 규정된 불공정한 법률행위는 객관적으로 급부와 반대급부 사이에 현저한 불균형이 존재하고, 주관적으로 그와 같이 균형을 잃은 거래가 피해 당사자의 궁박, 경솔 또는 무경험을 이용하여 이루어진 경우에 성립하는 것으로서, 약자적 지위에 있는 자의 궁박, 경솔 또는 무경험을 이용한 폭리행위를 규제하려는 데에 그 목적이 있다. 여기에서 '궁박'이라 함은 '급박한 곤궁'을 의미하는 것으로서 경제적 원인에 기인할 수도 있고 정신적 또는 심리적 원인에 기인할 수도 있으며, 당사자가 궁박한 상태에 있었는지 여부는 그의 나이와 직업, 교육 및 사회경험의 정도, 재산 상태 및 그가 처한 상황의 절박성의 정도 등 여러 사정을 종합하여 구체적으로 판단하여야 한다. 한편 피해 당사자가 궁박한 상태에 있었다고 하더라도 그 상대방 당사자에게 그와 같은 피해 당사자 측의 사정을 알면서 이를 이용하려는 의사, 즉 폭리행위의 악의가 없었다거나 또는 객관적으로 급부와 반대급부 사이에 현저한 불균형이 존재하지 아니한다면 민법 제104조에 규정된 불공정 법률행위는 성립하지 않는다.[300]"

◎ 피해자의 경솔 또는 무경험에 기인한 급부와 반대급부 사이에 현저한 불균형이 존재할 경우, 폭리자의 악의가 추인(추정)되는지 여부

"매매가격이 시가의 8분의 1 정도로 현저한 차이가 있고 매도인(피해자)이 평소 어리석은 사람인 것이 인정되며, 또한 매수인(폭리자)은 이 사건 부동산을 매수한 후 3개월 후에 매수가격의 4.5배 정도로 전매한 경우, 달리 현저히 저렴하게 매도할 특별한 합리적인 근거를 찾아 볼 수 없는 사정이라면, 이는 매도인의 경솔·무경험에 기인한 것이며, 매수인이 그 사정을 알고 이를 이용함으로써 이루어졌다고 추인할 수 있다.[301]"

다. 불공정한 법률행위에 해당하는 경우

◎ 생업 중단의 궁박한 상태에서 이루어진 매매

"건물의 매도인이 건물철거소송의 패소확정에 의하여 건물을 철거당함으로써 생업을 중단하게

---

297) 대판 1998. 3. 13. 97다51506.
298) 대판 1999. 5. 28. 98다58825.
299) 대판 2002. 10. 22. 2002다39827; 대판 1972. 4. 25. 71다2255.
300) 대판 2011. 9. 8. 2011다35722; 대판 2011. 1. 27. 2010다53457; 대판 2002. 10. 22. 2002다38927.
301) 대판 1977. 12. 13. 76다2179; 대판 1976. 4. 13. 75다704.

될 궁박한 상태를 매수인이 이용하고 또 위 소송의 패소로써 위 궁박한 상태에 이를 것으로 속단한 매도인의 경솔로 인하여 시가의 3분의 1에 미달하는 금액을 대금으로 하여 이루어진 건물의 매매는 불공정한 법률행위로서 무효이다.[302)]"

◎ 사정가격의 오기로 인한 매매가격 책정과 계약 체결

"원고 소속 공무원들이 사유재산심의회의 결의에 의하여 사정 확정된 본건 토지의 평당 단가 금 2,100원을 그 10배인 21,000원으로 오기한 것은 경솔로 인한 것이고 매매계약체결 당사자도 계약체결함에 있어서 사정가격을 오기한 것을 발견치 못하고 그냥 오기 내용대로 사정가격으로 하여 결국 시가의 4배 이상의 가액으로 매매계약을 체결하였음은 원고의 경솔로 인한 불공정한 법률행위로 볼 수 있다.[303)]"

◎ 무경험자인 농민이 적은 액수를 합의금으로 받기로 한 화해계약

"농촌에서 농사만 짓고 처음 사고를 당하는 무경험자인 유족이 가장을 잃고 경제적·정신적으로 경황이 없는 궁박한 상태에서 사고 1주일 후 손해배상을 받을 수 있는 액수도 모르고서 받을 수 있는 액수의 8분의 1밖에 되지 않는 합의금을 받기로 하고 가해자나 사용자에 대하여 민·형사상 책임을 더 묻지 아니하기로 하는 합의는 유족의 경솔, 무경험과 유족의 궁박한 상태에서 이루어진 현저하게 공정을 잃은 법률행위로서 무효이다.[304)]"

◎ 질병을 앓고 있는 무학문맹의 노인이 유일한 생활근거인 가옥을 매도한 계약

"무학문맹으로 나이 어린 외손녀 하나만을 데리고 가옥일부를 임대한 수입으로 생계를 이어오며 고혈압으로 보행이 자유롭지 못하고 동맥경화성 정신증의 증세로 때로는 정신이 혼미하게도 되지만 빈한으로 치료조차 제대로 받지 못하고 있던 67세의 노파가 인근에 거주하여 위의 사정을 잘 알고 있는 사람에게 다른 생활대책도 강구함 없이 유일한 생활근거인 가옥을 매도한 계약이 시가와 매매가액 사이에 현저한 차이가 있다면, 민법 제104조 소정의 불공정한 법률행위에 해당한다고 볼 수 있다.[305)]"

◎ 무경험 및 궁박 상태에서 구속된 남편을 석방시키기 위한 채권포기

"채무자인 회사가 남편의 징역을 면하기 위하여 부정수표를 회수하려는 물품 외상대금 중 금 100만원을 초과하는 채권에 대한 포기서를 써야 된다는 강압적인 요구를 하므로 사회적 경험이 부족한 가정부인이 경제적 정신적 궁박 상태 하에서 구속된 자기남편을 석방 구제하는 데에는 위 수표의 회수가 필요할 것이라는 일념에서 회사에 대한 물품 잔대금 채권이 얼마인지조차 확실히 모르면서 보관 중이던 남편의 인감을 이용하여 남편을 대리하여 위임장과 포기서를 작성하여 준 채권 포기행위는 거래관계에 있어서 현저하게 균형을 잃은 행위로서 사회적 정의에 반하는 불공정한 불법행위로 보는 것이 상당하다.[306)]"

◎ 궁박한 상태를 이용한 체납전기요금 승계 약정

"원고가 부동산을 공장으로 사용하기 위하여 취득하였고 많은 비용을 들였으므로 만약 전기공급

302) 대판 1973. 5. 22. 73다231.
303) 대판 1977. 5. 10. 76다2953.
304) 대판 1979. 4. 10. 78다2457.
305) 대판 1979. 4. 10. 79다275.
306) 대판 1975. 5. 13. 75다92.

을 받지 못하여 공장을 운영할 수 없게 된다면 커다란 손해를 입게 될 형편이어서 할 수 없이 한국전력공사의 요구대로 전수용가의 체납전기요금을 지급하기로 약정한 경우 이는 원고의 궁박을 이용하여서 한 현저하게 공정을 잃은 법률행위로서 무효이다.[307]"

◎ 궁박 상태에서 고소를 취하시키기 위한 채권포기

"계와 관련되어 사문서 변조죄로 고소되어 수사를 받다가 15일 간 삼청교육대의 교육을 받고 퇴소한 후 다시 계 관계로 고소되어 경찰서로부터 조사를 위한 소환을 받게 되었다면 또 다시 삼청교육대로 갈지 모른다는 급박한 정신적 압박을 받고 있었을 것이고 따라서 이러한 궁박 상태 아래에서 고소를 취하시켜서 삼청교육대에 가는 것을 회피할 생각으로 경솔하게 청산합의에 응하였을 것으로 보지 못할 바 아니며, 또 상대방에게 금 1,300만원 이상의 채권이 있었음에도 이것과 현금 45만원 및 부채 216만원을 인수시키고 그 나머지 금 1,000만원 이상의 채권을 포기하는 약정을 맺은 것은 일방적으로 불리한 것이어서 현저히 불공정한 법률행위에 해당된다.[308]"

◎ 채권채무관계 인정

"횡령죄가 성립될 수 없음에도 불구하고 상대방의 고소에 의하여 구속되어 있었고, 시부모와 남편 및 원고 본인까지도 병중에 있었으며, 경영하던 회사는 부도 위기에 처하는 등 정신적, 경제적으로 궁박한 상태에 있었고 그 합의의 내용도 이 사건 부동산의 2분의1 지분이 실질적으로 상대방 소유라는 피고의 주장 등을 그대로 인정하고 이루어진 것으로서 현저히 공정을 잃은 것이므로, 결국 위 합의는 불공정한 법률행위로서 무효이다.[309]"

◎ 불법구금된 상태에서 행한 합의금 약정의 효력

"일반인이 수사기관에서 법관의 영장에 의하지 않고 30시간 이상 불법구금 된 상태에서 구속을 면하고자 하는 상황에 처해 있었다면, 특별한 사정이 없는 한, 정신적 또는 심리적 원인에 기인한 급박한 곤궁의 상태에 있었다고 봄이 상당하고, 금 5억1천4백여만원에 경락받은 토지지분을 편취한 데에 따른 손해배상으로 그 지분을 반환하는 외에 금 2억4천만원이라는 거액을 추가로 지급하기로 한 것은, 불법행위로 인하여 상대방이 입게 된 정신적 고통 등의 손해를 감안하더라도, 지나치게 과도한 것이라고 보지 않을 수 없으므로, 특별한 사정이 없는 한, 급부와 반대급부 사이에 현저한 불균형이 있다고 보아야 한다는 이유로, 불공정한 법률행위의 주장을 배척한 원심판결을 파기한다.[310]"

◎ 아들이 교통사고로 사망한 경우, 부가 가해자측과 합의한 내용이 민법 제104조에 해당하는지 여부

"해외파견근무 중 교통사고로 사망한 피해자의 父가, 별로 교육을 받지 못하고 시골에서 날품팔이로 생계를 유지하는 66세의 노인으로서 원래 아는 것과 경험이 없고, 사고 경위도 알지 못한데다가 아들이 사망했다는 비보에 큰 충격을 받아 경황이 없는 상태에서, 가해회사의 규모나 신용에 비추어 위 가해회사 직원들의 말을 진실한 것으로 믿고, 위 망인의 사망에 따른 손해배상금으로 지급받을 수 있는 금액보다 훨씬 적은 금액만을 지급 받으면서, 위 가해회사가 제시한 합의서에 날인한 것이라면, 위 합의는 경솔·궁박, 무경험의 상태에서 이루어진 현저하게 공정을 잃은 법률행위로서

307) 대판 1987. 2. 10. 86다카2094.
308) 대판 1992. 4. 14. 91다23660.
309) 대판 1998. 3. 13. 97다51506.
310) 대판 1996. 6. 14. 94다46374; 대판 1995. 4. 11. 94다17000, 17017.

무효이다.[311)]"

라. 불공정한 법률행위에 해당하지 않는 경우

○ 한국수자원공사와 서울특별시가 체결한 각 용수계약 중 '취수장별 기득사용물량 공제방식'에 의한 용수료 산정에 관한 약정 부분이 불공정한 법률행위로서 무효라고 한 원심판결을 파기한 사례

"한국수자원공사와 서울특별시가 체결한 각 용수계약에서 '취수장별 기득사용물량 공제방식'에 따라 용수료를 산정하기로 정함으로써 '사용자별 기득사용물량 총량 공제방식'을 따르는 경우에 비해 용수료의 차이가 발생하더라도, 각 용수계약의 일부 내용에 불과한 공제방식에 따른 용수료의 차이만을 비교하여 급부와 반대급부 사이에 현저한 불균형 여부를 판단할 수 없고, 용수계약 체결 당시 서울특별시가 궁박한 상태에 있었다거나 서울수자원공사에게 폭리를 취하려는 의사가 있었다고 단정하기 어려움에도 불구하고, 위 용수계약 중 취수장별 공제방식에 의한 용수료 산정에 관한 약정 부분이 불공정한 법률행위로서 무효라고 한 원심판결을 파기한 사례.[312)]"가 있다.

○ 갑 주식회사가 을 은행 등과 체결한 키코(KIKO) 통화옵션계약이 불공정한 행위인지 문제 된 사안에서, 통화옵션계약이 불공정한 행위에 해당하지 않는다고 본 원심판단을 정당하다고 한 사례

"갑 주식회사가 을 은행 등과 체결한 키코(KIKO) 통화옵션계약이 불공정한 행위인지 문제 된 사안에서, 키코 통화옵션계약의 구조가 환율 변동이 클수록, 그리고 급격하게 발생할수록 은행의 손실은 제한적인 반면 이익은 기하급수적으로 늘어나는 구조라서 불공정하다고 하는 것은 계약 체결 당시 시장환율 추이와 대다수 국내외 연구소 및 금융기관 등의 환율 전망에 비추어 시장환율이 상승할 확률이 높지 않으리라고 예상하였다가 사후에 시장환율이 급상승한 결과를 놓고 계약을 불공정한 법률행위라고 하는 것과 다름없으므로 받아들이기 어렵다는 등의 이유로, 위 통화옵션계약이 불공정한 행위에 해당하지 않는다고 본 원심판단을 정당하다고 한 사례.[313)]"가 있다.

○ 현저한 가격차이가 나는 매도담보

"채무자가 돈 50만원을 빌리는데 시가 1,000만원이 넘는 부동산을 담보로 하여 매매형식으로 채권자 명의로 소유권이전등기를 하게 한 약정 또는 채권자의 형편에 따라 권리를 제3자에게 양도할 수 있다는 약정을 하였다고 하여 이러한 계약이 민법 제103조 또는 제104조에 위반되는 무효의 계약이라고 할 수 없다.[314)]"

○ 변호사 보수금 계약

"상고심과 파기환송 후의 각 심급에서 착수금으로 각 100만원을 지급하고 또 사례금조로 1,000만원을 지급하고 승소확정 될 경우에 최종적 보수로서 소송목적물인 부동산중 1,000평을 양도한다는 보수금계약은 당사자의 궁박과 무지를 악용한 불공정한 법률행위가 아니고 변호사윤리강령에 위배되는 무효인 계약이 아니다.[315)]"

○ 위약시 지불금 포기 약정

"'피고가 위약한 경우에는 원고의 지불금 잔액 전부를 포기한다.'라고 약정한 것이 민법 제104조

311) 대판 1987. 5. 12. 86다카1824; 대판 1979. 4. 10. 78다2457.
312) 대판 2011. 1. 13. 2009다21058.
313) 대판 2013. 9. 26. 전원합의체. 2011다53683.
314) 대판 1970. 7. 21. 70다964.
315) 대판 1971. 7. 6. 71다960.

에 위반한 것이라 할 수 없다.[316)]"

○ 거래 경험이 있는 대학 졸업자의 매매계약

"매도인이 정규 4년제 대학교를 졸업한 사람으로서 매매계약체결 당시의 나이가 만 32세 6개월이나 되며 직장생활을 한 경험도 있고 이 사건 부동산매매계약을 전후한 토지담보 등 거래경험 및 소송수행 한 사실과 인감에 관하여 4차례나 개인신고를 낸 사실 등이 인정되는 경우이면, 동인은 매매계약체결 당시 그 법률행위가 자기에게 미치게 될 이해득실을 충분히 가릴 수 있는 사리판단 능력을 갖추고 있었고 경솔·무경험의 상태에 있었다고 보기 어렵다.[317)]"

○ 저가의 주식매수

"주식매매 가계약 체결 전 증권거래소에서의 거래정지 당시의 주식 1주당 종가가 금 160원이었고 거래정지 후 장외에서 1주당 금 100원 내지 금 200원에 거래되고 있었으나, 주식 1주의 객관적 가치의 부(負)였는데 다가 주식 매수인이 위 주식 매수로 인하여 1주당 금 4,161원의 부채까지 부담하게 되었으므로 주식 1주당 가격을 1원으로 정하여 매매계약을 체결하였다고 하여 대가의 현저한 불균형이 있다고 할 수 없어 주식 매매계약이 불공정행위라고 말할 수는 없다.[318)]"

○ 간통죄에 대해 고소하기 않기로 하면서 금전을 지급받기로 하는 합의

"지역사회에서 상당한 사회적 지위와 명망을 가지고 있는 자가 유부녀와 통정한 후 상간자의 배우자로부터 고소를 당하게 되면 자신의 사회적 명예가 실추되고 구속될 여지도 있어 다소 궁박한 상태에 있었다고 볼 수는 있으나 상간자의 배우자가 상대방의 그와 같은 처지를 적극적으로 이용하여 폭리를 취하려 하였다고 볼 수 없는 경우, 고소를 하지 않기로 합의하면서 금 170,000,000원의 약속어음공정증서를 작성한 행위가 불공정한 법률행위에 해당한다고 볼 수 없다.[319)]"

○ 위약금 약정이 불공정한 법률행위에 해당하는지 여부

"공사대금계약을 체결하기로 하면서 예정 도급인이 이를 어길 경우에 예정 공사금액의 10% 상당액을 위약금으로 지급하고, 다시 이 위약금 지급의무를 어길 경우에 연 18% 상당의 지연손해금을 가산하여 지급하기로 위약금 약정을 한 경우, 그 위약금 약정이 공서양속에 반하거나 불공정한 법률행위에 해당하지 않는다.[320)]"

○ 신주발행이 현저하게 불공정한 행위에 해당하는지 여부

"회사가 주주에게 상법 제418조 제1항 소정의 주주의 신주인수권을 배제한바 없고, 오히려 그 주주가 회사로부터 신주배정 통지를 받고도 그 주식대금을 납입하지 아니하여 실권된 경우, 가사 발행주식의 총수를 증가시키는 정관변경의 주주총회 결의 이전에, 그 주주와 회사의 대표이사 사이에 회사의 경영권에 관하여 분쟁이 있었고, 그 주주가 자기 소유 주식을 그 대표이사에게 양도하고 회사 경영에서 탈퇴하려고 하였지만, 그 양도대금에 관한 합의가 이루어지지 않은 상태에서 발행주식 총수를 현저하게 증가시키는 신주발행이 이루어짐으로써 회사에 대한 그 주주의 지배력이 현저하게 약화되고, 그로 인하여 그 주주가 대표이사에게 적정한 주식대금을 받고 주식을 양도하는 것이

316) 대판 1973. 7. 24. 73다626.
317) 대판 1983. 4. 26. 81다289.
318) 대판 1996. 4. 26. 94다34432.
319) 대판 1997. 3. 25. 96다47951.
320) 대판 2000. 7. 28. 99다38637.

더욱 어려워지게 되었다고 하더라도, 그러한 사유만으로는 그 신주발행이 현저하게 불공정한 방법에 의한 신주발행으로서 무효라고 볼 수 없다.[321]"

◎ 건물 경락인이 전소유자가 체납한 전기·수도요금을 인수하여 지급한 것이 불공정하거나 사회질서에 반하는 법률행위에 해당하는지 여부

"건물의 근저당권자로서 그 건물을 경락받은 상호신용금고가 그 건물의 전소유자인 회사가 전기·수도요금을 체납함에 따라 전기 및 수도공급이 중단되고 있는 관계로, 그 체납된 요금을 인수하여 납부하는 것이 사실상 불가피하다는 사정을 미리 알고 건물을 경락받았고, 그 후 그 건물을 그대로 보유하고 있다가 전매차익을 노려 교회에 급히 양도·처분하면서, 그의 요구에 따라 한국전력공사와 서울특별시로부터 그 건물에 대한 전기 및 수도의 공급재개를 승인받기 위한 방편으로, 스스로 한국전력공사와 서울특별시에 대하여 건물의 전소유자인 회사의 체납된 전기·수도요금의 지급채무를 인수하기로 약정하게 된 것이라면, 건물 경락인이 건물의 취득 및 처분에 따른 거래과정에서 전소유자가 체납한 전기·수도요금을 인수하여 지급한 것은, 합리적인 기업의 계산과 판단에 따라 이루어진 것이지 한국전력공사와 서울특별시의 전기·수도공급거절로 인하여 초래된 궁박한 상태에서 이루어진 불공정한 법률행위에 해당한다고 볼 수 없고, 사회질서에 반하는 법률행위라고 할 수도 없다.[322]"

◎ 자동차손해배상보장법상의 책임보험자가 피해자 유족의 대리인과 사이에 부제소합의가 포함된 손해배상의 합의를 한 것이 불공정한 법률행위에 해당하는지 여부

"자동차손해배상보장법상의 책임보험자가 피해자 유족의 대리인과 사이에 부제소합의가 포함된 손해배상의 합의를 한 것이 불공정한 법률행위에 해당한다고 판단한 원심판결을 파기한 사례.[323]"가 있다.

◎ 쟁의행위 끝에 체결된 단체협약이 사용자측의 경영상태에 비추어 그 내용이 다소 합리성을 결하였다는 사정만으로 불공정한 법률행위에 해당하는지 여부

"노동조합 및 노동관계조정법 제3조, 제4조에 의하여 노동조합의 쟁의행위는 헌법상 보장된 근로자들의 단체행동권의 행사로서 그 정당성이 인정되는 범위 내에서 보호받고 있는 점에 비추어, 단체협약이 노동조합의 쟁의행위 끝에 체결되었고 사용자측의 경영상태에 비추어 그 내용이 다소 합리성을 결하였다고 하더라도 그러한 사정만으로 이를 궁박한 상태에서 이루어진 불공정한 법률행위에 해당한다고 할 수 없다.[324]"

(3) 효 과

이상의 요건을 갖춘 폭리행위는 무효이다(제104조). 따라서 무효로 된 폭리행위에서 발생한 급부가 이행되지 않았다면, 이행하지 않아도 되고, 만약 이행되었다면 제746조가 적용된다.[325] 한편 매매계약 등 쌍무계약이 '불공정한 법률행위'에 해당하여 무효인 경우, 그 계

---

321) 대판 1995. 2. 28. 94다34579.
322) 대판 1995. 2. 10. 94다29553; 대판 1991. 3. 27. 90다카26560.
323) 대판 2002. 10. 22. 2002다38927.
324) 대판 2007. 12. 14. 2007다18584.
325) 피해자는 제746조 단서에 의해 급부한 것의 반환을 청구할 수 있으나, 폭리자는 제746조 본문에 의해

약에 관한 부제소합의의 효력도 무효이다(판례). 또한 불공정한 법률행위로서 무효인 경우, 추인에 의하여 유효로 되지 않는다(판례). 한편 어떤 법률행위가 제104조에 의해 무효인 경우, 무효행위의 전환에 관한 제138조가 적용된다(판례).

판 례

◎ 어떤 법률행위가 불공정한 법률행위로서 무효로 되기 위한 주장의 증명책임

"매도인(피해자)측에서 매매계약이 불공정한 법률행위로서 무효라고 하려면, 객관적으로 매매가격이 실제가격에 비하여 현저하게 헐값이고, 주관적으로 매도인이 궁박・경솔, 무경험 등의 상태에 있었으며, 매수인(폭리자)측에서 위와 같은 사실을 인식하고 있었다는 점을 주장・증명하여야 한다.[326)]"

◎ 어업권의 소멸로 인한 손실보상금의 분배에 관한 어촌계 총회의 결의 내용이 현저하게 불공정한 경우, 그 결의의 효력

"법인 아닌 어촌계가 취득한 어업권은 어촌계의 총유이고, 그 어업권의 소멸로 인한 보상금도 어촌계의 총유에 속하므로 총유물인 손실보상금의 처분은 원칙적으로 계원총회의 결의에 의하여 결정되어야 할 것이지만, 어업권의 소멸로 인한 손실보상금은 어업권의 소멸로 손실을 입은 어촌계원들에게 공평하고 적정하게 분배되어야 할 것이므로, 어업권의 소멸로 인한 손실보상금의 분배에 관한 어촌계 총회의 결의 내용이 각 계원의 어업권 행사 내용, 어업 의존도, 계원이 보유하고 있는 어업 장비나 멸실된 어업 시설 등의 제반 사정을 참작한 손실의 정도에 비추어 볼 때 현저하게 불공정한 경우에는 그 결의는 무효이다.[327)]"

◎ 불공정한 법률행위로 무효인 경우, 등기를 이전받은 제3자에게 대항할 수 있는지 여부

"대물변제계약이 불공정한 법률행위로서 무효인 경우에는 목적부동산이 제3자에 소유권이전등기가 된 여부에 불구하고 누구에 대하여서도 무효를 주장할 수 있다.[328)]"

◎ 불공정한 법률행위로서 무효인 경우, 추인에 의하여 유효로 되는지 여부

"불공정한 법률행위로서 무효인 경우에는 추인에 의하여도 무효인 법률행위가 유효로 될 수 없다.[329)]"

◎ 매매계약 등 쌍무계약이 '불공정한 법률행위'에 해당하여 무효인 경우, 그 계약에 관한 부제소합의의 효력(무효)

"매매계약과 같은 쌍무계약이 급부와 반대급부와의 불균형으로 말미암아 민법 제104조에서 정하는 '불공정한 법률행위'에 해당하여 무효라고 한다면, 그 계약으로 인하여 불이익을 입는 당사자로 하여금 위와 같은 불공정성을 소송 등 사법적 구제수단을 통하여 주장하지 못하도록 하는 부제소합의 역시 다른 특별한 사정이 없는 한 무효이다.[330)]"

급부의 반환을 청구하지 못한다. 결국 피해자가 반사적으로 이익을 취하게 된다. 이것은, 의사결정이 곤란한 상대방의 상황을 이용한 자의 폭리행위는 보호하지 않겠다는 법률정책의 반영이다.

326) 대판 1991. 5. 28. 90다19770; 대판 1988. 9. 13. 86다카563; 대판 1964. 8. 31. 63다681.

327) 대판 2003. 6. 27. 2002다68034; 대판 2000. 5. 12. 99다71931; 대판 1996. 12. 10. 95다57159.

328) 대판 1963. 11. 7. 63다479.

329) 대판 1994. 6. 24. 94다10900.

330) 대판 2010. 7. 15. 2009다50308.

◎ 매매계약이 약정된 매매대금의 과다로 말미암아 '불공정한 법률행위'에 해당하여 무효인 경우에도 무효행위의 전환에 관한 민법 제138조가 적용될 수 있는지 여부(적극)

"매매계약이 약정된 매매대금의 과다로 말미암아 민법 제104조에서 정하는 '불공정한 법률행위'에 해당하여 무효인 경우에도 무효행위의 전환에 관한 민법 제138조가 적용될 수 있다. 따라서 당사자 쌍방이 위와 같은 무효를 알았더라면 대금을 다른 액으로 정하여 매매계약에 합의하였을 것이라고 예외적으로 인정되는 경우에는, 그 대금액을 내용으로 하는 매매계약이 유효하게 성립한다. 이때 당사자의 의사는 매매계약이 무효임을 계약 당시에 알았다면 의욕하였을 가정적(가정적) 효과의사로서, 당사자 본인이 계약 체결시와 같은 구체적 사정 아래 있다고 상정하는 경우에 거래관행을 고려하여 신의성실의 원칙에 비추어 결단하였을 바를 의미한다. 이와 같이 여기서는 어디까지나 당해 사건의 제반 사정 아래서 각각의 당사자가 결단하였을 바가 탐구되어야 하는 것이므로, 계약 당시의 시가와 같은 객관적 지표는 그러한 가정적 의사의 인정에 있어서 하나의 참고자료로 삼을 수는 있을지언정 그것이 일응의 기준이 된다고도 쉽사리 말할 수 없다. 이와 같이 가정적 의사에 기한 계약의 성립 여부 및 그 내용을 발굴·구성하여 제시하게 되는 법원으로서는 그 '가정적 의사'를 함부로 추단하여 당사자가 의욕하지 아니하는 법률효과를 그에게 또는 그들에게 계약의 이름으로 불합리하게 강요하는 것이 되지 아니하도록 신중을 기하여야 한다.[331]"

◎ 매매계약이 매매대금의 과다로 말미암아 불공정한 법률행위에 해당하지만 그 매매대금을 적정한 금액으로 감액하여 매매계약의 유효성을 인정한 사례

"재건축사업부지에 포함된 토지에 대하여 재건축사업조합과 토지의 소유자가 체결한 매매계약이 매매대금의 과다로 말미암아 불공정한 법률행위에 해당하지만, 그 매매대금을 적정한 금액으로 감액하여 매매계약의 유효성을 인정한 사례.[332]"가 있다.

◎ 불공정한 법률행위로서 무효라는 주장 안에 반사회적 법률행위로서 무효라는 주장이 포함되어 있는지 여부를 석명하지 않은 것이 석명의무 위반인지 여부

"위의 경우, 그 여부를 석명하지 않았다 하여, 석명의무를 위반한 위법이 있다고 볼 수 없다.[333]"

(4) 적용범위의 문제

제104조는 증여·경매의 경우에는 적용되지 않는다(판례).[334]

판 례

◎ 무상증여가 불공정한 법률행위로서 무효로 될 수 있는지 여부(소극)

"민법 제104조가 규정하는 현저히 공정을 잃은 법률행위라 함은 자기의 급부에 비하여 현저하게 균형을 잃은 반대급부를 하게 하여 부당한 재산적 이익을 얻는 행위를 의미하는 것이므로 기부행위와 같이 아무런 대가관계 없이 당사자 일방이 상대방에게 일방적인 급부를 하는 법률행위는 그

331) 대판 2010. 7. 15. 2009다50308.
332) 대판 2010. 7. 15. 2009다50308.
333) 대판 1997. 3. 25. 96다47951.
334) 학설 중에는 부담부 증여와 같이 무상행위라 하더라도, 부담이 과도한 경우·경솔 또는 궁박으로 소유권을 포기하는 경우 등에는 제104조가 적용된다는 주장을 하기도 한다(이영준, 231면).

공정성 여부를 운위할 수 있는 성질의 법률행위가 아니다.[335)]"

◎ 경매에 본조가 적용되는지 여부

"경매에 있어서는 불공정한 법률행위 또는 채무자에게 불리한 약정에 관한 것으로서 효력이 없다는 민법 제104조·제608조는 적용될 여지가 없다.[336)]"

제4관 법률행위의 해석

Ⅰ. 법률행위해석의 의의·필요성·대상

법률행위의 내용·목적을 명백하게 밝히는 것을 법률행위의 해석이라 한다.[337)] 법률행위는 의사표시를 그 요소로 하므로, 법률행위의 해석은 의사표시의 해석문제가 된다.

법률행위의 해석은 왜 필요한가? 의사표시는 일정한 표시행위(문자·언어·의식 있는 거동 등)를 통해 외부로 표현되는데, 만약 표시행위의 의미가 불완전·애매할 경우에는 이를 완전·명확하게 하고, 비법률적인 것을 법률적으로 구성함으로써 당사자가 그 행위를 통해 의도한 법률효과가 달성될 수 있도록 법률이 도와줄 수 있는 기초를 마련할 필요가 있다.[338)][339)]

법률행위는 사적자치를 실현시키기 위한 법률상의 수단이므로, 법률행위의 해석은 당사자의 의사표시를 밝히는 것이다. 그런데 의사표시의 본질이 무엇이냐에 따라 법률행위의 해석 대상을 둘러싸고 다툼이 있다.[340)] 생각건대 법률행위의 해석은 당사자가 그 표시

---

335) 대판 1993 .3 .23. 92다52238.

336) 대결 1980. 3. 21.자 80마77.

337) 법률행위의 해석은, 표의자의 의사를 명확하게 확정하는 것이라는 점에서, 어떠한 법의 개별조항의 의미·내용을 명확히 밝히는 작업인 법의 해석과 구별된다. 법률행위는 특정의 양당사자 사이에서 행해지는 반면, 법은 불특정다수인을 대상으로 하여 제정된다는 점에서, 전자의 경우에는 의사표시 수령자의 이해가 고려되지만, 후자의 경우에는 특정인의 이해에 대한 고려는 허용되지 않는다. 법의 해석의 경우, 전체 법질서를 고려하여야 하는 데 비해, 법률행위 해석의 경우에는 당사자 이외의 타인과의 관계는 고려가 되지 않는다.

338) 법률행위의 해석을 통하여 그 목적이 확정되어진 후에 비로소 그 목적의 실현가능성 여부 등을 따지게 된다는 점에서, 법률행위의 해석은, 결국 법률행위 목적의 유효요건의 존부 판단에 선행하는 문제가 된다.

339) 법률행위의 해석은 표의자의 의사와 그에 대한 상대방의 이해가 일치하지 않는 경우에 사실상 필요하다(당사자 사이에서 법률행위의 목적·효력 등에 관하여 다툼이 있는 경우, 이를 명백히 가려내기 위하여 필요하다). 그리하여, 그 불일치의 모습에 따라, 의사표시의 존재 여부·계약의 성립 여부·착오 문제의 발생 여부 등을 가리는 기능을 발휘하게 된다.

340) 제1설은, 표시주의 입장에서 법률행위의 해석의 대상을 표시행위로 봄으로써 법률행위의 해석은 표시행위의 객관적 의미(표시상의 효과의사)를 밝히는 것으로 이해한다(곽윤직·김재형, 287면; 김용한, 269면). 제2설은, 효력주의를 취하면서 표의자의 의사를 강조하는 신의사주의입장에서 그 대상을 표의자의 내심의 효과의사로 봄으로써 법률행위의 해석은 내심의 효과의사를 확정하는 것으로 새긴다(이영준, 244면). 제3설은, 법률행위의 해석은 당사자의 의사의 해석이라고 하면서, 1단계로는 당사자의 진의를 탐구하는 일이고, 2단계로는 표시가 갖는 객관적 의미를 밝히는 것이라 한다(고상룡, 407면). 제4설은, 표시행위를 통하여 나타내고자 한 표의자의 진정한 의사를 밝히는 것으로 새긴다(김상용, 409면; 지원림, 216면). 제5설은, 법률행위의 유형과 특성을

행위에 부여한 객관적인 의미를 명백하게 확정하는 것이라는 점에서, 제1설이 타당하다.[341)]

판 례

◎ **당사자가 표시한 문언에 의하여 객관적인 의미가 명확하게 드러나지 않는 경우, 법률행위의 해석 방법**

"법률행위의 해석은 당사자가 표시행위에 부여한 객관적인 의미를 명백하게 확정하는 것으로서, 당사자가 표시한 문언에 의하여 객관적인 의미가 명확하게 드러나지 아니하는 경우에는 문언 내용과 법률행위가 이루어지게 된 동기 및 경위, 당사자가 법률행위에 의하여 달성하려고 하는 목적과 진정한 의사, 거래관행 등을 종합적으로 고찰하여 사회정의와 형평의 이념에 맞도록 논리와 경험의 법칙 그리고 사회일반의 상식과 거래의 통념에 따라 합리적으로 해석하여야 한다.[342)]"

◎ **비전형의 혼합계약에서 당사자가 표시한 문언에 의하여 그 객관적 의미가 명확하게 드러나지 않는 경우, 법률행위의 해석 방법**

"법률행위의 해석은 당사자가 그 표시행위에 부여한 객관적인 의미를 명백하게 확정하는 것으로서, 사용된 문언에만 구애받는 것은 아니지만, 어디까지나 당사자의 내심의 의사가 어떤지에 관계없이 그 문언의 내용에 의하여 당사자가 그 표시행위에 부여한 객관적 의미를 합리적으로 해석하여야 하는 것이고, 당사자가 표시한 문언에 의하여 그 객관적인 의미가 명확하게 드러나지 않는 경우에는 그 문언의 형식과 내용, 그 법률행위가 이루어진 동기 및 경위, 당사자가 그 법률행위에 의하여 달성하려는 목적과 진정한 의사, 거래의 관행 등을 종합적으로 고려하여 사회정의와 형평의 이념에 맞도록 논리와 경험의 법칙, 그리고 사회일반의 상식과 거래의 통념에 따라 합리적으로 해석하여야 한다. 이러한 법리는 비전형의 혼합계약의 해석에도 적용된다고 할 것인데, 비전형의 혼합계약에서는 다수의 전형계약의 요소들이 양립하면서 각자 그에 상응하는 법적 효력이 부여될 수 있으므로, 당사자가 그 표시행위에 부여한 객관적인 의미를 있는 그대로 확정하는 것이 필요하다.[343)]"

◎ **개개의 정리채권 · 정리담보권 등의 구체적 권리변경에 관하여 정리계획의 기재 취지가 명확하지 않은 경우의 해석 방법**

"구회사정리법(2005. 3. 31. 법률 제7428호 채무자 회생 및 파산에 관한 법률 부칙 제2조로 폐지)에 의한 회사정리절차에서 개개의 정리채권 · 정리담보권 등이 구체적으로 어떻게 변경되는가는 정리계획의 기재에 의하여 정해지는 것인데, 정리계획의 기재 취지가 명확하지 아니한 경우에는 법률행위해석의 방법에 의하여 그 취지를 밝혀야 한다.[344)]"

고려함으로써 표의자의 진의가 중시되는 경우에는 그 진의를 탐구하고, 상대방의 신뢰보호가 중시되는 경우에는 표시행위의 객관적 의미를 탐구하여야 하는 것으로 새긴다(김증한 · 김학동, 284면; 송덕수, 181면).

341) 판례는, 제4설과 같은 견해를 취했었으나(대판 1977. 6. 7. 75다1034; 대판 1960. 7. 7. 4292민상879), 최근에는 제1설과 같은 견해를 취한다(대판 2010. 10. 14. 2009다67313; 대판 1995. 6. 30. 94다51222).

342) 대판 2013. 7. 11. 2011다101483; 대판 2011. 5. 26. 2010다102991.

343) 대판 2010. 10. 14. 2009다67313; 대판 2010. 7. 8. 2010다9597; 대판 2009. 5. 14. 2008다90095, 90101.

344) 대판 2008. 6. 26. 2006다77197.

Ⅱ. 법률행위의 해석방법

●● 사례 13

(1) 갑이 소유하는 A·B토지는 크기와 모양이 비슷한 서로 인접해 있는 토지이다. 갑은 A토지를 을에게 팔기로 합의하고, 그 대금을 다 받음과 동시에 A토지를 매수인 을에게 인도해 주었다. 그런데, 갑 소유의 B토지가 매매계약의 목적물로 잘못 기재되어, 매매를 원인으로 한 B토지에 대한 소유권이전등기가 매수인 을 명의로 행해진 사실이 몇 년 후에야 밝혀졌다(이 때에도 당사자 사이에는 여전히 A토지가 매매의 목적임을 재차 확인하였다). 갑과 을 사이의 법률관계는 어떻게 되는가?

(2) 채권자 X가 채무자 Y로부터 채권액 5백만원 중 4백만원을 변제받으면서, '총완결'이라는 문구가 기재된 영수증을 작성·교부한 경우, X는 잔여금 1백만원의 지급을 Y에게 청구할 수 있는가?

(3) 운전자 A는 운행 중 부주의로 교통사고를 일으켜, 행인 B에게 상해를 입혔다. 피해자인 B는 A로부터 손해배상조(치료비 포함)로 1천만원을 지급 받으면서, 향후 이 사건으로 인한 일체의 책임을 묻지 않기로 하는 합의를 하여 이를 문서로 작성·교부하였다. 그로부터 수개월 후 B가 예상하지 못한 수술을 하게 된 경우, B는 A에게 수술비 등의 후발손해의 배상청구를 할 수 있는가?

●● 사안의 쟁점:

위 사례들은 법률행위해석을 둘러싼 문제이다. 몇 가지 논점을 본다.

(1)의 경우, A·B토지 중 어느 토지가 매매의 목적물인지 여부·착오 법리의 적용 여부가 밝혀져야 한다. 기타의 문제(A토지와 B토지 중 물권변동의 효력은 어느 토지에 관하여 생기는지·A토지 사용에 따른 부당이득반환문제 등이 검토되어야 하나, 이는 지면관계상 생략한다). (2)의 경우, 총완결의 의미가 채권액 중 일부 잔액을 탕감한 것으로서 모든 결제가 끝난 것으로 볼 수 있는지 여부·착오 법리의 적용 여부이다. (3)의 경우, 이른바 화해계약과 후발손해와의 관계를 검토하여야 하고, 제109조의 적용 여부를 살펴야 한다.

1. 서 설

법률행위의 해석방법에는 자연적 해석·규범적 해석·보충적 해석의 3가지가 있다.[345] 표의자의 내심의 의사가 당사자 사이에서 일치하면 그로써 해석(자연적 해석)은 완료되며, 만약 그것이 불일치할 경우에는 규범적 해석을 통하여 법률행위의 내용을 확정하게 되고, 끝으로 법률행위에 흠결이 있을 때에는 보충적 해석을 통해 그 흠결을 메우게 된다.[346]

---

345) 사적자치를 기반으로 하는 의사주의(결국은 표시주의도 같다) 입장에서는 자기결정의 원칙으로부터 자연적 해석이, 자기책임의 원칙으로부터 규범적 해석이 도출되기 때문에 자연적 해석이 규범적 해석에 우선한다.

346) 3가지 해석방법은, 1차적으로 표의자의 시각에 의한 자연적 해석을 하고, 2차적으로는 상대방의 입장에

2. 자연적 해석

의사표시에 있어서 표시의 문자 · 언어의 의미에 구속되지 않고, 표의자의 내심적 효과의사를 밝히는 것을 자연적 해석이라 한다. 이에 따르면, 법률행위해석의 1차적인 작업은 표의자의 내심의 의사를 밝히는 것이다.[347] 외국의 입법례와는 달리,[348] 민법에는 그 규정이 없으나, 판례는 자연적 해석의 원칙을 취한 경우도 있다.[349]

자연적 해석방법은 계약의 경우, '오표시무해의 원칙'[350](falsa demonstratio non nocet)으로 나타나고, 유언 · 권리의 포기 · 재단법인 설립행위 등의 단독행위의 경우에 적용된다.[351]

판 례

가. 자연적 해석방법

○ 처분문서에 나타난 당사자 의사의 해석 방법

"일반적으로 계약의 해석에 있어서는 형식적인 문구에만 얽매여서는 안 되고 쌍방 당사자의 진정한 의사가 무엇인가를 탐구해야 하며, 당사자 사이에 계약의 해석을 둘러싸고 이견이 있어 처분문서에 나타난 당사자의 의사해석이 문제되는 경우에는 문언의 내용, 그와 같은 약정이 이루어진 동기와 경위, 약정에 의하여 달성하려는 목적, 당사자의 진정한 의사 등을 종합적으로 고찰하여 논리와 경험칙에 따라 합리적으로 해석해야 한다.[352]"

서 규범적 해석을, 마지막으로 제3자의 시각에 의한 보충적 해석의 순서로 행하여진다(이영준, 244면; 주해(Ⅱ), 181면).

347) 자연적 해석을 통해 표의자의 진의가 밝혀져서 그 목적이 확정되면, 그 법률행위는 표의자의 진의대로 효력을 발생하게 된다.

348) 독일민법은 '의사표시 해석에 있어서는 실제의 의사를 탐구하여야 하고, 표현의 문자적 의미에 구애되어서는 안 된다.'라고 규정하고 있다(제133조. 프랑스민법 제1156조-제1164조, 스위스채무법 제18조 참조).

349) 가령 '계약서면 자체는 매매계약서 · 매도증서로 되어 있다 하더라도, 그 서면이 증여의사를 표시한 것이라면, 증여계약 서면으로 보아야 한다.'(대판 1991. 9. 10. 91다6160)

350) 이는 독일의 유명한 'Haakjöringsköd'사건에서 유래한다. 신용장에 매매목적물인 상품명으로 Haakjöringsköd라고 기재하였으나(노르웨이어로, 상어고기인 Haifishfleisch를 의미함), 매매계약의 당사자는 여전히 '고래고기'(Walfishfleisch)를 의미하고 있는 것으로 이해하고 있는 경우, 매매의 목적물인 상품명은 '고래고기'라는 것이다. 따라서 그 객체가 고래고기인 매매계약만이 성립할 뿐이다. 법률행위해석의 1차적 과제는 표의자의 진의를 밝히는 것이므로, 비록 표의자가 의사표시를 잘못하였다 하더라도, 그 표시의 진정한 의미를 확정할 수 있을 경우에는 표의자에게 불리한 결과가 되도록 해서는 안 된다는 것을 오표시무해(誤表示無害)의 원칙이라 한다. 당사자의 합의로 표시행위의 원래의 의미와 다른 의미로 이해하는 경우이든, 당사자의 공통착오에 의한 경우이든 관계없이 이 법리가 적용되어, 표시행위대로 법률행위가 성립하는 것이 아니라, 표의자의 내심의 의사대로 법률행위의 성립이 인정되고, 그에 따른 효력이 생긴다. 판례도 오표시무해의 원칙을 따른다(대판 1993. 10. 26. 93다2629, 2636).

351) 자연적 해석방법의 경우, 착오규정은 적용되지 않는다. 착오는 의사와 표시의 불일치를 표의자 스스로 알지 못하고 행하는 의사표시에 있어서, 상대방(수령자)의 신뢰를 보호할 필요가 있을 때에 적용되고, 그렇지 않은 경우(가령 상대방이 표의자의 진의를 이미 알고 있는 때)에는 적용되지 않기 때문이다.

352) 대판 2009. 6. 11. 2007다88880; 대판 2007. 12. 27. 2005다73914; 대판 1993. 10. 26. 93다2629.

기타의 경우

“계약의 해석은 그 계약서의 문구에만 구애될 것이 아니라, 그 문언의 취지에 따름과 동시에 논리법칙과 경험률에 따라 당사자의 진의를 탐구하여 하여야 할 것이다.[353)]”

나. 오표시무해의 원칙

매매계약의 당사자가 목적물의 지번에 관하여 착오를 일으켜 계약서상 목적물을 잘못 표시한 경우 매매계약의 목적물

“일반적으로 계약의 해석에 있어서는 형식적인 문구에만 얽매여서는 아니 되고 쌍방당사자의 진정한 의사가 무엇인가를 탐구하여야 하는 것이므로, 부동산의 매매계약에 있어 쌍방당사자가 모두 특정의 갑 토지를 계약의 목적물로 삼았으나 그 목적물의 지번 등에 관하여 착오를 일으켜 계약을 체결함에 있어서는 계약서상 그 목적물을 갑 토지와는 별개인 을 토지로 표시하였다 하여도 위 갑 토지에 관하여 이를 매매의 목적물로 한다는 쌍방당사자의 의사합치가 있은 이상 위 매매계약은 갑 토지에 관하여 성립한 것으로 보아야 할 것이고 을 토지에 관하여 매매계약이 체결된 것으로 보아서는 안 될 것이며, 만일 을 토지에 관하여 위 매매계약을 원인으로 하여 매수인 명의로 소유권이전등기가 경료되었다면 이는 원인이 없이 경료된 것으로서 무효이다.[354)]”

콜센터를 운영하는 갑 주식회사와 협력관계에 있는 을 대리운전업체의 운영자가 을업체를 기명피보험자로 하고 을업체 등 갑회사의 협력업체 소속 대리운전기사들을 운전자명세서에 기재하여 병 보험회사와 보험계약을 체결하였는데, 정 대리운전업체 소속으로 위 운전자명세서에 등재된 대리운전기사 무가 정업체와 협력관계인 을 주식회사의 콜센터로부터 대리운전기사 배정을 통보받아 자동차를 운행하던 중 교통사고를 일으킨 사안에서, 무가 보험계약에서 정한 ‘기명피보험자를 위하여 피보험자동차를 운전하는 자’에 해당하지 않는다고 판단한 원심판결에 법리오해의 위법이 있다고 한 사례

“독자적인 콜번호를 가지고 콜센터를 운영하는 콜업체 갑 주식회사와 콜번호 공유계약을 체결하여 협력관계에 있는 을 대리운전업체의 운영자가 을업체를 기명피보험자로 하고 을업체 소속 대리운전기사들뿐만 아니라 갑회사의 다른 협력업체 소속 대리운전기사들도 운전자명세서에 기재하여 병 보험회사와 대리운전 중 발생한 사고에 관한 보험계약을 체결하였는데, 갑회사의 협력업체인 정 대리운전업체 소속으로 위 운전자명세서에 등재된 대리운전기사 무가 정업체와 협력관계인 다른 콜업체 을 주식회사의 콜센터로부터 직접 개인휴대용단말기로 대리운전기사 배정을 통보받아 고객으로부터 수탁한 자동차를 운행하던 중 교통사고를 일으킨 사안에서, 실질적인 기명피보험자는 무가 소속된 정업체를 비롯하여 운전명세서에 기재된 대리운전기사들이 소속된 협력업체들이고, 정업체가 을회사의 콜센터를 통해 간접적으로 대리운전 의뢰를 받았다고 볼 수 있어 위 자동차는 정업체가 소속 대리운전기사인 무를 통해 고객으로부터 대리운전을 위하여 수탁받아 관리 중인 자동차에 해당하므로, 결국 무는 고객으로부터 대리운전 의뢰를 받은 실질적 기명피보험자 정업체의 대리운전업 영위를 위하여 피보험자동차인 위 자동차를 운전하는 자에 해당한다고 보아야 하는데도, 이와 달리 무가 보험계약의 특별약관에서 정한 ‘기명피보험자를 위하여 피보험자동차를 운전하는 자’에 해당하지 않는다고 본 원심판결에는 보험계약의 해석에 관한 법리오해의 위법이 있다고 한

---

353) 대판 1965. 9. 28. 65다1519, 1520.

354) 대판 1993. 10. 26. 93다2629, 2636.

사례.[355]"가 있다.

○ 국가가 일반재산에 관하여 대부계약을 체결하면서 '국가나 지방자치단체가 대부계약의 목적물을 직접 공용이나 공공용으로 사용하기 위하여 필요한 때에는 대부계약을 해지할 수 있고 그 경우 상대방이 입은 손해를 배상하겠다'고 약정한 경우, 일반 채무불이행에 기한 손해배상의 법리에 따라 배상하겠다는 취지인지 여부(원칙적 소극)

"국가가 일반재산에 관하여 대부계약을 체결하면서, 국가나 지방자치단체가 대부계약의 목적물을 직접 공용이나 공공용으로 사용하기 위하여 필요한 때에는 대부계약을 해지할 수 있고 그 경우 상대방이 입은 손해를 배상하겠다고 약정한 경우, 이는 대부계약의 법적 성질이 사법상 계약임에 비추어 대부계약의 해지로 인하여 상대방이 입은 손실을 행정상 손실보상절차에 의하지 아니하고 민사상 절차에 의하여 배상하겠다는 취지로 해석할 수는 있지만, 더 나아가 그 약정 속에 상대방이 입은 손해를 일반채무불이행에 기한 손해배상의 법리에 따라 배상하겠다는 취지까지 담겨 있다고 단정할 수는 없다. 위와 같은 사유로 대부계약을 해지하는 것은 구 국유재산법(2011. 3. 30. 법률 제10485호로 개정되기 전의 것, 이하 같다)에 따른 적법행위이므로 채무불이행에 기한 손해배상의 법리가 그대로 적용될 수 없는 점,구 국유재산법 관계 법령에 위와 같은 사유에 기한 대부계약 해지 시 상대방에게 보상하여야 할 손실액을 명시하여 규정하고 있으므로 국가는 특별한 사정이 없는 한 이를 따라야 하는 점, 대부계약의 상대방으로서도 행정상 손실보상절차에 의할 경우 구 국유재산법 관계 법령에서 정한 손실보상액을 한도로 보상받을 수밖에 없으므로 이를 넘어선 금액을 배상받을 수 있으리라는 정당한 기대를 갖기 어려운 점 등을 종합하여 보면, 국가가 위와 같이 손해를 배상하겠다는 약정 속에 구 국유재산법 관계 법령에서 규정한 손실보상액과 관계 없이 일반 채무불이행에 기한 손해배상의 법리에 따라 손해를 배상하겠다는 취지가 담겨 있다고 보기 위해서는 그와 같이 볼만한 특별한 사정이 인정되어야 할 것이고, 그렇지 아니하다면 이는 구 국유재산법 관계 법령에서 정한 손실보상액을 행정상 손실보상절차가 아닌 민사상 절차에 의하여 배상하겠다는 의미로 해석하는 것이 합리적이다.[356]"

○ 기타의 경우

"갑과 을이 다세대주택 신축·분양사업을 공동으로 수행하기로 하면서 '준공시 을이 갑에게 일정 금액을 지급하되, 신축하는 다세대주택 중 전용면적 19.67평 2개 등 총 6세대의 소유권을 행사한다'고 약정한 사안에서, 그 약정서의 '전용면적'은 건축허가서에 첨부한 설계개요서의 '바닥면적'을 가리키는 것이고 단지 그 표시에 오류가 있을 뿐이라고 본 사례.[357]"가 있다.

3. 규범적 해석

의사와 표시가 일치하지 않는 경우, 표시의 수령자인 상대방의 시각에서 표시행위의 객관적 의미를 밝히는 방법을 규범적 해석이라 한다. 즉, 표의자의 진의가 표시행위를 통하여 상대방이 이해한 의미와 다를 경우에도, 상대방의 신뢰를 보호함으로써 표시한 대로

355) 대판 2014. 7. 10. 2012다26480.
356) 대판 2014. 1. 23. 2011다18017; 대판 2000. 2. 11. 99다61675.
357) 대판 2009. 6. 11. 2007다88880.

법률행위의 성립을 인정하는 해석방법이라 할 수 있다.[358] 판례는 대체로 규범적 해석을 강조하는 것으로 보인다.

판 례

○ 진정한 의사를 알 수 없는 경우, 의사표시 해석의 방법

"당사자의 진정한 의사를 알 수 없다고 한다면, 의사표시의 요소가 되는 것은 표시행위로부터 추단되는 효과의사, 즉 표시상의 효과의사이고 표의자가 가지고 있던 내심적 효과의사가 아니므로, 의사표시 해석에 있어서도 당사자의 내심의 의사보다는 외부로 표시된 행위에 의하여 추단된 의사를 가지고 해석함이 상당하다.[359]"

○ 총완결이라는 문언이 부기 되어 있는 영수증에 있어서의 의사표시의 효력

"채권자 A가 B로부터 금 36만원을 수령하면서 실제는 더 받을 금원이 있는데도, 영수증에 총완결이라는 문언을 덧붙인 경우에는 더 받을 금원을 탕감한 것으로 보아야 한다.[360]"

○ 허무인 명의로 계약을 체결한 경우 계약당사자의 확정 방법

"타인의 이름을 임의로 사용하여 계약을 체결한 경우에는 누가 계약의 당사자인가를 먼저 확정하여야 하는데, 행위자 또는 명의자 가운데 누구를 당사자로 할 것인지에 관하여 행위자와 상대방의 의사가 일치한 경우에는 일치하는 의사대로 행위자의 행위 또는 명의자의 행위로서 확정하여야 하지만, 그러한 일치하는 의사를 확정할 수 없을 경우에는 계약의 성질, 내용, 목적, 체결경위 및 계약체결을 전후한 구체적인 제반 사정을 토대로 상대방이 합리적인 인간이라면 행위자와 명의자 중 누구를 계약당사자로 이해할 것인가에 의하여 당사자를 결정하고, 이에 터 잡아 계약의 성립 여부와 효력을 판단하여야 한다. 이는 그 타인이 허무인인 경우에도 마찬가지이다.[361]"

○ 타인의 이름으로 계약을 체결한 행위자가 계약의 당사자가 되는 경우

"상대방과의 사이에 계약 체결의 행위를 하는 사람이 다른 사람 행세를 하여 그 타인의 이름을 사용하여 계약서 기타 계약에 관련된 서면 등이 작성되었다고 하더라도, 행위자와 상대방이 모두 행위자 자신이 계약의 당사자라고 이해한 경우, 또는 그렇지 아니하다고 하더라도 상대방의 입장에서 합리적으로 평가할 때 행위자 자신이 계약의 당사자가 된다고 보는 경우에는, 행위자가 계약의 당사자가 되고 그 계약의 효과는 행위자에게 귀속된다.[362]"

○ 공사감리 중 감리인 소속 직원에게 발생한 사고에 대한 도급인의 면책약정의 해석

"도급인과 감리인이 공사의 감리계약 체결 시 '안전진단 작업 중 감리인의 소속 직원에게 발생한 사고는 감리인의 책임으로 한다.'고 약정한 경우, 위 약정의 취지는 문언상 공동불법행위자로서의 도급인의 배상책임을 배제하는 것이 아님이 분명하고, 이와 달리 위 약정을 감리인의 소속 직원에게 발생한 사고가 도급인의 불법행위로 인한 경우라고 하더라도 도급인은 그로 인해 생겨난 손해

358) 규범적 해석을 통하여 표시한 대로의 법률효과가 생기고, 표의자는 착오(경과실에 기한 법률행위 내용의 중요부분에 관한 착오이어야 한다)를 이유로 이를 취소할 수 있는 여지를 남기게 된다.

359) 대판 1996. 4. 9. 96다1320.

360) 대판 1969. 7. 8. 69다563.

361) 대판 2012. 10. 11. 선고 2011다12842; 대판 1997. 4. 11. 96다27407; 대판 1996. 11. 26. 96다32003.

362) 대판 2013. 10. 11. 2013다52622; 대판 1998. 3. 13. 97다22089.

에 대하여 아무런 책임을 지지 않는다는 취지로 해석하는 한 이는 도급인의 귀책사유로 발생한 손해를 감리인에게 부당하게 전가하는 셈이 되어 사회질서에 반하는 것이거나 신의칙에 반하는 것으로서 무효라고 할 것이므로, 위 약정은 공사의 안전진단 작업 중 감리인의 소속 직원에게 발생한 사고에 대하여 도급인에게 아무런 고의나 과실이 없는 경우에 도급인의 책임이 면책된다는 것으로 제한해서 해석해야 한다.[363]"

○ 당사자가 표시한 문언에 의하여도 객관적인 의미가 명확하게 드러나지 않는 경우, 법률행위 해석 방법

"법률행위의 해석은 당사자가 표시행위에 부여한 객관적인 의미를 명백하게 확정하는 것으로서, 당사자가 표시한 문언에 의하여 객관적인 의미가 명확하게 드러나지 않는 경우에는 문언 내용과 법률행위가 이루어지게 된 동기 및 경위, 당사자가 법률행위에 의하여 달성하려고 하는 목적과 진정한 의사, 거래관행 등을 종합적으로 고찰하여 사회정의와 형평의 이념에 맞도록 논리와 경험의 법칙, 그리고 사회일반의 상식과 거래의 통념에 따라 합리적으로 해석하여야 한다.[364]"

○ 타인 명의로 부동산을 매수한 경우, 명의자와 행위자 중 누가 부동산등기 특별조치법 위반의 범죄주체가 되는 '소유권이전을 내용으로 하는 계약을 체결한 자'에 해당하는지의 판단 방법

"부동산등기 특별조치법 제2조 제1항·제3항 소정의 소유권이전등기를 신청하지 아니한 자로서 부동산등기 특별조치법 위반의 범죄주체가 되는 '소유권이전을 내용으로 하는 계약을 체결한 자'는 매매·교환·증여 등 소유권이전을 내용으로 하는 계약의 당사자를 가리키는바, 어떤 사람이 타인을 통하여 부동산을 매수함에 있어 매수인 명의를 그 타인 명의로 하기로 하였다면, 이와 같은 매수인 명의의 신탁관계는 그들 사이의 내부적인 관계에 불과한 것이어서 대외적으로는 그 타인을 매매당사자로 보아야 하므로, 달리 특별한 사정이 없는 한 그 본인은 소유권이전을 내용으로 하는 계약을 체결한 자라고 볼 수 없다. 후략(後略).[365]"

○ '최대한 노력하겠습니다.'의 해석

"어떠한 의무를 부담하는 내용의 기재가 있는 문면에 "최대한 노력하겠습니다."라고 기재되어 있는 경우, 특별한 사정이 없는 한 당사자가 위와 같은 문구를 기재한 객관적인 의미는 문면 그 자체로 볼 때 그러한 의무를 법적으로는 부담할 수 없지만 사정이 허락하는 한 그 이행을 사실상 하겠다는 취지로 해석함이 상당하다.[366]"

○ 지적 재산권에 관한 해석방법

"저작권에 관한 계약을 해석함에 있어 과연 그것이 저작권양도계약인지 이용허가계약인지 명백하지 않을 때에는, 저작권양도 또는 이용·허락되었음이 외부적으로 표현되지 아니한 경우에는 저작자에게 권리가 유보된 것으로 유리하게 추정함이 상당하며… 후략(後略).[367]"

---

363) 대판 2002. 6. 28. 2000다62254; 대판 1996. 10. 25. 96다30113; 대판 1983. 5. 24. 83다카208.
364) 대판 2011. 5. 26. 2010다102991; 대판 2009. 10. 29. 2007다6024, 6031; 대판 2001. 1. 19. 2000다33607.
365) 대판 2008. 3. 27. 2007도7393; 대판 2007. 5. 11. 2006도5560; 대판 1993. 4. 23. 92다909.
366) 대판 1994. 3. 25. 93다32668.
367) 대판 1996. 7. 30. 95다29130.

○ 일반거래약관의 형태를 취하고 있는 근저당권설정계약서의 피담보채무의 범위에 관한 문언의 해석방법

"은행과 근저당권설정자와의 사이에 근저당권설정계약을 체결할 때 작성된 근저당권설정계약서에 은행의 여신거래로부터 생기는 모든 채무를 담보하기로 하는 이른바 포괄근저당권을 설정한다는 문언이 기재된 경우에, 계약서가 부동문자로 인쇄된 약관의 형태를 취하고 있다 하더라도 이는 처분문서라고 할 것이므로, 그 진정성립이 인정되는 때에는, 은행의 담보취득행위가 은행대차관계에 있어서 이례에 속하고 관례를 벗어나는 것이라고 보여지거나 피담보채무를 제한하는 개별 약정이 있었다는 등의 특별한 사정이 없는 한, 그 문언대로 의사표시의 존재와 내용을 인정하여야 한다.[368)]"

○ 명예퇴직의 의미 및 효력발생시기

"명예퇴직이란 근로자가 명예퇴직의 신청(청약)을 하면 사용자가 요건을 심사한 후 이를 승인(승낙)함으로써 합의에 의하여 근로관계를 종료시키는 것으로, 명예퇴직 대상자로 확정되었다고 하여 그 때에 명예퇴직의 효력이 발생하는 것이 아니라, 예정된 명예퇴직일자에 비로소 퇴직의 효력이 발생하여 명예퇴직예정일이 도래하면, 근로자는 당연히 퇴직되고 사용자는 명예퇴직금을 지급할 의무를 부담하게 되는 것이고, 명예퇴직의 합의가 있은 후에는 당사자 일방이 임의로 그 의사표시를 철회할 수 없다.[369)]"

○ 소멸시효 이익의 포기사유인 채무승인의 성립요건

"소멸시효 이익의 포기사유로서의 채무의 승인은 그 표시의 방법에 아무런 제한이 없어 묵시적인 방법으로도 가능하기는 하지만, 적어도 채무자가 채권자에 대하여 부담하는 채무의 존재에 대한 인식의 의사를 표시함으로써 성립하게 되고, 그러한 취지의 의사표시가 존재하는지 여부의 해석은 그 표시된 행위 내지 의사표시의 내용과 동기 및 경위, 당사자가 그 의사표시 등에 의하여 달성하려고 하는 목적과 진정한 의도 등을 종합적으로 고찰하여 사회정의와 형평의 이념에 맞도록 논리와 경험의 법칙, 그리고 사회일반의 상식에 따라 객관적이고 합리적으로 이루어져야 한다.[370)]"

○ 채권자의 어떠한 행위 내지 의사표시의 해석에 의하여 채무의 면제를 인정할 수 있는지 여부 및 그 판단 방법

"채무의 면제는 반드시 명시적인 의사표시만에 의하여야 하는 것은 아니고 채권자의 어떠한 행위 내지 의사표시의 해석에 의하여 그것이 채무의 면제라고 볼 수 있는 경우에도 이를 인정하여야 할 것이기는 하나, 이와 같이 인정하기 위하여는 당해 권리관계의 내용에 따라 이에 관한 채권자의 행위 내지 의사표시의 해석을 엄격히 하여 그 적용 여부를 결정하여야 한다.[371)]"

○ 불법행위로 인한 손해배상과 관련하여 당사자 사이에 합의나 화해가 이루어진 경우, 그 목적으로 된 사항에 대한 해석 원칙

"불법행위로 인한 손해배상과 관련하여 당사자 사이에 피해자가 일정한 금액을 지급받고 나머지 청구를 포기하기로 하는 내용의 합의나 화해가 이루어진 경우, 그 목적이 된 사항에 관하여는 나중

368) 대판 2003. 4. 11. 2001다12430; 대판 2001. 1. 19. 2000다44911; 대판 1990. 11. 27. 90다카10077.
369) 대판 2000. 7. 7. 98다42172; 대판 1997. 9. 12. 96다56306; 대판 1994. 8. 9. 94다14629.
370) 대판 2008. 7. 24. 2008다25299.
371) 대판 2007. 2. 15. 전원합의체. 2004다50426; 대판 1987. 3. 24. 86다카1907, 1908.

에 다시 배상을 청구할 수 없는 것이 원칙이므로, 합의나 화해 당시의 여러 사정을 종합적으로 참작하여 이를 엄격하게 해석하여야 한다.[372]"

◎ 제3자를 위한 계약인지 여부의 판단 방법

"어떤 계약이 제3자를 위한 계약에 해당하는지 여부는 당사자의 의사가 그 계약에 의하여 제3자에게 직접 권리를 취득하게 하려는 것인지에 관한 의사해석의 문제로서 이는 계약 체결의 목적, 계약에 있어 당사자의 행위의 성질, 계약으로 인하여 당사자 사이 또는 당사자와 제3자 사이에 생기는 이해득실, 거래관행, 제3자를 위한 계약제도가 갖는 사회적 기능 등 제반 사정을 종합하여 계약 당사자의 의사를 합리적으로 해석함으로써 판별할 수 있다.[373]"

◎ 주된 채무와 부수적 채무의 구별 기준

"계약상의 의무 가운데 주된 채무와 부수적 채무를 구별함에 있어서는 급부의 독립된 가치와는 관계없이 계약을 체결할 때 표명되었거나 그 당시 상황으로 보아 분명하게 객관적으로 나타난 당사자의 합리적 의사에 의하여 결정하되, 계약의 내용·목적·불이행의 결과 등의 여러 사정을 고려하여야 한다.[374]"

◎ 건설공사 도급계약에 있어서 지체상금 약정의 적용 범위를 결정하는 기준

"도급계약에 있어서 지체상금 약정의 적용 범위를 정하는 것은 도급계약에 나타난 당사자 의사의 해석 문제로서, 당사자의 의사가 명확하지 아니한 경우에는 그 약정의 내용과 약정이 이루어지게 된 동기 및 경위, 당사자가 이로써 달성하려는 목적, 거래의 관행 등을 종합적으로 고려하여야 하고, 특히 건설공사 도급계약의 경우 지체상금 약정을 하는 것은 공사가 비교적 장기간에 걸쳐 시행되기 때문에 그사이에 공사의 완성에 장애가 된 사정이 발생할 가능성이 많으므로 이러한 경우에 대비하여 도급인의 손해액에 대한 증명 곤란을 덜고 손해배상에 관한 법률관계를 간이화할 목적에서라는 점을 감안하여 당사자의 의사를 합리적으로 해석한 다음 그 적용 여부를 결정하여야 한다.[375]"

◎ '가족운전자 한정운전 특별약관'에 규정된 가족의 범위에 기명피보험자의 자녀와 사실혼관계에 있는 사람이 포함되는지 문제 된 사안에서, 위 약관에 규정된 기명피보험자의 사위나 며느리는 기명피보험자의 자녀와 법률상 혼인관계에 있는 사람을 의미한다고 한 사례

"가족운전자 한정운전 특별약관에 규정된 가족의 범위에 기명피보험자의 자녀와 사실혼관계에 있는 사람이 포함되는지 문제 된 사안에서, 약관의 해석에 관한 법리 및 가족운전자 한정운전 특별약관은 가족의 범위에 관하여 기명피보험자의 배우자, 자녀는 사실혼관계에 기초한 경우도 포함된다는 규정을 두고 있으나 기명피보험자의 사위나 며느리는 사실혼관계에 기초한 경우가 포함되는지에 관하여 아무런 규정을 두고 있지 않은 점 등을 종합하여 보면,위 약관에 규정된 기명피보험자의 사위나 며느리는 기명피보험자의 자녀와 법률상 혼인관계에 있는 사람을 의미한다고 한 사례.[376]"가 있다.

---

372) 대판 2007. 3. 15. 2004다64272; 대판 2003. 10. 10. 2003다19206.
373) 대판 2006. 9. 14. 2004다18804; 대판 1997. 10. 24. 97다28698; 대판 1996. 1. 26. 94다54481.
374) 대판 2005. 11. 25. 2005다53705, 53712; 대결 1997. 4. 7.자 97마575.
375) 대판 2005. 8. 19. 2002다59764; 대판 1999. 3. 26. 96다23306; 대판 1999. 1. 26. 96다6158.
376) 대판 2014. 9. 4. 2013다66966; 대판 2009. 1. 30. 2008다68944.

◯ 영업용 상가의 분양계약에서 수분양자가 분양대금과 별도로 분양자에게 상가개발비라는 명목의 금원을 지급하기로 한 경우, 그 금원의 법적 성질을 판단하는 기준

"영업용 상가의 분양계약에서 수분양자가 분양대금과는 별도로 분양자에게 상가개발비라는 명목의 금원을 지급하기로 한 경우, 그 금원의 법적 성질이 무엇인가는 분양계약의 내용, 상가개발비를 지급하게 된 동기와 경위, 당사자가 그 거래행위에 의하여 달성하고자 하는 목적, 거래의 관행 등을 종합적으로 고찰하여 판단하여야 할 당사자의 의사해석의 문제이다.[377]"

◯ 신용보증기금의 신용보증약관에 신용보증기금은 '보증부대출잔액에 보증비율을 곱한 금액으로 보증금액을 초과하지 아니하는 원금과 이에 대한 보증채무이행일까지의 약정이자율(이자납입기일에 적용되는 이자율로서 연체이자율은 제외)에 의한 미수이자액'을 보증채무로 이행한다고 규정한 사안에서, 위 약관 조항은 신용보증기금이 보증책임을 지는 주채무 및 종속채무의 범위를 정한 것이지 보증채무의 지연손해금을 정한 것이 아니라고 본 원심판단을 정당하다고 한 사례

"신용보증기금의 신용보증약관에 '보증채무 이행범위'라는 표제하에 신용보증기금은 '보증부대출잔액에 보증비율을 곱한 금액으로 보증금액을 초과하지 아니하는 원금과 이에 대한 보증채무이행일까지의 약정이자율(이자납입기일에 적용되는 이자율로서 연체이자율은 제외)에 의한 미수이자액'을 보증채무로 이행한다고 규정한 사안에서, 신용보증약관의 연원이라고 할 신용보증기금법 제29조 제2항, 같은 법 시행령 제23조 제1호 등이 보증의 범위에 속하는 '종속채무'의 내용만을 정하고 있는 점에 비추어, 위 약관 조항의 내용은 신용보증기금이 부담하는 보증채무 자체의 범위, 즉 신용보증기금이 보증책임을 지는 주채무 및 종속채무의 범위를 정한 것이지 보증채무의 지연손해금을 정한 것이라고 할 수 없다고 본 원심판단을 정당하다고 한 사례.[378]"가 있다.

◯ 택지를 조성한 후 분할하여 분양하는 사업을 하는 경우, 명시적 약정이 없더라도 분양사업자가 수분양자에게 주택 건축 및 통행이 가능하도록 인접 부지에 도로를 개설하여 제공하고 수분양자에 대하여 도로를 이용할 수 있는 권한을 부여하는 것을 전제로 분양계약이 이루어졌다고 추정되는지 여부(원칙적 적극)

"택지를 조성한 후 분할하여 분양하는 사업을 하는 경우에, 그 택지를 맹지로 분양하기로 약정하였다는 등의 특별한 사정이 없다면, 분양계약에 명시적인 약정이 없더라도 분양사업자로서는 수분양 택지에서의 주택 건축 및 수분양자의 통행이 가능하도록 조성·분양된 택지들의 현황에 적합하게 인접 부지에 건축법 등 관계 법령의 기준에 맞는 도로를 개설하여 제공하고 수분양자에 대하여 도로를 이용할 수 있는 권한을 부여하는 것을 전제로 하여 분양계약이 이루어졌다고 추정하는 것이 거래상 관념에 부합되고 분양계약 당사자의 의사에도 합치된다.[379]"

◯ 갑 주식회사가 신용보증기관인 을이 발행한 신용보증서에 근거하여 병은행과 여신거래약정을 체결하였고, 정과 무가 을의 신용보증채무 이행으로 인한 갑회사의 구상채무에 대하여 연대보증하였는데, 이후 갑회사가 을 및 병은행과 신용보증약정보증기간 및 여신거래 약정기한을 연장하면서 무와 기(己)가 갑회사의 을에 대한 구상채무를 연대보증한 사안에서, 정이 보증책임을 부담하여야 한다고 본 원심판결에 법리오해의 위법이 있다고 한 사례

---

377) 대판 2013. 10. 24. 2010다22415.
378) 대판 2014. 3. 13. 2013다205693.
379) 대판 2014. 3. 27. 2011다107184; 대판 2009. 6. 11. 2009다8802.

"갑 주식회사가 신용보증기관인 을이 발행한 신용보증서에 근거하여 병은행과 여신거래약정을 체결하였고, 정과 무가 을의 신용보증채무 이행으로 인한 갑회사의 구상채무에 대하여 연대보증하였는데, 이후 갑회사가 을 및 병은행과 신용보증약정 보증기간 및 여신거래 약정기한을 연장하면서 무와 기(己)가 갑회사의 을에 대한 구상채무를 연대보증한 사안에서, 을의 신용보증은 갑회사의 병은행에 대한 채무를 보증하는 근보증이고, 정의 보증계약도 을이 위와 같은 보증계약을 이행함에 따른 갑회사의 불확정한 구상채무를 보증하는 계속적 보증계약에 해당함에도, 이와 달리 을의 신용보증이 개별보증임을 전제로 정이 보증책임을 부담하여야 한다고 본 원심판결에 법리오해의 위법이 있다고 한 사례.[380]"가 있다.

◎ 갑 보험회사와 을이 체결한 상해보험계약의 피보험자 병이 버스 하차 중 상해를 입어 사고일로부터 180일이 지나기 전 좌측 하지 기능 장해가 시작되었고, 신체감정을 통해 노동능력상실률 40% 진단을 받았는데, 보험약관에서 정한 후유장해보험금 등의 지급이 문제 된 사안에서, 보험약관의 해석상 丙의 장해가 위 사고로 인한 것이라면 후유장해보험금 등 청구권이 발생할 여지가 있는데도, 이와 달리 본 원심판결에 심리미진의 위법이 있다고 한 사례

"갑 보험회사와 乙이 체결한 상해보험계약의 피보험자 병이 버스 하차 중 사고로 상해를 입어 사고일로부터 180일이 지나기 전 복합부위통증증후군에 따른 좌측 하지 기능 장해가 시작되었고, 사고일로부터 약 3년 6개월 후에 신체감정을 통해 노동능력상실률 40%라는 진단을 받았는데, 보험약관에서 정한 후유장해보험금 등의 지급이 문제된 사안에서, 보통약관에서는 '사고일로부터 180일 내에 신체 일부를 상실하거나 그 기능을 영구히 상실할 것'(이하 신체 일부 또는 그 기능의 영구적 상실을 '장해'라고 한다)을 후유장해보험금의 지급사유로 규정하고 있을 뿐 장해의 진단확정까지 위 기간 내에 이루어질 것을 요구하고 있지 않으므로, 사고와 상당인과관계가 있는 장해로서 사고일로부터 180일 내에 발생한 장해이기만 하면 후유장해보험금을 지급할 의무가 발생하고, 특별약관과 이에 준용되는 보통약관을 종합하여 보면, 사고일로부터 180일 내에 사고로 장해가 발생하고 보험기간 내에 후유장해지급률이 50% 이상에 이를 정도로 장해상태가 악화된 경우 특별약관에 따른 재활연금 지급의무가 발생하는데, 진단확정은 보험기간 만료 후에 이루어져도 무방하므로, 丙의 장해가 위 사고로 인한 것이라면 보통약관에 따른 후유장해보험금 청구권과 특별약관에 따른 재활연금 청구권이 발생할 여지가 충분한데도, 이와 달리 본 원심판결에 심리미진의 위법이 있다고 한 사례.[381]"가 있다.

4. 보충적 해석

대개의 경우, 법률행위 내용의 흠결은 임의법규를 통하여 보충되고 메워진다. 그러나 해당 법률행위에 관한 임의법규·사실인 관습이 없거나 또는 있다 하더라도 이들이 적용될 수 없다면, 보충적 해석방법을 통하여 이를 밝힐 수밖에 없다. 이미 성립한 법률행위 내용에 흠결이 있는 경우, 당사자의 가정적 의사[382]를 통하여 그 흠결(틈·間隙)을 보충하

380) 대판 2014. 4. 10. 2011다53171.

381) 대판 2014. 7. 24. 2013다43956, 43963.

382) 당사자가 그 흠결을 알고 있거나 또는 알았더라면, 보충하였을 의사를 말한다.

는 것을 보충적 해석이라 한다.[383][384]

판 례

○ 불법행위로 인한 손해배상에 관하여 가해자와 피해자 사이에 피해자가 일정한 금액을 지급받으면서 향후 일체의 청구를 포기하기로 합의하였으나, 제반 사정에 비추어 그와 같은 권리포기조항은 그 후에 발생한 손해에는 미치지 않는 것으로 한정적으로 해석함이 당사자의 합리적 의사에 합치한다고 보아, 그 합의 당시 예상하지 못하였던 추가손해의 배상을 인정할 수 있는지 여부

"불법행위로 인한 손해배상에 관하여 가해자와 피해자 사이에 피해자가 일정한 금액을 지급받으면서 향후 일체의 청구를 포기하기로 합의하였으나, 일반적으로 비록 합의서의 권리포기조항이 문언상으로는 나머지 일체의 청구권을 포기한다고 되어 있다 할지라도, 당사자 쌍방간에 있어 손해의 대체의 범위가 암묵리에 상정되어 있고, 후에 생긴 손해가 위 범위를 현저히 일탈할 정도로 중대하여 당초의 손해금과 비교할 때 심히 균형을 잃고 있으며, 합의의 경위, 내용, 시기 기타 일체의 사정을 고려하더라도 처음의 합의에 의하여 후의 손해 전부를 포함하도록 함이 당사자의 신의, 공평에 반한다고 인정되는 경우에는 먼저의 합의에 있어서 권리포기조항은 그 후에 발생한 손해에는 미치지 않는 것으로, 즉 합의 당시에 예측하였던 손해만을 포기한 것으로 한정적으로 해석함이 당사자의 합리적 의사에 합치한다고 보아 그 합의 당시 예상하지 못하였던 추가손해의 배상을 인정한 원심의 판단을 정당하다고 한 사례.[385]"가 있다.

○ 계약당사자 쌍방이 전제나 기초가 되는 사항에 관하여 같은 내용으로 착오가 있는 경우, 계약의 해석방법

"계약당사자 쌍방이 계약의 전제나 기초가 되는 사항에 관하여 같은 내용으로 착오가 있고 이로 인하여 그에 관한 구체적 약정을 하지 아니하였다면, 당사자가 그러한 착오가 없을 때에 약정하였을 것으로 보이는 내용으로 당사자의 의사를 보충하여 계약을 해석할 수 있는 바, 여기서 보충되는 당사자의 의사는 당사자의 실제 의사 또는 주관적 의사가 아니라 계약의 목적, 거래관행, 적용법규, 신의칙 등에 비추어 객관적으로 추인되는 정당한 이익조정 의사를 말한다.[386]"

○ 갑 주식회사가 국가에 육군과학화전투훈련장 중앙통제장비를 공급하는 장기계속계약을 상한가 개산 계약으로 체결하면서 그 당시 부가가치세 과세대상이던 부분에 대한 부가가치세만 예정 계약금액에 포함시켰는데, 그 후 법령 개정으로 부가가치세 면세대상 중 일부가 과세대상으로 변경된 사안에서, 부가가치세 증액분이 계약금액에 포함되는 것으로 해석함이 타당하다고 한 사례

"갑 주식회사가 국가에 육군과학화전투훈련장 중앙통제장비를 공급하는 장기계속계약을 상한가

383) 이미 성립한 법률행위 내용에 그 흠결이 있는 경우에만 적용된다는 점에서, 그 내용에 흠결이 없는 경우에 적용되는 자연적 해석·규범적 해석과 구별된다. 한편 보충적 해석의 경우에는 착오규정이 적용될 여지가 없다. 왜냐하면, 표의자가 진의와 표시의 불일치를 인식하지 못하는 경우가 아니라, 다만 내용상의 흠결이 있는데 지나지 않기 때문이다.

384) 보충적 해석방법을 취한 대표적 판례로서, 불법행위로 인한 손해배상에 관하여 가해자와 피해자 사이에 피해자가 일정 금액을 지급받고 나머지 청구를 포기하기로 한 합의의 해석이 있다(대판 2001. 9. 14. 99다42797).

385) 대판 2002. 10. 22. 2000다65666, 65673.

386) 대판 2006. 11. 23. 2005다13288.

개산계약으로 체결하면서 그 당시 부가가치세 과세대상이던 부분에 대한 부가가치세만 예정 계약금액에 포함시켰는데, 그 후 법령 개정으로 부가가치세면세대상 중 일부가 과세대상으로 변경된 사안에서, 계약 체결 당시 면세대상이 차후 과세대상으로 변경될 것을 알았더라면 이에 대하여도 국가가 부가가치세를 부담하기로 약정하였을 것으로 보이므로, 부가가치세 증액분은 계약금액에 포함되는 것으로 해석함이 타당하고, 위 계약이 상한가 개산계약이고 위와 같은 보충적 해석에 의하여 부가가치세 증액분이 계약금액에 포함되면 그 금액이 상한가를 초과하게 된다고 하더라도 마찬가지라고 한 사례.[387]"가 있다.

○ 음악저작물에 대한 이용허락계약에 있어 이용허락 범위의 해석 방법

"음반제작자와 저작재산권자 사이에 체결된 이용허락계약을 해석함에 있어서 그 이용허락의 범위가 명백하지 아니한 경우에는 당사자가 그 이용허락계약을 체결하게 된 동기 및 경위, 그 이용허락계약에 의하여 달성하려는 목적, 거래관행, 당사자의 지식, 경험 및 경제적 지위, 수수된 급부가 균형을 유지하고 있는지 여부, 이용허락 당시 당해 음악저작물의 이용방법이 예견 가능하였는지 및 그러한 이용방법을 알았더라면 당사자가 다른 내용의 약정을 하였을 것이라고 예상되는지 여부, 당해 음악저작물의 이용방법이 기존 음반시장을 대체하는 것인지 아니면 새로운 시장을 창출하는 것인지 여부 등 여러 사정을 종합하여 그 이용허락의 범위를 사회 일반의 상식과 거래의 통념에 따라 합리적으로 해석하여야 한다.[388]"

●● 사례 13의 해결:

(1)의 경우, 오표시무해의 법리에 비춰볼 때, 갑과 을 사이에 체결한 토지매매계약의 목적물은 A토지이다. 한편 당사자 사이에서 A토지만을 매매의 목적으로 하는 합의가 있는 이상, 착오의 문제도 생기지 않는다.

(2)의 경우, X는 Y에 대하여 채권 잔여액 1백만원의 지급청구를 하지 못한다. 영수증에 표기된 총완결의 의미는 채권액의 탕감(채무면제) 내지는 채권의 포기로 해석되기 때문이다(규범적 해석). 한편 총완결의 문구가 기재된 영수증의 작성·교부행위를 법률행위 내용의 중요부분에 관한 착오가 있음을 이유로 X가 Y에게 이를 취소할 수 있는지 여부가 문제될 수 있으나, 위 사례의 경우에는 사람의 동일성·목적물의 동일성·법률행위 성질의 동일성 여부 등 어느 것에도 해당하지 않아, 착오의 문제가 고려될 수 없다 할 것이다.

(3)의 경우, B는 A에게 수술비 등의 후발손해의 배상청구를 할 수 있다. 청구권포기의 의미는, 그 당시에 예상하지 못한 수술비 등의 후발손해배상청구권까지 포기한 것은 아니라고 해석하는 것이 당사자의 가정적 의사에 부합하기 때문이다(다만, 그 후발손해가 A의 교통사고로 발생한 것이라는 점에 대한 증명책임은 B가 부담한다). 한편 사례의 경우에 착오규정이 적용될 여지는 없다 할 것이다. 왜냐하면, 표의자가 진의와 표시의 불일치를 인식하지 못하는 경우가 아니라, 다만 내용상의 흠결이 있는데 지나지 않기 때문이다.

387) 대판 2014. 11. 13. 2009다91811.
388) 대판 2007. 2. 22. 2005다74894; 대판 2006. 12. 22. 2006다21002.

Ⅲ. 법률행위의 해석표준

1. 서 설

법률행위의 해석 표준으로는, 당사자가 기도한 목적, 사실인 관습, 임의법규, 신의칙 내지 조리가 있다.[389] 이상의 네 가지 표준을 통해서도 그 내용을 밝힐 수 없다면, 그 법률행위는 확정지울 수 없는 내용의 법률행위로서 무효가 된다.

2. 당사자가 기도한 목적

그 해석에 있어서는 표시의 문언적 의미뿐만 아니라, 당사자가 그 법률행위에 의해 달성하려고 하는 사회적·경제적 목적과 기타 법률행위 당시의 제반사정[390]을 고려하여야 한다.[391]

3. 사실인 관습

(1) 의의[392]·취지

관습법의 대응개념으로서 구성원들에 의한 법적 확신에 이르지 못한 관행 그 자체를 사실인 관습이라 한다. 즉, 일정한 거래영역에서 존재하는 거래관행을 의미한다. 제106조에 의하면, 임의법규와 다른 관습(사실인 관습)이 있는 경우, 당사자의 의사가 명확하지 않을 때에는, 그 관습이 임의법규에 우선하여 법률행위해석의 표준이 된다는 것이다. 그 취지는 무엇인가? 당사자들은 자신들의 거래영역에 존재하는 관습을 대부분 알고 있어서 그에 따라 행동(거래)하는 것이 보통임을 고려한 것으로서, 그 관습을 기준으로 한 해석이 보다 더 당사자의 의사에 부합한다고 볼 수 있기 때문이다.

---

389) 외국의 입법례(독일민법 제133조·제157조, 프랑스민법 제1156조-제1164조 등)와는 달리, 민법은 그 표준으로서 제106조만을 규정하고 있을 뿐 해석의 일반적 기준을 두고 있지 않다. 한편 판례이론은, '당사자가 기도한 목적 내지 법률행위 당시의 제반사정, 거래의 관행, 당사자의 진정한 의사, 논리와 경험칙' 등을 그 표준으로 제시한다(대판 2000. 11. 10. 98다31493; 대판 1999. 6. 25. 99다7183; 대판 1995. 2. 10. 94다16601 등).

390) 이 때의 제반사정이란, 종래 당사자 사이에 행해졌던 상담(商談)·이전의 표시·표의자가 표시행위를 한 장소·법률행위가 행해진 시간 등을 말한다.

391) 판례도, '계약서에 사용된 문자의 의미는 계약당사자가 기도하는 목적과 계약 당시의 제반사정을 참작하여 합리적으로 해석하여야 한다.'고 함으로써 같은 태도를 취한다.(대판 1965. 9. 28. 65다1519, 1520)

392) 민법은 '선량한 풍속 기타 사회질서에 관계없는 규정과 다른 관습이 있는 경우에 당사자의 의사가 명확하지 아니한 때에는, 그 관습에 의한다.'고 함으로써 사실인 관습이 그 해석의 표준이 됨을 규정하고 있다(제106조). 이것은, 임의법규와 다른 관습(사실인 관습)이 있는 경우, 당사자의 의사가 분명하지 않을 경우에 그 관습이 법률행위해석의 표준이 됨을 말해준다.

(2) 사실인 관습의 성질

사실인 관습에 임의법규에 준하는 성질이 인정될 수 있는가? 아니면 그것은 법이 아니고 단순히 법률행위해석의 표준이 될 뿐인가에 대하여는 다툼이 있다.[393] 생각건대 사실인 관습은 구성원들로부터 법적 확신에 의한 지지가 없다는 점에서, 법규범의 성질을 갖지 않는다.[394]

(3) 적용 요건

(가) 강행법규에 위반하지 않고 또한 임의법규와는 다른 관습이 존재할 것

강행법규에 반하는 관습(사실인 관습)은 그 효력을 인정할 수 없다. 강행법규·임의법규의 어느 것도 없는 사항에 대한 관습이 있다면, 그 관습은 법률행위해석의 표준이 된다.[395]

(나) 당사자의 의사가 명확하지 않을 것

당사자가 그 관습에 의한다는 의사를 표시했는지, 반대로 그 관습에 따르지 않음을 분명히 했는지 그 어느 것도 확정할 수 없을 경우, 그 관습은 법률행위의 해석표준이 된다.[396][397]

(4) 사실인 관습과 관습법과의 관계

(가) 양자의 의의

관습법은 법적 확신에 의한 지지를 수반하는 법규범의 일종으로서 법원이 된다(제1조). 사실인 관습은 법적 확신에 의한 지지를 수반하지 않는 관행 그 자체로서 법률행위해석의 표준이 될 뿐이다(제106조).[398]

---

393) 사실인 관습을 법규범의 일종으로 보는 견해(곽윤직·김재형, 294면; 장경학, 430면)와 법규범이 아니라고 하는 견해(김상용, 424면; 김증한·김학동, 289면; 송덕수, 186면; 이영준, 280면)로 나뉜다. 사실인 관습의 존부가 확실하지 않을 경우, 전자의 견해에 따르면 법원의 직권조사사항이 되지만, 후자의 견해를 취할 경우에는 법원의 직권조사사항이 되지 않는다고 한다(이와 다른 판례도 있다).

394) 사실인 관습은 법규범은 아니지만, 원칙적으로 법원의 직권조사사항으로 새겨야 하고, 향토법관이 많지 않은 현실을 고려할 때, 소송당사자가 이를 주장·증명할 필요가 있다고 생각한다. 같은 견해 김증한·김학동, 289면.

395) 곽윤직·김재형, 292면; 이영준, 283-284면.

396) 만약 당사자가 그 관습에 따른다는 의사를 표시했다면, 그 관습은 제105조에 의해 법률행위의 내용이 됨으로써 제106조가 적용될 여지는 없다. 반대로, 그 관습에 의하지 않음을 분명히 하였다면, 사적자치의 원칙상 그 관습은 법률행위의 내용이 되지 못한다. 이러한 두 가지 경우가 아닌 때에 비로소 제106조가 적용된다.

397) 서로 다른 관습이 있는 경우에는 어떻게 되는가? 표의자가 속하는 지역·계층의 관습을 원칙적인 기준으로 삼아야 한다는 견해(이영준, 284면)와 그 관습은 법률행위의 모든 당사자의 영역에 존재하는 것이어야 하며, 일방당사자의 범위 내에서만 존재해서는 안 되며, 상관습은 비상인을 구속하지 못한다고 하는 견해(주해(Ⅱ), 190면)가 있다. 한편 이 때의 관습은 양당사자의 직업·계급 등에 공통하는 보편적인 것이어야 한다(곽윤직·김재형, 293면).

398) 사실인 관습(A)과 관습법(B)의 차이점을 살펴본다. 첫째, A는 법적 확신이 결여되어 있어 법이 아니나, B는 법적 확신이 있는 관습으로서의 법이다(개념상의 차이). 둘째, A는 의사표시해석의 표준이 되어 의사표시(법률행위)의 내용이 되나, B는 당사자의 의사와 관계없이 당연히 법규범으로서의 효력이 있다(성질상의

(나) 양자의 관계

사실인 관습과 관습법과의 관계에 대하여는 법규 적용순위와 관련하여 학설이 대립한다.[399)]

① 구별부인설 사실인 관습과 관습법을 구별하지 않는 입장이다.[400)]

② 구별설 양자를 서로 다른 것으로 이해하는 입장이다.[401)]

③ 사 견 민법이 관습법을 법원으로(제1조), 사실인 관습을 법률행위의 해석표준으로(제106조) 규정하고 있는 것은 양자의 구별을 전제로 하고 있는 것이라 볼 수 있고, 특히 사실인 관습은 국가의 승인을 필요로 하지 않지만, 관습법은 국가의 승인을 필요로 한다는 점에서, 양자를 구별하는 견해가 옳다고 생각한다.

판 례

◎ 기업의 내부에 존재하는 특정의 관행이 근로계약의 내용을 이루고 있다고 인정하기 위한 요건

"기업의 내부에 존재하는 특정의 관행이 근로계약의 내용을 이루고 있다고 하기 위하여는 그러한 관행이 기업 사회에서 일반적으로 근로관계를 규율하는 규범적인 사실로서 명확히 승인되거나 기업의 구성원에 의하여 일반적으로 아무도 이의를 제기하지 아니한 채 당연한 것으로 받아들여져서 기업 내에서 사실상의 제도로서 확립되어 있다고 할 수 있을 정도의 규범의식에 의하여 지지되고 있어야 한다.[402)]"

◎ 사실인 관습의 유무 판단에 당사자의 주장·증명에 구애되는지 여부

"사실인 관습은 일반 생활에 있어서의 일종의 경험칙에 속한다 할 것이고 경험칙은 일종의 법칙인 것이므로 법관이 어떠한 경험칙의 유무를 판단함에 있어서는 당사자의 주장이나 증명에 구애됨

차이). 셋째, A는 법률행위의 해석표준이 되어 임의법규 개·폐의 효력이 있으나, B는 법률에 규정이 있는 사항에는 존재할 수 없으므로, 보충적 효력만 갖는다(효력상의 차이). 넷째, A는 법률행위에 있어서 당사자의 의사가 불명확할 때에 그 해석표준이 되는 데 그치지만, B는 성문규정이 없는 모든 민사관계에 적용되고 법해석의 문제를 발생시킨다(적용상의 차이). 다섯째, A는 당사자가 주장·증명하여야 하나(법원의 직권 조사사항이라는 판례도 있다. 대판 1977. 4. 12. 76다1124), B는 법원의 직권조사사항이 된다(증명상의 차이).

399) 제1조에 의한 법규의 적용 순위는, ① 강행법규 ② 임의법규 ③ 관습법의 순위로 되는데 비하여, 제106조에 따르면, ① 강행법규 ② 사실인 관습 ③ 임의법규 ④ 관습법의 순위가 되어, 사실인 관습과 관습법과의 관계에서 모순현상이 생긴다. 즉, 법규가 아닌 사실인 관습은 법규의 일종인 임의법규에 우선하지만, 법규의 일종인 관습법은 임의법규보다 하위에 서게 된다는 것이다.

400) 다수설이다(고상룡, 421-422면; 곽윤직·김재형, 294면; 김용한, 275면; 송덕수, 186면; 장경학, 430면). 그 근거는 다양한데, 두 가지만 본다. 첫째, 사실인 관습은 그 자체로서는 재판규범으로 성립한 것은 아니지만, 법률행위의 해석을 통하여 재판규범(관습법)으로 전화되며, 양자는 성질상 같고 적용면(효력면)에서 차이가 없다고 한다(장경학, 430면). 둘째, 양자는 법의 존재형식에서는 다르지만, 법률행위의 해석기준으로서는 사실인 관습이 임의법규에 우선 적용되어 그 관습에 관습법을 포함하여 이해하여야 할 것이므로, 양자는 동일하다고 한다(곽윤직·김재형, 294면).

401) 법에 있어서는 그것이 강행법규·임의법규·관습법 그 어느 것이든 법률 적용의 문제가 될 뿐 법률행위 해석과는 관계가 없으므로, 위 법규들은 법률행위 해석기준에 관한 제106조와는 아무런 관계가 없다. 이처럼 제1조의 관습법과 제106조의 사실인 관습은 그 성질·효력·적용범위에 있어서 전혀 상이하므로, 구별하여야 한다(김상용, 424면; 김증한·김학동, 289면; 이영준, 288면). 판례도 구별설을 취한다(대판 1983. 6. 14. 80다3231).

402) 대판 2002. 4. 23. 2000다50701; 대판 1993. 1. 26. 92다11695.

이 없이 법관 스스로 직권에 의하여 이를 판단할 수 있다.[403]"

◘ 관습법과 사실인 관습의 증명책임, 사실인 관습의 효력범위, 가정의례준칙에 위반하는 사실인 관습의 효력 인정요건

"① 법령과 같은 효력을 갖는 관습법은 당사자의 주장 증명을 기다림이 없이 법원이 직권으로 이를 확정하여야 하고 사실인 관습은 그 존재를 당사자가 주장 증명하여야 하나, 관습은 그 존부자체도 명확하지 않을 뿐만 아니라 그 관습이 사회의 법적 확신이나 법적 인식에 의하여 법적 규범으로까지 승인되었는지의 여부를 가리기는 더욱 어려운 일이므로, 법원이 이를 알 수 없는 경우, 결국은 당사자가 이를 주장 증명할 필요가 있다. ② 사실인 관습은 사적 자치가 인정되는 분야 즉 그 분야의 제정법이 주로 임의규정일 경우에는 법률행위의 해석기준으로서 또는 의사를 보충하는 기능으로서 이를 재판의 자료로 할 수 있을 것이나 이 이외의 분야 즉, 그 분야의 제정법이 주로 강행규정일 경우에는 그 강행규정 자체에 결함이 있거나 강행규정 스스로가 관습에 따르도록 위임한 경우 이외에는 법적 효력을 부여할 수 없다. ③ 가정의례준칙 13조의 규정과 배치되는 사실인 관습의 효력을 인정하려면 그와 같은 관습을 인정할 수 있는 당사자의 주장과 증명이 있어야 할 뿐만 아니라 이 관습이 사적 자치가 인정되는 임의규정에 관한 것인지 여부를 심리 판단하여야 한다.[404]"

◘ 파계되지 않은 채 계에 관한 거래관계가 종료된 경우, 청산에 관한 관습

"파계되지 않은 채 계에 관한 거래관계가 종료되었다면 계금 또는 급부금의 청산에 관하여 계주와 계원 사이에 특약이 없는 한 계원으로서는 그가 급부금을 탄 뒤에 아직 물지 못한 계금을 지급하여야 될 것은 당연한 법리에 속할 것이나 계주로서는 그 계원으로부터 급부금을 탈 차례가 오기까지 지급받은 계금을 이자 없이 그 계원에게 돌려주는 것이 계를 하는 당사자들이 따르고자 하는 사실인 관습이다.[405]"

◘ 주택자금 융자를 위해 담보로 제공한 부동산 매매의 대금지급에 관한 관행

"은행에 부동산을 담보로 제공하고 주택자금을 융자받아 주택부금의 원리금을 변제중인 동안에 그 부동산을 매매하는 경우 통상 당해 부동산의 매매대금을 확정하고 주택부금 중 아직 변제되지 아니하고 있는 원금을 매수인이 인수하여 매매대금을 지급할 때에 이를 대금에서 공제하고 매도인이 지급한 원금은 매매대금에 포함하여 결제하는 방법으로 하는 것이 거래의 관행이라고 보아야 할 것이다.[406]"

◘ 사용자가 이미 퇴직한 근로자들에게 퇴직 이후에 체결된 단체협약에 의한 임금인상분 및 퇴직금 인상분 차액을 추가 지급한 관행이 있었으나, 그것은 노동조합 또는 근로자집단과 사용자 사이의 규범의식이 있는 노사관행으로는 볼 수 있는지 여부

"사용자가 이미 퇴직한 근로자들에게 퇴직 이후에 체결된 단체협약에 의한 임금인상분 및 퇴직금인상분 차액을 추가 지급한 관행이 있었으나, 그것은 노동조합 또는 근로자집단과 사용자 사이의 규범의식이 있는 노사관행으로는 볼 수 없다고 한 사례.[407]"가 있다.

---

403) 대판 1976. 7. 13. 76다983.
404) 대판 1983. 6. 14. 80다3231.
405) 대판 1962. 11. 15. 62다240.
406) 대판 1989. 11. 14. 89다카227.
407) 대판 2002. 4. 23. 2000다50701.

4. 임의법규[408]

제105조의 규정상 당사자가 임의법규와 다른 의사를 표시하지 않은 한, 임의법규가 법률 행위의 해석표준이 된다.[409]

판 례

◎ 계약 당사자가 민법 제565조의 해약권을 배제하는 약정을 한 경우, 그 해제권을 행사할 수 있는지 여부(소극)

"민법 제565조의 해약권은 당사자 간에 다른 약정이 없는 경우에 한하여 인정되는 것이고, 만일 당사자가 위 조항의 해약권을 배제하기로 하는 약정을 하였다면 더 이상 그 해제권을 행사할 수 없다.[410]"

◎ 조합의 업무집행자 선임 등의 의결정족수를 정한 민법 제706조에 규정된 '조합원'의 의미(=조합원의 인원수) 및 위 규정이 임의규정인지 여부(적극)

"민법 제706조에서는 조합원 3분의 2 이상의 찬성으로 조합의 업무집행자를 선임하고 조합원 과반수의 찬성으로 조합의 업무집행방법을 결정하도록 규정하고 있는바, 여기서 말하는 조합원은 조합원의 출자가액이나 지분이 아닌 조합원의 인원수를 뜻한다. 다만, 위와 같은 민법의 규정은 임의규정이므로, 당사자 사이의 약정으로 업무집행자의 선임이나 업무집행방법의 결정을 조합원의 인원수가 아닌 그 출자가액 내지 지분의 비율에 의하도록 하는 등 그 내용을 달리 정할 수 있고, 그와 같은 약정이 있는 경우에는 그 정한 바에 따라 업무집행자를 선임하거나 업무집행방법을 결정하여야만 유효하다.[411]"

5. 신의칙 · 조리

법률행위의 내용을 확정함에 있어서, 위에서 검토한 3가지 표준을 통해서도 그 의미를 확정할 수 없을 경우에는, 마지막으로 신의칙 내지 조리의 견지에서 확정하여야 한다.[412][413] 신의칙에 근거한 해석으로서 예문해석이라는 것이 있고,[414] 이는 약관의 해석원칙이기도 하다.

---

408) '법률행위의 당사자가 법령 중의 선량한 풍속 기타 사회질서에 관계없는 규정과 다른 의사를 표시한 때에는 그 의사에 의한다.'(제105조).

409) 따라서 법관은 당사자의 의사가 명확하지 않은 경우, 관련 규정(임의법규)을 당사자의 의사로 새기는, 해석을 하게 된다. 그러므로 법규와 다른 의사였음을 주장하는 자가 그에 관한 증명책임을 져야 한다.

410) 대판 2009. 4. 23. 2008다50615.

411) 대판 2009. 4. 23. 2008다4247.

412) 독일민법은 '계약은 거래의 관행을 고려하여 신의성실의 요구에 따라 해석하여야 한다.'라고 규정하고 있다(제157조). 명문의 규정이 없는 민법의 경우에도, 법률상 사람들의 일반적인 행동원칙인 신의칙 내지 사물의 본질적 법칙인 조리의 견지에서 해석하여야 함은 당연하다.

413) 신의칙은 자연적 해석 · 규범적 해석에서도 작용하지만, 보충적 해석단계에서 크게 작용하게 된다고 한다(김증한 · 김학동, 292면).

414) 가령 부동산임대차 · 전세 · 금전소비대차 · 위임계약체결시에 관용되는 서식에는 경제적 강자에게는 유리하고, 경제적 약자에게는 불리한 조항이 삽입되어 있는 경우가 있다. 판례는 일종의 예문(例文)인 이 같은 조항은, 당사자의 의사결정의 자유에 반하여 무효라고 한다.

판 례

가. 예문해석

○ 처분문서의 기재 내용이 부동문자로 인쇄되어 있는 경우 그 내용의 의미를 판단하는 방법

"처분문서의 기재 내용이 부동문자로 인쇄되어 있다면 인쇄된 예문에 지나지 아니하여 그 기재를 합의의 내용이라고 볼 수 없는 경우도 있으므로 처분문서라 하여 곧바로 당사자의 합의의 내용이라고 단정할 수는 없고 구체적 사안에 따라 당사자의 의사를 고려하여 그 계약 내용의 의미를 파악하고 그것이 예문에 불과한 것인지의 여부를 판단하여야 한다.[415)]"

○ 약관해석의 원칙(객관적 해석의 원칙)

"보통거래약관 및 보험제도의 특성에 비추어 볼 때 약관의 해석은 일반 법률행위와는 달리 개개 계약 당사자가 기도한 목적이나 의사를 기준으로 하지 않고 평균적 고객의 이해가능성을 기준으로 하되 보험단체 전체의 이해관계를 고려하여 객관적 획일적으로 해석하여야 할 것이므로 위 가족운전자 한정운전 특별약관 소정의 배우자에 부첩관계의 일방에서 본 타방은 포함되지 아니한다고 해석함이 상당하다.[416)]"

나. 처분문서[417)]의 해석

○ 처분문서인 차용금증서에 채권자가 '갑'으로, 채무자가 '을'로, 연대 보증인이 '병'으로 기재되어 있는 사안에서, 병이 무의 정에 대한 채무를 연대 보증하였다고 판단한 원심판결에는 처분문서의 증명력과 계약당사자 확정에 관한 법리를 오해한 위법이 있는지 여부(적극)

"처분문서인 차용금증서에 채권자가 '갑'으로, 채무자가 '을'로, 연대 보증인이 '병'으로 기재되어 있는 사안에서, 정이 무에게 금원을 대여하는 내용의 소비대차약정이 체결되었다고 볼 수 있을지라도, 주채무에 대한 계약과 연대보증계약은 엄연히 별개의 법률행위이므로 위와 같은 내용의 소비대차약정에 대하여 병이 연대보증을 한 것이라고 볼 수 있으려면 병이 위 차용금증서의 실제 채무자는 을이 아니라 무라는 사실과 그 실제 채권자는 갑이 아니라 정이라는 사실을 알고 있었다는 점이 전제되어야 하는데, 병이 그와 같은 사실을 알고 있었다고 단정하기 어려운데도 병이 무의 정에 대한 채무를 연대 보증하였다고 판단한 원심판결에는 처분문서의 증명력과 계약당사자 확정에 관한 법리를 오해한 위법이 있다고 한 사례.[418)]"가 있다.

○ 처분문서에 나타난 당사자의 의사해석이 문제되는 경우 처분문서의 해석 방법 및 단체협약의 경우 명문규정을 근로자에게 불리하게 변형 해석할 수 있는지 여부(소극)

"처분문서는 진정성립이 인정되면 특별한 사정이 없는 한 처분문서에 기재되어 있는 문언의 내용에 따라 당사자의 의사표시가 있었던 것으로 객관적으로 해석하여야 하나, 당사자 사이에 계약의 해석을 둘러싸고 이견이 있어 처분문서에 나타난 당사자의 의사해석이 문제되는 경우에는 문언의 내용, 그와 같은 약정이 이루어진 동기와 경위, 약정에 의하여 달성하려는 목적, 당사자의 진정한

---

415) 대판 1992. 2. 11. 91다21954.

416) 대판 1995. 5. 26. 94다36704.

417) 가령 매매계약서·근저당권설정계약서 등의 경우처럼 증명하고자 하는 어떤 법률적 행위(처분)가 그 문서 자체에 의하여 이루어지는 경우의 문서를 처분문서라 한다.

418) 대판 2011. 1. 27. 2010다81957.

의사 등을 종합적으로 고찰하여 논리와 경험칙에 따라 합리적으로 해석하여야 한다. 한편 단체협약과 같은 처분문서를 해석할 때에는, 단체협약이 근로자의 근로조건을 유지·개선하고 복지를 증진하여 경제적·사회적 지위를 향상시킬 목적으로 근로자의 자주적 단체인 노동조합과 사용자 사이에 단체교섭을 통하여 이루어지는 것이므로, 명문의 규정을 근로자에게 불리하게 변형 해석할 수 없다.[419)]"

○ 처분문서의 기재 내용과 다른 약정이 인정될 경우, 그 처분문서의 증명력과 자유심증주의의 적용 가부

"처분문서의 진정성립이 인정되는 이상 법원은 반증이 없는 한 그 문서의 기재 내용에 따른 의사표시의 존재 및 내용을 인정하여야 하고, 합리적인 이유 설시도 없이 이를 배척하여서는 아니 되나, 처분문서라 할지라도 그 기재 내용과 다른 명시적, 묵시적 약정이 있는 사실이 인정될 경우에는 그 기재 내용과 다른 사실을 인정할 수 있고, 작성자의 법률행위를 해석함에 있어서도 경험법칙과 논리법칙에 어긋나지 않는 범위 내에서 자유로운 심증으로 판단할 수 있다.[420)]"

○ 아파트공급계약서에서 '입주지정일 이후에 발생하는 제세공과금에 대하여는 입주 및 잔금완납이나 소유권이전 유무에 관계없이 수분양자가 부담한다'고 정한 제세공과금 부담조항의 취지 및 위 조항에 근거하여 분양자가 수분양자에게 입주 전 발생한, 입주기간 중의 제세공과금을 전가할 수 있는지 여부(소극)

"아파트공급계약서에서 "입주지정일 이후에 발생하는 제세공과금에 대하여는 입주 및 잔금완납이나 소유권이전 유무에 관계없이 수분양자가 부담한다."고 정한 제세공과금 부담조항은 지정된 입주기간 내에 입주하지 아니한 수분양자에 대하여 입주 여부와 상관없이 입주기간이 경과한 후 발생한 제세공과금을 부담시키는 방법으로 입주기간 준수의무를 위반한 수분양자들을 제재하고자 하는 조항으로 볼 수 있을 뿐, 분양자와 수분양자 사이에 입주기간 중 발생한 제세공과금의 부담관계를 정한 조항으로는 볼 수 없으므로, 위 제세공과금 부담조항에 근거하여서는 입주기간 중에 발생한 제세공과금이라는 이유로 수분양자가 실제 입주하기 전에 발생한 제세공과금을 수분양자에게 전가시킬 수는 없다고 보는 것이 합리적 해석이다.[421)]"

Ⅳ. 법률행위해석의 문제

법률행위의 해석은 사실문제인가, 법률문제인가? 이를 어떻게 보느냐에 따라 소송상의 차이가 있고, 학설은 다툼이 있다.[422)] 한편 판례는 의사표시와 관련하여 '사실인정'과 법

419) 대판 2011. 10. 13. 2009다102452; 대판 2007. 5. 10. 2005다72249.

420) 대판 2006. 4. 13. 2005다34643; 대판 1996. 9. 10. 95누7239; 대판 1989. 12. 28. 88다카12506.

421) 대판 2011. 5. 13. 2010다7133.

422) 제1설(법률문제설)은, 법률행위의 해석은, 법률적 가치판단이므로 사실문제가 아니라, 법률문제라고 한다(고상룡, 429면; 곽윤직·김재형, 295면; 김상용, 434-435면; 김증한·김학동, 294면; 송덕수, 192면; 지원림, 222면). 제2설(사실문제설)은, 법률행위의 해석은, 표의자의 실존하는 의사 또는 가상적 의사를 확정하는 것이므로 사실문제라고 한다(이영준, 303면). 학설대립의 실익은 소송상에서 나타난다. 첫째, 증명책임과 관련하여, 제1설을 취할 경우에는, 법률행위의 해석은 당사자가 주장·증명하지 않아도 법원이 직권조사하여 이를 확정하여야 한다. 제2설에 따르면, 유리한 해석을 주장하는 자가 해석의 요지, 논거의 주장·증명책임을 부담한다. 둘

률적 판단의 영역에 속하는 '의사표시의 해석'을 구별한다. 생각건대 법률행위의 해석은, 표시행위의 객관적 의미에 대한 법률적 가치판단의 문제라는 점에서, 법률문제라고 하여야 한다.

판 례

○ 의사표시와 관련하여 '사실인정'과 법률적 판단의 영역에 속하는 '의사표시의 해석'의 구별

"의사표시와 관련하여, 당사자에 의하여 무엇이 표시되었는가 하는 점과 그것으로써 의도하려는 목적을 확정하는 것은 사실인정의 문제이고, 인정된 사실을 토대로 그것이 가지는 법률적 의미를 탐구 확정하는 것은 이른바 의사표시의 해석으로서, 이는 사실인정과는 구별되는 법률적 판단의 영역에 속하는 것이다. 그리고 어떤 목적을 위하여 한 당사자의 일련의 행위가 법률적으로 다듬어지지 아니한 탓으로 그것이 가지는 법률적 의미가 명확하지 아니한 경우에는 그것을 법률적인 관점에서 음미, 평가하여 그 법률적 의미가 무엇인가를 밝히는 것 역시 의사표시의 해석에 속한다.[423]"

제5관 의사표시

제1항 서 설

I. 의사표시의 본질

이미 앞에서 살핀바와 같이, 의사표시는 내적인 의사와 외부적인 표시행위로 구성되어 있고, 양자는 그 본질상 상호 결합되어 있다. 그러나 '내적인 의사 없이 표시행위만 존재하는 경우, 또는 내적인 의사가 존재하지만 어떤 흠이 있는 경우에 그 의사표시의 효력은 어떻게 되는가?' 하는 것이, 의사표시의 본질(본체)에 관한 의사표시이론이다.[424]

1. 의사주의

의사표시의 본체를 표의자의 내적인 의사(진의)로 파악하는 것을 의사주의라 한다. 의사주의는 비록 표시행위가 있다 하더라도, 표의자의 진의가 결여되었다면, 그 의사표시의

째, 상고 여부와 관련하여, 제1설을 취하면 법률행위해석이 잘못되었을 때 이는 상고사유가 된다(민사소송법 제423조). 제2설에 따르면, 상고사유가 되지 않는다(동법 제432조). 셋째, 자백과 관련하여, 제1설을 취할 경우에는 권리자백으로서 당사자와 법원을 구속하지 못하지만, 제2설에 따르면, 당사자와 법원을 구속하게 된다(동법 제288조).

423) 대판 2011. 1. 13. 2010다69940; 대판 2001. 3. 15. 전원합의체. 99다48948.

424) 의사표시이론은, 의사표시의 본질은 내적인 의사(효과의사)인가, 외부적인 표시행위인가에 따라 의사주의 · 표시주의 · 효력주의로 나뉜다.

효력은 무효 또는 불성립으로 처리된다.[425]

2. 표시주의

의사표시의 본체를 표시행위로 새기는 것을 표시주의라 한다. 표시주의에 따르면, 비록 표의자의 진의가 부존재일 경우에도, 표시행위만 있으면 표시한대로의 효력을 인정한다.[426]

3. 효력주의

의사와 표시 모두를 의사표시의 본체로 파악하는 것을 효력주의라 한다. 즉, 표시행위는 의사의 단순한 외부적 전달이 아니라, 의사를 완성하여 효력을 발생하게 하는 것으로서, 의사와 표시가 일체로서 의사표시의 본체를 이룬다는 것이다.[427]

4. 절충주의

필요에 따라 의사주의와 표시주의를 적절하게 덧붙이는 태도를 취하는 것이 절충주의이다.[428]

5. 민법의 태도

민법은 절충주의를 취하고 있다(특히 제107조 제1항 · 제109조 제1항 참조).

제2항 의사와 표시의 불일치

I. 서　설

당사자가 법률행위를 통해 의욕한 일정한 법률효과가 발생하기 위해서는, 그 요소인

---

425) 의사주의는 개인의사 절대의 자연법적 사상을 배경으로 하는 것으로서 표의자 본인의 보호를 목적으로 한다.

426) 표시주의는 의사표시의 수령자, 즉 외형을 신뢰한 상대방의 보호(거래의 안전보호)를 목적으로 한다. 한편 민법은 상대방의 신뢰보호, 거래의 안전보호가 고려되는 재산법관계의 경우에 표시주의에 기울어진 절충주의(설)를 취한다.

427) 효력주의는 의사와 표시가 일체로서 의사표시의 본체를 이룬다는 점에서만 표시주의와 다를 뿐, 의사표시의 효력발생의 경우, 객관적 표시가치를 기준으로 한다는 점에서는 표시주의와 다르지 않다. 효력주의를 취할 경우, 표시행위에 의해 법률관계를 형성하는 효력 있는 표시가 있는 이상, 이에 상응하는 진의가 결여된 경우에도, 일단 법률행위는 성립하고, 표의자는 착오를 이유로 그 법률행위를 취소할 수 있을 뿐이다.

428) 각국의 입법례는 정도의 차이는 있어도, 의사주의와 표시주의 사이의 절충주의를 취하고 있다(김상용, 437면). 한편 민법은 당사자의 진의가 절대적으로 존중되는 가족법관계의 경우에 의사주의를 취한다.

의사표시에 아무런 흠결이 없어야 한다. 즉, 표의자가 의사표시에서 의욕한 내적인 의사와 외부적인 표시행위가 일치하지 않으면 안 된다. 그러나 거래의 실제에서는 여러 가지 사정으로 인하여, 표의자의 내적인 의사(내심적 효과의사, 진의, 의사)와 표시행위로부터 추단되는 의사(표시상의 효과의사, 표시)가 일치하지 않는 경우가 있다. 이러한 경우를 의사와 표시의 불일치 또는 의사의 흠결이라 한다.[429][430]

의사와 표시의 불일치의 체계를 어떻게 구성해야 할 것이냐에 대하여는 다툼이 있다.[431] 생각건대 그 구성체계를 어떻게 하느냐에 따라 법률효과가 달라지는 것은 아니지만, 제107조-제109조 소정의 의사표시는 표의자의 자유로운 의사결정에 기한 의사와 표시가 일치하지 않는 경우이고, 제110조 소정의 의사표시는 타인·제3자의 위법행위에 기한 의사표시라는 점에서 차이가 있다. 따라서 제1설이 타당하다.

Ⅱ. 진의 아닌 의사표시

●● 사례 14

A는 B회사의 간부로 근무하고 있었다. 그런데 B회사는 1988년에 회사의 기구축소·인원감축계획에 따라 A에게 사직원을 내도록 종용하여 A는 어쩔 수 없이 사직원을 제출하였는데, B회사는 A를 의원면직 시켜버렸다. 그러자 A는 위의 면직처분은 무효라고 주장하였다. A의 주장은 정당한가?

●● 사안의 쟁점:

첫째, A의 사직원 제출이 비진의표시에 해당하는지 여부이고, 이 경우에 B회사의 악의·과실의 존재 여부가 문제된다. 둘째, 근로기준법상의 해고에 해당하는지 여부와 그에 관한 정당한 사유(근로기준법 제23조 제1항·제24조 소정의 정리해고)의 존재 여부 등이 문제될 수 있으나, 이는 생략한다.

---

429) 의사의 흠결이라 함은 표시행위에 대응하는 효과의사가 없음을 뜻한다고 한다(곽윤직·김재형, 298면).

430) 의사와 표시의 불일치의 경우, 그 법적 효과는 의사표시의 본질을 무엇으로 이해하느냐에 따라 달라진다. 민법은 절충주의를 취함으로써 표의자 본인의 이익과 상대방의 이익과의 조화를 꾀하려 한다.

431) 제1설은, 의사와 표시의 불일치를 하자있는 의사표시와 구별함으로써 전자에는 비진의표시·허위표시·착오에 의한 의사표시를, 후자에는 사기·강박에 의한 의사표시가 속하는 것으로 파악한다(곽윤직·김재형, 298면; 장경학, 461면). 제2설은, 의사와 표시의 불일치 속에 위의 모두를 포함시키는 태도를 취한다(고상룡, 437면; 김상용, 439면). 제3설은, 의사와 표시가 일치하지 않는 모든 경우에 사기·강박에 의한 의사표시까지를 포함시켜 비정상적(흠 있는) 의사표시라고 한다(송덕수, 264면 이하; 지원림, 227면 이하; 이영준, 305면). 제4설은, 민법 제107조-제110조 소정의 의사표시를 모두 포함하여 결함 있는 의사표시라고 한다(김증한·김학동, 325면).

1. 의 의

표시행위가 내적인 의사와 다르다는 것(또는 다른 의미로 이해된다는 것)을 표의자 스스로 알면서 행하는 의사표시를 비진의표시라 한다.[432][433]

판 례

- **진의 아닌 의사표시에 있어서의 '진의'의 의미 및 표의자가 의사표시의 내용을 진정으로 바라지는 아니하였으나 그것을 최선이라고 판단하여 의사표시를 한 경우, 진의 아닌 의사표시에 해당하는지 여부**

"진의 아닌 의사표시에 있어서의 '진의'란 특정한 내용의 의사표시를 하고자 하는 표의자의 생각을 말하는 것이지 표의자가 진정으로 마음속에서 바라는 사항을 뜻하는 것은 아니므로, 표의자가 의사표시의 내용을 진정으로 마음속에서 바라지는 아니하였다고 하더라도 당시의 상황에서는 그것이 최선이라고 판단하여 그 의사표시를 하였을 경우에는 이를 내심의 효과의사가 결여된 진의 아닌 의사표시라고 할 수 없다.[434]"

- **제107조 제1항의 취지**

"표의자의 내심의 의사와 표시된 의사가 일치하지 아니한 경우에는 표의자의 진의가 어떠한 것이든 표시된 대로의 효력을 생기게 하여 거짓의 표의자를 보호하지 않는 반면에, 만약 그 표의자의 상대방이 표의자의 진의 아님에 대하여 악의 또는 과실이 있는 경우라면, 이 때에는 그 상대방을 보호할 필요가 없이 표의자의 진의를 존중하여, 그 진의 아닌 의사표시를 무효로 돌리려는 데 있다.[435]"

2. 요 건

(1) 의사표시가 있을 것

일정한 효과의사의 존재를 추단할 만한 가치 있는 행위가 있어야 한다.[436]

---

432) 비진의표시는 표의자 스스로 의사와 표시와의 불일치를 인식하고 행하는 의사표시라는 점에서, 허위표시와 같고 착오에 의한 의사표시와 다르다. 한편 상대방이 있는 경우에도 그 불일치에 관하여 상대방과 전혀 합의하지 않았다는 점에서, 허위표시와 구별된다(이러한 점에서 비진의표시를 단독 허위표시라고도 한다).

433) 민법상의 비진의표시는, 진의를 마음속에 유보한 채 행하는 의사표시인 심리유보(心裡留保) 뿐만 아니라, 표의자의 진의 아님을 상대방 또는 제3자가 이해할 것이라는 기대 아래 행하는 의사표시인 희언표시(戱言表示; Scherzerklärung)까지를 포함하는 개념이다. 그러나 독일민법은 양자를 구별한다. 심리유보(제116조)의 경우, 일단 표시한대로의 효력을 발생시키고, 상대방이 표의자의 진의 아님을 안 경우에는 무효로 한다. 희언표시(제118조)의 경우, 상대방이 표의자의 진의 아님을 알았는지 여부에 관계없이 항상 무효가 된다.

434) 대판 2003. 4. 25. 2002다11458; 대판 1996. 12. 20. 95누16059.

435) 대판 1987. 7. 7. 86다카1004.

436) 명백한 농담·배우의 무대에서의 대사·교수가 학생들에게 표본으로 어음이나 수표를 교부하는 행위 등은 의사표시가 아니므로, 비진의표시의 문제가 생기지 않는다. 그러나 희언표시는 비진의표시가 됨을 주의하여야 한다. 판례는, '사립대학교에서 사직원이 수리되지 않으리라고 믿고 한 사직원 제출은, 비진의표시로서 표시한대로의 효력을 인정하고 있다.'(대판 1980. 10. 14. 79다2168)

(2) 의사와 표시가 일치하지 않을 것

(3) 표의자 스스로 그 불일치를 알고 있어야 한다.[437)]

(4) 표의자가 그러한 행위를 한 이유·동기 등은 문제가 되지 않는다.

판 례

가. 의사표시의 존재

○ 강박에 의하여 행한 의사표시가 비진의표시에 해당하는지 여부

"전략(前略)··· 비록 재산을 강제로 뺏긴다는 것이 표의자의 본심으로 잠재되어 있었다 하여도, 표의자가 강박에 의하여서나마 증여를 하기로 하고 그에 따른 증여의 의사표시를 한 이상, 증여의 내심의 효과의사가 결여된 것이라고는 할 수 없다.[438)]"

○ 원고인 종중의 명의신탁에 의하여 피고 명의로 소유권이전등기가 행해진 것이라는 피고의 진술이 비진의표시에 해당하는지 여부

"증거서류 중 부동산에 관하여 피고 명의로 마쳐진 소유권이전등기가 원고의 명의신탁에 의한 것이라는 취지의 피고의 진술부분은 사실의 진술일 뿐 의사표시라고 볼 수는 없으므로, 이를 강박에 의한 진술이라 하여 취소하거나 진의 아닌 진술로서 무효라고 할 수는 없는 것이니··· 후략(後略).[439)]"

나. 의사와 표시의 불일치

○ 원치 않는 사직서 제출과 진의 아닌 의사표시

"사용자가 사직의 의사가 없는 근로자로 하여금 어쩔 수 없이 사직서를 작성·제출하게 한 후 이를 수락하는, 이른바 의원면직의 형식을 취하여 근로계약관계를 종료시키는 경우처럼 근로자의 사직서 제출이 진의 아닌 의사표시에 해당하는 등으로 무효이어서, 사용자의 수리행위를 실질적으로 사용자의 일방적 의사에 의하여 근로계약관계를 종료시키는 해고라고 볼 수 있는 경우가 아닌 한, 사용자가 사직서 제출에 따른 사직의 의사표시를 수락함으로써 사용자와 근로자 사이의 근로계약관계는 합의해지에 의하여 종료되는 것이므로, 사용자의 의원면직처분을 해고라 볼 수 없고, 중략(中略)··· 표의자가 의사표시의 내용을 진정으로 마음속에서 바라지는 아니하였다고 하더라도, 당시의 상황에서는 그것을 최선이라고 판단하여 그 의사표시를 하였을 경우에는 이를 내심의 효과의사가 결여된 진의 아닌 의사표시라고 할 수 없다.[440)]"

○ 사립학교법상의 제한규정 때문에 교직원 등의 명의를 빌려서 한 학교법인의 차금행위가 비진의표시에 해당하는지 여부

"위의 경우, 피고 역시 그러한 사정을 알고 있었다고 하더라도, 위 소외인들의 의사는 위 금원의 대차에 관하여 그들이 주채무자로서 채무를 부담하겠다는 뜻이라고 해석함이 상당하므로, 이를 진

---

437) 만약 표의자가 의사와 표시의 불일치를 인식하지 못한 채 의사표시를 하였다면, 이는 착오의 문제가 될 뿐이다.

438) 대판 2002. 12. 27. 2000다47631; 대판 1993. 7. 16. 91다41528, 41535.

439) 대판 1992. 5. 26. 91다45578; 대판 1973. 3. 13. 72다963.

440) 대판 2000. 4. 25. 99다34475.

의 아닌 의사표시라고 할 수 없다.[441]"

○ 대출금채무자로서의 명의대여가 비진의표시에 해당하는지 여부

"법률상 또는 사실상의 장애로 자기명의로 대출 받을 수 없는 자를 위하여 대출금채무자로서의 명의를 빌려준 자에게 그와 같은 채무부담의 의사가 없는 것이라고는 할 수 없으므로, 그 의사표시를 비진의표시에 해당한다고 볼 수 없고… 후략(後略).[442]"

3. 효 과

(1) 원 칙

비진의표시는 표시한 대로의 효력이 있다(제107조 제1항 본문).[443]

(2) 예 외

(가) 무 효

상대방이 표의자의 진의 아님을 알았거나 알 수 있었을 경우, 비진의표시는 무효이다(제107조 제1항 단서).[444] 상대방의 악의·과실의 유무를 가리는 시기에 대하여는 다툼이 있다.[445] 생각건대 형식논리적으로는 도달주의설이 옳다고 할 수 있으나(제111조 제1항), 도달 후 상대방이 그 진의 아님을 요지한 때를 기준으로 판단하는 것이 타당하다.

상대방의 악의 또는 과실의 유무는, 비진의표시의 무효를 주장하는 표의자가 증명하여야 한다.[446]

(나) 손해배상책임의 문제

비진의표시가 무효로 되는 경우, 표의자는 상대방에 대하여 손해배상책임을 부담하는가? 선의의 상대방에게는 문제가 되지 않지만, 다만 상대방이 선의인데 과실이 있는 경우에 문제가 된다. 학설은 다툼이 있다.[447] 생각건대 표의자의 진의 아님을 알지 못함으로써

441) 대판 1980. 7. 8. 80다639.

442) 대판 1996. 9. 10. 96다18182; 대판 1996. 8. 23. 96다18076; 대판 1980. 7. 8. 80다639.

443) 표시주의에 따라, 표시행위의 외형을 신뢰한 상대방을 보호하기 위한 조치이다.

444) 진의 아님을 알고 있는 악의의 상대방·부주의로 알지 못한 과실 있는 상대방을 보호할 필요가 없기 때문에, 의사주의를 취하여 무효로 함으로써 표의자를 보호하려는 것이다. 상대방에게 과실이 있는 경우에도 비진의표시의 무효를 규정한 민법의 태도에 대하여는, 이를 찬성하는 입장(김상용, 442면; 이영준, 317면)과 타당하지 않다고 하는 입장(장경학, 462면)이 있다. 독일민법과는 달리, 심리유보와 희언표시를 모두 비진의표시에 포함시키고 있는 민법의 경우, 상대방과의 이익의 조화를 꾀할 수 있다는 견지에서 민법의 태도는 타당하다고 생각한다.

445) 제1설은, 상대방이 그 표시를 깨달아 안 때를 기준으로 판단해야 한다는 견해를 취한다(고상룡, 441면; 곽윤직·김재형, 301면; 송덕수, 272면; 장경학, 462면). 제2설은, 도달한 때를 기준으로 삼아야 한다고 한다(김상용, 442면; 이영준, 318면).

446) 대판 1992. 5. 22. 92다2295.

447) 제1설은, 독일민법(제122조)과 같은 명문의 규정이 없는 민법의 경우, 그 무효요건으로서 상대방의 악의·과실을 유책사유로 하고 있는 점에 비춰볼 때, 표의자의 배상책임은 부정된다고 한다(곽윤직·김재형, 301면; 송덕수, 272면; 지원림, 231면). 제2설은, 표의자가 비진의표시를 하였는데, 상대방은 이를 진정한 의사표시로 신뢰하여 손해를 입었다면, 표의자는 불법행위책임 또는 계약체결상의 과실책임에 기하여 배상책임을 부담

그 행위가 유효할 것으로 믿은 상대방이, 비진의표시의 무효에 의해 손해를 입었다면, 그 손해를 야기한 표의자가 신뢰이익의 배상책임을 부담하는 것이 옳다고 생각한다. 다만, 과실상계의 법리에 의해 손해액 조절이 가능하다 할 것이다(제396조).

(다) 선의의 제3자 보호

예외적으로 비진의표시가 무효로 되는 경우, 그 무효는 선의의 제3자에게 대항하지 못한다(제107조 제2항). 선의 · 제3자 · 대항할 수 없다 등은, 허위표시에서 설명하기로 한다.

판 례

가. 법률행위의 유효(원칙)

○ 비진의표시가 표시된 대로의 효력이 발생하는 경우

"채권의 총액이 57만 6천6백원이었으나, 그 중 36만원을 받으면서 영수증에 총완결이라는 문구를 부기한 경우, 그 총완결은 36만원을 영수하고 그것으로 모든 결재가 끝났다는 것을 표시하는 의사표시로 일응 해석되는 것이고, 그 의사표시의 상대방이 그러한 의사표시가 진의 아닌 것으로는 알지 아니하였다면, 그 영수증의 작성경위가 그렇게 적지 않으면 돈을 주지 않겠다고 하기에 궁박한 사정 아래에서 우선 돈을 받기 위하여 거짓 기재한 것이라 하여도, 그것 자체만으로는 총완결이라는 의사표시가 당연 무효가 되는 것은 아니다.[448]"

○ 대출금채무자로서의 명의를 대여한 자가 비진의표시의 법리에 따라 대출금채무를 부담하여야 하는지 여부

"법률상 또는 사실상의 장애로 자기명의로 대출 받을 수 없는 자를 위하여 대출금채무자로서의 명의를 빌려준 자에게 그와 같은 채무부담의 의사가 없는 것이라고는 할 수 없으므로, 그 의사표시를 비진의표시에 해당한다고 볼 수 없고, 설령 명의대여자의 의사표시가 비진의표시에 해당한다고 하더라도, 그 의사표시의 상대방인 상호신용금고로서는 명의대여자가 전혀 채무를 부담할 의사 없이 진의에 반한 의사표시를 하였다는 것까지 알았다거나 알 수 있었다고 볼 수도 없다고 보아, 그 명의대여자는 표시행위에 나타난 대로 대출금채무를 부담해야 한다.[449]"

○ 사직원 제출의 경우

"물의를 일으킨 사립대학교 조교수가 사직원이 수리되지 않을 것이라고 믿고 사태수습을 위하여 형식상 이사장 앞으로 사직원을 제출하였던 바, 의외로 이사회에서 본인의 의사이니 하는 수 없다고 하여 사직원이 수리된 경우, 위 조교수의 사직원이 설사 진의에 이르지 아니한 비진의 의사표시라 하더라도, 학교법인이나 그 이사회에서 그러한 사실을 알았거나 알 수 있었을 경우가 아니라면, 그 의사표시에 따라 효력을 발생하는 것이다.[450]"

하며, 다만 상대방의 과실을 근거로 과실상계가 가능하다고 한다(고상룡, 444면; 김상용, 443면; 김용한, 282면; 이영준, 377면).

448) 대판 1969. 7. 8. 69다563.

449) 대판 1996. 9. 10. 96다18182; 대판 1996. 8. 23. 96다18076; 대판 1980. 7. 8. 80다639.

450) 대판 1980. 10. 14. 79다2168.

나. 법률행위의 무효(예외)

◎ 갑 주식회사의 근로자들인 을 등이 군 복무를 위해 회사 방침에 따라 사직서를 제출하고 퇴직하였다가 제대 후 재입사한 사안에서, 사직서 제출행위와 그에 따른 퇴직 및 재입사처리는 무효이고, 을 등의 군복무기간과 재입사 전날까지 기간이 퇴직금 산정을 위한 계속근로기간에 포함된다고 본 원심판단을 정당하다고 한 사례

"갑 주식회사의 근로자들인 을 등이 군 복무를 위해 회사 방침에 따라 사직서를 제출하고 퇴직하였다가 제대 후 재입사한 사안에서, 을 등의 군 복무를 위한 사직서 제출행위와 그에 따른 갑 회사의 퇴직 및 재입사처리는 구 병역법(1983. 12. 31. 법률 제3696호로 전부 개정되기 전의 것) 제69조 제2항을 위반한 것일 뿐만 아니라, 을 등의 사직서 제출에 의한 퇴직 의사표시가 통정허위표시 또는 진의 아닌 의사표시로서 상대방이 진의 아님을 알았던 경우에 해당하여 무효이고, 이러한 점 등 여러 사정에 비추어 을 등의 군복무기간 및 재입사 전날까지 기간이 퇴직금 산정을 위한 계속근로기간에 포함된다고 본 원심판단을 정당하다고 한 사례.[451)]"가 있다.

◎ 미성년자의 법정대리인인 친권자의 대리행위가 미성년자 본인의 이익에 반하여 친권자 또는 제3자의 이익을 위한 배임적인 것임을 행위상대방이 알았거나 알 수 있었을 경우, 민법 제107조 제1항 단서의 규정을 유추적용하여 행위의 효과가 자(자)에게 미치지 않는지 여부(적극)

"진의 아닌 의사표시가 대리인에 의하여 이루어지고 대리인의 진의가 본인의 이익이나 의사에 반하여 자기 또는 제3자의 이익을 위한 배임적인 것임을 상대방이 알았거나 알 수 있었을 경우에는 민법 제107조 제1항 단서의 유추해석상 대리인의 행위에 대하여 본인은 아무런 책임을 지지 않는다고 보아야 하고, 상대방이 대리인의 표시의사가 진의 아님을 알았거나 알 수 있었는지는 표의자인 대리인과 상대방 사이에 있었던 의사표시 형성 과정과 내용 및 그로 인하여 나타나는 효과 등을 객관적인 사정에 따라 합리적으로 판단하여야 한다. 그리고 미성년자의 법정대리인인 친권자의 법률행위에서도 마찬가지라 할 것이므로, 법정대리인인 친권자의 대리행위가 객관적으로 볼 때 미성년자 본인에게는 경제적인 손실만을 초래하는 반면, 친권자나 제3자에게는 경제적인 이익을 가져오는 행위이고 그 행위의 상대방이 이러한 사실을 알았거나 알 수 있었을 때에는 민법 제107조 제1항 단서의 규정을 유추적용하여 행위의 효과가 자(자)에게는 미치지 않는다고 해석함이 타당하다.[452)]"

◎ 상대방에게 악의 또는 과실이 있는 경우의 효력

"해외근무자가 업무상의 재해를 치료하기 위하여 중도에 귀국함에 있어서, 미리 사직의 뜻이 담긴 귀국청원서를 제출하지 아니하면 귀국시킬 수 없다는 회사의 강요에 어쩔 수 없이 본의에 반하여 귀국청원서를 제출하였다면, 그 사직의 의사표시는 비진의표시이고 당시에 회사도 그러한 사정을 잘 알고 있었다면, 그 해고는 무효가 된다.[453)]"

◎ 민법 제107조 제1항 단서의 법리가 적용되는 경우

"근로자가 갑 회사를 퇴직하고 같은 그룹계열사인 을 회사로 입사하는 의사표시를 하거나 근로관계가 을 회사로 이전된 것이 아니라 여전히 갑 회사 소속 근로자로 재직하면서 다만, 을 회사의 업무로 변경된 종전 양돈장 증축공사 건축 감독업무에 종사하다가 그 파견기간이 끝나 갑 회사의

451) 대판 2012. 10. 25. 2012다41045.
452) 대판 2011. 12. 22. 2011다64669; 대판 2001. 1. 19. 2000다20694.
453) 대판 1992. 9. 1. 92다26260.

업무로 복귀한 것뿐인 경우, 갑 회사에서 을 회사로 소속이 변경된 바가 없는 근로자에 대하여 회사의 내부문서상 갑 회사에서 을 회사로 소속이 변경된 것으로 보아, 퇴직금을 이체한 것으로 처리하였다거나 근로자가 을 회사에 사직서를 제출하고 갑 회사와 을 회사로부터 각각 퇴직금을 지급받았다 하더라도, 근로자가 중간퇴직금을 지급 받으려는 내심의 의사 외에, 갑 회사의 근로관계를 종료하거나 퇴직금 산정에 있어서 근속연수를 제한하려는 내심의 의사가 있었다고 할 수 없고, 갑 회사도 근로자의 형식상의 퇴직의사가 진의 아님을 알았다고 할 것이어서, 위 퇴직금 수령은 비진의표시로서 무효이고, 따라서 근로자와 갑 회사와의 근로관계가 종료되었던 것이라고 할 수 없다.[454)]"

◎ 근로자가 회사의 경영방침에 따라 사직원을 제출하여 회사가 이를 받아들여 퇴직처리를 하였다가 즉시 재입사하는 형식을 취하는 경우, 사직원제출과 퇴직처리에 따른 퇴직의 효과가 발생하는지 여부

"근로자가 회사의 경영방침에 따라 사직원을 제출하고 회사가 이를 받아들여 퇴직처리를 하였다가 즉시 재입사하는 형식을 취함으로써 근로자가 그 퇴직 전후에 걸쳐 실질적인 근로관계의 단절이 없이 계속 근무하였다면 그 사직원제출은 근로자가 퇴직을 할 의사 없이 퇴직의사를 표시한 것으로서 비진의 의사표시에 해당하고 재입사를 전제로 사직원을 제출케 한 회사 또한 그와 같은 진의 아님을 알고 있었다고 봄이 상당하다 할 것이므로 위 사직원제출과 퇴직처리에 따른 퇴직의 효과는 생기지 아니한다.[455)]"

◎ 거래의 상대방인 예금자에게 과실이 있다고 본 경우

"예금계약에 은행의 정기예금 금리보다 훨씬 높은 이자가 정기적으로 지급되고 특정지점에서만 이러한 예금이 가능할뿐더러 예금을 할 때 암호가 사용되어야 하며, 예금거래신청서의 금액란도 빈칸으로 한 채 통상의 방법이 아닌 수기식 통장이 교부되었다면, 적어도 예금자는 대리인의 의사표시가 진의가 아닌 것을 알았다고는 할 수 없을지라도 적어도 통상의 주의만 기울였던들 이를 알 수 있었다고 할 것이다.[456)]"

◎ 조합을 대표하는 자가 조합을 위하여 차용하는 것이 아님을 금원을 대부하는 자가 알 수 있었을 경우, 민법 제107조 1항 단서의 유추적용의 가부(적극)

"조합의 이사장직무대행자가 자기의 이익을 위한 것이고 조합을 위하여 차용하는 것이 아님을, 대부자가 주의했더라면 알 수 있었을 경우에는, 민법 제107조 제1항 단서를 유추하여 그 대차계약은 조합에 대하여 효력을 발휘할 수 없다.[457)]"

◎ 회사 직원이 증권투자로 인한 고객의 손해에 대하여 책임을 지겠다는 내용의 각서를 작성해 준 사안의 경우

"각서를 단지 그 동안의 손실에 대하여 사과하고 그 회복을 위해 최선을 다하겠다는 의미로 해석하는 것은 경험칙과 논리칙에 반하지만, 그 각서가 남편을 안심시키려는 고객의 요청에 따라 작성된 경위 등에 비추어 비진의 의사표시로서 무효가 된다.[458)]"

---

454) 대판 1998. 12. 11. 98다36294.
455) 대판 2005. 4. 29. 2004두14090; 대판 1988. 5. 10. 87다카2578; 대판 1988. 4. 25. 86다카1124.
456) 대판 1987. 11. 10. 86다카371.
457) 대판 1975. 3. 25. 74다1452.

◎ 회사 직원이 고객으로부터 채권과 채권매수대금을 교부받아 임의로 운용한 사안에서 민법 제107조 제1항 단서를 유추적용하여 고객과 증권회사 사이의 채권 및 채권매수대금 위탁계약의 성립을 부정한 사례

"증권회사 직원이 고객으로부터 채권과 채권매수대금을 교부받아 증권회사의 계좌에 입금하지 아니하고 임의로 운용한 경우, 일반적인 채권 또는 양도성예금증서와는 달리 세금 공제 후의 확정이자가 지급되었고, 고객은 그 직원을 통하여야만 증권회사와 거래하였을 뿐만 아니라 고객 명의의 종합통장의 잔고는 없어지고 다만, 그 직원으로부터 잔액증명서나 보관증만을 교부받았고, 이 잔액증명서나 보관증으로 그 직원을 통하지 아니하고는 증권회사로부터 현금 또는 채권으로 인출할 수 없었다면, 고객으로서는 증권회사 직원의 의사가 증권회사를 위한 것이 아님을 알았다고 할 수는 없을지라도, 적어도 통상의 주의를 기울였던들 이를 알 수 있었을 것이라고 보는 것이 상당하므로, 고객과 증권회사 사이에 채권이나 채권매수자금에 대한 위탁계약이 성립되었다고 볼 수는 없다.[459]"

다. 증명책임의 소재

◎ 누가 증명책임을 부담하는가?

"어떠한 의사표시가 비진의표시로서 무효라고 주장할 경우, 그에 대한 증명책임은 이를 주장하는 자에게 있다.[460]"

●● 사례 14의 해결:

첫째, A(근로자)의 사직의 의사표시는 진정으로 회사를 그만둘 의사가 없이 행해진, 이른바 비진의표시에 해당하며 또한 사용자도 이러한 사실을 알고 그 사직원을 수리했으므로, 민법 제107조 제1항 단서의 규정상 B의 A에 대한 의원면직처분은 무효가 된다. 다만, A의 비진의 사직원 제출에 관한 B의 악의·과실의 존재에 대한 증명책임은 A에게 있다. 따라서 A의 주장은 정당하다.

(대판 1992. 8. 14. 92다21036의 사실관계와 판결요지 등 참조)

4. 적용범위

(1) 상대방 없는 단독행위에의 적용 여부

제107조 제1항 본문은, 상대방 있는 의사표시뿐만 아니라, 상대방 없는 의사표시에도 적용된다. 그러나 상대방 없는 단독행위의 경우, 제107조 제1항 단서·제2항의 적용 여부에 대하여는 다툼이 있다.[461] 생각건대 유언과 같은 경우, 유언자와 수유자 사이의 이익의

---

458) 대판 1999. 2. 12. 98다45744.

459) 대판 2001. 1. 19. 2000다20694; 대판 1999. 1. 15. 98다39602; 대판 1987. 11. 10. 86다카371.

460) 대판 1992. 5. 22. 92다2295.

461) 제1설은, 제107조 제1항 단서·제2항은 상대방 없는 단독행위에는 적용되지 않음으로써 언제나 무효로 되지 않는다고 한다(곽윤직·김재형, 301면; 김증한·김학동, 331면; 송덕수, 273면). 제2설은, 진의 아닌 유언의 경우에 수유자가 유언자의 진의 아님을 알고 있다면, 그러한 유언을 유효로 할 필요가 없다는 점에서, 상대방 없는 단독행위의 경우에도 제107조 제1항 단서를 유추적용해야 한다는 것이다(고상룡, 444면; 김상용, 444

조화를 꾀할 수 있다는 점에서, 제107조 제1항 단서를 유추적용하는 것이 옳다고 생각한다.

(2) 가족법상의 행위

당사자의 진의가 절대적으로 존중되는 가족법상의 행위에는, 제107조는 적용되지 않아, 항상 무효가 된다.[462]

(3) 기타의 경우

제107조는 성질에 따라서는 준법률행위에도 유추적용될 수 있다.[463] 상법상의 주식인수의 청약의 경우, 제107조 제1항 단서는 적용되지 않고(상법 제302조 제3항 · 제425조 제1항), 사인의 공법행위[464]에는 적용되지 않는다. 대리권남용의 배임적 대리행위의 경우에는 어떤가?[465] 판례는 이를 긍정한다.

판 례

가. 제107조의 공법관계에의 적용 여부

○ 사인의 공법행위에도 적용되는가?

"이른바 1980년의 공직자숙청계획의 일환으로 일괄사표의 제출과 선별수리의 형식으로 공무원에 대한 의원면직처분이 이루어진 경우, 사직원 제출행위가 강압에 의하여 의사결정의 자유를 박탈당한 상태에서 이루어진 것이라고 할 수 없고, 민법상 비진의표시의 무효에 관한 규정은 사인의 공법행위에 적용되지 않는다는 등의 이유로, 그 의원면직처분을 당연 무효라고 할 수도 없다.[466]"

○ 일괄 사표의 제출과 선별수리의 형식으로 이루어진 공무원에 대한 의원면직처분의 효력

"위의 경우, 공무원들이 임용권자 앞으로 일괄 사표를 제출한 경우, 그 사직원의 제출은 제출 당시 임용권자에 의하여 수리 또는 반려 중 어느 하나의 방법으로 처리되리라는 예측이 가능한 상태에서 이루어진 것으로서 그 사직원에 따른 의원면직은 그 의사에 반하지 아니하고, 비록 사직원제출자의 내심의 의사가 사직할 뜻이 아니었다 하더라도, 그 의사가 외부에 객관적으로 표시된 이상, 그 의사는 표시된 대로 효력을 발하는 것이며, 민법 제107조는 그 성질상 사인의 공법행위에 적용되지 아니하므로, 사직원 제출을 받아들여 의원면직 처분한 것을 당연 무효라고 할 수 없다.[467]"

○ 공법행위인 영업재개허가신고에 민법 제107조가 적용되는지 여부

"민법의 법률행위에 관한 규정은 행위의 격식화를 특색으로 하는 공법행위에 당연히 타당하다고

면; 김용한, 283면; 장경학, 465면).

462) 혼인 · 입양의 경우, 그 명문 규정이 있다(제815조 제1호 · 제883조 제1호).

463) 가령 채권양도의 통지 등을 들 수 있다(고상룡, 445면; 김상용, 444면; 김용한, 283면; 장경학, 465면).

464) 영업재개업 신고의 경우, 제107조는 적용되지 않는다고 한다(대판 1978. 7. 25. 76누276).

465) 가령 갑의 대리인(을)이 본인(갑)을 위하여 할 의사가 없이 대리권을 남용하여 자기 또는 제3자의 이익을 위하여 상대방(병)과 대리권한 범위 내의 법률행위를 하고, 병은 을의 그러한 진의를 알 수 있는 사정이 있었다고 할 경우, 그 행위의 효과는 갑 · 병 사이에 발생하는가?

466) 대판 2000. 11. 14. 99두5481; 대판 1997. 12. 12. 97누13962; 대판 1986. 7. 22. 86누43.

467) 대판 1992. 8. 14. 92누909; 대판 1986. 7. 22. 86누43; 대판 1981. 11. 24. 81누120.

말할 수 없으므로, 공법행위인 영업재개업신고에 민법 제107조는 적용될 수 없다.[468)]"

◯ 여군단기복무하사관이 복무연장지원서와 함께 전역지원서를 동시에 제출한 경우, 전역지원의 의사표시는 조건부 의사표시로서 유효한지 여부

"군인사정책상 필요에 의하여 복무연장지원서와 전역(여군의 경우에는 免役임)지원서를 동시에 제출하게 한 방침에 따라 위 두 개의 지원서를 함께 제출한 이상, 그 취지는 복무연장지원서의 의사표시를 우선으로 하되, 그것이 받아들여지지 아니하는 경우에 대비하여 원에 의하여 전역하겠다는 조건부 의사표시를 한 것이므로, 그 전역지원의 의사표시도 유효한 것으로 보아야 한다.[469)]"

"위 전역지원의 의사표시가 진의 아닌 의사표시라 하더라도, 그 무효에 관한 법리를 선언한 민법 제107조 제1항 단서의 규정은, 그 성질상 사인의 공법행위에는 적용되지 않는다 할 것이므로, 그 표시된 대로 유효한 것으로 보아야 한다.[470)]"

◯ 관계인집회에서의 회생계획안에 대한 동의 또는 부동의의 의사표시에 민법 제107조 이하 의사표시의 하자에 관한 규정이 적용될 수 있는지 여부(소극) 및 관계인집회에서 회생계획안에 관하여 일부의 조에서 법정 다수의 동의를 얻지 못한 경우, 법원이 채무자 회생 및 파산에 관한 법률 제244조에 따라 권리보호조항을 정하여 정리계획안을 인가하지 않았음을 이유로 항고할 수 있는지 여부(소극)

"관계인집회에서의 회생계획안에 대한 동의 또는 부동의의 의사표시는 조(회생담보권자조, 회생채권자조 등)를 단위로 하는 일종의 집단적 화해의 의사표시로서 재판절차상의 행위이고 관계인 사이에 일체 불가분적으로 형성되는 집단적 법률관계의 기초가 되는 것이어서 내심의 의사보다 표시를 기준으로 하여 효력 유무를 판정하여야 한다. 따라서 거기에 민법 제107조 이하 의사표시의 하자에 관한 규정은 적용 또는 유추적용될 수 없다. 그리고 관계인집회에서 회생계획안에 관하여 일부의 조에서 법정 다수의 동의를 얻지 못한 경우에 채무자 회생 및 파산에 관한 법률 제244조에 따라 권리보호조항을 정하여 회생계획을 인가할 것인지 여부는 법원의 재량에 속하는 사항이므로, 법원이 권리보호조항을 정하여 정리계획안을 인가하지 않았음을 이유로 항고할 수 없다.[471)]"

나. 대리권남용의 경우

◯ 배임적 대리행위에 대하여 민법 제107조 제1항 단서가 유추적용되는지 여부 및 예금주가 예금에 대한 금융기관 임·직원의 비진의 내지 배임적 의사를 알았거나 알 수 있었던 경우, 금융기관이 그 예금에 대한 반환책임을 지는지 여부

"진의 아닌 의사표시가 대리인에 의하여 이루어지고 그 대리인의 진의가 본인의 이익이나 의사에 반하여 자기 또는 제3자의 이익을 위한 배임적인 것임을 그 상대방이 알았거나 알 수 있었을 경우에는 민법 제107조 제1항 단서의 유추해석상 그 대리인의 행위에 대하여 본인은 책임을 지지 아니하므로, 금융기관의 임·직원이 예금 명목으로 돈을 교부받을 때의 진의가 예금주와 예금계약을 맺으려는 것이 아니라 그 돈을 사적인 용도로 사용하거나 비정상적인 방법으로 운용하는 데 있었던 경우에 예금주가 그 임·직원의 예금에 관한 비진의 내지 배임적 의사를 알았거나 알 수 있었다

468) 대판 1978. 7. 25. 76누276.
469) 대판 1994. 1. 11. 93누10057.
470) 대판 1994. 1. 11. 93누10057; 대판 1992. 8. 14. 92누909; 대판 1954. 2. 2. 4286행상11.
471) 대결 2014. 3. 18.자 2013마2488; 대결 2008. 1. 24.자 2007그18.

면 금융기관은 그러한 예금에 대하여 예금계약에 기한 반환책임을 지지 아니한다.[472]"

○ 부분적 포괄대리권을 가진 상업사용인의 배임적 대리행위에 대하여 민법 제107조 제1항을 유추 적용할 수 있는지 여부 및 상대방의 악의·과실 여부의 판단 기준

"부분적 포괄대리권을 가진 상업사용인이 그 범위 내에서 한 행위는 설사 상업사용인이 영업주 본인의 이익이나 의사에 반하여 자기 또는 제3자의 이익을 도모할 목적으로 그 권한을 남용한 것이라 할지라도 일단 영업주 본인의 행위로서 유효하나, 그 행위의 상대방이 상업사용인의 진의를 알았거나 알 수 있었을 때에는 민법 제107조 제1항 단서의 유추해석상 그 행위에 대하여 영업주 본인에 대하여 무효가 되고, 그 상대방이 상업사용인의 표시된 의사가 진의 아님을 알았거나 알 수 있었는가의 여부는 표의자인 상업사용인과 상대방 사이에 있었던 의사표시 형성 과정과 그 내용 및 그로 인하여 나타나는 효과 등을 객관적인 사정에 따라 합리적으로 판단하여야 한다.[473]"

Ⅲ. 허위표시

1. 의 의

상대방과 통정(통모)하여서 행하는 진의 아닌 의사표시를 허위표시라 한다.[474] 표의자가 진의 아닌 의사표시를 함에 있어서 미리 상대방과의 합의·양해 아래 행하는 의사표시라는 점에서, 통정허위표시라고도 한다.

판 례

○ 제108조의 취지

"민법 108조 1항은 진의 아닌 의사표시를 한 자가 스스로 그 사정을 인식하면서 그 상대방과 진의 아닌 의사표시를 하는데 대한 양해 하에 한 의사표시는 그 표시된 바와 같은 효력을 발생할 수 없다는 취지이다.[475]"

○ 통정허위표시로 판단한 구체적인 경우

"가등기 및 본등기가 재산은닉 또는 도피의 목적으로 이루어진 경우[476]·근로자가 실제로는 동일한 사업주를 위하여 계속 근무하면서 일정기간 특별히 고액의 임금이 지급되는 업무를 담당하기 위하여 형식상 일단 퇴직한 것으로 처리한 후 다시 임용되는 형식을 취한 경우[477] 등은 통정허위표시에 해당한다."

---

472) 대판 2007. 4. 12. 2004다51542; 대판 2003. 6. 10. 2003다9063; 대판 2001. 1. 19. 2000다20694.

473) 대판 2008. 7. 10. 2006다43767; 대판 1999. 3. 9. 97다7721, 7738.

474) 채권자의 민사집행을 면할 목적으로 채무자가 자기소유의 부동산을 실제로는 팔 의향이 없으면서 타인과 미리 짜고서, 타인명의로 그 부동산의 소유권이전등기를 하는 경우 등을 들 수 있다.

475) 대판 1972. 12. 26. 72다1776.

476) 대판 1990. 6. 26. 89다카27116.

477) 대판 1988. 4. 25. 86다카1124.

○ 부부간의 부동산의 매매가 가장매매인지 여부

"특별한 사정이 없이, 동거하는 부부간에 있어 남편이 처에게 토지를 매도하고, 그 소유권이전등기까지 해주는 것은 이례에 속하는 일로서 가장매매라고 추정하는 것이 옳다.478)"

○ 어음행위에 민법 제108조가 적용됨을 전제로, 실제로 어음상의 권리를 취득하게 할 의사는 없이 단지 채권자들에 의한 채권의 추심이나 강제집행을 피하기 위한 약속어음 발행행위가 통정허위표시인지 여부

"어음행위에 민법 제108조가 적용됨을 전제로, 실제로 어음상의 권리를 취득하게 할 의사는 없이 단지 채권자들에 의한 채권의 추심이나 강제집행을 피하기 위한 약속어음 발행행위가 통정허위표시로서 무효라고 한 원심의 판단을 수긍한 사례.479)"가 있다.

○ 토지 매도 후에도 계속 수익·관리·처분하는 경우

"토지를 매도하여 등기까지 넘겨준 훨씬 후에도 매도인이 그 토지에 대한 임료를 수령하고 관리인을 임명하여 그 관리인으로부터 위 토지로부터 나오는 수익을 직접 받을 뿐 아니라 소외인에게 위 토지의 매각의뢰까지 한 사실이 있다면 위 매매는 가장매매로 볼 여지가 있다.480)"

2. 요 건

●● 사례 15

원고(B)는 2004. 7. 2.자로 소외 1(주식회사 S저축은행)과의 사이에 소비대차계약(여신과목 일반자금대출, 대출기한 2005. 1. 2., 이율 연 15%, 연체이율 연 24%, 대출액 3억 원)을 체결하였다. 그 후 B는, 이 사건 소비대차계약의 실질적인 채무자는 당시 위 은행의 대표이사이던 소외 2인데, 위 은행 임직원에 대한 대출제한규정을 회피하기 위하여 원고를 형식상의 채무자로 내세우고, 위 은행 역시 이를 양해하여 원고에게는 채무자로서의 책임을 지우지 않을 의도 하에 위 소비대차계약이 이루어졌으므로 이는 통정허위표시 등에 해당하는 무효의 법률행위라고 주장하였다. B의 주장은 정당한가? 그런데 이 사건 대출신청서 등 대출관련서류에도 원고가 직접 서명·날인하였고, 이 사건 대출금의 약정 변제기일에 이르러 위 은행이 원고에 대하여 채무의 이행을 독촉하자 원고가 그 중 6,000만 원을 변제하면서 잔여금에 대해서는 대출연기신청의 약정까지 체결한 점 등이 사실관계에서 밝혀졌다.

●● 사안의 쟁점:

금융기관의 동일인 여신한도제한을 회피하기 위하여 제3자가 금융기관과 사이에 자신을 주채무자로 하는 소비대차계약을 체결한 경우, 위 소비대차계약이 통정허위표시로서 무효로 보기 위한 요건은 무엇인가? 하는 점이다.

---

478) 대판 1978. 4. 25. 78다226.
479) 대판 2005. 4. 15. 2004다70024; 대판 1996. 8. 23. 96다18076.
480) 대판 1984. 9. 25. 84다카641.

(1) 의사표시가 있어야 한다.

허위표시는 양당사자가 이해관계인을 속이려는 목적에서 행해지는 것이 보통이므로, 유효한 의사표시가 행해진 것과 같은 외관·외형이 있어야 한다.481)

(2) 의사와 표시가 일치하지 않아야 한다.

당사자 사이에서 행하여진 의사표시의 외관으로부터 추단되는 효과의사가 사실상 당사자 사이에 존재하지 않아야 한다. 주의할 점은, 의사표시의 법률적 효과와 의사표시에 의하여 달성하려고 하는 경제적 목적이 서로 모순된다고 하여, 허위표시는 아니라는 것이다.482)

(3) 의사와 표시의 불일치를 표의자 스스로 알고 있어야 한다.

(4) 진의와 다른 표시를 함에 있어서 상대방과의 사이에 합의(통정)가 있어야 한다(제108조 제1항 참조).483)

(5) 제3자를 속이기 위한 경우가 많으나, 허위표시를 한 목적·동기는 문제가 되지 않는다.

판 례

가. 의사표시의 존재

◎ 가장혼인의 경우

"갑의 혼외자인 병의 혼담이 깨질 것을 염려하여, 단지 갑과 을이 부부로 보일 것을 가장하기 위하여 혼인신고를 하였다면, 이 혼인신고는 가장결혼에 불과하며, 당사자간에 혼인할 의사가 없는 것에 해당한다.484)"

나. 의사와 표시의 불일치

◎ **모(母) 회사의 기능직 사원이 사무직으로 직종 변경되면 신설 자(子) 회사로 가겠다고 하여 모 회사에서 퇴직하고 자 회사로 입사하는 절차를 밟은 경우, 위 퇴직이 통정허위표시인지 여부**

"모 회사의 기능직 사원이 사무직으로 직종 변경되면 신설하는 자 회사로 가겠다고 하여, 모 회사에서 퇴직하고 자 회사로 입사하는 절차를 밟은 데 대하여, 위 퇴직이 통정허위표시이거나 근로기준법의 위반으로 무효로 새길 수는 없다.485)"

---

481) 증서의 작성·등기 또는 등록 등의 외형을 갖추어 행해지는 것이 보통이다.

482) 양도담보는 채권담보라는 경제적 목적을 위하여 소유권양도라는 법률적 수단을 취하는 것이고, 소유권양도라는 법률효과의 발생은 당사자의 진의라는 점에서, 양도담보라는 신탁행위는 허위표시가 아니다.

483) 이 때의 합의란, 표의자가 진의와 다른 외형상의 의사표시를 한다는 점에 대하여 상대방과 행하는 합의를 말한다. 만약, 상대방이 합의를 하지는 않았으나, 그 외형적 의사표시가 표의자의 진의 아님을 알았다면, 어떻게 되는가? 이 때에는, 비진의표시에 관한 제107조 제1항 단서에 의하여 무효가 된다.

484) 대판 1975. 5. 27. 74므23.

485) 대판 1993. 6. 11. 92다19316.

◎ 공동매수인에게 명의신탁한 부동산 소유지분에 대한 권리를 확보하기 위하여 마쳐진 근저당권 설정등기가 통정허위표시 등에 의한 것으로서 무효가 되는지 여부

"공동으로 매수하고 공유자에게 명의신탁한 부동산이 공유자에 의해 임의로 처분되거나 또는 그의 채권자들에 의하여 강제집행 되는 등의 사유로 공유자에 의한 자기 지분이 침해될 경우에, 공유자에 대하여 가지게 되는 장래의 조건부 손해배상청구권 또는 부당이득반환청구권을 담보하기 위하여 근저당권설정등기를 마쳤다면, 이는 공유자간의 합치된 진정한 의사표시에 기하여 행해진 것이지 강제집행을 면탈할 목적으로 행해진 통정허위표시로 볼 수 없다.[486]"

◎ 갑이 타인의 토지를 매수하면서 을과의 합의하에 을 명의로 소유권이전등기를 마친 다음 갑 앞으로 가등기를 마친 경우, 그 가등기 약정이 통정허위표시인지 여부

"갑과 을과의 합의 하에 제3자로부터 토지를 을의 이름으로 매수하여 매매대금을 완납하고 을의 명의로 소유권이전등기를 마친 다음, 을에 대한 다른 채권자들이 그 토지에 대하여 압류·가압류·가처분을 하거나, 을이 갑의 승낙 없이 토지를 임의로 처분해 버릴 경우의 위험에 대비하기 위하여 갑 명의로 소유권이전등기청구권 보전을 위한 가등기를 경료하였다면, 갑은 을에게 그 토지를 명의신탁한 것이라고 보여지고, 또한 그 가등기는 장차 가등기 경료 이후에 토지에 관하여 발생할지도 모르는 등기상의 부담에서 벗어나 갑이 완전한 소유권을 취득하기 위한 법적 장치로서 갑과 을 사이의 별도의 약정에 의하여 경료된 것이라고 할 것이므로, 위 가등기를 경료하기로 하는 갑과 을 사이의 약정은 통정허위표시로서 무효가 되지는 않는다.[487]"

◎ 양도담보

"채권담보의 목적으로 부동산에 관하여 매매형식을 취하여 채권자에게 인도 내지 소유권이전등기를 하여 주는 법률행위는 허위표시로서 무효가 아니다.[488]"

다. 의사와 표시의 불일치에 관한 상대방과의 합의

◎ 채무자가 다른 사람의 예금계좌로 송금한 금전에 관하여 통정허위표시에 의한 증여계약이 성립한다고 인정하기 위한 요건 및 이에 관한 증명책임 소재(=취소채권자)

"채무자가 다른 사람의 예금계좌로 송금한 금전에 관하여 통정허위표시에 의한 증여계약이 성립하였다고 하려면, 무엇보다도 우선 객관적으로 채무자와 다른 사람 사이에서 그와 같이 송금한 금전을 다른 사람에게 종국적으로 귀속되도록 '증여'하여 무상 공여한다는 데에 관한 의사 합치가 있는 것으로 해석되어야 한다. 그리고 그에 관한 증명책임은 위와 같은 송금행위가 채권자취소권의 대상이 되는 사해행위임을 주장하는 채권자에게 있다.[489]"

◎ 구상호신용금고법상의 동일인 대출한도를 회피하기 위하여 상호신용금고의 양해 하에 형식상 제3자 명의를 빌려 체결된 대출약정의 효력

"동일인에 대한 대출액 한도를 제한한 구상호신용금고법(1995. 1. 5. 법률 제4867호로 개정되기 전의 것) 제12조의 적용을 회피하기 위하여 실질적인 주채무자가 실제 대출받고자 하는 채무액에 대하여 제3자를 형식상의 주채무자로 내세우고, 상호신용금고도 이를 양해하여 제3자에 대하여는

---

486) 대판 1993. 5. 25. 93다6362.
487) 대판 1995. 12. 26. 95다29888.
488) 대판 1964. 6. 16. 64다138.
489) 대판 2012. 7. 26. 2012다30861.

채무자로서 책임을 지우지 않을 의도 아래 제3자 명의로 대출관계서류를 작성받은 경우, 제3자는 형식상의 명의만을 빌려 준 자에 불과하고 그 대출계약의 실질적인 당사자는 상호신용금고와 실질적 주채무자이므로, 제3자 명의로 되어 있는 대출약정은 상호신용금고의 양해 아래 그에 따른 채무부담의 의사 없이 형식적으로 이루어진 것에 불과하여 통정허위표시에 해당하는 무효의 법률행위이다.[490]"

○ 명의수탁자와 제3자 사이의 명의신탁 된 토지에 대한 교환계약이 강제집행을 면탈하기 위한 통정허위표시인지 여부

"명의수탁자와 제3자 사이의 명의신탁 된 토지에 대한 교환계약이 강제집행을 면탈하기 위한 통정허위표시라고 한 사례.[491]"가 있다.

○ 동일인에 대한 대출한도 초과를 은폐하기 위한 이른바 우회대출의 방법에 의한 대출거래가 통정허위표시인지 여부

"동일인에 대한 대출한도 초과를 은폐하기 위한 이른바 우회대출의 방법에 의한 대출거래가 통정허위표시 내지 명의만을 대여한 거래로 볼 수 없다고 한 사례.[492]"가 있다.

●● 사례 15의 해결:

첫째, 통정허위표시가 성립하기 위해서는 의사표시의 진의와 표시가 일치하지 아니하고 그 불일치에 관하여 상대방과 사이에 합의가 있어야 하는데, 제3자가 금전소비대차약정서 등 대출관련 서류에 주채무자로서 직접 서명·날인하였다면 제3자는 자신이 그 소비대차계약의 채무자임을 금융기관에 대하여 표시한 셈이고, 제3자가 금융기관이 정한 여신제한 등의 규정을 회피하여 타인으로 하여금 제3자 명의로 대출을 받아 이를 사용하도록 할 의사가 있었다거나 그 원리금을 타인의 부담으로 상환하기로 하였더라도, 특별한 사정이 없는 한 이는 소비대차계약에 따른 경제적 효과를 타인에게 귀속시키려는 의사에 불과할 뿐, 그 법률상의 효과까지도 타인에게 귀속시키려는 의사로 볼 수는 없으므로 제3자(B)의 진의와 표시에 불일치가 있다고 보기는 어렵다 할 것이다. 왜냐하면, B가 자신 명의의 이 사건 대출의 신청 및 실행에 동의한 사실은 분명하기 때문이다.

둘째, 그렇다면, 소외 1이 B와의 사이에 당해 대출에 따르는 법률상의 효과까지 실제 차주(소외 2)에게 귀속시키고 B에게는 그 채무부담을 지우지 않기로 약정 내지 양해하였음을 B가 적극적으로 증명할 수 없는 이 사건의 경우, B의 주장은 이유가 없다.

(대판 2008. 6. 12. 2008다7772, 7789의 사실관계와 판결요지 등 참조)

---

490) 대판 2002. 10. 11. 2001다7445; 대판 2001. 5. 29. 2001다11765; 대판 1996. 8. 23. 96다18076.
491) 대판 2002. 5. 10. 2000다55171.
492) 대판 2005. 1. 27. 2004두2332.

3. 효 과

(1) 당사자 사이의 효력

허위표시는 당사자 사이에서는 무효이다(제108조 제1항).[493] 따라서 허위표시에 의해 발생한 채무가 이행 전이면 이행할 필요가 없고, 이행 후이면 부당이득을 이유로 한 반환문제가 생긴다(제741조 이하). 허위표시 자체가 제103조의 위반행위는 아니기 때문에 불법원인급여(제746조)의 문제는 생기지 않는다.

허위표시에 의한 행위가 채권자취소권(제406조)의 요건을 갖춘 경우, 허위표시를 한 채무자의 채권자는 채권자취소권을 행사할 수 있다.[494]

허위표시는 법률행위의 전부에 관하여 존재하는 것이 보통이지만, 만약 그 일부에 관하여만 존재할 경우에는 일부무효의 법리에 따른다(제137조).

(2) 제3자에 대한 효력

(가) 선의의 제3자 보호효(保護效)

허위표시의 무효는 선의의 제3자에게 대항하지 못한다(제108조 제2항).[495]

(나) 제3자의 범위

일반적으로 제3자라 함은, 당사자와 그의 포괄승계인 이외의 모든 자를 말하나, 제108조 제2항의 제3자는 그 범위가 다소 제한된다.[496]

(다) 선 의

그 의사표시가 허위표시임을 모르는 것을 선의라 한다. 제3자의 선의·악의의 판단은 법률상의 이해관계가 발생한 당시를 표준으로 한다. 제3자는 선의이면 되고, 무과실은 그

---

493) 허위표시가 무효인 근거는 무엇인가? 제1설은, 표시한대로의 법률효과를 발생시키지 않는다는 양당사자의 합의, 즉 사적자치에서 찾는다(고상룡, 449면; 김용한, 284면; 장경학, 468면). 제2설은, 탈세·민사집행면탈 등 부당한 목적을 위한 허위표시는 사적자치의 허용 밖이라고 하면서, 허위표시는 표의자의 진의가 결여되었기 때문에 무효라고 한다(김상용, 447면). 생각건대 허위표시의 무효를 규정한 제108조 제1항은, 의사표시의 본질에 관하여 의사주의를 취한 것으로 이해하는 것이 간명하다.

494) 대판 1984. 7. 24. 84다카68; 대판 1961. 11. 9. 4293민상263.

495) 허위표시의 외관을 신뢰한 제3자를 보호함으로써 거래의 안전을 꾀하기 위한 목적을 갖는다. 독일민법과 같이 일반적으로 공신의 원칙을 인정하고 있는 법제(동법 제117조)의 경우와는 달리, 동산의 선의취득만 인정할 뿐, 부동산등기의 공신력을 인정하지 않는 민법의 경우, 제108조 제2항은 부동산거래의 안전보호를 위하여 중요한 의미가 있다. 가령 X가 소유부동산을 허위표시(가장매매)에 기하여 Y에게 그 소유권을 이전시켰고, 그러한 사실을 모르는 Z가 Y와의 매매계약에 기하여 그 부동산소유권을 이전받았다면, X·Y 사이의 매매계약은 허위표시를 이유로 무효로 되지만, 그 무효는 Z에게 대항하지 못함으로써 Z의 그 소유권취득은 확정적이다. X는 Y에 대하여 그 부동산의 반환불능을 이유로 한 손해배상을 청구하거나, 또는 Y가 Z로부터 받은 매매대금에 대한 부당이득반환청구를 할 수 있을 뿐이다.

496) 즉, 허위표시를 기초로 하여 새로운 법률적 이해관계가 있는 자에 한정된다(통설·판례). 가령 허위표시에 기한 타인명의 예금통장의 명의인으로부터 예금채권을 양수한 자 등을 들 수 있다. 그러나 채권을 가장양도 한 경우의 채무자(대판 1983. 1. 18. 82다594) 등은 여기에 포함되지 않는다. 한편 선의의 제3자로부터 목적물을 취득한 전득자는, 선의의 제3자의 권리를 승계한 것이므로, 선의·악의에 관계없이 보호를 받는다(통설).

요건이 아니다.[497] 일반적으로 제3자는 선의로 추정되므로, 제3자가 악의라는 사실은 이를 주장하는 자가 그 증명책임을 부담한다.[498]

(라) '대항하지 못한다.'의 의미

허위표시의 당사자가 제3자에게 허위표시의 무효임을 주장하지 못한다는 뜻이다.[499] 선의의 제3자에 대한 관계에서는, 표시된 대로의 효력이 생긴다.[500]

판 례

가. 원칙적 무효

○ 통정한 허위표시의 효력

"통정한 허위의 의사표시는 허위표시의 당사자와 포괄승계인 이외의 자로서 그 허위표시에 의하여 외형상 형성된 법률관계를 토대로 실질적으로 새로운 법률상 이해관계를 맺은 선의의 제3자를 제외한 누구에 대하여서나 무효이고, 또한 누구든지 그 무효를 주장할 수 있다.[501]"

○ 가장 임대차의 주택임대차보호법상의 대항력 유무

"임대차는 임차인으로 하여금 목적물을 사용·수익하게 하는 것이 계약의 기본 목적이므로, 채권자가 주택임대차보호법상의 대항력을 취득하는 방법으로, 기존 채권을 우선변제 받을 목적으로, 주택임대차계약의 형식을 빌려 기존 채권을 임대차보증금으로 하기로 하고, 주택의 인도와 주민등록을 마침으로써 주택임대차로서의 대항력을 취득한 것처럼 외관을 만들었을 뿐, 실제 주택을 주거용으로 사용·수익할 목적을 가지지 아니한 계약은, 주택임대차계약으로서는 통정허위표시에 해당되어 무효라고 할 것이므로, 이에 주택임대차보호법이 정하고 있는 대항력을 부여할 수는 없다.[502]"

○ 실제로는 전세권설정계약이 없으면서도 임차보증금 반환채권을 담보할 목적으로 전세권설정등기를 마친 후 그 전세권에 대하여 근저당권이 설정된 경우, 임대인이 그와 같은 사정을 알지 못한 근저당권자에게 위 전세권설정계약이 통정허위표시에 해당함을 이유로 무효를 주장할 수 있는지 여부

"실제로는 전세권설정계약이 없으면서도 임대차계약에 기한 임차보증금 반환채권을 담보할 목적으로 임차인과 임대인 사이의 합의에 따라 임차인 명의로 전세권설정등기를 경료한 후 그 전세권

497) 다수설은 무과실은 그 요건이 아닌 것으로 새긴다(곽윤직·김재형, 304면; 김상용, 449면; 송덕수, 286면; 지원림, 241면). 소수설은 무과실은 그 요건이 아니나, 중과실이 없어야 한다는 견해를 취한다(고상룡, 405면). 판례는 다수설과 같은 견해를 취한다(대판 2006. 3. 10. 2002다1321). 생각건대 제108조의 제2항의 규정상 제3자가 보호받기 위해서는 선의이면 족하다는 점에서 다수설이 타당하다.

498) 대판 1970. 9. 29. 70다466.

499) 그 무효를 주장할 수 없는 자의 범주에는, 허위표시의 당사자뿐만 아니라, 그의 채권자도 포함된다.

500) 선의의 제3자가 허위표시의 무효를 주장할 수 있는가? 긍정설이 다수설이나(고상룡, 456면; 곽윤직·김재형, 305면; 김상용, 450면), 유·불리에 따라 허위표시의 무효를 주장하는 것은 불공평하며, 거래의 안전보호라는 제108조 제2항의 취지에 비춰볼 때, 선의의 제3자는 무효를 주장할 수 없다고 해야 한다는 부정설이 있다(김증한·김학동, 336면; 이영준, 329면).

생각건대 선의의 제3자가 그 무효를 주장하는 것이, 사적자치의 한계를 벗어난 것은 아니라는 점에서 긍정설이 타당하다고 생각한다.

501) 대판 2003. 3. 28. 2002다72125; 대판 2000. 7. 6. 99다51258; 대판 1996. 4. 26. 94다12074.

502) 대판 2002. 3. 12. 2000다24184, 24191; 대판 2001. 5. 8. 2001다14733.

에 대하여 근저당권이 설정된 경우, 설령 위 전세권설정계약만 놓고 보아 그것이 통정허위표시에 해당하여 무효라 하더라도 이로써 위 전세권설정계약에 의하여 형성된 법률관계를 토대로 별개의 법률원인에 의하여 새로운 법률상 이해관계를 갖게 된 근저당권자에 대하여는 그와 같은 사정을 알고 있었던 경우에만 그 무효를 주장할 수 있다.[503)]"

○ 통정허위표시에 의한 법률행위가 채권자취소권의 대상이 되는지 여부

"채무자의 법률행위가 통정허위표시인 경우에도 채권자취소권의 대상이 되고, 한편 채권자취소권의 대상으로 된 채무자의 법률행위라도, 통정허위표시의 요건을 갖춘 경우에는 무효가 된다.[504)]"

○ 허위의 근저당권에 대하여 배당이 이루어진 경우, 배당채권자는 채권자취소의 소에 의하지 않고 배당이의의 소로써 그 시정을 구할 수 있는지 여부

"위의 경우, 통정한 허위의 의사표시는 당사자 사이에서는 물론 제3자에 대하여도 무효이고 다만, 선의의 제3자에 대하여만 이를 대항하지 못한다고 할 것이므로, 배당채권자는 채권자취소의 소로써 통정허위표시를 취소하지 않았다 하더라도, 그 무효를 주장하여 그에 기한 채권의 존부·범위·순위에 관한 배당이의의 소를 제기할 수 있다.[505)]"

나. 제3자에 대한 효력

○ '제3자'에 해당하는지 여부에 대한 판단기준

"전략(前略)… 허위표시의 당사자와 포괄승계인 이외의 자로서 허위표시에 의하여 외형상 형성된 법률관계를 토대로 실질적으로 새로운 법률상 이해관계를 맺은 선의의 제3자에 대하여는 허위표시의 당사자뿐만 아니라, 그 누구도 허위표시의 무효를 대항하지 못하는 것인바, 허위표시를 선의의 제3자에게 대항하지 못하게 한 취지는, 이를 기초로 하여 별개의 법률원인에 의하여 고유한 법률상의 이익을 갖는 법률관계에 들어간 자를 보호하기 위한 것이므로, 제3자의 범위는 권리관계에 기초하여 형식적으로만 파악할 것이 아니라, 허위표시 행위를 기초로 하여 새로운 법률상 이해관계를 맺었는지 여부에 따라 실질적으로 파악하여야 한다.[506)]"

○ 임대차보증금반환채권이 양도된 후 양수인의 채권자가 임대차보증금반환채권에 대하여 채권압류 및 추심명령을 받았는데 임대차보증금반환채권 양도계약이 허위표시로서 무효인 경우, 채권자가 통정허위표시에 있어서 '제3자'에 해당하는지 여부(적극)

"임대차보증금반환채권이 양도된 후 양수인의 채권자가 임대차보증금반환채권에 대하여 채권압류 및 추심명령을 받았는데 임대차보증금반환채권 양도계약이 허위표시로서 무효인 경우 채권자는 그로 인해 외형상 형성된 법률관계를 기초로 실질적으로 새로운 법률상 이해관계를 맺은 제3자에 해당한다.[507)]"

○ 선의의 제3자 판단 방법, 채무를 이행한 보증인이 제3자인지 여부

"① 허위표시를 선의의 제3자에게 대항하지 못하게 한 취지는 이를 기초로 하여 별개의 법률원인에 의하여 고유한 법률상의 이익을 갖는 법률관계에 들어간 자를 보호하기 위한 것이므로 제3자

503) 대판 2008. 3. 13. 2006다29372, 29389; 대판 2006. 2. 9. 2005다59864; 대판 1998. 9. 4. 98다20981.
504) 대판 1998. 2. 27. 97다50985; 대판 1984. 7. 24. 84다카68.
505) 대판 2001. 5. 8. 2000다9611.
506) 대판 2000. 7. 6. 99다51258; 대판 1983. 1. 18. 82다594; 대판 1982. 5. 25. 80다1403.
507) 대판 2014. 4. 10. 2013다59753.

의 범위는 권리관계에 기초하여 형식적으로만 파악할 것이 아니라 허위표시행위를 기초로 하여 새로운 법률상 이해관계를 맺었는지 여부에 따라 실질적으로 파악하여야 한다. ② 보증인이 주채무자의 기망행위에 의하여 주채무가 있는 것으로 믿고 주채무자와 보증계약을 체결한 다음 그에 따라 보증채무자로서 그 채무까지 이행한 경우, 그 보증인은 주채무자의 채권자에 대한 채무 부담행위라는 허위표시에 기초하여 구상권 취득에 관한 법률상 이해관계를 가지게 되었으므로 민법 제108조 제2항 소정의 '제3자'에 해당한다.[508]"

◎ 선의의 제3자에게 대항할 수 없는 자의 범위

"① 상대방과 통정한 허위의 의사표시는 무효이고 누구든지 그 무효를 주장할 수 있는 것이 원칙이나, 허위표시의 당사자 및 포괄승계인 이외의 자로서 허위표시에 의하여 외형상 형성된 법률관계를 토대로 실질적으로 새로운 법률상 이해관계를 맺은 선의의 제3자에 대하여는 허위표시의 당사자뿐만 아니라 그 누구도 허위표시의 무효를 대항하지 못하고 따라서 선의의 제3자에 대한 관계에 있어서는 허위표시도 그 표시된 대로 효력이 있다. ② 통정 허위표시를 원인으로 한 부동산에 관한 가등기 및 그 가등기에 기한 본등기로 인하여 갑의 소유권이전등기가 말소된 후 다시 그 본등기에 터 잡아 을이 부동산을 양수하여 소유권이전등기를 마친 경우, 을이 통정 허위표시자로부터 실질적으로 부동산을 양수하고 또 이를 양수함에 있어 통정 허위표시자 명의의 각 가등기 및 이에 기한 본등기의 원인이 된 각 의사표시가 허위표시임을 알지 못하였다면, 갑은 선의의 제3자인 을에 대하여는 그 각 가등기 및 본등기의 원인이 된 각 허위표시가 무효임을 주장할 수 없고, 따라서 을에 대한 관계에서는 그 각 허위표시가 유효한 것이 되므로 그 각 허위표시를 원인으로 한 각 가등기 및 본등기와 이를 바탕으로 그 후에 이루어진 을 명의의 소유권이전등기도 유효하다.[509]"

◎ 실제로는 전세권설정계약을 체결하지 않았으면서도 임차보증금반환채권을 담보할 목적 등으로 임차인과 임대인의 합의에 따라 임차인 명의로 전세권설정등기를 마친 경우, 통정허위표시의 무효를 주장할 수 없는 '선의의 제3자'의 범위

"실제로는 전세권설정계약을 체결하지 아니하였으면서도 임대차계약에 기한 임차보증금반환채권을 담보할 목적 또는 금융기관으로부터 자금을 융통할 목적으로 임차인과 임대인 사이의 합의에 따라 임차인 명의로 전세권설정등기를 경료한 경우에, 위 전세권설정계약이 통정허위표시에 해당하여 무효라 하더라도 위 전세권설정계약에 의하여 형성된 법률관계에 기초하여 새로이 법률상 이해관계를 가지게 된 제3자에 대하여는 그 제3자가 그와 같은 사정을 알고 있었던 경우에만 그 무효를 주장할 수 있다. 그리고 여기에서 선의의 제3자가 보호될 수 있는 법률상 이해관계는 위 전세권설정계약의 당사자를 상대로 하여 직접 법률상 이해관계를 가지는 경우 외에도 그 법률상 이해관계를 바탕으로 하여 다시 위 전세권설정계약에 의하여 형성된 법률관계와 새로이 법률상 이해관계를 가지게 되는 경우도 포함된다.[510]"

◎ 파산관재인이 민법 제108조 제2항 및 제110조 제3항의 제3자에 해당하는지 여부(적극) 및 그 선의 여부의 판단 기준(=총파산채권자)

"파산자가 상대방과 통정한 허위의 의사표시를 통하여 가장채권을 보유하고 있다가 파산이 선고

508) 대판 2000. 7. 6. 99다51258.
509) 대판 1996. 4. 26. 94다12074.
510) 대판 2013. 2. 15. 2012다49292; 대판 2010. 3. 25. 2009다35743.

된 경우 그 가장채권도 일단 파산재단에 속하게 되고, 파산선고에 따라 파산자와는 독립한 지위에서 파산채권자 전체의 공동의 이익을 위하여 직무를 행하게 된 파산관재인은 그 허위표시에 따라 외형상 형성된 법률관계를 토대로 실질적으로 새로운 법률상 이해관계를 가지게 된 민법 제108조 제2항의 제3자에 해당하고, 그 선의·악의도 파산관재인 개인의 선의·악의를 기준으로 할 수는 없고, 총파산채권자를 기준으로 하여 파산채권자 모두가 악의로 되지 않는 한 파산관재인은 선의의 제3자라고 할 수밖에 없다. 그리고 이와 같이 파산관재인이 제3자로서의 지위도 가지는 점 등에 비추어, 특별한 사정이 없는 한 파산관재인은 사기에 의한 의사표시에 따라 외형상 형성된 법률관계를 토대로 실질적으로 새로운 법률상 이해관계를 가지게 된 민법 제110조 제3항의 제3자에 해당하고, 파산채권자 모두가 악의로 되지 않는 한 파산관재인은 선의의 제3자라고 할 수밖에 없다.[511]"

◎ 실제로는 전세권설정계약을 체결하지 않았으면서도 임차보증금반환채권을 담보할 목적 등으로 임차인과 임대인의 합의에 따라 임차인 명의로 전세권설정등기를 마친 경우, 통정허위표시의 무효를 주장할 수 없는 '선의의 제3자'의 범위

"실제로는 전세권설정계약을 체결하지 아니하였으면서도 임대차계약에 기한 임차보증금반환채권을 담보할 목적 또는 금융기관으로부터 자금을 융통할 목적으로 임차인과 임대인 사이의 합의에 따라 임차인 명의로 전세권설정등기를 경료한 경우에, 위 전세권설정계약이 통정허위표시에 해당하여 무효라 하더라도 위 전세권설정계약에 의하여 형성된 법률관계에 기초하여 새로이 법률상 이해관계를 가지게 된 제3자에 대하여는 그 제3자가 그와 같은 사정을 알고 있었던 경우에만 그 무효를 주장할 수 있다. 그리고 여기에서 선의의 제3자가 보호될 수 있는 법률상 이해관계는 위 전세권설정계약의 당사자를 상대로 하여 직접 법률상 이해관계를 가지는 경우 외에도 그 법률상 이해관계를 바탕으로 하여 다시 위 전세권설정계약에 의하여 형성된 법률관계와 새로이 법률상 이해관계를 가지게 되는 경우도 포함된다.[512]"

◎ 갑이 을의 임차보증금반환채권을 담보하기 위하여 통정허위표시로 을에게 전세권설정등기를 마친 후 병이 이러한 사정을 알면서도 을에 대한 채권을 담보하기 위하여 위 전세권에 대하여 전세권근저당권설정등기를 마쳤는데, 그 후 정이 병의 전세권근저당권부 채권을 가압류하고 압류명령을 받은 경우, 정이 통정허위표시에 관하여 선의라면 비록 병이 악의라 하더라도 허위표시자는 그에 대하여 전세권이 통정허위표시에 의한 것이라는 이유로 대항할 수 있는지 여부(소극)

"갑이 을의 임차보증금반환채권을 담보하기 위하여 통정허위표시로 을에게 전세권설정등기를 마친 후 병이 이러한 사정을 알면서도 을에 대한 채권을 담보하기 위하여 위 전세권에 대하여 전세권근저당권설정등기를 마쳤는데, 그 후 정이 병의 전세권근저당권부 채권을 가압류하였다가 이를 본압류로 이전하는 압류명령을 받은 사안에서, 병의 전세권근저당권부 채권은 통정허위표시에 의하여 외형상 형성된 전세권을 목적물로 하는 전세권근저당권의 피담보채권이고, 정은 이러한 병의 전세권근저당권부 채권을 가압류하고 압류명령을 얻음으로써 그 채권에 관한 담보권인 전세권근저당권의 목적물에 해당하는 전세권에 대하여 새로이 법률상 이해관계를 가지게 되었으므로, 정이 통정허위표시에 관하여 선의라면 비록 병이 악의라 하더라도 허위표시자는 그에 대하여 전세권이 통정허위표시에 의한 것이라는 이유로 대항할 수 없음에도, 이와 달리 본 원심판결에 법리오해의 위법

511) 대판 2010. 4. 29. 2009다96083; 대판 2006. 11. 10. 2004다10299; 대판 2003. 6. 24. 2002다48214.

512) 대판 2013. 2. 15. 2012다49292; 대판 2010. 3. 25. 2009다35743.

이 있다고 한 사례.[513]"가 있다.

◉ 임대차보증금반환채권이 양도된 후 양수인의 채권자가 임대차보증금반환채권에 대하여 채권압류 및 추심명령을 받았는데 임대차보증금반환채권 양도계약이 허위표시로서 무효인 경우, 채권자가 통정허위표시에 있어서 '제3자'에 해당하는지 여부(적극)

"임대차보증금반환채권이 양도된 후 양수인의 채권자가 임대차보증금반환채권에 대하여 채권압류 및 추심명령을 받았는데 임대차보증금반환채권 양도계약이 허위표시로서 무효인 경우 채권자는 그로 인해 외형상 형성된 법률관계를 기초로 실질적으로 새로운 법률상 이해관계를 맺은 제3자에 해당한다.[514]"

◉ 파산관재인이 민법 제108조 제2항 등에 있어서 제3자에 해당하는 이유 및 그 선의 여부의 판단기준

"파산관재인이 민법 제108조 제2항의 경우 등에 있어 제3자에 해당하는 것은 파산관재인은 파산채권자 전체의 공동의 이익을 위하여 선량한 관리자의 주의로써 그 직무를 행하여야 하는 지위에 있기 때문이므로, 그 선의·악의도 파산관재인 개인의 선의·악의를 기준으로 할 수는 없고 총파산채권자를 기준으로 하여 파산채권자 모두가 악의로 되지 않는 한 파산관재인은 선의의 제3자라고 할 수밖에 없다.[515]"

◉ 금융기관이 구금융기관부실자산등의효율적처리및한국자산관리공사의설립에관한법률에 따라 한국자산관리공사에게 부실자산인 대출금 채권을 양도한 경우, 한국자산관리공사가 민법 제108조 제2항의 제3자에 해당하는지 여부

"한국자산관리공사가 금융기관의 출자에 의하여 설립되었다고 하더라도 부실자산을 양도한 금융기관과는 독립하여 고유의 업무를 수행하는 별개의 법인이고, 금융기관으로부터 인수한 채권 등 그 자산에 대하여도 별도의 이해관계를 가진다고 할 것이므로, 한국자산관리공사가 부실채권 등 자산을 양도한 금융기관과 실질적으로 동일한 지위에 있다고 할 수는 없고, 또 한국자산관리공사가 부실채권 등 금융기관의 부실자산을 인수함에 있어 금융기관과 협의하여 인수가격 등 인수조건을 정하고 이를 유상으로 인수함과 아울러 담보물권까지 이전받는 점에 비추어 보면, 한국자산관리공사는 금융기관과 대출명의인 사이의 통정한 허위표시에 따라 외형상 형성된 법률관계를 토대로 실질적으로 새로운 법률상 이해관계를 가지게 된 민법 제108조 제2항의 제3자에 해당된다고 할 것이고, 비록 한국자산관리공사가 금융기관이 보유하는 부실자산의 정리촉진과 부실징후기업의 경영정상화 등을 효율적으로 지원하기 위한 공익적 목적에서 금융기관의 부실채권 등을 인수하였다고 하더라도 거래의 안전을 위하여 보호하여야 할 가치나 필요가 없는 제3자라고 할 수는 없다.[516]"

◉ 구상호신용금고법 소정의 계약이전을 받은 금융기관이 원계약 당사자 사이의 통정허위표시에 있어서 민법 제108조 제2항의 제3자에 해당하는지 여부

"구상호신용금고법(2000. 1. 28. 법률 제6203호로 개정되기 전의 것) 소정의 계약이전은 금융거래에서 발생한 계약상의 지위가 이전되는 사법상의 법률효과를 가져오는 것이므로, 계약이전을 받은

513) 대판 2013. 2. 15. 2012다49292.
514) 대판 2014. 4. 10. 2013다59753.
515) 대판 2006. 11. 10. 2004다10299; 대판 2005. 7. 22. 2005다4383; 대판 2003. 6. 24. 2002다48214.
516) 대판 2004. 1. 15. 2002다31537.

금융기관은 계약이전을 요구받은 금융기관과 대출채무자 사이의 통정허위표시에 따라 형성된 법률관계를 기초로 하여 새로운 법률상 이해관계를 가지게 된 민법 제108조 제2항의 제3자에 해당하지 않는다.[517]"

◎ 파산 전에 파산자와 상대방 사이에 형성된 법률관계에 관하여 파산관재인에게 대항할 수 있는 경우

"파산자가 파산선고 전에 상대방과 통정한 허위의 의사표시를 통하여 가장채권을 보유하고 있다가 파산이 선고된 경우, 파산관재인은 민법 제108조 제2항의 제3자에 해당하므로 상대방이 파산관재인에게 통정허위표시임을 들어 그 가장채권의 무효임을 대항할 수 없다 할 것이지만, 위 민법 제108조 제2항과 같은 특별한 제한이 있는 경우를 제외하고는 채무의 소멸 등 파산 전에 파산자와 상대방 사이에 형성된 모든 법률관계에 관하여 파산관재인에게 대항할 수 없는 것은 아니라 할 것이며, 그 경우 파산자와 상대방 사이에 일정한 법률효과가 발생하였는지 여부에 대하여는 파산관재인의 입장에서 형식적으로 판단할 것이 아니라 파산자와 상대방 사이의 실질적 법률관계를 기초로 판단하여야 한다.[518]"

◎ 통정허위표시에 대하여 제3자가 악의라는 사실에 관한 주장·증명책임의 귀속

"민법 제108조 제1항에서 상대방과 통정한 허위의 의사표시를 무효로 규정하고, 제2항에서 그 의사표시의 무효는 선의의 제3자에게 대항하지 못한다고 규정하고 있는데, 여기에서 제3자는 특별한 사정이 없는 한 선의로 추정할 것이므로, 제3자가 악의라는 사실에 관한 주장·증명책임은 그 허위표시의 무효를 주장하는 자에게 있다.[519]"

◎ 민법 제108조 제2항의 선의의 제3자에 해당하기 위해서는 무과실이어야 하는지 여부

"민법 제108조 제2항에 규정된 통정허위표시에 있어서의 제3자는 그 선의 여부가 문제이지 이에 관한 과실 유무를 따질 것이 아니다.[520]"

(3) 허위표시의 철회

허위표시의 당사자는 합의에 의해 그 허위표시를 철회할 수 있다.[521] 다만, 철회의 경우에도, 허위표시에 기한 외형이 해소되기 전에는, 허위표시의 철회는 선의의 제3자에게 대항할 수 없다고 해야 한다.

517) 대판 2004. 1. 15. 2002다31537.

518) 대판 2005. 5. 12. 2004다68366; 대판 2003. 6. 24. 2002다48214.

519) 대판 2006. 3. 10. 2002다1321; 대판 2003. 12. 26. 2003다50078, 50085; 대판 1970. 9. 29. 70다466.

520) 대판 2006. 3. 10. 2002다1321; 대판 2004. 5. 28. 2003다70041; 대판 2000. 7. 6. 99다51258.

521) 이 때의 철회란, 허위표시의 양당사자가 합의에 의해 외형상의 법률행위를 해소하고, 진정한 권리자에게 증서·등기 등의 권리명의를 회복시켜 주는 것을 말한다. 가령 A·B가 허위로 매매계약을 체결하여 B명의로 그 소유권이전등기를 마친 후에 다시 A·B가 합의하여, 그 매매계약이 없었던 것으로 하고 그 소유권을 A에게 회복시키는 것을 말한다.

4. 적용범위

(1) 계약 · 단독행위 · 합동행위

제108조는 계약의 경우는 물론 상대방 있는 단독행위에도 적용된다(통설). 상대방 없는 단독행위의 경우, 적용 여부에 대하여는 다툼이 있다.[522] 생각건대 적용부정설이 타당하다고 생각한다.[523]

합동행위의 경우에도 견해의 대립이 있다.[524] 생각건대 사단법인 정관작성행위에 가장사실이 있다면, 제108조를 유추적용하여 무효로 하여야 한다. 상법상의 어음행위의 경우, 판례는 제108조의 적용을 긍정한다.

판 례

◎ 어음행위의 경우, 제 108조의 적용 여부

"어음행위에 민법 제108조가 적용됨을 전제로, 실제로 어음상의 권리를 취득하게 할 의사는 없이 단지 채권자들에 의한 채권의 추심이나 강제집행을 피하기 위한 약속어음 발행행위가 통정허위표시로서 무효라고 한 원심의 판단을 수긍한 사례.[525]"가 있다.

(2) 가족법상의 행위

당사자의 진의가 절대적으로 존중되는 가족법상의 행위의 경우, 허위표시는 언제나 무효이고, 특히 허위표시의 무효는 선의의 제3자에 대하여도 주장할 수 있다.

(3) 기 타

경매 등의 공법상의 행위에는 제108조가 적용되지 않는다.[526]

한편 제108조 제2항의 적용범위의 확대문제가 있다.[527]

---

522) 적용부정설(고상룡, 458면; 곽윤직 · 김재형, 305면; 김증한 · 김학동, 337면; 장경학, 480면)과 적용긍정설(김상용, 450면; 김용한, 290면; 이영준, 330면)이 있다. 후자의 견해는, 상대방 없는 단독행위에 제108조의 적용을 부정할 경우, 그 단독행위로 다른 특정인이 직접 수익을 얻을 경우에 그 수익을 원상회복시키지 못하는 문제가 발생할 수 있다는 점을 그 근거로 든다. 가령 부동산의 공유자 전원이 합의에 의하여 1인을 제외하고, 공유지분포기를 가장하여 그 1인의 단독소유로 등기한 경우, 포기는 비록 상대방 없는 단독행위이지만, 여기에 제108조를 유추적용하여 위 행위를 무효로 하여야 한다는 것이다.

523) 적용긍정설의 근거 중, 공유자들이 공유물 전부를 처분하기 위해서는, 공유자 전원의 동의를 필요로 하는데(제264조), 따라서 공유자 1인을 제외한 다른 공유자들의 공유지분 포기행위는 제264조에 의해 무효로 되는 것으로서, 허위표시의 문제가 생길 여지는 없다. 같은 견해 김증한 · 김학동, 337면.

524) 부정설(김용한, 290면; 송덕수, 289면; 장경학, 480면)과 긍정설(고상룡, 458면; 김상용, 451면; 이영준, 331면)로 나뉜다.

525) 대판 2005. 4. 15. 2004다70024.

526) 대판 1978. 8. 22. 77다2087.

527) A가 건물을 신축하여 B명의로 보존등기를 하였는데, B가 A의 동의 없이 그 건물을 C에게 처분한 경우 · A가 B의 신용을 외관상 증대시키기 위하여 A 소유부동산에 관하여 B명의의 가등기를 해주었는데, B가 A의 인감을 무단사용하여 가등기에 기한 본등기를 한 후 C에게 처분한 경우, 진정권리자 A에 대하여 선의의 제

판 례

◉ 허위의 외관형성에 대한 본조의 유추적용 여부

"을이 갑으로부터 부동산에 관한 담보권설정의 대리권만 수여받고도 그 부동산에 관하여 자기 앞으로 소유권이전등기를 하고 이어서 병에게 그 소유권이전등기를 경료한 경우, 갑이 을 명의의 소유권이전등기가 경료된 데 대하여 이를 통정·용인하였거나 이를 알면서 방치하였다고 볼 수 없다면, 이에 제108조 제2항을 유추할 수는 없다.[528]"

◉ 담보권설정의 대리권을 수여받은 자가 그 명의로 소유권이전등기하여 자신의 이름으로 담보권을 설정하여 준 경우 동 담보권의 효력

"소외인이 원고로부터 원고를 대리하여 타로부터 금원을 차용하고 본건 부동산에 관한 담보권설정의 대리권을 수여받고 권리증, 인감증명서 등을 교부받았음에도 자기 앞으로 소유권을 이전하여 자신의 이름으로 피고에게 담보권을 설정하여 주고 금원을 차용하여 이를 유용한 경우에는 피고가 소외인에게 금원을 대여하고 그 부동산에 담보권을 설정한 것은 소외인을 진실한 소유자로 믿고 한 것이지 동 소외인을 원고의 대리인이라고 믿고 한 것이 아니고, 소외인이 그 명의로 소유권이전등기함에 있어 원고가 이를 통정 용인하였거나 이를 알고도 방치(허위의 소유권이전등기라는 외관형성에 관여) 하였다고 할수 없으므로 민법 제126조, 제108조를 유추하여서 피고 명의의 위 담보권을 유효하다고 할 수 없다.[529]"

5. 허위표시와 구별하여야 할 행위

(1) 은닉행위

사실상 증여를 하면서 증여세를 면탈할 목적으로, 매매를 가장하는 경우와 같이, 진실로 다른 행위를 할 의사가 감춰져 있는 경우에 그 감춰진 행위를 은닉행위라 한다. 은닉행위는 허위표시에 해당하는지 여부에 관계없이,[530] 그 감춰진 행위로서의 요건이 갖춰져 있다면, 유효하다.

판 례

◉ 은닉행위의 경우

"매도인이 경영하던 기업이 부도가 나서 그가 주식을 매도할 경우, 매매대금이 채권자은행에 귀

3자인 C는 제108조 제2항의 유추적용에 의하여 보호를 받을 수 있는가? 진실과 다른 외관을 만드는 데 진정권리자의 귀책사유가 인정되는 경우에는, 제108조 제2항을 유추적용함으로써 선의의 제3자의 권리취득을 인정해야 한다. 그렇게 하는 것이, 외형을 신뢰한 선의의 제3자의 보호 및 거래의 안전을 꾀할 수 있기 때문이다. 같은 견해 김상용, 452면.

528) 대판 1991. 12. 27. 91다3208.

529) 대판 1981. 12. 22. 80다1475.

530) 은닉행위를 허위표시로 보는 견해(곽윤직·김재형, 305면)와 의사와 표시가 일치하기 때문에 은닉행위는 허위표시가 아니라는 견해가 있다(이영준, 335면). 전자의 견해를 취할 경우에도, 은닉행위가 허위표시라는 것만으로, 무효로 되지는 않는다고 하는 점에서, 학설대립의 실익은 없다.

속될 상황에 처하자, 이러한 사정을 잘 아는 매수인이 매매계약서상의 매매대금은 용산알미늄의 발행주식 80만주에 대하여 1주당 1전씩으로 계산한 형식적인 8천원으로 하고, 나머지 실질적인 매매대금은 매도인의 처와 상의하여 그에게 적절히 지급하겠다고 하여 매도인이 그와 같은 주식매매계약을 체결한 경우, 매매계약상의 대금 8천원의 적극적 은닉행위를 수반하는 허위표시라 하더라도, 실지 지급하여야 할 매매대금의 약정이 있는 이상, 위 매매대금에 관한 외형행위가 아닌 내면적 은닉행위는 유효하고, 따라서 실지 매매대금에 의한 위 매매계약은 유효하다.[531]"

(2) 신탁행위

신탁행위에 대하여는 이미 앞에서 살펴보았다.

Ⅳ. 착오에 의한 의사표시

1. 의 의

객관적 사실에 대한 인식에 잘못이 있는 것을 일반적으로 착오라 한다. 한편 착오에 의한 의사표시가 민법상의 착오이다(제109조).[532]

착오에 의한 의사표시의 의의는, 동기의 착오를 민법상 고려되는 착오로 볼 수 있는가 여부와 관련하여, 학설대립이 있다.[533] 판례는 표의자의 인식과 대조사실이 어긋나는 경우를 착오로 새기면서, 법적으로 고려되는 착오는 의사와 표시가 불일치하고 그 불일치를 표의자 자신이 모르는 경우로 새긴다. 생각건대 동기의 착오가 아닌, 법률행위 내용의 착오가 있는 경우에만 착오가 고려된다는 점에서(제109조 제1항 본문 참조), 제1설(다수설)의 태도가 타당하다.

판 례

○ 민법 제109조의 '착오'의 의미 및 미필적 인식에 기초한 단순한 기대가 이루어지지 않은 것을 착오로 볼 수 있는지 여부(소극)

531) 대판 1993. 8. 28. 93다12930.

532) 일반적인 착오는 법률상 고려되지 않으나, 민법상의 착오는 법률상 고려되는 착오라는 점에서 차이가 있다.

533) 제1설(다수설)은, 내심적 효과의사와 표시상의 효과의사의 불일치를 표의자가 인식하지 못하고 하는 의사표시가 착오에 의한 의사표시라고 하면서, 동기의 착오를 원칙적으로 고려하지 않는다(김증한·김학동, 339면; 백태승, 413면; 이은영, 512면). 제2설은, 표의자가 의사표시에 이르는 과정 또는 의사표시 자체에 있어서, 스스로 모르고 사실과 일치하지 않는 인식 내지 추단을 하고, 이에 의하여 의사표시를 한 경우를 착오라 한다. 제2설은, 제1설과는 달리, 동기의 표시 여부에 관계없이 동기의 착오를 포섭하게 된다(김용한, 291면; 장경학, 483면). 제3설은, 동기의 착오까지를 포함하는 착오란, 진의와 표시의 불일치라고 하면서, 이때의 진의란 착오가 없었다면 가졌을 것으로 생각되는 의사라고 한다(곽윤직·김재형, 307면). 제4설은, 내심적 효과의사와 표시행위의 불일치라고 하면서, 동기의 착오에 대하여는 제109조를 유추적용하자고 주장한다(김상용, 457면; 이영준, 399면). 제5설은, 착오를 동기의 착오를 포함하는 광의의 착오와 그것을 제외한 법률행위 내용에 착오가 있는 경우인 협의의 착오로 나누자고 하면서, 광의의 착오는 표의자의 관념과 실제의 무의식적인 불일치로, 협의의 착오는 의사와 표시의 무의식적인 불일치로 이해한다(송덕수, 293면).

"「민법」 제109조의 의사표시에 착오가 있다고 하려면 법률행위를 할 당시에 실제로 없는 사실을 있는 사실로 잘못 깨닫거나 아니면 실제로 있는 사실을 없는 것으로 잘못 생각하듯이 표의자의 인식과 그 대조사실이 어긋나는 경우라야 할 것이므로, 표의자가 행위를 할 당시에 장래에 있을 어떤 사항의 발생이 미필적임을 알아 그 발생을 예기한 데 지나지 않는 경우는, 표의자의 심리상태에 인식과 대조에 불일치가 있다고 할 수 없어 착오로 다룰 수는 없다 할 것이다.[534)]"

◎ 매수인이 부담하기로 한 양도세액의 착오를 이유로 매도인이 매매계약을 취소할 수 있는지 여부

"매도인의 대리인이, 매도인이 납부하여야 할 양도소득세 등의 세액이 매수인이 부담하기로 한 금액뿐이므로 매도인의 부담은 없을 것이라는 착오를 일으키지 않았더라면 매수인과 매매계약을 체결하지 않았거나 아니면 적어도 동일한 내용으로 계약을 체결하지는 않았을 것임이 명백하고, 나아가 매도인이 그와 같이 착오를 일으키게 된 계기를 제공한 원인이 매수인측에 있을 뿐만 아니라 매수인도 매도인이 납부하여야 할 세액에 관하여 매도인과 동일한 착오에 빠져 있었다면, 매도인의 위와 같은 착오는 매매계약의 내용의 중요부분에 관한 것에 해당한다.[535)]"

2. 착오의 유형

(1) 착오의 분류 방법

의사표시에 있어서 착오의 분류방법은 다양하나,[536)] 일반적·전통적인 분류방법에 따라 표시상의 착오·내용의 착오·동기의 착오와 같은 기본유형과 기타의 유형을 차례로 살펴보기로 한다.

(2) 기본적 유형

(가) 표시상의 착오

오기·오담과 같이 표시행위 자체를 잘못함으로써 의사와 표시의 불일치가 생기는 경우이다. 표시상의 착오는 보통의 착오(내용의 착오)로서 취소사유가 된다.

(나) 내용의 착오

표의자가 표시행위의 의미를 잘못 이해한 경우를 내용의 착오라 한다.[537)] 보통의 착오

---

534) 대판 2010. 5. 27. 2009다94841; 대판 1972. 3. 28. 71다2193.

535) 대판 1994. 6. 10. 93다24810; 대판 1991. 8. 27. 91다11308; 대판 1978. 7. 11. 78다719.

536) 착오유형의 분류방법은 정형화된 것은 아니다. 다만, 다음과 같은 분류방법을 생각해 볼 수 있다(김상용, 458-459면). 첫째, 착오가 있는 법률행위의 종류에 따른 단독행위의 착오·계약의 착오·합동행위의 착오이다. 둘째, 계약의 착오의 경우, 계약당사자 일방만의 착오·쌍방의 공통착오이다. 셋째, 시간적 분류에 의한 착오의 유형이다. 즉, 하나의 의사표시의 형성시점에서부터 상대방에게 도달될 때까지의 과정 가운데, 어느 단계에서 착오가 발생하였는가 하는 시간적인 분류이다. 의사표시 형성과정에 있어서의 착오가 동기의 착오, 의사표시를 위한 표시부호의 결정에 있어서의 착오를 의미(내용)의 착오, 표시부호의 표명에 있어서의 착오를 표시상의 착오, 표시의 운반에 있어서의 착오를 표시기관의 착오, 상대방에 의하여 오해되는 경우를 수령자의 착오로 분류한다(송덕수, 295면). 전통적·일반적으로는, 이러한 의사표시가 행하여지는 과정 중에서 어느 단계에서 착오가 생겼는지를 표준으로 동기의 착오·내용의 착오·표시상의 착오로 나눈다. 넷째, 기타 특수한 착오의 유형으로서, 표시기관의 착오·동일성의 착오·성질의 착오·법률의 착오·계산의 착오·기명날인(서명)의 착오 등으로 나눌 수 있다.

537) 표시행위에는 착오가 없으나, 표의자가 표시행위의 의미를 잘못 이해한 경우에 생기게 된다. 가령 일본

의 모습이다.

(다) 동기의 착오

① 의 의 　표의자가 효과의사 결정에 의미가 있는 일정한 사실 · 상황을 실제와 다르게 인식한 경우를 동기의 착오 또는 연유의 착오라 한다.[538]

② 학 설 　동기의 착오가 어떤 범위에서 법률상 고려되는가에 관하여는, 학설의 대립이 있다.[539] 생각건대 제109조 제1항 본문에 비춰볼 때, 원칙적으로 동기의 착오는 상대방에게 표시되었다 하더라도, 민법상의 고려대상은 아니다. 다만, 동기가 당사자의 합의에 의해 의사표시의 조건이 되어 법률행위의 내용이 되었을 때 또는 동기가 상대방에 의해 유발되어 법률행위 내용이 되었을 때, 비로소 그러한 동기의 착오는 법률적 고려대상이 된다고 새겨야 할 것이다.

(3) 기타의 특수한 유형

(가) 표시기관의 착오

중개자를 매개로 하여 의사표시를 하는 경우, 그 중개적 표시기관의 잘못으로 표의자의 표시와 다른 의사표시를 한 경우를 표시기관의 착오 또는 전달의 착오라 한다.[540] 독일민법과는 달리,[541] 이에 관한 명문의 규정이 없는 민법의 경우에도, 표시상의 착오와 동일하게 취급해야 한다는 데 견해가 일치한다.[542] 생각건대 표시기관의 착오는, 표의자와 상

의 엔(円)화와 우리나라 원화의 화폐가치가 같은 것으로 잘못 알고, 1,000엔(円)을 1,000원으로 기재한 경우를 들 수 있다. 내용의 착오는 표의자가 사용하려고 한 표시부호의 의미를 잘못 이해한 것이라는 점에서, 표의자가 사용하려고 하지 않은 표시부호를 잘못 사용한 경우인 표시상의 착오와 이론상으로 구별된다.

538) 가령 큰 도로가 개설될 것이라 믿고 인접 토지를 고가로 매입하였으나 그렇지 않은 경우, 재고품이 없다고 생각하여 물건을 추가로 주문했는데 재고가 남아 있는 경우 등을 들 수 있다.

539) 주요학설을 개관해 본다. 제1설은, 동기의 착오를 동기의 불법과 동일하게 파악함으로써 제109조에 의해 고려될 수 있는 착오는 아니지만, 동기가 표시되어 상대방이 알고 있는 경우에는 그 동기는 의사표시의 내용이 되어, 그러한 경우에만 제109조가 고려되는 착오가 된다고 한다(곽윤직 · 김재형, 308면). 제2설은, 동기의 표시 여부에 관계없이 동기의 착오도 다른 유형의 착오와 마찬가지로 일반요건에 따라 제109조가 적용되어야 할 것이라고 한다(고상룡, 477면; 김용한, 297면; 이은영, 519면; 장경학, 489면). 제3설은, 동기의 착오는 민법상 통상의 착오와 동일하게 취급할 수는 없고, 다만 동기의 착오 중에서 거래에 있어서 중요한 사람 또는 물건의 성질에 관한 착오 및 이에 준하는 착오는 제109조를 유추적용해야 할 것이라고 한다(백태승, 417면; 이영준, 348면). 제4설은, 동기의 착오는 비록 동기가 상대방에게 표시되었다 하더라도 취소사유로 되지 않으며, 동기가 상대방에 의해 유발된 경우에는 신의칙상 취소를 인정할 것이라고 한다(김증한 · 김학동, 343면). 제5설은, 동기의 착오는 동기가 표시되어 상대방이 알고 있는 경우에도 제109조에 의하여서는 고려되지 않는다고 하면서, 동기를 상대방의 합의에 의하여 조건으로 만들어 법률행위의 내용으로 높였을 때 동기의 진실함에 대한 위험을 상대방에게 부담시킬 수 있다고 한다(송덕수, 297-298면). 판례는, 대체로 제1설을 따른다. 즉, '매매대상 토지 중 20~30평 가량만 도로에 편입될 것이라는 중개인의 말을 믿고 주택 신축을 위하여 토지를 매수하였고 그와 같은 사정이 계약 체결 과정에서 현출되어 매도인도 이를 알고 있었는데 실제로는 전체 면적의 약 30%에 해당하는 197평이 도로에 편입된 경우, 동기의 착오를 이유로 매매계약의 취소를 인정하였다.'(대판 2000. 5. 12. 2000다12259)

540) A가 B(사자)를 통해 C에게 의사표시를 전하도록 했는데, B가 A의 표시를 C에게 다르게 전달한 경우를 들 수 있다.

541) 독일민법은 표시기관의 착오를 표시상의 착오와 마찬가지로, 취소할 수 있는 것으로 규정하고 있다(제120조).

대방 사이에 중개자가 매개되어 있는 점을 제외하고는, 표시상의 착오와 차이가 없다는 점에서, 통설의 태도는 옳다고 생각한다.

한편 주의할 점 두 가지가 있다. 하나는, 사자가 아니고 대리인이 표시를 잘못한 경우는 표시가관의 착오, 즉 표시상의 착오가 되지 않는다는 점이다.[543] 또 하나는, 이미 완성되어 있는 의사표시를 전달기관이 수령자 아닌 자에게 잘못 전달한 경우에는 표시상의 착오가 아니라, 의사표시의 부도달의 문제만 생길 뿐이다.[544]

(나) 동일성의 착오

법률행위에 관계하는 사람[545] 또는 객체의 동일성에 관한 착오를 동일성의 착오라고 한다.[546] 사람의 개성・신용 등이 중요시되는 법률행위(가령 임대차・소비대차・위임・고용・신용매매 등)의 경우, 사람(상대방)의 동일성의 착오는 법률행위 내용의 착오로 고려되어 제109조가 적용된다.[547][548] 객체의 동일성의 착오도 고려됨으로써 제109조가 적용된다 할 것이다.[549]

(다) 성질의 착오

법률행위에 관계하는 사람 또는 객체의 성질에 관한 착오를 성질의 착오라 한다.[550][551] 독일민법과는 달리,[552] 명문의 규정이 없는 민법의 경우에 성질의 착오가 고려되는 착오인지 여부에 대하여는 학설상 다툼이 있다.[553] 생각건대 거래상 중요한 의미가 있는 성질의

542) 다만, 민법 제109조를 유추적용해야 한다는 주장이 있다(이영준, 349면).

543) 표의자의 의사가 대리인에 의한 표시의 내용과 다를 경우에도, 표의자의 착오로는 되지 않고, 표시를 잘못한 대리인의 표시에 대하여만 효력이 생긴다(제116조 참조).

544) A가 B를 통해 C에게 편지를 전달하도록 부탁했는데, C가 아닌 D에게 전달한 경우를 들 수 있다.

545) 이 때의 사람은 법률행위의 당사자 뿐 아니라 제3자일 수도 있다(근저당권설정계약에 있어서 채무자의 동일성에 관한 착오를 들 수 있다. 대판 1995. 12. 12. 95다37087).

546) X가 자신이 잘 아는 Y(특정인)에게 집수리를 부탁하려 했는데, Z(동명이인)에게 부탁한 경우, A마(馬)인 줄 잘못 알고 B마(馬)를 매수하는 경우를 들 수 있다. 이와 같은 동일성의 착오에 대하여 독일의 학설은 내용의 착오로 보고 있으나(Larenz, S. 373), 우리나라 학설 중에는 동일성의 착오를 성질의 착오의 범주에 포함하여 제109조를 유추적용해야 한다는 주장이 있다(이영준, 351면).

547) 같은 견해 김상용, 466면.

548) 다만, 상대방의 개성・신용 등이 중요하지 않은 현실매매 등의 경우에는, 사람(상대방)의 동일성의 착오는 고려되지 않아 제109조가 적용되지 않는다.

549) 토지의 경계에 관한 착오도 객체의 동일성에 관한 착오로서 다루어야 한다(판례는 이러한 경우를 현황경계의 착오라고 하면서, 제109조가 적용된다고 한다. 대판 1989. 7. 25. 88다9364).

550) 가령 A가 횡령전과자인줄 모르고 A를 경리사원으로 채용하는 경우, B가 신용불량자인줄 모르고 B에게 금전을 대여해 주는 경우, 모조품을 진품으로 잘못 알고 이를 사는 경우 등을 들 수 있다.

551) 동일성의 착오는 법률행위에 관계되는 상대방・객체 그 자체가 표의자가 생각하는 것과 차이가 있는 경우인데 반하여, 성질의 착오는 그 법률행위는 표의자가 실제로 생각한 사람・객체에 관련되지만, 그 사람・객체가 표의자가 생각한 것과 다른 성질을 갖는다는 점에서 양자는 차이점이 있다(김상용, 465면).

552) 거래상 중요한 사람 또는 물건의 성질에 관한 착오는 내용의 착오로 다룬다는 규정이 있다(제119조 제2항).

553) 제1설은, 성질의 착오가 법률행위 내용의 중요부분이 될 수 있는가 여부의 관점에서 그 고려 가능 여부를 판단하여야 한다고 한다(곽윤직・김재형, 311면; 김용한, 295-296면; 장경학, 491면). 제2설은, 성질이 거래상 중요한 의미를 갖는 법률행위의 경우, 성질의 착오는 법률행위 내용의 착오가 되는 경우가 많다고 한다(이영준, 351면).

착오는 법률행위 내용의 착오로서 제109조가 적용되지만, 그렇지 않은 경우에는 동기의 착오로서 고려되지 않는다고 생각한다.[554)]

(라) 법률의 착오

법률의 규정 유무 또는 법규의 의미를 잘못 이해하는 것을 법률의 착오라 한다.[555)] 민법[556)]상 법률의 착오가 고려되는지 여부에 대하여는 다툼이 있다.[557)] 생각건대 법률의 착오도 보통의 착오로서 제109조의 일반이론에 따른다 할 것이다.

(마) 계산의 착오

표의자가 계산 또는 계산의 기초가 된 사정을 잘못 이해하는 것을 계산의 착오라 한다.[558)] 계산의 착오가 제109조에 의해 고려할 수 있는지 여부에 대하여는 다툼이 있다.[559)] 생각건대 계산의 착오는 원칙적으로 표의자의 동기의 착오에 지나지 않는다. 다만, 법률행위해석을 통하여 법률행위의 내용의 착오로 판단되면, 당연히 제109조가 적용된다고 생각한다.

(바) 기명날인(서명)의 착오

표의자가 그의 의사와 다른 내용을 담고 있는 문서에 또는 그 문서를 읽지 않거나 잘못 읽고 기명날인·서명한 경우를 기명날인(서명)의 착오라 한다. 이러한 경우, 그 이론구성을 어떻게 할 것인가를 살펴본다. 당사자가 법률행위의 내용이 구두로 합의한 것과 다르게 서면화 된 것을 간과하고 서명하였다면, 오표시무해의 법리에 따라 구두로 합의한 대로 법률행위의 성립을 인정하게 된다고 한다.[560)] 사전 상의 없이 어떤 법률행위에 관한 문서라는 것을 알면서도 문서의 내용을 읽어보지 않고 서명하였다면, 문서의 내용대로 법

---

554) 동기의 착오로 볼 경우에도, 상대방에게 표시된 동기는 고려되는 착오의 범주에 포함된다(상대방의 거래상황 확인서를 믿고 제3자를 신용하는 기업으로 착각하여, 대출에 대하여 신용보증을 한 경우, 착오를 이유로 취소를 인정한 판례가 있다. 대판 1987. 7. 21. 85다카2339).

555) 학자에 따라서는 법률의 착오를 법률효과의 착오와 동일 개념으로 이해하기도 한다(이영준, 351면). 그러나 법률효과의 착오라는 것은, 의사표시의 법률효과에 관한 착오라는 점에서 법률의 규정 유무 또는 법규의 의미에 관한 착오인 법률의 착오와 분명히 구별된다 할 것이다.

556) 형법은 법률의 착오를 책임조각사유로 규정하고 있다(제16조).

557) 가령 매도인이 하자담보에 관한 책임(제580조)이 없는 줄 알고 소유물건을 판 경우, 그 매매는 착오를 이유로 취소할 수 있는가? 제1설은, 제109조가 법률의 착오를 제외하고 있지 않으므로, 일반이론에 따라 해결해야 할 것이라고 한다(곽윤직·김재형, 309면; 김용한, 418면). 제2설은, 법률의 착오는 단순한 동기의 착오인 경우도 있고, 내용의 착오인 경우도 있기 때문에 사안에 따라 취급을 달리해야 할 것이라는 취지의 주장을 한다(이영준, 352-353면). 한편 판례는 법률의 착오를 제109조에 의하여 고려하고 있다(대판 1981. 11. 10. 80다2475).

558) 여기에는 금액·수량의 계산을 잘못한 경우뿐만 아니라, 원료비·인건비·양·크기·단가와 같은 계산의 기초가 된 사정을 잘못 파악한 경우를 포함한다. 가령 도급계약을 체결함에 있어서 건평 또는 시간당 노임 등을 잘못 알고, 이를 기초로 도급금액을 약정한 경우를 들 수 있다.

559) 제1설은, 계산의 기초가 여러 가지 사정에 비추어 법률행위의 내용이 되었다고 인정될 수 있는 경우에는, 내용의 착오이고, 그렇지 않은 한 단순한 동기의 착오에 불과하다고 한다(이영준, 354면). 제2설은, 먼저 법률행위해석을 통하여 법률행위의 내용을 결정한 후에 착오의 문제를 논하여야 할 것이라고 한다(송덕수, 293-294면).

560) 이영준, 354면.

률효과가 발생한다고 한다.[561] 기명날인의 착오의 경우, 제109조의 적용을 인정한 판례가 있다.[562]

판 례

가. 표시상의 착오

◎ 사기에 의한 의사표시의 의의 및 제3자의 기망행위에 의하여 신원보증서류에 서명·날인한다는 착각에 빠진 상태로 연대보증의 서면에 서명·날인한 경우, 그와 같은 행위에 민법 제110조 제2항에 정한 사기에 의한 의사표시의 법리가 적용되는지 여부

"사기에 의한 의사표시란 타인의 기망행위로 말미암아 착오에 빠지게 된 결과 어떠한 의사표시를 하게 되는 경우이므로 거기에는 의사와 표시의 불일치가 있을 수 없고, 단지 의사의 형성과정 즉 의사표시의 동기에 착오가 있는 것에 불과하며, 이 점에서 고유한 의미의 착오에 의한 의사표시와 구분되는데, 신원보증서류에 서명·날인한다는 착각에 빠진 상태로 연대보증의 서면에 서명·날인한 경우, 결국 위와 같은 행위는 강학상 기명·날인의 착오(또는 서명의 착오), 즉 어떤 사람이 자신의 의사와 다른 법률효과를 발생시키는 내용의 서면에, 그것을 읽지 않거나 올바르게 이해하지 못한 채 기명·날인을 하는 이른바 표시상의 착오에 해당하므로, 비록 위와 같은 착오가 제3자의 기망행위에 의하여 일어난 것이라 하더라도 그에 관하여는 사기에 의한 의사표시에 관한 법리, 특히 상대방이 그러한 제3자의 기망행위 사실을 알았거나 알 수 있었을 경우가 아닌 한 의사표시자가 취소권을 행사할 수 없다는 민법 제110조 제2항의 규정을 적용할 것이 아니라, 착오에 의한 의사표시에 관한 법리만을 적용하여 취소권 행사의 가부를 가려야 한다.[563]"

나. 동기의 착오

◎ 동기의 착오를 이유로 한 의사표시의 취소요건

"의사표시는 법률행위의 내용의 중요부분의 착오가 있는 때에는 취소할 수 있고, 의사표시의 동기에 착오가 있는 경우에는 당사자 사이에 그 동기를 의사표시의 내용으로 삼았을 때에 한하여 의사표시의 내용이 되어 취소할 수 있는 것이다.[564]"

◎ 중요부분의 착오의 경우, 그 동기를 의사표시의 내용으로 할 것에 관한 합의가 있어야 하는지 여부

"동기의 착오를 이유로 법률행위를 취소할 수 있는 요건으로서의 중요부분의 착오는, 표의자가 그 동기를 당해 의사표시의 내용으로 삼을 것을 상대방에게 표시하고 의사표시의 해석상 법률행위의 내용으로 되어 있다고 인정되면 충분하고, 당사자들 사이에 별도로 그 동기를 의사표시의 내용으로 삼기로 하는 합의까지 이루어질 필요는 없다.[565]"

---

561) 이영준, 354면.

562) 위자료를 수령하면서 그 수령에 따르는 보통문서인 것으로 오인하고 일체의 손해배상청구권을 포기하는 취지의 각서에 기명날인한 경우(대판 1967. 6. 27. 67다793), 신원보증서류에 서명·날인한다는 착각에 빠진 상태로 연대보증의 서면에 서명·날인한 경우(대판 2005. 5. 27. 2004다43824), 법률행위 내용의 중요부분의 착오로서 그 취소를 인정한다.

563) 대판 2005. 5. 27. 2004다43824.

564) 대판 1990. 5. 22. 90다카7026; 대판 1989. 1. 17. 87다카1271; 대판 1984. 10. 23. 83다카1187.

565) 대판 1995. 11. 21. 95다5516; 대판 1989. 12. 26. 88다카31057.

◎ 공(空)리스에 있어서 리스 물건의 존재 여부에 관한 보증인의 착오가 법률행위의 중요부분의 착오인지 여부

"금융리스(finance lease)는 실질에 있어 리스이용자에게 리스물건을 취득하는데 소유되는 자금에 관한 금융의 편의를 제공하는 것을 내용으로 하는 물적 금융이고, 공리스도 리스물건 대금 상당액의 융자를 받아 이에 이자 상당액을 추가한 금액을 리스료라는 이름으로 반환하는 점에 있어 정상적인 리스와 차이가 없으며 다만, 담보역할을 할 것으로 기대되는 리스물건의 존재 여부에 차이가 있을 뿐이므로, 리스물건의 인도가 없는 점에 보증인의 착오가 있는 경우에도, 리스이용자가 리스회사로부터 금융의 이익을 얻어 이를 리스료로 할부변제하는 것을 보충하는 의사가 보증인에게 있었던 이상, 보증인의 이와 같은 착오는 원칙적으로 법률행위의 중요부분의 착오가 아니고, 동기의 착오에 불과하다.[566)]"

◎ 동기의 착오를 이유로 계약을 취소할 수 있는 경우

"매수인이 토지에 대한 전용허가를 받기 위하여는 구 중소기업창업지원법에 의한 사업계획의 승인을 받는 등의 복잡한 절차를 거쳐야 한다는 사실을 모르고 곧바로 벽돌공장을 지을 수 있는 것으로 잘못 알고 있었다고 하여도, 그러한 착오는 동기의 착오에 지나지 않으므로, 당사자 사이에 그 동기를 의사표시의 내용으로 삼았을 때에 한하여, 의사표시의 내용의 착오가 되어 취소할 수 있다.[567)]"

◎ 동기의 착오를 이유로 취소가 인정된 구체적인 경우

"매매대상 토지 중 20~30평가량만 도로에 편입될 것이라는 중개인의 말을 믿고 주택신축을 위하여 토지를 매수하였고, 그와 같은 사정이 계약 체결과정에서 현출되어 매도인도 이를 알고 있었는데, 실제로는 전체면적의 약 30%에 해당하는 197평이 도로에 편입된 경우, 동기의 착오를 이유로 매매계약의 취소를 인정한 사례.[568)]"가 있다.

◎ 동기를 의사표시의 내용으로 삼지 않은 경우

"매수인이 공장의 신축부지로 사용하기 위하여 토지를 매입하였는데, 그 토지가 개간농지로서 농지의 전용을 제한하는 법령에 의한 복잡한 절차를 거쳐야만 공장의 부지로 사용할 수 있다는 사실을 매수인이 알고 있었고, 또 그 토지가 곧바로 공장의 부지로 전용될 수 있다는 것을 당사자들이 의사표시의 내용으로 삼지 않은 경우, 부지의 전용이 매매계약의 동기가 되었다고 할 수 없다고 하여 매수인의 동기의 착오를 이유로 한 의사표시의 취소 주장을 할 수 없다.[569)]"

◎ 상대방에 의해 유발된 동기의 착오 취소

"귀속해제 된 토지인데도 귀속재산인 줄로 잘못 알고 국가에 증여를 한 경우 이러한 착오는 일종의 동기의 착오라 할 것이나 그 동기를 제공한 것이 관계 공무원이었고 그러한 동기의 제공이 없었더라면 위 토지를 선뜻 국가에게 증여하지는 않았을 것이라면 그 동기는 증여행위의 중요부분을 이룬다고 할 것이므로 뒤늦게 그 착오를 알아차리고 증여계약을 취소했다면 그 취소는 적법하다.[570)]"

---

566) 대판 2001. 2. 23. 2000다48135.
567) 대판 1997. 4. 11. 96다31109; 대판 1996. 3. 26. 93다55487; 대판 1995. 5. 23. 94다60318.
568) 대판 2000. 5. 12. 2000다12259.
569) 대판 1997. 4. 11. 96다31109.

◎ 손해배상지급 의무가 있다고 알고 보증계약 체결한 경우 동기의 착오라 한 사례

"회사에 손해배상책임이 돌아올 수 없는 것임에도 불구하고 회사 사고담당직원이 회사 운전수에게 잘못이 있는 것으로 착각하고 회사를 대리하여 병원 경영자와 간에 환자의 입원치료비의 지급을 연대보증하기로 계약한 경우는, 의사표시의 동기에 착오가 있는 것에 불과하므로, 특히 그 동기를 계약내용으로 하는 의사를 표시하지 아니한 이상, 착오를 이유로 계약을 취소할 수 없다.[571)]"

◎ 동기에 관하여 매도인의 말을 믿고 계약 체결한 경우, 내용의 착오가 있다는 사례

"건물에 대한 매매계약 체결 직후 건물이 건축선을 침범하여 건축된 사실을 알았으나 매도인이 법률전문가의 자문에 의하면 준공검사가 난 건물이므로 행정소송을 통해 구청장의 철거 지시를 취소할 수 있다고 하여 매수인이 그 말을 믿고 매매계약을 해제하지 않고 대금지급의무를 이행한 경우라면 매수인이 건물이 철거되지 않으리라고 믿은 것은 매매계약과 관련하여 동기의 착오라고 할 것이지만, 매수인과 매도인 사이에 매매계약의 내용으로 표시되었다고 볼 것이고, 나아가 매수인뿐만 아니라 일반인이면 누구라도 건물 중 건축선을 침범한 부분이 철거되는 것을 알았더라면 그 대지 및 건물을 매수하지 아니하였으리라는 사정이 엿보이므로, 그 내용의 중요 부분에 착오가 있는 때에 해당한다.[572)]"

◎ 분할합병계약의 체결로 그 계약 상대방의 전자(전자)의 채무까지 부담할 가능성을 생각하지 못한 것이 분할합병의 법률효과와 관련된 동기의 착오에 해당한다고 하더라도, 계약 체결 과정에서 상대방에게 표시되지 않아 계약의 내용이 되지 못하였고, 그 착오가 법률행위의 내용의 중요부분에 관한 것이라고도 단정할 수 없다고 한 사례

"분할합병에 의해 다른 회사로부터 전기공사업면허 등을 이전받은 회사로부터 그 면허 등을 재차 이전받는 내용의 분할합병계약을 체결한 당사자가 그 계약의 체결로 상대방의 전자(전자)의 채무까지 부담할 가능성을 생각하지 못한 것이 분할합병의 법률효과와 관련된 동기의 착오에 해당한다고 하더라도, 계약 체결 과정에서 상대방에게 표시되지 아니하여 계약의 내용이 되지 못하였고, 그 착오로 인하여 경제적인 불이익을 입거나 장차 불이익을 당할 염려가 없다고 볼 여지도 있어 법률행위의 내용의 중요 부분에 관한 착오라고도 단정할 수 없다고 한 사례.[573)]"가 있다.

다. 공통의 동기의 착오

◎ 매수인이 부담하기로 한 양도세액의 착오를 이유로 매도인이 매매계약을 취소할 수 있는지 여부

"매도인의 대리인이, 매도인이 납부하여야 할 양도소득세 등의 세액이 매수인이 부담하기로 한 금액뿐이므로 매도인의 부담은 없을 것이라는 착오를 일으키지 않았더라면 매수인과 매매계약을 체결하지 않았거나 아니면 적어도 동일한 내용으로 계약을 체결하지는 않았을 것임이 명백하고, 나아가 매도인이 그와 같이 착오를 일으키게 된 계기를 제공한 원인이 매수인측에 있을 뿐만 아니라 매수인도 매도인이 납부하여야 할 세액에 관하여 매도인과 동일한 착오에 빠져 있었다면, 매도인의 위와 같은 착오는 매매계약의 내용의 중요부분에 관한 것에 해당하는데, 이 경우 매도인이 부담하여야 할 세금의 액수가 예상액을 초과한다는 사실을 알았더라면 매수인이 초과세액까지도 부담하

---

570) 대판 1978. 7. 11. 78다719.

571) 대판 1979. 3. 27. 78다2493.

572) 대판 1997. 9. 30. 97다26210.

573) 대판 2009. 4. 23. 2008다96291, 96307; 대판 2006. 12. 7. 2006다41457; 대판 1999. 2. 23. 98다47924.

기로 약정하였으리라는 특별한 사정이 인정될 수 있을 때에는 매도인으로서는 매수인에게 초과세액 상당의 청구를 할 수 있다고 해석함이 당사자의 진정한 의사에 합치할 것이므로 매도인에게 위와 같은 세액에 관한 착오가 있었다는 이유만으로 매매계약을 취소하는 것은 허용되지 않는다.[574)]"

◎ 계약당사자 쌍방이 계약의 전제나 기초가 되는 사항에 관하여 같은 내용으로 착오가 있는 경우, 계약의 해석 방법

"계약당사자 쌍방이 계약의 전제나 기초가 되는 사항에 관하여 같은 내용으로 착오가 있고 이로 인하여 그에 관한 구체적 약정을 하지 아니하였다면, 당사자가 그러한 착오가 없을 때에 약정하였을 것으로 보이는 내용으로 당사자의 의사를 보충하여 계약을 해석할 수 있는바, 여기서 보충되는 당사자의 의사는 당사자의 실제 의사 또는 주관적 의사가 아니라 계약의 목적, 거래관행, 적용법규, 신의칙 등에 비추어 객관적으로 추인되는 정당한 이익조정 의사를 말한다.[575)]"

3. 착오의 요건

●● 사례 16

원고는 서울특별시개인택시운송사업조합인 피고의 조합원이다. 피고의 이사장은 2009. 4. 29. 그 당시 피고 산하 도봉지부의 부지부장이었던 이○○를 위 부지부장 직에서 면직시키는 내용의 처분을 한 후, 2009. 4. 30. 원고를 2009. 5. 1.자로 제16대 도봉지부 부지부장에 임명하였다. 그 후 이○○은 피고를 상대로 해고무효 확인소송을 제기하였고, 법원은 2009. 8. 28. 피고의 이○○에 대한 면직처분이 당연면직 사유에 의한 것이 아니고, 징계절차를 통한 해임에도 해당하지 않음을 이유로 무효라는 취지의 판결을 선고하였고, 위 판결은 2009. 9. 26. 확정되었다. 이에 피고의 이사장은 2009. 9. 30. 원고를 도봉지부 부지부장의 직에서 면직시키는 내용의 처분을 하고, 이○○을 2009. 10. 1.자로 도봉지부 부지부장 직에 복직시킨다는 내용의 인사발령을 하였다. 이에 원고는 이○○에 대한 면직처분이 무효라 하더라도, 원고는 적법하게 도봉지부 부지부장으로 임명되었으므로, 원고를 면직하기 위해서는 당연면직의 사유가 존재하거나 징계절차를 통한 해임에 의하여야 할 것인데, 피고는 절차적, 실체적 요건의 충족 없이 이 사건 면직처분을 하였으므로, 이 사건 면직처분은 무효라고 주장, 피고는 원고에게 이 사건 면직처분일 다음 날인 2009. 10. 1.부터 원고의 복직시까지 도봉지부 부지부장으로서의 임금으로 매월 290만원의 비율로 계산한 돈을 지급해야 한다는 소를 제기하였다. 이에 대하여 피고는 원고를 임명한 행위가 착오에 의한 것임을 주장하려고 하는바, 원고의 항변이 이유 있는지에 관하여 논하라.

●● 사안의 쟁점:

첫째, 착오의 의미 및 미필적 인식에 기초한 단순한 기대가 이루어지지 않은 것을 착오로 볼 수 있는지 여부를 검토한 후 그 바탕 위에서 착오 취소의 요건을 살핀다.

착오를 이유로 취소하기 위한 요건을 살핀다(제109조 제1항 본문).

574) 대판 1994. 6. 10. 93다24810.

575) 대판 2006. 11. 23. 2005다13288.

(1) 의사표시에 착오가 있어야 한다.

첫째, 표의자의 착오에 기한 의사표시가 있어야 한다. 동기의 착오 대상에는 현재의 사실 뿐만 아니라, 장래의 불확실한 사실도 포함된다(판례). 둘째, 착오 존재 유무의 판단시점은 의사표시를 한 당시이다. 셋째, 대리행위의 경우, 착오 유무는 대리인을 표준으로 판단한다(판례).

판 례

◎ 공장의 전 소유자의 체납전기 요금을 완불하여야 전기공급을 받을 수 있다는 내용을 알고서 공장을 경락받은 자가 한국전력공사와의 사이에 체납전기요금을 인수지급키로 한 약정이 불공정 법률행위나 착오 또는 사기에 의한 의사표시에 해당하는지 여부(소극)

"공장의 전 소유자가 전기요금을 체납함에 따라 전력공급이 중단되고 있었고 한국전력공사가 위 공장에 대하여 가압류등기까지 하여 두는 등으로 경락인이 전 소유자의 체납전기요금을 완납하여야만 전기공급을 받을 수 있다는 내용을 알고서 위 공장을 경락받았다면 그 후 경락인이 위 공사와의 사이에 위 체납전기요금을 인수지급하기로 약정하여 이를 납부하였다고 하더라도 이를 궁박한 상태에서 이루어진 불공정한 법률행위에 해당한다고 볼 수 없고, 착오 또는 사기에 의한 의사표시로 볼 수도 없다.[576]"

◎ 부동산의 양도에 부과될 세액의 착오가 민법 제109조 소정의 착오에서 제외되는지 여부

"부동산의 양도가 있은 경우에 그에 대하여 부과될 양도소득세 등의 세액에 관한 착오가 미필적인 장래의 불확실한 사실에 관한 것이라도 민법 제109조 소정의 착오에서 제외되는 것은 아니다.[577]"

◎ 신원보증서류에 서명·날인하는 것으로 잘못 알고 이행보증보험약정서를 읽어보지 않은 채 서명·날인한 것일 뿐 연대보증약정을 한 사실이 없다는 주장은 위 연대보증약정을 착오를 이유로 취소할 수 있는지 여부

"취소의 의사표시란 반드시 명시적이어야 하는 것은 아니고, 취소자가 그 착오를 이유로 자신의 법률행위의 효력을 처음부터 배제하려고 한다는 의사가 드러나면 족한 것이며, 취소원인의 진술 없이도 취소의 의사표시는 유효한 것이므로, 신원보증서류에 서명·날인하는 것으로 잘못 알고 이행보증보험약정서를 읽어보지 않은 채 서명·날인한 것일 뿐 연대보증약정을 한 사실이 없다는 주장은 위 연대보증약정을 착오를 이유로 취소한다는 취지로 볼 수 있다고 한 사례.[578]"가 있다.

◎ 계약서에 의해 계약을 체결하였으나 계약으로 인한 법률효과를 제대로 알지 못한 경우, 계약의 효력

"계약의 성립을 위한 의사표시의 객관적 합치 여부를 판단함에 있어, 처분문서인 계약서가 있는 경우에는 특별한 사정이 없는 한 계약서에 기재된 대로의 의사표시의 존재 및 내용을 인정하여야

576) 대판 1991. 1. 11. 90다8992; 대판 1990. 11. 13. 89다카25547; 대판 1990. 6. 22. 89다카27895.
577) 대판 1994. 6. 10. 93다24810; 대판 1981. 11. 10. 80다2475.
578) 대판 2005. 5. 27. 2004다43824; 대판 1966. 9. 20. 66다1289.

하고, 계약을 체결함에 있어 당해 계약으로 인한 법률효과에 관하여 제대로 알지 못하였다 하더라도 이는 계약체결에 관한 의사표시의 착오의 문제가 될 뿐이다.[579]"

(2) 법률행위 내용의 중요부분에 착오가 있어야 한다.

착오를 이유로 의사표시를 취소하기 위해서는, 법률행위 내용의 중요부분에 착오가 있어야 한다.[580] 이 때의 중요부분의 의의 · 그 판단기준 등은 판례에 의하여 해결하여야 한다.

(가) 중요부분의 착오

중요부분의 착오라고 하는 것은, 표의자가 그 의사표시에 의해 의욕한 법률효과의 중요부분에 착오가 있음을 말한다.

중요부분의 착오인지 여부에 관한 판단기준으로는 두 가지가 있다.[581][582] 판례의 태도도 이와 같다.[583] 주관적 요건의 존재 사실 즉, 그러한 착오가 없었다면 의사표시를 하지 않았을 것이라는 점에 관한 증명책임은 착오 취소자인 표의자가 부담한다(판례). 객관적 요건에서 요구되는 그 중요한 것이란, 표의자의 표시와 의사의 불일치가 객관적으로 현저하여야 함을 뜻한다(판례). 다만, 객관적으로 현저하지 않더라도 상대방이 착오를 유발하였거나 또는 착오사실을 알고 있었다면, 표의자의 착오 취소가 인정된다고 한다.[584]

(나) 중요부분의 착오의 모습

법률행위 내용의 중요부분에 착오의 존재 여부는, 개개의 법률행위의 경우에 주관적 · 객관적인 두 개의 표준에 따라 구체적인 사정에 좇아 판단하여야 하고, 추상적 · 일률적으로 따져서는 안 된다(판례).

토지의 경계 · 현황에 관한 착오[585], 당사자인 사람의 동일성에 관한 착오[586](신용매매 ·

---

579) 대판 2009. 4. 23. 2008다96291, 96307.

580) 경미한 부분의 착오에 대해서까지 그 취소를 인정한다면, 거래의 안전을 해칠 수 있기 때문에, 중요부분의 착오에 대해서만 취소할 수 있도록 함으로써 표의자의 이익과 상대방의 신뢰이익과의 보호를 조절하려는 취지이다.

581) 주관적 요건으로서 표의자가 그러한 착오가 없었더라면, 그 의사표시를 하지 않았을 것이라고 생각될 정도로 중요한 것이어야 하고, 객관적 요건으로서 일반인도 표의자의 입장에 섰더라면, 그러한 의사표시를 하지 않았으리라고 생각될 정도로 중요한 것이어야 한다(곽윤직 · 김재형, 310면).

582) 우리나라의 학설은 대체로 위의 두 가지 요건을 갖추어야 착오를 이유로 취소권을 행사할 수 있다는데 견해를 같이 한다. 다만, 소수설은 객관적 요건과 주관적 요건 중 어느 하나를 충족하는 것으로 충분하고, 주관적 요건은 그러한 점이 표시되었음을 요구함이 타당하다고 한다(김증한 · 김학동, 348면).

583) '법률행위 내용의 중요부분에 착오가 있는지 여부는, 그 각 행위에 관하여 주관적 · 객관적 표준에 좇아, 구체적 사정에 따라 가려져야 할 것이고, 추상적 · 획일적으로 정할 수는 없다.'고 한다.(대판 1985. 4. 23. 84다카890)

584) 지원림, 254면.

585) 농지인줄 알고 매입하였으나 상당부분이 하천을 이루고 있는 경우(대판 1986. 3. 26. 67다2160) · 하천부지인 경우(대판 1974. 4. 23. 74다54)는 매매계약의 중요부분의 착오가 된다. 다만, 지적(地積)이 실제면적보다 적은 경우(대판 1976. 4. 27. 75다1288) · 건물 및 부지를 현상대로 매매하는 경우에 부지의 지분이 다소 부족한 경우(대판 1984. 4. 10. 83다카1328, 1329)는 중요 부분의 착오가 아니다. 물건의 수량(가격) 등의 경우도 마찬가지이다.

586) 임대차계약의 경우, 임대목적물이 반드시 임대인의 소유일 것을 특히 계약의 내용으로 삼은 경우(대판

임대차 · 고용 · 위임의 경우 등), 목적물의 동일성에 관한 착오, 법률행위의 성질에 관한 착오[587] 등은 법률행위의 내용의 중요부분의 착오가 된다.

판 례

가. 착오 취소의 요건

◎ 중요부분의 착오의 의미

"법률행위의 중요부분의 착오라 함은 표의자가 그러한 착오가 없었더라면, 그 의사표시를 하지 않았을 것으로 생각될 정도로 중요한 것이어야 하고, 보통 일반인도 표의자의 처지에 섰더라면 그러한 의사표시를 하지 않았으리라고 생각될 정도로 중요한 것이어야 한다.[588]"

◎ 착오를 이유로 의사표시를 취소하는 자가 증명해야 할 사항

"착오를 이유로 의사표시를 취소하는 자는 법률행위의 내용에 착오가 있었다는 사실과 함께 그 착오가 의사표시에 결정적인 영향을 미쳤다는 점, 즉 만약 그 착오가 없었더라면 의사표시를 하지 않았을 것이라는 점을 증명하여야 한다.[589]"

◎ 재건축조합이 재건축아파트 설계용역계약을 체결함에 있어서 상대방의 건축사 자격 유무에 관한 착오가 법률행위의 중요 부분의 착오에 해당하는지 여부(적극)

"법률행위 내용의 중요 부분에 착오가 있다고 하기 위하여는 표의자에 의하여 추구된 목적을 고려하여 합리적으로 판단하여 볼 때 표시와 의사의 불일치가 객관적으로 현저하여야 하는바, 재건축아파트 설계용역에서 건축사 자격이 가지는 중요성에 비추어 볼 때, 재건축조합이 건축사 자격이 없이 건축연구소를 개설한 건축학 교수에게 건축사 자격이 없다는 것을 알았더라면 재건축조합만이 아니라 객관적으로 볼 때 일반인으로서도 이와 같은 설계용역계약을 체결하지 않았을 것으로 보이므로, 재건축조합측의 착오는 중요 부분의 착오에 해당한다.[590]"

◎ 주채무자의 차용금반환채무를 보증할 의사로 공정증서에 연대보증인으로 서명 · 날인하였으나 그 공정증서가 주채무자의 기존의 구상금채무 등에 관한 준소비대차계약의 공정증서이었던 경우, 보증인의 착오가 연대보증계약의 중요 부분의 착오인지 여부(소극)

"주채무자의 차용금반환채무를 보증할 의사로 공정증서에 연대보증인으로 서명 · 날인하였으나 그 공정증서가 주채무자의 기존의 구상금채무 등에 관한 준소비대차계약의 공정증서이었던 경우, 소비대차계약과 준소비대차계약의 법률효과는 동일하므로 공정증서가 연대보증인의 의사와 다른 법률효과를 발생시키는 내용의 서면이라고 할 수 없어 표시와 의사의 불일치가 객관적으로 현저한 경우에 해당하지 않을 뿐만 아니라, 연대보증인은 주채무자가 채권자에게 부담하는 차용금반환채무를 연대보증할 의사가 있었던 이상 착오로 인하여 경제적인 불이익을 입었거나 장차 불이익을

1975. 1. 28. 74다2069)는 취소사유가 되나, 현실매매의 경우에 사람의 동일성에 관한 착오는 중요부분의 착오가 아니다.

587) 연대보증을 보통의 보증으로 잘못 안 경우, 임대차를 사용대차로 잘못 알고 계약을 체결한 경우를 들 수 있다.

588) 대판 1999. 4. 23. 98다45546; 대판 1996. 3. 26. 93다55487; 대판 1995. 11. 21. 95다5516.

589) 대판 2008. 1. 17. 2007다74188.

590) 대판 2003. 4. 11. 2002다70884.

당할 염려도 없으므로 위와 같은 착오는 연대보증계약의 중요 부분의 착오가 아니다.[591]"

◎ 토지매매에 있어서 시가에 관한 착오가 법률행위의 중요부분에 관한 착오에 해당하는지 여부(소극)

"의사표시의 착오가 법률행위의 내용의 중요부분에 착오가 있는 이른바 요소의 착오이냐의 여부는 그 각 행위에 관하여 주관적, 객관적 표준에 쫓아 구체적 사정에 따라 가려져야 할 것이고 추상적, 일률적으로 이를 가릴 수는 없다고 할 것인 바, 토지매매에 있어서 시가에 관한 착오는 토지를 매수하려는 의사를 결정함에 있어 그 동기의 착오에 불과할 뿐 법률행위의 중요부분에 관한 착오라 할 수 없다.[592]"

나. 중요부분 착오의 유형화

1) 토지의 경계 · 현황에 관한 착오의 경우

◎ 토지경계에 관한 착오를 법률행위의 중요부분에 관한 착오라고 볼 수 있는지 여부(적극)

"외형적인 경계(담장)를 기준으로 하여 갑, 을 사이에 인접토지에 관한 교환계약이 이루어졌으나 그 경계가 실제의 경계와 일치하지 아니함으로써, 결국 을이 그 소유대지와 교환으로 제공받은 갑의 대지 또한 그 대부분이 을의 소유인 것으로 판명되었다면, 이는 토지의 경계(소유권의 귀속)에 관한 착오로서 특단의 사정이 없는 한 법률행위의 중요부분에 관한 착오라 봄이 상당하다.[593]"

◎ 매매목적물에 관한 지분의 근소한 부족과 계약의 중요부분에 대한 착오

"계약의 내용이 피고의 지분등기와 본건 건물 및 그 부지를 현상태대로 매매한 것인 경우 위 부지(4평)에 관하여 0.211평(계산상 0.201평)에 해당하는 피고의 지분이 부족하다 하더라도 그러한 근소한 차이만으로써는 매매계약의 중요부분에 착오가 있었다거나 기망행위가 있었다고는 보기 어렵다.[594]"

2) 사람의 동일성에 관한 착오의 경우

◎ 근저당권설정계약상 채무자의 동일성에 관한 착오가 법률행위 내용의 중요부분에 관한 착오인지 여부

"갑이 채무자란이 백지로 된 근저당권설정계약서를 제시받고 그 채무자가 을인 것으로 알고 근저당권설정자로 서명날인을 하였는데 그 후 채무자가 병으로 되어 근저당권설정등기가 경료된 경우, 갑은 그 소유의 부동산에 관하여 근저당권설정계약상의 채무자를 병이 아닌 을로 오인한 나머지 근저당설정의 의사표시를 한 것이고, 이와 같은 채무자의 동일성에 관한 착오는 법률행위 내용의 중요부분에 관한 착오에 해당한다.[595]"

◎ 금융부실거래자인 기업의 경영주가 타인의 명의로 신용보증기금의 신용보증을 받은 경우, 신용보증기금의 위 보증행위는 법률행위의 중요부분에 착오에 해당하는지 여부(적극)

"기업의 실질적 경영주가 '금융기관의 신용정보교환 및 관리규약'에 따라 금융부실거래자로 규제되어 있어서 자기의 이름으로는 금융기관의 대출이나 신용보증기금의 신용보증을 받을 수 없음을

---

591) 대판 2006. 12. 7. 2006다41457.

592) 대판 1985. 4. 23. 84다카890; 대판 1984. 4. 10. 81다239.

593) 대판 1993. 9. 28. 93다31634, 93다31641(반소).

594) 대판 1984. 4. 10. 83다카1328, 1329(반소).

595) 대판 1995. 12. 22. 95다37087; 대판 1993. 10. 22. 93다14912; 대판 1986. 8. 19. 86다카448.

알고 타인의 명의로 사업자등록을 한 후 그의 명의로 신용보증을 신청하고, 신용보증기금은 신청명의인을 보증대상기업의 경영주로 오인하고 그에 대한 신용조사를 하여 그에게 신용불량사유가 없음을 확인한 다음 신용보증을 한 경우, 신용보증기금이 보증대상기업의 실제 경영주가 신청명의인이 아니고 금융부실거래자로 규제되고 있는 자라는 사실을 알았더라면 위 신용보증을 체결하지 아니하였을 것이 분명하고, 신용보증기금은 위 기업의 경영주가 금융기관대출에 있어서 신용 있는 자임을 착각하고 위 신용보증을 하게 된 것으로서 이는 법률행위의 중요부분에 착오가 있는 경우에 해당한다고 한 원심의 판단을 수긍한 사례.[596]"가 있다.

○ 신용보증기금의 신용보증에 있어서 보증대상기업의 신용 유무가 신용보증의사표시의 중요부분을 구성하는지 여부

"신용보증기금법 제1조는 '신용보증기금을 설립하여 담보능력이 미약한 기업의 채무를 보증하게 하여 기업의 자금융통을 원활히 하고, 신용정보의 효율적인 관리·운영을 통하여 건전한 신용질서를 확립함으로써 균형 있는 국민경제의 발전에 기여함을 목적으로 한다.'라고 규정하고 있고, 이러한 목적을 위하여 같은 법 제6조는 '신용보증기금의 기본재산 조성을 정부, 금융기관, 기업 등의 출연으로 할 것을 규정'하고, 같은 법 제2조 제2항은 '신용보증기금의 신용보증대상 채무를 일정한 경우로 국한하도록 규정'하고 있으며, 같은 법 제24조에 기하여 작성된 신용보증기금의 업무방법서 제10조 제1항 제3호 는 전국은행연합회의 '금융기관의 신용정보교환 및 관리규약'에 의한 금융부실거래자에 대한 신규보증을 금지하도록 규정함으로써 신용보증의 대상기업을 신용 있는 기업으로 제한하고 있는 등의 취지에 비추어 본다면, 신용보증기금의 신용보증에 있어서 기업의 신용 유무는 그 절대적인 전제사유로서 신용보증의사표시의 중요부분을 구성한다.[597]"

○ 재건축조합이 재건축아파트 설계용역계약을 체결함에 있어서 상대방의 건축사 자격 유무에 관한 착오가 법률행위의 중요부분의 착오에 해당하는지 여부(적극)

"법률행위 내용의 중요부분에 착오가 있다고 하기 위하여는 표의자에 의하여 추구된 목적을 고려하여 합리적으로 판단하여 볼 때 표시와 의사의 불일치가 객관적으로 현저하여야 하는바, 재건축아파트 설계용역에서 건축사 자격이 가지는 중요성에 비추어 볼 때, 재건축조합이 건축사 자격이 없이 건축연구소를 개설한 건축학 교수에게 건축사 자격이 없다는 것을 알았더라면 재건축조합만이 아니라 객관적으로 볼 때 일반인으로서도 이와 같은 설계용역계약을 체결하지 않았을 것으로 보이므로, 재건축조합측의 착오는 중요부분의 착오에 해당한다.[598]"

○ 임대목적물의 소유자에 관한 착오

"타인 소유의 부동산을 임대한 것이 임대차계약을 해지할 사유는 될 수 없고 목적물이 반드시 임대인의 소유일 것을 특히 계약의 내용으로 삼은 경우라야 착오를 이유로 임차인이 임대차계약을 취소할 수 있다.[599]"

○ 저당권설정계약 또는 보증계약에서 채무자의 동일성에 관한 착오

"일반적으로 근저당설정계약 또는 보증계약을 맺음에 있어서 채무자가 누구인가에 관한 착오는

---

596) 대판 2005. 5. 12. 2005다6228; 대판 1993. 10. 22. 93다14912.

597) 대판 2005. 5. 12. 2005다6228; 대판 1998. 9. 22. 98다23706; 대판 1987. 7. 21. 85다카2339.

598) 대판 2003. 4. 11. 2002다70884.

599) 대판 1975. 1. 28. 74다2069.

일응 의사표시의 중요부분에 관한 착오라고 못 볼 바 아니나 그렇다 하더라도 근저당권설정자 또는 보증인이 그 계약서에 나타난 채무자가 마음속으로 채무자라고 본 사람의 이름을 빌린 것에 불과하여 그 계약 당시에 원고가 위 두 사람이 같은 사람이 아닌 것을 알았더라도 그 계약을 맺을 것이라고 보여지는 등 특별한 사정이 있는 경우에는 형식상 사람의 동일성에 관한 착오가 있는 것처럼 보이더라도 이를 가지고 법률행위의 중요부분에 관한 착오라고는 볼 수 없다.[600]"

○ 매매목적물의 소유자에 관한 착오

"타인의 소유일지라도 매매의 목적물로 할 수 있는 것이므로 매매의 목적물이 어떤 사람의 소유에 귀속하느냐는 당연히 매매계약의 요소가 되는 것이 아니므로 매매목적물이 타인의 소유임을 알지 못하였다하더라도 매매계약이 그 요소에 착오가 있어 무효라 할 수 없다.[601]"

3) 목적물의 동일성에 관한 착오의 경우

○ 부동산중개업자가 다른 점포를 매매 목적물로 잘못 소개한 경우, 매수인이 매매 목적물에 관하여 착오를 일으킨 경우라 할 수 있는지 여부(적극)

"거래 당사자 사이의 권리의 득실변경에 관한 행위의 알선을 업으로 삼고 있어 고도의 직업적인 주의의무를 부담하고 있는 부동산중개업자의 지위나 중개행위를 함에 있어 고의 또는 과실로 거래당사자에게 재산상의 손해를 받게 할 때에는 그 손해를 배상하도록 한 부동산중개업법 제19조의 규정에 비추어 보면, 부동산중개업자에게 중개를 의뢰하여 매매 등의 계약을 체결하는 일반인으로서는 부동산중개업자가 전문적인 지식과 경험을 가진 것으로 신뢰하고 그의 개입에 의한 거래 조건의 지시, 설명에 과오가 없을 것이라고 믿고 거래하는 것이라는 점, 매수인이 중개업자의 말을 믿어 착오에 빠지게 되었지만… 후략(後略).[602]"

4) 법률행위의 성질에 관한 착오의 경우

○ 기술신용보증기금이 잘못 작성된 거래상황확인서를 믿고 보증한 경우, 법률행위의 중요 부분에 관한 착오에 해당하는지 여부(적극)

"신기술사업금융지원에관한법률 제29조에 기하여 작성된 기술신용보증기금 업무방법서와 신용보증규정 및 보증심사운용요령 등이 신용보증의 대상 기업을 신용이 있는 기업으로 제한하고 있는 등 제 규정의 취지에 비추어 볼 때, 기술신용보증기금의 신용보증에 있어서 기업의 신용 유무는 그 절대적인 전제사유가 되며 그 보증 의사표시의 중요 부분을 구성하므로, 기술신용보증기금이 대출 은행이 잘못 작성한 거래상황확인서를 믿고 대상 기업에게 연체대출금이 없는 것으로 오신하여 행한 신용보증은 법률행위의 내용의 중요 부분에 착오가 있는 경우에 해당한다고 본 사례.[603]"가 있다.

5) 기타의 경우

○ 공사도급계약에 관한 이행보증보험계약체결에 있어서 공사의 실제 착공일에 관한 보험자의 착오가 법률행위의 중요 부분에 해당하는지 여부

"공사도급계약과 관련하여 체결되는 이행(계약)보증보험계약이나 지급계약보증보험에 있어 그

---

600) 대판 1986. 8. 19. 86다카448.
601) 대판 1959. 9. 24. 4290민상627.
602) 대판 1997. 11. 28. 97다32772, 32789.
603) 대판 1996. 7. 26. 94다25964; 대판 1993. 10. 22. 93다14912; 대판 1989. 1. 17. 87다카1271.

보험사고에 해당하는 수급인의 채무불이행이 있는지 여부는 그 보험계약의 대상으로 약정된 도급공사의 공사금액, 공사내용 및 공사기간과 지급된 선급금 등을 기준으로 판정하여야 하므로, 이러한 보증보험계약에 있어 공사계약 체결일이나 실제 착공일, 공사기간도 공사대금 등과 함께 그 계약상 중요한 사항으로서 수급인측에서 이를 허위로 고지함으로 말미암아 보험자가 그 실제 공사의 진행상황을 알지 못한 채 보증보험계약을 체결한 경우에는 이는 법률행위의 중요한 부분에 관한 착오로 인한 것으로서 민법의 일반원칙에 따라 보험자가 그 보험계약을 취소할 수 있다.[604]"

◎ 신용보증에서 피보증인의 연체사실에 관한 착오(1)

"신용보증기금의 신용보증에 있어서 기업의 신용유무는 그 절대적 전제사유가 되며 신용보증기금의 보증의사표시의 중요부분을 구성한다고 할 것이므로 농협중앙회가 갑에게 금원을 대출해 주고서 연체이자를 받은 사실이 있음에도 불구하고 아무런 연체가 없는 것처럼 작성된 거래상황확인서를 갑에게 교부하고 갑은 이를 신용보증기금에 제출하여 이를 받은 신용보증기금이 갑이 신용있는 중소기업인 것으로 착각하여 갑의 위 농협중앙회로부터의 새로운 대출에 대하여 신용보증을 하게 되었다면 그 법률행위의 중요부분에 착오가 있는 경우에 해당한다.[605]"

◎ 신용보증에 있어서 피보증인의 연체사실에 관한 착오(2)

"신용보증기금이 은행의 착오로 피보증인이 연체채무가 없다고 잘못 기재하여 발급한 거래상황확인서의 기재를 믿고 이 사건 신용보증을 하였다 하더라도, 신용보증기금이 신용보증을 한 때에는 피보증인의 연체대출금은 존재하지 않았던 사실, 피고의 신용보증 여부의 결정에 있어서 대출금 연체사실이 거래신뢰도를 측정하기 위한 사항의 하나로서 전체 배점중의 낮은 비율로 배점되어 있는 사실 등에 비추어 볼 때 그것이 법률행위의 내용의 중요부분에 착오가 있었다고 보기는 어렵다.[606]"

◎ 부동산의 매매에 있어 시가에 관한 착오가 법률행위의 중요부분에 관한 착오인지 여부(소극)

"부동산의 매매에 있어 시가에 관한 착오는 그 동기의 착오에 불과할 뿐 법률행위의 중요부분에 관한 착오가 아니므로, 취소할 수 없다.[607]"

◎ 지적에 관한 착오

"특정된 지번의 임야 번부에 관한 매매계약서에 표시된 지적이 실지면적보다 적은 경우라도 위 계약이 법률행위의 요소에 착오가 있는 것이라 할 수 없다.[608]"

◎ 합의금 약정에서 강제추행을 강간치상으로 오인

"부녀를 강간하여 처녀막파열상을 입게 하였다는 혐의로 구속된 자에 대한 고소를 취하하는 대가로 금원을 지급하기로 한 약정에서 의사의 오진으로 강제추행을 강간치상으로 다소 오인한 바 있더라도 그것만으로는 법률행위의 내용의 중요부분에 착오가 있었다고 볼 수 없다.[609]"

---

604) 대판 2002. 7. 26. 2001다36450; 대판 2001. 6. 1. 2000다63882; 대판 1987. 6. 9. 86다카216.
605) 대판 1987. 7. 21. 85다카2339.
606) 대판 1987. 11. 10. 87다카192.
607) 대판 1991. 2. 12. 90다17927.
608) 대판 1969. 5. 13. 69다196.
609) 대판 1977. 10. 31. 77다1562.

(3) 표의자에게 중대한 과실이 없어야 한다.

법률행위의 내용의 중요부분에 착오가 있다 하더라도, 표의자에게 중대한 과실이 있으면 취소하지 못한다(제09조 제1항 단서).[610] 그 취소권의 행사가 제한되는 중대한 과실이란, 표의자의 직업·행위의 종류·목적 등에 비추어 당해 행위에 일반적으로 요구되는 주의를 현저하게 결여한 것을 뜻한다(판례). 이 때의 중과실은 추상적 중과실을 말한다.[611] 표의자의 중과실이 존재한다는 점에 대한 증명책임은, 그 취소권의 행사를 부정하기 위한 상대방이 부담한다.

한편 표의자의 중과실이 인정되는 경우, 상대방이 표의자의 착오 사실을 안 경우에는 어떻게 되는가? 표의자의 보호가 우선해야 할 것이므로, 표의자는 착오를 이유로 취소할 수 있다고 새겨야 한다.[612]

판 례

가. 중과실의 의미

○ 착오에 의한 의사표시를 취소할 수 없는 표의자의 '중대한 과실'의 의미

"착오에 의한 의사표시에서 취소할 수 없는 표의자의 '중대한 과실'이라 함은 표의자의 직업, 행위의 종류, 목적 등에 비추어 보통 요구되는 주의를 현저히 결여하는 것을 의미한다.[613]"

나. 중과실을 인정한 경우

○ 신용보증기금의 신용보증서를 담보로 금융채권자금을 대출해 준 금융기관이 위 대출자금이 모두 상환되지 않았음에도 착오로 신용보증기금에게 신용보증서 담보설정 해지를 통지한 경우, 그 해지의 의사표시가 중과실에 기한 것인지 여부(적극)

"신용보증기금의 신용보증서를 담보로 금융채권자금을 대출해 준 금융기관이 위 대출자금이 모두 상환되지 않았음에도 착오로 신용보증기금에게 신용보증서 담보설정 해지를 통지한 경우, 그 해지의 의사표시는 민법 제109조 제1항 단서 소정의 중대한 과실에 기한 것이라고 본 사례.[614]"가 있다.

○ 씨비닐공장 신설허가가 가능한지 여부를 조사하지 않고 그 건물을 임차한 임차인에게 중과실의 인정 여부(적극)

"이 사건임대차계약을 체결하기 약 2개월 이전부터 씨비닐을 생산, 판매하기 위하여 사무실을 차린 뒤 기계발주 및 제품생산계획을 세우고 씨비닐생산공장을 물색하다가 이 사건 건물을 임차하게 된 것으로서 피고가 이 사건 건물에 씨비닐생산공장의 설치허가를 받아 공장을 경영할 동기에서 위 건물을 임차하려고 하였다면, 피고로서는 먼저 위 건물에 그가 경영하고자 하는 공장의 신설이 가능한지를 관할관청에 알아 보아야 할 주의의무가 있고 또 이와 같이 알아보았다면 쉽게 위 건물

---

610) 중대한 과실이 있는 표의자는 보호할 필요가 없다는 취지로서, 표의자의 이익과 상대방의 이익과의 조화를 고려한 것이다.

611) 중과실 유무의 판단은, 표의자의 구체적인 주의능력을 토대로 하는 것이 아니라, 구체적인 사실관계에서 그 직업 등에 비추어 보통인이 베풀어야 할 주의를 표준으로 판단하여야 하기 때문이다.

612) 같은 견해 송덕수, 303면; 이영준, 425면.

613) 대판 2000. 5. 12. 2000다12259; 대판 1997. 8. 22. 96다26657; 대판 1996. 7. 26. 94다25964.

614) 대판 2000. 5. 12. 99다64995.

에 대한 공장신설허가가 불가능하다는 사실을 알 수 있었다고 보이므로, 피고가 이러한 주의의무를 다하지 아니한 채 이 사건 임대차계약을 체결한 것에는 중대한 과실이 있다고 보아야 할 것이다.[615]"

○ 공장을 경영하는 자가 공장이 협소하여 새로운 공장을 설립할 목적으로 토지를 매수함에 있어 토지상에 공장을 건축할 수 있는지 여부를 관할관청에 알아보지 아니한 경우, 중과실 인정 여부(적극)

"공장을 경영하는 자가 공장이 협소하여 새로운 공장을 설립할 목적으로 토지를 매수함에 있어 토지상에 공장을 건축할 수 있는지 여부를 관할관청에 알아보지 아니한 과실이 "가"항의 "중대한 과실"에 해당한다고 한 사례.[616]"가 있다.

다. 중과실을 부정한 경우

○ 건축사 자격이 없이 건축연구소를 개설한 건축학 교수와 재건축아파트 설계용역계약을 체결한 재건축조합이 상대방의 건축사 자격 유무를 조사하지 아니하여 그의 무자격을 알지 못한 것이 중대한 과실로 인한 착오에 해당하는지 여부(소극)

"설계용역계약 체결을 전후하여 건축사 자격이 없다는 것을 묵비한 채 자신이 미국에서 공부한 건축학교수이고 '(명칭 생략)건축연구소'라는 상호로 사업자등록까지 마치고 건축설계업을 하며 상당한 실적까지 올린 사람이라고 소개한 경우, 일반인의 입장에서는 그에게 당연히 건축사 자격이 있는 것으로 믿을 수밖에 없었을 것이므로, 재건축조합 측이 그를 무자격자로 의심하여 건축사자격증의 제시를 요구한다거나 건축사단체에 자격 유무를 조회하여 이를 확인하여야 할 주의의무가 있다고 볼 수는 없다고 보아 재건축조합의 착오가 중대한 과실로 인한 것이 아니라고 한 사례.[617]"가 있다.

○ 신용보증기관 직원이 실제 경영주가 신용보증을 신청하면서 제출한 신청명의인의 주민등록증 사진을 통하여 신청명의인과 실제 경영주를 구분하지 못하고, 신청명의인의 학력과 경력이 실제 경영주의 것임을 발견하지 못하였다는 사정만으로 신용보증기관이 보증대상 기업의 경영주와 그 신용상태에 대한 착오의 경우, 중과실 인정 여부(소극)

"소액대출임을 감안하여 간이심사 방식으로 신용조사를 한 점 등에 비추어 볼 때 신용보증기관 직원이 실제 경영주가 신용보증을 신청하면서 제출한 신청명의인의 주민등록증 사진을 통하여 신청명의인과 실제 경영주를 구분하지 못하고, 신청명의인의 학력과 경력이 실제 경영주의 것임을 발견하지 못하였다는 사정만으로 신용보증기관이 보증대상 기업의 경영주와 그 신용상태에 대한 착오를 일으킨 데 중대한 과실이 있다고 단정할 수 없다고 한 사례.[618]"가 있다.

○ 고려청자로 알고 매수한 도자기가 진품이 아닌 것으로 밝혀진 경우, 개인 소장자인 매수인이 그 출처의 조회나 전문적 감정인의 감정 없이 매수한 점만으로는 중과실의 인정 여부(소극)

"고려청자로 알고 매수한 도자기가 진품이 아닌 것으로 밝혀진 경우, 매수인이 도자기를 매수하면서 자신의 골동품 식별 능력과 매매를 소개한 자를 과신한 나머지 고려청자 진품이라고 믿고 소장자를 만나 그 출처를 물어 보지 아니하고 전문적 감정인의 감정을 거치지 아니한 채 그 도자기를

615) 대판 1992. 11. 24. 92다25830, 25847.
616) 대판 1993. 6. 29. 92다38881.
617) 대판 2003. 4. 11. 2002다70884.
618) 대판 2007. 8. 23. 2006다52815.

고가로 매수하고 만일 고려청자가 아닐 경우를 대비하여 필요한 조치를 강구하지 아니한 잘못이 있다고 하더라도, 그와 같은 사정만으로는 매수인이 매매계약 체결시 요구되는 통상의 주의의무를 현저하게 결여하였다고 보기는 어렵다는 이유로 착오를 이유로 매매계약을 취소할 수 있다고 본 사례.[619]"가 있다.

(4) 상대방의 예견가능성의 문제

착오를 이유로 의사표시를 취소하기 위해서는, 표의자가 잘못된 판단·인식을 하고, 이에 터 잡아 의사표시가 행하여졌음을 상대방이 알았거나 또는 알 수 있었어야 하는지가 의문이다. 명문의 규정이 없는 민법의 경우, 학설은 다툼이 있다.[620] 생각건대 착오를 이유로 한 취소권 행사의 경우, 표의자의 이익과 상대방의 이익과의 조화의 도모는 법률정책에 의존된다 할 것이다. 따라서 그러한 예견가능성의 요구를 해석론에 맡기는 것은 바람직하지 않다는 점에서, 반대설이 옳다.

●● 사례 16의 해결:

첫째, 제109조에서 규정한 바와 같이 의사표시에 착오가 있다고 하려면 법률행위를 할 당시에 실제로 없는 사실을 있는 사실로 잘못 깨닫거나 아니면 실제로 있는 사실을 없는 것으로 잘못 생각하듯이 표의자의 인식과 그 대조사실이 어긋나는 경우라야 하므로, 표의자가 행위를 할 당시 장래에 있을 어떤 사항의 발생이 미필적임을 알아 그 발생을 예기한 데 지나지 않는 경우는 표의자의 심리상태에 인식과 대조의 불일치가 있다고 할 수 없어 이를 착오로 다룰 수는 없다 할 것이어서, 착오 취소의 요건을 살필 필요도 없다.

둘째, 원고에 대한 임명행위 당시 이OO의 면직으로 인하여 도봉지부 부지부장이 공석으로 되었는데, 그러한 객관적 상황에 대한 피고의 인식 자체에는 오류가 있었다고 할 수 없으며, 피고가 소외인에 대한 면직처분은 유효한 것으로서 면직된 상태에 변동이 없을 것으로 생각하였다고 하더라도, 이는 장래에 대한 단순한 기대에 지나지 않는 것이므로, 그 기대가 이루어지지 않았다고 하여 이를 법률행위 내용의 중요 부분에 착오가 있는 것으로는 볼 수 없다. 그렇다면, 피고의 항변은 이유 없다.

(대판 2011. 6. 9. 2010다99798의 사실관계와 판결요지 등 참조)

---

619) 대판 1997. 8. 22. 96다26657.

620) 제1설은, 예견가능성을 취소권행사의 요건에 첨가하여, 그 취소권의 행사를 제한함으로써, 상대방에게 신뢰이익의 배상청구를 인정하지 않는 민법의 경우, 상대방의 보호의 불비를 보충할 수 있다고 한다(김용한, 286면; 장경학, 492면). 제2설은, 민법규정에 반할 뿐 아니라, 착오를 이유로 한 취소권 행사를 봉쇄하게 된다는 점에서, 상대방의 예견가능성을 취소의 요건으로 추가할 수 없다고 한다(김증한·김학동, 350면; 백태승, 427면; 송덕수, 304면; 이영준, 365면).

4. 착오의 효과

제109조 제1항 본문의 규정상 법률행위 내용의 중요부분에 착오가 있을 경우, 표의자는 이를 취소할 수 있다.[621][622]

(1) 취 소

착오가 있는 법률행위도 일단은 유효하고, 위의 요건을 갖춘 착오자는 착오를 이유로 그 법률행위를 취소할 수 있을 뿐이다. 취소권자는 착오자인 표의자뿐이다.[623]

(2) 취소의 효과

(가) 양당사자 사이의 효과

착오를 이유로 법률행위를 취소하면, 원칙적으로 그 법률행위의 효력이 소급해서 전부무효가 된다(제141조 본문). 따라서 급부를 이행하지 않았다면, 이행할 필요가 없고, 이행한 후이면 부당이득반환의 문제가 생긴다(제741조 이하). 한편 착오가 법률행위의 일부에만 관계된 경우에는 일부무효의 법리가 적용되어 원칙적으로 그 부분만을 취소할 수 있다(판례).

(나) 제3자에 대한 효력

착오로 인한 법률행위의 취소는 선의의 제3자에게 대항할 수 없다(제109조 제2항).[624]

---

621) 종래 착오에 관한 입법주의에는 두 가지가 있다. 첫째는, 무효주의이다. 착오에 의한 법률행위는 언제나 무효로 되고, 착오자는 상대방이 그 법률행위가 유효하다고 믿었기 때문에 입은 손해, 즉 신뢰이익의 배상책임을 부담하지 않는다(프랑스민법 제1109조, 독일민법 제1초안 제98조 제1항, 일본민법 제95조). 둘째는, 취소주의이다. 착오에 의한 법률행위는 일단 유효하지만, 일정한 요건 아래 취소할 수 있고, 취소의 경우에 표의자는 상대방에게 신뢰이익의 배상책임을 부담하게 된다(독일민법 제119조 · 제120조 · 제122조, 스위스채무법 제23조). 구민법은 무효주의를 취하였으나, 현행민법은 취소주의를 취하면서도, 착오자에게 신뢰이익의 배상책임을 인정하지 않고 있다.

622) 제109조 제1항 본문의 법문은 착오의 경우, 의사표시를 취소할 수 있다고 할 수 있으나, 의사표시 자체만으로는 어떠한 법적 효력도 발생하지 않으며, 법률행위가 성립되면 의사표시의 독립적 존재는 의미가 없게 된다는 점에서, 그 취소의 대상은 법률행위가 된다. 같은 견해 김상용, 김상용, 475-476면; 송덕수, 313면.

623) 다만, 임대차계약의 경우와 관련해서는 주의할 점이 있다. A(임대인)가 B(임차인)와 임대차계약을 체결하였으나, 그 임대주택을 C에게 양도한 후에(대항력 있는 임대차로서 이른바, 매매가 임대차를 깨뜨리지 못하는 경우이다), A가 착오로 그 임대차계약을 체결하였음을 안 경우, 착오를 이유로 한 취소권자는 A인지, 아니면 C인지 또는 A · C가 공동으로 취소권을 행사 하여야 할 것인지가 의문이다. 주택임대차보호법 제3조 제4항의 규정상 임대인의 지위를 승계한 양수인(C)만이 취소권을 행사할 수 있다.

624) '제3자 · 선의 · 대항할 수 없다.'는 의미는 허위표시에 관하여 설명한 내용과 모두 같다. 다만, 취소의 대상이 되는 법률행위에 의하여 이전된 재산권이 등기와 같은 공시방법을 필요로 하는 권리일 경우에는, 제3자의 범위와 관련하여 다툼이 있을 수 있다. 즉, 취소권의 행사가 있기 전까지 당해 권리를 취득한 제3자만을 말하는 것인지? 취소권 행사 이후 그 재산권에 관한 말소등기가 행하여지기 전까지 당해 권리를 취득한 제3자까지를 포함하느냐 하는 것이다.

생각건대 제109조 제2항은, 등기에 공신력을 인정하지 않은 우리법제 아래에서 거래의 안전보호를 꾀하기 위한 목적이 있다는 점에서, 말소등기 전까지 권리를 취득한 제3자를 포함시키는 견해가 타당하다(판례의 견해도 이와 유사하다. 대판 1971. 11. 30. 71다1995 참조).

(다) 신뢰이익의 배상문제

착오를 이유로 법률행위를 취소하는 경우, 상대방이 그 법률행위의 유효를 믿음으로써 입은 손해가 있다면, 착오자로 하여금 이를 배상하도록 해야 할 것인지가 의문이다. 독일 민법[625]과 같은 명문의 규정이 없는 민법의 경우, 이에 관하여 학설은 다툼이 있다.[626] 한편 판례는 과실 있는 착오자의 불법행위책임을 부정한다. 생각건대 표의자와 상대방의 이해관계의 조절이라는 점에서, 이를 인정하는 것이 바람직하다고 생각한다. 그 배상의 범위는 이행이익의 한도로 제한되어야 한다(제535조 제1항 단서의 유추적용).

판 례

◎ 법률행위 일부 취소의 요건과 효력

"하나의 법률행위의 일부분에만 취소사유가 있다고 하더라도 그 법률행위가 가분적이거나 그 목적물의 일부가 특정될 수 있다면, 나머지 부분이라도 이를 유지하려는 당사자의 가정적 의사가 인정되는 경우 그 일부만의 취소도 가능하다고 할 것이고, 그 일부의 취소는 법률행위의 일부에 관하여 효력이 생긴다고 할 것이다.[627]"

◎ 착오 취소에 대해 위법성이 있어 손해배상책임이 인정되는지 여부

"불법행위로 인한 손해배상책임이 성립하기 위하여는 가해자의 고의 또는 과실 이외에 행위의 위법성이 요구되므로, 전문건설공제조합이 계약보증서를 발급하면서 조합원이 수급할 공사의 실제 도급금액을 확인하지 아니한 과실이 있다고 하더라도 민법 제109조에서 중과실이 없는 착오자의 착오를 이유로 한 의사표시의 취소를 허용하고 있는 이상, 전문건설공제조합이 과실로 인하여 착오에 빠져 계약보증서를 발급한 것이나 그 착오를 이유로 보증계약을 취소한 것이 위법하다고 할 수는 없다.[628]"

◎ 특허발명 실시계약 체결 이후 계약 대상인 특허가 무효로 확정된 경우, 착오를 이유로 특허발명 실시계약을 취소할 수 있는지 여부(원칙적 소극)

"특허는 성질상 특허등록 이후에 무효로 될 가능성이 내재되어 있는 점을 감안하면, 특허발명 실시계약 체결 이후에 계약 대상인 특허의 무효가 확정되었더라도 특허의 유효성이 계약 체결의 동기로서 표시되었고 그것이 법률행위의 내용의 중요부분에 해당하는 등의 사정이 없는 한, 착오를

625) 독일민법은 착오를 이유로 취소한 경우, 표의자는 상대방에게 신뢰손해의 배상책임을 인정하고 있다(제122조). 이는 당사자 사이의 이해관계를 고려한 법정의 공평책임이라 한다(김상용, 480면).

626) 제1설은, 민법의 규정상 취소한 표의자에게 신뢰이익의 배상책임을 인정하지는 않으나, 이는 표의자의 보호에 치우친 것으로서 이해관계의 조절상 배상책임을 인정하는 입법을 검토할 필요가 있다고 한다(곽윤직·김재형, 313면; 지원림, 265-266면). 제2설은, 제535조의 계약체결상의 과실책임에 관한 규정을 유추적용하여, 표의자에게 신뢰이익의 배상책임을 인정해야 할 것이라고 한다(김상용, 480면; 송덕수, 314면; 장경학, 495면). 제3설은, 그 이익조절의 문제는 입법정책의 문제로서, 민법이 이를 인정하지 않은 이상, 해석론으로 이를 인정할 필요는 없다고 한다(김증한·김학동, 351면). 제4설은, 상대방으로 하여금 중대한 과실을 이유로 한 취소권의 행사를 배제할 수 있도록 하거나, 또는 신뢰이익의 배상청구를 행사할 수 있도록 해야 한다고 주장한다(이영준, 375면).

627) 대판 2002. 9. 4. 2002다18435; 대판 1998. 2. 10. 97다44737; 대판 1992. 2. 14. 91다36062.

628) 대판 1997. 8. 22. 97다13023.

이유로 특허발명 실시계약을 취소할 수는 없다.[629]"

5. 착오의 적용범위

금융투자 상품시장에서 이뤄지는 증권이나 파생상품거래의 경우, 그 거래의 안전과 상대방의 신뢰를 보호할 필요성이 크다 하더라도, 민법 제109조가 적용된다(판례). 한편 착오를 이유로 한 법률행위의 취소가 제한되는 경우가 있다.[630]

판 례

○ 증권거래의 경우, 의사표시의 착오를 이유로 그 거래의 취소 가능 여부(적극)

"민법 제109조의 법리는 그 적용을 배제하는 취지의 별도 규정이 있거나 당사자의 합의로 그 적용을 배제하는 등의 사정이 없는 한 원칙적으로 모든 사법상의 의사표시에 적용된다. 그러므로 금융투자 상품시장에서 이뤄지는 증권이나 파생상품거래의 경우, 그 거래의 안전과 상대방의 신뢰를 보호할 필요성이 크다 하더라도, 민법 제109조가 적용된다.[631]"

○ 민법상 화해계약에 있어서 착오가 있음을 이유로 취소할 수 있는 '화해의 목적인 분쟁 이외의 사항'의 의미

"민법상의 화해계약을 체결한 경우 당사자는 착오를 이유로 취소하지 못하고, 다만 화해 당사자의 자격 또는 화해의 목적인 분쟁 외의 사항에 착오가 있는 때에 한하여 이를 취소할 수 있으며, 여기서 '화해의 목적인 분쟁 이외의 사항'이라 함은 분쟁의 대상이 아니라 분쟁의 전제 또는 기초가 된 사항으로서, 쌍방 당사자가 예정한 것이어서 상호 양보의 내용으로 되지 않고 다툼이 없는 사실로 양해된 사항을 말하는 것이다.[632]"

○ 화해계약을 착오를 이유로 취소한 사례

"교통사고에 가해자의 과실이 경합되어 있는데도 오로지 피해자의 과실로 인하여 발생한 것으로 착각하고 치료비를 포함한 합의금으로 실제 입은 손해액보다 훨씬 적은 금원만을 받고 일체의 손해배상청구권을 포기하기로 합의한 경우, 그 사고가 피해자의 전적인 과실로 인하여 발생하였다는 사실은 쌍방 당사자 사이에 다툼이 없어 양보의 대상이 되지 않았던 사실로서 화해의 목적인 분쟁의 대상이 아니라 그 분쟁의 전제가 되는 사항에 해당하는 것이므로 피해자측은 착오를 이유로 화해계약을 취소할 수 있다.[633]"

---

629) 대판 2014. 11. 13. 2012다42666, 42673.

630) 첫째, 가족법상의 경우, 당사자의 진의가 절대적으로 존중되기 때문에, 제109조는 적용되지 않는다(통설). 둘째, 상법상의 행위의 경우, 일반적으로 다수인의 이해관계가 관련되어 있고, 거래의 신속성이 요구되기 때문에 민법상의 재산행위와는 다른 특색을 갖는다. 그리하여, 회사성립 후에 주식을 인수한 자는, 착오를 이유로 그 주식인수를 취소할 수 없도록 한다(상법 제320조 제1항). 기타의 경우로서 민법상의 화해계약의 경우, 화해당사자의 자격 또는 화해의 목적인 분쟁 외의 사항에 관한 착오가 아닌 한 착오를 이유로 취소하지 못한다(제733조). 행정처분 등의 행정행위·소송행위의 경우, 민법상의 착오규정은 적용되지 않는다(판례).

631) 대판 2014. 11. 27. 2013다49794.

632) 대판 2002. 9. 4. 2002다18435; 대판 1997. 4. 11. 95다48414; 대판 1992. 7. 14. 91다47208.

633) 대판 1997. 4. 11. 95다48414.

◎ 행정처분에 비적용

"행정처분에는 민법상의 착오에 관한 규정이 적용되지 아니한다.[634)]"

◎ 소송행위에 비적용

"민법상의 법률행위에 관한 규정은 민사소송법상의 소송행위에는 특별한 규정 또는 특별한 사정이 없는 한 적용이 없으므로 사기 또는 착오를 원인으로 하여 소취하 등 소송행위를 취소할 수 없다.[635)]"

6. 다른 제도와의 관계

동기의 착오에 취소를 인정할 경우, 동일한 사실이 착오와 사기의 요건을 모두 갖추는 경우가 생길 수 있다고 한다.[636)] 이러한 경우, 표의자는 착오와 사기 그 어느 쪽이든 그 요건을 증명함으로써 취소할 수 있다고 하여야 한다(통설). 그러나 판례의 견해는 그렇지 않은 것 같다.[637)]

매매의 목적물인 권리・물건의 하자가 있는 것을 당사자가 모르고 매매계약을 체결하는 경우, 착오에 의한 취소(제109조)와 하자담보책임(제580조-제582조)의 경합이 있게 된다. 그 경합과 관련해서는 다툼이 있다.[638)] 생각건대 양자는 그 요건과 효과가 다른 별개의 제도라는 점에서 구체적인 사안이 두 제도의 요건을 구비할 경우, 양자의 경합을 인정하는 것이 옳다고 생각한다.[639)]

판 례

◎ 상대방이 적법하게 해제한 계약을 취소권을 행사하여 무효로 돌릴 수 있는지 여부

"매도인이 매수인의 중도금 지급채무불이행을 이유로 매매계약을 적법하게 해제한 후라도 매수인으로서는 상대방이 한 계약해제의 효과로서 발생하는 손해배상책임을 지거나 매매계약에 따른

634) 대판 1956. 3. 29. 4288민상448.

635) 대판 1964. 9. 15. 64다92.

636) 송덕수, 316면.

637) 판례는, 표의자가 제3자의 기망행위에 의하여 신원보증서류에 서명・날인한다는 착각에 빠져 연대보증의 서면에 서명・날인한 사안의 경우, '사기에 의한 의사표시란 타인의 기망행위로 말미암아 착오에 빠지게 된 결과 어떠한 의사표시를 하게 되는 경우이므로 거기에는 의사와 표시의 불일치가 있을 수 없고, 단지 의사의 형성과정 즉 의사표시의 동기에 착오가 있는 것에 불과하며, 그 경우는 기명날인의 착오로서 표시상의 착오이고 동기의 착오가 아니므로, 거기에는 사기에 의한 의사표시의 법리는 적용되지 않고, 착오에 의한 의사표시의 법리만 적용된다.'고 한다.(대판 2005. 5. 27. 2004다43824)

638) 제1설은, 착오로 인한 취소권은 훨씬 장기간 존속하게 되고(제146조 참조), 하자담보책임은 1년 또는 6개월의 제척기간에 걸리는 데(제575조 제3항・제582조), 이것은 빈번하게 일어나는 매매 기타의 유상계약을 장기간 불확정한 상태에 두지 않으려는 취지라 할 것이며, 또한 담보책임은 상당히 무겁기 때문에 취소를 인정하지 않아도 그것만으로 매수인의 보호에 지장이 없다는 등의 이유로 매도인의 담보책임이 성립하는 범위에서는 착오로 인한 취소는 배제된다고 한다(고상룡, 487면; 김용한, 298면; 장경학, 497면). 제2설은, 양자의 경합을 인정하는 것이 타당하다고 한다(김상용, 482면; 이은영, 526면).

639) 같은 견해 김상용, 482면.

계약금의 반환을 받을 수 없는 불이익을 면하기 위하여 착오를 이유로 한 취소권을 행사하여 위 매매계약 전체를 무효로 할 수 있다.[640]"

○ 재단설립행위가 착오를 이유로 취소될 수 있는지 여부

"민법 제47조 제1항에 의하여 생전처분으로 재단법인을 설립하는 때에 준용되는 민법 제555조는 '증여의 의사가 서면으로 표시되지 아니한 경우에는 각 당사자는 이를 해제할 수 있다'고 함으로써 서면에 의한 증여(출연)의 해제를 제한하고 있으나, 그 해제는 민법 총칙상의 취소와는 요건과 효과가 다르므로 서면에 의한 출연이더라도 민법 총칙규정에 따라 출연자가 착오에 기한 의사표시라는 이유로 출연의 의사표시를 취소할 수 있고, 상대방 없는 단독행위인 재단법인에 대한 출연행위라고 하여 달리 볼 것은 아니다.[641]"

○ 해제를 주장하다가 무효를 주장한 경우, 법원의 착오 취소 석명의무

"원고가 피고로부터 논을 매수하여 대금을 다 치르고 그 소유권이전등기까지 마치고 알아보았더니 그 중의 일부는 하천으로 되어 있어서 경작할 수 없는 땅인데다가 나머지 땅은 이미 농지개혁법 시행 이전부터 소외인이 경작하고 있었으므로 그 소유자가 자경하지 아니하는 농지, 즉 국가에 매수된 농지라는 사실을 알았기 때문에 피고의 사기에 의하여 금원을 편취한 것이므로 원고가 계약을 해제하였다고 주장하였다가 나중에 와서 무슨 취지인지 본건 계약은 무효라고 주장하였다면 본건 법률행위의 내용의 중요부분에 착오가 있으니 취소하였다는 취지로도 보지 못할 바 아니므로 이러한 점을 석명시켜 원고의 주장을 정리하고 심판하였어야 할 것이다.[642]"

제3항 사기·강박에 의한 의사표시

Ⅰ. 의 의

사적자치는 표의자의 자유로운 의사결정의 자유를 전제로 한다. 이처럼 자유롭게 행하여져야 할 의사표시가, 타인의 부당한 간섭(사기·강박)을 받고 행하여진 경우를 사기·강박에 의한 의사표시 또는 하자있는 의사표시라고 한다. 민법은 이러한 의사표시를 취소할 수 있도록 함으로써 표의자를 보호하려고 한다(제110조).[643][644]

640) 대판 1991. 8. 27. 91다11308.

641) 대판 1999. 7. 9. 98다9045.

642) 대판 1966. 9. 20. 66다1289.

643) 사기·강박에 의한 의사표시는, 그 표시에 해당하는 내심의 효과의사는 존재하지만(대판 2002. 12. 27. 2000다47361), 표의자의 의사결정이 자유롭지 못한 상태에서 행하여진다는 점에서, 의사표시의 성립에 문제가 있는 경우이다. 그렇다면, 제110조는 표의자의 의사결정의 자유를 보호하려는 데 그 취지가 있다(사기·강박에 의한 의사표시는 원칙적으로 의사와 표시의 불일치, 또는 의사의 흠결이 존재하지 않는다. 곽윤직·김재형, 314면).

644) 사기·강박이라는 위법행위로부터 피해자를 구제하는 방법은, 사기죄(형법 제347조)·공갈죄(제350조)·협박죄(제283조) 등에 의해 가해자를 처벌하는 형법적 구제방법과 불법행위를 이유로 한 손해배상청구권(제750조)·취소권(제110조)을 피해자에게 부여하는 민사적 구제방법의 두 가지가 있다. 그런데 사기·강박에 의한 의사표시의 경우, 위의 세 가지 법적 효과가 다 발생하는 것은 아니다. 한편 민법은 독일민법(제123조)·

고의로 사람을 기망하여 표의자를 착오에 빠지게 하는 위법행위를 사기라 하고, 고의로 해악을 주겠다고 위협하여 표의자에게 공포심을 일으키는 위법행위를 강박이라 한다.

판 례

◎ 사기에 의한 의사표시의 의의

"사기에 의한 의사표시란 타인의 기망행위로 말미암아 착오에 빠지게 된 결과 어떠한 의사표시를 하게 되는 경우이므로 거기에는 의사와 표시의 불일치가 있을 수 없고… 후략(後略).[645]"

◎ 강박에 해당하는 구체적인 경우

"불성실한 태도를 신문에 보도하게 하여 사업을 못하게 한다고 위협하는 경우[646] · 공무원에게 정치적 압력을 가한 경우[647] · 대통령을 비롯한 관계 요로에 비행을 진정한다고 고지하는 경우[648] 등은 강박에 해당한다."

◎ 강박의 존재를 부정한 경우

"구체적인 해악의 고지 없이, 단지 각서에 대한 서명 · 날인을 강력히 요구한 사실만으로는 강박행위로 볼 수는 없다.[649]"

Ⅱ. 취소권 행사의 요건

1. 사기에 의한 의사표시의 경우

●● 사례 17

박OO는 2005. 6. 8. 20:00경 그 소유의 자동차를 운전하여 속초시 도문동 도천교 방면으로 가던 중 전방주시의무를 태만히 한 과실로 때마침 진행방향의 도로 오른쪽으로 걸어가는 오OO을 위 자동차의 오른쪽 앞 범퍼부분으로 부딪혀 사망하게 하였다. 오OO은 당시 속초시 상수도사업소 계장으로 재직하고 있었다. 오OO에게는 사망 당시 배우자나 직계 존·비속이 없어 그의 형제자매들인 원고 1 등 6인이 각 6분의 1지분씩 공동상속하였다. 원고들을 대표한 원고 1은 2005. 7. 11. 종합보험자인 피고와 사이에 위자료 4,050만 원 등 합계 금 85,729,580원을 지급 받고 이 사건 사고와 관련된 모든 권리를 포기하며, 어떠한 이유로든지 민·형사상의 소송이나 이의를 제기하지 않기로 합의하였고, 이에 따라 피고는 원고들에게 위 금원을 지급하였다. 당시 피고의 보상담당

구민법(제96조)과는 달리, 사기에 의한 의사표시와 강박에 의한 의사표시를 동일하게 취급한다(제110조).

645) 대판 2005. 5. 27. 2004다43824.

646) 대판 1957. 5. 16. 4290민상58.

647) 대판 1962. 2. 28. 4294민상1295.

648) 대판 1972. 1. 31. 71다1688.

649) 대판 1979. 1. 16. 78다1968.

직원은 원고 1에게 공무원연금법상 원고들은 오OO의 형제자매들이므로 공무원연금법상 유족연금 등을 수령할 자격이 없고 따라서 피고 역시 오OO의 일실퇴직금 상당의 금원을 지급할 의무가 없다고 하였고, 원고 1도 이에 동의함에 따라 위와 같이 합의하게 되었다. 원고들은 공무원연금관리공단으로부터, 2005. 7. 29. 원고들은 오OO의 형제자매들이므로 공무원연금관리공단에 공무원연금법상의 유족급여 대상자에 해당하지 아니한다는 내용의 회신을 받았고, 2006. 4. 4. 퇴직급여 및 퇴직수당 역시 지급받을 수 없다는 내용의 회신을 받았다. 원고는 2005. 8. 19. 피고로부터 오OO의 일실퇴직금 상당을 받지 못한 이유로 손해배상지급청구의 소를 제기하였다. 소송 계속 중, 피고는 이 사건 소가 부제소특약에 위반하여 부적법하다고 본안 전 항변을 한 것에 대하여, 원고들은 피고의 기망에 의하여 이 사건 합의를 하게 되었음을 이유로 이 사건 합의를 취소한다고 주장하였다. 이에 대하여 다시 피고는 이 사건 합의는 화해의 목적인 분쟁에 관한 사항에 착오가 있는 민법상 화해계약이므로 기망을 이유로 취소할 수 없다고 주장한다. 피고 주장의 타당성 여부에 관하여 논하라.

●● 사안의 쟁점:

첫째, 위 사례의 경우에 민법 제733조 단서의 '화해당사자의 자격 또는 화해의 목적인 분쟁 이외의 사항'에 착오가 있는 경우에 해당하는지 여부가 밝혀져야 한다. 둘째, 화해계약이 사기로 인하여 이루어진 경우에는 화해의 목적인 분쟁에 관한 사항에 착오가 있더라도 민법 제110조에 따라 이를 취소할 수 있는지 여부 등을 검토하여야 한다.

〈착오 취소와 사기 취소의 비교 · 구별〉

구분 \ 제도	착오에 의한 의사표시(제109조)	사기에 의한 의사표시(제110조)
취지	〈의사와 표시의 불일치〉 의사주의에 기한 취소 → 표의자 보호(원칙) 표시주의에 기한 유효 → 상대방 보호(예외)	〈의사와 표시의 일치〉 표의자의 의사결정의 자유 보호
요건	중요부분의 착오 → 표의자의 증명책임 중과실의 존재 → 상대방의 증명책임	상대방이 사기자인 경우, 고의의 존재 → 표의자의 증명책임 제3자가 사기자인 경우, 상대방의 사기사실의 인식(악의)·인식가능성(과실) → 표의자의 증명책임
효과	① 소급적 무효 ② 선의의 제3자 보호효	① 소급적 무효 ② 선의의 제3자 보호효 ③ 사기자의 불법행위책임

표의자가 타인(상대방 또는 제3자)의 기망행위로 인해 착오에 빠지고, 그에 기하여 행한 의사표시를 사기에 의한 의사표시라 한다.[650] 사기에 의한 의사표시의 취소요건을 아래에서 본다.

(1) 의사표시의 존재

사기를 이유로 의사표시를 취소하기 위하여는, 어떤 의사표시가 존재하여야 한다.

(2) 사기자의 고의

과실만으로는 부족하고, 반드시 2단계의 고의가 있어야 한다. 즉, 사기자가 표의자를 기망하여 착오에 빠지게 하려는 고의와, 그러한 착오에 기하여 표의자로 하여금 일정한 의사표시를 하게 하려는 고의가 있어야 한다.[651][652] 사기자의 사기의 동기는 문제가 되지 않는다.[653] 사기자는 표의자의 상대방이든 제3자이든 가리지 않는다. 표의자는 사기자가 행한 2단계의 고의에 대하여 모두 증명할 수 있어야 한다.

(3) 기망행위(사기)의 존재

표의자로 하여금 실제와 다른 관념을 갖게 하거나, 이를 강화·유지하게 하는 사기자의 일체의 행위를 기망행위라고 한다. 기망행위에는, 적극적으로 허위사실을 고지하는 것·신의칙에 비추어 비난받을 정도의 방법으로 허위로 고지하는 것과 소극적으로 진실을 숨기는 경우(침묵) 등을 포함한다. 주의할 점은, 침묵된 사정에 관하여 행위자에게 설명의무가 있는 경우에만 침묵이 기망행위로 평가된다. 따라서 신의칙상 고지의무를 부담하는 자가 이를 이행하지 않을 경우, 이는 부작위에 의한 기망행위에 해당한다(판례).

(4) 기망행위의 위법성

그 위법성 여부는 사회통념 내지 거래관념의 바탕 위에서 판단한다. 기망행위가 사회통념상 허용되는 범위의 경미한 것(가령 상품의 선전·광고에서의 다소의 과장이나 허위)이면 위법한 것으로 되지 않고, 신의칙에 반하는 것(가령 상품의 허위·과장광고)일 때에 한하여 위법한 기망행위가 된다.[654]

---

650) 사기에 의한 의사표시는 타인의 기망행위로 인하여 표의자가 착오에 빠져서 행한 의사표시라는 점에서는 보통의 착오와 같다. 다만, 법률행위 내용의 중요부분의 착오임을 요하지 않고, 표의자는 보호된다(대판 1969. 6. 24. 68다174910).

651) 곽윤직·김재형, 316면; 장경학, 498면.

652) 신문의 날조기사의 경우, 1단계의 고의는 있으나 2단계의 고의는 없기 때문에, 독자가 그 기사를 읽고 착오에 빠져 의사표시를 하였다 하더라도, 신문사의 사기를 이유로 취소하지는 못한다. 같은 견해 김상용, 485면; 김증한·김학동, 362면. 그러나 회사의 중역이 과장선전을 하여 신주의 인수를 모집하는 행위는 사기가 된다(김상용, 485면).

653) 제110조는 표의자의 의사결정의 자유를 보호하려는 데 그 취지가 있으므로, 사기자가 기망행위에 의해 재산상의 이익을 얻으려는 것이든 표의자에게 재산상의 손해를 주려는 것이든, 그 동기는 문제가 되지 않는다.

654) 곽윤직·김재형, 316면.

(5) 표의자의 착오와 의사표시 사이의 인과관계의 존재

사기자의 기망행위에 의하여 표의자가 착오에 빠지고, 그 결과로서 표의자가 의사표시를 하였어야 한다. 표의자의 착오와 의사표시 사이의 인과관계는 주관적인 것이어도 무방하다.[655] 인과관계의 존재에 대한 증명책임은 표의자가 부담한다.

판 례

가. 기망행위의 존재

◘ 상품의 허위·과장광고가 기망행위가 되는 경우

"상품의 선전·광고에 있어 다소의 과장이나 허위가 수반되었다고 하더라도 일반 상거래의 관행과 신의칙에 비추어 시인될 수 있는 정도의 것이라면 이를 가리켜 기망하였다고 할 수는 없고, 거래에 있어 중요한 사항에 관한 구체적 사실을 신의성실의 의무에 비추어 비난받을 정도의 방법으로 허위로 고지한 경우에는 기망행위에 해당한다.[656]"

◘ 다소의 과장·허위광고가 기망행위에 해당하는지 여부

"상품의 선전광고에 있어서 거래의 중요한 사항에 관하여 구체적 사실을 신의성실의 의무에 비추어 비난받을 정도의 방법으로 허위로 고지한 경우에는 기망행위에 해당한다고 할 것이나, 그 선전광고에 다소의 과장·허위가 수반되는 것은 그것이 일반상거래의 관행과 신의칙에 비추어 시인될 수 있는 한 기망성이 결여된다고 할 것이고, 또한 용도가 특정된 특수시설을 분양받을 경우, 그 운영을 어떻게 하고, 그 수익은 얼마나 될 것인지와 같은 사항은 투자자들의 책임과 판단 하에 결정될 성질의 것이므로, 상가를 분양하면서 그곳에 첨단오락 타운을 조성하고 전문경영인에 의한 위탁교육을 통하여 일정수익을 보장한다고 하는 취지의 광고를 하였다고 하여, 이로써 상대방을 기망하여 분양계약을 체결하게 하였다거나 상대방이 계약의 중요부분에 관하여 착오를 일으켜 분양계약을 체결하게 된 것으로 볼 수 없다.[657]"

◘ 기망행위로 인하여 법률행위의 동기에 관하여 착오를 일으킨 경우, 그 법률행위의 취소 가부(적극)

"기망행위로 인하여 법률행위의 중요부분에 관하여 착오를 일으킨 경우 뿐만 아니라 법률행위의 내용으로 표시되지 아니한 의사결정의 동기에 관하여 착오를 일으킨 경우에도 표의자는 그 법률행위를 사기에 의한 의사표시로서 취소할 수 있다.[658]"

◘ 아파트 분양자는 아파트단지 인근에 공동묘지가 조성되어 있는 사실을 수분양자에게 고지할 신의칙상의 의무를 이행하지 않은 경우, 기망행위에 해당 여부(적극)

"전략(前略)… 아파트 분양자는 아파트단지 인근에 공동묘지가 조성되어 있는 사실을 수분양자에게 고지할 신의칙상의 의무를 부담한다. 중략(中略)… 고지의무의 존재를 부정함으로써 부작위에 의한 기망행위에 해당하지 아니한다고 판단한 데에는, 채증법칙 위반, 심리미진 내지는 고지의무의

---

655) 그러한 기망행위가 있는 경우, 일반인이라면 착오에 빠지지 않았고, 그러한 의사표시를 하지는 않았다 하더라도, 표의자가 그러한 기망행위로 인해 착오에 빠졌고, 그 결과 그러한 의사표시를 하였다면, 인과관계는 존재한다 할 것이다.

656) 대판 2014. 1. 23. 2012다84417, 84424; 대판 2008. 11. 27. 2008다56118; 대판 1993. 8. 13. 92다52665.

657) 대판 2001. 5. 29. 99다55601, 55618; 대판 1995. 9. 29. 95다7031; 대판 1993. 8. 13. 92다52665.

658) 대판 1985. 4. 9. 85도167.

위반으로 인한 기망행위에 관한 법리오해 등의 위법이 있다고 할 것이다.[659)]"

◎ 부동산 분양계약에 있어서 분양자가 수분양자의 전매이익에 영향을 미칠 가능성이 있는 사항들에 관하여 분양자가 가지는 정보를 밝혀야 할 신의칙상의 의무가 있는지 여부(원칙적 소극) 및 그러한 정보를 고지하지 아니한 것이 부작위에 의한 기망에 해당하는지 여부

"분양자가 수분양자가 전매이익을 노리고 분양을 받으려는 것을 알면서 수분양자로 하여금 전매이익의 발생 여부나 그 액에 관하여 거래관념상 용납될 수 없는 방법으로 잘못 판단하게 함으로써 분양계약에 이르게 하였다는 등의 특별한 사정이 없는 한, 분양자에게 그 대립당사자로서 스스로 이익을 추구하여 행위하는 수분양자에 대하여 최초분양인지, 전매분양인지를 포함하여 수분양자의 전매이익에 영향을 미칠 가능성이 있는 사항들에 관하여 분양자가 가지는 정보를 밝혀야 할 신의칙상의 의무가 있다거나, 나아가 그러한 정보를 밝혀 고지하지 아니하면 그것이 부작위에 의한 기망에 해당하여 민법 제110조 제1항에서 정하는 사기가 된다고 쉽사리 말할 수 없다.[660)]"

◎ 건설산업기본법에 의한 공제조합이 조합원이 도급받은 공사의 계약이행과 관련하여 부담하는 계약보증금의 납부에 관한 의무이행을 보증하기 위하여 도급인과 보증계약을 체결함에 있어서 조합원이 선급금의 액수와 그 지급방법 및 선급금이 정하여진 용도로 실제 사용될 것인지를 허위로 고지한 경우, 공제조합에 대한 기망행위가 될 수 있는지 여부

"건설산업기본법에 따라 설립된 공제조합이 그 조합원과의 보증위탁계약에 따라 조합원이 도급받은 공사 등의 계약이행과 관련하여 부담하는 계약보증금의 납부에 관한 의무이행을 보증하기 위하여 계약보증서를 발급하는 방법으로 그 도급인과 보증계약을 체결하는 경우, 공제조합은 그 조합원이 도급계약에 따른 채무를 이행하지 아니함으로 말미암아 도급인에게 부담하게 될 채무를 보증하는 것이므로, 선급금의 액수와 그 지급방법 및 선급금이 정하여진 용도로 실제 사용될 것인지 여부 등은 보증사고에 해당하는 수급인의 채무불이행 여부를 판정하는 기준이 되는 계약상 중요한 사항으로서 조합원 등이 이를 거짓으로 고지할 경우 공제조합에 대한 기망행위가 될 수 있다.[661)]"

◎ 상대방의 피용자가 제3자에 의한 기망에서 제3자 인지 여부

"의사표시의 상대방이 아닌 자로서 기망행위를 하였으나 민법 제110조 제2항에서 정한 제3자에 해당되지 아니한다고 볼 수 있는 자란 그 의사표시에 관한 상대방의 대리인 등 상대방과 동일시할 수 있는 자만을 의미하고, 단순히 상대방의 피용자이거나 상대방이 사용자책임을 져야 할 관계에 있는 피용자에 지나지 않는 자는 상대방과 동일시할 수는 없어 이 규정에서 말하는 제3자에 해당한다.[662)]"

◎ 교환계약의 당사자가 목적물의 시가를 묵비한 경우, 기망에 해당하는지 여부

"일반적으로 교환계약을 체결하려는 당사자는 서로 자기가 소유하는 교환 목적물은 고가로 평가하고 상대방이 소유하는 목적물은 염가로 평가하여 보다 유리한 조건으로 교환계약을 체결하기를 희망하는 이해상반의 지위에 있고 각자가 자신의 지식과 경험을 이용하여 최대한으로 자신의 이익을 도모할 것이 예상되기 때문에, 당사자 일방이 알고 있는 정보를 상대방에게 사실대로 고지하여

659) 대판 2007. 6. 1. 2005다5812, 5829, 5836.
660) 대판 2010. 2. 25. 2009다86000.
661) 대판 2002. 11. 26. 2002다34727; 대판 1999. 11. 26. 99다36617; 대판 1996. 3. 22. 94다54702.
662) 대판 1998. 1. 23. 96다41496.

야 할 신의칙상의 주의의무가 인정된다고 볼 만한 특별한 사정이 없는 한, 어느 일방이 교환 목적물의 시가나 그 가액 결정의 기초가 되는 사항에 관하여 상대방에게 설명 내지 고지를 할 주의의무를 부담한다고 할 수 없고, 일방 당사자가 자기가 소유하는 목적물의 시가를 묵비하여 상대방에게 고지하지 아니하거나 혹은 허위로 시가보다 높은 가액을 시가라고 고지하였다 하더라도 이는 상대방의 의사결정에 불법적인 간섭을 한 것이라고 볼 수 없다.[663)]"

◎ 공사도급계약이 수급인의 기망행위에 의하여 체결되었다고 볼 수 있는지 여부(소극)

"수급인이 제3자를 이용하여 공사를 하더라도 공사약정에서 정한 내용대로 그 공사를 이행하는 한 공사약정을 불이행한 것이라고 볼 수 없으므로, 수급인이 그의 노력으로 제3자와의 사이에 공사에 관한 약속을 한 후 도급인에게 그 약속 사실을 알려주지 않았다고 하더라도 이를 도급인에 대한 기망행위라고 할 수 없다고 한 사례.[664)]"가 있다.

◎ 은행이 고객에게 이른바 제로 코스트(zero cost)구조의 장외파생상품을 판매하는 경우, 그 상품구조 내에 포함된 옵션(option)의 이론가, 수수료 및 그로써 발생하는 마이너스 시장가치에 대하여 고지하여야 할 의무가 있는지 여부(원칙적 소극)

"일반적으로 재화나 용역의 판매자가 자신이 판매하는 재화나 용역의 판매가격에 관하여 구매자에게 그 원가나 판매이익 등 구성요소를 알려주거나 밝힐 의무는 없고, 이는 은행이 고객으로부터 별도로 비용이나 수수료를 수취하지 아니하는 이른바 제로 코스트(zero cost)구조의 장외파생상품 거래를 하는 경우에도 다르지 아니하다. 또한 은행이 장외파생상품 거래의 상대방으로서 일정한 이익을 추구하리라는 점은 시장경제의 속성상 당연하여 누구든지 이를 예상할 수 있으므로, 달리 계약 또는 법령 등에 의하여 가격구성요소의 고지의무가 인정되는 등 특별한 사정이 없는 한 은행은 고객에게 제로 코스트인 장외파생상품의 구조 내에 포함된 옵션(option)의 이론가, 수수료 및 그로 인하여 발생하는 마이너스 시장가치에 대하여 고지하여야 할 의무가 있다고 할 수 없고, 이를 고지하지 아니하였다고 하여 그것이 고객에 대한 기망행위가 된다거나 고객에게 당해 장외파생상품 거래에서 비용이나 수수료를 부담하지 아니한다는 착오를 유발한다고 볼 수 없다.[665)]"

나. 기망행위의 위법성

◎ 아파트 최상층 분양에 있어 중요한 사항인 다락의 형상에 관하여 신의성실의 의무에 비추어 비난받을 정도로 허위·과장한 내용의 분양광고를 한 사안에서, 분양자(시행사) 뿐만 아니라 시공사도 공동불법행위로 인한 손해배상책임을 부담하는지 여부(적극)

"아파트 최상층 분양에 있어 중요한 사항인 다락의 형상에 관하여 신의성실의 의무에 비추어 비난받을 정도로 허위·과장한 내용의 분양광고를 한 사안에서, 분양자(시행사) 뿐만 아니라 시공사도 공동불법행위로 인한 손해배상책임을 부담한다고 한 사례.[666)]"가 있다.

663) 대판 2002. 9. 4. 2000다54406, 54413; 대판 2001. 7. 13. 99다38583; 대판 1998. 10. 23. 98다23188.
664) 대판 2002. 4. 12. 2001다82545, 82552.
665) 대판 2013. 9. 26. 2011다53683, 5369.
666) 대판 2009. 4. 23. 2009다1313.

●● 사례 17의 해결:

첫째, '화해의 목적인 분쟁 이외의 사항'이라 함은 분쟁의 대상이 아니라 분쟁의 전제 또는 기초가 된 사항으로서, 쌍방 당사자가 예정한 것이어서 상호 양보의 내용으로 되지 않고 다툼이 없는 사실로 양해된 사항을 말한다. 이 사건 합의에 있어서 원고들이 유족급여 등을 지급 받을 자격이 없으므로 피고로서도 일실퇴직금 상당의 손해를 배상해줄 의무가 없다는 것은 분쟁의 전제 또는 기초가 된 사항으로서, 원고들과 피고 사이에 서로 상호 양보의 내용으로 되지 않고 다툼이 없는 사실로 양해된 사항에 해당하므로 이에 대한 착오를 이유로 이 사건 합의를 취소할 수 있다고 봄이 상당하다.

둘째, 비록 화해의 목적인 분쟁에 관한 사항이라고 하더라도 민법 제733조의 규정에 의하면, 화해계약은 화해당사자의 자격 또는 화해의 목적인 분쟁 이외의 사항에 착오가 있는 경우를 제외하고는 착오를 이유로 취소하지 못하지만, 화해계약이 사기로 인하여 이루어진 경우에는 화해의 목적인 분쟁에 관한 사항에 착오가 있는 때에도 민법 제110조에 따라 이를 취소할 수 있다고 해석함이 옳다. 그렇다면, 피고의 주장은 그 이유가 없어 타당하지 아니하다.

(대판 2008. 9. 11. 2008다15278의 사실관계와 판결요지 등 참조)

2. 강박에 의한 의사표시의 경우

표의자가 타인(상대방 또는 제3자)의 강박행위로 인하여 공포심을 가지게 되고, 그 결과 그 해악을 피하기 위하여 행한 의사표시를 강박에 의한 의사표시라고 한다.[667] 강박에 의한 의사표시의 취소요건을 아래에서 본다.[668]

(1) 의사표시의 존재

강박을 이유로 의사표시를 취소하기 위하여는, 어떤 의사표시가 존재하여야 한다.

(2) 강박자의 고의의 존재

강박자의 2단계의 고의가 있어야 한다.[669] 표의자로 하여금 공포심을 생기게 하기 위한 고의와, 그러한 공포심에 기하여 표의자로 하여금 일정한 의사표시를 하게 하려는 고의가 있어야 한다.[670] 강박자의 강박행위의 동기는 문제가 되지 않는다. 강박자는 표의자

667) 강박에 의한 의사표시는, 표의자 스스로 의사와 표시의 불일치를 인식하고 행하는 의사표시라는 점에서, 착오 · 사기의 경우와 구별되고, 비진의표시 · 허위표시와 유사하다 할 수 있다(곽윤직·김재형, 317면). 그러나 표의자의 내심적 효과의사의 결정이 자발적인 것이 아니라, 타인의 해악의 고지에 의해 어쩔 수 없이 결정된 것이라는 점에서, 비진의표시 · 허위표시와 다르다.

668) 강박에 의한 의사표시의 경우에 표의자의 취소요건은, 사기에 의한 의사표시의 경우와 매우 비슷하다.

669) 대판 1975. 3. 25. 73다1048.

670) 강박자에게 고의가 있다고 하기 위해서는 강박자는 의사능력자이어야 하는가? 제1설은, 강박자에게 의사능력이 있어야 한다는 견해를 취한다(고상룡, 494면; 김상용, 487면; 장경학, 503면). 제2설은, 제110조의 취지는 표의자를 보호하려는 데 있으므로, 강박자는 반드시 의사능력자일 필요가 없다고 한다(이영준, 387면).
생각건대 강박자가 의사무능력자일 경우, 2단계의 고의의 존재를 인정할 수 없게 되어 표의자의 보호가 고려

의 상대방이든 제3자이든 가리지 않는다. 표의자는 강박자가 행한 2단계의 고의에 대하여 모두 증명할 수 있어야 한다.

(3) 강박행위의 존재

강박행위란 표의자에게 일정한 해악을 고지하여 표의자로 하여금 공포심을 갖게 하는 행위를 말한다. 표의자로 하여금 공포심을 생기게 하는 것이면, 강박행위의 방법이나 해악의 종류에는 제한이 없다.[671] 강박의 정도는 표의자의 의사결정의 자유를 방해·간섭하는 데 그쳐야 하며, 의사결정의 자유를 완전히 배제하는 정도일 때에는, 그 의사표시는 무효가 된다.[672]

(4) 강박행위의 위법성

강박행위의 위법성 여부는, 강박의 목적과 수단을 상관적으로 고찰하여 판단한다.[673] 판례는 그 위법성의 유형으로, 해악의 고지에 의한 이익의 비정당성·해악의 내용이 법질서에 위배되는 경우·해악의 고지가 부적당한 경우 등을 든다.[674][675]

(5) 타인의 강박행위와 표의자의 의사표시 사이의 인과관계의 존재

타인의 강박에 의하여 표의자가 공포심을 가졌고, 그 결과로서 표의자가 의사표시를 하였어야 한다. 표의자의 공포심과 의사표시 사이의 인과관계는 주관적인 것이어도 무방하다. 인과관계의 존재에 대한 증명책임은 표의자가 부담한다.

판 례

가. 강박자의 고의

○ 법률행위 취소의 원인이 될 강박의 성립요건

"법률행위 취소의 원인이 될 강박이 있다고 하기 위하여서는 표의자로 하여금 외포심을 생기게 하고 이로 인하여 법률행위 의사를 결정하게 할 고의로써 불법으로 장래의 해악을 통고할 경우라

되지 않는다는 점에서, 제1설이 타당하다.

671) 재산적 해악·비재산적 해악·살상과 같은 육체적 해악 등을 포함한다. 강박행위는 작위·부작위이든 상관없으며, 단순한 침묵도 강박행위가 될 수 있다.

672) 대판 1997. 3. 11. 96다49453; 대판 1984. 12. 11. 84다카1402.

673) '고소·고발이 부정한 이익의 취득을 목적으로 하는 경우에는 위법한 강박행위가 되는 경우가 있고, 목적이 정당하다 하더라도, 행위나 수단 등이 부당한 때에는 위법성이 있는 경우가 있을 수 있다.'(대판 1992. 12. 24. 92다25120)

674) '어떤 해악을 고지하는 강박행위가 위법하다고 하기 위하여는 강박행위 당시의 거래관념과 제반사정에 비추어 해악의 고지로써 추구하는 이익이 정당하지 아니하거나 강박의 수단으로 상대방에게 고지하는 해악의 내용이 법질서에 위배된 경우 또는 어떤 해악의 고지가 거래관념상 그 해악의 고지로써 추구하는 이익의 달성을 위한 수단으로 부적당한 경우 등에 해당하여야 한다.'(대판 2000. 3. 23. 99다64049)

675) 간통에 대해 고소하지 아니한 대가를 받은 경우, 위법한 강박행위가 아니라고 한 사례가 있다(대판 1997. 3. 25. 96다47951).

야 한다.[676)]"

나. 강박행위의 존재

○ 국군보안부대의 위법한 공권력 행사로 인한 의사표시 취소

"국군보안부대에서 원고를 적법절차에 의하지 아니한 채 강제로 연행하여 지하조사실에 감금하고 토지의 매매차익을 기부금의 형식으로 피고에게 자진 납부할 것을 종용하면서 이에 불응하면 계속 감금하고 공권력을 통하여 사회적·경제적 활동에 대한 제재를 가하거나 신체적인 위해를 가할 듯한 태도를 보여 원고가 피고에게 금원을 기부하고 근저당권을 설정해준 행위는 제3자인 보안부대의 강박으로 인한 것이고, 상대방인 피고도 강박사실을 알았거나 알 수 있었으므로 취소할 수 있는 법률행위에 해당한다.[677)]"

○ 고소 취소를 대가로 체결된 임대차계약의 취소

"갑이 조합의 경비를 횡령하였다는 사실로 고소를 제기하여 궁지에 빠뜨리게 한 후 신축될 점포 8동중 6동을 을에게 배정하는 계약을 체결하면 고소를 취소하겠으나 만일 이에 응하지 않을 때에는 고소를 취소하지 않음으로써 형사책임은 물론 사회적으로도 상당한 지장이 있을 것이라는 암묵의 표시를 하여 조합이 신축한 점포 6동이 을의 소유인 것을 전제로 하여 을과 조합 사이에 임대차계약서가 작성되었다면 이는 강박에 의하여 작성된 것이다.[678)]"

○ 강박을 이유로 증여의 의사표시를 취소함에 있어서 표명되어야 할 의사의 내용

"강박을 이유로 증여의 의사표시를 취소함에 있어서는 그 상대방에 대하여 적어도 그 의사표시 자체에 하자가 있으므로, 이를 취소한다거나 또는 강박에 의한 증여이니 그 목적물을 반환하라는 취지가, 어느 정도 명확하게 표명되어야 한다.[679)]"

○ 채권자의 고소로 소환 조사받은 것이 강박행위인지 여부

"채권자의 고소로 채무자가 경찰서에 소환 조사를 받은 것을 가지고 채권자의 강박행위가 있었다 할 수 없다.[680)]"

○ 피의자신문조서의 진술이 의사표시인지 여부

"피의자신문조서의 각 진술은 사실의 진술이고 의사표시가 아니므로 강박에 의한 진술이라 하여 취소할 수 없다.[681)]"

○ 끈질긴 수사를 받은 것이 강박인지 여부

"원고가 피고의 해악고지로서 주관적으로 공포를 느꼈다고 할지라도 원고가 수사관들의 끈질긴 수사를 받다가 형사고소취하조건으로 밭에 관한 소유권이전등기 소요서류를 피고에게 작성 교부한 사실만으로는 피고에게 고의에 인한 위법의 해악고지 사실이 추정될 수는 없다.[682)]"

---

676) 대판 1992. 12. 24. 92다25120.
677) 대판 1991. 9. 10. 91다18989.
678) 대판 1964. 3. 31. 63다214.
679) 대판 2002. 9. 24. 2002다11847.
680) 대판 1972. 11. 14. 72다1127.
681) 대판 1973. 3. 13. 72다963.
682) 대판 1975. 3. 25. 73다1048.

◎ 의사에 반한 보호실 유치만으로 강박이라 볼 수 있는지 여부

"원고의 고소에 의하여 피고가 경찰서에서 조사 받은 과정에서 그 의사에 반하여 경찰서 보호실에서 하룻밤을 지낸 다음 원·피고간 그들 사이에 체결한 매매계약을 합의해제하기로 약정하였고, 그 당시 합의하지 않으면 구속영장을 신청한다는 뜻의 말이 있었으나 이것만으로는 제반사정에 비추어 강박에 의하여 이루어진 것이라고 인정하기에 부족하다.[683)]"

◎ 재무부의 주거래은행에 대한 행정지도가 위헌이더라도, 주거래은행의 권유로 매각조건에 관한 오랜 협상을 통해 주식 매매계약이 성립된 이상, 재무부의 행정지도가 강박에 해당하는지 여부(소극)

"부실기업의 정리에 관한 재무부의 행정지도(매각권유의 지시)가 비록 위헌적이라 하더라도, 그 지시가 매매 당사자인 부실기업의 대표이사에 대하여 행하여진 것이 아니라 채권자인 주거래은행에 대하여 행하여졌고 그 후 주거래은행이 그 지시를 받아들여 부실기업의 대표이사와의 사이에 상당히 오랜 시간 동안 여러 차례에 걸쳐 그 매각 조건에 관한 협상을 하고 그 과정에서 그 대표이사는 고문변호사의 조언까지 받아 그 매각 조건에 관한 타협이 이루어져 주식 매매계약이 성사된 경우, 재무부측의 행정지도가 그 대표이사에 대한 강박이 될 수 없고 재무부당국자가 그 대표이사에 대한 강박의 주체가 될 수도 없다고 한 사례.[684)]"가 있다.

다. 강박행위의 위법성

◎ 부정행위에 대한 고소, 고발이 강박행위가 되는 경우

"일반적으로 부정행위에 대한 고소, 고발은 그것이 부정한 이익을 목적으로 하는 것이 아닌 때에는 정당한 권리행사가 되어 위법하다고 할 수 없으나, 부정한 이익의 취득을 목적으로 하는 경우에는 위법한 강박행위가 되는 경우가 있고 목적이 정당하다 하더라도 행위나 수단 등이 부당한 때에는 위법성이 있는 경우가 있을 수 있다.[685)]"

◎ 강박에 의한 의사표시의 성립 요건 및 해악을 고지하는 강박행위의 위법성 판단 기준

"강박에 의한 의사표시라고 하려면 상대방이 불법으로 어떤 해악을 고지함으로 말미암아 공포를 느끼고 의사표시를 한 것이어야 하는바, 여기서 어떤 해악을 고지하는 강박행위가 위법하다고 하기 위하여는 강박행위 당시의 거래관념과 제반 사정에 비추어 해악의 고지로써 추구하는 이익이 정당하지 아니하거나 강박의 수단으로 상대방에게 고지하는 해악의 내용이 법질서에 위배된 경우 또는 어떤 해악의 고지가 거래관념상 그 해악의 고지로써 추구하는 이익의 달성을 위한 수단으로 부적당한 경우 등에 해당하여야 한다.[686)]"

◎ 계약을 해제하여 손해배상을 청구할 수 있다는 취지로 말한 것으로는 제반 사정상 '위법한 해악의 고지'에 해당한다고까지 할 수 없다고 본 사례

"계약을 해제하여 손해배상을 청구할 수 있다는 취지로 말한 것으로는 제반 사정상 '위법한 해악의 고지'에 해당한다고까지 할 수 없다고 본 사례.[687)]"가 있다.

683) 대판 1981. 12. 8. 80다863.
684) 대판 1996. 4. 26. 94다34432; 대판 1994. 12. 13. 93다49482; 대판 1979. 1. 16. 78다1968.
685) 대판 1992. 12. 24. 92다25120.
686) 대판 2010. 2. 11. 2009다72643; 대판 2003. 5. 13. 2002다73708, 73715; 대판 2000. 3. 23. 99다64049.
687) 대판 2010. 2. 11. 2009다72643.

◎ 강박행위의 요건, 부정행위에 대한 고소·고발이 위법한 강박행위가 되기 위한 요건

"① 법률행위 취소의 원인이 될 강박이 있다고 하기 위하여서는 표의자로 하여금 외포심을 생기게 하고 이로 인하여 법률행위 의사를 결정하게 할 고의로써 불법으로 장래의 해악을 통고할 경우라야 한다. ② 일반적으로 부정행위에 대한 고소, 고발은 그것이 부정한 이익을 목적으로 하는 것이 아닌 때에는 정당한 권리행사가 되어 위법하다고 할 수 없으나, 부정한 이익의 취득을 목적으로 하는 경우에는 위법한 강박행위가 되는 경우가 있고 목적이 정당하다 하더라도 행위나 수단 등이 부당한 때에는 위법성이 있는 경우가 있을 수 있다.[688]"

◎ 간통에 대해 고소하지 않는 대가를 받은 경우, 위법한 강박행위가 아니라고 한 사례

"간통으로 고소하지 않기로 하는 등의 대가로 금 170,000,000원의 합의금을 받게 된 경우, 상간자의 배우자가 부정한 이익을 목적으로 위법한 강박행위를 한 것으로 볼 수 없다.[689]"

라. 기타의 경우

◎ 강박에 의한 법률행위가 무효로 되기 위한 요건

"강박에 의한 법률행위가 하자 있는 의사표시로서 취소되는 것에 그치지 않고 나아가 무효로 되기 위하여는, 강박의 정도가 단순한 불법적 해악의 고지로 상대방으로 하여금 공포를 느끼도록 하는 정도가 아니고, 의사표시자로 하여금 의사결정을 스스로 할 수 있는 여지를 완전히 박탈한 상태에서 의사표시가 이루어져 단지 법률행위의 외형만이 만들어진 것에 불과한 정도이어야 한다.[690]"

◎ 기본권을 침해하는 국가기관의 위헌적 공권력 행사에 외포되어 강박에 의한 의사표시를 한 경우, 그 의사표시가 당연 무효로 되는지 여부

"국가기관이 헌법상 보장된 국민의 기본권을 침해하는 위헌적인 공권력을 행사한 결과 국민이 그 공권력의 행사에 외포되어 자유롭지 못한 의사표시를 하였다고 하더라도, 그 의사표시의 효력은 의사표시의 하자에 관한 민법의 일반원리에 의하여 판단되어야 할 것이고, 그 강박행위의 주체가 국가 공권력이고 그 공권력 행사의 내용이 기본권을 침해하는 것이라고 하여, 그 강박에 의한 의사표시가 항상 반사회성을 띠게 되어 당연히 무효로 된다고는 볼 수 없다.[691]"

Ⅲ. 효 과

사기·강박에 의한 의사표시는 취소할 수 있다(제110조 제1항).[692]

688) 대판 1992. 12. 24. 92다25120.

689) 대판 1997. 3. 25. 96다47951.

690) 대판 2003. 5. 13. 2002다73708, 73715; 대판 2002. 12. 10. 2002다56031; 대판 1996. 10. 11. 95다1460.

691) 대판 2002. 12. 10. 2002다56031; 대판 1996. 12. 23. 95다40038.

692) 제110조에 의한 취소권은, 1차적으로는 타인의 부당한 간섭을 받은 표의자의 보호를 목적으로 한다. 그러나 Z가 X를 기망하여 X·Y 사이에 계약이 체결된 경우, 체결 당시에 Y가 그러한 사정을 전혀 몰랐다면, X의 취소로 인하여 Y는 불이익을 입을 수도 있다. 이러한 점을 고려하여, 민법은 X와 Y 사이의 이익의 조절을 위하여 Y의 예견가능성을 전제로 하여, X의 취소권의 행사를 허용한다(제110조 제2항).

1. 상대방의 사기 · 강박의 경우

상대방이 사기 · 강박을 한 경우, 표의자는 항상 그 의사표시를 취소할 수 있다(제110조 제1항). 취소권의 행사 여부는, 표의자의 자유의사에 달려있다.

판 례

○ 타인 권리의 매매에서 기망에 의한 의사표시 취소 가부

"민법 제569조가 타인의 권리의 매매를 유효로 규정한 것은 선의의 매수인의 신뢰 이익을 보호하기 위한 것이므로, 매수인이 매도인의 기망에 의하여 타인의 물건을 매도인의 것으로 알고 매수한다는 의사표시를 한 것은, 만일 타인의 물건인줄 알았더라면 매수하지 아니하였을 사정이 있는 경우에는 매수인은 민법 제110조에 의하여 매수의 의사표시를 취소할 수 있다고 해석해야 할 것이다.[693]"

○ 금융기관에서 대출이나 채무감면 등의 결정권한이 없는 직원이 그 결정권한을 가진 자에게 허위의 승인품의서를 올려 대출이나 채무감면 등을 하게 한 경우, 금융기관이 사기를 이유로 이를 취소할 수 있는지 여부

"금융기관에 있어서 대출이나 채무감면 등의 결정권한을 가지지 아니한 직원이 그 결정권한을 가진 임원 등에게 허위의 승인품의서를 올려 대출이나 채무감면 등을 하게 하였다면, 그 금융기관은 민법 제110조 제1항에 따라 그 대출이나 채무감면 등의 법률행위를 취소할 수 있다고 보아야 한다.[694]"

○ 보증보험계약에서 보험자가 보험계약자의 기망을 이유로 계약을 취소한 경우, 그 취소로써 피보험자에게 대항할 수 있는지 여부

"보증보험계약에서 주채무자에 해당하는 보험계약자가 계약체결 과정에서 보험자를 기망하였다는 이유로 보험자가 보증보험계약 체결의 의사표시를 취소한 경우, 보험자가 이미 보증보험증권을 교부하여 피보험자가 그 보증보험증권을 수령한 후 이에 터 잡아 새로운 계약을 체결하거나, 이미 체결한 계약에 따른 의무를 이행하는 등으로 보증보험계약의 채권담보적 기능을 신뢰하여 새로운 이해관계를 가지게 되었다면, 원칙적으로 그 취소로써 피보험자에게 대항할 수 없는 것이나, 이 경우에도 피보험자가 그와 같은 기망행위가 있었음을 알았거나 알 수 있었다는 등의 특별한 사정이 있는 때에는, 보험자가 보험계약자의 기망을 이유로 한 취소를 가지고 피보험자에게 대항할 수 있다.[695]"

○ 한국공인중개사협회가 공제가입자인 중개업자의 사기를 이유로 하는 공제계약 취소 또는 무효로써 거래당사자에게 대항할 수 있는지 여부(원칙적 소극)

"한국공인중개사협회(이하 '협회'라고 한다)가 중개업자와 체결하는 공제계약은 형식적으로는 중개업자의 불법행위 또는 채무불이행을 보험사고로 하는 상호보험계약과 유사하지만 실질적으로는

---

693) 대판 1973. 10. 23. 73다268.

694) 대판 2002. 6. 14. 2002다14853.

695) 대판 2002. 11. 8. 2000다19281; 대판 2001. 2. 13. 99다13737; 대판 1999. 7. 13. 98다63162.

보증의 성격을 가지고 보증계약과 같은 효과를 목적으로 하며, 거래당사자는 공제계약을 신뢰하여 중개업자의 중개행위에 따라 부동산거래를 하는 것이 보통이므로, 일반적으로 타인을 위한 보험계약에서 보험계약자의 사기를 이유로 보험자가 보험계약을 취소하는 경우 보험사고가 발생하더라도 피보험자는 보험금청구권을 취득할 수 없는 것과는 달리, 공제계약의 경우 거래당사자가 중개업자의 공제 가입을 확인한 후 중개업자의 중개행위에 따라 거래계약을 체결하거나 혹은 중개업자에게 중개를 의뢰하면서 금원을 교부하는 등으로 공제계약의 채권담보적 기능을 신뢰하여 새로운 이해관계를 가지게 되었다면 그와 같은 거래당사자의 신뢰를 보호할 필요가 있다. 그러므로 주채무자에 해당하는 중개업자가 공제계약을 체결하면서 협회를 기망하였다는 이유로 협회가 공제계약 체결의 의사표시를 취소하였다 하더라도, 거래당사자가 그와 같은 기망행위가 있었음을 알았거나 알 수 있었다는 등 특별한 사정이 있는 경우가 아니면 그 취소를 가지고 거래당사자에게 대항할 수 없다. 그리고 이러한 법리는 '공제계약에 관하여 공제가입자 또는 그 대리인의 사기가 있었을 때에는 무효로 한다'는 공제약관에 의하여 협회가 공제계약의 무효를 주장하는 경우에도 마찬가지로 적용된다.[696)]"

○ 타인의 기망행위에 의한 착오의 경우, 착오와 사기의 경합문제

"기망행위로 인하여 법률행위의 중요부분에 관하여 착오를 일으킨 경우뿐만 아니라, 법률행위의 내용으로 표시되지 아니한 의사표시의 동기에 관하여 착오를 일으킨 경우에도 표의자는 그 법률행위를 사기에 의한 의사표시로서 취소할 수 있다.[697)]"

○ 무효와 취소의 경합

"의사표시가 강박에 의한 것이어서 당연 무효라는 주장 속에 강박에 의한 의사표시이므로, 취소한다는 주장이 당연히 포함되어 있는 것은 아니다.[698)]"

○ 강박에 의한 증여계약 취소의 경우, 제척기간의 기산점

"계엄사령부 합동조사본부 수사관들의 강박에 의하여 부동산에 관한 증여계약이 이루어진 후 증여를 원인으로 한 소유권이전등기를 하기로 제소전화해를 하여, 그 화해조서에 기하여 소유권이전등기가 경료된 경우, 비상계엄령 해제로 강박상태에서 벗어난 후 위 증여계약을 취소한다 하더라도, 위 제소전화해조서의 기판력이 존속하는 동안에는 재산권을 원상회복하는 실효를 거둘 수 없어 강박에 의하여 이루어진 부동산에 관한 증여계약을 취소하는데 법률상 장애가 존속되고 있다고 보아야 하고, 따라서 제소전화해조서를 취소하는 준재심사건 판결이 확정되어 위 제소전화해조서의 기판력이 소멸된 때부터 민법 제146조 전단에 규정한 3년의 취소기간이 진행된다고 봄이 상당하다.[699)]"

○ 제척기간 경과 후 취소권 행사의 효과

"1980년 5월 실시된 비상계엄하의 강박상태에서 언론사가 영업재산 양도행위를 한 경우, 비상계엄이 해제되어 헌정질서가 회복된 1981년 1월 21일 이후에는 강박상태에서 벗어났다고 할 것이므로, 그로부터 3년의 제척기간이 훨씬 경과한 후에 한 법률행위 취소의 의사표시는 취소권이 소멸한

696) 대판 2012. 8. 17. 2010다93035; 대판 2007. 5. 10. 2007다1173; 대판 1999. 7. 13. 98다63162.
697) 대판 1985. 4. 9. 85도167.
698) 대판 1996. 12. 23. 95다40038.
699) 대판 1998. 11. 27. 98다7421; 대판 1996. 10. 11. 95다1460; 대판 1992. 11. 27. 92다8521.

후에 한 것으로서 효력이 없다.[700)]"

2. 제3자의 사기·강박의 경우

(1) 상대방 없는 의사표시인 경우

그 이익을 고려할 상대방이 없기 때문에, 표의자는 항상 취소할 수 있다.

(2) 상대방 있는 의사표시의 경우

상대방이 제3자에 의한 사기·강박의 사실을 알고 있거나 또는 알 수 있었을 경우에 한하여 표의자가 취소할 수 있다(제110조 제2항). 상대방의 악의·과실의 존재에 대한 증명책임은 표의자가 부담한다. 상대방의 선의·악의나 과실의 유무는, 행위당시를 기준으로 판단한다.[701)] 대리인은 제3자가 아니다.[702)] 제3자를 위한 계약의 경우, 제110조의 적용 여부에 대하여는 다툼이 있다.[703)] 생각건대 수익자(C)가 낙약자(A)를 사기·강박한 경우, 비록 B(요약자)가 이러한 사실을 몰랐다 하더라도, A는 제3자를 위한 계약을 취소할 수 있다. 그리고 제3자가 A를 사기·강박한 경우, C가 제3자의 사기·강박의 사실을 알고 있었다면, B가 이를 몰랐다 하더라도, A는 B와의 제3자를 위한 계약을 취소할 수 있다고 하여야 한다.[704)]

판 례

○ 상대방의 대리인 등 상대방과 동일시할 수 있는 자의 사기·강박이 민법 제110조 제2항의 제3자에 의한 사기·강박에 해당하는지 여부

"상대방 있는 의사표시에 관하여 제3자가 사기·강박을 한 경우에는 상대방이 그 사실을 알았거나 알 수 있었을 경우에 한하여 그 의사표시를 취소할 수 있으나, 상대방의 대리인 등 상대방과 동일시할 수 있는 자의 사기·강박은 제3자의 사기·강박에 해당하지 아니한다.[705)]"

---

700) 대판 1996. 10. 11. 95다1460; 대판 1993. 2. 23. 92다14632; 대판 1992. 11. 27. 92다8521.

701) 따라서 계약체결 이후에 상대방이 제3자의 기망사실을 알았다면, 표의자의 취소권은 인정되지 않는다.

702) B의 대리인 C가 A를 기망하여, B를 위하여 A와 계약을 체결한 경우, 비록 B가 C의 기망사실을 몰랐다 하더라도, A는 B와의 계약을 취소할 수 있다(대판 1959. 6. 18. 4291민상101).

703) 제539조 소정의 제3자를 위한 계약의 경우, 수익자가 제3자의 사기·강박을 알았거나 또는 알 수 있었다면, 상대방의 선의·무과실의 경우에도 표의자는 그 의사표시를 취소할 수 있다는 견해(이영준, 396면)와 수익자가 비록 제3자의 사기의 사실을 알고 있다 하더라도, 요약자가 선의인 이상 낙약자는 계약을 취소할 수 없다는 견해가 있다(곽윤직, 제6판 「채권각론」, 박영사, 2003, 77면).

704) 위의 경우, B가 제3자의 A에 대한 사기·강박의 사실을 알고 있었다면, 비록 C가 이를 모르고 있었다 하더라도, 이는 제3자의 사기·강박의 경우이므로, 제110조 제2항의 규정상 A는 제3자를 위한 계약을 취소할 수 있다고 생각한다. 같은 견해 김상용, 490면.

705) 대판 1999. 2. 23. 98다60828, 60835; 대판 1998. 1. 23. 96다41496.

3. 제3자에 대한 관계

사기 · 강박에 의한 의사표시의 취소는 선의의 제3자에게 대항하지 못한다(제110조 제3항).[706] 제3자는 선의로 추정되므로, 표의자가 제3자에 대하여 그 취소를 주장하려면, 제3자의 악의를 증명하여야 한다.[707]

판 례

◎ 민법 제110조 소정의 제3자의 범위

"사기에 의한 법률행위의 의사표시를 취소하면, 취소를 주장하는 자와 양립되지 아니하는 법률관계를 가졌던 것이 취소 이전에 있었던가 이후에 있었던가는 가릴 필요 없이 사기 및 그 취소사실을 몰랐던 모든 제3자에게 대항하지 못한다.[708]"

◎ 취소권 주장의 경우, 증명책임의 소재

"강박에 의한 의사표시의 취소는 선의의 제3자에게 대항하지 못하는데(민법 제110조 제3항), 제3자가 선의인지 악의인지에 대한 증명책임과 관련하여, 일응 제3자의 선의가 추정되므로, 표의자가 취소의 효과를 주장하려면 제3자의 악의를 증명하여야 한다.[709]"

◎ 잡종재산 매각행위를 취소할 때 선의의 제3자 대항 가부

"국가 소유의 잡종재산을 구국유재산법과 본법시행령에 의하여 매각하는 행위는 그 성질이 사법상의 행위에 지나지 아니하므로 구 국유재산법 제27조 제1항에 의한 그 매각행위의 취소의 효력은 민법 제110조 제3항의 규정상 제3자에게는 미치지 않는다.[710]"

Ⅳ. 적용범위

가족법상의 법률행위의 경우, 제110조는 적용이 배제된다.[711]

재산법상의 행위의 경우에 외형을 신뢰하고 거래의 신속성이 요구되는 정형적 거래행위 · 일반공중에게 영향을 미치는 단체적 행위 등의 경우, 제110조의 적용을 배제함으로써 거래의 안전을 도모하려 한다.

공법상의 행위의 경우, 제110조는 적용되지 아니한다.[712]

---

706) '제3자 · 선의 · 대항할 수 없다.'는 의미는 허위표시에 관하여 설명한 내용과 모두 같다. 이 때의 제3자에는, 착오로 인한 의사표시의 취소에서 설명한 바와 같이, 취소 이후 말소등기 전까지 권리를 취득한 제3자가 포함된다. 판례도 같은 태도를 취한다(대판 1975. 3. 25. 73다1048).

707) 대판 1970. 11. 24. 70다2155.

708) 대판 1975. 12. 23. 75다533.

709) 대판 1970. 11. 24. 70다2155.

710) 대판 1970. 6. 30. 70다708.

711) 사기 · 강박에 의한 가족법상의 일정한 행위에 관하여는, 특칙을 두고 있다(제816조 제3호 · 제823조 · 제838조 · 제854조 · 제884조 제3호 등).

상법상의 주식인수의 경우, 회사성립 이후에는 비록 그 주식의 인수가 사기·강박에 기한 것이라 하더라도, 취소하지 못한다(상법 제320조 제1항).

판 례

◎ 강박에 의한 소송행위를 취소할 수 있는지 여부

"민법상의 법률행위에 관한 규정은 민사소송법상의 소송행위에는 특별한 사정이 없는 한 적용이 없는 것이므로, 소송행위가 강박에 의하여 이루어진 것임을 이유로 취소할 수는 없다.[713]"

제4항 의사표시의 효력발생시기

Ⅰ. 총 설

의사표시의 효력발생시기는, 수령자인 상대방이 없는 경우와 상대방이 있는 경우에 따라 다르다.

상대방 없는 의사표시의 경우에는, 그 의사표시를 알아야 할 특정인이 없기 때문에, 원칙적으로 표시행위가 완료된 때에 의사표시는 효력을 발생하게 된다.[714] 그러나 상대방 있는 의사표시의 경우에는, 단독행위·계약에 관계없이, 모두 상대방에게 알리는 것을 목적으로 하기 때문에, 상대방 없는 의사표시와는 다르게 취급할 필요가 있다. 즉, 의사표시의 효력발생시기·의사표시의 수령능력·의사표시의 공시송달 등의 문제가 있다.[715] 민법은 이러한 문제들의 해결방법을 규정하고 있으나(제111조-제113조), 의사표시의 성립시기에 대하여는 아무런 규정을 하고 있지 않다.[716]

---

712) 행정처분, 소의 취하 등의 소송행위의 경우, 제110조는 적용되지 않는다(김상용, 490면).

713) 대판 1997. 10. 10. 96다35484.

714) 이 경우, 민법은 일반적 규정을 두지 않고, 개별적 규정을 두고 있다(제32조·제1042조·제1073조 참조).

715) 'A가 B에게 편지를 발송한 후 그 도달 전에 사망하였다면, 그 편지의 효력은 어떻게 되는가? 만약 의사표시를 수령한 자가 미성년자일 경우, 표의자는 의사표시의 효력을 주장할 수 있는가? 표의자의 과실 없이 상대방을 알지 못하는 경우, 표의자는 어떠한 방법으로 의사표시를 알릴 수 있는가?' 등의 문제들이다.

716) 가령 A가 문서를 완성하기는 하였으나, 좀더 생각할 필요가 있어서 발송하지 않고 있는 동안에 타인이 이를 발송하였다면, A는 그 문서(의사표시)에 구속되는가? 이것이 이른바, 의사표시의 성립시기에 관한 문제이다. 제1설은, 의사표시는 성립과 동시에 효력이 생기는 것이 원칙이므로, 민법이 도달한 때에 그 효력이 생긴다고 규정한 것(제111조 제1항)은 도달을 의사표시의 성립요건으로 본 것이라고 한다(이영준, 401면). 이러한 견해에 따르면, 그 서면이 타인에게 도달한 이상 A는 그 서면에 구속하게 된다. 제2설은, 상대방 있는 의사표시의 경우, 의사표시는 표의자가 이를 발신한 때에 성립하는 것이라고 한다(김상용, 492면; 김증한·김학동, 372면). 이러한 견해에 따르면, A는 스스로 그 서면을 발송한 것이 아니므로, 그 서면이 타인에게 도달한 경우, 그 서면에 구속되지 않는 것으로 보게 된다. 생각건대 상대방 있는 의사표시의 경우, 민법이 상대방에의 도달을 그 효력발생시기로 규정하고 있는 이상, 원칙적으로는 서면의 작성시점에서 의사표시가 존재(성립)한다고 볼 수 있으나, 발신 전까지는 이를 유보할 수도 있다는 점에서, 의사표시를 발신하였을 때에 상대방 있는 의사표시가 성립한다고 하여야 한다.

Ⅱ. 의사표시의 효력발생시기

1. 입법주의

대화자 사이가 아닌, 장소적으로 떨어져 있는 상대방 있는 의사표시의 경우, 표의자의 의사가 상대방에게 전달되는 과정을 본다. 표의자가 일정한 의사를 표명하고(서면의 작성: 표백), 이를 상대방에게 발신함으로써(우체통에의 투입: 발신), 상대방이 이를 수령하고(우편물의 배달: 도달), 마지막으로 상대방이 그 내용을 이해하는(요지하는) 과정을 밟는 것이 보통이다. 위의 네 단계 중 어느 시점에서 의사표시의 효력이 발생하는가에 관하여 입법주의가 나뉜다.

(1) 표백주의

의사표시가 외형적 존재를 가지는 시점에서 효력이 발생한다는 입법주의이다.[717]

(2) 발신주의

외형적 존재를 가진 의사표시가 표의자의 지배를 떠나, 상대방에게 보내진 시점에서 효력이 발생한다는 입법주의이다.[718]

(3) 도달주의

의사표시가 상대방에게 도달한 시점에서 효력이 발생한다는 입법주의로서 수신주의·수령주의라고도 한다.[719] 이 때의 도달의 의미에 대하여는 다툼이 있다.[720] 판례는 다수설과 견해를 같이한다. 생각건대 상대방 있는 의사표시의 경우, 표의자의 의사는 상대방에게 그 의미를 알리는데 목적이 있다는 점에서 다수설의 견해가 타당하다. 주의할 점은, 그 증명책임의 완화와 관련하여 내용증명·배달증명의 방법이 있으나(우편법시행규칙 제25조 제1항 제4호 참조),[721] 등기

---

717) 표의자의 입장에 기울어진 입법주의로서, 이 단계에서는 상대방이 의사표시의 존재를 전혀 알지 못한다는 점에서, 상대방에게 손해를 줄 수 있다는 점에서 타당하지 않다.

718) 상대방이 의사표시의 존재를 모르는, 그 발신시점에서 의사표시의 효력발생을 인정하는 것은 표의자의 입장만을 중시한 것이라는 비판이 있게 된다. 그러나 동일한 통지를 다수의 상대방에게 할 경우, 그 효력발생시기를 획일적으로 처리할 수 있다는 점·거래의 신속성 요구에 부응할 수 있다는 점 등은 장점이라 할 것이다. 민법은 예외적으로 발신주의를 취하고 있고(제15조·제71조· 제131조·제455조·제531조), 상법에서는 많이 채용하고 있다(제52조·제53조·제67조·제88조·제363조).

719) 도달주의는 양당사자의 이익을 가장 잘 조화할 수 있고(곽윤직·김재형, 320면), 법률관계를 간단·명료하게 할 수 있는 입법주의라고 한다(이영준, 405면). 독일민법은 도달주의를 취한다(제130조).

720) 의사표시가 상대방의 지배영역에 들어가, 사회관념상 일반적으로 상대방이 그 내용을 알 수 있는 객관적 상태에 놓여졌다고 인정되는 상태로 새기는 다수설(고상룡, 453면; 곽윤직·김재형, 321면; 김상용, 496면; 송덕수, 335면; 지원림, 276면)과 표의자의 의사표시가 상대방의 영역에 진입하면 그로써 도달한 것으로 새겨야 한다는 소수설(이영준, 476면; 이은영, 557면)로 나뉜다.

721) 의사표시가 도달되었는지 여부는, 의사표시의 해석에 의해 판단하여야 하고, 도달의 사실에 대한 증명책임은 이를 주장하는 표의자에게 있고, 상대방이 그 수령을 거절한 경우에는 수령거절사실을 증명하여야 한다.

우편을 이용하였다 하여 언제나 그 의사표시가 상대방에게 도달하였다고 볼 수는 없다(판례). 채권양도의 통지와 같은 준법률행위의 경우, 도달의 법리가 유추적용된다(판례). 한편 전자적 의사표시의 경우에는, 특별법에 규정이 있다.[722)]

판 례

◎ 의사표시에 대한 상대방의 수령거절과 의사표시의 도달 여부

"전략(前略)… 여기서 도달이라 함은 사회통념상 상대방이 통지의 내용을 알 수 있는 객관적 상태에 놓여 있는 경우를 가리키는 것으로서, 상대방이 통지를 현실적으로 수령하거나 통지의 내용을 알 것까지는 필요로 하지 않는 것이므로, 상대방이 정당한 사유 없이 통지의 수령을 거절한 경우에는 상대방이 그 통지의 내용을 알 수 있는 객관적 상태에 놓여 있는 때에 의사표시의 효력이 생기는 것으로 보아야 한다.[723)]"

◎ 우편법에 따른 우편물의 배달과 상대방 있는 의사표시의 도달 여부

"우편법 제31조, 제34조, 같은법시행령 제42조, 제43조의 규정취지는 우편사업을 독점하고 있는 국가가 배달위탁을 받은 우편물의 배달방법을 구체적으로 명시하여 그 수탁업무의 한계를 명백히 한 것으로서 위 규정에 따라 우편물이 배달되면 우편물이 정당하게 교부된 것으로 인정하여 국가의 배달업무를 다하였다는 것일 뿐 우편물의 송달로써 달성하려고 하는 법률효과까지 발생하게 하는 것은 아니므로 위 규정에 따라 우편물이 배달되었다고 하여 언제나 상대방 있는 의사표시의 통지가 상대방에게 도달하였다고 볼 수는 없다.[724)]"

◎ 우편물이 등기취급의 방법으로 발송된 경우, 그 무렵 수취인에게 배달되었다고 볼 것인지 여부

"우편물이 등기취급의 방법으로 발송된 경우에는 반송되는 등의 특별한 사정이 없는 한 그 무렵 수취인에게 배달되었다고 보아야 한다.[725)]"

◎ 통상우편의 방법으로 발송한 경우, 상당기간 내에 도달하였다고 인정할 수 있는지 여부

"(운전면허취소 통지가) 통상우편의 방법으로 발송되었다는 사실만으로는, 상당기간 내에 상대방에게 도달하였다고 인정하기에는 부족하다.[726)]"

◎ 일간지 공고로 의사표시의 도달 여부

"일간지에 대차대조표를 공고하였다는 사정만으로 채권포기의 의사표시가 채무자에게 요지될 수 있는 상태에 있었다고 볼 수 없다.[727)]"

---

722) 전자문서(전자적 의사표시)는 수신자가 전자문서를 수신할 정보처리시스템을 지정한 경우: 지정된 정보처리시스템에 입력된 때. 다만, 지정된 정보처리시스템이 아닌 정보처리시스템에 입력된 경우에는 수신자가 이를 출력한 때를 말한다. 수신자가 전자문서를 수신할 정보처리시스템을 지정하지 않은 경우: 수신자가 관리하는 정보처리시스템에 입력한 때에 수신된 것으로 본다(전자문서 및 전자거래기본법 제6조 제2항). 한편 전자문서란 '정보처리시스템에 의하여 전자적 형태로 작성, 송신·수신 또는 저장된 정보'를 말하며(동법 제2조 제1호), 정보처리시스템이란 '전자문서의 작성·변환, 송신·수신 또는 저장을 위하여 이용되는 정보처리능력을 가진 전자적 장치 또는 기계'를 말한다(동법 제2조 제2호).

723) 대판 2008. 6. 12. 2008다19973; 대판 1983. 8. 23. 82다카439.

724) 대판 1993. 11. 26. 93누17478; 대판 1984. 2. 14. 83누233.

725) 대판 2007. 12. 27. 2007다51758; 대판 2000. 10. 27. 2000다20052; 대판 1980. 1. 15. 79다1498.

726) 대판 1993. 5. 11. 92다2530; 대판 1977. 2. 22. 전원합의체. 76누265.

◎ 보통우편의 방법으로 우편물을 발송한 경우, 증명책임의 소재

"전략(前略)… 그 우편물이 상당기간 내에 도달하였다고 추정할 수 없고, 송달의 효력을 주장하는 측에서 증거에 의하여 도달사실을 증명하여야 한다.[728]"

◎ 채권양도 통지의 경우, 그 도달의 의미

"채권양도의 통지는 채무자에게 도달함으로써 효력을 발생하는 것이고, 여기서 도달이라 함은 사회관념상 채무자가 통지의 내용을 알 수 있는 객관적 상태에 놓여졌다고 인정되는 상태를 지칭한다고 해석되므로, 채무자가 이를 현실적으로 수령하였다거나 그 통지의 내용을 알았을 것까지는 필요하지 않다.[729]"

◎ 채권양도의 통지가 채무자에게 도달하였는지 여부에 대하여 민사소송법의 송달에 관한 규정을 유추적용할 수 있는지 여부(소극)

"전략(前略)… 채권양도의 통지는 민사소송법상의 송달에 관한 규정에서 송달장소로 정하는 채무자의 주소·거소·영업소 또는 사무소 등에 해당하지 아니하는 장소에서라도 채무자가 사회통념상 그 통지의 내용을 알 수 있는 객관적 상태에 놓여 졌다고 인정됨으로써 족하다.[730]"

◎ 질권자가 제3채무자에게 질권설정계약의 해지 사실을 통지하였으나 아직 해지되지 않은 경우, 선의인 제3채무자가 질권설정자에게 대항할 수 있는 사유로 질권자에게 대항할 수 있는지 여부(적극) 및 해지 통지를 믿은 제3채무자의 선의가 추정되는지 여부(적극)와 그 통지의 효력발생시기(=제3채무자에게 도달한 때)

"제3채무자가 질권설정 사실을 승낙한 후 질권설정계약이 합의해지된 경우 질권설정자가 해지를 이유로 제3채무자에게 원래의 채권으로 대항하려면 질권자가 제3채무자에게 해지 사실을 통지하여야 하고, 만일 질권자가 제3채무자에게 질권설정계약의 해지사실을 통지하였다면, 설사 아직 해지가 되지 아니하였다고 하더라도 선의인 제3채무자는 질권설정자에게 대항할 수 있는 사유로 질권자에게 대항할 수 있다고 봄이 타당하다. 그리고 위와 같은 해지 통지가 있었다면 해지 사실은 추정되고, 그렇다면 해지 통지를 믿은 제3채무자의 선의 또한 추정된다고 볼 것이어서 제3채무자가 악의라는 점은 선의를 다투는 질권자가 증명할 책임이 있다. 그리고 위와 같은 해지 사실의 통지는 질권자가 질권설정계약이 해제되었다는 사실을 제3채무자에게 알리는 이른바 관념의 통지로서, 통지는 제3채무자에게 도달됨으로 써 효력이 발생하고, 통지에 특별한 방식이 필요하지는 않다.[731]"

◎ 제3채무자인 갑은행이 을 주식회사와 병 주식회사 사이의 예금채권에 대한 질권설정을 승낙하였는데, 질권자인 을회사로부터 모사전송의 방법으로 질권해제통지서를 받은 직후 질권설정자인 병회사에 예금채권을 변제한 사안에서, 을회사와 병회사 사이에 합의해지가 되지 아니한 경우에도 선의인 갑은행은 병회사에 대한 변제를 을 회사에 유효하다고 주장할 수 있다고 한 사례

"제3채무자인 갑은행이 을 주식회사와 병 주식회사 사이의 예금채권에 대한 질권설정을 승낙하였는데, 질권자인 을회사가 갑은행 지점에 모사전송의 방법으로 질권해제통지서를 전송하였고 갑

727) 대판 1989. 1. 31. 87누760.
728) 대판 2002. 7. 26. 2000다25002; 대판 1977. 2. 22. 전원합의체. 76누263.
729) 대판 1997. 11. 25. 97다31281; 대판 1983. 8. 23. 82다카439.
730) 대판 2010. 4. 15. 2010다57; 대판 1997. 11. 25. 97다31281; 대판 1983. 8. 23. 82다카439.
731) 대판 2014. 4. 10. 2013다76192; 대판 2012. 3. 22. 전원합의체 2010다28840.

은행 직원이 질권해제통지서를 받은 직후 질권설정자인 병회사에 예금채권을 변제한 사안에서, 질권해제통지서에 통지의 상대방이 기재되어 있지 않았더라도 문서의 형식이나 기재 내용, 수신처 등에 비추어 통지의 상대방은 갑은행이라고 볼 수밖에 없고, 을회사가 질권해제통지서를 모사전송의 방법으로 갑은행에 전송함으로써 질권설정계약 해지의 통지는 갑은행에 도달하여 효력이 발생하였다고 할 것이므로, 아직 을회사와 병회사 사이에 합의해지가 되지 아니한 경우에도 선의인 갑은행으로서는 병회사에 대한 변제를 을회사에도 유효하다고 주장할 수 있다고 한 사례.[732]"가 있다.

(4) 요지주의

상대방이 의사표시의 내용을 알게 된 시점에서 그 효력이 발생한다는 입법주의를 말한다.[733]

2. 도달주의 원칙

민법은 상대방 있는 의사표시의 효력발생시기에 관하여, 도달주의의 원칙을 취하고 있다(제111조 제1항).

(1) 격지자·대화자의 구별

민법은 그 상대방으로서 격지자·대화자를 구별하지 않고 있으므로, 도달주의 원칙은 격지자·대화자 사이에 당연히 적용된다. 격지자·대화자의 구별은, 장소적·거리적 관념이 아니라, 사람 사이의 직접적인 통화에 의한 의사표시이냐 여부에 따라 판단한다.[734]

(2) 도달의 특수문제

(가) 숨겨진 의사표시의 경우

표의자가 자신의 의사표시가 행해졌음을 상대방이 쉽게 알아볼 수 없게 하는 경우를 숨겨진 의사표시라고 한다.[735] 이러한 경우에는 상대방의 내용파악이 기대될 수 없으므로, 비록 상대방의 영역에 놓여있어도, 도달로 볼 수는 없다.[736]

(나) 전달자에 의한 수령의 경우

상대방의 영역에 놓여진 표의자의 의사표시가 상대방의 대리인·그 수령을 위임받은 자

---

732) 대판 2014. 4. 10. 2013다76192.

733) 상대방의 입장에 치우친 것으로서, 어느 시점에서 상대방이 그 내용을 안 것으로 볼 것인지 그 표준이 명확하지 않은 단점이 있다. 민법상 이 입법주의를 취하고 있는 경우는 없다. 다만, 전자적 의사표시의 경우에는 이 입법주의를 취해야 할 것으로 보인다. 같은 견해 김상용, 494면.

734) 따라서 전화·휴대전화·무전기 등에 의한 의사표시는, 거리에 관계없이 대화자 사이의 의사표시로 보아야 한다. 다만, 텔렉스·컴퓨터스크린·팩시밀리 등을 통한 의사표시는, 상대방이 부재중일 경우(퇴근 후 도달되는 경우)를 고려하여, 격지자간의 의사표시로 봄으로써 상대방이 그 내용을 파악하였을 때 비로소 상대방에게 도달한 것으로 보아야 한다. 같은 견해 김상용, 498면.

735) 가령 매도인의 소유권유보의 표시를 매수인이 잘 알아볼 수 없도록 상품송부서의 귀퉁이에 작은 글씨로 기재하는 경우·의사표시의 서면을 상대방의 주머니 속에 말없이 넣는 경우 등을 들 수 있다.

736) 곽윤직·김재형, 321면; 김상용, 497면; 김증한·김학동, 375면; 이영준, 409면.

에게 전달된 경우, 도달이 인정된다.[737] 그러나 전달자에게 수령권한이 없다면, 도달되었다고 할 수는 없고, 수령권한 없는 자가 사실상 상대방에게 전달하였을 때 도달이 인정된다.

(다) 도달장애의 경우

상대방이 그 수령을 거절하는 경우에는, 정당한 사유의 존재 여부에 따라, 정당한 사유가 있으면 부도달로 봐야 하고, 그 사유가 없으면 도달가능 시점에서 도달을 인정하여야 한다. 도달지체의 경우에는, 신의칙상 상대방에게 책임을 돌릴 수 있는지 여부에 따른다 할 것이다.[738] 한편 의사표시가 상대방의 주소 이외의 장소에 도달된 경우에도 상대방이 사실상 이를 수령하였다면, 그 도달이 인정된다.[739]

3. 도달의 효과

(1) 의사표시의 불착 · 연착의 불이익

표의자의 의사표시가 상대방에게 도달함으로써 그 효력이 발생한다.[740] 이와 같은 도달주의 결과, 의사표시의 상대방에의 불착 · 연착의 불이익은 모두 표의자가 부담한다.

(2) 의사표시의 철회

도달주의를 취하는 결과, 표의자가 의사표시를 발신한 후 상대방에게 도달하기 전에는, 그 의사표시를 철회할 수 있다(판례).[741]

판 례

◯ 근로자가 사직원을 제출하여 근로계약관계의 해지를 청약하는 경우, 그에 대한 사용자의 승낙의 의사표시가 근로자에게 도달하기 이전에는 그 청약의 의사표시를 철회할 수 있는지 여부(한정 적극)

"근로자가 사직원을 제출하여 근로계약관계의 해지를 청약하는 경우 그에 대한 사용자의 승낙의사가 형성되어 그 승낙의 의사표시가 근로자에게 도달하기 이전에는 그 의사표시를 철회할 수 있고, 다만 근로자의 사직 의사표시 철회가 사용자에게 예측할 수 없는 손해를 주는 등 신의칙에 반한다고 인정되는 특별한 사정이 있는 경우에 한하여 그 철회가 허용되지 않는다.[742]"

---

737) 따라서 전달자가 표의자의 의사표시를 상대방에게 늦게 전달한 경우 · 전달하지 않은 경우, 그 위험은 상대방에게 돌아간다(김증한 · 김학동, 375면).

738) 가령 A가 승낙기간을 정하여 B에게 청약한 후 주소를 옮겼으나, 그 사실을 B에게 알리지 않음으로써 B의 승낙의 통지가 그 기간 경과 후에 A에게 도달한 경우, A는 도달지체의 책임을 져야한다(B의 승낙의 통지는 승낙기간 내에 A에게 도달한 것으로 보게 된다). 반면, A가 주소이전 사실을 B에게 통지하였다면, B의 연착된 승낙의 통지는, 승낙기간 경과 후에 도달한 것이 되어, 그에 따른 불이익은 B에게로 돌아간다.

739) 같은 견해 김상용, 497면.

740) 제15조 소정의 확답촉구기간의 계산도, 확답촉구의 통지가 상대방(제한능력자측)에게 도달한 때로부터 산정하게 된다.

741) 이 경우, 표의자의 철회의 의사표시는 늦어도 먼저 발신한 의사표시와 동시에 도달되어야 한다. 독일민법은 이 점을 명시적으로 규정하고 있다(제130조).

◎ 사직의 의사표시가 사용자에게 도달한 경우, 그 의사표시의 철회 가부

"전략(前略)… 근로계약의 해지를 통고하는 사직의 의사표시가 사용자에게 도달한 이상 근로자로서는 사용자의 동의 없이는 비록 민법 제660조 제3항 소정의 기간이 경과하기 전이라 하여도, 이를 철회하지 못한다.[743]"

◎ 법인이 정관에 이사의 사임절차나 사임의 의사표시의 효력발생시기 등에 관하여 특별한 규정을 둔 경우, 사임의사를 표시한 이사가 정관에 따른 사임의 효력이 발생하기 전에 그 사임의사를 철회할 수 있는지 여부

"법인과 이사의 법률관계는 신뢰를 기초로 한 위임 유사의 관계이므로, 이사는 민법 제689조 제1항이 규정한 바에 따라 언제든지 사임할 수 있고, 법인의 이사를 사임하는 행위는 상대방 있는 단독행위이므로 그 의사표시가 상대방에게 도달함과 동시에 그 효력을 발생하고, 그 의사표시가 효력을 발생한 후에는 마음대로 이를 철회할 수 없음이 원칙이다. 그러나 법인이 정관에서 이사의 사임절차나 사임의 의사표시의 효력발생시기 등에 관하여 특별한 규정을 둔 경우에는 그에 따라야 하는바, 위와 같은 경우에는 이사의 사임의 의사표시가 법인의 대표자에게 도달하였다고 하더라도 그와 같은 사정만으로 곧바로 사임의 효력이 발생하는 것은 아니고 정관에서 정한 바에 따라 사임의 효력이 발생하는 것이므로, 이사가 사임의 의사표시를 하였더라도 정관에 따라 사임의 효력이 발생하기 전에는 그 사임의사를 자유롭게 철회할 수 있다.[744]"

(3) 발신 후의 사정변화

의사표시가 유효하기 위해서는, 의사표시 당시에 표의자에게 의사능력·행위능력이 있어야 한다. 따라서 발신 후에 표의자가 사망하거나 행위능력을 상실한 경우에는 어떻게 되는가? 그 의사표시가 상대방에게 도달하는 한, 그 의사표시의 효력은 그대로 유효하다(제111조 제2항).[745]

Ⅲ. 의사표시의 수령능력

1. 수령능력의 의의·수령무능력자

타인의 의사표시의 내용을 이해할 수 있는 능력을 의사표시의 수령능력이라 한다.[746]

---

742) 대판 2000. 9. 5. 99두8657; 대판 1994. 8. 9. 94다14629; 대판 1992. 4. 10. 91다43138.

743) 대판 2000. 9. 5. 99두8657.

744) 대판 2008. 9. 25. 2007다17109; 대판 2006. 6. 15. 2004다10909; 대결 1996. 4. 15.자 95마1504.

745) 다만, 당사자 사이의 개성·인격이 중요시 되는 계약(위임·조합·고용 등)의 경우에는, 표의자의 사망에 의해 그의 지위가 상속인에게 승계되지는 않는다 할 것이므로, 표의자의 의사표시는 효력을 잃는다(주해(Ⅱ), 615면). 표의자가 대리권과 같은 의사표시를 할 수 있는 권한을 잃은 경우에도, 마찬가지이다(고상룡, 505면; 김상용, 500; 주해(Ⅱ), 615면).

746) 상대방 있는 의사표시에서 도달이라 함은, 표의자의 의사표시가 상대방의 지배영역에 놓여지고, 상대방이 그 내용을 요지(이해)할 수 있는 상태에 이르는 것을 말하므로, 상대방이 그것을 요지할 수 있는 상태에 이르지 못하였다면, 의사표시는 도달되지 아니한 것이 된다(통설·판례). 이에 대하여, 도달의 요소에 상대방의 요지를 포함할 경우, 상대방이 요지할 능력을 갖추고 있지 않을 경우에는 그 도달이 있을 수 없어 제112조의 규

수령능력이 있으려면 행위능력이 있어야 하므로, 제한능력자는 수령능력이 없다(제112조).[747]

2. 수령무능력자에 대한 의사표시의 효력

첫째, 상대방이 의사표시 수령 시에 제한능력자이면, 표의자는 그 의사표시로써 제한능력자에게 대항하지 못한다(제112조 본문).[748]

둘째, 상대방이 제한능력자이더라도, 그의 법정대리인이 의사표시의 도달을 안 이후에는, 표의자도 그 의사표시로써 대항할 수 있다(제112조 단서).[749]

셋째, 제한능력자가 예외적으로 행위능력을 갖는 경우, 그 한도 내에서는 의사표시의 수령능력이 인정된다.

넷째, 수령무능력자제도는 상대방 있는 의사표시에만 적용되므로, 상대방 없는 의사표시・발신주의가 적용되는 의사표시・공시송달에 의한 의사표시의 경우 등에는 적용되지 않는다.[750]

Ⅳ. 의사표시의 공시송달

1. 의 의

상대방 있는 의사표시에 있어서, 표의자의 책임 없는 사유로 그 도달이 방해되는 경우, 일정한 요건 아래 그 의사표시가 상대방에게 도달된 것으로 다루기 위한 제도가, 공시송달에 의한 의사표시이다(제113조).[751]

정 이유가 없어진다고 하면서, 도달의 개념요소에서 요지를 분리할 때, 제112조가 의미 있는 규정이 된다고 하는 견해가 있다(이영준, 416면).

생각건대 제112조의 문면상 통설의 태도가 옳다고 생각한다.

747) 민법이 모든 제한능력자를 의사표시의 수령무능력자고 하고 있는 것은, 제한능력자를 보호하기 위한 취지라고 한다(곽윤직・김재형, 324면).

748) 수령무능력자가 그 도달을 주장하는 것은 무방하지만, 표의자가 그의 의사표시의 도달, 즉 효력발생을 수령무능력자에게 주장하지 못한다는 의미이다. 즉, 의사표시의 효력발생 여부의 선택은 수령무능력자에게 있다. 한편 수령능력의 판단은 수령시를 기준으로 하므로, 그 수령 시에 제한능력자이면, 비록 그 후에 능력자로 되었다 하더라도, 그 능력자로 된 자가 도달을 주장하지 않는 한, 표의자가 그 도달을 주장하지는 못한다. 같은 견해 김상용, 504면.

749) 표의자는, 제한능력자에게 하여야 할 의사표시를, 제한능력자에 대한 의사표시의 수령권한이 있는 법정대리인에게 직접 하여도 무방하다.

750) 기타의 문제로서, 상대방이 성년후견개시의 심판을 받지 않은 계속적인 의사무능력자(심신상실의 상태에 놓여 있는 자)일 경우, 그를 수령무능력자로 보아야 할 것인지 여부에 대하여는 다툼이 있을 수 있으나(상대방이 일시적인 심신상실자인 경우에는 도달의 효력이 발생한다는 데 이견이 없다), 독일민법(제131조 참조)의 경우와 같이, 수령무능력자로 다루어야 한다.

751) 이 제도는, 최초로 독일의 작센민법전(1863년 제정)에서 최고의 경우에만 인정하였던 것을 독일민법(제132조)은 의사표시 일반에 관하여 이를 규정하고 있고, 구민법 이래 민법은 독일민법과 같은 태도를 취하고 있다.

2. 요 건

(1) 상대방을 알지 못하거나 또는 상대방의 소재를 알지 못할 것[752][753]

(2) 상대방 또는 그의 소재를 알지 못하는 데 대하여 표의자에게 과실이 없을 것[754]

(3) 법원으로부터 공시송달의 명령이 있을 것(민사소송법 제194조 제1항)[755]

3. 공시송달의 방법 · 절차

민사소송법 제195조가 이를 규정하고 있다.[756][757]

4. 효 과

공시송달에 의한 의사표시는, 법원게시판에 게시한 날부터 2주일이 지나면 상대방에게 도달한 것이 되어 그 효력을 발생한다(민사소송법 제196조 제1항 본문).

판 례

○ 구금융기관의연체대출금에관한특별조치법이 적용되는 금융기관의 신청에 의하여 진행된 임의경매절차가 종료된 경우, 경매개시결정이나 경매기일통지서가 주채무자에게 교부송달된 것으로 추정할 수 있는지 여부

"구 금융기관의연체대출금에관한특별조치법(1999. 1. 29. 법률 제5693호로 폐지)이 적용되는 금융기관의 신청에 의하여 진행하는 임의경매절차에 있어서는 같은 법 제3조에 따라 경매개시결정이나

---

752) 상대방을 알지 못한다는 것은, 가령 상대방이 사망한 경우에 상속인이 누구인지 알지 못하는 경우 · 백지위임장을 교부한 경우에 수임인이 누구인지 알지 못하는 경우 등을 말한다. 상대방의 소재를 알지 못한다는 것은, 가령 상대방이 행방불명된 경우를 말한다. 상대방의 소재가 불명일 경우에도 그의 친권자 · 후견인 · 부재자의 재산관리인 등이 있다면, 그들에게 의사표시를 하면 되므로, 공시송달의 방법은 허용되지 않는다고 한다(주해 (Ⅱ), 622면).

753) 당사자가 상대방의 주소 · 거소를 알고 있었음에도 소재불명 또는 허위의 주소나 거소로 하여 소를 제기한 탓으로 공시송달의 방법에 의하여 판결정본이 송달된 경우, 그 판결에 대한 불복신청의 방법은 무엇인가? 민사소송법 제451조 제1항 11호에 기한 재심의 소제기를 할 수 있고, 같은 법 제173조에 기한 소송행위의 추완에 의하여 상소를 제기할 수 있다 할 것이다.

754) 이 때의 과실은, 보통인의 주의를 베풀지 아니한, 추상적 과실을 말한다. 과실의 증명책임은 누가 지는가? 과실 유무의 증명책임은, 표의자에게 있다는 견해(곽윤직 · 김재형, 323면; 김상용, 501면; 김증한 · 김학동, 378면; 송덕수, 339면)와 의사표시의 도달을 다투는 상대방에게 있다는 견해(고상룡, 506면; 주해(Ⅱ), 622면)로 나뉜다. 생각건대 상대방의 부지 · 상대방의 소재불명 등에 관한 표의자의 과실이 없어야 한다는, 공시송달의 요건에 비춰볼 때, 표의자가 적극적으로 과실이 없음을 증명하여야 한다.

755) 당사자가 공시송달을 신청하는 경우, 당사자는 그 사유를 소명하여야 한다(민사소송법 제194조 제2항).

756) 즉, 법원사무관이 송달할 서류를 보관하고, 그 사유를 법원게시장에 게시하는 방법을 취한다.

757) 공시송달절차의 관할과 공시비용의 예납은 어떻게 되는가? 제113조가 침묵하고 있어, 해석에 의할 수밖에 없다. 상대방 부지의 경우에는 상대방 소재지 관할의 지방법원(단독판사)의 관할에, 상대방의 소재불명의 경우에는 상대방의 최후의 주소지 관할의 지방법원(단독판사)의 관할에 속하고, 법원은 표의자에게 그 비용을 예납하게 하여야 한다는 주장이 있는데(곽윤직 · 김재형, 323면), 타당하다고 생각한다.

경매기일통지서를 경매신청 당시 그 부동산의 등기부에 기재되어 있는 주소로 발송함으로써 송달된 것으로 보고 또 그 부동산의 등기부에 주소의 기재가 없거나 주소를 법원에 신고하지 아니한 때에는 공시송달의 방법에 의하여 송달할 수 있으므로, 위 임의경매절차가 종료되었다는 사정만으로는 위 임의경매절차에서 경매개시결정이나 경매기일통지서가 우편송달(발송송달)이나 공시송달의 방법이 아닌 교부송달의 방법으로 주채무자에게 송달되었다고 추정할 수 없다.[758)]"

제 6 관 법률행위의 대리

제 1 항 서 설

I. 대리제도의 의의 및 사회적 작용

1. 대리의 의의

타인(대리인)이 본인의 이름으로[759)] 상대방에게 의사표시(법률행위)를 하거나 또는 상대방의 의사표시를 수령함으로써, 거기에서 생기는 법률효과를 직접 본인에게 귀속시킬 수 있는 것을 대리(제도)라 한다.[760)][761)]

2. 대리의 사회적 작용

대리제도는 그 성격상 경제활동의 진전·발달과 함께 발전해 왔다. 경제활동은 행위능력자가 당연히 할 수 있는 것이지만, 제한능력자도 할 수 있어야 한다. 전자의 경우에 그 활동영역을 확대해 줄 필요가 있고, 후자의 경우에는 제한된 사적자치를 보충해 줄 필요성이 있다. 이 두 가지를 가능하게 하는 법적 수단이 바로 대리제도이다.[762)]

---

758) 대판 1994. 11. 25. 94다26097; 대판 1990. 1. 12. 89다카4946.

759) 본인의 이름으로, 즉 '본인을 위하여'의 의미는 무엇인가? 본인의 경제적 이익을 위한다는 것이 아니라, 그 법률행위의 효과를 본인에게 귀속시킨다는 말이다. 결국, 대리란, '지위의 대리'(Stellvertretung)를 말하고, '이익의 대리'(Interessenvertretung)를 말하는 것이 아니다.

760) 가령 A가 C 소유의 집을 매입함에 있어서 그 경험이 많은 B에게 위임장을 주면서 그 집의 매입을 부탁한 경우, B가 A를 대신하여 A의 이름으로 C와 매매계약을 체결하면, A는 매수인으로서의 권리를 취득하고 그 의무를 부담하게 된다. 결국 B는 A(본인)의 대리인인 것이다. 일반적으로 법률효과는 당사자에게 돌아가는 것이 보통인데, 대리에 있어서는 행위자와 법률효과의 귀속자가 분리되는 특색이 있다.

761) 직접대리가 인정·활용되기 시작한 것은 19세기 초부터였다고 한다. 즉, 로마법 계수 이후 독일에서, '제3자를 위한 계약이론'의 발전과 함께 17세기에 이르러 대리제도의 기초가 확립되었고, 19세기 이후 각국의 근대민법전이 이를 채용하게 되었다 한다(김상용, 506면).

762) 대리제도의 작용·기능은, 다음에서 보는바와 같이, 사적자치의 확대와 사적자치의 보충에 있다. 전자는 주로 임의대리에서, 후자는 가족관계에 기한 법정대리에서 강하게 나타나는데, 대리의 본질적 작용은 사적자치의 확장이다. 같은 견해 곽윤직·김재형, 326면.

(1) 사적자치의 확장

거래관계가 복잡해지면서, 각자의 거래행위는 행위자 자신이 할 수도 있지만, 장소적·시간적 제약 때문에 타인의 협력을 통하여 처리하는 것이 합리적인 경우가 있다. 대리는 이러한 목적에 이바지하기 위한, 즉 개인의 활동범위를 확대시키는 작용을 담당한다.

(2) 사적자치의 보충

사적자치에 따른 법률효과의 당사자에게의 귀속은, 당사자에게 행위능력이 있음을 전제로 한다. 따라서 제한능력자(원칙적으로 미성년자와 피성년후견인)는 스스로 유효한 법률행위를 할 수 없고, 대리제도를 통하여 권리를 취득하거나 의무를 부담할 수밖에 없다. 대리는 제한능력자의 제한된 사적자치를 보충시키는 작용을 한다.

Ⅱ. 대리의 본질과 대리제도

1. 대리의 본질

대리의 경우, 그 행위자와 법률효과의 귀속자가 분리되는 결과를 가져오는 것이, 사적자치의 원칙에 반하는 것은 아닌지? 만약 법이론적으로 허용된다면, 그 이론적 근거는 무엇이냐? 하는 것이 대리의 본질에 관한 문제이다.

(1) 본인행위설

대리의 행위자는 본인이고, 대리인은 본인의 단순한 기관에 지나지 않는다는 견해이다.[763]

(2) 대리인행위설(대표설)

대리의 행위자는 대리인이고, 대리인은 본인을 표상 내지 대표하는 지위에 있는 자로서, 제2의 본인으로서 대리행위를 하는 것이라는 견해이다.[764]

(3) 공동행위설

대리인은 본인의 수권에 의하여 대리행위를 하는 것이므로, 결국 대리행위는 본인과

---

763) Savigny가 주장한 것으로, 사적자치의 원칙을 중시함으로써 대리행위의 효과가 본인에게 귀속되는 근거를 본인의 의사(대리인의 행위를 자기에게 귀속시키려고 하는 의사)에서 찾는다. 따라서 법률행위의 여러 요건들(행위능력·의사능력·의사의 흠결·사기나 강박의 유무 등)은 대리인을 표준으로 하여 결정하는 것이 아니라, 본인을 표준으로 하여 결정하게 된다. 본인을 행위자로 보는 것은 실제에 반한다는 등의 비판이 가해진다.

764) Windscheid, Jhering 등이 주장한 것으로, 대리인은 특별한 제한이 없는 한, 본인이 할 수 있는 모든 행위를 대신할 수 있다고 한다. 그 효과가 본인에게 귀속되는 근거를 본인의 수권의사 및 법률에 의한 대리제도의 승인에서 구한다. 법률행위의 여러 요건들은 당연히 대리인을 표준으로 하여 결정하게 된다. 현실의 행위자와 법률효과의 귀속자가 분리되는 대리제도의 특색을 분명히 밝혀주는 견해이다.

대리인이 공동으로 하는 것이라는 견해이다.[765)]

(4) 통합요건설

임의대리행위는 본인의 대리인에 대한 대리권 수여와 대리인의 상대방에 대한 의사표시를 성립요건으로 하는 법률행위이며, 법정대리는 본인이 법적으로 사실상 자기결정을 할 수 없는 경우에 인정된다고 하는 견해이다.[766)]

(5) 민법의 태도

민법은 대리행위의 흠의 유무는 대리인을 표준으로 하여 결정한다고 함으로써(제116조 제1항), 대리인행위설(대표설)을 취하고 있다.[767)] 생각건대 대리인행위설을 취할 경우, 대리인의 대리행위를 통한 법률효과가 직접 본인에게 귀속되는 것은 대리인의 대리의사에서 찾게 된다. 이 경우, 대리의사 인정의 타당성 여부는 입법정책의 문제가 된다. 그렇다면, 제116조 제1항의 규정상 대리인행위설이 옳다고 할 수밖에 없다.

2. 대리가 허용되는 범위

(1) 법률행위

대리는 대리인이 스스로 행한 법률행위의 효과가 본인에게 귀속되는 제도이므로, 대리는 원칙적으로 법률행위에만 인정된다.[768)]

(2) 준법률행위

준법률행위 중 의사의 통지·관념의 통지 등에는 의사표시에 관한 규정이 유추적용되므로, 대리에 관한 규정도 유추적용하는 것이 좋다고 한다.[769)]

---

765) Mitteis, Dernburg 등이 주장한 것으로, 본인과 대리인의 공동행위로부터 법률효과가 생긴다고 한다. 법률행위의 요건들은 본인과 대리인이 대리행위에 관련되는 정도에 비례하여, 일부분은 본인을 다른 일부분은 대리인을 표준으로 하여 결정하게 된다. 본인의 수권행위를 법률효과 발생의 근거로 삼고 있다는 점에서, 임의대리와 관련하여 긍정적으로 평가할 수 있으나, 본인과 대리인을 공동행위자로 보는 것은, 법정대리의 경우에 성립될 수 없는 난점이라는 비판이 가해진다(고상룡, 519면).

766) 대리인행위설에 대한 비판적 견지(대리의 경우, 법률행위의 구성이 오로지 대리인에 의하여 충족되고 본인은 단지 그 효과의 귀속자일 뿐이라고 한다면, 타인인 대리인의 의사결정에 의하여 본인의 법률관계가 규율되는 결과가 되어, 이는 사적자치에 반한다)에서 Müller-Freienfels에 의하여 주장된 것으로, 사적자치를 존중하는 바탕 위에 놓여있다. 본인의 수권행위와 대리인의 대리의사 양자로부터 대리행위의 효과가 직접 본인에게 귀속되는 것이라고 새기는 통합요건설은, 대리의 본질에 관한 학설로서는 대리인행위설보다 진일보한 견해라고 한다(김상용, 514면).

767) 대리의 본질에 관한 견해로서 통설은 대리인행위설을 취한다(곽윤직·김재형, 328면; 김용한, 319면; 김증한·김학동 385면; 송덕수, 343면; 지원림, 279면).

768) 대리는 모든 법률행위에 허용되는 것이 아니다. 본인의 의사결정이 절대적으로 요구되는 행위, 이른바 대리에 친하지 않은 행위(혼인·인지·유언 등)에는 허용되지 않는다. 대리에 친하지 않은 행위가 대리인에 의하여 행하여진 경우, 그 법률행위는 무효이므로 추인·추완에 의해서도 유효로 되지 않는다(이영준, 418면). 한편 대리에 친하지 않은 행위는 아니지만, 당사자의 약정에 의해 대리인에 의한 대리행위를 배제하거나 또는 대리권의 행사를 일정한 범위 내로 제한할 수 있음은 사적자치의 원칙상 당연하다. 같은 견해 김상용, 508면.

(3) 사실행위

사실행위에는 원칙적으로 대리가 허용되지 않는다.[770] 다만, 동산의 점유이전(인도)은 사실행위이지만, 그 사실행위가 의사표시와 결합하여 법률행위를 형성할 경우에는 대리가 허용되는지 여부에 대하여 학설은 다툼이 있다.[771] 생각건대 현실의 인도(제188조 제1항) 이외의 동산의 점유이전(제188조 제2항·제190조, 특히 제189조의 점유개정)은, 당사자 사이의 계약을 바탕으로 한다는 점에서, 이러한 경우에는 대리가 허용된다고 하여야 한다.[772]

(4) 불법행위

위법행위에 지나지 않은 불법행위의 경우, 어떠한 경우에도 대리가 허용되지 않는다.[773]

3. 대리와 기초적 법률관계

거래의 실제에 있어서 대리는, 대리인이 본인에 대하여 일정한 법률행위를 하여야 할 의무를 부담하는 경우에, 그 의무이행의 수단으로 활용되는 경우가 많다.[774] 이처럼 대리인이 본인을 위하여 일정한 행위를 하여야 할 의무의 부담을 내용으로 하는 본인과 대리인 사이의 법률관계를 기초적 법률관계·기초적 내부관계라 한다.[775] 한편 대리 내지 대리관계란, 단순히 본인이 대리인이 될 자가 행하는 대리행위의 효과가 자기에게 귀속되는 것을 허용하고, 대리인이 될 자에게 자기 대신에 일정한 행위를 할 수 있는 지위 내지 자격을 주는 관계를 말한다. 과거에는 대리관계와 기초적 내부관계를 구별하지 못함으로써 대리관계를 기초적 내부관계의 외부관계로 파악하기도 했었다.[776]

생각건대 대리관계는 기초적 내부관계와 결합되어 있는 수도 있지만(위임의 경우), 기

---

769) 곽윤직·김재형, 329면; 김상용, 508면; 김증한·김학동, 386면; 송덕수, 344면.

770) 사실행위에 제3자의 협력이 있다 하더라도, 이는 보조행위에 지나지 않기 때문이다.

771) 현실의 인도는 사실행위이므로 대리가 허용되지 않지만, 기타의 관념상의 인도의 경우에는 당사자의 의사표시(계약)만으로 점유이전의 효력이 생기므로, 대리인의 이러한 의사표시가 있게 되면 그것만으로 점유이전이 가능하게 된다는 점에서, 이 한도 내에서 사실행위의 대리도 가능하다는 견해(고상룡, 528면; 김상용, 509면; 이영준, 419면)와 점유이전은 사실행위이기 때문에 항상 대리가 허용되지 않는다는 견해(곽윤직·김재형, 329면; 김용한, 325면; 김증한·김학동, 386면; 주해(Ⅲ), 4면)로 나뉜다.

772) 같은 견해 김상용, 509면.

773) 다만, 대리인이 본인을 위하여 행위를 하는 과정에서 타인에게 손해를 가한 경우, 본인은 대리인의 가해행위에 대하여 사용자책임을 지는 수가 있다(제756조).

774) 가령 A(위임인)가 소유하는 집의 매매를 위임받은 B(수임인)가, 그 수임사무의 이행으로서 A(본인)를 대리하여 C와 그 집에 대한 매매계약을 체결하는 경우를 들 수 있다.

775) 가령 위임(제680조 이하)의 경우, 대리인(수임인)이 본인(위임인)을 위하여 여러 의무를 이행해야 하는(수임사무를 처리하는) 관계를 들 수 있다.

776) 이에 입각한 입법례로서 프랑스민법(제1984조 참조)을 들 수 있다. 프랑스민법을 본받은 구민법은 임의대리를 '위임에 의한 대리'로 규정하여(구민법 제104조·제111조), 대리관계를 위임의 외부적 관계로 규정하였다.

초적 내부관계 없이 대리관계만 존재할 수도 있다는 점에서,[777] 양자는 이론상 별개의 것으로서 독립한 제도라 할 것이다.[778]

민법의 태도도 마찬가지이다(제128조 참조).[779]

4. 유사제도와의 구별

(1) 간접대리

타인의 계산으로, 그러나 자신의 이름으로 법률행위를 하는 것을 간접대리라고 한다.[780] 간접대리인이 자신의 이름으로 법률행위를 하고, 그 법률효과가 직접 간접대리인에게 귀속하였다가, 타인에게 이전(청산)한다는 점에서, 대리인이 본인의 이름으로 법률행위를 하고 그 법률효과가 직접 본인에게 귀속되는 대리와 구별된다.[781]

(2) 사 자

사자는 학설・판례상의 용어이다. 본인이 결정한 내심적 효과의사를 상대방에게 전달하거나 또는 표시함으로써 표시행위의 완성에 협력하는 자를 사자라고 한다.[782][783]

사자와 대리의 구별표준에 관하여는 학설의 다툼이 있다.[784] 생각건대 내심적 효과의

---

777) 위임이 아닌 고용계약(제655조 이하)・도급계약(제664조 이하)・조합계약(제703조 이하) 등의 경우, 대리권이 수여될 수 있고, 반대로 중개업(상법 제93조, 부동산중개업법 제2장)・위탁매매업(상법 제101조) 등에 있어서는, 위임이면서도 대리를 수반하지 않는 경우가 있기 때문이다.

778) 대리관계와 기초적 내부관계가 별개의 독립한 제도라는 점은, 1866년 Paul Laband의 논문인 '일반독일상법전에 의한 법률행위에 있어서의 대리'(Die Stellvertretung bei dem Abschluss von Rechtsgeschäften nach dem Allgemeinen Deutschen Hadelgesetzbuch)에서 비롯되어졌다고 한다(김상용, 515면). 현재 우리나라의 학설은 양자를 구별하는 데에 견해가 일치되어 있다.

779) 임의대리권을 '법률행위에 의한 대리권'이라 하고, 위임 기타의 내부적 법률관계를 '대리의 원인된 법률관계'라고 함으로써 대리관계와 기초적 내부관계를 별개의 독립한 제도로 규율하고 있다.

780) 가령 위탁매매업(상법 제101조), 운송주선업(상법 제114조) 등을 들 수 있다.

781) 간접대리와 대리(직접대리)는 다음과 같은 장・단점을 갖는다. 전자는, 타인(간접본인)이 거래표면에 나타나지 않는 것이 유리한 경우・대리인 자신의 이름으로 거래하게 하는 것이 합목적적인 경우에 유리한 제도이지만, 간접대리인이 우선 취득한 권리가 타인에게 이전되기까지의 위험은 타인이 부담하여야 한다(이러한 점을 고려하여, 간접본인의 보호를 위한 상법 제103조・제123조 등의 특별규정이 있다). 후자는, 대리행위의 효과가 행위자인 대리인에게 돌아가지 않고 종국적으로 귀속되어야 할 본인에게 발생한다는 기술적・경제적인 장점이 있는 반면, 대리인과 거래한 상대방이 대리권의 존재・범위에 관한 신뢰가 배신당할 위험을 부담해야 하는 단점이 있다.

782) 제1설(다수설)은, 전자의 경우를 '전달기관으로서의 사자', 후자의 경우를 '표시기관으로서의 사자'라고 한다(고상룡, 522면; 곽윤직・김재형, 331면; 김용한, 321면; 김증한・김학동, 387면). 제2설(소수설)은, 전달기관으로서의 사자만이 진정한 사자라고 한다(김상용, 518면; 이영준, 433면; 주해(Ⅲ), 13면). 생각건대 전달과 표시의 구별에 따른 실익이 없다는 점에서, 사자의 개념을 넓게 파악하는 다수설・판례의 태도가 옳다고 생각한다.

783) 표시기관으로서의 사자는 대리와 유사하다고 볼 수 있으나, 이 경우에도 내심적 효과의사는 표의자 본인이 결정하게 된다는 점에서, 대리인이 스스로 결정하는 대리와 구별된다. 그렇다면, 사자의 경우에 사자는 행위능력자이어야 하고, 착오 기타 의사의 흠결에 관하여는 사자의 표시와 표의자의 내심적 효과의사를 비교하여 결정하여야 한다(곽윤직・김재형, 331면).

784) 제1설은, 행위자와 상대방의 관계를 기준으로 하여, 행위자가 상대방에게 대리인이라고 표시하였으면 대리인이고, 사자라고 표시하였으면 사자가 된다는 견해이다(김용한, 322면; 이영준, 434면; 주해(Ⅲ), 14면).

사의 발생을 누가 의도했는지에 따라 구별하는 것이 사적자치의 원칙에 부합한다는 점에서, 제2설이 타당하다. 사자의 법률관계는 해석론에 따른다.[785]

(3) 대 표

법인의 행위를 대신하는 지위에 놓여있는 법인의 대표기관을 법인의 대표라고 한다. 대표와 대리는, 행위자와 법률효과의 귀속자가 다르다는 점에서는 같다.[786] 그러나 양자는 여러 가지 점에서 구별된다.[787]

(4) 중개인 · 주선인

직접 계약을 체결하지 않고, 계약의 체결을 돕거나 또는 알선하는 자를 중개인 · 주선인이라 한다.[788] 이들은 어느 일방을 위하여 법률행위를 하지는 않고, 사실행위인 중개 · 주선을 할 뿐이라는 점에서, 대리인과 구별된다.

(5) 재산관리

타인 재산의 재산적 사무처리를 재산관리라 하고, 재산관리업무를 맡고 있는 자를 재산관리인(약해서, 관재인)이라 한다. 재산관리인의 종류는 다양하다.[789]

제2설은, 행위자와 본인의 내부관계를 표준으로 하여, 행위자 스스로 의사를 결정할 자유가 있으면 대리인이고, 그렇지 않으면 사자라고 한다(곽윤직 · 김재형, 331면; 김상용, 518면; 김증한 · 김학동, 388면).

785) 적법한 사자에 의하여 전달된 의사표시의 효력은 직접 본인에게 발생하나, 권한이 없는 자가 사자임을 표방하여 본인의 의사표시를 전달한 경우에는, 의사표시 그 자체가 없다고 보아 본인에게 아무런 효력도 생기지 않는다. 한편 판례는, '대리인이 아니고 사실행위를 위한 사자라 하더라도, 외관상 그에게 어떠한 권한이 있는 것과 같은 표시 내지 행동이 있어서, 상대방이 그를 믿었고 또 그를 믿음에 있어 정당한 사유가 있었다면, 표현대리에 의하여 본인에게 책임을 지워 상대방을 보호해야 할 것이다.'라고 한다.(대판 1962. 2. 8. 4294민상192)

786) 민법과 상법은 대표와 대리를 개념상 구별하여 사용하고 있으면서도(제59조 제1항, 상법 제207조 · 제389조 · 제562조), 대표에 관하여는 대리에 관한 규정을 준용하도록 하고 있다(제59조 제2항).

787) 대리관계의 경우, 대리인은 본인과는 별개의 독립한 인격자인데 반하여, 대표기관은 법인의 기관(내부구성부분)에 지나지 않는다. 전자의 경우, 대리인 자신이 행한 대리행위의 효과가 본인에게 귀속되는 데 반해, 대표의 경우에는 대표기관의 행위는 바로 법인 자체의 행위가 된다. 따라서 대리는 법률행위에만 허용되나, 대표는 불법행위(제35조) · 사실행위에도 인정된다(대표기관의 불법행위는 법인 자체의 불법행위가 되고, 대표기관의 점유는 법인의 점유로 인정된다).

788) 가령 중개인(상법 제93조, 부동산 중개업법 제2조 참조), 중개대리상(상법 제87조), 운송주선인(상법 제114조) 등을 들 수 있다.

789) 본인의 위임에 따라 그 재산을 관리하는 위임관리인(제22조 · 제23조 참조), 법률의 규정에 따라 재산관리의 권리와 의무가 있는 법정관리인(제909조 · 제928조 참조), 법원에 의해 선임된 선임관리인(제22조 · 제25조 참조. 다툼이 있으나, 채무자 회생 및 파산에 관한 법률 제355조 소정의 파산관재인), 상속재산관리인(제1023조 · 제1040조 · 제1047조 · 제1057조), 유언집행자(제1096조) 등이 있다. 위임관리인은 임의대리인이고, 법정관리인은 법정대리인이라는 데 다툼이 없다. 선임관리인의 법적 성질에 대하여는, 대리인설(김상용, 527면; 이영준, 447면)과 직무설 · 직위설(곽윤직, 「민법총칙」, 박영사, 1998, 367면)로 나뉜다. 전자의 견해에 따르면, 선임관리인을 법정대리인의 일종으로 봄으로써 대리의 규정을 적용하게 된다. 후자의 견해에 의하면, 선임관리인은 특정재산에 관한 이해관계인들의 공동의 이익을 위하여 재산을 관리하는 것이므로, 대리의 이론구성은 의제된 것이라고 한다. 즉, 선임관리인은 관리인 자신의 이름으로 관리행위를 하고, 본인은 단순한 재산귀속자일 뿐이라고 이해함으로써 재산관리를 대리와 구별하려 한다. 생각건대 선임관리인은 일종의 법정대리인으로 보아야 하고, 다만 파산관재인은 직무설에 따른 이론구성을 하는 것이 타당하다고 생각한다.

(6) 명의모용(名義冒用)

타인의 이름을 사용하여 법률행위를 하는 명의모용행위는 행위자 자신을 위한 법률행위가 대부분이라는 점에서, 본인의 수권을 받아 본인을 위하여 법률행위를 하는 대리와 근본적으로 다르다. 명의모용행위의 경우, 행위자와 명의자 중 누가 당사자냐 하는 문제는 당사자의 의사해석의 문제가 된다(판례). 그 결과 첫째, 행위자가 당사자로 밝혀질 경우, 행위자와 상대방 사이에 계약이 성립하므로 대리법이 적용될 여지는 없다. 둘째, 명의자가 당사자로 결정될 경우, 행위자와 법률효과의 귀속자가 분리되므로 제115조 단서의 예외가 인정되면 대리에 관한 규정이 유추적용 될 수 있다.[790]

판 례

○ 위임과 대리권 수여의 관계

"위임과 대리권수여는 별개의 독립된 행위로서 위임은 위임자와 수임자간의 내부적인 채권채무관계를 말하고, 대리권은 대리인의 행위의 효과가 본인에게 미치는 대외적 자격을 말하는 것이다.[791]"

○ 사자에 의한 의사표시와 대리행위

"사자에 의한 의사표시와 본인이 결정한 의사를 대리인으로 하여금 표시케 하는 것은 대리행위가 아니다.[792]"

○ 행위자가 타인의 이름으로 계약을 체결한 경우, 계약당사자의 확정 방법

"계약을 체결하는 행위자가 타인의 이름으로 법률행위를 한 경우에 행위자 또는 명의인 가운데 누구를 계약의 당사자로 볼 것인가에 관하여는, 우선 행위자와 상대방의 의사가 일치한 경우에는 그 일치한 의사대로 행위자 또는 명의인을 계약의 당사자로 확정하여야 할 것이고, 행위자와 상대방의 의사가 일치하지 않는 경우에는 그 계약의 성질·내용·목적·체결 경위 등 그 계약 체결 전후의 구체적인 제반 사정을 토대로 상대방이 합리적인 사람이라면 행위자와 명의자 중 누구를 계약당사자로 이해할 것인가에 의하여 당사자를 결정하여야 한다.[793]"

○ 실제 매매계약을 체결한 행위자가 자신의 이름 뒤에 '외 ○인'을 기재하는 방식으로 불특정인을 추가하여 매매계약서상의 매수인을 표시한 경우, 계약상 매수인의 지위가 인정되는 범위

"실제 매매계약을 체결한 행위자가 자신의 이름은 특정하여 기재하되 불특정인을 추가하는 방식으로 매매계약서상의 매수인을 표시한 경우(즉, 실제 계약체결자의 이름에 '외 ○인'을 부가하는 형태)에 있어서는, 비록 실제 계약을 체결한 행위자가 당시 계약금 마련 과정에서 일부 자금을 출연한 사람이나 장래 중도금 및 잔금의 지급과정에서 예상되는 제3자의 투자자 등을 '외 ○인'에 해당하는 공동매수인으로 추가시키려는 내심의 의사를 가지고 있었다고 하더라도, 계약체결시나 그 이

---

790) 같은 견해 지원림, 282면.
791) 대판 1962. 5. 24. 4294민상251, 252.
792) 대판 1967. 4. 18. 66다661.
793) 대판 2003. 9. 5. 2001다32120.

후 합의해제 시점까지 매도인에게 '외 ○인'에 해당하는 매수인 명의를 특정하여 고지한 바가 없고 매도인의 입장에서 이를 특정 내지 확정할 수 있는 다른 객관적 사정도 존재하지 않는다면, 그러한 계약의 매수인 지위는 매도인과 명확하게 의사합치가 이루어진 부분으로서 실제 계약을 체결한 행위자에게만 인정된다고 보아야 할 것이다.[794]"

○ 대검찰청 중앙수사부 소속 검사 갑이 사건 조사를 위하여 을을 참고인 자격으로 소환한 다음 병을 대리한 을로부터 '병이 정 주식회사에서 급여 명목으로 부당하게 수령한 금액을 무 저축은행에 반환할 것을 서약한다'라는 취지의 각서를 징구한 사안에서, 여러 사정에 비추어 각서의 효력이 무은행에 미치지 않는다고 본 원심판단을 정당하다고 한 사례

"대검찰청 중앙수사부 소속 검사 갑이 사건 조사를 위하여 을을 참고인 자격으로 소환한 다음 병을 대리한 을로부터 '병이 정 주식회사에서 급여 명목으로 부당하게 수령한 금액을 무 저축은행에 반환할 것을 서약한다'라는 취지의 각서를 징구한 사안에서, 여러 사정에 비추어 무은행이 甲에게 각서 징구에 관한 대리권을 수여하였다거나 갑이 각서 징구와 관련하여 무은행 사자(使者)의 지위에 있었다고 인정하기 어렵고, 병 또는 대리인인 을이 수사기관에 대하여 단순히 부당 수령 급여를 장차 무은행에 반환할 것을 다짐한다는 의미로 각서를 작성·교부한 것으로 보인다는 등의 이유로 각서의 효력이 무은행에 미치지 않는다고 본 원심판단을 정당하다고 한 사례.[795]"가 있다.

Ⅲ. 대리의 종류

1. 임의대리·법정대리

대리권의 발생원인을 표준으로 한 분류이다. 본인의 수권행위(신임)에 의해 대리권이 발생하는 경우가 임의대리이고,[796] 그 이외의 대리, 즉 법률의 규정[797]에 의해 대리권이 주어지는 경우가 법정대리이다.[798]

2. 능동대리·수동대리

대리행위의 모습에 따른 분류이다. 대리인이 본인을 위하여 제3자(상대방)에게 의사표시를 하는 경우를 능동대리 또는 적극대리라고 한다(제114조 제1항). 대리인이 본인을 위하여 제3자로부터 의사표시를 수령하는 경우가 수동대리 또는 소극대리이다(제114조 제2항).[799]

---

794) 대판 2008. 3. 13. 2007다76603.

795) 대판 2013. 8. 22. 2013다203369.

796) 민법은 임의대리를 '법률행위에 의하여 수여된 대리권'에 기한 대리라고 규정하고 있다(제120조·제128조).

797) 본인과 일정한 관계에 있는 자(친권자·후견인 등)에게 법률의 규정에 의해 대리권이 부여되는 경우 말고도, 일정한 자의 지정(지정후견인·지정유언집행자 등) 또는 법원의 선임(상속재산관리인·유언집행자 등)에 의하여 대리권이 주어지는 수도 있다.

798) 그 구별의 실익은 복임권·대리권의 소멸 등에서 현저하다.

799) 특별한 사정이 없는 한 능동대리권을 갖고 있는 대리인은, 그 능동대리에 관련된 사항에 대하여 수동대리권도 갖는다(대판 1994. 2. 8. 93다39379).

3. 유권대리 · 무권대리

대리권의 존재 유무에 따른 분류이다. 대리인에게 정당한 대리권이 존재하고 있는 경우를 유권대리라고 하고, 대리인에게 정당한 대리권이 없는 경우가 무권대리이다.[800]

Ⅳ. 대리에 있어서의 3면관계

〈대리의 3면관계〉

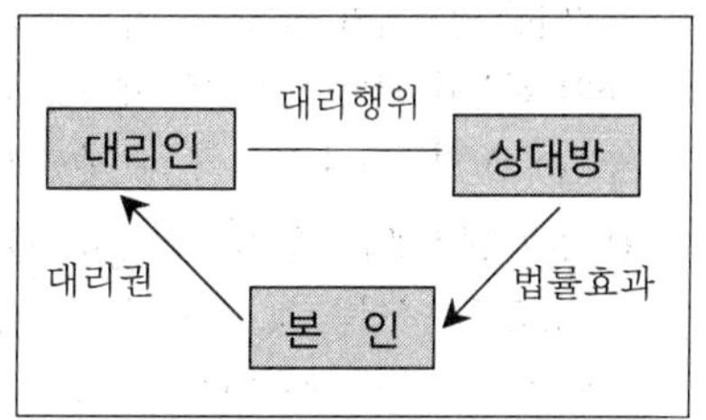

대리관계는 본인과 대리인 사이의 관계 · 대리인과 상대방 사이의 관계 · 상대방과 본인 사이의 관계라는, 이른바 3면관계의 모습을 띤다. 이것을 분석해보면, 대리권의 존재 · 대리행위의 실현 · 대리행위효과(법률효과)의 발생이 된다.

정당한 대리권이 있는 대리인이 상대방과 대리행위를 하였기 때문에 그 법률효과가 직접 본인에게 귀속하게 된다는 점에서, 3면관계의 본체는 대리권의 존재이다. 아래에서 대리의 3면관계를 차례로 살펴보고, 대리의 특수한 경우인 복대리와 무권대리를 설명하기로 한다.

제2항 대 리 권

Ⅰ. 대리권의 의의 및 성질

대리인이 본인을 위하여 의사표시를 하거나 또는 의사표시를 수령함으로써, 그 법률효과를 직접 본인에게 귀속시킬 수 있는 법률상의 지위 · 자격을 대리권이라 한다.[801]

대리권의 법적 성질에 대하여는 학설상 다툼이 있다.[802]

---

800) 엄격한 의미에서 무권대리는 대리가 아니지만, 민법은 본인의 이익과 거래의 안전보호와의 조화를 꾀하기 위하여 무권대리의 효과를 규정하고 있다(제130조 등). 한편 광의의 무권대리에는 협의의 무권대리(제130조-제135조)와 표현대리(제125조 · 제126조 ·제129조)가 있다.

801) 대리권은 대리인에게 어떠한 사회생활상의 이익을 가져다 주지 않는다는 점에서, 권리가 아니다. 대리권한이라는 용어가 정확하다. 같은 견해 곽윤직 · 김재형, 333면; 김증한 · 김학동, 390면; 송덕수, 346; 지원림, 284면.

802) 자격설 · 능력설은, 대리권은 권리가 아니라, 행위능력과 같이 법률상 일정한 법률효과를 발생하게 하는 자격 내지 능력이라고 본다(고상룡, 530면; 곽윤직 · 김재형, 333면; 김용한, 336면; 김증한 · 김학동, 390면; 송덕수, 346면). 무실체성설은, 대리권은 법률행위는 대리인이 하고, 규율(결과)로서의 법률행위는 본인의 것으로 만들 수 있는 법적 가능성에 지나지 않다고 하면서 대리권의 실체적 존재를 부인하는 견해이다(이영준, 448면). 법력설은, 대리권은 본인의 행위 내지 행위영역을 확대할 수 있는 가능성으로서의 법적인 힘이라고 한다(김상용, 530면).

생각건대 대리권은 대리인이 본인의 자격으로 상대방과 법률행위를 하고, 그 법률효과를 직접 본인에게 귀속시킬 수 있는 법적인 힘 내지 법적 가능성에 지나지 않다는 점에서, 자격설이 타당하다.

판 례

◎ 대리인을 통하여 계약을 체결하는 경우, 계약당사자의 확정

"일방 당사자가 대리인을 통하여 계약을 체결하는 경우에 있어서 계약의 상대방이 대리인을 통하여 본인과 사이에 계약을 체결하려는 데 의사가 일치하였다면, 대리인의 대리권 존부 문제와는 무관하게 상대방과 본인이 그 계약의 당사자이다.[803)]"

◎ 상가분양계약에 있어서 연합주택조합의 지위

"연합주택조합은 그 소속 주택 조합들의 단순한 업무집행기관으로 볼 수는 없고, 독립한 비법인사단으로서 조합 아파트나 상가 분양계약에 관한 당사자 본인으로서의 지위를 가진다고 할 것이나, 그와 동시에 소유권보존등기의 명의자가 될 위 소속 주택 조합들의 대리인으로서의 지위도 함께 가진다.[804)]"

Ⅱ. 대리권의 발생원인

1. 법정대리권의 발생원인

법정대리권은 법률의 규정[805)] · 지정권자의 지정[806)] · 법원의 선임행위[807)] 등을 원인으로 하여 발생한다.

2. 임의대리권의 발생원인

임의대리권은 본인의 대리인에 대한 대리권 수여행위 즉, 수권행위에 의하여 발생한다.

(1) 수권행위 개념의 독자성 인정 여부

수권행위는 본인과 대리인 사이의 기초적 내부관계를 발생시키는 행위와는 별개의 행위로 보아야 하는가? 이러한 수권행위 개념의 독자성 인정 여부에 대하여는 학설상 다툼

803) 대판 2003. 12. 12. 2003다44059.

804) 대판 2003. 5. 13. 2000다50688; 대판 2002. 9. 10. 2000다96.

805) 본인에 대하여 일정한 가족법상의 지위에 놓여 있기 때문에 일정한 자가 법정대리인이 되는 경우로서, 친권자(제911조 · 제920조) · 법정후견인(제932조 · 제933조) · 일상가사대리권이 있는 부부(제823조 제1항) 등이 이에 속한다.

806) 본인 이외의 일정한 자의 지정에 의하여 법정대리인이 되는 경우로서, 지정후견인(제931조) · 지정유언집행자(제903조 · 제1094조) 등을 들 수 있다.

807) 가정법원의 선임에 의하여 법정대리인이 되는 경우로서, 부재자의 재산관리인(제23조 · 제24조) · 상속재산관리인(제1023조 · 제1040조 · 제1047조 · 제1053조) · 유언집행자(제1096조) 등이 이에 속한다.

이 있다.[808] 생각건대 앞에서 살핀바와 같이, 대리와 기초적 내부관계가 개념상 구별되는 만큼, 수권행위의 개념도 그 내부관계를 발생시키는 행위와는 별개의 독립한 행위로 보아야 한다(이러한 이론구성이 제128조에 부합할 수 있다). 따라서 다수설이 타당하다.[809]

(2) 수권행위의 법적 성질

(가) 단독행위인지 여부

수권행위는 본인의 대리인이 될 자에 대한 대리권수여의 의사표시만으로 성립하는가? 아니면, 대리인이 될 자로부터의 승낙의 의사표시가 있어야만 성립하는가? 학설상 다툼이 있다.[810] 생각건대 수권행위를 계약으로 볼 경우, 제한능력자인 대리인은 수권계약체결 이후에 제한능력을 이유로 그 수권계약을 취소할 수 있게 되어 결과적으로 거래의 안전을 해칠 수 있을 뿐만 아니라, 제117조의 취지에 어긋나게 된다.[811] 따라서 민법의 해석론으로서는 상대방 있는 단독행위설이 타당하다고 하여야 한다.

(나) 무인성 인정 여부

수권행위의 독자성을 인정할 경우, 수권행위는 유인행위인가? 아니면, 무인행위인가? 이에 관한 학설은 다툼이 있다.[812] 생각건대 거래의 실제에 있어서 수권행위는 기초적 내

---

808) 다수설은, 수권행위는 기초적 내부관계를 발생시키는 행위와는 구별되는, 대리권의 발생만을 목적으로 하는 행위라고 함으로써 이른바, 수권행위 개념의 독자성을 인정한다(곽윤직·김재형, 335면; 김증한·김학동, 392면; 송덕수, 347면; 지원림, 286면). 소수설은, 대리권은 기타의 기초적 내부관계를 발생시키는 계약과 불가분적으로 결합하여 발생하므로, 내부관계를 발생시키는 계약 이외에, 수권행위의 개념을 인정할 필요가 없다고 하는 융합계약설을 주장한다(김용한, 341면).

809) 수권행위 개념의 독자성을 인정할 경우에도, 수권행위가 항상 기초적 내부관계와 다른 시기에 별개의 행위로 행하여진다는 것을 의미하지는 않는다. 또한 기초적 내부관계 없이 수권행위만 행해질 수도 있고, 기초적 내부관계와 결합하여 행해질 수도 있다.

810) 다수설(상대방 있는 단독행위설)은, 수권행위는 상대방(장차 대리인이 될 자)의 수령을 필요로 하는 단독행위로 이해한다(고상룡, 537면; 곽윤직·김재형, 335면; 김상용, 531-532면; 김증한·김학동, 393면; 송덕수, 348면; 이영준, 453면; 주해(Ⅲ), 31면). 소수설(무명계약설)은, 수권행위를 단독행위라고 하는 명문의 규정이 없기 때문에 수권행위는 계약으로 보아야 한다고 주장한다(김기선, 287면). 학설대립의 실익은 거래의 안전보호에서 나타난다. 전자의 견해에 따르면, 비록 대리인에게 어떠한 흠(제한능력)이 있더라도, 수권행위의 효력에는 무관하고 따라서 대리행위에 아무런 영향을 미치지 않게 되어 거래의 안전보호를 꾀할 수 있다. 후자의 견해를 취할 경우, 대리인의 승낙의 의사표시에 흠이 있을 경우, 수권행위는 그 영향을 받게 되고 결국 대리행위는 무권대리가 되어 거래의 안전을 해칠 수 있다.

811) 제117조 이외에도 제120조·제128조의 문면상 민법제정자는 단독행위설을 취한 것으로 볼 수 있다.

812) 제1설(유인설)은, 본인과 대리인 사이의 기초적 내부관계인 위임·고용·도급·조합 등(원인행위)이 일정한 사유로 무효·취소 또는 해제되어 실효된 경우, 수권행위의 효력도 그 영향을 받아 소급적으로 상실하게 된다고 한다(고상룡, 541면; 곽윤직·김재형, 336면; 김상용, 535면; 김용한, 341면; 송덕수, 349면; 지원림, 287면). 이러한 견해가 당사자의 의사를 존중하는 해석이라는 등의 이유를 든다. 제2설(무인설)은, 기초적 내부관계가 실효하는 경우에도, 수권행위는 유효하다고 한다(김증한·김학동, 394면; 장경학, 537면; 주해(Ⅲ), 34면). 수권행위의 성질을 단독행위로 보는 한 무인설을 취할 수밖에 없다는 등의 이유를 든다. 제3설은, 본인과 대리인간의 내부적 수권행위는 유인이지만, 대리인과 상대방과의 외부적 수권행위는, 상대방이 선의·무과실인 한, 제129조에 의해 수권행위는 효력을 잃지 않는다고 한다(이영준, 458-459면). 그러나 수권행위의 상대방에 관한 규정이 없는 민법의 해석론으로는, 독일민법상의 외부적 수권행위(제167조 제1항 후단)의 개념을 인정할 필요가 없다. 수권행위는, 오직 내부적 수권행위(본인으로부터 대리인에게 행하여지는 수권행위)일 뿐이다.

부관계를 발생시키는 행위(원인행위)와 합체되어 하나의 행위로 행하여지는 것이 보통이다. 그렇다면, 수권행위는 원인행위의 실효와 법률적 운명을 같이 할 수밖에 없다. 수권행위가 원인행위와 별개의 행위로 행하여진 경우에도, 원인행위가 실효하면 특별한 사정이 없는 한, 수권행위의 효력도 상실하는 것으로 이해하여야 한다. 왜냐하면, 수권행위는 기초적 내부관계를 바탕으로 하고 있기 때문이다. 따라서 유인설이 타당하다.[813)]

(다) 수권행위의 상대방

대리인만이 수권행위의 상대방인가? 아니면, 제3자도 될 수 있는가? 계약설을 취할 경우, 수권행위의 상대방은 대리인에 한정된다. 단독행위설을 취할 경우, 학설상 다툼이 있다.[814)] 생각건대 수권행위의 성질을 상대방 있는 단독행위로 이해하는 한, 본인의 대리권 수여의 의사표시의 상대방은, 대리인이 될 자에 한정된다고 해석하여야 한다.

(라) 수권행위의 방식

독일민법과는 달리,[815)] 수권행위의 방식에 관하여 명문의 규정이 없는 민법의 경우, 수권행위는 불요식행위이다. 구두·서면이든, 명시적·묵시적이든 가리지 않는다. 보통은 위임장을 교부하는 형식으로 행해진다.[816)][817)]

대리행위가 요식행위인 경우, 수권행위도 일정한 방식을 갖추어야 하는가? 학설은 다툼이 있다.[818)] 생각건대 대리행위가 일정한 방식에 따라야 하는 경우, 증거의 확보·당사자의 신중성의 고려 등 그 취지에 관계없이, 대리권수여의 의사표시는 특별한 방식이 필요 없다고 해석하여야 한다.

(마) 수권행위 흠결(하자)의 경우

대리행위의 하자 유무는 대리인을 표준으로 하여 따지게 되지만(제116조 제1항), 수권행위의 흠결 여부는 본인을 표준으로 하여 제107조-제110조에 의해 규율된다.[819)]

---

813) 결과적으로 무인설에 의해 기대될 수 있는 거래의 안전보호는, 실제로 그 범위가 매우 좁다고 할 것이다.

814) 제1설은, 대리인만이 상대방이 될 수 있다고 한다(고상룡, 538면; 주해(Ⅲ), 31면). 제2설은, 대리인뿐만 아니라 그와 거래할 제3자도 상대방이 될 수 있다(본인이 대리행위의 상대방이 될 자에게 타인에게 대리권을 주니, 그와 계약을 맺으라고 하는 경우)고 한다(김증한·김학동, 395면).

815) 독일민법은 대리행위가 일정한 방식에 따를 것이 요구되는 경우에도, 수권행위는 방식을 요하지 않는다고 규정하고 있다(제167조 제2항).

816) 위임장은 대리권 수여의 사실을 증명하는 서면에 지나지 않는다.

817) 위임장의 특수한 형태로서, 백지위임장(주주총회에서의 결의권 행사·주식의 명의개서를 위한 위임장은 보통 백지위임장이다)이 있다. 이것은 수임인을 백지로 한 위임장을 발행하고, 그 위임장이 여러 사람의 손을 거친 후 최후의 취득자가 수임인으로서 자신의 이름을 기재하였을 때, 그 수임인의 대리권이 성립하게 된다.

818) 제1설은, 대리행위가 요식행위라고 하더라도, 수권행위는 그에 따를 필요가 없다고 한다(송덕수, 352면; 이은영, 606면). 제2설은, 대리행위의 방식규정이 수권행위에 관하여 적용되지 않으면, 방식규정의 존재의 의가 몰각되는 경우, 수권행위에도 대리행위의 방식규정을 유추적용하여야 한다고 한다(김증한·김학동, 395면; 이영준, 460면).

819) 따라서 수권행위의 흠결의 효과는 그 원인(비진의표시·허위표시·착오·사기 또는 강박에 의한 의사표시)이 무엇이냐에 따라 무효 또는 취소된다. 또한 제한능력자도 대리인이 될 수 있지만(제117조), 본인은 능력자라야 하므로 본인이 만약 제한능력자일 경우, 그 수권행위는 제한능력을 이유로 취소할 수 있다.

판 례

가. 대리권의 수여로 볼 수 있는 경우

○ 대차계약체결 대리권과 기한의 연기 및 대금 수령

"소비대차계약체결의 대리권을 위임받은 자는 기한의 연기, 대금 및 이자의 수령 행위도 할 수 있다.[820]"

○ 상대방 지정 없는 부동산처분 관계서류 교부와 부동산 처분

"부동산처분에 관한 소요서류를 구비하여 타인에게 교부한 경우에 상대방을 특정하지 않았을 때에는 타인에게 부동산처분에 관하여 대리권을 수여한 취지를 표시한 것이라 해석함이 타당하다.[821]"

○ 부동산 등기명의인이 학생인 경우, 학생 출국 시 아버지의 부동산 관리

"부동산이 등기부상 원고명의로 있다 하여도 원고가 학생의 신분이라면 부동산은 아버지가 매수하여 그 등기만을 원고명의로 하였거나 이를 원고에게 증여하였다고 보는 것이 보통일 것이므로, 특별한 사정이 없는 한 원고가 출국 시에는 그 부동산에 관한 관리권한을 아버지에게 묵시적으로 위임하였다고 추정하여도 무방하다.[822]"

○ 묵시적인 대리권수여

"명시적인 대리권수여의 의사표시가 없는 경우라도 일정한 지위에 있는 자들 간에 일정한 상황이 있는 경우라면 일정한 내용의 법률행위에 대해서 묵시적인 대리권수여의 의사표시가 있었다고 볼 수 있다.[823]"

○ 대리권을 수여받은 자가 대리인 이외의 지위를 가질 수 있는지 여부

"부동산의 분양에 관한 대리권을 부여받은 자라고 하여 반드시 본인의 대리인 이외의 지위를 가질 수 없는 것은 아니고, 거래의 실질적 목적과 내용 등에 따라 적합한 다른 지위를 아울러 가질 수도 있다.[824]"

○ 남편이 처에게 점포 운영에 필요한 자금을 자신의 명의로 차용할 권한을 포괄적으로 위임하였다고 볼 여지가 있는지 여부

"부부가 공동으로 남편 명의의 점포를 운영하면서 처가 점포에 보관 중인 남편의 인감을 이용하여 차용증을 작성하여 주고 금원을 차용한 사안에서 남편이 처에게 점포 운영에 필요한 자금을 자신의 명의로 차용할 권한을 포괄적으로 위임하였다고 볼 여지가 있다고 한 사례.[825]"가 있다.

○ 제소전화해를 위한 백지소송위임장 교부와 대리인 선임

"피신청인이 제소전화해를 위한 대리인을 선임하기 위하여 그 대리인을 공란으로 한 백지소송위임장을 작성한 후 이를 신청인에게 교부한 경우에는 신청인에게 피신청인의 대리인을 선임할 권한을 수여한 것으로 볼 것이다.[826]"

---

820) 대판 1948. 2. 17. 4280민상236.
821) 대판 1959. 7. 2. 4291민상329.
822) 대판 1970. 10. 30. 70다1177.
823) 대판 1972. 1. 31. 71다2429.
824) 대판 1996. 10. 25. 94다41935, 41942.
825) 대판 2003. 1. 24. 2002다64377.

○ 오퍼상의 오퍼장 교부를 수출상을 대리한 것으로 볼 수 있는지 여부

"오퍼상은 물품공급자를 대리하여 국내에서 물품매도확약서를 발행함을 업으로 하는 자이므로 다른 사정이 없는 한 오퍼장을 발행 교부한 것은 물품공급자인 수출상을 대리하여 한 것이므로 오퍼상이 체결한 수입계약의 효력은 본인인 수출상에게 미친다.[827)]"

○ 집을 팔라는 아내의 서신과 가옥 처분

"아내가 미국에서 병을 얻어 치료하는데 필요하니 돈을 만들어 인편으로 보내주도록 부탁하고 아파트를 구하는데도 금원이 필요하니 편지받는 즉시로 집을 복덕방에 내놓아 시세보다 싸게 팔도록 촉구하는 내용의 서신을 한국에 있는 남편에게 보내왔다면, 이는 아내가 그 남편에게 가옥의 매각처분을 위임한 것으로 봄이 경험칙에 합당하다.[828)]"

○ 지입차주와 제3자 간 중기운행을 위한 물품거래를 중기대여회사의 대리로 볼 수 있는지 여부

"중기대여회사에 지입된 중기는 대외적으로는 그 회사의 소유이고 지입차주들은 회사와의 수탁관리운영계약에 의하여 그 중기의 운행관리를 위임받은 것이므로 지입차주들이 그 중기를 운행하기 위한 필요에 의하여 제3자로부터 타이어, 튜브 등의 공급을 받는 거래를 하였다면, 그것은 회사의 위임에 의하여 회사를 대리하여 한 것이고 그 거래에서 물품대금을 회사에 대하여 청구하지 않고 지입차주 본인이 책임지기로 특약한 사실이 없다면 회사는 그 거래의 본인으로서 대금지급의 책임을 면할 수 없다.[829)]"

○ 대출 대리권 수여받은 후 초과금액 보증을 한 경우, 일부 금액에 대한 대리권 수여 인정

"딸이 아버지에게 은행으로부터 금 3,000,000원을 대부받는데 필요하다고 하여 받은 인감도장과 대부용 인감증명서를 이용하여 다른 사람으로부터 금 10,000,000원을 차용하여 차용증서의 보증인란을 아버지 이름으로 작성하고 인감증명서도 대주에게 교부한 경우, 아버지는 금 3,000,000원 범위 내의 채무에 관하여는 자기가 주채무자로 되는 것이든 보증인으로 되는 것이든 간에 책임을 질 의사로써 자기의 딸에게 그에 해당하는 대리권까지 준 것으로 보는 것이 마땅하다.[830)]"

○ 매매계약체결에 관한 포괄적 대리권과 대금지급기일 연기

"매매계약의 체결과 이행에 관하여 포괄적으로 대리권을 수여받은 대리인은 특별한 사정이 없는 한 상대방에 대하여 약정된 매매대금 지급기일을 연기하여 줄 권한도 가진다.[831)]"

○ 대리권의 범위 판단 방법과 통상의 임의대리권 내에 수령대리권이 포함되는지 여부, 매매계약체결 대리권과 중도금 및 잔금 수령 권한

"① 임의대리에 있어서 대리권의 범위는 수권행위에 의하여 정하여지는 것이므로 어느 행위가 대리권의 범위 내의 행위인지의 여부는 개별적인 수권행위의 내용이나 그 해석에 의하여 판단할 것이나 일반적으로 말하면 수권행위의 통상의 내용으로서의 임의대리권은 그 권한에 부수하여 필요한 한도에서 상대방의 의사표시를 수령하는 이른바 수령대리권을 포함한다. ② 부동산의 소유자

826) 대판 1979. 12. 26. 79다1851.
827) 대판 1980. 2. 26. 76다515.
828) 대판 1982. 9. 28. 82다카177.
829) 대판 1989. 7. 25. 88다카17273.
830) 대판 1991. 1. 15. 90다10605.
831) 대판 1992. 4. 14. 91다43107.

로부터 매매계약을 체결할 대리권을 수여받은 대리인은 특별한 사정이 없는 한 그 매매계약에서 약정한 바에 따라 중도금이나 잔금을 수령할 권한도 있다.[832]"

◘ 소송상 화해나 청구의 포기에 관한 특별수권에 소송물인 권리의 처분 및 포기 권한이 포함되는지 여부, 소송대리권이 당해 심급에 한정되는지 여부

"① 소송상 화해나 청구의 포기에 관한 특별수권이 되어 있다면 특별한 사정이 없는 한 그러한 소송행위에 대한 수권만이 아니라 그러한 소송행위의 전제가 되는 당해 소송물인 권리의 처분이나 포기에 대한 권한도 수여되어 있다고 봄이 상당하다. ② 위임받은 소송대리권의 범위는 특별한 사정이 없는 한 당해 심급에 한정된다.[833]"

나. 대리권의 수여로 볼 수 없는 경우

◘ 여관업 상업사용인의 어음행위 대리권 부인

"여관업의 영업과 어음행위는 연관성이 희박하므로 여관업에 관한 상업사용인은 특별한 수권이 없는 한 주인을 대리하여 어음행위를 할 권한이 없음이 상례이다.[834]"

◘ 융자 목적의 부동산 관계서류 교부와 부동산 처분 대리권 부인

"부동산의 소유자가 부동산을 담보로 하여 은행으로부터 융자를 얻기 위하여 제3자에게 그 부동산의 등기부등본과 인감증명서를 주었다고 하여 그 부동산에 관한 처분의 대리권을 주었다고 할 수 없는 것이다.[835]"

◘ 담보권자 명의를 제3자로 한 경우, 제3자의 담보계약 해제 및 피담보채권 포기 가부

"제3자를 담보권자로 담보계약을 체결한 경우에 그 담보권명의자는 피담보채권을 수령하고 담보권을 실행하는 등의 권한을 가지는 것이지만 특별한 수권이 없는 한 그 담보계약 자체의 합의해제나 그 피담보채권의 포기와 같이 담보계약상의 권리가 아닌 기존의 채권을 포기할 권리는 갖지 않는다고 해석함이 상당하다.[836]"

◘ 담보목적의 부동산 매도증서 교부와 매매 대리권 부인

"채권담보의 목적으로 채무불이행시에 대물변제로 충당하기 위하여 부동산의 매도증서를 매수인의 이름 없이 작성하여 채권자에게 교부하였다 하더라도 대물변제로 충당하기 이전에 있어서는 그 채권자에게 그 부동산을 매도할 수 있는 대리권을 수여한 것이라고는 볼 수 없다.[837]"

◘ 매매알선 목적의 아파트 분양권 관계서류 교부와 처분권한 부인

"원고가 부동산소개업자인 소외인에게 아파트분양계약서, 입주확인증, 할부금영수증, 호수결정확인증 등을 교부하면서 미등기인 이 건 아파트 분양권의 매매알선을 부탁한 사실만으로는 동 소외인에게 특별한 사정이 없는 한 매매 등 처분권한까지 수여한 것으로 보기 어렵다.[838]"

---

832) 대판 1994. 2. 8. 93다39379.
833) 대판 1994. 3. 8. 93다52105.
834) 대판 1960. 12. 8. 4293민상22.
835) 대판 1962. 10. 11. 62다436.
836) 대판 1994. 2. 8. 93다19153, 19160.
837) 대판 1963. 2. 28. 62다910.
838) 대판 1981. 6. 9. 80다2690.

○ 대여금 영수권한과 채무면제 권한 부인

“대여금의 영수권한만을 위임받은 대리인이 그 대여금 채무의 일부를 면제하기 위하여는 본인의 특별수권이 필요하다.[839)]”

○ 가옥이동용 인감증명 교부와 처분권한 부인

“원고가 부동산 소개업자인 소외인에게 ‘가옥이동용’ 인감증명만을 교부하여 부동산매매의 알선을 부탁한데 그치고 원고의 인감은 위 소외인이 사위의 방법으로 이를 교부받은 것이라면 원고가 동 소외인에게 매매 기타 처분의 권한까지 수여한 것이라고 보기 어렵다.[840)]”

○ 배우자의 인감도장 보관과 인감도장 사용에 관한 포괄적 대리권 부인

“남편이 아내의 인감도장을 보관하고 있었다는 사실만으로 이 인감도장의 사용에 관하여 포괄적 대리권을 위임받은 것이라 볼 수 없다.[841)]”

○ 사망한 자의 대리인으로서 문서 작성과 적법한 대리권 부인

“특단의 사정이 없는 한 이미 사망한 자의 대리인으로서 작성한 문서를 적법한 대리권에 기하여 작성된 것이라고 보기는 어렵다.[842)]”

○ 채권자단 대표와 채무자 간 약정의 효력이 특정채권자에게 미치기 위한 요건

“채권자단의 대표자와 채무자 사이의 약정이 특정채권자를 구속하려면 그 채권자가 채권자단의 구성원으로 가입하여 대표자를 선임하고 동인에게 채권회수를 위한 일체의 권한을 부여하는 결의에 참여하였거나 그 결의에 따르기로 하는 의사를 표시한 바가 있어서 위 결의가 그 채권자의 의사에 기한 것임이 전제되어야만 한다.[843)]”

○ 금전소비대차계약과 담보권설정계약 체결 대리권과 계약 해제권한 부인

“통상 사채알선업자가 전주(錢主)를 위하여 금전소비대차계약과 그 담보를 위한 담보권설정계약을 체결할 대리권을 수여받은 것으로 인정되는 경우라 하더라도 특별한 사정이 없는 한 일단 금전소비대차계약과 그 담보를 위한 담보권설정계약이 체결된 후에 이를 해제할 권한까지 당연히 가지고 있다고 볼 수는 없다.[844)]”

Ⅲ. 대리권의 범위

1. 법정대리권의 범위

법정대리권의 범위는 그 발생원인이 되는 각종 법규의 규정[845)]에 따르고, 구체적인 경우에 그 범위에 속하는지 여부는, 당해 법규의 해석에 의한다.

---

839) 대판 1981. 6. 23. 80다3221.
840) 대판 1982. 4. 13. 81다408.
841) 대판 1984. 7. 24. 84도1098.
842) 대판 1984. 11. 13. 84다284.
843) 대판 1986. 11. 25. 86다카1209.
844) 대판 1997. 9. 30. 97다23372.
845) 제25조 · 제913조 이하 · 제941조 이하 · 제1040조 제1항 · 제1047조 제2항 · 제1053조 제2항 · 제1101조 등.

판 례

○ 부재자 재산관리인이 권한을 초과하여 체결한 부동산 매매계약에 관하여 허가신청절차를 이행하기로 약정하고도 이를 이행하지 않는 경우, 상대방은 부재자 재산관리인을 상대로 허가신청절차의 이행을 소구할 수 있는지 여부

"법원의 선임에 의한 부재자 재산관리인이 권한을 초과하여서 체결한 부동산 매매계약에 관하여 허가신청절차를 이행할 것을 약정하는 것은 관리권한행위에 해당한다고 할 것이고, 이러한 약정을 이행하지 아니하는 경우, 매수인으로서는 재산관리인을 상대로 하여 그 이행을 소구할 수 있다.[846)]"

○ 소송행위의 추완신청이 재산관리인 대리권 범위 내인지 여부(구법관계)

"재산관리인의 부재자재산에 대한 소송상의 보존행위를 하기 위한 소송행위의 추완신청은 구민법 제103조 소정의 보존행위에 포함된다고 할 것이다.[847)]"

2. 임의대리권의 범위

●● 사례 18

피고와 B는 사실혼관계에 있는 부부로서 2006. 9. 1.경 ○○엔터테인먼트라는 상호로 공연 및 광고기획을 목적으로 하는 사업자등록을 하면서 그 사업자 명의를 피고로 하였지만 피고가 사업에 관여한 바는 없고, 위 사업체에서는 2006. 10. 14. 열리는 가수 A의 콘서트를 기획하였다. 그런데 가수 A의 콘서트를 준비하는데 필요한 자금이 부족하자, B는 2006. 9. 21.경 원고에게 1억 원을 대여하여 줄 것을 제의하였고, 이를 승낙한 원고는 B로부터 ○○엔터테인먼트의 대표자가 피고로 되어 있는 사업자등록증을 교부받은 다음 그 사업자등록증 명의자인 피고 명의로 투자계약(투자계약이지만 실질적으로 대여금계약임)을 체결한 뒤, 위 금액을 피고 명의의 통장으로 송금하였다. 그러자 B는 원고를 집으로 초대하여 음식을 대접하였고, 그 자리에서 피고는 원고에게 가수 A의 콘서트에 투자해 주어 고맙다는 인사를 하였다. 그러나 B가 원고의 위 대여금을 변제하지 아니하자, 원고는 피고에게 위 대여금의 지급을 청구하였다. 이는 인용될 수 있을 것인가?

●● 사안의 쟁점:

첫째, 사업자등록 명의와 통장을 빌려준 등의 사정을 거액의 차용행위까지 할 수 있는 포괄적인 대리권을 수여한 것으로 인정할 수 있는지 여부 둘째, 제126조 소정의 표현대리를 인정할 수 있는지 여부 셋째, 명의대여자의 책임을 인정할 수 있는지 여부 넷째, 제832조 소정의 일상가사대리에 의한 연대책임의 법리를 적용할 수 있는지 여부이다.

---

846) 대판 2002. 1. 11. 2001다41971 ; 대판 2000. 12. 26. 99다19278.
847) 대판 1960. 9. 8. 4292민상885.

(1) 수권행위에 의한 결정

임의대리권의 범위는, 법률의 규정에 의하여 정해지는 예외적인 경우 말고는,[848] 수권행위에 의하여 결정된다. 본인은 특정한 행위에 한정하여 대리권을 주거나(특정수권), 일정범위의 사항에 관하여 포괄적으로 대리권을 줄 수 있다(포괄수권). 따라서 임의대리권의 범위는, 수권행위의 해석에 의하여 밝혀진다.[849] 그런데 임의대리권의 범위가 문제되는 것은, 주로 기본대리권의 존재 여부·상대방이 대리권이 있다고 믿을만한 범위가 어디까지 미치느냐의 결정에 있다고 한다.[850][851]

(2) 민법 제118조의 보충규정

대리권의 존재가 분명하나, 수권행위의 해석을 통해서도 대리권의 범위가 분명하지 않는 경우, 대리인은 보존행위·이용행위·개량행위를 포함한 관리행위만 할 수 있고, 처분행위는 하지 못한다(제118조).[852]

---

848) 상법상의 지배인(상법 제10조 이하)·부분적 포괄대리권을 가진 사용인(상법 제15조)·물건판매점포의 사용인(상법 제16조) 등은 임의대리인이지만, 법률의 규정에 의해 대리권의 범위가 정해진다.

849) 임의대리권의 범위는, 대리행위의 상대방·일반 제3자에게 미치는 영향이 크다. 따라서 수권행위의 해석은, 주위사정·거래관행 등을 고려하여 객관적 시각에서 하여야 한다.

850) 왜냐하면, 임의대리인이 그 범위를 초과하여 대리행위를 한 경우에도, 기본대리권이 있고 상대방이 대리권 범위 내의 대리행위라고 믿을 만한 정당한 사유가 있으면 제126조의 법리를 통해 문제를 해결할 수 있기 때문이다(주해(Ⅲ), 39면).

851) 기본대리권의 존재 유무에 관한 판례 몇 가지를 본다.

첫째, 대리권의 존재를 인정한 경우

'자기명의의 영업허가를 부탁하면서 자기의 인감을 내준 경우(대판 1965. 3. 30. 65다44)·금전차용의 알선을 부탁하면서 인장을 보관시킨 경우(대판 1965. 8. 24. 65다1174)·처가 남편에게 그의 실인을 교부하여 보관시킨 경우(대판 1967. 3. 28. 64다1798)·지역사회개발관계서류에 사용하라고 하면서 인장을 임치한 경우(대판 1969. 7. 22. 69다548)·토지매매의 대리권 수여는 잔대금수령과 소유권이전등기를 할 권한이 있다고 한 경우(대판 1958. 3. 27. 4290민상840)·부동산 소유자를 대리하여 매매계약을 체결할 권한이 있다면 특별한 사정이 없는 한 그 잔대금수령권한이 있다고 한 경우(대판 1991. 1. 29. 90다9247)·통상의 임의대리권은 그 권한에 부수하여 필요한 한도 내의 의사표시수령대리권을 포함한다고 한 경우(대판 1994. 2. 8. 93다39379)·매매계약의 체결과 이행에 관하여 포괄대리권이 있는 대리인은 약정된 매매대금 지급기일을 연기할 권한이 있다고 한 경우(대판 1992. 4. 14. 91다43107)·부동산처분의 소요서류를 교부한 것은 부동산처분의 대리권을 수여한 것이라는 경우(대판 1959. 7. 2. 4291민상329)·교회의 당 회장은 그 교회가 소속된 장로회의 헌법에 따라 그 교회를 대표하여 그 소유부동산에 관한 소송수행의 권한이 있다고 한 경우(대판 1985. 11. 26. 85다카659)' 등이 있다.

둘째, 대리권의 존재를 부정한 경우

'매매계약체결의 대리권 있는 자는 매매계약 해제의 대리권은 없다고 한 경우(대판 1987. 4. 28. 85다카971)·부동산 매수권한이 있는 대리인은 부동산 처분의 대리권은 없다고 한 경우(대판 1991. 2. 12. 90다7364)·경매입찰의 대리권은 경락허가결정 후 채권자의 강제경매신청취하에 동의할 권한을 포함하지 않는다고 한 경우(대판 1983. 12. 2. 83마201)·종중의 문장이 종중재산권 처분권한을 갖지 않는다고 한 경우(대판 1978. 5. 23. 78다570)·금전소비대차 내지 그를 위한 담보권설정계약을 체결할 권한이 있는 대리인은 본래의 계약을 해제할 대리권이 없다고 한 경우(대판 1997. 9. 30. 97다23372)·예금계약체결을 위임받은 자의 대리권에 예금을 담보로 한 대출 기타 이를 처분할 수 있는 대리권이 포함되지 않는다고 한 경우(대판 2002. 6. 14. 2000다38992)·대여금의 영수권한만을 수권 받은 대리인은 대여금채무의 일부 면제의 대리권은 없다고 한 경우(대판 1981. 6. 23. 80다3221)·처가 남편의 동의 없이 보관 중인 남편의 인감도장을 이용하여 보증용 인감증명서를 발급받아 조카의 보험보증용으로 교부하였다 하더라도 특별한 사정이 없는 한 남편이 대리권을 수여한 것으로 볼 수 없다고 한 경우(대판 1992. 6. 9. 92다8835)' 등이 있다.

852) 제118조는 임의대리에만 적용되고, 법정대리에는 적용되지 않는다. 다만, 법정대리인 중에서 법원이 선

(가) 보존행위

물건이나 권리의 사용가치・교환가치의 현상을 유지함으로써 그 감소를 방지하기 위한 일체의 행위를 보존행위라고 한다.[853)]

(나) 이용행위・개량행위

물건이나 권리를 사용・수익하는 행위를 이용행위라고 한다.[854)] 물건이나 권리의 사용가치・교환가치를 증대시키는 행위를 개량행위라고 한다.[855)] 이용행위・개량행위는, 보존행위와는 달리 대리의 목적인 물건이나 권리의 성질을 변경시키지 않는 범위 내에서만 할 수 있다(제118조 제2호). 그 변경 여부는 궁극적으로 거래의 관념에 의해 결정된다.[856)]

(다) 대리권의 범위를 넘는 행위

객체의 성질을 변하게 하는 이용행위・개량행위, 처분행위 등은 대리권의 범위를 넘는 행위가 된다. 그 판단은 어떻게 하는가? 추상적으로 행위의 종류에 의하여 판단되며, 그 행위의 결과가 본인에게 이익이 되는가는 묻지 않는다.[857)][858)]

판 례

◯ 제118조의 적용범위

"민법 제118조는 대리권의 범위가 분명한 경우나 표현대리가 성립하는 경우에는 적용되지 않는다.[859)]"

◯ 임의대리권의 범위

"부재자로부터 재산처분권까지 위임받은 재산관리인은 그 재산을 처분함에 있어 법원의 허가를 받을 필요는 없다.[860)]"

◯ 수권의 범위를 넘어서 어음행위를 한 경우

"어음행위의 대리 또는 대리권한을 수여받은 자가 그 수권의 범위를 넘어 어음행위를 한 경우,

임한 부재자재산관리인의 권한(제25조)의 경우, 제118조가 적용되고, 선임부재자재산관리인의 권한에 관한 규정은 상속재산관리인에게도 준용된다(제1023조 제2항・제1047조 제2항・제1053조 제2항).

853) 목적인 건물의 수선・소멸시효의 중단・미등기부동산의 등기 등을 들 수 있다. 기한이 도래한 채무의 변제・부패하기 쉬운 물건의 처분 등 현상유지로 인정되는 처분행위도 보존행위에 포함된다(이영준, 471면; 주해(Ⅲ), 59면). 대리인은 이와 같은 보존행위를 무제한으로 할 수 있다(제118조 제1호).

854) 건물의 임대행위・금전을 이자부로 대여하는 행위를 들 수 있다.

855) 무이자소비대차를 이자부소비대차로 전환시키는 행위・소유권에 설정된 담보물권을 제거하는 행위・가옥에 부가시설을 하는 경우 등을 들 수 있다.

856) 대리의 목적인 예금을 주식으로 바꾸는 경우・은행예금을 사채로 전환하는 경우 등은 대리의 목적인 객체의 성질을 변하게 하는 것이며(곽윤직・김재형, 338면; 주해(Ⅲ), 59면), 전답을 택지로 만들거나 토지 위에 건물을 신축하는 행위도 객체의 성질을 변하게 하는 것이다(김상용, 542면).

857) 곽윤직〈전게 1998년판〉, 375면; 김상용, 542면; 김증한・김학동, 401면; 송덕수, 355면; 주해(Ⅲ), 60면.

858) 대리인의 행위가 제118조의 범위를 넘는 경우, 이는 제126조의 법리를 통해 해결할 수 있다는 점에서, 대리인의 행위가 대리권 범위 내의 행위이냐, 그 권한 밖의 행위이냐의 구별은 실익이 없다고 한다(이영준, 472면; 주해(Ⅲ), 60면). 다만, 본인이 대리인에 대하여 내부적 법률관계에 기한 의무위반을 이유로 손해배상을 청구하는 경우, 제118조는 의미가 있다(김상용, 542면).

859) 대판 1964. 12. 8. 64다968.

860) 대판 1973. 7. 24. 72다2136.

본인은 수권의 범위 내에서는 대리 또는 대행자와 함께 어음상의 채무를 부담한다.[861]"

◎ 부동산의 매수권한을 수여 받은 대리인의 경우, 그 부동산 처분의 대리권 인정 여부(소극)

"법률행위에 의해 수여된 대리권은 그 원인이 된 법률관계의 종료에 의하여 소멸하는 것이므로, 특별한 다른 사정이 없는 한, 부동산을 매수할 권한을 수여받은 대리인에게 그 부동산을 처분할 대리권까지 있다고 볼 수는 없다.[862]"

◎ 통칭 매니저의 대리권의 범위

"연주자의 연주활동의 주선이나 연주에 관하여 공연장확보·공연비용 또는 출연료결정·연주일정의 확정 등에만 미칠 뿐, 공연계약에 관하여는 대리권이 없다.[863]"

◎ 금전소비대차계약 체결의 권한을 내용으로 하는 임의대리권의 범위에 계약해제권이 포함되는지 여부

"일반적으로 법률행위에 의하여 수여된 대리권은 원인이 된 법률관계의 종료에 의하여 소멸하는 것이므로, 특별한 사정이 없는 한, 본인을 대리하여 금전소비대차 내지 그를 위한 담보권설정계약을 체결할 권한을 수여받은 대리인에게 본래의 계약관계를 해제할 대리권까지 있다고 볼 수 없다.[864]"

◎ 담보권 명의수탁자에게 피담보채권을 포기할 권리가 있는지 여부

"채권의 담보계약을 체결함에 있어서 담보권자의 이름을 제3자로 한 경우에는 그 담보권명의자는 그 피담보채권을 수령하고 그 담보권을 실행하는 등의 권한을 갖는 것이나, 특별한 수권이 없는 이상, 그 피담보채권의 포기와 같은 담보계약상의 권리가 아닌 기존의 채권을 포기할 권리는 갖지 않는 것이므로, 담보명의자의 채권포기 의사표시는 무효가 된다.[865]"

◎ 대리인이 부동산을 2중으로 매수한 경우

"대리인이 본인을 대리하여 매매계약을 체결함에 있어서 매매대상 토지에 관한 저간의 사정을 잘 알고 그 배임행위에 가담하였다면, 대리행위의 하자 유무는 대리인을 표준으로 판단하여야 하므로, 설사 본인이 미리 그러한 사정을 몰랐거나 반사회성을 야기한 것이 아니라 할지라도, 그로 인하여 매매계약이 가지는 사회질서에 반한다는 장애사유가 부정되지는 않는다.[866]"

◎ 예금계약의 체결을 위임받은 자의 대리권에 그 예금을 담보로 하여 대출을 받거나 이를 처분할 수 있는 대리권이 포함되는지 여부

"예금계약의 체결을 위임받은 자가 가지는 대리권에 당연히 그 예금을 담보로 대출을 받거나 이를 처분할 수 있는 대리권이 포함되어 있는 것은 아니다.[867]"

◎ 계약 체결에 관한 권한을 수여받은 대리인이 그 계약의 해제 등 일체의 처분권과 상대방의 의사를 수령할 권한도 가지는지 여부(소극)

"어떠한 계약의 체결에 관한 대리권을 수여받은 대리인이 수권된 법률행위를 하게 되면 그것으

---

861) 대판 2001. 2. 23. 2000다45304, 45310.
862) 대판 1991. 6. 23. 91다14987; 대판 1987. 4. 28. 85다카971; 대판 1957. 10. 21. 4290민상461, 462.
863) 대판 1993. 5. 14. 93다4628, 4625.
864) 대판 1993. 1. 15. 92다39365.
865) 대판 1983. 11. 8. 82다카1948.
866) 대판 1998. 2. 27. 97다45532; 대판 1996. 2. 13. 95다41406; 대판 1987. 7. 7. 86다카1004.
867) 대판 2002. 6. 14. 2000다38992; 대판 1995. 8. 22. 94다59042.

로 대리권의 원인된 법률관계는 원칙적으로 목적을 달성하여 종료하는 것이고, 법률행위에 의하여 수여된 대리권은 그 원인된 법률관계의 종료에 의하여 소멸하는 것이므로(민법 제128조), 그 계약을 대리하여 체결하였던 대리인이 체결된 계약의 해제 등 일체의 처분권과 상대방의 의사를 수령할 권한까지 가지고 있다고 볼 수는 없다.[868]"

○ 신탁된 아파트의 분양을 수탁자로부터 위임받은 신탁자가 대물변제를 위하여 분양계약을 체결한 경우, 대리권의 범위 내의 행위는 아니지만 권한을 넘은 표현대리의 성립을 인정한 사례

"아파트 분양형 토지신탁계약을 체결하면서 신탁자인 건설회사와 수탁자인 신탁회사가 공동사업주체로서 아파트 분양을 하기로 하고 수탁자인 신탁회사가 신탁자인 건설회사에게 아파트 분양업무를 위임하고 그 분양계약서에 공동사업주체인 신탁자인 건설회사와 수탁자인 신탁회사를 공동매도인으로 기재한 후, 수탁자인 신탁회사가 그 대표이사의 직인이 날인된 분양계약서를 일괄 교부하여 신탁자인 건설회사가 그 계약서를 이용하여 분양계약을 체결하고, 그 분양계약에 수탁자인 신탁회사는 전혀 관여하지 아니하고, 신탁자인 건설회사가 사실상 독자적으로 분양계약을 체결하고 분양대금을 직접 받아왔다면, 신탁자인 건설회사에 대한 채권자로서는 신탁자인 건설회사가 그 채권의 대물변제조로 그 아파트를 채권자에게 분양하여 줄 권한이 있다고 믿을 만한 상당한 이유가 있다고 본 사례.[869]"가 있다.

○ 경매입찰에 임하는 대리권의 범위에 경매신청취하에 동의할 권한이 포함되는지 여부(소극)

"대리권의 내용이 강제경매절차에서 본인을 대리하여 경매입찰에 임하는 행위와 그에 부수된 권한이라고 되어 있다면 그 대리권의 범위는 본인을 대리하여 경매신청을 하는 행위와 그 밖에 본인이 경매신청인의 지위에서 할 수 있는 행위에 한정되므로, 대리권의 범위가 경락허가결정이 있은 후 경락인이 된 본인을 대리하여 채권자의 강제경매신청취하에 동의할 권한에까지 미치는 것으로 볼 수는 없다.[870]"

●● 사례 18의 해결:

첫째, 임의대리권의 범위는 수권행위에 의하여 그 범위가 정하여지고, 그 범위 내인지 여부는 개별적인 수권행위의 내용이나 그 해석에 의하여 판단하여야 할 것인바, 사업자등록 명의와 통장을 빌려준 등의 사정이 있다 하여 당연히 거액의 차용행위까지 할 수 있는 포괄적인 대리권을 수여한 것으로 볼 수는 없다. 사례의 경우, 특별한 사정이 없는 한 B는 제118조 소정의 보존·이용·개량 등의 관리행위만 할 수 있는 것으로 보아야 한다.

둘째, 제126조의 표현대리를 적용하기 위해서는 기본대리권이 있어야 하는데, 피고가 이 사건 사업에 관여한 바가 없고 명의와 통장을 빌려준 행위만으로 어떠한 법률행위에 대한 대리권을 주었다고 볼 수는 없다(대판 1977. 5. 24. 76다293).

셋째, 피고가 B에게 명의를 대여해주었다 하더라도, 피고가 사업에 전혀 관여한 바 없고, 실제 거래의 내용을 보더라도 원고는 B만을 상대하여 이 사건 대여금계약을 체결한 사실을 알 수 있

868) 대판 2008. 6. 12. 2008다11276; 대판 2008. 1. 31. 2007다74713; 대판 1997. 3. 25. 96다51271.
869) 대판 2002. 3. 15. 2000다52141.
870) 대결 1983. 12. 2.자 83마201.

어, 원고가 피고를 영업주로 오인하고 거래하였다고 볼 수 없으므로 피고가 명의대여로 인한 책임을 부담한다고 할 수도 없다.

넷째, 일상가사대리에 의한 연대책임은 사실혼관계의 부부에게는 유추적용되나(대판 1980. 12. 23. 80다2077), 위 대여금계약을 일상가사(부부의 가정공동생활에서 필요로 하는 통상의 사무)에 속한다고 보기는 어렵다.

그렇다면, 원고의 청구는 인용될 수 없다.

(대판 2009. 5. 28. 2009다7779 판결의 사실관계와 판결요지 등 참조)

Ⅳ. 대리권의 남용

1. 개념과 유형

대리인이 본인을 위하여 한다는 대리의사 없이, 대리인 자신이나 제3자의 이익을 위하여 대리행위를 하는 것을 대리권의 남용이라 한다.[871] 여기에는, 대리권 있는 대리인이 자신 또는 제3자의 이익을 위하여 법률행위를 하는 경우 · 대리권 소멸 후에 이른바, 표현대리인이 자신이나 제3자의 이익을 위하여 대리행위를 하는 경우 등 두 가지 유형이 있다. 후자의 경우에는 상대방의 이익뿐만 아니라 본인의 이익보호도 중요하다.

2. 법적 처리

대리의사가 없는 대리권남용의 경우, 법적 처리를 둘러싸고 학설 · 판례가 갈린다.[872] 생각건대 상대방의 신뢰보호가 중요하다는 점에서, 비진의표시의 법리에 의해 문제를 해결하는 것이 타당하다.

표현대리인의 대리권남용의 경우, 본인의 추인이 없는 한 본인에게 그 법률효과를 귀속시킬 수는 없다. 그러므로, 상대방은 표현대리인에 대하여 그 이행책임 또는 손해배상책

871) 대리권의 남용은, 외관상으로는 정당한 법률행위로 보이지만, 내부적으로는 본인을 위하여 한다는 대리의사가 결여된 법률행위라는 점에서, 대리인 자신의 법률행위로 보아야 할 것인지? 아니면 상대방의 보호를 위하여 그 법률행위의 효과를 본인에게 귀속시켜야 할 것인지의 법적인 과제가 있다.

872) 제1설(비진의표시설)은, 대리권남용의 법률효과는 원칙적으로 본인에게 귀속하지만(본인이 상대방에 대하여 이행책임을 부담한다), 상대방이 대리권남용자의 대리행위에 대리의사가 없음을 알았거나(악의) 또는 알 수 있었을 경우(과실), 그 대리행위는 제107조 제1항 단서의 규정상 무효가 된다고 한다(곽윤직 · 김재형, 341면; 김상용, 544면). 제2설(권리남용설)은, 대리권남용의 대리행위는 원칙적으로 유효하지만, 상대방이 그 남용의 사실을 알고서 취득한 권리를 행사하는 것은, 신의칙위반 내지 권리남용으로서 허용될 수 없다고 한다(고상룡, 478면). 제3설(대리권부인설)은, 대리권남용의 대리행위는 대리권이 없는 행위로서 무권대리가 되며, 상대방이 이러한 배임적 대리행위를 대리권 있는 행위로 믿은 데 상당한 이유가 있으면 표현대리로 다루고, 그렇지 않으면 협의의 무권대리로 다루자고 한다(지원림, 297면; 이영준, 511면). 판례는, 대체로 비진의표시설을 취하고 있으나(대판 1988. 8. 9. 86다카1858; 대판 1975. 3. 25. 74다1452), 권리남용설을 취하기도 한다(대판 1987. 10. 13. 86다카1522).

임을 주장할 수 있다(제135조 제1항의 유추적용).

판 례

가. 비진의표시설을 취한 경우

- 대표이사가 개인적이익을 위하여 그 권한을 행사하고 상대방이 악의인 경우 그 행위의 회사에 대한 효력

"대표이사의 행위가 대표권한의 범위내의 행위라 하더라도 회사의 이익 때문이 아니고 자기 또는 제3자의 개인적인 이익을 도모할 목적으로 그 권한을 행사한 경우에 상대방이 대표이사의 진의를 알았거나 알 수 있었을 때에는 회사에 대하여 무효가 된다.[873)]"

- 미성년자의 법정대리인인 친권자의 대리행위가 미성년자 본인의 이익에 반하여 친권자 또는 제3자의 이익을 위한 배임적인 것임을 행위상대방이 알았거나 알 수 있었을 경우, 민법 제107조 제1항 단서의 규정을 유추적용하여 행위의 효과가 자(子)에게 미치지 않는지 여부(적극)

"진의 아닌 의사표시가 대리인에 의하여 이루어지고 대리인의 진의가 본인의 이익이나 의사에 반하여 자기 또는 제3자의 이익을 위한 배임적인 것임을 상대방이 알았거나 알 수 있었을 경우에는 민법 제107조 제1항 단서의 유추해석상 대리인의 행위에 대하여 본인은 아무런 책임을 지지 않는다고 보아야 하고, 상대방이 대리인의 표시의사가 진의 아님을 알았거나 알 수 있었는지는 표의자인 대리인과 상대방 사이에 있었던 의사표시 형성 과정과 내용 및 그로 인하여 나타나는 효과 등을 객관적인 사정에 따라 합리적으로 판단하여야 한다. 그리고 미성년자의 법정대리인인 친권자의 법률행위에서도 마찬가지라 할 것이므로, 법정대리인인 친권자의 대리행위가 객관적으로 볼 때 미성년자 본인에게는 경제적인 손실만을 초래하는 반면, 친권자나 제3자에게는 경제적인 이익을 가져오는 행위이고 그 행위의 상대방이 이러한 사실을 알았거나 알 수 있었을 때에는 민법 제107조 제1항 단서의 규정을 유추적용하여 행위의 효과가 자(子)에게는 미치지 않는다고 해석함이 타당하다.[874)]"

나. 권리남용설을 취한 경우

- 회사의 대표이사가 자기 또는 제3자의 이익을 목적으로 한 권한남용 행위의 효력

"주식회사의 대표이사가 그 대표권의 범위내에서 한 행위는 설사 대표이사가 회사의 영리목적과 관계없이 자기 또는 제3자의 이익을 도모할 목적으로 그 권한을 남용한 것이라 할지라도 일응 회사의 행위로서 유효하고 다만 그 행위의 상대방이 그와 같은 정을 알았던 경우에는 그로 인하여 취득한 권리를 회사에 대하여 주장하는 것이 신의칙에 반하므로 회사는 상대방의 악의를 증명하여 그 행위의 효과를 부인할 수 있을 뿐이다.[875)]"

---

873) 대판 1988. 8. 9. 86다카1858.
874) 대판 2011. 12. 22. 2011다64669; 대판 2001. 1. 19. 2000다20694.
875) 대판 1987. 10. 13. 86다카1522.

V. 대리권의 제한

1. 자기계약 · 쌍방대리의 금지

(1) 의 의

●● 사례 19

원고는 2011. 6. 29. 피고에게 중고차 구입자금 22,000,000원을, 이자율은 연 22.5%, 지연손해금율은 연 29%, 상환방식은 36개월간 매월 원리금 845,892원씩 분할상환하는 것으로 정하여 대출하면서, 대출 중개회사인 ㈜OO카드림를 통하여 중고차 매도 명의인의 계좌로 직접 대출금을 지급하였고, ㈜OO카드림은 고객이 작성한 신청서 등 서류를 원고에게 전달해 주는 등의 용역을 제공하고 그 대가로 수당을 지급받은 사실이 있다. 그 뒤 피고가 원고에게 위 대출금을 변제하지 못하자 원고는 피고에게 이 사건 대출금지급을 청구하는 소를 제기하였다.

(1) 피고는 ㈜OO카드림이 원고와 피고를 동시에 대리하여 이 사건 대출계약을 체결하였으므로, 이 사건 대출계약은 쌍방대리에 해당하여 무효라고 주장하고 있다. 피고의 이러한 주장은 타당한가?

(2) 설문내용과 별도로 피고가 OO아파트 등에 관한 입찰절차에서 낙찰자 A, B를 대리하여 수십 건의 부동산에 관하여 낙찰을 받았다면 그 법률효과는 어떠한가?

●● 사안의 쟁점:

피고의 행위가 민법 제124조 소정의 쌍방대리에 해당하는가 여부이다.

B의 대리인인 A가 한편으로는 B를 대리하고, 다른 한편으로는 A 자신의 자격으로 혼자서 B · A 사이의 계약(기타의 법률행위 포함)을 체결하는 것을 자기계약(자기대리)이라 한다. 그리고 Y가 한편으로는 X를 대리하고, 다른 한편으로는 Z를 대리하여 혼자서 X · Z 사이의 법률행위를 하는 것을 쌍방대리라고 한다. 자기계약과 쌍방대리를 합한 개념이 자기행위이다. 제124조는 자기행위를 원칙적으로 금지시키고 있는데, 이것은 대리권 범위의 특수한 제한이 된다.

(2) 자기행위금지의 근거(제124조의 취지)

자기계약 · 쌍방대리 금지의 근거가 무엇이냐에 대하여는, 학설상 다툼이 있다.[876] 생각

876) 제1설(본인의 이익보호설)은, 자기행위를 인정할 경우, 대리인이 자기의 이익만을 꾀하거나, 일방당사자의 이익만을 고려함으로써 본인의 이익이 침해될 수 있기 때문에 본인의 이익을 보호할 필요에서 자기계약 · 쌍방대리를 금지한 것으로 이해한다(고상룡, 548면; 곽윤직 · 김재형, 339면; 김상용, 547면; 김용한, 351면; 송덕수, 356면; 지원림, 292면). 제2설(계약불성립설)은, 계약은 2인 이상이 그의 의사결정에 의하여 하나의 법률관계를 형성하는 데 본질이 있다는 전제 아래, 자기계약 · 쌍방대리는 1인에 의한 법률관계가 형성되는 것으로서 이에 의한 계약은 계약이 아니라고 한다(이영준, 482면).

건대 대리를 통한 법률행위의 성립은, 현실적으로 3인격자가 있어야 하는 것이 아니라, 3주체가 있으면 충분하다. 다만, 자기행위의 성립을 원칙적으로 허용할 경우, 본인의 이익보다는 대리인 자신의 이익(자기계약의 경우)이, 또는 본인 중 어느 한쪽의 이익(쌍방대리의 경우)만 고려될 수 있다는 점에서, 본인의 이익을 보호하기 위한 법정책적 이유에서 원칙적으로 자기행위를 금지한 것이라고 하여야 한다.[877]

(3) 자기행위의 금지와 그 허용의 구별기준

자기행위금지의 근거는 본인의 이익보호에 있으므로, 본인의 이익을 해칠 염려가 없는 경우, 자기행위가 허용됨은 분명하다. 따라서 본인의 허락·채무의 이행인 경우에는 자기행위가 허용된다(제124조 참조). 그렇다면, 본인의 허락이 없거나 또는 채무의 이행이 아닌 계약 기타의 법률행위의 경우, 자기행위가 금지되는지 여부를 가리는 판단기준은 무엇인가? 학설은 다툼이 있다.[878] 생각건대 제124조는, 채무의 이행인 경우에는 새로운 이해관계의 교환이 없기 때문에, 자기행위를 허용한 것이라고 보아야 한다. 그렇다면, 새로운 이해관계가 발생하는가를 기준으로 자기행위의 금지 여부를 판단하여야 한다.

(4) 자기행위가 예외적으로 허용되는 경우

(가) 본인의 허락(제124조 본문 전단)

제124조는 본인의 이익보호에 그 목적이 있으므로, 본인 스스로 자기행위를 허락하였다면, 자기행위를 제한할 필요가 없다.[879]

(나) 채무의 이행(제124조 단서)

채무의 이행은 이미 확정된 법률관계를 결제하는 것일 뿐, 새로운 이해관계를 생기게 하는 것이 아니므로, 자기행위가 허용된다. 그러나 대물변제·기한 미도래의 채무의 변제·다툼 있는 채무의 변제 등 새로운 이해관계를 생기게 하는 경우에는, 자기행위가 허용되지 않는다.

(5) 금지위반의 효과

제124조에 위반한 자기행위는 무효가 아니라 무권대리행위로 되어, 본인의 사후 추인

---

877) 같은 견해 김증한·김학동, 404면.

878) 제1설은, 자기계약·쌍방대리에 의하여 새로운 이해관계가 생기는가를 기준으로 하여, 새로운 이해관계를 창출하지 아니하면 자기행위가 허용된다고 한다(곽윤직·김재형, 339면; 김증한·김학동, 405면). 제2설은, 새로운 이해관계가 생기지 않을 뿐만 아니라, 본인에게 해를 주지 않는 자기계약·쌍방대리는 허용된다고 한다(김용한, 352면; 주해(Ⅲ), 82면). 제3설은, 형식적으로 자기계약·쌍방대리에 해당한다 하더라도, 실질적으로 본인에게 이익이 되면 이를 허용하고, 형식적으로는 자기계약·쌍방대리에 해당하지 않더라도, 실질적으로 본인에게 해를 주는 경우는, 제124조의 해석으로써 이를 금지해야 한다고 주장한다(고상룡, 548면; 김상용, 547면).

879) 이 경우, 비록 자기행위로 본인이 불이익을 입더라도, 이는 스스로 감수하여야 한다. 한편 본인의 허락은 명시적·묵시적이어도 무방하다.

이 있으면 완전히 유효한 행위로 된다(제130조·제133조). 그런데 본인은 이를 추인하지 않고, 대리인에 대하여 제135조에 의한 책임을 물을 수 있는가? 학설은 다툼이 있다.[880] 생각건대 본인은 대리인과의 기초적 내부관계에 기한 의무위반의 책임을 대리인에게 물을 수 있다고 하여야 한다.

(6) 적용범위

제124조는 법정대리·임의대리에 모두 적용된다(통설).[881] 견해에 따라서는 상대방 있는 단독행위에도 적용된다고 한다.[882]

판 례

가. 자기행위에 해당하는 경우

◎ 자기계약의 경우

"법인의 대표이사가 법인을 대표하여 자신의 급료인상을 청약하고 스스로 법인에 대하여 승낙하는 의사를 표시하는 것은 자기계약이 된다.[883]"

◎ 쌍방대리의 경우

"사채알선업자는 어느 일방만의 대리인이 아니고 채권자 쪽을 대할 때는 채무자측의 대리인 역할을 하게 되는 것이고, 반대로 돌아서서 채무자 쪽을 대할 때에는 채권자측의 대리인으로서 역할을 하게 되므로, 사채업자의 그 행위는 쌍방대리가 된다.[884]"

나. 자기행위 금지 위반의 효과

1) 행위의 무효(원칙)

◎ 이사의 자기거래의 경우

"갑과 을 두 회사의 대표이사를 겸하고 있던 자에 의하여 갑 회사와 을 회사 사이에 토지 및 건물에 대한 매매계약이 체결되고 을 회사 명의로 소유권이전등기가 경료된 경우, 그 매매계약은 이른바 '이사의 자기거래'에 해당하고, 달리 특별한 사정이 없는 한 이는 갑 회사와 그 이사와의 사이에 이해충돌의 염려 내지 갑 회사에 불이익을 생기게 할 염려가 있는 거래에 해당하는데, 그 거래에 대하여 갑 회사 이사회의 승인이 없었으므로, 그 매매계약의 효력은 을 회사에 대한 관계에 있어서 무효가 된다.[885]"

---

880) 제1설은, 이론상 반드시 불가능한 것이 아니므로, 본인은 기초적 내부관계에 기하여 책임을 물을 수 있다고 한다(김상용, 549-550면). 제2설은, 자기행위의 상대방은 본인 자신이므로, 본인이 본인의 대리인에게 무권대리의 책임을 묻는 것이 되므로, 불가능하다고 한다(송덕수, 357면; 주해(Ⅲ), 86면).

881) 다만, 법정대리에 있어서 특별규정(제61조·제921조·제951조-제964조, 상법 제398조)이 있는 경우, 제124조는 적용되지 않는다.

882) 김상용, 548면; 김용한, 351면; 이영준, 485면; 주해(Ⅲ), 83면.

883) 대판 1973. 10. 31. 73다954.

884) 대판 1979. 10. 30. 79다425.

885) 대판 1996. 5. 28. 95다12101, 12118; 대판 1984. 12. 11. 84다카1591; 대판 1969. 11. 11. 69다1374.

◎ 부동산 입찰절차에서 동일한 물건에 관하여 1인이 2인 이상의 대리인이 된 경우, 그 대리인이 한 입찰행위의 효력

"민법 제124조는 '대리인은 본인의 허락이 없으면 본인을 위하여 자기와 법률행위를 하거나 동일한 법률행위에 관하여 당사자 쌍방을 대리하지 못한다.'고 규정하고 있으므로, 부동산 입찰절차에서 동일물건에 관하여 이해관계가 다른 2인 이상의 대리인이 된 경우에는 그 대리인이 한 입찰은 무효이다.[886)]"

2) 행위의 유효(예외)

◎ 본인의 승낙이 있는 경우

"특정한 법률행위에 관하여 본인의 승낙이 있으면, 당사자 쌍방을 대리할 수 있다.[887)]"

◎ 채무 이행의 경우

"사채알선업자는 채권자측에 대하여는 채무자의 대리인이 되고, 채무자측에 대하여는 채권자측의 대리인이 되는 것이므로 사채알선업자에 대한 채무의 변제는 채권자의 대리인에 대한 변제로써 유효하다.[888)]"

◎ 민법 제124조에 대한 특칙의 경우

"법정대리인인 친권자가 부동산을 매수하여 이를 그 아들에게 증여하는 행위는 미성년인 아들에게 이익만을 주는 행위이므로, 친권자와 아들 사이의 이해상반행위에 속하지 아니하고, 또 자기계약이지만 유효하다.[889)]"

◎ 원고 소송복대리인이 피고 소송복대리인으로 출석한 경우, 소송행위의 효력

"원고 소송복대리인으로서 변론기일에 출석하여 소송행위를 하였던 변호사가 피고 소송복대리인으로도 출석하여 변론한 경우라도, 당사자가 그에 대하여 아무런 이의를 제기하지 않았다면 그 소송행위는 소송법상 완전한 효력이 생긴다.[890)]"

◎ 소송행위의 경우

"원고의 소송대리인이 원고승계참가인의 소송행위를 대리하였다 하여, 쌍방대리금지의 원칙에는 저촉되지 않는다.[891)]"

다. 자기행위에 해당하지 않는 경우

◎ 권한을 넘는 법률행위를 자기의 법률행위로 한 경우, 자기계약인지 여부

"대리인이 본인으로부터 수임한 권한을 넘는 법률행위를 자기의 법률행위와 같이 하였다고 하더라도 민법 제124조 소정의 자기계약이라고 할 수 없다.[892)]"

◎ 상대방의 위임에 의한 상대방 소송대리인 선임이 쌍방대리인지 여부

"제소전화해의 신청인이 피신청인의 소송대리인을 선임한 것이 피신청인의 위임에 의하여 이루

886) 대결 2004. 2. 13.자 2003마44.
887) 대판 1969. 9. 24. 69다571.
888) 대판 1981. 2. 24. 80다1756.
889) 대판 1981. 10. 13. 81다649.
890) 대판 1995. 7. 28. 94다44903.
891) 대판 1991. 1. 29. 90다9520, 9537(반소).
892) 대판 1971. 12. 28. 71다2303.

어진 것이라면 그것은 유효한 것이고 쌍방대리의 원칙에 따라 무효한 행위였다고 할 수 없다.[893]"

라. 기타의 경우

○ 상법 제398조 전문이 이사와 회사 사이의 거래에 관하여 이사회의 승인을 얻도록 정한 취지 및 위 규정이 이사회의 사전 승인만을 규정하고 사후 승인은 배제하고 있는 것인지 여부

"상법 제398조 전문이 이사와 회사 사이의 거래에 관하여 이사회의 승인을 얻도록 규정하고 있는 취지는, 이사가 그 지위를 이용하여 회사와 거래를 함으로써 자기 또는 제3자의 이익을 도모하고 회사 나아가 주주에게 불측의 손해를 입히는 것을 방지하고자 함에 있는바, 이사회의 승인을 얻은 경우 민법 제124조의 적용을 배제하도록 규정한 상법 제398조 후문의 반대해석상 이사회의 승인을 얻지 아니하고 회사와 거래를 한 이사의 행위는 일종의 무권대리인의 행위로 볼 수 있고 무권대리인의 행위에 대하여 추인이 가능한 점에 비추어 보면, 상법 제398조 전문이 이사와 회사 사이의 이익상반거래에 대하여 이사회의 사전 승인만을 규정하고 사후 승인을 배제하고 있다고 볼 수는 없다.[894]"

○ 변호사법 제31조 제1호의 수임제한에 위반한 변호사의 소송행위의 효력과 이를 다툴 수 있는 시적 제한

"변호사법 제31조 제1호의 규정에 위반한 변호사의 소송행위에 대하여는 상대방 당사자가 법원에 대하여 이의를 제기하는 경우 그 소송행위는 무효이고 그러한 이의를 받은 법원으로서는 그러한 변호사의 소송관여를 더 이상 허용하여서는 아니 될 것이지만, 다만 상대방 당사자가 그와 같은 사실을 알았거나 알 수 있었음에도 불구하고 사실심 변론종결 시까지 아무런 이의를 제기하지 아니하였다면 그 소송행위는 소송법상 완전한 효력이 생긴다.[895]"

●● 사례 19의 해결:

첫째, ㈜OO카드림은 대출 중개업체로서 원고의 중고차 할부대출 상품에 대한 고객을 확보하여 고객이 작성한 신청서 등 서류를 원고에게 전달해주는 등의 용역을 제공하고 그 대가로 수당을 지급받았을 뿐, 원고와 피고 사이의 대출계약을 각각 대리하였다고 할 수 없으므로 쌍방대리에 해당하지 아니한다.

둘째, 민법 제124조는 '대리인은 본인의 허락이 없으면 본인을 위하여 자기와 법률행위를 하거나 동일한 법률행위에 관하여 당사자 쌍방을 대리하지 못한다.'고 규정하고 있으므로 부동산 입찰절차에서 동일물건에 관하여 이해관계가 다른 2인 이상의 대리인이 된 경우에는 그 대리인이 한 입찰은 무효라고 할 것인데, 피고가 동일 물건에 대하여 쌍방을 대리하여 입찰절차에 참여하지 아니하였다면 쌍방대리에 해당하지 아니한다. 그러나 만약 동일 물건에 대하여 쌍방을 대리하였다고 하더라도 이를 확정적 무효로 보기보다는 무권대리로 보는 것이 다수설의 입장이므로, 본인의 추인이 있다면 그 효력이 있다고 할 것이다.

(대결 2004. 2. 13.자 2003마44의 사실관계와 판결요지 등 참조)

---

893) 대판 1990. 12. 11. 90다카27853.

894) 대판 2007. 5. 10. 2005다4284.

895) 대판 2003. 5. 30. 2003다15556; 대판 1995. 7. 28. 94다44903; 대판 1964. 4. 28. 63다635.

2. 공동대리

(1) 각자대리의 원칙과 공동대리의 의의

대리인이 수인인 경우, 수권행위 또는 법률에 특별한 규정이 없는 한, 각자가 본인을 대리하는 것을 각자대리(단독대리)라고 한다(제119조).[896]

수인의 대리인이 공동으로만 대리행위를 할 수 있는 대리를 공동대리라고 한다.[897] 공동대리의 경우, 각 대리인이 대리행위를 함에 있어서 다른 대리인과의 합의를 요한다는 점에서,[898] 대리권의 제한이 된다.

(2) 공동의 의미

공동대리의 경우, 공동의 의미는 무엇을 뜻하는가? 학설은 다툼이 있다.[899] 생각건대 수인의 대리인 사이의 협의를 통한 대리행위의 적절성 확보라는 공동대리의 취지에 비춰 볼 때, 의사결정을 공동으로 하여야 한다는 의미로 이해하여야 한다. 판례의 견해도 같다. 그렇다면, 공동대리인 중 1인이라도 공동의 의사결정에 참여하지 않았다면, 적법한 공동대리행위는 아니라고 하여야 한다.[900]

판 례

○ 공동대표이사 중 1인이 다른 대표이사에게 대표권의 행사를 일반적, 포괄적으로 위임할 수 있는지 여부(소극)

"주식회사에 있어서의 공동대표제도는 대외 관계에서 수인의 대표이사가 공동으로만 대표권을 행사할 수 있게 하여 업무집행의 통일성을 확보하고, 대표권 행사의 신중을 기함과 아울러 대표이사

---

896) 법인의 이사가 수인 있는 경우, 각자 대표가 원칙이다(제59조 제1항 본문).

897) 가령 미성년의 자의 법정대리인인 친권자(부모)는 공동으로 대리행위(친권의 행사)를 하여야 한다(제909조 제2항 본문). 상법에는, 수인의 지배인 또는 수인의 대표이사로 하여금 공동으로 대리권 또는 대표권을 행사하게 할 수 있다는 규정이 있다(상법 제12조 제1항 · 제208조 제1항 · 제389조 제2항).

898) 공동대리의 취지는, 수인의 대리인들이 상호 협의 아래 신중을 기하여 의사결정을 하도록 함으로써 졸속한 의사결정이나 대리권의 남용으로부터 본인을 보호하려는 것이다. 그러나 대리행위의 능률 저하와 거래안전의 저해라는 역기능도 있다(주해(Ⅲ), 61면).

899) 제1설은, 의사결정을 공동으로 하면 충분하고, 공동대리인의 의사의 합치가 있는 한, 대리행위가 일부의 대리인만에 의한 것이어도 무방하다고 한다(고상룡, 494면; 김상용, 551면; 김용한, 350면; 김증한 · 김학동, 403면; 장경학, 547면; 주해(Ⅲ), 62면). 제2설은, 1인의 공동대리인이 공동대리인으로서 행위한다고 표시한 경우에는 다른 공동대리인의 의사표시가 있어야 대리행위가 성립하고, 단독대리인으로서 행위한다고 표시한 경우에는 본인으로부터 단독으로 대리할 수 있는 수권을 받은 때에는 유효하고 그렇지 않은 한 무권대리행위가 된다고 한다(송덕수, 359면; 이영준, 489면; 이은영, 617면).

900) 따라서 공동대리인 중 어느 1인에게 의사의 흠결이나 사기나 강박이 있으면, 그 대리행위는 무효 또는 취소할 수 있는 것으로 된다. 한편 어떠한 사정에 관한 악의 · 과실의 유무의 경우, 공동대리인 중 1인이 어느 사정을 알았거나 과실로 알지 못한 경우에는, 제116조 제2항을 유추적용하여 본인은 대리인의 부지를 주장하지 못한다는 견해가 있으나(주해(Ⅲ), 62면), 이는 대리행위의 상대방보호에 치우친 견해로서, 본인의 보호라는 공동대리의 취지에 비춰볼 때, 타당하지 않다. 공동대리인 중 어느 1인에게 의사의 흠결 등이 존재하는 경우와 동일하게 다루어야 한다고 생각한다. 같은 견해 김상용, 551면.

상호간의 견제에 의하여 대표권의 남용 내지는 오용을 방지하여 회사의 이익을 도모하려는데 그 취지가 있으므로 공동대표이사의 1인이 그 대표권의 행사를 특정사항에 관하여 개별적으로 다른 공동대표이사에게 위임함은 별론으로 하고, 일반적, 포괄적으로 위임함은 허용되지 아니한다.[901)]"

(3) 수동대리에의 적용 여부

공동대리의 경우, 상대방의 의사표시는 대리인 각자가 이를 수령할 수 있는가? 아니면, 수동대리의 경우에도 대리인이 공동으로만 할 수 있는가? 상법[902)]과는 달리 명문의 규정이 없는 민법의 경우, 통설은 각자가 할 수 있다는 견해를 취한다.[903)] 생각건대 수동대리의 경우에도 본인과 상대방의 이익과의 조화를 꾀할 수 있어야 한다는 점에서,[904)] 수동대리는 공동대리인 각자가 상대방의 의사표시를 수령할 수 있다고 해석하여야 한다.

(4) 공동대리 위반의 효과

공동대리의 제한에 위반하여, 공동대리인 중 1인이 단독으로 대리행위(능동대리)를 한 경우, 이는 제126조 소정의 권한을 넘은 표현대리가 된다(통설).

Ⅵ. 대리권의 소멸

1. 서 설

대리권의 소멸원인은 법정대리・임의대리에 공통한 것과 각자에 특유한 것이 있다. 법정대리에 특유한 소멸원인은, 각각의 법정대리의 경우에 규정하고 있다.[905)] 총칙편에는 공통의 소멸원인과 임의대리에 특유한 소멸원인을 규정하고 있다.

---

901) 대판 1989. 5. 23, 89다카3677.

902) 공동지배인・공동대표의 경우, 의사표시의 수령은 각자가 할 수 있다(상법 제12조 제1항 참조). 한편 법인의 이사회를 법정대리인으로 이해하는 독일민법의 경우, 의사표시는 이사 각자가 수령할 수 있다고 규정하고 있다(제28조).

903) 공동대리인 각자가 단독으로 상대방의 의사표시를 수령할 수 있다고 한다(고상룡, 554면; 곽윤직・김재형, 340면; 김상용, 551-552면; 김용한, 351면; 김증한・김학동, 403면; 송덕수, 358면; 이영준, 490면; 장경학, 548면; 주해(Ⅲ), 63면).

904) 공동대리의 경우, 공동대리인의 협의 아래 의사결정(능동대리)을 하도록 함으로써 본인의 보호를 꾀할 수 있다. 수동대리의 경우에 상대방의 의사표시를 공동대리인 전원이 공동으로만 수령할 수 있도록 한다면, 상대방에게 큰 불편이 될 수도 있다. 공동대리인 각자가 의사표시를 수령할 수 있도록 하는 것이 상대방의 이익보호를 도모하는 것이 된다.

905) 제22조 제2항・제23조・제909조 제4항 후문・제924조・제925조・제927조 제1항・제937조・제939조・제940조・제957조 제1항 등이 법정대리에 특유한 소멸원인이다.

2. 공통한 소멸원인

(1) 본인의 사망(제127조 제1호)

(가) 원 칙

본인이 사망하면 대리인을 둘 필요가 없는 것이고(법정대리의 경우), 본인이 사망하면 본인과 대리인 사이의 신임관계가 무너지게 되어 임의대리인을 그대로 두는 것이 적당하지 않기 때문에(임의대리의 경우), 본인의 사망을 대리권의 공통한 소멸원인으로 규정한 것이다.[906]

(나) 예 외

본인의 사망으로 대리권이 소멸한다는 원칙에는 몇 가지 예외가 있다.

첫째, 임의대리에 수반하는 기초적 내부관계가 본인의 사망에도 불구하고 존속할 경우(제691조 참조),[907] 그 범위에서 대리권은 소멸하지 않는다고 하여야 한다. 둘째, 상행위의 위임에 관한 대리권은 본인의 사망으로 소멸하지 않는다(상법 제50조).[908] 셋째, 소송대리권은 당사자의 사망으로 소멸하지 않고(민사소송법 제95조 제1호), 소송대리인이 있는 동안은 당사자가 사망하더라도, 소송절차는 중단되지 않는다(민사소송법 제238조). 넷째, 기타의 경우로서 긴급한 사정이 있는 경우에는 법정대리권도 존속한다고 하여야 한다.[909]

(2) 대리인의 사망(제127조 제2호)

대리인이 사망한 경우, 대리인의 상속인이 본인의 대리인이 될 수 없음은, 법정대리·임의대리의 경우에 명백하다.

대리인의 사망에도 불구하고 기초적 내부관계가 존속할 경우, 본인 사망의 경우와 동일하게 다뤄야 할 것인가? 학설상 다툼이 있으나,[910] 제691조를 유추적용함으로써 긴급한

---

906) 제127조 제1호의 임의법규성 여부에 대하여는 다툼이 있다. 제1설(유효설)은, 임의법규로 봐야 한다고 하면서, 본인이 사망하더라도 대리권은 소멸하지 않는다는 특약은 유효하다고 한다(주해(Ⅲ), 184면). 제2설(무효설)은, 본인이 사망한 후에도 본인의 상속인의 대리인으로 인정한다는 것은, 상속인의 사적자치에 반하기 때문에 대리권 불소멸의 특약은 허용되지 않는다고 한다(이영준, 491면). 제3설(절충설)은, 임의법규로 보아야 하므로, 원칙적으로 그 특약은 유효하지만, 이를 무제한으로 허용한다면, 상속인의 지위를 해할 염려가 있기 때문에 상속인의 합리적 의사에 반하는 대리권 불소멸의 합의는 허용되지 않는다고 한다(김주수, 305면).

생각건대 상속인의 의사에 반하는 신임관계를 강제할 수는 없다는 점에서, 제2설이 타당하다고 생각한다.

907) 위임종료의 경우, 긴급한 사정이 있는 때에는 수임인은 위임인의 상속인이나 그의 법정대리인이 위임사무를 처리할 수 있을 때까지 수임사무를 처리하여야 하고, 이 경우에는 위임계약이 존속하는 것으로 본다(제691조). 다만, 고용·도급·조합의 경우에는 위임에서와 같은 명문규정이 없으므로, 그 존속을 인정할 수 없다.

908) 상사대리권은 본인과 대리인간의 개인적 신임관계의 의미보다는, 기업중심의 신임관계로 봐야 하고, 따라서 본인의 기업을 상속하는 상속인을 위하여 대리권의 존속을 인정하는 것이 합리적이라 할 수 있기 때문이다.

909) 제919조·제959조·제1103조에 의한 제691조의 준용.

910) 제1설(긍정설)은, 본인 사망의 경우와 동일하게 취급해야 한다고 한다(고상룡, 567면; 곽윤직·김재형, 343면; 김용한, 359면; 김증한·김학동, 411면). 제2설(부정설)은, 대리인이 사망한 경우, 대리인의 상속인이 대리인으로서 행위 하여야 한다는 것은, 대리제도 및 사적자치제도의 근본이념에 반하기 때문에 제691조의 유추적용을 부정한다(김상용, 554면; 송덕수, 367면; 이영준, 493면).

사정이 있는 경우에는, 그 한도 내에서는 대리인의 사망에 의해 대리권은 소멸하지 않는다고 하여야 한다. 임의대리의 경우에 대리인이 사망한 경우에도 그의 상속인에게 대리권이 존속한다는 특약이 있는 경우, 그러한 특약의 유효성 여부에 대하여는 학설상 다툼이 있다.[911] 생각건대 상속인의 의사에 반하는 신임관계를 강제할 수 없다는 점에서, 그 특약은 효력이 없다고 하여야 한다.

(3) 대리인의 성년후견의 개시 · 파산(제127조 제2호)

피성년후견인(제117조)이나 파산자도 대리인이 될 수는 있다. 그러나 능력자 또는 파산자 아닌 자가 대리인이 된 후에 각각 성년후견이 개시되거나, 파산선고를 받은 경우, 대리권은 소멸한다.[912]

판 례

○ 부재자 사망시 법원이 선임한 부재자재산관리인의 권한 소멸 여부

"법원이 선임한 부재자의 재산관리인은 그 부재자의 사망이 확인된 후라 할지라도, 위 선임결정이 취소되지 않는 한 그 관리인으로서의 권한이 소멸되는 것은 아니다.[913]"

3. 임의대리권에 특유한 소멸원인

(1) 원인된 법률관계의 종료(제128조 제1문)

원인된 법률관계가 종료하면,[914] 임의대리권은 소멸한다. 이것은, 수권행위의 유인설에 의하면 당연한 것이다. 무인설을 취할 경우, 원인관계의 종료로 대리권이 당연히 소멸하지는 않지만, 원인관계가 소멸하면 대리권도 소멸시킨다는 것이, 대리권을 수여한 자의 통상적 의사이기 때문이라는 이론구성을 취한다.[915] 제128조는 임의법규이기 때문에 원인된 법률관계가 종료하더라도, 대리권만을 존속시키기로 하는 본인 · 대리인 사이의 특약은 유효하다.[916]

---

911) 제1설(유효설)은, 예비적 수권행위가 있는 것으로 보아 그 특약의 유효성을 인정해야 한다고 한다(김용한, 359면; 주해(Ⅲ), 187면). 제2설(무효설)은, 대리인의 의사로써 그의 상속인을 구속할 수는 없다고 한다(김상용, 554면; 송덕수, 367면).

912) 피성년후견인은 원칙적으로 단독으로 유효한 법률행위를 할 수 없다는 점에서(제10조 제1항), 파산자는 재산관리상의 신뢰를 잃게 된다는 점을 고려하여(채무자 회생 및 파산에 관한 법률 제305조), 법정대리 · 임의대리의 공통한 소멸원인으로 규정한 것으로 보인다.

913) 대판 1971. 3. 23. 71다189.

914) 무효 · 취소로 인한 실효, 계약의 해제 · 해지, 존속기간의 만료, 계약목적의 달성, 해제조건의 성취 등 그 종료의 원인은 이를 묻지 않는다.

915) 김증한 · 김학동, 412면.

916) 고상룡, 568면; 곽윤직 · 김재형, 343면; 김상용, 556면; 김용한, 361면; 김증한 · 김학동, 412면; 송덕수, 368면; 이영준, 493면; 주해(Ⅲ), 189면.

(2) 수권행위의 철회(제128조 제2문)

본인은 원인된 법률관계가 종료하지 않았다 하더라도, 수권행위를 철회함으로써 대리권을 소멸시킬 수 있다. 수권행위의 철회는 수권행위의 경우와는 달리, 본인이 대리인 또는 대리행위의 상대방에 대하여도 할 수 있다(통설).[917] 제128조는 임의법규이기 때문에 원인된 법률관계가 종료하기 전에는, 수권행위를 철회하지 않는다는 특약도 원칙적으로 유효하다(통설). 다만, 그러한 특약에 의해 본인의 이익이 부당하게 침해될 때에는, 개인의 의사결정의 자유를 억압하는 것으로서, 제103조에 의해 무효가 된다.[918]

(3) 본인의 파산이 소멸원인인지 여부

본인의 파산으로 임의대리권이 소멸하는가? 학설은 다툼이 있다.[919] 생각건대 본인이 파산하면 법정대리인의 일종인 파산관재인이 선임되므로(채무자 회생 및 파산에 관한 법률 제355조 제1항), 임의대리권은 소멸한다고 해석하여야 한다.

판 례

◎ 계약체결에 관한 권한을 수여받은 대리인이 그 계약의 해제 등 일체의 처분권과 상대방의 의사를 수령할 권한도 가지는지 여부

"어떠한 계약의 체결에 관한 대리권을 수여받은 대리인이 수권된 법률행위를 하게 되면 그것으로 대리권의 원인된 법률관계는 원칙적으로 목적을 달성하여 종료하는 것이고, 법률행위에 의하여 수여된 대리권은 그 원인된 법률관계의 종료에 의하여 소멸하는 것이므로(민법 제128조), 그 계약을 대리하여 체결하였던 대리인이 체결된 계약의 해제 등 일체의 처분권과 상대방의 의사를 수령할 권한까지 가지고 있다고 볼 수는 없다.[920]

---

917) 철회의 의사표시는 명시적·묵시적이든 가리지 않는다고 한다(김증한·김학동, 412면). 그러나 대리행위의 상대방에 대하여 하는 경우에는 문제가 되지 않지만, 대리인에 대한 철회의 의사표시는 공시방법이 없다는 점에서, 거래의 안전을 해칠 수도 있다. 이러한 점을 고려하지 않은 것은, 제128조의 입법적 불비라 할 것이다.

918) 같은 견해 김상용, 556면; 김증한·김학동, 412면.

919) 학설은 크게 긍정설(본인의 파산으로 임의대리권은 소멸한다)과 부정설(파산은 임의대리권의 소멸원인이 아니다)로 나뉜다. 긍정설은 다시 나뉜다. 제1설은, 수권행위가 위임계약과 비슷하기 때문에 파산을 위임의 종료원인으로 규정하고 있는 제690조를 수권행위에 유추적용함으로써 본인의 파산으로 임의대리권은 소멸한다고 한다(김용한, 362면; 김주수, 424면; 백태승, 482면). 제2설은, 구파산법 제56조·제38조 제6호(채무자 회생 및 파산에 관한 법률 제342조)는 본인 파산 시 당연히 대리권의 소멸을 전제로 한 것임을 그 이유로 내세운다(고상룡, 569면; 이영준, 494면). 제3설은, 본인 파산 시에 임의대리권이 소멸한 것으로 하지 않으면 파산관재인(법정대리인)과 임의대리인이 병존하는 현상이 생기기 때문에, 임의대리권은 소멸하는 것으로 이해한다(김상용, 557면). 부정설은, 특별히 본인의 파산으로 임의대리권이 소멸한다고 할 필요가 없다고 한다(곽윤직·김재형, 344면; 김증한·김학동, 412면; 송덕수, 369면; 주해(Ⅲ), 186면).

920) 대판 2008. 6. 12. 2008다11276; 대판 2008. 1. 31. 2007다74713; 대판 1997. 3. 25. 96다51271.

제3항 대리행위

I. 현명주의

1. 의의와 취지

대리인이 상대방과의 대리행위를 함에 있어서는, 자신의 행위가 '본인을 위한 것임을 표시'하여야 한다(제114조 제1항). 이처럼 대리인이 대리행위의 상대방에게 '본인을 위한 것임을 표시'하는 것을 현명이라 하고, 이러한 대리행위의 원칙을 현명주의라고 한다.[921] 이 때의 현명은, 본인의 법률행위임을 상대방에게 표시하여 행위를 하라는 의미일 뿐, '본인의 경제적 이익을 위하여' 행위하라는 의미는 아니다.[922]

현명주의의 취지는 무엇인가? 대리행위의 상대방으로 하여금 대리행위의 일방(본인)이 누구인지를 분명히 하여, 당사자(본인) 아닌 제3자로부터의 이행의 요구를 방지함으로써 상대방을 보호하려는 데 있다.

판 례

○ 표시행위에 의한 대리의사의 판단

"국고의 지출관이 원인행위 없이 국고수표를 발행한 경우, 대리의사의 유무는 전시 지출관의 표시행위에 의하여 판단할 것이며 각 표시행위가 있는 이상 설사 동인의 내심의 의사는 국고를 대리할 의사가 없었다 하더라도 대리의사가 있었다고 하지 않을 수 없다.[923]"

○ 대리주장 속에 대행이 포함되는지 여부(적극)

"갑이 을을 대리하여 토지를 매도하였다는 주장에는 갑이 을을 이른바 대행적으로 대리하여 자신의 명의로 토지를 매도하였다는 주장도 포함되어 있다.[924]"

○ 본인명의의 대리행위

"대리인은 반드시 대리인임을 표시하여 의사표시를 하여야 하는 것이 아니고 본인명의로도 할 수 있다.[925]"

---

921) 독일의 경우, 민사대리·상사대리 모든 경우에 현명주의의 원칙을 취하고 있다(독일민법 제164조, 독일상법 제51조). 영미법에서는 실질존중주의(대리인에게 대리권이 있는 이상 현명하지 않더라도, 대리행위의 효과는 본인에게 발생할 수 있다는 태도)에 입각하여, 비현명주의를 원칙으로 하고 있다(김상용, 558면). 우리법제는, 민사대리에서는 현명주의를 원칙으로 하고 있으나(제114조 제1항), 상사대리에서는 현명주의의 원칙을 취하지 않는다(상법 제48조 본문).

922) 따라서 대리인이 본인의 이름으로 상대방과 행위를 한 이상, 비록 대리인 자신의 이익을 꾀하기 위한 것일지라도, 유효한 대리행위가 된다. 다만, 일정한 경우에는 대리권의 남용으로서 그 효과가 부정될 수 있다.

923) 대판 1959. 1. 9. 4291형상514.

924) 대판 1995. 2. 28. 94다19341.

925) 대판 1963. 5. 9. 63다67.

◎ 대리관계 표시 없이 매매위임장을 제시하여 매매계약 체결한 경우, 대리행위인지 여부(소극)

"대리매매위임장을 제시하고 매매계약을 체결하는 자는 특단의 사정이 없는 한 소유자를 대리하여 매매행위를 하는 것이라고 보아야 하고 매매계약서에 대리관계의 표시 없이 그 자신의 이름을 기재하였다고 해서 그것만으로 그 자신이 매도인으로서 타인의 물건을 매매한 것이라고 볼 수 없다.[926]"

2. 현명의 본질

대리인이 상대방에게 '본인을 위한 것임을 표시'하는 현명의 본질에 관하여는 학설상 다툼이 있다.[927] 생각건대 대리인의 현명은, 대리행위에서 발생하는 법률효과의 귀속자가 본인이라는 사실을 상대방에게 알리는 것만으로 충분하다는 점에서, 그것은 의사표시가 아니라 관념의 통지라고 하여야 한다.

3. 현명의 방법

현명의 방법에는 아무런 제한이 없다(통설·판례의 태도).[928] 보통은 'A의 대리인 B'라고 표시한다. 현명은, 본인이 누구임을 밝혀야 한다는 의미이지만, 본인이 누구인지 반드시 밝혀져야 하는 것은 아니다. 주위의 제반사정에 비춰볼 때, 본인이 누구인지 알 수 있는 것으로 족하다.[929] 현명주의의 취지에 비춰볼 때, 현명의 존재 여부는 상대방의 시각에서 판단하여야 한다. 또한 현명은 의사표시는 아니지만, 그 해석에 있어서는 의사표시 해석의 일반원칙에 따른다. 한편 대리인을 표시하여 의사표시를 하여야 하는 것은 아니고, 여러 사정의 종합상 대리행위로 인정되는 한 대리의 성립을 긍정하여야 한다(판례).

---

926) 대판 1982. 2. 25. 81다1349, 81다카1209.

927) 제1설(대리의사설)은, 현명이란 대리행위의 효과를 본인에게 귀속시키려고 하는 대리의사의 표시로 이해함으로써 현명을 대리행위와 별개의 의사표시로 새긴다(곽윤직·김재형, 344면; 이은영, 582면). 제2설(의사표시 구성요소설)은, 현명은 의사표시가 아니라, 대리행위를 구성하는 요소(내용)로 이해함으로써 대리의사는 대리행위의 일부분일 뿐 독립한 의사표시는 아니라고 한다(주해(Ⅲ), 24면). 제3설(의사의 통지설)은, 현명은 대리행위와는 별개의 독립한 의사의 통지로 이해함으로써 현명은 대리의사의 표시가 아니라 의사의 통지일 뿐이라고 한다(김상용, 559-560면; 이영준, 497면). 제4설(관념의 통지설)은, 현명이란 '그 행위의 주체가 본인이라는 사실을 알리는 것'으로서, 그 본질은 관념의 통지라고 한다(김증한·김학동, 413면; 송덕수, 371면). 제5설은, 현명의 본질을 어떻게 파악하든 실제에 있어서 차이가 없다고 한다(고상룡, 571면). 판례는, 제1설을 취하고 있는 것으로 보인다. 즉, '국고의 지출관이 원인행위 없이 국고수표를 발행한 경우, 대리의사의 유무는 전시 지출관의 표시행위에 의하여 판단할 것이며, 각 표시행위가 있는 이상 설사 동인의 내심의 의사는 국고를 대리할 의사가 없었다 하더라도, 대리의사가 있었다고 하지 않을 수 없다.'고 한다.(대판 1959. 1. 9. 4291형상514)

928) '현명주의의 표시방법에는 제한이 없다.'(대판 1946. 2. 1. 4278민상205)

929) 가령 'X회사의 영업소장 Y'·'A회사의 이사 B'라는 형식으로 표기해도, 현명으로 인정된다(대판 1974. 9. 24. 74다965). 한편 본인의 특정성 여부와 관련하여, 학설은 다툼이 있다. 제1설은, 본인은 특정되거나 특정될 수 있어야 한다고 한다(이은영, 584면). 제2설은, 현명에 의하여 그 법률행위가 타인을 위한 것임이 나타나면 족하고, 반드시 본인의 이름을 밝힐 필요는 없다고 한다(김용한, 329면; 이영준, 498면; 장경학, 558면).

생각건대 상대방으로 하여금 대리행위에서 발생하는 그 효과의 귀속자가 누구인지 알 수만 있으면 충분하고, 반드시 본인이 특정되어야 하는 것은 아니라고 하여야 한다.

판 례

○ 현명의 방식

"현명주의의 표시방식에는 제한이 없다.[930]"

○ 회사의 어음행위 대리에서의 현명 방법

"상사회사의 어음행위에 있어 그 대표자 또는 대리인의 표시방법에는 특별한 규정이 없으므로 어음상 대표자 또는 대리인 자신을 위한 어음행위가 아니고 본인을 위하여 어음행위를 한다는 취지를 인식할 수 있을 정도의 표시가 있음으로 족하다.[931]"

○ 법정대리인이 유아 명의로 어음을 배서양도 받은 행위의 효력

"의사능력이 없는 미성년자는 그 법정대리인이 당연히 이를 대리하여 법률행위를 할 수 있으므로 법정대리인인 아버지가 유아를 대리하여 유아의 이름으로 어음을 배서 양도받았다 해서 유아 앞으로의 어음취득이 무효라고 할 수 없고 이 사건 어음상에 법정대리인의 표시가 없다고 하여 결론을 달리할 바 되지 못한다.[932]"

○ 타인의 사망을 보험사고로 하는 생명보험계약의 효력요건인 타인의 서면동의의 방식 및 타인으로부터 특정한 보험계약에 관하여 서면동의를 할 권한을 구체적·개별적으로 수여받은 사람이 타인을 대리 또는 대행하여 서면동의를 한 경우, 그 서면동의의 효력

"타인의 사망을 보험사고로 하는 보험계약에 있어 피보험자인 타인의 동의는 각 보험계약에 대하여 개별적으로 서면에 의하여 이루어져야 하고 포괄적인 동의 또는 묵시적이거나 추정적 동의만으로는 부족하나, 피보험자인 타인의 서면동의가 그 타인이 보험청약서에 자필 서명하는 것만을 의미하지는 않으므로 피보험자인 타인이 참석한 자리에서 보험계약을 체결하면서 보험계약자나 보험모집인이 타인에게 보험계약의 내용을 설명한 후 타인으로부터 명시적으로 권한을 수여받아 보험청약서에 타인의 서명을 대행하는 경우와 같이, 타인으로부터 특정한 보험계약에 관하여 서면동의를 할 권한을 구체적·개별적으로 수여받았음이 분명한 사람이 권한 범위 내에서 타인을 대리 또는 대행하여 서면동의를 한 경우에도 그 타인의 서면동의는 적법한 대리인에 의하여 유효하게 이루어진 것이다.[933]"

4. 수동대리에서의 현명

수동대리에서는, 상대방 측에서 본인에 대한 의사표시임을 표시하여야 한다(제114조 제2항).[934]

930) 대판 1946. 2. 1. 4278민상205.

931) 대판 1978. 12. 13. 78다1567.

932) 대판 1976. 12. 14. 76다2191.

933) 대판 2006. 12. 21. 2006다69141; 대판 2006. 9. 22. 2004다56677; 대판 2003. 7. 22. 2003다24451.

934) 수동대리의 경우, 상대방의 적극적인 의사표시를 대리인은 단순히 수령하는 지위에 놓여 있기 때문에 상대방의 현명만으로 충분하므로, 대리인이 현명하여야 할 필요는 없다.

5. 현명주의의 예외

(1) 상사대리

상법은 상거래의 비개인적 성격에 착안하여, 상사대리의 경우에, 현명주의의 원칙을 취하지 않는다(상법 제48조 본문).

(2) 민법상의 법률행위의 경우

상대방의 개성을 중요시 하지 않는 민사거래(특정의 개인을 상대로 하는 것이 아니라, 특정의 영업주를 상대로 하는 거래)의 경우, 현명주의의 예외를 인정할 수 있는지가 의문이다. 학설은 다툼이 있다.[935] 생각건대 현명주의의 예외를 인정할 것인가 여부는, 그 예외를 인정할 경우, 현명주의의 취지를 살릴 수 있는가의 관점에서 판단하여야 한다고 생각한다. 거래의 현실에서 본인(영업주)이 대리인보다 반드시 자력이 충분한 자가 아니라고 한다면, 그 예외를 허용함으로써 상대방의 보호・거래의 안전보호가 저해될 수 있다는 점에서, 예외 부정설이 타당하다고 생각한다.

6. 현명하지 않은 행위

대리인이 본인을 위한 것임을 표시하지 않고 한 의사표시는, 대리인 자신을 위하여 한 것으로 본다(제115조 본문). 그 취지는 무엇인가? 대리인의 현명이 없음으로써 상대방이 대리인(행위자)을 계약당사자로 믿어 거래를 하였기 때문에, 상대방의 신뢰이익을 보호할 필요가 있다는 데 있다.[936] 다만, 상대방이 대리인으로서 한 것임을 '알았거나 알 수 있었을 때'에는, 그 의사표시는 유효한 대리행위가 된다(제115조 단서).[937]

제115조는 수동대리에는 적용되지 않는다. 따라서 상대방이 본인에 대한 것임을 현명하지 않고, 대리인에게 표시한 경우에 그 의사표시가 본인에게 효력이 있는가 여부는 의사표시의 해석문제가 된다.

---

935) 제1설(예외 인정설)은, 영업주가 대리인보다 대체로 자력이 든든하다는 전제 아래, 예외의 인정은 거래안전을 해하지 않을 뿐 아니라 상대방・대리인・본인 모두에게 적절한 결과를 가져온다고 한다(김증한・김학동, 416면). 한편 부부의 일상가사대리의 경우, 부부가 각자의 명의로 법률행위를 하여도, 그 법률행위는 본인인 부부 각자에게 효력이 발생하는 것(제827조)과 같이, 상대방의 개성이 중시되지 않는 행위에는 제한적으로 그 예외를 인정할 필요가 있다고 한다(김상용, 563면). 제2설(예외 부정설)은, 관계인을 위한 행위에 그 예외를 인정하면 법률관계의 명료성을 해칠 우려가 있고, 간접대리의 직접대리화 현상이 인정되므로, 그 예외를 인정할 수 없다고 한다(곽윤직・김재형, 270면; 김용한, 331면; 송덕수, 373면; 이은영, 587면).

936) 따라서 대리인은 법률행위의 당사자로 의제되기 때문에 자신을 위하여 행위를 할 의사가 없었음을 이유로 착오를 주장할 수도 없고(곽윤직・김재형, 346면; 김용한, 330-331면; 김증한・김학동, 417면; 이영준, 499면), 대리인이 본인을 위한 것임을 증명하여도 제115조 본문의 적용을 배제하지 못한다.

937) 상대방의 악의・과실의 존재에 대한 증명책임은 대리인이 부담한다.

판 례

◎ 채권양도통지의 권한을 위임받은 양수인이 무현명으로 한 채권양도 통지의 효력

"채권양도통지 권한을 위임받은 양수인이 양도인을 대리하여 채권양도통지를 함에 있어서는 민법 제114조 제1항의 규정에 따라 양도인 본인과 대리인을 표시하여야 하는 것이므로, 양수인이 서면으로 채권양도통지를 함에 있어 대리관계의 현명을 하지 아니한 채 양수인 명의로 된 채권양도통지서를 채무자에게 발송하여 도달되었다 하더라도 이는 효력이 없다고 할 것이다.[938]"

◎ 신용제공을 수반한 국제거래계약에서 당사자인 자회사가 모회사의 지분 비율 및 계약 체결 승인 사실을 진술하는 조항을 둔 경우, 자회사의 의사가 모회사를 대리하여 계약을 체결하려는 것이었다고 해석할 수 있는지 여부(소극)

"신용제공을 수반한 국제거래계약에서 계약 당사자인 자회사가 신용도가 높은 모회사의 지분 비율 및 모회사의 계약 체결 승인 사실을 진술하는 조항을 두거나 그러한 내용의 확인서를 작성하여 상대방에게 교부하였더라도 그 자체만으로는 모회사에게 어떠한 의무를 발생시킨다고 볼 수 없고, 별도의 수권서류가 작성·교부되지 아니한 이상 이러한 진술 조항만으로 자회사의 의사가 모회사를 대리하여 계약을 체결하려는 것이었다고 해석할 수 없다.[939]"

◎ 타인이 본인명의로 한 행위의 효력이 본인에게 미치는 경우

"갑이 부동산을 농업협동조합중앙회에 담보로 제공함에 있어 을에게 그에 관한 대리권을 주었다면, 을이 근저당설정계약을 체결함에 있어 그 피담보채무를 동업관계의 채무로 특정하지 아니하고 또 대리관계를 표시함이 없이 마치 자신이 갑 본인인 양 행세하였다 하더라도, 위 근저당권설정계약은 대리인인 을이 그의 권한범위 안에서 한 것인 이상 그 효력은 본인인 갑에게 미친다.[940]"

◎ 타인이 본인명의로 한 행위의 효력이 본인에게 미치지 않는 경우

"갑이 을인 것 같이 행세하여 임대차계약을 체결함으로써 임대인이 갑과 을이 동일인인 것으로 알고 계약을 맺게 되었다면, 설사 갑이 을을 위하여 하는 의사로서 위 계약을 체결하였다 하더라도 위 계약의 효력은 을에게 미치지 않는다.[941]"

Ⅱ. 타인의 명의로 행한 법률행위

대리인이 대리행위를 함에 있어서 A의 대리인 B라고 표시하지 않고, A(본인)의 이름만을 표시하거나 또는 A의 인장을 찍어서 법률행위를 하는 경우, 대리행위의 성립이 인정되는가? 그리하여 그 행위의 효과는 직접 A에게 미치게 되는가? 하는 것이, 타인의 명의로 행한 법률행위에 관한 문제이다. 학설은 다툼이 있다.[942] 생각건대 타인의 명의로 행한

938) 대판 2004. 2. 13. 2003다43490.
939) 대판 2006. 8. 25. 2004다26119.
940) 대판 1987. 6. 23. 86다카1411.
941) 대판 1974. 6. 11. 74다165.
942) 제1설은, 대리인에게 대리의사의 존재가 인정되는 한, 유효한 대리행위로 이해한다(곽윤직·김재형,

법률행위의 경우, 대리행위의 성립 여부와 그에 따른 효력의 판단은, 법률행위의 해석에 기한 당사자의 확정에 의존된다고 할 것이므로, 제4설이 타당하다. 최근의 판례의 태도도 이와 같다.[943]

판 례

가. 대판 1995. 9. 29. 94다4912 이전의 판례[944]

◎ **토지분양계약상의 매수인으로부터 분양토지에 대한 소유권이전등기청구권만을 양수한 자가 매수인의 지위에 있음의 주장 가부**

"토지분양계약상의 매수인의 지위를 양수하지 않은 이상 매수인으로부터 채권으로서의 소유권이전등기청구권을 양도받은 것만으로써는 양수인이 매도인에 대하여 그 토지의 매수인임을 주장할 수 없는 것이고, 이와 같은 매수인의 지위를 양수함에 있어서는 계약의 상대방인 매도인과의 합의(승낙)가 있어야 한다.[913]"

◎ **대리주장에는 이른바 대행적 대리주장도 포함되어 있다고 볼 수 있는지 여부(적극)**

"갑이 을을 대리하여 토지를 매도하였다는 주장에는 갑이 을을 이른바 대행적으로 대리하여 자신의 명의로 토지를 매도하였다는 주장도 포함되어 있다고 본 사례.[914]"가 있다.

◎ **대리인이 본인을 사칭하고 본인을 가장하여 근저당권설정계약을 체결한 행위에 대하여 권한을 넘은 표현대리의 법리를 유추적용할 수 있는지 여부(적극)**

345면; 김용한, 329면; 이은영, 584면). 제2설은, 본인의 수권행위가 있고 그 수권행위에 기한 대리인의 법률행위가 있으면, 대리인이 본인으로 행세하였다고 하더라도, 그 법률행위의 효과는 본인에게 발생한다고 하면서, 유권대리 · 표현대리 · 무권대리로 나누어 설명한다(이영준, 508-509면). 제3설은, 대리권 있는 자의 본인명의의 법률행위는 대리의 성립을 인정하여 대리에 관한 법규가 유추적용되나, 대리권 없는 자의 행위는 대리가 아니라, 오직 행위자의 법률행위로서 그 효과는 행위자에게 귀속된다고 한다(김상용, 564면). 제4설은, 종전의 학설(대리인이 본인 자신이 하는 것과 같은 외관을 갖춰 행위를 하는 경우에 한정하여 논의함)과는 달리, 타인의 이름을 사용하여 행한 법률행위 일반에 관한 유력한 이론을 전개하고 있다. 즉, 타인명의 사용행위에 있어서 중요한 것은, 당사자의 결정에 있고, 이는 법률행위의 해석에 달려있다고 한다. 그리하여 당사자의 확정에 관한 행위자와 상대방의 의사가 일치하는 경우에는 그에 따르고(자연적 해석), 만약 일치하는 의사가 확정될 수 없을 경우에는 규범적 해석을 하여야 한다. 즉, 구체적인 경우의 제반사정 위에서 합리적인 인간으로서 상대방이 행위자의 표시를 어떻게 이해했어야 하는가에 의하여 해석한 결과, 법률행위가 행위자의 행위로 인정되는 경우에는 명의인에게 아무런 효과도 생기지 않지만, 명의인의 행위로 인정되는 경우에는 대리행위가 되어 대리에 관한 규정이 적용된다고 한다. 이러한 점은, 행위자에게 대리권이 없는 때에도 마찬가지라고 한다(송덕수, 382-383면; 김증한 · 김학동, 415면도 같은 취지이다).

943) "타인의 이름을 임의로 사용하여 계약을 체결한 경우에는 누가 그 계약의 당사자인가를 확정하여야 할 것으로서, 행위자 또는 명의자 가운데 누구를 당사자로 할 것인가에 관하여 행위자와 상대방의 의사가 일치하는 경우에는 그 일치하는 의사대로 행위자의 행위 또는 명의인의 행위로서 확정하여야 할 것이지만, 그러한 일치하는 의사를 확정할 수 없는 경우에는 계약의 성질, 내용, 목적, 체결경위 및 계약체결을 전후한 구체적인 제반사정을 토대로 상대방이 합리적인 인간이라면 행위자와 명의자 중 누구를 계약당사자로 이해할 것인가에 의하여 당사자를 결정하고, 이에 터 잡아 계약의 성립 여부와 효력을 판단함이 상당할 것이다."(대판 1995. 9. 29. 94다4912) 이 판결 이후 대법원의 판결은 일관된 태도를 견지하고 있다고 한다(송덕수, 375-376면).

944) 명의신탁의 법리를 적용한 경우(대판 1989. 11. 14. 88다카19033; 대판 1971. 9. 28. 71다1382; 대판 1971. 5. 24. 71다512), 대리법의 적용을 문제 삼은 경우(대판 1995. 2. 28. 94다19341; 대판 1988. 2. 9. 87다카273)로 나뉜다.

913) 대판 1989. 11. 14. 88다카19033.

914) 대판 1995. 2. 28. 94다19341.

"대리인이 본인임을 사칭하고 본인을 가장하여 은행과 근저당권설정계약을 체결한 행위에 대해 권한을 넘은 표현대리의 법리를 유추적용한 것이 정당하다고 한 사례.[915]"가 있다.

나. 대판 1995. 9. 29. 94다4912 이후의 판례

◎ 타인의 이름을 모용하여 법률행위를 한 경우의 계약 당사자 확정 방법

"계약의 당사자가 타인의 이름을 임의로 사용하여 법률행위를 한 경우 행위자 또는 명의인 가운데 누구를 당사자로 할 것인지에 관하여 행위자와 상대방의 의사가 일치한 경우에는 그 일치한 의사대로 행위자의 행위 또는 명의인의 행위로서 확정하여야 할 것이지만 그러한 일치하는 의사를 확정할 수 없을 경우에는 그 계약의 성질, 내용, 목적, 체결 경위 등 그 계약체결 전후의 구체적인 제반 사정을 토대로 상대방이 합리적인 사람이라면 행위자와 명의자 중 누구를 계약 당사자로 이해할 것인가에 의하여 당사자를 결정한 다음 그 당사자 사이의 계약 성립 여부와 효력을 판단하여야 한다.[916]"

◎ 행위자가 타인의 이름으로 계약을 체결한 경우, 계약당사자의 확정 방법

"계약을 체결하는 행위자가 타인의 이름으로 법률행위를 한 경우에 행위자 또는 명의인 가운데 누구를 계약의 당사자로 볼 것인가에 관하여는, 우선 행위자와 상대방의 의사가 일치한 경우에는 그 일치한 의사대로 행위자 또는 명의인을 계약의 당사자로 확정해야 하고, 행위자와 상대방의 의사가 일치하지 않는 경우에는 그 계약의 성질·내용·목적·체결 경위 등 그 계약 체결 전후의 구체적인 제반 사정을 토대로 상대방이 합리적인 사람이라면 행위자와 명의자 중 누구를 계약 당사자로 이해할 것인가에 의하여 당사자를 결정하여야 한다.[917]"

Ⅲ. 대리인의 능력

1. 대리행위를 위한 능력

대리인은 행위능력자임을 요하지 않는다(제117조).[918][919] 본래 유효한 법률행위가 되기 위해서는, 행위자에게 능력이 있어야 한다. 그러나 본인이 제한능력자에게 대리권을 수여한 것은, 제한능력자의 대리행위로 손해가 발생하더라도, 본인은 그것을 감수하겠다는 취지이다. 따라서 제한능력자의 대리행위는, 제한능력을 이유로 취소하지는 못한다고 하여야 한다.[920]

915) 대판 1988. 2. 9. 87다카273.

916) 대판 1996. 11. 26. 96다32003; 대판 1996. 7. 30. 95다1019; 대판 1995. 9. 29. 94다4912.

917) 대판 2011. 2. 10. 2010다83199, 83205; 대판 1998. 3. 13. 97다22089.

918) 다만, 의사무능력자의 법률행위는 무효가 되기 때문에 대리인에게는, 의사능력은 있어야 한다(통설). 이와 관련하여, 피성년후견인(개정 전의 금치산자)이 대리인이 될 수 있는가?에 대하여는 다툼이 있다. 제1설은, 금치산자는 대리인이 될 수 없다고 한다(김증한·김학동, 423면). 제2설은, 피성년후견인도 대리인이 될 수 있고, 다만 피성년후견인의 대리행위는 언제나 그의 후견인이 하여야 한다는 견해이다(이영준, 511면). 제3설은, 의사능력이 있는 피성년후견인은 대리인이 될 수 있고, 스스로 대리행위를 할 수 있다고 한다(김상용, 593면; 송덕수, 387면; 지원림, 304면; 이은영, 594면; 주해(Ⅲ), 57면).

919) 법인 대표의 경우, 대리에 관한 규정이 준용되므로(제59조 제2항), 법인의 이사 기타의 대표자도 행위능력자임을 요하지 않는다.

920) 제117조는 능동대리 뿐만 아니라 수동대리에도 적용된다.

제117조가 임의대리에 적용됨은 의문이 없다. 임의대리의 경우와는 달리, 법정대리의 경우에는, 본인이 선임하지 않은 대리인의 대리행위로 본인에게 불이익이 귀속되는 것을 정당화 시켜줄 근거는 없다. 제한능력자는 법정대리인이 될 수 없다는 명문의 규정[921]이 있는 경우에는 문제가 되지 않는다. 그러한 특별규정이 없는 경우, 제117조가 적용되는가에 대하여는 학설상 다툼이 있다.[922] 생각건대 민법제정자는 재산법・가족법의 전 영역에서 적극적으로 능력이 있는 자를 규정하고 있는 것이 아니라, 소극적으로 능력이 없는 자를 규정하는 태도를 취하고 있다. 그렇다면, 그러한 특별규정의 경우를 제외하고는, 의사능력이 있다면 비록 제한능력자라 하더라도 법정대리인이 될 수 있다고 해석하여야 한다.[923]

2. 제한능력자인 대리인과 본인의 관계

제117조는 대리인이 제한능력자라는 이유로, 그 대리행위를 취소하지 못한다는 의미일 뿐이다. 환언하면, 제한능력자인 대리인과 본인 사이의 기초적 내부관계나 수권행위의 효력은 행위능력에 관한 일반원칙의 적용을 받는다.[924]

기초적 내부관계가 대리인의 제한능력을 이유로 취소된 경우, 수권행위의 효력은 어떻게 되는가? 이에 대하여는 학설상 다툼이 있다.[925] 생각건대 이미 수권행위의 법적 성질에서 살핀바와 같이, 수권행위의 유인설을 취하는 이상, 수권행위는 기초적 내부관계의 실효와 법률적 운명을 같이 할 수밖에 없다. 다만, 유인설을 취함으로써 우려되는 거래안전의 저해는, 제117조의 원용에 의하여 대리권소멸의 소급효를 제한함으로써 막을 수 있다고 생각한다.

---

921) 혼인을 하지 않은 미성년자는 그의 子에 대하여 친권을 행사할 수 없고(제910조・제848조・제826조의2), 제한능력자는 후견인・후견감독인이 될 수 없으며(제910조・제937조 제1호 및 제2호, 940조의7, 제959조의5, 959조의10, 959조의16), 제한능력자는 유언집행자가 되지 못한다(제1098조) 등을 들 수 있다.

922) 제1설은, 특별규정이 없더라도 법정대리인은 완전한 능력자라야 한다는 견해이다(고상룡, 578면; 김상용, 565면; 김용한, 335면; 김주수, 311면). 제2설은, 명문규정이 없는 한 법정대리인은 제한능력자이어도 무방하다고 한다(곽윤직・김재형, 348면; 김증한・김학동, 422면; 송덕수, 387-388면; 주해(Ⅲ), 56면).

923) 만약 제1설을 취할 경우, 법원이 선임한 법정대리인이 제한능력자일 경우, 그 법정대리권의 행사를 둘러싸고 복잡한 법률문제가 발생하게 된다는 점에서도, 제2설이 타당하다고 한다(김증한・김학동, 422면; 송덕수, 387면).

924) 따라서 기초적 내부관계는 대리인의 제한능력을 이유로 당연히 취소할 수 있으나, 수권행위(단독행위설)는 대리인의 제한능력을 이유로 취소하지 못한다.

925) 제1설은, 수권행위의 무인설을 취함으로써 수권행위 자체가 취소될 수 없을 뿐 아니라, 수권행위는 기초적 내부관계의 취소에 영향을 받지 않지만, 제128조 제1문에 의하여 수권행위는 장래에 향하여 소멸하게 된다. 결국 기초적 내부관계가 취소될 때까지는 대리권은 존재하는 것이 되고, 그 취소시까지 행한 대리행위는 유권대리로서 유효하게 된다(김증한・김학동, 423면). 제2설은, 수권행위의 유인설(계약설 포함)을 취함으로써 대리인의 제한능력으로 기초적 내부관계의 취소에 의해 수권행위의 효력도 영향을 받아, 수권행위 자체가 소급적으로 효력을 잃고, 취소 시까지의 행위는 무권대리행위가 된다. 그 결과 거래의 안전을 해치기 때문에 이것을 막기 위하여, 제117조를 원용함으로써 대리권은 소급하여 소멸하지 않고, 단지 장래에 향하여 소멸할 뿐이라고 해석하게 된다(곽윤직・김재형, 349면; 김기선, 289면; 김상용, 566면; 김용한, 336면).

Ⅳ. 대리행위의 흠(하자)과 경합

1. 대리행위의 흠

(1) 원 칙

대리행위의 의사표시가 의사의 흠결(비진의표시·허위표시·착오), 사기·강박 또는 어느 사정을 알았거나 과실로 알지 못한 것으로 인하여 영향을 받은 경우에 그 사실의 유무는 대리인을 표준으로 하여 결정한다(제116조 제1항).[926] 한편 대리행위의 흠으로부터 생기는 효과(무효·취소의 주장 등)는 본인에게 귀속한다. 이 경우, 대리인이 그러한 효과의 주장을 본인을 대리하여 행사할 수 있는지 여부는, 수권행위의 해석에 따른다(통설). 대리행위의 흠결을 둘러싼 문제는 여러 가지가 있다.[927] 대리인이 상대방과의 합의 아래 하는 대리행위, 이른바 배임적 대리행위의 유효성 여부에 대하여는 학설상 다툼이 있다.[928] 생각건대 상대방이 대리인과 짜고 하는 대리행위가 제108조 제1항에 의하여 무효로 됨은 명백하다. 이

926) 대리행위의 당사자는 대리인이고, 본인은 그 효과의 귀속자에 지나지 않는다는 대리의 본질에 관한 대리인행위설(대표설)에 따른 당연한 결과이다.

927) 첫째, 비진의표시의 무효는 선의의 제3자에게 대항할 수 없으나(제107조 제2항), 대리관계에서의 본인은 제107조 제2항 소정의 제3자에 해당하지 않는다. 대리행위의 상대방이 비진의표시를 한 경우, 그 무효의 기준이 되는 악의·과실의 존재 여부는, 대리인을 표준으로 한다. 그러나 대리인이 비록 선의·무과실일지라도, 본인이 악의이면, 대리인이 선의임을 상대방에게 주장하지 못한다(제116조 제2항). 둘째, 대리인의 의사표시에 착오가 있으면, 착오의 법리에 따라 해결된다. 착오의 유무·중대한 과실의 유무는 대리인을 표준으로 하여 결정한다. 다만, 착오가 법률행위의 중요부분에 관한 것인지 여부는, 그 효과의 귀속자인 본인을 표준으로 하여야 한다는 견해가 있으나(김증한·김학동, 418면), 대리행위의 행위자인 대리인을 표준으로 하여야 함은 제116조 제1항의 규정상 명백하다. 셋째, 대리행위의 상대방이 사기·강박에 기한 의사표시를 한 경우, 사기·강박을 받았는지 유무는 대리인을 표준으로 하여 판단하고(제116조 제1항), 그것이 인정되면 제110조 제1항에 의하여 그 대리행위는 취소할 수 있다(판례의 태도도 같다. 즉, '본인이 사기·강박을 받았다 하더라도, 대리인이 사기·강박을 받지 않았다면, 본인은 대리행위를 취소하지 못한다.' 대판 1967. 4. 18. 66다661). 제3자가 대리행위의 상대방을 사기·강박한 경우, 대리인이 그러한 사기·강박을 알았거나 알 수 있었을 경우에 한하여 본인은 그 대리행위를 취소할 수 있다(제110조 제2항). 한편 본인은 제110조 제2항의 제3자가 아니므로, 대리행위의 상대방이 대리인의 사기·강박을 과실 없이 알지 못한 경우, 본인의 지·부지에 관계없이, 상대방은 그 대리행위를 취소할 수 있다(제110조 제1항). 어느 사정의 지·부지도 당연히 대리인을 표준으로 하여 판단한다. 넷째, 불공정한 법률행위의 경우, 경솔·무경험은 대리인을 표준으로 하여 판단하고, 궁박 여부는 본인을 표준으로 한다(대판 1972. 4. 25. 71다2255).

928) 대리인이 대리권 범위 내에서 본인을 위한 것임을 현명하여 상대방과 짜고 허위표시를 한 경우, 본인의 선의·악의에 관계 없이 그 대리행위는 무효로 되지만(제116조 제1항·제108조 제1항), 본인은 제108조 제2항의 제3자가 아니므로, 본인은 그 통정의 사실을 모른 경우에도 선의의 제3자로서 보호받지 못한다. 그런데 대리인과 상대방이 통정하여 본인을 속일 목적으로 허위표시를 한 경우, 본인의 보호와 관련하여 학설은 나뉜다. 제1설은, 본인과의 관계에서는 유효하다고 한다(김용한, 333면). 제2설은, 상대방이 대리인을 사자로 하여 본인에게 비진의표시를 한 것이므로, 원칙적으로 본인에게 유효하다고 한다(주해(Ⅲ), 52면). 제3설은, 허위표시로서 무효라 하더라도, 상대방은 본인에 대하여 법률행위의 무효를 주장할 수 있다고 한다(이영준, 514면). 제4설은, 이는 대리권 남용으로서 본인에 대하여는 무효이지만, 제3자에 대한 관계에서는 제108조 제2항을 유추적용해야 한다고 한다(김증한·김학동, 419면). 제5설은, 본인은 무효를 주장할 수 있으나, 상대방은 신의칙상 무효주장을 할 수 없다고 한다(고상룡, 575면; 김상용, 567면; 송덕수, 384면).

경우, 상대방은 그 대리행위가 무효라는 이유로, 본인에게 그 무효를 주장하는 것은 신의칙상 허용되지 않는다고 해석하여야 한다. 상대방의 본인에 대한 무효의 주장은, 모순행위 금지의 원칙상 허용되지 않기 때문이다.

(2) 예 외

특정한 법률행위를 위임한 경우에 대리인이 본인의 지시에 좇아 그 행위를 한 때에는 본인은 자기가 안 사정 또는 과실로 인하여 알지 못한 사정에 관하여 대리인의 부지를 주장하지 못한다(제116조 제2항).[929][930][931]

제116조 제2항이, 법정대리의 경우에도 적용되는지 여부에 대하여는 다툼이 있다.[932] 생각건대 임의대리에만 한정시켜야 할 합리적인 근거가 없다는 점에서,[933] 제116조 제2항은 법정대리의 경우에도 적용된다고 하여야 한다.

판 례

○ 대리인의 사기에 의한 의사표시의 취소(구법관계)

"민법 제110조 제1항의 대리인의 사기에 의하여 상대방이 의사표시를 하였을 경우에 상대방이 기망에 인한 의사표시를 취소할 수 있음은 재론의 여지가 없다.[934]"

○ 합명회사에서 부실등기에 대한 고의 또는 과실의 판단 객체

"합명회사에 있어서는 사실과 상위한 등기를 하였거나 이를 방치하였다는 것은 회사의 대외적 관계에 있어서의 문제이므로, 그 부실등기를 한 사실이나 그를 방치한 사실에 대한 고의 또는 과실의 유무는 어디까지나 그 회사를 대표할 수 있는 업무 집행 사원을 표준으로 하여 결정할 것이

929) 가령 A(본인)가 B(대리인)에게 C소유의 물건의 매수를 위임하였고, 이에 따라 B가 C로부터 그 물건을 매입한 경우, B가 그 물건에 흠이 있음을 몰랐다 하더라도, A가 알고 있었다면, A는 C에게 매도인의 담보책임을 묻지 못하게 된다.

930) 제116조 제1항을 관철할 경우, 악의의 본인까지 보호하는 결과가 되어 바람직하지 않기 때문에 그러한 결과의 발생을 방지하려는 데 제116조 제2항의 취지가 있다.

931) 제116조 제2항 소정의 '본인의 지시에 좇아 그 행위를 한 때'라고 함은, 그 의미를 엄격하게 제한하여 해석할 필요는 없고, 문제의 행위가 본인의 의사에 의하여 결정된 경우로 이해하여야 한다(장경학, 563면). 한편 제116조 제2항은, '어느 사정의 지·부지'만에 관한 것이므로, 의사의 흠결 또는 사기·강박의 경우에도 적용되는지 여부가 의문이다. 제1설은, 대리인이 착오나 사기를 당하여 의사표시를 한 경우, 본인이 그 사실을 알았을 뿐만 아니라, 대리인으로 하여금 착오를 하지 않도록 규정할 수 있는 입장에 있었던 때에는, 제116조 제2항을 유추적용해야 한다고 한다(김상용, 569면; 김용한, 334면). 제2설은, 그 유추적용을 부정한다(송덕수, 386면; 주해(Ⅲ), 55면).

생각건대 의사의 흠결, 사기·강박의 경우에 제한하여야 할 합리적인 근거가 없다는 점에서, 제1설이 타당하다고 생각한다.

932) 제1설은, 법정대리에도 적용된다고 한다(김상용, 570면; 김증한·김학동, 421면; 이영준, 515면; 주해(Ⅲ), 55면). 제2설은, 제한능력자인 본인의 보호를 위해서는 법정대리에는 적용되지 않는다고 한다(고상룡, 577면; 송덕수, 386면).

933) 나아가 제한능력자라 하더라도 의사능력만 있다면, 제한능력자인 본인은 법정대리인에게 어떠한 행위를 지시하는 것이 이론상 불가능한 것은 아니기 때문이다.

934) 대판 1959. 6. 18. 4291민상101.

다.[935)]"

◎ 대리인의 배임행위 가담시 본인의 선의로 인해 매매계약의 반사회성이 부정되는지 여부

"대리인이 본인을 대리하여 매매계약을 체결함에 있어서 매매대상 토지에 관한 사정을 잘 알고 그 배임행위에 가담하였다면, 대리행위의 하자 유무는 대리인을 표준으로 판단하여야 하므로, 설사 본인이 미리 그러한 사정을 몰랐거나 반사회성을 야기한 것이 아니라고 할지라도 그로 인하여 매매계약이 가지는 사회질서에 반한다는 장애사유가 부정되는 것은 아니다.[936)]"

2. 대리행위의 경합

임의대리의 경우, 본인이 대리인에게 특정의 행위에 관한 대리권을 수여하였다고 하더라도, 본인 스스로가 그 법률행위를 할 수가 있다. 이처럼 대리인과 본인이 동일한 법률행위를 하는 경우를 대리행위의 경합이라 한다.[937)][938)] 대리행위의 경합을 인정할 경우에 법률행위 상호간의 효력은, 법률행위의 유효성에 관한 일반원칙에 따른다.

제4항 대리의 효과

Ⅰ. 법률효과의 본인에게의 귀속

대리인이 대리권에 기하여 한 의사표시의 효과는 직접 본인에게 귀속한다(제114조). 간접대리와는 달리, 대리의 효과가 처음부터 당연히 본인에게 발생한다.[939)] 다만, 대리인이 행한 불법행위·사실행위의 경우, 그 법률효과는 본인에게 귀속되지 않는다.[940)] 한편 제535조 소정의 계약체결상의 과실의 경우, 본인이 책임을 져야 하는가? 제535조의 법적 성질을 어떻게 이해하느냐에 따라 이론구성이 나뉜다.[941)] 생각건대 계약체결상의 과실책임은

---

935) 대판 1971. 2. 23. 70다1361, 1362.

936) 대판 1998. 2. 27. 97다45532.

937) 이러한 현상은, 민법이 배제대리(본인이 대리인에게 특정의 행위에 관한 대리권을 수여한 경우, 본인은 그 법률행위, 즉 수권에 따른 대리행위를 할 수 있는 권능이 배제되는 것을 말한다)를 인정하지 않기 때문에 발생하게 된다.

938) 임의대리·법정대리의 경우, 대리행위의 경합을 인정하는 견해가 있는가 하면(송덕수, 386면; 이영준, 516면), 법정대리의 경우, 본인의 법률행위가 배제될 수 있다는 견해도 있다(김상용, 570면).

생각건대 법정대리라고 해서, 대리행위의 경합을 부정해야 할 근거가 없다는 점에서, 경합 긍정설이 타당하다.

939) 가령 A(본인)가 B(대리인)를 통하여 C(상대방)로부터 C 소유의 물건을 매입한 경우, A는 C에 대하여 대금지급의무를 부담하는 대신에 재산권이전청구권(제563조), 그 불이행시의 손해배상청구권(제390조), 부수적인 하자담보청구권(제580조), 약정해제권(제565조)·법정해제권(제544조-제546조), 대리행위의 흠결 등에 의한 취소권 등을 갖는다.

940) 불법행위에 대한 대리가 인정되지 않으므로, 불법행위의 효과는 대리인에게 발생한다. 다만, 본인과 대리인 사이에 사용자·피용자의 관계가 인정될 경우, 본인은 사용자책임을 지게 된다(제756조). 대리가 허용되지 않는 사실행위의 경우에도 불법행위의 효과와 같다.

941) 제1설은, 제535조 소정의 체약상의 과실책임을 계약책임(계약체결의 준비단계·성립과정에 있어서 당

일종의 채무불이행책임(계약책임)으로 이해하여야 한다. 그렇다면, 대리인의 체약상의 과실로 인한 손해배상책임은, 제114조에 의하여 대리의 효과로서 직접 본인이 부담하여야 하는 것으로 보아야 한다.[942)]

판 례

◯ 계약이 적법한 대리인에 의하여 체결되었는데 상대방 당사자가 계약상 채무불이행을 이유로 계약을 해제한 경우, 본인이 해제로 인한 원상회복의무를 부담하는지 여부(적극) 및 대리인이 수령한 계약상 급부를 현실적으로 인도받지 못하였다거나 계약상 채무불이행에 관하여 대리인에게 책임 있는 사유가 있는 경우에도 마찬가지인지 여부(원칙적 적극)

"계약이 적법한 대리인에 의하여 체결된 경우에 대리인은 다른 특별한 사정이 없는 한 본인을 위하여 계약상 급부를 변제로서 수령할 권한도 가진다. 그리고 대리인이 그 권한에 기하여 계약상 급부를 수령한 경우에, 그 법률효과는 계약 자체에서와 마찬가지로 직접 본인에게 귀속되고 대리인에게 돌아가지 아니한다. 따라서 계약상 채무의 불이행을 이유로 계약이 상대방 당사자에 의하여 유효하게 해제되었다면, 해제로 인한 원상회복의무는 대리인이 아니라 계약의 당사자인 본인이 부담한다. 이는 본인이 대리인으로부터 그 수령한 급부를 현실적으로 인도받지 못하였다거나 해제의 원인이 된 계약상 채무의 불이행에 관하여 대리인에게 책임 있는 사유가 있다고 하여도 다른 특별한 사정이 없는 한 마찬가지라고 할 것이다.[943)]"

◯ 대리인에 대한 부동산 매수인의 변제제공 및 최고의 효과 귀속

"부동산의 매수인이 본인을 대리하여 그 부동산을 매각할 권한이 있는 자에 대하여 잔대금의 변제의 제공을 하고 그 부동산의 명도 및 소유권이전등기 의무이행의 최고를 하였음은 본인에 대하여 변제의 제공을 하고 의무이행을 최고한 것과 동일한 효력이 있다.[944)]"

◯ 지입차주의 차량 수리계약의 효과 귀속

"지입차주가 차량을 수리한 경우 이는 회사를 대리한 행위라고 보아야 할 것이므로 피고회사는 그 수리비의 부담책임을 면할 수 없다.[945)]"

◯ 미성년자의 법정대리인의 행위

"미성년자의 법정대리인의 법률행위는 미성년자를 위하여 한 행위로 추정되므로 후견인의 피후견인 재산에 관한 처분행위는 피후견인인 미성년자를 대리하여 한 행위로서 미성년자에 대하여 그

사자 일방의 귀책사유로 말미암아 상대방이 손해를 입은 경우에 부담하는 손해배상책임은, 신의칙상의 부수적 의무위반에 대한 책임으로 이해하는 견해이다)으로 파악함으로써 대리인의 체약상의 과실에 따른 손해배상책임은 대리의 효과로서 본인에게 직접 귀속된다고 한다(김상용, 572면). 제2설은, 제535조의 성질을 불법행위책임(법적으로 특별한 결합관계가 없는 일반적인 법적인 타인 사이의 우연한 법적 접촉에 있어서의 침해행위에 대한 책임으로 이해하는 견해이다)으로 새김으로써 대리인의 체약상의 과실에 대하여 본인은 대리의 효과로서 책임을 지는 것이 아니라, 제391조에 기한 효과로서 손해배상책임을 부담하는 것으로 이해한다(이영준, 520면).

942) 체약상의 과실책임을 불법행위책임으로 파악하면서도, 제391조의 적용의 효과로서 본인이 책임을 부담한다는 이론구성에는 문제가 있다고 생각한다. 불법행위에 대리가 허용되지 않는 것과 마찬가지로, 대리인의 체약상의 과실이 있는 경우에도, 제756조의 사용자배상책임의 문제만 생길 뿐이다.

943) 대판 2011. 8. 18. 2011다30871; 대판 1991. 1. 29. 90다9247; 대판 1990. 5. 22. 89다카1121.

944) 대판 1958. 3. 27. 4290민상840.

945) 대판 1973. 5. 22. 72다2572.

효과가 발생한다.[946]"

Ⅱ. 본인의 능력

대리의 경우, 본인은 행위자가 아니라 그 효과의 귀속자에 지나지 않으므로, 반드시 의사능력·행위능력을 갖출 필요가 없다. 단지 권리능력이 있는 것만으로 족하다. 그러나 수권행위는 법률행위이므로, 수권행위를 함에 있어서 본인은 행위능력자이어야 한다.[947]

제5항 복 대 리

Ⅰ. 복대리 및 복대리인의 의의

대리제도의 본질에 비춰볼 때, 대리인은 스스로 대리행위를 하는 것이 바람직하다. 그러나 그 업무가 방대하거나 또는 스스로 업무수행이 곤란한 어떠한 장애가 있는 경우에는 타인으로 하여금 대리업무를 수행하게 할 필요가 있게 된다. 대리인이 일정한 책임 아래 자기의 이름으로 선임한 본인의 대리인을 복대리인이라 하고,[948] 복대리인에 의한 대리를 복대리라 한다. 한편 복대리인을 선임할 수 있는 대리인의 권한을 복임권이라 하고, 대리인의 복대리인 선임행위를 복임행위라고 한다.

복대리인은 대리인이 본인의 이름으로 선임한 자가 아니라, 대리인 자신의 이름으로 선임한 자이므로,[949] 복대리인 선임행위는 대리행위가 아니다.[950] 한편 대리인이 복대리인을 선임한 경우에도 대리인의 대리권은 소멸하지 않는다(제123조 제2항 참조).

대리인이 복대리인을 선임하는 복임행위의 법적 성질에 대하여는 학설상 다툼이 있다.[951][952] 생각건대 복임행위는 대리인이 대리권의 범위 내에서 본인을 위하여 대리행위를

946) 대판 1994. 4. 29. 94다1302.

947) 다만, 제한능력자가 단독으로 할 수 있는 법률행위의 경우(제5조·제6조·제8조·제10조 참조), 그 행위에 관한 대리권의 수여는 제한능력자가 단독으로 할 수 있다. 같은 견해 김증한·김학동, 426면.

948) 복대리인은 대리인이 자기의 이름으로 선임하지만, 대리인의 대리인이 아니고 본인의 대리인이다(제123조 제1항). 한편 대리인은 사자·기타의 보조자를 둘 수 있지만(이 경우, 제120조-제123조는 적용되지 않는다), 복대리인은 스스로 의사를 결정하여 상대방에게 표시한다는 점에서, 복대리인은 대리인의 단순한 사자·기타의 보조자가 아니다.

949) 따라서 복대리인은 대리인의 지휘·감독을 받고, 그 권한은 대리인의 대리권 범위 내로 제한되며, 대리인의 대리권이 소멸되면 당연히 복대리권도 소멸하게 된다(다만, 소송대리의 경우는 소멸하지 않는다).

950) 한편 대리인이 본인의 이름으로 선임한 자는 복대리인이 아니고, 단순한 본인의 대리인일 뿐이다.

951) 제1설은, 대리인이 복대리인을 선임한 후에도 본래의 대리권을 잃지 않는다는 점에서, 복대리인 선임행위는 대리권의 양도가 아니라고 한다(김증한·김학동, 430면). 제2설은, 대리권의 설정적 양도라고 한다(곽윤직·김재형, 351면; 장경학, 572면). 제3설은, 병존적 설정행위로 이해한다(고상룡, 585면; 김상용, 575면; 김용

할 수 있는 법적 지위를 복대리인에게 부여한 것으로 볼 수 있다는 점에서, 제3설이 타당하다.

판 례

◎ 복대리에도 표현대리가 인정되는지 여부

"민법상 표현대리에 관한 법리는 대리의 경우와 복대리의 경우 사이에 차이가 있는 것이 아니다.[953)]"

Ⅱ. 대리인의 복임권과 책임

1. 복임권의 법적 성질

대리인이 복대리인을 선임할 수 있는 복임권의 근거는 무엇인가? 이에 관한 학설은 다툼이 있다.[954)] 생각건대 대리인은 본인의 수권행위 또는 법률의 규정에 의하여 대리권을 부여받은 자이므로, 대리행위는 대리인 스스로 해야 하는 것이 원칙이다. 대리인은 본인과는 달리, 자유롭게 타인으로 하여금 대리행위를 하게 하지는 못한다. 그렇다면, 제120조·제122조의 규정에 의하여 복임행위를 할 수 있는 권능이 대리인에게 부여되었기 때문에, 대리인은 복대리인을 선임할 수 있는 것이라고 해석하여야 한다.

한편 임의대리의 복대리인은 다시 복대리인을 선임할 수 있는가? 복임권의 법적 성질에 관한 제2설을 취할 경우, 복대리인의 복임권은 당연히 인정된다. 제1설에 따르면, 민법상 명문규정이 없으므로, 이론상으로는 복임권을 인정하기가 어렵다. 그러나 사적자치의 확장·보충이라는 대리제도의 기능을 고려하여, 이를 인정하여야 할 실제적 필요가 있다 할 것이다(제120조·제122조의 유추적용).[955)] 법정대리의 복대리인은 다시 복대리인을 선임할 수 있는가? 생각건대 법정대리의 복대리인은 법률의 규정에 의하여 대리인이 된 것이 아니라, 법정대리인의 복임행위에 의하여 대리인이 된 것이므로, 제120조의 제한 아래에서만 복임권이 허용된다고 해석하여야 한다.[956)]

한, 389면; 김주수, 485면; 송덕수, 390면; 이은영, 624면; 주해(Ⅲ), 65면).

952) 수권행위의 법적 성질을 상대방 있는 단독행위로 이해하는 입장에서는, 복임행위도 상대방 있는 단독행위로 파악하게 된다. 따라서 복임행위의 독자성 인정에 따른 복임행위의 유인설, 의사의 흠결 등에 대하여는 수권행위의 경우와 동일한 이론전개가 가능하다. 나아가 복대리인을 선임한 자(본래의 대리인)가 제한능력자일 경우, 그 복임행위는 제한능력을 이유로 취소할 수 있다. 같은 견해 주해(Ⅲ), 66면.

953) 대판 1979. 11. 27. 79다1193.

954) 제1설은, 대리인의 복임권은 대리권 자체와는 별도로 일정한 경우에 법률의 규정에 의하여 대리인에게 부여된 권능이라고 한다(곽윤직·김재형, 351면; 김상용, 576면; 김증한·김학동, 427면; 송덕수, 391면; 주해(Ⅲ), 66면). 제2설은, 복임권은 대리권의 내용 자체이며, 대리권과는 별개의 권능이 아니라고 한다(이영준, 524면).

955) 같은 견해 고상룡, 591면; 곽윤직·김재형, 352면; 김용한, 392면; 김증한·김학동, 430면; 이영준, 524면; 주해(Ⅲ), 67면.

2. 임의대리인의 복임권과 책임

(1) 복임권

임의대리인은 본인의 승낙이 있거나 부득이한 사유가 있는 때에 한하여 예외적으로 복임권을 갖는다(제120조).[957] 부득이한 사유의 의미에 대하여는 학설상 다툼이 있다.[958] 생각건대 부득이한 사유의 의미를 제한적으로 해석하여야 할 근거가 없다는 점에서, 제2설이 타당하다. 본인의 승낙은 명시적·묵시적이든 제한이 없다.[959] 본인의 승낙이 있었는지 여부는 법률행위의 해석문제가 된다.

제120조의 요건을 위반한 임의대리인의 복임행위는 무효로 되고, 복대리인의 대리행위는 무권대리가 된다. 이러한 경우, 표현대리의 인정 여부에 대하여는 학설상 다툼이 있다.[960] 판례는 표현대리의 성립을 인정한다. 생각건대 복대리인에게 대리권이 존재하는 것과 같은 외관의 창출에 관한 본인의 책임을 인정할 수 없다는 점에서, 표현대리는 성립하지 않고, 오직 복대리인은 상대방에 대하여 제135조에 따른 책임만을 부담한다고 하여야 한다.

(2) 책 임[961]

첫째, 임의대리인은 복대리인의 행위에 대하여는 책임을 지지 않고, 그 선임·감독에 관한 책임만 부담한다(제121조 제1항).[962] 둘째, 임의대리인이 본인의 지명에 의하여 복대리인을 선임한 경우에는, 그 부적임 또는 불성실함을 알고 본인에 대하여 통지나 그 해임을 태만한 때에 한하여 책임을 진다(제121조 제2항).

---

956) 결국 복복대리의 경우에는 법정대리의 복대리인의 복임권과 임의대리의 복대리인의 복임권의 근거는 동일하다. 같은 견해 김상용, 576면.

957) 임의대리인은 본인의 신임을 받은 자이고, 언제든지 사임할 수 있다는 임의대리인의 법적 지위를 고려하여, 임의대리인의 복임권은 예외적인 경우에만 허용된다는 취지로 보인다.

958) 제1설은, 본인의 소재불명 등으로 본인의 승낙을 얻을 수 없거나 또는 사임할 수 없는 사정이 있는 경우를 말한다고 한다(곽윤직·김재형, 352면; 김증한·김학동, 427면; 송덕수, 391면). 제2설은, 객관적 사정에 비추어 대리인 자신에 의한 업무수행을 기대하기 어려운 한편 본인에 의한 별도의 조치를 기다릴 여유가 없는 경우에, 널리 부득이한 사유를 인정해야 한다고 한다(김상용, 577면; 주해(Ⅲ), 69면).

959) 본인은 이미 행한 승낙을 철회할 수 있는가? 수권행위의 철회가 가능한 것처럼 승낙의 철회도 가능하다. 다만, 승낙 철회의 의사표시는, 거래안전의 보호를 고려할 때, 임의대리인의 복임권행사 이전에 행해져야 한다.

960) 제1설은, 표현대리의 성립을 긍정한다(김증한·김학동, 428면; 송덕수, 391면). 제2설은, 복대리인의 대리권 자체가 존재하지 않는다는 점에서, 상대방이 선의·무과실이라 하더라도, 표현대리가 성립할 여지가 없고 복대리인은 제135조에 의한 책임을 부담한다고 한다(김상용, 577면; 주해(Ⅲ), 69면).

961) 임의대리인은 본인의 승낙을 얻거나 또는 부득이한 사유로 복대리인을 선임한 것이므로, 민법은 임의대리인에게 비교적 가벼운 책임을 지우고 있다.

962) 부적당한 자를 복대리인으로 선임하거나 또는 복대리인의 감독을 게을리한 경우에 한하여 책임을 진다.

판 례

◘ 복대리에 있어서의 표현대리의 인정 여부(적극)

"원고가 그 소유토지를 타인에게 매도한 후 그 매수인이 소외인 을과 같이 원고의 대리인 갑에게 와서 소유권이전등기를 할 수 있는 서류를 해주면 딴 데서 융통하여 잔대금을 갚겠다고 청함에 원고의 대리인 갑이 그들에게 등기권리증 원고의 인감증명, 주민등록표, 근저당권설정계약서등의 서류를 해주어 동 소외인 을이 위 토지에 대하여 피고 명의로 근저당권 설정등기를 경료한 경우 피고는 위 소외인 을을 원고의 대리인으로 믿은 데는 정당한 사유가 있다 할 것이다.[963]"

3. 법정대리인의 복임권과 책임

(1) 복임권

법정대리인은 언제나 복임권이 있다(제122조 본문).[964][965]

(2) 책 임[966]

법정대리인은 복대리인의 행위에 관하여 선임・감독에 과실이 있는지를 묻지 않고 모든 책임을 진다(제122조 본문). 다만, 부득이한 사유로 복대리인을 선임한 경우에는 그 책임이 경감되어 임의대리인과 동일한 책임을 부담한다(제122조 단서).

Ⅲ. 복대리인의 지위

1. 대리인에 대한 관계

복대리인은 본인의 대리인이지만, 대리인의 복임권에 기하여 선임된 자이므로, 복대리인은 대리인의 감독을 받는다. 복대리권의 존재와 범위는 대리인의 대리권에 의존한다.[967] 대리인의 대리권이 소멸하기 전까지는, 대리권과 복대리권이 모두 존재하는 것이므로, 대리인과 복대리인 모두가 본인을 대리하게 된다.

---

963) 대판 1979. 11. 27. 79다1193.

964) 법정대리인은 법률의 규정에 의해 대리인이 된 자이고, 그 권한이 대단히 광범위할 뿐만 아니라 그 사임도 쉽지 않음을 고려하여, 법정대리인에게 복대리인 선임에 관한 자유주의를 취한 것이라 할 수 있다.

965) 다만, 법정대리인이 복대리인을 선임함에 있어서 법원의 허가를 얻어야 하는 경우가 있다. 파산관재인이 대리인을 선임하는 경우(채무자 회생 및 파산에 관한 법률 제362조 제2항)・회생절차의 관리인이 대리인을 선임하는 경우(동법 제76조 제2항) 등을 들 수 있다.

966) 법정대리인의 복임권행사의 자유가 허용되는 반면, 그 책임은 강화된다.

967) 복대리권의 범위는 대리권보다 넓을 수 없고, 대리권이 소멸하면 복대리권도 소멸한다.

2. 상대방에 대한 관계

복대리인은 본인의 대리인이므로, 본인의 이름으로 대리행위를 할 수 있고(제114조 제1항), 제115조·제116조 등의 적용을 받는다. 복대리행위가 무권대리인 경우, 복대리인은 상대방에 대하여 제135조에 의한 책임을 부담한다. 복대리인이 대리인으로부터 복대리권을 수여받았으나, 대리인에게 대리권이 없는 경우, 대리인과 복대리인은 상대방에게 어떠한 책임을 부담하는가? 이에 관한 학설은 다툼이 있다.[968] 생각건대 대리인의 대리권 부존재에 관한 복대리인의 악의의 존재를 인정하기 어렵다는 점에서, 복대리인에게 외관책임을 지우는 것은 무리가 아닌가 생각한다. 그렇다면, 복대리인은 어떠한 책임도 지지 않고, 대리인만 제135조에 의한 책임을 상대방에게 부담하는 것으로 해석하여야 한다.[969]

3. 본인에 대한 관계

복대리인은 대리인에 의하여 선임된 자이므로, 본인과의 사이에 내부적 법률관계가 존재하는 것은 아니다. 그러나 복대리제도 운용상의 실제적 편의를 고려하여, 민법은 본인과 대리인 사이에 존재하는 내부적 법률관계가 본인·복대리인 사이에도 존재하는 것으로 의제하여, 이를 규정하고 있다(제123조 제2항).[970]

Ⅳ. 복대리권의 소멸

복대리권은 대리권 일반의 소멸원인(제127조)에 의하여 소멸한다. 그 밖에 본인과 대리인 사이의 기초적 법률관계의 종료(제123조 제2항)·대리인과 복대리인 사이의 기초적 법률관계의 종료(제128조 제1문), 또는 대리인의 복임행위의 철회(제128조 제2문)에 의하여 소멸한다. 물론 대리인의 대리권이 소멸하면, 복대리인의 복대리권도 소멸하게 된다.

---

968) 제1설은, 복대리인은 제135조에 의하여, 대리인은 제135조의 유추적용에 의하여 책임을 진다고 한다(주해(Ⅲ), 77-78면). 제2설은, 원대리인이 존재하기 때문에 복대리인은 책임을 지지 아니하고, 대리인만 책임을 진다고 한다(이영준, 527면).

969) 같은 견해 김상용, 580면.

970) 그러므로 가령 대리인이 위임계약상의 수임인인 경우, 복대리인도 본인(위임인)에 대하여 수임인으로서의 권리를 취득하고 의무를 부담하게 된다(제681조·제686조·제688조 등 참조).

제6항 무권대리

Ⅰ. 서　　설

1. 무권대리의 의의

대리인이라고 하는, 이른바 자칭 대리인이 대리권 없이 행한 대리행위를 무권대리라 한다.[971] 무권대리행위가 있는 경우, 이론상으로는 무권대리인과 상대방 사이에 불법행위의 문제만 남기게 된다.[972] 그러나 민법은 그 원칙을 관철시키지 않고, 본인의 이익과 대리제도의 사회적 신용과의 조화를 꾀하기 위하여, 두 가지 태도를 취하고 있다. 첫째, 무권대리라 하더라도, 본인과 무권대리인 사이에 특별한 사정이 있는 경우(무권대리인이 무권대리를 한 데 대하여 본인의 책임이 어느 정도 인정되는 경우), 본인에게 그 행위에 대한 책임을 지도록 함으로써 상대방을 보호하려 한다. 둘째, 무권대리행위를 당연무효로 하지 않고, 본인에게 추인할 수 있는 기회를 주고 본인의 추인이 없을 경우, 상대방이 무권대리인에게 그 책임을 물을 수 있도록 한다. 전자의 경우가 표현대리이고, 후자의 경우가 협의의 무권대리이다.

무권대리의 체계에 관하여는 학설상 다툼이 있다.[973] 생각건대 독일민법과는 달리, 수권행위를 내부적인 것과 외부적인 것으로 구별하는 것은 민법상 수긍하기 어렵다는 점에서, 제3설은 타당하지 않다. 결국 무권대리의 체계를 둘러싼 제1설과 제2설의 대립은, 제135조의 적용 여부와 관련이 있다. 그런데 제135조 제1항의 문언상 '본인의 추인을 얻지 못한 때'에 상대방이 무권대리인에게 책임을 묻도록 한 것은, 본인이 확정적으로 책임을 지게 될 때에는, 무권대리인은 제135조에 의한 책임을 지지 아니한다는 의미이다. 그렇다면, 상대방이 표현대리를 주장・증명함으로써 본인의 책임(표현대리책임)이 확정되면, 그

---

971) 무권대리행위에는, 대리권이 전혀 없는 경우와 대리권의 범위를 넘은 두 가지의 경우가 있다. 전자는 다시 처음부터 대리권이 전혀 없는 경우와 일단 존재하고 있던 대리권이 소멸해 버린 경우가 있다.

972) 대리권 없는 자의 대리행위이므로, 그 법률효과가 본인에게 귀속되지도 않고, 또한 그것은 본인을 위하여 한 것이므로, 그 효과가 자칭 대리인에게 발생하지도 않는다.

973) 제1설은, 무권대리, 이른바 광의의 무권대리에는 표현대리와 협의의 무권대리(광의의 무권대리 중에서 표현대리를 뺀 것)가 있고, 표현대리에는 협의의 무권대리의 성질도 있으므로, 무권대리의 규정(제130조 이하)이 적용되지만, 제135조 만큼은 적용되지 않는다고 한다(김상용, 587면; 김증한・김학동, 432면; 송덕수, 393면). 제2설은, 제1설에서 말하는 협의의 무권대리가 무권대리의 일반적・원칙적인 것이고, 표현대리는 무권대리의 특수한 경우라고 하면서, 표현대리에 제135조도 적용될 수 있다고 한다(고상룡, 593면; 김용한, 364면; 김주수, 316면). 제3설은, 수권행위를 내부적인 것과 외부적인 것으로 나눈 후 통상적인 유권대리는 내・외부적 수권이 모두 존재하고, 무권대리는 둘 다 존재하지 않으며, 표현대리는 무권대리의 일종이 아니고 유권대리의 아종으로서, 여기에는 제135조는 물론 제130조-제134조도 적용될 수 없다고 한다(이영준, 533-534면).

로써 상대방은 보호를 받게 되고, 따라서 제135조의 적용문제는 생기지 않는다. 이러한 견지에서, 표현대리에는 제135조가 적용되지 않는다고 해석하여야 하고, 따라서 제1설이 타당하다.

Ⅱ. 표현대리

1. 의 의

대리인에게 대리권이 없음에도 불구하고, 대리권이 존재하는 것과 같은 외관이 있고, 본인이 그러한 외관의 형성에 어느 정도의 원인을 제공하고 있는 경우, 본인으로 하여금 그 무권대리행위에 대한 책임을 지도록 함으로써 상대방과 거래의 안전을 보호하고, 나아가 대리제도의 신용을 유지하려는 것이 표현대리제도이다.[974][975] 표현대리의 법적 성질에 관하여는 학설상 다툼이 있다.[976] 생각건대 표현대리는 무권대리의 일종이지만, 본인의 책임 있는 사정으로 대리권이 존재하는 것과 같은 외관이 형성된 경우, 민법이 거래의 안전보호를 위하여 본인에게 그 책임을 부담시키는 일종의 외관책임 내지 법정책임이라고 하여야 한다.

판 례

○ 표현대리의 제도적 취지

"표현대리제도는 대리인에게 대리권이 없음에도 불구하고, 마치 대리권이 있는 것과 같은 외관이 있고 그러한 외관의 발생에 관하여 본인이 어느 정도의 원인을 주고 있는 경우, 무권대리행위에 대하여 본인이 책임을 지게 함으로써 그러한 외관을 믿은 선의·무과실의 제3자를 보호하고 거래의 안전을 보장하며, 나아가서 대리제도의 신용을 유지하려는데 그 목적이 있다.[977]"

---

974) 표현대리는 선의의 제3자(상대방)의 보호 등 동적 안전의 보호에 그 취지가 있다. 하지만, 사회본위라는 현대법사상의 흐름에 비춰볼 때, 본인의 이익과 상대방의 이익과의 조화를 꾀할 수 있는 범위 내에서 이를 인정하는 것이 바람직하다고 생각한다. 같은 견해 김상용, 588면.

975) 표현대리는 대리권의 외관이 존재하는 경우의 문제로서, 그 외관은 대리권의 성립(제125조의 경우, 대리권이 수여되지 않았으나, 대리권이 수여된 것과 같은 외관)·범위(제126조는 대리권의 범위를 넘었지만, 대리권 범위 내인 것과 같은 외관)·존속(제129조는 대리권이 소멸하였으나, 여전히 존속하는 것과 같은 외관)에 관하여 존재하는 것이라고 한다. 그리하여 모든 표현대리제도에 있어서, 고려되어야 할 것 중의 하나는, 정당한 신뢰의 보호라고 한다. 즉, 상대방이 대리권의 존재를 믿었다고 하더라도, 그 신뢰가 정당한 것이어야 한다. '상대방의 선의·무과실'(제125조·제129조) 또는 '정당한 이유'(제126조)를 요구하는 이유가 여기에 있으므로, 상대방의 신뢰의 정당성을 판단하는 기준은 외관의 가치신뢰(외관이 일반인으로 하여금 어느 정도 대리권의 존재를 믿게 만드는가)라고 한다(김증한·김학동, 434-435면).

976) 제1설은, 외관책임설(무권대리설)을 취한다(곽윤직·김재형, 355면; 김상용, 592면; 김주수, 327면; 김증한·김학동, 436면; 송덕수, 395면; 주해(Ⅲ), 89면; 지원림, 311면). 제2설은, 유권대리의 아종이라고 한다(이영준, 534면). 제3설은, 외관책임설의 입장을 취하면서도 표현대리를 유권대리와 무권대리의 중간에 존재하는 독자적인 대리유형으로 이해하려 한다(이은영, 631면). 판례는, 외관책임설을 취한다.

977) 대판 1981. 12. 22. 80다1475.

◎ 유권대리에 관한 주장 가운데 표현대리의 주장이 포함되는지 여부(소극)

"유권대리에 있어서는 본인이 대리인에게 수여한 대리권의 효력에 의하여 법률효과가 발생하는 반면 표현대리에 있어서는 대리권이 없음에도 불구하고 법률이 특히 거래상대방 보호와 거래안전 유지를 위하여 본래 무효인 무권대리행위의 효과를 본인에게 미치게 한 것으로서 표현대리가 성립된다고 하여 무권대리의 성질이 유권대리로 전환되는 것은 아니므로, 양자의 구성요건 해당사실 즉 주요사실은 다르다고 볼 수밖에 없으니 유권대리에 관한 주장 속에 무권대리에 속하는 표현대리의 주장이 포함되어 있다고 볼 수 없다.[978]"

2. 표현대리의 효과

(1) 효과 일반

표현대리는 상대방의 주장에 의하여 인정되며, 그 주장 여부는 상대방의 자유이다. 상대방의 의사에 반하여 본인이 표현대리의 주장을 할 수는 없고, 비록 본인이 표현대리의 추인을 거절하여도 상대방의 표현대리 주장을 저지하지는 못한다.[979] 제126조 소정의 표현대리가 성립하는 경우, 과실상계의 법리를 적용하지 못한다(판례).

판 례

◎ 표현대리가 성립하는 경우, 과실상계의 법리의 유추적용 여부

"표현대리가 성립하는 경우에 그 본인은 표현대리행위에 의하여 전적인 책임을 져야 하고, 상대방에게 과실이 있다고 하더라도 과실상계의 법리를 유추적용하여 본인의 책임을 경감할 수 없다.[980]"

(2) 본인과 상대방과의 관계

상대방이 표현대리의 존재를 주장·증명하면, 그 표현대리의 효과는 직접 본인에게 귀속한다.

(3) 표현대리인과 상대방의 관계

표현대리에는 제135조가 적용되지 않는다는 견해에 따르면, 표현대리인과 상대방 사이에는 아무런 법률문제가 생기지 않는다. 적용 긍정설을 취하면, 상대방의 선택에 따라 본인에게 그 책임을 묻지 않고, 표현대리인에게 그 표현대리행위의 이행 또는 손해배상책임을 물을 수 있다.

(4) 본인과 표현대리인의 관계

표현대리인의 표현대리행위로 인하여 본인이 손해를 입은 경우, 협의의 무권대리의 경

978) 대판 1983. 12. 13. 전원합의체. 83다카1489.
979) 고상룡, 629면; 김용한, 384면; 김상용, 589-590면.
980) 대판 1996. 7. 12. 95다49554; 대판 1996. 5. 10. 96다8468; 대판 1994. 12. 22. 94다24985.

우와 마찬가지로, 본인은 표현대리인에게 불법행위·부당이득·사무관리에 기한 책임을 물을 수 있다.

3. 대리권 수여의 표시에 의한 표현대리(제125조)

●● 사례 20

원고는 2006. 4. 6. 피고의 대리인이라 자칭하는 A와 사이에 피고 명의로 소유권이전등기가 마쳐져 있던 이 사건 공장 부지를 271,000,000원에 매수하되, 계약금 40,000,000원은 계약 당일, 중도금 90,000,000원은 2006. 5. 3.까지, 잔금 141,000,000원은 2006. 7. 5.까지 각 지급하기로 약정하였다(이 사건 매매계약 당시 A는 피고의 이 사건 공장부지에 관한 2002. 4. 15.자 부동산처분위임장 및 2002년 초에 발급된 피고의 인감증명서를 소지하였고, 위 부동산처분위임장에는 대리인으로 A뿐만 아니라 B도 기재되어 있었고, 처분을 위임한 부동산은 이 사건 부동산뿐만 아니라 이 사건 외의 토지도 그 대상이었다). 한편 원고와 A는, 위 계약에서 정한 특약사항으로, 계약의 효력은 매수인이 매도인의 은행계좌로 계약금을 입금함과 동시에 발생하고, 공장신설에 대한 명의변경승인이 나지 않을 경우 계약을 무효로 하고 계약금을 반환하기로 하는 등을 정하였다. 이에 원고는, A의 예금통장으로 계약 당일 계약금 40,000,000원을, 중도금으로 2006. 6. 1. 50,000,000원 및 2006. 7. 7. 15,000,000원 등을 각 입금하였는데, A는 2006. 9. 6. 원고에게 위 매매대금 271,000,000원 중 계약금 및 중도금으로 지급된 위 금원 합계액인 141,662,550원을 수령하였다는 내용의 영수증을 작성하여 교부하였다(피고는 2002. 4. 15. 피고 소송대리인 B와 A에게 이 사건 공장부지의 처분에 관한 매매대금의 수령과 매매계약 및 소유권이전행위 등 기타 일체의 행위를 위임하는 내용의 부동산처분위임장을, 자신이 직접 발급 받은 인감증명서를 첨부하여, 교부한 사실이 있으나, 피고 및 B와 A의 다툼으로 2002. 12. 초순경 A에게 부동산처분위임장, 인감증명서 등 서류의 반환을 요구한 사실, 나아가 B는 A가 원고에게 이 사건 공장부지를 매도하였다는 사실을 알고, 2006. 9. 14. A에게 내용증명우편으로 부동산처분위임장 등 관련 서류를 2006. 9. 30.까지 반환할 것을 재차 촉구한 사실이 있다). 원고는 이 사건 청구원인으로, 자신은 피고의 대리인인 A로부터 이 사건 부동산을 매수하였다고 주장하며, 피고에 대하여 이 사건 부동산에 관하여 2006. 4. 6. 매매를 원인으로 한 소유권이전등기절차의 이행을 구하였다. 피고는 이 사건 매매계약은 무권대리에 의한 것임을 항변하고 있는데 이에 대하여 원고가 주장할 수 있는 재항변사유는 무엇인가? 최종적으로 원고의 청구는 인용될 수 있는가?

●● 사안의 쟁점:

첫째, 무권대리에 관한 재항변사유로써 민법 제125조의 표현대리의 주장 가능 여부 둘째, 민법 제125조의 표현대리에 해당하기 위하여 상대방은 선의, 무과실이어야 하는지 여부 셋째, 부동산 매매계약을 체결하면서 대리권의 존부를 확인하여야 하는 점 등에 과실이 있었는지 여부 등이다.

(1) 의 의

본인이 대리인에게 사실상 대리권을 수여하지 않았지만, 대리권을 수여하였다고 제3자에게 대리권 수여의 표시를 한 경우, 그 대리인과 상대방 사이에 행하여진 대리행위를 대리권 수여의 표시에 의한 표현대리라고 한다(제125조).[981][982]

(2) 요 건

(가) 대리권 수여의 표시

본인이 제3자(상대방)에 대하여 어떤 자에게 대리권을 수여하였음을 표시(통지)하여야 한다.

① **표시의 방법** 대리권 수여의 표시방법에는 아무런 제한이 없다.[983] 대리인을 백지로 한 백지위임장을 교부하는 것이, 제125조 소정의 '표시'에 해당하는가에 대하여는 학설상 다툼이 있다.[984] 생각건대 백지위임장의 교부는 보통의 경우, 대리권 수여행위로 보아 정상적인 유권대리라고 하여야 한다. 다만, 그 교부에도 불구하고 사실상 대리권의 수여가 없었음이 확정된 경우에는, 제125조의 표현대리에 해당하는 것으로 해석하여야 한다.[985] 대리권 수여의 표시는 명시적·묵시적이든 가리지 않는다. 제반사정에 비춰볼 때, 대리권 수여의 표시가 있었던 것으로 인정할 수 있는 것만으로 충분하다(통설·판례). 한편 대리권을 갖고 있는 것으로 제3자가 믿을만한 직명을 사용자가 그의 피용자로 하여금 대외적으로 사용하게 하는 경우·피용자가 그와 같이 지칭하고 있음을 알면서 이를 묵인한 경우·타인에 대하여 자기 명의의 사용을 허락하거나 묵인하는 경우, 제125조 소정의 '표시'에 해당하는가에 대하여는 학설상 다툼이 있다.[986] 생각건대 백지위임장의 경우와 마

---

981) 가령 A가 C로부터 집을 매입함에 있어서 B를 대리인으로 내세우겠다고 C에게 말했으나, 나중에 B의 신용상태가 불량함을 알아 B에게 대리권을 주지 않았는데, B가 C와 C 소유의 그 매매계약을 체결한 경우· B에게 실제로 대리권을 수여하였고 그러한 사실을 C에게 통지한 후에 착오 등을 이유로 그 수권행위를 취소하였음에도, B가 C와 C 소유의 그 매매계약을 체결한 경우 등을 들 수 있다.

982) 제125조의 표현대리와 상법 제24조 소정의 명의대여자의 책임(타인에게 자기의 성명·상호 등을 사용하여 영업할 것을 허락한 자는, 자기를 영업자로 오인하여 거래한 제3자에 대하여, 그 타인과 연대하여 배상할 책임이 있다)과의 관계를 간단히 살펴본다. 명의대여의 경우, 기업(영업)의 주체는 명의차용자이므로, 명의차용자의 행위에 대하여는, 명의차용자 자신이 책임을 지는 것이 원칙이지만, 외관을 신뢰한 제3자의 보호를 위하여 명의대여자에게도 일정한 책임(명의차용자가 상대방과의 거래에서 발생한 채무에 대한 책임만 진다)을 부과한다. 따라서 명의대여의 경우, 상법 제24조가 적용되는 경우에는 민법 제125조가 적용되지 않고, 다만 상법 제24조가 적용되지 않는 영역에 대하여만 민법 제125조가 적용된다.

983) 구두·서면 어느 것이든 상관없으며, 제3자인 상대방이 특정인·불특정다수이든 가리지 않는다. 직접 상대방이 될 자에게 표시하든, 대리인이 될 자를 통하여 통지하든 문제가 되지 않는다.

984) 제1설(다수설)은, 대리권을 수여한 뜻을 표시한 것이라고 한다(곽윤직·김재형, 356면; 김용한, 374면; 김증한·김학동, 438면; 주해(Ⅲ), 125면). 제2설(소수설)은, 수권행위로 이해한다(김상용, 593면; 이영준, 536면).

985) 같은 견해 송덕수, 397면.

986) 제1설은, 제125조 소정의 대리권 수여의 표시에 해당된다고 한다(곽윤직·김재형, 356면; 김용한, 374면). 제2설은, 수권행위라고 한다(김상용, 593면; 송덕수, 397면; 이영준, 536면; 이은영, 634면). 판례는 제1설을 따른다(대판 1998. 6. 12. 97다53762).

찬가지로 원칙적으로 대리권 수여행위로 이해하여야 한다.

대리권 수여의 표시도 표현대리인이 표현대리행위를 하기 전에는 철회가 가능하다. 다만, 그 철회는 표시와 같은 방법으로 상대방에게 알려야 철회의 효력이 생긴다.

② 표시의 법적 성질 본인의 상대방에 대한 대리권 수여표시의 성질은 무엇인가? 학설은 다툼이 있다.[987] 생각건대 제125조의 '수여함의 표시'는 수권행위가 아니므로, 의사표시로 이해하는 제3설은 옳지 않다. 또한 장래에 대리권을 수여할 것이라는 표시이므로, 의사의 통지로 파악하는 제2설도 타당하지 않다. 제125조의 '수여함의 표시'는 문언상 이미 대리권을 수여하였다는 객관적 사실을 알리는 것을 의미한다 할 것이므로, 관념의 통지로 해석하여야 한다.[988]

(나) 표현대리인에게 대리권이 없을 것[989]

표현대리인에게 대리권이 있다면, 그것은 유권대리이거나 또는 제126조의 표현대리의 문제만 생긴다.

(다) 표시된 대리권 범위 내의 행위일 것

표현대리인이 표시된 대리권의 범위 내에서 대리행위를 하였어야 한다.[990] 만약, 표현대리인이 그 범위를 넘은 대리행위를 하였다면, 제126조의 표현대리가 된다.

(라) 상대방의 선의 · 무과실

상대방은 선의 · 무과실이어야 한다(제125조 단서).[991] 상대방의 악의 · 과실의 존재에 대한 증명책임은, 제125조의 책임을 부정하려는 본인에게 있다.

판 례

가. 대리권 수여의 표시

○ 민법 제125조가 규정하는 대리권 수여의 표시에 의한 표현대리의 성립요건

"민법 제125조가 규정하는 대리권 수여의 표시에 의한 표현대리는 본인과 대리행위를 한 자 사이의 기본적인 법률관계의 성질이나 그 효력의 유무와는 관계없이 어떤 자가 본인을 대리하여 제3

---

987) 제1설은, 그 표시는 수권행위 자체가 아니라 수권행위가 있었다는 뜻의 관념의 통지라고 한다(고상룡, 296면; 곽윤직 · 김재형, 356면; 김용한, 373면; 김증한 · 김학동, 439면; 이은영, 633면; 장경학, 582면). 제2설은, 대리인에게 대리권이 수여되지 않았기 때문에 이는 장래 대리권을 수여할 것이라는 표시로서 그것은 의사의 통지라고 한다(김상용, 594면). 제3설은, 그 표시는 의사표시로서 상대방에 대하여 하는 수권행위라고 한다(이영준, 536면).

988) 관념의 통지로 새기든 의사의 통지로 파악하든, 둘 다 준법률행위로서 성질이 허용하는 한, 법률행위에 관한 규정이 유추적용된다는 점에서 보면, 학설대립의 실익은 없다고 생각한다.

989) 처음부터 대리권이 수여되지 않은 경우 · 이미 수여된 대리권이 일정한 사유로 무효 또는 취소된 경우를 포함한다.

990) 대리행위의 상대방은 대리권 수여의 표시를 받은 자일 것을 요한다. 만약 그 표시를 특정인에게 하였다면 그 특정인만이, 불특정인에게 표시하였다면 모든 제3자가 제125조에 의하여 보호받을 수 있는 상대방이 된다.

991) 선의란 대리권 없음을 알지 못하는 것을 말하며, 무과실이란 선량한 관리자의 주의를 하였음에도 대리권 없음을 알지 못하는 것을 말한다.

자와 법률행위를 함에 있어 본인이 그 자에게 대리권을 수여하였다는 표시를 제3자에게 한 경우에 성립한다.[992]"

◎ 민법 제125조 소정의 대리권 수여의 표시에 의한 표현대리의 성립 요건

"민법 제125조가 규정하는 대리권 수여의 표시에 의한 표현대리는 본인과 대리행위를 한 자 사이의 기본적인 법률관계의 성질이나 그 효력의 유무와는 직접적인 관계가 없이 어떤 자가 본인을 대리하여 제3자와 법률행위를 함에 있어 본인이 그 자에게 대리권을 수여하였다는 표시를 제3자에게 한 경우에는 성립될 수가 있고, 또 본인에 의한 대리권 수여의 표시는 반드시 대리권 또는 대리인이라는 말을 사용하여야 하는 것이 아니라 사회통념상 대리권을 추단할 수 있는 직함이나 명칭 등의 사용을 승낙 또는 묵인한 경우에도 대리권 수여의 표시가 있은 것으로 볼 수 있다.[993]"

◎ 제125조의 대리권 수여의 표시가 있었다고 하기 위한 요건

"전략(前略)… 이 때 서류를 교부하는 방법으로 민법 제125조 소정의 대리권 수여의 표시가 있었다고 하기 위하여는 본인을 대리한다고 하는 자가 제출하거나 소지하고 있는 서류의 내용과 그러한 서류가 작성되어 교부된 경위나 형태 및 대리행위라고 주장하는 행위의 종류와 성질 등을 종합하여 판단하여야 할 것이다.[994]"

◎ 수표위조행위가 대리권수여에 의한 표현대리에 해당하는지 여부(적극)

"갑이 자기의 사위인 을에게 상호를 포함한 영업 일체를 양도하여서, 동일 상호를 사용하여 영업을 계속하게 하는 동안 자기의 당좌거래를 이용하여 대금결제를 하도록 하였고, 또 영업을 을에게 양도한 이후에도 자기 명의의 당좌수표 및 약속어음 20여장이 을로부터 병에게 물품대금으로 교부되어 그 대부분이 결제되었다면, 갑이 병으로 하여금 을이 갑 명의의 수표를 사용할 권한이 있다고 믿게 할만한 외관을 조성하였다 할 것이고, 이와 같은 외관을 가지고서 을이 갑의 인장을 도용하여 수표를 위조한 행위는, 대리권수여표시에 의한 표현대리에 해당한다.[995]"

◎ 매도증서 · 인감증명서 · 위임장을 교부한 경우, 제125조의 표현대리 심리 필요

"부동산에 대한 매도증서 · 인감증명서 · 위임장을 교부받은 것이 명백한 경우, 그 소지자의 매매행위에 관한 표현대리 주장에 대하여 민법 제126조의 표현대리로만 해석하고 민법 제125조의 표현대리의 점에 대하여 심리판단이 없음은 위법이다.[996]"

◎ 명의대여의 법률효과

"타인에 대하여 어느 사업에 관하여 자기 사업을 자기이름으로 대행할 것을 허용한 사람은 그 사업에 관하여 자기가 책임을 부담할 지위에 있음을 표시한 것이고 그 사업을 대행한 사람 또는 그 피용자가 그 사업에 관하여서 한 법률행위에 대하여 제3자에게 책임이 있다.[997]"

---

992) 대판 2007. 8. 23. 2007다23425; 대판 2001. 8. 21. 2001다31264; 대판 1998. 6. 12. 97다53762.
993) 대판 1998. 6. 12. 97다53762.
994) 대판 2001. 8. 21. 2001다31264; 대판 1998. 6. 12. 97다53762.
995) 대판 1987. 3. 24. 86다카1348.
996) 대판 1963. 6. 13. 63다191.
997) 대판 1964. 4. 7. 63다638.

나. 선의 · 무과실

○ 상대방의 선의 · 무과실

“민법 제125조의 표현대리에 해당하기 위하여는 상대방은 선의 · 무과실이어야 하므로, 상대방에게 과실이 있다면 제125조의 표현대리를 주장할 수 없다.[998]”

○ 등기권리증 미소지자에 대해 대리권 존부를 조사하지 아니한 과실 인정

“저당권설정계약 당시 소외인이 원고의 인감증명서와 인감도장만을 소지하였을 뿐 대리인으로서는 의당 제시될 것이 통상적으로 기대되는 원고명의의 등기권리증을 소지하지 않았고 또 피고는 원고가 같은 시내의 국민학교 교장으로 재직하고 있는 것을 알고 있었으므로 피고로서는 위 소외인의 대리권에 대하여 의심을 가지고 직접 원고본인에게 상대방의 대리권 존부를 확인하는 좀더 적절한 조사를 하였어야 할 것임에도 막연히 소외인 등의 말만 믿고 저당권설정계약을 체결하였다면 피고는 대리인을 상대로 저당권을 설정함에 있어 마땅히 하여야 할 주의를 다하지 못한 과실이 있다.[999]”

○ 인감도장 · 등기권리증 · 인감증명서 소지자를 믿은 것에 대한 무과실 인정

“갑이 해외체류 중인 남편 을의 대리인으로 부동산을 매수하여 을 이름으로 소유권이전등기를 하였다가 을의 인감도장과 그 부동산의 등기권리증 및 부동산명의 변경용 인감증명서를 병에게 교부하여, 병이 그 명의로 소유권이전등기를 마친 것이라면, 위 병으로서는 갑에게 부동산에 관하여 을을 대리할 대리권이 있다고 믿을 만한 정당한 이유가 있었다.[1000]”

○ 오피스텔 분양 중개인이 중개업무만 담당한 경우, 대리권 여부를 확인하지 아니한 과실 인정

“중개인이 본인인 회사에게 오피스텔의 분양 희망자를 중개하여 주고 그 대가로 회사로부터 수수료만을 지급받기로 하였고, 분양계약서의 작성 및 분양대금 수납은 회사에서 직접 관리하였으며, 중개인은 오피스텔을 분양하고자 하는 자가 있으면 그를 오피스텔 내에 있는 회사 분양사무소에 데리고 가서 분양대금을 지급하고 회사 명의의 계약서를 작성하여 받아오는 방식을 취하였고, 상대방의 매매계약서도 그러한 방식에 의하여 작성되었다면, 상대방이 중개인에게 지급한 매매대금에 대한 영수증이 회사의 명의로 발행되지 아니하고 중개인 명의로 발행된 경우 오피스텔을 분양받으려는 상대방으로서는 본인에게 중개인의 대리권 유무를 확인하여 보았더라면 그가 단순한 중개인에 불과하고 오피스텔의 매매대금을 수령할 대리권이 없다는 점을 쉽게 알 수 있었을 것임에도 이를 게을리 한 과실이 있다.[1001]”

○ 도장과 보증용 과세증명서 소지가 대리권 수여의 표시인지 여부와 이를 믿은 상대방에게 과실이 있는지 여부

“갑이 주채무액을 알지 못한 상태에서 주채무자의 부탁으로 채권자와 보증계약 체결 여부를 교섭하는 과정에서 채권자에게 보증의사를 표시한 후 주채무가 거액인 사실을 알고서 보증 계약 체결을 단념하였으나 갑의 도장과 보증용 과세증명서를 소지하게 된 주채무자가 임의로 갑을 대위하여 채권자와 사이에 보증계약을 체결한 경우, 갑이 채권자에 대하여 주채무자에게 보증계약 체결의

998) 대판 1997. 3. 25. 96다51271; 대판 1984. 11. 13. 84다카1024.
999) 대판 1984. 11. 13. 84다카1024.
1000) 대판 1984. 11. 27. 84다310, 84다카1283.
1001) 대판 1997. 3. 25. 96다51271.

대리권을 수여하는 표시를 한 것이라 단정할 수 없고, 대리권 수여의 표시를 한 것으로 본다 하더라도 채권자에게는 주채무자의 대리권 없음을 알지 못한 데 과실이 있다.[1002]"

(3) 효 과

이상의 요건을 갖출 경우, 본인은 표현대리인의 대리행위에 대하여 책임을 진다(제125조 본문).[1003]

●● 사례 20의 해결:

첫째, 원고는, 피고가 원고에 대하여 A에게 이 사건 부동산의 처분과 관련된 대리권을 수여하였음을 표시하였고, 원고 역시 A가 대리권 없음을 알지 못하였을 뿐 아니라, 그와 같이 믿은 데 대하여 과실이 없이 A와 이 사건 부동산에 관한 매매계약을 체결한 이상, 피고로서는 민법 제125조의 표현대리책임을 부담하여야 한다고 주장할 수 있다.

둘째, 이 사건 매매계약 당시 A는 피고의 이 사건 공장부지에 관한 2002. 4. 15.자 부동산처분위임장 및 2002년 초에 발급된 피고의 인감증명서만 소지하였을 뿐이고, 대리인으로서 의당 소지하고 있을 것이 통상적으로 기대되는 피고의 인감도장 및 이 사건 부동산에 대한 등기필증을 소지하지 아니한 점, 부동산처분위임장에는 대리인으로 A뿐만 아니라 B도 기재되어 있었고, 처분을 위임한 부동산은 이 사건 부동산뿐만 아니라 이 사건 외 토지도 그 대상으로 하고 있는 점, 매매계약의 특약사항으로 계약의 효력은 매수인이 매도인, 즉 피고의 은행계좌로 계약금을 입금함과 동시에 발생한다고 규정하였음에도 원고는 매도인이 아니라 그 대리인이라 자칭하는 A에게 계약금을 지급한 점이 있고, 매매계약 당시 피고가 A에게 이 사건 부동산의 처분을 위임한 지 4년이 경과하였다면 그 대리권의 변동 여부에 관하여 본인에게 확인할 필요가 있다고 할 것인 점, 매매계약 당시 본인인 피고 또는 B에게 연락하여 대리권의 존부에 관하여 확인하는 것에 특별히 어려운 사정이 있다고 보이지 아니하는 점 등을 종합하여 보면, 원고로서는 이 사건 매매계약에 있어서 A의 대리권에 대하여 의심을 가지고 직접 피고 본인 또는 B에게 A의 대리권의 존부를 확인하는 등으로 적절한 조사를 하여 보았어야 할 것임에도 불구하고 이에 나아가지 아니하고 막연히 A 또는 공인중개사의 말만을 믿고 매매계약을 체결하였다 할 것이므로, 대리인을 상대로 매매계약을 체결함에 있어 마땅히 하여야 할 주의를 다하지 못한 과실이 있다고 할 것이다.

셋째, 그렇다면 원고의 청구는 인용되기 어려울 것이다.

(대판 2009. 5. 28. 2008다56392의 사실관계와 판결요지 등 참조)

(4) 적용범위

제125조가 임의대리에 적용됨은 당연하다. 법정대리에의 적용 여부에 대하여는 학설상 다툼이 있다.[1004] 생각건대 제125조의 적용범위는, '대리권 수여함의 표시'라는 제125조

1002) 대판 2000. 5. 30. 2000다2566.

1003) 효력과 관련한 기타의 설명은, 앞에서 설명한 표현대리의 효과 부분을 참조할 것.

1004) 제1설(적용 부정설)은, 법정대리인은 본인이 선임하는 것이 아니므로, 본인이 어떤 자에게 대리권을 주었다는 뜻을 통지한다는 것은 있을 수 없기 때문에, 법정대리에는 적용되지 않는다고 한다(고상룡, 619면; 곽

의 문언상 대리권을 수여하였음을 본인이 상대방에게 표시한 임의대리에 한하여야 하고, 본인이 타인에게 대리권을 주었다는 통지가 있을 수 없는 법정대리의 경우에까지 제125조를 확장 적용하는 것은 적절하지 않다고 생각한다. 기타의 경우로서, 판례는 복대리의 경우에는 제125조가 적용된다고 하나,[1005] 공법상의 행위의 경우에는 분명하지가 않다.[1006]

판 례

◯ 복대리에서 표현대리를 인정한 경우

"원고가 그 소유토지를 타인에게 매도한 후 그 매수인이 소외인 을과 같이 원고의 대리인 갑에게 와서 소유권이전등기를 할 수 있는 서류를 해주면 딴 데 융통하여서 잔대금을 갚겠다고 청함에 원고의 대리인 갑이 그들에게 등기권리증, 원고의 인감증명, 주민등록표, 근저당설정계약서 등의 서류를 해 주어 동소외인 을이 위 토지에 대하여 피고명의로 근저당설정등기를 경료한 경우, 피고가 위 을을 원고의 대리인으로 믿은데 정당한 사유가 있다.[1007]"

◯ 소송행위에 표현대리 적용 여부(소극)

"이행지체가 있으면 즉시 강제집행을 하여도 이의가 없다는 강제집행 수락 의사표시는 소송행위라 할 것이고, 이러한 소송행위에는 민법상의 표현대리규정이 적용 또는 유추적용될 수는 없다.[1008]"

◯ 부분적 포괄대리권을 가진 사용인으로 오인될 만한 유사한 명칭을 사용한 사용인의 경우에도 표현지배인에 관한 상법 제14조를 유추적용할 수 있는지 여부

"상법 제14조 제1항은, 실제로는 지배인에 해당하지 않는 사용인이 지배인처럼 보이는 명칭을 사용하는 경우에 그러한 사용인을 지배인으로 신뢰하여 거래한 상대방을 보호하기 위한 취지에서, 본점 또는 지점의 영업주임 기타 유사한 명칭을 가진 사용인은 표현지배인으로서 재판상의 행위에 관한 것을 제외하고는 본점 또는 지점의 지배인과 동일한 권한이 있는 것으로 본다고 규정하고 있으나, 부분적 포괄대리권을 가진 사용인의 경우에는 상법은 그러한 사용인으로 오인될 만한 유사한 명칭에 대한 거래 상대방의 신뢰를 보호하는 취지의 규정을 따로 두지 않고 있는바, 그 대리권에 관하여 지배인과 같은 정도의 획일성, 정형성이 인정되지 않는 부분적 포괄대리권을 가진 사용인들에 대해서까지 그 표현적 명칭의 사용에 대한 거래 상대방의 신뢰를 무조건적으로 보호한다는 것은 오히려 영업주의 책임을 지나치게 확대하는 것이 될 우려가 있으며, 부분적 포괄대리권을 가진 사용인에 해당하지 않는 사용인이 그러한 사용인과 유사한 명칭을 사용하여 법률행위를 한 경우

윤직 · 김재형, 357면; 김증한 · 김학동, 441면; 송덕수, 402면; 황적인, 233면). 제2설(적용 긍정설)은, 거래의 안전이 보호되어야 하고 또 제한능력자제도가 본인 보호에 지나치게 편중되어 있다는 점을 들어, 제125조가 법정대리에도 적용되어야 한다고 한다(김상용, 596면; 김용한, 375면; 김주수, 331면; 장경학, 586면). 제3설은, 허위의 혼인신고 · 허위의 인지신고의 경우에는 제125조가 적용되나, 제한능력자에 관하여는 적용되지 않는다고 한다(이영준, 540면; 이은영, 636면). 판례는 적용 부정설을 따른다(대판 1955. 5. 12. 4287민상208).

1005) 대판 1979. 11. 27. 79다1193; 대판 1962. 10. 18. 62다508.

1006) 공법상의 행위에 대하여는 제125조의 표현대리를 인정할 수 없다고 하면서도(대판 1984. 6. 26. 62다카1758; 대판 1983. 2. 8. 81다카621), 국가 또는 지방자치단체가 사경제 주체로서 법률행위를 한 경우, 제125조의 성립을 인정할 수 있다고 한다(대판 1961. 12. 28. 4294민상204).

1007) 대판 1979. 11. 27. 79다1193.

1008) 대판 1983. 2. 8. 81다카621.

그 거래 상대방은 민법 제125조의 표현대리나 민법 제756조의 사용자책임 등의 규정에 의하여 보호될 수 있다고 할 것이므로, 부분적 포괄대리권을 가진 사용인의 경우에도 표현지배인에 관한 상법 제14조의 규정이 유추적용되어야 한다고 할 수는 없다.[1009]"

4. 대리권한을 넘은 표현대리(제126조)

(1) 의 의

대리권을 갖고 있는 대리인이 그 대리권의 범위를 넘어서 상대방과 행한 대리행위를 대리권한을 넘은 표현대리(월권대리 · 권한유월의 표현대리)라고 한다(제126조).[1010][1011]

판 례

◎ 민법 제126조의 권한을 넘은 표현대리의 의미

"민법 제126조에서 말하는 대리인은 그 대리권의 수여에 관한 경위 사실의 여하를 막론하고, 본인을 위하여 어떠한 법률행위를 적법히 대리할 수 있는 자를 총칭하는 것이라 할 것이므로, 본인으로부터 직접 대리권을 수여받은 자(원시대리인)에 한하는 것은 아니다.[1012]"

◎ 증명책임

"제126조에 의한 표현대리 행위로 인정된다는 점의 주장 및 증명책임은 그것을 유효하다고 주장하는 자에게 있는 것이다.[1013]"

(2) 요 건

(가) 기본대리권의 존재

① 기본대리권 존재의 필요성 · 유형화　　제126조의 표현대리가 성립하기 위해서는 기본대리권이 유효하게 존재하고 있어야 하는가? 학설은 대체로 이를 긍정한다.[1014] 생각건대 제126조의 '대리인이 그 권한 이외의 행위를 한 경우'라는 문언상 표현대리인이 어떠한 사항에 관한 대리권을 갖고 있어야 함은 지극히 당연하다.[1015] 그런데 이러한 기본대리권의

1009) 대판 2007. 8. 23. 2007다23425.

1010) 일반적으로 대리권의 범위가 분명하지 않은 경우가 많기 때문에 제126조의 표현대리는, 소송상으로도 가장 많이 다투어지는 등 표현대리 중에서 가장 대표적인 것이라고 한다(주해(Ⅲ), 140면).

1011) 제126조의 표현대리가 성립하면, 본인은 표현대리인의 대리행위에도 책임을 지게 된다. 그러나 이른바, 월권대리가 있었지만, 제126조의 요건이 충족되지 못하고, 또 그 월권대리행위가 양적으로 분할이 가능한 경우에는, 제137조 소정의 일부무효의 법리를 적용함으로써 대리권의 범위를 초과하는 부분의 대리행위의 효력은 무효로 되지만(표현대리도 성립하지 않는다), 대리권 범위 내의 대리행위는 유효하다고 하여야 한다. 판례의 태도도 같다(대판 1974. 5. 14. 73다148; 대판 1962. 3. 22. 4294민상483).

1012) 대판 1970. 6. 30. 70다908.

1013) 대판 1968. 6. 18. 68다694.

1014) 기본대리권은 본인의 안전을 보호하기 위한 최소한의 요건으로서, 반드시 존재하고 있어야 한다는 것이다. 기본대리권이 존재하지 않는 경우에까지 월권대리를 인정한다면, 제3자의 신뢰이익만을 보호할 뿐 본인의 이익을 크게 해치게 되기 때문이라고 한다(고상룡, 625면; 곽윤직 · 김재형, 359면; 김상용, 597면; 김증한 · 김학동, 441면).

1015) 판례의 태도도 마찬가지이다. 즉, '기본적인 어떠한 대리권이 없는 자에 대하여는 대리권한의 유월 또

존재 여부 등은 판례에 의하여 구체적·개별적으로 판단할 수밖에 없다고 생각한다.[1016]

② 사실행위와 공법상의 행위의 기본대리권 적격성 문제 기본대리권이 사실행위인 경우에도 월권대리의 성립이 인정되는가? 생각건대 본인의 법률행위에 관한 대리가 허용되는 것이 원칙이라는 점에서, 사실행위를 기본대리권으로 하는 월권대리의 성립은 부정되어야 한다.[1017] 기본대리권이 공법상의 행위인 경우에도 월권대리의 성립이 인정되는가? 생각건대 기본대리권을 사법상의 행위에만 한정시켜야 할 합리적인 이유가 없다는 점에서, 그 성립을 인정하여야 한다.[1018]

판 례

가. 기본대리권의 존재

◎ 처가 승낙 없이 남편 소유의 부동산에 근저당권을 설정한 경우, 표현대리의 성립 여부(적극)

"일상가사대리권 외에 별도의 기본대리권이 있는 처가 근저당권설정등기에 필요한 각종 서류를 소지하고 있는데다가 그 인감증명서가 본인인 남편이 발급 받은 것이고, 남편이 스스로 처에게 인감을 보냈음을 추단할 수 있는 문서와 남편의 무인이 찍힌 위임장 및 주민등록증을 제시하는 등 남편이 처에게 대리권을 수여하였다고 믿게 할 특별한 사정까지 있었다면, 그 상대방으로서는 처가 남편을 대리할 적법한 권한이 있었다고 믿은 데 정당한 이유가 있으므로, 표현대리의 성립을 인정할 수 있다.[1019]"

◎ 기본대리권이 법률행위 상대방에 대한 대리권임을 요하는지 여부(소극)

"표현대리에 있어서 대리인에게 수여된 대리권은 문제된 법률행위의 상대방에 대한 대리권임을 요하지 아니한다.[1020]"

는 소멸 후의 표현대리관계는 성립할 여지가 없다.'(대판 1974. 5. 14. 73다148)

1016) 기본대리권의 존재를 긍정한 경우로서, '사실행위를 위한 사자의 행위(대판 1962. 2. 8. 4294민상192)·영업허가를 부탁한 후 인감도장을 교부한 행위(대판 1965. 3. 30. 65다44)·처가 남편에게 실인을 교부한 경우(대판 1967. 3. 28. 64다1798)·기망에 의한 인장 및 인감증명의 교부행위(대판 1967. 5. 23. 67다621, 622)·회사업무처리상 인장을 교부한 행위(대판 1968. 11. 5. 68다1501)·현장대리인 지정 후 도급인에 대한 신고(대판 1971. 5. 31. 71다847)·복대리인 선임행위(대판 1975. 2. 25. 74다1745)·사실상 부부의 일상가사대리권(대판 1980. 12. 23. 80다2077)·대리인이 사자 또는 임의로 선임한 복대리인을 통해 법률행위를 한 경우(대판 1998. 3. 27. 97다48982)' 등을 들 수 있다.

기본대리권의 존재를 부정한 경우로서, '공장의 관리운영(대판 1965. 8. 24. 65다981)·매매중개부탁(대판 1970. 2. 24. 69다2011)·자(子)의 재산관리에 관한 포괄적 위임(대판 1971. 2. 3. 70다2916)·남편의 승낙 없는 등기권리증, 인감도장, 인감증명 교부행위(대판 1971. 10. 12. 71다1763)·대리권 수여 없는 단순한 이사의 인장보관행위(대판 1977. 5. 24. 76다293)·인감증명서 교부행위(대판 1978. 10. 10. 78다75)·재정보증에 필요한 재정보증서, 인감증명서, 납세증명서 교부행위(대판 1984. 10. 10. 84다카780)·고객유치, 투자 상담 및 권유, 실적의 제고 등 사실행위(대판 1992. 5. 26. 91다32190)' 등을 들 수 있다.

1017) 판례는 종전(대판 1962. 2. 28. 4194민상192)과는 달리, 사실행위는 월권대리의 기본대리권이 될 수 없다는 태도를 취한다(대판 1992. 5. 26. 91다32190).

1018) 판례는, 등기신청(등기신청을 위한 대리권을 수여받은 자가 대물변제의 사업행위를 한 경우, 제126조의 표현대리를 인정하였다. 대판 1978. 3. 28. 78다282, 283) 등의 공법상의 행위에 대한 기본대리권의 적격성을 인정하고 있다.

1019) 대판 1995. 12. 22. 94다45098; 대판 1987. 11. 10. 87다카1325; 대판 1981. 6. 23. 80다609.

◉ 권한유월의 표현대리 성립을 위한 기본대리권의 필요

"기본적인 어떠한 대리권이 없는 자에 대하여는 대리권한의 유월 또는 소멸 후의 표현대리관계는 성립할 여지가 없다.[1021)]"

◉ 기본대리권은 현재 존재하고 있어야만 하는지 여부

"민법 제126조의 표현대리는 현재에 대리권을 가진 자가 그 권한을 넘는 경우에 성립되고, 과거에 가졌던 대리권을 넘는 경우에는 적용되지 않는다.[1022)]"

◉ 등기신청행위가 기본대리권인 경우, 권한을 넘은 표현대리의 성립 여부(적극)

"기본대리권이 등기신청행위라 할지라도, 표현대리인이 그 권한을 유월하여 대물변제라는 사법행위를 한 경우에는 표현대리의 법리가 적용된다.[1023)]"

나. 기본대리권의 존재를 긍정한 경우

◉ 사실행위를 위한 사자의 행위

"대리인이 아니고 사실행위를 위한 사자라 하더라도 외견상 그에게 어떠한 권한이 있는 것의 표시 내지 행동이 있어 상대방이 그를 믿었고 또 그를 믿음에 있어 정당한 사유가 있다면 표현대리의 법리에 의하여 본인에게 책임이 있다.[1024)]"

◉ 영업허가를 부탁한 후 인감도장 교부

"자기명의의 영업허가를 구청에서 내달라고 부탁한 후 거기에 사용하라고 자기의 인감도장을 내어 준 경우는 이 인감도장을 이용하여 본인소유의 부동산에 관한 이전등기에 필요한 모든 서류를 위조하여 소유권이전등기를 한 행위에 관한 기본대리권이 된다.[1025)]"

◉ 처가 남편에게 실인 교부

"처가 남편에게 그의 실인을 교부하여 보관시키었다면 일응 일정한 대리권을 부여한 것이라 추측될 수 있으므로, 원심이 실인을 보관시킨 사실만으로는 권한을 넘은 표현대리가 성립될 수 없다고 판단하였음은 위법이다.[1026)]"

◉ 기망에 의한 인장 및 인감증명의 교부

"대리인이 본인에게 자기가 일류회사에 취직하는데 보증인을 세움에 필요하다고 속여서 그로부터 인장과 인감증명을 받아내는 한편 본인 모르게 등기필증을 훔쳐내어 그 정을 모르는 타인과 근저당권을 설정하고 그로부터 돈을 차용하였다면, 본인이 대리인으로부터 기망당하여 인장과 인감증명서를 동인에게 교부하였다 하여도 본인은 동인에게 자기의 대리로 신원보증서를 작성하라고 교부한 것으로서 대리권을 수여한 것이라고 보아야 할 것이고, 동인이 그 대리권의 권한 외의 법률행위를 한 경우에 해당한다.[1027)]"

1020) 대판 1965. 8. 24. 64다1821.
1021) 대판 1974. 5. 14. 73다148.
1022) 대판 1979. 3. 27. 79다234; 대판 1973. 7. 30. 72다1631; 대판 1970. 2. 10. 69다2149.
1023) 대판 1978. 3. 28. 78다282, 283; 대판 1969. 7. 22. 69다548; 대판 1956. 3. 3. 4288민상396, 387.
1024) 대판 1962. 2. 8. 4294민상192.
1025) 대판 1965. 3. 30. 65다44.
1026) 대판 1967. 3. 28. 64다1798.
1027) 대판 1967. 5. 23. 67다621, 622.

○ 회사업무처리상 인장 교부

"회사업무처리상 필요로 인장을 교부받은 자가 그 인장을 사용하여 개인 명의로 약속어음의 연대보증을 한 경우에는 권한유월의 표현대리가 성립한다.[1028]"

○ 현장대리인 지정 후 도급인에 대한 신고

"건축공사수급인이 현장대리인을 정하여 도급인에게 그 취지를 신고하고 지정된 현장대리인이 공장현장에서 그 공사에 관하여 대리인으로 행세하였다면 동인은 수급인으로부터 그 공사에 관하여 대리권을 수여받았다.[1029]"

○ 복대리인 선임

"원고가 갑으로부터 교부받은 관계서류를 을에게 교부하면서 지상권설정을 의뢰하였다면 이는 복대리인을 선임한 것이므로, 을은 갑의 복대리인으로서 기본적 대리권이 있다.[1030]"

○ 사실상 부부의 일상가사대리권

"동거를 하면서 사실상의 부부관계를 맺고 실질적인 가정을 이루어 대외적으로도 부부로 행세하여 왔다면 일상가사에 관한 사항에 관하여 상호대리권이 인정되므로 권한유월의 표현대리의 법리가 적용된다.[1031]"

다. 기본대리권의 존재를 부정한 경우

○ 처에게 일상가사대리권이 있다는 것만으로 기본대리권의 존재를 인정할 수 있는지 여부

"타인의 채무에 대한 보증행위는 그 성질상 아무런 반대급부 없이 오직 일방적으로 불이익만을 입는 것인 점에 비추어 볼 때, 남편이 처에게 타인의 채무를 보증함에 필요한 대리권을 수여한다는 것은 사회통념상 이례에 속하므로, 처가 특별한 수권 없이 남편을 대리하여 위와 같은 행위를 하였을 경우, 그것이 민법 제126조 소정의 표현대리가 되려면 처에게 일상가사대리권이 있었다는 것만이 아니라, 상대방이 처에게 남편이 그 행위에 관한 대리의 권한을 주었다고 믿었음을 정당화할 만한 객관적인 사정이 있어야 한다.[1032]"

○ 기본대리권의 흠결을 부정한 사례

"대리인이 사자 내지 임의로 선임한 복대리인을 통하여 권한 외의 법률행위를 한 경우, 상대방이 그 행위자를 대리권을 가진 대리인으로 믿었고 또한 그렇게 믿는 데에 정당한 이유가 있는 때에는, 복대리인 선임권이 없는 대리인에 의하여 선임된 복대리인의 권한도 기본대리권이 될 수 있을 뿐만 아니라, 그 행위자가 사자라고 하더라도, 대리행위의 주체가 되는 대리인이 별도로 있고 그들에게 본인으로부터 기본대리권이 수여된 이상, 민법 제126조를 적용함에 있어서 기본대리권의 흠결 문제는 생기지 않는다고 한 사례.[1033]"가 있다.

1028) 대판 1968. 11. 5. 68다1501.
1029) 대판 1971. 5. 31. 71다847.
1030) 대판 1975. 2. 25. 74다1745.
1031) 대판 1980. 12. 23. 80다2077.
1032) 대판 1998. 7. 10. 98다18988; 대판 1997. 4. 8. 96다54942; 대판 1981. 8. 25. 80다3204.
1033) 대판 1998. 3. 27. 97다48982; 대판 1987. 12. 8. 85다카2340; 대판 1967. 11. 21. 66다2197.

◎ 대리행위의 표시를 하지 아니하고 본인인 것처럼 기망하여 본인 명의로 직접 법률행위를 한 경우, 제126조의 표현대리 성립 여부(소극)

"민법 제126조의 표현대리는 대리인이 본인을 위한다는 의사를 명시 또는 묵시적으로 표시하거나 대리의사를 가지고 권한 외의 행위를 하는 경우에 성립하고, 사술을 써서 위와 같은 대리행위의 표시를 하지 아니하고 단지 본인의 성명을 모용하여 자기가 마치 본인인 것처럼 기망하여 본인 명의로 직접 법률행위를 한 경우에는, 특별한 사정이 없는 한, 위 법조 소정의 표현대리는 성립할 수 없다.[1034]"

◎ 공장의 관리운영

"원고소유인 토지 및 건물과 여기에 시설된 원고의 아버지 소유인 양조장을 원고의 동생이 관리운영하여 오다가 이를 처분한 경우에 이를 관리 운영하여 왔다하여도 그 관리 운영권한에 처분권한이 포함되지 아니하다.[1035]"

◎ 매매중개부탁

"단순히 매매의 중개를 부탁한 사실을 들어 그 매매에 있어 대리권을 수수한 취지로 단정하고 권한유월의 표현대리를 인정하는 것은 위법하다.[1036]"

◎ 자의 재산관리에 관한 포괄적 위임

"자가 부에게 그의 재산관리에 관한 포괄적 위임을 한 행위는 부가 그 자신의 제3자에 대한 채무지급을 위하여 발행하는 어음에 자를 공동발행인으로 기명·날인하는 행위에 대한 기본대리권이 아니다.[1037]"

◎ 남편의 승낙 없는 등기권리증, 인감도장, 인감증명 교부

"처가 남편의 승낙 없이 몰래 남편소유 부동산에 관한 등기권리증, 인감도장 및 인감증명 등을 교부하여 그 부동산에 관한 소유권이전등기를 경료하였다면, 위의 처의 행위는 표현대리에 해당한다고 할 수 없다.[1038]"

◎ 대리권 수여 없는 단순한 이사의 인장 보관

"소외회사는 과거 피고가 이사로 있을 당시부터 이사들의 등록된 인장을 보관한 바는 있으나 그것이 필요할 때는 그때마다 개별적으로 각 이사의 승낙을 얻어서 사용하였을 뿐 인장보관과 동시에 포괄적인 대리권을 수여받은 바 없다면, 그와 같은 포괄적인 대리권을 수여한바 있었음을 전제로 한 본건 연대보증행위에 대해 대리권소멸 후의 표현대리 또는 권한유월로 인한 표현대리가 성립될 여지가 없다.[1039]"

◎ 인감증명서 교부

"인감증명서는 인장사용에 부수해서 그 확인방법으로 사용되며 인장사용과 분리해서 그것만으로 어떤 증명방법으로 사용되는 것이 아니므로, 인감증명서만의 교부는 일반적으로 어떤 대리권을 부

1034) 대판 2002. 6. 28. 2001다49814; 대판 1993. 2. 23. 92다52436; 대판 1974. 4. 9. 74다78.
1035) 대판 1965. 8. 24. 65다981.
1036) 대판 1970. 2. 24. 69다2011.
1037) 대판 1971. 2. 3. 70다2916.
1038) 대판 1971. 10. 12. 71다1763.
1039) 대판 1977. 5. 24. 76다293.

여하기 위한 행위라고 볼 수 없다.[1040)]"

○ 대리권이 소멸하였으나, 제126조의 표현대리로 인정되는 경우

"민법 제126조의 표현대리는 현재에 대리권을 가진 자가 그 권한을 넘는 경우에 성립되고 과거에 가졌던 대리권을 넘는 경우에는 적용이 없으며, 민법 제129조의 대리권 소멸후의 표현대리로 인정되는 경우, 그 표현대리의 권한을 넘는 대리행위가 있을 때에는 민법 제126조의 표현대리가 성립될 수 있다.[1041)]"

○ 재정보증에 필요한 재정보증서, 인감증명서, 납세증명서 교부

"피고가 소외 갑의 원고와의 상거래에 대한 재정보증서와 그에 필요한 인감증명서 및 납세증명서를 갑의 언니인 소외 을에게 우송하였음에 지나지 아니한 것이라면 을이 자기가 갑이라고 참칭하고 원고와 상거래를 함에 있어 위 재정보증서 등을 사용하였다는 사실만으로는 위 을이 피고로부터 표현대리를 인정할 기본적 대리권을 수여받은 것이라고 볼 수 없다.[1042)]"

○ 고객유치, 투자상담 및 권유, 실적의 제고 등 사실행위

"민법 제126조의 표현대리가 성립하기 위하여는 무권대리인에게 법률행위에 관한 기본대리권이 있어야 하는바, 증권회사로부터 위임받은 고객의 유치, 투자상담 및 권유, 위탁매매 약정실적의 제고 등의 업무는 사실행위에 불과하므로 이를 기본대리권으로 하여서는 권한초과의 표현대리가 성립할 수 없다.[1043)]"

라. 성명모용의 경우

○ 어음행위

"다른 사람이 권한 없이 직접 본인 명의로 기명날인을 하여 어음행위를 한 경우에도 제3자가 그 타인에게 그와 같은 어음행위를 할 수 있는 권한이 있는 것이라고 믿을 만한 사유가 있고 본인에게 책임을 질만한 사유가 있는 경우에는 거래안전을 위하여 표현대리에 있어서와 같이 본인에게 책임이 있다고 해석하여야 할 것이다.[1044)]"

○ 근저당설정

"대리인이 본인임을 사칭하고 본인을 가장하여 은행과 근저당권설정계약을 체결한 행위에 대해 권한을 넘은 표현대리의 법리를 유추적용할 수 있다.[1045)]"

○ 매매

"본인으로부터 아파트에 관한 임대 등 일체의 관리권한을 위임받아 자신을 본인으로 가장하여 아파트를 임대한 바 있는 대리인이 다시 자신을 본인으로 가장하여 임차인에게 아파트를 매도하는 법률행위를 한 경우에는 권한을 넘은 표현대리의 법리를 유추적용하여 본인에 대하여 그 행위의 효력이 미친다.[1046)]"

1040) 대판 1978. 10. 10. 78다75.
1041) 대판 1979. 3. 27. 79다234.
1042) 대판 1984. 10. 10. 84다카780.
1043) 대판 1992. 5. 26. 91다32190.
1044) 대판 1969. 9. 30. 69다964.
1045) 대판 1988. 2. 9. 87다카273.
1046) 대판 1993. 2. 23. 92다52436.

◎ 성명모용에 대해 표현대리 법리가 유추적용되는 경우

"민법 제126조의 표현대리는 대리인이 본인을 위한다는 의사를 명시 혹은 묵시적으로 표시하거나 대리의사를 가지고 권한 외의 행위를 하는 경우에 성립하고, 사술을 써서 위와 같은 대리행위의 표시를 하지 아니하고 단지 본인의 성명을 모용하여 자기가 마치 본인인 것처럼 기망하여 본인 명의로 직접 법률행위를 한 경우에는 특별한 사정이 없는 한 위 법조 소정의 표현대리는 성립할 수 없는 것이나, 특별한 사정이 있는 경우에 한하여 민법 제126조 소정의 표현대리의 법리를 유추적용할 수 있다고 할 것인데, 여기서 특별한 사정이란 본인을 모용한 사람에게 본인을 대리할 기본대리권이 있었고, 상대방으로서는 위 모용자가 본인 자신으로서 본인의 권한을 행사하는 것으로 믿은 데 정당한 사유가 있었던 사정을 의미한다.[1047]"

(나) 권한을 넘은 대리행위가 있을 것

표현대리인이 권한을 벗어난 권한유월(權限踰越)의 대리행위를 하였어야 한다. 중요한 점은, 대리권한 범위 내의 대리행위와 권한을 벗어난 행위가 같은 종류의 대리권이어야 하는지? 이를 부정하는 것이 통설·판례의 태도이다.[1048] 권한유월의 행위가 범죄를 구성하는 경우에도 월권대리의 성립이 인정되는지 여부가 문제된다.[1049]

제125조의 표현대리에 있어서 통지된 대리권한 밖의 행위를 한 경우·제129조의 표현대리에 있어서 그 소멸한 대리권한을 벗어나 행위를 한 경우, 월권대리의 성립이 인정되는가? 이에 관한 학설은 다툼이 있다.[1050] 생각건대 대리권 수여의 통지에 기한 월권대리이든·대리권 소멸 전의 대리권을 벗어난 월권대리이든, 상대방의 정당한 신뢰를 인정할 수 있다면, 제126조의 표현대리가 성립한다고 해석하여야 한다.[1051]

1047) 대판 2002. 6. 28. 2001다49814.

1048) 판례는, '임야불하에 관한 동업계약을 맺을 수 있는 대리권을 수여받은 자가, 본인 소유 부동산을 매각한 경우에도 월권대리의 성립을 인정하였다.'(대판 1963. 11. 21. 63다418) 다만, 권한유월의 행위가 기본대리권과 전혀 다를 경우에는 월권대리의 성립이 부정된다 할 것이다. 판례도, '담보권설정의 대리권을 수여받은 자가 그 명의로 소유권이전등기를 하여, 자신의 이름으로 담보권을 설정한 경우, 제126조의 표현대리의 성립을 부정한다.'(대판 1981. 12. 22. 80다1475)

1049) 판례는 대리인의 월권행위가 범죄를 구성하는 경우에도 월권대리의 성립을 긍정한다(대판 1966. 6. 28. 66다845).

1050) 제1설(다수설)은, 그 성립을 긍정한다(곽윤직·김재형, 360면; 김상용, 596-597면; 김용한, 382면; 백태승, 503면; 송덕수, 406면; 이은영, 639면). 제2설(소수설)은, 제126조의 표현대리의 성립을 부정한다(김기선, 300면). 판례는, '대리권 수여의 통지에 의한 표현대리인이 통지된 범위를 벗어난 행위의 경우, 제126조의 표현대리의 성립을 인정한다.'(대판 1971. 5. 31. 71다847) 제126조의 경우에 월권대리의 성립을 긍정하는 판례가 압도적이다(대판 1979. 3. 27. 79다234 등).

1051) 판례는, '대리인의 월권행위가 범죄를 구성할 경우에도, 제126조의 표현대리가 성립한다.'고 한다.(대판 1966. 6. 28. 66다845; 대판 1963. 8. 31. 63다326)

판 례

가. 권한 외의 대리행위

◯ 법률행위와 대리권 내용의 불일치

"채무담보를 위하여 권리증, 인감증명서, 인장들을 교부한 이상 저당권자나 채무자 또는 채무내용이 사실과 다르다하더라도 표현대리성립에 영향이 없다.[1052]"

◯ 권한 외 법률행위와 기본대리권의 동종 요부

"권한을 넘을 행위는 그 권한 외 행위를 한 자가 가지고 있는 진실한 대리권과 동종임을 필요로 하지 아니하고 그 권한의 행위가 본인과 상대방과의 관계에 있어서 처음 있는 법률행위라 하여도 표현대리의 법리가 적용된다.[1053]"

◯ 권한 외 법률행위가 범죄행위인 경우, 표현대리 성부

"대리인이 본인의 인장을 위조하여 범죄행위가 된다 하여도 권한을 넘는 표현대리를 인정할 수 있다.[1054]"

◯ 매도위임에서 저렴한 가격의 매도

"부동산의 매도위임을 받은 대리인이 본인이 지시한 금액보다 저렴한 가격으로 매도했다 하더라도 이는 권한을 넘은 행위로서 특별한 사정이 없는 한 상대방은 위 가격에 매도할 수 있는 권한이 있는 것으로 믿을 만한 정당한 이유가 있다.[1055]"

◯ 친족회의 동의를 얻지 않은 후견인의 행위

"한정치산자의 후견인이 친족회의 동의를 얻지 않고 피후견인의 부동산을 처분하는 행위를 한 경우에도 상대방이 친족회의 동의가 있다고 믿은 데에 정당한 사유가 있는 때에는 본인인 한정치산자에게 그 효력이 미친다.[1056]"

나. 대리행위가 아닌 경우

◯ 대리인이 본인의 부동산 등기를 먼저 자기 앞으로 경료하고 제3자에게 경료한 경우

"을이 갑으로부터 부동산에 관한 담보권설정의 대리권만 수여받고도 그 부동산에 관하여 자기 앞으로 소유권이전등기를 하고 이어서 병에게 그 소유권이전등기를 경료한 경우, 병은 을을 갑의 대리인으로 믿고서 위 등기의 원인행위를 한 것이 아니므로, 이에 민법 제126조를 유추할 수는 없다.[1057]"

◯ 계약당사자가 본인이 아닌 경우

"갑이 을의 대리인으로서 매매계약을 체결하였다면 표현대리 문제가 나올는지 몰라도 갑이 을로부터 매수한 임야를 자기 소유라 하여 매도한 이상 매매계약의 당사자는 갑이고 을은 당사자가 아니므로 권한을 넘은 표현대리 이론을 여기에 적용할 수 없다.[1058]"

1052) 대판 1962. 7. 26. 62다243.
1053) 대판 1963. 8. 31. 63다326.
1054) 대판 1966. 6. 28. 66다845.
1055) 대판 1971. 10. 22. 71다1921.
1056) 대판 1997. 6. 27. 97다3828.
1057) 대판 1991. 12. 27. 91다3208.
1058) 대판 1992. 11. 13. 92다33329.

(다) 정당한 이유의 존재

제3자(상대방)가 표현대리인에게 대리권이 있다고 믿을 만한 정당한 이유가 있어야 한다. 정당한 이유의 의의에 대하여는 학설상 다툼이 있다.[1059] 생각건대 민법은 제125조·제129조의 표현대리의 경우, 상대방의 선의·무과실을 그 성립요건으로 규정하고 있는 것과는 달리, 제126의 월권대리의 경우에는 상대방의 신뢰에 정당한 이유가 있을 것을 요구하고 있다. 그 취지는 무엇인가? 제125조·제129조의 경우와는 다르게, 제한된 범위에서만 제126조에 의한 표현대리의 성립을 인정하려는 취지가 아닌가 한다. 그 이유는 전자의 경우들보다는 제126조의 표현대리의 경우가 외관의 신뢰가치(외관이 사회일반인으로 하여금 어느 정도 대리권의 존재를 믿게 만드는가의 척도)가 낮기 때문이라고 본다. 그러한 점에서 제1설은 옳지 않다. 결국 정당한 이유란, 대리행위 당시의 제반사정에 비춰볼 때, 사회일반인이라면 표현대리인에게 대리권이 있는 것으로 믿을 만한 사유의 의미로, 그 범위를 좁혀 해석하는 것이 타당하다고 생각한다. 정당한 이유의 유무에 대한 판단은, 이미 살핀바와 같이 다툼이 있지만, 대리행위 당시의 제반사정을 기준으로 하여야 하고, 그 후의 사정은 고려의 대상이 아니다. 판례의 태도도 마찬가지이다.[1060] 정당한 이유의 증명책임은 누가 부담하는가? 이에 관한 학설은 다툼이 있다.[1061] 생각건대 제126조의 취지가 제한된 범위에서만 표현대리의 성립을 인정하려는 데 있다는 점에서, 제126조에 의한 표현대리를 주장하는 상대방이 적극적으로 증명책임을 부담한다 할 것이다. 제126조에 의하여 보호되는 제3자(상대방)는, 표현대리행위의 직접 상대방이 된 자만을 말하고, 전득자는 포함되지 않는다.[1062][1063]

1059) 제1설은, 무권대리행위가 행해졌을 때를 기준으로 하여, 여러 사정으로부터 객관적으로 관찰하여, 보통인이면 대리권이 있는 것으로 믿는 것이 당연하다고 생각되는 것으로 이해한다(고상룡, 629-630면; 곽윤직·김재형, 361면; 김용한, 377면; 김증한·김학동, 445면; 주해(Ⅲ), 155면). 제2설은, 법관이 변론종결 당시까지 존재하는 제반자료 및 사정을 종합하여 판단할 때, 대리권의 존재가 명백하다고 할 수밖에 없는 경우에 정당한 이유가 있다고 한다(백태승, 503면; 이영준, 549-550면; 이은영, 641면). 제3설은, 상대방의 선의·무과실의 의미는 아니라고 하면서, 변론종결 당시까지의 사정을 고려하여, 보통인의 시각에 비춰볼 때, 객관적으로 보아 대리권이 있다고 믿을 만한 사유로 이해한다(김상용, 602면). 제4설은, 대리행위 당시의 사정에 비춰볼 때, 보통사람이라면 대리권이 존재하는 것으로 믿었을 것이 분명하다고 여겨지는 경우로 파악한다(송덕수, 409면). 판례의 태도는 대체로 제1설과 같이 선의·무과실로 이해하는 것으로 보인다(대판 1992. 6. 23. 91다14987 등).

1060) 대판 1997. 6. 27. 97다3828; 대판 1981. 8. 20. 80다3247 등.

1061) 제1설은, 다른 표현대리와 구별할 이유가 없다는 점에서, 본인이 상대방의 악의·과실을 증명하여야 한다고 한다(곽윤직·김재형, 361면; 김용한, 378면; 장경학, 493면; 황적인, 235면; 주해(Ⅲ), 160면). 제2설은, 정당한 사유의 증명책임은 상대방에게 있다고 한다(고상룡, 635면; 김상용, 604면; 백태승, 507면; 송덕수, 411면; 지원림, 327면). 제3설은, 선의의 증명은 상대방이, 과실의 증명은 본인이 해야 한다고 새긴다(김증한·김학동, 222면). 판례는, '제126조에 의한 표현대리로 인정된다는 점의 주장 및 증명책임은 그것을 유효하다고 주장하는 자에게 있다.'(대판 1968. 6. 18. 68다694)고 함으로써 제2설과 같은 태도를 취한다. 다만, '표현대리에 있어서 제3자에게 대리권이 있다고 믿은 데 정당한 이유가 있다 함은, 제3자에게 과실이 없다는 뜻도 포함되기 때문에 제3자의 무과실까지 판단할 필요는 없다.'고 한다.(대판 1963. 9. 12. 63다428)

1062) 대판 1999. 12. 24. 99다13201; 대판 1986. 9. 9. 84다카2310 등.

1063) 정당한 이유의 판단방법은 무엇인가? 판례는, '표현대리에 있어서 상대방의 과실 유무는 그것이 거래의 안전을 위하여 인정된 제도임을 감안하여, 계약성립 당시의 제반사정을 객관적으로 판단하여 결정해야 한

판 례

가. 정당한 이유의 존재

◎ 정당한 이유 내에 무과실이 포함되는지 여부

"표현대리에 있어서 제3자에게 대리권이 있다고 믿은데 정당한 이유가 있다함은 제3자에 과실이 없다는 뜻도 포함되었기 때문에 제3자의 무과실까지 판단할 필요는 없다.[1064)]"

◎ 정당한 이유의 판단 방법

"표현대리에 있어 상대방의 과실유무는 그것이 거래의 안전을 위하여 인정된 제도임을 감안하여 계약성립 당시의 제반사정을 객관적으로 판단하여 결정해야 한다.[1065)]"

◎ 정당한 이유의 존재 유무를 가리는 판단시기

"표현대리의 효과를 주장하려면 상대방이 자칭 대리인에게 대리권이 있다고 믿고 그와 같이 믿는 데 정당한 이유가 있을 것을 요건으로 하는 바,[1066)] 그 '정당한 이유'의 유무는 대리행위 당시를 기준으로 하여 판정하여야 하고, 대리행위(매매계약) 성립 이후의 사정은 고려할 대상이 아니다.[1067)]"

◎ 부분적 포괄대리권을 가진 상업사용인이 특정된 영업이나 특정된 사항에 속하지 않는 행위를 한 경우, 영업주가 책임을 지기 위한 요건

"부분적 포괄대리권을 가진 상업사용인이 특정된 영업이나 특정된 사항에 속하지 아니하는 행위를 한 경우, 영업주가 책임을 지기 위하여는 민법상의 표현대리의 법리에 의하여 그 상업사용인과 거래한 상대방이 그 상업사용인에게 그 권한이 있다고 믿을 만한 정당한 이유가 있어야 한다.[1068)]"

다.'고 한다.(대판 1974. 7. 9. 73다1804)

정당한 이유를 긍정한 경우로는, '사업의 공동경영과 빈번한 유사행위(대판 1962. 7. 12. 62다255)·초과 차용에서 본인의 인감과 인감증명서 제시(대판 1962. 8. 30. 62다400)·적법한 등기신청에 필요한 서류소지(대판 1962. 10. 18. 62다535)·친척관계와 인장 및 인감증명 제시(대판 1969. 10. 11. 69다1213)·이장 겸 농협조합장의 부락민 인장 보관(대판 1971. 11. 30. 71다2166)·보험금 수령에 있어서 인감소지(대판 1982. 4. 27. 81다983)·임차건물을 관리해 온 경우, 임대차계약 해지 및 임차보증금 수령(대판 1987. 5. 12. 86다카2849)·일반행정사무와 관리업무수행 직원의 회사 직인 보관(대판 1990. 10. 23. 90다카13212)' 등을 들 수 있다.

정당한 이유를 부정한 경우로는, '연대보증에 있어서 이전에 거래증서를 전달하고 본인 인감증명을 제시한 사실(대판 1965. 1. 19. 64다1138)·부동산 매매에 있어서 자칭대리인이 등기필권리증과 인장 미소지(대판 1976. 3. 23. 73다1549)·연대보증에 있어서 기망에 의한 인감증명과 인감도장 교부, 상대방의 대리권 미확인(대판 1976. 7. 13. 76다1155)·영업범위 외의 행위에 있어서 상업사용인이라는 사실(대판 1984. 7. 10. 84다카424, 425)·종중 토지 매수에 있어서 종중규약 및 처분관계서류 미확인(대판 1985. 7. 23. 83다419)·연대보증에 있어서 본인과 형제관계, 본인 인장소지, 이전의 동일거래 사실(대판 1982. 7. 13. 82다카19)·대출에서 은행직원의 적법한 대출절차 미이행(대판 1990. 1. 23. 88다카3250)·매수 대리인이 장기간이 지난 후 저렴한 가격으로 매도 시 대리인 미확인(대판 1991. 2. 12. 90다7364)·연대보증에서 보증용 인감증명서와 납세증명서의 소지(대판 1992. 2. 25. 91다490)·소유자 아닌 제3자로부터 근저당권을 취득하려는 자가 대리권 수여 미확인(대판 1994. 11. 8. 94다29560)·하수급인이 공사대금담보를 위해 완공될 주택에 대한 전세계약체결 시 대리권 수여 미확인(대판 1995. 9. 26. 95다23743)' 등을 들 수 있다.

1064) 대판 1963. 9. 12. 63다428.

1065) 대판 1974. 7. 9. 73다1804.

1066) 대판 1987. 7. 7. 86다카2475.

1067) 대판 1997. 6. 27. 97다3828; 대판 1997. 5. 30. 97다2986; 대판 1981. 8. 20. 80다3247.

1068) 대판 2006. 6. 15. 2006다13117.

나. 정당한 이유를 긍정한 경우

◎ 인감증명서 용도란에 일정한 내용이 기재되어 있는 경우

"인감증명서 용도란의 기재를 요구하는 구인감증명법시행령(1993. 12. 28. 대통령령 제14032호로 개정되기 전의 것)에 따라 본인이 발급받은 것으로 기재되어 있는 인감증명서의 용도란에 '공증용' 또는 '보증보험연대보증용'이라고 기재되어 있는 경우, 그 보증인에 대하여 직접 보증의사를 확인하지 아니하였다고 하더라도, 그 제출자에게 보증인을 대리하여 연대보증계약을 체결할 권한이 있다고 믿은 데 정당한 사유가 있다고 한 사례.[1069)]"가 있다.

◎ 신탁계약 체결 시에 당사자가 공동으로 아파트 분양사업을 하기로 한 경우

"아파트분양형 토지신탁계약을 체결하면서 신탁자인 건설회사와 수탁자인 신탁회사가 공동사업주체로서 아파트분양을 하기로 하고, 수탁자인 신탁회사가 신탁자인 건설회사에게 아파트분양업무를 위임하고 그 분양계획서에 공동사업주체인 신탁자인 건설회사와 수탁자인 신탁회사를 공동매도인으로 기재한 후, 수탁자인 신탁회사가 그 대표자의 직인이 날인된 분양계약서를 일괄 교부하여 신탁자인 건설회사가 그 계약서를 이용하여 분양계약을 체결하고, 그 분양계약에 수탁자인 신탁회사는 전혀 관여하지 아니하고, 신탁자인 건설회사가 사실상 독자적으로 분양계약을 체결하고 분양대금을 직접 받았다면, 신탁자인 건설회사에 대한 채권자로서는 신탁자인 건설회사가 그 채권의 대물변제조로 그 아파트를 채권자에게 분양하여 줄 권한이 있다고 믿을만한 상당한 이유가 있다고 한 사례.[1070)]"가 있다.

◎ 갑이 을의 종전 어음할인 시에도 병에 대하여 을을 위한 보증취지의 의사확인을 해준 데다가 다시 을의 사업자금 조달을 위하여 자신의 인감 등을 넘겨주어 을이 그 권한을 넘어 병으로부터 금원을 차용한 경우, 민법 제126조 소정의 표현대리의 성립 여부

"갑 스스로 을에게 친분관계 등에 터 잡아 그의 사업수행에 필요한 자금을 조달하는 과정에서 보증용으로 사용할 수 있도록 자신의 인감 등을 넘겨줌으로써 을이 그 권한을 남용하여 발생할 거래안전에 미칠 위험성은 상당 정도 갑에게도 책임 있는 사유로 유발되었고, 더구나 갑이 종전에도 약속어음의 할인에 즈음하여 병의 직접 확인 전화를 받고 을의 사업자금 조달을 위하여 보증을 한다는 취지에서 배서를 한 사실을 인정까지 해 준 것이라면 병으로서는 을이 갑으로부터 두터운 신뢰를 받고 있어 갑을 대리할 수 있는 적법한 권한을 보유하고 있던 것으로 능히 생각할 수 있었다고 할 것이므로 병이 을에게 그와 금전소비대차계약을 체결함에 있어서 갑을 대리할 권한이 있었다고 믿었고 또 그와 같이 믿은 데에 상당한 이유가 있었다고 보아 민법 제126조 소정의 표현대리의 성립을 인정한 사례.[1071)]"가 있다.

◎ 보증보험계약의 경우, 자필서명의 문제

"대리인에 의하여 보증보험계약이 체결되는 경우에는, 본인의 자필서명을 받지 아니하였다는 사정만으로 표현대리의 성립을 부정하지 못한다.[1072)]"

1069) 대판 2002. 3. 26. 2002다2478.
1070) 대판 2002. 3. 15. 2000다52141.
1071) 대판 2003. 4. 11. 2003다7173, 7183.
1072) 대판 1997. 7. 8. 97다9895; 대판 1995. 12. 26. 95다43242; 대판 1995. 9. 5. 95다20973.

◎ 사업의 공동경영과 빈번한 유사행위

"을이 자기가 보관하고 있던 갑의 도장을 모용하여 제멋대로 갑명의의 약속어음을 제3자에게 발행한 경우 갑과 을이 물품판매업을 공동으로 경영하고 을이 갑명의 수표를 빈번히 발행한 사정이 있다면 제3자가 을이 약속어음을 발행할 권한이 있다고 믿을 정당한 사유에 해당한다.[1073]"

◎ 초과 차용에서 본인의 인감과 인감증명서 제시

"대리인이 본인으로부터 지시를 받은 한도의 금액을 넘어선 다액의 금전을 차용할 권한이 있다고 주장하고 그 표시로서 대리인이 본인의 인감과 인감증명서를 제시하였을 경우, 상대방인 제3자는 그 대리인에게 그러한 권한까지 있다고 믿을 만한 정당한 이유가 있다.[1074]"

◎ 적법한 등기신청에 필요한 서류 소지

"정당한 권원에 의하여 작성된 매도증서, 위임장, 인감증명서등 등기신청에 필요한 모든 서류를 구비하여 소지하고 있다면 특별한 사유가 없는 한 대리권이 있다고 믿을만한 정당한 사유가 있다.[1075]"

◎ 본인의 협력

"위임을 벗어난 근저당권 설정행위에 대하여 위임인이 협력하였다면 제3자는 적법한 대리라 믿을만한 정당한 사유가 있다.[1076]"

◎ 친척관계와 인장 및 인감증명 제시

"경락대금잔액의 수령에 관한 대리권을 주면서 인장과 인감증명서를 교부하였는바 그 인장 등을 악용하여 부동산을 매도한 경우, 대리인이라고 표시하는 자가 소유자의 생질이고 인장과 인감증명을 제시하며 대리인이라고 칭한 사실 등이 있는 때에는 이를 대리인으로 믿는데 정당한 이유가 있다.[1077]"

◎ 이장 겸 농협조합장의 부락민 인장 보관

"이장인 동시에 농협조합장이 군농협으로부터 비료, 농약, 영농자금을 배정받기 위하여 부락민이 맡긴 인장을 이용하여 비료외상판매증서를 작성하였다면 표현대리가 성립한다.[1078]"

◎ 보험금 수령에 있어서 인감소지

"보험금의 수령권을 수여하면서 인감을 교부하였고 그 대리인으로서 보험금을 수령하고 나머지 청구권을 포기하는 합의를 하여 그 합의서를 작성하였다면 보험회사가 합의할 수 있는 권한이 있는 것으로 믿은 것은 정당하다.[1079]"

◎ 임차건물을 관리해온 경우, 임대차계약 해지 및 임차보증금 수령

"임차건물을 전대하는 법률행위를 할 수 있는 기본적 대리권을 수여받은 자가 실제로 임차건물을 관리해온 점 등의 사정이 있을 때에는 그에게 임대차계약의 해지와 임차보증금 수령에 관한 대리권도 있다고 믿은데 정당한 이유가 있다.[1080]"

1073) 대판 1962. 7. 12. 62다255.
1074) 대판 1962. 8. 30. 62다400.
1075) 대판 1962. 10. 18. 62다535.
1076) 대판 1966. 11. 22. 66다1736.
1077) 대판 1969. 10. 11. 69다1213.
1078) 대판 1971. 11. 30. 71다2166.
1079) 대판 1982. 4. 27. 81다983.

◎ 일반행정사무와 관리업무수행 직원의 회사 직인 보관

"건설회사직원이 회사로부터 공사현장에서 공사수행에 필요한 일반행정사무와 관리업무수행에 대한 대리권을 수여받고 대표이사의 직인을 보관하면서 위 업무를 처리하여 왔다면, 그 권한을 넘어서 토지의 처분행위를 한 경우 상대방으로서는 그에게 회사를 대리하여 토지를 처분할 권한이 있는 것으로 믿었고 이와 같이 믿는데 정당한 이유가 있었다.[1081)]"

다. 정당한 이유를 부정한 경우

◎ 부동산 매도를 위임받은 대리인이 자신의 채무 지급에 갈음하여 그 부동산에 관하여 대물변제계약을 체결한 경우, 위 부동산을 대물변제로 제공할 대리권이 있다고 믿은 데에 정당한 이유가 있다고 할 수 있는지 여부(소극)

"소외인이 원고로부터 이 사건 제1부동산의 매도를 위임받고 그 소유권이전등기에 필요한 서류와 인감도장을 모두 교부받아 소지한 채 이를 위 피고에게 제시하며 위 부동산을 처분할 대리권이 있음을 표명하고 나섰다면 일응 위 피고로서는 소외인에게 원고를 대리하여 이 사건 제1부동산을 대물변제나 양도담보로 제공할 권한이 있다고 믿을 만한 정당한 이유가 있었다 할 것이고, 소외인이 위 피고에 대하여 별건 부동산 매매대금채무를 부담하고 있었다 하여 더 나아가 원고에 대해 직접 대리권 수여 유무를 확인해보아야만 정당한 이유가 있다고 볼 것은 아니라 할 것이다.[1082)]"

◎ 연대보증에 있어서 이전에 거래증서를 전달하고 본인 인감증명을 제시한 사실

"농업협동조합의 서기가 그 조합장이 구속 부재 시에 사무실 서랍에 있던 조합장의 인장을 마음대로 사용하여 조합에서 금원을 타인으로부터 차용함에 있어서 조합장을 연대보증인으로 한 것이라면 서기가 종전에 조합장의 명에 의하여 비료외상대금상환증서를 그 타인에게 전달하고 그 외상비료를 그로부터 수령하여 조합원에게 배급한 사실이 있고 조합장의 인감증명이 이전에 그 타인에게 제출된 일이 있었다는 사실만으로는 위 서기의 행위가 조합장 개인의 표현대리인으로서의 행위라고 단정할 수 없다.[1083)]"

◎ 부동산매매에 있어서 자칭대리인이 등기필권리증과 인장 미소지

"본인의 인감증명과 위임장 및 매도증서만을 제시할 뿐 등기필권리증을 제시하지 못하고 실인(인감도장)을 소지 못하였다면 적지 않은 값어치의 부동산을 매수하는 자로서는 의당 상대방의 대리권에 대하여 의심을 갖고 그의 존부에 대하여 확인조치를 취하여야 하고 막연히 소개인과 자칭대리인의 말만 맹신하고 아무런 조치를 취하지 않고 계약을 체결하였다면 대리인을 상대로 거래하는 매주측으로서 의당 하여야 할 주의를 다하지 못한 과실이 있다.[1084)]"

◎ 연대보증에 있어서 기망에 의한 인감증명과 인감도장 교부, 상대방의 대리권 미확인

"은행에 대한 과거의 차용금 채무를 연대보증한 갑이 동 채무의 변제기일연장에 필요하다는 요청에 따라 인감증명과 인감도장을 교부하였을 뿐 새로운 채무부담을 위한 근저당권설정이나 다른 새로운 채무까지 연대보증할 것을 승낙한 바 없었는데 채무자가 임의로 위 인감도장을 사용하여

1080) 대판 1987. 5. 12. 86다카2849.

1081) 대판 1990. 10. 23. 90다카13212.

1082) 대판 2009. 11. 12. 2009다46828; 대판 1987. 5. 26. 86다카1821; 대판 1978. 3. 28. 78다282, 283.

1083) 대판 1965. 1. 19. 64다1138.

1084) 대판 1976. 3. 23. 73다1549.

새로이 은행으로부터 금원을 차용하면서 갑을 대리하여 연대보증계약을 체결하고 은행도 채무자에게 갑을 대리할 권한이 있는지 전혀 조사하지 않았다면 표현대리가 성립되지 아니한다.[1085)]"

◎ 영업범위 외의 행위에 있어서 상업사용인이라는 사실

"일반적으로 상업사용인은 상인의 영업범위 내에 속하는 일에 관하여 그 상인을 대리할 수 있고 영업과 관계없는 일에 관하여는 특별한 수권이 없는 한 대리권이 없는 것이므로 상업사용인이 권한없이 상인의 영업과 관계없는 일에 관하여 상인의 행위를 대행한 경우에 특별한 수권이 있다고 믿을 만한 사정이 없는 한 상업사용인이라는 이유만으로 그 대리권이 있는 것으로 믿을 만한 정당한 이유가 있다고 보기 어렵다.[1086)]"

◎ 종중 토지 매수에 있어서 종중 규약 및 처분관계서류 미확인

"종중규약에 종중재산의 취득 및 처분에 관하여 일정한 절차를 거치도록 규정되어 있어 거액의 종중재산인 토지를 매수하는 자들이 그 기대되는 약간의 주의를 기울여 위 규약과 처분관계서류를 대조, 조사했더라면 서류 자체로서도 위 처분에 관한 소정의 절차가 없었음을 쉽게 알 수 있는 경우, 위 매수인들로서는 종중의 대표자가 위 토지를 처분할 권한이 있다고 믿은 데에 아무런 과실이 없었다고 볼 수 없다.[1087)]"

◎ 연대보증에 있어서 본인과 형제관계, 본인 인장 소지, 이전의 동일 거래사실

"피고 은행의 대출사무처리규정에 위배하여 연대보증인인 원고 갑, 을을 면접하여 본인임과 담보제공의사를 확인하거나 이들로부터 직접 서명날인을 받음이 없이 원고 갑과 형제간인 소외 병이 소지한 인장을 이용하여 근저당권설정 계약서를 작성한 것이라면, 소외 병이 원고 갑과 형제간으로서 출판사를 공동경영하며 과거에 피고 은행으로부터 금원을 대출받을 때에 원고 갑, 을이 연대보증 및 물상보증인이 된 일이 한번 있었고 위 근저당권설정당시 소외 병이 원고 갑, 을의 인장을 소지하고 있었다고 하여도 이러한 사유만으로 피고 은행이 소외 병을 원고 갑, 을의 정당한 대리인이라고 믿을 만한 정당한 이유가 있다고 보기 어렵다.[1088)]"

◎ 담보물 물적 책임 감경에 있어서 대출관련 업무를 취급한다는 사실

"은행거래의 관행상 다른 담보를 제공하는 등의 특별한 사정없이 담보물의 물적 책임을 감경시켜 준다는 것은 이례적이고 또 은행지점장과의 면담을 통해서 은행대리가 저당부동산의 담보책임을 금 2억원의 한도 내로 제한하여 주기로 한 약정이 은행의 방침으로 확정된 것인지 등 여부를 쉽게 확인할 수 있는 점에 비추어 볼 때 위 담보부동산을 매수한 자가 은행대리가 위 담보부동산 소유회사에 대한 대출관련 업무를 취급하고 있었다는 사유만으로 그에게 담보책임을 경감시킬 권한이 있었다고 믿을 만한 정당한 이유가 있다고 할 수 없다.[1089)]"

◎ 대출에서 은행 직원의 적법한 대출절차 미이행

"원고은행의 직원이 대부담당 사무계통을 통하여 적법한 피고 회사의 차금요청이 있었는가를 확인하는 등 원고은행 소정의 대출절차를 밟았더라면 피고 회사의 경리부장에게 대리권이 있는지의

1085) 대판 1976. 7. 13. 76다1155.
1086) 대판 1984. 7. 10. 84다카424, 425.
1087) 대판 1985. 7. 23. 83다419.
1088) 대판 1982. 7. 13. 82다카19.
1089) 대판 1989. 9. 12. 88다카28228.

여부를 알 수 있었던 경우에는 비록 위 은행직원이 피고 회사의 경리부장에게 자금차용에 관한 대리권이 있었다고 믿었더라도 거기에는 위와 같은 주의를 다하지 아니한 과실이 있었다고 할 것이어서 결국 원고은행으로서는 피고 회사에게 표현대리 책임을 물을 수 없다.[1090]"

○ 매수 대리인이 장기간이 지난 후 저렴한 가격으로 매도 시 대리권 미확인

"부동산을 매수할 대리권만을 수여받은 대리인이 부동산을 매수함으로써 그 대리권은 이미 소멸하였다고 할 것이므로, 본인을 대리하여 부동산을 매수한 대리인으로부터 3년 이상이나 지난 뒤에 이 부동산을 다시 매수하게 된 매수인으로서는, 대리인에게 본인을 대리하여 이 사건 부동산을 처분할 권한까지 있는지의 여부에 대하여 관심을 가지고 조금 더 확실한 방법으로 확인하고 조사하여 보았어야 할 것임에도 불구하고 아무런 확인조사도 하여 보지 아니한 채, 3년 이상 전의 매매대금의 6할도 못되는 금액에 매수하기로 매매계약을 체결하였으니, 매수인으로서는 타인의 대리인으로부터 부동산을 매수하는 사람으로서 일반적으로 기울어야 할 주의의무를 게을리 한 잘못이 있고, 따라서 매수인이 대리인에게 본인을 대리하여 부동산을 매도할 권한까지 있다고 믿을 만한 정당한 이유가 있었다고 볼 수 없다.[1091]"

○ 연대보증에서 보증용 인감증명서와 납세증명서의 소지

"물품공급계약에 따른 거래로 말미암아 갑이 부담하게 될 채무에 관하여 을의 대리인이라는 갑과 사이에 그 연대보증계약을 체결하면서 을이 대리권을 수여하였는지의 여부를 확인하지 아니한 가운데 을이 직접 발급받은 보증용 인감증명서와 재산세 납부증명서를 갑이 소지하고 있었다는 사실만으로는 갑에게 을을 대리하여 연대보증계약을 체결할 권한이 있었다고 믿을 만한 정당한 이유가 있다고 볼 수 없다.[1092]"

○ 하수급인이 공사대금 담보를 위해 완공될 주택에 대한 전세계약 체결시 대리권수여 미확인

"공사를 도급받은 자가 그 공사에 의하여 완성될 다가구주택 전부 또는 일부를 도급인을 대리하여 임대하는 방법으로 공사대금에 충당하는 것이 통상적으로 행하여지는 거래형태라고는 볼 수 없을 것이므로, 하수급인이 공사대금 채권을 담보하기 위하여 하도급인과 사이에 장차 완공될 다가구주택의 일부에 대한 전세계약을 체결함에 있어서는 건축주에게 직접 확인할 수 없는 부득이한 사정이 있는 경우를 제외하고는 직접 건축주에게 과연 당해 다가구주택을 담보로 제공할 의사를 가지고 있는지를 확인하여 보는 것이 보통인바, 하수급인이 아무런 조사도 하지 아니한 채 건축주의 인감증명서 1통만으로 그 대리권이 있는 것으로 믿었다면 그에게 과실이 있다.[1093]"

○ 대리권의 수여 여부를 본인에게 확인하지 않는 경우, 정당한 이유의 존재 여부(소극)

"위의 경우, 그 존재 여부를 본인에게 확인함이 없이 근저당권설정계약을 체결한 경우에는, 대리인에게 본인을 대리할 권한이 있다고 믿을 만한 정당한 이유가 있다고 볼 수 없으므로, 표현대리의 성립이 인정되지 아니한다.[1094]"

1090) 대판 1990. 1. 23. 88다카3250.
1091) 대판 1991. 2. 12. 90다7364.
1092) 대판 1992. 2. 25. 91다490.
1093) 대판 1995. 9. 26. 95다23743.
1094) 대판 1992. 11. 27. 92다31842; 대판 1992. 2. 25. 91다490; 대판 1980. 4. 8. 80다188.

◎ 제3자의 과실을 인정한 사례

"일반적으로 부동산의 소유자가 아닌 제3자로부터 근저당권을 취득하려는 자로서는, 근저당권설정계약을 함에 있어서 그 소유자에게 과연 담보제공의 의사가 있었는지 여부 및 그 제3자가 소유자로부터 담보제공에 관한 위임을 받았는지 여부를 서류상 또는 기타의 방법으로 소유자에게 확인하여 보는 것이 보통이라 할 것이므로, 만약 그러한 조사를 하지 아니하였다면, 그 제3자에게 소유자를 대리할 권한이 있다고 믿은 데에 과실이 있다.[1095]"

◎ 인감도장·인감증명을 소지한 경우, 정당한 이유의 존재를 부정한 사례

"금융기관이 본인 아님을 아는 어떤 사람이, 본인의 인감도장과 그 인감증명을 가지고 있다 하여 계약체결의 권한이 있다고 믿었어도 정당한 이유는 되지 아니한다고 한 사례.[1096]"가 있다.

라. 일상가사대리에서 정당한 이유의 판단

◎ 남편의 장기간 입원과 의료비 및 생활비 마련을 위한 매매행위

"남편이 정신병으로 장기간 병원에 입원함에 있어서, 입원비, 생활비, 자녀교육비 등을 준비하여 두지 않은 경우에 그 아내에게 가사대리권이 있었고 남편 소유의 가대를 적정가격으로 매도하여 그로서 위 비용에 충당하고 나머지로서 대신 들어가 살 집을 매수하였다면 매수인이 이러한 사유를 알았건 몰랐건 간에 객관적으로 보아서 그 아내에게 남편의 대리권이 있다고 믿을 만한 정당한 사유가 된다.[1097]"

◎ 처가 남편 명의로 금원을 차용하고 그 담보로 남편 소유의 부동산에 가등기를 설정하여 준 행위를 일상가사대리권을 넘은 표현대리행위라고 인정한 예

"처의 인척으로부터 집안이 경제적으로 여유 있을 뿐 아니라 완고하고 보수적인 가풍이며, 처 역시 검소하고 알뜰하여 남편과 사이도 원만하다는 소문이 나 있는데다가 집안에 일시적으로 돈 쓸 일이 생겨서 남편이 그 처를 통하여 돈을 빌리고자 한다는 말을 듣고 있던 중, 그 인감증명서의 뒤쪽이 백지로 되어 있어 현행 인감증명 발급절차에 비추어 이를 남편이 직접 발급받은 것이라고 믿은 것이라면 제3자로서는 처가 가등기경료에 관하여 남편을 대리할 권한이 있다고 믿음에 정당한 사유가 있다.[1098]"

◎ 일상가사대리권을 수여받은 내연의 처가 체결한 근저당권설정계약과 그 상대방이 대리권이 있다고 믿을 수 없는 경우

"내연의 처에게 일상가사대리권이 수여된 경우라 하더라도 남편이 본처 소생의 장남 결혼비용을 내연의 처에게 차용토록 위임하면서 이와 아울러 거액의 기존채무를 위하여 그 소유 부동산을 담보로 제공함에 필요한 대리권을 수여한다는 것은 이례에 속한다 할 것이고, 또 내연의 처가 남편의 인감도장이나 등기필증 등을 용이하게 입수할 수 있는 사정을 근저당설정계약의 상대방이 쉽게 알아차릴 수 있었다면, 내연의 처에게 일상가사대리권이 수여되었고 남편의 인감증명, 인감도장, 위임장, 일부 등기필증 등을 지참하고 있었다는 점 등은 피고가 내연의 처에게 근저당권설정 대리권이 있다고 믿은 정당한 이유가 될 수 없다.[1099]"

1095) 대판 1995. 2. 17. 94다34425; 대판 1994. 11. 8. 94다29560; 대판 1992. 2. 25. 91다490.
1096) 대판 1980. 4. 8. 80다188.
1097) 대판 1970. 10. 30. 70다1812.
1098) 대판 1981. 6. 23. 80다609.

◎ 자가용 차의 구입을 위한 차금행위가 일상 가사에 속하는 행위인지 여부(소극)

"처가 부의 자가용차 구입대금을 차용하는 행위는 부부간 일상가사대리권의 범위에 속하지 않으며 처가 임의로 작성한 부명의의 차용증서를 상대방에게 교부하면서 자기에게 대리권이 있다고 말하였다는 사정만으로 상대방이 처를 부의 대리인으로 믿을만한 정당한 사유가 있다고 할 수 없다.[1100)]"

◎ 남편이 자신의 사업상의 채무에 대하여 처 명의로 연대보증약정을 한 행위를 일상가사대리권을 넘는 표현대리행위라고 인정한 원심판결을 파기한 사례

"부부간에 서로 일상가사대리권이 있다고 하더라도, 일반적으로 처가 남편이 부담하는 사업상의 채무를 남편과 연대하여 부담하기 위하여 남편에게 채권자와의 채무부담약정에 관한 대리권을 수여한다는 것은 극히 이례적인 일이라 할 것이고, 채무자가 남편으로서 처의 도장을 쉽사리 입수할 수 있었으며 채권자도 이러한 사정을 쉽게 알 수 있었던 점에 비추어 보면, 채무자가 채권자를 자신의 집 부근으로 오게 한 후 처로부터 위임을 받았다고 하여 처 명의의 채무부담약정을 한 사실만으로는 채권자가 남편에게 처를 대리하여 채무부담약정을 할 대리권이 있다고 믿은 점을 정당화할 수 있는 객관적인 사정이 있다고 할 수 없다.[1101)]"

마. 제126조의 제3자

◎ 어음을 배서 · 양도받은 자가 표현대리규정에서 제3자인지 여부

"표현대리에 관한 민법 제126조의 규정에서 제3자라 함은 당해 표현대리행위의 직접 상대방이 된 자만을 지칭하는 것이고, 약속어음의 보증의 구체적, 실질적인 상대방은 어음의 제3취득자가 아니라 발행인이라 할 것이어서 약속어음의 보증 부분이 위조된 경우, 동 약속어음을 배서, 양도받은 제3취득자는 위 보증행위가 민법 제126조 소정의 표현대리행위로서 보증인에게 그 효력이 미친다고 주장할 수 있는 제3자에 해당하지 않는다.[1102)]"

◎ 어음행위의 표현대리에 있어서 민법 제126조 소정의 제3자의 범위

"전략(前略)··· 이는 위 규정을 배서와 같은 어음행위에 적용 또는 유추적용할 경우에 있어서도 마찬가지로 보아야 할 것이며, 약속어음의 배서행위의 직접 상대방은 그 배서에 의하여 어음을 양도받은 피배서인만을 가리키고, 그 피배서인으로부터 다시 어음을 취득한 자는 민법 제126조 소정의 제3자에 해당하지 아니한다.[1103)]"

(라) 본인의 과실 문제

표현대리제도의 취지 및 공평의 원칙을 고려할 때, 본인의 과실이 있어야 비로소 본인에게 책임을 물을 수 있다는 견해가 있으나,[1104)] 본인의 과실은 제126조의 표현대리가 성립하기 위한 요건은 아니다.

1099) 대판 1984. 6. 26. 81다524.
1100) 대판 1985. 3. 26. 84다카1621.
1101) 대판 1997. 4. 8. 96다54942.
1102) 대판 2002. 12. 10. 2001다58443.
1103) 대판 1994. 5. 27. 93다21521; 대판 1991. 6. 11. 91다3994; 대판 1986. 9. 9. 84다카2310.
1104) 김증한 · 김학동, 449면.

(3) 효 과

그 요건을 갖추어 제126조의 표현대리가 성립할 경우의 효과는 제125조의 경우와 같다. 다만, 제126조의 표현대리의 경우, 성립요건 중 일부가 갖춰지지 않은 경우에도, 양적으로 분할이 가능한 월권대리의 경우에는, 일부무효의 법리를 적용함으로써 기본대리권 범위 내의 행위는 유효하다 할 것이다.[1105] 판례의 태도도 마찬가지이다.[1106]

판 례

◎ 전처로부터 부동산의 처분을 위해 교부받은 인감도장을 사용하여 전처와 공동으로 타인의 할부판매보증계약상의 채무를 연대보증 한 경우의 효력

"전처와 동거 중에 그로부터 부동산의 처분에 관한 대리권을 수여받으면서 교부받은 인감도장과 사용용도가 보증보험연대보증용으로 기재되어 있고 이면의 인감증명발급신청 위임장에 사용용도가 보증용으로 기재된 인감증명서를 제출하여 전처와 공동으로 할부판매보증보험계약상의 채무를 연대보증 한 경우, 전처의 표현대리 책임을 부정한 원심을 심리미진을 이유로 파기한다(원심판결은 잘못된 것이다.).[1107]"

◎ 근저당권 설정에 있어서 표현대리의 효과가 기존채무에도 미치는지 여부(적극)

"대리인이 권한을 넘어 본인을 채무자겸 물상보증인으로 하여 근저당권 설정을 함에 있어 대리인의 제3자에 대한 기존채무와 위 근저당권설정 무렵 추가로 차용하는 채무의 합산액을 피담보채무로 정한 경우에 표현대리의 효과는 위 기존채무에도 미친다.[1108]"

◎ 수표발행이 표현대리로 유효한 경우, 전전양수인에 대한 효력

"수표발행의 직접 상대방에게 표현대리의 요건이 갖추어져 있는 이상 그로부터 수표를 전전양수한 소지인으로서는 표현대리에 의한 위 수표행위의 효력을 주장할 수 있으므로 본인은 그 책임을 부담한다.[1109]"

◎ 본인을 위한 것임을 표시하지 않은 경우, 민법 제126조의 적용 여부

"종중으로부터 임야의 매각과 관련한 권한을 부여받은 갑이 임야의 일부를 실질적으로 자기가 매수하여 그 처분권한이 있다고 하면서 을로부터 금원을 차용하고 그 담보를 위하여 위 임야에 대하여 양도담보계약을 체결한 경우, 이는 종중을 위한 대리행위가 아니어서 그 효력이 종중에게 미치지 아니하고, 민법 제126조의 표현대리의 법리가 적용될 수도 없다.[1110]"

◎ 기타 제126조의 표현대리의 책임을 인정한 사례

"어음행위의 대리 또는 대행권한을 수여받은 자가 그 수권의 범위를 넘어 어음행위를 한 경우, 본인은 그 수권의 범위 내에서는 대리 또는 대행자와 함께 어음상의 채무를 부담한다고 한 사

1105) 같은 견해 김상용, 603면.
1106) 대판 1989. 1. 17. 87다카1698; 대판 1987. 9. 8. 86다카754.
1107) 대판 1998. 7. 10. 98다16586; 대판 1997. 7. 8. 97다9895; 대판 1991. 4. 23. 90다16009.
1108) 대판 1980. 12. 23. 80다1416.
1109) 대판 1991. 6. 11. 91다3994.
1110) 대판 2001. 1. 19. 99다67598; 대판 1992. 11. 13. 92다33329; 대판 1972. 12. 12. 72다1530.

례.[1111]"가 있다.

(4) 적용범위

제126조의 표현대리는 임의대리 이외에 법정대리에도 적용되는가? 이에 관한 학설은 나뉜다.[1112] 생각건대 법정대리의 주된 목적이 제한능력자의 제한된 사적자치를 국가의 간섭을 통하여 보충하는 데 있는 것이기는 하나, 법정대리의 경우라고 해서 권한유월의 행위가 없을 수 없고, 거래의 안전보호는 대리제도가 추구하는 보편적 가치라는 점에서, 법정대리의 경우에도 제126조가 적용되어야 한다.

판 례

○ 민법상 표현대리 규정이 어음행위의 위조에 관하여 유추적용하기 위한 요건

"다른 사람이 본인을 위하여 한다는 대리문구를 어음상에 기재하지 않고 직접 본인 명의로 기명·날인을 하여, 이른바 기관 방식 또는 서명대리 방식의 어음행위가 권한 없는 자에 의하여 행하여졌다면, 이는 어음행위의 무권대리가 아니라 어음행위의 위조에 해당하는 것이기는 하나, 그 경우에도 제3자가 어음행위를 실제로 한 자에게 그와 같은 어음행위를 할 수 있는 권한이 있다고 믿을 만한 사유가 있고, 본인에게 책임을 질 만한 사유가 있는 때에는, 대리방식에 의한 어음행위의 경우와 마찬가지로, 민법상의 표현대리 규정을 유추적용하여 본인에게 그 책임을 묻을 수 있다.[1113]"

○ 농업협동조합법에 위반하여 절대무효인 행위에 대한 표현대리 비적용

"농업협동조합은 농업협동조합법에 의하여 설립되는 특수법인으로서 그 사업능력은 같은 법에서 정한 범위 내에 국한된다 할 것이니 사업능력 범위를 벗어난 개인으로부터의 자금 차입을 위한 약속어음 발행행위는 절대무효이고 표현대리에 관한 법리를 적용할 여지가 없다.[1114]"

○ 법인관리인 임명이 당연무효인 경우, 관리인의 행위에 대한 표현대리 비적용

"귀속재산이 아닌 국내법인에 대하여 재무부장관이 관리인을 임명할 수 있는 아무런 근거가 없으므로 재무부장관이 국내법인의 관리인을 임명한 행위는 당연무효인 것이고 따라서 재무부장관의 관리인 임명

1111) 대판 2001. 2. 23. 2000다45303, 45310.

1112) 기본적으로 제126조가 법정대리에도 적용되는가? 하는 문제는, 제126조의 요건으로 본인의 과실이나 과책성(행동)이 상대방의 신뢰의 원인이 되었는가와 관련되는 문제이다. 제1설(적용긍정설)은, 본조의 요건으로서 본인의 과실·행위가 요구되지 않으므로 동조는 법정대리에도 적용된다고 하면서, 가령 법정대리인인 후견인이 후견감독인의 동의를 얻어 대리행위를 하여야 하는 경우(제950조), 후견인이 후견감독인의 동의를 위조하거나 또는 후견감독인의 결의가 취소된 때에는 제126조가 적용된다고 한다(곽윤직·김재형, 361면; 김상용, 607면; 김용한, 379면; 백태승, 507면; 주해(Ⅲ) 173면. 다만, 후견인이 후견감독인의 동의를 얻지 않은 경우에는 제950조 제2항이 적용되고, 제126조의 적용을 부정한다는 견해가 있다. 김용한, 379면). 제2설(적용부정설)은, 제126조를 법정대리에 적용하면 제한능력자의 보호라는 제한능력자제도의 목적에 반하기 때문에 본조는 법정대리에는 적용되지 않는다고 한다(김증한·김학동, 451면; 이영준, 554면; 이은영, 642면). 제3설(절충설)의 첫째는, 고도의 유통성을 지닌 유가증권 기타 이에 준하는 거래의 경우에는 제126조의 법정대리에의 적용이 긍정되나, 그 외에는 그 적용이 부정된다고 한다. 고상룡, 636면). 그 둘째는, 본인이 제한능력자인 경우의 법정대리에는 제126조가 적용되지 않지만, 그 외의 경우의 법정대리에 제126조의 적용을 긍정한다(송덕수, 412면). 판례는, 법정대리에도 제126조의 표현대리의 적용을 긍정한다(대판 1997. 6. 27. 97다3828; 대판 1968. 8. 30. 68다1051 등).

1113) 대판 2000. 3. 23. 99다50385; 대판 2000. 2. 11. 99다47525; 대판 1969. 9. 30. 69다964.

1114) 대판 1963. 1. 17. 62다775.

행위가 당연무효인 이상 위 관리인의 행위에 관하여 민법상 표현대리의 법리를 적용할 수 없다.[1115)]"

◎ 상무이사의 행위에 대한 상법 제395조와 민법 제126조의 적용범위

"상무이사 기타 회사를 대표할 권한이 있는 것으로 인정될 만한 명칭을 사용한 이사가 자기명의로 한 행위에 대하여는 그 이사가 회사를 대표할 권한이 없는 경우에도 상법 제395조에 의하여 회사는 선의의 제3자에 대하여 책임을 지나 상무이사가 대표이사를 대리하여 법률행위를 한 경우에는 대리에 관한 규정이 적용되고 그 행위가 민법 제126조의 요건을 구비한 경우에는 그 조문이 적용된다.[1116)]"

◎ 어음행위에 대한 적용

"어음행위를 함에 있어 대리의 형식에 의하건 서명대리의 방식에 의하건 제3자가 이러한 방식에 의하여 어음행위를 실지로 한 자에게 그러한 어음행위를 할 수 있는 권한이 있다고 믿을 만한 사유가 있고 본인에게 책임을 질 만한 사유가 있는 경우에는 거래안전을 위하여 표현대리에 있어서와 같이 본인에게 책임이 있다.[1117)]"

◎ 사립학교법에 의하여 권한이 제한된 법률행위에 대한 표현대리 규정 비적용

"사립학교법에 의하여 학교법인을 대표하는 이사장이라 하더라도 이사회의 심의·결정을 거쳐야 하는 재산의 처분 등에 관하여는 법률상 그 권한이 제한되어 이사회의 심의·결정 없이는 이를 대리하여 결정할 권한이 없는 것이라 할 것이므로 이사장이 한 학교법인의 기본재산 처분행위에 관하여는 민법 제126조의 표현대리에 관한 규정이 준용되지 아니한다.[1118)]"

◎ 강행법규 위반 행위에 대한 표현대리 법리 비적용

"증권회사 또는 그 임·직원의 부당권유행위를 금지하는 증권거래법 제52조 제1호는 공정한 증권거래질서의 확보를 위하여 제정된 강행법규로서 이에 위배되는 주식거래에 관한 투자수익보장약정은 무효이고, 투자수익보장이 강행법규에 위반되어 무효인 이상 증권회사의 지점장에게 그와 같은 약정을 체결할 권한이 수여되었는지 여부에 불구하고 그 약정은 여전히 무효이므로 표현대리의 법리가 준용될 여지가 없다.[1119)]"

◎ 교회의 대표자가 교인총회의 결의를 거치지 아니하고 교회 재산을 처분한 행위에 대하여 민법 제126조의 표현대리에 관한 규정을 준용할 수 있는지 여부(소극)

"비법인사단인 교회의 대표자는 총유물인 교회 재산의 처분에 관하여 교인총회의 결의를 거치지 아니하고는 이를 대표하여 행할 권한이 없다. 그리고 교회의 대표자가 권한 없이 행한 교회 재산의 처분행위에 대하여는 민법 제126조의 표현대리에 관한 규정이 준용되지 아니한다.[1120)]"

◎ 제129조와의 경합

"대리행위가 소멸된 대리권의 내용과 다른 종류의 행위인 경우에도 표현대리가 성립될 수 있으니 민법 제129조와 제126조는 경합될 수 있는 법리이다.[1121)]"

1115) 대판 1963. 2. 14. 62다887.
1116) 대판 1968. 7. 16. 68다334, 335.
1117) 대판 1971. 5. 24. 71다471.
1118) 대판 1983. 12. 27. 83다548.
1119) 대판 1996. 8. 23. 94다38199.
1120) 대판 2009. 2. 12. 2006다23312; 대판 2003. 7. 11. 2001다73626; 대판 2002. 2. 8. 2001다57679.

(5) 부부의 일상가사대리권에 제126조의 표현대리의 적용 문제

●● 사례 21

원고는 2002. 2.경 A와 특약점계약을 체결하고 그에게 음료수를 공급하다가 2003. 1. 1. A와 다시 대리점계약을 체결하고 음료수를 공급하였다. A는 2003. 4. 11. 원고에게, 'A의 처인 피고가 위 대리점계약에 의한 A의 채무를 연대보증한다'는 내용이 기재되어 있고 피고의 인감도장이 날인되어 있는 피고 명의의 연대보증각서, 대리에 의하여 발급된 피고의 인감증명서를 제출하였다. 한편 이 사건 연대보증각서 제출 전인 2003. 2. 5. 서울보증보험 주식회사가 A와 원고에 대한 물품대금채무의 지급을 보증하는 보증보험계약을 체결하였는데, 그 당시 피고가 위 보증보험계약의 청약서에 A의 연대보증인으로 직접 서명·날인하고 자신의 주민등록증 사본과 본인 발급의 인감증명서도 제출한 사정이 있다(보증보험 계약상의 연대보증은 서울보증보험이 A의 원고에 대한 물품대금채무를 2003. 2. 5.부터 2004. 2. 4.까지 1,000만 원 한도에서 보증하는 내용임). 원고는 2003. 12.경까지 A에게 음료수를 공급하였는데, A는 그 대금 중 67,774,720원을 지급하지 아니하고 있다.

원고는, 피고에게 위 대리점계약에 의한 채무의 연대보증을 이유로 미지급금청구를 하였다. 원고의 청구는 타당한가?

●● 사안의 쟁점:

첫째, 피고가 A에게 위 대리점계약에 의한 채무의 연대보증에 관한 대리권을 수여하였는지 여부

둘째, 피고가 A에게 대리권을 수여하지 아니하였다면, 피고는 민법 제126조에서 정한 권한을 넘은 표현대리 법리에 의하여 A의 대리행위에 대하여 책임이 있는지 여부 등이다.

(가) 일상가사대리권의 의의

일상가사라 함은 부부의 가정공동생활에서 필요로 하는 통상의 사무를 말한다. 일상가사의 내용·정도 및 범위는 당해 부부공동체의 생활정도, 그 부부가 생활하는 지역사회의 관습 기타 사회통념에 의하여 판단한다.[1122] 부부는 일상가사에 관하여 서로 대리권이 있다(제827조 제1항). 일상가사대리는 부부라는 신분관계에서 자연히 발생하는 것이므로, 현명을 필

1121) 대판 1971. 12. 21. 71다2024.

1122) '민법 제832조에서 말하는 일상의 가사에 관한 법률행위라 함은, 부부가 공동생활을 영위하는데 통상 필요한 법률행위를 말하므로, 그 내용과 범위는 그 부부공동체의 생활구조, 정도와 그 부부의 생활장소인 지역사회의 사회통념에 의하여 결정되며, 문제가 된 구체적인 법률행위가 당해 부부의 일상가사에 관한 것인지를 판단함에 있어서는 그 법률행위의 종류·성질 등 객관적 사정과 함께 가사처리자의 주관적 의사와 목적, 부부의 사회적 지위·직업·재산·수입능력 등 현실적 생활상태를 종합적으로 고려하여 사회통념에 따라 판단하여야 한다. 금전차용행위도 금액, 차용목적, 실제의 지출용도, 기타의 사정 등을 고려하여 그것이 부부의 공동생활에 필요한 자금조달을 목적으로 하는 것이라면 일상가사에 속한다고 보아야 하므로, 아파트 구입비용 명목으로 차용한 경우, 그와 같은 비용의 지출이 부부공동체 유지에 필수적인 주거공간을 마련하기 위한 것이라면 일상가사에 속한다고 볼 수 있다. 부인이 남편명의로 분양받은 45평형 아파트의 분양금을 납입하기 위한 명목으로 금전을 차용하여 분양금을 납입하였고, 그 아파트가 남편의 유일한 부동산으로서 가족들이 거주하고 있는 경우, 그 금전차용행위는 일상가사에 해당한다.'(대판 1999. 3. 9. 98다46877) 한편 '민법 제827조 제1항의 부부간의 일상가사대리권은 부부가 공동체로서 가정생활상 항시 행하여지는 행위에 한하므로, 처가 별거하여 외국에 체류중인 부의 재산을 처분한 행위를 부부간의 일상가사에 속하는 것이라 할 수 없다.'(대판 1993. 9. 28. 93다16369)

요로 하지 않는다.

(나) 일상가사대리권에 제126조의 적용 여부

일상가사대리권이 제126조의 표현대리에서 말하는 기본대리권이 될 수 있는가? 이에 관하여는 학설상 다툼이 있다.[1123] 생각건대 일상가사대리권도 대리권의 일종으로서 제126조의 표현대리에서 말하는 기본대리권이 될 수 있다고 생각한다. 그렇다면, 부부의 행위가 일상가사의 범위 내에 속한다고 상대방이 믿을 만한 정당한 이유가 있을 때에는, 일상가사대리권을 기본대리권으로 하는 제126조의 표현대리가 성립하지만, 정당한 이유의 존재를 인정할 수 없을 경우에는 특별한 수권행위가 없는 한, 제126조의 표현대리는 성립하지 않는다고 해석하여야 한다.

●● 사례 21의 해결:

첫째, 이 사건 연대보증 당시 A가 피고의 인감도장을 가져와 직접 그 각서에 날인한 점, 통상 남편은 그 처의 인감도장을 용이하게 입수할 수 있는 점, 위 보증보험계약 당시 제출된 피고의 인감증명서는 피고 본인이 직접 발급받았던 것이나 그 후 이 사건 연대보증 당시 제출된 피고의 인감증명서는 대리 발급되었던 것인 점, 보증보험계약상의 연대보증은 서울보증보험이 소외인의 원고에 대한 물품대금채무를 2003. 2. 5.부터 2004. 2. 4.까지 1,000만 원 한도에서 보증하는 보증보험계약에 관한 것인데 반하여, 이 사건 연대보증은 대리점의 운영과 관련하여 기존에 발생하였거나 장래에 발생할 A의 원고에 대한 채무 일체를 한도 없이 담보하는 것이어서, 그 대상채무의 발생 근거와 법적 성격을 달리할 뿐 아니라 그 채무의 범위에서도 현저한 차이를 보이고 있으므로, 피고가 위 보증보험계약에 대하여 직접 연대보증하였다고 하여 피고에게 이 사건 연대보증을 할 의사까지 있었다고 추정하기는 어려우므로, 위와 같은 사정만으로 피고가 A에게 이 사건 연대보증에 관한 대리권을 수여하였다고 추단할 수 없다.

1123) 제1설은, 일상가사대리권의 법적 성질은 법정대리권이라 하면서, 일상가사대리권을 기본대리권으로 하여서도 제126조의 표현대리가 성립할 수 있다고 한다(김상용, 609면; 송덕수, 413면; 이영준, 555면; 이은영, 644면). 제2설은, 일상가사대리권의 법적 성질을 혼인공동체 대표자의 대표권이라고 하면서, 상대방이 일상가사대리의 범위 내라고 믿을 만한 정당한 이유가 있는 경우에는, 본조를 유추적용하여야 한다고 한다(김주수, 342면). 제3설은, 일상가사대리권은 부부간의 묵시적 수권행위가 법률로 표현된 것이라고 이해함으로써, 부부관계의 태양에 따라 일상가사의 범위가 신축될 것이라고 하면서, 일상가사의 범위에 들어갈 경우에는 바로 제827조가 적용되고 그러한 범위를 넘는 경우에는 대리권 수여의 문제가 아니라, 제126조의 정당한 이유의 존부 문제로 다루어 표현대리의 인정 여부를 결정하는 것이 타당하다고 한다(고상룡, 582면). 제4설은, 일상사가대리권을 기본대리권으로 인정할 경우에도 상대방의 신뢰는 언제나 정당한 이유가 없는 것으로 판단될 것이라 하면서, 일상가사대리권에 본조의 적용을 인정하더라도, 실제로는 본조의 요건을 갖추지 못함으로써 본조의 적용의도가 유명무실하게 되기 때문에 법정대리에 제126조를 적용할 필요가 없다고 한다(김증한 · 김학동, 451면). 판례는, '대리가 적법하게 성립하기 위하여는 대리행위를 한 자, 즉 대리인이 본인을 대리할 권한을 가지고 그 대리권의 범위 내에서 법률행위를 하였음을 요하며, 부부의 경우에도 일상의 가사가 아닌 법률행위를 배우자를 대리하여 행함에 있어서는 별도의 대리권을 수여하는 수권행위가 필요한 것이지, 부부의 일방이 의식불명의 상태에 있어 사회통념상 대리관계를 인정할 필요가 있다는 사정만으로 그 배우자가 당연히 채무의 부담행위를 포함한 모든 법률행위에 관하여 대리권을 갖는다고 볼 것은 아니다.'라고 한다.(대판 2000. 12. 8. 99다37856)

둘째, A가 피고의 남편으로서 일상가사대리권이 있고 원고가 A에게 피고를 대리하여 이 사건 연대보증을 할 권한이 있었다고 믿었다 하더라도, A에게 그 대리권이 있었다고 인정되지 않는 이상 민법 제126조의 표현대리가 성립하기 위하여는 원고가 소외인에게 그 대리권이 있었다고 믿었음을 정당화할 만한 객관적인 사정이 있어야 하는데(대판 1998. 7. 10. 98다18988 등 참조), 앞서 설시한 바와 같은 사정들로부터 이 사건 연대보증에 관한 소외인의 대리권을 추인하기 어려운 이상, 원고가 A에게 이 사건 연대보증에 관한 대리권이 있었다고 믿었음을 정당화할 사정은 없다. 그러므로 피고는 민법 제126조에 의한 책임이 없어 원고의 주장은 타당하지 아니하다.

(대판 2009. 12. 10. 2009다66068의 사실관계와 판결요지 등 참조)

5. 대리권 소멸 후의 표현대리(제129조)

(1) 의 의

이미 갖고 있던 대리권이 소멸하였음에도, 표현대리인이 종래의 대리권 범위 내의 대리행위를 한 경우를 대리권 소멸 후의 표현대리 또는 소멸대리[1124]라고 한다.[1125]

(2) 요 건

(가) 대리권의 소멸

대리인이 과거에는 대리권을 가졌으나, 대리행위시에는 대리권이 소멸하였어야 한다. 수권행위가 철회된 경우에는 제129조의 표현대리가 성립하나(판례), 표현대리인에게 처음부터 대리권이 전혀 존재하지 않은 경우에는 제129조의 표현대리가 성립하지 않는다(통설・판례).[1126]

판 례

○ 대리권 소멸 후 선임한 복대리인의 행위의 경우, 제129조의 표현대리 성립 여부(적극)

"표현대리의 법리는 거래의 안전을 위하여 어떠한 외관적 사실을 야기한 데 원인을 준 자는 그 외관적 사실을 믿음에 정당한 사유가 있다고 인정되는 자에 대하여는 책임이 있다는 일반적인 권리외관 이론에 그 기초를 두고 있는 것인 점에 비추어 볼 때, 대리인이 대리권 소멸 후 직접 상대방과 사이에 대리행위를 하는 경우는 물론 대리인이 대리권 소멸 후 복대리인을 선임하여 복대리인으로 하여금 상대방과 사이에 대리행위를 하도록 한 경우에도, 상대방이 대리권 소멸 사실을 알지 못하여 복대리인에게 적법한 대리권이 있는 것으로 믿었고 그와 같이 믿은 데 과실이 없다면, 민법 제129조에 의한 표현대리가 성립될 수 있다.[1127]"

1124) 주해(Ⅲ), 191면.

1125) 본조는 대리권자의 대리권이 사실상 소멸하였으나, 현재에도 계속 존속한다고 믿은, 과실 없는 상대방의 그 신뢰를 보호하기 위한 규정이다.

1126) 기초적 내부관계의 소멸에 의한 대리권 소멸의 경우에도 본조의 표현대리가 성립한다(김상용, 611면).

1127) 대판 1998. 5. 29. 97다55317; 대판 1998. 3. 27. 97다48982; 대판 1962. 2. 8. 4294민상192.

◎ 내부적인 대리권 수여의 철회가 있는 경우, 제129조 적용 여부(적극)

"본인으로부터 처분권한을 수여받은 대리인이 사자를 시켜 매매계약을 체결한 매수인으로부터 대금일부를 수령한 후에 본인과 대리인간에 내부적으로 대리권수여의 철회가 있었을 뿐 그 사실을 매수인에게 알리지 아니하였고 사자가 대리권 소멸을 숨기고 잔금을 매수인으로부터 수령하였다면 그 수령행위의 효과는 표현대리에 해당되어 본인에게 귀속한다.[1128]"

◎ 법정대리인의 대리권 소멸에 본조 적용 여부(적극)

"대리권 소멸 후의 표현대리에 관한 민법 제129조는 법정대리인의 대리권소멸에 관하여도 그 적용이 있다.[1129]"

◎ 대리인이 대리권 소멸 후 선임한 복대리인과 상대방 사이의 법률행위에도 민법 제129조의 표현대리가 성립하는지 여부(적극)

"표현대리의 법리는 거래의 안전을 위하여 어떠한 외관적 사실을 야기한 데 원인을 준 자는 그 외관적 사실을 믿음에 정당한 사유가 있다고 인정되는 자에 대하여는 책임이 있다는 일반적인 권리외관 이론에 그 기초를 두고 있는 것인 점에 비추어 볼 때, 대리인이 대리권 소멸 후 직접 상대방과 사이에 대리행위를 하는 경우는 물론 대리인이 대리권 소멸 후 복대리인을 선임하여 복대리인으로 하여금 상대방과 사이에 대리행위를 하도록 한 경우에도, 상대방이 대리권 소멸 사실을 알지 못하여 복대리인에게 적법한 대리권이 있는 것으로 믿었고 그와 같이 믿은 데 과실이 없다면 민법 제129조에 의한 표현대리가 성립할 수 있다.[1130]"

◎ 관리권 없는 자의 위임에 의한 행위로서 절대무효인 경우, 제129조 적용 여부(소극)

"당초부터 관리권이 없는 재무부장관의 위임에 의하여 재무국장이 한 국유임야의 매각처분은 절대무효로서 이에 대하여는 민법 제129조가 적용될 수 없다.[1131]"

◎ 물건판매점포 사용인이었던 자의 점포 외의 행위에 대한 제129조 적용 여부(소극)

"상법 제16조의 물건판매점포의 사용인은 특별한 수권사실이 없는 한 그 점포 외에서의 대금 수령권한이 있다고는 볼 수 없으므로 그의 퇴직사실을 모르고 점포 외에서 그에게 외상대금을 지급하였다 하여도 민법 제129조의 표현대리가 성립할 수는 없다.[1132]"

(나) 존재하였던 대리권 범위 내의 대리행위일 것

표현대리인의 행위가 소멸한 대리권 범위 내에서 행하여졌어야 한다.[1133]

(다) 상대방의 선의 · 무과실

상대방은 표현대리인의 대리권이 소멸하였음을 알지 못하고, 알지 못하는 데 과실이

1128) 대판 1971. 9. 28. 71다1428.

1129) 대판 1975. 1. 28. 74다1199.

1130) 대판 1998. 5. 29. 97다55317; 대판 1998. 3. 27. 97다48982; 대판 1962. 2. 8. 4294민상192.

1131) 대판 1969. 6. 10. 68다2146.

1132) 대판 1971. 3. 30. 71다65.

1133) 만약 표현대리인의 행위가 소멸된 대리권의 범위를 벗어난 경우에는 제126조의 표현대리만 성립할 뿐이다. 판례는, '대리행위가 소멸된 대리권의 내용과 다른 종류의 행위인 경우에도, 본조의 표현대리가 성립하고, 이 때에는 본조와 제126조가 경합된다.'고 한다.(대판 1971. 12. 21. 71다2024)

없어야 한다. 선의·무과실의 의의에 대하여는 학설상 다툼이 있다.[1134] 생각건대 제2설을 취할 경우, 본조와 제125조와의 구별이 쉽지 않게 된다. 제129조의 문언상 상대방의 선의·무과실이란, 과거에 존재하였던 대리권이 행위 당시에도 계속 대리인에게 존속하고 있는 것으로 믿었고, 그렇게 믿는 데에 과실이 없다는 의미로 새겨야 한다.

과거 대리권의 존재 사실과 상대방의 오신 사이에는 인과관계가 있어야 하는가? 학설은 나뉜다.[1135] 생각건대 제129조 단서의 '알지 못한 때'라 함은, 과거 대리권의 존재를 알고 있음을 전제로 하는 것이라는 점에서, 인과관계의 존재를 긍정하여야 한다.

상대방의 선의·무과실의 증명책임은 누가 지는가? 이에 관한 학설은 다툼이 있다.[1136] 생각건대 제129조의 표현대리의 경우, 외관의 신뢰가치는 제126조보다는 높지만, 제125조보다는 낮다. 그리하여, 제129조의 규정형식은 다른 두 규정[1137]과는 중간형식을 취한 것으로 보인다. 따라서 제129조의 규정형식에 비춰볼 때,[1138] 선의의 증명증책임은 제129조에 의한 효력발생을 주장하는 상대방이 부담하고, 상대방의 과실의 존재에 대한 증명책임은 그 책임을 면하려는 본인이 부담하여야 한다.

판 례

○ 본인이 대리권소멸을 상대방에게 알리지 않고 방치한 경우, 상대방의 무과실 인정

"원고가 피고 상호신용금고의 차장으로 있던 소외인의 권유에 따라 피고와 신용부금계약을 맺고 1회 불입금을 불입하자 소외인이 위 1회 불입금은 피고금고에 입금하였으나 그 후 동인은 피고금고를 사직하고서도 위 신용부금계약증서를 원고가 동인에게 맡겨두고 있음을 기화로 그 후에도 7회에 걸쳐 계속 원고로부터 원고의 사무실 등에서 위 불입금을 교부받아 피고금고에 입금치 않고 이를 횡령한 경우, 피고금고로서도 그 사이 원고에 대하여 위 불입금의 지급독촉이나 약관에 따른 부금계약의 해제조치도 없이 그대로 방치해두었고 위 소외인이 원고에게 한 것과 같이 고객에게

1134) 제1설은, 대리인이 과거에 대리권을 가지고 있었고, 지금도 그 대리권이 존속하는 것으로 믿고, 그렇게 믿는 데 과실이 없다는 의미로 해석한다(곽윤직·김재형, 362면; 김상용, 611면; 송덕수, 416면; 주해(Ⅲ), 195면; 지원림, 331면). 제2설은, 현재 문제가 되고 있는 행위에 대리권이 있는 것으로 오신하고, 그 오신에 과실이 없는 경우를 의미한다고 한다(김용한, 381면).

1135) 인과관계에 대한 학설 대립은, 선의·무과실의 의의에 관한 견해와 맥락을 같이 한다. 제1설은, 선의·무과실은 과거에 대리권이 있었고, 지금도 존속하는 것으로 믿고 있음을 의미한다고 함으로써 인과관계의 존재를 긍정한다(곽윤직·김재형, 362면면; 김상용, 612면; 김증한·김학동, 453면; 송덕수, 416면). 제2설은, 현재 문제된 행위에 대리권이 있다고 믿는 것을 의미한다고 함으로써 인과관계의 존재를 부정한다(김용한, 381면).

1136) 제1설은, 상대방의 악의·과실에 대한 증명책임은 본인이 부담하여야 한다고 새긴다(곽윤직·김재형, 362면; 김용한, 381면; 백태승, 512면; 장경학, 597면). 제2설은, 선의는 상대방이 증명하여야 하고, 상대방에게 과실이 있다는 점은 본인이 증명하여야 하는 것으로 새긴다(김상용, 612면; 김증한·김학동, 453면; 송덕수, 416면; 이영준, 558면).

1137) 특히 제125조의 경우, 일단 본인에게 책임을 부담시키면서, 상대방의 악의 또는 선의이나 과실이 있는 경우에는 본인이 책임을 지지 않는다고 규정하고 있어서, 상대방의 악의·과실에 대한 증명책임은 본인이 부담하도록 하는 것이 타당하다.

1138) 상대방이 선의이면 본인이 책임을 지고, 상대방에게 과실이 있으면, 본인이 책임을 지지 않는다고 규정한다.

부금가입을 권유하거나 수금을 하기 위하여 자주 자리를 비우는 자였다면 비록 원고가 다른 거래 관계로 피고금고 사무실에 자주 드나들었고 그때마다 위 소외인이 그 자리에 없었다 하더라도 원고로서는 위 소외인이 피고 금고를 사직한 사실을 모른데 대해 어떤 과실이 있었다고 보기 어렵다.[1139]"

(3) 효 과

이상의 요건이 갖추어지면, 제125조의 표현대리의 경우와 같은 효력이 생긴다.

판 례

○ 대리권 소멸 후 보관중인 도장으로 관계문서를 위조하여 금원 차용한 경우

"피고로부터 외상비료의 구입과 대여양곡의 차용권한을 수임한 이장이 대리권소멸 후에도 보관중인 피고의 도장으로 관계문서를 위조하여 농협조합으로부터 피고명의로 금원을 차용하였다면, 피고는 표현대리의 책임을 면치 못한다.[1140]"

(4) 적용범위

제129조가 임의대리에 적용됨은 의문이 없다. 법정대리에도 적용되는가? 이에 관한 학설은 나뉜다.[1141] 생각건대 표현대리인이 과거에 가지고 있던 대리권 범위 내의 행위를 한 이상, 법정대리에도 제129조가 적용된다고 생각한다.

판 례

○ 대표이사의 퇴임등기가 된 경우에 대하여 민법 제129조를 적용할 수 있는지 여부(소극)

"상법에 의하여 등기할 사항은 이를 등기하지 아니하면 선의의 제3자에게 대항하지 못하나, 이를 등기한 경우에는 제3자가 등기된 사실을 알지 못한 데에 정당한 사유가 없는 한 선의의 제3자에게도 대항할 수 있는 점(상법 제37조) 등에 비추어, 대표이사의 퇴임등기가 된 경우에 대하여 민법 제129조의 적용 내지 유추적용이 있다고 한다면 상업등기에 공시력을 인정한 의의가 상실될 것이어서, 이 경우에는 민법 제129조의 적용 또는 유추적용을 부정할 것이다.[1142]"

1139) 대판 1986. 8. 19. 86다카529.

1140) 대판 1970. 3. 10. 70다83.

1141) 제1설(적용 긍정설)은, 법정대리에도 제129조의 표현대리의 성립을 인정할 수 있다고 한다(곽윤직·김재형, 362면; 김상용, 613면; 김용한, 381면; 김증한·김학동, 453면; 백태승, 512면; 주해(Ⅲ), 198면). 제2설(제한적 긍정설)은, 둘로 나뉜다. 첫째, 법정대리의 적용을 긍정하면서도, 제한능력자의 법정대리의 경우에는 본조에 의한 표현대리를 인정하여, 제한능력자를 보호하려는 취지에 반하는 효과로 되는 때에는, 본조의 적용이 부인된다고 한다(이영준, 558면). 둘째, 제129조는 법정대리에도 적용된다고 하면서, 다만 본인이 아직 제한능력자로 남아 있어 보호하여야 할 필요가 있는 경우에는, 제한능력자보호의 취지를 살리기 위하여 제129조를 적용하지 않아야 한다고 한다(송덕수, 417면). 판례는, 제1설을 취한다. 즉, '대리권 소멸 후의 표현대리에 관한 제129조는 법정대리인의 대리권 소멸에 관하여도 그 적용이 있다.'고 한다.(대판 1975. 1. 28. 74다1199)

1142) 대판 2009. 12. 24. 2009다60244; 대판 2008. 2. 14. 2007다53839.

Ⅲ. 협의의 무권대리

1. 의　　의

대리권 없는 자의 대리행위 중에서 표현대리가 아닌 경우를 협의의 무권대리라 한다. 표현대리와의 본질적인 차이는, 표현대리의 경우에는 그 대리행위의 효과가 원칙적으로 본인에게 귀속되지만,[1143] 협의의 무권대리에 있어서는 상대방이 그 행위의 효과를 본인에게 주장하지 못한다는 점이다.[1144] 협의의 무권대리는, 그 대리행위의 모습(계약·단독행위)에 따라 효과에 있어서 차이가 있다.

2. 계약의 무권대리

●● 사례 22

피고는 2006년 4월경 노동조합 창립 19주년 기념일(7. 25.)을 맞이하여 피고 소속 조합원들에게 기념품을 지급하기로 하고 선물추진팀을 구성하였는데, A는 피고 소속 총무실장으로서 선물추진과 관련하여 납품업체 선정 및 그에 수반된 제반 업무를 담당하게 되었다. A는 2006. 5. 30. '○○상사'라는 상호로 생활용품 판매업을 하던 B와 피고 소속 조합원들에게 지급할 레저용 테이블(이하 '이 사건 물품'이라고 한다) 공급과 관련한 물품공급계약을 체결하였다(이하 '이 사건 물품공급계약'이라고 한다). 이 사건 계약에 따라 피고는 B에게 계약금 및 중도금을 지급하였고, B는 피고에게 약정한 이 사건 물품 44,000개 중 37,500개를 2006. 7. 14.부터 2006. 7. 29.까지 공급하였다.

한편 원고는 2006. 7. 13. B에게 대출금 4억 원을 약정기한 2006. 9. 5.까지로 정하여 대출하였고, 원고는 그 무렵 A로부터 그가 보관하던 피고의 대표자였던 위원장 C의 도장을 날인하여 작성된 대금지급 확약서를 교부받았다. 원고는, 원고가 B에게 이 사건 대출을 실행해 준 것은 피고의 총무실장인 A가 원고로 하여금 B에게 이 사건 대출을 실행하도록 알선하면서 이 사건 대금지급 확약을 통하여 B가 이 사건 대출금을 원고에게 상환하지 못할 경우 피고가 이를 대신 지급할 것을 확약 내지 보증하였기 때문에 가능했던 것으로, B가 현재까지 원고에게 이 사건 대출금

1143) 표현대리의 요건을 갖추었으나, 상대방이 이를 주장하지 아니하면, 그 경우도 협의의 무권대리가 된다고 한다(곽윤직·김재형, 363면).

1144) 협의의 무권대리행위는 대리인에게 대리권이 존재하지 않는 경우이므로, 그 효과가 본인에게 귀속되지 않을 뿐 아니라, 본인의 이름으로 대리행위를 한 것이므로, 대리인에게 귀속되지도 않게 된다. 이러한 형식논리를 관철할 경우, 상대방의 보호가 소홀해지게 된다. 그리하여 민법은 무권대리인을 신뢰한 상대방을 보호하기 위한 조치를 취하고 있다. 첫째, 본인의 사후 추인을 통하여 무권대리행위가 유효한 대리행위가 될 수 있도록 하고 있다(제130조·제133조). 둘째, 상대방에게 철회권을 인정함으로써 무권대리행위에서 벗어날 수 있도록 하거나 또는 본인으로 하여금 추인에 의하여 무권대리행위를 유권대리행위로 할 것인지를 최고할 수 있도록 하고 있다(제131조·제132조·제134조). 셋째, 본인이 추인을 하지 아니하여 책임을 지지 않을 경우, 최종적으로 무권대리인에게 그 책임을 지도록 하고 있다(제135조).

을 상환하지 못하고 있으므로, 피고는 원고에게 이 사건 대출금과 그 지연손해금을 지급할 의무가 있고 또한 피고는 B가 원고로부터 대출을 받는다고 하더라도 이를 상환할 의사나 능력이 없는 사실을 잘 알고 있으면서도, 스스로 또는 그 피용자인 A로 하여금 원고의 대출을 알선하도록 하였으므로 민법 제750조 또는 제756조에 따른 손해배상책임도 있다고 주장한다.

피고가 A의 대리권의 범위를 이유로 원고 주장의 책임이 없음을 항변한다면 타당한가? 만약 피고가 A의 대금지급확약서의 작성은 추인하였으므로 불법행위로 인한 손해배상청구는 이유 없다고 항변할 경우, 이는 인용될 수 있는가?

●● 사안의 쟁점:

첫째, 이 사건 대금지급 확약서의 작성이 피고로부터 부여받은 A의 대리권 범위 내인지 여부 둘째, 피고에게 자신의 불법행위책임이 있는지 여부 셋째, A의 대금지급 확약서 교부에 기망의 요소가 있는 경우 피고의 사용자책임의 발생 여부 넷째, 무권대리에 대한 추인이 불법행위로 인한 손해배상청구를 소멸시키는지 여부 등이다.

(1) 본인에 대한 효과

협의의 무권대리행위의 경우, 상대방은 본인에 대하여 책임을 묻지 못하고, 무권대리행위의 유효성 여부는 오직 본인의 추인 여부에 달려있다(제130조).[1145]

(가) 본인의 추인권

① 추인의 법적 성질　제130조의 추인이란, 그 효력이 불확정상태에 놓여 있는 무권대리행위의 효과를 자신(본인)에게 귀속시킬 것을 목적으로 하는 의사표시(상대방 있는 단독행위)이다.[1146][1147]

② 추인권자 및 그 방법 · 상대방　추인권은 본인이 행사하는 것이 원칙이다.[1148]

추인은 의사표시의 일종으로서,[1149] 명시적 · 묵시적으로 할 수 있으며[1150] 특별한 방

1145) 협의의 무권대리행위의 효과는 본인에게 발생하지 않는 것이 원칙이지만, 본인이 그 효력발생을 원할 수도 있기 때문에 민법은 제130조의 규정을 두고 있다. 그렇다면, 협의의 무권대리는 확정적 무효가 아니라, 이른바 유동적 무효(협의의 무권대리는 원칙적으로 무효이지만, 본인의 추인에 의하여 소급적으로 유효한 대리가 될 수 있다)라 할 것이다.

1146) 통설 및 판례(대판 2002. 10. 11. 2001다59217; 대판 1990. 4. 27. 89다카2100)의 태도이다.

1147) 본인의 추인은 상대방 · 무권대리인의 동의나 승낙을 필요로 하지 않는다. 추인을 할 수 있는 법적 지위로서의 추인권은, 사후의 대리권의 수여가 아니라, 본인의 일방적 의사표시로써 무효인 무권대리행위에 대하여 유효한 대리행위의 효과를 발생시킬 수 있는 것이므로, 형성권의 일종이다(통설).

1148) 그 밖에 본인의 법정대리인(대판 1982. 12. 14. 80다1872, 1873) · 임의대리인이나 본인의 상속인도 추인할 수 있다고 한다(주해(Ⅲ), 448면). 추인권자는 당연히 행위능력자이어야 한다.

1149) 추인의 의사표시가 있었느냐 여부는, 의사표시해석에 따른다.

추인을 인정한 경우로는, '매매에서 본인의 무권대리인으로부터 매매대금 수령(대판 1963. 4. 11. 63다64) · 금융차용에서 본인의 변제 요청 유예(대판 1973. 1. 30. 72다2309, 2310) · 무권대리인의 해제로 반환받은 금원으로 본인이 다른 토지매수(대판 1979. 12. 28. 79다1824) · 매매에서 적법한 대리인의 소유권이전등기를 위한 인감증명서 교부(대판 1982. 12. 14. 80다1872, 1873) · 신용카드계약체결 대리인의 카드 무단사용의 방치(대판 1987. 4. 14. 86다카2673) · 무권대리인 행위에 대해 책임지지 않기로 합의하였으나 세부사항의 합의가 결렬된 경우(대판 1995. 12. 22. 94다45098)' 등을 들 수 있다.

식을 필요로 하지 않는다.[1151] 한편 추인의 인정 여부의 판단은 여러 사정을 검토하여 신중하게 하여야 한다(판례).

추인은 상대방에 대하여 하는 것이 원칙이지만(제132조 본문), 무권대리인에게 하여도 무방하다.[1152][1153] 한편 추인은 의사표시의 전부에 대하여 행하여져야 하고, 그 일부에 대하여 추인하거나 그 내용을 변경하여 추인하였을 경우, 상대방의 동의를 얻지 못하면 무효가 된다.[1154]

그런데 추인은 원칙적으로 무권대리행위 전부에 대하여 하여야 한다(판례).

③ **추인의 효과** 추인에 의하여 무권대리행위는 소급하여 유권대리행위였던 것과 같은 법률효과가 발생한다(제133조 본문). 판례는, 무권리자의 처분·타인 명의 모용의 경우에 추인 효과의 법리를 준용할 수 있다고 한다.[1155] 추인의 효과에 관한 소급적 유효의 원칙에는 다음과 같은 두 가지 예외(소급효 배제)가 있다. 첫째, 다른 의사표시(본인과 상대방 사이의 계약)가 있으면, 소급효가 없다(제133조 본문). 둘째, 추인의 소급효는 제3자의 권리를 해치지 못한다(제133조 단서).[1156] 제133조 단서는, 무권대리행위의 상대방이 취득한 권리와 본인으로부터 취득한 제3자의 권리가 모두 배타적 효력이 있는 경우에만 적용된다.[1157][1158]

추인을 부정한 경우로는, '변론기일에서의 의제자백(대판 1982. 7. 13. 81다648)·무권대리인의 매매에 대한 해약 요청과 대금반환기일 연기 요청(대판 1986. 3. 11. 85다카2337)·무권대리행위에 대한 이의제기 없이 장기간 방치(대판 1990. 3. 27. 88다카181)·범죄인 무권대리행위에 대해 형사고소를 하지 않은 사실(대판 1998. 2. 10. 97다31113)' 등을 들 수 있다.

1150) 통설 및 판례(대판 2001. 11. 9. 2001다44291; 대판 1967. 12. 26. 67다2448)의 태도이다. 다만, 무권대리행위의 사실을 알고 있으면서, 이의제기를 하지 않는 것만으로는 추인이 되지 않는다(곽윤직·김재형, 364면; 대판 1990. 3. 27. 88다카181).

1151) 판례는, '무권대리행위의 추인은 방식을 갖추지 않아도 상관없다.'고 한다.(대판 1990. 4. 27. 89다카2100)

1152) 대판 1981. 4. 14. 81다151. 나아가, '그 무권대리행위로 인한 권리·법률관계의 승계인에 대하여도 할 수 있다.'고 한다.(대판 1981. 4. 14. 80다2314)

1153) 상대방에게 추인한 경우, 추인의 의사표시가 상대방에게 도달함으로써 추인의 효력이 발생하지만, 무권대리인에게 하는 경우에는 상대방이 추인이 있었음을 알지 못한 때에는, 상대방에 대하여 그 추인의 효과를 주장하지 못한다(제132조). 따라서 상대방은 추인이 있었음을 알 때까지는 자기의 의사표시를 철회할 수도 있고, 추인이 있었음을 인정할 수도 있다.

1154) 대판 1982. 1. 26. 81다카549.

1155) 판례는, '타인의 권리를 자기의 이름으로 또는 자기의 권리로 처분한 후에 본인이 그 처분을 인정하였다면, 특별한 사정이 없는 한 무권대리에 있어서 본인의 추인의 경우와 같이 그 처분은 본인에 대하여 효력을 발생한다.'고 한다.(대판 1981. 1. 13. 79다2151) 나아가, '타인의 명의를 모용하여 금원을 차용한 경우에는 피모용자를 위한 의사가 전연 없고 자기를 위한 행위이므로, 대리권과는 관계가 없는 문제이나 피모용자가 사후에 추인하면 거래의 안전과 선의의 제3자를 보호하기 위하여 무권대리의 추인에 관한 규정을 준용하여 효력을 인정함이 상당하다.'고 한다.(대판 1979. 11. 27. 79다1622)

1156) 이 규정은 무권대리행위 후 추인시까지 본인과 제3자 사이에 행하여진 행위가, 추인의 소급효로 무효가 됨으로써 제3자가 권리를 잃게 되는 것을 방지하려는 데 그 취지가 있다.

1157) 상대방이 취득한 권리와 제3자가 취득한 권리가 모두 배타적 효력이 있을 경우, 제3자의 권리를 보호하기 위하여 본인의 추인시에도 그 소급효를 부인하게 된다. 가령 무권대리인(C)이 본인(A)의 채무자(B)로부터 채권의 변제를 수령한 후에 A가 이를 추인하였으나, 그 추인에 앞서 A의 채권자인 X가 A의 B에 대한 채권을 이미 압류하여 전부명령을 받았다면(민사집행법 제229조 제1항), A의 그 추인에 의하여, X의 권리를 해치지 못한다.

판 례

가. 추인 일반

◎ 추인의 의미와 성질

"무권대리행위의 추인은 무권대리행위가 있음을 알고 그 행위의 효과를 자기에게 귀속시키도록 하는 단독행위이다.[1159]"

◎ 추인의 상대방과 본조의 취지

"무권대리행위의 추인은 무권대리인, 무권대리행위의 직접의 상대방 및 그 무권대리행위로 인한 권리 또는 법률관계의 승계인에 대하여도 할 수 있으며, 민법 제132조는 본인이 무권대리인에게 무권대리행위를 추인한 경우에 상대방이 이를 알지 못하는 동안에는 본인은 상대방에게 추인의 효과를 주장하지 못한다는 취지이므로 상대방은 그때까지 민법 제134조에 의한 철회를 하거나 무권대리인에의 추인이 있었음을 주장할 수 있다.[1160]"

◎ 추인이 유효하기 위한 요건

"무권대리행위의 추인은 의사표시의 전부에 대하여 행하여져야 하고, 그 일부에 대하여 추인을 하거나 그 내용을 변경하여 추인을 하였을 경우에는 상대방의 동의를 얻지 못하는 한 무효이다.[1161]"

◎ 무권리자의 처분행위에 대한 권리자의 추인의 방법과 상대방

"무권리자가 타인의 권리를 자기의 이름으로 또는 자기의 권리로 처분한 경우, 권리자는 후일 이를 추인함으로써 그 처분행위를 인정할 수 있고, 특별한 사정이 없는 한, 이로써 권리자 본인에게 위 처분행위의 효력이 발생함은 사적자치의 원칙에 비추어 당연하고, 이 경우에 추인은 명시적으로뿐만 아니라, 묵시적인 방법으로도 가능하며, 그 의사표시는 무권대리인이나 그 상대방 어느 쪽에 하여도 무방하다.[1162]"

◎ 무효행위나 무권대리행위를 묵시적으로 추인하였는지 여부의 판단 기준

"무효행위 또는 무권대리행위의 추인은 무효행위 등이 있음을 알고 그 행위의 효과를 자기에게 귀속시키도록 하는 단독행위로서 묵시적인 방법으로도 할 수 있으므로, 본인이 그 행위로 처하게 된 법적 지위를 충분히 이해하고 그럼에도 진의에 기하여 그 행위의 결과가 자기에게 귀속된다는 것을 승인한 것으로 볼 만한 사정이 있는 경우에는 묵시적으로 추인한 것으로 볼 수 있다.[1163]"

◎ 이사와 회사 간의 이익상반거래에 대하여 회사의 묵시적 추인이 인정되기 위한 요건

"회사가 이익상반거래를 묵시적으로 추인하였다고 보기 위해서는 그 거래에 대하여 승인 권한을

1158) 제3자가 취득한 권리는 배타적 효력이 있는 반면, 무권대리행위의 상대방이 취득한 권리가 배타적 효력이 없다면, 당연히 제3자가 보호를 받기 때문에 본조 단서가 적용되지 않는다. 두 권리 모두 배타적 효력이 없다면, 그 취득한 권리를 배타적으로 하는 요건(등기·인도)을 먼저 갖추는 자가 우선하게 되어, 역시 본조 단서는 적용되지 않는다.

1159) 대판 2000. 9. 8. 99다58471; 대판 1995. 11. 14. 95다28090; 대판 1990. 4. 27. 89다카2100.

1160) 대판 1981. 4. 14. 80다2314.

1161) 대판 1982. 1. 26. 81다카549.

1162) 대판 2001. 11. 9. 2001다44291; 대판 1992. 9. 8. 92다15550; 대판 1981. 1. 13. 79다2151.

1163) 대판 2011. 2. 10. 2010다83199, 83205.

갖고 있는 이사회가 그 거래와 관련된 이사의 이해관계 및 그와 관련된 중요한 사실들을 지득한 상태에서 그 거래를 추인할 경우, 원래 무효인 거래가 유효로 전환됨으로써 회사에 손해가 발생할 수 있고 그에 대하여 이사들이 연대책임을 부담할 수 있다는 점을 용인하면서까지 추인에 나아갔다고 볼 만한 사유가 인정되어야 한다.[1164]"

◎ 신용협동조합의 이사장이 이사회의 결의 없이 조합원에 대한 대출계약을 체결한 후 신용협동조합이 파산한 경우, 그 무권대표행위의 추인권을 행사할 수 있는 자

"신용협동조합의 대출에 관한 대표자의 대표권이 이사회의 결의를 거치도록 제한되는 경우, 그 요건을 갖추지 못한 채 무권대표행위에 의하여 조합원에 대한 대출이 이루어졌다고 하더라도 나중에 그 요건이 갖추어진 뒤 신용협동조합이 대출계약을 추인하면 그 계약은 유효하게 되는 것인데, 신용협동조합이 파산한 경우 파산재단의 존속·귀속·내용에 관하여 변경을 야기하는 일체의 행위를 할 수 있는 관리·처분권은 파산관재인에게 전속하고, 반면 파산한 신용협동조합의 기관은 파산재단의 관리·처분권 자체를 상실하게 되므로, 위와 같은 무권대표 행위의 추인권도 역시 특별한 사정이 없는 한 파산관재인만이 행사할 수 있다고 보아야 한다.[1165]"

◎ 무권대리행위나 무효행위를 묵시적으로 추인하였는지 여부를 판단하는 방법

"무권대리행위나 무효행위의 추인은 무권대리행위 등이 있음을 알고 그 행위의 효과를 자기에게 귀속시키도록 하는 단독행위로서 그 의사표시의 방법에 관하여 일정한 방식이 요구되는 것이 아니므로 명시적이든 묵시적이든 묻지 않는다 할 것이지만, 묵시적 추인을 인정하기 위해서는 본인이 그 행위로 처하게 된 법적 지위를 충분히 이해하고 그럼에도 진의에 기하여 그 행위의 결과가 자기에게 귀속된다는 것을 승인한 것으로 볼 만한 사정이 있어야 할 것이므로 이를 판단함에 있어서는 관계되는 여러 사정을 종합적으로 검토하여 신중하게 하여야 할 것이다.[1166]"

◎ 무권대리인이 행한 소송행위의 일부 추인이 허용되는지 여부(원칙적 소극)

"무권대리인이 행한 소송행위의 추인은 특별한 사정이 없는 한 소송행위의 전체를 대상으로 하여야 하고, 그 중 일부의 소송행위만을 추인하는 것은 허용되지 아니한다.[1167]"

나. 추인을 긍정한 경우

◎ 명시적인 추인의 사례

"처가 남편의 인감과 관계서류를 위조하여 남편 소유의 부동산을 판데 대하여 남편이 처의 제3자에 대한 채권 등을 양도받고 처와 이혼하는 한편 처의 위 처분행위와 이에 따른 사문서위조행위를 불문에 붙이기로 합의하였다면, 남편은 위 무권대리행위를 추인한 것으로 보아야 한다.[1168]"

◎ 주식회사의 공동대표이사 중 1인이 단독으로 체결한 계약에 대하여 위 주식회사가 그와 같은 사실을 인식하면서 그 계약의 효과가 자기에게 귀속되는 것을 승인함으로써 위 갱신계약을 묵시적으로 추인하였다고 볼 수 있는지 여부(적극)

"갑 주식회사의 공동대표이사 중 1인이 단독으로 을과 주차장관리 및 건물경비에 관한 갱신계약

1164) 대판 2007. 5. 10. 2005다4284.
1165) 대판 2004. 1. 15. 2003다56625.
1166) 대판 2009. 9. 24. 2009다37831; 대판 2002. 12. 10. 2002다36488; 대판 2002. 10. 11. 2001다59217.
1167) 대판 2008. 8. 21. 2007다79480; 대판 1973. 7. 24. 69다60.
1168) 대판 1991. 3. 8. 90다17088.

을 체결한 사안에서, 갑 주식회사가 종전 계약기간이 만료된 이후 7개월이나 경과된 시점에서 종전 계약의 기간만을 연장한 위 갱신계약의 체결사실을 인식하고 있으면서 을에게 기간이 만료된 종전 계약의 계속적인 이행을 요구하는 통고서를 발송하여 갱신계약의 효과가 갑 주식회사에게 귀속되는 것을 승인함으로써 위 갱신계약을 묵시적으로 추인하였다고 봄이 상당하다고 한 사례.[1169]"가 있다.

○ 묵시적인 추인의 사례

"임야를 상속하여 공동상속하고 있는 친족들 중 일부가 가까운 친척에게 임야의 매도를 위임하여 판 대금을 그 사람들의 생활비로 소비하였고 나머지 공유자들은 임야의 매각소식을 전해 듣고도 15년간 아무런 이의를 제기하지 아니하였다면, 위 신분관계 등 제반사정에 비추어 볼 때 처분권을 위임하지 아니한 나머지 공유자들도 매매행위를 묵시적으로 추인한 것으로 보아야 한다.[1170]"

○ 기타 추인으로 인정한 경우

"아내가 타인으로부터 돈을 빌리면서 승낙 없이 남편 소유 부동산에 근저당권을 설정한 것을 알게 된 남편이, 아내의 채무변제에 갈음하여 자기 소유의 아파트와 토지를 아내가 돈을 빌려온 자에게 이전하고 그 토지의 시가에 따라 나중에 정산하기로 합의한 후 그 합의가 결렬되어 이행되지 않았다고 하더라도, 일단 아내가 빌려온 사채를 책임지기로 한 이상, 남편은 아내의 근저당권설정 및 금전차용의 무권대리행위를 추인한 것으로 볼 수 있으며,[1171] 무권대리인이 상호신용금고로부터 돈을 대출받은 사실을 그 직후에 알고도 그로부터 3년이 지나도록 상호신용금고에 아무런 이의도 제기하지 아니했고, 그 동안 4회에 걸친 어음을 개서하여 지급연기를 구하고 자신의 이익을 위해 직접 채무의 일부까지 변제했다면, 무권대리인에 대한 상호신용금고의 대출을 그 근저당권에 대한 피담보채무로 추인한 것으로 보아야 한다.[1172]"

○ 매매에서 본인의 무권대리인으로부터 매매대금 수령

"본인이 매매계약을 체결한 무권대리인으로부터 매매대금의 전부 또는 일부를 받았다면 특단의 사유가 없는 한 무권대리인의 매매계약을 추인하였다고 봄이 상당하다.[1173]"

○ 금원차용에서 본인의 변제 유예 요청

"무권대리인이 차용금중의 일부로 본인 소유의 부동산에 가등기로 담보하고 있던 소외인에 대한 본인의 채무를 변제하고 그 가등기를 말소하고 무권대리인이 차용한 금원의 변제기일에 채권자가 본인에게 그 변제를 독촉하자 그 유예를 요청하였다면 무권대리인의 행위를 추인하였다고 볼 것이다.[1174]"

○ 무권대리인의 해제로 반환받은 금원으로 본인이 다른 토지 매수

"원고와 피고사이의 매매계약을 소외인이 자의로 해제한 후 반환받은 금원으로 매수한 대지의 등기관계서류를 원고가 위 소외인으로부터 교부받아 자기 남편명의로 소유권이전등기를 경료한 경

1169) 대판 2010. 12. 23. 2009다37718.
1170) 대판 1991. 1. 19. 90다12717.
1171) 대판 1995. 12. 22. 94다45098.
1172) 대판 1991. 1. 25. 90다카26812.
1173) 대판 1963. 4. 11. 63다64.
1174) 대판 1973. 1. 30. 72다2309, 2310.

우, 원고가 소외인이 한 매매계약의 해제행위를 추인한 것으로 볼 것이다.[1175]"

◎ 매매에서 적법한 대리인의 소유권이전등기를 위한 인감증명서 교부

"부재자의 모가 적법한 권한 없이 부재자 소유 부동산에 관한 매매계약을 체결하였으나, 그 후 선임된 부재자 재산관리인이 매매계약에 기한 소유권이전등기를 위하여 자기의 인감증명서를 계약 상대방에게 교부하였다면 위 매매계약을 추인한 것으로 볼 것이다.[1176]"

◎ 신용카드계약체결 대리인의 카드 무단사용의 방치

"갑이 신용카드의 발행을 을에게 위임하여 카드 회원가입 계약이 이루어졌음에도 갑 자신이 카드에 직접 서명을 하고 곧 교부받아야하는데도 을의 말만 믿고 그대로 을에게 맡겨 두었다가 은행으로부터 을이 사용한 카드사용 대금의 지급청구를 받고서도 카드를 회수하거나, 은행 또는 가맹점에 신고하는 등 적절한 조치를 취함이 없이 그대로 두었다면, 갑은 을의 위 카드사용을 승낙 또는 묵인하였다고 보아야 할 것이므로 갑은 위 회원가입규약에 따라 을의 위 카드거래로 인한 대금지급 의무를 진다.[1177]"

◎ 대출에서 이의 미제기, 지급연기요구, 채무일부변제

"무권대리인이 상호신용금고로부터 금원을 대출받은 사실을 그 직후에 알고도 그로부터 3년이 지나도록 상호신용금고에 아무런 이의를 제기하지 아니하였으며, 그 동안 4회에 걸쳐 어음을 개서하여 지급의 연기를 구하고, 자신의 이익을 위하여 직접 채무의 일부를 변제하기까지 하였다면 무권대리인에 대한 상호신용금고의 대출을 그 근저당권에 대한 피담보채무로 추인한 것으로 보아야 한다.[1178]"

다. 추인을 긍정하지 않은 경우

◎ 무권대리인의 매매에 대한 해약 요청과 대금반환기일 연기 요청

"아버지가 아들과 공동상속한 거주 가옥의 부지를 아들의 대리권 없이 팔고 사망한 후 아들이 매수인에게 그 매매대금 상당액을 지급하기로 약정한 것만으로는 망부의 무권대리행위를 추인한 것으로 볼 수는 없고,[1179] 자가 대리권 없이 부 소유의 부동산을 판 사실에 관하여 매수인이 자를 고소하겠다고 하는 관계로 부가 매매대금에 해당하는 돈을 반환해주겠다고 하면서 그 매매계약을 해약해 달라고 요청하고, 또 그 금원반환기일에 돈을 반환하지 못하게 되자 그 기일의 연기를 구하였다고 하는 사실만으로는 부가 자의 위 무권대리행위를 추인한 것으로 볼 수는 없다.[1180]"

◎ 무권대리행위에 대한 이의제기 없이 장기간 방치

"무권대리행위에 대하여 본인이 그 직후에 그것이 자기에게 효력이 없다고 이의를 제기하지 아니하고, 이를 장기간에 걸쳐 방치하였다고 하여 무권대리행위를 추인하였다고 볼 수는 없다.[1181]"

1175) 대판 1979. 12. 28. 79다1824.
1176) 대판 1982. 12. 14. 80다1872, 1873.
1177) 대판 1987. 4. 14. 86다카2673.
1178) 대판 1991. 1. 25. 90다카26812.
1179) 대판 1991. 7. 9. 91다261.
1180) 대판 1986. 3. 11. 85다카2337.
1181) 대판 1990. 3. 27. 88다카181.

◯ 변론기일에서의 의제자백

"당사자가 변론기일에 불출석하여 매매사실에 관하여 의제자백한 것으로 간주되었다하여도, 그로써 그 당사자가 소외인의 무권대리매매를 추인한 것이라고 볼 수 없다.[1182]"

◯ 범죄인 무권대리에 대해 형사고소를 하지 않은 사실

"무권대리가 범죄가 되는 경우, 이를 알고도 장기간 형사고소를 하지 아니하였다 하더라도 그 사실만으로 묵시적인 추인이 있었다고 할 수는 없다.[1183]"

라. 추인의 효력

◯ 제3자의 범위

"제133조 단서의 제3자라 함은 등기부상 권리를 주장할 수 있는 제3자를 지칭한다.[1184]"

◯ 소급적 유효

"타인의 권리를 자기의 이름으로 또는 자기의 권리로 처분한 후에 본인이 그 처분을 인정하였다면, 특별한 사정이 없는 한, 무권대리에 있어서 본인의 추인의 경우와 같이 그 처분은 본인에 대하여 효력을 발생한다.[1185]"

◯ 종중소유 부동산을 대표자가 처분한 경우

"종중소유 부동산을 대표자가 무권대리행위에 의하여 처분한 경우, 종중이 사후에 무권대리인에게 그 처분행위를 추인하였다면, 처분행위는 처음부터 소급하여 유효해진다.[1186]"

◯ 이해상반행위에 대한 추인의 경우

"구민법 하에서는 친족회에서 후견인을 선임한 때에는 곧 후견감독인을 선임해야 하고, 후견인과 피후견인의 이익이 상반되는 행위에 관하여는 후견감독인이 피후견인을 대리하여야 하는 것이므로, 후견인이 피후견인과 이익이 상반되는 행위를 후견감독인에 의하지 않고 한 경우에는 무권대리행위로서 본인의 추인이 없는 한 무효가 된다.[1187]"

◯ 증언에서 추인한 경우, 추인의 효력

"증인이 추인한다고 증언하여도 이는 무효행위의 상대방에 대하여 한 의사표시가 아니므로 추인의 효력이 없다.[1188]"

◯ 이사회의 승인을 받지 못한 이익상반거래에 대하여 주주총회에서 사후적으로 추인 결의가 이루어진 경우, 그 거래가 유효하게 되는지 여부

"이사와 회사 사이의 이익상반거래에 대한 승인은 주주 전원의 동의가 있다거나 그 승인이 정관에 주주총회의 권한사항으로 정해져 있다는 등의 특별한 사정이 없는 한 이사회의 전결사항이라 할 것이므로, 이사회의 승인을 받지 못한 이익상반거래에 대하여 아무런 승인 권한이 없는 주주총회에서 사후적으로 추인 결의를 하였다 하여 그 거래가 유효하게 될 수는 없다.[1189]"

1182) 대판 1982. 7. 13. 81다648.
1183) 대판 1998. 2. 10. 97다31113.
1184) 대판 1963. 4. 18. 62다223.
1185) 대판 1981. 1. 13. 79다2151.
1186) 대판 1991. 7. 9. 91다261.
1187) 대판 1981. 3. 24. 81다18.
1188) 대판 1976. 3. 23. 75다2083.

◘ 무권대리인의 촉탁에 의하여 작성된 공정증서의 집행력 유무

"공정증서가 채무명의로서 집행력을 가질 수 있도록 하는 집행인낙의 표시는 공증인에 대한 소송행위이므로, 무권대리인의 촉탁에 의하여 공정증서가 작성된 때에는 채무명의로서의 효력이 없다.[1190]"

마. 무권대리 추인의 법리의 준용

◘ 타인 명의 모용

"타인의 명의를 모용하여 금원을 차용한 경우에는 피모용자를 위한 의사가 전연 없고 자기를 위한 행위이므로 대리권과는 관계가 없는 문제이나 피모용자가 사후에 추인하면 거래의 안전과 선의의 제3자를 보호하기 위하여 무권대리의 추인에 관한 규정을 준용하여 효력을 인정함이 상당하다.[1191]"

(나) 본인의 추인거절

무권대리행위에 대한 추인 여부는 본인의 자유이다. 본인이 적극적으로 추인 의사가 없음을 표시하여 무권대리행위를 무효로 확정시킬 수 있는 본인의 법적 지위를 추인거절권이라 한다.[1192] 추인거절권 행사의 상대방・방법 등은 추인의 경우와 마찬가지이다.

① 상속과 추인거절권의 문제 상속에 의하여 무권대리인의 지위와 본인의 지위가 동일인에게 귀속하는 경우, 그 무권대리행위는 지위의 혼동으로 당연히 유효한 것인지? 아니면, 본인의 지위에서 여전히 거절권을 행사할 수 있는지가 의문이다. 두 가지 경우가 있다. 첫째, 무권대리인이 본인을 상속한 경우,[1193] 본인의 지위에서 추인을 거절할 수 있는지 여부에 대하여는 학설상 다툼이 있다.[1194] 생각건대 본인의 사망으로 무권대리인이 단독상속을 하는 경우에는, 지위의 혼동에 의하여 무권대리인의 행위는 유효한 행위가 되므로, 신의칙상 추인거절권을 행사하지 못한다. 한편 무권대리인이 공동상속을 하는 경우에는, 본인의 지위는 공동상속인 전원에게 공동으로 승계하게 되므로, 공동상속인 전원의

1189) 대판 2007. 5. 10. 2005다4284.

1190) 대판 2006. 3. 24. 2006다2803; 대판 2002. 5. 31. 2001다64486; 대판 1984. 6. 26. 82 다카1758.

1191) 대판 1979. 11. 27. 79다1622.

1192) 추인거절권 행사에 의하여 무권대리행위는 무효로 확정되므로, 상대방은 철회권・최고권을 행사하지 못한다.

1193) 가령 아버지의 대리인이라 사칭하는 아들(A)이 아버지(B)의 재산을 처분하였는데, 그 후 B의 사망으로 A가 B의 재산을 상속한 경우를 들 수 있다.

1194) 제1설은, 두 자격이 혼동・융합되었다는 이유로 또는 신의칙의 견지에 비춰볼 때, 상속인의 무권대리행위는 당연히 유효하게 되고, 상속인은 피상속인(본인)의 지위에서 추인을 거절하지 못한다고 한다(곽윤직・김재형, 366면; 김용한, 368면; 김증한・김학동, 460면; 장경학, 609면). 제2설은, 공동상속의 경우에 부(父)의 추인・추인거절권이 공동상속인 전원에게 귀속되므로, 공동상속인 전원의 추인 없이는 무권대리가 유효로 되지 않으므로, 공동상속을 하는 경우에는 추인을 거절할 수 있다고 한다(고상룡, 602-603면; 송덕수, 424면). 제3설은, 양자의 지위는 혼동되지 않고 각 분리되어 병존하는 것이므로, 본인의 지위에서 추인을 거절할 수 있고, 다만 추인거절이 구체적인 상황에 따라 신의칙에 반할 경우에는 허용되지 않는다고 한다(김상용, 619면; 이영준, 572면; 주해(Ⅲ), 220면). 판례는, '무권대리인이 본인을 단독상속을 한 경우에 관하여 무권대리행위의 무효를 주장하는 것은 금반언・신의칙에 반하여 허용될 수 없다.'고 한다.(대판 1994. 9. 27. 94다20617)

추인이 있어야만 무권대리행위는 유효하게 된다. 즉, 양자의 지위는 혼동되지 않고 분리되어 존재한다고 볼 수 있으므로, 공동상속인은 추인을 거절할 수 있다. 다만, 무권대리인은 추인거절권을 행사하지 못한다고 해석하여야 한다. 무권대리행위를 한 자가 스스로의 행위를 부정하는 것은 신의칙에 어긋나기 때문이다. 둘째, 본인이 무권대리인을 상속한 경우,[1195] 추인을 거절할 수 있는가? 이에 관하여 학설은 나뉜다.[1196] 생각건대 상속인은 상속의 포기(제1041조) 등을 하지 않는 한 피상속인의 재산에 관한 포괄적인 권리·의무를 승계하는 것이 원칙이다(제1005조 본문). 따라서 지위의 혼동에 의하여 피상속인(무권대리인)의 무권대리행위는 유효로 됨으로써 상속인(본인)은 추인거절권을 행사하지 못한다.

판 례

가. 무권대리 및 무권리자의 처분과 상속

◎ 무권대리인이 본인을 상속한 경우, 무권대리 무효 주장의 불허

"갑이 대리권 없이 을 소유 부동산을 병에게 매도하여 소유권이전등기를 마쳐주었다면 그 매매계약과 이에 터 잡은 이전등기 역시 무효가 되나, 갑이 을로부터 부동산을 상속받아 그 소유자가 되어 소유권이전등기이행의무를 이행하는 것이 가능하게 된 시점에서 자신이 소유자라고 하여 자신으로부터 부동산을 전전매수한 정에게 원래 자신의 매매행위가 무권대리행위여서 무효였다는 이유로 정 앞으로 경료된 소유권이전등기가 무효의 등기라고 주장하여 그 등기의 말소를 청구하거나 부동산의 점유로 인한 부당이득금의 반환을 구하는 것은 금반언의 원칙이나 신의성실의 원칙에 반하여 허용될 수 없다.[1197]"

② 추인거절의 효과 본인이 추인을 거절하면, 무권대리행위는 확정적으로 무효로 되고, 무권대리인은 상대방에 대하여 제135조의 책임을 부담한다.

판 례

◎ 무권리자의 처분행위에 대하여 소유자가 무권리자를 상속한 이후 이행을 거절할 수 있는지 여부

"① 갑이 을 명의의 주식에 관하여 처분권한 없이 은행과 담보설정계약을 체결하였다 하더라도 이는 일종의 타인의 권리의 처분행위로서 유효하다 할 것이므로 갑은 을로부터 그 주식을 취득하여 이를 은행에게 인도하여야 할 의무를 부담한다 할 것인데, 갑의 사망으로 인하여 을이 갑을 상속한 경우 을은 원래 그 주식의 주주로서 타인의 권리에 대한 담보설정계약을 체결한 은행에 대하여 그 이행에 관한 아무런 의무가 없고 이행을 거절할 수 있는 자유가 있었던 것이므로, 을은 신의칙에 반

1195) 가령 아들의 대리인이라 사칭하는 아버지(B)가 아들(A)의 재산을 처분하였는데, 그 후 B의 사망으로 A가 B의 지위를 상속한 경우를 들 수 있다.

1196) 제1설은, 추인거절권의 행사를 부인한다(곽윤직·김재형, 366면; 김용한, 368면). 제2설은, 무권대리행위가 당연히 유효로 되지 않고, 추인을 거절할 수도 있고, 추인을 거절한 경우에는 제135조에 의하여 이행 또는 손해배상책임을 진다고 한다(김상용, 618면; 김증한·김학동, 460면; 송덕수, 425-426면; 장경학, 612).

1197) 대판 1994. 9. 27. 94다20617.

하는 것으로 인정할 특별한 사정이 없는 한 원칙적으로는 위 계약에 따른 의무의 이행을 거절할 수 있다. ② 회사의 경영주인 갑과 가족관계에 있는 을이 자신의 주식을 담보로 제공하는 데 아무런 이의를 제기할 여지가 없었으며, 을은 자신들의 주식이 담보로 제공된 것을 알고 있었을 것으로 보이는데도 불구하고 갑의 사망 이후 상당기간 동안 아무런 이의를 제기하지 아니함으로써 은행으로 하여금 계약이 그대로 이행될 것이라고 신뢰하게 하였던 사정이 있었던 점에 비추어 보면, 을이 이제 와서 은행의 위와 같은 신뢰에 반하여 자신들 명의의 주식은 물론 당연히 계약 내용에 따라 인도해 주어야 할 갑 명의의 주식까지도 인도를 거절하고 있는 것은 신의칙에 어긋난다.[1198]"

(2) 상대방에 대한 효과[1199]

(가) 최고권(제131조)

무권대리행위의 상대방이 상당한 기간을 정하여 본인에게 무권대리행위의 추인 여부의 확답을 요구할 수 있는 권리를 상대방의 최고권이라 한다(제131조 제1문). 본인이 그 최고기간 내에 확답을 발하지 않으면(발신주의), 추인을 거절한 것으로 본다(제131조 제2문).[1200]

(나) 철회권(제134조)

상대방이 무권대리인과 체결한 계약을 확정적으로 무효로 할 수 있는 권리를 철회권이라 한다. 계약체결 당시에 대리인에게 대리권이 없음을 알지 못한 선의의 상대방은, 본인의 추인이 있기 전까지 그 계약을 철회할 수 있다(제134조). 철회는 본인이나 무권대리인에게 할 수 있다(제134조 본문). 상대방의 철회가 있으면, 본인은 추인할 수 없게 된다.

판 례

○ 상대방의 철회권

"민법 제132조(추인, 거절의 상대방)는 본인이 무권대리인에게 무권대리행위를 추인한 경우, 상대방이 이를 알지 못하는 동안에는 본인은 상대방에게 추인의 효과를 주장하지 못한다는 취지이므로, 상대방은 그 때까지 민법 제134조에 의한 철회를 할 수 있고, 또 무권대리인에의 추인이 있었음을 주장할 수도 있다.[1201]"

(3) 무권대리인의 상대방에 대한 책임(제135조)

(가) 책임의 의의

무권대리가 표현대리의 요건을 갖추지 못하고, 협의의 무권대리로서 본인이 추인하지 않거나 또는 상대방이 철회권을 행사하지 않은 경우, 민법은 상대방의 선택에 좇아 무권

1198) 대판 1994. 8. 26. 93다20191.

1199) 협의의 무권대리의 경우, 상대방의 불안한 지위(본인의 책임 유무는 본인의 추인 여부에 달려있다)를 보호하기 위하여 최고권(제131조)과 철회권(제134조)을 규정하고 있다.

1200) 최고권은 철회권과는 달리, 악의의 상대방에게도 인정되고, 상대방은 본인에게 최고권을 행사할 수 있지만, 그 법정대리인에 대하여 최고할 수도 있다고 한다(김상용, 620면; 주해(Ⅲ), 214-215면).

1201) 대판 1981. 4. 14. 80다2314; 대판 1969. 10. 23. 69다1175; 대판 1967. 12. 26. 67다2248, 2249.

대리인에게 계약의 이행 또는 손해배상책임을 지게 함으로써 상대방을 보호하고, 대리제도의 신용을 유지하려 한다.

(나) 책임의 근거 및 본질

무권대리인이 상대방에 대하여 일정한 책임을 지는 근거와 그 책임의 본질이 무엇인가에 대하여는 학설상 다툼이 있다.[1202] 생각건대 제135조는 선의·무과실의 상대방을 보호하기 위하여 무권대리인에게 무과실책임을 부과한 것이라고 하여야 한다.

(다) 책임의 요건

첫째, 무권대리인의 대리행위가 있어야 한다. 둘째, 대리인이 대리권을 증명할 수 없어야 한다(제135조 제1항).[1203] 셋째, 본인이 추인을 하지 않고[1204] 또한 표현대리가 성립하지 않는 경우이어야 한다.[1205] 넷째, 상대방이 철회권을 행사하지 않아야 한다.[1206] 다섯째, 상대방이 선의·무과실이어야 한다(제135조 제1항 전단).[1207] 여섯째, 무권대리인이 행위능력자이어야 한다(제135조 제2항 후단).[1208] 일곱째, 무권대리인의 과실은 요건이 아니다(무과실책임).

(라) 책임의 내용

무권대리인은 상대방의 선택[1209]에 좇아 계약의 이행 또는 손해배상의 책임을 진다(제135조 제1항).

① 이행책임 　상대방에 의하여 이행이 선택되면, 무권대리인은 본인이 그 대리행위에 의해 상대방에게 부담하게 되는 것과 같은 내용의 채무를 이행하여야 한다.[1210][1211]

1202) 제1설(법정책임설)은, 제135조는 상대방의 보호와 거래의 안전을 꾀하고, 대리제도의 신용을 유지하기 위하여 무권대리인에게 무과실책임을 부과한 것이라고 한다(고상룡, 609면; 곽윤직·김재형, 367면; 김용한, 368면; 김증한·김학동, 462면; 송덕수, 427면). 제2설(표시책임설)은, 대리인이 대리인이라고 표시 내지 주장한 행위로부터 인정되는 법정의 표시책임이며, 무과실책임이라고 한다(이영준, 575-576면). 제3설(위험귀속설)은, 위험귀속이 무권대리인의 책임의 근거라고 한다(주해(Ⅲ), 238면). 제4설(신뢰책임설)은, 무권대리인이 본인으로부터 대리권을 수여받았다는 것의 묵시적 주장과 상대방이 유권대리행위인 것이라는 것에 대한 신뢰의 양자가 그 근거라고 한다(김상용, 622면).

1203) 판례는, '대리권 없음에 대한 증명책임은 상대방이 부담하지 않으며, 무권대리인이 책임을 면하려면, 자기에게 대리권이 있음을 적극적으로 증명하여야 한다.'고 한다.(대판 1992. 4. 12. 4294민상1021)

1204) 본인이 적극적으로 추인을 거절하는 경우뿐만 아니라, 본인이 추인을 하지 않은 경우에도 무권대리인은 제135조의 책임을 지게 된다(제135조 제1항).

1205) 일부의 견해는 표현대리가 인정되는 경우에도 상대방은 무권대리인에게 제135조에 의한 책임을 물을 수 있다고 하나, 그것이 타당하지 않음은 이미 앞(무권대리의 체계 부분)에서 살핀바와 같다.

1206) 상대방이 철회권을 행사한 경우에는 계약은 확정적 무효가 되어, 무권대리인에 대한 책임을 묻지 못한다.

1207) 상대방이 무권대리인에게 대리권이 없음을 알지 못하고, 알지 못하는 데 과실이 없어야 한다. 상대방이 선의·무과실을 증명할 필요가 없고, 상대방의 악의·과실을 그 책임을 면하려는 무권대리인이 증명하여야 한다(통설·판례의 태도). 상대방의 악의·과실 여부는 대리행위 당시를 기준으로 판단하여야 한다. 같은 견해 김상용, 626면.

1208) 제한능력자에게 무거운 책임(무과실책임)을 지도록 하는 것은 부적당하다는 취지에서 제한능력자를 보호하려는 요건이다. 다만, 제한능력자가 법정대리인의 동의를 얻어 무권대리행위를 한 경우에는 그 책임이 있다(통설).

1209) 상대방의 선택에 관하여는 선택채무에 관한 규정(제380조 이하)이 적용된다.

1210) 무권대리행위가 쌍무계약인 경우, 이행채무를 부담하는 무권대리인은 상대방에게 반대급부청구권을

② **손해배상책임** 상대방의 선택에 따라 무권대리인은 손해배상책임을 부담하게 된다. 이 때의 범위는 이행이익의 배상인지?[1212] 아니면, 신뢰이익의 배상인지[1213]에 대하여는 학설상 다툼이 있을 수 있으나, 통설은 전자의 경우로 새긴다.

③ **이행 또는 손해배상책임의 소멸시효** 본조의 청구권의 소멸시효기간은 일반채권의 소멸시효기간(제162조 제1항)처럼 10년인지? 아니면, 무권대리행위가 유권대리행위라면 상대방이 본인에 대하여 갖는 청구권의 성질에 따라 10년·3년·1년 중 어느 시효기간(제162조- 제164조)이 적용되어야 할 것인지에 대한 견해의 대립이 있을 수 있으나, 후자의 시효기간이 적용된다고 보는 데 이설이 없다.

소멸시효기간의 기산점은 상대방이 선택권을 행사할 수 있는 때(대리권의 증명 또는 본인의 추인을 얻지 못한 때)를 의미하나,[1214] 손해배상청구권의 경우에는 제766조를 유추적용함으로써 청구권자(상대방)가 무권대리인이 누구인지를 안 때부터 시효기간이 진행된다.[1215]

판 례

가. 무권대리인의 상대방에 대한 책임

○ 무권대리인의 상대방에 대한 책임

"매도인(본인)의 무권대리인인 피고와 매수인인 원고(무권대리행위의 상대방)간에 피고가 매도인의 의무를 일정기간까지 이행하지 못할 경우, 손해배상으로 계약금 1천만원 외에 금 2천만원을 덧붙여 지급하기로 약정한 후 피고가 위 의무를 이행하지 못하여, 원고가 피고에 대하여 3천만원의 손해배상을 소구하고 있는 경우, 원고의 이 사건 청구원인은 위 특약에 의한 손해배상청구이고 매매계약 해제권 행사로 인한 손해배상청구가 아님이 분명하므로, 원심이 위 원고의 매매계약에 대한 해제권 행사에 관하여 심리판단하지 아니하였다 하여 심리미진 또는 이유불비의 위법이 있다고는 할 수 없다.[1216]"

○ 무권대리인의 상대방에 대한 책임의 성질 및 무권대리행위가 제3자의 위법행위로 야기된 경우 책임이 부정되는지 여부(소극)

"민법 제135조 제1항은 '타인의 대리인으로 계약을 한 자가 그 대리권을 증명하지 못하고 또 본인의 추인을 얻지 못한 때에는 상대방의 선택에 좇아 계약의 이행 또는 손해배상의 책임이 있다.'고

갖는다.

1211) 무권대리행위가 유권대리행위였다면 본인이 부담하게 될 이행책임과 무권대리인의 이행책임은 내용은 같지만, 법적 성질은 다르다. 따라서 본인이 상대방에 대하여 부담하였을 채무가 일신전속적 채무일 경우에는, 무권대리인에 의한 동일 급부의 이행은 불가능하기 때문에 상대방은 무권대리인에게 이행청구는 할 수 없고, 손해배상청구만 할 수 있다고 해석하여야 한다. 같은 견해 김상용, 625면.

1212) 계약(무권대리가 유권대리로 될 경우)상의 채무가 이행됨으로써 얻는 이익(적극적 계약이익)을 말한다.

1213) 무권대리인이 그 계약이 유권대리라고 믿었기 때문에 입은 손해(소극적 계약이익)를 말한다.

1214) 대판 1965. 8. 24. 64다1156.

1215) 김상용, 626면; 이영준, 590면.

1216) 대판 1983. 11. 22. 83다카1442.

규정하고 있다. 위 규정에 따른 무권대리인의 상대방에 대한 책임은 무과실책임으로서 대리권의 흠결에 관하여 대리인에게 과실 등의 귀책사유가 있어야만 인정되는 것이 아니고, 무권대리행위가 제3자의 기망이나 문서위조 등 위법행위로 야기되었다고 하더라도 책임은 부정되지 아니한다.[1217)]"

○ 상대방의 악의·과실에 대한 증명책임

"본조 2항의 규정은 무권대리인의 무과실책임원칙에 관한 규정인 1항의 예외적 규정이라고 할 것이므로, 상대방이 대리권이 없음을 알았다는 사실 또는 알 수 있었음에도 불구하고 알지 못하였다는 사실에 관한 증명책임은 무권대리인 자신에게 있다.[1218)]"

○ 상대방이 대리권 없음을 안 경우, 무권대리행위로 인한 상대방 명의 소유권이전등기의 유효 여부

"갑이 을과 상의하여 부 소유의 부동산에 관하여 부의 인감도장을 가지고 나와 을 명의로 소유권이전등기를 마쳤는데, 을이 이를 기화로 다시 병 명의로 소유권이전등기를 하여 준 경우, 갑이 부 몰래 을에게 소유권이전등기를 하여 준 행위가 명의신탁계약의 무권대리행위로 법률상 평가될 수 있더라도 을이 그 대리권 없음을 알았다고 보여 위 명의신탁계약은 갑의 부에 대한 관계에서 뿐만 아니라 갑에 대한 관계에서도 아무런 효력을 발생할 수 없는 것임이 명백하므로, 갑이 그 후 부의 권리의무를 상속받았다고 하여 을 명의의 위 소유권이전등기가 갑의 상속분 범위 내에서 실체적 권리관계에 부합하는 유효한 등기로 전환되는 것은 아니라 할 것이다.[1219)]"

○ 계약이행 또는 손해배상청구권 소멸시효의 기산점

"타인의 대리인으로 계약을 한 자가 그 대리권을 증명하지 못하고 또 본인의 추인을 얻지 못한 때에는 상대방의 선택에 좇아 계약의 이행 또는 손해배상의 책임이 있는 것인바 이 상대방이 가지는 계약이행 또는 손해배상청구권의 소멸시효는 그 선택권을 행사할 수 있는 때로부터 진행한다 할 것이고 또 선택권을 행사할 수 있는 때라고 함은 대리권의 증명 또는 본인의 추인을 얻지 못한 때라고 할 것이다.[1220)]"

(4) 무권대리인과 본인 사이의 효과

본인의 추인이 없는 한 본인과 무권대리인 사이에는 어떠한 법률관계도 발생하지 않는다. 본인이 추인한 경우, 본인과 무권대리인 사이에는 사무관리(제734조 이하)문제가 생긴다.[1221)]

판 례

○ 피용자가 권한 없이 사용자를 대리하여 한 법률행위가 상대방에 대한 관계에서 기망에 의한 불법행위에 해당하여 사용자가 손해배상책임을 지는 경우, 사용자가 피용자의 무권대리행위를 추인하였다고 하여 이미 성립한 사용자책임이 소멸하는지 여부(소극)

"피용자가 권한 없이 사용자를 대리하여 한 법률행위가 상대방에 대한 관계에서 기망에 의한 불

1217) 대판 2014. 2. 27. 2013다213038; 대판 1962. 4. 12. 4294민상1021.

1218) 대판 1962. 4. 12. 4294민상1021.

1219) 대판 1992. 4. 28. 91다30941.

1220) 대판 1965. 8. 24. 64다1156.

1221) 기타 무권대리행위로 본인이 손해를 입은 경우·무권대리인이 부당한 이득을 취한 경우에는 각각 불법행위(제750조 이하)·부당이득(제741조 이하)의 일반원칙에 따른다.

법행위에 해당하여 사용자가 손해배상책임을 지는 경우에, 사용자가 피용자의 무권대리행위를 추인하였다고 하더라도 그것만으로는 이미 성립된 사용자책임이 소멸되는 것이라고 볼 수 없다.[1222]"

●● 사례 22의 해결:

첫째, A는 피고 소속 총무실장으로서 선물추진과 관련하여 납품업체 선정 및 그에 수반된 제반 업무에 대한 대리권만을 수여받았을 뿐, 대금지급 확약서의 작성에 대한 대리권은 수여받지 아니하였고, 선물추진과 관련된 납품업체 선정과 대금지급 확약서의 작성은 총무실장이라는 지위를 고려하더라도 그 연계성을 찾을 수 없어 대리권 범위 내라고 할 수 없다. 그러므로 피고의 첫 번째 항변은 이유 있다.

둘째, 피고의 대표자가 직접 불법행위를 저지른 바는 없으므로, 민법 제750조에 기한 손해배상책임을 묻는 원고의 청구는 받아들일 수 없다.

셋째, 피고의 총무실장으로서 이 사건 물품의 납품에 대한 실무책임자인 A가 B와 공모하여 입찰자격이 없는 B로 하여금 이 사건 물품공급계약을 체결하게 하였고, 피고의 대표자 승인 없이 A 임의로 이 사건 대금지급 확약서를 작성하였음에도 이를 숨긴 채 원고를 기망하였다면, 원고에게 이 사건 대출금원 상당의 손해를 가하였으므로, 피고는 사용자로서 민법 제756조에 따라 원고가 입은 손해를 배상할 책임이 있다.

넷째, 피용자가 권한 없이 사용자를 대리하여 한 법률행위가 상대방에 대한 관계에서 기망에 의한 불법행위에 해당하여 사용자가 손해배상책임을 지는 경우에, 사용자가 피용자의 무권대리행위를 추인하였다고 하더라도 그것만으로는 이미 성립된 사용자책임이 소멸되는 것이라고 볼 수 없다. 그러므로 피고의 두 번째 항변은 이유 없다. 다만, 원고의 과실을 이유로 손해배상액을 감경할 수는 있을 것이다.

(대판 2009. 6. 11. 2008다79500의 사실관계와 판결요지 등 참조)

3. 단독행위의 무권대리

민법은 계약의 무권대리와는 달리, 단독행위의 무권대리를 원칙적으로 무효로 하고, 일정한 경우에 한하여 예외적으로 계약의 무권대리와 동일하게 다루고 있다(제136조).

(1) 상대방 없는 단독행위

이 경우의 무권대리는 항상 절대적으로 무효이다.[1223] 상대방이 없으므로, 무권대리인의 책임(제135조)문제도 생기지 않는다.

1222) 대판 2009. 6. 11. 2008다79500.

1223) 본인의 추인권을 인정할 경우, 무권대리행위의 효과가 본인의 자의에 의존되어 불합리하기 때문에 본인의 추인권을 인정하지 않는 것이다.

(2) 상대방 있는 단독행위

이 경우의 무권대리도 원칙적으로 무효이지만, 예외적으로 계약의 무권대리와 동일하게 다룸으로써 무권대리인에게 대리권이 있다고 믿은 상대방을 보호하려 한다.

(가) 능동대리

상대방이 대리권 없이 행위를 하는 데 동의하거나 또는 그 대리권을 다투지 않은 때에만, 계약의 경우와 동일한 효과를 인정한다(제136조 제1문).[1224] 그 다투었다는 점에 대한 증명책임은, 대리행위의 효력을 다투는 상대방이 부담한다.[1225]

(나) 수동대리

이 경우에는 상대방이 무권대리인의 동의를 얻어 행위를 한 경우에 한하여 계약의 경우와 동일한 효과를 인정한다(제136조 제2문).[1226]

제7관 법률행위의 무효와 취소

제1항 서 설

Ⅰ. 무효와 취소의 개념 구별

법률행위가 성립할 때부터 효력이 발생되지 않는 것으로 정해져 있는 경우를 법률행위의 무효라 하고, 일단 법률행위가 유효하게 효력이 발생한 후에 특정인(취소권자)의 취소의 의사표시에 의하여 그 효력을 소급적으로 소멸시키는 것을 법률행위의 취소라 한다.

무효와 취소의 개념상 차이점을 그림으로 표시하면 다음과 같다.

법률행위가 무효이거나 또는 취소에 의하여 법률행위의 효력이 소급적으로 무효가 된다는 의미는 무엇인가? 당사자가 그 법률행위에서 의욕한 법률효과가 생기지 않는다는 의미일 뿐, 법률행위가 전혀 없었던 것으로 된다는 의미는 아니다. 따라서 당사자가 의욕한 법률효과 이외의 효과(문제)가 발생할 수 있다.[1227]

1224) 대리권을 다투지 아니한 때라 함은, 이의를 제출하지 않은 것을 말한다. 대리권 없음을 몰랐건 또는 과실 유무에 관계없이 다투지 아니하면, 대리권을 다투지 않는 경우에 포함되지만, 단독행위 후 지체 없이 이의를 제출하면 다툰 것이 된다(곽윤직 · 김재형, 370면).

1225) 같은 견해 주해(Ⅲ), 255면.

1226) 본인이 추인을 거절한 경우, 무권대리인은 상대방에 대하여 제135조에 따른 책임을 부담하게 된다. 그러나 성질상 이행책임은 지지 않고, 손해배상책임만 부담하게 된다. 같은 견해 김상용, 628면.

1227) 무효 또는 취소된 법률행위에서 발생한 채무가 이미 이행된 경우, 부당이득반환의 문제가 발생한다. 또한 원시적 불가능을 목적(내용)으로 하는 법률행위는 무효이지만, 계약체결상의 과실책임의 문제가 발생할 수 있다. 그리고 사기 · 강박에 기한 의사표시를 취소하더라도, 그로 인하여 타인이 손해를 입었다면, 불법행위를 이유로 한 손해배상의 문제가 생긴다.

〈법률행위의 무효와 취소의 차이점〉

무 효	취 소
처음부터 당연히 효력이 없다.	처음에는 일단 유효하다.
특정인의 주장이 필요 없다(누구라도 무효를 주장할 수 있다).	특정인의 주장을 필요로 한다(취소권자의 취소권의 행사 → 소급적 무효로 된다).
무효 상태의 방치 · 시간의 경과에 의하여 효력은 변하지 않는다.	취소 사유의 방치 → 무효로 하지 못한다(시간의 경과 → 취소권은 소멸한다).
원칙적으로 추인에 의하여 유효한 행위로 되지 않는다(제139조 본문).	취소할 수 있는 법률행위를 추인하면, 처음부터 유효한 행위이었던 것으로 취급된다(제143조 제1항).

* 법률행위의 취소는, 취소에 의하여 소급적 무효가 된다는 점에서 무효와 효력상 동일하다. 그러나 취소권자의 범위 · 취소할 수 있는 시간적 범위 · 추인에 따른 효력 등의 경우, 무효와 차이가 있다.

Ⅱ. 무효와 취소의 인정 기준

무효와 취소는 위와 같이 차이가 있으나, 어떠한 경우에 법률행위를 무효 또는 취소할 수 있는 것으로 할 것인가에 관하여는 학설상 다툼이 있다.[1228] 생각건대 법률행위의 무효 · 취소는 입법정책에 따른다는 설명이 지극히 간명하다고 생각한다.[1229] 이 때의 입법정책은 반드시 명문의 규정으로만 나타나는 것은 아니다.[1230] 그 내용을 확정지울 수 없는 법률행위 · 불가능한 내용의 법률행위 등은, 법의 이념에 비추어 타당한 법률행위로 볼 수 없기 때문에, 그 효과발생을 인정할 수 없다는 입법정책에 의하여 무효로 된다.

1228) 제1설(일원설)은, 무효와 취소의 기준을 일원적으로 설명한다. 즉, 법률행위가 그 요건을 갖추지 못한 경우, 이를 무효로 할 것인가? 취소할 수 있는 것으로 할 것인가의 문제는, 논리필연적인 표준이 있는 것이 아니라, 입법정책의 문제라고 한다. 법질서 전체의 현상에 비춰 보아, 개개인의 의사를 묻지 않고 당연히 효력을 인정할 수 없다고 할 만한 객관적인 이유가 있으면 무효로 하고, 효력의 부인을 특정인의 의사에 의하여 좌우하게 하여도 무방하다고 할 수 있는 경우에는, 취소할 수 있는 것으로 하는 수가 많다고 한다(곽윤직 · 김재형, 372면; 김증한 · 김학동, 466면; 송덕수, 431면; 주해(Ⅲ), 261면). 제2설(다원설)은, 그 기준을 다원적으로 설명하는 견해로서, 허위표시는 당사자가 그 행위의 무효를 의욕하고 있어서 무효로 되고, 의사무능력자의 행위는 자기결정능력의 결여로 무효로 되며, 사회질서 위반의 행위는 법질서에 반하여 무효로 된다고 한다. 위의 경우 외의 불완전 법률행위는 취소할 수 있는 것으로 파악한다(이영준, 596면). 제3설(절충설)은, 법질서의 근본가치에 반하는 법률행위는 무효로 하고, 그렇지 않은 경우에는 입법정책적으로 무효 또는 취소로 결정된다고 한다(김상용, 631면).

1229) 독일민법은 제한능력자의 법률행위는 무효로 규정하고 있으나(제105조), 민법은 취소사유로 규정한다(제5조 제2항 · 제10조 제1항 · 제13조 제4항 본문). 착오에 의한 의사표시의 경우, 구민법은 무효사유로 하였으나(제95조), 민법은 취소사유로 하고 있다(제109조).

1230) 나중에 보는 바와 같이, 어떠한 법률행위가 무효 · 취소할 수 있는지는, 대부분 법률에 규정되어 있다.

Ⅲ. 무효원인과 취소원인의 경합

하나의 법률행위에 무효원인과 취소원인이 함께 존재하는 경우,[1231] 또는 여러 개의 취소원인이 존재하는 경우,[1232] 당사자는 각각의 요건을 증명하여 당해 법률행위의 무효 또는 취소를 주장할 수 있다(통설).

제2항 법률행위의 무효

Ⅰ. 무효의 의의

법률행위가 성립한 때부터 확정적으로 법률효과가 발생하지 아니하는 것을 법률행위의 무효라고 한다.[1233] 무효는 법률행위의 불성립과는 구별된다.[1234]

Ⅱ. 무효의 사유와 그 종류

1. 무효사유

명문의 규정이 있는 경우와 그렇지 않은 경우의 두 가지가 있다. 전자의 경우로는, 사회질서 위반의 법률행위(제103조)·불공정한 법률행위(제104조)·비진의표시의 예외적인 경우(제107조 제1항 단서)·허위표시(제108조) 등을 들 수 있다. 후자의 경우로는, 의사무능력자의 법률행위·확정지울 수 없는 내용의 법률행위·원시적 불가능한 내용의 법률행위·강행법규에 위반하는 내용의 법률행위·공포의 정도가 강한 강박에 기한 법률행위 등이 있다.

판 례

◎ 민법상 법인의 이사회의 결의에 부존재 혹은 무효 등 하자가 있는 경우, 그 무효의 주장시기 및 방법

"민법상 법인의 이사회의 결의에 부존재 혹은 무효 등 하자가 있는 경우, 법률에 별도의 규정이

1231) 가령 법률행위의 당사자가 의사무능력자(법률행위의 무효사유)이면서 동시에 제한능력자(법률행위의 취소사유)인 경우를 들 수 있다.

1232) 사기에 의한 의사표시에 있어서, 착오를 이유로 한 취소의 요건과 사기를 이유로 한 취소의 요건이 동시에 존재하는 경우를 들 수 있다.

1233) 민법은 법률행위의 무효의 경우, 제137조-제139조에서 이를 규정하고 있다.

1234) 법률행위의 성립요건을 갖추지 못한 경우를 법률행위의 불성립(부존재라고도 한다)이라 하고, 법률행위의 성립요건은 갖추었으나, 효력발생요건을 갖추지 못한 경우를 법률행위의 무효라고 한다.

없으므로 이해관계인은 언제든지 또 어떤 방법에 의하든지 그 무효를 주장할 수 있다.[1235)]

◎ 행정처분에 붙인 부담인 부관이 무효가 되면 그 부담의 이행으로 한 사법상 법률행위도 당연히 무효가 되는지 여부(소극) 및 행정처분에 붙인 부담인 부관이 제소기간 도과로 불가쟁력이 생긴 경우에도 그 부담의 이행으로 한 사법상 법률행위의 효력을 다툴 수 있는지 여부(적극)

"행정처분에 부담인 부관을 붙인 경우 부관의 무효화에 의하여 본체인 행정처분 자체의 효력에도 영향이 있게 될 수는 있지만, 그 처분을 받은 사람이 부담의 이행으로 사법상 매매 등의 법률행위를 한 경우에는 그 부관은 특별한 사정이 없는 한 법률행위를 하게 된 동기 내지 연유로 작용하였을 뿐이므로 이는 법률행위의 취소사유가 될 수 있음은 별론으로 하고 그 법률행위 자체를 당연히 무효화하는 것은 아니다. 또한, 행정처분에 붙은 부담인 부관이 제소기간의 도과로 확정되어 이미 불가쟁력이 생겼다면 그 하자가 중대하고 명백하여 당연 무효로 보아야 할 경우 외에는 누구나 그 효력을 부인할 수 없을 것이지만, 부담의 이행으로서 하게 된 사법상 매매 등의 법률행위는 부담을 붙인 행정처분과는 어디까지나 별개의 법률행위이므로 그 부담의 불가쟁력의 문제와는 별도로 법률행위가 사회질서 위반이나 강행규정에 위반되는지 여부 등을 따져보아 그 법률행위의 유효 여부를 판단하여야 한다.[1236)]"

◎ 조건부 법률행위에 있어 조건의 내용 자체가 무효이거나 조건을 붙이는 것이 허용되지 아니하는 경우, 그 법률행위 전부가 무효인지 여부

"조건부 법률행위에 있어 조건의 내용 자체가 불법적인 것이어서 무효일 경우 또는 조건을 붙이는 것이 허용되지 아니하는 법률행위에 조건을 붙인 경우, 그 조건만을 분리하여 무효로 할 수는 없고 그 법률행위 전부가 무효로 된다.[1237)]"

◎ 토지거래허가구역 내에서의 중간생략등기의 효력

"최초 매도인이 중간 매수인에게 매도하고 이어 중간 매수인이 최종 매수인에게 순차 매도하였다면 각 매매계약의 당사자는 각각의 매매계약에 관하여 토지거래허가를 받아야 하는 것이며, 당사자들 사이에 중간생략등기의 합의가 있었다고 하더라도 이러한 중간생략등기의 합의란 부동산이 전전 매도된 경우 각각의 매매계약이 유효하게 성립함을 전제로 그 이행의 편의상 최초의 매도인으로부터 최종의 매수인 앞으로 소유권이전등기를 경료하기로 한다는 당사자 사이의 합의에 불과할 뿐, 최초의 매도인과 최종의 매수인 사이에 매매계약이 체결되었다는 것을 의미하는 것은 아니므로, 설사 최종 매수인이 자신과 최초 매도인을 매매당사자로 하는 토지거래허가를 받아 자신 앞으로 소유권이전등기를 경료하였더라도 그러한 최종 매수인 명의의 소유권이전등기는 적법한 토지거래허가 없이 경료된 등기로서 무효이다.[1238)]"

◎ 건설회사 임원과 관계 공무원간의 공모로 최종 낙찰예정가를 사전에 알아내어 낙찰을 받은 경우에 그 입찰 및 그에 터 잡아 이루어진 공사도급계약의 효력

"이러한 입찰은 구예산회계법시행령 제97조 제3항, 구계약사무처리규칙 제25조 제9호에 의하여 적용되는 입찰유의서 제10조 제8호 소정의 담합하거나 타인의 경쟁참가를 방해 또는 관계 공무원

1235) 대판 2003. 4. 25. 2000다60197; 대판 2000. 2. 11. 99다30039; 대판 2000. 1. 28. 98다26187.
1236) 대판 2009. 6. 25. 2006다18174; 대판 1998. 12. 22. 98다51305; 대판 1995. 6. 13. 94다56883.
1237) 대결 2005. 11. 8.자 2005마541.
1238) 대판 1997. 3. 14. 96다22464.

의 공무집행을 방해한 자의 입찰에 해당하여 무효이고, 이에 터 잡아 이루어진 공사도급계약 역시 무효가 된다.[1239]"

◯ 신탁의 주 목적이 소송행위인 경우

"수급인과 제3자 사이에 양도계약이 체결된 경위와 방식·양도계약 시로부터 단기간 내에 소송이 제기된 소송과 관련된 제3자의 그간의 행적 등 제반상황에 비추어 볼 때 수급인과 제3자 사이의 양도계약은 진정한 의미에서의 권리의 양도·양수가 아니라, 소송행위를 하게 하는 것을 주된 목적으로 하는 신탁으로 무효가 된다.[1240]"

◯ 불확정한 날을 만기로 정한 어음의 효력

"어음의 만기는 확정 가능하여야 하므로, 어음 자체에 의하여 알 수 있는 날이어야 하고 어음 이외의 사정에 의하여 좌우될 수 있는 불확정한 날을 만기로 정할 수 없는 것인바, 불확정한 날을 만기로 정한 어음은 무효가 된다.[1241]"

◯ 징계면직처분이 무효인 경우

"근로자가 상사·동료의 폭행·협박으로 직장생활을 감당할 수 없음을 이유로 휴직신청을 하였으나 회사가 이를 승인하지 아니하자, 계속 그 승인을 요구하면서 무단결근을 한 경우, 그에 대한 징계면직처분은 '징계권의 남용'이거나 '형평의 원칙'에 반한 것으로 무효가 된다.[1242]"

2. 무효의 종류

(1) 절대적 무효·상대적 무효

원칙적으로 법률행위의 당사자 뿐 아니라 제3자에 대한 관계에서도 무효인 경우가 절대적 무효이고,[1243] 특정인(선의의 제3자)에 대하여는 무효의 주장을 하지 못하는 것을 상대적 무효라 한다.[1244] 무효는 절대적 무효가 원칙이다.

판 례

◯ 절대적 무효로서 선의의 제3자에게도 대항할 수 있는 경우

"부동산 소유자가 취득시효가 완성된 사실을 알고 그 부동산을 제3자에게 처분하여 소유권이전등기를 넘겨줌으로써 취득시효완성을 원인으로 한 소유권이전등기의무가 이행불능에 빠지게 되어, 시효취득을 주장하는 자가 손해를 입었다면 불법행위를 구성한다고 할 것이고, 부동산을 취득한 제3자가 부동산 소유자의 이와 같은 불법행위에 적극 가담하였다면, 이는 사회질서에 반하는 행위로서 무효라고 할 것이다.[1245]"

1239) 대판 1997. 7. 25. 97다15852; 대판 1994. 12. 2. 94다41454; 대판 1982. 11. 9. 81다537.

1240) 대판 1997. 5. 16. 95다54464; 대판 1996. 3. 26. 95다20041; 대판 1970. 3. 31. 70다55.

1241) 대판 1997. 5. 7. 97다4517; 대판 1989. 9. 12. 88다카13806; 대판 1985. 11. 26. 84다카2275.

1242) 대판 1997. 7. 22. 95다53069; 대판 1994. 4. 26. 93다10279; 대판 1991. 5. 28. 90다8046.

1243) 원칙적으로 주체와 객체에 아무런 제한 없이 두루 무효를 주장할 수 있는 경우로서, 의사무능력자의 법률행위·사회질서 위반의 법률행위 등은 절대적 무효사유가 된다. 절대적 무효의 경우에도 공신의 원칙에 의하여 선의의 제3자에게 무효의 주장을 하지 못하는 예외적인 경우(제249조의 선의취득의 경우)가 있다.

1244) 비진의표시의 무효(제107조 제2항)·허위표시의 무효(제108조 제2항) 등이 여기에 속한다.

(2) 당연무효 · 재판상 무효

특별한 행위 · 절차가 필요 없이 법률상 무효인 경우를 당연무효라 하고,[1246] 소에 의해서만 무효로 할 수 있는 것을 재판상 무효라 한다.[1247]

판 례

○ 대학원 석사학위과정의 입학자격을 갖추지 못한 자에 대한 석사학위 수여행위의 효력

"고등교육법 제33조 제2항에서 규정하고 있는 대학원 석사학위과정에 입학할 수 있는 자격을 갖추지 못한 자는 학칙이 정하는 과정을 이수하여 석사학위를 수여받았다고 하더라도 이는 당연무효이고… 후략(後略).[1248]"

(3) 전부무효 · 일부무효

●● 사례 23

원고는 ○○정씨 시조 12세손을 공동선조로 하는 후손들로 구성된 종중이고, 피고는 ○○정씨 시조 10세손을 공동선조로 하는 후손들로 구성된 종중이다. 피고는 1999년 피고의 중시조의 재실과 사당의 건립을 추진하였는데, 당시 피고의 대표자인 회장 A는 원고 대표자인 회장을 겸하고 있었기에 원고 소유의 땅 일부를 그 부지로 선정하게 되었다. 그리하여 원고는 1999. 4. 22. 원고 소유인 위 토지들을 피고의 재실건립에 그 기한을 정하지 아니하고 무상으로 사용하기로 하는 내용의 이사회 결의를 하였다(원고의 1996. 6. 2.자 개정 정관에는 고정자산의 취득과 처분은 총회 의결사항으로 되어 있고, 고정자산의 사용료 징수나 회장이 부의하는 사항은 이사회 의결사항으로 규정하고 있다). 원고 종중이 이사회의 의결을 거쳐 이 사건 토지를 피고 종중이 무상으로 사용할 수 있도록 승낙한 행위는 유효한가?

●● 사안의 쟁점:

첫째, 종중의 토지의 소유형태가 무엇인지 여부 둘째, 총유물의 사용권을 타인에게 부여하거나 임대하는 행위가 처분행위에 해당하는지 여부 셋째, 사용기한이 없는 경우에 그 해석은 어떻게 하여야 하는가? 넷째, 일부무효 법리의 적용가능 여부 등이다.

1245) 대판 2002. 3. 15. 2001다77352, 77369; 대판 2000. 2. 8. 99다48573, 48580; 대판 1993. 2. 9. 92다47892.

1246) 무효는 당연무효가 원칙이다.

1247) 재판상 무효는 무효의 결과가 일반 제3자에게 미치는 영향이 크기 때문에 재판에 의한 무효선고를 통하여 효력이 없는 것으로 하는 것이다. 회사설립의 무효(상법 제184조 · 제328조 · 제552조) · 회사합병의 무효(상법 제236조 · 제529조 · 제603조) · 신주발행의 무효(상법 제429조) 등은 재판상 무효의 경우이다. 원고적격(소를 제기할 수 있는 자)이 한정되고, 소제기기간도 제한되고, 무효를 확정하는 판결은 대세적 효력을 가지며, 소급효가 제한된다(상법 제190조). 재판상 무효는 판결확정시까지는 유효로 취급된다는 점에서, 실질적으로는 취소와 같다(김상용, 637면).

1248) 대판 2007. 7. 27. 2005다22671; 대판 1989. 4. 11. 87다카131.

법률행위의 내용 전부에 무효 원인이 있어서 그 내용 전부가 무효인 경우를 전부무효라 하고, 그 일부만이 무효인 경우가 일부무효이다. 일부무효의 경우, 법률행위 내용의 전부가 무효인지? 아니면, 그 일부만이 무효로 되는지는 입법정책에 따르다. 민법은 제137조에서 일부무효의 법리를 규정하고 있다.[1249] 일부무효에 관한 개별적인 특별규정이 민법·특별법에 있는 경우,[1250] 그러한 개별규정이 임의법규인 제137조보다 먼저 적용된다(판례).

판 례

◎ 무효부분이 없었더라도 법률행위를 했을 것이라는 의사의 의미

"민법 제137조에서 말하는 당사자가 그 무효 부분이 없더라도 법률행위를 하였을 것이라는 의사는 실재하는 의사가 아니라 법률행위의 일부분이 무효임을 법률행위 당시에 알았다면 당사자 쌍방이 이에 대비하여 의욕하였을 가정적 의사를 말한다.[1251]"

◎ 일부무효의 요건으로서 법률행위 내용의 분할가능성

"법률행위의 내용이 불가분인 경우에는 그 일부분이 무효일 때에도 일부무효의 문제는 생기지 아니하나, 분할이 가능한 경우에는 민법 제137조의 규정에 따라 그 전부가 무효로 될 때도 있고, 그 일부만 무효로 될 때도 있다.[1252]"

◎ 일부 무효 법리를 정한 민법 제137조의 적용 범위 및 법률행위의 일부가 강행법규인 효력규정에 위반되어 무효가 되는 경우, 그 부분의 무효가 나머지 부분의 효력에 영향을 미치는지 판단하는 기준

"민법 제137조는 임의규정으로서 법률행위 자치의 원칙이 지배하는 영역에서 그 적용이 있다. 그리하여 법률행위의 일부가 강행법규인 효력규정에 위반되어 무효가 되는 경우 그 부분의 무효가 나머지 부분의 유효·무효에 영향을 미치는가의 여부를 판단함에 있어서는, 개별 법령이 일부 무효의 효력에 관한 규정을 두고 있는 경우에는 그에 따르고, 그러한 규정이 없다면 민법 제137조 본문에서 정한 바에 따라서 원칙적으로 법률행위의 전부가 무효가 된다. 그러나 같은 조 단서는 당사자가 위와 같은 무효를 알았더라면 그 무효의 부분이 없더라도 법률행위를 하였을 것이라고 인정되는 경우에는, 그 무효 부분을 제외한 나머지 부분이 여전히 효력을 가진다고 정한다. 이때 당사자의 의사는 법률행위의 일부가 무효임을 법률행위 당시에 알았다면 의욕하였을 가정적 효과의사를 가리키는 것으로서, 당해 효력규정을 둔 입법 취지 등을 고려할 때 법률행위 전부가 무효로 된다면 그 입법 취지에 반하는 결과가 되는 등의 경우에는 여기서 당사자의 가정적 의사는 다른 특별한 사

1249) 법률행위의 일부분이 무효인 경우는 원칙적으로 그 전부를 무효로 하지만(제137조 본문), 그 무효부분이 없더라도 법률행위를 하였을 것이라고 인정될 때에는 나머지 부분은 유효하다(제137조 단서). 이 경우, 무효부분이 없더라도 법률행위를 하였을 것인지 여부는, 당사자의 의사를 토대로 판단하게 된다. 판례는, '그 당사자의 의사는 실재하는 의사가 아니고, 법률행위의 일부분이 무효임을 법률행위 당시에 알았다면, 당사자 쌍방이 이에 대비하여 의욕하였을 가정적 의사(필자주: 보충적 해석)를 말한다.'고 한다.(대판 1996. 2. 27. 95다38875)

1250) 제385조·제591조 제1항·제651조 제1항, 근로기준법 제15조 제1항, 약관의 규제에 관한 법률 제16조 등을 들 수 있다.

1251) 대판 1996. 2. 27. 95다38875.

1252) 대판 1994. 5. 24. 93다58332.

정이 없는 한 무효의 부분이 없더라도 그 법률행위를 하였을 것으로 인정되어야 한다.[1253]"

◎ 복수 당사자 사이의 합의 중 일부 당사자의 의사표시가 무효인 경우, 나머지 당사자 사이의 합의가 유효한지 여부의 판단 기준

"복수의 당사자 사이에 어떠한 합의를 한 경우 그 합의는 전체로서 일체성을 가지는 것이므로, 그 중 한 당사자의 의사표시가 무효인 것으로 판명된 경우 나머지 당사자 사이의 합의가 유효한지의 여부는 민법 제137조에 정한 바에 따라 당사자가 그 무효 부분이 없더라도 법률행위를 하였을 것이라고 인정되는지의 여부에 의하여 판정되어야 하고, 그 당사자의 의사는 실재하는 의사가 아니라 법률행위의 일부분이 무효임을 법률행위 당시에 알았다면 당사자 쌍방이 이에 대비하여 의욕하였을 가정적 의사를 말하는 것이지만, 한편 그와 같은 경우에 있어서 나머지 당사자들이 처음부터 한 당사자의 의사표시가 무효가 되더라도 자신들은 약정내용대로 이행하기로 하였다면 무효가 되는 부분을 제외한 나머지 부분만을 유효로 하겠다는 것이 당사자의 의사라고 보아야 할 것이므로, 그 당사자들 사이에서는 가정적 의사가 무엇인지 가릴 것 없이 무효 부분을 제외한 나머지 부분은 그대로 유효하다고 할 것이다.[1254]"

◎ 일부무효의 법리의 적용 범위 및 강행법규와의 관계

"민법 제137조는 임의규정으로서 의사자치의 원칙이 지배하는 영역에서 적용된다고 할 것이므로, 법률행위의 일부가 강행법규인 효력규정에 위반되어 무효가 되는 경우 그 부분의 무효가 나머지 부분의 유효·무효에 영향을 미치는가의 여부를 판단함에 있어서는 개별 법령이 일부무효의 효력에 관한 규정을 두고 있는 경우에는 그에 따라야 하고, 그러한 규정이 없다면 원칙적으로 민법 제137조가 적용될 것이나 당해 효력규정 및 그 효력규정을 둔 법의 입법 취지를 고려하여 볼 때 나머지 부분을 무효로 한다면 당해 효력규정 및 그 법의 취지에 명백히 반하는 결과가 초래되는 경우에는 나머지 부분까지 무효가 된다고 할 수는 없다.[1255]"

◎ 매매목적 토지 중 일부만이 토지거래 허가대상인 경우, 그 허가를 받지 아니한 매매계약의 효력

"건설부의 토지거래규제업무처리지침 등에 의하면 1필지 토지가 거래허가대상지역과 거래허가대상지역이 아닌 곳으로 나뉘어 있을 경우에는 거래된 그 1필지의 토지 중 면적이 큰 쪽의 부분을 기준으로 하여 허가여부가 결정된다고 규정되어 있으므로, 이 사건 임야에 관한 매매계약은 그 목적물의 대부분이 자연녹지 지역으로서 관할관청으로부터의 토지거래허가를 받아야 하는데도 허가를 받지 못하였다면 효력이 없고, 설사 위 지침 등이 행정내규로서 법규로서의 효력이 없고, 따라서 위 매매계약이 그 목적물 중 자연녹지 지역에 관한 부분에 관하여서만 무효라고 하더라도, 민법 제137조에 따라서 원칙적으로 위 매매계약 전부가 무효가 되며, 그 무효 부분이 없더라도 매매계약을 체결하였을 것이라고 인정될 때에 한하여, 나머지 부분은 무효가 되지 아니한다.[1256]"

◎ 채무의 일부가 이행불능으로 인하여 전부가 이행불능으로 되는 경우

"쌍무계약에 있어서 당사자 일방이 부담하는 채무의 일부만이 당사자의 책임 있는 사유로 이행할 수 없게 된 때에는, 그 이행이 불가능한 부분을 제외한 나머지 부분만의 이행으로는 계약의 목

1253) 대판 2013. 4. 26. 2011다9068; 대판 2008. 9. 11. 2008다32501; 대판 2004. 6. 11. 2003다1601.
1254) 대판 2010. 3. 25. 2009다41465; 대판 1996. 2. 27. 95다38875.
1255) 대판 2010. 7. 22. 2010다23425; 대판 2008. 9. 11. 2008다32501; 대판 2004. 6. 11. 2003다1601.
1256) 대판 1993. 12. 14. 93다45940.

적을 달성할 수 없다면, 채무의 이행은 전부가 불능이라고 보아야 할 것이므로, 채권자로서는 채무자에 대하여 계약 전부를 해제하거나 또는 채무 전부의 이행에 갈음하는 전보배상을 청구할 수 있을 뿐이지, 이행이 가능한 부분만의 급부를 청구할 수는 없다.[1257)]"

◎ 회사가 직원들을 유상증자에 참여시키면서 퇴직 시 출자 손실금을 전액 보전해 주기로 약정한 경우, 위 손실보전약정이 무효라는 이유로 신주인수계약까지 무효가 되는지 여부

"회사가 직원들을 유상증자에 참여시키면서 퇴직 시 출자 손실금을 전액 보전해 주기로 약정한 경우, 직원들의 신주인수의 동기가 된 위 손실보전약정이 주주평등의 원칙에 위배되어 무효라는 이유로 신주인수까지 무효로 보아 신주인수인들로 하여금 그 주식인수대금을 부당이득으로서 반환받을 수 있도록 한다면 이는 사실상 다른 주주들과는 달리 그들에게만 투하자본의 회수를 보장하는 결과가 되어 오히려 강행규정인 주주평등의 원칙에 반하는 결과를 초래하게 될 것이므로, 위 신주인수계약까지 무효라고 보아서는 아니 된다.[1258)]"

◎ 양도담보에서 채권이 일부무효인 경우, 말소등기청구 가부

"채권담보의 목적으로 소유권이전등기를 한 경우에는 그 채권의 일부가 무효라고 하더라도 나머지 채권이 유효인 이상 채무자는 그 채무를 변제함이 없이 말소등기절차를 구할 수 없다.[1259)]"

◎ 변호사보수약정 부분의 무효가 소송대리인 선임권한위임까지 무효로 하는지 여부

"변호사 아닌 자가 소송 당사자로부터 소송사건을 떠맡아 자신의 비용과 책임 하에 소송대리인을 선임하는 등의 일체의 소송수행을 하여 승소시켜 주고 그 대가로서 소송물의 일부를 양도받기로 하는 내용의 양도약정이 변호사법에 저촉되어 무효라 하더라도 소송대리인 선임권한위임 부분까지 무효로 볼 수는 없다.[1260)]"

◎ 일부무효 규정의 적용범위와 상호신용금고의 담보제공 약정이 무효인 경우, 대출약정까지 무효인지 여부

"① 민법 제137조는 임의규정으로서 의사자치의 원칙이 지배하는 영역에서 작용된다고 할 것이므로, 법률행위의 일부가 강행법규인 효력규정에 위반되어 무효가 되는 경우 그 부분의 무효가 나머지 부분의 유효·무효에 영향을 미치는가의 여부를 판단함에 있어서는 개별 법령이 일부무효의 효력에 관한 규정을 두고 있는 경우에는 그에 따라야 하고 그러한 규정이 없다면 원칙적으로 민법 제137조가 적용될 것이나 당해 효력규정 및 그 효력규정을 둔 법의 입법 취지를 고려하여 볼 때 나머지 부분을 무효로 한다면 당해 효력규정 및 그 법의 취지에 명백히 반하는 결과가 초래되는 경우에는 나머지 부분까지 무효가 된다고 할 수는 없다. ② 구상호신용금고법 제18조의2 제4호는 거래당사자의 일방인 상호신용금고를 보호하기 위한 구 상호신용금고법의 입법 목적을 달성하기 위하여 둔 효력규정으로서, 실질적 보증 또는 담보제공에 해당하는 이 사건 합의가 위 규정에 저촉되어 무효라고 하여 이사건 대출약정까지 무효가 된다고 본다면, 이는 서민과 소규모 기업의 금융편의를 도모하고 거래자를 보호하며 신용질서를 유지함으로써 국민경제의 발전에 이바지하고자 하는 구상호신용금고법의 입법 목적과 경영자의 무분별하고 방만한 채무부담행위로 인한 자본구조의 악화

1257) 대판 1995. 7. 25. 95다5929; 대판 1994. 1. 11. 93다22043; 대판 1992. 10. 13. 92다16836.
1258) 대판 2007. 6. 28. 2006다38161, 38178; 대판 2005. 6. 10. 2002다63671.
1259) 대판 1970. 9. 17. 70다1250.
1260) 대판 1987. 4. 28. 86다카1802.

및 부실화를 방지하려는 동법 제18조의2 제4호의 취지에 명백히 반하는 결과가 초래되므로 구상호신용금고법 제18조의2 제4호의 규정에 위반되어 무효라고 하더라도 나머지 부분인 이 사건 대출약정까지 무효가 된다고 할 수는 없다.[1261]"

●● 사례 23의 해결:

첫째, 종중 소유의 재산은 종중원의 총유에 속하는 것이므로 그 관리 및 처분은 종중규약의 정하는 바가 있으면 이에 따라야 할 것이고, 그 점에 관한 종중규약이 없으면 종중총회의 결의에 의하여야 할 것이다(민법 제275조 제2항, 대판 1989. 2. 14. 88다카3113).

둘째, 총유물의 처분이라 함은 '총유물을 양도하거나 그 위에 물권을 설정하는 등의 행위'를 말하므로, 그에 이르지 않은 단순히 '총유물의 사용권을 타인에게 부여하거나 임대하는 행위'는 원칙적으로 총유물의 처분이 아닌 관리행위에 해당한다고 보아야 한다(대판 1998. 10. 2. 98다28978; 대판 1962. 4. 4. 62다1 등 참조). 민법 제619조에 의하면 처분의 능력 또는 권한 없는 사람도 석조, 석회조, 연와조 및 그와 유사한 건축물을 목적으로 한 토지의 임대차의 경우에는 10년, 그 밖의 토지의 임대차의 경우에는 5년의 범위 안에서 다른 사람에게 토지를 임대할 수 있으므로, 종중이 종중총회의 결의에 의하지 않고 타인에게 기한을 정하지 않은 채 건축물을 목적으로 하는 토지의 사용권을 부여하였다고 하더라도 이를 곧 처분행위로 단정하여 그 전체가 무효라고 볼 것이 아니라 관리권한에 기하여 사용권의 부여가 가능한 범위 내에서는 관리행위로서 유효할 여지가 있다.

셋째, 원고의 이 사건 토지에 관한 무상사용 승낙행위는 원칙적으로 원고 종중재산에 관한 처분행위가 아닌 관리행위에 해당한다고 보아야 하는바, 원고의 개정 정관에 의하면 고정자산의 취득과 처분은 총회의결사항이나, 고정자산의 사용료 징수나 회장이 부의하는 사항은 이사회 의결사항이라는 것이므로 원고가 고정자산을 임대하는 경우는 물론이고 무상으로 사용하게 하는 경우에도 처분행위에 이르지 않은 관리행위의 경우에는 이사회 의결사항으로 봄이 상당하다.

넷째, 그렇다면 일부무효의 법리를 적용하여, 원고 종중이 1999. 9. 22. 이사회의 의결을 거쳐 이 사건 토지를 피고 종중이 무상으로 사용할 수 있도록 승낙한 행위도 처분행위에 이르지 아니한 관리행위의 범위 내에서는 위 개정 정관에 근거를 둔 것으로서 유효하다고 할 것이다.

(대판 2012. 10. 25. 2010다56586의 사실관계와 판결요지 등 참조)

(4) 확정적 무효 · 유동적 무효

법률행위가 성립당시부터 법률상 당연히 효력이 발생하지 않는 것이 확정되어진 것을 확정적 무효라 한다. 확정적 무효가 무효의 원칙이다. 확정적 무효는 나중에 추인을 하더라도, 효력이 발생하지 않는다(제139조). 한편 타인의 추인이나 관청의 허가를 얻게 되면, 법률행위 성립 시에 소급하여 유효로 되고, 추인 · 허가를 얻지 못하면 무효로 확정되는 경우를 유동적 무효라 한다.[1262]

1261) 대판 2004. 6. 25. 2004다2199.

1262) 무권대리행위는 그 행위시부터 본인의 추인이 있을 때까지는 유동적 무효의 상태에 놓인다. 즉, 무권

판 례

◎ 허가구역 내의 토지거래가 확정적 무효로 되는 경우

"토지거래허가를 받지 아니하여 유동적 무효 상태에 있는 계약이라고 하더라도, 일단 거래허가 신청을 하여 불허되었다면, 특별한 사정이 없는 한, 불허가 된 때로부터 그 거래계약은 확정적으로 무효가 되었다고 하여야 할 것인 바… 후략(後略).[1263)]"

◎ 의사표시의 불일치 · 하자를 이유로 계약을 확정적으로 무효화시킬 수 있는지 여부

"유동적 무효 상태의 토지거래계약에서 그 토지거래가 계약 당사자의 표시와 불일치한 의사(비진의표시, 허위표시 또는 착오) 또는 사기, 강박과 같은 하자 있는 의사에 의하여 이루어진 경우에는, 이들 사유에 의하여 그 거래의 무효 또는 취소를 주장할 수 있는 당사자는 그러한 거래허가를 신청하기 전 단계에서 이러한 사유를 주장하여 거래허가신청 협력에 대한 거절의사를 일방적으로 명백히 함으로써 그 계약을 확정적으로 무효화시키고 자신의 거래허가절차에 협력할 의무를 면할 수 있다.[1264)]"

◎ 유동적 무효 상태 계약의 확정적 무효 사유

"국토이용관리법상 토지거래허가를 받지 않아 거래계약이 유동적 무효의 상태에 있는 경우 그와 같은 유동적 무효 상태의 계약은 관할 관청의 불허가처분이 있을 때뿐만 아니라 당사자 쌍방이 허가신청협력의무의 이행거절 의사를 명백히 표시한 경우 그 계약관계는 확정적으로 무효가 되고, 토지거래 허가 전의 거래계약이 정지조건부 계약인 경우에 있어서 그 정지조건이 토지거래허가를 받기 전에 이미 불성취로 확정되었다면 장차 토지거래허가를 받는다고 하더라도 그 거래 계약의 효력이 발생될 여지는 없으므로, 이와 같은 경우에도 그 계약관계는 확정적으로 무효가 된다.[1265)]"

◎ 토지거래허가신청절차청구권을 보전하기 위한 처분금지가처분 가부 및 토지거래허가신청이 불허된 경우, 계약의 효력

"① 허가신청절차에 협력하지 않는 당사자에 대하여 상대방은 협력의무의 이행을 구할 수 있는 것이므로, 허가를 받을 것을 전제로 하여 체결된 매매계약의 매수인은 이와 같은 토지거래허가신청절차청구권을 피보전권리로 하여 매매목적물의 처분을 금하는 가처분을 구할 수 있고, 매도인이 그 매매계약을 다투는 경우 그 보전의 필요성도 있다고 보아야 할 것이며, 이러한 가처분이 집행된 후에 진행된 강제경매절차에서 당해 토지를 낙찰받은 제3자는 특별한 사정이 없는 한 이로써 가처분채권자인 매수인의 권리보전에 대항할 수 없다. ② 토지거래허가를 받지 아니하여 유동적 무효 상태에 있는 계약이라고 하더라도 일단 거래허가신청을 하여 불허되었다면 특별한 사정이 없는 한 불허가된 때로부터 그 거래계약은 확정적으로 무효로 되었지만, 그 불허가의 취지가 미비된 요건의

대리행위는 무효이지만, 본인의 추인이 있으면 대리행위 시에 소급하여 유효한 대리행위가 된다(제133조 본문). 국토이용관리법 소정(현행 국토의 계획 및 이용에 관한 법률 제117조 소정의 허가구역 내에서 제118조 제1항의 허가를 필요로 하는)의 토지거래계약은, 허가 또는 불거허가처분이 있을 때까지는 유동적 무효의 상태에 놓인다 할 것이므로, 허가를 얻으면 거래계약 시에 소급하여 유효한 거래계약이 되나, 불허가처분을 받게 되면 거래계약은 확정적으로 무효가 된다(대판 1991. 12. 24. 전원합의체. 90다12243).

1263) 대판 1997. 9. 12. 97다6971.

1264) 대판 1997. 11. 14. 97다36118.

1265) 대판 1998. 3. 27. 97다36996.

보정을 명하는 데에 있고 그러한 흠결된 요건을 보정하는 것이 객관적으로 불가능하지도 아니한 경우라면 그 불허가로 인하여 거래계약이 확정적으로 무효가 되는 것은 아니다.[1266]"

◎ 허가 전 채무불이행을 이유로 한 해제 및 손해배상청구 가부 및 확정적 무효로 전환되는 경우, 귀책사유 있는 자의 무효 주장 가부

"① 허가를 받을 것을 전제로 한 거래계약은 허가받기 전의 상태에서는 거래계약의 채권적 효력도 전혀 발생하지 않으므로 권리의 이전 또는 설정에 관한 어떠한 내용의 이행청구도 할 수 없고, 그러한 거래계약의 당사자로서는 허가받기 전의 상태에서 상대방의 거래계약상 채무불이행을 이유로 거래계약을 해제하거나 그로 인한 손해배상을 청구할 수 없다. ② 유동적 무효 상태의 계약은 관할 관청의 불허가처분이 있을 때뿐만 아니라 당사자 쌍방이 허가신청협력의무의 이행거절 의사를 명백히 표시한 경우 계약의 유동적 무효 상태가 더 이상 지속되지 않고 확정적으로 무효가 되고, 그와 같은 법리는 거래계약상 일방의 채무가 이행불능임이 명백하고 나아가 상대방이 거래계약의 존속을 더 이상 바라지 않고 있는 경우에도 마찬가지이며, 거래계약이 확정적으로 무효가 된 경우에는 거래계약이 확정적으로 무효로 됨에 있어서 귀책사유가 있는 자라고 하더라도 그 계약의 무효를 주장할 수 있다.[1267]"

◎ 유동적 무효 상태에서 계약금의 부당이득반환청구 가부 및 불허가로 확정적 무효가 되기 위한 요건(구법관계)

"① 허가를 배제하거나 잠탈하는 내용이 아닌 유동적 무효 상태의 매매계약을 체결하고 그에 기하여 임의로 지급한 계약금 등은 그 계약이 유동적 무효 상태로 있는 한 그를 부당이득으로서 반환을 구할 수 없고 유동적 무효 상태가 확정적으로 무효가 되었을 때 비로소 부당이득으로 그 반환을 구할 수 있다. ② 토지거래허가신청에 대한 관할 시장, 군수 또는 구청장의 불허가처분으로 인하여 매매계약이 확정적으로 무효 상태에 이르게 되려면 매도인과 매수인의 진실된 허가 신청서의 기재에도 불구하고 그 허가신청이 허가 기준에 적합하지 아니하다고 판단되는 경우를 전제로 하는 것이므로, 단지 매매계약의 일방 당사자만이 임의로 토지거래허가신청에 대한 불허가처분을 유도할 의도로 허가신청서에 기재하도록 되어 있는 계약 내용과 토지의 이용 계획 등에 관하여 사실과 다르게 또는 불성실하게 기재한 경우라면 실제로 토지거래허가신청에 대한 불허가처분이 있었다는 사유만으로 곧바로 매매계약이 확정적인 무효 상태에 이르렀다고 할 수 없다.[1268]"

◎ 허가구역 지정된 토지거래 후 허가구역 지정해제 시 계약의 효력, 협력의무위반을 이유로 한 계약 해제 가부

"① 토지거래허가구역으로 지정된 토지에 관하여 건설교통부장관이 허가구역 지정을 해제하거나 허가구역 지정기간이 만료되었음에도 허가구역 재지정을 하지 아니한(이하 '허가구역 지정해제 등'이라고 한다)취지는 당해 구역 안에서의 개별적인 토지거래에 관하여 더 이상 허가를 받지 않도록 하더라도 투기적 토지거래의 성행과 이로 인한 지가의 급격한 상승의 방지라는 토지거래허가제도가 달성하려고 하는 공공의 이익에 아무런 지장이 없게 되었고 허가의 필요성도 소멸되었으므로 허가구역 안의 토지에 대한 거래계약에 대하여 허가를 받은 것과 마찬가지로 취급함으로써 사적자

1266) 대판 1998. 12. 22. 98다44376.
1267) 대판 1997. 7. 25. 97다4357, 4364.
1268) 대판 1997. 11. 11. 97다36965, 36972.

치에 대한 공법적인 규제를 해제하여 거래 당사자들이 당해 토지거래계약으로 달성하고자 한 사적 자치를 실현할 수 있도록 함에 있으므로, 허가구역 지정기간 중에 허가구역 안의 토지에 대하여 토지거래허가를 받지 아니하고 토지거래계약을 체결한 후 허가구역 지정해제 등이 된 때에는 그 토지거래계약이 허가구역 지정이 해제되기 전에 확정적으로 무효로 된 경우를 제외하고는 더 이상 관할 행정청으로부터 토지거래허가를 받을 필요가 없이 확정적으로 유효로 된다. ② 유동적 무효의 상태에 있는 거래계약의 당사자는 상대방이 그 거래계약의 효력이 완성되도록 협력할 의무를 이행하지 아니하였음을 들어 일방적으로 유동적 무효의 상태에 있는 거래계약 자체를 해제할 수 없다.[1269)]"

◎ 허가받을 것을 전제로 한 규제구역 내 토지계약의 효력, 협력의무의 인정(구법관계)

"① 국토이용관리법상의 규제구역 내의'토지 등의 거래계약'허가에 관한 관계규정의 내용과 그 입법취지에 비추어 볼 때 토지의 소유권 등 권리를 이전 또는 설정하는 내용의 거래계약은 관할 관청의 허가를 받아야만 그 효력이 발생하고 허가를 받기 전에는 물권적 효력은 물론 채권적 효력도 발생하지 아니하여 무효라고 보아야 할 것인바, 다만 허가를 받기 전의 거래계약이 처음부터 허가를 배제하거나 잠탈하는 내용의 계약일 경우에는 확정적으로 무효로서 유효로 될 여지가 없으나, 이와 달리 허가받을 것을 전제로 한 거래계약일 경우에는 허가를 받을 때까지는 법률상 미완성의 법률행위로서 소유권 등 권리의 이전 또는 설정에 관한 거래의 효력이 전혀 발생하지 않음은 위의 확정적 무효의 경우와 다를 바 없지만, 일단 허가를 받으면 그 계약은 소급하여 유효한 계약이 되고 이와 달리 불허가가 된 때에는 무효로 확정되므로 허가를 받기까지는 유동적 무효의 상태에 있으므로, 허가받을 것을 전제로 한 거래계약은 허가받기 전에서는 거래계약의 채권적 효력도 전혀 발생하지 않으므로 권리의 이전 또는 설정에 관한 어떠한 내용의 이행청구도 할 수 없으나 일단 허가를 받으면 그 계약은 소급해서 유효로 되므로 허가 후에 새로이 거래계약을 체결할 필요는 없다. ② 규제지역 내의 토지에 대하여 거래계약이 체결된 경우에 계약을 체결한 당사자 사이에 있어서는 그 계약이 효력 있는 것으로 완성될 수 있도록 서로 협력할 의무가 있으므로, 이러한 의무에 위배하여 허가신청 절차에 협력하지 않는 당사자에 대하여 상대방은 협력의무의 이행을 소송으로써 구할 이익이 있다.[1270)]"

◎ 협력의무 불이행으로 인한 손해배상 청구 가부

"매매계약 자체는 유동적 무효 상태에 있으나 협력의무를 부담하는 한도 내에서의 당사자의 의사표시까지 무효 상태에 있는 것이 아니므로, 협력의무를 이행하지 아니하고 매수인이 그 매매계약을 일방적으로 철회함으로써 매도인이 손해를 입은 경우에 매수인은 이 협력의무 불이행과 인과관계가 있는 손해는 이를 배상하여야 할 의무가 있다.[1271)]"

◎ 유동적 무효인 계약의 매수인 지위 이전 합의의 효력

"유동적 무효상태에 있는 매매계약상의 매수인의 지위에 관하여 매도인과 매수인 및 제3자 사이에 제3자가 그와 같은 매수인의 지위를 매수인으로부터 이전받는다는 취지의 합의를 한 경우, 국토이용관리법상 토지거래허가 제도의 입법취지에 비추어 볼 때, 그와 같은 합의는 매도인과 매수인

1269) 대판 1999. 6. 17. 전원합의체. 98다40459.
1270) 대판 1991. 12. 24. 전원합의체. 90다12243.
1271) 대판 1995. 4. 28. 93다26397.

사이의 매매계약에 대한 관할 관청의 허가가 있어야 비로소 효력이 발생하고, 그 허가가 없는 이상 그 3 당사자 사이의 합의만으로 유동적 무효상태의 매매계약의 매수인 지위가 매수인으로부터 제3자에게 이전하고 제3자가 매도인에 대하여 직접 토지거래허가 신청절차 협력의무의 이행을 구할 수 없다.[1272)]"

◎ 손해배상액약정의 효력 및 범위

"국토이용관리법상 유동적 무효 상태에 있는 계약을 체결한 당사자는 토지거래허가신청절차 협력의무가 있는 것이므로, 당사자 일방이 토지거래허가를 받기 위한 협력 자체를 이행하지 아니하거나 허가 신청에 이르기 전에 매매계약을 철회하는 경우 상대방에게 일정한 손해액을 배상하기로 하는 약정을 유효하게 할 수 있으며, 토지거래허가를 받을 수 없는 경우 이외에 당사자 일방의 계약 위반으로 계약이 해제된 경우에 대한 손해배상액의 약정은 당사자 일방이 협력의무를 이행하지 아니하거나 매매계약을 일방적으로 철회하여 그 매매계약이 확정적으로 무효가 된 경우를 포함한다.[1273)]"

Ⅲ. 무효의 효과[1274)]

법률행위가 무효이면, 원칙적으로 당사자가 의욕한 법률효과는 법률상 당연히 발생하지 않는다. 따라서 법원은 당사자의 주장이 없더라도, 직권으로 이를 조사하여 법률행위의 무효사유가 존재할 경우, 법률효과의 발생을 부인하여야 한다. 한편 무효인 법률행위에 따른 법률효과를 침해하는 것처럼 보이는 위법행위·채무불이행이 존재하는 경우, 법률효과의 침해에 따른 손해는 없는 것이므로 그 손해배상을 청구하지는 못한다(판례).

판 례

◎ 무효인 법률행위에 따른 법률효과를 침해하는 행위에 대한 손해배상청구 가부(소극)

"무효인 법률행위는 그 법률행위가 성립한 당초부터 당연히 효력이 발생하지 않는 것이므로, 무효인 법률행위에 따른 법률효과를 침해하는 것처럼 보이는 위법행위나 채무불이행이 있다고 하여도 법률효과의 침해에 따른 손해는 없는 것이므로 그 손해배상을 청구할 수는 없다.[1275)]"

1. 이행이 없는 경우

무효인 법률행위가 물권행위이면, 물권변동은 일어나지 않는다. 무효인 법률행위가 채권행위인 경우, 채권은 발생하지 않는 것이 되므로, 이행하지 않아도 된다.[1276)]

1272) 대판 1996. 7. 26. 96다7762.

1273) 대판 1997. 2. 28. 96다49933.

1274) 민법은 법률행위의 취소(제141조)와는 달리, 법률행위 무효의 효과에 관하여 아무런 규정을 하지 않는다.

1275) 대판 2003. 3. 28. 2002다72125.

1276) 다만, 제535조 소정의 계약체결상의 과실책임의 문제가 발생할 수 있다.

2. 이행이 있는 경우

무효인 법률행위에 기한 급부가 이미 이행된 경우, 상대방은 법률상 원인 없는 이익을 취한 것이 되어, 부당이득반환문제가 생긴다(제741조). 한편 채권행위의 이행으로서 물권행위가 행하여진 후에 채권행위가 무효인 경우에는 어떻게 되는가? 물권행위의 유인설·무인설에 따라 반환범위가 달라지는 것이지만,[1277] 제201조 내지 제203조의 적용을 인정하는 것이 바람직하다는 해석론을 취하는 것이 통설·판례(물권행위의 유인설을 취한다)의 태도이다.

Ⅳ. 무효행위의 전환

1. 의 의

A라는 행위로서는 무효이지만, B라는 행위로서의 요건을 갖추고 있는 경우, 무효인 A 행위에 대하여 B행위로서의 효력을 인정하는 것을 무효행위의 전환이라 한다(제138조).[1278] 그런데 이와 관련하여 법률에 특별규정이 있는 경우,[1279] 제138조의 적용은 배제된다.[1280]

2. 요 건

(1) 무효인 법률행위의 존재

성립한 법률행위가 유효하다면, 무효행위의 전환은 문제가 되지 않는다. 일단 성립한 법률행위가 무효일 경우에 비로소 문제가 된다. 법률행위의 성립 여부의 확정은 법률행위의 해석에 따른다. 단독행위의 전환을 인정할 수 있는가? 학설은 다툼이 있다.[1281] 생각건

1277) 물권행위의 유인론을 취할 경우, 원인행위인 채권행위가 무효이면 이행행위인 물권행위의 효력도 당연히 실효하게 되어 소유권은 원래의 권리자에게 남아있는 것이 된다. 원권리자는 소유권에 기한 물권적 청구권을 행사하게 되고, 점유의 부당이득 반환범위는 제201조 내지 제203조의 적용을 받는다. 무인론에 따르면, 채권행위가 무효일 경우에도, 물권행위의 효력은 유효하여 소유권은 상대방에게 유효하게 이전되었다 할 것이다. 그러나 물권행위의 원인이 되는 채권행위가 실효하였으므로, 상대방의 소유권 취득은 법률상 원인 없는 이익이 되어, 부당이득반환문제가 생기고(제741조), 이 때의 반환범위는 제747조·제748조가 적용된다.

1278) 그 등기를 갖추지 못함으로써 지상권설정계약으로서는 무효인 것을 토지임대차계약으로는 유효로 인정하는 경우를 들 수 있다.

1279) 가령 비밀증서에 의한 유언이 그 방식을 결여하여 무효이더라도, 자필증서의 방식을 갖춘 경우에는 자필증서에 의한 유언으로 보게 된다(제1071조). 연착한 승낙(제530조)과 변경을 가한 승낙(제534조)의 경우, 새로운 청약을 한 것으로 보게 된다.

1280) 무효행위의 전환에 관한 제138조의 규정은 임의법규이다. 같은 견해 김상용, 646면.

1281) 긍정설(송덕수, 447면; 이영준, 626면; 주해(Ⅲ), 278면)과 부정설(곽윤직·김재형, 380면; 김용한, 399면; 백태승, 533면; 장경학, 633면)이 있다. 판례는, '타인의 자를 자기의 자로 출생신고한 경우, 입양의 효력을 인정하고(대판 1977. 7. 26. 전원합의체, 76다792), 혼인 외의 출생자를 혼인중의 출생자로 출생신고를 한 경우, 그 출생신고는 무효이지만, 인지신고로서는 효력이 있다(대판 1971. 11. 15. 71다1983)고 함으로써 이를 긍정한다.

대 그 수령자에게 의무를 부담시키는 등 특별한 사정이 없는 한, 이를 긍정하여도 무방하다고 생각한다.

판 례

◎ 구민법 시행 당시 입양신고가 이루어졌으나, 입양자가 그 후 실종선고 심판의 확정으로 위 입양일자 이전에 사망한 것으로 간주됨으로써 입양신고가 무효가 된 경우, 입양 당시 입양자가 호주의 장남에 불과하여 사후양자 선정의 실질적 요건을 갖추지 못하였으므로 무효행위전환에 의한 사후양자 신고로서의 효력을 인정할 수 있는지 여부

"구민법 시행 당시 입양신고가 이루어졌으나, 입양자가 그 후 실종선고 심판의 확정으로 위 입양일자 이전에 사망한 것으로 간주됨으로써 입양신고가 무효가 된 경우, 입양 당시 입양자가 호주의 장남에 불과하여 사후양자 선정의 실질적 요건을 갖추지 못하였으므로 무효행위전환에 의한 사후양자 신고로서의 효력을 인정할 수 없다고 한 사례.[1282)]"가 있다.

◎ 혼외자 출생신고에 대한 인지신고의 효력 인정

"혼인외의 출생자를 혼인중의 출생자로 출생신고를 한 경우에는 그 출생신고는 무효이지만, 인지신고로서는 효력이 있다.[1283)]"

(2) 다른 법률행위로의 전환의사

당사자가 그 무효를 알았더라면, 다른 법률행위를 하는 것을 의욕하였으리라고 인정되어야 한다. 즉, 다른 법률행위로의 전환의 의사가 필요한데, 그 전환의 의사는 실제의 의사가 아니라 가정적 의사를 말한다. 가정적 의사의 존재 여부는 의사해석의 문제이나, 무효인 법률행위 시점을 표준으로 판단한다.[1284)]

판 례

◎ 매매계약이 매매대금의 과다로 말미암아 불공정한 법률행위에 해당하지만 그 매매대금을 적정한 금액으로 감액한 경우, 매매계약의 유효성 여부(적극)

"재건축사업부지에 포함된 토지에 대하여 재건축사업조합과 토지의 소유자가 체결한 매매계약이 매매대금의 과다로 말미암아 불공정한 법률행위에 해당하지만, 그 매매대금을 적정한 금액으로 감액하여 매매계약의 유효성을 인정한 사례.[1285)]"가 있다.

(3) 다른 법률행위의 요건 구비

무효인 법률행위가 다른 법률행위의 요건을 구비하고 있어야 한다. 법률행위의 방식과 관련하여, 주의할 점이 있다. 다른 법률행위가 불요식행위인 경우, 무효인 법률행위의 요

1282) 대판 2002. 6. 28. 2000므1363; 대판 1977. 7. 26. 전원합의체. 77다492.
1283) 대판 1971. 11. 15. 71다1983.
1284) 같은 견해 주해(Ⅲ), 279면.
1285) 대판 2010. 7. 15. 2009다50308.

식행위 여부에 관계없이 전환이 인정된다. 다른 법률행위가 요식행위이고, 무효인 법률행위가 불요식행위인 경우, 방식의 결여로 인하여 그 전환은 인정되지 않는다. 다른 법률행위와 무효인 법률행위 모두가 요식행위인 경우, 일정한 형식 그 자체가 필요한 행위(가령 어음행위)로의 전환은 인정할 수 없으나, 확정적인 의사를 서면에 나타내는 것을 필요로 하는 행위(가령 인지·입양)로의 전환은 인정될 수 있다.

판 례

- **임금 지급에 갈음하여 사용자가 제3자에 대한 채권을 근로자에게 양도하는 약정의 효력(=원칙적 무효) 및 위 약정이 '임금 지급을 위한 것'으로서 효력을 갖기 위한 요건**

"임금은 법령 또는 단체협약에 특별한 규정이 있는 경우를 제외하고는 통화로 직접 근로자에게 전액을 지급하여야 한다(근로기준법 제43조 제1항). 따라서 사용자가 근로자의 임금 지급에 갈음하여 사용자가 제3자에 대하여 가지는 채권을 근로자에게 양도하기로 하는 약정은 전부 무효임이 원칙이다. 다만 당사자 쌍방이 위와 같은 무효를 알았더라면 임금의 지급에 갈음하는 것이 아니라 지급을 위하여 채권을 양도하는 것을 의욕하였으리라고 인정될 때에는 무효행위 전환의 법리(민법 제138조)에 따라 그 채권양도 약정은 '임금의 지급을 위하여 한 것'으로서 효력을 가질 수 있다.[1286]"

- **친생자 출생신고 당시 그 요건이 완비되지 못하였으나 그 후 입양의 실질적 요건을 갖추게 된 경우, 그 신고가 소급하여 입양신고로서의 효력이 생기는지 여부**

"친생자 출생신고 당시 입양의 실질적 요건을 갖추지 못하여 입양신고로서의 효력이 생기지 아니하였더라도, 그 후에 입양의 실질적 요건을 갖추게 된 경우에는 무효인 친생자 출생신고는 소급하여 입양신고로서의 효력을 갖게 된다고 할 것이나, 민법 제139조 본문이 무효인 법률행위는 추인하여도 그 효력이 생기지 않는다고 규정하고 있음에도 불구하고, 입양 등의 신분행위에 관하여 이 규정을 적용하지 아니하고 추인에 의하여 소급적으로 효력을 인정하는 것은 무효인 신분행위 후 그 내용에 맞는 신분관계가 실질적으로 형성되어 쌍방 당사자가 이의 없이 그 신분관계를 계속하여 왔다면, 그 신고가 부적법하다는 이유로 이미 형성되어 있는 신분관계의 효력을 부인하는 것은 당사자의 의사에 반하고 그 이익을 해칠 뿐만 아니라, 그 실질적 신분관계의 외형과 호적의 기재를 믿은 제3자의 이익도 침해할 우려가 있기 때문에, 추인에 의하여 소급적으로 신분행위의 효력을 인정함으로써 신분관계의 형성이라는 신분관계의 본질적 요소를 보호하는 것이 타당하다는 데에 그 근거가 있다고 할 것이므로, 당사자간에 무효인 신고행위에 상응하는 신분관계가 실질적으로 형성되어 있지 아니한 경우에는 무효인 신분행위에 대한 추인의 의사표시만으로 그 무효행위의 효력을 인정할 수 없다.[1287]"

3. 효 과

이상의 요건을 갖춘 경우, 당사자가 의욕하였으리라고 인정되는 다른 법률행위로서의

1286) 대판 2012. 3. 29. 2011다101308.
1287) 대판 2000. 6. 9. 99므1633, 1640; 대판 1991. 12. 27. 91므30.

효력이 발생한다. 이 때 다른 법률행위로서의 효력은 관련 법규에 따른다.

판 례

◎ 매매계약이 약정된 매매대금의 과다로 말미암아 '불공정한 법률행위'에 해당하여 무효인 경우에도 무효행위의 전환에 관한 민법 제138조가 적용될 수 있는지 여부(적극)

"매매계약이 약정된 매매대금의 과다로 말미암아 민법 제104조에서 정하는 '불공정한 법률행위'에 해당하여 무효인 경우에도 무효행위의 전환에 관한 민법 제138조가 적용될 수 있다. 따라서 당사자 쌍방이 위와 같은 무효를 알았더라면 대금을 다른 액으로 정하여 매매계약에 합의하였을 것이라고 예외적으로 인정되는 경우에는, 그 대금액을 내용으로 하는 매매계약이 유효하게 성립한다. 이때 당사자의 의사는 매매계약이 무효임을 계약 당시에 알았다면 의욕하였을 가정적(가정적) 효과의사로서, 당사자 본인이 계약 체결시와 같은 구체적 사정 아래 있다고 상정하는 경우에 거래관행을 고려하여 신의성실의 원칙에 비추어 결단하였을 바를 의미한다. 이와 같이 여기서는 어디까지나 당해 사건의 제반 사정 아래서 각각의 당사자가 결단하였을 바가 탐구되어야 하는 것이므로, 계약 당시의 시가와 같은 객관적 지표는 그러한 가정적 의사의 인정에 있어서 하나의 참고자료로 삼을 수는 있을지언정 그것이 일응의 기준이 된다고도 쉽사리 말할 수 없다. 이와 같이 가정적 의사에 기한 계약의 성립 여부 및 그 내용을 발굴·구성하여 제시하게 되는 법원으로서는 그 '가정적 의사'를 함부로 추단하여 당사자가 의욕하지 아니하는 법률효과를 그에게 또는 그들에게 계약의 이름으로 불합리하게 강요하는 것이 되지 아니하도록 신중을 기하여야 한다.1288)"

◎ 입양의 의사로 친생자 출생신고를 하고 거기에 입양의 실질적 요건이 모두 구비되어 있는 경우, 입양의 효력발생 여부

"당사자가 양친자관계를 창설할 의사로 친생자 출생신고를 하고 거기에 입양의 실질적 요건이 모두 구비되어 있다면, 그 형식에 다소 잘못이 있더라도 입양의 효력이 발생하고, 양친자관계는 파양에 의하여 해소될 수 있는 점을 제외하고는 법률적으로 친생자관계와 똑 같은 관계를 갖게 되므로, 이 경우의 허위의 친생자 출생신고는 법률상의 친자관계인 양친자관계를 공시하는 입양신고의 기능을 발휘하게 되는 것이며… 후략(後略).1289)"

Ⅴ. 무효인 법률행위의 추인

1. 의 의

무효인 법률행위를 유효한 것으로 인정하는 당사자의 의사표시를 무효행위의 추인이라 한다.1290) 원칙적으로 무효행위의 추인은 허용되지 않는다(제139조 본문).1291) 다만, 예외적으로

1288) 대판 2010. 7. 15. 2009다50308.

1289) 대판 2001. 5. 24. 전원합의체. 2000므1493; 대판 1994. 5. 24. 93므119.

1290) 추인과 구별하여야 할 개념으로서, 법률행위의 추완(Konvaleszenz)이 있다. 제3자의 동의를 필요로 하는 법률행위의 경우, 그 동의를 받은 시점에서 장래에 향하여 유효한 법률행위로 되는 것을 말한다. 추완을 요하는 법률행위는 추완이 있을 때까지는 그 효력이 유동적인 상태에 놓인다.

비소급적 추인을 인정하고 있고(제139조 단서), 학설은 대체로 일정한 경우, 당사자의 약정에 의한 소급적 추인을 인정한다.

판 례

◎ 무효인 결의를 사후에 추인한 경우 소급효가 있는지 여부(원칙적 소극)

"무효행위를 추인한 때에는 달리 소급효를 인정하는 법률규정이 없는 한 새로운 법률행위를 한 것으로 보아야 하고, 이는 무효인 결의를 사후에 적법하게 추인하는 경우에도 마찬가지이다.[1292)]"

◎ 관할청의 허가 없는 추인의 효력

"사립학교법 제16조 제1항에 의한 이사회의 심의·의결 없이 한 학교법인 재산의 취득·처분행위나 구 사립학교법 제28조 제1항의 규정에 의하여 관할청의 허가 없이 의무부담행위를 한 경우에 그 행위는 효력이 없고, 학교법인이 그 후에 그 행위를 추인하더라도 효력이 없다.[1293)]"

◎ 금융기관의 대출금리 인상요구에 대하여 상대방이 묵시적 동의 내지 추인한 것으로 볼 수 있는지 여부

"금융기관의 대출금리 인상요구에 대하여 상대방이 구두로 항의한 적이 있고, 금융기관이 강제집행을 예고하여 인상된 금리에 따른 이자를 납입한 사정이 엿보이며, 원리금을 모두 납입한 후 불과 10여 일만에 인상된 이자분이 부당이득에 해당한다며 소송을 제기한 경우에는 상대방이 묵시적 동의 내지 추인한 것으로 볼 수 없다고 한 사례.[1294)]"가 있다.

◎ 증권회사 직원의 주식임의매매행위로 인하여 발생한 이득을 가지고 불법행위로 인한 손해산정에 있어서 손익상계를 할 수 있는지 여부

"증권회사 직원이 고객의 계좌를 이용하여 고객의 위임이 없이 임의로 주식거래를 함으로써 이득이 발생하였다고 할지라도 고객이 그 거래를 추인하면 그로 인한 이득은 적법하게 고객에게 귀속되는 것이므로 그 이득을 가지고 불법행위로 인한 손해산정에 있어서 손익상계를 할 수는 없다.[1295)]"

◎ 제3자를 위한 계약으로 생긴 제3자의 권리를 변경·소멸시키는 행위에 대하여 제3자의 묵시적 추인이 있었다고 볼 수 있는지 여부

"제3자를 위한 계약으로 생긴 제3자의 권리를 변경·소멸시키는 행위에 대하여 제3자의 묵시적 추인이 있었다고 본 원심을 파기한 사례.[1296)]"가 있다.

2. 민법상의 비소급적 추인

추인금지의 원칙을 관철할 경우, 당사자가 그 행위를 다시 원할 경우에도 동일한 법률

1291) 민법 제139조 본문은, '법질서에 의하여 효력이 부인된 법률행위의 효력을 사적인 의사에 의하여 유효로 하는 것은 인정 할 수 없다.'는 독일민법 제2초안의 영향을 받은 것으로 보인다.

1292) 대판 2011. 6. 24. 2009다35033; 대판 1995. 4. 11. 94다53419.

1293) 대판 2000. 9. 5. 2000다2344; 대판 1999. 10. 22. 97다52400; 대판 1983. 12. 27. 83다548.

1294) 대판 2002. 2. 22. 2000다53274.

1295) 대판 2003. 1. 24. 2001다2129.

1296) 대판 2002. 1. 25. 2001다30285.

행위를 다시 해야 하는 불편이 있다. 이러한 점을 고려하여, 민법은 당사자가 그 행위가 무효임을 알고 이를 추인한 때에는, 새로운 법률행위를 한 것으로 의제한다(제139조 단서).[1297] 비소급적 추인의 허용 전제로서 몇 가지 요건을 갖추어야 한다.[1298]

판 례

가. 추인의 요건 · 방법 · 효력 등

◎ 무효행위 추인의 법률관계(추인의 효력)

"무효행위를 추인한 때에는 달리 소급효를 인정하는 법률규정이 없는 한, 새로운 법률행위를 한 것으로 보아야 할 것이고, 이는 무효인 결의를 사후에 적법하게 추인하는 경우에도 마찬가지이다.[1299]"

◎ 추인으로 새로운 법률행위의 발생을 인정하기 위한 요건

"무효인 법률행위를 추인에 의하여 새로운 법률행위를 한 것으로 보기 위하여는 당사자가 이전의 법률행위가 무효임을 알고, 그 행위에 대하여 추인하여야 한다.[1300]"

◎ 당사자가 법률행위의 존재를 알고 그 유효함을 전제로 하여 이에 근거한 후속행위를 한 것만으로 법률행위를 묵시적으로 추인하였다고 볼 수 있는지 여부(소극) 및 무효인 법률행위에 대한 묵시적 추인을 인정하기 위한 요건

"무효인 법률행위를 추인에 의하여 새로운 법률행위로 보기 위하여서는 당사자가 이전의 법률행위가 무효임을 알고 그 행위에 대하여 추인하여야 한다. 한편 추인은 묵시적으로도 가능하나, 묵시적 추인을 인정하기 위해서는 본인이 그 행위로 처하게 된 법적 지위를 충분히 이해하고 그럼에도 진의에 기하여 그 행위의 결과가 자기에게 귀속된다는 것을 승인한 것으로 볼만한 사정이 있어야 할 것이므로 이를 판단함에 있어서는 관계되는 여러 사정을 종합적으로 검토하여 신중하게 하여야 한다. 위와 같은 법리를 고려하면, 당사자가 이전의 법률행위가 존재함을 알고 그 유효함을 전제로 하여 이에 터 잡은 후속행위를 하였다고 해서 그것만으로 이전의 법률행위를 묵시적으로 추인하였다고 단정할 수는 없고, 묵시적 추인을 인정하기 위해서는 이전의 법률행위가 무효임을 알거나 적어도 무효임을 의심하면서도 그 행위의 효과를 자기에게 귀속시키도록 하는 의사로 후속행위를 하였음이 인정되어야 할 것이다.[1301]"

1297) 만약 소급적 추인을 인정할 경우, 법률관계가 복잡하게 되고 제3자의 권리를 해칠 수 있기 때문에 예외적으로 비소급적 추인만 허용한 것이다. 같은 견해 김상용, 634면; 이영준, 608면.

1298) 첫째, 추인을 하려는 자는 그 법률행위가 무효임을 알고 추인하여야 한다. 둘째, 추인의 의사표시가 있어야 한다(명시적일 필요는 없고, 묵시적이어도 무방하다). 셋째, 무효의 원인이 소멸한 후에 추인하여야 한다(사회질서 위반 · 폭리행위 · 강행법규 위반 등으로 무효인 경우, 무효사유가 해소되지 않았으므로, 추인하여도 유효로 되지 않는다. 그러나 가장매매의 당사자가 추인을 하면 그때부터 유효한 매매가 된다). 넷째, 추인의 의사표시는 새로운 법률행위를 하는 경우와 동일한 요건을 갖추어야 한다(가령 추인에 의하여 새로운 법률행위로 보게 되는 그 법률행위가 요식행위인 경우, 추인은 그 행위에 필요한 방식으로 행해져야 한다).

1299) 대판 1995. 4. 11. 94다53419; 대판 1992. 5. 12. 91다26546.

1300) 대판 1998. 12. 22. 97다15715.

1301) 대판 2014. 3. 27. 2012다106607; 대판 2009. 9. 24. 2009다37831.

○ 무효등기의 유용에 관한 묵시적 합의 내지 추인이 인정되는 경우

"무효등기의 유용에 관한 합의 내지 추인은 묵시적으로도 이루어질 수 있으나, 위와 같은 묵시적 합의 내지 추인을 인정하려면 무효등기 사실을 알면서 장기간 이의를 제기하지 아니하고 방치한 것만으로는 부족하고 그 등기가 무효임을 알면서도 유효함을 전제로 기대되는 행위를 하거나 용태를 보이는 등 무효등기를 유용할 의사에서 비롯되어 장기간 방치된 것이라고 볼 수 있는 특별한 사정이 있어야 한다.[1302)]"

○ 반사회질서행위가 추인으로 유효가 될 수 있는지 여부

"도박자금에 제공할 목적으로 금전 대차를 한 때에는 그 대차계약은 민법 103조의 반사회질서의 법률행위이여서 무효라 할 것이니 당사자가 이를 추인하여도 추인의 효력이 생기지 아니할 것이며, 당사자가 그 무효임을 알고 추인하여 새로운 법률행위를 한 효과마저 생갈 수 없는 것이라고 보아야 한다.[1303)]"

○ 무효인 가등기를 유효한 가등기로 전용하는 경우, 소급효 인정 여부

"무효인 법률행위는 당사자가 무효임을 알고 추인할 경우 새로운 법률행위를 한 것으로 간주할 뿐이고 소급효가 없는 것이므로 무효인 위 가등기를 유효한 등기로 전용키로 한 위 약정은 그때부터 유효하고 이로써 위 가등기가 소급하여 유효한 등기로 전환될 수 있다.[1304)]"

○ 불공정행위가 추인으로 유효로 될 수 있는지 여부

"불공정한 법률행위로서 무효인 경우에는 추인에 의하여 무효인 법률행위가 유효로 될 수 없다.[1305)]"

○ 취소한 의사표시를 다시 추인할 수 있는지 여부

"취소한 법률행위는 처음부터 무효인 것으로 간주되므로 취소할 수 있는 법률행위가 일단 취소된 이상 그 후에는 취소할 수 있는 법률행위의 추인에 의하여 이미 취소되어 무효인 것으로 간주된 당초의 의사표시를 다시 확정적으로 유효하게 할 수는 없고, 다만 무효인 법률행위의 추인의 요건과 효력으로서 추인할 수는 있으나, 무효행위의 추인은 그 무효 원인이 소멸한 후에 하여야 그 효력이 있는 것이고, 그 무효 원인이란 바로 위 증여의 의사표기의 취소사유라고 할 것이므로, 결국 무효 원인이 소멸한 후란 것은 당초의 증여의 의사표시의 성립 과정에 존재하였던 취소의 원인이 종료된 후, 즉 강박 상태에서 벗어난 후라고 보아야 할 것이다.[1306)]"

○ 집합채권의 양도가 양도금지특약을 위반하여 무효인 경우 채무자가 일부 개별 채권을 특정하여 추인할 수 있는지 여부(적극)

"당사자의 양도금지의 의사표시로써 채권은 양도성을 상실하며 양도금지의 특약에 위반해서 채권을 제3자에게 양도한 경우에 악의 또는 중과실의 채권양수인에 대하여는 채권 이전의 효과가 생기지 아니하나, 악의 또는 중과실로 채권양수를 받은 후 채무자가 그 양도에 대하여 승낙을 한 때에는 채무자의 사후승낙에 의하여 무효인 채권양도행위가 추인되어 유효하게 되며 이 경우 다른 약정이 없는 한 소급효가 인정되지 않고 양도의 효과는 승낙시부터 발생한다. 이른바 집합채권의

1302) 대판 2007. 1. 11. 2006다50055; 대판 1991. 3. 27. 90다17552.
1303) 대판 1973. 5. 22. 72다2249.
1304) 대판 1992. 5. 12. 91다26546.
1305) 대판 1994. 6. 24. 94다10900.
1306) 대판 1997. 12. 12. 95다38240.

양도가 양도금지특약을 위반하여 무효인 경우 채무자는 일부 개별 채권을 특정하여 추인하는 것이 가능하다.[1307]"

◎ 금융기관이 법적 권원 없이 약정 대출금리의 인상을 요구함에 대하여 상대방이 장기간 인상된 금리에 따른 이자를 납입함으로써 대출금리 인상에 묵시적으로 동의 내지 추인한 것으로 볼 수 있기 위한 요건

"금융기관이 약정 대출금리의 인상을 요구할 아무런 법적 권원이 없음에도 불구하고 그 인상을 요구하였고, 그 요구를 받은 상대방이 이의를 유보함이 없이 인상된 금리에 따른 이자를 장기간 납입함으로써, 묵시적으로 금리 인상에 동의 내지는 추인한 것으로 볼 수 있는 경우에는, 적법한 대출금리의 인상이라는 법적 효과를 인정할 수 있다 할 것이나, 그 경우 묵시적 동의 내지는 추인이 인정되기 위해서는, 그 상대방이 이의를 유보하지 아니하고, 법률관계의 변경에 따른 결과를 장기간 수용하였어야만 한다.[1308]"

나. 추인을 인정한 경우

◎ 위약으로 인해 실효된 계약의 이행

"쌍무계약에 있어 당사자의 일방의 위약이 있는 때에는 그 계약은 당연히 실효된다는 약정이 있는 경우 어느 당사자의 위약이 있음에도 불구하고 당사자간에 계약의 이행이 완료된 경우에는 특단의 사정이 없는 한 당사자가 그 계약의 실효되었음을 알고 그 유효함을 추인하였다고 봄이 타당하다.[1309]"

◎ 미상환농지의 매매 매도인이 매수인의 점유·경작 인정

"분배농지에 관하여 그 상환이 완료되기 이전에 이를 매도하고 현실적으로 인도까지 하였다면 무효라고 할 것이나 상환 완료 후 상당기간 내에 매도인이 매수인의 점유 경작에 대하여 아무런 이의를 하지 않았다면 특별한 사정이 없는 한 상환완료 후에 상환미료 중의 농지매매를 추인한 것이라고 봄이 상당하다.[1310]"

◎ 양도금지특약에 위반한 채권양도의 승낙

"양도금지의 특약에 위반해서 채권을 양수받은 악의 또는 중과실의 채권 양수인에게는 채권이전의 효과가 생기지 아니하나, 악의 또는 중과실로 채권양수를 받은 후 채무자가 그 양도에 대하여 승낙을 한 때에는 채무자의 사후승낙에 의하여 무효인 채권양도행위가 추인되어 유효하게 되며 이 경우, 다른 약정이 없는 한 소급효가 인정되지 아니하고 양도의 효과는 승낙 시부터 발생한다.[1311]"

◎ 일방적인 혼인신고 후 부부생활의 계속

"본조는 재산법에 관한 총칙규정이며 신분법에 관하여 그대로 적용될 수 없는 것인바 혼인신고가 한쪽 당사자의 모르는 사이에 이루어짐으로서 그것이 무효라 할지라도 그 후 양쪽 당사자가 그 혼인에 만족하고 그대로 부부생활을 계속한 경우에는 그 혼인을 무효로 할 것이 아니다.[1312]"

1307) 대판 2009. 10. 29. 2009다47685 ; 대판 2000. 4. 7. 99다52817.
1308) 대판 2002. 2. 22. 2000다53274.
1309) 대판 1962. 8. 2. 62다268.
1310) 대판 1980. 1. 15. 79다1400, 1401.
1311) 대판 2000. 4. 7. 99다52817.
1312) 대판 1965. 12. 28. 65므61.

◎ 무효인 입양에 대해 이의 제기를 하지 않은 경우

"갑이, 태어난지 약 3개월 된 상태에서 부모를 알 수 없는 기아로 발견되어 경찰서에서 보호하고 있던 을을 입양의 의사로 경찰서장으로부터 인도받아 자신의 친생자로 출생신고하고 양육하여 왔는데 을이 15세가 된 후 위 갑과 자신 사이에 친생자관계가 없는 등의 사유로 입양이 무효임을 알면서도 갑이 사망할 때까지 아무런 이의도 하지 않았다면 적어도 묵시적으로라도 입양을 추인한 것으로 보는 것이 상당하다.[1313]"

다. 추인을 부정한 경우

◎ 일방적인 소유권이전등기를 시정하기 위한 인감증명 교부

"을이 갑과는 아무런 합의 또는 의사연락 없이 자기가 분양받은 아파트에 관하여 평소 전혀 알지 못하고 있었던 갑 앞으로 소유권이전등기를 경료하여 둔 사실을 갑이 사후에 알고서 그 소유권이전등기를 을 앞으로 경유하여 주기 위하여 자기 인감증명을 을에게 교부한 경우 이는 갑이 자기의 의사와 관계없이 을의 일방적 행위에 의하여 자기 앞으로 경료된 위 소유권이전등기를 당초부터 소급하여 또는 그 때부터 합의 또는 의사연락에 의하여 경료된 것으로 인정하고 이를 추인하였다고 단정할 수는 없다.[1314]"

◎ 무효인 혼인에서 몇 차례 육체관계를 가진 경우

"피청구인이 청구인의 직장에 찾아와 본처라면서 소동을 피우므로 피청구인을 달래고 무마하는 과정에서 피청구인과 몇 차례 육체관계를 가졌다 하더라도 이로써 곧 청구인이 그 이전에 피청구인이 혼인신고서를 위조하여 신고한 무효인 혼인을 추인한 것이라고 보기 어렵다.[1315]"

◎ 일방적인 소유권이전등기를 시정하기 위한 인감증명 교부

"을이 갑과는 아무런 합의 또는 의사연락 없이 자기가 분양받은 아파트에 관하여 평소 전혀 알지 못하고 있었던 갑 앞으로 소유권이전등기를 경료하여 둔 사실을 갑이 사후에 알고서 그 소유권이전등기를 을 앞으로 경유하여 주기 위하여 자기 인감증명을 을에게 교부한 경우 이는 갑이 자기의 의사와 관계없이 을의 일방적 행위에 의하여 자기 앞으로 경료된 위 소유권이전등기를 당초부터 소급하여 또는 그 때부터 합의 또는 의사연락에 의하여 경료된 것으로 인정하고 이를 추인하였다고 단정할 수는 없다.[1316]"

◎ 관계장관의 인계절차를 밟지 않은 국유농지분배처분에서의 관계장관의 사후 합의

"농지개혁법시행령 10조 소정의 재무부장관의 농림부장관에 대한 인계절차를 밟지 아니하고 한 국유농지분배처분은 당연무효이며, 그 분배 후 관계장관의 합의가 있었다 하여 무효처분이 유효로 전환될 수 없고, 또 분배 후 체납처분에 의한 절차에서 개인이 그 부동산을 매수하였다 하여 그 개인이 소유을 취득할 수도 없다.[1317]"

◎ 교육법상 학생에 대한 자격요건 위반행위에 대한 학교법인의 추인

"학생에 대한 학교의 편입학허가, 대학교졸업인정, 대학원입학, 공학석사학위 수여 등이 그 자격

1313) 대판 1990. 3. 9. 89므389.
1314) 대판 1987. 10. 26. 87누384.
1315) 대판 1983. 9. 27. 83므22.
1316) 대판 1987. 10. 26. 87누384.
1317) 대판 1979. 5. 15. 78다1891.

요건을 규정한 교육법에 위반되어 무효라면 그와 같은 자격요건에 관한 흠은 학교법인이나 학생 또는 일반인들에 의하여 치유되거나 정당한 것으로 추인될 수 있는 성질의 것도 아니다.[1318]"

◎ 사직서 제출 후 퇴직금 수령

"근로자가 회사로부터 해고통보를 받은 다음, 다시 사직서를 제출하지 아니하면 타 회사에 취업하는 데에 지장이 있을 것이니 사직서를 제출하라는 취지의 종용을 받고 사직서를 제출한 후, 퇴직금, 해고수당 등을 수령한 경우 위 근로자는 정리해고가 유효한 것임을 전제로 하여 그 사무처리 과정의 하나로서 회사의 요구에 따라 사직서를 제출하고 퇴직금을 수령하였음에 불과하여 위 정리해고와 무관하게 별도로 사직의 의사를 표시한 것으로 볼 수 없으므로 근로자가 위 정리해고처분의 무효임을 알고 이를 추인하였다거나 그 위법에 대한 불복을 포기하였다고 볼 수 없다.[1319]"

3. 약정에 의한 소급적 추인

당사자의 합의에 의하여 소급효가 있는 추인을 할 수 있다.[1320][1321] 다만, 추인의 소급효는 제3자의 권리를 해치지 못한다.

판 례

◎ 무효인 법률행위의 소급 추인이 인정되기 위한 요건

"불법행위의 내용이 일부 또는 전부가 법률행위인 경우에 그 법률행위가 공서양속 또는 강행법규에 위반되지 않고 오직 당사자의 의사결여로 인하여 법률상 무효인 때에는 제3자의 이익을 해하지 않는 한 당사자간의 합의로써 이를 소급하여 추인할 수 있다.[1322]"

◎ 갑이 을 소유의 부동산을 병에게 처분한 후 사망하고 을이 갑의 지위를 상속한 경우, 을은 병에게 위 처분계약에 따른 이행의무를 부담하는지 여부(소극)

"채권자가 채무자 소유의 부동산에 대하여 강제경매신청을 하여 자녀들 명의로 이를 경락받았다면 그 소유자는 경락인인 자녀들이라 할 것이므로, 채권자가 그 후 채무자와 사이에 채권액의 일부를 지급받고 자녀들 명의의 소유권이전등기를 말소하여 주기로 합의하였다 하더라도 이는 일종의 타인의 권리의 처분행위에 해당하여 비록 양자 사이에서 위 합의는 유효하고 채권자는 자녀들로부터 위 부동산을 취득하여 채무자에게 그 소유권이전등기를 마쳐주어야 할 의무를 부담하지만 자녀들은 원래 부동산의 소유자로서 타인의 권리에 대한 계약을 체결한 채무자에 대하여 그 이행에 관한 아무런 의무가 없고 이행을 거절할 수 있는 자유가 있었던 것이므로, 채권자의 사망으로 인하여 자녀들이 상속지분에 따라 채권자의 의무를 상속하게 되었다고 하더라도 그들은 신의칙에 반하는

1318) 대판 1989. 4. 11. 87다카131.

1319) 대판 1990. 3. 13. 89다카24445.

1320) 당사자가 행한 추인이 소급효가 있는 것인지? 아니면, 비소급적 추인인지는 법률행위해석에 따른다.

1321) 채권적인 소급적 추인이 가능한가? 법률행위 당사자 사이에서만, 소급하여 행위시부터 유효한 것으로 하는 당사자의 합의는 제3자의 이익을 해칠 염려가 없다는 점에서, 원칙적으로 유효하다. 물권적인 소급적 추인은 어떤가? 제3자의 이익을 해칠 염려가 없는 경우라면, 그 유효성을 인정하는 것이 바람직하다. 판례는, 이를 긍정한다(대판 1981. 1. 13. 79다2151; 대판 1964. 6. 2. 63다880).

1322) 대판 1956. 3. 31. 4288민상544.

것으로 인정할 만한 특별한 사정이 없는 한 원칙적으로 위 합의에 따른 의무의 이행을 거절할 수 있다고 한 사례.[1323]"가 있다.

○ 당사자 간에 무효인 신고행위에 상응하는 신분관계가 실질적으로 형성되어 있지 아니한 경우, 무효인 신분행위에 대한 추인의 의사표시만으로 그 무효행위의 효력을 인정할 수 있는지 여부(소극)

"친생자 출생신고 당시 입양의 실질적 요건을 갖추지 못하여 입양신고로서의 효력이 생기지 아니하였더라도 그 후에 입양의 실질적 요건을 갖추게 된 경우에는 무효인 친생자 출생신고는 소급적으로 입양신고로서의 효력을 갖게 된다고 할 것이나, 민법 제139조 본문이 무효인 법률행위는 추인하여도 그 효력이 생기지 않는다고 규정하고 있음에도 불구하고, 입양 등의 신분행위에 관하여 이 규정을 적용하지 아니하고 추인에 의하여 소급적 효력을 인정하는 것은 무효인 신분행위 후 그 내용에 맞는 신분관계가 실질적으로 형성되어 쌍방 당사자가 이의 없이 그 신분관계를 계속하여 왔다면, 그 신고가 부적법하다는 이유로 이미 형성되어 있는 신분관계의 효력을 부인하는 것은 당사자의 의사에 반하고 그 이익을 해칠 뿐만 아니라, 그 실질적 신분관계의 외형과 호적의 기재를 믿은 제3자의 이익도 침해할 우려가 있기 때문에 추인에 의하여 소급적으로 신분행위의 효력을 인정함으로써 신분관계의 형성이라는 신분관계의 본질적 요소를 보호하는 것이 타당하다는 데에 그 근거가 있다고 할 것이므로, 당사자 간에 무효인 신고행위에 상응하는 신분관계가 실질적으로 형성되어 있지 아니한 경우에는 무효인 신분행위에 대한 추인의 의사표시만으로 그 무효행위의 효력을 인정할 수 없는 것이다.[1324]"

제3항 법률행위의 취소

●● 사례 24

주식회사 A는 2008. 3. 6. 피고로부터 청주시 흥덕구 개신동 3-1 외 8필지 토지 및 그 지상 건물 4동을 76억 2천만 원에 매수하는 계약을 체결하고, 계약 당일 피고에게 계약금으로 7억 6천 2백만 원을 지급하였다(이 사건 계약에는 매매대금미지급을 이유로 계약해제 시 계약금을 몰취한다는 조항이 있다). 원고와 피고 및 A회사는 2008. 3. 31.경 이 사건 매매계약에 관하여 A회사 단독으로 매수하는 것에서 A회사가 1/10 지분, 원고가 9/10 지분을 각 매수하는 것으로 변경하였다. 원고와 A회사는, 청주시가 2008. 12. 26.경 이 사건 부동산 일대를 근린공원으로 지정하는 내용을 포함한 2015. 청주도시관리계획 결정을 고시하였음을 이유로 이 사건 매매계약을 해제한다는 취지의 내용증명우편을 발송하였고, 그 무렵 피고에게 도달하였다. 한편 피고는, 2009. 3. 2.경 원고 측에게 2009. 3. 27.까지 잔금 및 연체료를 지급하지 아니할 경우 이 사건 매매계약을 해제하고 위 계약금을 몰취한다는 취지의 최고장을 발송하여, 그 무렵 원고 측에게 도달하였다. A회사는 2009. 6. 12. 위 매매계약에 관한 A회사의 피고에 대한 권리를 원고에게 양도하였고, 이 사

1323) 대판 2001. 9. 25. 99다19698.

1324) 대판 2004. 11. 11. 2004므1484; 대판 1991. 12. 27. 91므30.

건 2009. 11. 3.자 준비서면의 송달로써 그 취지를 피고에게 통지하였다. 원고와 피고의 법률관계에서 발생할 수 있는 공격방어방법 및 그 타당성을 논하라.

●● 사안의 쟁점:

첫째, 동기의 착오로 취소가 가능하기 위한 요건 둘째, 사정변경으로 인한 계약해제의 가능 여부 셋째, 손해배상예정액의 감액가능성 여부 등이다.

위 사례의 경우, 제110조 · 제398조 · 법정해제사유 등과 관련한 종합적인 법리를 묻고 있다.

Ⅰ. 취소의 의의

일단 유효하게 성립한 법률행위의 효력을 제한능력 또는 의사표시의 착오나 사기 · 강박을 이유로 행위시에 소급하여 소멸하게 하는 특정인의 의사표시를 법률행위의 취소라고 한다. 취소가 있으면, 당해 법률행위는 소급하여 무효로 되지만(제141조 본문), 취소하기 전까지는 유효하게 된다.[1325][1326]

Ⅱ. 취 소 권

1. 의의 및 성질

취소할 수 있는 법적 지위를 취소권이라 한다. 취소권은 권리자의 일방적 의사표시에 의하여 법률관계의 변동(법률행위 효력의 소급적 소멸)을 생기게 하므로, 형성권의 일종이다.

2. 취소권자

특정인만이 취소권을 행사할 수 있다(제140조).

1325) 이러한 의미의 취소가 민법상의 원칙적인 취소(또는 협의의 취소)이다.

1326) 협의의 취소와 구별되는 유사개념 몇 가지를 본다. 첫째, 광의의 취소가 있다. 이것은 협의의 취소를 제외한 민법상의 취소를 총괄하는 개념이다(이영준, 628면; 주해(Ⅲ), 289면). 그 구성내용으로는, 재판 또는 행정처분의 취소(제29조의 실종선고의 취소 · 제22조의 부재자재산관리에 관한 명령의 취소 · 제38조의 법인설립허가의 취소) · 완전히 유효한 법률행위의 취소(제8조 제2항의 영업허락의 취소 · 제406조의 사해행위의 취소 · 제828조의 부부간의 계약의 취소) · 가족법상의 행위의 취소(제816조 이하의 혼인의 취소 · 제838조의 이혼의 취소 · 제884조의 입양의 취소 · 제861조의 인지의 취소 · 제978조의 부양관계의 취소 · 제1111조의 부담부 유증의 취소) 등이 있다. 광의의 취소의 경우, 제140조 이하의 규정은 적용되지 않고, 추인의 문제도 발생하지 않는다. 둘째, 철회가 있다. 철회란, 아직 효력을 발생하지 않고 있는 의사표시를 그대로 저지하여 효력이 발생하지 않도록 하거나(청약 의사표시의 철회), 또는 이미 발생한 의사표시의 효력을 장래에 향하여 소멸시키는 표의자의 일방적 의사표시를 말한다(제7조 · 제16조 · 제134조 · 제1108조 · 제1110조). 셋째, 해제(일단 유효하게 성립하고 있는 계약의 효력을 계약체결시에 소급하여 소멸시키는 일방적 의사표시를 말한다)가 있다. 취소는 법률행위 일반에 존재하나, 해제는 계약에 특유한 제도라는 점에서, 본질적인 차이가 있다.

(1) 제한능력자

제한능력자는 그가 행한 취소할 수 있는 법률행위를 단독으로 취소할 수 있다. 이 경우, 법정대리인의 동의 없음을 이유로 다시 취소하지는 못한다(통설).[1327]

(2) 착오로 인하거나 사기·강박에 의하여 의사표시를 한 자

민법 개정(2011. 3. 7.) 전 취소권자의 하나인 '하자 있는 의사표시를 한 자'는 사기·강박에 의한 의사표시를 한 자를 의미하는 것이었으나, 착오에 의한 의사표시도 취소사유가 되므로(제109조 참조), 취소권자에 착오에 의한 의사표시를 한 자를 포함시킴으로써 입법적 불비를 해석을 통하여 해결하였던 것이다. 이번 민법개정을 통하여 입법적으로 해결한 것이다.

(3) 대리인

제한능력자와 착오 및 사기·강박에 의한 의사표시를 한 자의 임의대리인과 법정대리인을 말한다. 취소도 의사표시의 일종이므로, 대리인이 할 수 있음은 당연하다.[1328]

(4) 승계인

제한능력자와 착오 및 사기·강박에 의한 의사표시를 한 자로부터 취소권을 승계한 자이다.

(가) 포괄승계인

상속인이나 회사의 합병에 의한 포괄승계인은 피승계인의 취소권을 승계하여, 이를 행사할 수 있다.

(나) 특정승계인

특정승계인이 취소권을 승계하는가? 이에 관하여 학설은 나뉜다.[1329] 생각건대 가령 사기를 당하여 소유 토지 위에 지상권을 설정한 토지소유자가 그 후에 그 토지를 양도한 경우, 그 토지의 양수인은 소유권과 함께 취소권을 승계한 것이므로, 사기를 이유로 지상권 설정계약을 취소할 수 있다.

1327) 이러한 제한능력자의 취소는, 제한능력자의 행위능력에 관한 일반원칙의 예외가 된다.

1328) 다만, 임의대리인이 행한 대리행위에 취소원인이 있는 경우, 그 취소권은 본인에게 귀속되므로, 그 취소에 관한 본인의 수권행위가 없는 한 임의대리인이 이를 취소하지는 못한다.

1329) 학설은 대체적으로 취소권만의 승계는 인정되지 않으며 취소할 수 있는 행위에 의하여 취득한 권리의 승계가 있는 경우에 특정승계인은 취소권자가 될 수 있다는 견해를 취한다(곽윤직·김재형, 383면; 송덕수, 453면; 이영준, 629면). 위와 같은 견해에 의문을 갖는 견해도 있다(김용한, 405면 등).

3. 취소의 방법

(1) 취소의 의사표시

취소는 상대방에 대한 일방적인 의사표시로써 행해진다(제142조 참조). 취소의 의사표시는 특별한 방식이 필요 없다.[1330][1331]

(2) 취소권의 경합

같은 법률행위의 당사자 일방·쌍방에게 복수의 취소권이 발생하는 경우를 취소권의 경합이라 한다.[1332] 이 경우, 어느 하나의 취소권을 행사하면 취소의 소급적 실효로 인하여 다른 취소권은 원칙적으로 소멸한다. 다만, 경합하는 취소권 행사의 효과가 다를 경우, 하나의 취소권을 행사하였다 하더라도, 다른 취소권이 존속하는 한 다른 취소권을 행사함으로써 그 취소권자의 이익을 지킬 수 있다고 하여야 한다.[1333]

(3) 일부취소

민법은 일부무효(제137조)의 경우와는 달리, 일부취소에 관하여 아무런 규정을 두고 있지 않으나, 이를 인정하여야 한다는 데 이견이 없다. 이 경우, 일부무효의 법리가 적용된다(통설·판례).

판 례

○ 법률행위 일부취소의 요건과 그 효력

"하나의 법률행위의 일부분에만 취소사유가 있는 경우에 그 법률행위가 가분적이거나 그 목적물의 일부가 특정될 수 있다면, 그 나머지 부분이라도 이를 유지하려는 당사자의 가정적 의사가 인정되는 경우, 그 일부만의 취소도 가능하고 또 그 일부의 취소는 법률행위의 일부에 관하여 효력이 생긴다고 할 것이나, 이는 어디까지나 어떤 목적 혹은 목적물에 대한 법률행위가 존재함을 전제로 한다.[1334]"

1330) 취소의 대상이 되는 법률행위가 요식행위인 경우에도 방식을 요하지 않으며, 재판상 행사할 필요도 없다. 명시적이어야 하는 것도 아니며, 의사표시해석의 결과 취소로 인정될 수 있는 행위가 있는 것만으로 충분하다. 등기말소의 청구·손해배상의 청구 등과 같이 취소의 효과를 주장하는 행위가 있으면, 묵시적인 취소의 의사표시가 있는 것으로 인정할 수 있다(김상용, 651면).

1331) 취소의 의사표시는 변론으로도 할 수 있다. 즉, '강박에 의한 의사표시는 취소할 수 있는 것으로서 취소의 의사표시는 직접 상대방에 대하여 하거나 구두변론기일에 변론으로 할 수 있다.'고 한다.(대판 1961. 11. 9. 4293민항883)

1332) 가령 피성년후견인이 타인의 기망행위로 인하여 성년후견인의 동의없이 법률행위를 한 경우, 그는 제한능력을 이유로 당해 법률행위를 취소할 수도 있고(제10조 제1항), 사기를 이유로 한 법률행위의 취소권(제110조 제1항)을 선택적으로 행사할 수 있다.

1333) 위의 각주의 경우, 제한능력자가 제110조 제1항에 기해 이미 취소권을 행사한 경우, 아직 그 취소권이 소멸하지 않았다면, 제10조 제1항에 기한 취소권 행사가 가능하다. 왜냐하면, 제한능력을 이유로 한 취소의 효과는 절대적 효력(선의의 당사자에게도 대항할 수 있다)이 있기 때문이다. 같은 견해 송덕수, 455면.

◎ 법률행위를 취소하는 의사표시의 방법

"법률행위의 취소는 상대방에 대한 의사표시로써 하여야 하나 그 표시는 특별히 재판상 행하여짐이 요구되는 경우 외에는 특정한 방식이 요구되는 것이 아니고, 취소의 의사가 상대방에 의하여 인식될 수 있다면 어떠한 방법에 의하더라도 무방하다 할 것이고, 법률행위의 취소를 당연한 전제로 한 소송상의 이행청구나, 이를 전제로 한 이행거절 가운데는 취소의 의사표시가 포함되어 있다고 볼 수 있다.[1335]"

◎ 매매계약 체결 시 토지의 일정 부분을 그 대상에서 제외시키는 특약의 경우, 그 특약만을 기망을 이유로 취소할 수 있는지 여부

"위의 경우, 이는 매매계약의 대상 토지를 특정하여 그 일정 부분에 대하여는 매매계약이 체결되지 않았음을 분명히 한 것으로써 그 부분에 대한 어떠한 법률행위가 이루어진 것으로 볼 수 없으므로, 그 특약만을 기망을 이유로 취소할 수 없다.[1336]"

◎ 여러 개의 계약이 체결된 경우, 그 계약 전부가 불가분의 관계에 있는지 판단하는 기준 및 하나의 계약에 대한 기망 취소의 의사표시가 전체 계약에 대한 취소의 효력이 있는 경우

"여러 개의 계약이 체결된 경우에 그 계약 전부가 하나의 계약인 것과 같은 불가분의 관계에 있는 것인지는 계약체결의 경위와 목적 및 당사자의 의사 등을 종합적으로 고려하여 판단하여야 하고, 각 계약이 전체적으로 경제적, 사실적으로 일체로서 행하여진 것으로 그 하나가 다른 하나의 조건이 되어 어느 하나의 존재 없이는 당사자가 다른 하나를 의욕하지 않았을 것으로 보이는 경우 등에는, 하나의 계약에 대한 기망 취소의 의사표시는 법률행위의 일부무효이론과 궤를 같이하는 법률행위 일부취소의 법리에 따라 전체 계약에 대한 취소의 효력이 있다.[1337]"

◎ 임차권의 양수인 갑이 양도인 을의 기망행위를 이유로 을과 체결한 임차권양도계약 및 권리금계약을 각 취소 또는 해제한다고 주장한 사안에서, 임차권양도계약과 분리하여 권리금계약만이 취소되었다고 본 원심판결에 법리오해 등 위법이 있다고 한 사례

"임차권의 양수인 갑이 양도인 을의 기망행위를 이유로 을과 체결한 임차권양도계약 및 권리금계약을 각 취소 또는 해제한다고 주장한 사안에서, 임차권양도 계약과 권리금 계약의 체결 경위와 계약 내용 등에 비추어 볼 때, 위 권리금계약은 임차권양도계약과 결합하여 전체가 경제적·사실적으로 일체로 행하여진 것으로서, 어느 하나의 존재 없이는 당사자가 다른 하나를 의욕하지 않았을 것으로 보이므로 권리금계약 부분만을 따로 떼어 취소할 수 없는데도, 임차권 양도계약과 분리하여 권리금계약만이 취소되었다고 본 원심판결에 임차권양도계약에 관한 판단누락 또는 계약의 취소 범위에 관한 법리오해 등 위법이 있다고 한 사례.[1338]"가 있다.

4. 취소의 상대방

취소의 상대방은 취소할 수 있는 법률행위의 확정된 상대방이다(제142조). 취소의 대상인

1334) 대판 2002. 9. 10. 2002다21509; 대판 1999. 3. 26. 98다56607; 대판 1990. 7. 10. 90다카7460.
1335) 대판 1993. 9. 14. 93다13162; 대판 1957. 10. 7. 4290민상518.
1336) 대판 1999. 3. 26. 98다56607.
1337) 대판 2013. 5 .9. 2012다115120; 대판 2006. 7. 28. 2004다54633; 대판 1994. 9. 9. 93다31191.
1338) 대판 2013. 5. 9. 2012다115120.

법률행위의 종류에 따라서, 그리고 상대방이 수인인 경우, 취소의 상대방이 누구이냐가 문제된다.

(1) 계약의 경우

취소의 상대방은 계약당사자이다.[1339][1340] 제3자를 위한 계약(제539조 이하)의 경우, 취소의 상대방은 수익자가 아니라, 계약당사자(요약자 · 낙약자)이다.

(2) 단독행위의 경우

상대방 있는 단독행위의 취소는 그 상대방에 대하여 하여야 한다.[1341] 상대방 없는 단독행위의 경우, 취소의 상대방은 그 법률행위에 기하여 이해관계를 갖는 자이다.[1342]

(3) 상대방이 수인인 경우

취소의 대상인 법률행위의 상대방이 수인인 경우, 상대방 모두에게 취소의 의사표시를 하여야 한다(제547조제1항 참조).[1343] 만약 수인의 상대방 중의 일부에 대하여만 취소사유가 있는 경우에는, 일부무효의 법리에 준하여 처리하여야 한다.[1344]

판 례

○ 기망에 의한 어음발행행위 취소의 상대방과 그 효력 범위

"사기와 같은 의사표시의 하자를 이유로 어음발행행위를 취소하는 경우에 그 취소의 의사표시는 어음발행행위의 직접 상대방에 대하여 뿐만 아니라, 어음발행행위의 직접 상대방으로부터 어음을 취득하여 그 어음금의 지급을 청구하고 있는 소지인에 대하여도 할 수 있다고 봄이 상당하다 할 것이지만, 이와 같은 의사표시의 취소는 선의의 제3자에게 대항할 수 없는 것이고, 이 때의 제3자라 함은 어음발행행위의 직접 상대방 이외의 자를 가리키는 것이므로, 어음의 발행인이 어음발행행위의 직접 상대방이 아닌 소지인을 상대로 어음발행행위 취소의 의사표시를 할 수 있다 하여, 소지인의 선의·악의를 불문하고 취소의 효과를 주장할 수 있는 것은 아니다.[1345]"

1339) 가령 A(제한능력자)가 B에게 매도한 부동산을 B가 C에게 전매한 경우, A의 취소권 행사의 상대방은 B이고, 전득자인 C가 아니다.

1340) 계약이 대리인에 의하여 체결된 경우, 대리인은 취소의 상대방이 아니고, 본인과 상대방이 서로 취소의 상대방이 된다.

1341) 그러나 수권행위의 취소는 대리인 또는 상대방에 대하여 할 수도 있다. 다만, 수권행위의 취소를 대리인에게 한 경우, 상대방이 선의·무과실인 때에는 상대방에 대하여 그 수권행위의 취소를 주장하지 못한다(김상용, 653면).

1342) 다만, 취소할 수 있는 행위의 상대방이 확정되어 있지 않은 경우(소유물에 대한 소유권의 포기·유언의 취소 등), 적절한 방법으로 취소의 의사를 외부에 객관화 시키는 것으로 족하다 할 것이다. 같은 견해 고상룡, 663면; 곽윤직·김재형, 384면; 김상용, 653면; 김증한·김학동, 481면; 송덕수, 457면; 주해(Ⅲ), 305면.

1343) 가령 다수당사자 사이의 채권관계(제408조)인 경우, 당사자 1인에 대한 취소는 절대적 효력이 없으므로, 취소의 의사표시는 당사자 전원에게 행하여져야만 당사자 사이의 채권관계의 효력을 무효화 시킬 수 있다.

1344) 같은 견해 김상용, 653면.

1345) 대판 1997. 5. 16. 96다49513; 대판 1994. 11. 22. 94다30201; 대판 1990. 4. 13. 89다카1084.

◎ 보증을 취소하는 경우, 그 취소의 상대방

"전문건설공제조합이 구전문건설공제조합법(1996. 12. 30. 법률 제5230호 건설산업기본법 부칙 제2조에 의하여 폐지)에 의하여 하는 보증에 있어서의 보증관계는 조합과 조합원 사이에 체결되는 보증위탁계약의 제3자에 대한 효력으로서 성립하는 것이 아니라, 조합원의 신청에 따라 보증채권자를 위하여 보증서를 발급하는 방식으로 조합이 보증채권자에 대하여 직접 보증의 의사표시를 함으로써 성립하는 것이므로, 그 보증관계 해소를 위한 취소의 의사표시는 보증을 신청한 자에 불과한 조합원에 대하여 할 것이 아니라, 보증의 의사표시의 상대방인 보증채권자에 대하여 하여야 한다.[1346)]"

5. 취소의 효과

(1) 소급적 무효

법률행위를 취소하면 행위시에 소급해서 무효로 된다(제141조 본문). 즉, 일단 발생하였던 법률효과는 처음부터 무효이었던 것으로 다뤄진다.[1347)] 다만, 취소한 후라도 무효행위의 추인의 요건을 갖출 경우, 그에 따른 추인이 가능하다(판례).

취소의 효력 범위의 경우, 제한능력을 이유로 한 취소는 절대적 효력이 있으나, 착오나 사기·강박을 이유로 한 취소는 상대적 효력이 있다.[1348)]

판 례

◎ 취소할 수 있는 의사표시를 취소한 후 다시 추인한 경우, 그 추인의 성질과 추인할 수 있는 조건

"취소한 법률행위는 처음부터 무효인 것으로 간주되므로 취소할 수 있는 법률행위가 일단 취소된 이상 그 후에는 취소할 수 있는 법률행위의 추인에 의하여 이미 취소되어 무효인 것으로 간주된 당초의 의사표시를 다시 확정적으로 유효하게 할 수는 없고, 다만 무효인 법률행위의 추인의 요건과 효력으로서 추인할 수는 있으나, 무효행위의 추인은 그 무효 원인이 소멸한 후에 하여야 그 효력이 있고, 따라서 강박에 의한 의사표시임을 이유로 일단 유효하게 취소되어 당초의 의사표시가 무효로 된 후에 추인한 경우 그 추인이 효력을 가지기 위하여는 그 무효 원인이 소멸한 후일 것을 요한다고 할 것인데, 그 무효 원인이란 바로 위 의사표시의 취소사유라 할 것이므로 결국 무효 원인이 소멸한 후란 것은 당초의 의사표시의 성립 과정에 존재하였던 취소의 원인이 종료된 후, 즉 강박 상태에서 벗어난 후라고 보아야 한다.[1349)]"

(2) 부당이득반환의무의 발생

법률행위가 취소되면, 당해 법률행위에서 발생하는 채무도 소급해서 무효가 된다. 따

1346) 대판 1999. 11. 26. 99다36617.

1347) 이처럼 취소는 소급효(소급적 무효)가 있으나, 계속적 계약관계(임대차·고용·위임·조합 등)의 경우, 제550조를 유추적용함으로써 그 취소원인이 있을 경우에도, 취소의 효력은 장래에 향하여만 그 효력을 상실한다고 하여야 한다. 판례는, 조합계약 취소의 소급효를 부인한다(대판 1972. 4. 15. 71다1833).

1348) 제한능력을 이유로 한 취소의 효과는 선의의 당사자에게도 이를 주장할 수 있으나, 제109조·제110조의 경우에는 취소의 효과를 선의의 제3자에게 대항하지 못한다(제109조 제2항·제110조 제2항).

1349) 대판 1997. 12. 12. 95다38240.

라서 아직 채무를 이행하지 않았다면, 이행할 필요가 없고, 이미 이행하였다면, 이를 반환해야 한다.[1350] 원물반환 이외의 경우에는 부당이득반환문제가 생긴다(제741조). 반환범위는 부당이득의 반환에 관한 제748조가 적용된다. 반환의무자의 선의·악의에 따라 반환범위가 달라진다. 다만, 제한능력을 이유로 한 취소의 경우, 그 반환범위에 관하여는 제141조 단서의 특칙이 적용된다.[1351] 이 경우, 현존이익의 증명책임을 누가 부담하는가? 학설은 다툼이 있다.[1352] 생각건대 민법은 일반적인 부당이득의 반환범위와는 달리, 제한능력자의 경우에는 선의·악의에 관계없이 현존이익만을 반환하도록 함으로써 제한능력자를 보호하려 한다(제141조 단서). 따라서 반환청구권자에게 이익의 현존에 관한 증명책임을 지도록 하는 것은 제한능력자만을 지나치게 보호하는 것으로서, 바람직하지 않다. 제한능력자로 하여금 현존이익이 없다는 점에 대한 증명증책임을 부담하도록 하는 것이, 공평에 부합하는 해석이라 할 것이다.

판 례

◉ 매매계약 취소의 경우

"매매계약이 취소된 경우에 당사자 쌍방의 원상회복의무는 동시이행의 관계에 있다.[1353]"

◉ 미성년자가 신용카드거래 후 신용카드 이용계약을 취소한 경우의 법률관계

"미성년자가 신용카드발행인과 사이에 신용카드 이용계약을 체결하여 신용카드거래를 하다가 신용카드 이용계약을 취소하는 경우 미성년자는 그 행위로 인하여 받은 이익이 현존하는 한도에서 상환할 책임이 있는바, 신용카드 이용계약이 취소됨에도 불구하고 신용카드회원과 해당 가맹점 사이에 체결된 개별적인 매매계약은 특별한 사정이 없는 한 신용카드 이용계약취소와 무관하게 유효하게 존속한다 할 것이고, 신용카드발행인이 가맹점들에 대하여 그 신용카드사용대금을 지급한 것은 신용카드 이용계약과는 별개로 신용카드발행인과 가맹점 사이에 체결된 가맹점 계약에 따른 것으로서 유효하므로, 신용카드발행인의 가맹점에 대한 신용카드이용대금의 지급으로써 신용카드회원은 자신의 가맹점에 대한 매매대금 지급채무를 법률상 원인 없이 면제받는 이익을 얻었으며, 이러한 이익은 금전상의 이득으로서 특별한 사정이 없는 한 현존하는 것으로 추정된다.[1354]"

1350) 취소된 법률행위에 의하여 이행으로 급부된 것이 물건이고, 그 물건이 반환의무자에게 남아있는 경우, 원물반환의 이론구성은 물권행위의 유인·무인론에 따라 다르다. 물권행위의 유인론에 따르면, 취소로 채권행위의 효력이 소급적 무효가 되므로, 물권행위의 효력도 상실되어 물권은 이전하지 않았던 것이 된다. 취소권자(반환청구권자)는 상대방에게 물권적 청구권을 행사함으로써 원물의 반환을 꾀할 수 있다. 무인론에 따르면, 그 취소에도 불구하고 물권행위의 효력은 여전히 유효하므로, 물권은 당연히 복귀하지는 않는다. 반환청구권자는 부당이득반환청구권을 행사함으로써 원물의 복귀를 꾀할 수 있을 뿐이다.

1351) 제한능력자는 선의·악의에 관계없이 현존이익(급부를 받은 원래의 이익이 그대로 남아 있거나 달리 가치형태를 바꾸어서 남아 있는 경우의 이익을 말한다)만을 반환하면 된다.

1352) 제1설은, 현존이익이 없다는 점에 관한 증명책임은 제한능력자에게 있다고 한다(곽윤직·김재형, 385면; 김상용, 655면; 송덕수, 458면; 주해(Ⅲ), 410면; 지원림, 374면). 제2설은, 제한능력자 보호의 취지에 비추어 반환청구권자가 현존이익이 있음을 증명하여야 한다고 한다(김용한, 410면; 이영준, 634면). 판례는 제1설을 취한다(대판 2005. 4. 15. 2003다60297, 60303, 60310, 60327).

1353) 대판 2001. 7. 10. 2001다3764; 대판 1993. 9. 10. 93다16222; 대판 1976. 4. 27. 75다1241.

○ 타인 명의로 주식을 소유한 자가 이를 취소한 경우, 그 주식의 반환청구 가능 여부

"타인의 승낙을 얻어 그들 명의로 주식을 인수하여 실질적으로 소유하고 있다가 강박에 의하여 주식매도의 의사표시를 하였고, 이를 이유로 그 의사표시를 적법하게 취소하였다면, 그 주식매도인은 그 매매계약 당사자의 지위에서 매수인에게 주식의 반환을 당연히 청구할 수 있다.[1355)]"

○ 취소사유 없는 취소의 경우, 그 효력

"갑과 을 사이에 결손금배상채무의 액수를 확정하는 합의가 있은 후 갑은 합의가 강박에 의하여 이루어졌다는 이유를 들어, 을은 착오에 의하여 합의를 하였다는 이유를 들어, 각기 위 합의를 취소하는 의사표시를 하였으나, 위 합의에 각각 주장하는 바와 같은 취소사유가 있다고 인정되지 아니하는 이상, 갑과 을 쌍방이 모두 위 의사표시를 취소하는 의사표시를 하였다는 사정만으로는, 위 합의가 취소되어 그 효력이 상실되는 것은 아니다.[1356)]"

○ 착오를 이유로 한 보증계약의 취소가 불법행위를 구성하는지 여부

"불법행위로 인한 손해배상책임이 성립하기 위하여는 가해자의 고의 또는 과실 이외에 행위의 위법성이 요구되므로, 전문건설공제조합이 계약보증서를 발급하면서 조합원이 수급할 실제 도급금액을 확인하지 아니한 과실이 있다고 하더라도, 민법 제109조에서 중과실이 없는 착오자의 착오를 이유로 한 의사표시의 취소를 허용하고 있는 이상, 전문건설공제조합이 과실로 인하여 착오에 빠져 계약보증서를 발급한 것이나 그 착오를 이유로 보증계약을 취소한 것이 위법하다고 할 수는 없다.[1357)]"

●● 사례 24의 해결:

첫째, 동기의 착오가 법률행위 내용의 중요부분의 착오에 해당함을 이유로 표의자가 법률행위를 취소하려면, 그 동기를 당해 의사표시의 내용으로 삼을 것을 상대방에게 표시하고 의사표시의 해석상 법률행위의 내용으로 되어 있다고 인정되면 충분하되, 그 법률행위의 내용의 착오는 중요한 부분에 관한 것이어야 한다. 다만, 그 착오가 표의자의 중대한 과실로 인한 때에는 취소하지 못한다고 할 것인데, 여기서 중대한 과실이라 함은 표의자의 직업, 행위의 종류, 목적 등에 비추어 보통 요구되는 주의를 현저히 결여하는 것을 의미한다고 할 것이다. 이 사건 부동산 일대에 도시계획시설인 근린공원을 신설하기로 하는 도시관리계획 결정이 고시됨으로써 원고가 이 사건 부동산에서 주택개발사업을 하는 것이 사실상 곤란하게 되었는데, 이 사건 부동산에서 주택개발사업을 진행하는 것에 아무런 문제가 없을 것으로 생각하였던 원고로서는 그와 같은 동기의 착오가 없었더라면 이 사건 부동산을 매수하지 않았거나 이 사건 매매대금으로는 매매계약을 체결하지 않았을 것으로 보이므로, 원고의 이 사건 부동산 매수의 동기는 이 사건 매매계약 내용의

중요한 부분을 이루고 있다고 봄이 상당하다. 그러나 원고가 착오에 빠진 것은 주택개발회사로서 부동산 매수에 있어 통상 요구되는 주의를 현저히 결여하였기 때문이라 할 것이므로, 착오

1354) 대판 2005. 4. 15. 2003다60297, 60303, 60310, 60327.
1355) 대판 1994. 12. 13. 93다49482.
1356) 대판 1994. 7. 29. 93다58432; 대판 1992. 6. 23. 92다4130, 4147.
1357) 대판 1997. 8. 22. 97다13023.

를 원인으로 한 원고의 매매계약 취소 주장은 민법 제109조 제1항 단서의 규정상 인용될 수 없다.
둘째, 이 사건 매매계약 체결 후 위와 같은 도시관리계획 결정이 고시됨으로써 원고가 의도한 주택개발사업이 사실상 곤란하게 되었다 하더라도, 토지매매계약 체결 후 관련 법령의 개정 등으로 인하여 새로운 건축상의 제한이 생기거나 기존의 건축상의 규제가 없어질 가능성은 항상 존재하는 것이고 그와 같은 위험은 통상적으로 거래상 매수인이 부담하는 것으로 보이므로, 이러한 사정변경으로 인하여 이 사건 매매계약의 효력을 그대로 유지하는 것이 신의칙에 현저히 반한다고 볼 수 없다. 그러므로 사정변경에 의한 계약해제는 인정되기 어렵다.
셋째, 이 사건 매매계약에서 매매계약이 해제된 경우 이미 지급한 계약금을 몰취하도록 한 것은 손해배상액의 예정으로 볼 것인데, 민법 제398조 제2항은 손해배상의 예정액이 부당히 과다한 경우에는 법원이 이를 적당히 감액할 수 있다고 규정하고 있는바, 이 사건에서 몰취되는 계약금이 거액이기는 하나 계약금의 비율이 매매대금의 10%로서 거래관행에 비추어 부당하게 높게 책정되었던 것은 아닌 점을 고려해 볼 때, 손해배상예정액의 감액가능성도 없다.
(대판 2012. 1. 27. 2010다85881의 사실관계와 판결요지 등 참조)

6. 취소할 수 있는 법률행위의 추인

(1) 의 의

취소할 수 있는 법률행위를 취소하지 않겠다는 의사표시를, 취소할 수 있는 법률행위의 추인이라 한다.[1358] 추인은 취소권의 포기이므로, 취소권자가 추인을 하면 그 법률행위는 확정적으로 유효하게 된다.

(2) 법적 성질

추인은 상대방 있는 단독행위이다. 소극적으로는 취소권의 포기이고, 적극적으로는 취소할 수 있는 법률행위를 확정적으로 유효하게 하는 의사표시이다.

(3) 추인의 요건

(가) 추인권자

추인할 수 있는 자는 취소권자와 같다(제143조·제140조).

(나) 취소원인의 종료

추인은 취소의 원인이 종료된 후에 하여야 한다(제144조 제1항).[1359]

1358) 민법상의 추인이라 함은, 불완전한 법률행위를 사후에 보충함으로써(사후의 동의) 확정적으로 유효한 것으로 만드는 일방적 의사표시를 말한다. 이에는 ① 무권대리행위의 추인, ② 무효행위의 추인, ③ 취소할 수 있는 법률행위의 추인 등 세 가지가 있다. ③은 유동적으로 유효한 법률행위를 확정적으로 유효하게 한다는 점에서, 유동적으로 무효인 법률행위의 효력을 확정적으로 유효하게 하는 ①과 구별되고, 또한 효력이 발생하지 않는 법률행위를 유효하게 하는(새로운 법률행위로서의 효력을 발생하게 하는) ②와 다르다.

1359) 제한능력자는 능력자로 된 후에, 착오나 사기·강박에 기하여 의사표시를 한 자는, 그러한 상태에서 벗어난 후에 추인하여야 한다. 취소의 원인이 종료하기 전에 한 추인은 그 효력이 없다(대판 1982. 6. 8. 81다

(다) 취소할 수 있는 법률행위라는 인식

명문의 규정이 없으나, 취소권의 포기라는 추인의 성질상, 추인은 취소할 수 있는 법률행위임을 알고서 하여야 한다.

판 례

○ 취소할 수 있는 행위에 대한 추인의 요건

"추인은 취소권을 가지는 자가 취소원인이 종료한 후에 취소할 수 있는 행위임을 알고서 추인의 의사표시를 하거나 법정추인사유에 해당하는 행위를 행할 때에만 법률행위의 효력을 유효로 확정시키는 효력이 발생한다.[1360)]"

○ 한정치산자의 고소 취소장 제출이 추인에 해당하는지 여부

"한정치산자가 횡령혐의로 고소한 바 있으나, '쌍방이 원만히 합의하였을 뿐만 아니라 피고소인이 범행에 대하여 깊이 반성하고 있으므로 고소를 취소한다.'는 내용의 고소 취소장을 작성하여 제출한 때에도 아직 한정치산선고를 취소 받기 전이므로 여전히 한정치산자로서 독립하여 추인할 수 있는 행위능력을 가지고 있지 못하였을 뿐더러, 고소 취소는 어디까지나 수사기관 또는 법원에 대하여 고소를 철회하는 의사표시에 지나지 아니하고 또 고소 취소장에 기재된 문면의 내용상으로도 고소인이 매수인에 대하여 가지는 매매의 취소권을 포기한 것으로 보기는 어렵다.[1361)]"

○ 미성년자 소송행위의 묵시적 추인

"당사자가 소송행위 당시 또는 변호사를 선임할 당시에 미성년자였다고 하더라도 성년이 된 후에 묵시적으로 추인하였다고 보여 지는 경우에는 소송능력의 흠결은 없어졌다.[1362)]"

○ 추인의 전제로서 하자있는 법률행위

"추인은 무효행위의 추인이거나 취소할 수 있는 행위의 추인이거나 그 하자있는 법률행위의 존재가 전제가 되는 것이다.[1363)]"

(4) 추인의 방법

취소의 경우와 같다(제143조 제2항·제142조).[1364)]

(5) 추인의 효과

취소할 수 있는 법률행위를 추인하면, 그 법률행위는 확정적으로 유효한 법률행위가 된다(제143조 제1항). 따라서 다시는 취소하지 못한다.

---

107). 다만, 법정대리인은 언제라도 추인할 수 있다(제144조 제2항). 한편 제5조·제10조의 규정상 미성년자·피성년후견인 등은 능력자가 되기 전이라도, 법정대리인의 동의를 얻어 유효하게 추인의 의사표시를 할 수 있다(곽윤직·김재형, 388면; 김상용, 659면; 김증한·김학동, 483면; 송덕수, 462면; 주해(Ⅲ), 309면).

1360) 대판 1997. 5. 30. 97다2986; 대판 1982. 6. 8. 81다107.

1361) 대판 1997. 6. 27. 97다3828.

1362) 대판 1970. 12. 22. 70다2297.

1363) 대판 1982. 5. 25. 81다카935.

1364) 취소와 마찬가지로 특별한 방식을 필요로 하지 않는다. 취소할 수 있는 법률행위가 요식행위인 경우에도 추인은 그 방식을 요하지 않는다(김증한·김학동, 483면).

7. 법정추인

(1) 의 의

취소할 수 있는 법률행위에 관하여 거래의 관념상 취소권을 포기한 것으로 파악할 수 있는 일정한 사실이 있는 경우, 법률상 당연히 추인한 것으로 보는 제도를 법정추인이라 한다(제145조 본문).[1365] 법정추인은 추인의 일종이 아니라, 법률의 규정에 의한 취소권의 배제라고 한다.[1366]

(2) 요 건

(가) 법정추인사유의 존재

취소할 수 있는 법률행위에 관하여 다음 중 어느 하나의 사유가 존재하여야 한다(제145조).

① 전부나 일부의 이행(제1호) 취소할 수 있는 법률행위에 의하여 생긴 채무의 전부나 일부를 취소권자가 상대방에게 이행한 경우·상대방의 그 이행을 취소권자가 수령한 경우이다.[1367]

② 이행의 청구(제2호) 취소권자가 상대방에 대하여 이행을 청구한 경우이어야 한다.[1368]

③ 경개(제3호) 경개는, 취소할 수 있는 법률행위에 의하여 발생한 채권·채무를 소멸시키고 새로운 채권·채무를 발생하게 하는 계약이다(제500조). 경개의 경우, 취소권자는 채권자이든 채무자이든 이를 가리지 않는다.

④ 담보의 제공(제4호) 취소권자가 채무자로서 담보를 제공하거나 또는 채권자로서 담보제공을 받는 경우이다.[1369]

⑤ 취소할 수 있는 행위로 취득한 권리의 전부나 일부의 양도(제5호) 취소권자가 양도하는 경우에 한한다.[1370]

⑥ 강제집행(제6호) 취소권자가 채권자로서 집행하거나 채무자로서 집행을 받는 경우를 포함한다.[1371]

1365) 이 제도는, 취소할 수 있는 법률행위의 취소 여부는 취소권자의 자유의사에 의존됨으로써 상대방이 장기간 불안정한 지위에 놓이는 것을 구제하기 위한 목적을 갖는다.

1366) 이영준, 640면.

1367) 학자에 따라서는, 상대방의 이행은 제외된다고 하나(이은영, 713면), 상대방의 이행을 취소권자가 수령하였다면, 거래의 관념상 취소권의 포기로 볼 수 있다는 점에서 통설의 태도가 타당하다.

1368) 취소권자는 추인으로 새길 수 있는 아무런 행위도 하지 않았기 때문에 상대방이 청구한 경우는 포함되지 않는다.

1369) 이 때의 담보에는 물적 담보(질권·저당권 등)·인적 담보(보증인 등)를 가리지 않는다.

1370) 이 때의 양도에는 취소할 수 있는 행위로 취득한 권리 위에 제한물권·임차권 등의 제한적 권리를 설정하는 것도 포함된다. 다만, 취소에 의해 생기게 되는 장래의 채권(가령 취소에 따른 손해배상채권 등)의 양도는 포함되지 않는다.

(나) 취소원인의 종료

위의 일정한 사실은, 취소의 원인이 종료한 후에 행하여졌어야 한다(제145조 본문·제144조 제1항).[1372]

(다) 이의를 보류하지 않았을 것

취소권자가 위의 일정한 행위를 함에 있어서 이의를 보류하지 않았어야 한다(제145조 단서).[1373]

(라) 기 타

위의 사유 이외에 취소권자의 추인의 의사가 필요하지 않고, 취소권자가 취소권의 존재를 알고 있을 필요도 없다.

판 례

◎ 취소할 수 있는 법률행위로부터 발생한 채무의 의미와 당좌수표 발행행위에서 매수표의 발행행위를 독립된 별개의 법률행위로 볼 것인지 여부

"취소권자가 상대방에게 취소할 수 있는 법률행위로부터 생긴 채무의 전부 또는 일부를 이행한 것은 민법 제145조 제1호 소정의 법정추인 사유에 해당하여 취소할 수 없게 되는 것이나, 여기서 말하는 취소할 수 있는 법률행위로부터 생긴 채무란 취소권자가 취소권을 행사한 채무 그 자체를 말하는 것이고, 일시에 여러 장의 당좌수표를 발행하는 경우 매수표의 발행행위는 각각 독립된 별개의 법률행위이고 수표마다 별개의 채무가 되는 것이므로, 발행·교부한 당좌수표 중 일부가 거래은행에서 지급되게 하였다고 하여 나머지 당좌수표의 발행행위를 추인하였다거나 법정추인 사유에 해당한다고 볼 수 없다.[1374]"

(3) 효 과

이상의 요건이 갖추어지면, 추인과 같은 취소권 포기의 효과가 생긴다. 따라서 취소할 수 있는 법률행위는 확정적으로 유효한 행위가 된다.

8. 취소권의 단기소멸

(1) 민법의 태도

민법은 취소권자로 하여금 일정한 기간 내에 취소권을 행사하도록 함으로써 취소권의 단기 존속기간을 규정하고 있다(제146조).[1375]

1371) 취소권자가 채무자로서 집행을 받은 경우에는 소송상 이의제기를 할 수 있음에도 불구하고 그 주장을 하지 않았으므로, 법정추인으로 볼 수 있다.

1372) 다만, 법정대리인 자신이 위의 일정한 행위를 하였거나 또는 미성년자·피성년후견인이 법정대리인의 동의를 얻어 위의 일정한 행위를 한 경우에는, 비록 취소의 원인이 종료하기 전에 한 것이어도 법정추인이 된다(제145조 본문·제144조 제2항).

1373) 이 때의 이의유보란, 추인이 아님을 분명히 하여 변제를 하는 경우와 같이, 법정추인으로서의 효력이 생기지 않는 의사표시를 말한다.

1374) 대판 1996. 2. 23. 94다58438.

1375) 이 제도는, 취소할 수 있는 법률행위의 불확정상태로 말미암아 상대방을 불안정한 지위에서 가능한 한 빨리 벗어날 수 있도록 하려는 목적을 갖는다 할 것이다.

(2) 취소권의 존속기간

취소권은 추인할 수 있는 날로부터 3년 내에, 또는 법률행위를 한 날로부터 10년 내에 행사하여야 한다(제146조). 추인할 수 있는 날이라 함은, 취소의 원인이 종료한 날을 의미함(제144조 제1항)은 앞에서 본바와 같다. 3년의 기간의 기산점은,[1376] 제한능력·착오·사기나 강박의 상태에서 벗어난 때이다.[1377]

위의 두 기간 가운데 어느 하나라도 만료하면 취소권은 소멸하고, 취소할 수 있는 법률행위는 확정적으로 유효하게 된다.

판 례

가. 기산점

○ 민법 제146조 소정의 취소권 행사의 제척기간의 기산점

"민법 제146조 전단은 "취소권은 추인할 수 있는 날로부터 3년 내에 행사하여야 한다"고 규정하는 한편 민법 제144조 제1항에서는 "추인은 취소의 원인이 종료한 후에 하지 아니하면 효력이 없다"고 규정하고 있는바, 민법 제146조 전단에서 취소권의 제척기간의 기산점으로 삼고 있는 '추인할 수 있는 날'이란 취소의 원인이 종료되어 취소권 행사에 관한 장애가 없어져서 취소권자가 취소의 대상인 법률행위를 추인할 수도 있고 취소할 수도 있는 상태가 된 때를 가리킨다고 보아야 한다.[1378]

○ 취소할 수 있는 법률행위에 대해 제소전화해가 존재하는 경우, 취소기간 진행의 기산점

"계엄사령부 합동조사본부 수사관들의 강박에 의하여 부동산에 관한 증여계약이 이루어진 후 증여를 원인으로 한 소유권이전등기를 하기로 제소전화해를 하여 그 화해조서에 기하여 소유권이전등기가 경료된 경우, 비상계엄령의 해제로 강박 상태에서 벗어난 후 위 증여계약을 취소한다 하더라도 위 제소전화해조서의 기판력이 존속하는 동안에는 재산권을 원상회복하는 실효를 거둘 수 없어 강박에 의하여 이루어진 부동산에 관한 증여계약을 취소하는 데 법률상 장애가 존속되고 있다고 보아야 하고, 따라서 제소전화해조서를 취소하는 준재심사건 판결이 확정되어 위 제소전화해조서의 기판력이 소멸된 때부터 민법 제146조 전단에 규정한 3년의 취소기간이 진행된다.[1379]"

나. 기 타

○ 기간 도과 여부가 법원의 직권조사사항인지 여부

"제척기간이 도과하였는지 여부는 당사자의 주장에 관계없이 법원이 당연히 조사하여 고려하여야 할 사항이다.[1380]"

1376) 제한능력을 이유로 한 취소의 경우에 취소권자가 법정대리인일 경우, 제한능력자가 법률행위를 한 사실을 법정대리인이 안 때가 기산점이라는 견해가 있다(고상룡, 624면; 김주수, 509면; 이영준, 740면).

1377) 취소권자는 그 시점 이전에도 취소권을 행사할 수 있으나(가령 제한능력자의 취소), 그 기산점으로부터 3년의 기간이 만료하여야 취소권은 소멸하게 된다. 같은 견해 송덕수, 463면.

1378) 대판 2008. 9. 11. 2008다27301, 27318; 대판 1998. 11. 27. 98다7421.

1379) 대판 1998. 11. 27. 98다7421.

1380) 대판 1996. 9. 20. 96다25371.

◎ 취소권 행사 기간의 성질 변화시 법적용

"취소권 행사의 기간에 대한 성질이 신법 민법을 통하여 서로 바뀌었을 때에는 신민법이 시행되면서 소멸시효의 기간은 거기서 그쳐버리고 그 때부터 새로이 제척기간이 진행된다.[1381)]"

◎ 국군보안사령부의 강박이 제6공화국 출범시까지 계속되었는지 여부

"원고의 금원기부행위나 근저당권설정행위가 국군보안부대의 위법한 공권력의 행사에 의하여 강요된 것이어서 그 행위를 전후한 무렵 사회적인 분위기에 비추어 원고의 외포상태가 존속하고 있었다고 볼 여지도 있지만, 국군보안사령부가 제5공화국의 출범과 그 이후 권력유지에 중추적인 역할을 담당하였다는 사정만으로는 원고가 강박에 의한 의사표시를 취소하는 것이 기대할 수 없었다거나 당초 보안부대의 강박으로 인하여 생긴 원고의 외포상태가 제6공화국이 출범한 1988. 2. 25.경까지 그대로 지속되었다고 단정할 수는 없다.[1382)]"

(3) 기간의 성질

제146조 소정의 취소권 행사기간의 법적 성질은, 제척기간이라고 새기는 데 학설·판례가 일치한다.[1383)] 생각건대 취소권은 형성권으로서, 소멸시효와는 달리, 권리불행사의 상태나 중단이 있을 수 없다는 점에서, 제척기간으로 이해하는 통설·판례의 태도는 타당하다.

판 례

◎ 민법 제146조의 성질과 그 행사기간

"미성년자 또는 친족회가 민법 제950조 제2항에 따라 제1항의 규정에 위반한 법률행위를 취소할 수 있는 권리는 형성권으로서 민법 제146조에 규정된 취소권의 존속기간은 제척기간이라고 보아야 할 것이지만, 그 제척기간 내에 소를 제기하는 방법으로 권리를 재판상 행사하여야만 되는 것은 아니고, 재판 외에서 의사표시를 하는 방법으로도 권리를 행사할 수 있다고 보아야 한다.[1384)]"

(4) 취소의 효과로 생기는 청구권의 존속기간

취소할 수 있는 법률행위에 기하여 이행을 한 후에 취소권을 행사하면, 부당이득반환청구권(원상회복청구권)이나 현존이익의 반환청구권이 발생한다. 이러한 청구권은 언제까지 존속하는가? 학설은 다툼이 있다.[1385)] 생각건대 취소할 수 있는 법률행위에 따른 법률

1381) 대판 1964. 3. 31. 63다214.

1382) 대판 1991. 9. 10. 91다18989.

1383) 대판 1996. 9. 20. 96다25371; 대판 1964. 3. 31. 63다214.

1384) 대판 1993. 7. 27. 92다52795; 대판 1992. 10. 13. 92다4666; 대판 1988. 11. 8. 87다카991.

1385) 제1설은, 제146조의 기간 내에 행사하여야 한다고 새긴다(곽윤직·김재형, 416면; 김상용, 660면; 김용한, 416면; 김증한·김학동, 486면; 백태승, 541면; 이영준, 643면). 제2설은, 취소한 때로부터 10년의 소멸시효기간에 걸린다고 한다(송덕수, 464면; 이은영, 714면). 전자의 견해에 따르면, 후자의 견해를 취할 경우, 취소권을 빨리 소멸시키고 법률관계를 확정하려는 제146조의 취지에 어긋난다는 점을 그 근거로 든다. 후자의 견해는 상대방의 부당이득반환청구권을 생각한다면, 전자의 견해처럼 해석해서는 안 된다는 점을 내세운다. 아직 이에 관한 판례는 없다.

관계의 조속한 확정이라는 제146조의 취지에 비춰볼 때, 취소에 의한 청구권의 존속기간은 제162조 제1항에 기한 소멸시효기간이 아니라, 제146조의 제척기간으로 수정 이해하여야 한다.[1386]

제8관 법률행위의 부관

제1항 서 설

Ⅰ. 법률행위 부관의 의의 · 종류

법률행위의 효력의 발생 또는 소멸을 제한할 목적으로 당사자의 의사에 의하여 법률행위의 내용으로 덧붙여지는 약관을 법률행위의 부관이라 한다.[1387]

법률행위의 부관에는, 조건 · 기한 · 부담의 세 가지가 있다. 민법은 조건 · 기한에 관해서만 일반적인 규정을 두고, 부담에 대하여는 부담부 증여(제561조) · 부담부 유증(제1088조)의 특별규정을 두고 있다.[1388]

판 례

○ 행정처분에 붙인 부담인 부관이 무효가 되면 그 부담의 이행으로 한 사법상 법률행위도 당연히 무효가 되는지 여부(소극) 및 행정처분에 붙인 부담인 부관이 제소기간 도과로 불가쟁력이 생긴 경우에도 그 부담의 이행으로 한 사법상 법률행위의 효력을 다툴 수 있는지 여부(적극)

"행정처분에 부담인 부관을 붙인 경우 부관의 무효화에 의하여 본체인 행정처분 자체의 효력에도 영향이 있게 될 수는 있지만, 그 처분을 받은 사람이 부담의 이행으로 사법상 매매 등의 법률행위를 한 경우에는 그 부관은 특별한 사정이 없는 한 법률행위를 하게 된 동기 내지 연유로 작용하였을 뿐이므로 이는 법률행위의 취소사유가 될 수 있음은 별론으로 하고 그 법률행위 자체를 당연히 무효화하는 것은 아니다. 또한, 행정처분에 붙은 부담인 부관이 제소기간의 도과로 확정되어 이미 불가쟁력이 생겼다면 그 하자가 중대하고 명백하여 당연 무효로 보아야 할 경우 외에는 누구나

1386) 이론상으로는 보통의 채권임이 분명하나, 제146조의 입법취지에 부합하는 목적론적 해석을 하여야 하기 때문이다.

1387) 이것이 협의의 부관이며, 일반적으로 법률행위의 부관의 의미이기도 하다. 한편 광의의 부관은 '이자약관 · 환매약관 · 담보약관' 등과 같이 법률행위에 덧붙여지는 약관을 뜻한다. 협의의 부관(법률행위의 부관)이 되기 위해서는, 부관이 법률행위와 동시에 덧붙여져야 하며(사후부관은 법률행위의 변경일 뿐이다), 당사자의 의사에 터 잡아 덧붙여져야 한다(법률의 규정에 의해 덧붙여진 법정조건 · 법정기한은 법률행위의 부관이 아니다).

1388) 부담은 법률행위의 부관이라는 점 말고는, 조건 · 기한과는 아무런 공통점이 없다. 즉, 조건 · 기한은 각각 조건의 성취 · 기한의 도래시에 법률행위의 효력의 발생 또는 소멸의 효과가 발생하지만, 부담부 법률행위는 성립과 동시에 유효한 법률효과가 발생하고 단지 당사자 일방이 일정한 의무를 부담할 뿐이라는 점에서, 부담의 경우에는 특별한 개별규정만을 두고 있다.

그 효력을 부인할 수 없을 것이지만, 부담의 이행으로서 하게 된 사법상 매매 등의 법률행위는 부담을 붙인 행정처분과는 어디까지나 별개의 법률행위이므로 그 부담의 불가쟁력의 문제와는 별도로 법률행위가 사회질서 위반이나 강행규정에 위반되는지 여부 등을 따져보아 그 법률행위의 유효 여부를 판단하여야 한다.[1389)]"

제2항 조 건

I. 의 의

법률행위의 효력의 발생 또는 소멸을 장래의 불확실한 사실의 성취 여부에 의존하게 하는 법률행위의 부관을 조건이라 한다.[1390)]

조건의 성질을 살펴본다. 첫째, 조건은 법률행위의 성립에 관한 것이 아니라, 법률효과의 발생 또는 소멸에 관한 약관이다. 둘째, 조건은 장래에 성취(발생) 여부가 객관적으로 불확실한 사실이어야 한다.[1391)] 셋째, 조건은 법률행위 당사자 쌍방의 의사(또는 일방의 의사)에 의하여 덧붙여진 것이어야 한다(통설 · 판례의 태도).[1392)] 한편 어느 법률행위에 어떤 조건이 붙여 있었는지 아닌지는 사실인정의 문제로서 그 조건의 존재를 주장하는 자가 이를 증명하여야 하고(판례), 조건의사가 있더라도 외부에 표시되지 않은 한 법률행위의 동기에 불과할 뿐 그것만으로 조건이 되는 것은 아니다(판례).

판 례

○ 법률행위에 조건이 붙어 있는지 여부에 대한 법적 판단의 성질(=사실인정) 및 그 증명책임자(=조건의 존재를 주장하는 자)

"조건은 법률행위의 당사자가 그 의사표시에 의하여 그 법률행위와 동시에 그 법률행위의 내용으로서 부가시켜 그 법률행위의 효력을 제한하는 법률행위의 부관이므로 구체적인 사실관계가 어느 법률행위에 붙은 조건의 성취에 해당하는지 여부는 의사표시의 해석에 속하는 경우도 있다고 할 수 있지만, 어느 법률행위에 어떤 조건이 붙어 있었는지 아닌지는 사실인정의 문제로서 그 조건의 존재를 주장하는 자가 이를 증명하여야 한다고 할 것이다.[1393)]"

1389) 대판 2009. 6. 25. 2006다18174.

1390) 조건의 의미에는 두 가지가 있다. 법률행위 부관의 일종으로서의 보통의 조건의 의미와 장래의 불확실한 사정 그 자체로서의 조건의 의미도 있다. '조건부 법률행위'라고 할 경우의 조건은 전자의 의미이고, '조건을 성취하면'이라고 할 경우의 조건은 후자의 의미이다.

1391) 과거 · 현재의 불확실한 사실은 조건이 아니다. 장래의 불확실한 사실이라고 할 경우, 객관적으로 불확실한 사실이냐 여부의 판단은 법률행위의 해석에 따른다(곽윤직 · 김재형, 391면).

1392) 대판 2006. 10. 13. 2004다21862; 대판 2003. 5. 13. 2003다10797 등.

1393) 대판 2006. 11. 24. 2006다35766.

◎ 법률행위의 부관으로서 조건의 의미 및 성립 요건

"조건은 법률행위의 효력의 발생 또는 소멸을 장래의 불확실한 사실의 성부에 의존케 하는 법률행위의 부관으로서 당해 법률행위를 구성하는 의사표시의 일체적인 내용을 이루는 것이므로, 의사표시의 일반원칙에 따라 조건을 붙이고자 하는 의사 즉 조건의사와 그 표시가 필요하며, 조건의사가 있더라도 그것이 외부에 표시되지 않으면 법률행위의 동기에 불과할 뿐이고 그것만으로는 법률행위의 부관으로서의 조건이 되는 것은 아니다.[1394)]"

◎ '횡령금 중 일부를 변제하고 선처받기로 한다.'는 각서문구가 조건에 해당하는지 여부

"갑이 을에게 병의 횡령금 중 일부를 지급하기로 한 약정은 갑이 병의 오빠로서 병이 을에 대하여 부담하는 부당이득반환 또는 손해배상 채무 중 일부를 대신 변제한다는 취지이고, 그러한 약정을 하는 갑의 내심에는 병이 처벌받지 않기를 바라는 동기 이외에 병이 실제로 처벌을 받는 경우에는 위 약정 자체가 무효라는 조건의사까지 있었을지도 모르지만, 그것만으로는 병의 선처를 조건으로 한 조건부 약정이 이루어졌다고 단정할 수 없고, 각서의 기재 내용과 그 작성 당시의 상황 및 상대방인 을의 의사 등 제반 사정에 비추어 보면 위 약정 자체의 효력이 을의 정식 고소나 병의 처벌이라는 사실의 발생만으로 당연히 소멸된다는 의미의 조건이 쌍방의 합의에 따라 위 약정에 붙어 있다고는 볼 수 없으며, 오히려 위 각서 중 '변제하고 선처를 받기로 한다.'라는 문구는 갑과 병이 위 약정을 예정대로 이행하면 병이 선처를 받을 수 있도록 을이 협조한다는 취지에 불과한 것으로 보인다고 한 사례.[1395)]"가 있다.

◎ 명예퇴직 합의 후 퇴직예정일 이전에 근로자가 사망한 경우, 명예퇴직금 지급의무가 있는지 여부

"위의 경우, 명예퇴직 합의 당시의 당사자의 의사가 명예퇴직금의 지급이 근로자에게 책임 없는 사유인 사망으로 퇴직되는 경우까지도 상정하여 어떠한 경우에도 반드시 명예퇴직예정일 까지 근로관계의 존속을 조건으로 한 취지였는지 여부에 관하여 심리하지 아니한 채 명예퇴직의 효력발생 이전에 사망하여 명예퇴직금을 지급할 의무가 없다고 한 원심판결을 심리미진을 이유로 파기한 사례.[1396)]"가 있다.

◎ 조건부 · 부담부 청구권이 가처분의 피보전권리가 될 수 있는지 여부

"처분이란 장래의 집행불능 또는 곤란을 예방하기 위한 것이므로, 그 피보전권리는 가처분 신청 당시 확정적으로 발생되어 있어야 하는 것은 아니고, 이미 그 발생의 기초가 존재하고 그 내용이나 주체 등을 특정할 수 있을 정도의 요건만 갖추어져 있으면, 조건부 · 부담부 청구권이라 할지라도, 피보전권리로 될 수 있다.[1397)]"

1394) 대판 2003. 5. 13. 2003다10797.
1395) 대판 2003. 5. 13. 2003다10797.
1396) 대판 2000. 7. 7. 98다42172.
1397) 대판 2002. 8. 23. 2002다1567; 대판 1993. 2. 12. 92다29801.

Ⅱ. 종 류

1. 정지조건 · 해제조건

●● 사례 25

주식회사 ○○종합건설(이하 ○○종건)은 의료법인 ○○의료재단에 대한 1,677,786,000원의 공사대금채권을 가지고 있었는데, 2005. 10. 10. ○○의료재단과 위 공사 관련 채권을 420,000,000원으로 확정하여 2005. 10. 30.까지 지급받기로 하는 내용의 채무변제계약 공정증서를 작성하였다. 한편 원고는 ○○종건에 대한 채권자들의 대표로서 ○○종건으로부터 ○○의료재단에 대한 위 420,000,000원의 채권을 양도받아 이를 채권자들에게 분배하기로 하고 2006. 3. 16. 채권을 양도받았으며, ○○종건은 2006. 3. 20.자 내용증명우편으로 ○○의료재단에 위 채권양도사실을 통지하였다. ○○의료재단은 2006. 10.초까지도 위 공정증서에 의한 채무를 이행하지 않았는데, 피고는 ○○의료재단을 인수하기로 하면서 원고와 2006. 10. 4. 다음과 같은 약정을 체결하였다.

1) 피고는 원고에게 원고가 ○○의료재단으로부터 받아야 할 200,000,000원을, 20,000,000원은 약정 당일에, 나머지 180,000,000원은 2007. 3. 2.까지 지급한다.
2) 피고가 위 약속에 따른 이행을 하지 않을 경우 위 금액을 포함한 400,000,000원을 이의 없이 원고에게 지급한다.
3) 피고가 위 2항을 이행하지 않을 경우 400,000,000원에 대하여 위약일로부터 연 25%의 지연이자를 가산하여 지급한다.

피고는 위 약정 당일인 2006. 10. 4. 원고에게 20,000,000원을 지급하고 나머지 금액은 현재까지 지급하지 않고 있다(○○종건은 ○○의료재단을 상대로 위 공사대금 채권을 청구채권으로 하여 병원 부지에 관하여 부동산가압류결정을 받은 바 있고, 또한 이 사건 외의 공정증서에 따라 ○○의료재단의 국민건강보험공단에 대한 의료수급비 채권에 관하여 채권압류 및 추심명령을 받은 바 있다. 원고는 이 사건 채권양도계약을 체결하면서, 가압류 등에 관한 취하 및 해제신청서를 피고에게 교부하였는데, 피고가 이 사건 약정 당일 2,000만 원을 지급하였을 뿐, 나머지 1억 8,000만 원에 관한 채무변제계약공정증서를 작성해 주지 않고, 2007. 3. 2.까지 1억 8,000만 원을 지급하지도 아니하여, 원고가 2007. 4. 13. 피고에게 이 사건 약정의 이행을 촉구하자, 피고는 2007. 4. 20. 원고에게 내용증명우편으로 '이 사건 약정을 체결한 사실은 인정하나, 계약 3일 후 사정상 계약 이행이 어려워 계약파기를 통보하였으므로, 이 사건 약정은 해지되었다.'고 주장하였다).

원고는 이 사건 약정에 따라 피고에게 미지급 약정금 380,000,000원과 이에 대한 약정 지연손해금의 지급을 구하는 소를 제기하였고, 이에 대하여 피고는, ○○종건이 이 사건 가압류 등을 해제할 것을 전제 조건으로 이 사건 약정을 체결한 것인데, 위 전제 조건이 이행되지 않아 이를 이유로 약정을 해제하는 피고의 의사표시에 따라 약정은 해제되었으므로, 원고에게 이 사건 약정에 따른 약정금을 지급할 의무가 없다고 항변하였다. 원고의 청구는 인용가능한가?

●● 사안의 쟁점:

첫째, 법률행위에 조건이 붙어 있는지에 관한 증명책임자는 누구인지? 둘째, 어떤 사실의 성부를 법률행위 효력발생의 조건으로 하기 위하여는 그러한 의사가 법률행위 내용에 포함되어 외부로 표시되어야 하는지 여부 및 처분문서의 증명력이 문제가 된다.

법률행위의 효력의 발생을 장래의 불확실한 사실의 발생(조건의 성취)에 의존시키는 것을 정지조건이라 하고, 법률행위의 효력의 소멸을 장래의 불확실한 사실의 발생(조건의 성취)에 의존시키는 것이 해제조건이다.[1398] 조건성취의 효력은, 소급효가 없고, 그 성취시부터 장래에 향해서만 효력이 있다(제147조 제1항). 정지조건과 해제조건은 이론상으로는 구별이 쉽지만, 실제에 있어서는 그렇지 않다. 양자의 구별이 불분명한 경우, 정지조건으로 추정하여야 한다는 견해가 있으나,[1399] 법률행위의 해석에 따른다 할 것이다.[1400]

판 례

가. 정지조건부 법률행위

○ 정지조건부 법률행위에 해당한다는 사실에 대한 주장 · 증명책임

"어떠한 법률행위가 조건의 성취 시 효력이 발생하는 소위 정지조건부 법률행위에 해당한다는 사실은, 그 법률행위로 인한 법률효과의 발생을 저지하는 사유로써 그 법률효과의 발생을 다투려는 자에게 주장 · 증명책임이 있다.[1401]"

○ 소유권유보약정이 있는 동산 매매계약의 매수인이 대금을 모두 지급하지 않은 상태에서 목적물을 다른 사람에게 양도한 경우, 그 양도의 효력(원칙적 무효)

"동산의 매매에서 그 대금을 모두 지급할 때까지는 목적물의 소유권을 매도인이 그대로 보유하기로 하면서 목적물을 미리 매수인에게 인도하는 이른바 소유권유보약정이 있는 경우에, 다른 특별한 사정이 없는 한 매수인 앞으로의 소유권 이전에 관한 당사자 사이의 물권적 합의는 대금이 모두 지급되는 것을 정지조건으로 하여 행하여진다고 해석된다. 따라서 그 대금이 모두 지급되지 아니하고 있는 동안에는 비록 매수인이 목적물을 인도받았어도 목적물의 소유권은 위 약정대로 여전히 매도인이 이를 가지고, 대금이 모두 지급됨으로써 그 정지조건이 완성되어 별도의 의사표시 없이

1398) 정지조건과 해제조건은 조건의 가장 기본적인 구별이다. 정지조건부 법률행위의 경우, 조건의 성취에 의하여 법률효과가 발생하나, 해제조건부 법률행위의 경우에는 조건이 성취되면 법률효과는 소멸한다.

1399) 주해(Ⅲ), 324면.

1400) 판례가 말하는 정지조건부 법률행위로는, '법인의 기본재산 처분에 있어서 인가를 조건으로 한 매매(대판 1971. 6. 29. 71도991) · 매수인이 매도인의 채무를 인수하고 잔금지급기일과 인수채무의 기일이 같은 경우의 채무인수(대판 1984. 10. 23. 84다카1063) · 소유권유보부 매매(대판 1996. 6. 28. 96다14807) · 기한이익 상실의 특약의 유형(대판 2002. 9. 4. 2002다28340)' 등을 들 수 있다.

해제조건부 법률행위로는, '건축허가를 조건으로 한 매매계약의 법적 성질(대판 1983. 8. 23. 83다카552) · 토지매매 시 부지에 편입되지 않는 부분의 원가반환약정(대판 1981. 6. 9. 80다3195) · 해면매립면허에 있어서 외항계획에 저촉되는 부분을 국유화한다는 조건(대판 1985. 5. 28. 81다카490)' 등을 들 수 있다.

1401) 대판 1993. 9. 28. 93다20832.

바로 목적물의 소유권이 매수인에게 이전된다. 그리고 이는 매수인이 매매대금의 상당 부분을 지급하였다고 하여도 다를 바 없다. 그러므로 대금이 모두 지급되지 아니한 상태에서 매수인이 목적물을 다른 사람에게 양도하더라도, 양수인이 선의취득의 요건을 갖추거나 소유자인 소유권유보매도인이 후에 처분을 추인하는 등의 특별한 사정이 없는 한 그 양도는 목적물의 소유자가 아닌 사람이 행한 것으로서 효력이 없어서, 그 양도로써 목적물의 소유권이 매수인에게 이전되지 아니한다.[1402)]"

○ 혼인 중 부부의 협의이혼을 전제로 한 재산분할약정의 성질 및 그 후 혼인관계가 존속하거나 재판상 이혼이 이루어진 경우에도 재산분할협의의 효력이 발생하는지 여부

"재산분할에 관한 협의는 혼인 중 당사자 쌍방의 협력으로 이룩한 재산의 분할에 관하여 이미 이혼을 마친 당사자 또는 아직 이혼하지 않은 당사자 사이에 행하여지는 협의를 가리키는 것인바, 그 중 아직 이혼하지 않은 당사자가 장차 협의상 이혼할 것을 약정하면서 이를 전제로 하여 위 재산분할에 관한 협의를 하는 경우에 있어서는, 특별한 사정이 없는 한, 장차 당사자 사이에 협의상 이혼이 이루어질 것을 조건으로 하여 조건부 의사표시가 행하여지는 것이라 할 것이므로, 그 협의 후 당사자가 약정한대로 협의상 이혼이 이루어진 경우에 한하여 그 협의의 효력이 발생하는 것이지, 어떠한 원인으로든지 협의상 이혼이 이루어지지 아니하고 혼인관계가 존속하게 되거나 당사자 일방이 제기한 이혼청구의 소에 의하여 재판상이혼(화해 또는 조정에 의한 이혼을 포함한다.)이 이루어진 경우에는, 위 협의는 조건의 불성취로 인하여 효력이 발생하지 않는다.[1403)]"

○ 부관이 붙은 법률행위에 있어서 부관이 정지조건인지 불확정기한인지를 판단하는 기준

"부관이 붙은 법률행위에 있어서 부관에 표시된 사실이 발생하지 아니하면 채무를 이행하지 아니하여도 된다고 보는 것이 상당한 경우에는 조건으로 보아야 하고, 표시된 사실이 발생한 때에는 물론이고 반대로 발생하지 아니하는 것이 확정된 때에도 그 채무를 이행하여야 한다고 보는 것이 상당한 경우에는 표시된 사실의 발생 여부가 확정되는 것을 불확정기한으로 정한 것으로 보아야 한다.[1404)]"

○ 정지조건부채권을 피보전채권으로 하여 채권자취소권을 행사할 수 있는지 여부(원칙적 적극)

"채권자취소권 행사는 채무 이행을 구하는 것이 아니라 총채권자를 위하여 이행기에 채무 이행을 위태롭게 하는 채무자의 자력 감소를 방지하는 데 목적이 있는 점과 민법이 제148조, 제149조에서 조건부권리의 보호에 관한 규정을 두고 있는 점을 종합해 볼 때, 취소채권자의 채권이 정지조건부채권이라 하더라도 장래에 정지조건이 성취되기 어려울 것으로 보이는 등 특별한 사정이 없는 한, 이를 피보전채권으로 하여 채권자취소권을 행사할 수 있다.[1405)]"

○ 공사도급계약의 수급인인 갑 주식회사가 공사가 완공되지 못하고 중도에 계약이 해제될 경우 을에게 일정액의 돈을 지급하여야 하는 정지조건부채무를 부담하고 있는데, 정지조건 성취 전 자신의 유일한 재산인 토지와 건물에 관하여 병에게 근저당권설정등기를 마쳐준 사안의 경우, 근저당권설정계약이 을에게 사해행위가 된다고 보아 취소를 명할 수 있는지 여부(적극)

"공사도급계약의 수급인인 갑 주식회사가 공사가 완공되지 못하고 중도에 계약이 해제될 경우

1402) 대판 2010. 2. 11. 2009다93671.
1403) 대판 2003. 8. 19. 2001다14061; 대판 2001. 5. 8. 2000다58804; 대판 1995. 10. 12. 95다23156.
1404) 대판 2003. 8. 19. 2003다24215.
1405) 대판 2011. 12. 8. 2011다55542.

을에게 일정액의 돈을 지급하여야 하는 정지조건부채무를 부담하고 있는데, 정지조건 성취 전 자신의 유일한 재산인 토지와 건물에 관하여 근저당권설정계약을 체결한 후 병에게 근저당권설정등기를 마쳐준 사안에서, 사해행위 당시에 정지조건이 성취되지 않았다고 하더라도 정지조건부채권을 피보전권리로 하여 채권자취소권을 행사할 수 있으므로, 위 근저당권설정계약은 채권자인 을에게 사해행위가 된다고 보아 취소를 명한 원심판단을 정당하다고 한 사례.[1406)]"가 있다.

◎ 정지조건부 법률행위의 구체적인 사례

"임대인과 임차인이 임대차계약의 내용에 관하여 임대인이 제소전화해신청을 하고 임차인은 반드시 위 화해에 응하여야 하며, 제소전화해조서가 작성됨으로써 계약의 효력이 발생하기로 약정한 경우, 위 임대차계약은 제소전화해조서가 작성됨을 조건으로 하여 효력이 발생되도록 하는 정지조건부 계약이라고 풀이하여야 할 것이고, 이것을 해제조건부 계약으로 볼 것은 아니다.[1407)]"

◎ 법인의 기본재산 처분에 있어서 인가를 조건으로 한 매매

"법인의 기본재산의 처분에 있어서 주무부장관의 인가를 요한다 하여도 위 인가를 얻는 것을 정지조건으로 체결된 매매계약은 유효하다.[1408)]"

◎ 매수인이 매도인의 채무를 인수하고 잔금지급기일과 인수채무의 기일이 같은 경우, 채무인수

"피고가 소외 갑으로부터 부동산을 매수하면서 그 매매대금지급의 일환으로 갑의 원고에 대한 채무를 인수한 경우 매매계약서에 갑의 등기이전의무와 피고의 잔금지급의무를 동시이행으로 한다는 기재가 있고 그 잔금지급기일과 인수채무의 변제기가 같은 날로 정해져 있다면 위 채무인수의 약정이 피고가 갑으로부터 등기이전 받는 것을 정지조건으로 한 것이라는 증언은 신빙성이 있다.[1409)]"

◎ 소유권유보부 매매

"동산의 매매계약을 체결하면서, 매도인이 대금을 모두 지급받기 전에 목적물을 매수인에게 인도하지만 대금이 모두 지급될 때까지는 목적물의 소유권은 매도인에게 유보되며 대금이 모두 지급된 때에 그 소유권이 매수인에게 이전된다는 내용의 소위 소유권유보의 특약을 한 경우, 목적물의 소유권을 이전한다는 당사자 사이의 물권적 합의는 매매계약을 체결하고 목적물을 인도한 때 이미 성립하지만 대금이 모두 지급되는 것을 정지조건으로 하므로, 목적물이 매수인에게 인도되었다고 하더라도 특별한 사정이 없는 한 매도인은 대금이 모두 지급될 때까지 매수인뿐만 아니라 제3자에 대하여도 유보된 목적물의 소유권을 주장할 수 있고, 다만 대금이 모두 지급되었을 때에는 그 정지조건이 완성되어 별도의 의사표시 없이 목적물의 소유권이 매수인에게 이전된다.[1410)]"

◎ 기한이익 상실의 특약의 유형

"기한이익 상실의 특약은 그 내용에 의하여 일정한 사유가 발생하면 채권자의 청구 등을 요함이 없이 당연히 기한의 이익이 상실되어 이행기가 도래하는 것으로 하는 정지조건부 기한이익 상실의 특약과 일정한 사유가 발생한 후 채권자의 통지나 청구 등 채권자의 의사행위를 기다려 비로소 이행기가 도래하는 것으로 하는 형성권적 기한이익 상실의 특약의 두 가지로 대별할 수 있고, 기한이

1406) 대판 2011. 12. 8. 2011다55542.
1407) 대판 1990. 11. 13. 90다카24731, 24748(반소).
1408) 대판 1971. 6. 29. 71도991.
1409) 대판 1984. 10. 23. 84다카1063.
1410) 대판 1996. 6. 28. 96다14807.

익 상실의 특약이 위의 양자 중 어느 것에 해당하느냐는 당사자의 의사해석의 문제이지만 일반적으로 기한이익 상실의 특약이 채권자를 위하여 둔 것인 점에 비추어 명백히 정지조건부 기한이익 상실의 특약이라고 볼 만한 특별한 사정이 없는 이상 형성권적 기한이익 상실의 특약으로 추정하는 것이 타당하다.[1411)]"

◎ 해면매립면허에 있어서 외항계획에 저촉되는 부분을 국유화한다는 조건

"해면매립면허를 하면서 면허청이 '장차 확정될 외항계획 및 도시계획과 저촉되는 부분을 국유화한다.'는 조건을 붙인 경우, 어떤 사정으로 위 외항계획 등이 확정되기 전에 미리 국유화조치가 행해지고 나라 앞으로 등기까지 마쳐졌다하더라도 그 국유화는 추후 위 계획 등이 확정되었을 때 그 계획에 저촉되지 않는 것을 해제조건으로 한 것이라고 해석해야 한다.[1412)]"

◎ 정지조건부 매매에서 미리 채무이행한 경우, 상대방 이익을 해한 것인지 여부

"당사자가 조건성취 전에 조건이 성취될 것을 예견하고 미리 채무이행에 해당하는 행위를 하였다고 해서 정지조건이 붙은 매매계약의 성립을 해치는 사유가 되지 아니한다.[1413)]"

◎ 정지조건부 채권에 대한 전부명령의 효력

"피전부채권이 정지조건부 채권인 경우에는 전부명령도 정지조건이 성취한 때에 효력이 생기므로, 위 전부명령을 받아 집행된 것만으로는 곧 채무자의 채무변제가 있는 것으로 되어 확정적으로 채권자의 채권이 소멸된 것으로 간주할 수 없다.[1414)]"

나. 해제조건부 법률행위

◎ 해제조건부 법률행위의 구체적인 사례

"토지를 매매하면서 그 토지 중 공장부지 및 그 진입도로부지에 편입되지 아니할 부분 토지를 매도인에게 원가로 반환한다는 약정은, 공장부지 및 진입도로로 사용되지 아니하기로 확정된 때에는 그 부분토지에 관한 매매는 해제되어 원상태로 돌아간다는 일종의 해제조건부 매매로 봄이 상당하고, 조건부 환매계약이라고 볼 수는 없다.[1415)]"

◎ 또 다른 사례

"주택건설을 위한 원·피고간의 토지매매계약에 앞서 두 사람 사이의 협의에 의하여 건축허가를 필할 때 매매계약이 성립하고, 건축허가의 신청이 불허되었을 때에는 이를 무효로 한다는 약정 아래 이루어진 본 건 계약은 해제조건부 계약이 된다.[1416)]"

◎ 토지형질변경허가처분의 부관에 따라 도시계획시설결정에 저촉되는 토지에 대한 기부채납이 있었는데, 그 후 도시계획사업이 실시되지 아니한 채 도시계획시설결정이 폐지된 경우, 그러한 사정만으로 기부채납 당시 행정청과 기부채납자 사이에 도시계획시설결정이 폐지되는 것을 해제조건으로 하는 묵시적 합의가 있었다고 볼 수 있는지 여부

"토지형질변경허가처분의 부관에 따라 도시계획시설결정에 저촉되는 토지에 대한 기부채납이 있

1411) 대판 2002. 9. 4. 2002다28340.
1412) 대판 1985. 5. 28. 81다카490.
1413) 대판 1969. 11. 25. 66다1565.
1414) 대판 1978. 5. 23. 78다441.
1415) 대판 1981. 6. 9. 80다3195.
1416) 대판 1983. 8. 23. 83다카552.

었는데, 그 후 도시계획사업이 실시되지 아니한 채 도시계획시설결정이 폐지된 경우, 그러한 사정만으로 기부채납 당시 행정청과 기부채납자 사이에 도시계획시설결정이 폐지되는 것을 해제조건으로 하는 묵시적 합의가 있었다고 보기 어렵다고 한 사례.[1417]"가 있다.

◎ 부부관계종료를 해제조건으로 하는 증여의 효력

"부부관계의 종료를 해제조건으로 하는 증여계약은 그 조건만이 무효인 것이 아니라 증여계약 자체가 무효이다.[1418]"

◎ 이미 확정적으로 취득한 폐기물 소각처리시설 관련 권리를 포기하는 대신 수주 여부가 분명하지 않은 매립장 복원공사를 상대방으로부터 하도급받기로 약정한 사안의 경우, 그 약정의 해제조건 해당 여부

"이미 확정적으로 취득한 폐기물 소각처리시설 관련 권리를 포기하는 대신 상대방이 수주할 수 있는지 여부가 분명하지 않은 매립장 복원공사를 장차 그 상대방으로부터 하도급받기로 하는 내용의 약정을 체결한 사안에서, 위 약정은 상대방이 위 복원공사를 수주하지 못할 것을 해제조건으로 한 경개계약이라고 해석함이 상당하므로, 상대방이 위 복원공사를 수주하지 못하는 것으로 확정되면 위 약정은 효력을 잃게 되어 신채무인 위 복원공사의 하도급 채무는 성립하지 아니하고 구채무인 소각처리시설 관련 채무도 소멸하지 아니한다고 한 사례.[1419]"가 있다.

◎ 해제조건부 증여의 경우, 조건성취의 효과 및 조건성취 전의 처분행위의 효력

"해제조건부 증여로 인한 부동산소유권이전등기를 마쳤다 하더라도, 그 해제조건이 성취되면 그 소유권은 증여자에게 복귀한다고 할 것이고, 이 경우 당사자간에 별단의 의사표시가 없는 한, 그 조건성취의 효과는 소급하지 아니하나, 조건성취 전에 수증자가 한 처분행위는 조건성취의 효과를 제한하는 한도 내에서는 무효라고 할 것이고, 다만 그 조건이 등기되어 있지 않는 한, 그 처분행위로 인하여 권리를 취득한 제3자에게 위 무효를 대항할 수 없다.[1420]"

◎ 합의 내용 불이행시 그 합의를 무효로 하기로 한 경우

"위의 경우, 계약 당사자가 부도가 난 후 상대방에게 합의서상의 채무를 이행할 수 없다고 통고하였다면, 그 합의를 무효로 하는, '합의 내용이 불이행된 때'라는 조건(해제조건)이 성취된 것으로 볼 수 있다.[1421]"

◎ 해제조건부 법률행위가 아니라고 본 사례

"임대주택건설촉진법에 의하여 건설된 아파트의 임차권 양도가 같은 법에 의하여 금지되는 것이라 하여도, 임차권양도계약 자체는 그 당사자 사이에서는 유효한 것이므로, 임차권의 양도가 금지되었다는 사정만으로 임차권 양도계약이 해제조건부라고 볼 수도 없다.[1422]"

1417) 대판 2006. 9. 14. 2006다30785.
1418) 대판 1966. 6. 21. 66다530.
1419) 대판 2007. 11. 15. 2005다31316.
1420) 대판 1992. 5. 22. 92다5584.
1421) 대판 1997. 11. 11. 96다36579.
1422) 대판 1993. 11. 9. 92다43128; 대판 1993. 6. 25. 93다13131; 대판 1993. 1. 26. 92다39112.

●● 사례 25의 해결:

첫째, 조건은 법률행위의 당사자가 그 의사표시에 의하여 그 법률행위와 동시에 그 법률행위의 내용으로서 부가시켜 그 법률행위의 효력을 제한하는 법률행위의 부관이므로, 구체적인 사실관계가 어느 법률행위에 붙은 조건의 성취에 해당하는지 여부는 의사표시의 해석에 속하는 경우도 있다고 할 수 있지만, 어느 법률행위에 어떤 조건이 붙어 있었는지 아닌지는 사실인정의 문제로서 그 조건의 존재를 주장하는 자가 이를 증명하여야 한다.

둘째, 처분문서가 진정하게 성립한 것으로 인정되는 이상, 법원은 그 기재 내용을 부인할 만한 분명하고도 수긍할 수 있는 반증이 없는 한 그 처분문서에 기재되어 있는 문언대로 의사표시의 존재와 내용을 인정하여야 한다. 한편 법률행위에서 조건은 법률행위의 효력의 발생 또는 소멸을 장래의 불확실한 사실의 성부에 의존하게 하는 법률행위의 부관으로서 법률행위의 효과의사와 일체적인 내용을 이루는 의사표시이므로, 어떤 사실의 성부를 법률행위의 효력발생의 조건으로 하기 위해서는 그러한 의사가 법률행위의 내용에 포함되어 외부에 표시되어야 한다. 이 사건 약정서에 ○○의료재단이 가압류의 해제 등이 이루어지지 아니하면 이 사건 약정에 따른 약정금의 지급의무를 면한다는 등의 내용은 전혀 없는 사실, 원고가 2007. 4. 13. 피고에게 이 사건 약정의 이행을 촉구하자, 피고는 2007. 4. 20. 이 사건 약정의 이행이 기본재산 처분허가나 병원인수의 성사에 달려 있다는 등 이 사건 약정의 조건에 관하여는 아무런 언급을 하지 않은 사실을 알 수 있다. 그렇다면 피고의 주장은 피고가 이 사건 약정을 체결한 동기에 불과한 것으로 보일 뿐, 그 사정들만으로 이 사건 약정 당시 원고와 피고 사이에 ○○의료재단이 가압류 해제 등이 없어 기본재산 처분허가를 받지 못하면 이 사건 약정의 효력이 소멸한다는 해제조건에 관한 의사의 합치가 있었다고 볼 수는 없어 이를 증명하였다고 할 수 없다.

셋째, 위와 같은 논거에 비춰볼 때, 원고의 청구는 인용되어야 한다.

(대판 2012. 4. 26. 2011다105867의 사실관계와 판결요지 등 참조)

2. 적극조건 · 소극조건

조건이 되는 사실이 현재상태의 변경인 경우[1423]가 적극조건이고, 현재상태의 불변경인 경우[1424]를 소극조건이라 한다.[1425]

3. 수의조건 · 비수의조건

이것은 조건이 되는 사실이 당사자의 의사와 어떠한 관계에 있는가에 따른 분류이다.

(1) 수의조건

조건이 되는 사실의 성취 여부가 당사자의 일방적 의사에만 의존시키는 것을 수의조

1423) 가령 매매대금을 전부 지급하였을 때 소유권을 이전하기로 하는 약정을 들 수 있다.
1424) 가령 매매대금의 지급이 없게 되면 매매계약을 무효로 한다는 약정을 들 수 있다.
1425) 적극조건 · 소극조건의 구별은 법률상 의미가 없으나, 두 개의 조건은 정지조건 · 해제조건으로도 할 수 있다.

건이라 한다. 순수수의조건과 단순수의조건의 두 가지가 있다.

(가) 순수수의조건

법률행위의 효력을 당사자의 일방적 의사에만 의존시키는 것을 순수수의조건이라 한다.[1426] 순수수의조건부 법률행위의 유효성 여부에 대하여는 학설상 다툼이 있다.[1427] 생각건대 사적자치의 원칙상 순수수의조건부 법률행위는 원칙적으로 유효하다고 하여야 한다. 다만, 상대방에게 불이익을 초래하는 등 허용될 수 없는 조건의 경우, 순수수의조건부 법률행위의 유효성 문제는, 신의칙·사회질서 등의 일반조항에 비추어, 타당한 법률행위로 평가할 수 있느냐 여부의 판단에 따른다 할 것이다.

(나) 단순수의조건

조건이 되는 사실이 당사자의 일방적 의사뿐만 아니라, 다른 의사에 의거한 사실상태도 성립하여야만 하는 경우를 단순수의조건이라 한다.[1428]

(2) 비수의조건

조건이 되는 사실의 성취 여부가 당사자의 일방적 의사에만 의존하지 않는 것을 비수의조건이라 한다. 우성조건과 혼성조건의 두 가지가 있다.

(가) 우성조건

조건의 성취 여부가 당사자의 의사와는 무관하게, 자연적 사실·제3자의 의사에 의존하는 것을 우성조건이라 한다.[1429]

(나) 혼성조건

조건의 성취 여부가 당사자의 의사 및 제3자의 의사에 의존하는 것을 혼성조건이라 한다.[1430]

1426) 가령 '내 마음이 내키면 자동차 한 대를 네게 주겠다.'는 경우를 들 수 있다.

1427) 제1설(무효설)은, 이러한 조건은 당사자에게 법적 구속력을 발생시키려는 의사가 없기 때문에 언제나 무효라고 한다(곽윤직·김재형, 392면; 백태승, 545면). 제2설(유효설)은, 사적자치의 원칙상 일방적 법률행위뿐 아니라, 쌍방적 법률행위도 당사자가 원하는 경우에 효력을 발생·소멸케 하는 순수수의조건은 언제나 유효하다고 한다(이영준, 658면; 이은영, 724면). 제3설(절충설)은, 다시 몇 가지로 나뉜다. 첫째, 순수수의정지조건부 법률행위는 무효이나, 순수수의해제조건부 법률행위는 유효하다고 한다(고상룡, 682면; 김용한, 423면; 장경학, 663면). 둘째, 정지조건부 법률행위에 있어서 그 조건이 채무자의 의사에만 의존하는 경우에는 무효이나, 나머지의 경우에는 모두 유효하다고 한다(김상용, 665-666면; 주해(Ⅲ), 325면). 셋째, 법률행위 자체가 완료된 것이 아니어서 조건이라고 할 수 없으나, 그것을 부과하는 것은 허용된다고 한다(김증한·김학동, 491면). 넷째, 순수수의조건의 부과는 허용되어 유효하고, 경우에 따라서는 구속력의 발생을 원치 않는 것으로 인정되어 효력이 생기지 않거나 자연채무가 발생하는 것으로 새겨질 수도 있다고 한다(송덕수, 471면).

1428) 가령 '내가 미국유학을 떠나게 되면, 나의 자동차를 네게 주겠다.'고 하는 경우를 들 수 있다. 조건이 되는 사실이 당사자 일방의 의사에만 의존시키는 것이 아니라, 사실상태(내가 미국 유학을 떠나게 되면)의 성립을 필요로 한다는 점에서, 순수수의조건과 구별된다. 단순수의조건은 유효한 조건이다.

1429) 가령 '내일 비가 온다면'(자연적 사실) 또는 '선순위권리자가 배당을 포기하면'(제3자의 의사) 등의 조건을 들 수 있다.

1430) 가령 '네가 A녀와 결혼한다면' 등의 조건을 들 수 있다.

판 례

◎ **제작물공급계약의 당사자들이 보수의 지급시기에 관하여 '수급인이 공급한 목적물을 도급인이 검사하여 합격하면, 도급인은 수급인에게 그 보수를 지급한다.'는 내용으로 약정을 체결한 경우, 그 약정이 조건부 약정 또는 순수수의조건부 약정에 해당하는지 여부**

"제작물공급계약의 당사자들이 보수의 지급시기에 관하여 '수급인이 공급한 목적물을 도급인이 검사하여 합격하면, 도급인은 수급인에게 그 보수를 지급한다.'는 내용으로 한 약정은 도급인의 수급인에 대한 보수지급의무와 동시이행관계에 있는 수급인의 목적물 인도의무를 확인한 것에 불과하므로, 법률행위의 효력 발생을 장래의 불확실한 사실의 성부에 의존하게 하는 법률행위의 부관인 조건에 해당하지 아니할 뿐만 아니라, 조건에 해당한다 하더라도 검사에의 합격 여부는 도급인의 일방적인 의사에만 의존하지 않고 그 목적물이 계약내용대로 제작된 것인지 여부에 따라 객관적으로 결정되므로 순수수의조건에 해당하지 않는다.[1431)]"

4. 가장조건

외관상으로는 조건이지만, 실질적으로는 조건으로서의 효력이 인정되지 않는 것을 가장조건이라 한다.[1432)] 법정조건과 부진정조건의 두 가지가 있다.

(1) 법정조건

민법 기타의 법률은, 법률행위가 효력을 발생하기 위하여 일반적 유효요건 이외에 추가로 더 갖추어야 하는 요건 내지 사실을 규정하기도 하는 데, 이러한 요건을 법정조건이라 한다.[1433)]

(2) 부진정조건

법률행위의 조건으로 덧붙여진 일정한 사실이 이미 성취되었거나 또는 불성취로 확정되어 있지만, 법률행위의 당사자가 이를 알지 못하는 경우를 부진정조건이라 한다.[1434)]

1431) 대판 2006. 10. 13. 2004다21862.

1432) 기성조건 · 불법조건 · 불능조건 등을 가장조건으로 분류하는 견해(곽윤직 · 김재형, 393면; 김용한, 424면; 송덕수, 471-472면; 장경학, 664-669면)와 하자 있는 조건으로 분류하는 견해(이영준, 659-660면; 주해(Ⅲ), 328-329면)가 있다.

생각건대 제151조의 규정상 민법상의 조건에 포함할 수 있다는 점에서, 후자의 태도가 타당하다고 생각한다.

1433) 가령 미성년자의 법률행위에 대한 법정대리인의 동의(제5조 제1항 본문) · 법인설립에 관한 주무관청의 허가(제32조) 등과 같이 법률의 규정에 의한 법정조건은 형식상으로는 조건으로 불리어지나, 민법상의 조건은 아니다. 따라서 법정조건에는 민법상의 조건에 관한 규정이 적용되지 않는다. 다만, 법률행위의 효력이 확정되지 않은 동안의 법률관계에는, 조건규정을 유추적용하는 것이 바람직하다고 한다(곽윤직 · 김재형, 393면; 백태승, 547면; 주해(Ⅲ), 328면. 판례의 태도도 같다. 대판 1962. 4. 18. 4294민상1603). 반대의 견해도 있다(김증한 · 김학동, 489면).

1434) 부진정조건을 민법상의 조건으로 보는 견해(이영준, 652면)도 있지만, 장래의 불확실한 사실이어야 한다는 조건의 성질상 부진정조건은 민법상의 조건은 아니다.

5. 하자 있는 조건

조건으로서의 외형을 갖추고 있지만, 실질적으로는 완전하지 못한 조건으로서, 법률행위의 해석에 의해서도 확정지울 수 없는 애매한 경우를 하자 있는 조건이라 한다.[1435] 여기에는 다음의 것들이 있다.

(1) 불법조건

조건이 되는 사실이 선량한 풍속 기타 사회질서에 위반하거나, 그와 같은 행위를 하지 않을 것을 조건으로 하는 경우를 불법조건이라 한다. 불법조건이 붙어 있는 법률행위는 무효이다(제151조 제1항).[1436] 불법조건이 붙은 법률행위가 이행된 경우, 불법원인급여의 문제가 생긴다.

판 례

◎ 조건부 법률행위에 있어 조건의 내용 자체가 무효이거나 조건을 붙이는 것이 허용되지 아니하는 경우, 그 법률행위 전부가 무효인지 여부(적극)

"조건부 법률행위에 있어 조건의 내용 자체가 불법적인 것이어서 무효일 경우 또는 조건을 붙이는 것이 허용되지 아니하는 법률행위에 조건을 붙인 경우 그 조건만을 분리하여 무효로 할 수는 없고 그 법률행위 전부가 무효로 된다.[1437]"

(2) 기성조건

조건이 되는 사실이 법률행위 당시에 이미 성립하고 있는 경우를 기성조건이라 한다. 민법은 기성조건이 정지조건이면 조건 없는 법률행위로 하고, 해제조건이면 그 법률행위는 무효로 한다(제151조 제2항).[1438]

판 례

◎ 장차 경계측량을 하여 상대방의 토지를 침범한 사실이 확인되는 것을 조건으로 건물철거를 약정한 것만으로는 그때에 철거의무를 승인한 것이라고 볼 수 있는지 여부(소극)

"갑이 건물 철거 및 대지 인도를 약정한 것이 장차 경계측량을 하여 갑의 건물이 을의 토지를 침범한 사실이 확인된다는 장래의 사실을 조건으로 한 것이라면 위 조건이 기성조건이어서 무조건의

1435) 이영준, 659면; 주해(Ⅲ), 328면.

1436) 판례는, '조건부 법률행위에 있어서 조건의 내용 자체가 불법적인 것이어서 무효일 경우 또는 조건을 붙이는 것이 허용되지 아니하는 법률행위에 조건을 붙인 경우, 그 조건만을 분리하여 무효로 할 수는 없고, 그 법률행위 전부가 무효로 된다.'고 한다.(대판 2005. 11. 8. 2006마541)

1437) 대결 2005. 11. 8.자 2005마541.

1438) 그 성립 여부가 객관적으로 불확실한 장래의 사실에 의존한다는 조건의 성질상, 기성조건은 엄격한 의미의 조건이라 할 수는 없다. 판례는, '정지조건부 화해계약 당시에 이미 그 조건이 성취되었다면, 이는 조건 없는 화해계약으로 볼 것이라고 한다.'(대판 1959. 12. 24. 4292민상670.)

철거의무를 승인한 것이라 할 수 없고 위 침범은 20년의 점유취득시효가 완성된 후에 제1심 법원의 측량감정결과에 의하여 비로소 확인되었고 정지조건이 있는 법률행위는 조건이 성취된 때로부터 효력이 발생하는 것이므로 위와 같은 조건부의 철거 의사표시만으로 그때에 갑이 을에 대하여 철거의무를 승인한 것이라고 할 수 없다.[1439]"

◎ 부첩관계의 종료를, 해제조건으로 하는, 증여계약의 효력

"부첩관계인 부부생활의 종료를 해제조건으로 하는 증여계약은 그 조건만이 무효인 것이 아니라 증여계약 자체가 무효이다.[1440]"

(3) 불능조건

그 실현이 객관적으로 불가능한 사실을 내용을 하는 조건을 불능조건이라 한다.[1441] 민법은 정지조건이 불능조건이면 그 법률행위는 무효로 하고, 해제조건이 불능조건이면 조건 없는 법률행위로 규정하고 있다(제151조 제3항).

판 례

◎ 주주총회에서 감사로 선임된 자에게 회사의 대표이사가 감사임용계약의 청약을 하면서 부가한 조건의 내용 자체가 무효이거나 조건을 부가하여 위 청약의 의사표시를 하는 것이 무효인 경우, 그 감사임용계약이 성립된 것으로 볼 수 있는지 여부

"주주총회에서 감사로 선임된 자에게 회사의 대표이사가 감사임용계약의 청약을 하면서 부가한 조건의 내용 자체가 무효이거나 조건을 부가하여 위 청약의 의사표시를 하는 것이 무효인 경우, 그 조건뿐만 아니라 청약의 의사표시 전체가 무효로 되는 것이므로 이에 대하여 피선임자가 승낙의 의사표시를 하였다 하더라도 감사임용계약이 성립된 것으로 볼 수 없다고 한 원심의 판단을 수긍한 사례.[1442]"가 있다.

Ⅲ. 조건에 친하지 아니한 법률행위

1. 의 의

법률행위자유의 원칙상 법률행위에 조건을 붙이는 것은, 당사자의 자유의사에 따른다. 그러나 조건을 붙이면 법률행위의 효력의 발생·소멸이 불확정적인 것이 되기 때문에, 그 성질상 법률관계가 확정적이어야 하는 법률관계에는, 조건을 붙이지 못한다. 이러한 법률행위를 조건에 친하지 아니한 법률행위라 한다.[1443][1444]

1439) 대판 1993. 11. 9. 93다25790(본소), 25806(반소).

1440) 대판 1966. 6. 21. 66다530.

1441) 이는 조건이 되는 사실 그 자체가 객관적으로 실현 불가능한 경우라는 점에서, 조건부 법률행위의 급부 그 자체가 실현 불가능한 경우와 구별된다.

1442) 대결 2005. 11. 8.자 2005마541.

1443) 학자에 따라서는 '조건을 붙일 수 없는 법률행위'라는 표현을 하기도 한다(곽윤직·김재형, 394면; 김

2. 유 형

(1) 조건을 붙이는 것이 법률행위의 성질상 허용되지 않는 경우

법률행위의 효과가 즉시 확정적으로 발생하거나 또는 확정적으로 존속할 것이 요구되는 법률행위의 경우, 성질상 조건을 붙일 수 없다.

(가) 단독행위

① 원 칙 단독행위에 조건을 붙이면, 상대방의 지위가 불확정 · 불완전하여 부당하기 때문에, 단독행위에는 조건을 붙이지 못한다.[1445]

② 예 외 상대방의 이익을 해칠 염려가 없는 범위 내에서는, 단독행위에도 조건을 붙일 수 있다고 하여야 한다. 몇 가지를 본다. 상대방의 동의가 있는 경우 · 상대방이 결정할 수 있는 사실을 조건으로 하는 경우에는, 단독행위이지만 조건을 붙여도 무방하다.[1446] 상대방에게 이익만을 주는, 채무면제 · 유증 등의 경우에도 조건을 붙일 수 있다.

(나) 가족법상의 행위

가족법상의 행위(혼인 · 입양 · 이혼 · 인지 · 상속의 포기 등)에는 원칙적으로 조건을 붙일 수 없다.[1447]

(다) 어음 · 수표행위

객관적 획일성이 요구되는 어음 · 수표행위의 경우,[1448] 조건을 붙이지 못한다.[1449]

(2) 법률의 목적에 반하여 조건을 붙일 수 없는 경우

명문규정이 없으나, 조건을 붙이는 것이 법률의 목적에 반할 경우, 조건을 붙일 수 없다.[1450]

3. 효 과

조건에 친하지 아니한 법률행위에 조건을 붙인 경우, 그 효과는 몇 가지로 나뉜다. 첫

증한 · 김학동, 493면; 송덕수, 473면 등).

1444) 조건에 친하지 아니한 법률행위는, 법률행위의 성질상 선험적으로 정하여 지기도 하지만, 법률정책적으로 결정되는 경우도 있다. 가령 상계의 의사표시에 조건을 붙일 수 없다는 것(제493조 제1항 제2문)은 후자의 예에 속한다.

1445) 상계의 경우에 명문규정이 있고(제493조 제1항 제2문), 그 규정이 없으나 취소 · 추인 · 철회 · 계약의 해제(해지) 등 상대방 있는 단독행위의 경우, 일반적으로 조건을 붙일 수 없다.

1446) 판례는, '계약 당사자 일방이 상대방에 대하여 일정한 기간을 정하여 채무이행을 최고함과 동시에, 그 기간 내에 이행이 없으면, 계약을 해제하겠다고 하는 정지조건부 계약해제는 유효하다.'고 한다.(대판 1970. 9. 29. 70다1508) 나아가, '현상광고의 지정행위에 조건이나 기한을 붙일 수 있다.'고 한다.(대판 2000. 8. 22. 2000다3675)

1447) 이를 허용한다면, 상대방의 법적 지위가 불확정적으로 되어 선량한 풍속 기타 사회질서에 반하는 경우가 있기 때문이다. 그러나 상대방에게 불이익을 주지 않고, 사회질서에 반하지 않을 경우에는 가족법상의 행위에도 조건을 붙일 수 있다. 그러한 경우로서, 민법은 유언의 경우에 조건을 붙이는 것을 허용한다(제1073조 제2항).

1448) 어음법 제1조 제2항 · 제75조 제2호, 수표법 제1조 제2호 참조.

1449) 판례는, '어음보증은 조건부 보증을 인정한다 하여도, 어음거래의 안정성을 해치지 않으므로, 조건을 붙이는 것이 허용된다.'고 한다.(대판 1986. 9. 9. 84다카2310; 대판 1986. 3. 11. 85다카1600)

1450) 가령 근로계약은 영속성과 근로자의 지위보호를 위하여 조건을 붙이는 것이 허용되지 않는다(김상용, 670면).

째, 조건부 법률행위 전체가 무효로 된다.[1451] 둘째, 조건 없는 법률행위로 볼 수 있다.[1452] 셋째, 일부무효의 법리를 적용하여야 한다.[1453]

판 례

◎ 현상광고의 경우, 조건·기한을 붙일 수 있는지 여부

"민법 제675조에 정하는 현상광고라 함은, 광고자가 어느 행위를 한 자에게 일정한 보수를 지급할 의사를 표시하고, 이에 응한 자가 그 광고에 정한 행위를 완료함으로써 그 효력이 생기는 것으로서, 그 광고에 정한 행위의 완료에 조건이나 기한을 붙일 수 있다.[1454]"

◎ 협의이혼을 전제로 한 혼인 중 재산분할협의의 성질(예외)

"재산분할에 관한 협의는 혼인 중 당사자 쌍방의 협력으로 이룩한 재산의 분할에 관하여 이미 이혼을 마친 당사자 또는 아직 이혼하지 않은 당사자 사이에 행하여지는 협의를 가리키는 것이므로, 아직 이혼하지 않은 당사자가 장차 협의상 이혼할 것을 약정하면서 이를 전제로 하여 위 재산분할에 관한 협의를 하는 경우에 있어서는, 그 협의 후 당사자가 약정한 대로 협의상 이혼이 이루어진 경우에 그 협의의 효력이 발생하는 것이다.[1455]"

◎ 약혼예물의 성질

"약혼예물의 수수는 혼인불성립을 해제조건으로 하는 증여와 유사한 성질의 것이므로, 시어머니가 며느리에게 교부한 약혼예물은 그 혼인이 성립되어 상당기간 지속된 이상 며느리의 소유라고 보아야 한다.[1456]"

Ⅳ. 조건의 성취와 불성취

1. 의 의

조건이 성립하는 것을 조건의 성취라 하고, 그 반대의 경우를 조건의 불성취라 한다. 적극조건의 경우에는 조건이 되는 사실의 발생이, 소극조건에 있어서는 그 사실이 발생하지 않는 것이 확정되면, 조건은 성취된다. 한편 적극조건의 경우에는 그 사실의 불발생이, 소극조건에 있어서는 그 사실의 발생이 확정되면, 조건은 불성취로 된다.[1457]

1451) 그 이유는, 조건의사는 법률행위의 효과의사와 일체적 내용을 이루고 있어서, 조건만을 분리하여 그 효력을 논하는 것은 부당하기 때문이라고 한다(주해(Ⅲ), 333면).

1452) 어음·수표행위에 조건을 붙인 경우, 조건 없는 유효한 어음·수표행위로 처리하는 것이 타당하다고 한다(김상용, 670면).

1453) 조건은 법률행위의 일부이어서, 조건만의 유·무효를 논하는 것은 옳지 않고, 원칙적으로 법률행위 전부를 무효로 하고, 다만 조건이 없더라도 당사자가 그 법률행위를 하였으리라고 인정될 때에는, 조건을 제외한 나머지 부분만의 법률행위의 유효를 인정하여야 한다(제137조 참조). 같은 견해 김상용, 670면; 송덕수, 474면.

1454) 대판 2000. 8. 22. 2000다3675.

1455) 대판 2001. 5. 8. 2000다58804; 대판 2000. 10. 24. 99다33458; 대판 1995. 10. 12. 95다23156.

1456) 대판 1994. 12. 27. 94므895; 대판 1976. 12. 28. 76므41, 42.

1457) 조건의 성취·불성취 여부의 판단은 거래관념에 따른다. 판례는, '조건의 성취는 조건의 성취로 이익

판 례

○ **근로자들이 미지급 상여금을 포기한다는 동의서에 서명하면서 고용승계를 보장받는 것을 목적으로 특정 회사에 회사가 매각되는 것을 조건으로 한 경우, 그 조건의 문언대로 엄격하게 해석해야 하는지 여부(적극)**

"근로자들이 미지급 상여금을 포기한다는 동의서에 서명하면서 고용승계를 보장받는 것을 목적으로 특정 회사에 회사가 매각되는 것을 조건으로 한 경우, 그 후 특정 회사에의 회사 매각은 결렬되었으나 다른 회사가 동일한 조건으로 고용승계를 보장하여 회사를 인수한 이상 합목적적으로 해석하여 그 조건이 성취된 것으로 볼 수 있으나, 특정 회사에의 회사 매각이 결렬된 후 다른 회사로 회사가 매각되기 전에 퇴직한 근로자들에게는 그 조건이 성취된 것으로 보아서는 아니되고 그 조건의 문언대로 엄격하게 해석하여야 한다고 본 사례.[1458]"가 있다.

○ **승인이 조건인 경우, 조건부승인의 효력**

"농업은행 관리의 전분에 관하여 농업은행 총재의 승인을 조건으로 매매계약이 성립되었으나 농업은행총재가 수정조건을 붙여서 승인한 경우, 위와 같은 조건부승인으로서는 당사자가 그 조건을 받아들인 사실이 없는 한 위의 매매계약은 그 효력을 발생하였다고 볼 수 없다.[1459]"

2. 신의칙에 반하는 행위에 의한 조건의 성취 · 불성취

(1) 민법의 태도

신의칙에 반하는 방법으로 조건의 성취를 방해하면 상대방은 조건의 성취를 주장할 수 있고(제150조 제1항), 신의칙에 반하는 방법으로 조건을 성취시키면 조건은 성취하지 않은 것으로 주장할 수 있다(제150조 제2항).[1460]

(2) 요 건

(가) 당사자의 행위

조건의 성취 · 불성취로 불이익을 받게 될 당사자의 행위로 조건이 불성취되거나 또는 성취되었어야 한다.[1461] 이 때의 당사자란, 조건의 성취로 직접 불이익을 받거나, 조건의 불성취로 이익을 받게 되는 자를 말한다.[1462]

을 받을 자가 증명하여야 한다.'고 한다.(대판 1984. 9. 25. 84다카967; 대판 1983. 4. 12. 81다카692)

1458) 대판 2002. 11. 8. 2002다35867.

1459) 대판 1962. 6. 14. 4294민상1359.

1460) 이 규정은, 조건의 성취 또는 불성취로 불이익을 받을 자가 부당한 방법으로 조건을 불성취 또는 성취하게 하고, 그에 따른 법률효과를 누리는 것을 방지하려는 데 그 목적이 있다. 가령 임차인이 다른 적정한 임차건물을 물색하면 임차건물을 임대인에게 명도하기로 약정해 놓고, 그 물색을 게을리하거나, 또는 타인으로부터의 적절한 임대차계약의 청약을 받았음에도 특별한 사정없이 승낙하지 않는 경우 등을 들 수 있다.

1461) 가령 '도급공사의 완공을 정지조건으로 하여 공사대금채무를 부담한 경우, 도급인이 수급인의 공사장 출입을 통제한 경우'(대판 1998. 12. 22. 98다42356)를 들 수 있다.

1462) 조건부 법률행위의 양당사자 · 해제조건부 제3자를 위한 계약의 제3자 · 조건부 채무의 보증인 등은 여기에 포함되나, 조건의 성취로 불이익을 받은 자(해제조건부 법률행위로 권리를 취득한 자의 채권자 등)는 포

(나) 인과관계

조건의 성취·불성취로 불이익을 받게 될 당사자의 행위로 인하여 조건이 성취 또는 불성취되었어야 한다.

(다) 신의칙에 반할 것

조건의 성취를 방해하거나 또는 조건의 성취를 하게 하는 것이 신의칙에 반하는 것이어야 한다. 이 때의 방해행위는 고의·과실을 요하지 않고, 다만 신의칙에 비추어 그에게 기대되는 행위를 하지 않음으로써 충분하다.[1463]

(3) 효 과

(가) 조건의 성취 또는 불성취의 의제

조건의 성취로 인하여 이익을 받을 상대방은 그 조건이 성취된 것으로 주장할 수 있다.[1464] 상대방이 그 조건이 성취된 것으로 주장할 수 있는 권리의 법적 성질은 무엇인가? 이에 관하여는 학설상 다툼이 있다.[1465] 생각건대 당사자 일방의 조건성취의 방해행위 등이 있는 경우에도, 상대방이 이를 동의할 경우에는 의제의 효과는 발생하지 않는다. 조건성취의 방해행위 등이 있을 때에 상대방의 주장에 의하여 조건의 성취 또는 불성취의 효과가 발생하는 것으로 이해하여야 한다.

(나) 성취·불성취로 의제되는 시점

조건의 성취·불성취로 의제되는 시점은 언제인가? 학설은 나뉜다.[1466] 생각건대 제150조 소정의 반신의행위가 있을 경우에 상대방이 주장할 수 있는 권리의 법적 성질을 어떻게 보느냐에 따른다 할 것이다. 형성권으로 이해하는 한, 상대방이 구체적으로 조건의 성취 또는 불성취를 주장한 시점에서 그 의제의 효과가 발생한다고 하여야 한다.

(다) 손해배상

조건성취의 방해·조장행위가 조건부 권리의 침해(제148조)로 되는 경우, 상대방은 권리의 침해로 인한 손해배상청구권을 갖게 된다. 그 결과 상대방은 손해배상의 청구와 조건성취의 주장을 선택적으로 행사할 수 있다.[1467]

함되지 않는다(곽윤직·김재형, 395면).

1463) 김증한·김학동, 495면.

1464) 또는 조건의 불성취로 인하여 이익을 받을 당사자는 그 조건이 불성취된 것으로 주장할 수 있다.

1465) 제1설은, 형성권으로 이해한다(고상룡, 687면; 곽윤직·김재형, 395면; 김상용, 672면; 김용한, 427면; 김증한·김학동, 496면; 송덕수, 477면 등). 제2설은, 조건성취의 법률효과의 발생이 의제될 뿐이라고 한다(이영준, 671면).

1466) 제1설은, 조건성취를 주장한 시점이라고 한다(김상용, 673면). 제2설은, 신의칙에 반하는 행위가 없었더라면 조건이 성취되었을 시점이고, 그러한 시점이 확정불가능한 경우에는 조건의 성취가 방해된 시점이라고 한다(곽윤직·김재형, 396면; 김증한·김학동, 496면; 송덕수, 477면; 이영준, 671면). 판례는, '조건의 성취로 인하여 불이익을 받을 당사자가 신의성실에 반하여 조건의 성취를 방해한 경우, 조건이 성취된 것으로 의제되는 시점은 신의성실에 반하는 행위가 없었더라면 조건이 성취되었으리라고 추산되는 시점이다.'(대판 1998. 12. 22. 98다42356)라고 함으로써 제2설을 취한다.

판 례

◎ 조건성취에 대한 신의칙 위반의 방해행위의 경우

"조건의 불성취로 의무를 면하게 될 자가 신의칙에 반하여 조건의 성취를 위하여 자기가 이행하여야 할 의무를 불이행하였다고 하여 상대방이 조건의 성취를 주장할 수 있다고 한 사례.[1468]"가 있다.

◎ 조건성취의제 시점

"조건의 성취로 인하여 불이익을 받을 당사자가 신의성실에 반하여 조건의 성취를 방해한 경우, 조건이 성취된 것으로 의제되는 시점은 이러한 신의성실에 반하는 행위가 없었더라면 조건이 성취되었으리라고 추산되는 시점이다.[1469]"

V. 조건부 법률행위의 효력

1. 조건의 성취 여부 확정 전의 효력

(1) 조건부 권리

조건부 법률행위의 경우, 조건의 성취 여부가 확정되기 전에는, 당사자 일방은 조건의 성취로 일정한 이익을 얻게 될 기대를 갖는 지위에 있다. 민법은 이러한 기대 내지 희망을 조건부 권리로서 보호한다(제148조·제149조). 조건부 권리는 기대권의 일종이다.

판 례

◎ 조건부 채권의 의미와 그 조건의 범위(구법관계)

"회사정리법의 정리채권에는 조건부채권도 포함되는데, 여기에서 조건부채권이라 함은 채권의 전부 또는 일부의 성립 또는 소멸이 장래의 불확정한 사실인 조건에 의존하는 채권을 말하고, 위 조건은 채권의 발생원인인 법률행위에 붙은 의사표시의 내용인 부관에 한정되지 아니하므로, 가집행선고의 실효를 조건으로 하는 가지급물의 원상회복 및 손해배상 채권은 그 채권 발생의 원인인 가지급물의 지급이 정리절차개시 전에 이루어진 것이라면 조건부채권으로서 정리채권에 해당한다.[1470]"

(2) 조건부 권리의 보호

(가) 침해금지

조건부 권리의 의무자는, 조건의 성취 여부가 미정한 동안에 조건의 성취로 인하여 생길 상대방의 이익을 침해하지 못한다(제148조).[1471] 조건부 권리의 경우, 의무자가 조건부 권리

1467) 고상룡, 687면; 곽윤직·김재형, 396면; 김상용, 673면; 김증한·김학동, 496면; 송덕수, 477면.
1468) 대판 1990. 11. 13. 88다카29290.
1469) 대판 1998. 12. 22. 98다42356.
1470) 대판 2002. 12. 10. 2002다57102.
1471) 가령 A가 B에게, '네가 혼인하면 내가 소유하고 있는 자동차를 주겠다.'고 하는 제의에 B가 승낙함으

를 침해하게 되면, 상대방은 의무자에게 손해배상을 청구할 수 있다. 이 경우, 손해배상청구권의 성질에 관하여는, 학설상 다툼이 있다.[1472] 생각건대 침해의 주체가 의무자라면 채무불이행책임이 되고, 제3자이면 불법행위책임이 된다고 새겨야 한다.

의무자가 조건부 권리를 침해하는 처분행위(물권행위 등)를 한 경우, 그 처분행위의 효력은 어떻게 되는가? 이에 관하여 학설은 나뉜다.[1473] 생각건대 조건부 권리를 침해하는 처분행위는 원칙적으로 무효이다. 다만, 처분행위에 의하여 권리를 취득한 제3자가 조건부 권리자에 대한 대항요건, 즉 권리의 목적물이 부동산인 경우에는 최소한 가등기를, 동산인 경우에는 선의취득의 요건을 갖춘 경우에 한하여, 예외적으로 보호를 받는다고 하여야 한다.[1474]

(나) 조건부 권리의 처분가능성

조건부 권리·의무는 일반규정에 따라 처분·상속·보존 또는 담보로 제공할 수 있다(제149조).[1475]

2. 조건의 성취 여부 확정 후의 효력

(1) 법률행위 효력의 확정

정지조건부 법률행위의 경우, 조건이 성취되면 그 때부터 효력이 발생하고(제147조 제1항), 조건의 불성취로 확정되면 그 법률행위는 무효로 된다. 해제조건부 법률행위의 경우, 조건이

로써 증여계약이 성립되었고, 그 후 A가 소유자동차를 그의 귀책사유로 훼멸시키거나 또는 타인에게 양도하였다면, B(수증자)의 조건부 권리를 A(증여자)가 침해한 것이 된다. 제148조는 조건부 권리의 소극적 보호규정이다.

1472) 제1설은, 불법행위책임이라고 한다(곽윤직·김재형, 396면; 주해(Ⅲ), 347면). 제2설은, 채무자의 충실의무 및 보호의무의 불이행에 기한 채무불이행책임이라고 한다(고상룡, 690면; 김증한·김학동, 497면; 백태승, 549면; 이영준, 674면). 제3설(절충설)은, 권리자의 상대방이 조건부 권리를 침해하였다면 채무불이행책임으로, 제3자가 침해한 때에는 불법행위책임으로 해석한다(김상용, 674면; 김용한, 430면; 송덕수, 478면).

1473) 제1설은, 그 처분행위는 무효라고 하면서, 제3자(전득자)는 정지조건부 권리를 등기(가등기) 또는 선의취득에 의하여 보호받을 수 있다고 한다(곽윤직·김재형, 397면; 김용한, 429면; 김주수, 374면 등). 제2설은, 처분행위를 무효로 볼 것이 아니라, 유효로 보아야 한다고 한다(고상룡, 690면). 제2설에 따르면, 정지조건부 권리를 침해하는 처분행위로 인한 목적물의 권리취득 여부는, 조건의 성취로 권리를 취득한 정지조건부 권리자와 정지조건부 권리에 대한 의무자의 중간처분행위로, 권리를 취득할 제3자(전득자) 가운데 누가 먼저 권리취득의 요건을 갖췄느냐에 따라 결정된다고 한다. 판례는, '조건성취 전에 수증자가 한 처분행위는 조건성취의 효과를 제한하는 한도 내에서는 무효라 할 것이고, 다만 그 조건이 등기되어 있지 않은 한 그 처분행위로 인하여 권리를 취득한 제3자에게 대항할 수 없다.'고 한다.(대판 1992. 5. 22. 92다5584)

1474) 같은 견해 김상용, 675면.

1475) 제149조는 조건부 권리의 적극적 보호규정이다. 처분이란, 조건부 권리의 귀속에 관하여 직접으로 변경을 생기게 하는 것을 목적으로 하는 법률행위(권리의 이전·포기, 제한물권의 설정 등)를 말한다. 생전처분·사후처분, 임의처분·강제처분을 묻지 않는다. 보존은, 조건부 권리의 현상을 유지하고 그 조건이 성취될 경우, 당사자의 이익을 확보하는 데 필요한 행위를 말한다. 담보로 제공할 수 있다 함은, 조건부 권리를 위하여 담보를 제공할 수 있다는 의미로 새기는가 하면(고상룡, 693면; 김주수, 374면; 주해(Ⅲ), 358면), 조건부 권리를 위하여 담보를 설정할 수도 있고, 조건부 권리를 담보로 제공할 수도 있는 것으로 해석하기도 한다(김상용, 676면).

생각건대 일원적인 해석을 하여야 할 근거나 필요성이 없다는 점에서, 후자의 견해가 옳다고 생각한다.

성취되면 그 때부터 효력은 소멸하고(제147조 제2항), 조건의 불성취로 확정되면 법률행위의 효력은 소멸하지 않는 것으로 확정된다.

(2) 비소급적 효력

정지조건이든 해제조건이든 조건성취의 효력은 그 성취시점에서 발생할 뿐 소급하지 않는다(제147조 제1항·제2항). 그러나 당사자가 조건성취의 효과를 그 성취 전에 소급하게 할 의사를 표시한 경우에는, 소급효가 인정된다(제147조 제3항). 그런데 그 소급효의 효력범위는 당사자 사이에서만 미칠 뿐, 소급효의 특약에 의하여 제3자의 권리를 해치지 못한다고 하여야 한다.[1476]

판 례

◎ 조건성취의 효력(비소급효)

"갑이 건물철거 및 대지 인도를 약정한 것이 장차 경계측량을 하여 갑의 건물이 을의 토지를 침범한 사실이 확인된다는 장래의 사실을 조건으로 한 것이라면, 위 조건이 기성조건이어서 무조건의 철거의무를 승인한 것이라 할 수 없고, 위 침범은 20년의 점유취득시효가 완성된 후에 제1심 법원의 측량감정결과에 의하여 비로소 확인되었고 정지조건이 있는 법률행위는 조건이 성취된 때로부터 효력이 발생하는 것이므로, 위와 같은 조건의 철거의사만으로 그 때에 갑이 을에 대하여 철거의무를 승인한 것이라고 할 수 없다.[1477]"

◎ 근로자들이 미지급 상여금을 포기한다는 동의서에 서명하면서 고용승계를 보장받는 것을 목적으로 특정 회사에 회사가 매각되는 것을 조건으로 한 경우, 그 후 특정 회사에의 회사 매각은 결렬되었으나 다른 회사가 동일한 조건으로 고용승계를 보장하여 회사를 인수한 이상 합목적적으로 해석하여 그 조건이 성취된 것으로 볼 수 있으나, 특정 회사에의 회사 매각이 결렬된 후 다른 회사로 회사가 매각되기 전에 퇴직한 근로자들에게는 그 조건이 성취된 것으로 볼 수 있는지 여부(소극)

"근로자들이 미지급 상여금을 포기한다는 동의서에 서명하면서 고용승계를 보장받는 것을 목적으로 특정 회사에 회사가 매각되는 것을 조건으로 한 경우, 그 후 특정 회사에의 회사 매각은 결렬되었으나 다른 회사가 동일한 조건으로 고용승계를 보장하여 회사를 인수한 이상 합목적적으로 해석하여 그 조건이 성취된 것으로 볼 수 있으나, 특정 회사에의 회사 매각이 결렬된 후 다른 회사로 회사가 매각되기 전에 퇴직한 근로자들에게는 그 조건이 성취된 것으로 보아서는 아니 되고 그 조건의 문언대로 엄격하게 해석하여야 한다고 본 사례.[1478]"가 있다.

1476) 이와는 달리, 소급효에 대세적 효력을 인정하는 견해도 있다(김기선, 348면).
1477) 대판 1993. 11. 9. 93다25790, 25806(반소).
1478) 대판 2002. 11. 8. 2002다35867.

(3) 증명책임

조건부 법률행위의 경우, 조건의 성취는 그 성취에 의하여 법률행위의 효력이 확정되었음을 주장하는 자가 조건성취의 사실을 증명하여야 한다.[1479]

판 례

○ 조건부 증여계약의 경우, 조건성취의 증명책임

"원고가 피고 교회의 담임목사직을 자진 은퇴하겠다는 의사를 표명한데 대하여 피고 교회에서 은퇴 위로금으로 이 건 부동산을 증여하기로 한 것이라면, 이 증여는 원고의 자진 사임을 조건으로 한 증여라고 보아야 할 것이므로, 원고가 위 증여계약을 원인으로 피고에게 소유권이전등기를 구하려면, 적어도 그 후 자진 사임함으로써 그 조건이 성취되었음을 증명할 책임이 있다.[1480]"

○ 기판력의 시적 범위 및 전소에서 정지조건 미성취를 이유로 청구가 기각된 경우, 그 사실심 변론종결 후에 조건이 성취되었다면 동일한 청구에 대하여 다시 소를 제기할 수 있는지 여부

"일반적으로 판결이 확정되면 법원이나 당사자는 확정판결에 반하는 판단이나 주장을 할 수 없는 것이나, 이러한 확정판결의 효력은 그 표준시인 사실심 변론종결시를 기준으로 하여 발생하는 것이므로, 그 이후에 새로운 사유가 발생한 경우까지 전소의 확정판결의 기판력이 미치는 것은 아니므로, 전소에서 정지조건 미성취를 이유로 청구가 기각되었다 하더라도 변론종결 후에 그 조건이 성취되었다면, 이는 변론종결 후의 취소권이나 해제권과 같은 형성권 행사의 경우와는 달리 동일한 청구에 대하여 다시 소를 제기할 수 있다.[1481]"

○ 경개로 인한 구채무의 소멸이 신채무의 성립에 의존하는지 여부 및 조건부 경개의 경우, 구채무의 소멸과 신채무의 성립 자체가 조건의 성취 여부에 달려 있는지 여부

"경개계약은 구채무를 소멸시키고 신채무를 성립시키는 처분행위로서 구채무의 소멸은 신채무의 성립에 의존하므로, 경개로 인한 신채무가 원인의 불법 또는 당사자가 알지 못한 사유로 인하여 성립하지 아니하거나 취소된 때에는 구채무는 소멸하지 않는 것이며(민법 제504조), 특히 경개계약에 조건이 붙어 있는 이른바 조건부 경개의 경우에는 구채무의 소멸과 신채무의 성립 자체가 그 조건의 성취 여부에 걸려 있게 된다.[1482]"

○ 민법상의 조건에 관한 규정의 법정조건에 유추적용 여부(적극)

"농지개혁 법소정의 소재지관서의 증명은 민법 소정의 조건이 아니나 민법 소정의 조건에 관한 규정을 유추적용되어야 할 법정조건이라고 할 것이다.[1483]"

1479) 정지조건부 법률행위의 경우, 조건의 성취로 권리를 취득하는 자(대판 1984. 9. 25. 84다카967; 대판 1983. 4. 12. 81다카691)·해제조건부 법률행위의 경우, 조건의 성취로 의무를 면하게 되는 자가 조건성취의 사실을 주장·증명하여야 한다.

1480) 대판 1984. 9. 25. 84다카967; 대판 1983. 4. 12. 81다카692.

1481) 대판 2002. 5. 10. 2000다50909; 대판 1998. 7. 10. 98다7001; 대판 1988. 9. 27. 88다3116.

1482) 대판 2007. 11. 15. 2005다31316.

1483) 대판 1962. 4. 18. 4294민상1603.

제3항 기 한

Ⅰ. 의의 · 종류

1. 의 의

법률행위의 당사자가 의사표시에 의하여, 그 효력의 발생 · 소멸 또는 채무의 이행을, 장래 실현되거나 또는 도래할 것이 확실한 사실에 의존하게 하는 부관을 기한이라 한다.[1484]

2. 종 류

●● 사례 26

원고는 2006. 10. 17.에 피고들이 추진하던 이 사건 재건축사업과 관련하여 원고가 그 사업의 진행에 필요한 운전자금을 출자하고 위 사업상의 이익에 참여하기로 하는 등의 공동사업계약(이하 '제1차 합의'라고 한다)을 체결하고 그에 기하여 같은 해 12. 4.까지 도합 4천2백만 원을 피고들에게 지급하였다. 그러나 원고와 피고들은 2007. 3. 16.에 이르러, 그날부터 원고가 위 사업에 관여하지 않기로 하되, '스폰서가 영입되거나 사업권을 넘길 경우나 사업을 진행할 때'(이하 '이 사건 부관'이라고 한다)에는 피고들이 위 4천2백만 원의 돈을 반환하며, 그 돈의 수령과 동시에 위 제1차 합의가 효력을 잃는 것으로 하기로 합의하였다(이하 '제2차 합의'라고 한다).

그 후 피고들이 제1차 합의에 따라 원고에게 부담하는 피고 회사 임원으로서의 취임이나 주식배분 등의 의무를 제대로 이행하지 못한 상태에서 이 사건 재건축사업이 순조롭게 진행되지 못하자, 원고는 위의 공동사업관계에서 탈퇴하기로 하고, 위 합의에 따른 투자금의 반환을 청구하였다. 원고의 주장은 정당한가?

●● 사안의 쟁점:

첫째, 공동사업관계를 탈퇴하면서 체결한 청산약정에서 출자금반환의무의 성립과 관련하여 붙인 부관의 법적 성질이 무엇인지? 둘째, 부관에 정한 사유가 발생하는 때는 물론이고 상당한 기간 내에 그 사유가 발생하지 않는 때에도 그 출자금반환의무가 성립하는지 여부이다.

1484) 기한은 기한이 되는 사실이 장래의 사실이라는 점에서는 조건과 같지만, 사실의 발생이 확정되어 있다는 점에서, 조건과 다르다. 물론 '장래 도래할 것이 확실한 사실 그 자체'를 기한이라고도 한다. 한편 기한은 조건과 마찬가지로, 당사자의 의사표시에 의하여 덧붙여진 것이라는 점에서, 법률의 규정에 의하여 권리의 발생 · 소멸을 장래의 확실한 사실에 의존하게 하는 '시효기간 · 출소기간 · 제척기간' 등은 기한이 아니다. 법원의 지정에 의한 '법정기한 · 특정기한' 등도 기한이 아니다.

(1) 시기·종기

법률행위의 효력의 발생 또는 채무이행의 시기를 장래의 확실한 사실의 발생에 의존하게 하는 기한을 시기라 하고, 그 효력의 소멸을 장래의 확실한 사실의 발생에 의존하게 하는 기한을 종기라 한다.[1485]

판 례

◎ 완공기한 내에 공사를 완공하지 못하여 도급계약이 해제된 경우, 그에 따른 지체상금 발생의 시기와 종기

"위의 경우, 지체상금 발생의 시기는 완공기한 다음날이고, 종기는 수급인이 공사를 중단하거나 기타 해제사유가 있어 도급인이 이를 해제할 수 있었을 때를 기준으로 하여, 도급인이 다른 업자에게 의뢰하여 같은 건물을 완공할 수 있었던 시점이다.[1486]"

(2) 확정기한·불확정기한

기한이 되는 사실은 장래 발생할 것이 확실하지만, 발생시기가 확정되어 있을 필요는 없다. 기한은 발생시기가 확정되어 있느냐 여부에 따라, 확정기한과 불확정기한으로 나뉜다. 발생시기가 확정되어 있는 기한을 확정기한이라 하고, 발생시기가 확정되어 있지 않는 기한을 불확정기한이라 한다.[1487] 실제에 있어서 불확정기한과 조건의 구별은 쉽지 않으나, 양자의 구별은 법률행위의 해석에 따른다. 한편 조건인지 기한인지 명확하지 않은 경우의 구별은 어떻게 하는가? 부관의 효력발생이 부관에 표시된 사실의 발생에 의존하는 것이면 조건으로 보아야 하고, 그 사실의 발생 시는 물론 발생하지 않는 것으로 확정되더라도 부관의 효력이 발생하는 것으로 새길 수 있다면 표시된 사실의 발생 여부가 확정되는 것을 불확정기한으로 보아야 한다(판례).

판 례

◎ 법률행위에 붙은 부관이 정지조건인지 불확정기한인지의 판단 기준

"법률행위에 부관이 붙은 경우, 부관에 표시된 사실이 발생하지 아니하면 채무를 이행하지 아니하여도 된다고 보아야 하는 때에는 정지조건으로 정한 것으로 보아야 하고, 표시된 사실이 발생한 때는 물론이고 반대로 발생하지 아니하는 것이 확정된 때에도 그 채무를 이행하여야 한다고 보는 것이 타당한 경우에는 표시된 사실의 발생 여부가 확정되는 것을 불확정기한으로 정한 것으로 보아야 한다.[1488]"

1485) 가령 '내년 1월 1일부터 임대한다.'·'지금부터 2개월 후에 채무를 이행한다.'는 것은 시기부 법률행위의 경우이고, '내년 12월 31일까지 임대한다.'는 것은 종기부 법률행위의 경우이다.

1486) 대판 2001. 1. 30. 2000다56112; 대판 1999. 10. 12. 99다14846; 대판 1989. 7. 25. 88다카6273, 6280.

1487) 가령 '내년 1월 1일부터'·'앞으로 2개월 후에' 등은 확정기한의 경우이고, '유학 후 귀국하면'·'X가 사망하면'·'상가분양계약에서 중도금지급기일을 1층 골조공사 완료시로 정한 경우'(대판 2005. 10. 7. 2005다38546) 등은 불확정기한의 경우이다.

○ 신축중인 건물의 분양계약에 따른 중도금지급기일을 '1층 골조공사 완료시'로 정한 경우, 그 중도금지급의무는 불확정기한으로 이행기를 정한 것인지 여부(적극)

"전략(前略)… 채무이행시기가 확정기한으로 되어 있는 경우에는 기한이 도래한 때로부터 지체책임이 있으나, 불확정기한으로 되어 있는 경우에는 채무자가 기한이 도래함을 안 때로부터 지체책임이 발생한다고 할 것인바, 이 사건 중도금 지급기일을 '1층 골조공사 완료시'로 정한 것은 중도금 지급의무의 이행기를 장래 도래할 시기가 확정되지 아니한 때, 즉 불확정기한으로 이행기를 정한 경우에 해당한다고 할 것이므로, 중도금 지급의무의 이행지체의 책임을 지우기 위해서는 1층 골조공사가 완료된 것만으로는 부족하고 채무자인 원고가 그 완료 사실을 알아야 한다고 할 것이다.[1489]"

○ 불확정기한부 법률행위의 사례

"지방자치단체와 분쟁이 있던 은행이 분쟁해결을 위하여 지방자치단체가 청구권을 행사하지 않는 대신 지방자치단체의 문화시설 건립비용을 부담하기로 하되 그 비용의 지급방법은 상호 협의에 의하여 정하기로 한 경우, 그 약정은 불확정기한부 화해계약에 해당한다고 한 사례.[1490]"가 있다.

○ 건축설계계약의 잔금지급 약정이 불확정기한부 약정에 해당한다고 한 사례

"건축설계계약 시 잔금은 공사착공 시 지급하고 다만, 공사착공이 건축허가일로부터 6개월을 초과하는 경우에는 허가일로부터 6개월 내에 지급하기로 약정한 경우, 잔금 지급약정의 경위와 계약의 목적 등에 비추어 볼 때, 계약 체결 당시 계약이나 잔금지급채무의 효력을 공사착공 또는 건축허가의 성부에 의존케 할 의사로 위와 같이 약정하였다고 볼 수는 없고, 단지 잔금지급채무를 장래 도래할 시기가 확정되지 아니한 때로 유예 또는 연기한 것으로서 잔금지급채무의 시기에 관하여 불확정기한을 정한 것이라고 한 사례.[1491]"가 있다.

●● 사례 26의 해결:

첫째, 재건축사업을 추진하던 자들과 사업진행에 필요한 운전자금을 출자하고 사업상의 이익에 참여하기로 하는 등의 공동사업계약을 체결하고 그들에게 운전자금을 지급한 자가, 그 후 사업진행이 순조롭지 않자 공동사업관계에서 탈퇴하면서 '스폰서가 영입되거나 사업권을 넘길 경우나 사업을 진행할 때'에는 위 출자금을 반환받기로 하는 청산약정을 체결한 사안에서, 위 부관의 법적 성질을 거기서 정해진 사유가 발생하지 않는 한 언제까지라도 위 투자금을 반환할 의무가 성립하지 않는 정지조건이라기보다는 불확정기한으로 보아야 한다.

둘째, 피고들의 금전반환의무는 위의 약정사유가 발생하는 때는 물론이고 상당한 기간 내에 그 사실이 발생하지 아니하는 때에도 성립한다고 해석하는 것이 타당하다고 할 것이다(대판 1989. 6. 27. 88다카10579 등 참조).

이상의 논거에 비춰볼 때, 원고의 청구는 정당하다.

(대판 2009. 5. 14. 2009다16643의 사실관계와 판결요지 등 참조)

1488) 대판 2011. 4. 28. 2010다89036; 대판 2003. 8. 19. 2003다24215.
1489) 대판 2005. 10. 7. 2005다38546.
1490) 대판 2002. 3. 29. 2001다41766.
1491) 대판 1999. 7. 27. 98다23447; 대판 1989. 6. 27. 88다카10579.

Ⅱ. 기한에 친하지 아니한 법률행위

기한에 친하지 아니한 법률행위의 범위는, 조건에 친하지 아니한 법률행위의 경우와 대체로 같지만, 성질에 따라 차이가 있다. 첫째, 그 성립과 동시에 효력이 발생하여야 하는 법률행위에는 시기를 붙이지 못한다.[1492] 둘째, 소급효가 있는 법률행위에 시기를 붙이는 것은, 효력에 있어서 모순되기 때문에 허용되지 아니한다.[1493] 셋째, 어음·수표행위는 조건에는 친하지 않지만, 시기(이행기)를 붙여도 법률관계를 불확정하게 하지 않는다는 점에서, 시기를 붙이는 것은 허용된다. 넷째, 종기를 붙일 수 없는 법률행위는 해제조건에 있어서의 그 범위와 대체로 같다.

판 례

◎ 어음행위에 시기를 붙이는 것이 허용된 구체적인 사례

"원·피고 사이에 체결한 매매계약의 잔대금 지급방법으로 제3자 발행의 어음을 교부하면서, 이 어음이 모두 지급되면 원고 앞으로 소유권이전등기를 경료하기로 약정한 경우에는 동 매매계약의 잔대금 이행기일은 위 어음의 지급기일이라고 봄이 상당하다.[1494]"

Ⅲ. 기한의 도래

기한이 되는 사실이 실현되는 것을 기한의 도래라 한다. 기한을 기일·기간·일정한 사실의 발생으로 정한 경우, 그 기일의 도래·기간의 경과·그 사실의 발생으로 기한은 도래한다. 한편 기한의 이익의 상실이나 포기가 있으면, 기한은 도래한 것으로 된다.[1495]

기한의 도래를 방해할 수 있는가? 역일로 확정기한을 정한 경우, 기한의 도래를 방해하지 못하지만, 불확정기한의 경우에는 그렇지 않다. 불확정기한의 도래를 방해한 경우, 조건성취의 의제규정(제150조)을 유추적용함으로써 이해관계의 공평을 꾀할 수 있다.[1496]

1492) 혼인·협의이혼·입양·협의파양·상속의 승인과 포기 등의 가족법상의 행위를 들 수 있다.

1493) 상계(제493조 제1항 제2문)·취소·추인 등을 들 수 있다.

1494) 대판 1982. 12. 14. 82다카861.

1495) 곽윤직·김재형, 400면; 김상용, 679면; 주해(Ⅲ), 368면.

1496) 기한의 도래로 불이익을 받게 될 당사자가 반신의행위로 기한의 도래를 방해한 경우, 상대방은 기한의 도래를 주장할 수 있고, 기한의 도래로 이익을 얻게 될 당사자가 반신의행위로 기한을 도래하게 한 경우, 상대방은 기한이 도래하지 아니한 것으로 주장할 수 있다.

판 례

◎ 불확정한 사실이 발생한 때를 이행기로 정한 경우, 그 사실의 발생이 불가능하게 된 때에도 이행기한이 도래한 것인지 여부

"위의 경우, 그 사실이 발생한 때는 물론 그 사실의 발생이 불가능하게 된 때에도, 이행기한은 도래한 것으로 보아야 한다.[1497]"

Ⅳ. 기한부 법률행위의 효력

1. 기한 도래 전의 효력

기한은 장래 반드시 도래한다는 점에서, 기한부 권리는 조건부 권리 못지않게 보호되어야 한다. 그리하여 민법은 조건부 권리의 침해금지 규정(제148조)과 조건부 권리의 처분 등의 규정(제149조)을 기한부 권리에 준용하고 있다(제154조).[1498]

2. 기한 도래 후의 효력

시기부 법률행위의 경우, 기한이 도래하면 그 때부터 법률행위의 효력이 발생하고(제152조 제1항), 종기부 법률행위의 경우에는 기한이 도래한 때부터 그 효력이 소멸한다(제152조 제2항). 기한 도래의 효력은 절대적으로(당사자의 특약에 의해서도) 소급효가 인정되지 않는다. 기한에 소급효를 인정하는 것은, 기한을 붙이는 것과 모순되기 때문이다.[1499]

Ⅴ. 기한의 이익

1. 의 의

기한이 도래하지 않음으로써 당사자가 받는 이익을 기한의 이익이라 한다. 기한의 이익을 받는 당사자는 누구인가? 법률행위의 종류·당사자 사이의 특약·법률행위 당시의 구체적인 사정 등을 종합적으로 고려하여 판단할 일이다.[1500] 보통의 경우, 채무자가 기한의 이익을 가지므로, 민법은 기한의 이익은 채무자를 위한 것으로 추정한다(제153조 제1항).[1501]

1497) 대판 2002. 3. 29. 2001다41766; 대판 1989. 6. 27. 88다카10579.

1498) 다만, 채무이행시기에 기한이 붙어 있는 경우, 채권·채무는 이미 발생하였으므로 기한부 권리로서의 보호는 문제되지 않고, 오직 변제기 전 채권의 효력이 문제될 뿐이다.

1499) 곽윤직·김재형, 400면.

1500) 무상임치의 경우는 채권자(임치인)·무이자소비대차의 경우는 채무자(소비차주)·이자부 정기예금의 경우는 당사자 쌍방(채권자·채무자)이 기한의 이익을 갖는다.

1501) 따라서 기한의 이익이 채권자에게 있다거나 또는 쌍방을 위하여 존재한다는 점은, 이를 주장하는 당사자가 그 증명책임을 부담한다.

판 례

○ 채무자가 기한의 이익을 갖는 경우

"계약해제권의 발생사유인 이행지체라 함은, 채무의 이행이 가능함에도 채무자가 그 이행기를 도과한 것을 말하고 그 이행기 도래 전에는 이행지체란 있을 수 없으므로, 그 채무이행의 방법으로 교부한 어음이 지급기일에 지급불능이 예상된다 하더라도, 잔대금의 이행기일이 경과하지 않은 이상, 기한의 이익을 보유하고 있다고 할 것이므로, 바로 잔대금 지급을 최고하고 계약을 해제할 수 없다.[1502]"

2. 기한의 이익의 포기

기한의 이익은 이를 포기할 수 있으나,[1503] 상대방의 이익을 해치지 못한다(제153조 제2항).

(1) 일방적 기한의 이익

기한의 이익이 법률행위 당사자 일방에게만 있는 경우, 기한의 이익을 갖는 자는 상대방에 대한 일방적 의사표시로써 그 이익을 포기할 수 있다.[1504]

(2) 쌍방적 기한의 이익

기한의 이익이 법률행위 양당사자에게 있는 경우, 일방은 상대방의 손해를 배상하고 기한의 이익을 포기할 수 있다(통설).[1505]

판 례

○ 기한의 이익을 포기할 수 있는 경우와 관련한 사례

"채권압류 및 전부명령에 있어서 제3채무자는 그 명령송달 이전에 채무자에 대하여 상계적상에 있었던 반대채권을 가지고 그 명령이 송달된 이후의 상계로서 전부채권자에게 대항할 수 있다. 이 경우, 상계적상이라 함은 양 채권이 모두 그 변제기가 도래한 경우와 수동채권의 변제기가 도래하지 아니하였다고 하더라도, 그 기한의 이익을 포기할 수 있는 경우를 포함하지만, 자동채권의 변제기가 위 명령송달 이전에 도래하지 아니한 경우는 상계적상에 있는 것이라고 할 수 없다.[1506]"

○ 민법 제565조에서 해제권 행사의 시기를 당사자의 일방이 이행에 착수할 때까지로 제한한 취지 및 이행기의 약정이 있는 경우, 이행기 전에 이행에 착수할 수 있는지 여부

"민법 제565조가 해제권 행사의 시기를 당사자의 일방이 이행에 착수할 때까지로 제한한 것은 당사자의 일방이 이미 이행에 착수한 때에는 그 당사자는 그에 필요한 비용을 지출하였을 것이고, 또 그 당사자는 계약이 이행될 것으로 기대하고 있는데 만일 이러한 단계에서 상대방으로부터 계

1502) 대판 1982. 12. 14. 82다카861.

1503) 기한의 이익의 포기는, 성질상 장래를 향해서만 효력이 있고 소급효가 없다.

1504) 무이자 소비대차의 소비차주는 언제든지 이를 반환할 수 있고, 무상임치의 임치인은 언제든지 수치인에게 임치물의 반환을 청구할 수 있다.

1505) 이자부 소비대차의 소비차주는 이행기까지의 이자를 지급하고, 기한 도래 전에 변제할 수 있다.

1506) 대판 1980. 9. 9. 80다939.

약이 해제된다면 예측하지 못한 손해를 입게 될 우려가 있으므로 이를 방지하고자 함에 있고, 이행기의 약정이 있는 경우라 하더라도 당사자가 채무의 이행기 전에는 착수하지 아니하기로 하는 특약을 하는 등 특별한 사정이 없는 한 이행기 전에 이행에 착수할 수 있다.[1507)]"

3. 기한의 이익의 상실

기한의 이익을 채무자에게 주는 것은(제153조 제1항), 채무자를 신뢰하기 때문이다. 따라서 채무자를 신뢰할 수 없는 특별한 사정이 있는 경우, 채무자가 갖는 기한의 이익을 상실시킴으로써 채권자가 원할 경우에 즉시 이행을 청구할 수 있도록 하고 있다(제388조).

채무자의 기한의 이익 상실사유로는, 채무자가 담보를 손상하거나 감소 또는 멸실하게 한 때(제388조 제1호)·채무자가 담보제공의 의무를 이행하지 아니한 때(제388조 제2호)·채무자가 파산한 때(채무자 회생 및 파산에 관한 법률 제425조) 등이다. 이러한 사유가 발생한 경우, 채무자는 채권자의 이행청구를 거절하지 못한다는 의미일 뿐, 그 상실사유의 발생으로 채무의 변제기가 도래한 것으로 의제되지 않음을 주의하여야 한다.[1508)]

판 례

◎ 기한이익 상실의 특약은 형성권적 기한이익 상실의 특약으로 추정되는지 여부(적극)

"기한이익 상실의 특약은 그 내용에 의하여 일정한 사유가 발생하면 채권자의 청구 등을 요함이 없이 당연히 기한의 이익이 상실되어 이행기가 도래하는 것으로 하는 정지조건부 기한이익 상실의 특약과 일정한 사유가 발생한 후 채권자의 통지나 청구 등 채권자의 의사행위를 기다려 비로소 이행기가 도래하는 것으로 하는 형성권적 기한이익 상실의 특약의 두 가지로 대별할 수 있고, 기한이익 상실의 특약이 위의 양자 중 어느 것에 해당하느냐는 당사자의 의사해석의 문제이지만 일반적으로 기한이익 상실의 특약이 채권자를 위하여 둔 것인 점에 비추어 명백히 정지조건부 기한이익 상실의 특약이라고 볼 만한 특별한 사정이 없는 이상 형성권적 기한이익 상실의 특약으로 추정하는 것이 타당하다.[1509)]"

◎ 기한의 이익의 상실에 관한 민법 제388조는 임의규정인지 여부

"위의 경우, 민법 제388조는 임의규정이므로 당사자 사이에 위 규정과 다른 내용의 약정이 있는 경우에는 그 약정에 따라 기한의 이익의 상실 여부를 판단하여야 한다고 한 원심판결을 수긍한 사례.[1510)]"가 있다.

1507) 대판 2006. 2. 10. 2004다11599; 대판 2002. 11. 26. 2002다46492; 대판 1993. 1. 19. 92다31323.

1508) 다만, 채무자가 파산한 경우, 파산의 선고는 채무의 이행기가 도래한 것으로 의제된다(채무자 회생 및 파산에 관한 법률 제425조).

1509) 대판 2010. 8. 26. 2008다42416, 42423; 대판 2002. 9. 4. 2002다28340.

1510) 대판 2001. 10. 12. 99다56192.

제3절 기 간

Ⅰ. 기간의 의의

어느 시점에서 어느 시점까지의 계속된 시간을 기간이라 한다. 기간은 기일과 구별된다.[1511]

법률사실로서의 기간은 사건에 속한다. 기간 자체만으로는 법률요건이 되지 못하고, 다른 법률사실과 결합하여 법률요건이 되는 경우가 많다.[1512]

민법상의 기간에 관한 규정(제155조-제161조)은 보충적인 임의규정이며,[1513] 사법관계뿐만 아니라 공법관계에도 적용된다.[1514]

Ⅱ. 기간의 계산방법

1. 기간 계산방법의 종류

자연적 계산방법과 역법적 계산방법의 두 가지가 있다. 전자는 자연의 시간의 흐름을 순간에서부터 순간까지 계산하는 방법이고, 후자는 역(曆)에 따라서 계산하는 것이다.[1515]

2. 시·분·초를 단위로 하는 기간의 계산

가령 1시간·10분·10초 등의 계산은 자연적 계산법에 따라 즉시로부터 기산하고(제156조), 그 기간이 종료한 때가 기간의 만료점이 된다.

1511) 기일은 시간의 경과에 있어서 어느 특정의 시점을 가리키는 것으로서, '일(日)'로 표시된다. 보통의 경우, 변제기(이행기)는 기일로 정해진다.

1512) 성년·최고기간·실종기간·기한·시효 등을 들 수 있다.

1513) 기간의 계산에 관하여 법령(실종기간·시효기간)·재판상의 처분(지급기간)·법률행위(임대기간) 등에서 정하고 있으면 그에 따르고, 그 정함이 없으면 민법상의 기간 계산방법을 따르게 된다(제155조).

1514) 대판 1967. 5. 23. 67누50.

1515) 전자는 정확하지만 불편하고, 후자는 편리하지만 부정확한 장단점이 있다. 민법은 시·분·초를 단위로 하는 단기간인 경우에는 자연적 계산법을, 일·주·월·년을 단위로 하는 장기간의 경우에는 역법적 계산법을 사용하고 있다.

3. 일·주·월·년을 단위로 하는 기간의 계산

(1) 기산점

기간의 초일은 산입하지 않는 것이 원칙이다(제157조 본문). 그러나 기간이 오전 영시부터 시작하는 경우(제157조 단서)·연령계산의 경우에는 초일(출생일)을 산입한다(제158조). 그러나 제155조의 규정상 법령·법률행위 등에 의하여 위 원칙과 달리 정할 수 있다(판례).

판 례

◎ 초일 불산입의 원칙에 대한 예외 약정의 가부

"민법 제157조는 '기간을 일, 주, 월 또는 년으로 정한 때에는 기간의 초일은 산입하지 아니한다.'고 규정하여 초일 불산입을 원칙으로 정하고 있으나, 민법 제155조에 의하면 법령이나 법률행위 등에 의하여 위 원칙과 달리 정하는 것도 가능하다.[1516]"

◎ 기간 초일이 공휴일인 경우, 기산점

"기간의 초일이 공휴일이라 하더라도 기간은 초일부터 기산한다.[1517]"

◎ 상공부 고시 부칙 제2조 소정의 '시행일'의 만료시점

"입법관행 및 자구해석상 '이전'이라 함은 기산점이 되는 일시를 포함하는 표현이고, 또, 민법 제159조는 기간을 "일"로 정한 때에는 기간말일의 종료로 기간이 만료한다고 규정하여 기간의 말일에 관하여 초일의 경우와 마찬가지로 연장적 계산법을 채택하고 있으므로 어떤 행위를 하여야 하는 종기 또는 유효기간이 만료되는 시점을 '시행일' 또는 '공고일'이라고 하여 '일'로 정하였다면 그 기간의 만료점은 그날 오후 12시가 된다 할 것이다.[1518]"

◎ 임대기간을 '임차인에게 매도할 때까지'로 한 약정의 해석

"임대차계약을 체결함에 있어서 임대기한을 '본건 토지를 임차인에게 매도할 때까지'로 정하였다면 별다른 사정이 없는 한 그것은 도래할지의 여부가 불확실한 것이므로 기한을 정한 것이라고 볼 수 없으니 위 임대차계약은 기간의 약정이 없는 것이라고 해석함이 상당하다.[1519]"

◎ 선거일 공시일의 의미

"국회의원선거법상 '선거일 공시일로부터'라 함은 '선거일을 공고한 날의 오전영시로부터'를 의미하는 것으로 해석되므로 민법 제157조 단서에 해당되어 초일불산입을 규정한 같은 조 본문은 적용되지 않는다.[1520]"

◎ 근로기준법 평균임금 산정 시 초일산입 여부

"근로기준법 제19조 제1항 소정의 평균임금을 산정하여야 할 사유가 발생한 날 이전 3월간의 기

1516) 대판 2007. 8. 23. 2006다62942.
1517) 대판 1982. 2. 23. 81누204.
1518) 대판 1993. 11. 23. 93도662.
1519) 대판 1974. 5. 14. 73다631.
1520) 대판 1989. 3. 10. 88수85.

산에 있어서 사유발생한 날인 초일은 산입하지 않아야 한다.[1521]"

(2) 만료점

기간 말일의 종료로 기간은 만료한다(제159조).[1522] 기간을 주·월·년으로 정한 때에는, 일로 환산하여 계산하지 않고, 역에 의하여 계산한다(제160조 제1항). 주·월·년의 처음부터 계산하는 때에는, 그 주·월·년이 종료하는 때에 기간이 만료한다.[1523] 그러나 주·월·년의 처음부터 계산하지 않은 때에는, 최후의 주·월·년에서 기산일에 해당하는 날의 전일로 기간은 만료한다(제160조 제2항).[1524] 그런데 이러한 계산법을 따를 경우, 최후의 월에 해당일이 없는 경우가 있을 수 있다.[1525] 가령 윤년인 2월 28일 오후 2시부터 1년 또는 3월 30일 오후 3시부터 3개월이라고 하는 경우, 기산일은 각각 2월 29일과 3월 31일이 되어, 기간의 최종의 월에는 해당일이 없게 된다. 이러한 경우에는 최종의 월의 말일이 종료한 때에 기간이 만료한다(제160조 제3항).[1526]

기간의 말일이 공휴일에 해당하는 경우, 그 기간은 익일, 즉 다음날이 종료한 때 만료한다(제161조).[1527]

판 례

○ 광업권설정 출원제한기간의 기산일인 2007. 7. 28.로부터 6개월의 기간이 경과하는 마지막 날인 2008. 1. 27.이 일요일인 경우, 그 만료점

"광업권설정 출원제한기간의 기산일인 2007. 7. 28.로부터 6개월의 기간이 경과하는 마지막 날인 2008. 1. 27.이 일요일인 경우, 그 출원제한기간은 민법 제161조의 규정에 따라 그 다음날인 2008. 1. 28. 만료된다고 본 사례.[1528]"가 있다.

○ 정년 53세의 의미

"대한석탄공사에 피용된 채탄부의 정년이 53세라 함은 만 53세에 도달하는 날을 말하는 것이다.[1529]"

1521) 대판 1989. 4. 11. 87다카2901.

1522) 가령 6월 1일 오후 6시부터 5일의 기간이 만료되는 것은, 6월 6일 오후 6시가 아니라, 6월 6일 오후 12시이다.

1523) 구체적으로 보면, 가령 2월 28일 오후 6시부터 1개월이라고 하는 경우, 3월 31일 오후 12시가 만료점이 된다.

1524) 5월 15일 오후 6시부터 1개월이라고 하는 경우, 6월 15일 오후 12시에 기간이 만료한다.

1525) 윤년(閏年)이 있고, 달(月)에 30일·31일 등 장단이 있기 때문이다.

1526) 위의 예의 경우, 다음해 2월 28일 또는 최종의 월의 말일인 6월 30일이 기간의 말일이 되고, 그 날이 종료하는 때에 기간은 만료하게 된다.

1527) 이 규정은, 기간기산의 초일이 공휴일인 때에는 적용되지 않는다(대판 1982. 2. 23. 81누204).

1528) 대판 2009. 11. 26. 2009두12907.

1529) 대판 1973. 6. 12. 71다2669.

◎ 행정소송법상 출소기간의 만료일(구법관계)

"1975. 5. 30. 심사청구 기각통지를 받았다면 구행정소송법(1984. 12. 15.법률 제3754호로 개정되기 전의 것) 제5조 제1항 소정의 출소기간인 1월 이내는 본조에 의하여 동년 5. 31.까지가 된다.[1530]"

◎ 국세기본법상 이의신청기간의 말일이 공휴일인 경우, 본조 적용

"국세기본법상 이의신청에 대한 결정기간 말일이 공휴일에 해당한 때에는 기간은 그 익일로 만료한다.[1531]"

◎ 즉시항고기간의 초일과 기간만료일 산정

"즉시항고기간의 초일은 산입하지 아니하고 최종일이 공휴일이면 그 다음날이 기간만료일이 된다.[1532]"

Ⅲ. 기간의 역산방법

민법상의 기간계산방법은 일정한 기산일로부터 과거에 소급하여 계산하는 경우에도 유추적용된다(통설). 민법 기타의 법령에는 기간의 역산이 필요한 경우가 있다.[1533]

판 례

◎ 국세기본법상 이의신청결정기간의 말일이 공휴일인 경우 그 기간의 만료일

"국세기본법 제4조는 '이 법 또는 세법이 규정하는 기간의 계산은 이 법 또는 세법에 특별한 규정이 있는 것을 제외하고는 민법에 의한다.'고 규정되어 있고 국세기본법 또는 다른 세법에 이의신청에 대한 결정기간의 말일에 관한 규정이 없으므로 그에 관하여는 민법 제161조의 규정에 따라 기간의 말일이 공휴일에 해당한 때에는 기간은 그 익일로 만료한다.[1534]"

1530) 대판 1976. 10. 12. 76누170.

1531) 대판 1987. 10. 13. 87누53.

1532) 대결 1964. 11. 13.자 64마439.

1533) 사단법인의 사원총회의 소집은 1주일 전에 통지하여야 하는데(제71조), 총회일이 6월 17일이면, 그 전일인 16일을 기간일로 하여(제157조) 거꾸로 계산해서 10일이 말일이 되고, 그 날 오전 영시에 기간이 만료하게 되므로, 늦어도 6월 9일 오후 12시 전까지는 사원에 대한 총회소집통지가 발신되어야 한다.

1534) 대판 1987.10.13. 87누53.

제4절 소멸시효

제1관 총 설

Ⅰ. 시효의 의의

일정한 사실상태가 오랫동안 계속된 경우에, 그 사실상태가 진실한 권리관계에 합치하는가를 묻지 않고, 그 사실상태를 그대로 존중하여 권리관계로 인정하는 제도를 시효라 한다.[1535]

Ⅱ. 시효제도의 존재이유

시효제도의 인정은, 정당한 권리관계와 어긋나는 사실상태가 존재하는 경우, 사실상태를 부정하고 정당한 권리관계를 유지하려는 법의 근본 목적에 어긋난다고 할 수 있다. 정당한 권리관계보다도 오랫동안 계속된 사실상태를 존중하여, 이를 권리관계로 인정하는 시효제도의 존재이유는 무엇인가? 이에 관한 학설은 크게 '전통적인 견해[1536]'와 '다른 견해[1537]'로 나뉜다. 생각건대 시효제도의 존재이유는, 권리자 아닌 자가 권리를 취득하는 수

1535) 민법상의 시효제도에는 두 가지가 있다. 즉, 어떤 자의 권리행사의 사실상태가 일정기간 계속된 경우에, 권리취득의 효과를 인정하는 취득시효제도와 권리자가 권리를 행사할 수 있음에도 불구하고, 일정기간 동안 권리를 행사하지 않는 상태가 계속된 경우, 권리소멸의 효과(또는 권리의 소멸을 주장할 수 있는 권리가 생긴다)를 가져오는 소멸시효가 있다. 전자는 물권의 취득원인으로서 물권편에 규정하고 있고(제245조-제248조), 후자는 총칙편에 규정하고 있다(제162조-제184조).

1536) 전통적인 견해(다수설)는, 시효제도의 존재이유를 세 가지로 설명한다(곽윤직 · 김재형, 406-407면; 김상용, 684면; 김용한, 446면; 백태승, 558면 등). 첫째, 일정한 기간 계속된 사실상태를 권리관계로 인정하는 사회질서의 유지를 통하여, 법률생활의 안정과 평화를 유지할 수 있다고 한다. 둘째, 사실상태가 오랫동안 계속되면, 그 동안에 정당한 권리관계에 관한 증거가 산일 · 멸실되어 정당한 재판을 할 수가 없기 때문에, 시효에 의하여 사실상태를 그대로 권리관계로 인정하는 것은, 증거보전의 곤란을 구제할 수 있게 된다. 셋째, 권리를 행사할 수 있음에도 불구하고, 자기의 권리를 주장하지 않는 자는 '권리위에 잠자는 자'로서 법의 보호를 받을 가치가 없다는 것이다. 첫째 · 둘째는 주로 취득시효에, 둘째 · 셋째는 주로 소멸시효에 타당한 이유라 할 것이다. 판례는, '시효제도는 일정기간 계속된 사회질서를 유지하고 시간의 경과로 인하여 곤란하게 되는 증거보전으로부터의 구제 내지는 자기 권리를 행사하지 않고 소위 권리 위에 잠자는 자는 법적 보호에서 이를 제외하기 위하여 규정된 제도.'라 하기도 하고(대판 1976. 11. 6. 전원합의체, 76다148), '시효제도의 존재이유는 영속된 상태를 존중하고 권리 위에 잠자는 자를 보호하지 않는다는 데에 있고 특히 소멸시효에 있어서는 후자의 의미가 강하다.'고 함으로써(대판 1992. 3. 31. 전원합의체, 91다32053) 전통적인 견해와 같은 태도를 취한다.

1537) 전통적인 견해에 비판을 가하는 태도로서, 여러 가지가 있다. 첫째, 법질서의 법적 안정성의 요구와 증거보존의 곤란과 보호가치의 부존재 등이 그 존재이유라고 한다(이영준, 682-683면). 둘째, 거래의 신속한 결

가 있는가 하면, 권리자이면서 권리를 잃게 되는 경우가 있음을 합리적으로 설명할 수 있어야 한다. 이러한 관점에서, 시효제도의 존재이유는 전통적인 견해에서 찾는 것이 타당하다고 생각한다.

판 례

가. 제도의 취지

○ 소멸시효의 존재이유

"시효제도의 존재이유는 영속된 사실상태를 존중하고 권리 위에 잠자는 자를 보호하지 않는다는 데에 있고 특히 소멸시효에 있어서는 후자의 의미가 강하다.[1538]"

나. 유사제도와의 관계

○ 시효취득 주장 속에 시효소멸 주장 포함 여부

"증여를 원인으로 한 부동산소유권이전등기청구에 대하여 피고가 시효취득을 주장하였다고 하여도 그 주장 속에 원고의 위 이전등기청구권이 시효소멸 하였다는 주장까지 포함되었다고 할 수 없다.[1539]"

○ 신의칙에 의한 실효 주장 속에 시효소멸 주장 포함 여부

"조건부 징계해임처분에 승복하여 그 효력을 다투지 아니한 채 약 10년이 경과한 뒤에 새삼스럽게 소를 제기하여 징계처분의 효력을 다투는 것은 신의칙에 반하여 허용될 수 없다는 주장에는 소멸시효의 주장도 포함된 것으로 볼 수 없다.[1540]"

Ⅲ. 시효의 성질

시효제도에 공통한 성질을 보면 다음과 같다. 첫째, 시효는 일정한 사실상태가 법정기간 동안 계속될 것을 요건으로 한다. 사실상태를 방해하는 사정이 생기면 시효는 정지하고, 그 사실상태가 중단되면 시효도 중단된다. 둘째, 시효는 법률요건이다. 사실상태가 일정한 기간 계속되면 시효의 완성에 의하여 법률상 당연히 권리를 취득하거나, 또는 권리가 소멸하게 된다.[1541] 셋째, 시효는 재산법 내지 거래관계에 한하여 적용된다. 가족관계는

제·증거보존 기간의 제한·이익형량·규범목적의 조화 등이라고 한다(이은영, 748면). 셋째, 시효제도의 존재이유는 전통적 견해 중의 첫째·둘째만이고, 소멸시효의 존재이유는 이러한 첫째·둘째와 선량한 의무자의 보호라는 점을 내세운다(김증한·김학동, 507·511면). 넷째, 공통한 존재이유로서 증명곤란의 구제를 들고, 소멸시효는 그 외에 의무자의 신뢰가 이유라고 하며, 취득시효는 증명곤란의 구제 이외에 재화효용의 극대화가 이유이나, 다만 등기부취득시효는 증명곤란의 구제는 아니며, 재화효용의 극대화와 선의·무과실의 점유자의 신뢰보호가 그 이유라고 한다(주해(Ⅲ), 391면). 다섯째, 시효제도는 궁극적으로 권리를 취득했거나 의무를 이행하였으나 증명을 하지 못하는 자를 보호하려는 데 그 목적이 있으므로, 시효제도의 적용을 가능한 한 제한할 수밖에 없다고 한다(송덕수, 494면).

1538) 대판 1992. 3. 31. 전원합의체. 91다32053.

1539) 대판 1982. 2. 9. 81다534.

1540) 대판 1990. 8. 28. 90다카9619.

진실을 토대로 판단하여야 하는 법률관계이므로, 사실상태를 바탕으로 하여 법률관계를 변경하지는 못한다. 가족관계는 시효에 친하지 않은 법률관계이다. 넷째, 시효에 관한 규정은 강행법규이다. 시효제도의 인정근거는, 앞에서 살핀바와 같이 법적 안정성·증거보전의 곤란으로부터 구제 등의 사회적 이유에 있으므로, 시효에 관한 규정은 그 성격상 강행법규이다.[1542]

Ⅳ. 시효제도의 입법례

시효제도는 로마법 이래 각국의 입법례가 이를 인정하고 있다. 근본취지는 같지만, 그 내용은 입법례에 따라 다소 다르다. 주요 국가의 입법례를 간단히 살펴본다.

1. 프랑스민법

취득시효와 소멸시효를 통일적으로 규정하고, 양자를 같은 원리에 따르게 하고 있다(제2219조 이하). 소멸시효의 대상이 되는 권리는 채권에 한하지 않았지만, 소유권은 소멸시효에 걸리지 않는다는 태도를 취한다. 소멸시효 완성의 효과의 경우, 의무자는 소멸시효 완성을 주장하여야 하는, 시효 원용의 이론을 취하고 있다(제2223조 이하).

2. 독일민법

취득시효와 소멸시효를 구별하여, 전자는 물권취득의 원인으로서 물권편에 규정하고 있고(제900조·제927조·제937조-제945조·제1033조), 소멸시효는 총칙편에 규정하고 있다(제194조-제218조). 시효의 효과를 보면, 취득시효에 있어서는 권리 그 자체를 취득하게 하는 것으로 한다. 소멸시효의 경우는, 시효의 완성으로 권리 그 자체는 소멸하지 않고, 그 권리로부터 유출되는 청구권이 소멸하는 것으로 파악한다. 독일민법의 경우, 소멸시효의 완성에 의하여 의무자는 급부의 이행을 거절할 수 있는 항변권을 취득할 뿐이어서, 시효 원용의 문제는 생기지 않게 된다.

3. 스위스민법

취득시효는 물권편(제661-제663조·제728조)에, 소멸시효는 채무법(제127조-제142조)에 규정하고 있다. 소멸시효

1541) 후자(소멸시효)의 경우, 소멸시효의 효과에 관한 '상대적 소멸설'에 따르면, 소멸시효가 완성되었다 하더라도, 권리가 당연히 소멸하는 것이 아니라 권리의 소멸을 주장할 수 있는 권리(이른바, 원용권)가 생기고, 권리소멸의 주장(이른바, 원용)이 있어야 비로소 권리가 소멸하게 된다.

1542) 따라서 어떤 권리에 관하여 시효에 걸리지 않는 것으로 하는 당사자 사이의 특약, 시효요건을 법정요건보다 어렵게 하는 약정 등은 허용되지 않는다. 민법은, '소멸시효는 법률행위에 의하여 이를 배제·연장 또는 가중할 수 없다. 그러나 소멸시효의 기간을 단축하거나 또는 그 요건을 가볍게 하는 것은 상관없다.'(제184조 제2항)라고 규정하고 있다.

의 대상은 채권이며, 소멸시효에 있어서 시효의 원용에 의하여 권리소멸의 효과가 발생한다(스위스채무법 제142조).

4. 일본민법

프랑스민법을 본받음으로써 시효제도를 통일적으로 규율하고 있다(제144조-제174조의2). 소멸시효의 경우에 시효의 원용은 있어야 하나(제145조: 이는 취득시효의 경우도 동일하다), 시효완성의 주장을 하게 되면 소권뿐만 아니라 권리 그 자체도 소멸하게 된다(제167조-)는 점에서, 프랑스민법과는 차이가 있다.

5. 우리 민법

민법은 양자를 통일적으로 총칙편에 규정하였던 구민법과는 달리, 독일민법의 체계에 따라 취득시효를 물권편에 소멸시효는 총칙편에서 규정하고 있다. 소멸시효의 경우, 소멸시효의 효과로서 구민법이 취했던 권리소멸의 '원용제도'를 없애버렸다. 그 결과 소멸시효의 효과가 무엇인가에 관하여 학설대립이 생기게 되었다(이 점은 나중에 보기로 한다).

V. 제척기간과 소멸시효

일정한 기간의 경과로 권리가 소멸하거나 실효하는 점에서는 소멸시효와 유사하지만, 여러 가지 점에서 소멸시효와 구별되는 제도로서 제척기간과 권리실효의 원칙이 있다. 실효의 원칙에 관하여는 앞에서 살펴보았으므로, 여기서는 제척기간만을 보기로 한다.

1. 제척기간

(1) 의의 · 성질 · 권리의 행사방법[1543)]

권리의 행사기간에는 제척기간과 소멸시효기간이 있다. 그런데 우리 민법은 소멸시효의 경우에는 일반규정(제162조-제184조)을 두고 있으나, 제척기간에 관하여는 아무런 규정을 두고 있지 않다. 학설은 대체로 제척기간을 법률관계의 조속한 확정을 위한 권리의 존속기간으로 새긴다.[1544)][1545)]

1543) 한삼인, "민법 제580조 소정의 매수인의 손해배상청구권의 행사기간," 「인권과정의」, 대한변호사협회, 2012. 5., 148-151면 참조.

1544) 제척기간의 개념을 권리를 행사할 수 있는 기간이라고 하기도 하고(고상용, 661면), 권리에 관하여 법률이 예정하는 존속기간으로 파악하기도 한다(곽윤직 · 김재형, 409면; 백태승, 542면; 윤진수(편집대표 곽윤직), 「민법주해」, 박영사, 2002, 400면; 한삼인, 「민법일반이론」, 보명books, 2010, 534면 등).

1545) 독일의 경우, 제척기간은 주로 법적 안정성 및 법적 명료성을 위한 제도로 설명되며(Löhnig, Fristen und Ter-mine im Zivilrecht, 2003, Rn. 252), 일본의 경우에도 입법자는 권리의 신속한 행사를 촉진하기 위하여 제척기간을 둔 것으로 새긴다(四宮和夫/能見善久, 「民法總則」, 1999, 359面).

제척기간이 정해져 있는 권리의 경우, 권리자는 그 기간 내에 어떠한 행위를 하여야 하는가? 학설은 다툼이 있고,[1546] 판례는 재판외의 권리행사의 경우와 재판상 행사하여야 하는 경우를 권리의 성질에 따라 구별하고 있는 것으로 보인다.[1547]

생각건대 법률상 제척기간이 정해져 있는 경우, 반드시 그 기간 내에 소의 제기가 있어야만 권리의 보전이 가능한지 여부는 기본적으로 권리의 성질 및 법률의 규정 취지에 따라 구별해야 한다고 생각한다.[1548] 따라서 그 권리의 행사에 소의 제기를 요한다는 특별규정(제406조·제816조·제846조·제999조 제1항)이 없거나 또는 일정한 사유로 청구권의 행사에 단기의 제척기간을 둔 경우가 아닌 한, 권리행사로 볼 수 있는 의사표시만으로 충분하다고 새겨야 한다. 이러한 점에서 제3설이 타당하다.

(2) 제척기간과 소멸시효의 차이

학설·판례는 제척기간과 소멸시효를 서로 다른 제도로 인식하고 있고,[1549] 판례는 소멸시효에 관한 민법의 일반규정들은 제척기간에 유추적용 될 수 없다는 견해를 취하기도 한다.[1550]

제척기간과 소멸시효 사이에는 사실상태의 존속 여부[1551]·대상인 권리의 성질[1552]·

1546) 제척기간을 출소기간으로 보고 이 기간 내에 소의 제기가 있어야 권리가 보전된다고 하는 제1설(고상룡, 661면; 김상용, 689면 등), 재판상 행사가 요구되지 않는 한(법률에서 권리의 행사방법을 정하고 있지 않은 경우) 재판외의 권리행사로 충분하다는 제2설(곽윤직·김재형, 410면; 김준호, 「신정2판 민법총칙」, 법문사, 2006, 374면; 송덕수, 497면; 윤진수, 전게서, 401면), 제2설에 찬동하면서 청구권에 관한 권리행사기간이 제척기간으로 해석되는 경우에는 재판상의 행사가 필요하다는 제3설(김증한·김학동, 515면) 등이 있다.

1547) 재판외의 권리행사로써 그 권리를 보존할 수 있고 그 권리행사에 특별한 형식이 요구되지 않는 경우, 제척기간은 재판상 또는 재판외의 권리행사기간이고 재판상 청구를 위한 출소기간이 아니라 한다(대판 2003. 6. 27. 2003다20190; 대판 1985. 11. 12. 84다카2234; 대판 1978. 7. 11. 78다415; 대판 1964. 4. 21. 63다691). 이외에 재판외 행사설을 취한 판례(대판 2004. 1. 27. 2001다24891; 대판 2000. 6. 9. 2000다15371; 대판 1993. 7. 27. 92다52795; 대판 1991. 2. 22. 90다13420)가 있다.

한편 제척기간의 대상이 되는 권리가 청구권으로서 일정기간 경과 후 원상회복을 허용하는 것이 오히려 평화질서의 교란으로 볼 수 있는 특별한 사정이 있어 그 청구권의 행사에 단기의 제척기간을 두는 이유가 있는 경우에는 반드시 그 기간 내에 소를 제기하여야 하는 출소기간으로 해석하는 것이 상당하다고 한다(대판 2002. 4. 26. 2001다8097, 8103).

1548) 같은 견해 윤진수, 전게서, 401면.

1549) 곽윤직·김재형, 408면; 김진우(1), "청구권에 관한 제척기간과 소멸시효", 「재산법연구」제26권 제3호, 한국재산법학회, 2010. 2, 4면 등.

판례도 소멸시효와 제척기간을 구별한다. 즉, '제척기간은 권리자로 하여금 당해 권리를 신속하게 행사하도록 함으로써 법률관계를 조속히 확정시키려는 데 그 제도의 취지가 있는 것으로서, 소멸시효가 일정한 기간의 경과와 권리의 불행사라는 사정에 의하여 권리소멸의 효과를 가져 오는 것과는 달리 그 기간의 경과 자체만으로 곧 권리소멸의 효과를 가져 오게 하는 것이다.'(대판 1995. 11. 10. 94다22682, 22699)

1550) 즉, '전략(前略)… 제척기간에 있어서는 그 성질에 비추어 소멸시효와 같이 기간의 중단이나 정지는 있을 수 없다. …후략(後略).'(대판 2004. 7. 22. 2004두2509; 대판 2003. 1. 10. 2000다26425; 대판 2000. 8. 18. 99므1855)

1551) 소멸시효는 시효기간 동안 계속된 권리불행사라는 사실상태를 존중하여 권리의 소멸을 가져오는 제도임에 반하여, 제척기간은 사실상태의 존속과는 관계없이 법률관계의 조속한 확정을 위하여 법이 미리 예정해놓은 권리행사기간에 불과하다는 것이다. 단기소멸시효라고 하더라도 사실상태의 존속을 요소로 한다는 점에서 제척기간과 차이가 있다(윤진수, 전게서, 531-532면).

발생원인[1553] · 기간완성의 효과[1554] · 소급효 유무[1555] · 주장이 필요한지 여부[1556] · 기간의 중단[1557]과 정지 유무[1558] · 시효이익의 포기 등에서 차이가 있다.

(3) 제척기간과 소멸시효의 구별 기준

앞에서 살핀바와 같이 제척기간과 소멸시효는 여러 가지 점에서 차이가 있으므로, 권리행사기간에 관한 양자의 구별은 실익이 있다. 그러나 명문의 규정[1559]을 두고 있는 독일

1552) 청구권은 일반적으로 소멸시효에 걸리지만, 수급인의 담보책임의 존속기간 내지 행사기간(제670조 · 제671조)의 경우와 같이 입법자의 입법재량에 따라 제척기간에 걸리도록 할 수도 있다. 그러나 형성권은 항상 제척기간에만 걸린다고 한다(김진우(1), 5면; 청구권도 제척기간의 적용대상이 된다는 견해로는 박영규, "사법상의 권리행사기간-소멸시효기간과 제척기간을 둘러싼 몇 가지 쟁점들", 「민사법학」제18호, 한국민사법학회, 2000. 5, 293면; 대판 2002. 4. 26. 2001다8097, 8103).

1553) 법률에 의해서만 인정되는 소멸시효와는 달리, 제척기간은 법률은 물론 당사자의 약정에 의해서도 발생한다. 따라서 법률상 소멸시효에 걸리지 않는 권리를 당사자의 특약으로 소멸시효에 걸리게 할 수는 없지만, 당초 제척기간이 예정되어 있지 아니한 권리를 당사자의 특약으로 제척기간에 걸리도록 할 수 있다고 한다(김진우(2), "소멸시효와 제척기간", 「재산법연구」제25권 제3호, 한국재산법학회, 2009. 2, 198면; Brox/Walk, Allgemeines Schuldrecht, 32. Aufl., 2007, § 18 Rn. 14.).

1554) 학설은 소멸시효 완성의 효과에 관한 절대적 소멸설과 상대적 소멸설의 경우, 당연히 소멸하는가(전자) 아니면 당사자의 원용이 있어야 소멸하는가(후자)의 차이가 있지만, 궁극적으로 권리소멸의 효과를 낳는다는 점에서는 제척기간과 차이가 없다.

1555) 소멸시효에는 소급효가 인정되지만(제167조), 제척기간의 경우에는 소급효가 인정되지 않고 기간경과 시점에서부터 장래에 향하여 권리가 소멸할 뿐이라는 데 학설이 일치한다(윤진수, 전게서, 484면). 한편 판례는 제999조 제2항의 상속회복청구권의 행사기간의 경우에 민법개정 전후를 막론하고 이를 제척기간으로 새기면서도(대판 1981. 1. 27. 전원합의체, 79다854; 대판 1978. 2. 14. 77므21), 소급효를 인정한다(대판 1994. 3. 25. 93다57155).

1556) 다수설과 판례에 따르면, 제척기간의 경과에 의한 권리의 소멸은 당사자의 주장이 필요 없는 법원의 직권조사사항인 반면(대판 1996. 9. 20. 96다25371), 소멸시효의 완성에 의한 권리소멸은 민사소송의 변론주의로 인하여 시효이익을 받을 자가 그 사실을 주장한 때에 비로소 고려된다(절대적 소멸설의 경우에도 같다)고 한다(고상용, 전게서, 663면; 곽윤직 · 김재형, 410면; 김상용, 719면; 대판 1993. 4. 13. 92다3595). 특히 상대적 소멸설에 의하면, 원용(주장)이 있어야 권리가 소멸하게 되는 소멸시효의 경우와 그것이 필요하지 않은 제척기간은 확연히 다르다 할 것이다. 한편 소멸시효완성의 효과가 권리소멸인 이상, 소멸시효도 직권조사사항이라고 새겨야 한다면서 직권조사 여부는 양자의 구별 기준은 아니라는 견해가 있다(김진우(1), 11-12면).

1557) 소멸시효의 경우에 권리자의 권리행사로 볼 수 있는 사유가 있으면(제168조 제1호), 채무자의 임의이행이 없어서 채권의 목적달성이 이뤄지지 않았다 하더라도, 채권자의 권리불행사상태가 더 이상 존속하지 않기 때문에 그 때까지 진행되었던 소멸시효기간은 무의미하게 되고, 그 중단사유의 종료시점부터 소멸시효가 새롭게 진행한다. 또한 의무자가 의무를 승인한 경우(제168조 제3호), 의무자를 보호하기 위한 소멸시효제도의 취지에 비추어 소멸시효가 중단되도록 하는 것이다. 그러나 형성권의 경우(형성권은, 그 행사로 인하여 목적을 달성하고 그 후에는 소멸하기 때문에 중단을 인정할 필요성이 없다)에서 알 수 있듯이, 권리행사나 의무자의 승인에 의하여 제척기간은 본연의 목적을 달성하게 되어 소멸하기 때문에 권리자의 권리행사나 의무자의 승인에 의한 제척기간의 중단은 관념할 수 없다. 이처럼 기간의 중단 여부는 소멸시효와 제척기간의 결정적인 차이점이라 할 것이다.

1558) 시효의 정지에 관한 제179조-제182조의 규정이 제척기간에 유추적용(준용)되는지 여부에 관하여 학설은 긍정설(김상용, 691면; 김진우(1), 12면; 이은영, 787면), 부정설(백태승, 543면; 송덕수, 499면), 제182조만을 준용하여야 한다는 제한적 긍정설(고상룡, 663면; 곽윤직 · 김재형, 411면; 김증한 · 김학동, 513면)로 나뉜다.

생각건대 소멸시효의 정지 제도에 내재된 기본적 관념(권리자가 법적 또는 사실상의 장애로 말미암아 일시적으로 자신의 권리를 주장할 수 없는 동안은 소멸시효가 완성되어 불이익을 받아서는 안 된다)은 형평의 관념에 비추어 볼 때 제척기간의 경우에도 타당하다 할 것이므로, 긍정설이 옳다고 생각한다.

1559) 독일민법의 입법자는 소멸시효에 관하여는 '소멸시효'(Verjährung) 또는 '소멸시효에 걸린다'(verjähren)고 규정하고, 제척기간에 관하여는 '소멸한다'(erlischt) 또는 '배제된다'(ist ausgeschlossen)고 규정함으로써 독일민법상 권리행사기간이 소멸시효와 제척기간 중 어느 것에 해당하는가의 논의는 생길 여지가 없다고 한다(김진우

민법의 경우와는 달리,[1560] 그 구별 규정이 없는 우리 민법상 양자의 구별은 쉽지 않다.[1561] 종래의 학설을 중심으로 몇 가지 구별 기준을 정리·검토해 본다.

첫째, 제도의 존재이유에 의한 구별이다. 제척기간의 인정이유로서 법률관계의 조속한 확정을 드는데 반해, 소멸시효의 경우에는 사회질서의 안정·증명곤란의 구제·게으른 권리자의 보호가치 부재 등을 제시하는 것이 보통이다. 그러나 단기 소멸시효제도의 존재이유로 권리관계의 조속한 확정을 들고 있어서(제척기간의 경우와 같다), 제도의 존재이유가 양자의 타당한 구별기준이 된다고 보기는 어렵다.[1562]

둘째, 법문상의 표현의 차이이다. 다수설[1563]은 법조문에 '시효로 인하여 소멸한다.' 또는 '소멸시효가 완성한다.'고 표현되어 있으면 소멸시효기간으로, 그러한 표현이 없으면 제척기간으로 새긴다. 그러나 입법자는 법문상의 차이로 양자를 구별하려 했던 것처럼 보이지만, 법문상의 표현이 양자의 절대적 구별 기준이라고 할 수는 없다. 가령 상속의 승인·포기의 취소권의 경우에는 법문의 표현에도 불구하고,[1564] 그 취소권이 형성권이라는 점에서 소멸시효기간이 아니라 제척기간으로 보아야 하기 때문이다.[1565]

생각건대 제척기간과 소멸시효기간의 구별은 앞에서 검토한 제척기간과 소멸시효의 차이점과 여러 기준을 참조하되, 실질적으로는 대상인 권리의 성질·규정의 취지 등을 고려하여 판단하여야 한다.[1566]

판 례

가. 의 의

○ 제척기간의 개념·소멸시효와의 구별 등

"제척기간은 권리자로 하여금 당해 권리를 신속하게 행사하도록 함으로써 법률관계를 조속히 확정시키려는 데에 그 제도의 취지가 있는 것으로서, 소멸시효가 일정한 기간의 경과와 권리의 불행사라는 사정에 의하여 권리 소멸의 효과를 가져오는 것과는 달리, 그 기간의 경과 자체만으로 곧

---

(1), 16면).

1560) 독일민법의 경우에는 입법자가 명확한 법문의 표현을 둠으로써 권리행사기간이 제척기간인지 소멸시효기간인지에 관한 다툼은 해석론으로는 존재하지 않는다고 한다(김진우(2), 164면; Bamberger/Roth/Heinrich, 2. Aufl., 2007, §194 Rn. 6.).

1561) 그 기간이 제척기간인지 소멸시효기간인지에 관하여 다툼이 있는 경우로는 선의취득의 경우의 도품·유실물의 반환기간(제250조), 불법행위에 있어서 10년의 손해배상청구기간(제766조 제2항), 상속의 승인·포기의 취소권(제1024조 제2항 단서), 유류분반환청구권의 10년의 행사기간(제1117조 제2문) 등이 있는데, 이에 관한 검토는 이글의 주요 논점이 아니어서 생략하기로 한다.

1562) 이홍렬·이기용, "제척기간에 관한 소고", 「성균관법학」제19권 제3호, 성균관대학교 비교법연구소, 2007. 12, 644면.

1563) 김상용, 691면; 윤진수, 전게서, 403면; 이영준, 686면.

1564) '상속의 승인·포기의 취소권은 추인할 수 있는 날로부터 3월, 승인 또는 포기한 날로부터 1년 내에 행사하지 않으면 시효로 인하여 소멸된다.'(제1024조 제2항 단서 참조).

1565) 같은 견해 곽윤직·김재형, 412면; 송덕수, 499면; 이경희, 「전정판 가족법」, 법원사, 2008, 415면.

1566) 같은 견해 고상룡, 664면; 김증한·김학동, 514면; 백태승, 544면; 송덕수, 499면.

권리 소멸의 효과를 가져오게 하는 것이므로… 후략(後略).[1567)]"

◎ 환매권의 행사기간이 제척기간인지 여부

"공공용지의 취득 및 손실보상에 관한 특례법에 의한 절차에 따라 국가 등에 의하여 협의·취득된 토지의 전부 또는 일부가 취득일로부터 10년 이내에 당해 공공사업의 폐지·변경 기타의 사유로 인하여 필요 없게 되었을 때 취득 당시의 소유자 등에게 인정되는 같은 법 제9조 소정의 환매권은, 당해 토지의 취득일로부터 10년 이내에 행사되어야 하고, 위 행사기간은 제척기간으로 보아야 한다.[1568)]"

◎ 구 증권거래법 제188조 제2항에 정한 단기매매차익 반환제도의 제도적 취지 및 단기매매차익 반환청구권의 행사기간의 성질(=제척기간)

"구 증권거래법(2007. 8. 3. 법률 제8635호 자본시장과 금융투자업에 관한 법률 부칙 제2조로 폐지, 이하 '구 증권거래법'이라 한다) 제188조 제2항의 단기매매차익 반환제도는 주권상장법인 또는 코스닥상장법인의 내부자가 6월 이내의 단기간에 그 법인의 주식 등을 사고파는 경우 미공개 내부정보를 이용하였을 개연성이 크다는 점에서 거래 자체는 허용하되 그 대신 내부자가 실제로 미공개 내부정보를 이용하였는지나 내부자에게 미공개 내부정보를 이용하여 이득을 취하려는 의사가 있었는지를 묻지 않고 내부자로 하여금 거래로 얻은 이익을 법인에 반환하도록 하는 엄격한 책임을 인정함으로써 내부자가 미공개 내부정보를 이용하여 법인의 주식 등을 거래하는 행위를 간접적으로 규제하려는 제도로, 단기매매차익 반환청구권에 관한 기간은 제척기간으로서 재판상 또는 재판외의 권리행사기간이며 재판상 청구를 위한 출소기간은 아니다.[1569)]"

나. 제척기간의 기산점

◎ 제척기간 진행의 기산점

"전략(前略)… 그 기간 진행의 기산점은 특별한 사정이 없는 한 원칙적으로 권리가 발생한 때이고… 후략(後略).[1570)]"

◎ 채권양도 통지만으로 제척기간 준수에 필요한 '권리의 재판외 행사'가 이루어졌다고 볼 수 있는지 여부(소극)

"(가) 채권양도의 통지는 양도인이 채권이 양도되었다는 사실을 채무자에게 알리는 것에 그치는 행위이므로, 그것만으로 제척기간 준수에 필요한 권리의 재판외 행사에 해당한다고 할 수 없다. (나) 따라서 집합건물인 아파트의 입주자대표회의가 스스로 하자담보추급에 의한 손해배상청구권을 가짐을 전제로 하여 직접 아파트의 분양자를 상대로 손해배상청구소송을 제기하였다가, 소송 계속 중에 정당한 권리자인 구분소유자들에게서 손해배상채권을 양도받고 분양자에게 통지가 마쳐진 후 그에 따라 소를 변경한 경우에는, 채권양도통지에 채권양도의 사실을 알리는 것 외에 이행을 청구하는 뜻이 별도로 덧붙여지거나 그 밖에 구분소유자들이 재판외에서 권리를 행사하였다는 등 특별한 사정이 없는 한, 위 손해배상청구권은 입주자대표회의가 위와 같이 소를 변경한 시점에 비로소 행사된 것으로 보아야 한다.[1571)]"

1567) 대판 1995. 11. 10. 94다22682, 22699(반소); 대판 1992. 10. 13. 92다4666.
1568) 대판 1999. 4. 9. 98다46945; 대판 1995. 8. 25. 94다27748; 대판 1976. 2. 27. 73다1747.
1569) 대판 2012. 1. 12. 2011다80203; 대판 2008. 3. 13. 2006다73218.
1570) 대판 1995. 11. 10. 94다22682, 22699(반소); 대판 1992. 10. 13. 92다4666.

◎ 민법 제146조 소정의 취소권 행사의 제척기간의 기산점

"민법 제146조 전단은 '취소권은 추인할 수 있는 날로부터 3년 내에 행사하여야 한다.'고 규정하는 한편 민법 제144조 제1항에서는 '추인은 취소의 원인이 종료한 후에 하지 아니하면 효력이 없다.'고 규정하고 있는바, 위 각 규정의 취지와 다른 한편 추인은 취소권의 포기를 내용으로 하는 의사표시인 점에 비추어 보면, 민법 제146조 전단에서 취소권의 제척기간의 기산점으로 삼고 있는 추인할 수 있는 날이란, 취소의 원인이 종료되어 취소권 행사에 관한 장애가 없어져서 취소권자가 취소의 대상인 법률행위를 추인할 수도 있고 취소할 수도 있는 상태가 된 때를 가리킨다고 보아야 한다.[1572]"

◎ 매매예약완결권의 행사기간과 기산점

"매매의 일방예약에서 예약자의 상대방이 매매예약 완결의 의사표시를 하여 매매의 효력을 생기게 하는 권리, 즉 매매예약의 완결권은 일종의 형성권으로서 당사자 사이에 그 행사기간을 약정한 때에는 그 기간 내에, 그러한 약정이 없는 때에는 그 예약이 성립한 때로부터 10년 내에 이를 행사하여야 하고, 그 기간을 지난 때에는 예약 완결권은 제척기간의 경과로 인하여 소멸한다.[1573]"

◎ 매수인의 대금감액청구권의 제척기간 기산점

"매도인의 담보책임에 기한 매수인의 대금감액청구권은 매수인이 선의인 경우에는 사실을 안 날로부터, 악의인 경우에는 계약한 날로부터 1년 이내에 행사하여야 하며, 여기서 매수인이 사실을 안 날이라 함은, 단순히 권리의 일부가 타인에게 속한 사실을 안 날이 아니라 그 때문에 매도인이 이를 취득하여 매수인에게 이전할 수 없게 되었음이 확실하게 된 사실을 안 날을 말한다.[1574]"

◎ 가등기에 기한 소유권이전의 본등기가 경료된 경우, 채권자취소권 행사의 대상과 제척기간의 기산점

"채무자 소유의 부동산에 관하여 수익자 명의로 소유권이전등기청구권의 보전을 위한 가등기가 경료되었다가 그 가등기에 기한 소유권이전의 본등기가 경료된 경우, 가등기의 등기원인인 법률행위와 본등기의 등기원인인 법률행위가 명백히 다른 것이 아닌 한, 본등기의 기초가 된 가등기의 등기원인인 법률행위를 제쳐놓고 본등기의 등기원인인 법률행위만이 취소의 대상이 되는 사해행위라고 볼 것은 아니므로, 가등기의 등기원인인 법률행위가 있은 날이 언제인지와 관계없이, 본등기가 경료된 날로부터 사해행위 취소의 소의 제척기간(매매예약일로부터 5년 내)이 진행된다고 볼 수 없다.[1575]"

◎ 채권자취소소송의 제소기간의 기산점

"채권자취소의 소는 채권자가 취소원인을 안 날로부터 1년 내에 제기하여야 하는 것인바(민법 제406조 제2항), 여기에서 취소의 원인을 안다고 하기 위하여서는 단순히 채무자의 법률행위가 있었다는 사실을 아는 것만으로는 부족하고, 그 법률행위가 채권자를 해하는 행위라는 것 즉, 그에 의하여 채권의 공동담보에 부족이 생기거나 이미 부족상태에 있는 공동담보가 한층 더 부족하게 되어 채권을 완전하게 만족시킬 수 없게 된다는 것까지 알아야 한다.[1576]"

1571) 대판 2012. 3. 22. 전원합의체(다수의견). 2010다28840.
1572) 대판 1998. 11. 27. 98다7421; 대판 1996. 9. 20. 96다25371.
1573) 대판 2003. 1. 10. 2000다26425; 대판 2000. 10. 13. 99다18725; 대판 1992. 7. 28. 91다44766, 44773.
1574) 대판 1997. 6. 13. 96다15596; 대판 1991. 12. 10. 91다27396; 대판 1990. 3. 27. 89다카17676.
1575) 대판 1996. 11. 8. 96다26329; 대판 1993. 1. 26. 92다11008; 대판 1991. 11. 8. 91다14079.

다. 제척기간 경과의 효력

◎ 경매신청의 등기일로부터 6월 이후에 기간이 만료되는 전세권이 경매로 소멸하는지 여부

"가압류는 금전채권의 집행보전을 목적으로 함에 불과하여 그 지위에 상응하는 배당이 이루어지는 것으로 족하고, 부동산 위의 부담으로 경락인에게 이를 부담시킬 필요가 없어 가압류가 경매신청의 등기보다 먼저 마쳐진 것이라고 하더라도 경매로 인하여 소멸하는 것이므로, 가압류가 집행된 부동산에 대하여 전세권이 설정된 후 그 부동산에 관하여 제3의 집행채권자의 신청에 의하여 경매절차가 진행되어 경락인이 경락대금을 납부하면 그 가압류가 소멸하게 되는바, 가압류 후에 설정된 전세권이 경매신청의 등기일로부터 6월 이후에 그 기간이 만료되는 것인 경우, 그 전세권이 민사소송법 제608조 제2항 소정의 경매로 인한 소멸대상인 존속기간의 정함이 없거나 경매신청 등기 후 6월 이내에 그 기간이 만료되는 전세권에 해당하지 아니한다는 이유로, 경매로 인하여 소멸하지 아니하고 경락인에게 인수된다고 본다면 부동산의 경매가격은 그만큼 떨어질 수밖에 없고, 이는 그 전세권에 선행하는 가압류채권자의 이익을 침해하는 결과를 가져오게 되어 부당하므로, 결국 가압류에 대항할 수 없는 전세권도 그 가압류와 함께 소멸한다고 보아야 한다.[1577]"

◎ 도급계약상의 하자담보책임기간 경과 후 발생한 손해의 경우, 담보책임이 면제되는지 여부

"수급인이 설계도에 PC판으로 시공하도록 되어 있는 신축 아파트 지붕 배수로 상부를 합판으로 시공함으로 인하여, 약정 하자담보책임기간인 2년이 경과한 후 합판 부식으로 기와가 함몰된 손해가 발생한 경우, 수급인이 그러한 시공상의 하자를 알고 도급인에게 고지하지 않은 이상, 약정 담보책임기간이 경과하였다는 이유만으로는 수급인의 담보책임이 면제되지는 않는다.[1578]"

◎ 제척기간의 경과로 호주상속회복청구권의 소멸 여부

"민법 시행 전의 호주상속회복청구권은 그 침해를 안 날로부터 6월, 상속이 개시된 날로부터 20년이 경과하면 소멸하는 것이 관습이다.[1579]"

◎ 혼인 외의 출생자가 제척기간 경과 후 인지의 판결을 받은 경우, 상속회복청구권의 소멸 여부

"혼인 외의 출생자가 인지의 판결을 상속이 개시된 날로부터 20년이 경과한 후에 받았다고 하더라도, 상속이 개시된 날로부터 20년이 경과하였다면, 호주상속회복청구권은 소멸한다.[1580]"

◎ 제척기간이 경과한 경우, 상속회복청구권의 소멸 여부

"재산상속회복청구의 소인 이상, 민법 제999조에 의하여 준용되는 같은 법 제982조 제2항 소정의 제척기간이 적용된다. 따라서, 상속이 개시된 날부터 10년이 지난 후에 상속권이 침해되었으면, 10년의 제척기간의 경과로 상속회복청구권은 소멸되었다고 보아야 한다.[1581]"

◎ 상속회복청구권이 제척기간의 경과로 소멸된 경우

"상속회복청구권이 제척기간(상속 개시일로부터 10년간)의 경과로 소멸하게 되면 상속인은 상속인으로서의 지위, 즉 상속에 따라 승계한 개개의 권리·의무 또한 총괄적으로 상실하게 되고, 그 반

1576) 대판 2000. 2. 25. 99다53704; 대판 1999. 4. 9. 99다2515; 대판 1989. 9. 12. 88다카26475.
1577) 대판 1996. 12. 23. 94다51829.
1578) 대판 1999. 9. 21. 99다19032.
1579) 대판 1996. 12. 6. 96므1137; 대판 1981. 1. 21. 80다1392.
1580) 대판 1996. 12. 6. 96므1137; 대판 1994. 10. 21. 94다18249; 대판 1989. 1. 17. 87다카2311.
1581) 대판 1991. 12. 24. 전원합의체. 90다5740.

사적 효과로서 참칭상속인의 지위는 확정되어 참칭상속인이 상속 개시의 시로부터 소급하여 상속인으로서의 지위를 취득한 것으로 봄이 상당하므로, 상속재산은 상속개시일로부터 소급하여 참칭상속인의 소유로 된다.[1582)]"

라. 적용범위

○ 건물 도급인의 하자보수청구시, 1년의 제척기간의 규정이 적용되는지 여부

"민법 제671조에 의하면 토지·건물 기타 공작물 수급인의 담보책임에 대하여는, 같은 법 제670조의 제척기간에 대한 특칙으로 그 제척기간을 공작물의 종류에 따라 5년 또는 10년을 규정하고 있어, 건물 수급인에 대하여 담보책임을 묻는 하자보수청구권에 대하여는 1년간의 제척기간을 규정한 민법 제670조가 적용되지 않는다.[1583)]"

○ 민법 제842조 제소기간의 적용범위

"민법 제840조 제6호에 해당하는 혼인을 계속하기 어려운 중대한 사유가 이혼청구 당시까지 계속되고 있는 경우, 민법 제842조(민법 제840조 제6호의 사유는 다른 일방이 이를 안 날로부터 6월, 그 사유 있은 날로부터 2년을 경과하면 이혼을 청구하지 못한다)가 적용될 여지가 없다.[1584)]"

○ 상속회복청구권의 제척기간에 관한 규정은 포괄적 유증의 경우에도 유추적용되는지 여부

"상속인의 상속회복청구권 및 그 제척기간에 관하여 규정한 민법 제999조는 포괄적 유증의 경우에도 유추적용된다.[1585)]"

○ 상속회복청구권의 행사기간에 관한 민법 규정에 대한 헌법재판소의 위헌결정을 이유로, 위 기간 도과한 후 제기된 상속회복청구의 소에 대한 문제

"헌법재판소는 2001. 7. 19. 자 99헌바9·26·84, 2000헌바11, 2000헌가3, 2001헌가23(병합) 결정에 의하여 민법 제999조 제2항 중 '상속이 개시된 날부터 10년' 부분과 구민법(1990. 1. 13. 법률 제4199호로 개정되기 전의 것) 제999조에 의하여 준용되는 제982조 제2항 중 '상속이 개시된 날로부터 10년' 부분은 헌법에 위반된다는 결정을 하였는바, 헌법재판소의 위헌결정의 효력은 위헌제청을 한 당해 사건, 위헌결정이 있기 전에 이와 동종의 위헌 여부에 관하여 헌법재판소에 위헌여부심판제청을 하였거나 법원에 위헌여부심판제청신청을 한 경우만이 아니라, 당해 사건과 따로 위헌제청신청은 하지 아니하였지만, 당해 법률 또는 법률의 조항이 재판의 전제가 되어 법원에 계속 중인 사건과 위헌결정 이후에 이와 같은 이유로 제소된 일반 사건에도 미치는 것이므로, 위 위헌결정으로 그 효력을 상실한 민법 제999조 제2항을 적용하여 그 소를 각하 하는 것은 위법하다고 한 사례.[1586)]"가 있다.

마. 관련 문제

○ 민사소송법 제426조 제1항의 재심 출소기간과 같은 법 제3항의 제척기간과의 관계

"재심사유의 발생일이 아니라 재심사유를 안 날로부터 진행하는 민사소송법 제426조 제1항(재심의 소는 당사자가 판결확정 후 재심의 사유를 안 날로부터 30일 내에 제기하여야 한다)의 출소기간

1582) 대판 1998. 3. 27. 96다37398; 대판 1994. 3. 25. 93다57155.
1583) 대판 1997. 2. 14. 96다44242, 44259; 대판 1988. 3. 8. 87다카2083, 2084.
1584) 대판 2001. 2. 23. 2000므1561; 대판 1996. 11. 8. 96므1243; 대판 1987. 12. 22. 86므90.
1585) 대판 2001. 10. 12. 2000다22942.
1586) 대판 2001. 10. 9. 99다17180; 대판 2001. 9. 25. 2001다36382; 대판 1993. 1. 15. 92다12377.

(현행 민사소송법 제456조 제1항)은, 같은 법 제3항의 제척기간(판결확정 후 5년을 경과한 때에는 재심의 소를 제기하지 못한다)과는 별개의 재심제기기간으로서, 그 출소기간이 경과한 이상, 재심대상 판결의 확정일로부터 진행하는 제척기간이 경과하였는지 여부와는 관계없이 재심의 소를 제기할 수 없다.[1587]"

○ 제척기간의 중단 여부

"제척기간에 있어서는 소멸시효와 같이 기간의 중단이 있을 수 없다.[1588]"

○ 제척기간의 중단 · 정지

"민법 제146조 후단 소정의 제척기간이 중단 또는 정지되었다고 볼 수 없다고 하더라도, 신의칙에 반하는 것이라고 할 수 없다고 한 사례.[1589]"가 있다.

제 2 관 소멸시효의 요건

Ⅰ. 개 설

시효로 권리가 소멸하기 위하여는, 다음의 요건을 갖추어야 한다. 첫째, 권리가 소멸시효에 걸리는 것이어야 한다. 둘째, 권리자가 권리를 행사할 수 있음에도 불구하고, 그 권리를 행사하지 않아야 한다. 셋째, 권리불행사의 상태가 일정한 기간 동안 계속되어야 한다.[1590]

Ⅱ. 소멸시효에 걸리는 권리

어떠한 권리가 소멸시효에 걸리는가는 입법례에 따라 다르다.[1591] 민법은 채권 및 소유권 이외의 재산권은 소멸시효에 걸리는 것으로 규정하고 있다(제162조).[1592]

1. 채 권

채권은 소멸시효에 걸린다(제162조 제1항).

1587) 대판 1996. 5. 31. 95다33993.

1588) 대판 2003. 1. 10. 2000다26425; 대판 2002. 11. 22. 2001다13952; 대판 2000. 8. 18. 99므1855.

1589) 대판 2002. 11. 22. 2001다13952; 대판 1992. 8. 18. 92다21180.

1590) 이 일정한 기간을 소멸시효기간이라 하며, 권리불행사의 상태가 그 기산점으로부터 계속되는 과정을 소멸시효의 진행이라 한다. 한편 일정한 경우에는 소멸시효의 진행이 방해되는 경우가 있는데, 그러한 경우로서 소멸시효의 중단·정지가 있다.

1591) 소권(프랑스민법)·청구권(독일민법)·채권(스위스민법) 등이 소멸시효에 걸리는 권리이다.

1592) 재산권만이 소멸시효에 걸리고, 가족권·인격권 등의 비재산권은 소멸시효에 걸리지 않는다.

판 례

○ 근저당권설정 약정에 의한 근저당권설정등기청구권이 그 피담보채권이 될 채권과 별개로 소멸시효에 걸리는지 여부

"근저당권설정 약정에 의한 근저당권설정등기청구권이 그 피담보채권이 될 채권과 별개로 소멸시효에 걸린다고 한 사례.[1593)]"가 있다.

○ 시효취득으로 인한 토지소유권이전등기청구권은 소멸시효에 걸리는지 여부

"위의 경우, 그 토지에 대한 점유가 계속되는 한 시효로 소멸하지 아니하고, 그 후 점유를 상실하였다고 하더라도, 이를 시효이익의 포기로 볼 수 있는 경우가 아닌 한, 이미 취득한 소유권이전등기청구권은 바로 소멸되는 것은 아니나, 취득시효가 완성된 점유자가 점유를 상실한 경우, 취득시효의 완성으로 인한 소유권이전등기청구권의 소멸시효는 이와 별개의 문제로서 그 점유자가 점유를 상실한 때로부터 10년간 등기청구권을 행사하지 아니하면 소멸시효가 완성된다.[1594)]"

○ 수급인의 담보책임에 기한 하자보수에 갈음하는 손해배상청구권에 대하여 소멸시효 규정이 적용되는지 여부(적극)

"수급인의 담보책임에 기한 하자보수에 갈음하는 손해배상청구권에 대하여는 민법 제670조 또는 제671조의 제척기간이 적용되고, 이는 법률관계의 조속한 안정을 도모하고자 하는 데에 취지가 있다. 그런데 이러한 도급인의 손해배상청구권에 대하여는 권리의 내용·성질 및 취지에 비추어 민법 제162조 제1항의 채권 소멸시효의 규정 또는 도급계약이 상행위에 해당하는 경우에는 상법 제64조의 상사시효의 규정이 적용되고, 민법 제670조 또는 제671조의 제척기간 규정으로 인하여 위 각 소멸시효 규정의 적용이 배제된다고 볼 수 없다.[1595)]"

○ 목적물을 인도 받은 매수인이 그 부동산을 점유하는 경우, 소멸시효가 진행되는지 여부

"시효제도는 일정기간 계속된 사회질서를 유지하고 시간의 경과로 인하여 곤란해지는 증거보전으로부터의 구제를 꾀하며, 자기 권리를 행사하지 않고, 소위 권리 위에 잠자는 자는 법적 보호에서 이를 제외하기 위하여 규정된 제도라 할 것인 바, 부동산에 관하여 인도·등기 등의 어느 한 쪽만에 대하여서라도 권리를 행사하는 자는 전체적으로 보아 그 부동산에 관하여 권리 위에 잠자는 자라고 할 수 없다 할 것이므로, 매수인이 목적 부동산을 인도 받아 계속 점유하는 경우에는 그 소유권이전등기청구권의 소멸시효는 진행하지 않는다.[1596)]"

○ 제3자에게 부동산의 점유를 승계하여 준 경우에는 어떻게 되는지 여부

"부동산의 매수인이 그 부동산을 인도 받은 이상, 이를 사용·수익하다가 그 부동산에 대한 보다 적극적인 권리 행사의 일환으로 다른 사람에게 그 부동산을 처분하고 그 점유를 승계하여 준 경우에도, 그 이전등기청구권의 행사 여부에 관하여 그가 부동산을 스스로 계속 사용·수익만 하고 있는 경우와 특별히 다를 바 없으므로, 위 두 어느 경우에나 이전등기청구권의 소멸시효는 진행되지 않는다고 보아야 한다.[1597)]"

1593) 대판 2004. 2. 13. 2002다7213.
1594) 대판 1996. 3. 8. 95다34866; 대판 1995. 12. 8. 94다39628; 대판 1995. 3. 28. 전원합의체. 93다4775.
1595) 대판 2012. 11. 15. 2011다56491; 대판 2011. 12. 8. 2009다25111; 대판 2011. 10. 13. 2011다10266.
1596) 대판 1999. 3. 18. 전원합의체. 98다32175; 대판 1990. 12. 7. 90다카25208.

2. 소유권 이외의 재산권

채권뿐만 아니라 소유권 이외의 재산권도 소멸시효에 걸린다(제162조 제2항).[1598] 재산권 중 소멸시효에 걸리는지 여부가 문제되는 것들을 살펴본다.

(1) 소유권

소유권은 항구성이 있기 때문에, 소멸시효에 걸리지 않는다(제162조 제2항).

(2) 지식재산권

지식재산권도 소멸시효에 걸리지 않는다.[1599]

(3) 점유권

물건에 대한 사실상의 지배상태에 의존하는 점유권의 성질상 소멸시효의 문제가 생기지 않는다.

(4) 일정한 법률관계에 의존하는 권리

상린권(제216조 이하)·공유물분할청구권(제268조, 대판 1981. 3. 24. 80다1888, 1889) 등과 같이 일정한 법률관계에 수반하여 존재하는 권리는, 그 기초가 되는 법률관계가 존속하는 한, 이들 권리만이 따로 독립하여 소멸시효에 걸리지는 않는다.

(5) 담보물권

질권·저당권 등의 담보물권은 피담보채권에의 부종성에 의하여, 피담보채권이 존속하는 한, 담보물권만이 따로 독립하여 소멸시효에 걸리지는 않는다.[1600]

(6) 물권적 청구권

물권적 청구권[1601]이 소멸시효에 걸리는가에 대하여는 견해가 나뉜다.[1602] 생각건대 물

1597) 대판 1999. 3. 18. 전원합의체, 98다32175; 대판 1997. 7. 22. 95다17298; 대판 1976. 11. 23. 76다546.

1598) 지역권은 소멸시효에 걸린다. 그러나 지상권은 존속기간의 약정이 없어도 최단존속기간이 정해져 있고(제281조), 전세권은 최장존속기간이 10년을 넘지 못하도록 규정되어(제312조 제1항) 있기 때문에 소멸시효에 걸리지 않는다.

1599) 지식재산권은 개별 특별법에서 권리의 존속기간이 규정되어 있기 때문에(특허법 제88조〈15년〉, 실용신안법 제22조〈10년〉, 디자인보호법 제40조 제1항〈디자인권의 설정 등록 시부터 15년〉, 상표법 제42조〈10년〉, 저작권법 제36조〈저작권자의 사후 50년〉, 소멸시효 규정이 적용될 여지가 없다.

1600) 근저당권설정등기청구권과 같은 권리는 담보물권이 아니어서, 그 피담보채권과는 독립하여 소멸시효가 진행된다(대판 2004. 2. 13. 2002다7213)는 점을 주의하여야 한다.

1601) 물권 내용의 완전한 실현이 현실적으로 타인에 의하여 방해를 받고 있거나 또는 장차 방해를 받을 염려가 있는 경우, 물권자가 그 방해자에 대하여 방해의 제거 또는 예방에 필요한 일정한 행위(작위·부작위)를 청구할 수 있는 물권자의 법적 지위를 물권적 청구권이라 한다.

1602) 제1설은, 그 기초가 되는 물권이 무엇이든 모두 소멸시효에 걸린다고 한다(이영준, 「물권법」, 박영사, 2001, 51면). 제2설은, 소유권에 기한 물권적 청구권은 소멸시효에 걸리지 않지만, 제한물권에 기한 물권적 청구

권적 청구권은 그 기초가 되는 물권에 의존하는 권리이다. 따라서 그 기초가 되는 물권이 무엇이냐에 관계없이, 그 기초가 되는 물권과 분리해서 물권적 청구권만 따로 독립하여 소멸시효에 걸리지 않는다고 해석하여야 한다.

판 례

○ 명의신탁 해지 후 소유권에 기한 소유권이전등기청구권

"부동산의 소유자명의를 신탁한 자는 특별한 사정이 없는 한 언제든지 명의신탁을 해지하고 소유권에 기하여 신탁해지를 원인으로 한 소유권이전등기절차의 이행을 청구할 수 있는 것으로서, 이와 같은 등기청구권은 소멸시효의 대상이 되지 않는다.[1603]"

○ 공유물분할청구권

"공유물분할청구권은 공유관계에서 수반되는 형성권이므로 공유관계가 존속하는 한 그 분할청구권만이 독립하여 시효소멸 될 수 없다.[1604]"

○ 고용관계 자체

"사원임의 확인을 구하는 청구는 개별적으로 구체화되어 존재하는 고용계약상의 권리의무들의 확인을 구하는 것이 아니라 이들 권리의무의 전제가 되고 또한 이들이 파생되어 나온 기본적인 고용에 관한 법률관계 그 자체의 확인을 구하는 취지여서 이러한 법률관계는 민법 제162조 제1항이 규정하는 채권관계가 될 수 없다.[1605]"

○ 진정명의회복을 위한 소유권이전등기청구권

"진정한 명의의 회복을 구하는 소유권이전등기청구권은 시효로 인하여 소멸하는 권리가 아니라 할 것이다.[1606]"

○ 기타 소멸시효에 걸리지 않는 경우

"신탁종료로 인하여 가지는 신탁등기의 말소청구권[1607]·양도담보에 있어 채무자의 당해 목적 부동산에 관한 가등기 및 소유권이전등기말소청구권[1608]·부동산 매매계약의 합의해제에 따른 매도인의 원상회복청구권[1609]은 소유권에 기한 물권적 청구권으로서 소멸시효에 걸리지 않는다."

3. 공법상의 권리

공법상의 권리, 특히 조세채권은 다른 특별한 규정이 없는 한 소멸시효에 걸린다

권은 소멸시효에 걸린다고 한다(고상룡, 730면; 곽윤직·김재형, 415면; 김용한, 459면; 김주수, 396면; 장경학, 707면). 제3설은, 모두 소멸시효에 걸리지 않는다고 한다(김상용, 697면; 김증한·김학동, 519면; 송덕수, 502면; 이은영, 756면; 지원림, 455면). 판례는, '소유권에 기한 물권적 청구권에 관하여 소멸시효의 대상이 아니라'(대판 1982. 7. 27. 80다2968)고 함으로써 제2설과 같은 태도를 취한다.

1603) 대판 1991. 11. 26. 91다34387.

1604) 대판 1981. 3. 24. 80다1888, 1889.

1605) 대판 1990. 8. 28. 90다카9619.

1606) 대판 1993. 8. 24. 92다43975.

1607) 대판 1980. 4. 8. 80다173.

1608) 대판 1987. 11. 10. 87다카62.

1609) 대판 1982. 7. 27. 80다2968.

(국세기본법 제27조 참조).

4. 등기청구권

부동산매수인이 매도인에 대하여 매매계약에 기한 소유권이전등기를 청구할 수 있는 권리가 등기청구권이다. 등기청구권은 채권으로서 원칙적으로 소멸시효에 걸린다. 그런데 매수인이 매도인으로부터 목적부동산에 대한 점유를 이전받은 경우, 그 등기청구권은 소멸시효에 걸리는가? 학설과 판례는 다툼이 있다.[1610] 생각건대 매매목적물에 대한 점유를 이전받은 매수인은 등기만 마치면 그 부동산에 대한 완전한 소유권취득이 예상된다는 점에서, 그 점유를 이전받지 않은 매수인과는 다른 법적 지위에 있다. 그렇다면 부동산을 점유하고 있는 매수인은 물권적 기대권을 갖는다 할 것이고, 이 때의 등기청구권은 물권적 기대권에 기한 것으로서 물권적 효력을 갖기 때문에 소멸시효에 걸리지 않는다고 해석하여야 한다.[1611]

5. 형 성 권

권리자의 일방적인 의사표시만으로 법률효과가 발생하는 형성권은, 그 성질상 권리 불행사의 사실상태가 있을 수 없다. 따라서 형성권은 소멸시효에 걸리지 않고, 제척기간에 걸리는 권리이다. 형성권의 존속기간이 법정되어 있지 않은 경우, 형성권의 행사기간은 몇 년인가? 학설은 다툼이 있다.[1612] 생각건대 형성권이 소멸시효에 걸린다고 할 경우, 20년의 시효기간에 걸린다(제162조 제2항). 한편 형성권의 일종인 해제권을 일례로 하여 살펴본다. 해제권 행사에 따른 계약관계를 청산할 수 있는 권리(원상회복청구권 · 손해배상청구권)는 10년

1610) 제1설은, 등기청구권은 채권적 청구권(효력)이기 때문에 목적부동산의 인도 유무를 불문하고 소멸시효에 걸린다고 한다(곽윤직 · 김재형, 415면; 송덕수, 502면; 장경학, 706면). 제2설은, 등기청구권은 소멸시효에 걸리지 않는다는 견해로서, 그 이유로는 등기청구권은 물권적 합의에서 발생하므로 그 성질은 물권적이기 때문이라고도 하고(김주수, 395면), 법적 안정성이라는 시효제도의 이유에 비추어 보아도 목적부동산을 사용 · 수익하고 있다면 등기청구권은 소멸시효에 걸리지 않는다는 이유를 들기도 한다(이영준, 698면).

판례는, '법률행위로 인한 부동산물권변동에 있어서 등기청구권의 법적 성질을 채권적 청구권으로 보면서도, 매수인이 당해 부동산을 인도받은 경우에는, 등기청구권은 소멸시효에 걸리지 않는다.'고 한다.(대판 1976. 11. 6. 전원합의체. 76다148) 나아가, '매수인이 그가 점유하고 있던 부동산을 제3자에게 전매하여, 그 부동산에 대한 점유를 상실한 경우에도 그의 매도인에 대한 등기청구권은 여전히 소멸시효에 걸리지 않는다.'고 한다.(대판 1999. 3. 18. 전원합의체. 98다32175)

1611) 같은 견해 김상용, 698면.

1612) 제1설은, 10년의 제척기간에 걸린다고 한다(고상룡, 730면; 곽윤직 · 김재형, 416면; 김상용, 696면; 김용한, 460면). 제2설은, 20년 내에 행사하여야 한다고 한다(이영준, 687면). 제3설은, 형성권의 행사기간에는 제한이 없고 다만, 일정한 채권관계의 존재를 전제로 하는 형성권의 경우, 그 채권관계가 시효로 소멸하면 형성권도 소멸된다고 함이 타당하다고 한다(김증한 · 김학동, 515면). 제4설은, 그 기초가 되는 법률관계에 의하여 정하고, 그것이 불가능할 때에는 신의칙 내지 실효의 원칙에 의하여 해결할 수밖에 없다고 한다(송덕수, 503면; 주해(Ⅲ), 428면). 판례는, '예약완결권은 형성권이라고 하면서, 그 행사기간의 약정이 없는 때에는 예약이 성립한 때 또는 권리가 발생한 때부터 10년의 제척기간에 걸린다.'고 한다.(대판 2003. 1. 10. 2000다26425; 대판 1997. 6. 27. 97다12488)

의 시효기간에 걸린다. 따라서 해제권자가 계약을 해제할 경우, 위의 계약관계 청산을 위한 권리는 10년이 지나면 시효로 소멸하지만, 해제하지 않고 내버릴 경우에는 해제할 수 있는 날부터 20년 동안은 청산할 수 있게 되어 해제권(형성권)을 행사한 경우와 그렇지 않은 경우 사이에 불균형이 생기게 된다. 따라서 존속기간의 정함이 없는 형성권은 10년의 제척기간에 걸린다고 해석하여야 한다.

형성권의 행사로 발생한 채권적 권리들은,[1613] 언제까지 행사할 수 있는가? 학설은 다툼이 있다.[1614] 생각건대 제척기간을 둔 취지가 법률관계의 조속한 확정에 있는 것이기는 하나, 형성권의 행사로 채권적 권리가 발생한 이상, 그 채권적 권리들은 이를 행사할 수 있는 때부터 10년의 소멸시효기간에 걸린다고 해석하여야 한다(제166조 제1항·제162조 제1항 참조).

Ⅲ. 권리의 불행사

1. 의 의

권리자의 권리불행사의 상태가 일정한 기간(소멸시효기간) 경과하게 되면, 소멸시효에 의하여 권리는 소멸하게 된다. 이 경우, 언제부터 권리불행사(소멸시효기간의 기산점)로 되는지? 바꾸어 말하면, 어느 때부터 권리행사가 가능한가 하는 시점을 소멸시효기간의 기산점이라 한다.

2. 소멸시효기간의 기산점

소멸시효는 권리를 행사할 수 있는 때로부터 진행한다(제166조 제1항). 권리를 행사할 수 있다는 것은, 권리를 행사하는 데 법률상의 장애가 없음을 의미한다(통설·판례).[1615][1616] 그런

1613) 가령 취소권 행사의 효과로서 발생한 부당이득반환청구권·하자담보청구권 행사의 효과로서 발생한 대금감액청구권이나 손해배상청구권 등을 들 수 있다.

1614) 제1설은, 형성권의 행사기간(제척기간) 내에 행사하여야 한다고 한다(곽윤직·김재형, 416면; 김상용, 696면; 김용한, 461면; 김증한·김학동, 516면). 제2설은, 이들 권리의 시효기간은 형성권이 행사되어 이 권리가 행사될 수 있을 때부터 새로이 진행한다고 한다(송덕수, 503면; 주해(Ⅲ), 428면). 판례는, '징발재산 정리에 관한 특별조치법 제20조 소정의 환매권은 형성권으로서, 위 환매권의 행사로 발생한 소유권이전등기청구권은 환매권을 행사한 때로부터 제162조 제1항 소정의 10년의 소멸시효기간이 진행되는 것이지 제척 기간 내에 이를 행사하여야 하는 것은 아니라'고 한다.(대판 1992. 10. 13. 92다4666)

1615) 이미 권리가 발생하고 있다 하더라도, 권리를 행사할 수 없는 상태에 있는 동안은, 소멸시효의 진행은 개시되지 않는다. 권리를 행사할 수 없는 때라 함은, '법률상 권리행사를 할 수 없는 때를 말하는 것으로, 사실상 권리를 행사할 수 없는 때는 포함되지 않는다.'고 한다.(대판 1992. 3. 31. 전원합의체, 91다32053; 대판 1984. 12. 26. 84누572 등) 전자의 경우를 법률상의 장애(가령 이행기의 미도래·정지조건의 미성취 등)라 하고, 후자의 경우를 사실상의 장애(권리자의 질병이나 여행과 같은 개인적 사정이나 법률지식의 부족·권리존재의 부지 또는 채무자를 알지 못하는 것·미성년인 사정 등)라 한다. 원칙적으로 전자만이 소멸시효의 진행에 영향을 준다. 권리행사가 의무자(채무자의 부재)나 제3자의 행동으로 방해되고 있는 경우에도, 그 영향을 받지 않는다. 다만, 후자의 경우에도, 법규에 소멸시효의 진행에 영향을 주는 것으로 규정되어 있는 경우에는 그러하지 아니하다(가령 제766조 제1항 소정의 불법행위로 인한 손해배상청구권의 소멸시효의 진행은, 피해자가 '손해 및 가

데 제166조 제1항은 소멸시효기간의 기산점에 관한 일반규정이므로, 제766조와 같은 특별규정이 있을 경우, 그 특별규정이 우선 적용된다.[1617]

판 례

○ 소멸시효가 진행하지 않는 '권리를 행사할 수 없는' 경우의 의미

"소멸시효는 객관적으로 권리가 발생하여 그 권리를 행사할 수 있는 때로부터 진행하고 그 권리를 행사할 수 없는 동안만은 진행하지 않는다고 할 것인데, 여기서 '권리를 행사할 수 없는' 경우라 함은 그 권리행사에 법률상의 장애사유, 예컨대 기간의 미도래나 조건불성취 등이 있는 경우를 말하는 것이고, 사실상 권리의 존재나 권리행사 가능성을 알지 못하였고, 알지 못함에 과실이 없다고 하여도 이러한 사유는 법률상 장애사유에 해당하지 않는다.[1618]"

○ 소멸시효기간에 관한 주장에 변론주의가 적용되는지 여부(소극)

"어떤 권리의 소멸시효기간이 얼마나 되는지에 관한 주장은 단순한 법률상의 주장에 불과하므로 변론주의의 적용대상이 되지 않고 법원이 직권으로 판단할 수 있다.[1619]"

○ 기산일의 법적 성질과 변론주의의 적용

"소멸시효의 기산일은 채무의 소멸이라고 하는 법률효과 발생의 요건에 해당하는 소멸시효 기간 계산의 시발점으로서 소멸시효 항변의 법률요건을 구성하는 구체적인 사실에 해당하므로 이는 변론주의의 적용 대상이고, 따라서 본래의 소멸시효 기산일과 당사자가 주장하는 기산일이 서로 다른 경우에는 변론주의의 원칙상 법원은 당사자가 주장하는 기산일을 기준으로 소멸시효를 계산하여야 하는데, 이는 당사자가 본래의 기산일보다 뒤의 날짜를 기산일로 하여 주장하는 경우는 물론이고 특별한 사정이 없는 한 그 반대의 경우에 있어서도 마찬가지이다.[1620]"

○ 당사자의 협의 또는 가정법원의 심판에 의하여 구체적인 지급청구권으로 성립하기 전의 과거 양육비에 관한 권리에 대하여 소멸시효가 진행하는지 여부(소극)

"미성년의 자녀를 양육한 자가 공동 양육의무자인 다른 쪽 상대방에 대하여 과거 양육비의 지급을 구하는 권리는 당초에는 기본적으로 친족관계를 바탕으로 하여 인정되는 하나의 추상적인 법적 지위이었던 것이 당사자의 협의 또는 당해 양육비의 내용 등을 재량적·형성적으로 정하는 가정법원의 심판에 의하여 구체적인 청구권으로 전환됨으로써 비로소 보다 뚜렷하게 독립한 재산적 권리로서의 성질을 가지게 되는 것으로서, 당사자의 협의 또는 가정법원의 심판에 의하여 구체적인 지급청구권으로 성립하기 전에는 과거 양육비에 관한 권리는 양육자가 그 권리를 행사할 수 있는 재산권에 해당한

해자를 안 날'로부터 시작하는 것으로 규정되어 있다. 이 경우, 손해 및 가해자를 알지 못하는 것은 사실상의 장애사유가 된다).

1616) 판례는, '어느 때부터 권리행사가 가능한가에 관하여, 변론주의 원칙상 당사자가 주장하는 시점에 따라야 한다.'고 판시한다.(대판 1995. 8. 25. 94다35886) 그런데 당사자가 주장하는 소멸시효 기산점과 진실한 권리행사 가능시점이 다를 경우에는 어떻게 되는가? 진실한 권리행사 가능시점을 기준으로 하여 소멸시효기간을 산정해야 한다. 같은 견해 김상용, 700면.

1617) 같은 견해 송덕수, 506면.

1618) 대판 2007. 5. 31. 2006다63150; 대판 2005. 4. 28. 2005다3113; 대판 2004. 4. 27. 2003두10763.

1619) 대판 2013. 2. 15. 2012다68217; 대판 2008. 3. 27. 2006다70929, 70936.

1620) 대판 1995. 8. 25. 94다35886.

다고 할 수 없으므로 그 상태에서는 소멸시효가 진행할 여지가 없다고 보아야 한다.[1621]"

◎ 3자간 등기명의신탁에 의한 등기가 유효기간 경과로 무효로 된 경우, 목적 부동산을 인도받아 점유하고 있는 명의신탁자의 매도인에 대한 소유권이전등기청구권의 소멸시효가 진행되는지 여부(소극)

"부동산의 매수인이 목적물을 인도받아 계속 점유하는 경우에는 매도인에 대한 소유권이전등기청구권은 소멸시효가 진행되지 않고, 이러한 법리는 3자간 등기명의신탁에 의한 등기가 유효기간의 경과로 무효로 된 경우에도 마찬가지로 적용된다. 따라서 그 경우 목적 부동산을 인도받아 점유하고 있는 명의신탁자의 매도인에 대한 소유권이전등기청구권 역시 소멸시효가 진행되지 않는다.[1622]"

◎ 구 부동산중개업법 제35조의2 및 공인중개사의 업무 및 부동산 거래신고에 관한 법률 제42조에 의한 공제금청구권의 소멸시효 기산점(=공제금청구권자가 공제사고 발생을 알았거나 알 수 있었던 때)

"구 부동산중개업법(2005. 7. 29. 법률 제7638호 '공인중개사의 업무 및 부동산 거래신고에 관한 법률'로 전부 개정되기 전의 것) 제35조의2 및 공인중개사의 업무 및 부동산 거래신고에 관한 법률 제42조에 의하여 부동산중개업협회 또는 공인중개사협회가 운영하는 공제사업은, 중개업자의 불법행위 또는 채무불이행으로 인하여 거래당사자에게 부담하게 되는 손해배상책임을 보증하는 보증보험적 성격을 가진 제도이므로, 공제사고가 발생한 것인지가 객관적으로 분명하지 아니한 등의 이유로 공제금청구권자가 공제사고의 발생 사실을 확인할 수 없는 사정이 있는 경우에는 보험금청구권의 경우와 마찬가지로, 공제금청구권자가 공제사고 발생을 알았거나 알 수 있었던 때부터 공제금청구권의 소멸시효가 진행한다고 해석하여야 한다.[1623]"

3. 각종 권리의 소멸시효기간의 기산점 검토

●● 사례 27

L공사(원고는 L공사법에 의하여 2009. 10. 1. L공사의 재산과 채권·채무 등을 포괄적으로 승계하였는바, 이하 L공사와 원고를 통틀어 '원고'라고 한다)는 1998. 7. 21. B기업 주식회사(이하 '소외 회사'라고 한다)와 사이에 소외 회사 소유의 원심판결 별지 목록 제1 내지 제4항 기재 부동산에 대하여, 1998. 8. 29. 망 소외 1(이하 '망인'이라 한다)과 사이에 망인 소유의 같은 목록 제5항 기재 부동산에 대하여 각 매매계약을 체결하였다.

원고는 위 제1 내지 제4항 기재 부동산에 대하여는 1998. 9. 14. 위 제5항 기재 부동산에 대하여는 1998. 10. 16. 원고 앞으로 소유권이전등기를 마쳤다. 그 뒤에 S주식회사(이하 'S회사'라 한다)는 원고로부터 이 사건 부동산을 매수한 소외 2, 3으로부터 이를 다시 매수한 후 2006. 8. 초순경 이 사건 부동산 지하에 폐콘크리트 9,221t과 건설폐토석 1,680t(이하 '이 사건 폐기물'이라 한다)이 매립되어 있는 것을 발견하고, 2006. 8. 7.경 원고에게 그 사실을 통지하였다. 원고는 S회사로부터 위와 같은 통지를 받은 직후인 2006. 8. 17.과 2006. 8. 23. 및 2006. 8. 31. 총 3회에 걸쳐

1621) 대결 2011. 8. 16.자 2010스85; 대결 2011. 7. 29.자 2008스67.
1622) 대판 2013. 12. 12. 2013다26647; 대판 1976. 11. 6. 전원합의체 76다148.
1623) 대판 2012. 2. 23. 2011다77870.

소외 회사 및 망인에게 이 사건 폐기물의 발견 사실과 피고 회사 및 망인이 위 폐기물을 처리하여 줄 것과 미처리 시 손해배상을 청구할 예정이라는 내용의 내용증명우편을 발송하였다. 그런데, S회사는 2006. 11.경부터 2007. 1.경까지 사이에 스스로 비용을 부담하여 이 사건 폐기물을 처리한 후 원고를 상대로 2006. 11. 9. 그 처리비용 상당의 손해배상청구의 소를 제기하였고, 원고는 위 소송에서 1억 5,000만 원 및 그 지연손해금을 지급하라는 판결을 선고받자 2008. 10. 2. S회사에게 위 판결금 합계 166,764,765원을 지급하였으며, 위 판결은 2009. 1. 15. 확정되었다.

한편 원고는 2009. 8. 7. 소외 회사 및 망인의 상속인들인 나머지 피고들에게 하자담보책임에 기한 손해배상으로서 원고가 이 사건 폐기물의 처리비용 상당액으로 S회사에 이미 지급한 금원의 배상을 구하는 이 사건 손해배상청구를 하였다. 원고의 청구는 정당한가?

●● 사안의 쟁점:

첫째, 민법 제580조의 매도인의 하자담보책임에 기한 매수인의 손해배상청구권이 소멸시효의 대상이 되는지 여부 및 제척기간이 정해져 있는 권리의 행사방법은 무엇인지? 둘째, 만약 소멸시효의 대상이 된다면 언제부터 소멸시효가 진행하느냐이다.

(1) 시기부 권리

시기부 권리의 기산점은 기한이 도래한 때이다.

(가) 확정기한부 권리

확정기한이 도래한 때로부터 소멸시효가 개시된다.[1624]

(나) 불확정기한부 권리

객관적으로 기한이 도래한 때로부터 소멸시효가 개시된다. 특히 불확정기한부 채권의 경우, 채무자가 기한의 도래를 안 때로부터 채무자는 이행지체에 빠지게 되지만(제387조 제1항 제2문), 채무자의 기한도래에 관한 지·부지나 과실의 유무를 묻지 않고, 객관적으로 기한이 도래한 때로부터, 그 채권의 소멸시효의 기산점이 개시된다.

(2) 기한에 정함이 없는 권리

채무자는 원칙적으로 이행의 청구를 받은 때부터 지체책임을 지지만(제387조 제2항), 채권자의 이행청구의 유무를 묻지 않고, 채권발생 시부터 소멸시효의 기산점이 개시된다.

(3) 채무불이행으로 인한 손해배상채권

채무불이행으로 인한 손해배상청구권(채권)의 소멸시효는 언제부터 기산되는가? 학설은 다툼이 있다.[1625] 생각건대 채무불이행을 이유로 하는 손해배상채권은 채무불이행의 양

1624) 판례는, '다만, 이행기 도래 후 채권자가 채무자에게 기한을 유예한 경우에는 유예한 이행기일부터 다시 소멸시효가 진행한다.'고 한다.(대판 1992. 12. 22. 92다40211)

1625) 제1설은, 채무불이행으로 인한 손해배상채권은 본래의 채권의 변형물이라는 이유로, 본래의 채권을 행사할 수 있는 때로부터 시효의 진행은 개시된다고 한다(김증한·김학동, 521면). 제2설은, 그 손해배상채권은

태가 무엇이든 본래의 채권과 동일성을 유지하는 것이지만, 그 발생시점인 채무불이행 시부터 소멸시효기간이 진행된다고 해석하여야 한다(제166조 제1항 참조).

(4) 청구 또는 해지통고를 요하는 권리

청구 또는 해지통고를 한 후 일정기간이나 상당한 기간이 경과한 후에 청구할 수 있는 권리(제603조 제2항 본문·제635조·제659조·제660조)는, 청구나 해지통고를 할 수 있는 시점 후 법에 정해진 유예기간이 경과한 때부터 소멸시효기간이 진행한다(통설).

(5) 기한이익상실 약관부 채권

분할급채무에 있어서 채무자가 1회라도 할부금의 지급을 지체한 때에는, 채권자는 즉시 전채무의 이행을 청구할 수 있다는 특약을 한 경우, 즉 기한이익상실 약관부 채권의 경우에 채무자가 할부채무를 1회라도 게을리 한 경우, 그 잔액채권의 소멸시효는 언제부터 진행하는가? 학설과 판례는 견해를 달리한다.[1626] 생각건대 기한이익 상실의 특약에 의하여 일정한 사유의 발생으로 변제기가 도래한 것으로 보게 되는 경우, 그 사유의 발생 시부터 소멸시효가 진행한다고 하여야 한다. 다만, 채권자가 즉시 이행을 청구할 수 있을 뿐 당연히 이행기로 되지 않는 때에는, 위의 경우와는 다르게 취급되어야 한다. 즉, 채권자가 기한도래 시까지의 이자를 받기 위하여 또는 다른 이유로 이행청구를 하지 않은 때에는, 원래의 이행기가 도래한 때로부터 소멸시효가 진행한다고 하여야 한다는 점에서,[1627] 판례의 태도가 타당하다.

(6) 정지조건부 권리 또는 선택채권

정지조건부 권리의 경우, 정지조건의 성취 시부터 소멸시효가 진행한다. 선택채권의 경우, 선택권을 행사할 수 있는 때로부터 시효가 진행한다.[1628]

채무불이행시에 비로소 성립한다는 이유로, 채무불이행이 생긴 때로부터라고 한다(고상룡, 735면; 곽윤직·김재형, 420면; 백태승, 569면; 송덕수, 509면; 이은영, 759면; 주해(Ⅲ), 472면; 지원림, 401면). 제3설은, 이행불능의 경우에는 이행불능시에, 이행지체의 경우에는 본래의 채권을 행사할 수 있는 때라고 한다(김상용, 702면). 판례는, '채무불이행시가 기산점이라고 한다.'(대판 2005. 9. 15. 2005다29474; 대판 2005. 1. 14. 2002다57119)

1626) 학설은, 가령 할부채무의 경우, 1회의 불이행과 같은 기한이익상실사유가 발생한 때로부터 소멸시효가 진행한다고 새긴다(통설). 판례는, '기한이익상실의 특약은 그 내용에 의하여 일정한 사유가 발생하면 채권자의 청구 등을 요함이 없이 당연히 기한의 이익이 상실되어 이행기가 도래하는 것으로 하는 정지조건부 기한이익상실의 특약과 일정한 사유가 발생한 후 채권자의 통지나 청구 등 채권자의 의사행위를 기다려 비로소 이행기가 도래하는 것으로 하는 형성권적 기한이익상실의 특약의 두 가지로 대별 할 수 있고… 후략(後略).'(대판 2002. 9. 4. 2002다28340) 나아가, '형성권적 기한이익상실의 특약은 채권자의 이익을 위한 것으로서 기한이익의 상실사유가 발생하였다 하더라도 채권자가 나머지 잔액을 일시에 청구할 것인가 또는 종래대로 할부변제를 청구할 것인가를 자유로이 선택할 수 있으므로, 이런 채무에서 1회의 불이행이 있더라도 할부금에 대해 그 각 변제기의 도래시마다 그 때부터 순차로 소멸시효가 진행하고 채권자가 특히 잔존채무 전액의 변제를 구하는 취지의 의사를 표시한 경우에 한하여 전액에 대하여 그 때부터 소멸시효가 진행한다.'고 한다.(대판 1997. 8. 29. 97다12990)

1627) 같은 견해 송덕수, 511면.

(7) 부작위채권

부작위채무의 위반행위가 있는 때로부터 소멸시효가 진행한다(제166조 제2항).

(8) 불법행위로 인한 손해배상채권

제766조의 특별규정이 있다. 피해자나 법정대리인이 '손해 및 가해자를 안 날'로부터 3년 내에 행사하여야 하거나(제766조 제1항), '불법행위를 한 날'로부터 10년 내에 행사하여야 한다(제766조 제2항).[1629)]

(9) 구상금채권

공동불법행위자 중 1인의 다른 공동불법행위자에 대한 구상금채권은, 구상권자가 현실로 피해자에게 손해금을 지급한 때로부터 소멸시효가 진행한다.[1630)] 보증인의 사전·사후구상권은 각각 그 권리가 발생되어 행사할 수 있는 때로부터 따로 따로 소멸시효가 진행한다.[1631)]

(10) 동시이행의 항변권이 붙은 채권

채권자의 청구권의 행사에 대하여 채무자가 그 이행을 거절할 수 있지만, 그 항변권이 붙은 채권은 이행기부터 소멸시효가 진행한다.[1632)]

판 례

가. 시기부 권리의 경우

○ 의사의 치료비채권의 소멸시효 기산점

"민법 제163조 소정의 '의사의 치료에 관한 채권'에 있어서는, 특약이 없는 한 개개의 진료가 종료될 때마다 각각의 당해 진료에 필요한 비용의 이행기가 도래하여 그에 대한 소멸시효가 진행된다고 해석함이 상당하고, 장기간 입원치료를 받는 경우라 하더라도, 다른 특약이 없는 한 입원 치료 중에 환자에 대하여 치료비를 청구함에 아무런 장애가 없으므로, 퇴원 시부터 소멸시효가 진행된다고 볼 수는 없다.[1633)]"

1628) 대판 1965. 8. 24. 64다1156; 대판 1963. 8. 22. 63다323.

1629) 학설은 대체로 위 법조 제1항은 소멸시효기간으로, 제2항은 제척기간으로 새기는 반면, 판례는 제2항도 소멸시효기간으로 이해한다. 즉, '민법 제766조 제2항이 규정하고 있는, 불법행위를 한 날로부터 10년의 기간이나 예산회계법 제96조 제2항·제1항이 규정하고 있는 5년의 기간은 모두 소멸시효기간에 해당한다.'고 한다.(대판 1996. 12. 19. 94다22927)

1630) 대판 1979. 5. 15. 78다528.

1631) 대판 1981. 10. 6. 80다2699.

1632) 판례는, '부동산 매매대금 채권이 소유권이전등기청구권과 동시이행의 관계에 있다고 할지라도 매도인은 매매대금의 지급기일 이후 언제라도 그 대금의 지급을 청구할 수 있는 것이며, 다만 매수인은 이행의 제공을 받을 때까지 그 지급을 거절할 수 있는 데 지나지 아니하므로 매매대금 청구권은 그 지급기일 이후 시효의 진행에 걸린다.'고 한다.(대판 1991. 3. 22. 90다9797)

1633) 대판 2001. 11. 9. 2001다52568; 대판 1998. 2. 13. 97다47675.

○ 채무이행기한을 유예 받은 경우, 기산점

"채권의 소멸시효는 이행기가 도래한 때로부터 진행되지만 이행기일이 도래한 후에 채권자가 채무자에 대하여 기한을 유예한 경우에는 유예 시까지 진행된 시효는 포기한 것으로서 유예한 이행기일로부터 다시 시효가 진행된다.[1634)]"

나. 기한에 정함이 없는 권리의 경우

○ 계속적 거래관계로 발생한 채권 소멸시효의 기산점

"단기소멸시효의 기산점은 계속적인 거래관계로 인하여 발생한 채권인 경우, 변제기에 관한 특약이 없는 한 각 외상대금 채권이 발생한 때로부터 개별적으로 진행한다.[1635)]"

다. 채무불이행으로 인한 손해배상채권의 경우

○ 채무불이행으로 인한 손해배상청구권의 소멸시효의 기산점

"채무불이행으로 인한 손해배상청구권의 소멸시효는 채무불이행 시로부터 진행한다.[1636)]"

○ 소유권이전등기 말소등기의무의 이행불능으로 인한 전보배상청구권의 소멸시효의 기산점

"소유권이전등기 말소등기의무의 이행불능으로 인한 전보배상청구권의 소멸시효는 말소등기의무가 이행불능 상태에 돌아간 때로부터 진행된다.[1637)]"

○ 무상 토지통행 채무불이행으로 인한 손해배상청구권 소멸시효의 기산점

"인접 토지 소유권자에 대하여 통로를 무상으로 통행할 수 있도록 하여 줄 책임을 이행치 못한 채무불이행으로 인한 채권자의 손해배상청구채권의 소멸시효는 통로로 제공된 대지의 소유권을 전전 취득한 자가 채권자를 상대로 통로의 불법점거를 내세워 제소하여 승소판결이 확정됨으로써 채권자가 무상으로 그 통로를 통행할 수 없게 된 판결확정일 이후부터 진행한다.[1638)]"

○ 대상청구권의 소멸시효 기산점

"대상청구권은 특별한 사정이 없는 한, 매매 목적물의 수용 또는 국유화로 인하여 매도인의 소유권이전등기의무가 이행불능 되었을 때 매수인이 그 권리를 행사할 수 있다고 보아야 할 것이고, 따라서 그 때부터 소멸시효가 진행하는 것이 원칙이라 할 것이나, 국유화가 된 사유의 특수성과 법규의 미비 등으로 보상금의 지급을 구할 수 있는 방법이나 절차가 없다가, 상당한 기간이 지난 뒤에야 보상금청구의 방법과 절차가 마련된 경우라면, 대상청구권자로서는 그 보상금청구의 방법이 마련되기 전에는 대상청구권을 행사하는 것이 불가능하였던 것이고, 따라서 이러한 경우에는 보상금을 청구할 수 있는 방법이 마련된 시점부터 대상청구권에 관한 소멸시효가 진행하는 것으로 봄이 상당한 것인바, 이는 대상청구권자가 보상금을 청구할 길이 없는 상태에서 추상적인 대상청구권이 발생하였다는 사유만으로 소멸시효가 진행된다고 해석하는 것은 대상청구권자에게 너무 가혹하여 사회정의와 형평의 이념에 반할 뿐만 아니라, 소멸시효제도의 존재이유에 부합된다고 볼 수 없기 때문이다.[1639)]"

1634) 대판 1992. 12. 22. 92다40211.
1635) 대판 1978. 3. 28. 77다2463.
1636) 대판 2005. 1. 14. 2002다57119; 대판 1995. 6. 30. 94다54269; 대판 1973. 10. 10. 72다2600.
1637) 대판 2005. 9. 15. 2005다29474; 대판 2002. 12. 27. 2000다47361; 대판 1973. 10. 10. 72다2600.
1638) 대판 1975. 8. 29. 75다740.
1639) 대판 2002. 2. 8. 99다23091.

라. 기한이익상실 약관부 채권의 경우

◎ 형성권적 기한이익 상실의 특약이 있는 할부채무에 있어서 소멸시효의 기산점

"형성권적 기한이익 상실의 특약이 있는 경우에는 그 특약은 채권자의 이익을 위한 것으로서 기한이익의 상실 사유가 발생하였다고 하더라도 채권자가 나머지 전액을 일시에 청구할 것인가 또는 종래대로 할부변제를 청구할 것인가를 자유로이 선택할 수 있으므로, 이와 같은 기한이익 상실의 특약이 있는 할부채무에 있어서는 1회의 불이행이 있더라도 각 할부금에 대해 그 각 변제기의 도래 시마다 그 때부터 순차로 소멸시효가 진행하고 채권자가 특히 잔존 채무 전액의 변제를 구하는 취지의 의사를 표시한 경우에 한하여 전액에 대하여 그 때부터 소멸시효가 진행한다.[1640]"

마. 불법행위로 인한 손해배상채권의 경우

◎ 불법행위가 계속적으로 행하여지는 경우, 소멸시효의 기산점

"불법행위가 계속적으로 행하여지는 결과 손해도 역시 계속적으로 발생하는 경우에는 특별한 사정이 없는 한, 그 손해는 날마다 새로운 불법행위에 기하여 발생하는 손해로서 민법 제766조 제1항을 적용함에 있어서 그 각 손해를 안 때로부터 각 별로 소멸시효가 진행된다고 보아야 한다.[1641]"

◎ 불법행위 당시에는 전혀 예견할 수 없었던 새로운 손해가 발생하거나 손해가 확대된 경우, 그 부분에 대한 손해배상청구권의 소멸시효 기산점

"불법행위로 인한 손해배상청구권은 피해자나 그 법정대리인이 그 손해 및 가해자를 안 날부터 3년간 행사하지 아니하면 시효로 인하여 소멸한다. 여기에서'손해를 안날'이라 함은 피해자나 그 법정대리인이 손해를 현실적이고도 구체적으로 인식하는 것을 뜻하고 손해발생의 추정이나 의문만으로는 충분하지 않으며, 통상의 경우 상해의 피해자는 상해를 입었을 때 그 손해를 알았다고 볼 수 있지만, 그 후 후유증 등으로 인하여 불법행위 당시에는 전혀 예견할 수 없었던 새로운 손해가 발생하거나 예상외로 손해가 확대된 경우에는 그러한 사유가 판명된 때에 새로이 발생 또는 확대된 손해를 알았다고 보아야 하고, 이와 같이 새로이 발생 또는 확대된 손해 부분에 대하여는 그러한 사유가 판명된 때로부터 시효소멸기간이 진행된다.[1642]"

◎ 단기소멸시효 기산점의 의미

"민법 제766조 제1항 소정의 '손해 및 가해자를 안 날'이라 함은, 현실적으로 손해의 발생과 가해자를 알아야 할 뿐만 아니라 그 가해행위가 불법행위로서 이를 이유로 손해배상을 청구할 수 있다는 것을 안 때라고 할 것인데, 의장권자의 의장권침해물품의 제조·판매 등의 중지요청에 대하여 침해행위를 한 자가 자신이 제조·판매하는 물품은 그 의장권을 침해한 것이 아니라고 주장하면서 특허청심판소에 그러한 내용의 소극적 권리범위확인심판과 그 의장권의 등록무효심판을 청구한 경우, 의장권자는 대법원에서 그 심판이 확정된 때에 비로소 불법행위를 알았다고 봄이 상당하므로, 그 날부터 손해배상청구권의 단기소멸시효가 진행한다.[1643]"

1640) 대판 2002. 9. 4. 2002다28340; 대판 1997. 8. 29. 97다12990.
1641) 대판 1999. 3. 23. 98다30285; 대판 1998. 7. 24. 97므18; 대판 1996. 8. 23. 95다33450.
1642) 대판 2014. 2. 13. 2013다59081; 대판 2010. 4. 29. 2009다99105; 대판 2001. 9. 14. 99다42797.
1643) 대판 1997. 2. 14. 96다36159; 대판 1996. 8. 23. 95다33450; 대판 1989. 9. 26. 89다카6584.

◯ 공동불법행위자의 보증인이 그 공동불법행위자 또는 다른 공동불법행위자에 대하여 가지는 구상권의 소멸시효 기간 및 그 기산점

"피해자에게 손해배상을 한 어느 공동불법행위자의 보증인이 그 공동불법행위자 또는 다른 공동불법행위자에 대하여 가지는 구상권의 소멸시효 기간은 일반채권과 같이 10년이고, 그 기산점은 구상권이 발생한 시점, 즉 보증인이 현실로 피해자에게 손해배상금을 지급한 때이다.[1644)]"

◯ 일조방해의 개념 및 위법한 건축행위로 일조방해가 발생한 경우, 손해배상청구권의 소멸시효 기산점

"일반적으로 위법한 건축행위에 의하여 건물 등이 준공되거나 외부골조공사가 완료되면 그 건축행위에 따른 일영의 증가는 더 이상 발생하지 않게 되고 해당 토지의 소유자는 그 시점에 이러한 일조방해행위로 인하여 현재 또는 장래에 발생 가능한 재산상 손해나 정신적 손해 등을 예견할 수 있다고 할 것이므로, 이러한 손해배상청구권에 관한 민법 제766조 제1항 소정의 소멸시효는 원칙적으로 그 때부터 진행한다. 다만, 위와 같은 일조방해로 인하여 건물 등의 소유자 내지 실질적 처분권자가 피해자에 대하여 건물 등의 전부 또는 일부에 대한 철거의무를 부담하는 경우가 있다면, 이러한 철거의무를 계속적으로 이행하지 않는 부작위는 새로운 불법행위가 되고 그 손해는 날마다 새로운 불법행위에 기하여 발생하는 것이므로 피해자가 그 각 손해를 안 때로부터 각별로 소멸시효가 진행한다.[1645)]"

◯ 부정경쟁방지법상 영업비밀침해금지·예방청구권 소멸시효의 기산점

"부정경쟁방지법 제10조 제1항이 정한 영업비밀 침해행위의 금지 또는 예방을 청구할 수 있는 권리의 소멸시효가 진행하기 위하여는 일단 침해행위가 개시되어야하고, 나아가 영업비밀 보유자가 그 침해행위에 의하여 자기의 영업상의 이익이 침해되거나 또는 침해될 우려가 있는 사실 및 침해행위자를 알아야 한다.[1646)]"

바. 구상금채권의 경우

◯ 보증인의 사후 구상권과 사전 구상권 소멸시효의 진행

"보증인의 주채무자에 대한 사후 구상권과 사전 구상권은 그 발생원인을 서로 달리하는 별개의 독립된 권리라 할 것이므로, 그 소멸시효는 각각 그 권리가 발생되어 이를 행사할 수 있는 때부터 각별로 진행한다.[1647)]"

◯ 약속어음이 수취인 겸 소지인의 발행인에 대한 장래 발생할 구상채권을 담보하기 위하여 발행된 경우, 위 소지인의 발행인에 대한 약속어음상 청구권의 소멸시효 기산점

"발행인에 대한 약속어음상의 청구권의 소멸시효는 만기의 날로부터 진행하는 것이 원칙이나, 그 약속어음이 수취인 겸 소지인의 발행인에 대한 장래 발생할 구상채권을 담보하기 위하여 발행된 것이라면, 소지인은 발행인에 대하여 구상채권이 발생하지 않은 기간 중에는 약속어음상의 청구권을 행사할 수 없고, 구상채권이 현실로 발생한 때에 비로소 이를 행사할 수 있게 되는 것이므로, 그 약속어음의 소지인의 발행인에 대한 약속어음상의 청구권의 소멸시효는 위 구상채권이 현실적

1644) 대판 2008. 7. 24. 2007다37530; 대판 1999. 6. 11. 99다3143; 대판 1994. 1. 11. 93다32958.
1645) 대판 2008. 4. 17. 전원합의체(다수의견). 대판 1966. 6. 9. 전원합의체. 66다615.
1646) 대판 1996. 2. 13. 95마594.
1647) 대판 1981. 10. 6. 80다2699.

으로 발생하여 그 약속어음상의 청구권을 행사하는 것이 법률적으로 가능하게 된 때부터 진행된다고 봄이 상당하고 이러한 결과가 민법 제184조 제2항의 규정에 반하여 소멸시효를 가중하는 것이라고 할 수는 없다.[1648]"

사. 동시이행의 항변권이 붙은 채권의 경우

◎ 매매대금채권이 소유권이전등기의무와 동시이행관계에 있는 경우, 소멸시효의 기산점

"부동산 매매대금 채권이 소유권이전등기청구권과 동시이행의 관계에 있다고 할지라도 매도인은 매매대금의 지급기일 이후 언제라도 그 대금의 지급을 청구할 수 있는 것이며, 다만 매수인은 이행의 제공을 받기까지 그 지급을 거절할 수 있는 데 지나지 아니하므로 매매대금 청구권은 그 지급기일 이후 시효의 진행에 걸린다.[1649]"

아. 기타의 경우

◎ 법인의 내부적인 법률관계가 개입되어 있어 제3자인 청구권자가 권리의 발생 여부를 객관적으로 알기 어려운 상황에 있고 과실 없이 이를 알지 못한 경우, 청구권의 소멸시효의 기산점

"소멸시효의 진행은 당해 청구권이 성립한 때로부터 발생하고 원칙적으로 권리의 존재나 발생을 알지 못하였다고 하더라도 소멸시효의 진행에 장애가 되지 않는다고 할 것이지만, 법인의 이사회결의가 부존재함에 따라 발생하는 제3자의 부당이득반환청구권처럼 법인이나 회사의 내부적인 법률관계가 개입되어 있어 청구권자가 권리의 발생 여부를 객관적으로 알기 어려운 상황에 있고 청구권자가 과실 없이 이를 알지 못한 경우에도 청구권이 성립한 때부터 바로 소멸시효가 진행한다고 보는 것은 정의와 형평에 맞지 않을 뿐만 아니라 소멸시효제도의 존재이유에도 부합한다고 볼 수 없으므로, 이러한 경우에는 이사회결의부존재확인판결의 확정과 같이 객관적으로 청구권의 발생을 알 수 있게 된 때로부터 소멸시효가 진행된다고 보는 것이 타당하다.[1650]"

◎ 공고를 한 징발보상청구권 소멸시효의 기산점

"징발보상청구권의 소멸시효의 기간은 국방부장관이 징발보상을 시행하겠다는 공고를 하여 그 공고기간이 만료된 때부터 5년간이라 할 것이다.[1651]"

◎ 위법한 농지분배로 인한 손해배상책임 시효의 기산점

"위법한 농지분배로 인한 손해배상책임의 시효는 상환완료 시부터 진행한다.[1652]"

◎ 의용 신탁법 제63조 본문에 의하여 법정신탁이 존속하는 것으로 간주되는 경우, 귀속권리자의 신탁재산반환청구권의 소멸시효 기산점(=원래의 신탁이 종료한 때)

"의용 신탁법 제63조 본문은 신탁이 종료한 경우에 신탁재산이 그 귀속권리자에게 이전할 때까지는 신탁은 존속하는 것으로 간주한다고 규정하고 있는데, 이 규정은 신탁이 종료하여도 그 잔여재산을 귀속권리자에게 완전히 이전시킬 때까지 상당한 시일이 걸리므로, 귀속권리자의 권리를 보호하고 수탁자가 신탁의 나머지 업무를 마치도록 하기 위한 것에 불과하므로, 위 조항에 의하여 존속하는 것으로 간주되는 신탁은 그 목적에 한정하는 법정신탁이라 할 것인데, 이러한 법정신탁은

1648) 대판 2004. 12. 10. 2003다33769.
1649) 대판 1991. 3. 22. 90다9797.
1650) 대판 2003. 4. 8. 2002다64957, 64964; 대판 1992. 3. 31. 전원합의체. 91다32053.
1651) 대판 1970. 3. 10. 69다2014.
1652) 대판 1974. 11. 1. 74다632.

어디까지나 신탁관계의 종료를 전제로 하는 것이므로 법정신탁관계가 존속한다고 하여 원래의 신탁관계가 종료되지 않는 것으로 볼 수는 없다. 또한 귀속권리자를 위하여 신탁재산을 관리하고 이전하는 것을 목적으로 하는 법정신탁관계의 존재가 귀속권리자의 수탁자에 대한 권리행사에 장애가 될 수도 없다. 따라서 귀속권리자는 특별한 사정이 없는 한 신탁이 종료하면 바로 수탁자에 대하여 신탁행위의 내용에 따라 잔여 신탁재산을 반환할 것을 청구할 수 있다고 할 것이므로, 귀속권리자의 신탁재산반환청구권은 특별한 사정이 없는 한 원래의 신탁이 종료한 때로부터 이를 10년간 행사하지 아니하면 시효로 소멸한다.[1653)]"

◎ 판례변경이 있는 경우, 기산점

"일반당사자는 특별한 사정이 없는 한 판례변경으로 인하여 그때에 비로소 민법 제766조의 적용을 받는 불법행위로 인한 손해배상청구권이 있는 것으로 알았다고 보아야 하고 따라서 그 기산점도 판결선고의 다음날부터 진행한다.[1654)]"

◎ 행정처분의 취소로 발생하는 채권 소멸시효의 기산점

"행정행위는 이를 취소하는 행정소송의 판결이 확정됨으로써 그 효력을 잃고 그 반환청구채권이 발생하여 이 때부터 그 소멸시효가 진행된다.[1655)]"

◎ 판례의 변경과 법률상 장애의 존부

"대법원 전원합의체 판결에서 무면허운전에 관한 종전의 견해를 변경한 바 있다 하여 이로써 피해자가 보험회사에 대하여 보험금액 직접청구권을 행사함에 있어 법률상 장애가 있었다 할 수 없으므로 그 소멸시효가 위 대법원 판결이 있은 때로부터 기산된다고 할 수 없다.[1656)]"

◎ 양도담보설정자의 정산금청구권 소멸시효의 기산점

"양도담보설정자의 정산금청구는 처분정산의 경우에는 담보부동산이 환가되어야 비로소 그 권리행사가 가능한 것이므로 정산금청구권은 담보부동산의 환가시를 시점으로 하여 소멸시효가 진행된다.[1657)]"

◎ 위헌 법률에 의한 법률상 장애의 존부

"헌법재판소에 의하여 면직처분의 근거가 된 법률 규정이 위헌으로 결정되어 위헌결정의 소급효로 인하여 면직처분이 당연무효가 되고 그 면직처분이 불법행위에 해당되는 경우라도, 그 손해배상청구권은 위헌결정이 있기 전까지는 법률 규정의 존재라는 법률상 장애로 인하여 행사할 수 없으므로 소멸시효의 기산점은 위헌결정일로부터 진행되는 것이고, 이러한 법리는 그 법률이 위헌결정 당시에는 실효되었다 할지라도 그 법률 규정으로 인한 면직처분의 효력이 그대로 지속되는 경우에도 마찬가지이다.[1658)]"

◎ 책임보험금청구권의 소멸시효 기산점(=피보험자의 제3자에 대한 법률상 손해배상책임 확정시)

"약관에서 책임보험의 보험금청구권의 발생시기나 발생요건에 관하여 달리 정한 경우 등 특별한

1653) 대판 2014. 1. 16. 2012다101626; 대판 2005. 4. 15. 2004다24878.
1654) 대판 1977. 4. 26. 76다2245.
1655) 대판 1986. 3. 25. 85다카748.
1656) 대판 1993. 4. 13. 93다3622.
1657) 대판 1994. 5. 24. 93다44975.
1658) 대판 1996. 7. 12. 94다52195.

다른 사정이 없는 한, 원칙적으로 책임보험의 보험금청구권의 소멸시효는 피보험자의 제3자에 대한 법률상의 손해배상책임이 상법 제723조 제1항이 정하고 있는 변제, 승인, 화해 또는 재판의 방법 등에 의하여 확정됨으로써 그 보험금청구권을 행사할 수 있는 때로부터 진행된다고 봄이 상당하다.[1659]"

◯ 보험금액청구권의 소멸시효의 기산점

"보험금액청구권의 소멸시효의 기산점은 특별한 사정이 없는 한 보험사고가 발생한 때라고 할 것이지만, 약관 등에 의하여 보험금액청구권의 행사에 특별한 절차를 요구하는 때에는 그 절차를 마친 때, 또는 채권자가 그 책임 있는 사유로 그 절차를 마치지 못한 경우에는 그러한 절차를 마치는 데 소요되는 상당한 기간이 경과한 때로부터 진행한다고 보아야 할 것이므로, 보험금액청구권의 소멸시효기산점을 판단함에 있어서는 그 보험사고가 무엇인지와 보험금액청구권을 행사하는 데 특별한 제한이 있는지를 확정하는 것이 중요한 전제가 된다.[1660]"

◯ 퇴직금청구권의 소멸시효 기산점

"전략(前略)··· 권리를 행사함에 있어서 이행기 미도래·정지조건 미성취 등 법률상의 장애가 없는 경우를 말하는 것인데, 근로기준법 제36조 소정의 금품청산제도는 근로관계가 종료된 후 사용자로 하여금 14일 내에 근로자에게 임금이나 퇴직금 등의 금품을 청산하도록 하는 의무를 부과하는 한편 이를 불이행하는 경우, 형사상의 제재를 가함으로써 근로자를 보호하고자 하는 것이지 사용자에게 위 기간 동안 임금이나 퇴직금 지급의무의 이행을 유예하여 준 것이라고 볼 수는 없으므로, 이를 가리켜 퇴직금청구권의 행사에 대한 법률상의 장애라고 할 수는 없고, 따라서 퇴직금청구권은 퇴직한 다음날부터 이를 행사할 수 있다고 봄이 상당하다.[1661]"

◯ 퇴직금 중간정산 전의 계속근로기간 중 일부 기간에 대하여만 중간정산 합의가 성립한 경우, 중간정산 합의가 없었던 기간에 대한 퇴직금청구권의 발생 시기(=최종 퇴직 시점)와 이에 대한 소멸시효 기산점(=최종 퇴직 시점)

"퇴직금 중간정산 전의 계속근로기간 중 일부 기간에 대하여만 중간정산의 합의가 성립한 경우, 중간정산의 합의가 없었던 기간에 대하여는 중간정산퇴직금청구권이 발생할 여지가 없고 최종 퇴직 시점에 그 기간에 대한 퇴직금청구권이 발생하며, 이에 대한 소멸시효도 중간정산 시점이 아닌 최종 퇴직 시점부터 진행한다.[1662]"

◯ 사용자와 근로자의 합의로 일부 근로기간에 대한 퇴직금 중간정산이 성립한 경우, 합의가 없었던 나머지 근로기간에 대한 소멸시효의 기산점

"사용자와 근로자의 합의로 퇴직금 중간정산이 성립한 일부 근로기간에 대하여는 중간정산 시점에 중간정산퇴직금청구권이 발생하고 소멸시효도 그때부터 기산되지만, 중간정산 합의가 없었던 나머지 근로기간에 대하여는 최종 퇴직시에 퇴직금청구권이 발생하고, 소멸시효도 최종 퇴직 시점으로부터 진행한다고 한 사례.[1663]"가 있다.

1659) 대판 2012. 1. 12. 2009다8581; 대판 2002. 9. 6. 2002다30206.
1660) 대판 2006. 1. 26. 2004다19104.
1661) 대판 2001. 10. 30. 2001다24051.
1662) 대판 2012. 10. 25. 2012다41045; 대판 2008. 2. 1. 2006다20542.
1663) 대판 2008. 2. 1. 2006다20542.

○ 당연무효인 변상금부과처분에 의하여 납부하거나 징수당한 오납금의 법적 성질 및 이 오납금에 대한 부당이득반환청구권의 소멸시효 기산점

"지방재정법 제87조 제1항에 의한 변상금부과처분이 당연무효인 경우에 이 변상금부과처분에 의하여 납부자가 납부하거나 징수당한 오납금은 지방자치단체가 법률상 원인 없이 취득한 부당이득에 해당하고, 이러한 오납금에 대한 납부자의 부당이득반환청구권은 처음부터 법률상 원인이 없이 납부 또는 징수된 것이므로 납부 또는 징수 시에 발생하여 확정되며, 그 때부터 소멸시효가 진행한다.[1664)]"

○ 소송종결판결의 경우, 소멸시효의 기산점

"소송종결 판결은 기일지정신청에 대하여 소송이 이미 종결되었음을 확인하는 것에 불과하므로 본조 2항의 규정에 따라 기간의 기산점을 그 판결이 있었던 날로 할 수 없다.[1665)]"

●● 사례 27의 해결:

첫째, 위 사례의 경우, 부동산의 지하에 고액의 처리비용이 소요되는 폐기물이 매립되어 있는 것은 매매목적물에 하자가 있는 경우에 해당한다. 또한 목적물에 관한 하자의 존재에 대한 원고인 매수인의 선의·무과실이 인정된다 할 것이므로, 매도인인 소외회사 및 나머지 피고들은 제580조 제1항 본문의 규정에 따라 원고가 입은 손해를 배상할 책임이 있다. 원고가 갖는 손해배상청구권의 내용은 목적물의 하자 보수에 필요한 비용 즉, 이 사건 폐기물의 처리비용 상당액이다.

둘째, 위의 청구원인에 기한 원고의 손해배상청구권은 소멸시효의 대상이 되는가? 법정제척기간으로 규정된 제582조의 경우, 이는 출소기간이 아니므로, 권리행사로 볼 수 있는 의사표시로써 충분하다. 그렇다면 원고가 이 사건 부동산의 하자를 발견하고 그로부터 6월내인 2006년 8월경에 피고에 대하여 폐기물의 발견 사실과 폐기물을 처리해 줄 것 등을 요구한 내용증명우편을 발송하였으므로, 제582조의 제척기간은 준수되어 제580조에 기한 매수인의 권리는 보전된다. 그런데 목적물의 하자는 계약의 목적을 달성할 수 없을 정도의 하자는 아닌 것이므로(폐기물의 제거로써 하자는 치유되기 때문이다), 제척기간의 준수에 의해 보전되는 권리는 손해배상청구권이다. 매수인의 손해배상청구권은 그 권리의 내용·성질 및 취지에 비추어 볼 때, 제162조 제1항의 일반채권으로서 소멸시효의 대상이 된다.

셋째, 제580조에 기한 매수인의 손해배상청구권은 그 발생시점(하자의 존재시점)에서 권리행사가 가능한 이른바, 제387조 제2항의 이행의 기한이 없는 채무에 속한다. 제580조의 매도인의 담보책임의 법적 성질에 관한 판례의 견해(채무불이행책임설)에 따를 경우, 하자의 존재 여부는 목적물의 인도시점에서 판단하게 된다. 그렇다면 매수인의 손해배상청구권의 소멸시효는 매수인이 청구권을 행사한 시점부터 진행하는 것이 아니라 원래 채권을 행사할 수 있었던 시점인 목적물의 인도를 받았을 것으로 보이는 1998. 9. 14. 내지 1998. 10. 16.부터 소멸시효가 진행된다고 할 것이다. 그런데 원고는 그로부터 10년이 경과한 2009. 8. 7.에서야 소외 회사 및 나머지 피고들에

1664) 대판 2005. 1. 27. 2004다50143; 대판 1992. 3. 31. 전원합의체. 91다32053.

1665) 대판 1969. 9. 30. 69다1161.

게 이를 구하는 이 사건 소를 제기하였음이 기록상 분명하므로, 원고의 하자담보책임에 기한 손해배상청구권은 이 사건 소 제기 이전에 이미 소멸시효 완성으로 소멸되었다고 할 것이다.

이상의 검토결과에 비춰볼 때, 원고의 청구는 그 이유가 없다.

(한삼인, "민법 제580조 소정의 매수인의 손해배상청구권의 행사기간," 「인권과정의」, 대한변호사협회, 2012. 5., 140-154면 참조)

4. 소멸시효기간

●● 사례 28

임대인 A주식회사(원고)와 임차인 B주식회사(피고) 사이에 체결된 건물임대차계약이 종료되었는데도, B가 임차건물을 무단으로 점유·사용하자 A가 B를 상대로 임대료 상당의 부당이득반환청구소송을 2010. 9. 8. 제기하였다. A의 청구는 정당한가?

그런데 A·B는 이 사건 임차건물에 관한 임대차계약기간을 '토지개발공사로부터 권리상실시'까지로 정하였다. 그 후 이 사건 토지에 관하여 수용개시일을 2002. 6. 4.로 하는 수용재결이 내려지고, 이 사건 임차건물 등에 관하여 수용개시일 2002. 7. 30.로 하는 이전재결(이 사건 임차건물을 수용하는 것이 아니라, 원고가 이를 이전하는 것을 전제로 영업설비의 이전 및 손실보상만을 하는 것이다)이 내려진 점 등이 사실관계에서 밝혀졌다. 한편 피고는, 늦어도 2002. 7. 30.경에는 원고가 이 사건 토지상의 이 사건 임차건물에 대한 이용권한을 상실함으로써 이 사건 임차건물에 관한 소유권이 한국토지주택공사에게 이전되었음을 전제로 원고가 위 건물 사용으로 인한 부당이득을 구할 권리가 없다고 항변하였다.

●● 사안의 쟁점:

첫째, A의 B에 대한 임대료 상당의 부당이득반환채권의 소멸시효기간은 몇 년인지? 둘째, 건물소유자가 부지 부분에 관한 소유권을 상실한 경우, 건물임대차계약 종료 이후 계속 건물을 점유·사용하는 건물임차인의 토지소유자 또는 건물소유자에 대한 부당이득반환의무 유무와 그 범위가 문제가 된다.

(1) 채권의 소멸시효기간

(가) 보통의 채권

보통의 채권(일반채권)의 소멸시효기간은 10년이다(제162조 제1항).[1666] 기타의 경우, 불법행위로 인

1666) 판례가 말하는 일반채권을 보면, '기존채무의 이행을 보장하기 위하여 약속어음을 발행한 경우(대판 1961. 2. 8. 61다816)·신용협동조합 이사장의 임무해태로 인한 조합의 손해배상채무(대판 2007. 5. 31. 2007다248)·주식회사들 사이에 체결된 건물임대차계약 종류 후 임대회사의 임차회사에 대한 부당이득반환채권(대판 2012. 5. 10. 2012다4633)·교통사고피해자가 가해차량이 가입한 책임보험의 보험자로부터 사고로 인한 보험금을 수령하였음에도 자동차손해배상보장사업을 위탁받은 보험사업자로부터 또다시 피해보상금을 수령한 것을 원인으로 한 위 보험사업자의 피해자에 대한 부당이득반환청구권(대판 2010. 10. 14. 2010다32276)·상법 제401조에 기하여 임무를 해태한 주식회사 이사에 대하여 제3자가 갖는 손해배상채권(제766조 제1항이 적용되지 않

로 인한 손해배상채권은 3년(제766조 제1항), 상행위로 인한 상사채권은 5년(상법 제64조), 특별히 정하지 않은 조세채권은 5년이다(국세기본법 제27조).

(나) 3년의 시효에 걸리는 채권(제163조)

① 이자 · 부양료 · 급료 · 사용료 · 기타 1년 이내의 기간으로 정한 금전 또는 물건의 지급을 목적으로 한 채권(제1호) '1년 이내의 기간으로 정한 채권'이란, 1년 이내에 정기로 지급되는 채권(정기급부채권)을 말하며, 변제기가 1년 이내의 채권을 의미하는 것이 아니다.[1667][1668]

② 의사 · 조산사 · 간호사 · 약사의 치료 · 근로 및 조제에 관한 채권(제2호) 여기의 의사에는 자격 있는 의사 · 치과의사 · 한의사 · 수의사 외에 치료 등을 위한 무자격자도 포함된다(통설).[1669] 무면허 약사의 경우에도 마찬가지이다. 또한 병원 및 의료법인의 경우에도 이 규정이 적용된다. 약사의 약품판매로 인한 채권은 '조제에 관한 채권'은 아니나, 상인이 판매한 상품의 대가이어서, 3년의 소멸시효에 걸린다(제6호 참조).

장기간 입원치료를 받는 경우, 치료비의 소멸시효는 언제부터 진행되는가? 학설은 다툼이 있다.[1670] 생각건대 일시적 · 정기적인 치료의 경우에는 그 때마다의 치료가 완료될 때에 소멸시효가 진행되지만, 장기입원의 경우에는 그 치료가 완료되어 퇴원 시점부터 치

는다. 대판 2006. 12. 22. 2004다63354) · 상인이 근로자에 대하여 갖는 근로계약상의 주의의무 위반으로 인한 손해배상채권(대판 2005. 11. 10. 2004다22742) · 피해자에게 손해배상을 한 공동불법행위자 1인 또는 보험대위를 하는 보험자의 다른 공동불법행위자에 대한 구상금채권(대판 1999. 6. 11. 99다3143) · 물상보증인의 채무자에 대한 구상권(대판 2001. 4. 24. 2001다6237) · 대출금에 대한 변제기 이후의 지연손해금채권(대판 1991. 12. 10. 91다17092) · 금전채무의 이행지체로 인한 지연손해금채권(대판 1995. 10. 13. 94다57800) · 구의료보험법 제45조가 정한 보험자의 부당이득금 징수권(구의료보험법 제67조 제1항의 2년의 시효기간의 적용을 받지 않음. 대판 2006. 11. 9. 2004두7467) · 명의신탁 해제로 인한 소유권이전등기청구권(대판 1975. 8. 19. 75다273) · 부동산실명법 제11조의 유예기간이 경과한 후에도 실명화 등의 조치를 취하지 않은 명의신탁자가 명의수탁자에 대하여 부당이득반환법리에 기해 갖는 소유권이전등기청구권(대판 2010. 2. 11. 2008다16899; 대판 2009. 7. 9. 2009다23313) · 형성권의 행사로 발생한 청구권(대판 1991. 2. 22. 90다13420) · 상행위인 매매의 무효로 발생하는 부당이득반환청구권(상법 제64조가 적용되지 않음. 대판 2003. 4. 8. 2002다64957, 64694) · 점유취득시효 완성 후 점유를 상실한 경우의 소유권이전등기청구권(대판 1996. 3. 8. 95다34866, 34873)' 등을 들 수 있다.

1667) 대판 1996. 9. 20. 96다25302; 대판 1980. 2. 12. 79다2169; 대판 1965. 2. 16. 64다1731.

1668) 가령 '1개월 단위로 지급되는 집합건물의 관리채권'(대판 2007. 2. 22. 2005다65821)을 들 수 있다. 근로기준법상의 임금채권의 시효기간도 3년이다(동법 제49조). 이자채권은 1년 이내의 정기로 지급하면 3년의 시효기간에 해당하나, 이자채권일 경우에도 1년 이내의 정기에 지급하기로 한 것이 아니면 단기시효에 걸리지 않는다(대판 1996. 9. 20. 96다25302). 한편 급료 중 노역인 · 연예인의 임금은 1년의 단기시효에 걸린다(제164조 제3호).

1669) 만약 무자격자를 제외할 경우, 무자격자의 치료 등의 채권에는 10년의 소멸시효가 적용되어 부당하게 되기 때문이다(한편 무자격자의 치료행위가 제103조 위반행위는 아니다).

1670) 제1설은, 특약 또는 관습이 없는 한 그 질병에 대한 의사와 환자 사이의 의료관계가 끝난 때라고 한다(곽윤직 · 김재형, 424면; 김증한 · 김학동, 524면; 백태승, 570면; 송덕수, 517면). 제2설은, 특약이 없는 한 그 개개의 진료가 종료된 때마다 그에 대한 소멸시효가 진행된다고 한다(이영준, 708면). 판례는, '민법 제163조 제2호 소정의 의사의 치료에 관한 채권에 있어서는, 특약이 없는 한 그 개개의 진료가 종료될 때마다 각각의 당해 진료에 필요한 비용의 이행기가 도래하여 그에 대한 소멸시효가 진행된다고 해석함이 상당하다.'고 한다.(대판 1998. 2. 13. 97다47675) 나아가, '장기간 입원치료를 받는 경우라 하더라도 다른 특약이 없는 한 입원치료 중에 환자에 대하여 치료비를 청구함에 아무런 장애가 없으므로 퇴원시부터 소멸시효가 진행된다고 볼 수는 없다.'고 한다.(대판 2001. 11. 9. 2001다52568)

료비채권의 소멸시효가 진행된다고 해석하여야 한다.[1671]

③ 도급받은 자 · 기사 기타 공사의 설계 또는 감독에 종사하는 자의 공사에 관한 채권(제3호) 수급인의 공사대금채권 뿐만 아니라 그 공사에 부수되는 채권을 포함한다.[1672] 소멸시효 기산점은 공사가 완료된 때라고 해석하여야 한다.

④ 변호사 · 변리사 · 공증인 · 공인회계사 및 법무사에 대한 직무상 보관한 서류의 반환을 청구하는 채권(제4호)

⑤ 변호사 · 변리사 · 공증인 · 공인회계사 및 법무사의 직무에 관한 채권(제5호)

⑥ 생산자 및 상인이 판매한 생산물 및 상품의 대가[1673](제6호) 이들 채권은 원래 상법 제64조의 규정상 5년의 소멸시효에 걸리는 것이지만, 같은 조문 단서의 규정에 의하여 3년의 단기소멸시효에 걸린다.[1674]

⑦ 수공업 및 제조자의 업무에 대한 채권(제7호) 여기의 수공업자 및 제조자가 전호의 생산자와 어떻게 다르냐가 의문이다. 수공업자는 자기의 일터에서 주문받아 그 주문자와 고용관계 없이 타인을 위하여 일하는 자(이발사 · 세탁업자 · 제봉사 등)이고, 제조자는 주문을 받아 물건에 가공하여 다른 물건을 제조하는 것을 업으로 하는 자(표구사 · 가구제조자 · 구두제조자 등)를 말한다.[1675]

(다) 1년의 시효에 해당하는 채권(제164조)

① 여관 · 음식점 · 대석(貸席) · 오락장의 숙박료 · 음식료 · 대석료 · 소비물의 대가 및 채당금(替當金)의 채권(제1호)

② 의복 · 침구 · 장구(葬具) · 기타 동산의 사용료의 채권(제2호)

③ 노역인 · 연예인의 임금 및 그에 공급한 물건의 대금채권(제3호) 여기의 노역인은 사용자와 종속관계에 서지 않고 주로 육체노동(가령 목수 · 정원사 · 미장이 등)을 제공하는 자를 말한다.[1676]

④ 학생 및 수업자의 교육 · 의식 및 유숙에 관한 교주(校主) · 숙주(의숙 · 학숙 등 교육기관의 주인) · 교사의 채권(제4호) 이 규정은 채권자가 교사 등의 개인이거나 법인인 학교법인 아닌 사단 · 재단인 교육시설의 경우에도 적용된다.[1677]

1671) 같은 견해 김상용, 704면.

1672) 대판 1994. 10. 14. 94다17185.

1673) 판례는, '이 규정은 생산자 및 도매상인이 소비자뿐만 아니라, 전매를 목적으로 하는 자에 대하여 판매한 생산물 · 상품의 대가에 대하여도 적용된다.'고 한다.(대판 1964. 8. 31. 64다35)

1674) 대판 1966. 6. 28. 66다790.

1675) 곽윤직 · 김재형, 424면; 김상용, 705면 등.

1676) 이 때의 노역인은 주로 육체노동을 제공한다는 점에서 기사(技師)와 다르고, 사용자와 종속관계에 놓여있지 않다는 점에서 피용자와 다르다.

1677) 국 · 공립학교와 학생과의 관계의 경우, 학교가 갖는 채권은 사법상의 청구권으로 보아야 할 것이므로, 제164조 제4호가 적용되어야 한다. 같은 견해 김상용, 705면.

(라) 판결 등으로 확정된 채권

판결로 확정된 채권은 단기시효에 걸리는 채권이라도, 10년의 소멸시효에 걸린다(제165조 제1항).1678)

판 례

가. 보통의 채권의 소멸시효기간

◎ 부동산중개소개료

"부동산매매중개에 관한 소개료는 위임사무처리로 인한 약정보수금에 해당하며 10년의 소멸시효가 적용될 민법상의 일반채권이다.1679)"

◎ 명의신탁 해제로 인한 소유권이전등기청구권

"명의신탁자의 신탁계약해제로 인한 소유권이전등기 청구권은 신탁계약을 해제하였을 때 비로소 그 권리를 행사할 수 있으므로 그 해제 시부터 소유권이전등기청구권의 소멸시효기간이 진행되고, 그 소멸시효기간은 신탁계약해제 시부터 10년이다.1680)"

◎ '부동산 실권리자명의 등기에 관한 법률' 시행 전에 명의수탁자가 소유하는 부동산에 관하여 명의신탁자를 위하여 '대외적으로만' 보유하는 관계에 관한 명의신탁약정이 이루어진 다음 위 법 제11조의 유예기간이 경과하여 명의수탁자가 당해 부동산에 관한 완전한 소유권을 취득하게 된 경우, 명의수탁자가 명의신탁자에게 반환하여야 할 부당이득의 대상(=당해 부동산 자체)

"'부동산 실권리자명의 등기에 관한 법률' 시행 전에 명의수탁자가 소유하는 부동산에 관하여 명의신탁자와 사이에 사후적으로 그 부동산을 명의신탁자를 위하여 '대외적으로만' 보유하는 관계에 관한 명의신탁약정이 이루어진 다음 위 법 제11조에서 정한 유예기간 내에 실명등기 등을 하지 않고 그 기간을 경과함으로써 위 법 제12조 제1항, 제4조에 의하여 위 명의신탁약정이 무효로 됨에 따라 명의수탁자가 당해 부동산에 관한 완전한 소유권을 취득하게 된 경우, 위 유예기간이 경과하기 전까지는 명의수탁자는 명의신탁약정에 따라 당해 부동산에 관한 소유명의를 취득한 것으로서 명의신탁자는 언제라도 명의신탁약정을 해지하고 당해 부동산에 관한 소유권을 취득할 수 있었다고 할 것이므로, 명의수탁자는 위 법 시행에 따라 당해 부동산에 관한 완전한 소유권을 취득함으로써 당해 부동산 자체를 부당이득하였다고 보아야 하고, 위 법 제3조 및 제4조가 명의신탁자에게 소유권이 귀속되는 것을 막는 취지의 규정은 아니므로 명의수탁자는 명의신탁자에게 자신이 취득한 당해 부동산을 부당이득으로 반환할 의무가 있다.1681)"

◎ 임대인 갑 주식회사와 임차인 을 주식회사 사이에 체결된 건물임대차계약이 종료되었는데도 을 회사가 임차건물을 무단으로 점유·사용하자 갑 회사가 을 회사를 상대로 부당이득반환을 구한

1678) 확정판결 뿐만 아니라 이와 동일한 효력이 있는 화해·인낙(認諾)·확정된 지급명령·조정 등에 의하여 확정된 채권 및 파산절차에 의하여 확정된 채권도 10년의 소멸시효에 걸린다(제165조 제2항, 민사조정법 제29조). 한편 확정판결 당시에 변제기가 도래하지 않은 채권(가령 기한부 채권에 관하여 기한 도래 전에 확정판결을 받은 경우)의 경우에는 이 규정이 적용되지 않는다(제165조 제3항).

1679) 대판 1971. 2. 23. 70다2931.

1680) 대판 1975. 8. 19. 75다273.

1681) 대판 2010. 2. 11. 2008다16899; 대판 2009. 7. 9. 2009다23313; 대판 2002. 12. 26. 2000다21123.

경우, 을 회사가 갑회사에 대하여 갖는 부당이득반환채권의 시효기간

"임대인 갑 주식회사와 임차인 을 주식회사 사이에 체결된 건물임대차계약이 종료되었는데도 을 회사가 임차건물을 무단으로 점유·사용하자 갑 회사가 을 회사를 상대로 부당이득반환을 구한 사안에서, 을 회사는 갑 회사에 대하여 임차건물의 점유·사용으로 인한 차임 상당의 부당이득금을 반환할 의무가 있는데, 주식회사인 갑 회사, 을 회사 사이에 체결된 임대차계약은 상행위에 해당하지만 계약기간 만료를 원인으로 한 부당이득반환채권은 법률행위가 아닌 법률규정에 의하여 발생하는 것이고, 발생 경위나 원인 등에 비추어 상거래 관계에서와 같이 정형적으로나 신속하게 해결할 필요성이 있는 것도 아니므로, 특별한 사정이 없는 한 10년의 민사소멸시효가 적용된다고 한 사례.[1682)]"가 있다.

◆ 교통사고 피해자가 가해차량이 가입한 책임보험의 보험자로부터 보험금을 수령하였음에도 자동차손해배상 보장사업을 위탁받은 보험사업자로부터 또다시 피해보상금을 수령한 경우, 위 보험사업자의 부당이득반환청구권의 소멸시효기간(=10년)

"교통사고 피해자가 가해차량이 가입한 책임보험의 보험자로부터 사고로 인한 보험금을 수령하였음에도 자동차손해배상 보장사업을 위탁받은 보험사업자로부터 또다시 피해보상금을 수령한 것을 원인으로 한 위 보험사업자의 피해자에 대한 부당이득반환청구권에 관하여는 상법 제64조가 적용되지 아니하고, 그 소멸시효기간은 민법 제162조 제1항에 따라 10년이라고 봄이 상당하다.[1683)]"

◆ 주식회사 이사·감사의 임무해태로 인한 손해배상청구권

"주식회사의 이사 또는 감사의 회사에 대한 임무해태로 인한 손해배상책임은 일반불법행위 책임이 아니라 위임관계로 인한 채무불이행 책임이므로 그 소멸시효기간은 일반채무의 경우와 같이 10년이라고 보아야 한다.[1684)]"

◆ 상법 제401조에 기한 이사의 제3자에 대한 손해배상책임의 소멸시효기간 및 여기에 주식회사의 외부감사에 관한 법률상의 단기소멸시효가 적용되는지 여부

"상법 제401조에 기한 이사의 제3자에 대한 손해배상책임이 제3자를 보호하기 위하여 상법이 인정하는 특수한 책임이라는 점을 감안할 때 일반 불법행위책임의 단기소멸시효를 규정한 민법 제766조 제1항은 적용될 여지가 없고, 일반 채권으로서 민법 제162조 제1항에 따라 그 소멸시효기간은 10년이며, 제3자가 상법 제401조에 기한 이사의 제3자에 대한 손해배상책임만을 묻는 손해배상청구 소송에 있어서 주식회사의 외부감사에 관한 법률 제17조 제7항이 정하는 단기소멸시효는 적용될 여지가 없다.[1685)]"

◆ 구의료보험법상 보험자의 부당이득금 징수권의 소멸시효기간

"구의료보험법(1994. 1. 7. 법률 제4728호로 전문 개정되기 전의 것) 제45조가 정한 보험자의 부당이득금 징수권의 소멸시효기간은 민법 제162조 제1항에 따라 10년이라고 봄이 상당하고, 구의료보험법 제67조 제1항을 적용하여 2년이라거나 예산회계법 제96조 제1항을 적용하여 5년이라고 할 수 없다.[1686)]"

1682) 대판 2012. 5. 10. 2012다4633.
1683) 대판 2010. 10. 14. 2010다32276.
1684) 대판 1985. 6. 25. 84다카1954.
1685) 대판 2008. 2. 14. 2006다82601; 대판 2008. 1. 18. 2005다65579; 대판 2006. 12. 22. 2004다63354.
1686) 대판 2006. 11. 9. 2004두7467.

○ 근로자의 근로계약상 주의의무 위반으로 인한 손해배상청구권의 소멸시효기간

"상법 제64조의 상사시효제도는 대량, 정형, 신속이라는 상거래 관계 특유의 성질에 기인한 제도임을 고려하면, 상인이 그의 영업을 위하여 근로자와 체결하는 근로계약은 보조적 상행위에 해당한다고 하더라도, 근로자의 근로계약상의 주의의무 위반으로 인한 손해배상청구권은 상거래 관계에 있어서와 같이 정형적으로나 신속하게 해결할 필요가 있다고 볼 것은 아니므로 특별한 사정이 없는 한 5년의 상사 소멸시효기간이 아니라 10년의 민사 소멸시효기간이 적용된다.[1687]"

○ 상행위에 해당하는 부동산 매매계약의 무효를 이유로 이미 지급한 매매대금 상당액을 부당이득으로서 반환을 구하는 경우, 그 청구권의 소멸시효기간

"주식회사인 부동산 매수인이 의료법인인 매도인과의 부동산매매계약의 이행으로서 그 매매대금을 매도인에게 지급하였으나, 매도인 법인을 대표하여 위 매매계약을 체결한 대표자의 선임에 관한 이사회결의가 부존재하는 것으로 확정됨에 따라 위 매매계약이 무효로 되었음을 이유로 민법의 규정에 따라 매도인에게 이미 지급하였던 매매대금 상당액의 반환을 구하는 부당이득반환청구의 경우, 거기에 상거래 관계와 같은 정도로 신속하게 해결할 필요성이 있다고 볼 만한 합리적인 근거도 없으므로 위 부당이득반환청구권에는 상법 제64조가 적용되지 아니하고, 그 소멸시효기간은 민법 제162조 제1항에 따라 10년이다.[1688]"

○ 산업재해보상보험법 제53조 제1항 제3호는 그 효력의 발생 이전에 과오급된 보험급여에 대하여 소급적용 되지 않으므로 위 과오급된 보험급여를 환수할 권리는 같은 법상의 징수권이 아니라 민법상의 부당이득반환청구권에 해당한다고 할 것이고, 따라서 그 소멸시효기간은 민법상의 일반원칙에 따라 10년이 되는지 여부

"산업재해보상보험법 제53조 제1항 제3호는 그 효력의 발생 이전에 과오급된 보험급여에 대하여 소급적용되지 않으므로 위 과오급된 보험급여를 환수할 권리는 같은 법상의 징수권이 아니라 민법상의 부당이득반환청구권에 해당한다고 할 것이고, 따라서 그 소멸시효기간은 민법상의 일반원칙에 따라 10년이 된다고 한 사례.[1689]"가 있다.

○ 확정판결로 주채무의 소멸시효기간이 10년으로 연장된 경우, 보증채무의 소멸시효기간도 10년으로 연장되는지 여부

"채권자와 주채무자 사이의 확정판결에 의하여 주채무가 확정되어 그 소멸시효기간이 10년으로 연장되었다 할지라도 그 보증채무까지 당연히 단기소멸시효의 적용이 배제되어 10년의 소멸시효기간이 적용되는 것은 아니고, 채권자와 연대보증인 사이에 있어서 연대보증채무의 소멸시효기간은 여전히 종전의 소멸시효기간에 따른다.[1690]"

○ 주채무자에 대한 확정판결에 의하여 단기소멸시효에 해당하는 주채무의 소멸시효기간이 10년으로 연장된 상태에서 주채무를 보증한 경우, 보증채무의 소멸시효기간

"보증채무는 주채무와는 별개의 독립한 채무이므로 보증채무와 주채무의 소멸시효기간은 채무의 성질에 따라 각각 별개로 정해진다. 그리고 주채무자에 대한 확정판결에 의하여 민법 제163조 각

1687) 대판 2005. 11. 10. 2004다22742.
1688) 대판 2003. 4. 8. 2002다64957, 64964.
1689) 대판 2005. 5. 13. 2004다8630.
1690) 대판 2006. 8. 24. 2004다26287, 26294; 대판 1986. 11. 25. 86다카1569.

호의 단기소멸시효에 해당하는 주채무의 소멸시효기간이 10년으로 연장된 상태에서 주채무를 보증한 경우, 특별한 사정이 없는 한 보증채무에 대하여는 민법 제163조 각 호의 단기소멸시효가 적용될 여지가 없고, 성질에 따라 보증인에 대한 채권이 민사채권인 경우에는 10년, 상사채권인 경우에는 5년의 소멸시효기간이 적용된다.[1691]"

나. 3년의 단기소멸시효기간

◎ 우수현상광고의 당선자가 광고주에 대하여 우수작으로 판정된 계획설계에 기초하여 기본 및 실시설계계약의 체결을 청구할 수 있는 권리를 가지고 있는 경우, 위 계약의 체결의무의 불이행으로 인한 손해배상청구권의 소멸시효는 3년의 단기소멸시효가 적용되는지 여부

"우수현상광고의 당선자가 광고주에 대하여 우수작으로 판정된 계획설계에 기초하여 기본 및 실시설계계약의 체결을 청구할 수 있는 권리를 가지고 있는 경우, 이러한 청구권에 기하여 계약이 체결되었을 경우에 취득하게 될 계약상의 이행청구권은 '설계에 종사하는 자의 공사에 관한 채권'으로서 이에 관하여는 민법 제163조 제3호 소정의 3년의 단기소멸시효가 적용되므로, 위의 기본 및 실시설계계약의 체결의무의 불이행으로 인한 손해배상청구권의 소멸시효 역시 3년의 단기소멸시효가 적용된다고 한 사례.[1692]" 가 있다.

◎ 민법 제163조 제1호에서 3년의 단기소멸시효에 걸리는 것으로 규정한 '1년 이내의 기간으로 정한 채권'의 의미

"민법 제163조 제1호에서 3년의 단기소멸시효에 걸리는 것으로 규정한 '1년 이내의 기간으로 정한 채권'이란 1년 이내의 정기로 지급되는 채권을 말한다.[1693]"

◎ 민법 제163조 제1호에서 3년의 단기소멸시효에 걸리는 것으로 규정한 '1년 이내의 기간으로 정한 채권'의 의미 및 1개월 단위로 지급되는 집합건물의 관리비채권이 이에 해당하는지 여부(적극)

"민법 제163조 제1호에서 3년의 단기소멸시효에 걸리는 것으로 규정한 '1년 이내의 기간으로 정한 채권'이란 1년 이내의 정기로 지급되는 채권을 말하는 것으로서 1개월 단위로 지급되는 집합건물의 관리비채권은 이에 해당한다고 할 것이다.[1694]"

◎ 리스료 채권은 3년의 단기소멸시효에 걸리는지 여부

"이른바 금융리스에 있어서 리스료는, 리스회사가 리스이용자에게 제공하는 취득자금의 금융편의에 대한 원금의 분할변제 및 이자·비용 등의 변제의 기능을 갖는 것은 물론이거니와 그 외에도 리스회사가 리스이용자에게 제공하는 이용상의 편익을 포함하여 거래관계 전체에 대한 대가로서의 의미를 지닌다. 따라서 리스료 채권은 일시에 발생하여 확정되고 다만, 그 변제방법만이 일정기간마다의 분할변제로 정하여진 것에 불과하기 때문에, 3년의 단기소멸시효가 적용되는 채권이라고 할 수 없고, 한편 매회분의 리스료가 각 시점별 취득원가 분할액과 그 잔존액의 이자조로 계산된 금액과를 합한 금액으로 구성되어 있다 하더라도, 이는 리스료액의 산출을 위한 계산방법에 지나지 않는 것이므로, 그 중 이자부분만이 따로 3년의 단기소멸시효에 걸린다고 할 것도 아니다.[1695]"

1691) 대판 2014. 6. 12. 2011다76105; 대판 2010. 9. 9. 2010다28031.
1692) 대판 2005. 1. 14. 2002다57119.
1693) 대판 2013. 7. 12. 2013다20571; 대판 2007. 2. 22. 2005다65821.
1694) 대판 2007. 2. 22. 2005다65821; 대판 1996. 9. 20. 96다25302; 대판 1980. 2. 12. 79다2169.

○ 수급인의 공사에 관한 채권에 수급인이 채무자인 경우도 포함되는지 여부

"구민법 제170조 제2호(현행 민법 제163조 제3호)에 규정된 수급인의 공사에 관한 채권은 어디까지나 수급인이 채권자로서 나설 경우의 채권만을 가리키는 것이지 수급인을 상대로 그 공사의 과급금의 반환을 청구하는 채권을 포함하지 않는다.[1696]"

○ 지료가 확정되지 않은 경우, 소멸시효 인정 여부

"지료가 확정되지 않았다면 지료청구권의 소멸을 논할 수 없으므로 단기소멸시효를 인정할 여지가 없다.[1697]"

○ 민법의 시효기간이 예산회계법의 시효기간보다 짧을 경우, 적용법률

"국가에 대한 또는 대하여 가지는 권리인 차임청구권이 민법상 3년의 소멸시효와 예산회계법상 5년의 소멸시효의 양법에 해당되는 때에는 민법의 소멸시효기간이 단기이므로 민법의 규정에 따라 소멸시효가 완성한다.[1698]"

○ 도급받은 자의 공사에 관한 채권의 의미, 공사비채권이 시효소멸 한 경우, 그 채권의 이행불능으로 인한 손해배상청구 가부

"① 도급을 받은 자의 공사에 관한 채권이라고 규정하여 도급받은 공사채권 뿐만 아니라 그 공사에 부수되는 채권도 포함하고 있고 원래 도급은 거래관행상 위임적인 요소를 포함하는 경우가 많음에 비추어 반드시 민법상의 계약유형의 하나인 도급계약만을 뜻하는 것이 아니고 광범위하게 공사의 완성을 맡은 것으로 볼 수 있는 경우까지도 포함된다. ② 본래의 공사비채권이 시효소멸 되었다면 그 채권이 이행불능이 되었음을 이유로 하는 손해배상청구권 역시 허용될 수 없다.[1699]"

○ 공사에 관한 채권을 약정에 관한 채권이라고 주장하는 경우, 소멸시효기간

"당사자가 공사에 관한 채권을 약정에 기한 채권이라고 주장한다고 하더라도 그 채권의 성질이 변경되지 아니한 이상 단기소멸시효에 관한 민법 제163조 제3호의 적용을 배제할 수는 없다.[1700]"

○ 상인이 판매한 상품의 대가의 의미

"'상인이 판매한 상품의 대가'란 상품의 매매로 인한 대금 그 자체의 채권만을 말하는 것으로서, 상품의 공급 자체와 등가성 있는 청구권에 한한다.[1701]"

○ 지연손해금이 이자나 1년 이내의 기간으로 정한 채권에 해당하는지 여부

"변제기 이후에 지급하는 지연이자는 금전채무의 이행을 지체함으로 인한 손해배상금이지 이자가 아니고 또 민법 제163조 제1호 소정의 1년 이내의 기간으로 정한 채권도 아니므로 단기소멸시효의 대상이 되는 것도 아니다.[1702]"

1695) 대판 2001. 6. 12. 99다1949.
1696) 대판 1963. 4. 18. 63다92.
1697) 대판 1969. 5. 27. 69다353.
1698) 대판 1971. 7. 27. 71다494.
1699) 대판 1987. 6. 23. 86다카2549.
1700) 대판 1994. 10. 14. 94다17185.
1701) 대판 1996. 1. 23. 95다39854.
1702) 대판 1989. 2. 28. 88다카214.

◎ 상인이 전매하는 자에게 판매하는 물품의 대가도 포함되는지 여부

"민법 제163조 제6호의 단기소멸시효의 규정은 생산자 및 도매상인이 소비자뿐 아니라 전매를 목적으로 하는 자에 대하여 판매한 산물 및 상품의 대가에 대하여도 적용된다.[1703)]"

◎ 근로자 퇴직금 등의 적용법률(구법관계)

"근로자의 퇴직금 및 무예고 해고보상청구권은 구근로기준법 제41조에서 말하는 대금채권에 해당하므로 3년간 행사하지 않으면 소멸시효가 완성한다.[1704)]"

◎ 국회의원의 보수금이 사법상의 급료채권인지 여부

"국회의원이 재직 중 국가로부터 받게 될 세비, 차마비, 체류비, 보수금 등을 의원직을 그만 둔 후에 국고에 대하여 청구하는 법률관계는 국고에 대한 사법상의 금전채권을 청구하는 경우로서 제163조 제1호의 급료채권에 해당한다.[1705)]"

다. 1년의 단기소멸시효기간

◎ 갑 주식회사와 을이 체결한 정수기 대여계약에 기한 월 대여료 채권의 소멸시효 기간이 문제 된 사안에서, 제반 사정에 비추어 위 대여계약은 금융리스에 해당한다고 볼 수 없으므로 월 대여료 채권의 소멸시효 기간은 3년이라고 한 사례

"갑 주식회사와 을이 체결한 정수기 대여계약에 기한 월 대여료 채권의 소멸시효기간이 문제 된 사안에서, 위 대여계약은 갑회사가 보유하는 정수기를 그 사용을 원하는 을 등 불특정 다수를 대상으로 대여하기 위하여 체결한 것으로서 본질이 리스물건의 취득 자금에 대한 금융 편의 제공이 아니라 리스물건의 사용 기회 제공에 있는 점, 위 대여계약에서 월 대여료는 갑회사가 을에게 제공하는 취득 자금의 금융 편의에 대한 원금의 분할변제와 이자·비용 등의 변제 성격을 가지는 것이 아니라 정수기의 사용대가인 점 등에 비추어 위 대여계약은 금융리스에 해당한다고 볼 수 없으므로, 위 대여계약에 기한 월 대여료 채권은 민법 제163조 제1호에 정한 '사용료 기타 1년 이내의 기간으로 정한 금전의 지급을 목적으로 한 채권'으로서 소멸시효 기간은 3년이라는 이유로, 이와 달리 소멸시효 기간이 5년이라고 본 원심판결을 파기한 사례.[1706)]"가 있다.

◎ 상행위로 인한 채권이 민법상 단기시효의 적용을 받는 경우의 적용법률

"상행위로 인한 채권의 소멸시효에 관하여도 다른 법령에 상사시효보다 단기의 시효의 규정이 있는 때에는 그 규정에 의하는 것이므로 본건 채권이 1년 단기시효에 의하여 소멸되는 것이라면 상사시효에 관한 규정을 적용할 것이 아니라 민법상 1년의 단기시효의 규정을 적용하여야 한다.[1707)]"

◎ 영화필름 사용료 채권이 동산의 사용료 채권인지 여부

"영화필름 사용료채권은 동산인 필름의 사용료채권으로서 민법 제164조 제2호에 이른바 기타동산의 사용료채권으로 볼 수 있다.[1708)]"

1703) 대판 1964. 8. 31. 64다35.
1704) 대판 1965. 7. 6. 65다877.
1705) 대판 1966. 9. 20. 65다2506.
1706) 대판 2013. 7. 12. 2013다20571; 대판 1997. 11. 28. 97다26098.
1707) 대판 1966. 6. 28. 66다790.
1708) 대판 1967. 6. 27. 67다767.

라. 판결 등에 의하여 확정된 채권의 소멸시효기간

◯ 본조의 해석

"민법 제165조의 규정은 단기의 소멸시효에 걸리는 것이라도 확정판결을 받은 권리의 소멸시효는 10년으로 단축한다는 의미도 아니고 본래 소멸시효의 대상이 아닌 권리가 확정판결을 받음으로써 10년의 소멸시효에 걸린다는 뜻도 아니다.[1709)]"

◯ 지급명령에서 확정된 채권의 소멸시효기간(=10년)

"민사소송법 제474조, 민법 제165조 제2항에 의하면, 지급명령에서 확정된 채권은 단기의 소멸시효에 해당하는 것이라도 그 소멸시효기간이 10년으로 연장된다.[1710)]"

◯ 민법 제164조 각 호에서 개별적으로 정하여진 채권의 채권자가 그 채권의 발생원인이 된 계약에 기하여 상대방에 대하여 부담하는 반대채무가 1년의 단기소멸시효기간의 적용을 받는지 여부(소극)

"일정한 채권의 소멸시효기간에 관하여 이를 특별히 1년의 단기로 정하는 민법 제164조는 그 각 호에서 개별적으로 정하여진 채권의 채권자가 그 채권의 발생원인이 된 계약에 기하여 상대방에 대하여 부담하는 반대채무에 대하여는 적용되지 아니한다. 따라서 그 채권의 상대방이 그 계약에 기하여 가지는 반대채권은 원칙으로 돌아가, 다른 특별한 사정이 없는 한 민법 제162조 제1항에서 정하는 10년의 일반소멸시효기간의 적용을 받는다.[1711)]"

◯ 건설자재 등 판매업을 하는 갑이 을 주식회사를 상대로 제기한 물품대금 청구소송에서 갑의 승소판결이 확정된 후 병이 을회사의 물품대금채무를 연대보증한 사안에서, 갑의 병에 대한 보증채권의 소멸시효기간이 5년이라고 한 사례

"건설자재 등 판매업을 하는 갑이 을 주식회사를 상대로 제기한 물품대금 청구소송에서 갑의 승소판결이 확정된 후 병이 을회사의 물품대금채무를 연대보증한 사안에서, 상인인 갑이 상품을 판매한 대금채권에 대하여 병으로부터 연대보증을 받은 행위는 반증이 없는 한 상행위에 해당하고, 따라서 갑의 병에 대한 보증채권은 특별한 사정이 없는 한 상사채권으로서 소멸시효기간은 5년이라고 한 사례.[1712)]"가 있다.

◯ 다수의 전기수용가와 체결되는 전기공급계약 약관 등에, 계약종별 외의 용도로 전기를 사용하면 전기요금 면탈금액의 2배에 해당하는 위약금을 부과한다고 되어있으나, 별도로 면탈한 전기요금 자체 또는 손해배상을 청구할 수 있도록 하는 규정은 없고 면탈금액에 대해서만 부가가치세 상당을 가산하도록 되어 있는 경우, 위 약관에 의한 위약금의 법적 성질 및 그 지급채무에 적용되는 소멸시효기간

"다수의 전기수용가와 사이에 체결되는 전기공급계약에 적용되는 약관 등에, 계약 종별 외의 용도로 전기를 사용하면 그로 인한 전기요금 면탈금액의 2배에 해당하는 위약금을 부과한다고 되어 있지만, 그와 별도로 면탈한 전기요금 자체 또는 손해배상을 청구할 수 있도록 하는 규정은 없고 면탈금액에 대해서만 부가가치세 상당을 가산하도록 되어 있는 등의 사정이 있는 경우, 위 약관에

1709) 대판 1981. 3. 24. 80다1888, 1889.

1710) 대판 2009. 9. 24. 2009다39530.

1711) 대판 2013. 11. 14. 2013다65178.

1712) 대판 2014. 6. 12. 2011다76105.

의한 위약금은 손해배상액의 예정과 위약벌의 성질을 함께 가지는 것으로 봄이 타당하다. 그리고 계약종별 위반으로 약관에 의하여 부담하는 위약금 지급채무는 전기의 공급에 따른 전기요금 채무 자체가 아니므로, 3년의 단기소멸시효가 적용되는 민법 제163조 제1호의 채권, 즉 '1년 이내의 기간으로 정한 금전의 지급을 목적으로 한 채권'에 해당하지 않는다. 그러나 '영업으로 하는 전기의 공급에 관한 행위'는 상법상 기본적 상행위에 해당하고(상법 제46조 제4호), 전기공급주체가 공법인인 경우에도 법령에 다른 규정이 없는 한 상법이 적용되므로(상법 제2조), 그러한 전기공급계약에 근거한 위약금 지급채무 역시 상행위로 인한 채권으로서 상법 제64조에 따라 5년의 소멸시효기간이 적용된다.[1713]"

마. 상사채권의 소멸시효기간

◎ 건설공사에 관한 도급계약이 상행위에 해당하는 경우 수급인의 하자담보책임의 소멸시효기간(=5년)

"건설공사에 관한 도급계약이 상행위에 해당하는 경우 그 도급계약에 기한 수급인의 하자담보책임은 상법 제64조 본문에 의하여 원칙적으로 5년의 소멸시효에 걸리는 것으로 보아야 한다.[1714]"

◎ 갑이 학원 설립과정에서 영업준비자금으로 을에게서 돈을 차용한 후 학원을 설립하여 운영한 경우, 학원영업을 위한 준비행위인 차용행위를 한 때 갑은 상인자격을 취득하고 아울러 위 차용행위는 영업을 위한 행위로서 보조적 상행위가 되어 상법 제64조에서 정한 상사소멸시효가 적용되는지 여부(적극)

"갑이 학원 설립과정에서 영업준비자금으로 을에게서 돈을 차용한 후 학원을 설립하여 운영한 사안에서, 제반 사정에 비추어 갑이 운영한 학원업은 점포 기타 유사한 설비에 의하여 상인적 방법으로 영업을 하는 경우에 해당하여 갑은 상법 제5조 제1항에서 정한 '의제상인'에 해당하는데, 갑의 차용행위는 학원영업을 위한 준비행위에 해당하고 상대방인 을도 이러한 사정을 알고 있었으므로 차용행위를 한 때 갑은 상인자격을 취득함과 아울러 차용행위는 영업을 위한 행위로서 보조적 상행위가 되어 상법 제64조에서 정한 상사소멸시효가 적용된다고 한 사례.[1715]"가 있다.

◎ 상사채권의 소멸시효기간

"민법 제164조 제3호 소정의 단기소멸시효의 적용을 받는 노임채권이라도, 채권자인 원고와 채무자인 피고회사 사이에 위 노임채권에 관하여 준소비대차의 약정이 있었다면, 동 준소비대차계약은 상인인 피고회사가 영업을 위하여 한 상행위로 추정함이 상당하고, 이에 의하여 새로이 발생한 채권은 상사채권으로서 5년의 상사시효의 적용을 받게 된다.[1716]"

◎ 상행위에 해당하는 보증보험계약에 기초한 급부가 이루어짐에 따라 발생한 부당이득반환청구권에 대하여 5년의 상사소멸시효가 적용되는지 여부

"상행위에 해당하는 보증보험계약에 기초한 급부가 이루어짐에 따라 발생한 부당이득반환청구권에 대하여 5년의 상사소멸시효가 적용된다고 한 사례.[1717]"가 있다.

1713) 대판 2013. 4. 11. 2011다112032.
1714) 대판 2011. 12. 8. 2009다25111.
1715) 대판 2012. 4. 13. 2011다104246.
1716) 대판 1981. 12. 22. 80다1363.
1717) 대판 2007. 5. 31. 2006다63150.

○ 은행의 대출금채권에 대한 지연손해금의 소멸시효기간

"은행이 영업행위로서 한 대출금에 대한 변제기 이후의 지연손해금은 그 원본채권과 마찬가지로 상행위로 인한 채권으로서 5년의 소멸시효를 규정한 상법 제64조가 적용된다.[1718]"

○ 상행위인 외국환거래약정에 따른 손해배상의 부당이득반환청구권

"외국환거래약정을 체결하면서 손해배상금의 지급약정을 하고 이에 따라 손해배상금을 지급하였지만 그 지급약정이 약관의 규제에 관한 법률에 의해 무효로 될 경우, 피고인 금융기관에 이미 손해배상금을 지급했던 원고가 갖는 부당이득반환채권은 상행위인 계약에 기하여 급부가 이루어짐으로써 발생한 것으로서 근본적으로 상행위에 해당하고 그 채권발생의 경위나 원인 등에 비추어 그로 인한 거래관계를 신속하게 해결할 필요가 있으므로 그 소멸시효기간에는 상법 제64조가 적용되어 5년의 소멸시효가 걸린다고 봐야 한다.[1719]"

○ 회사 설립을 위하여 개인이 한 행위가 장래 설립될 회사가 상인이라는 이유만으로 당연히 그 개인의 상행위가 되어 상법 규정이 적용되는지 여부(소극)

"영업을 준비하는 행위가 보조적 상행위로서 상법의 적용을 받기 위해서는 행위를 하는 자 스스로 상인자격을 취득하는 것을 당연한 전제로 하므로, 어떠한 자가 자기 명의로 상행위를 함으로써 상인자격을 취득하고자 준비행위를 하는 것이 아니라 다른 상인의 영업을 위한 준비행위를 하는 것에 불과하다면, 그 행위는 행위를 한 자의 보조적 상행위가 될 수 없다. 여기에 회사가 상법에 의해 상인으로 의제된다고 하더라도 회사의 기관인 대표이사 개인은 상인이 아니어서 비록 대표이사 개인이 회사 자금으로 사용하기 위해서 차용한다고 하더라도 상행위에 해당하지 아니하여 차용금채무를 상사채무로 볼 수 없는 법리를 더하여 보면, 회사 설립을 위하여 개인이 한 행위는 그것이 설립중 회사의 행위로 인정되어 장래 설립될 회사에 효력이 미쳐 회사의 보조적 상행위가 될 수 있는지는 별론으로 하고, 장래 설립될 회사가 상인이라는 이유만으로 당연히 개인의 상행위가 되어 상법 규정이 적용된다고 볼 수는 없다.[1720]"

●● 사례 28의 해결:

첫째, B는 A에 대하여 임차건물의 점유·사용으로 인한 차임 상당의 부당이득금을 반환할 의무가 있는데, 주식회사인 A회사와 B회사 사이에 체결된 임대차계약은 상행위에 해당하지만, 계약기간 만료를 원인으로 한 부당이득반환채권은 법률행위가 아닌 법률규정에 의하여 발생하는 것이고(민법 제741조 참조), 발생 경위나 원인 등에 비추어 상거래 관계에서와 같이 정형적으로나 신속하게 해결할 필요성이 있는 것도 아니므로, 특별한 사정이 없는 한 10년의 민사소멸시효가 적용된다.

둘째, 건물에 관한 임대차계약이 종료된 이후 이를 건물임대인에게 반환하지 않고 그대로 계속 점유·사용하는 자는 점유기간 동안 건물의 사용·수익에 따른 차임 상당액을 부당이득으로

1718) 대판 2008. 3. 14. 2006다2940; 대판 1979. 11. 13. 79다1453.
1719) 대판 2002. 6. 14. 2001다47825.
1720) 대판 2012. 7. 26. 2011다43594; 대판 1992. 11. 10. 92다7948.

반환할 의무가 있는데, 여기서 차임 상당액을 산정할 때 통상적으로 건물을 임대하는 경우 당연히 부지 부분의 이용을 수반하는 것이고 차임 상당액 속에는 건물 차임 외에도 부지 부분 차임(지대)도 포함되므로, 건물 차임은 물론이고 부지 부분 차임도 함께 계산되어야 한다. 그리고 건물소유자가 부지 부분에 관한 소유권을 상실하였다 하여도 건물소유자는 토지소유자와 관계에서는 토지 위에 있는 건물의 소유자인 관계로 건물 부지의 불법점유자라 할 것이고, 따라서 건물 부지 부분에 관한 차임 상당의 부당이득 전부에 관한 반환의무를 부담하게 되며, 건물을 점유하고 있는 건물임차인이 토지소유자에게 부지점유자로서 부당이득반환의무를 진다고 볼 수 없다. 그러므로 건물소유자는 이러한 채무의 부담한도 내에서 건물임차인의 건물 불법점유에 상응하는 부지 부분의 사용·수익에 따른 임료 상당의 손실이 생긴 것이고, 건물에 관한 임대차계약종료 이후 이를 계속 점유·사용하는 건물임차인은 건물소유자에 대한 관계에서 건물 부지의 사용·수익으로 인한 이득이 포함된 건물임료 상당의 부당이득을 하였다고 보아야 한다(대판 1994. 12. 9. 94다27809 참조).

이상의 검토 결과, A의 청구는 정당하다.

(대판 2012. 5. 10. 2012다4633의 사실관계와 판결요지 등 참조)

5. 기타의 재산권의 소멸시효기간

채권과 소유권을 제외한 재산권의 소멸시효기간은 20년이다(제162조 제2항).

제 3 관 소멸시효의 중단

I. 소멸시효 중단의 의의

권리불행사의 사실상태가 일정한 기간(시효기간) 동안 계속되면 소멸시효가 완성한다. 이러한 소멸시효의 완성을 방해하는 사유를 시효의 장애라 하고, 이에는 소멸시효의 중단과 소멸시효의 정지가 있다.

소멸시효 완성의 기초가 되는 권리불행사의 사실상태와 맞지 않는 일정한 사실이 생기면 소멸시효의 진행은 끊기고, 그 때까지 진행한 시효기간은 효력을 잃게 된다. 이와 같이 소멸시효의 진행을 막고 이미 경과한 시효기간의 효력을 영(零)으로 만드는 것을 소멸시효의 중단이라 한다.[1721] 민법은 소멸시효의 중단에 관하여 제168조 내지 제178조에서 규정하고, 이를 취득시효에 준용하고 있다(제247조 제2항).

1721) 시효중단의 근거는 무엇인가? 본래 시효제도는 진실한 권리관계와 합치하지 않는 사실상태의 계속성을 존중하는 것이므로, 그 사실상태와 상용할 수 없는 일정한 사실이 발생할 경우에는 그 사실상태를 존중할 이유를 잃게 되기 때문이라 할 것이다(대판 1979. 7. 10. 79다569 참조).

소멸시효 중단사유는 변론주의의 대상이어서 당사자의 주장이 없으면, 법원이 이에 관하여 판단할 필요가 없다.[1722] 나아가, 그에 관한 증명책임은 시효완성을 다투는 당사자가 부담한다(판례).

판 례

○ 시효중단의 의의

"원래 시효는… 중략(中略)… 어떤 사실상의 상태가 계속되는 중 그 사실상의 상태와 상용할 수 없는 사정이 발생한 때는 그 사실상의 상태를 존중할 이유를 잃게 된다고 할 것이니, 이미 진행한 시효기간의 효력을 상실케 하는 것이 이른바 시효중단이다.[1723]"

○ 시효중단과 변론주의

"시효를 주장하는 자가 원고가 되어 소를 제기한 경우에 피고가 응소행위가 있었다는 사정만으로 바로 시효중단의 효과가 발생하는 것은 아니고 변론주의의 원칙상 시효중단의 효과를 원하는 피고로서는 당해 소송 또는 다른 소송에서의 응소행위로서 시효가 중단되었다고 주장하지 않으면 아니 된다.[1724]"

○ 시효중단사유의 주장 · 증명책임

"시효중단사유의 주장 · 증명책임은 시효완성을 다투는 당사자가 지며, 그 주장책임의 정도는 취득시효가 중단되었다는 명시적인 주장을 필요로 하는 것이 아니라 중단사유에 속하는 사실만 주장하면 주장책임을 다한 것으로 보아야 한다.[1725]"

Ⅱ. 소멸시효의 중단사유

민법상 소멸시효의 중단사유로는, 권리자가 자기의 권리를 주장하는 것(청구, 압류 · 가압류 · 가처분)과 의무자가 상대방의 권리를 인정하는 것(승인)의 두 가지가 있다.

1. 청 구(제168조 제1호)

권리자가 권리를 행사하는 것을 청구라 한다. 이 경우의 권리행사는, 재판상 · 재판 이외의 것이든 가리지 않는다.

(1) 재판상의 청구(제170조)

재판상의 청구란, 소를 제기하는 것이다. 소의 제기가 있으면 소멸시효는 중단된다.[1726]

1722) 주해(3), 488면.
1723) 대판 1979. 7. 10. 79다569.
1724) 대판 1997. 2. 28. 96다26190.
1725) 대판 2003. 6. 13. 2003다17927, 17934; 대판 1997. 4. 25. 96다46484.
1726) 판례는, '근저당권설정등기청구의 소의 제기는, 그 피담보채권의 재판상의 청구에 준하는 것으로서 소

이 때의 소에는, 이행(급부)의 소·확인의 소·형성의 소, 본소·반소의 어느 것이든 묻지 않는다. 상대방이 제기한 소에 응소한 경우,[1727] 재판상의 청구로 볼 수 있는가? 학설은 대체로 이를 긍정한다.[1728] 판례도 종전의 태도를 바꿔 이를 긍정한다.[1729][1730] 그러나 직접 채무자에 대한 응소행위가 아닌 경우에 제170조 소정의 재판상 청구에는 해당되지 않음을 주의하여야 한다.[1731][1732] 재판상의 청구의 주체는, 채권자 또는 그 채권을 행사할 권능을 가진 자이어야 한다.[1733] 따라서 채권양도의 양수인은 대항요건을 갖추지 못한 경우에도, 재판상 청구를 할 수 있다.[1734]

이러한 재판상의 청구[1735]에 의한 소멸시효 중단의 효력은 소를 제기한 때부터 발생한다(민사소송법 제265조). 한편 요건을 갖추지 못한 재판상의 청구의 경우(채권의 양수인이 채권양도의 대항요건을 갖추지 못한 상태에서 채무자를 상대로 재판상의 청구를 한 경우), 재판상의 청구에 해당한다(판례).

재판상의 청구에 시효중단의 효과를 인정하는 근거는 무엇인가? 권리자가 소송의 형

멸시효의 중단사유가 된다.'고 한다.(대판 2004. 2. 13. 2002다7213)

1727) 가령 채무자(원고)가 제기한 채무부존재확인소송에서, 채권자(피고)가 채권의 존재를 주장하여 원고 청구의 기각판결을 구하는 경우를 들 수 있다.

1728) 채권자가 원고가 되어 소를 제기하는 것은 아니지만, 소송에서 자기의 권리를 주장하는 것은, 재판상의 청구에 준하는 것으로 볼 수 있기 때문이라는 점을 이유로 든다(고상룡, 747면; 김용한, 465면). 타당하다고 생각한다.

1729) 종전의 판례는, '단지 응소하여 원고의 주장을 부인하고, 소의 목적물이 자기의 것이라고 주장하는 것은, 권리자의 권리를 행사하는 것이 아니므로, 재판상의 청구에 해당하지는 않는다.'고 하였으나(대판 1979. 6. 12. 79다571; 대판 1971. 3. 23. 71다373), 태도를 바꿔서, '피고의 적극적 권리주장에 의한 응소도 재판상 청구에 해당되어 시효중단의 사유가 된다.'고 한다.(대판 2006. 11. 9. 2004두7467; 대판 1993. 12. 21. 전원합의체. 92다47861)

1730) 판례는, '재심의 소의 제기도 재판상의 청구이다.'라고 한다.(대판 1998. 6. 12. 96다26961)

1731) 판례는, '물상보증인이 피담보채무의 부존재 또는 소멸을 이유로 제기한 저당권설정등기 말소청구소송에서, 채권자 겸 저당권자가 청구기각의 판결을 구하고 피담보채권의 존재를 주장하였더라도, 그것은 직접 채무자에 대하여 재판상 청구를 한 것으로 볼 수 없다.'고 한다.(대판 2004. 1. 16. 2003다30890)

1732) 기타 판례가 말하는 시효중단사유에 해당하는 경우로는, '오납한 조세에 대한 부당이득반환청구권을 실현하기 위한 수단이 되는 과세처분의 취소 또는 무효 확인을 구하는 소(대판 1992. 3. 31. 전원합의체. 91다32053)·가분채권에 대하여 일부만을 청구한 경우에도 그 취지로 보아 채권 전부에 관하여 판결을 구한 것으로 해석되는 때에는 그 채권의 동일성의 범위 내에서 그 전부에 관하여 시효중단의 효력이 발생한다.(대판 1992. 4. 10. 91다43695)·채무자가 파산할 경우, 채권자는 파산법원에 대한 파산채권신고라는 변경된 형태로 그 권리를 행사함으로써 위와 같은 약정에 의한 이행청구기간의 도과 혹은 소멸시효의 완성을 저지할 수 있는 것이다.(대판 2006. 4. 14. 2004다70253)' 등을 들 수 있다.

반면에 시효중단사유에 해당하지 않는 경우로는, '형사소송은 피고인에 대한 국가형벌권의 행사를 목적으로 하는 것이므로, 피해자가 배상명령을 신청한 경우를 제외하고는 단지 피해자가 가해자를 상대로 고소하거나 그 고소에 기하여 형사재판이 개시되어도 시효는 중단되지 않으며(대판 1999. 3. 12. 98다18124)·청구기각판결 확정 후 재심청구 시 시효의 진행이 중단 된다고 할 수 없다.(대판 1992. 4. 24. 92다6983)' 등을 들 수 있다.

1733) 대판 1963. 11. 28. 63다654.

1734) 대판 2005. 11. 10. 2005다41818.

1735) 재판상의 청구가 있다 하더라도, 소의 각하·기각 또는 취하가 있으면 시효중단의 효력은 생기지 않는다(제170조 제1항). 그러나 소의 각하·기각 또는 취하가 있더라도, 6개월 내에 재판상의 청구, 파산절차 참가, 압류 또는 가압류·가처분을 한때에는 시효는 최초의 재판상의 청구로 인하여 중단된 것으로 본다(제168조 제2호).

식으로 그 권리를 주장하면 되고 반드시 그 권리에 대한 기판력이 발생할 것을 요하지 않기 때문이다(판례가 취하는 권리행사설).[1736]

판 례

◎ 채권의 양수인이 채권양도의 대항요건을 갖추지 못한 상태에서 채무자를 상대로 재판상의 청구를 한 경우, 소멸시효 중단사유인 재판상의 청구에 해당하는지 여부(적극)

"채권양도는 구 채권자인 양도인과 신 채권자인 양수인 사이에 채권을 그 동일성을 유지하면서 전자로부터 후자에게로 이전시킬 것을 목적으로 하는 계약을 말한다 할 것이고, 채권양도에 의하여 채권은 그 동일성을 잃지 않고 양도인으로부터 양수인에게 이전되며, 이러한 법리는 채권양도의 대항요건을 갖추지 못하였다고 하더라도 마찬가지인 점, 민법 제149조의 '조건의 성취가 미정한 권리의무는 일반규정에 의하여 처분, 상속, 보존 또는 담보로 할 수 있다.'는 규정은 대항요건을 갖추지 못하여 채무자에게 대항하지 못한다고 하더라도 채권양도에 의하여 채권을 이전받은 양수인의 경우에도 그대로 준용될 수 있는 점, 채무자를 상대로 재판상의 청구를 한 채권의 양수인을 '권리 위에 잠자는 자'라고 할 수 없는 점 등에 비추어 보면, 비록 대항요건을 갖추지 못하여 채무자에게 대항하지 못한다고 하더라도 채권의 양수인이 채무자를 상대로 재판상의 청구를 하였다면 이는 소멸시효 중단사유인 재판상의 청구에 해당한다고 보아야 한다.[1737]"

◎ 방해배제 및 손해배상 혹은 부당이득 반환 청구소송이 재판상 청구에 해당하는가의 여부

"재판상의 청구라 함은 시효취득의 대상인 목적물의 인도 내지는 소유권존부확인이나 소유권에 관한 등기청구소송은 말할 것도 없고 소유권 침해의 경우에 그 소유권을 기초로 하여 하는 방해배제 및 손해배상 또는 부당이득반환 청구소송도 이에 포함된다고 해석함이 옳다.[1738]"

◎ 이미 사망한 자를 피고로 하여 제기된 소의 경우, 민법 제170조 제2항이 적용되는지 여부(원칙적 소극) 및 법원이 이를 간과하여 본안 판결을 내린 경우에도 마찬가지인지 여부(적극)

"민법 제170조 제1항은 재판상 청구가 민법 제168조에 의하여 시효중단사유가 됨을 전제로 '재판상의 청구는 소송의 각하, 기각 또는 취하의 경우에는 시효중단의 효력이 없다.'고 규정하고, 같은 조 제2항은 '전항의 경우에 6월 내에 재판상의 청구, 파산절차참가, 압류 또는 가압류, 가처분을 한 때에는 시효는 최초의 재판상 청구로 인하여 중단된 것으로 본다.'고 규정함으로써 최초의 재판상 청구에 소송요건의 결여 등의 흠이 있는 경우 일정기간 내에 새로운 재판상 청구 등이 이루어지면 최초의 제소시로 시효중단의 소급을 인정하고 있다. 그런데 이미 사망한 자를 피고로 하여 제기된 소는 부적법하여 이를 간과한 채 본안 판단에 나아간 판결은 당연무효로서 그 효력이 상속인에게 미치지 않고, 채권자의 이러한 제소는 권리자의 의무자에 대한 권리행사에 해당하지 않으므로, 상

1736) 이와는 달리, 청구된 권리가 판결주문에서 판단되어 기판력이 발생하는 소송물에 한정되기 때문으로 파악하는 견해를 권리확정설이라 한다. 양자의 대립은, 시효중단의 범위와 관련하여 의미가 있다. 즉, 권리행사설에 따르면, 권리행사가 재판에서 어떤 형태·방식으로 행해졌느냐는 문제가 되지 않지만, 권리확정설을 취할 경우에는 재판상 청구를 소송에서 심판의 대상이 되는 소송물에 한정시켜야만 한다는 것이다(지원림, 409면 참조).

1737) 대판 2005. 11. 10. 2005다41818; 대판 2002. 4. 26. 2001다59033.

1738) 대판 1979. 7. 10. 79다569.

속인을 피고로 하는 당사자표시정정이 이루어진 경우와 같은 특별한 사정이 없는 한, 거기에는 애초부터 시효중단 효력이 없어 민법 제170조 제2항이 적용되지 않는다고 봄이 타당하고, 법원이 이를 간과하여 본안에 나아가 판결을 내린 경우에도 마찬가지라고 보아야 한다.[1739)]"

◎ "매소유권이전등기청구권이 발생한 기본적 법률관계에 해당하는 매매계약을 기초로 하여 건축주명의변경을 구하는 소가 소유권이전등기청구권의 소멸시효를 중단시키는 재판상 청구에 포함되는지 여부(적극)

"매매계약에 기한 소유권이전등기청구권의 소멸시효기간 만료 전에 매매계약을 원인으로 건축주명의변경을 구하는 소를 제기한 사안에서, 매매계약에 기한 소유권이전등기청구권의 시효중단 사유인 재판상 청구는 권리자가 소송이라는 형식을 통하여 권리를 주장하면 족하고 반드시 그 권리가 소송물이 되어 기판력이 발생할 것을 요하지 않으므로, 소유권이전등기청구권이 발생한 기본적 법률관계에 해당하는 매매계약을 기초로 하여 건축주명의변경을 구하는 소도 소멸시효를 중단시키는 재판상 청구에 포함된다고 한 사례.[1740)]"가 있다.

◎ 사용자의 부당노동행위로 해고를 당한 근로자가 구 근로기준법 제33조 등 관계 법령에 따른 구제신청을 한 후 이에 관한 행정소송에서 권리관계를 다투는 것이 소멸시효 중단사유인 '재판상 청구'에 해당하는지 여부(적극)

"근로자가 사용자의 부당노동행위로 인하여 해고를 당한 경우, 민사소송으로 해고의 무효확인 및 임금의 지급을 청구할 수 있으나 부당노동행위에 대한 신속한 권리구제를 위하여 마련된 구 근로기준법(2007. 4. 11. 법률 제8372호로 전부 개정되기 전의 것) 제33조와 노동조합 및 노동관계조정법 제82조 내지 제86조(제85조 제5항 제외)의 행정상 구제절차를 이용하여 노동위원회에 구제신청을 한 후 노동위원회의 구제명령 또는 기각결정에 대하여 행정소송에서 다투는 방법으로 임금청구권 등 부당노동행위로 침해된 권리의 회복을 구할 수도 있다. 따라서 근로자가 위 관계 법령에 따른 구제신청을 한 후 이에 관한 행정소송에서 권리관계를 다투는 것은 권리자가 재판상 권리를 주장하여 권리 위에 잠자는 것이 아님을 표명하는 것으로서 소멸시효 중단사유인 '재판상 청구'에 해당한다.[1741)]"

◎ 채권자의 응소행위에 대한 소멸시효중단의 효력은 채무자가 소멸시효완성을 원인으로 한 소송을 제기하거나 당해 소송이 아닌 전 소송 또는 다른 소송에서 그와 같은 권리주장을 한 경우에 인정되는지 여부(소극) 및 응소행위로 인한 시효중단의 주장을 할 수 있는 시기(=사실심 변론 종결 전)

"응소행위에 대하여 소멸시효중단의 효력을 인정하는 것은 그것이 권리 위에 잠자는 것이 아님을 표명한 것에 다름 아닐 뿐만 아니라 계속된 사실상태와 상용할 수 없는 다른 사정이 발생한 때로 보아야 한다는 것에 기인한 것이므로, 채무자가 반드시 소멸시효완성을 원인으로 한 소송을 제기한 경우이거나 당해 소송이 아닌 전 소송 또는 다른 소송에서 그와 같은 권리주장을 한 경우이어야 할 필요는 없고, 나아가 변론주의 원칙상 피고가 응소행위를 하였다고 하여 바로 시효중단의 효과가 발생하는 것은 아니고 시효중단의 주장을 하여야 그 효력이 생기는 것이지만, 시효중단의 주

1739) 대판 2014. 2. 27. 2013다94312; 대판 2002. 4. 26. 2000다30578.
1740) 대판 2011. 7. 14. 2011다19737.
1741) 대판 2012. 2. 9. 2011다20034.

장은 반드시 응소시에 할 필요는 없고 소멸시효기간이 만료된 후라도 사실심 변론종결 전에는 언제든지 할 수 있다.[1742]"

◎ 만기가 기재된 백지 약속어음의 소지인이 그 백지 부분을 보충하지 않고 어음금을 청구한 경우 소멸시효 중단의 효력이 있는지 여부(적극) 및 이 경우 백지 보충권은 어음상의 청구권이 시효중단에 의하여 소멸하지 않고 존속하는 한 행사할 수 있는 것인지 여부(적극)

"만기는 기재되어 있으나 지급지, 지급을 받을 자 등과 같은 어음요건이 백지인 약속어음의 소지인이 그 백지 부분을 보충하지 않은 상태에서 어음금을 청구하는 것은 어음상의 청구권에 관하여 잠자는 자가 아님을 객관적으로 표명한 것이고 그 청구로써 어음상의 청구권에 관한 소멸시효는 중단된다. 이 경우 백지에 대한 보충권은 그 행사에 의하여 어음상의 청구권을 완성시키는 것에 불과하여 그 보충권이 어음상의 청구권과 별개로 독립하여 시효에 의하여 소멸한다고 볼 것은 아니므로 어음상의 청구권이 시효중단에 의하여 소멸하지 않고 존속하고 있는 한 이를 행사할 수 있다.[1743]"

◎ 채무자 갑의 을 은행에 대한 채무를 대위변제한 보증인 병이 채무자 갑의 사망사실을 알면서도 그를 피고로 기재하여 소를 제기한 사안에서, 보증인 병은 채무자 갑의 상속인으로 피고의 표시를 정정할 수 있고, 따라서 당초 소장을 제출한 때에 소멸시효중단의 효력이 생기는지 여부(적극)

"채무자 갑의 을 은행에 대한 채무를 대위변제한 보증인 병이 채무자 갑의 사망사실을 알면서도 그를 피고로 기재하여 소를 제기한 사안에서, 채무자 갑의 상속인이 실질적인 피고이고 다만 소장의 표시에 잘못이 있었던 것에 불과하므로, 보증인 병은 채무자 갑의 상속인으로 피고의 표시를 정정할 수 있고, 따라서 당초 소장을 제출한 때에 소멸시효중단의 효력이 생긴다고 본 원심판단을 수긍한 사례.[1744]"가 있다.

◎ 갑이 을을 상대로 부당이득반환청구의 소를 제기함으로써 갑의 을에 대한 채무불이행으로 인한 손해배상청구권의 소멸시효가 중단되는지 여부가 문제된 사안에서, 부당이득반환청구의 소 제기로 채무불이행으로 인한 손해배상청구권의 소멸시효가 중단되었다고 볼 수 있는지 여부(소극)

"채권자가 동일한 목적을 달성하기 위하여 복수의 채권을 갖고 있는 경우, 채권자로서는 그 선택에 따라 권리를 행사할 수 있되, 그 중 어느 하나의 청구를 한 것만으로는 다른 채권 그 자체를 행사한 것으로 볼 수는 없으므로, 특별한 사정이 없는 한 그 다른 채권에 대한 소멸시효 중단의 효력은 없다. 중략(中略)… 원고가 피고를 상대로 부당이득반환청구의 소를 제기하였다고 하여 이로써 원고의 피고에 대한 채무불이행으로 인한 손해배상청구권의 소멸시효가 중단될 수는 없다고 할 것이다.[1745]"

◎ 이미 시효로 소멸한 어음채권을 피보전권리로 한 가압류 결정에 의하여 그 원인채권의 소멸시효가 중단되는지 여부(소극)

"원인채권의 지급을 확보하기 위하여 어음이 수수된 당사자 사이에서 채권자가 어음채권을 피보

1742) 대판 2010. 8. 26. 2008다42416, 42423; 대판 2003. 6. 13. 2003다17927, 17934.

1743) 대판 2010. 5. 20. 전원합의체, 2009다48312; 대판 1962. 12. 20. 62다680; 대판 1962. 1. 31. 4294민상110, 111.

1744) 대판 2011. 3. 10. 2010다99040.

1745) 대판 2011. 2. 10. 2010다81285.

전권리로 하여 채무자의 재산을 가압류함으로써 그 권리를 행사한 경우에는 그 원인채권의 소멸시효를 중단시키는 효력을 인정하고 있는데, 원래 위 두 채권이 독립된 것임에도 불구하고 이와 같은 효력을 인정하는 이유는, 이러한 어음은 경제적으로 동일한 급부를 위하여 원인채권의 지급수단으로 수수된 것으로서 그 어음채권의 행사는 원인채권을 실현하기 위한 것이고 어음수수 당사자 사이에서 원인채권의 시효소멸은 어음금 청구에 대하여 어음채무자가 대항할 수 있는 인적항변 사유에 해당하므로, 채권자가 어음채권의 소멸시효를 중단하여 두어도 원인채권의 시효소멸로 인한 인적항변에 따라 그 권리를 실현할 수 없게 되는 불합리한 결과가 발생하게 되기 때문이다. 그러나 이미 소멸시효가 완성된 후에는 그 채권이 소멸하고 시효 중단을 인정할 여지가 없으므로, 이미 시효로 소멸한 어음채권을 피보전권리로 하여 가압류 결정을 받는다고 하더라도 이를 어음채권 내지는 원인채권을 실현하기 위한 적법한 권리행사로 볼 수 없을 뿐 아니라, 더 이상 원인채권에 관한 시효 중단 여부가 어음채권의 권리 실현에 영향을 주지 못하여 어떠한 불합리한 결과가 발생하지 아니한다는 점을 함께 참작하여 보면, 가압류 결정 이전에 이미 피보전권리인 어음채권의 시효가 완성되어 소멸한 경우에는 그 가압류 결정에 의하여 그 원인채권의 소멸시효를 중단시키는 효력을 인정할 수 없다.[1746)]"

◎ 하천구역으로 편입되어 국유로 된 제외지의 구 소유자가 서울시를 상대로 제기한 손실보상금 청구가 채권양도 후 대항요건을 갖추기 전의 청구라는 이유로 기각되어 시효중단의 효력이 소멸하였다고 하더라도 그로부터 6월 내에 구 소유자의 승계인이 손실보상금을 청구한 경우, 소멸시효의 중단 여부(적극)

"하천구역으로 편입되어 국유로 된 제외지의 구 소유자가 서울시를 상대로 제기한 손실보상금 청구를 채권양도 후 대항요건이 구비되기 전의 청구로 보아, 그 청구가 기각되어 시효중단의 효력이 소멸하였다고 하더라도 그로부터 6월 내에 구 소유자의 승계인인 위 토지에 관한 권리의 매수인이 손실보상금을 청구한 이상, 구 소유자의 소제기로 인하여 시효가 중단되었다고 본 사례.[1747)]"가 있다.

◎ 확정판결을 받은 채권의 시효중단을 위한 소제기가 시효중단사유인지 여부

"확정판결에 기한 채권의 소멸시효기간인 10년의 도과가 임박하여서 강제집행의 실시가 현실적으로 어렵게 되었다면, 그 이전에 강제집행의 실시가 가능 하였던가의 여부에 관계없이 시효중단을 위하여는 동일내용의 재판상 청구가 불가피하다고 할 것이므로 확정판결이 있었다고 하더라도 시효중단을 위한 동일내용의 소에 대하여 소멸시효완성 내지 중복제소금지 규정에 위반한 것이라고는 할 수 없다.[1748)]"

◎ 재판상 청구에 권리가 발생한 기본적 법률관계 확인청구도 포함되는지 여부, 과세처분의 취소를 구하는 소제기가 시효중단사유인지 여부

"① 권리자가 재판상 그 권리를 주장하여 권리 위에 잠자는 것이 아님을 표명한 때에는 시효중단사유가 되는바, 이러한 시효중단사유로서의 재판상의 청구에는 그 권리 자체의 이행청구나 확인청구를 하는 경우만이 아니라, 그 권리가 발생한 기본적 법률관계에 관한 확인청구를 하는 경우에는 그 법률관계의 확인청구가 이로부터 발생한 권리의 실현수단이 될 수 있어 권리 위에 잠자는 것

1746) 대판 2007. 9. 20. 2006다68902.
1747) 대판 2009. 2. 12. 2008두20109.
1748) 대판 1987. 11. 10. 87다카1761.

이 아님을 표명한 것으로 볼 수 있을 때에는 그 기본적 법률관계에 관한 확인청구도 이에 포함된다고 보는 것이 타당하다. ② 일반적으로 위법한 행정처분의 취소, 변경을 구하는 행정소송은 사권을 행사하는 것이 아니므로 사권에 대한 시효중단사유가 되지 못하나, 다만 과세처분의 취소 또는 무효확인의 소는 그 소송물이 객관적인 조세채무의 존부확인으로서 실질적으로 민사소송인 채무부존재확인의 소와 유사할 뿐 아니라, 과세처분의 유효 여부는 그 과세처분으로 납부한 조세에 대한 환급청구권의 존부와 표리관계에 있어 실질적으로 동일당사자 사이의 양면적 법률관계라고 볼 수 있으므로, 위와 같은 경우에는 과세처분의 취소 또는 무효확인청구의 소가 비록 행정소송이라고 할지라도 조세환급을 구하는 부당이득반환청구권의 소멸시효중단사유인 재판상 청구에 해당한다.[1749)]"

◎ 소멸시효의 완성을 주장하는 자가 원고가 되어 제기한 소에서 피고로서 응소하여 그 소송에서 적극적으로 권리를 주장하고 그것이 받아들여진 경우, 시효중단사유인 '재판상의 청구'에 해당하는지 여부

"민법 제168조 제1호, 제170조 제1항에서 시효중단사유의 하나로 규정하고 있는 재판상의 청구라 함은, 통상적으로는 권리자가 원고로서 시효를 주장하는 자를 피고로 하여 소송물인 권리를 소의 형식으로 주장하는 경우를 가리키지만, 이와 반대로 시효를 주장하는 자가 원고가 되어 소를 제기한 데 대하여 피고로서 응소하여 그 소송에서 적극적으로 권리를 주장하고 그것이 받아들여진 경우도 마찬가지로 이에 포함되는 것으로 해석함이 타당하다.[1750)]"

◎ 근저당권설정등기청구의 소제기가 그 피담보채권이 될 채권에 대한 소멸시효 중단사유로 되는지 여부

"원고의 근저당권설정등기청구권의 행사는 그 피담보채권이 될 금전채권의 실현을 목적으로 하는 것으로서, 근저당권설정등기청구의 소에는 그 피담보채권이 될 채권의 존재에 관한 주장이 당연히 포함되어 있는 것이고, 피고로서도 원고가 원심에 이르러 금전지급을 구하는 청구를 추가하기 전부터 피담보채권이 될 금전채권의 소멸을 항변으로 주장하여 그 채권의 존부에 관한 실질적 심리가 이루어져 그 존부가 확인된 이상, 그 피담보채권이 될 채권으로 주장되고 심리된 채권에 관하여는 근저당권설정등기청구의 소의 제기에 의하여 피담보채권이 될 채권에 관한 권리의 행사가 있은 것으로 볼 수 있으므로, 근저당권설정등기청구의 소의 제기는 그 피담보채권의 재판상의 청구에 준하는 것으로서 피담보채권에 대한 소멸시효 중단의 효력을 생기게 한다고 봄이 상당하다.[1751)]"

◎ 파면처분 무효확인의 소제기가 보수금채권에 대한 시효중단사유인지 여부

"파면처분 무효확인의 소는 보수금채권을 실현하는 수단이라는 성질을 가지고 있으므로 보수금채권 자체에 관한 이행소송을 제기하지 않았다 하더라도 위 소의 제기에 의하여 보수금채권에 대한 시효는 중단된다.[1752)]"

◎ 채권자가 피고로서 응소하여 적극적으로 권리를 주장하고 그것이 받아들여진 경우, 시효중단사유인 재판상의 청구에 해당하는지 여부 및 위 경우, 시효중단의 효력발생시점

"민법 제168조 제1호, 제170조 제1항에서 시효중단사유의 하나로 규정하고 있는 재판상의 청구

1749) 대판 1992. 3. 31. 전원합의체. 91다32053.

1750) 대판 2006. 6. 16. 2005다25632; 대판 1993. 12. 21. 전원합의체. 92다47861.

1751) 대판 2004. 2. 13. 2002다7213.

1752) 대판 1978. 4. 11. 77다2509.

라 함은, 통상적으로는 권리자가 원고로서 시효를 주장하는 자를 피고로 하여 소송물인 권리를 소의 형식으로 주장하는 경우를 가리키지만, 이와 반대로 시효를 주장하는 자가 원고가 되어 소를 제기한 데 대하여 피고로서 응소하여 그 소송에서 적극적으로 권리를 주장하고 그것이 받아들여진 경우도 마찬가지로 이에 포함되는 것으로 해석함이 타당하고, 또한 응소행위로 인한 시효중단의 효력은 피고가 현실적으로 권리를 행사하여 응소한 때에 발생한다고 보는 것이 상당하다.[1753)]"

○ 구의료보험법상 보험자의 부당이득금 징수권의 소멸시효 중단사유에 해당하는 경우

"구의료보험법상 보험자의 부당이득금의 납부독촉은 최초의 독촉에 한하여 부당이득금 징수권의 소멸시효 중단사유가 되고, 위 징수권에 기한 체납처분에 의한 압류도 소멸시효 중단사유가 되며, 시효중단사유에 해당하는 재판상의 청구에는 시효를 주장하는 자가 소를 제기한 데 대하여 국민건강보험공단이 응소하여 그 소송에서 적극적으로 권리를 주장하고 그것이 받아들여진 경우도 포함된다.[1754)]"

○ 행정소송이 시효중단사유로서 재판상 청구에 포함되는지 여부

"본조에 규정된 시효중단사유인 청구라 함은 시효의 목적인 사법상의 권리를 재판상 및 재판 외에서 실행하는 행위이고 재판상의 청구는 그 권리를 민사소송의 절차에 의하여 주장하는 것을 뜻하므로 공법상의 구제수단으로서의 행정소송은 위의 재판상의 청구라 할 수 없다.[1755)]"

○ 시효중단을 위한 제소와 소의 이익

"인낙조서에 의하여 확정된 소유권이전등기청구권의 시효중단을 위한 제소는 인낙조서의 기판력에도 불구하고 소의 이익이 있는 것이 원칙이나, 이러한 법리는 어디까지나 그 시효를 중단하여 소유권이전등기청구권을 그대로 유지시킬 실익이 있는 경우에 한하여 타당한 것이고, 그것을 그대로 유지하는 것이 아무런 실익이 없는 경우에는 그 시효중단을 위한 제소는 소의 이익이 없어 허용되지 아니한다.[1756)]"

○ 장차 청구금액을 확장할 것을 전제로 한 일부청구 시효중단의 범위

"원고의 청구가 장차 신체감정결과에 따라 청구금액을 확장할 것을 전제로 우선 재산상 및 정신상 손해금 중 일부를 청구한다는 뜻이라면 채권의 일부에 대해서만 판결을 구하는 취지의 일부청구는 아님이 분명하여 소제기로 인한 시효중단의 효력은 소장에서 주장한 손해배상채권의 동일성의 범위 내에서 채권 전부에 미친다.[1757)]"

○ 동일 목적을 달성하기 위한 수 개의 채권 중 일부 행사의 시효중단의 범위

"채권자가 동일한 목적을 달성하기 위하여 복수의 채권을 갖고 있는 경우, 채권자로서는 그 선택에 따라 권리를 행사할 수 있되, 그 중 어느 하나의 청구를 한 것만으로는 다른 채권 그 자체를 행사한 것으로 볼 수는 없으므로, 특별한 사정이 없는 한 그 다른 채권에 대한 소멸시효 중단의 효력은 없는 것이고, 채권자가 채무자를 상대로 공동불법행위자에 대한 구상금 청구의 소를 제기하였다고 하여 이로써 채권자의 사무관리로 인한 비용상환청구권의 소멸시효가 중단될 수는 없다.[1758)]"

1753) 대판 2005. 12. 23. 2005다59383, 59390; 대판 1993. 12. 21. 92다47861.
1754) 대판 2006. 11. 9. 2004두7467; 대판 1999. 7. 13. 97누119; 대판 1993. 12. 21. 92다47861.
1755) 대판 1979. 2. 13. 78다1500, 1501.
1756) 대판 2001. 2. 9. 99다26979; 대판 1998. 6. 12. 98다1645; 대판 1987. 11. 10. 87다카1761.
1757) 대판 1992. 12. 8. 92다29924.
1758) 대판 2001. 3. 23. 2001다6145.

◎ 공유자 중 1인의 재판상 청구의 경우, 시효중단의 효력이 미치는 범위

"부동산 공유자 중의 한 사람은 당해 부동산에 관하여 제3자 명의로 원인무효의 소유권이전등기가 경료되어 있는 경우, 공유물에 관한 보존행위로서 그 제3자에 대하여 그 등기 전부의 말소를 구할 수 있으나, 공유자의 한 사람이 공유물의 보존행위로서 그 공유물의 일부 지분에 관하여서만 재판상 청구를 하였으면, 그로 인한 시효중단의 효력은 그 공유자와 그 청구한 소송물에 한하여 발생한다.[1759]"

◎ 형사소송이 시효중단사유로서 재판상 청구에 포함되는지 여부(소극)

"형사소송은 피고인에 대한 국가형벌권의 행사를 그 목적으로 하는 것이므로 피해자가 형사소송에서 소송촉진 등에 관한 특례법에서 정한 배상명령을 신청한 경우를 제외하고는 단지 고소하거나 형사재판이 개시되어도 소멸시효의 중단사유인 재판상의 청구로 볼 수 없다.[1760]"

◎ 원인채권에 관한 소제기가 어음채권의 시효중단사유인지 여부(소극)

"어음할인의 원인채권에 관하여 소를 제기한 것만으로는 그 할인된 어음상의 채권 그 자체를 행사한 것으로 볼 수 없어 이는 어음채권에 관한 소멸시효 중단사유인 재판상 청구에 해당하지 않는다.[1761]"

◎ 물상보증인이 제기한 저당권설정등기의 말소등기절차이행청구소송에서 채권자 겸 저당권자의 응소행위가 피담보채권에 관하여 소멸시효 중단사유인 민법 제168조 제1호의 '청구'에 해당하는지 여부(소극)

"타인의 채무를 담보하기 위하여 자기의 물건에 담보권을 설정한 물상보증인은 채권자에 대하여 물적 유한책임을 지고 있어 그 피담보채권의 소멸에 의하여 직접 이익을 받는 관계에 있으므로 소멸시효의 완성을 주장할 수 있는 것이지만, 채권자에 대하여는 아무런 채무도 부담하고 있지 아니하므로, 물상보증인이 그 피담보채무의 부존재 또는 소멸을 이유로 제기한 저당권설정등기 말소등기절차이행청구소송에서 채권자 겸 저당권자가 청구기각의 판결을 구하고 피담보채권의 존재를 주장하였다고 하더라도 이로써 직접 채무자에 대하여 재판상 청구를 한 것으로 볼 수는 없는 것이므로 피담보채권의 소멸시효에 관하여 규정한 민법 제168조 제1호 소정의 '청구'에 해당하지 아니한다.[1762]"

◎ 상표권자에 대하여 상표권에 관한 이전 약정에 기하여 이전등록을 청구할 권리를 가지는 사람이 이미 그 상표를 실제로 사용하고 있다는 것만으로 상표권이전등록청구권의 소멸시효가 진행되지 아니하는지 여부(소극)

"상표권 또는 서비스표권(이하 상표권, 나아가 상표권자 또는 상표만을 들어 설시하기로 한다)의 양도에는 상표권에 관한 이전등록으로 족한 점(상표법 제56조 제1항 제1호 참조), 상표권 매매 기타 그 양도의무 발생의 원인이 되는 계약으로부터 통상 부동산 매매에서의 목적물인도의무와 같은 의무가 발생하지 아니하여 매도인 등 상표권양도의무자가 상표권의 이전등록 외에 적극적으로 하여야 할 '주된 급부'의 의무를 상정하기 어려운 점, 나아가 오늘날 상표권 양도 거래의 실제 양태

1759) 대판 1999. 8. 20. 99다15148; 대판 1996. 2. 9. 94다61649; 대판 1979. 6. 26. 79다639.
1760) 대판 1999. 3. 12. 98다18124.
1761) 대판 1994. 12. 2. 93다59922.
1762) 대판 2004. 1. 16. 2003다30890.

등에 비추어 보면, 상표권자에 대하여 상표권에 관한 이전약정에 기하여 이전등록을 청구할 권리를 가지는 사람이 이미 그 상표를 실제로 사용하고 있다는 것만으로 상표권이전등록청구권의 소멸시효가 진행되지 아니한다고 할 수는 없다. 한편 그가 상표를 당해 상표권의 지정상품에 사용하여 주지상표가 되는 등으로 별도의 법적 보호를 받을 수 있다고 하더라도, 그 보호를 위하여 이전등록의무자의 시효소멸 주장이 일정한 범위에서 제한되어야 하는가 하는 것은 위와 같은 법적 보호의 내용 또는 성질 등에 의하여 정하여질 문제로서, 상표 사용에 의한 소멸시효 진행의 저지 여부와 직접적인 연관이 없다고 할 것이다.[1763]"

(2) 파산절차 참가(제171조)

채권자가 파산재단의 배당에 참가하기 위하여 그의 채권을 신고하는 것을 파산절차 참가라 한다(채무자 회생 및 파산에 관한 법률 제447조). 채권자의 파산절차 참가신청이 있으면, 시효중단의 효력이 발생하지만, 이를 취소하거나 그 청구가 각하된 때에는 중단의 효력이 없다(제171조, 채무자 회생 및 파산에 관한 법률 제32조 제2호). 판례의 견해도 같다. 민법에 규정이 없으나, 파산절차 참가신청보다 강력한 권리실행방법인 파산선고 신청은, 당연히 시효중단의 사유가 된다고 하여야 한다(통설).[1764]

판 례

◎ **채권조사기일에서 파산관재인이 신고채권에 대하여 이의를 제기하거나 채권자가 법정기간 내에 파산채권 확정의 소를 제기하지 아니하여 배당에서 제척된 경우, 파산절차참가로 인한 시효중단의 효력이 소멸하는지 여부(소극)**

"민법 제171조는 파산절차참가는 채권자가 이를 취소하거나 그 청구가 각하된 때에는 시효중단의 효력이 없다고 규정하고 있는바, 채권조사기일에서 파산관재인이 신고채권에 대하여 이의를 제기하거나 채권자가 법정기간 내에 파산채권 확정의 소를 제기하지 아니하여 배당에서 제척되었다고 하더라도 그것이 위 규정에서 말하는 '그 청구가 각하된 때'에 해당한다고 볼 수는 없다 할 것이고, 따라서 파산절차참가로 인한 시효중단의 효력은 파산절차가 종결될 때까지 계속 존속한다.[1765]"

◎ **회사정리절차 참가로 인한 시효중단의 효력이 보증채무에도 미치는지 여부(적극) 및 정리절차 참가로 인하여 중단되었던 보증채무의 소멸시효가 다시 진행하는 시점**

"회사정리절차 참가로 인한 구 회사정리법(2005. 3. 31. 법률 제7428호 채무자 회생 및 파산에 관한 법률 부칙 제2조로 폐지) 제5조의 시효중단의 효력은 정리회사의 채무를 주채무로 하는 보증채무에도 미치고 그 효력은 정리절차 참가라는 권리행사가 지속되는 한 그대로 유지되므로, 후에 정리계획에 의하여 주채무의 전부 또는 일부가 면제되거나 이율이 경감된 경우 그 면제 또는 경감된 부분의 주채무가 정리계획의 인가결정이 확정된 때에 소멸하게 됨에 따라 그 시점에서 채권자의

1763) 대판 2013. 5. 9. 2011다71964.

1764) 기타 회생절차 참가(채무자 회생 및 파산에 관한 법률 제32조 제1호)·개인회생 절차 참가(동법 제32조 제3호) 등도 재판상의 청구로 간주되므로 시효중단의 효력이 생긴다. 한편 판례는, '강제집행절차에 참가하여 배당요구를 하는 것도 파산절차 참가와 유사한 것으로서, 시효중단사유가 된다.'고 한다.(대판 2002. 2. 26. 2000다25484)

1765) 대판 2005. 10. 28. 2005다28273.

정리절차에서의 권리행사가 종료되어 그 부분에 대응하는 보증채무의 소멸시효는 위 인가결정 확정시부터 다시 진행한다. 그러나 정리계획에 의해서도 주채무가 잔존하고 있는 경우에는 정리절차 참가에 의한 시효중단의 효력이 그대로 유지되어 그 정리절차의 폐지결정 또는 종결결정이 확정되어 정리절차에 있어서의 권리행사가 종료되면 그 시점부터 중단되어 있던 보증채무의 소멸시효가 다시 진행하고, 아울러 그 이후에도 보증채무가 소멸하기 전에 주채무에 대한 시효중단의 사유가 발생한 때에는 보증채무에 대하여도 그 시효중단의 효력이 미친다.[1766]"

(3) 지급명령(제172조)[1767]

금전 그 밖의 대체물이나 유가증권의 일정 수량의 지급을 목적으로 하는 청구에 대하여 보통의 소송절차에 의하지 않고, 채권자의 신청에 의하여 간이·신속하게 발하는 이행에 관한 명령을 지급명령이라 한다(민사소송법 제462조 이하). 지급명령신청서를 관할법원에 제출하면 그 때부터 시효중단의 효력이 생긴다(민사소송법 제464조·제265조 참조).[1768]

판 례

◯ 민법 제170조 제1항에서 정한 '재판상의 청구'에 지급명령 신청도 포함되는지 여부(적극) 및 지급명령 신청이 각하된 후 6개월 내 다시 소를 제기한 경우 지급명령 신청이 있었던 때 시효가 중단된 것으로 보아야 하는지 여부(적극)

"지급명령이란 금전 그 밖에 대체물이나 유가증권의 일정한 수량의 지급을 목적으로 하는 청구에 대하여 법원이 보통의 소송절차에 의함이 없이 채권자의 신청에 의하여 간이, 신속하게 발하는 이행에 관한 명령으로 지급명령에 관한 절차는 종국판결을 받기 위한 소의 제기는 아니지만, 채권자로 하여금 간이, 신속하게 집행권원을 취득하도록 하기 위하여 이행의 소를 대신하여 법이 마련한 특별소송절차로 볼 수 있다. 그런데 재판상 청구에 시효중단의 효력을 인정하는 근거는 권리자가 재판상 그 권리를 주장하여 권리 위에 잠자는 것이 아님을 표명하고 이로써 시효제도의 기초인 영속되는 사실상태와 상용할 수 없는 다른 사정이 발생하였다는 점에 기인하는 것인데, 그와 같은 점에서 보면 지급명령 신청은 권리자가 권리의 존재를 주장하면서 재판상 그 실현을 요구하는 것이므로 본질적으로 소의 제기와 다르지 않다. 따라서 민법 제170조 제1항에 규정하고 있는 '재판상의 청구'란 종국판결을 받기 위한 '소의 제기'에 한정되지 않고, 권리자가 이행의 소를 대신하여 재판기관의 공권적인 법률판단을 구하는 지급명령 신청도 포함된다고 보는 것이 타당하다. 그리고 민법 제170조의 재판상 청구에 지급명령 신청이 포함되는 것으로 보는 이상 특별한 사정이 없는 한,

---

1766) 대판 2007. 5. 31. 2007다11231; 대판 1995. 11. 21. 94다55941; 대판 1994. 1. 14. 93다47431.

1767) 제172조는 채권자의 가집행신청이 없으면 지급명령에 시효중단의 효력이 없다고 규정하고 있으나, 민사소송법의 개정으로 채권자의 가집행신청제도가 삭제됨으로써 제172조의 '채권자가 법정기간 내에 가집행신청을 하지 않는 한 지급명령은 그 효력을 잃게 되어, 시효중단의 효력이 없다.'는 그 규정은 무의미하게 되었다.

1768) 채권자의 지급명령신청에 대하여, 채무자는 지급명령을 송달받은 날부터 2주일 이내에 이의신청을 할 수 있고(민사소송법 제470조 제1항), 적법한 이의신청이 있으면 지급명령을 신청한 때에 소가 제기된 것으로 간주되어(민사소송법 제472조 제2항), 시효중단의 효력이 생긴다. 한편 지급명령에 대하여 이의신청이 없거나, 이의신청을 취하하거나, 이의신청에 대한 각하 결정이 확정된 때에는 지급명령은 확정판결과 같은 효력이 있다(민사소송법 제474조).

지급명령 신청이 각하된 경우라도 6개월 이내 다시 소를 제기한 경우라면 민법 제170조 제2항에 의하여 시효는 당초 지급명령 신청이 있었던 때에 중단되었다고 보아야 한다.[1769)]"

(4) 화해를 위한 소환(제173조 제1문)

화해(민사소송법 제385조)를 신청하면, 화해신청서 제출시부터 시효는 중단된다(민사소송법 제385조 제4항·제265조).[1770)]

민사조정법상 권리구제수단으로서 조정을 신청할 수 있고, 조정은 재판상 화해와 같은 효력이 있으므로(민사조정법 제29조), 조정신청도 시효중단의 효력이 있다(동법 제35조 제1항).[1771)]

(5) 임의출석(제173조 제2문)

당사자 쌍방이 임의로 법원에 출석하여 소송에 관하여 구두변론을 함으로써 구두로 소를 제기하는 방식을 임의출석이라 한다.[1772)] 임의출석이 있으면 시효는 중단된다. 한편 소액사건심판법은 임의출석에 의한 소제기에 대해서도 판결을 하도록 하고 있다(동법 제11조의2). 그러나 임의출석의 경우에 화해가 성립하지 않은 때에는, 1개월 이내에 소제기가 없으면, 시효중단의 효력은 생기지 않는다(제173조 제2문).

(6) 최고(제174조)

채권자가 채무자에게 채무의 이행을 청구하는 행위를 최고라 한다. 최고의 법적 성질은 의사의 통지이다.[1773)]

최고는 아무런 형식이 요구되지 않는 재판외의 행위이며, 민법의 특색이다.[1774)] 앞에서 검토한 다섯 가지의 청구도 최고와 같은 효력이 있다. 다만, 최고의 시효중단의 효력은 앞의 다섯 가지의 청구보다 좀 약하다.[1775)] 여러 번 최고를 한 경우, 시효중단의 효력은 언제 발생

1769) 대판 2011. 11. 10. 2011다54686.

1770) 그러나 법원이 화해를 위하여 화해기일에 상대방을 소환하였는데, 상대방이 출석하지 않거나 또는 출석하였으나 화해가 성립하지 않은 때에는, 화해신청인이 1개월 이내에 소를 제기하지 않으면 시효중단의 효력이 생기지 않는다(제173조 제1문). 다만, 적법한 소제기 신청이 있으면, 화해신청시에 소가 제기된 것으로 보아(민사소송법 제388조 제2항), 시효중단의 효력이 계속된다.

1771) 다만, 조정신청이 취하되거나 조정신청인의 불출석으로 조정신청이 취하된 것으로 의제되는 때에는, 1개월 이내에 소제기가 없으면 시효중단의 효력은 상실한다(동법 제35조 제2항). 그러나 사건에 대하여 조정을 하지 않기로 하는 결정 등이 있는 때에는, 조정신청인은 조정조서등본이 송달된 날부터 2주일 이내에 제소신청을 할 수 있고(동법 제36조 제1항·제2항), 적법한 제소신청이 있으면 조정신청을 한 때에 소가 제기된 것으로 보게 되어(동법 제36조 제4항), 시효중단의 효력은 계속된다.

1772) 임의출석은 소액사건(소송물가액이 2천만원을 초과하지 아니하는 금전 기타 대체물이나 유가증권의 일정한 수량의 지급을 목적으로 하는 제1심 민사사건)심판에만 허용된다(소액사건심판법 제5조).

1773) 대판 2003. 5. 13. 2003다16238.

1774) 독일·프랑스·스위스의 어느 민법도 최고를 소멸시효의 중단사유로 하지 않는다.

1775) 즉, 최고 후 6개월 이내에 재판상의 청구, 파산절차 참가, 화해를 위한 소환, 임의출석, 압류 또는 가압류·가처분 등의 보다 강력한 조치를 취하지 않으면 시효중단의 효력이 생기지 않게 된다(제174조). 이러한 보완조치에 지급명령을 포함시키지 않은 것은 입법상의 불비로서, 제174조의 내용에 포함하는 것으로 해석하여야 한다. 승인을 포함하는 견해(김상용, 711면)가 있으나, 이는 다섯 가지의 청구와 성질이 다른 것으로서, 채무자의 시효이익의 포기로 새길 수 있다는 점에서, 승인은 포함되지 않는다 할 것이다.

하는가? 최고를 계속하다가 재판상의 청구(보완조치) 등을 한 경우, 재판상의 청구 등을 한 시점을 기준으로, 소급하여 6월 이내에 한 최고시에 시효중단의 효력이 발생한다.[1776][1777] 6월의 기산점은 최고가 상대방에게 도달한 때부터 기산되는 것이 원칙이나, 판례는 채권자가 채무자로부터 회답을 받은 때부터 6월의 기간은 기산된다는 예외를 인정한다.

어떠한 행위가 최고로 인정되는가? 이러한 문제는 구체적인 경우에 최고의 해석에 따른다. 다만, 최고는 나중에 재판상 청구 등의 명백한 시효중단사유가 생기는 것을 전제로 한다는 점에서, 최고의 인정 여부는 넓게 해석하는 것이 바람직하다.[1778] 한편 재산관계명시신청과 소송고지도 최고와 같은 효력이 있다(판례).[1779]

판 례

○ 채권압류 및 추심명령의 송달이 피압류채권의 제3채무자에 대하여 최고로서의 효력이 있는지 여부

"소멸시효 중단사유의 하나로서 민법 제174조가 규정하고 있는 최고는 채무자에 대하여 채무이행을 구한다는 채권자의 의사통지(준법률행위)로서, 이에는 특별한 형식이 요구되지 아니할 뿐 아니라 행위 당시 당사자가 시효중단의 효과를 발생시킨다는 점을 알거나 의욕하지 않았다 하더라도 이로써 권리 행사의 주장을 하는 취지임이 명백하다면 최고에 해당하는 것으로 보아야 할 것이므로, 채권자가 확정판결에 기한 채권의 실현을 위하여 채무자의 제3채무자에 대한 채권에 관하여 압류 및 추심명령을 받아 그 결정이 제3채무자에게 송달이 되었다면 거기에 소멸시효 중단사유인 최고로서의 효력을 인정하여야 한다.[1780]"

○ 재산명시결정에 의한 소멸시효 중단의 효력

"채권자가 확정판결에 기한 채권의 실현을 위하여 채무자에 대하여 민사집행법상 재산명시신청을 하고 그 결정이 채무자에게 송달되었다면 거기에 소멸시효 중단사유인 '최고'로서의 효력만이 인정되므로, 재산명시결정에 의한 소멸시효 중단의 효력은, 그로부터 6월 내에 다시 소를 제기하거나 압류 또는 가압류, 가처분을 하는 등 민법 제174조에 규정된 절차를 속행하지 아니하는 한, 상실된다. 그렇다면, 갑의 채무를 대위변제한 을이 갑의 을에 대한 구상금채무를 연대보증한 병을 상대로 소송을 제기하였다가 강제조정결정이 내려져 확정된 날로부터 9년 4개월이 지난 후 그 결정을 집행권원으로 하여 병 소유 부동산에 관한 경매개시결정을 받았고, 그 후 을이 갑과 병을 상대로

1776) 대판 1987. 12. 22. 87다카2337.

1777) 결국 최고는 소멸시효가 거의 완성될 시점에서 시효를 중단시킬 수 있는 강력한 예비적 수단이다.

1778) 최고와 관련한 기타의 경우로서, 조세채권은 납부최고·교부청구 또는 납세고지나 독촉에 의하여 소멸시효가 중단되며(국세기본법 제28조 제1항 제2호·제3호), 고지된 납부기간·독촉 또는 납부최고에 의한 납부기간·교부청구 등의 기간이 경과한 후에 다시 소멸시효가 진행한다(동법 제28조 제2항).

1779) 이외에 판례가 최고로서의 효력을 인정한 경우로는, '재판상 청구가 취하된 경우(대판 1987. 12. 22. 87다카2337)·연대채무자 1인의 소유부동산에 대하여 경매신청을 한 경우(대판 2001. 8. 21. 2001다22840)·채권자가 확정판결에 기한 채권의 실현을 위하여 채무자의 제3채무자에 대한 채권에 관하여 압류 및 추심명령을 받아 그 결정이 제3채무자에게 송달된 경우(대판 2003. 5. 13. 2003다16238)·국가배상심의회에 대한 손해배상의 신청(대판 1975. 7. 8. 74다178)' 등을 들 수 있다.

1780) 대판 2003. 5. 13. 2003다16238; 대판 1992. 2. 11. 91다41118.

재산명시신청을 하여 재산명시결정이 갑과 병에게 송달되었는데, 갑과 병이 그 결정을 송달받은 때부터 6월 내에 구상금채무가 변제 등으로 모두 소멸하였다고 주장하면서 소를 제기하자 을이 응소하여 적극적으로 구상금채무의 존재를 주장하였지만, 갑의 소취하서 제출로 소가 종료되었음에도 을은 그때부터 6월 내에 갑의 을에 대한 구상금채무에 대하여 재판상 청구 등 다른 시효중단조치를 취하지 않은 사안에서, 주채무인 갑의 구상금채무는 소멸시효가 완성되었고, 병의 연대보증채무도 부종성에 따라 당연히 소멸한다.[1781]"

○ 요건을 갖춘 소송고지에 피고지자에 대한 채무이행 청구의 의사가 표명되어 있는 경우 민법 제174조에 정한 시효중단사유로서의 최고의 효력이 인정되는지 여부(적극) 및 이 때 위 규정에 정한 6월의 기간의 기산점(=당해 소송 종료시)

"소송고지의 요건이 갖추어진 경우에 그 소송고지서에 고지자가 피고지자에 대하여 채무의 이행을 청구하는 의사가 표명되어 있으면 민법 제174조에 정한 시효중단사유로서의 최고의 효력이 인정된다. 시효중단제도는 그 제도의 취지에 비추어 볼 때 이에 관한 기산점이나 만료점은 원권리자를 위하여 너그럽게 해석하는 것이 상당한데, 소송고지로 인한 최고의 경우 보통의 최고와는 달리 법원의 행위를 통하여 이루어지는 것으로서, 그 소송에 참가할 수 있는 제3자를 상대로 소송고지를 한 경우에 그 피고지자는 그가 실제로 그 소송에 참가하였는지 여부와 관계없이 후일 고지자와의 소송에서 전소 확정판결에서의 결론의 기초가 된 사실상·법률상의 판단에 반하는 것을 주장할 수 없어 그 소송의 결과에 따라서는 피고지자에 대한 참가적 효력이라는 일정한 소송법상의 효력까지 발생함에 비추어 볼 때, 고지자로서는 소송고지를 통하여 당해 소송의 결과에 따라 피고지자에게 권리를 행사하겠다는 취지의 의사를 표명한 것으로 볼 것이므로, 당해 소송이 계속중인 동안은 최고에 의하여 권리를 행사하고 있는 상태가 지속되는 것으로 보아 민법 제174조에 규정된 6월의 기간은 당해 소송이 종료된 때로부터 기산되는 것으로 해석하여야 한다.[1782]"

○ 채무이행을 최고받은 채무자가 이행의무의 존부 등에 대하여 조사해 볼 필요가 있다는 이유로 채권자에게 이행의 유예를 구한 경우, 민법 제174조에서 정한 '6월'의 기간 기산점

"민법 제174조 소정의 시효중단 사유로서의 최고에 있어, 채무이행을 최고받은 채무자가 그 이행의무의 존부 등에 대하여 조사를 해 볼 필요가 있다는 이유로 채권자에 대하여 그 이행의 유예를 구한 경우에는 채권자가 그 회답을 받을 때까지는 최고의 효력이 계속된다고 보아야 하고, 따라서 같은 조에 규정된 6월의 기간은 채권자가 채무자로부터 회답을 받은 때로부터 기산되는 것이라고 해석하여야 할 것이다.[1783]"

2. 압류·가압류·가처분(제168조 제2호)

●● 사례 29

원고(대여금 반환청구를 함)는 1997. 6. 3.경 피고에게 8,000만 원을 대여하였고, 피고는 원고에게 그 지급을 위하여 액면금 8,000만 원, 지급기일 1997. 6. 20. 발행인 피고, 수취인 원고로 기재

1781) 대판 2012. 1. 12. 2011다78606.
1782) 대판 2009. 7. 9. 2009다14340; 대판 2006. 6. 16. 2005다25632; 대판 1970. 9. 17. 70다593.
1783) 대판 2012. 3. 15. 2010다53198; 대판 2010. 5. 27. 2010다9467; 대판 2006. 4. 28. 2004다16976.

된 약속어음을 발행하여 교부하였다. 원고는 위 약속어음금 채권을 피보전채권으로 하여 1997. 9. 10. 서울중앙지방법원으로부터 피고 소유의 부동산에 관한 부동산가압류결정을 고지 받았다. 피고는 2008. 12. 4. 서울중앙지방법원에 이 사건 가압류에 관한 제소명령을 신청하였고, 동 법원은 2008. 12. 22. 제소명령을 인용하였는바, 원고가 정해진 기간 내에 소를 제기하지 아니하자 피고가 2009. 7. 28. 위 가압류의 취소신청을 하였고 결국 2009. 8. 12. 제소기간도과를 원인으로 이 사건 가압류가 취소되었다.

(1) 위 가압류의 취소로 인한 원고 채권의 소멸시효 중단의 효과존속 여부를 논하라.

(2) 만약 이 사건에서 약속어음금 채권을 피보전권리로 하여 피고 소유의 유체동산에 대한 가압류결정을 받았으나 가압류 집행절차에 착수하지 않은 경우, 달리 판단할 여지가 있는지 여부에 관하여 논하라.

●● 사안의 쟁점:

첫째, 법률의 규정에 따른 적법한 가압류가 있었으나 제소기간의 도과로 인하여 가압류가 취소된 경우, 민법 제175조에 정한 소멸시효 중단의 효력의 소멸 여부 둘째, 가압류의 집행보전의 효력이 존속하는 동안 가압류에 의한 시효중단의 효력이 계속되는지 여부 셋째, 유체동산에 대한 가압류 집행절차에 착수하지 않은 경우에도 가압류에 의한 시효중단 효력이 있는지 여부 등이다.

집행법원이 확정판결 기타의 집행권원에 기하여 채무자의 재산의 처분을 금하는 민사집행의 첫 단계가 압류이다(민사집행법 제24조 · 제56조 · 제83조 · 제188조 이하). 가압류[1784]와 가처분은 강제집행의 보전수단으로서, 장래의 강제집행의 불능과 곤란을 예방하기 위하여 행하여진다.

위의 세 가지는 권리의 실행행위이기는 하나, 반드시 재판상의 청구를 전제로 하지 않기 때문에 민법은 이들을 시효중단사유로 규정하고 있다(제168조 제2호).

위의 세 가지의 경우, 시효중단의 효력은 언제 발생하는가? 명문의 규정이 없으나, 이들 명령을 신청한 때이다(통설).[1785]

압류 · 가압류 · 가처분의 명령이 권리자의 청구에 의하여 또는 법률의 규정에 따르지 않아 취소된 때에는, 시효중단의 효력은 생기지 않는다(제175조). 그러나 압류절차가 개시된 이상 압류할 물건이 없어 집행불능이 되더라도, 시효중단의 효력은 생긴다고 하여야 한다.[1786] 그러나 압류 · 가압류 · 가처분의 집행행위가 시효의 이익을 받을 자에 대하여 하지

1784) 장래의 금전채권(또는 금전으로 환산할 수 있는 채권)의 보전으로서 집행대상 재산을 미리 압류하여 두는 것을 가압류라 하고(민사집행법 제276조 이하), 청구권의 목적물(係爭物)의 현상을 유지하게 하거나(계쟁물에 관한 가처분) 또는 다툼 있는 권리관계에 대하여 임시의 지위를 정하여 주는 것(임시의 지위를 정하기 위한 가처분)을 가처분이라 한다(동법 제300조 이하).

1785) 판례는, '가압류에 의한 집행보전의 효력이 존속하는 동안은 시효중단의 효력이 계속되며, 가압류의 피보전채권에 관하여 본안의 승소판결이 확정되었다 하더라도, 가압류에 의한 시효중단의 효력이 이에 흡수되어 소멸되지 않는다.'고 한다.(대판 2006. 7. 4. 2006다32781; 대판 2000. 4. 25. 2000다11102) 한편 '가분채권의 일부만을 피보전권리로 한 가압류는 그 부분에 관해서만 시효중단의 효력이 있다.'고 한다.(대판 1976. 2. 24. 75다1240)

1786) 고상룡, 752면; 곽윤직 · 김재형, 432면; 김상용, 712면; 송덕수, 533-534면; 이영준, 718면.

않은 때에는, 이를 그 자에게 통지한 후가 아니면 시효중단의 효력이 없다(제176조).[1787] 이 경우, 통지가 있었다는 점에 대한 증명책임은 시효중단의 이익을 받는 자, 즉 압류 등을 한 자가 부담한다. 한편 집행권원의 정본을 가진 채권자가 경매절차를 이용하여 배당요구를 신청한 경우에 그 배당요구는 압류에 준하는 것으로서 소멸시효 중단의 효력이 있으나, 당연무효의 압류 등에는 시효중단의 효력이 인정되지 않는다(판례).

판 례

○ 가압류의 집행보전의 효력이 존속하는 동안 가압류에 의한 시효중단의 효력이 계속되는지 여부(적극)

"민법 제168조에서 가압류를 소멸시효의 중단사유로 정하고 있는 것은 가압류에 의하여 채권자가 권리를 행사하였다고 할 수 있기 때문이고 가압류에 의한 집행보전의 효력이 존속하는 동안은 가압류채권자에 의한 권리행사가 계속되고 있다고 보아야 할 것이므로 가압류에 의한 시효중단의 효력은 가압류의 집행보전의 효력이 존속하는 동안 계속된다고 보아야 한다.[1788]"

○ 경매절차에서 부동산이 매각되어 가압류등기가 말소된 경우, 가압류에 의한 시효중단사유가 종료하여 그때부터 새로 소멸시효가 진행하는지 여부(원칙적 적극) 및 매각대금 납부 후의 배당절차에서 가압류채권자의 채권에 대한 배당이 이루어지고 배당액이 공탁된 경우, 가압류에 의한 시효중단의 효력이 계속되는지 여부(소극)

"가압류는 강제집행을 보전하기 위한 것으로서 경매절차에서 부동산이 매각되면 그 부동산에 대한 집행보전의 목적을 다하여 효력을 잃고 말소되며, 가압류채권자에게는 집행법원이 그 지위에 상응하는 배당을 하고 배당액을 공탁함으로써 가압류채권자가 장차 채무자에 대하여 권리행사를 하여 집행권원을 얻었을 때 배당액을 지급받을 수 있도록 하면 족한 것이다. 따라서 이러한 경우 가압류에 의한 시효중단은 경매절차에서 부동산이 매각되어 가압류등기가 말소되기 전에 배당절차가 진행되어 가압류채권자에 대한 배당표가 확정되는 등의 특별한 사정이 없는 한, 채권자가 가압류집행에 의하여 권리행사를 계속하고 있다고 볼 수 있는 가압류등기가 말소된 때 그 중단사유가 종료되어, 그때부터 새로 소멸시효가 진행한다고 봄이 타당하다(매각대금 납부 후의 배당절차에서 가압류채권자의 채권에 대하여 배당이 이루어지고 배당액이 공탁되었다고 하여 가압류채권자가 그 공탁금에 대하여 채권자로서 권리행사를 계속하고 있다고 볼 수는 없으므로 그로 인하여 가압류에 의한 시효중단의 효력이 계속된다고 할 수 없다).[1789]"

○ 원인채권의 지급을 확보하기 위하여 어음이 수수된 경우, 어음채권에 관한 집행력 있는 채무명

1787) 가령 물상보증인이 제공한 담보부동산에 대하여 제3자가 그 부동산을 압류한 경우, 그 사실을 주채무자에게 통지하여야 그에게 시효중단의 효력이 생긴다. 이 때의 통지는 반드시 채권자 본인이 하여야 하는 것은 아니고, 경매법원이 경매절차의 이해관계인(채무자)에게 경매개시결정이나 경매기일 통지서를 송달하는 방법으로 할 수도 있다. 판례는, '이 경매개시결정이나 경매기일 통지서는 압류의 사실을 채무자가 알 수 있도록 교부송달의 방법으로 송달하여야 하며, 우편송달(발송송달)이나 공시송달에 의하여 송달함으로써 채무자가 압류사실을 알 수 없었던 때에는 통지의 효력이 인정되지 않는다.'고 한다.(대판 1994. 11. 25. 94다26097; 대판 1990. 1. 12. 89다카4946)

1788) 대판 2013. 11. 14. 2013다18622,18639; 대판 2000. 4. 25. 2000다11102.

1789) 대판 2013. 11. 14. 2013다18622, 18639.

의 정본에 기한 배당요구가 원인채권의 소멸시효를 중단시키는 효력이 있는지 여부(적극)

"원인채권의 지급을 확보하기 위하여 어음이 수수된 당사자 사이에서 채권자가 어음채권을 피보전권리로 하여 채무자의 재산을 가압류함으로써 그 권리를 행사한 경우에는 그 원인채권의 소멸시효를 중단시키는 효력이 있고, 이러한 법리는 채권자가 어음채권을 청구채권으로 하여 채무자의 재산을 압류함으로써 그 권리를 행사한 경우에도 마찬가지이며, 한편 집행력 있는 채무명의 정본을 가진 채권자는 이에 기하여 강제경매를 신청할 수 있으며, 다른 채권자의 신청에 의하여 개시된 경매절차를 이용하여 배당요구를 신청하는 행위도 채무명의에 기하여 능동적으로 그 권리를 실현하려고 하는 점에서는 강제경매의 신청과 동일하다고 할 수 있으므로, 부동산경매절차에서 집행력 있는 채무명의 정본을 가진 채권자가 하는 배당요구는 민법 제168조 제2호의 압류에 준하는 것으로서 배당요구에 관련된 채권에 관하여 소멸시효를 중단하는 효력이 생긴다고 할 것이고, 따라서 원인채권의 지급을 확보하기 위하여 어음이 수수된 당사자 사이에 채권자가 어음채권에 관한 집행력 있는 채무명의 정본에 기하여 한 배당요구는 그 원인채권의 소멸시효를 중단시키는 효력이 있다.[1790]"

○ 사망자를 채무자로 한 가압류결정의 효력 및 당연 무효의 가압류가 민법 제168조 제2호에 정한 소멸시효의 중단사유에 해당하는지 여부

"사망한 사람을 피신청인으로 한 가압류신청은 부적법하고 그 신청에 따른 가압류결정이 내려졌다고 하여도 그 결정은 당연 무효로서 그 효력이 상속인에게 미치지 않으며, 이러한 당연 무효의 가압류는 민법 제168조 제1호에 정한 소멸시효의 중단사유에 해당하지 않는다.[1791]"

○ 유체동산에 대한 가압류 집행절차에 착수하지 않은 경우에도 가압류에 의한 시효중단 효력이 있는지 여부(소극)

"민법 제168조에서 가압류를 시효중단사유로 정하고 있는 것은 가압류에 의하여 채권자가 권리를 행사하였다고 할 수 있기 때문인데 가압류에 의한 집행보전의 효력이 존속하는 동안은 가압류채권자에 의한 권리행사가 계속되고 있다고 보아야 할 것이므로 가압류에 의한 시효중단의 효력은 가압류 집행보전의 효력이 존속하는 동안은 계속된다. 따라서 유체동산에 대한 가압류결정을 집행한 경우 가압류에 의한 시효중단 효력은 가압류 집행보전의 효력이 존속하는 동안 계속된다. 그러나 유체동산에 대한 가압류 집행절차에 착수하지 않은 경우에는 시효중단 효력이 없고, 집행절차를 개시하였으나 가압류할 동산이 없기 때문에 집행불능이 된 경우에는 집행절차가 종료된 때로부터 시효가 새로이 진행된다.[1792]"

○ 금전채권의 보전을 위하여 채무자의 금전채권에 대하여 가압류가 행하여진 후 채권자의 신청에 의하여 그 집행이 취소된 경우, 가압류에 의한 소멸시효 중단의 효과가 소급적으로 소멸되는지 여부(적극)

"금전채권의 보전을 위하여 채무자의 금전채권에 대하여 가압류가 행하여진 경우에 그 후 채권자의 신청에 의하여 그 집행이 취소되었다면, 다른 특별한 사정이 없는 한 가압류에 의한 소멸시효 중단의 효과는 소급적으로 소멸된다. 민법 제175조는 가압류가 '권리자의 청구에 의하여 취소된 때에는' 소멸시효 중단의 효력이 없다고 정한다. 가압류의 집행 후에 행하여진 채권자의 집행취소 또

1790) 대판 2002. 2. 26. 2000다25484; 대판 1999. 6. 11. 99다16378.

1791) 대판 2006. 8. 24. 2004다26287, 26294; 대판 1982. 10. 26. 82다카884.

1792) 대판 2011. 5. 13. 2011다10044; 대판 2006. 7. 27. 2006다32781; 대판 2000. 4. 25. 2000다11102.

는 집행해제의 신청은 실질적으로 집행신청의 취하에 해당하고, 이는 다른 특별한 사정이 없는 한 가압류 자체의 신청을 취하하는 것과 마찬가지로 그에게 권리행사의 의사가 없음을 객관적으로 표명하는 행위로서 위 법 규정에 의하여 시효중단의 효력이 소멸한다고 봄이 상당하다. 이러한 점은 위와 같은 집행취소의 경우 그 취소의 효력이 단지 장래에 대하여만 발생한다는 것에 의하여 달라지지 아니한다.[1793)]"

◎ 법률의 규정에 따른 적법한 가압류가 있었으나 제소기간의 도과로 인하여 가압류가 취소된 경우, 민법 제175조에 정한 소멸시효 중단의 효력이 없는 경우에 해당하는지 여부(소극)

"민법 제175조는 가압류가 '권리자의 청구에 의하여 또는 법률의 규정에 따르지 아니함으로 인하여 취소된 때에는 소멸시효 중단의 효력이 없다'고 규정하고 있고, 이는 그러한 사유가 가압류 채권자에게 권리행사의 의사가 없음을 객관적으로 표명하는 행위이거나 또는 처음부터 적법한 권리행사가 있었다고 볼 수 없는 사유에 해당한다고 보기 때문이므로, 법률의 규정에 따른 적법한 가압류가 있었으나 제소기간의 도과로 인하여 가압류가 취소된 경우에는 위 법조가 정한 소멸시효 중단의 효력이 없는 경우에 해당한다고 볼 수 없다.[1794)]"

●● 사례 29의 해결:

첫째, 민법 제175조는 가압류가 '권리자의 청구에 의하여 또는 법률의 규정에 따르지 아니함으로 인하여 취소된 때에는 소멸시효 중단의 효력이 없다'고 규정하고 있는데, 이는 그러한 사유가 가압류 채권자에게 권리행사의 의사가 없음을 객관적으로 표명하는 행위이거나 또는 처음부터 적법한 권리행사가 있었다고 볼 수 없는 사유에 해당하는 경우를 말하므로, 법률의 규정에 따른 적법한 가압류가 있었으나 제소기간의 도과로 인하여 가압류가 취소된 경우에는 위 법조가 정한 소멸시효 중단의 효력이 없는 경우에 해당한다고 볼 수 없다.

둘째, 가압류를 시효중단사유로 규정하고 있는 것은 가압류에 의하여 권리자가 권리를 행사하였기 때문인데 가압류에 의한 집행보전의 효력이 존속하는 동안은 가압류채권자에 의한 권리행사가 계속되고 있다고 보아야 할 것이므로, 가압류에 의한 시효중단의 효력은 가압류의 집행보전의 효력이 존속하는 동안 계속된다(대판 2006. 7. 27. 2006다32781 참조). 이러한 법리에 따른다면, 피고의 제소명령신청이 인용되었는데도 원고가 그 제소명령신청기간 내에 소를 제기하지 아니하여 2009. 8. 12. 제소기간 도과를 이유로 가압류가 취소되었으므로, 이 사건 채권의 소멸시효는 위 가압류로 인하여 중단되었다가 가압류가 취소된 때로부터 다시 진행된다고 보아야 할 것이다.

셋째, 유체동산에 대한 가압류결정을 집행한 경우 가압류에 의한 시효중단의 효력은 가압류의 집행보전의 효력이 존속하는 동안 계속되나, 유체동산에 대한 가압류의 집행절차에 착수하지 않은 경우에는 시효중단의 효력이 없다고 할 것이다.

(대판 2011. 5. 13. 2011다10044; 대판 2011. 1. 13. 2010다88019의 사실관계와 판결요지 등 참조)

1793) 대판 2010. 10. 14. 2010다53273.

1794) 대판 2011. 1. 13. 2010다88019.

3. 승　인(제168조 제3호)

●● 사례 30

원고는 피고의 처삼촌이고, 피고는 1977년경 원고가 경영하는 회사에 입사하여 상무이사까지 승진하여 근무하던 중 1997. 5.경 퇴사하였다. 이 사건 제1부동산과 임야에 관한 각 매매계약서에는 피고가 1989. 4. 24. A와 B로부터 각 4,515,000원 및 72,625,000원에 위 각 부동산을 매수한 것으로 기재되어 있다. 피고는 1989. 6. 12. 위 각 부동산에 관하여 그 명의의 소유권이전등기를 마쳤는데, 그 무렵부터 원고는 위 각 토지에 관한 그 등기필증을 보관해 오고 있다. 원고의 신청으로 위 임야는 2004. 7. 1.경 이 사건 제2, 3 기재 각 부동산(별지기재목록 생략)으로 분할되었고, 그 무렵 00시장의 촉탁에 따라 위 분할된 토지에 관하여 표시변경등기가 마쳐졌으며, 그 후 피고는 분할된 토지에 관한 등기필증을 송달받아 이를 보관하고 있다.

피고는 이 사건 각 부동산에 관한 토지세 납부고지서를 송달받으면 이를 원고의 회사 직원들에게 건네주었고, 원고의 회사 직원들은 이 사건 각 부동산에 부과된 토지세 등을 계속 납부해 왔다. 한편 원고는 종합토지세와 관련하여 소유자별 토지분 과세표준 합산과 누진세율 적용으로 인하여 피고 소유 주택의 부속토지에 가산되어 부과된 세액 부분을 피고에게 정산해줄 필요가 있었는데 1990년부터 피고가 퇴사한 1997년까지는 피고에게 직접 정산금을 지급한 후 피고로부터 영수증을 받아오다가 1998년부터 2004년까지는 정산금을 피고의 은행계좌로 송금하여 주었다. 다만 피고는 이 사건 소가 제기된 이후(소의 제기는 2009. 4. 30.)인 2009. 9. 28. 이미 원고가 납부한 2009년분 토지세를 처음으로 자신의 돈으로 납부함으로써 2009년분 토지세는 중복 납부되어 있다. 또한 원고는 2001년경부터 2004년경까지 피고의 요구에 따라 피고에게 매년 의료보험료가 증액된 액수 상당액을 정산하여 주었다. 원고는 2004년경부터 원고의 회사 직원들을 통해 피고에게 이 사건 각 부동산에 관한 소유권이전등기를 넘겨줄 것을 수차례 요청하였으나, 피고는 이를 거부하였다. 원고가 주장할 수 있는 청구원인과 그에 대한 피고의 항변을 적시하고, 이 사건 청구가 인용될 수 있는지에 관하여 논하라.

●● 사안의 쟁점:

첫째, 소송당사자 간에 명의신탁이 이루어졌는지 여부 둘째, 이 사건 부동산소유권이전등기청구는 소멸시효의 대상인지 여부 셋째, 소멸시효의 중단사유로서의 채무승인의 성립요건의 충족 여부 등이다.

시효의 이익을 받을 당사자(채무자)가 그 시효의 완성으로 권리를 상실하게 될 자에 대하여 그 권리의 존재를 인정한다고 표시하는 것을 승인이라 한다.[1795] 승인의 성질은 준법률행위인 관념의 통지이나, 법률행위에 관한 규정이 유추적용된다.[1796]

1795) 대판 2000. 4. 25. 98다63193; 대판 1992. 4. 14. 92다947.

1796) 승인을 하려면 행위능력이 있어야 한다. 또한 승인은, 승인을 할 만한 권한 있는 자가 하여야 한다(대

승인을 함에는 특별한 방식이 필요하지 않으나,[1797] 반드시 상대방에 대하여 하여야 한다.[1798]

시효중단의 효력이 있는 승인에는 상대방의 권리에 관한 처분의 능력이나 권한이 있음을 요하지 아니한다(제177조). 그러나 제177조의 반대해석상 적어도 승인자에게 관리권한은 있어야 한다.[1799] 가령 제한능력자(미성년자 · 피성년후견인)가 유효한 승인을 하기 위해서는 원칙적으로 법정대리인의 동의가 있어야 한다.

채무승인이 있었다는 점에 대한 증명책임은 이를 주장하는 채권자측에서 부담한다.[1800] 승인에 의하여 소멸시효가 중단되는 시기는, 승인이 상대방에게 도달한 때이다.[1801]

한편 소멸시효 완성 후의 승인은 시효이익의 포기만이 문제될 뿐이어서, 승인은 시효완성 전에만 가능하다(판례).

판 례

가. 채무승인의 성립요건 · 방법 · 시기

◎ 소멸시효중단사유로서의 채무승인을 인정하기 위하여 채무자가 권리 등의 법적 성질까지 알고 있거나 권리 등의 발생원인을 특정하여야 하는지 여부(소극) 및 그와 같은 승인이 있는지를 판단하는 기준

"소멸시효중단사유로서의 채무승인은 시효이익을 받는 당사자인 채무자가 소멸시효의 완성으로 채권을 상실하게 될 이 또는 그 대리인에 대하여 상대방의 권리 또는 자신의 채무가 있음을 알고 있다는 뜻을 표시함으로써 성립하며, 그 표시의 방법은 아무런 형식을 요구하지 아니하고 묵시적이건 명시적이건 묻지 아니한다. 또한 승인은 시효의 이익을 받는 이가 상대방의 권리 등의 존재를 인정하는 일방적 행위로서, 그 권리의 원인 · 내용이나 범위 등에 관한 구체적 사항을 확인하여야 하는 것은 아니고, 그에 있어서 채무자가 권리 등의 법적 성질까지 알고 있거나 권리 등의 발생원인을 특정하여야 할 필요는 없다고 할 것이다. 그리고 그와 같은 승인이 있는지 여부는 문제가 되

판 1970. 3. 10. 69다401). 그러한 권한이 있는 자로는, 시효이익을 받을 자 · 그 대리인 등이다. 반면 단순한 피용자(회사의 총무과장 · 경리과장 또는 출장소장 등)는 일반적으로 회사가 부담하는 채무에 대하여 승인을 하지 못한다(대판 1965. 12. 28. 65다2133).

1797) 가령 증서의 작성 · 이자의 지급 · 일부변제(대판 1980. 5. 13. 78다1790) · 담보의 제공 · 매 분기 말에 물품대금이 포함된 잔액확인 통지서를 작성 교부하여 주는 것(대판 2006. 9. 22. 2006다22852, 22869) 등은 묵시적 승인으로서 유효하다. 그런데, '묵시적인 승인 표시는 적어도 채무자가 그 채무의 존재 및 액수에 대하여 인식하고 있음을 전제로 하여 그 표시를 대하는 상대방으로 하여금 채무자가 그 채무를 인식하고 있음을 그 표시를 통해 추단하게 할 수 있는 방법으로 행해져야 한다.'고 한다.(대판 2006. 9. 22. 2006다22852, 22869) 따라서 '계속적 거래관계에 있는 자가 단순히 기왕에 공급받았던 것과 동종의 물품을 추가로 주문하고 공급받은 것만으로는 기왕의 미변제채무에 대한 승인으로는 볼 수 없다.'고 한다.(대판 2007. 1. 25. 2006다68940; 대판 2005. 2. 17. 2004다59959)

1798) 판례는, '검사가 작성한 피의자 신문조서의 진술 기재 가운데 채무의 일부를 승인하는 내용이 표시되었다고 하여 그것만으로는 승인이 있었던 것으로 볼 수 없다.'고 한다.(대판 1999. 3. 12. 98다18124)

1799) 같은 견해 지원림, 421면.

1800) 대판 2005. 2. 17. 2004다59959.

1801) 대판 1995. 9. 29. 95다30178.

는 표현행위의 내용·동기 및 경위, 당사자가 그 행위 등에 의하여 달성하려고 하는 목적과 진정한 의도 등을 종합적으로 고찰하여 사회정의와 형평의 이념에 맞도록 논리와 경험의 법칙, 그리고 사회일반의 상식에 따라 객관적이고 합리적으로 이루어져야 한다.[1802)]"

"소멸시효 이익의 포기사유로서의 채무의 승인은 그 표시의 방법에 아무런 제한이 없어 묵시적인 방법으로도 가능하기는 하지만, 적어도 채무자가 채권자에 대하여 부담하는 채무의 존재에 대한 인식의 의사를 표시함으로써 성립하게 되고, 그러한 취지의 의사표시가 존재하는지 여부의 해석은 그 표시된 행위 내지 의사표시의 내용과 동기 및 경위, 당사자가 그 의사표시 등에 의하여 달성하려고 하는 목적과 진정한 의도 등을 종합적으로 고찰하여 사회정의와 형평의 이념에 맞도록 논리와 경험의 법칙, 그리고 사회일반의 상식에 따라 객관적이고 합리적으로 이루어져야 한다.[1803)]"

◎ 시효중단사유로서의 채무승인의 방법

"소멸시효 중단사유로서의 채무의 승인은 시효이익을 받을 당사자인 채무자가 소멸시효의 완성으로 권리를 상실하게 될 자에 대하여 그 권리가 존재함을 인식하고 있다는 뜻을 표시함으로써 성립하며, 그 표시의 방법은 아무런 형식을 요구하지 아니하고, 또 그 표시가 반드시 명시적일 것을 요하지 않고 묵시적인 방법으로도 가능한 것이기는 하지만, 그 묵시적인 승인의 표시는 적어도 채무자가 그 채무의 존재 및 액수에 대하여 인식하고 있음을 전제로 하여 그 표시를 대하는 상대방으로 하여금 채무자가 그 채무를 인식하고 있음을 그 표시를 통해 추단하게 할 수 있는 방법으로 행해져야 한다.[1804)]"

◎ 어음의 승인에 개서, 새로운 어음 발행, 문서 작성이 필요한지 여부

"어음시효 중단사유로서의 승인은 반드시 기존 어음에 개서하거나 새로운 어음을 발행, 교부함을 요하지 아니하며, 또 채무승인에 관한 문서가 작성되어 있지 않다고 하여 채무승인을 인정할 수 없는 것은 아니다.[1805)]"

◎ 소멸시효의 진행이 개시되기 전에 소멸시효의 중단사유로서의 승인을 할 수 있는지 여부(소극)

"소멸시효의 중단사유로서의 승인은 시효이익을 받을 당사자인 채무자가 그 권리의 존재를 인식하고 있다는 뜻을 표시함으로써 성립하는 것이므로 이는 소멸시효의 진행이 개시된 이후에만 가능하고 그 이전에 승인을 하더라도 시효가 중단되지는 않는다고 할 것이고, 또한 현존하지 아니하는 장래의 채권을 미리 승인하는 것은 채무자가 그 권리의 존재를 인식하고서 한 것이라고 볼 수 없어 허용되지 않는다고 할 것이다.[1806)]"

나. 승인의 당사자

◎ 주식회사인 채권자의 외부감사인이 채권자가 가지는 재무제표상 매출채권 등 채권과 관련하여 채무자로부터 적법한 감사활동의 일환으로 행하여지는 채무 확인 등 절차를 통하여 소멸시효중단사유로서 채무승인의 통지를 수령할 대리권을 갖는지 여부(원칙적 적극)

"주식회사인 채권자의 외부감사인이 채권자에 대한 회계감사를 위하여 채권자의 재무제표에 기재

1802) 대판 2012. 10. 25. 2012다45566; 대판 2008. 7. 24. 2008다25299; 대판 2001. 2. 23. 2000다65864.
1803) 대판 2008. 7. 24. 2008다25299.
1804) 대판 2007. 11. 29. 2005다64552; 대판 2005. 2. 17. 2004다59959; 대판 1992. 4. 14. 92다947.
1805) 대판 1990. 11. 27. 90다카21541.
1806) 대판 2001. 11. 9. 2001다52568.

된 매출채권 등 채권의 실재 여부를 확인함에 있어서 채권자가 외부감사인으로 하여금 해당 채권의 채무자에 대하여 채권 존부 확인을 하지 못하도록 하였다거나 해당 채무자로부터의 채무승인의 통지를 수령할 권한을 배제하겠다고 하는 등의 특별한 사정이 없는 한, 외부감사인은 채권자와의 외부감사인 선임계약에 기하여 피감 주식회사가 가지는 재무제표상 매출채권, 대여금채권 등의 채권과 관련하여 그 채무자로부터 적법한 감사활동의 일환으로 행하여지는 채무 확인 등의 절차를 통하여 소멸시효중단사유로서 채무승인의 통지를 수령할 대리권을 가진다고 봄이 타당하다.[1807)]"

◘ 회사의 경리과장, 총무과장, 출장소장의 회사 채무 승인 가부

"일반적으로는 회사의 경리과장, 총무과장 또는 출장소장은 다른 특별한 사정이 없는 한 회사가 부담하고 있는 채무에 관하여 소멸시효의 중단사유가 되는 승인을 할 수 없다.[1808)]"

◘ 국가 채무를 승인할 수 있는 자

"국가의 채무에 대하여 소멸시효의 중단사유인 승인은 이를 할 권한 있는 자가 적법한 절차에 의하여 하는 것이 아니면 효력이 없다.[1809)]"

다. 승인이 인정된 경우

◘ 면책적 채무인수가 소멸시효의 중단사유인 채무승인에 해당하는지 여부(적극)

"면책적 채무인수가 있은 경우, 인수채무의 소멸시효기간은 채무인수와 동시에 이루어진 소멸시효 중단사유, 즉 채무승인에 따라 채무인수일로부터 새로이 진행된다.[1810)]"

◘ 소멸시효 완성 전에 채무의 일부가 변제된 경우, 소멸시효의 중단 여부

"시효완성 전에 채무의 일부를 변제한 경우에는, 그 수액에 관하여 다툼이 없는 한 채무승인으로서의 효력이 있어 시효중단의 효과가 발생한다.[1811)]"

◘ 객관적으로는 수건의 미변제 대출금 채무 중 일부의 변제이지만 주관적으로는 수건의 채무 전부를 변제한다는 의사가 있었던 경우, 이는 채무 전부에 대한 승인에 해당한다고 볼 수 있는지 여부(적극)

"채무자가 수건의 대출금 채무 중 변제되지 않고 있는 모든 채무를 변제한다는 의사로 채권자에게 잔존 채무를 정산해 달라고 하였는데, 채권자의 실수로 일부의 채무를 제외한 나머지 대출금 채무만이 남아 있는 것처럼 정산하여 채무자가 위 나머지 채무가 남아 있는 전채무인 것으로 알고 이를 변제한 경우, 채무자로서는 채권자가 제외된 채무까지 포함하여 정산하고 이를 잔존 채무로 제시하였다 하더라도 당연히 변제하였을 것이므로, 채무자의 행위는 정산된 채무만이 전채무이고 그 이상의 채무는 존재하지 아니 한다는 인식을 표시하거나 특정채무를 지정하여 그 일부의 변제를 한 것이 아니라, 당시 자신이 부담하고 있던 모든 채무를 그대로 인정한다는 관념을 표시한 것으로 본 사례.[1812)]"가 있다.

◘ 채무자가 채권자에게 담보가등기를 경료하고 부동산을 인도하여 준 다음 피담보채권에 대한 이자 또는 지연손해금의 지급에 갈음하여 채권자로 하여금 부동산을 사용수익할 수 있도록 한 경

1807) 대판 2013. 11. 14. 2013다56310.
1808) 대판 1965. 12. 28. 65다2133.
1809) 대판 1970. 3. 10. 69다401.
1810) 대판 1999. 7. 9. 99다12376.
1811) 대판 1996. 1. 23. 95다39854; 대판 1993. 10. 26. 93다14936; 대판 1980. 5. 13. 78다1790.
1812) 대판 2001. 2. 23. 2000다65864; 대판 2000. 4. 25. 98다63193; 대판 1992. 4. 14. 92다947.

우, 피담보채권의 소멸시효가 중단되는지 여부(적극)

"담보가등기를 경료한 부동산을 인도받아 점유하더라도 담보가등기의 피담보채권의 소멸시효가 중단되는 것은 아니지만, 채무의 일부를 변제하는 경우에는 채무 전부에 관하여 시효중단의 효력이 발생하는 것이므로, 채무자가 채권자에게 담보가등기를 경료하고 부동산을 인도하여 준 다음 피담보채권에 대한 이자 또는 지연손해금의 지급에 갈음하여 채권자로 하여금 부동산을 사용·수익할 수 있도록 한 경우라면, 채권자가 부동산을 사용·수익하는 동안에는 채무자가 계속하여 이자 또는 지연손해금을 채권자에게 변제하고 있는 것으로 볼 수 있으므로 피담보채권의 소멸시효가 중단된다고 보아야 한다.[1813)]"

- **갑이 대표이사로 있는 을회사가 병에게 공정증서를 작성해 준 행위는 갑이 자신의 공사대금채무에 대한 담보를 제공할 목적으로 을회사로 하여금 갑의 공사대금채무를 병존적으로 인수하게 한 것으로 보아야 한다는 이유 등으로 채무승인을 인정할 수 있는지 여부(적극)**

"갑이 대표이사로 있는 을회사가 병에게 공정증서를 작성해 준 행위는 갑이 자신의 공사대금채무에 대한 담보를 제공할 목적으로 을 회사로 하여금 갑의 공사대금채무를 병존적으로 인수하게 한 것으로 보아야 하므로, 갑이 자신의 공사대금채무의 존재 및 액수에 대하여 인식하고 있음을 묵시적이나마 병에게 표시한 것으로 볼 수 있고, 병의 갑에 대한 위 공사대금채권은 채무자인 갑의 위와 같은 을 회사 명의의 공정증서 작성·교부를 통한 채무승인에 의하여 그 소멸시효가 중단되었다고 한 사례.[1814)]"가 있다.

- **갑이 을의 명의로 부동산을 매수하고 등기명의를 신탁하였으나 부동산 실권리자명의 등기에 관한 법률 제11조에서 정한 유예기간이 경과할 때까지 실명등기를 하지 않았는데, 그로부터 10년이 경과한 후에 위 부동산에 관한 소유권이전등기절차 이행을 구하는 소를 제기한 경우, 갑에 대하여 소유권등기를 이전·회복하여 줄 의무를 부담함을 알고 있다는 뜻이 묵시적으로 승인으로 볼 수 있는지 여부(적극)**

"갑이 을과의 명의신탁약정에 기하여 을의 명의로 부동산을 매수하고 등기명의를 신탁하였으나 부동산 실권리자명의 등기에 관한 법률 제11조에서 정한 유예기간이 경과할 때까지 실명등기를 하지 않았는데, 그로부터 10년이 경과한 후에 위 부동산의 회복을 위하여 을에 대하여 가지는 부당이득반환청구권을 근거로 위 부동산에 관한 소유권이전등기절차 이행을 구하는 소를 제기한 사안에서, 을이 위 부동산이 갑과의 관계에서 자신의 소유가 아니라 갑의 소유임을 스스로 인정하는 것을 전제로 하여서만 취하였을 행태로서 관련 세금의 부담과 같은 재산적 지출을 갑에게 적극적으로 요청하는 등 갑의 대내적 소유권을 인정한 데에는 갑에 대하여 소유권등기를 이전·회복하여 줄 의무를 부담함을 알고 있다는 뜻이 묵시적으로 포함되어 표현되었다고 봄이 타당하므로, 그 후 을이 갑의 반환요구를 거부하기 시작한 때까지는 위 부동산에 관한 소유권이전등기의무를 승인하였다고 할 것이다.[1815)]"

- **수건의 채무전부의 변제의사가 있는 경우**

"객관적으로는 수건의 미변제 대출금채무 중 일부의 변제이지만, 주관적으로는 수건의 채무 전

1813) 대판 2009. 11. 12. 2009다51028; 대판 2007. 3. 15. 2006다12701; 대판 1980. 5. 13. 78다1790.
1814) 대판 2010. 11. 11. 2010다46657.
1815) 대판 2012. 10. 25. 2012다45566.

부를 변제한다는 의사가 있었던 경우, 이는 채무 전부에 대한 승인에 해당한다고 본 사례.[1816]"가 있다.

○ 노동능력을 상실하였으나 의사능력이 있는 자의 승인의 효력

"피해자의 뇌의 손상으로 도시일용노동자로서의 노동능력을 100% 상실하였다 하더라도 치료비 채권자에 대하여 치료비채무를 승인하거나 소멸시효의 이익을 포기할 의사능력까지 상실한 것은 아니므로 피해자의 승인 및 포기는 유효하다.[1817]"

라. 승인이 부정된 경우

○ 위법한 행정지도로 상대방에게 일정기간 어업권을 행사하지 못하는 손해를 입힌 행정기관이 '어업권 및 시설에 대한 보상 문제는 관련 부서와의 협의 및 상급기관의 질의, 전문기관의 자료에 의하여 처리해야 하므로 처리기간이 지연됨을 양지하여 달라.'는 취지의 공문을 보낸 사유만으로 자신의 채무를 승인한 것으로 볼 수 있는지 여부

"위법한 행정지도로 상대방에게 일정기간 어업권을 행사하지 못하는 손해를 입힌 행정기관이 "어업권 및 시설에 대한 보상 문제는 관련 부서와의 협의 및 상급기관의 질의, 전문기관의 자료에 의하여 처리해야 하므로 처리기간이 지연됨을 양지하여 달라"는 취지의 공문을 보낸 사유만으로 자신의 채무를 승인한 것으로 볼 수 없다고 한 사례.[1818]"가 있다.

○ 형사재판절차에서 무죄를 주장하면서도 유죄가 인정되는 경우에 대비하여 제1심판결 및 항소심 판결 선고 전에 각 1,000만 원을 공탁하면서 손해배상금의 일부라는 표시도 하지 않고 공탁금 회수제한신고서도 첨부한 사안의 경우, 채무승인의 인정 여부(소극)

"형사재판절차에서 무죄를 주장하면서도 유죄가 인정되는 경우에 대비하여 제1심판결 및 항소심 판결 선고 전에 각 1,000만 원을 공탁하면서 손해배상금의 일부라는 표시도 하지 않고 공탁금 회수제한신고서도 첨부한 사안에서, 채무자가 부담하는 손해배상채무는 정신적 손해에 대한 위자료 지급채무의 성격을 가지는 것이어서 형사재판과정에서 그 액수를 구체적으로 산정하기 곤란하였다는 점 등에 비추어 보면, 위 각 공탁에 의하여 당시 그 공탁금을 넘는 손해배상채무가 존재함을 인식하고 있었다는 뜻을 표시한 것이라고 보기는 어렵다는 점에서 위 각 공탁에 의하여 공탁금을 넘는 손해배상채무를 승인한 것이라고 볼 수 없다는 이유로 손해배상채무 전액에 대한 승인의 효력을 인정한 원심판결을 파기한 사례.[1819]"가 있다.

○ 채무자가 소멸시효가 완성된 연대보증채무액의 일부를 지급하고 사건을 종결하자는 내용의 합의안을 제의한 사실만으로 채무승인의 뜻을 확정적으로 표시한 것이라고 해석할 수 있는지 여부

"채무자가 채권자로부터 소멸시효가 완성된 연대보증채무의 이행청구를 받고 그 채무액의 일부를 지급하고 사건을 종결하자는 내용의 합의안을 제의하였다가 거절당한 사안에서, 합의안 제의의 배경 등 제반 사정에 비추어 채무자가 위 합의안을 제의한 사실만으로 채권자에게 연대보증채무를 부담하고 있다는 채무승인의 뜻을 확정적으로 표시한 것이라고 해석하기 어렵다고 한 사례.[1820]"가 있다.

1816) 대판 2001. 2. 23. 2000다65864; 대판 2000. 4. 25. 98다63193; 대판 1992. 4. 14. 92다947.
1817) 대판 1977. 6. 28. 77다347.
1818) 대판 2008. 9. 25. 2006다18228.
1819) 대판 2010. 9. 30. 2010다36735.
1820) 대판 2008. 7. 24. 2008다25299.

○ 분쟁해결을 위한 헐값 매수의사를 보인 것이 승인인지 여부

"분쟁해결의 뜻으로 대금이라고 할 수 없는 아주 헐값으로 매수하겠다는 의사를 비친 사실만으로는 시효중단은 물론 시효이익의 포기가 있었다고 할 수 없다.[1821]"

○ 피의자신문조서의 기재를 승인으로 볼 것인지 여부

"승인은 채무자가 소멸시효의 완성으로 권리를 상실하게 될 자 또는 그 대리인에 대하여 그 권리가 존재함을 인식하고 있다는 뜻을 표시하는 것이므로 피의자의 진술은 어디까지나 검사를 상대로 이루어지는 것이어서 그 진술기재 가운데 채무의 일부를 승인하는 의사가 표시되어 있다고 하더라도 그 기재 부분만으로 곧바로 소멸시효 중단사유로서 승인의 의사표시가 있다고 볼 수 없다.[1822]"

●● 사례 30의 해결:

첫째, 원고가 이 사건 각 부동산의 등기필증을 보관해 오고 있는 점, 이 사건 제2, 3부동산은 원고의 신청에 의하여 분할된 점, 원고는 이 사건 각 부동산의 취득 직후부터 약 20년간 그 토지세 및 종합토지세를 계속 납부하여 온 반면 피고는 이 사건 소 이후에야 비로소 토지세를 1회 납부하였을 뿐인 점 등을 살피면, 이 사건 각 부동산은 원고가 피고에게 명의신탁한 부동산이라고 봄이 상당하다.

둘째, 부동산 실권리자명의 등기에 관한 법률 시행 전인 1989. 4. 24. 명의신탁 약정에 기하여 위와 같이 물권변동이 이루어진 다음 원고가 같은 법 제11조에서 정한 유예기간인 1996. 7. 1. 내에 실명등기 등을 하지 않고 그 기간을 경과하였으므로 피고는 명의신탁 약정에 따라 원고가 제공한 비용을 매매대금으로 지급하고 이 사건 각 부동산에 관한 소유명의를 취득하게 되고, 위 유예기간이 경과하기 전까지는 원고는 언제라도 명의신탁 약정을 해지하고 위 각 부동산에 관한 소유권을 취득할 수 있었다. 그러므로 피고는 위 법 시행에 따라 위 각 부동산 자체를 부당이득하였다고 할 것이므로, 원고는 부당이득반환을 원인으로 하여 이 사건 각 부동산에 관한 소유권이전등기절차를 이행하라는 청구를 할 수 있다.

셋째, 명의신탁 약정이 무효가 되어 원고가 피고에 대하여 갖게 되는 이 사건 각 부동산에 관한 소유권이전등기청구권은 부당이득반환청구권의 성질을 가진 것으로 민법 제162조 제1항에 따라 10년의 기간이 경과함으로써 시효로 소멸하고, 이 사건 소는 위 법 제11조에서 정한 유예기간이 경과한 날인 1996. 7. 1.로부터 10년이 경과한 후에 제기되었으므로, 피고는 소유권이전등기청구권이 시효로서 소멸하였다는 항변을 할 수 있다.

넷째, 소멸시효중단사유로서의 채무승인은 시효이익을 받는 당사자인 채무자가 소멸시효의 완성으로 채권을 상실하게 될 이 또는 그 대리인에 대하여 상대방의 권리 또는 자신의 채무가 있음을 알고 있다는 뜻을 표시함으로써 성립하며, 그 표시의 방법은 아무런 형식을 요구하지 아니하고 묵시적이건 명시적이건 묻지 아니한다. 또한 승인은 시효의 이익을 받는 이가 상대방의 권리 등의 존재를 인정하는 일방적 행위로서, 그 권리의 원인·내용이나 범위 등에 관한 구체적 사항

1821) 대판 1979. 11. 27. 78다569.
1822) 대판 1999. 3. 12. 98다18124.

을 확인하여야 하는 것은 아니고, 그에 있어서 채무자가 권리 등의 법적 성질까지 알고 있거나 권리 등의 발생원인을 특정하여야 할 필요는 없다고 할 것이다. 이러한 법리에 따른다면 피고는 2004년까지 이 사건 각 부동산이 원고와의 관계에서는 자신의 소유가 아니라 원고의 소유임을 스스로 인정하는 것을 전제로 하여서만 취하였을 행태로서 관련 세금의 부담과 같은 재산적 지출을 원고에게 적극적으로 요청하는 등에 나아갔다고 할 것이고, 이와 같이 피고가 명의신탁 받은 이 사건 각 부동산에 관하여 권리를 가지지 아니하고 원고의 대내적 소유권을 인정한 것에는 달리 특별한 사정이 없는 한 원고에 대하여 소유권등기를 이전·회복하여 줄 의무를 부담함을 알고 있다는 것이 묵시적으로 포함되어 표현되었다고 봄이 상당하다. 따라서 피고는 원고의 반환요구를 거부하기 시작한 2004년경까지는 이 사건 각 부동산에 관한 소유권이전등기의무를 승인하였다고 할 것이어서 그 무렵까지 원고의 이 사건 각 부동산에 관한 소유권이전등기청구권의 소멸시효는 중단되었고, 이 사건 소가 그로부터 10년이 경과하지 아니한 2009. 4. 30.에 제기되었음이 분명한 이상 결국 피고의 소멸시효 항변은 받아들일 수 없다고 할 것이다.

이상의 검토 결과, 원고의 청구는 인용될 것이다.

(대판 2012. 10. 25. 2012다45566의 사실관계와 판결요지 등 참조)

Ⅲ. 소멸시효 중단의 효력

1. 효력의 내용 · 인적 범위

소멸시효가 중단되면 그 때까지 경과한 시효기간은 이를 산입하지 않는다(제178조 제1항 전문). 따라서 중단사유가 종료한 시점부터 다시 새롭게 시효기간의 계산이 시작된다(제178조 제1항 후문).

시효중단의 효력은 당사자 및 그 승계인 사이에만 미친다(제169조).[1823][1824] 한편 판례는 시효중단의 효력범위에 관하여 일정한 제한을 가한다.[1825]

1823) 판례는, '여기서 당사자라 함은 중단행위에 관여한 당사자를 가리키고 시효의 대상인 권리 또는 청구권의 당사자는 아니며, 승계인이라 함은 시효중단에 관여한 당사자로부터 중단의 효과를 받는 권리를 그 중단효과 발생 이후에 승계한 자를 뜻하고, 포괄승계인은 물론 특정승계인도 이에 포함된다.'고 한다.(대판 1997. 4. 25. 96다46484)

1824) 시효중단의 효력이 당사자와 그 승계인에게만 미친다는 원칙에는 예외가 있다. 지역권(제295조 제2항·제296조)·연대채무(제416조·제421조)·보증채무(제440조) 등의 경우에는 각각 공유자 1인·다른 연대채무자·보증인 등에게도 시효중단의 효력이 미친다.

1825) 공유자 일인의 재판상 청구로 인한 시효중단의 효력범위의 경우, '공유자의 한 사람이 공유물의 보존행위로서 제소한 경우라도, 동 제소로 인한 시효중단의 효력은 재판상의 청구를 한 공유자에 한하여 발생하고, 다른 공유자에게는 미치지 않는다.'고 한다.(대판 1979. 6. 26. 79다639)

준합유재산에 대한 재판상 청구로 인한 시효중단의 효력범위의 경우, '기존의 공동광업권자가 광업권 침해로 인한 손해배상청구소송을 제기하였다면 준합유재산인 그 손해배상청구권 전부에 대하여 소멸시효가 중단 되는 것이고, 그 후에 광업권의 지분을 양수한 공동광업권자는 조합원의 지위에서 기존의 공동광업권자와 함께 소멸시효가 중단되는 손해배상청구권을 준합유하므로, 새로 공동광업권자가 된 자의 지분만 따로 소멸시효가 중단됨이 없이 진행되는 것은 아니다.'라고 한다.(대판 1997. 2. 11. 96다1733)

부진정연대채무자 1인에 대한 이행청구로 인한 시효중단의 효력범위의 경우, '부진정연대채무에 있어 채무자 1인에 대한 이행의 청구는 타 채무자에 대하여 그 효력이 미치지 않으므로 시효중단의 효과가 발생한다고 할

판 례

○ 채권자대위소송의 제기로 인한 소멸시효 중단의 효력이 채무자에게 미치는지 여부(적극)

"채권자대위권 행사의 효과는 채무자에게 귀속되는 것이므로 채권자대위소송의 제기로 인한 소멸시효 중단의 효과 역시 채무자에게 생긴다. 그렇다면, 채권자 갑이 채무자 을을 대위하여 병을 상대로 부동산에 관하여 부당이득반환을 원인으로 한 소유권이전등기절차 이행을 구하는 소를 제기하였다가 피보전권리가 인정되지 않는다는 이유로 소각하판결을 선고받아 확정되었고, 그로부터 3개월 남짓 경과한 후에 다른 채권자 정이 을을 대위하여 병을 상대로 같은 내용의 소를 제기하였다가 병과 사이에 피보전권리가 존재하지 않는다는 취지의 조정이 성립되었는데, 또 다른 채권자인 무가 조정 성립일로부터 10여 일이 경과한 후에 을을 대위하여 병을 상대로 같은 내용의 소를 다시 제기한 사안에서, 채무자 을의 병에 대한 위 부동산에 관한 부당이득반환을 원인으로 한 소유권이전등기청구권의 소멸시효는 갑, 정, 무의 순차적인 채권자대위소송에 따라 최초의 재판상 청구인 갑의 채권자대위소송 제기로 중단되었다고 본 원심판단을 정당하다고 한 사례.[1826)]"가 있다.

○ 원고가 채권자대위권에 기해 청구를 하다가 당해 피대위채권 자체를 양수하여 양수금청구로 소를 변경한 경우, 당초의 채권자대위소송으로 인한 시효중단의 효력이 소멸하는지 여부(소극)

"위의 경우, 이는 청구원인의 교환적 변경으로서 채권자대위권에 기한 구 청구는 취하된 것으로 보아야 하나, 그 채권자대위소송의 소송물은 채무자의 제3채무자에 대한 계약금반환청구권인데 위 양수금청구는 원고가 위 계약금반환청구권 자체를 양수하였다는 것이어서 양 청구는 동일한 소송물에 관한 권리의무의 특정승계가 있을 뿐 그 소송물은 동일한 점, 시효중단의 효력은 특정승계인에게도 미치는 점, 계속 중인 소송에 소송목적인 권리 또는 의무의 전부나 일부를 승계한 특정승계인이 소송참가하거나 소송인수한 경우에는 소송이 법원에 처음 계속된 때에 소급하여 시효중단의 효력이 생기는 점, 원고는 위 계약금반환채권을 채권자대위권에 기해 행사하다 다시 이를 양수받아 직접 행사한 것이어서 위 계약금반환채권과 관련하여 원고를 '권리 위에 잠자는 자'로 볼 수 없는 점 등에 비추어 볼 때, 당초의 채권자대위소송으로 인한 시효중단의 효력이 소멸하지 않는다고 본 사례.[1827)]"가 있다.

○ 대상 채권 중 일부만을 청구한 경우, 시효중단의 효력발생 범위

"위의 경우, 그 취지로 보아 채권전부에 관하여 판결을 구하는 것으로 해석되는 경우에는 그 동일성의 범위 내에서 그 전부에 관하여 시효중단의 효력이 발생하고, 이러한 법리는 특정 불법행위로 인한 손해배상채권에 대한 지연손해금청구의 경우에도 마찬가지로 적용된다.[1828)]"

○ 원인채권의 지급을 확보하기 위하여 어음이 수수된 경우, 어음채권에 관한 집행력 있는 채무명의 정본에 기한 배당요구가 원인채권의 소멸시효를 중단시키는 효력이 있는지 여부(적극)

"원인채권의 지급을 확보하기 위하여 어음이 수수된 당사자 사이에서 채권자가 어음채권을 피보전권리로 하여 채무자의 재산을 가압류함으로써 그 권리를 행사한 경우에는 그 원인채권의 소멸시

수 없다.'고 한다.(대판 1997. 9. 12. 95다42027)

1826) 대판 2011. 10. 13. 2010다80930.

1827) 대판 2010. 6. 24. 2010다17284.

1828) 대판 2001. 9. 28. 99다72521; 대판 1992. 12. 8. 92다29924; 대판 1992. 4. 10. 91다43695.

효를 중단시키는 효력이 있고, 이러한 법리는 채권자가 어음채권을 청구채권으로 하여 채무자의 재산을 압류함으로써 그 권리를 행사한 경우에도 마찬가지이며, 한편 집행력 있는 채무명의 정본을 가진 채권자는 이에 기하여 강제경매를 신청할 수 있으며, 다른 채권자의 신청에 의하여 개시된 경매절차를 이용하여 배당요구를 신청하는 행위도 채무명의에 기하여 능동적으로 그 권리를 실현하려고 하는 점에서는 강제경매의 신청과 동일하다고 할 수 있으므로, 부동산경매절차에서 집행력 있는 채무명의 정본을 가진 채권자가 하는 배당요구는 민법 제168조 제2호의 압류에 준하는 것으로서 배당요구에 관련된 채권에 관하여 소멸시효를 중단하는 효력이 생긴다고 할 것이고, 따라서 원인채권의 지급을 확보하기 위하여 어음이 수수된 당사자 사이에 채권자가 어음채권에 관한 집행력 있는 채무명의 정본에 기하여 한 배당요구는 그 원인채권의 소멸시효를 중단시키는 효력이 있다.[1829)]"

◎ 이미 시효로 소멸한 어음채권을 피보전권리로 한 가압류 결정에 의하여 그 원인채권의 소멸시효가 중단되는지 여부

"원인채권의 지급을 확보하기 위하여 어음이 수수된 당사자 사이에서 채권자가 어음채권을 피보전권리로 하여 채무자의 재산을 가압류함으로써 그 권리를 행사한 경우에는 그 원인채권의 소멸시효를 중단시키는 효력을 인정하고 있는데, 원래 위 두 채권이 독립된 것임에도 불구하고 이와 같은 효력을 인정하는 이유는, 이러한 어음은 경제적으로 동일한 급부를 위하여 원인채권의 지급수단으로 수수된 것으로서 그 어음채권의 행사는 원인채권을 실현하기 위한 것이고 어음수수 당사자 사이에서 원인채권의 시효소멸은 어음금 청구에 대하여 어음채무자가 대항할 수 있는 인적항변 사유에 해당하므로, 채권자가 어음채권의 소멸시효를 중단하여 두어도 원인채권의 시효소멸로 인한 인적항변에 따라 그 권리를 실현할 수 없게 되는 불합리한 결과가 발생하게 되기 때문이다. 그러나 이미 소멸시효가 완성된 후에는 그 채권이 소멸하고 시효 중단을 인정할 여지가 없으므로, 이미 시효로 소멸한 어음채권을 피보전권리로 하여 가압류 결정을 받는다고 하더라도 이를 어음채권 내지는 원인채권을 실현하기 위한 적법한 권리행사로 볼 수 없을 뿐 아니라, 더 이상 원인채권에 관한 시효 중단 여부가 어음채권의 권리 실현에 영향을 주지 못하여 어떠한 불합리한 결과가 발생하지 아니한다는 점을 함께 참작하여 보면, 가압류 결정 이전에 이미 피보전권리인 어음채권의 시효가 완성되어 소멸한 경우에는 그 가압류 결정에 의하여 그 원인채권의 소멸시효를 중단시키는 효력을 인정할 수 없다.[1830)]"

◎ 연대채무자 1인에 대한 시효중단의 효력이 다른 연대채무자에게 미치는지 여부

"채권자의 신청에 의한 경매개시 결정에 따라 연대채무자 1인의 소유부동산이 압류된 경우, 이로써 위 채무자에 대한 채권의 소멸시효는 중단되지만, 압류에 의한 시효중단의 효력은 다른 연대채무자에게 미치지 아니하므로, 경매개시 결정에 의한 시효중단의 효력을 다른 연대채무자에게 주장할 수 없다.[1831)]"

◎ 부진정연대채무자 1인에 대한 이행청구로 인한 시효중단 범위

"부진정연대채무에 있어 채무자 1인에 대한 이행의 청구는 타 채무자에 대하여 그 효력이 미치

1829) 대판 2002. 2. 26. 2000다25484; 대판 1999. 6. 11. 99다16378.

1830) 대판 2007. 9. 20. 2006다68902; 대판 1999. 6. 11. 99다16378.

1831) 대판 2001. 8. 21. 2001다22840; 대판 1997. 8. 29. 97다12990; 대판 1990. 6. 26. 89다카32606.

지 않으므로 시효중단의 효과가 발생한다고 할 수 없다.[1832]"

○ 국가배상심의회에 대한 손해배상신청의 시효중단 효력

"피해자가 국가배상심의회에 손해배상을 신청한 것은 채무자에 대하여 손해배상채무이행을 최고한 것에 해당하고 배상심의회가 위 신청에 대하여 심의하여 결정할 때까지는 국가는 그 이행의 유예를 구한 것에 해당하므로 이 경우, 민법 제174조 소정 6개월의 기간은 위 배상심의회의 결정이 있을 때까지 진행하지 아니한다.[1833]"

2. 중단 후의 시효진행

소멸시효가 중단된 후에는, 중단사유가 종료한 시점부터 다시 새로이 시효기간의 계산이 시작된다(제178조 제1항 후문).

중단된 시효가 다시 진행되는 시기는, 중단사유가 청구인 경우는 재판이 확정된 때(제178조 제2항), 압류·가압류·가처분인 경우에는 이들 절차가 끝났을 때, 승인인 경우에는 승인이 상대방에게 도달한 때로부터 다시 시효기간이 진행된다.

판 례

○ 회사정리절차참가로 인한 시효중단의 종료시점

"회사정리절차참가에 인정되는 시효중단의 효력은 참가라는 권리행사가 계속되는 한 그대로 유지된다고 할 것이므로 정리계획이 인가되었다가 결국 그 계획수행의 가망이 없음이 명백하여 정리절차폐지 결정이 내려진 경우에는 그 폐지결정 확정시에 채권자의 정리절차에 있어서의 권리행사가 종료되는 것이므로 소멸시효는 그 때부터 다시 진행을 개시한다.[1834]"

○ 가압류로 인한 시효중단의 종료시점, 본안에 관한 재판 확정시 가압류에 의한 시효중단 효력 소멸 여부

"① 민법 제168조에서 가압류를 시효중단사유로 정하고 있는 것은 가압류에 의하여 채권자가 권리를 행사하였다고 할 수 있기 때문인데 가압류에 의한 집행보전의 효력이 존속하는 동안은 가압류채권자에 의한 권리행사가 계속되고 있으므로 가압류에 의한 시효중단의 효력은 가압류의 집행보전의 효력이 존속하는 동안은 계속된다. ② 민법 제168조에서 가압류와 재판상의 청구를 별도의 시효중단사유로 규정하고 있는데 비추어 보면, 가압류의 피보전채권에 관하여 본안의 승소판결이 확정되었다고 하더라도 가압류에 의한 시효중단의 효력이 이에 흡수되어 소멸된다고 할 수 없다.[1835]"

1832) 대판 1997. 9. 12. 95다42027.
1833) 대판 1975. 7. 8. 74다178.
1834) 대판 1988. 2. 23. 87다카2055.
1835) 대판 2000. 4. 25. 2000다11102.

제4관 소멸시효의 정지

Ⅰ. 소멸시효 정지의 의의

시효기간이 진행 중에 일정한 사유가 발생하면, 시효기간의 진행을 중단시킨 후 그 사유가 종료한 때로부터, 나머지 시효기간을 진행시키는 것을 소멸시효의 정지라고 한다(제179조-제182조). 소멸시효의 정지는 소멸시효의 중단과 함께 권리자를 보호하기 위한 제도이다.[1836][1837]

Ⅱ. 소멸시효의 정지사유

1. 제한능력자를 위한 정지

소멸시효기간 만료 전 6개월 내에 제한능력자의 법정대리인이 없는 때에는, 그가 능력자로 되거나 또는 법정대리인이 취임한 때로부터 6개월 내에는 소멸시효가 완성되지 않는다(제179조).

재산을 관리하는 아버지·어머니 또는 후견인에 대한 제한능력자의 권리는, 그가 능력자로 되거나 또는 후임의 법정대리인이 취임한 때로부터 6개월 내에는 소멸시효가 완성되지 않는다(제180조 제1항).

판 례

○ **교통사고로 심신상실의 상태에 빠진 갑이 을 보험회사를 상대로 교통사고 발생일로부터 2년이 경과한 시점에 보험계약에 기한 보험금의 청구를 내용으로 하는 소를 제기한 사안의 경우, 갑의 보험금청구 인용 여부(적극)**

"교통사고로 심신상실의 상태에 빠진 갑이 을 보험회사를 상대로 교통사고 발생일로부터 2년이 경과한 시점에 보험계약에 기한 보험금의 청구를 내용으로 하는 소를 제기한 사안에서, 보험금청구권에 대하여는 2년이라는 매우 짧은 소멸시효기간이 정해져 있으므로 보험자 스스로 보험금청구권자의 사정에 성실하게 배려할 필요가 있다는 점, 권리를 행사할 수 없게 하는 여러 장애사유 중 권

1836) 소멸시효의 정지는, 이미 경과한 시효기간이 영(零)으로 되지 않고, 일정한 유예기간이 경과하면 소멸시효가 완성된다는 점에서, 이미 경과한 시효기간이 영으로 되는 소멸시효의 중단과 다르다.

1837) 민법이 소멸시효의 중단의 경우(제247조)와는 달리, 소멸시효의 정지에 관한 규정은 취득시효에 준용된다는 규정을 두지 않은 것은 입법적 불비라 할 것이므로, 소멸시효의 정지에 관한 규정도 취득시효의 경우에 유추적용된다고 하여야 한다(통설).

리자의 심신상실상태에 대하여는 특별한 법적 고려를 베풀 필요가 있다는 점, 갑이 보험사고로 인하여 의식불명의 상태에 있다는 사실을 그 사고 직후부터 명확하게 알고 있던 을 보험회사는 갑의 사실상 대리인에게 보험금 중 일부를 지급하여 법원으로부터 금치산선고를 받지 아니하고도 보험금을 수령할 수 있다고 믿게 하는 데 일정한 기여를 한 점 등을 종합하여 보면, 을 보험회사가 주장하는 소멸시효 완성의 항변을 받아들이는 것은 신의성실의 원칙에 반하여 허용되지 아니한다고 판단하여 갑의 보험금청구를 인용한 원심판단을 수긍한 사례.[1838)]"가 있다.

2. 부부 사이의 권리와 정지

부부 일방의 타방에 대한 권리는 혼인관계가 종료한 때로부터 6개월 내에는 소멸시효가 완성되지 않는다(제180조 제2항).[1839)]

3. 재산상속에 관한 정지

상속재산에 속한 권리나 상속재산에 대한 권리는 상속인의 확정, 관리인의 선임 또는 파산선고가 있는 때로부터 6개월 내에는 소멸시효가 완성되지 않는다(제181조).

4. 사변에 의한 정지

천재 기타 사변으로 인하여 소멸시효가 중단할 수 없을 때에는, 그 사유가 종료한 때로부터 1개월 내에는 시효가 완성하지 않는다(제182조).[1840)][1841)]

제5관 소멸시효의 효력

I. 소멸시효 완성의 효과

소멸시효의 요건이 갖추어진 경우, 그 효과는 무엇인가? 민법은 '소멸시효가 완성한다.'고 할 뿐(제162조·제163조·제164조), 시효완성의 효과가 무엇을 뜻하는지 구체적으로 밝히고 있지 않다.[1842)]

1838) 대판 2010. 5. 27. 2009다44327.

1839) 이 때의 혼인관계의 종료라 함은, 이혼·부부 일방의 사망 또는 실종선고·혼인의 취소 등을 말한다.

1840) 이 때의 천재라 함은 태풍·홍수·지진 등과 같은 자연적 장애를 말하고, 사변이라 함은 전쟁·폭동·폭설이나 홍수로 인한 교통두절 등과 같은 사회적인 객관적인 장애를 말하며, 권리자의 질병·여행 등의 주관적인 사정은 해당하지 않는다.

1841) 기타 특별법에 의한 소멸시효의 정지사유의 하나를 본다. 즉, 조세채권은 분납기간·징수유예기간·체납처분유예기간 또는 연부연납기간(年賦年納期間)중에는 소멸시효가 진행하지 않는다(국세기본법 제27조 제3항).

1842) 소멸시효 완성의 효과에 관한 주요국가의 입법례를 간단히 본다. 독일민법은 시효완성에 의하여 영구적 항변권이 발생하고(제214조), 항변권의 행사를 통하여 채무의 이행을 거절할 수 있을 뿐이다. 프랑스민법은

1. 학 설

소멸시효 완성의 효과가 무엇인지에 관하여 학설은 다툼이 있다. 크게 절대적 소멸설[1843]·상대적 소멸설[1844]·2원설[1845]로 나뉜다.[1846]

2. 판 례

판례는 절대적 소멸설을 취한다.[1847]

시효완성에 의하여 소권의 소멸을 주장할 수 있고, 소권의 소멸을 주장하면 본래의 채무는 자연채무로 변하게 된다(제2262조 후단). 스위스채무법은 시효완성의 경우, 소멸시효의 주장이 있어야 권리가 소멸하고, 법원이 직권으로 고려해서는 안 된다고 한다(제142조).

1843) 소멸시효의 완성으로 권리가 당연히 소멸한다는 견해이다(곽윤직·김재형, 438면; 김주수, 411면; 송덕수, 548면; 이영준, 724면; 이은영, 778면). 그 논거 중의 몇 가지를 본다. 첫째, 현행 민법은 구민법과는 달리 시효의 원용제도를 삭제한 점(민법제정자들이 시효원용에 관한 규정을 삭제한 것은, 절대적 소멸설을 취한 것이라는 것이다). 둘째, 부칙 제8조 제1항이 '… 권리는 본법의 규정에 의하여… 소멸한 것으로 본다.'고 한 것은, 제162조 등에 표현된 '소멸시효가 완성한다.'의 의미를 '소멸한다.'의 뜻으로 해석하여야 한다는 것이다.

1844) 소멸시효의 완성으로 권리가 당연히 소멸하지는 않고, 다만 의무자에게 권리의 소멸을 주장할 수 있는 권리(원용권·권리부인권)가 생기고, 그 권리를 행사함으로써 비로소 권리가 소멸한다는 견해이다(김상용, 722면; 김용한, 489면; 김증한·김학동, 541-541면; 백태승, 585면; 주해(Ⅲ), 483면; 지원림, 434면). 논거 중의 몇 가지를 본다. 첫째, 절대적 소멸설에 의하면 당사자가 권리소멸을 원용하지 않아도 권리가 소멸한 것으로 재판하여야 하는데, 이것은 소멸시효의 이익의 귀속을 원하지 않아 정당한 권리관계의 실현을 바라는 당사자의 의사에 반하는 결과로서 옳지 못하다. 둘째, 소멸시효 완성 후 채무자가 시효완성의 사실을 모르고 변제한 경우, 절대적 소멸설에 따르면, 비채변제(제742조)로서 그 반환을 청구할 수 있게 되어 사회관념에 반하는 결과를 초래한다. 셋째, 절대적 소멸설을 취하면, 시효이익 포기의 법적 성질을 설명하기 어렵게 된다.

1845) 원칙적으로 상대적 소멸설을 취하면서도, 단기소멸시효의 경우에는 예외적으로 절대적 소멸설을 취하는 견해이다(고상룡, 765면). 권리자의 권리는 가능한 한 보호되어야 한다는 점에서 소멸시효 완성의 효과는 상대적으로 설명하지만(상대적 소멸설을 취하지만), 예외적으로 거래의 안전 등을 이유로 법률관계를 단기적으로 처리해야 할 단기소멸시효의 경우에는 절대적으로 소멸한다고 해석하는 것이 타당하다고 한다.

1846) 절대적 소멸설(A)과 상대적 소멸설(B)의 구체적 차이점을 살펴본다. 첫째, 법원이 직권으로 권리의 소멸을 고려할 수 있는가? A에 따르면, 이론상으로는 원용이 없어도 권리는 소멸하나, 변론주의 원칙상 당사자의 원용이 없으면 법원은 이를 고려하지 못한다. B에 의하면, 당사자의 원용이 없는 한 법원은 직권으로 시효완성을 고려하지 못한다. 첫째의 경우에는 A·B 사이에 결과에 있어서 차이가 없다(다만, A의 경우에 실체관계와 재판 사이에 모순을 초래한다). 둘째, 시효 완성 후 변제한 경우, 그 반환을 청구할 수 있는가? 우선 시효완성의 사실을 안 경우, A에 따르면, 시효이익의 포기가 되고(제184조 제1항), 협의의 비채변제(제742조)가 되어, 채무자는 그 반환을 청구하지 못한다. 시효 완성의 사실을 모르고 변제한 경우, A에 의하면, 변제수령자가 변제자의 악의를 증명할 수 없는 한, 채무자는 제742조의 법리에 의해 그 반환을 청구할 수 있다. 채무 없음을 모르고 변제한 경우, A에 따르면, 도의관념에 적합한 변제(제744조)로서 그 반환을 청구하지 못한다(곽윤직·김재형, 439면). B에 따르면, 시효 완성의 사실을 알든 모르든 관계없이 원용을 하지 않고 변제한 이상, 이는 유효한 채무의 변제가 되어 채무자는 그 반환을 청구하지 못한다. 시효 완성의 사실을 알면서 변제한 경우에는 A·B 어느 설을 취하든 그 반환을 청구하지 못하지만, 시효 완성의 사실을 모르고 변제한 경우에는 A에 따르면서도 도의관념에 적합한 비채변제로 보는 견해를 취한다면 반환을 청구할 수 없게 되어, B와 차이가 없다. 셋째, 시효이익 포기의 이론구성을 어떻게 하는가? A에 따르면, 시효이익의 포기는 시효 완성의 이익을 받지 않겠다는 의사표시로서, 이에 의하여 권리는 시효로 소멸하지 않았던 것으로 확정된다. 그러나 시효가 완성되면 그 권리는 그 소멸시효의 기산일에 소급하여 소멸하게 되는데(제167조), A에 따르면 시효이익의 포기를 제대로 설명하지 못하는 문제점이 있다. B에 따르면, 시효이익의 포기는 원용권의 포기로서, 시효이익 포기의 설명이 간명해 진다.

1847) 즉, '소멸시효가 완성하면, 권리는 당연히 소멸한다.'고 한다.(대판 1991. 7. 26. 91다5631; 대판 1966. 1. 31. 65다2445) 한편 '변론주의 원칙상 시효의 이익을 받을 자가 소송에서 소멸시효의 주장을 하지 않으면 그 의

판 례

가. 원 칙

○ 소멸시효 완성의 효과

"전략(前略)… 소멸시효는 일정기간의 경과와 권리불행사라는 사정에 의하여 권리소멸의 효과를 가져오게 된다.[1848]"

○ 보증채무에 대하여 소멸시효가 중단되었으나 주채무에 대하여는 소멸시효가 완성된 경우, 부종성에 따라 보증채무가 소멸되는지 여부

"보증채무에 대한 소멸시효가 중단되었다고 하더라도 이로써 주채무에 대한 소멸시효가 중단되는 것은 아니고, 주채무가 소멸시효 완성으로 소멸된 경우에는 보증채무도 그 채무 자체의 시효중단에 불구하고 부종성에 따라 당연히 소멸된다.[1849]"

○ 금전채권의 원금 일부가 변제된 후 나머지 부분에 대하여 소멸시효가 완성된 경우, 시효완성의 효력이 미치는 이자 또는 지연손해금의 범위

"이자 또는 지연손해금은 주된 채권인 원본의 존재를 전제로 그에 대응하여 일정한 비율로 발생하는 종된 권리인데, 하나의 금전채권의 원금 중 일부가 변제된 후 나머지 원금에 대하여 소멸시효가 완성된 경우, 가분채권인 금전채권의 성질상 변제로 소멸한 원금 부분과 소멸시효 완성으로 소멸한 원금 부분을 구분하는 것이 가능하고, 이 경우 원금에 종속된 권리인 이자 또는 지연손해금 역시 변제로 소멸한 원금 부분에서 발생한 것과 시효완성으로 소멸된 원금 부분에서 발생한 것으로 구분하는 것이 가능하므로, 소멸시효 완성의 효력은 소멸시효가 완성된 원금 부분으로부터 그 완성 전에 발생한 이자 또는 지연손해금에는 미치나, 변제로 소멸한 원금 부분으로부터 그 변제 전에 발생한 이자 또는 지연손해금에는 미치지 않는다.[1850]"

○ 소멸시효 이익의 원용 요부

"신민법상 당사자의 원용이 없어도 시효완성의 사실로서 채무는 당연히 소멸하고, 다만 소멸시효의 이익을 받는 자가 소멸시효 이익을 받겠다는 뜻을 항변하지 않는 이상 그 의사에 반하여 재판할 수 없을 뿐이다.[1851]"

나. 시효원용권자

○ 담보가등기가 경료된 부동산을 양수한 자가 그 피담보채권의 소멸시효를 원용할 수 있는 근거 및 그 소멸시효 원용권의 성질

"소멸시효를 원용할 수 있는 사람은 권리의 소멸에 의하여 직접 이익을 받는 사람에 한정되는바, 채권담보의 목적으로 매매예약의 형식을 빌어 소유권이전청구권 보전을 위한 가등기가 경료된 부동산을 양수하여 소유권이전등기를 마친 제3자는 당해 가등기담보권의 피담보채권의 소멸에 의하여 직접 이익을 받는 자이므로, 그 가등기담보권에 의하여 담보된 채권의 채무자가 아니더라도 그

사에 반하여 재판할 수 없다.'고 한다.(대판 1991. 7. 26. 91다5631; 대판 1979. 2. 13. 78다2157)

1848) 대판 1995. 11. 10. 94다22682, 22699.

1849) 대판 2002. 5. 14. 2000다62476; 대판 1994. 1. 11. 93다21477; 대판 1977. 9. 13. 77다418.

1850) 대판 2008. 3. 14. 2006다2940.

1851) 대판 1979. 2. 13. 78다2157; 대판 1968. 8. 30. 68다1089; 대판 1966. 1. 31. 65다2445.

피담보채권에 관한 소멸시효를 원용할 수 있고, 이와 같은 직접수익자의 소멸시효 원용권은 채무자의 소멸시효 원용권에 기초한 것이 아닌 독자적인 것으로서 채무자를 대위하여서만 시효이익을 원용할 수 있는 것은 아니며, 가사 채무자가 이미 그 가등기에 기한 본등기를 경료하여 시효이익을 포기한 것으로 볼 수 있다고 하더라도 그 시효이익의 포기는 상대적 효과가 있음에 지나지 아니하므로 채무자 이외의 이해관계자에 해당하는 담보 부동산의 양수인으로서는 여전히 독자적으로 소멸시효를 원용할 수 있다.[1852)]"

◘ 사해행위취소소송에서 수익자가 취소채권자의 채권에 대하여 시효소멸을 주장할 수 있는지 여부(적극)

"소멸시효를 원용할 수 있는 사람은 권리의 소멸에 의하여 직접 이익을 받는 자에 한정되는바, 사해행위취소소송의 상대방이 된 사해행위의 수익자는, 사해행위가 취소되면 사해행위에 의하여 얻은 이익을 상실하고 사해행위취소권을 행사하는 채권자의 채권이 소멸하면 그와 같은 이익의 상실을 면하는 지위에 있으므로, 그 채권의 소멸에 의하여 직접 이익을 받는 자에 해당하는 것으로 보아야 한다.[1853)]"

◘ 담보가등기 경료된 부동산 양수인이 시효완성을 주장 할 수 있는 자인지 여부

"채권담보의 목적으로 매매예약의 형식을 빌어 소유권이전청구권 보전을 위한 가등기가 경료된 부동산을 양수하여 소유권이전등기를 마친 제3자는 당해 가등기담보권의 피담보채권의 소멸에 의하여 직접 이익을 받는 자이므로, 가등기담보권에 의하여 담보된 채권의 채무자를 대위하지 아니하고 독자적으로 피담보채권에 관한 소멸시효를 원용할 수 있다.[1854)]"

◘ 주채무의 소멸시효 완성으로 보증채무가 소멸된 상태에서 보증인이 보증채무를 이행하거나 승인한 경우, 보증인이 주채무의 시효소멸을 이유로 보증채무의 소멸을 주장할 수 있는지 여부(원칙적 적극)

"보증채무에 대한 소멸시효가 중단되는 등의 사유로 완성되지 아니하였다고 하더라도 주채무에 대한 소멸시효가 완성된 경우에는 시효완성 사실로써 주채무가 당연히 소멸되므로 보증채무의 부종성에 따라 보증채무 역시 당연히 소멸된다. 그리고 주채무에 대한 소멸시효가 완성되어 보증채무가 소멸된 상태에서 보증인이 보증채무를 이행하거나 승인하였다고 하더라도, 주채무자가 아닌 보증인의 행위에 의하여 주채무에 대한 소멸시효 이익의 포기 효과가 발생된다고 할 수 없으며, 주채무의 시효소멸에도 불구하고 보증채무를 이행하겠다는 의사를 표시한 경우 등과 같이 부종성을 부정하여야 할 다른 특별한 사정이 없는 한 보증인은 여전히 주채무의 시효소멸을 이유로 보증채무의 소멸을 주장할 수 있다고 보아야 한다.[1855)]"

◘ 동일한 목적을 달성하기 위하여 복수의 채권을 가진 채권자가 어느 하나의 채권만을 행사하는 것이 명백한 경우, 채무자의 소멸시효 완성 항변은 채권자가 행사하는 당해 채권에 대한 항변으로 볼 것인지 여부(적극)

"채권자가 동일한 목적을 달성하기 위하여 복수의 채권을 가지고 이를 행사하는 경우 각 채권이

1852) 대판 1995. 7. 11. 95다12446; 대판 1995. 7. 11. 95다12453; 대판 1991. 3. 12. 90다카27570.
1853) 대판 2007. 11. 29. 2007다54849; 대판 1995. 7. 11. 95다12446; 대판 1979. 6. 26. 79다407.
1854) 대판 1995. 7. 11. 95다12446.
1855) 대판 2012. 7. 12. 선고 2010다51192; 대판 2012. 1. 12. 2011다78606; 대판 1979. 2. 13. 78다2157.

발생시기와 발생원인 등을 달리하는 별개의 채권인 이상 별개의 소송물에 해당하므로, 이에 대하여 채무자가 소멸시효 완성의 항변을 하는 경우에 그 항변에 의하여 어떠한 채권을 다투는 것인지 특정하여야 하고 그와 같이 특정된 항변에는 특별한 사정이 없는 한 청구원인을 달리하는 채권에 대한 소멸시효 완성의 항변까지 포함된 것으로 볼 수는 없다. 그러나 채권자가 동일한 목적을 달성하기 위하여 복수의 채권을 가지고 있더라도 선택에 따라 어느 하나의 채권만을 행사하는 것이 명백한 경우라면 채무자의 소멸시효 완성의 항변은 채권자가 행사하는 당해 채권에 대한 항변으로 봄이 타당하다.[1856)]"

◘ 공탁금출급청구권의 소멸시효를 원용할 수 있는 자

"공탁금출급청구권은 피공탁자가 공탁소에 대하여 공탁금의 지급, 인도를 구하는 청구권으로서 위 청구권이 시효로 소멸한 경우 공탁자에게 공탁금회수청구권이 인정되지 않는 한 그 공탁금은 국고에 귀속하게 되는 것이어서(공탁사무처리규칙 제55조 참조), 공탁금출급청구권의 종국적인 채무자로서 소멸시효를 원용할 수 있는 자는 국가이다.[1857)]"

◘ 채권의 소멸시효 주장을 원용할 수 있는 자의 범위

"채권의 소멸시효가 완성된 경우, 이를 원용할 수 있는 자는 시효로 인하여 채무가 소멸되는 결과 직접적인 이익을 받는 자에 한정되고, 그 채무자에 대한 채권자는 자기의 채권을 보전하기 위하여 필요한 한도 내에서 채무자를 대위하여 이를 원용할 수 있을 뿐이므로, 채무자에 대하여 무슨 채권이 있는 것도 아닌 자는 소멸시효 주장을 대위 원용할 수 없다.[1858)]"

◘ 채권자대위소송의 제3채무자가 채무자의 채권자에 대한 소멸시효 완성의 항변을 원용할 수 있는지 여부

"채권자가 채권자대위권을 행사하여 제3자에 대하여 하는 청구에 있어서, 제3채무자는 채무자가 채권자에 대하여 가지는 항변으로 대항할 수 없고, 채권의 소멸시효가 완성된 경우 이를 원용할 수 있는 자는 원칙적으로는 시효이익을 직접 받는 자뿐이고, 채권자대위소송의 제3채무자는 이를 행사할 수 없다.[1859)]"

◘ 유치권의 피담보채권의 소멸시효기간이 확정판결 등에 의하여 10년으로 연장된 경우, 유치권이 성립된 부동산의 매수인이 종전의 단기소멸시효를 원용할 수 있는지 여부(소극)

"유치권이 성립된 부동산의 매수인은 피담보채권의 소멸시효가 완성되면 시효로 인하여 채무가 소멸되는 결과 직접적인 이익을 받는 자에 해당하므로 소멸시효의 완성을 원용할 수 있는 지위에 있다고 할 것이나, 매수인은 유치권자에게 채무자의 채무와는 별개의 독립된 채무를 부담하는 것이 아니라 단지 채무자의 채무를 변제할 책임을 부담하는 점 등에 비추어 보면, 유치권의 피담보채권의 소멸시효기간이 확정판결 등에 의하여 10년으로 연장된 경우 매수인은 그 채권의 소멸시효기간이 연장된 효과를 부정하고 종전의 단기소멸시효기간을 원용할 수는 없다.[1860)]"

1856) 대판 2013. 2. 15. 2012다68217; 대판 1998. 5. 29. 96다51110.
1857) 대판 2007. 3. 30. 2005다11312; 대결 1988. 4. 8.자 88마201.
1858) 대판 2007. 3. 30. 2005다11312; 대판 1997. 12. 26. 97다22676; 대판 1991. 3. 27. 90다17552.
1859) 대판 2004. 2. 12. 2001다10151; 대판 1998. 12. 8. 97다31472; 대판 1997. 7. 22. 97다5749.
1860) 대판 2009. 9. 24. 2009다39530.

및 그 한계, 그리고 국가의 소멸시효 완성의 주장이 신의칙에 반하여 권리남용에 해당하는지 여부의 판단 기준

"채무자가 소멸시효의 완성으로 인한 채무의 소멸을 주장하는 것에 대하여도 신의성실의 원칙이 적용되므로, 그러한 주장을 하는 것이 신의칙 위반을 이유로 허용되지 아니할 수 있다. 그러나 실정법에 정하여진 개별 법제도의 구체적 내용에 좇아 판단되는 바를 신의칙과 같은 법원칙을 들어 말하자면 당해 법제도의 외부로부터 배제 또는 제한하는 것은 법의 해석·적용에서 구현되어야 할 기본적으로 중요한 법가치의 하나인 법적 안정성을 후퇴시킬 우려가 없지 않다. 특히 법률관계에는 불명확한 부분이 필연적으로 내재하는바 그 법률관계의 주장에 일정한 시간적 한계를 설정함으로써 그에 관한 당사자 사이의 다툼을 종식시키려는 것을 취지로 하는 소멸시효제도에 있어서는, 애초 그 제도가 누구에게나 무차별적·객관적으로 적용되는 시간의 경과가 1차적인 의미를 가지는 것으로 설계되었음을 고려하면, 위와 같은 법적 안정성의 요구는 더욱 선명하게 제기된다. 따라서 소멸시효에 관하여 신의칙을 원용함에는 신중을 기할 필요가 있다. 특히 채권자에게 객관적으로 자신의 권리를 행사할 수 없는 장애사유가 있었다는 사정을 들어 그 채권에 관한 소멸시효 완성의 주장이 신의성실의 원칙에 반하여 허용되지 아니한다고 평가하는 것은 소멸시효의 기산점에 관하여 변함없이 적용되어 왔던 법률상 장애/사실상 장애의 기초적인 구분기준을 내용이 본래적으로 불명확하고 개별 사안의 고유한 요소에 열려 있는 것을 특징으로 하는 일반적인 법원칙으로서의 신의칙을 통하여 아예 무너뜨릴 위험이 있으므로 더욱 주의를 요한다. 한편 국가에게 국민을 보호할 의무가 있다는 사유만으로 국가가 소멸시효의 완성을 주장하는 것 자체가 신의성실의 원칙에 반하여 권리남용에 해당한다고 할 수는 없으므로, 국가의 소멸시효 완성 주장이 신의칙에 반하고 권리남용에 해당한다고 하려면 일반 채무자의 소멸시효 완성 주장에서와 같은 특별사정이 인정되어야 한다.[1864)]"

나. 소멸시효 남용이 부정된 경우

◎ 상속인이 피상속인의 사망신고와 상속등기를 게을리 하고 채권자가 피상속인을 피신청인으로 하여 한 가압류에 대하여 이의하지 않는 등 소극적으로 행동한 경우, 상속인의 소멸시효 완성 주장을 권리남용이라고 할 수 있는지 여부

"상속채무를 부담하게 된 상속인의 행위가 단순히 피상속인의 사망신고 및 상속등기를 게을리 함으로써 채권자로 하여금 사망한 피상속인을 피신청인으로 하여 상속부동산에 대하여 당연 무효의 가압류를 하도록 방치하고 그 가압류에 대하여 이의를 제기하지 않거나 피상속인의 사망 사실을 채권자에게 알리지 않은 정도에 그치고, 그 밖에 달리 채권자의 권리 행사를 저지·방해할 만한 행위를 하지 않았다면 상속인의 소멸시효 완성 주장은 권리남용에 해당하지 않는다.[1865)]"

◎ 평균임금 결정에 관한 사무착오로 선급금을 과소지급받은 당사자가 공단을 상대로 그 차액의 지급을 구하는 것에 대하여 소멸시효의 항변권을 행사하는 공단의 주장이 권리남용에 해당하는지 여부(소극)

"평균임금 결정에 관한 근로복지공단의 사무착오로 장해연금 선급금을 과소지급받은 당사자가 공단을 상대로 그 차액의 지급을 구하는 것에 대하여 소멸시효의 항변권을 행사하는 공단의 주장이 권리남용에 해당하지 않는다고 판단한 사례.[1866)]"가 있다.

1864) 대판 2010. 9. 9. 2008다15865; 대판 2008. 5. 29. 2004다33469; 대판 2005. 5. 13. 2004다71881.
1865) 대판 2006. 8. 24. 2004다26287, 26294.

◎ 1980년 10월부터 11월 사이에 일어난 이른바 '10 · 27 법난' 당시 정부 소속 합동수사본부 내 합동수사단 수사관들에 의해 불법구금이 되어 고문과 폭행 등을 당한 피해자가 불법구금 상태에서 벗어난 1980. 11. 26.부터 5년이 훨씬 경과한 2009. 6. 5.에야 국가를 상대로 손해배상을 구하는 소를 제기하자 국가가 소멸시효 완성을 주장한 사안의 경우, 그 인용 여부(적극)

"위의 경우, 위 손해배상청구권의 소멸시효는 피해자가 불법구금 상태에서 벗어난 때로부터 기산되고, 국무총리의 대국민 사과성명 발표, 국방부 과거사진상규명위원회의 '10 · 27 법난에 대한 조사결과보고서' 발표, 국회의 '10 · 27 법난 피해자의 명예회복 등에 관한 법률' 제정 등으로 국가가 소멸시효 이익을 포기한 것으로 볼 수 없으며, 나아가 국가의 소멸시효 완성으로 인한 채권 소멸의 주장이 신의성실의 원칙에 반하여 권리남용에 해당한다고 할 수 없다고 본 원심판단을 정당하다고 한 사례.[1867]"가 있다.

다. 소멸시효 남용이 인정된 경우

◎ 근로복지공단의 요양불승인처분에 대한 취소소송을 제기하여 승소확정판결을 받은 근로자가 요양으로 인하여 취업하지 못한 기간의 휴업급여를 청구한 경우, 그 휴업급여청구권이 시효완성으로 소멸하였다는 근로복지공단의 항변이 신의성실의 원칙에 반하여 허용될 수 없는지 여부

"(가) 채무자의 소멸시효에 기한 항변권의 행사도 우리 민법의 대원칙인 신의성실의 원칙과 권리남용금지의 원칙의 지배를 받으므로, 채무자가 시효완성 전에 채권자의 권리행사나 시효중단을 불가능 또는 현저히 곤란하게 하였거나 그러한 조치가 불필요하다고 믿게 하는 행동을 하였거나, 객관적으로 채권자가 권리를 행사할 수 없는 사실상의 장애사유가 있었거나, 일단 시효완성 후에 채무자가 시효를 원용하지 아니할 것 같은 태도를 보여 채권자로 하여금 그와 같이 신뢰하게 하였거나, 채권자를 보호할 필요성이 크고 같은 조건의 그 채권자들 중 일부가 이미 채무의 변제를 수령하는 등 채무이행의 거절을 인정함이 현저히 부당하거나 불공평하게 되는 등의 특별한 사정이 있는 경우에는, 채무자가 소멸시효의 완성을 주장하는 것이 신의성실의 원칙에 반하여 권리남용으로서 허용될 수 없다.

(나) 근로자가 입은 부상이나 질병이 업무상 재해에 해당하는지 여부에 따라 요양급여 신청의 승인, 휴업급여청구권의 발생 여부가 차례로 결정되고, 따라서 근로복지공단의 요양불승인처분의 적법 여부는 사실상 근로자의 휴업급여청구권 발생의 전제가 된다고 볼 수 있는 점 등에 비추어, 근로자가 요양불승인에 대한 취소소송의 판결확정시까지 근로복지공단에 휴업급여를 청구하지 않았던 것은 이를 행사할 수 없는 사실상의 장애사유가 있었기 때문이라고 보아야 하므로, 근로복지공단의 소멸시효 항변은 신의성실의 원칙에 반하여 허용될 수 없다.[1868]"

◎ 채무인 국가의 소멸시효 완성의 주장이 신의칙에 반하여 허용되지 않는 경우

"국가공무원 갑이 국가배상청구권에 관한 시효완성 이전에 판결문을 위조하는 등의 방법으로 을의 인격적인 법익 침해에 관한 국가배상청구권 행사를 불가능 또는 현저히 곤란하게 만들었고, 위조된 위 판결문에 관한 시정조치가 이루어지기 전까지는 객관적으로 을이 국가배상청구를 하는 것을 기대하기 어려운 장애 상태가 계속되었으므로, 이때 국가가 소멸시효 완성을 주장하는 것은 권리남용에 해당하여 허용될 수 없다고 한 사례.[1869]"가 있다.

1866) 대판 2003. 3. 28. 2002두11028.
1867) 대판 2011. 10. 27. 2011다54709.
1868) 대판 2008. 9. 18. 전원합의체(다수의견). 2007두2173; 대판 1994. 12. 9. 93다27604.

◎ 사용자가 근로자에 대한 미지급 임금채무 등을 승인함과 아울러 그 당시 약정한 변제기에 이를 지급하기로 하는 내용의 채무변제계약 공정증서를 작성하고 그 후 근로자에게 미지급 임금 중 일부를 지급하는 등 임금채무를 자진하여 변제할 것과 같은 태도를 보임에 따라 근로자가 이를 신뢰하고 그 임금에 대한 권리행사나 시효중단 조치를 취하지 않았던 사안의 경우, 시효완성의 주장 허용 여부(소극)

"사용자가, 미지급 임금채권을 피보전권리로 하여 근로자 등이 발령받은 가압류결정에 대한 집행해제 신청 후 2회에 걸쳐 근로자 등에게 미지급 임금채무 등을 승인함과 아울러 그 당시 약정한 변제기에 이를 지급하기로 하는 내용의 채무변제계약 공정증서를 작성하고 그 후 근로자에게 미지급 임금 중 일부를 지급하는 등 사용자가 임금채무를 자진하여 변제할 것과 같은 태도를 보임에 따라, 근로자가 이를 신뢰하고 그 임금에 대한 권리행사나 시효중단 조치를 별도로 취하지 않았던 사안에서, 사용자가 미지급 임금채무 중 일부에 관하여 소멸시효의 완성을 주장하는 것은 권리남용으로 허용될 수 없다고 한 사례.[1870]"가 있다.

◎ 대외적으로 좌익전향자 단체임을 표방하였으나 실제로는 국가가 조직·관리하는 관변단체 성격을 띠고 있던 국민보도연맹 산하 지방연맹 소속 연맹원들이 1950. 6. 25. 한국전쟁 발발 직후 상부 지시를 받은 군과 경찰에 의해 구금되었다가 그들 중 일부가 처형대상자로 분류되어 집단 총살을 당하였고, 이후 국가가 처형자 명부 등을 작성하여 3급 비밀로 지정하였는데, 위 학살의 구체적 진상을 잘 알지 못했던 유족들이 진실·화해를 위한 과거사정리위원회의 진실규명결정이 있었던 2007. 11. 27. 이후에야 국가를 상대로 손해배상을 청구하자 국가가 소멸시효 완성을 주장한 사안의 경우, 그 허용 여부(소극)

"위의 경우, 전시 중에 경찰이나 군인이 저지른 위법행위는 객관적으로 외부에서 거의 알기 어려워 유족들이 사법기관의 판단을 거치지 않고 손해배상청구권의 존부를 확정하여 국가 등을 상대로 손해배상을 청구한다는 것은 좀처럼 기대하기 어려운 점, 전쟁이나 내란 등에 의하여 조성된 위난의 시기에 개인에 대하여 국가기관이 조직을 통하여 집단적으로 자행한 또는 국가권력의 비호나 묵인하에 조직적으로 자행된 기본권 침해에 대한 구제는 통상의 법절차에 의해서는 사실상 달성하기 어려운 점 등에 비추어 과거사정리위원회의 진실규명결정이 있었던 2007. 11. 27.까지는 객관적으로 유족들이 권리를 행사할 수 없었다고 보아야 하고, 여기에 본질적으로 국가는 그 성립 요소인 국민을 보호할 의무를 부담하고 어떠한 경우에도 적법한 절차 없이 국민의 생명을 박탈할 수는 없다는 점을 더하여 보면, 여태까지 생사 확인을 구하는 유족들에게 처형자 명부 등을 3급 비밀로 지정함으로써 진상을 은폐한 국가가 이제 와서 뒤늦게 유족들이 위 집단 학살의 전모를 어림잡아 미리 소를 제기하지 못한 것을 탓하는 취지로 소멸시효 완성을 주장하여 채무이행을 거절하는 것은 현저히 부당하여 신의성실 원칙에 반하는 것으로서 허용될 수 없다고 한 사례.[1871]"가 있다.

1869) 대판 2008. 9. 11. 2006다70189.
1870) 대판 2010. 6. 10. 2010다8266.
1871) 대판 2011. 6. 30. 2009다72599.

Ⅱ. 소멸시효의 소급효

소멸시효는 그 기산일에 소급하여 효력이 생긴다(제167조). 소멸시효가 완성된 권리는, 그 권리를 행사할 수 있었던 때, 즉 소멸시효의 기산일부터 소멸한 것으로 된다. 따라서 소멸시효의 완성으로 채무를 면하게 된 채무자는, 기산일 이후의 이자·지연배상금 등을 지급하지 않아도 된다.[1872]

민법은, 시효가 완성된 채권이 그 완성 전에 상계할 수 있었던 것이면, 그 채권자는 상계할 수 있다고 함으로써(제495조), 시효 완성의 소급효에 관하여 예외를 인정한다.[1873]

Ⅲ. 소멸시효 이익의 포기

1. 의　　의

소멸시효 완성으로 인한 법률상의 이익을 받지 않겠다(상대적 소멸설에 따르면, 원용권의 포기)는 일방적 의사표시를 소멸시효 이익의 포기라고 한다.[1874]

판 례

◯ 시효이익 포기의 의사표시가 존재하는지 판단하는 방법

"시효이익을 받을 채무자는 소멸시효가 완성된 후 시효이익을 포기할 수 있고, 이것은 시효의 완성으로 인한 법적인 이익을 받지 않겠다고 하는 효과의사를 필요로 하는 의사표시이다. 그리고 그와 같은 시효이익 포기의 의사표시가 존재하는지의 판단은 표시된 행위 내지 의사표시의 내용과 동기 및 경위, 당사자가 의사표시 등에 의하여 달성하려고 하는 목적과 진정한 의도 등을 종합적으로 고찰하여 사회정의와 형평의 이념에 맞도록 논리와 경험의 법칙, 그리고 사회일반의 상식에 따라 객관적이고 합리적으로 이루어져야 한다.[1875]"

1872) 견해에 따라서는, 주된 권리의 소멸시효가 완성되면 종된 권리에 그 효력이 미친다고 규정(제183조)하고 있어서, 제167조의 독자적 의의가 별로 없다고 주장하기도 한다(주해(Ⅲ), 484면).

1873) 이는 쌍방의 채권이 상계할 수 있는 상태에 놓여있을 경우, 당사자는 이미 상계된 것으로 생각하는 것이 보통일 것이라는 점을 고려하여, 이에 바탕을 둔 신뢰를 보호하기 위한 규정이라 할 것이다.

1874) 이러한 포기의 의사표시에 의하여 소멸시효 완성의 이익은 생기지 않았던 것이 된다(즉, 권리는 시효로 소멸하지 않았던 것으로 된다).

1875) 대판 2013. 7. 25. 2011다56187; 대판 2013. 2. 28. 2011다21556.

2. 시효이익 완성 전의 포기

소멸시효의 이익은 시효가 완성되기 전에 미리 포기하지 못한다(제184조 제1항).[1876] 나아가, 소멸시효를 배제·연장 또는 가중할 수 없지만, 이를 단축하거나 시효요건을 경감하는 특약은 허용된다(제184조 제2항).[1877]

판 례

○ 특정한 채무의 이행을 청구할 수 있는 기간을 제한하고 그 기간을 도과할 경우, 채무가 소멸하도록 하는 약정의 효력

"특정한 채무의 이행을 청구할 수 있는 기간을 제한하고 그 기간을 도과할 경우, 채무가 소멸하도록 하는 약정은 민법 또는 상법에 의한 소멸시효기간을 단축하는 약정으로서 특별한 사정이 없는 한 민법 제184조 제2항에 의하여 유효하다.[1878]"

○ 상계항변이 먼저 이루어지고 그 후 대여금채권의 소멸을 주장하는 소멸시효항변이 있는 경우, 상계항변 당시 채무자에게 수동채권인 대여금채권의 시효이익포기의 효과의사가 있었다고 할 수 있는지 여부(소극) 및 제1심에서 상계항변이 먼저 이루어지고 항소심에서 소멸시효항변이 이루어진 경우에도 마찬가지인지 여부(적극)

"소송에서의 상계항변은 일반적으로 소송상의 공격방어방법으로 피고의 금전지급의무가 인정되는 경우 자동채권으로 상계를 한다는 예비적 항변의 성격을 갖는다. 따라서 상계항변이 먼저 이루어지고 그 후 대여금채권의 소멸을 주장하는 소멸시효항변이 있었던 경우에, 상계항변 당시 채무자인 피고에게 수동채권인 대여금채권의 시효이익을 포기하려는 효과의사가 있었다고 단정할 수 없다. 그리고 항소심 재판이 속심적 구조인 점을 고려하면 제1심에서 공격방어방법으로 상계항변이 먼저 이루어지고 그 후 항소심에서 소멸시효항변이 이루어진 경우를 달리 볼 것은 아니다.[1879]"

3. 소멸시효 완성 후의 포기

소멸시효의 이익은 시효가 완성된 후에는 자유롭게 포기할 수 있다(제184조 제1항의 반대해석). 누가 시효 이익 포기의 의사표시를 할 수 있는가? 소멸시효 완성의 이익을 받은 당사자 또는 그 대리인에 한정되고, 제3자는 포함되지 않는다.[1880] 그 포기의 의사표시는 진정한 권리자에

1876) 이 규정을 둔 취지는, 시효제도는 영속한 사실상태를 존중하려는 공익적 제도이므로, 개인의 의사에 의하여 미리 배척하는 것은 부당하다는 것이며, 또한 채권자가 채무자의 궁박을 이용하여 미리 소멸시효의 이익을 포기하도록 할 염려가 있기 때문에 이를 막을 필요가 있다고 한다(곽윤직·김재형, 440면; 김상용, 723면).

1877) 판례는, '당사자간의 해상운송인의 책임에 관한 제소기간의 약정으로 소멸시효에 관한 상법이나 민법의 규정의 적용을 배척할 수 없다.'고 한다.(대판 1987. 6. 23. 86다카2107) 나아가, '가령 특정한 채무의 이행을 청구할 수 있는 기간을 제한하고 그 기간이 경과할 경우, 채무가 소멸하도록 하는 약정은 소멸시효기간을 단축하는 것으로서 유효하다.'고 한다.(대판 2007. 1. 12. 2006다32170)

1878) 대판 2006. 4. 14. 2004다70253.

1879) 대판 2013. 2. 28. 2011다21556.

1880) 대판 1998. 2. 28. 97다53366.

게 하여야 한다.[1881] 시효이익 포기의 의사표시를 할 수 있는 자에게 처분능력과 처분권한이 있어야 하는가? 학설은 다툼이 있다.[1882] 생각건대 그 포기의 의사표시는 종국적으로 재산권의 변동을 불러일으키는 보통의 처분행위는 아니지만, 그 포기의 의사표시에 의하여 권리는 시효로 소멸하지 않았던 것으로 확정된다는 점에서, 처분행위에 준하는 것으로 볼 수 있다. 따라서 제1설이 타당하다고 생각한다.

시효이익 포기의 의사표시는 특별한 방식을 요하지 않으며, 상대방의 승낙을 필요로 하지 않는다.[1883] 시효이익 포기의 효력은 언제 발생하는가? 그 의사표시가 상대방에게 도달한 때이다.[1884] 포기의 효과는 상대적이어서, 포기자 이외의 다른 사람에게 영향을 미치지 않는다.[1885] 한편 가분채무의 일부에 대한 시효이익의 포기가 가능하며, 시효완성 후에 시효이익을 포기하는 듯한 행위가 있으면 시효완성 사실에 대한 악의로 추정한다(판례). 채무자가 시효완성 후에 채권자에 대하여 채무승인을 함으로써 그 시효이익을 포기한 경우, 그때부터 소멸시효가 진행된다(판례).

판 례

○ 시효이익 포기의 의사표시가 존재하는지 판단하는 방법

"시효이익을 받을 채무자는 소멸시효가 완성된 후 시효이익을 포기할 수 있고, 이것은 시효의 완성으로 인한 법적인 이익을 받지 않겠다고 하는 의사표시이다. 그리고 그러한 시효이익 포기의 의사표시가 존재하는지의 판단은 표시된 행위 내지 의사표시의 내용과 동기 및 경위, 당사자가 의사표시 등에 의하여 달성하려고 하는 목적과 진정한 의도 등을 종합적으로 고찰하여 사회정의와 형평의 이념에 맞도록 논리와 경험의 법칙, 그리고 사회 일반의 상식에 따라 객관적이고 합리적으로

1881) 대판 1994. 12. 23. 94다40734 참조.

1882) 제1설(다수설)은, 포기는 처분행위이므로 포기자에게 처분능력・처분권한이 있어야 한다고 새긴다(곽윤직・김재형, 441면; 김상용, 724면; 백태승, 587면; 송덕수, 550면; 주해(Ⅲ), 554면). 제2설은, 절대적 소멸설의 입장에서 보면 시효이익의 포기는 처분행위가 아니고 의무부담행위에 가깝다고 하면서, 포기자에게는 행위능력만 있으면 충분하다고 한다(이은영, 780면).

1883) 판례가 시효이익의 포기로 인정한 경우로는, '채권의 소멸시효가 완성된 후에 채무자가 그 기한의 유예를 요청한 경우(대판 1965. 12. 28. 65다2133)・소유권이전등기청구소송에서 상대방의 소유를 인정하고 그 소를 취하한 경우(대판 1973. 9. 29. 73다762)・소유권이전등기청구권의 소멸시효기간이 지난 후에 등기의무자가 소유권이전등기를 해 주기로 약정한 경우(대판 1993. 5. 11. 93다12824)・채무자가 소멸시효 완성 후 채무를 일부 변제한 때에는 그 액수에 관하여 다툼이 없는 한 그 채무전체를 묵시적으로 승인한 것으로 보아야 하고, 이 경우 시효완성의 사실을 알고 그 이익을 포기한 것으로 추정되므로, 소멸시효가 완성된 채무를 피담보채무로 하는 근저당권이 실행되어 채무의 일부 변제에 충당될 때까지 채무자가 아무런 이의를 제기하지 아니하는 경우(대판 2001. 6. 12. 2001다3580)' 등을 들 수 있다.

시효이익의 포기로 인정하지 않은 경우로는, '소멸시효 완성 후의 채권자의 제소기간연장 요청에 대한 채무자의 승인(대판 1987. 6. 23. 86다카2107)・시효완성 후 조세납부(대판 1988. 1. 19. 87다카70)・점유자가 취득시효기간 경과 후 상대방에게 토지의 매수제의를 한 경우(대판 1989. 4. 11. 88다카5843)' 등을 들 수 있다.

1884) 대판 1994. 12. 23. 94다40734.

1885) 판례는, '채무자가 시효이익을 포기한 것으로 볼 수 있다고 하더라도, 그 시효이익의 포기는 상대적 효과가 있음에 지나지 않으므로, 채무자 외의 이해관계자는 여전히 독자적으로 소멸시효를 원용할 수 있다.'고 한다.(대판 1995. 7. 11. 95다12446)

이루어져야 한다.[1886]"

◎ 채권자 갑 금융회사의 파산관재인 예금보험공사가 채무자 을 주식회사의 제3채무자 병 학교법인 등에 대한 매매대금반환채권 중 일부에 관하여 소멸시효기간이 지난 후에 전부명령을 받아 제기한 전부금 등 청구소송에서 조정에 갈음하는 결정이 내려져 확정되자, 병법인 등이 전부된 매매대금반환채무 중 일부를 변제하였는데, 그 후 을회사의 파산관재인 정이 병법인 등에 전부되지 않은 나머지 매매대금반환채권 중 일부에 대한 추심금을 청구한 사안에서, 위 변제로 전부되지 않은 나머지 채무에 대한 소멸시효 이익까지 포기하였다고 단정할 수 없다고 한 사례

"채권자 갑 금융회사의 파산관재인 예금보험공사가 채무자 을 주식회사의 제3채무자 병 학교법인 등에 대한 매매대금반환채권 중 일부에 관하여 매매계약 해제일로부터 상법상 소멸시효기간 5년이 지난 후에 전부명령을 받아 제기한 전부금 등 청구소송에서 조정에 갈음하는 결정이 내려져 확정되자, 병법인 등이 그 결정에 따라 전부된 매매대금반환채무 중 일부를 변제하였는데, 그 후 을회사의 파산관재인 정이 병법인 등은 위 일부 변제로 채무 전체에 대한 소멸시효 이익을 포기한 것이라고 주장하며 전부되지 않은 나머지 매매대금반환채권 중 일부에 대한 추심금을 청구한 사안에서, 전부된 매매대금반환채권과 전부되지 않은 나머지 매매대금반환채권은 서로 별개의 독립된 분할채권인 점 등 여러 사정에 비추어 병법인 등이 조정에 갈음하는 결정에 따라 매매대금반환채무 중 일부를 변제한 사정만으로는 전부되지 않은 나머지 매매대금반환채무에 대한 소멸시효 이익을 포기하는 의사를 표시하였다고 단정할 수 없는데도, 이와 달리 본 원심판결에 소멸시효 이익의 포기에 관한 법리오해의 위법이 있다고 한 사례.[1887]"가 있다.

◎ 동일 당사자 간에 같은 종류를 목적으로 하는 수 개의 채권관계가 성립되어 있는데 채무자가 근저당권설정등기를 말소하기 위하여 피담보채무를 변제하는 경우, 피담보채무가 아닌 별개의 채무에 대한 승인 또는 소멸시효 이익의 포기로 볼 수 있는지 여부(원칙적 소극)

"동일 당사자 간에 계속적인 거래로 같은 종류를 목적으로 하는 수 개의 채권관계가 성립되어 있는 경우에 채무자가 특정채무를 지정하지 아니하고 그 일부의 변제를 한 때에도 다른 특별한 사정이 없다면 잔존 채무에 대하여도 승인을 한 것으로 보아 시효중단이나 포기의 효력을 인정할 수 있을 것이나, 그 채무가 별개로 성립되어 독립성을 갖고 있는 경우에는 일률적으로 그렇게만 해석할 수는 없을 것이고, 특히 채무자가 근저당권설정등기를 말소하기 위하여 피담보채무를 변제하는 경우에는 특별한 사정이 없는 한 피담보채무가 아닌 별개의 채무에 대하여서까지 채무를 승인하거나 소멸시효의 이익을 포기한 것이라고 볼 수는 없다.[1888]"

◎ 소멸시효 중단사유로서 채무승인이 성립하기 위한 요건 및 시효완성 이익포기의 의사표시를 할 수 있는 자

"소멸시효 중단사유로서의 채무승인은 시효이익을 받는 당사자인 채무자가 소멸시효의 완성으로 채권을 상실하게 될 자 또는 그 대리인에 대하여 상대방의 권리 또는 자신의 채무가 있음을 알고 있다는 뜻을 표시함으로써 성립한다. 또한 시효완성의 이익 포기의 의사표시를 할 수 있는 자는 시효완성의 이익을 받을 당사자 또는 그 대리인에 한정되고, 그 밖의 제3자가 시효완성의 이익 포기의 의사

1886) 대판 2013. 2. 28. 2011다21556.
1887) 대판 2013. 7. 25. 2011다56187, 56194.
1888) 대판 2014. 1. 23. 2013다6479; 대판 1993. 10. 26. 93다14936.

표시를 하였다 하더라도 이는 시효완성의 이익을 받을 자에 대한 관계에서 아무 효력이 없다.[1889]"

◆ 시효완성 후 기한유예의 요청이 시효이익 포기인지 여부

"채권의 소멸시효가 완성된 후에 채무자가 그 기한의 유예를 요청하였다면 그 때에 소멸시효의 이익을 포기한 것으로 보아야 한다.[1890]"

◆ 소유권이전등기청구소송에서 상대방 소유를 인정하고 취하한 것이 시효이익 포기인지 여부

"취득시효 완성을 원인으로 한 소유권이전등기절차이행청구의 소에서 소송계속 중 원고가 토지의 피고 소유를 인정하여 피고와 합의하여 위 소송을 취하한 것이라면 특별한 사정이 없는 한 이는 원고가 그 취득시효의 완성을 알면서 그 시효의 이익을 피고에게 포기하는 의사표시를 한 것으로 봄이 상당하다.[1891]"

◆ 당사자간 약정으로 소멸시효에 관한 규정 배제 가부, 제소기간연장요청에 대한 승인이 소멸시효 이익의 포기인지 여부

"① 당사자간의 해상운송인의 책임에 관한 제소기간의 약정으로 소멸시효에 관한 상법이나 민법의 규정의 적용을 배제할 수 없다. ② 소멸시효완성후의 채권자의 제소기간연장요청에 대한 채무자의 승인을 소멸시효이익의 포기로 볼 수 없다.[1892]"

◆ 시효완성 후 조세납부가 시효이익 포기인지 여부

"소멸시효완성 이후에 있은 과세처분에 기하여 세액을 납부하였다 하더라도 이를 들어 바로 소멸시효의 이익을 포기한 것으로 볼 수 없다.[1893]"

◆ 시효완성 후 채무이행 약정이 시효이익 포기인지 여부

"소유권이전등기청구권의 소멸시효기간이 지난 후에 등기의무자가 소유권이전등기를 해 주기로 약정한 바 있다면 다른 특단의 사정이 없는 한 이는 시효이익을 포기한 것으로 보아야 할 것이다.[1894]"

◆ 시효이익 포기의 상대적 효과

"채무자가 시효이익을 포기한 것으로 볼 수 있다고 하더라도 그 시효이익의 포기는 상대적 효과가 있음에 지나지 아니하므로 채무자 이외의 이해관계자는 여전히 독자적으로 소멸시효를 원용할 수 있다.[1895]"

◆ 시효완성 후 채무 일부변제의 시효이익 포기 추정

"채무자가 소멸시효 완성 후 채무를 일부 변제한 때에는 그 액수에 관하여 다툼이 없는 한 그 채무 전체를 묵시적으로 승인한 것으로 보아야 하고, 이 경우 시효완성의 사실을 알고 그 이익을 포기한 것으로 추정되므로, 소멸시효가 완성된 채무를 피담보채무로 하는 근저당권이 실행되어 채무의 일부 변제에 충당될 때까지 채무자가 아무런 이의를 제기하지 아니하였다면, 경매절차의 진행을 채무자가 알지 못하였다는 등 다른 특별한 사정이 없는 한, 채무자는 시효의 이익을 포기한 것으로

1889) 대판 2014. 1. 23. 2013다6479; 대판 2012. 10. 25. 2012다45566.
1890) 대판 1965. 12. 28. 65다2133.
1891) 대판 1973. 9. 29. 73다762.
1892) 대판 1987. 6. 23. 86다카2107.
1893) 대판 1998. 1. 19. 87다카70.
1894) 대판 1993. 5. 11. 93다12824.
1895) 대판 1995. 7. 11. 95다12446.

보아야 한다.[1896]"

○ 다른 채권자가 신청한 부동산경매절차에서 채무자 소유의 부동산이 매각되고 그 대금이 이미 소멸시효가 완성된 채무를 피담보채무로 하는 근저당권을 가진 채권자에게 배당되어 채무 변제에 충당될 때까지 채무자가 이의를 제기하지 않은 경우, 채무자가 채권에 대한 소멸시효 이익을 포기한 것으로 볼 수 있는지 여부(원칙적 적극) 및 가분채무 일부에 대하여 소멸시효 이익을 포기할 수 있는지 여부(적극)

"다른 채권자가 신청한 부동산경매절차에서 채무자 소유 부동산이 매각되고 그 대금이 이미 소멸시효가 완성된 채무를 피담보채무로 하는 근저당권을 가진 채권자에게 배당되어 채무 변제에 충당될 때까지 채무자가 아무런 이의를 제기하지 아니하였다면, 경매절차 진행을 채무자가 알지 못하였다는 등 다른 특별한 사정이 없는 한 채무자는 채권에 대한 소멸시효 이익을 포기한 것으로 볼 수 있고, 한편 소멸시효 이익의 포기는 가분채무 일부에 대하여도 가능하다.[1897]"

○ 국유지의 점유자가 취득시효 완성 후 국유임을 인정함과 아울러 자신의 무단점유·사용 사실을 시인하고 매수 또는 대부계약 및 변상금납부 기한유예를 받으려 하였다면 시효이익 포기의 의사표시로 볼 것인지 여부

"국유 잡종지의 점유자가 취득시효기간이 만료된 이후 그 부동산이 국가의 소유임을 인정함과 아울러 이를 권원 없이 무단으로 점유·사용하고 있음을 시인하고 관련 법규에 의하여 국가로부터 이에 대한 매수 또는 대부계약 및 변상금납부 기한유예를 받으려는 의사표시를 하였다면, 이는 단순한 매수 또는 대부계약 체결 제의와는 달리 점유자가 그 취득시효의 완성사실을 알면서 점유부동산이 국가의 소유임을 승인하고 시효완성의 이익을 받지 않겠다는 적극적인 의사를 분명히 표시한 것으로 봄이 상당하다.[1898]"

○ 채무자가 소멸시효 완성 후 채무를 승인하여 시효이익을 포기한 경우, 그때부터 새로이 소멸시효가 진행하는지 여부(적극)

"채무자가 소멸시효 완성 후에 채권자에 대하여 채무를 승인함으로써 그 시효의 이익을 포기한 경우에는 그때부터 새로이 소멸시효가 진행한다.[1899]"

○ 채무자가 소멸시효 완성 후 채무 일부를 변제함으로써 시효이익을 포기한 경우, 그때부터 새로이 소멸시효가 진행하는지 여부(적극)

"채무자가 소멸시효 완성 후에 채권자에 대하여 채무 일부를 변제함으로써 시효의 이익을 포기한 경우에는 그때부터 새로이 소멸시효가 진행한다.[1900]"

○ 취득시효 완성에 따른 시효이익 포기의 당사자

"취득시효 완성으로 인한 권리변동의 당사자는 시효취득자와 취득시효 완성 당시의 진정한 소유자이므로, 시효이익의 포기는 특별한 사정이 없는 한 시효취득자가 취득시효 완성 당시의 진정한 소유자에 대하여 하여야 그 효력이 발생한다.[1901]"

1896) 대판 2001. 6. 12. 2001다3580.
1897) 대판 2012. 5. 10. 2011다109500; 대판 2010. 5. 13. 2010다6345; 대판 1987. 6. 23. 86다카2107.
1898) 대판 1995. 4. 14. 95다3756.
1899) 대판 2009. 7. 9. 2009다14340.
1900) 대판 2013. 5. 23. 2013다12464; 대판 2009. 7. 9. 선고 2009다14340.

◎ 시효완성 후 소멸시효 중단사유에 해당하는 채무의 승인이 있는 경우, 곧바로 소멸시효 이익 포기의 의사표시가 있었다고 할 수 있는지 여부(소극)

"소멸시효 중단사유로서의 채무승인은 시효이익을 받는 당사자인 채무자가 소멸시효의 완성으로 채권을 상실하게 될 자에 대하여 상대방의 권리 또는 자신의 채무가 있음을 알고 있다는 뜻을 표시함으로써 성립하는 이른바 관념의 통지로 여기에 어떠한 효과의사가 필요하지 않다. 이에 반하여 시효완성 후 시효이익의 포기가 인정되려면 시효이익을 받는 채무자가 시효의 완성으로 인한 법적인 이익을 받지 않겠다는 효과의사가 필요하기 때문에 시효완성 후 소멸시효 중단사유에 해당하는 채무의 승인이 있었다 하더라도 그것만으로는 곧바로 소멸시효 이익의 포기라는 의사표시가 있었다고 단정할 수 없다.[1902)]"

◎ 채무자가 소멸시효 완성 후에 한 소멸시효이익의 포기행위가 채권자취소권의 대상인 사해행위가 될 수 있는지 여부(적극)

"채무자가 소멸시효 완성 후에 한 소멸시효이익의 포기행위는 소멸하였던 채무가 소멸하지 않았던 것으로 되어 결과적으로 채무자가 부담하지 않아도 되는 채무를 새롭게 부담하게 되는 것이므로 채권자취소권의 대상인 사해행위가 될 수 있다.[1903)]"

Ⅳ. 종속된 권리에 대한 소멸시효의 효력

주된 권리의 소멸시효가 완성된 때에는 종속된 권리에 그 효력이 미친다(제183조). 가령 원본채권이 시효로 소멸하면, 이자채권은 시효완성 여부에 관계없이 역시 소멸한다.

판 례

◎ 금전채권의 원금 일부가 변제된 후 나머지 부분에 대하여 소멸시효가 완성된 경우, 시효완성의 효력이 미치는 이자 또는 지연손해금의 범위

"이자 또는 지연손해금은 주된 채권인 원본의 존재를 전제로 그에 대응하여 일정한 비율로 발생하는 종된 권리인데, 하나의 금전채권의 원금 중 일부가 변제된 후 나머지 원금에 대하여 소멸시효가 완성된 경우, 가분채권인 금전채권의 성질상 변제로 소멸한 원금 부분과 소멸시효 완성으로 소멸한 원금 부분을 구분하는 것이 가능하고, 이 경우 원금에 종속된 권리인 이자 또는 지연손해금 역시 변제로 소멸한 원금 부분에서 발생한 것과 시효완성으로 소멸된 원금 부분에서 발생한 것으로 구분하는 것이 가능하므로, 소멸시효 완성의 효력은 소멸시효가 완성된 원금 부분으로부터 그 완성 전에 발생한 이자 또는 지연손해금에는 미치나, 변제로 소멸한 원금 부분으로부터 그 변제 전에 발생한 이자 또는 지연손해금에는 미치지 않는다.[1904)]"

1901) 대판 2009. 12. 10. 2006다19177 ; 대판 1994. 12. 23. 94다40734.
1902) 대판 2013. 2. 28. 2011다21556.
1903) 대결 2013. 5. 31.자 2012마712.
1904) 대판 2008. 3. 14. 2006다2940.

○ 공동불법행위자 1인의 손해배상채무 시효완성의 효력이 다른 공동불법행위자의 구상권에도 미치는지 여부

"공동불법행위자의 다른 공동불법행위자에 대한 구상권은 피해자의 다른 공동불법행위자에 대한 손해배상채권과는 그 발생원인 및 성질을 달리하는 별개의 권리이므로, 공동불법행위자 중 1인의 손해배상채무가 시효로 소멸한 후에 다른 공동불법행위자 1인이 피해자에게 자기의 부담 부분을 넘는 손해를 배상하였을 경우에도 그 공동불법행위자는 다른 공동불법행위자에게 구상권을 행사할 수 있다.[1905]"

1905) 대판 1997. 12. 23. 97다42830.

판례색인

3. 사　　견

소멸시효 완성의 효과로서 보통의 소멸시효와 단기의 소멸시효의 경우를 나누어 살피는 2원설은, 진실한 권리자의 권리 보호를 1원적인 관점에서 고려하고 있지 않다는 점에서 타당하지 않다. 그리고 절대적 소멸설의 경우에도 소송상의 변론주의 원칙상 당사자의 권리소멸의 원용이 있어야 법원은 이를 고려하게 된다는 점에서(판례의 태도가 그러하다), 절대적 소멸설은 결과적으로 상대적 소멸설과 차이가 없다. 그렇다면, 진정한 권리자의 권리보호에 보다 충실한 해석론이라 할 수 있는 상대적 소멸설이 타당하다.

4. 소멸시효의 남용

소멸시효 완성의 주장은, 권리의 소멸에 의하여 직접 이익을 받는 자만이 할 수 있다.[1861] 그러나 시효 완성의 주장이 신의칙에 반하여 그 남용으로 판단되면, 권리는 소멸하지 않는다.[1862]

판 례

가. 일반론

○ 채무자의 소멸시효 완성 주장이 신의칙에 반하여 허용되지 않는 경우

"채무자의 소멸시효에 기한 항변권의 행사도 우리 민법의 대원칙인 신의성실의 원칙과 권리남용금지의 원칙의 지배를 받는 것이어서, 채무자가 시효완성 전에 채권자의 권리행사나 시효중단을 불가능 또는 현저히 곤란하게 하였거나 그러한 조치가 불필요하다고 믿게 하는 행동을 하였거나, 객관적으로 채권자가 권리를 행사할 수 없는 장애사유가 있었거나, 일단 시효완성 후에 채무자가 시효를 원용하지 아니할 것 같은 태도를 보여 권리자로 하여금 그와 같이 신뢰하게 하였거나, 채권자보호의 필요성이 크고 같은 조건의 다른 채권자가 채무의 변제를 수령하는 등의 사정이 있어 채무이행의 거절을 인정함이 현저히 부당하거나 불공평하게 되는 등의 특별한 사정이 있는 경우에는 채무자가 소멸시효의 완성을 주장하는 것이 신의성실의 원칙에 반하여 권리남용으로서 허용될 수 없다.[1863]"

○ 채무자의 소멸시효 완성의 주장이 신의칙 위반을 이유로 허용되지 아니할 수 있는지 여부(적극)

1861) 판례는, '소멸시효의 주장을 할 수 있는 자는 소멸시효에 의하여 직접 이익을 받는 자에 한정된다.'고 한다.(대판 2007. 3. 30. 2005다11312; 대판 2004. 1. 16. 2003다30890; 대판 1995. 7. 11. 95다12446) 반면, 시효의 주장을 할 수 없는 자로서, '아무런 채권도 없는 자(대판 2007. 3. 30. 2005다11312; 대판 1991. 3. 27. 90다17552)·채권자대위권에 기한 청구에서의 제3채무자(대판 2004. 2. 12. 2001다10151; 대판 1992. 11. 10. 92다35899)·채무자에 대한 일반채권자(대판 1997. 12. 26. 97다22676)' 등을 든다.

1862) 판례는, '소멸시효 완성의 주장이 신의칙에 반하거나 권리남용에 해당하는 경우, 소멸시효의 남용이 되어 그 주장이 배척 되고, 권리는 소멸하지 않는다.'고 한다.(대판 1999. 12. 7. 98다42929; 대판 1997. 12. 12. 95다29895) 그런데 소멸시효 남용의 유형으로는, 권리자의 권리행사 내지 시효중단을 곤란하게 한 경우·의무자가 시효완성을 주장하지 않을 것 같은 태도를 보인 경우 등을 들 수 있다고 한다(김상용, 722-723면).

1863) 대판 2008. 9. 25. 2006다18228; 대판 2008. 5. 29. 2004다33469; 대판 2007. 3. 15. 2006다 12701.

사항색인

ㄴ

ㄷ

ㄹ

ㅁ

ㅅ

ㅌ

ㅍ

ㅎ

【저자약력】

· 제주대학교 법학과 졸업
· 동국대학교 대학원 졸업(법학박사)
· 제주대학교 제2회 인문·사회과학분야 학술상 수상(1987. 5. 27)
· 제주대학교 기획연구실장 역임
· 한국부동산법학회 부회장 역임
· 사법시험 등 각종 국가시험위원 역임
· 대한변호사협회 변호사 특별연수 강사 역임
· 제주특별자치도 문화상(학술부문) 수상(2014. 12. 18)
· (현) 제주대학교 법학전문대학원 교수(민법)
한국민사법학회 부회장
한국민사법학회 민사법학 편집위원
대한변호사협회 인권과정의 편집위원
제주특별자치도지방노동위원회 공익(심판)위원

『주요저술』

〈저 서〉

· 자치의식과 개발 및 환경정책(법률행정연구원, 1997), (공저)
· 판례민법(법률행정연구원, 1998)
· 판례로 본 법이야기(도서출판 육서당, 1999)
· 주석민법 채권각칙〈3〉(한국사법행정학회, 1999), (공저)
· 주석민법 채권각칙〈5〉(한국사법행정학회, 1999), (공저)
· 증보신판 판례민법(법률행정연구원, 2000)
· 새롭게 쓴 제3판 판례민법(법률행정연구원, 2003)
· 알기쉬운 생활민법(엑스퍼트월드, 2004)
· 알기쉬운 생활민법(하)(엑스퍼트월드, 2005)
· 알기쉬운 생활민법(상)(엑스퍼트월드, 2006)
· 제주국제자유도시조성과 사법관계(제주대학교출판부, 2006), (공저)
· 민법일반이론(보명books, 2009)
· 신경향 객관식 민법(화산미디어, 2009)
· 사시1차 대비 객관식 민법(삼조사, 2010), (공편저)
· 계약법(화산미디어, 2011)
· 로스쿨 선택형 민사법(화산미디어, 2012), (공저)
· 민법총칙 - 이론·판례·사례 - (화산미디어, 2013)

〈논 문〉

· The Family Customs of Cheju Island(Journal of Studies, 2000)
· 약관의 규제에 관한 법률의 판례분석(비교사법, 2005)
· 가등기담보 등에 관한 법률의 판례분석(인권과정의, 2007)
· 공동목장조합의 법리 연구(토지법학, 2008)
· 실화책임에 관한 법률을 둘러싼 판례의 동향과 입법론적 고찰(인권과정의, 2008)
· 민법 제580조 소정의 매수인의 손해배상청구권의 행사기간(인권과정의, 2012)
· 운동경기 중 발생한 상해와 민사책임의 성립 여부(인권과정의, 2013) 외 130여 편

민법총칙 - 이론 · 판례 · 사례 - 〔개정판〕

초 판 발행 2013년 5월 27일
개정판 발행 2015년 2월 16일

저 자 한삼인
발 행 인 현근택
발 행 처 화산미디어
주 소 경기도 고양시 덕양구 행신동 서정마을 501-301
신 고 2009년 2월 16일/제395-2009-000012호
전 화 031-973-6929
팩 스 031-972-6930
블 로 그 blog.daum.net/kthyun1
홈페이지 www.hwasanm.com

정 가 47,000원
ISBN 978-89-94705-61-3(93360)